Hintergründe & Infos

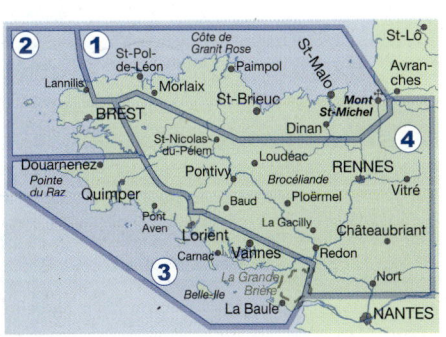

① **Nordküste**

② **Finistère**

③ **Südküste**

④ **Das Landesinnere**

Wenn ich eine Artischocke auf dem Teller habe, jedes Blatt einzeln wegzupfe und in die Vinaigrette tunke, mit den Zähnen den essbaren Teil herausziehe, mich schließlich mit Messer und Gabel über den Boden der Artischocke hermache, dann vermischt sich der zartbittere Geschmack auf meinem Gaumen mit Bildern

von Artischockenfeldern bei Saint-Pol-de-Léon. Wenn ich mit dem richtigen Werkzeug in der Hand gegen eine sperrige Auster kämpfe, so blitzt ein Bild aus Cancale auf: Dort öffnete auf dem Markt ein Austernzüchter mit seinen von der Arbeit zerschnittenen Händen sekundenschnell eine Muschel nach der anderen. Wenn sich bei Sturm die Bäume vor meinem Fenster biegen, kommt mir die windumtoste Pointe du Raz in den Sinn, wo ich kaum Luft kriegte, und der Orkan vor meinem Fenster wird plötzlich harmlos.

Die Erinnerung ist stets auch Vorfreude auf die nächste Reise in diesen erstaunlichen Landstrich, auf neue Entdeckungen, neue Begegnungen und Gespräche. Und auch auf kulinarische Exkursionen. Mit Blick auf Reisende, die für all das keine Zeit haben und die Sehenswürdigkeiten im Schnelldurchlauf abhaken, schreibt der empfindsame Rilke, er würde denen den Vorzug geben, „welche als erste, weit überragende Erinnerung mitbringen: das gute Kotelett, welches sie gegessen haben; denn sie bringen doch wenigstens eine aufrichtige Freude mit, etwas Lebendiges. Eigenes. Intimes." Bon voyage!

Text und Recherche: Marcus X. Schmid **Lektorat:** Horst Christoph **Redaktion:** Heike Dörr **Layout:** Susanne Beigott **Karten:** Janina Baumbauer, Carlos Borrell, Judit Ladik, Benedikt Neuwirth **Fotos:** siehe S. 631 **GIS-Consulting:** Rolf Kastner **Grafik S. 12/13:** Johannes Blendinger **Covergestaltung:** Karl Serwotka **Covermotive:** oben: Port de Rosbras/Riec-sur-Bélon, unten: Côte de Granit Rose zwischen Perros-Guirec und Ploumanac'h (beide Karl Serwotka); gegenüberliegende Seite: Paludier bei der Arbeit (Bruno Schmid)

10. KOMPLETT ÜBERARBEITETE UND AKTUALISIERTE AUFLAGE 2016

BRETAGNE

MARCUS X. SCHMID

Finistère

Südküste

Alles im Kasten

Kartenverzeichnis

Zeichenerklärung für die Karten und Pläne

mehrspurige Straße · Allg. Sehenswürdigkeit · Information
Asphaltstraße · Kirche/Kapelle · Parkplatz
Bahnlinie · Kloster · Bushaltestelle
Strand · Turm · Flughafen/-platz
Fels · Leuchtturm · Post
Gewässer · Sendemast · Museum
Grünanlage · Felsen · Telefon
Berggipfel · Steinhaufen · Ruine
Aussicht · Campingplatz

Was haben Sie entdeckt?

Haben Sie den Strand in der Bretagne gefunden, ein freundliches Restaurant weit ab vom Trubel, ein nettes Hotel mit Atmosphäre, einen schönen Wanderweg?

Wenn Sie Ergänzungen, Verbesserungen oder neue Tipps zum Buch haben, lassen Sie es uns bitte wissen!

Schreiben Sie an: Marcus X. Schmid, Stichwort „Bretagne"
c/o Michael Müller Verlag GmbH | Gerberei 19, D – 91054 Erlangen
marcus-x.schmid@michael-mueller-verlag.de

Herzlichen Dank

den zahlreichen Leserinnen und Lesern, die mit Briefen und E-Mails bei der Aktualisierung dieses Buchs mitgeholfen haben.

 Mit dem grünen Blatt haben unsere Autoren Betriebe hervorgehoben, die sich bemühen, regionalen und nachhaltig erzeugten Produkten den Vorzug zu geben.

Wohin in der Bretagne?

① Nordküste → S. 92

Der Klosterberg Mont-St-Michel gehört zu den beliebtesten Reisezielen Frankreichs. Weiter westlich trotzen die Mauern von St-Malo der Flut. Dinard – der alten Korsarenstadt gegenüber – verströmt das Flair eines englischen Seebads. Anschließend wartet die Smaragdküste mit feinsandigen Stränden auf. Ein Höhepunkt jeder Bretagne-Reise ist ein Spaziergang an der Rosa-Granit-Küste, wo die Natur bizarre Felsformationen schuf. Vor Paimpol, der Stadt der Islandfischer, liegt die Insel Bréhat, vor Roscoff die Insel Batz – auf beiden blüht, dank des Golfstroms, mediterrane Vegetation.

② Finistère → S. 298

Finis terrae – das Ende der Welt, zumindest das Ende des Römischen Reichs. Die Wogen des Atlantiks greifen hier unzählige Landspitzen an. Bei Sturm ist ein Spaziergang auf der Pointe du Van oder der Pointe du Raz buchstäblich atemberaubend. Wer's noch wilder mag, schifft sich auf die Ile d'Ouessant ein – am besten bei Sauwetter. Geradezu beschaulich dagegen ist das Bigoudenland mit seinen Fischerörtchen. Zu einer Shopping-Tour lädt die quirlige Finistère-Hauptstadt Quimper ein. Kunstinteressierte begeben sich im verträumten Pont-Aven auf die Spuren des farbenfrohen Paul Gauguin.

3 Südküste → S. 352

Hier ist der Gezeitenunterschied geringer als im Norden und Westen. Das begünstigt den Badetourismus, der sich in Carnac und auf den Halbinseln Quiberon und Rhuys seine Paradiese geschaffen hat. Für Abwechslung sorgen die riesigen Menhir-Felder bei Carnac. Oder man lässt sich durch den Golf von Morbihan schippern und unternimmt einen Spaziergang auf den schmalen Wegen der Ile aux Moines. Die Halbinsel Guérande ist bekannt für ihre Salzfelder, das „weiße Gold" wird direkt vor Ort verkauft. Im Hinterland lockt der von Kanälen durchzogene Naturpark der Grande Brière – eine verwunschene Gegend, die sich am besten mit der Barke erkunden lässt.

4 Das Landesinnnere → S. 514

Weideland und Heide wechseln sich ab, mittendrin unzählige Dörfer. Größere Wälder, die zu romantischen Kurzwanderungen einladen, findet man bei Huelgoat, wo Tristan und Isolde händchenhaltend wandelten, und in der Brocéliande, wo die Artussage lebendig wird und der Geist des Zauberers Merlin keine Ruhe findet. Im westlichen Landesinneren führt die „Calvaire-Tour" zu umfriedeten Pfarrbezirken mit großartigen, in Stein gemeißelten Kunstwerken. Im östlichen Landesinneren lohnen die Fes-tungsstädte Vitré und Fougères den Besuch – und natürlich die Haupt- und Universitätsstadt Rennes: Museen, Kneipen, Nachtleben, Kultur ...

Bretagne: Die Vorschau

Die Landschaft

Das ewige Wechselspiel von angreifendem Wasser und trotzigem Land formte die Küstenlandschaft der Bretagne über Jahrmillionen. Im Norden, am Ärmelkanal, bestimmen Ebbe und Flut das Bild, im Westen, am offenen Atlantik, zeigt sich die Küste oft zerrissen und unzugänglich, im Süden gibt's lange, weite Strände. Und schließlich liegen vor dem bretonischen Gestade zahlreiche Inseln, bewohnte und unbewohnte: Im Norden grünt und blüht dank des Golfstroms auf den Inseln Bréhat und Batz mediterrane Vegetation, im Westen gibt die Ile d'Ouessant das Postkartenmotiv für einsame Leuchttürme im stürmischen Ozean, im Süden liegt Belle-Ile-en-Mer, die größte bretonische Insel, die sich für einen ruhigen Tagesausflug anbietet.

Fürs Auge weniger spektakulär zeigt sich das Landesinnere. Die Bretonen sprechen von „Argoat", vom „Land des Waldes". Vor 2000 Jahren musste Obelix nur seinen Arm ins Unterholz strecken, schon hatte er ein Wildschwein am Wickel. Heute ist der Wald weitgehend gerodet, zusammenhängende größere Waldstücke sind selten. Geblieben sind landwirtschaftlich nutzbare Flächen und Heideland, meist flach, gelegentlich leicht hügelig. Wenn eine Hügelkette mehr als 300 Meter über den Meeresspiegel hinausragt, was selten ist, sprechen die Bretonen von Gebirge.

Gezeiten

Der Unterschied zwischen Ebbe und Flut macht sich vor allem an der Nordküste bemerkbar: Am Morgen kann der Strand handtuchbreit sein, nachmittags ist das Handtuch hundert

Meter vom Wasser entfernt. Zwei Mal am Tag verschwinden Riffe in den Fluten und tauchen wieder auf, zwei Mal am Tag kippen im Hafen die Fischerboote zur Seite und richten sich wieder auf. Die bei Ebbe entstehende Wattlandschaft ist ein Paradies für Fußfischer, die Muscheln und Krebse einsammeln. Am meisten aber profitieren vom Unterschied der Gezeiten die Austernzüchter. Ihre Austernbänke werden regelmäßig vom Meerwasser durchspült, beste Bedingung für ein gutes Gedeihen der Delikatesse. Wichtiger als eine Armbanduhr ist stets der Gezeitenkalender (horaire de marée): Wann kommt Flut? Und wie hoch kommt sie?

Legenden

An Märchen und Sagen ist die Bretagne reicher als andere französische Regionen. In jeder Burg schlummert eine meist düstere Geschichte, in jeder Kirche ist ein Wunder passiert, und selbst um einen einsamen Menhir in der Landschaft rankt sich eine Legende. Die bretonische Kultur hat keltische Wurzeln, und die Kelten erzählten sich noch Geschichten, als die Römer des Schreibens längst kundig waren. Im 6. Jahrhundert n. Chr. wandern aus Irland und dem Süden Englands christianisierte Kelten in die Bretagne ein und bringen ihre eigenen Geschichten mit. Christliche Legenden, die sich nicht selten über eine keltische Vorlage stülpen, reichern den Mythenschatz an. Und die Bretagne wird Schauplatz berühmter Sagen: Tristan und Isolde turteln im dichten bretonischen Gehölz. Morgan, Schwester von König Artus, Vorsitzender der berühmten Tafelrunde, streift durch die bretonischen Wälder, ebenso der unsterbliche Zauberer

Bretagne: Die Vorschau

Merlin und seine gefährliche Geliebte Viviane. Zumindest passen sie alle da hin, wie jeder Spaziergänger in den Wäldern über Huelgoat oder in der Brocéliande bestätigen wird.

Steine

Wenn Obelix verliebt ist, präsentiert er seiner Angebeteten einen riesigen Menhir mit rosa Schlaufe. Die frühen Bewohner der Bretagne stellten riesige Steinreihen in die Landschaft, über deren Zweck noch heute gerätselt wird. Später diente der Granit – der wichtigste Stein der Bretagne – nicht nur dem Häuserbau, sondern auch der Kirchenkunst. Bretonische Steinmetze haben aus ihm Calvaires gemeißelt, die heute im Finistère die umfriedeten Pfarrbezirke zieren: steinerne Szenen aus dem Leben Christi, mit unzähligen Figuren im Sockel oder verteilt über mehrere Etagen und stets in der Kreuzigung gipfeld. Ganz ohne menschliches Dazutun hat sich an der Rosa-Granit-Küste die Natur als Bildhauerin betätigt und in Tausenden von Jahren den harten Stein bearbeitet. Die entstandenen Bizarrerien sind auf dem Zöllnerpfad zwischen Perros-Guirec und Ploumanac'h zu bewundern.

Religion

777 Heilige zählt die Bretagne angeblich – nicht vom Vatikan anerkannt, aber vom Volk. Die Bretagne ist katholischer als das übrige Frankreich. Am Sonntag füllen sich die Kirchen immer noch. Und fast jeder Ort hat seinen jährlichen „Pardon", die Wallfahrt zum Ortsheiligen. Zu großen Pardons wie dem von Ste-Anne-d'Auray finden sich Tausende von Pilgern mit Kerzen, Fahnen und Heiligenbildern ein.

Sportliches

Mit über 2000 km Küstensaum ist die Bretagne ein Paradies des Wassersports. Surfer und Kitsurfer finden meist genügend oder zu viel Wind, Badende haben die Wahl zwischen kleinen, versteckten Kiesstränden und weitgeschwungenen Sandbuchten. Vorsicht ist angebracht: Die Atlantik ist nicht so harmlos wie das Mittelmeer, die Strömungen sind stärker, und eine herantosende Flut kann gefährlich werden. Waren es früher die Islandfischer, die vom tobenden Ozean verschlungen wurden, so sind es heute gelegentlich ahnungslose Touristen.

Der Landsport ist eher zweitrangig. Zur Infrastruktur eines Küstenorts gehören in der Regel Tennisplätze. Golfspieler finden zwei Dutzend Plätze. Ausritte und Reitkurse werden angeboten, und schließlich kann man in der Bretagne gut wandern und radeln: Allein das Finistère wartet mit einem Netz von mehr als 1000 km markierten Wegen auf. Oder Sie begeben sich gleich auf den GR 34, der vom Mont-St-Michel stets an der Küste entlang führt und nach 1700 km südlich von Vannes auf der Halbinsel Rhuys endet. Radler wiederum schätzen vor allem die stillen Wege am Nantes-Brest-Kanal entlang.

Kulinarische Freuden

Rind oder Lamm, Barsch oder Brasse, Auster oder Hummer oder einfach „Kig ha Fars", wie der deftige bretonische Eintopf heißt – Essen wie Gott in Frankreich, der Gourmet kommt auf seine Kosten. Ab und zu kommt Gott auch in die Bretagne, nicht weil die Bretonen besonders gottgefällig sind, sondern weil sie die besten Crêpes und Galettes der Welt backen. Und bestimmt trinkt er eine Flasche Cidre dazu.

In Ploumanac'h, am Ende des Zöllnerpfads

Hintergründe & Infos

Rentnerleben

Land und Leute

Geographie und Geologie

Aus der Perspektive des Piloten zeigt sich die Bretagne als Fabeltier: Wie ein riesiger ungeschlachter Drachenkopf schiebt sich das Land ins Meer – die Stirn bei der Rosa-Granitküste im Norden, die Halbinsel Crozon als bleckende Zunge, die Kehle zieht sich an der Südküste lang bis zur Loire-Mündung.

Geographisches: Die Bretagne hat eine Fläche von 27.208 km^2 (zum Vergleich: Brandenburg 29.654 km^2). Die Wassergrenzen sind der Ärmelkanal im Norden und der Atlantik im Westen und Süden. Die Landesgrenze nach Osten wurde im Lauf der Geschichte immer wieder verschoben: Sie verläuft heute vom Mont-Saint-Michel (Normandie) am Ärmelkanal über die Grenzfesten Fougères und Vitré und weiter über Redon bis La Roche-Bernard an der Atlantikküste.

Die Region Bretagne mit ihrer Hauptstadt *Rennes* setzt sich aus vier Départements zusammen: *Illes-et-Vilaine* (Rennes), *Côtes d'Armor* (St-Brieuc), *Finistère* (Quimper) und *Morbihan* (Vannes). Bis 1941 gehörte auch das Département Loire-Atlantique mit der Halbinsel Guérande und der Großstadt Nantes zur Bretagne. Forderungen über eine Rückgabe des abhandengekommenen Départements flackern immer wieder auf. Aber in Frankreich wird die Politik in Paris gemacht.

Das Land ist teils hügelig, teils flach, die höchste Erhebung findet sich in den Monts d'Arrée (384 m) im Westen. Den zerklüfteten Küstenverlauf prägen eine felsige, oft über 50 Meter hohe Steilküste, zahllose Buchten, Halbinseln, Kaps und lange Dünenstrände.

Viele Flüsse durchziehen die Bretagne, doch die meisten sind weder lang noch breit oder gar reißend; es sind kurze Wasserläufe, die sich nur selten in einem größeren

Bett vereinigen. Die wichtigsten sind die *Rance* im Nordosten, die *Aulne* im Westen, der *Blavet*, die *Odet*, der *Aven*, die *Ellé* und die *Vilaine* im Süden.

Geologisches: Wo vor 350 Millionen Jahren nur eine endlose Wasserwüste war, begann sich im Erdmittelalter die Erde zu heben, und es kam zur *Variskischen Gebirgsbildung* (nach den Variskern benannt, die in der Antike in der Gegend von Hof/Bayern lebten). Zusammen mit den heutigen deutschen Mittelgebirgen stieg das *Armorikanische Gebirge* hoch, das in seiner Jugend mit bis zu 4000 m hohen Erhebungen von Südengland bis zum französischen Zentralmassiv verlief. Knapp 200 Millionen Jahre lang war das Armorikanische Gebirge ähnlich den Alpen ein auffälliger Gebirgsriese, dann senkte sich in den folgenden Jahrmillionen das Land wieder, und mit dem Ende der letzten Eiszeit verschluckte das Meer immer mehr Festlandsmasse. Der Ärmelkanal entstand, der Atlantik flutete den Golf von Morbihan; das anstürmende Wasser zerklüftete die Küste heillos, fraß sich durch weiches Gestein und drang durch Fjorde tief ins Landesinnere ein. Aus früheren Berggipfeln wurden vorgelagerte Riffe, Inselchen und Inseln – unter letzteren ist die *Belle Ile* mit 84 km^2 die größte.

In geschützten Lagen konnten sich Sandstein und Schiefer halten, doch der Stein des Landes ist der Granit. Die Bretagne ruht gänzlich auf dem harten Gestein, das als Rest des Armorikanischen Gebirges das vorgeschobene Bollwerk des Festlands gegen das Meer bildet. In rund 60 Millionen Jahren wurde der Granit von 1200 m Höhe auf 300 m abgetragen. Dennoch ist das Innere der Bretagne in einigen Teilen gebirgsähnlich – enge Täler und kleine Schluchten bilden oft eine verschlossene Kleingebirgslandschaft.

Die Bretagne zeigt Flagge

Früher war sie das Symbol autonomistischer Gruppierungen, dann des regionalen Selbstbewusstseins überhaupt, heute flattert sie an zahlreichen öffentlichen Gebäuden neben der nationalen Trikolore im bretonischen Wind. Erst seit kurzem sieht man sie auch auf Autokennzeichen, wo sie mit behördlicher Erlaubnis angebracht werden darf. „Gwenn ha Du" wie die bretonische Flagge genannt wird, heißt auf Deutsch „Weiß und Schwarz". Das trifft haargenau zu – Farben sucht man vergebens auf der bretonischen Flagge –, doch das erklärt nichts.

Wir haben also nachgeforscht: Die neun Balken stehen für die neun historischen Bistümer der Bretagne, fünf schwarze für die Haute-Bretagne, vier weiße für die Basse-Bretagne. Bei den Figuren im Feld links oben handelt es sich um stilisierte Hermeline, ihre Zahl ist amtlich nicht vorgeschrieben, aus grafischen Gründen sind es meistens elf. Das Hermelin taucht in den Wappen bretonischer Herzöge schon sehr früh auf, heute ist es zum Wappentier der Bretagne geworden.

Windböen 6, Nordwest

Klima und Reisezeit

Seit fast 200 Jahren zieht die Bretagne Künstler an, die hier einzigartige Lichtverhältnisse vorfinden. Im Sonnenlicht zaubert die hohe Luftfeuchtigkeit Farbenspiele über das Land, im nächsten Augenblick können dräuende Wolken aufziehen, um gleich wieder vom Wind weggeschoben zu werden.

Der *Golfstrom* beschert der Bretagne ein gemäßigtes ozeanisches Klima mit milden Wintern, in denen Schnee eine Seltenheit ist, und lauwarmen Sommern, in denen sich längere Schönwetterperioden durchsetzen können. Der viele Regen, den der ständig wehende Westwind vom offenen Meer mitbringt, sorgt für hohe Luftfeuchtigkeit. Die Südküste ist insgesamt etwas milder und regenärmer als der Norden, Kontinentalklima herrscht allein im Osten, im Becken von Rennes.

Die *Niederschläge* fallen unterschiedlich aus: Im Landesinneren fällt mehr Regen als an der Küste. Während man in der Küstenzone 800–900 mm im Jahresdurchschnitt misst, regnen in den Monts d'Arrée und den Montagnes Noires jährlich mehr als 1500 mm ab. Und beklagen Sie sich bei Einheimischen nicht über den Regen, sonst riskieren Sie als Antwort ein bekanntes bretonisches Sprichwort: „La pluie ne tombe que sur les cons" *(Der Regen fällt nur auf die Idioten)*.

So unterschiedlich wie die Niederschläge sind die *Temperaturen*. Herrscht in Brest eine jährliche Durchschnittstemperatur (Tages- und Nachttemperaturen berücksichtigt) von 11 °C, sind es in Roscoff schon 17 °C. Im Sommer klettert das Thermometer im Landesinneren höher als am Meer. Im August liegt die durchschnittliche Tageshöchsttemperatur bei 24 °C, Spitzenwerte von über 30 °C sind nicht selten.

Der Herbst lässt die Temperaturen sachte abkühlen und ist ansonsten die Zeit der Stürme aus Südost und Südwest. Im Winter beträgt die Tagestemperatur immer noch 9 °C. Durchschnittlich zehn Frosttage werden jährlich gezählt.

Ab April beginnt sich die Luft wieder zu erwärmen, und schon bald sind die angenehmen bretonischen Frühjahrstemperaturen erreicht.

Wassertemperaturen siehe Kapitel *Sport/Baden*.

Reisezeit: Die Tourismussaison in der Bretagne läuft von Juni (langsames Eintröpfeln) bis zum September (langsames Ausklingen). Die Hauptsaison beginnt im Juli und erreicht ihren Gipfel im August, wenn ganz Frankreich Ferien macht. Doch gegen einen Regenguss ist auch im August niemand gefeit.

Ornithologen besuchen schon ab *März* die Bretagne – dann beginnen die Vögel ihren Nachwuchs auszubrüten. *Mai* und *Juni* bieten sich wegen der höheren Temperaturen für alle an, die sich nicht nach den Schulferien richten müssen und dem Rummel der Hauptsaison zuvorkommen wollen. Im Frühjahr hat das Meer noch keine Badetemperatur, doch die Monate, in denen die Natur erwacht, haben in der Bretagne ihren besonderen Reiz – blühende Bäume und Hortensienbüsche, und kein Küstenpfad ist überlaufen.

Für die Sommermonate *Juli* und *August* gilt: Das Meer ist am wärmsten, die Lufttemperaturen sind am höchsten, und die meisten Franzosen schwärmen in ihre nationalen Urlaubsgebiete aus. So ist der Sommer die Badesaison mit der Gästespitzenzahl – zu den französischen Urlaubern gesellen sich weitere Zehntausende von englischen, deutschen und niederländischen Touristen. Hotelquartiere, Ferienwohnungen und etliche Campingplätze an den Brennpunkten des touristischen Geschehens sind oft ausgebucht – in der Hauptsaison also vorbestellen, am besten einige Monate vorher.

Der *September* lockt wieder verstärkt Kulturtouristen und Küstenliebhaber ohne große Badeambitionen an, die mit einem reduzierten Tourismusangebot zufrieden sind. Ab *Oktober* schließen zahlreiche Campingplätze, an Badeorten auch die ersten Hotels, doch immer noch ist die Bretagne eine Reise wert: herbstliche Farben und gemütliche Restaurants, in denen Sie wegen Gästemangels zuvorkommend bedient werden.

	Das Klima in Rennes				**... und in Brest**		
	Ø Lufttemperatur (Min./Max. in °C)		Ø Niederschlag (in mm), Ø Tage mit Niederschlag ≧ 1 mm		Ø Lufttemperatur (Min./Max. in °C)		Ø Niederschlag (in mm), Ø Tage mit Niederschlag ≧ 1 mm
Jan.	2,7	8,3	65	12	4,2	9,1	138	18
Febr.	2,8	9,5	56	11	4,2	9,4	116	15
März	4,1	12,3	49	10	5,1	11,0	98	15
April	5,4	14,4	48	10	5,8	12,5	82	12
Mai	8,9	18,3	65	10	8,5	15,6	73	11
Juni	11,4	21,4	49	8	10,8	18,1	56	9
Juli	13,5	24,0	46	7	12,8	20,4	51	9
Aug.	13,4	24,1	38	6	13,0	20,6	60	9
Sept.	11,3	21,2	61	9	11,4	18,7	89	11
Okt.	8,5	16,5	64	10	9,3	15,3	119	15
Nov.	5,1	11,7	65	11	6,5	11,9	121	16
Dez.	3,6	9,2	70	12	5,2	10,0	142	17
Jahr	7,6	16,0	677	116	8,1	14,4	1144	156

Bretonische Küstenbewohner

Flora und Fauna

Die Pflanzenwelt des Küstensaums ist nicht dieselbe wie im Landesinneren. Unter dem Einfluss des Golfstroms und im milden Süden der Bretagne gedeihen sogar Gewächse, deren Heimat eigentlich das Mittelmeer ist: Steineiche, Erdbeerbaum und Palme haben sich eingelebt, auf der Ile de Batz tragen selbst Feigenbäume ihre süßen Früchte.

Neben diesen exotischen Bäumen sind als beliebte Schmuckpflanzen *Oleander, Rhododendron* und vor allem die *Hortensie* zu nennen, die zu ihren Blütezeiten Farbe in die bretonische Landschaft bringen. Direkt an der Küste wächst meist wenig bis nichts – zu stet, zu heftig peitscht der Wind über das Land und trägt mit Hilfe des Regens bisweilen sogar die Erde ab, bis der Fels kahl und bloß liegt. Doch wo etwas wachsen kann, nutzen die Pflanzen dies aus: Von Mai bis September blüht rosa die gemeine Grasnelke *(Armeria maritima)*, Strandkiefern *(Pinus pinaster)* und Monterey-Zypressen *(Cupressus macrocarpa)* bevölkern die Dünen und den Streifen dahinter.

Die *Heidelandschaft* ist das botanische Bindeglied zwischen Küste und Landesinnerem. Sie entsteht meist durch das Roden von Wald und anschließender Überweidung. Sie kann direkt an der Küste auftreten oder karge Berg- und Sumpfgebiete im Inneren bedecken. Typisch für die Heide sind die Zwergsträucher: *Besen-* und *Stechginster, Farn, Brombeersträucher* und *Heidekraut* bilden die Grundvegetation, in deren Schutz Blumen wie die *Heidenelke* hübsche Tupfer setzen.

Im Landesinneren findet man die „grüne Bretagne". Über große Strecken zeigt sie sich als unübersichtliche Wiesen-, Feld- und Heidelandschaft; ab und zu vermitteln kleine Forste einen Hauch von Wald. Die wenigen verbliebenen richtigen *Wälder* (etwa 320.000 Hektar, nur knapp 12 % der bretonischen Landfläche) bestehen hauptsächlich aus *Eichen* und *Buchen, Ahorn, Kastanien* und *Eschen*. Dichtes Unterholz und Kleingewächse wie *Eiben, Stechpalmen, Farn, Moos* oder *Flechten* machen die lichten, sonnendurchfluteten Wälder zu einem meist unwegsamen Gelände, in dem sich die alten Sagen ungestört über die Zeit retten konnten. Das größte Waldstück ist mit etwa 6300 Hektar der sagenreiche *Wald von Paimpont*.

Fauna: Das Wildschwein hat Obelix so gut wie ausgerottet, auch Großwild ist mittlerweile eine Rarität. Über die Zeit hinweggerettet haben sich außer Hasen, Eidechsen und Insekten nur Nutz- und Haustiere – außerhalb der Zoos ist die Tierwelt auf der bretonischen Erde wenig aufregend.

Anders in der Luft und im Wasser: Millionen Vögel geben sich ein Stelldichein, und ungezählte Fische bevölkern das nasse Element. Ab März schnäbelt und brütet das gefiederte Volk zur Freude der Ornithologen in den Vogelreservaten der Küste oder in der ruhigen Grande Brière. Die Bewohner des Wassers können Sie trockenen Fußes in den Aquarien bestaunen oder appetitlich angerichtet verzehren.

Bevölkerung

Bretonen lieben Kinder. Von 1850 bis 1950 hatten eine Million Bretonen ihre Heimat verlassen, um in der Fremde ihr Glück zu suchen. Wegen des starken Geburtenüberschusses sank die Bevölkerung trotzdem nicht wesentlich, und nach den 1960er Jahren stieg sie mit dem wirtschaftlichen Aufschwung sogar leicht an.

Im letzten Viertel des 20. Jahrhunderts ging der Nachwuchs dann drastisch zurück. Inzwischen lassen die Statistiken aber wieder hoffen. 2009 stand Frankreich dank einer gezielten Familienförderungspolitik mit 2,02 Geburten pro Frau an erster Stelle unter den europäischen Ländern.

Die Bretagne zählt etwas über 3,25 Millionen Einwohner, rund 60 % davon sind Städter, Tendenz steigend. Auf einem Quadratkilometer siedeln im Schnitt 119 Menschen, wobei die Bevölkerungsdichte sehr ungleich verteilt ist: Im Landesinneren sind es oft nur 40 Menschen pro Quadratkilometer, in und um Rennes sowie in den größeren Städten an der Küste und in deren Einzugsgebieten (Brest, Lorient, Vannes) steigt die Zahl sprunghaft an.

Während die Auswanderung heute kein nennenswertes Thema mehr ist, bleibt die Binnenwanderung nach wie vor ein Problem: Von den 1270 bretonischen Gemeinden verlieren über 500 stetig an Einwohnern, fast alle anderen stagnieren, nur einige größere Städte verzeichnen einen leichten Zuwachs.

Bretonen sind in Frankreich, ähnlich wie Ostfriesen in Deutschland, Ziel der immergleichen Witze über Holzschuhe tragende, tumbe Hinterwäldler. Zudem gelten die Bretonen als grobschlächtig, unflexibel und bockig, abergläubisch und trinkfest. Tatsächlich liegt der Alkoholkonsum der Bretonen eindeutig über dem französischen Durchschnitt, dafür ist die Scheidungsrate in der Bretagne die niedrigste ganz Frankreichs. Letzteres dürfte daran liegen, dass der Katholizismus im Gegensatz zum sonst laizistischen geprägten Frankreich noch stark verankert ist. Statistiken halten für vieles her. Dass Alkohol die Ehe kittet, sei hier also ebenso wenig behauptet wie, dass der Katholizismus in den Alkohol führt.

Wirtschaft

Das alte innerbretonische Wirtschaftsgefälle ist am Anfang des 21. Jahrhunderts noch immer nicht beseitigt – der Westen ist der vernachlässigte und traditionell ärmere Teil des Landes. Am Ende der Welt ist die Infrastruktur schlechter, das Klima unfreundlicher, die Küste unwirtlich und der Boden karg.

Die industrielle Revolution ließ die Bretagne links liegen, und auch der später aufkommende Welthandel lief erst einmal an ihr vorbei. So ist die Bretagne eine bäuerliche Region geblieben, deren Bewohner vorrangig von der direkten Ausbeutung der Erde, des Meeres und der dazugehörigen Nahrungsmittelindustrie leben – dem einzig nennenswerten Exportzweig der Bretagne.

Bis 1950 zählte man den Landstrich zu den unterentwickelten europäischen Regionen. Nur zögernd begann sich die Regierung in Paris um ihre bretonischen Hungerleider zu kümmern, und es dauerte viele Jahre, bis die Programme zu greifen begannen. Heute, im 21. Jahrhundert, muten die Erfolge besonders im Agrarsektor auf den ersten Blick bestechend an. Die Bretagne ist in Sachen Fischfang, Erzeugung von Agrarprodukten und Viehhandel die französische Nummer eins. Zunehmend aber dominiert auch hier der tertiäre Sektor.

Fischfang: Als japanische und amerikanische Großunternehmer im 20. Jahrhundert moderne Großfänger auf die Weltmeere schickten, um den Dorsch mit Radar und gigantischen Schleppnetzen zu jagen, ging es mit den Fangzahlen der bretonischen Fischer steil bergab. Der von ihnen gepflegte Kampf „Mann gegen Fisch" im Tosen der Elemente war ökonomisch überholt, und um die bretonische Flotte zu modernisieren, fehlten die Gelder. Heute besteht das Hauptproblem in der Überfischung der Weltmeere. Die Boote müssen, wenn sie es auf Thunfisch abgesehen haben, bis vor die afrikanische Küste fahren, um nach vielen Tagen halbwegs beladen in die bretonischen Heimathäfen zurückzukehren. Nachdem etliche nationale Hoheitszonen ausgedehnt und offen zugängliche Fanggründe verkleinert wurden, haben die bretonischen Fischer noch mehr Schwierigkeiten, sich auf dem Markt durchzusetzen.

22 Fischereihäfen zählt die Bretagne. Zentren des Fischfangs sind von Nord über West nach Süd: St-Malo, Brest, Douarnenez, Le Guilvinec, Concarneau und Lorient. Vom Gesamtumsatz im französischen Fischgeschäft entfällt rund die Hälfte auf die Bretagne, 60 % der französischen Fischkonserven werden hier eingedost.

Rund 40 bretonische Schiffe von 150 bis 1000 Bruttoregistertonnen begeben sich noch auf die *Grande pêche* (Große Fangfahrt): Mehr als 20 Tage sind sie unterwegs, um ihre Laderäume zu füllen. Die zweithäufigste Fangart ist die mindestens vier Tage dauernde *Pêche au large*; ihre Zentren sind Le Guilvinic, Concarneau und Lorient.

Landwirtschaft: Knapp 60 % der Bretagne, etwa 1,5 Millionen Hektar, sind heute landwirtschaftliche Nutzfläche. Im bunten Gemüsereigen (Spezialität: Frühgemüse) gedeihen besonders *Artischocken, Blumenkohl, Zwiebeln* und *Kartoffeln* prächtig. Dazu kommen ausgedehnte *Viehweiden, Mais-* und *Weizenfelder*. Der *Buchweizenanbau*, einst ein führender Agrarzweig, hat seine Bedeutung verloren – nur noch für die in der Bretagne gebackenen Galettes wird das Mehl benötigt. Geblieben sind dagegen die *Apfelbaumplantagen* als wichtigste Obstbaumkultur; Cidre wird unverändert gern getrunken und weiterhin exportiert.

Der Agrarsektor blickt auf eine erstaunliche Entwicklung zurück. Wo 1950 noch etwa die Hälfte der Erwerbstätigen damit beschäftigt war, auf Kleinstflächen den Boden zu bestellen und einige Nutztiere zu züchten, arbeiten heute weniger als 5 % der Erwerbstätigen (Tendenz rückläufig), doch die haben es innerhalb kürzester Zeit geschafft, die Bretagne zum führenden französischen Agrarmarkt zu machen.

Mehrere Faktoren bewirkten diesen rasanten Aufschwung. Die Bauern, bis dahin von Großhändlern abhängige Einzelkämpfer, begannen sich in den 1960er Jahren in Genossenschaften zusammenzuschließen, um gemeinsam effektivere Anbaumethoden und eine bessere Vermarktung zu erreichen. Daneben stieg man verstärkt vom traditionellen Getreideanbau auf Viehhaltung und die Zucht von Frühgemüse um. Die auf Druck bretonischer Bauern von Paris erlassenen Agrargesetze brachten Finanzspritzen in die Region, eine Flurbereinigung erlaubte eine modernere Bewirtschaftung. Aus dem bretonischen Kleinbauern wurde nicht selten ein Agrarfachmann, der sich auf großflächigen Artischockenanbau verlegte, oder ein Hühnerzüchter, der täglich Unmengen von Eiern einsammelte. Die Durchschnittsgröße eines landwirtschaftlichen Betriebs betrug im Jahr 2000 etwa 20 Hektar (1955 waren es noch 10 Hektar).

Die mit Abstand bedeutendsten Landwirtschaftszweige sind heute die Rinderhaltung (Milchkühe), die Schweine- und die Hühnerzucht. Der Anbau von Frühgemüse folgt erst mit weitem Abstand, Getreide hat seine Rolle in der Bretagne so gut wie ausgespielt.

Vom Meer leben

Industrie: Rund 20 % der Beschäftigten, das sind knapp 200.000 Arbeitnehmer, sind im industriellen Sektor tätig, der sich grob in metallverarbeitende Industrie, Bauindustrie und Agrarindustrie aufgliedert.

Der große Boom der *Bauindustrie* ist jedoch vorbei: Die meisten Zweit- und Ferienwohnungen sind gebaut, die Städte verzeichnen derzeit kein nennenswertes Wachstum mehr. Wurden Ende der 1970er Jahre jährlich noch 25.000 Wohneinheiten (inklusive Ferienhäuser) hochgezogen, waren es um die Jahrtausendwende nur noch insgesamt 9000, und seither sind es noch weniger geworden.

Vom Winde gedreht ...

Die *metallverarbeitenden Industriebetriebe* sind die größten Arbeitgeber des Landes und erwirtschaften die höchsten Gewinne. Für den größten Einzelposten des bretonischen Exports sorgt der Ableger der Pariser Citroën-Werke in Rennes. Weitere bretonische Großunternehmen sind die Werften von Brest und Lorient, doch ihr Umsatz ist rückläufig.

Energiewirtschaft: Nach der Stilllegung des Atommeilers von Brennilis sind die beiden einzigen nennenswerten bretonischen Stromerzeuger das Kraftwerk am *Stausee von Guerlédan* und das Gezeitenkraftwerk an der *Rance-Mündung*. Hinzu kommt in jüngster Zeit die Energieerzeugung durch Windparks, wozu sich die Bretagne bestens eignet. Im Finistère drehen sich bereits zahlreiche Windrotoren *(Eoliennes)*.

Tourismus: Im späten 19. Jahrhundert entdeckten finanziell gut gestellte Franzosen und Engländer das Urlaubsland vor ihrer Haustür, seitdem boomt das Geschäft mit der schönsten Zeit des Jahres. Die *Côte d'Emeraude* mit alteingesessenen Renommierorten wie Dinard oder St-Malo waren die ersten Adressen, die Massenurlaubsparadiese der *Halbinsel von Quiberon* und *La Baule* sind neueren Datums. Im Landesinneren geht es wesentlicher ruhiger zu als an der Küste.

Die Saison ist kurz, doch das Geld, das die Touristen im Sommer ausgeben, ist für das bretonische Bruttosozialprodukt beträchtlich. Jedes Jahr kommen rund neun Millionen Gäste (der innerbretonische Tourismus inbegriffen), wobei die Franzosen unangefochten das Gros stellen, gefolgt von Engländern, Holländern und Deutschen. Der deutsche Anteil am ausländischen Tourismusaufkommen beträgt rund 17 %.

Steinerner Empfang am Gotteshaus

Geschichte

„Die Bretagne ist eine alte Rebellin. Jedes Mal seit 200 Jahren, wenn sie sich erhoben hat, hatte sie Grund dazu. Gegen die Revolution oder gegen die Monarchie, gegen die Repräsentanten der Republik oder gegen die Statthalter der Könige, es ist immer derselbe Kampf, den die Bretagne austrägt."

(Victor Hugo)

Über weite Strecken ist die überlieferte Geschichte der Bretagne die eines unterdrückten Volkes, das gegen übermächtige Gegner und Großreiche einen trotzigen, doch hoffnungslosen Kampf führte. Die ersten Fremdherrscher waren die Römer, die 500 Jahre lang die ferne gallische Provinz verwalteten. Später mussten sich die Bretonen mit Franken, Normannen, Engländern und Franzosen auseinandersetzen, die allesamt gerne die Bretagne in ihren Besitz gebracht hätten.

Frankreich gewann schließlich den Streit um den kleinen Nachbarn auf dem Granitbrocken, der sich zäh, doch letztlich erfolglos gegen die Übernahme durch Paris wehrte – und manchmal immer noch aufmuckt. Gab es zwischen den beiden Weltkriegen noch Bombenattentate von militanten Bretonen, so greifen heute Autonomisten eher zur Sprühdose: *Breizh libre!*

Frühzeit

Während der *Altsteinzeit* (Paläolithikum) vor etwa 100.000 Jahren sind noch große Teile Nord- und Westeuropas von Eis bedeckt, die armorikanische Halbinsel hingegen ist eisfrei, nur der Boden ist dauergefroren. Neben Mammut, Wollhaarnashorn und Höhlenbär leben einige Altsteinzeitmenschen in der Bretagne, die sich unter anderem von den genannten Tieren ernähren und simple Waffen und Gebrauchsgegenstände benutzen.

Wir überspringen großzügig die folgende *Mittelsteinzeit* (Mesolithikum, ca. 8500–4500 v. Chr.), in der sich auf dem mittlerweile aufgetauten Boden bis auf den Übergang der nomadisierenden Jägergemeinschaften zu sesshaften Bauern und Hirten wenig tut, und kommen gleich zur *Jungsteinzeit* (Neolithikum). Schätzungsweise rund 100.000 Menschen leben da schon in der Bretagne und beginnen eines Tages damit, riesige Steine aufzurichten, alleinstehend oder in ausgedehnten riesigen Steinfeldern; ihre Fürsten bestatten sie in gewaltigen Steingräbern.

Wir bauen einen Menhir

Wäre Obelix, weltbekanntester Hinkelsteinproduzent, nicht als Kind in den Zaubertrank gefallen, der es ihm ermöglichte, Felsblöcke aufzusammeln und mit der Handkante zu behauen, hätte auch er sich eines Megalithikertricks bedient, um die Granitblöcke aus dem Fels zu brechen: Holzkeile, in natürliche Felsritzen getrieben, werden mit Wasser übergossen; sie quellen auf und sprengen die Menhire und Deckplatten der Dolmen aus dem Fels. Mit Hilfe von Rollen, Gleitflächen und Hebeln aus Holz werden die Giganten – mittlere Steine wiegen bis zu drei Tonnen, die Deckplatten der Dolmen 15 bis 20 Tonnen – von den Steinbrüchen aus mit Riemen und Seilen aus Tierhaut an ihre Standorte gezerrt und dort unter Ausnutzung des Hebelgesetzes aufgerichtet. In einem Experiment ermittelten die Wissenschaftler, dass für den Transport und die Aufrichtung einer Tonne Granit zwischen 15 und 20 Personen benötigt wurden. Denkt man an den Koloss von Locmariaquer, mit 20 m Höhe und 350 t Gewicht der größte Menhir der Bretagne, bleibt nur noch Staunen übrig.

Die Bretagne ist ein Zentrum der *Megalithkulturen*, die in Westeuropa, aber auch in Skandinavien, Griechenland und Marokko ihre Spuren hinterließen. Die zwischen 4000 und 6500 Jahre alten Denkmäler bereiten der Wissenschaft noch heute Kopfzerbrechen. Was bedeuten die aufgerichteten Steine? Sicher ist, dass die Megalithiker über eine Form gesellschaftlicher Organisation verfügten (mit Priestern oder Königen an der Spitze), astronomische Kenntnisse besaßen (die Steinreihen sind oft nach komplizierten Gestirnkonstellationen ausgerichtet) und einen ausgeprägten Totenkult pflegten (Gräber). Ritzungen in manchen Steinblöcken lassen Rückschlüsse auf die Fertigkeiten und die Kulturstufe der rätselhaften Megalithiker zu.

Spekulationen gibt es viele. So sind die Megalithen je nach Interpretation Sonnenkalender, Phallussymbole, magische Energiezentren, Symbole eines Fruchtbarkeitskults, Hinweiszeichen auf Grabstätten oder Wasserstellen und vieles mehr.

Eine simple, unanfechtbare Antwort auf die geheimnisumwitterten Granitarmeen fand *Gustave Flaubert*, der Mitte des 19. Jahrhunderts genauso ratlos wie wir die Alignements von Carnac durchschritt: „Die Steine von Carnac sind Großsteine – basta!"

Die Menschen der Jungsteinzeit lebten vermutlich bis zur keltischen Besiedlung in der Bretagne, allerdings hörten sie schon rund 1500 Jahre vor der Kelteninvasion auf, große Steine aufzurichten.

Die Kelten

Über die Ursprünge der Kelten ist wenig bekannt. Wahrscheinlich war dieses indo-germanische Volk einst im Nordosten Frankreichs und in Teilen Deutschlands, Österreichs und Böhmens beheimatet – irgendwo zwischen Rhein und Donau. Im siebten vorchristlichen Jahrhundert brechen die Kelten aufgrund ihrer wachsenden Bevölkerung auf, um neue Siedlungsräume zu erschließen, und werden auch in Spanien und England sesshaft. Ihr Erfolg beruht auf der Eisenverarbeitung. Das harte Metall, als Schild und Schwert eingesetzt, verschafft ihnen entscheidende Vorteile im Kampf gegen die weicheren Bronzewaffen.

Im 5. Jahrhundert v. Chr. beginnt die große Ausbreitung der keltischen Stämme, im 3. Jahrhundert v. Chr. ist der Höhepunkt erreicht. Von Irland und England über Mitteleuropa und den Balkan bis nach Kleinasien reicht der keltische Kulturraum. Allerdings liegt es den Kelten nicht, Staaten zu gründen oder sich zu größeren Stammesverbänden zusammenzuschließen. Lokale Herrscher wursteln ohne Sinn für größere politische Zusammenhänge vor sich hin und geraten so bald in die Defensive. Von Süden her erobern römische Legionen den keltischen Siedlungsraum für die aufstrebende Weltmacht, im Norden drängen Germanen die Kelten bis auf die Mainlinie zurück.

Die Kelten auf der bretonischen Halbinsel nennen ihr Gebiet *Armor*. Vier Stämme leben hier, der mächtigste sind die *Veneter* (Vannes), die an der bretonischen Südküste siedeln, nordwestlich davon die *Osismi* (Carhaix), im Norden die *Coriosolites* (Corseul), im Osten die *Redones* (Rennes). Untereinander vertragen sich die keltischen Stämme nicht, sind immer gut für einen Raubzug gegen den ungeliebten Nachbarn und streiten über 400 Jahre hinweg. Dann beanspruchen die Römer Armor für ihr aufstrebendes Reich.

Die römische Provinz Gallien

Auf eine gemeinsame Gegenwehr können sich die Keltenstämme nicht einigen – 56 v. Chr. wird *Armorika* von den Römern unterworfen. Nach dem bewährten Prinzip „Eliminiere die Oberschicht, und du raubst dem Widerstand die Köpfe", lässt Cäsar nach seinem Sieg über die Veneter (Vannes) die einheimische Aristokratie über die Klinge springen. Doch einige Kelten sind stur: Während der Ostteil der gallischen Provinz bald römische Lebensart annimmt, ist ein Großteil der etlichen zehntausend

Menhire unter sich

Legionäre über 200 Jahre lang damit beschäftigt, den Westen des kleinen Armorika unter Kontrolle zu halten – doch schließlich ist auch das heutige Finistère römisch-gallisch. Wirtschaftlich geht es den Bewohnern Armorikas gut, sie leben in befestigten Siedlungen *(oppida)* oder lose verstreut auf dem Land, ein dichtes Straßennetz wird aufgebaut.

Beliebtes keltisches Symbol: das Triskel

300 n. Chr. beginnt das Römische Weltreich im Westen zu wackeln, im auseinanderfallenden Imperium entsteht ein Machtvakuum, die Völker Europas beginnen wieder zu wandern. Unrasierte Barbaren setzen der römischen Provinz im Westen ein Ende und sorgen durch planloses Metzeln für einen immensen Bevölkerungsschwund. Als im 5. Jahrhundert die ersten Einwanderer aus Britannien eintreffen, ist der größte Teil Armorikas kaum mehr besiedelt. Die meisten Römer sind abgezogen, zurückgeblieben sind romanisierte Gallier.

Die britisch-keltische Einwanderung

Im 5. Jahrhundert dringen heidnische Sachsen, Angeln und Jüten nach Irland und auf die britische Insel vor, die gottlosen Pikten in Schottland gelüstet es nach dem Süden Englands. Gut organisiert beginnen sich ab Ende des 5. Jahrhunderts viele christliche Inselkelten unter der Leitung ihrer Stammesfürsten und Priester im großen Stil abzusetzen. Ihr Ziel ist die Bretagne (Kleinbritannien), nah an den geliebten Inseln und landschaftlich der Heimat immerhin ähnlich.

Die Kelten der britischen Insel haben den christlichen Glauben schon früh angenommen. Mönche und Priester haben die Druiden ersetzt, aber einige Aufgaben der keltischen Priesterkaste behalten: So unterliegt ihnen nicht nur die Religionsausübung, sie sind traditionell auch für die Rechtsprechung zuständig. Die Gottesmänner, die von den britischen Inseln aufs Festland kommen, setzen sich zum Ziel, die armorikanischen Gallier zum rechten Glauben zu bekehren – eine Aufgabe, die sie vortrefflich erfüllen.

Sieben Gründungsheilige kennen die Bretonen (→ Wissenswertes von A bis Z/Heilige), doch tatsächlich sind sehr viel mehr britannische und irische Mönche an der Einwanderung in die Bretagne beteiligt. So erinnern die Namen etlicher Orte augenfällig an die Besiedlung (→ Wissenswertes von A bis Z/Ortsnamen), die ab 460 etwa 200 Jahre lang in mehreren Wellen vor sich geht. In vielen kleinen Verbänden, Clans genannt, setzen Britannier aufs Festland über. Angeführt werden die Clans von Priestern, die auch die weltlichen Geschicke lenken. Um deren Wohnsitze, sei es eine Einsiedelei oder ein kleines Kloster, entwickeln sich die Keimzellen neuer Siedlungen. Die Missionare haben Erfolg: Sie finden unter den Einheimischen immer mehr Anhänger und legen so den Grundstein der bretonisch-christlichen Kultur. Christliche Elemente finden Eingang in heidnische Rituale, verschmelzen bisweilen mit diesen, doch am Ende haben die Bretonen ihre althergebrachten religiösen Vorstellungen gegen den christlichen Gott eingetauscht.

Die selbstständige Bretagne

Die ersten Gegner der neuen Siedler sind außer den städtischen Gallorömern von Nantes und Rennes die Franken, die von Osten her versuchen, Armorika zu besetzen. Ihnen folgen die Normannen, dann die Franzosen als Nachfahren der Franken, und schließlich macht auch England Ansprüche auf den Granitklotz geltend. Die nächsten Jahrhunderte sind ein Gewirr an Eroberungsversuchen, Unterwerfungen, Ausdehnungen und Schrumpfungen des bretonischen Gebiets sowie erbitterte Auseinandersetzungen unter den bretonischen Herzögen. Einige Daten im Zeitraffer:

579: *Waroc'h* besiegt die Gallorömer bei Vannes. Die bretonische Vorherrschaft setzt sich endgültig durch.

Um 600: König *Gradlon* gründet das erste Königreich auf bretonischem Boden, das Königreich Cornouaille, das knapp 200 Jahre existiert.

799: Der Frankenkönig *Karl der Große* unterwirft ein Jahr vor seiner Kaiserkrönung die Bretagne. Er ernennt einen Markgrafen und verlegt eine ständige Truppe an die bretonische Ostgrenze.

818: Karls Nachfolger *Ludwig der Fromme* macht die Bretagne tributpflichtig, dann aber begeht er einen Fehler. Er ernennt *Nominoe*, den Grafen von Vannes, zum Herzog der Bretagne. Nominoe verweigert weitere Tributzahlungen, ruft sich zum ersten Gesamtherrscher der Bretagne aus und schlägt die fränkischen Truppen bei Redon. Er gründet die erste, etwa hundertjährige bretonische Herrscherdynastie, die Bretagne expandiert nach Osten.

851: *Erispoe*, Sohn des Nominoe, krönt sich zum bretonischen König, der Frankenkönig akzeptiert mit seiner Unterschrift den neuen, unabhängigen Nachbarn.

857–874: Unter König *Salaün* erlebt die Bretagne die erste Blüte und ihre größte Ausdehnung: Die Anjou, die Halbinsel Côtentin und das Avrachin werden dem Machtbereich der Bretagne einverleibt.

919: Die Bretagne verliert die Kanalinseln Jersey und Guernsey an die einfallenden Normannen. Letztere plündern einige Jahrzehnte lang das Land, vorzugsweise Klöster, denn hier ist die meiste Beute zu holen.

952: Der letzte bretonische König, *Alain Barbe-Torte* (Alan mit dem gezwirbelten Bart), stirbt. Vorher hat er die Normannen verjagt und das Land mit Burgen übersät. Die neuen Burgherren, im Kampf gegen die Normannen streitgewohnt und sich ihrer Macht bewusst, lassen die Nachfolger von Alain Barbe-Torte nicht mehr souverän regieren. Das Land zersplittert in mehrere Grafschaften. Die sich bekämpfenden Herzöge suchen Verbündete von außen: England und Frankreich beteiligen sich an den inneren Auseinandersetzungen.

1341–1365: Der bretonische Erbfolgekrieg als Teil des französisch-englischen Hundertjährigen Kriegs (1339–1453) schafft neue Koalitionen und zehrt das Land ein Vierteljahrhundert lang aus: Herzog *Jean III* ist 1341 kinderlos gestorben. Zwei Anwärter streiten sich um den verwaisten Thron und finden Hilfe bei den umliegenden Großmächten: Frankreich unterstützt *Charles de Blois*, einen angeheirateten Neffen des verstorbenen Herzogs, England und der bretonische Adel helfen *Jean de Montfort*, dem Bruder des Dahingegangenen. In alle Windrichtungen ziehen die verschiedensten Armeen über die Bretagne und hinterlassen ihre Blutspur, im ganzen Land wogen die Kämpfe zwischen den beiden Parteien hin und her. Ohne den jeweiligen Gegner entscheidend zu schwächen, plündern und brandschatzen die Söldner Dörfer und Städte und verwüsten das Land, bis es 1364 zur Entscheidungsschlacht bei Auray kommt: Jean de Montfort und seine englischen Verbündeten besiegen Charles und seine französischen Freunde, Charles selbst fällt. Der Sieger wird im *Vertrag von Guérande* als Herzog der Bretagne anerkannt.

Die Schlacht von Auray

Ein blutiges Spektakel mit drei Protagonisten: *Charles de Blois*, beim Volk beliebt, gilt als frommer Mann. *Jean de Montfort* wird als draufgängerische Spielernatur geschildert, *Duguesclin*, Feldherr der Truppen von Charles, spielt den Part des treuen Recken. Die Schlacht in den Sümpfen von Kérzo bei Auray soll endlich die Entscheidung herbeiführen. Duguesclin rät seinem Chef dringend von dem Unterfangen ab – umsonst.

Unter dem Schlachtruf „Kein Pardon!" treten beide Seiten an. Die überlegenen Truppen Montforts, 2000 Mann, unterstützt von 1000 englischen Bogenschützen, schlagen fürchterlich zu. Am Abend sind die Sümpfe von Blut getränkt. Charles de Blois, von einem englischen Dolch durchbohrt, stirbt. Soldaten entkleiden den schwer gepanzerten Leichnam und entdecken, dass Charles das Büßerhemd trägt. Jean de Montfort ist erschüttert von der schicksalhaften Ahnung seines frommen Vetters. Überwältigt von der Trauer über den verwandtschaftlichen Verlust, versinkt er in Lethargie. Erst der nüchterne Denkanstoß eines Edelmannes („Sie können nicht einen lebenden Vetter und die Bretagne besitzen, mon Sire!") bringt ihn wieder ins Lot. Jean gibt fürs Erste den Auftrag, auf dem Schlachtfeld eine Kirche zum Gedenken an seinen Gegner und Verwandten zu errichten, und zieht als neuer Herzog der Bretagne von dannen.

Mit den *Herzögen von Montfort* beginnt eine Phase der relativen Ruhe und einer wieder aufblühenden Wirtschaft, die knapp 100 Jahre dauern soll. Geschickt lavieren die bretonischen Herzöge zwischen England und Frankreich, bis der letzte seines Geschlechts alles verspielt: Herzog *Franz II.* (1428–1488), aufrechter Kämpfer für die Unabhängigkeit seines Landes und erbitterter Franzosenfeind, macht aus seinem Hof in Nantes ein Verschwörernest gegen *Anne de Beaujou*, die für ihren unmündigen Bruder *Karl VIII.* die französischen Regierungsgeschäfte führt. Der Herzog fühlt sich stark genug, der französischen Krone die Stirn zu bieten, und sucht die offene Konfrontation, die das Ende des autonomen Herzogtums einläutet. Am 28. Juli 1488, in der Schlacht von St-Aubin, verliert er gegen den mittlerweile gekrönten Karl VIII. und kapituliert bedingungslos. Wenige Wochen später stirbt Franz II. als gebrochener Mann und hinterlässt als Nachfolgerin seine kleine Tochter Anne, die Nationalheldin der Bretagne.

Am 13. August 1532 tritt Annes Tochter *Claude*, inzwischen Gattin des Königs *Franz I.*, die Bretagne in einem Staatsakt an die französische Krone ab, die bretonischen Landstände bestätigen das Vertragswerk und beschließen in Vannes die Union des Herzogtums mit Frankreich. Als einzige Bedingung stellen sie die Respektierung ihrer bisherigen Privilegien. Die Bretagne erhält den Status einer autonomen Provinz, den andere französische Provinzen nicht besitzen.

Anne, Herzogin der Bretagne

Die beliebteste Frau der Bretagne ist schon im zarten Alter von elf Jahren eine heiß umworbene Partie – mindestens sechs Freier aus besten Herrschaftshäusern werben nach dem Tod des Vaters um das Töchterlein des letzten bretonischen Herzogs. Nicht Liebe noch Mitleid treibt sie an. Durch nüchterne Heiratspolitik wollen sie lediglich ihren Besitz mit der schutzlos gewordenen Bretagne abrunden.

1490 schließt das Kind mit Maximilian, Erzherzog von Österreich, eine „Ehe per procurationem", wie man diese Form der Fernehe damals nannte: Anne gibt einem Stellvertreter des nicht abkömmlichen, künftigen Kaisers das Ja-Wort. Der französische König Karl VIII. (17 Jahre alt), auf Anraten seiner älteren regierenden Schwester ebenfalls am verwaisten Kind interessiert, beruft sich auf den Vertrag von Verger, in dem schwarz auf weiß stünde, dass eine Ehe von seiner Zustimmung abhinge, und er stimme nicht zu. Im Gegenteil, er möchte selbst gern um Annes Hand anhalten. Seine Brautwerbung ist plump, doch erfolgreich: 1491 bestürmen seine Truppen die Frischvermählte, die nie ihren Maximilian sah, in Rennes: „Nimm ihn doch, schau, dein Volk hungert und will, dass du den französischen König heiratest, Max hin, Max her. Es wird schon nicht so schlimm werden." Diesem Argument haben die Berater der kleinen Herzogin nichts entgegenzusetzen.

Und dann geschieht das Wunder: Anne und Karl verlieben sich. So berichten jedenfalls die Chronisten. Der Papst wird sanft überredet, Annes Fernehe mit dem Habsburger und Karls Verlobung mit der blutjungen Schwester Maximilians aufzulösen. Am 6. Dezember wird geheiratet, am 8. Februar 1492 wird die vierzehnjährige Anne zur Herzogin der Bretagne und Königin von Frankreich gekrönt.

Anne zählt gerade 22 Lenze, als ihr Gemahl nach neunjähriger, letztlich kinderlos gebliebener Ehe – vier Kinder sterben im Säuglingsalter – in Amboise unter leicht mysteriösen Umständen bei einem Gelage verstirbt. Offiziell rumpelt er in seinem Schloss mit dem Kopf gegen einen niedrigen Türbalken. Tödlich.

Die junge Witwe muss in Sachen Wiederverheiratung keine eigene Entscheidung treffen, der Ehevertrag sieht die Regelung ihrer Zukunft vor: Sollte Karl VIII. ohne Erben sterben, ist automatisch sein Bruder Ludwig XII. ihr nächster Gatte. Der verheiratete Ludwig bringt noch schnell seine Scheidung über die Bühne, und am 8. Januar 1499 steht Anne ein zweites Mal vor dem Traualtar. Ihrem neuen Gemahl schenkt sie eine Tochter, Claude, die später ebenfalls Königin sein wird. Als Anne 1514 stirbt, ist sie knapp 37 Jahre alt.

Die autonome Provinz

Ab 1532 regiert ein von Paris entsandter Gouverneur als Präsident der bretonischen Landstände die autonome Provinz Bretagne. Das bretonische Ständeparlament, bestehend aus Adel, Klerus und Großbürgertum, beschränkt sich mehr oder weniger darauf, die ihm zugesicherten Privilegien auszunutzen, darunter die Steuerhoheit und die Ausübung der Gerichtsbarkeit.

Trotz anhaltender interner Zwistigkeiten und immer wieder aufflammender natio-
nalistischer Bestrebungen, trotz Bauern- und Bürgeraufständen und langjährigen
Religionskriegen beginnt eine Zeit des großen Wohlstands für die Bretagne. Durch
die Anbindung an Frankreich floriert an den Küsten der weltweite Seehandel, im
Landesinneren floriert das Gewerbe der Tuchmacher, die ihre Stoffe in die halbe
Welt exportieren. Sehr lange währt der Aufschwung aber nicht. Die französischen
Könige versuchen, einer nach dem anderen, die Bretagne in ihren Rechten zu beschneiden. *Ludwig XIV.*, der den französischen Absolutismus zementiert, unternimmt alles, um die Macht des lokalen Adels zu stutzen. Kleine regionale Aufstände
gipfeln 1675 in der Stempelpapierrevolte (→ Kastentext „Die Stempelpapierrevolte").

1689 wird dem französischen Gouverneur der Bretagne ein königlicher Intendant
beigestellt. Genau 100 Jahre lang können Gouverneur und Intendant die Bretagne,
die wirtschaftlich weiter ins Abseits gerät, relativ unbehelligt regieren, bis die um-
wälzenden Ereignisse in der Hauptstadt Paris die Bretagne erreichen und für eine
neue Zeit des Blutvergießens sorgen.

Mit der Gebietsreform von 1798 verliert die Bretagne den letzten Rest an Autonomie,
sie wird in fünf von Paris direkt verwaltete Départements aufgeteilt. Während das städtische Bürgertum dem republikanischen Gedankengut immer noch aufgeschlossen
gegenübersteht, fürchten Landadel und Klerus um ihre Pfründe und versuchen, das

Die Stempelpapierrevolte – der bretonische Bauernkrieg

1675: Sonnenkönig Ludwig XIV., der für seine immer aufwendigere Hofhaltung in
Versailles immer mehr Geld braucht, hat auf Anraten seines findigen Finanzminis-
ters Colbert neue Steuern für die abgelegene bretonische Provinz beschlossen – ein
Recht, das laut Vertrag von Vannes nur dem Ständeparlament von Rennes zusteht.
In der erlauchten Kammer kommt es quer durch die Fraktionen zu heftigen Aus-
einandersetzungen zwischen Adel, Klerus und Besitzbürgertum. Das bretonische
Ständeparlament gerät in Opposition zum absolutistischen königlichen Willen.

Die Erhöhung der Steuern auf Zinn, Zolleinnahmen, Tabak, Mühlen, Fischerei und
Schifffahrt sowie eine neue Steuer, die auf jede amtliche Beglaubigung (Stempel-
papier) oder öffentliche Handlung (z. B. Trauung, Beerdigung) erhoben wird, provoziert den Aufstand der *Bonnets Rouges*, der Rotkappen.

Was als städtische Revolte mit Schmähreden gegen den Gouverneur der Krone in
Rennes begonnen hat, erfasst bald das ganze Land: Die *Révolte du papier timbré*
wird vor allem im Finistère zur flächendeckenden Erhebung des Landvolks unter
dem Banner revolutionärer neuer Ideen, die nicht nur gegen den blutsaugerischen
König, sondern gegen die Ständegesellschaft allgemein gerichtet ist. Eine aus dem
Boden gestampfte Bauernarmee von 20.000 Mann unter der Führung des Rechts-
anwalts Sebastian Ar Balp kämpft erfolgreich gegen die verunsicherten Söldner des
Königs, wütende Bauern fackeln die Châteaus des einheimischen Adels ab.

Der *Code Paysan*, von 14 Gemeinden zwischen Douarnenez und Concarneau un-
terschrieben, bildet die programmatische Grundlage der Revolte, die die herr-
schenden Verhältnisse von Grund auf verändern will. 14 Artikel enthält das Bau-
erngesetzbüchlein, einer aufrührerischer als der andere. Gefordert werden nicht
nur die Zurücknahme der neuen Steuern, sondern auch gebührenfreie Gerichtsbarkeit, unabhängige Richter, die Aufteilung des Feudalbesitzes sowie die Abschaffung
des Frondienstes.

Rad der Geschichte zurückzudrehen. Gestützt auf ihre gehorsamen katholischen Bauern führen sie einen blutigen Kampf sowohl gegen die bretonischen Städte wie auch gegen das französische Revolutionsheer.

Französische Revolution

Weg mit dem Adel, weg mit dem Klerus, stattdessen Freiheit, Gleichheit, Brüderlichkeit – die Parolen, die in Paris das Ende der Feudalgesellschaft einläuten, sind bald in ganz Frankreich zu hören. Der Revolution wird auch in der Bretagne begeistert begrüßt, doch bald schon will ein Großteil der Bretonen nicht mehr mitmachen.

Die überzeugten Katholiken wollen nicht, dass antiklerikale Republikanerhorden ihre Kirchen und Klöster plündern und zerstören. Die bretonischen Nationalisten, die sich von der politischen Umwälzung eine Wiederherstellung ihrer Selbstständigkeit erhofft haben, sehen sich bitter enttäuscht. 1793 liefert die allgemeine Zwangsrekrutierung für das republikanische Heer den letzten Auslöser für eine königstreue Erhebung. Wieder einmal sehen sich die Bretonen als die Melkkühe Frankreichs – ob ein König oder eine republikanische Regierung ihr Land aussaugt, macht da keinen Unterschied.

Die bretonischen Stände geraten zwischen die Fronten: auf der einen Seite die revoltierenden Bauern, auf der anderen marodierende royalistische Truppen und ein Hagel von königlichen Erlassen, die dem Landadel die ihm noch verbliebene Macht beschneiden wollen.

Adel verpflichtet. Die bretonischen Stände schlagen sich auf die Seite der königlichen Heere, die in Eilmärschen anrücken, um der wütenden Revolte ein schnelles Ende zu bereiten. Die Bonnets Rouges haben keine Chance. Mit ungeheurer Brutalität wird der Aufstand erstickt. Ar Balp wird von einem französischen Offizier erstochen. Das führungslos gewordene Heer ist einem Gegner ausgeliefert, der sein Handwerk versteht. Das Gemetzel unter den Bauern, wahllose Massenhinrichtungen in den Armenvierteln der Städte und die systematische Beseitigung der Führer durch Erhängen, Rädern oder wenigstens Verbannung auf die Galeere sind die probaten Mittel königlicher Ordnungspolitik.

Selbst Madame de Sévigné, tadellose Angehörige der Oberschicht und durch ihre ausführlichen Briefwechsel der Nachwelt bekannt, moniert in einem Brief an ihre Tochter: „Wie ich erfahre, tun sich unsere armen Bauern aus der Basse Bretagne zu Gruppen von 40 oder 50 auf den Feldern zusammen. Sobald sie Soldaten sehen, werfen sie sich auf die Knie und sagen Mea culpa. Das ist die einzige französische Redensart, die sie kennen." Umsonst. Die einzige Gunst, die ihnen unter Umständen gewährt wird, ist ein schnelles Ende. Nach dem Tod Zehntausender von Menschen jeden Alters und beider Geschlechter, deren einzige Gemeinsamkeit die Armut war, ist die Revolte niedergeschlagen.

Doch damit nicht genug. Zur Strafe wird das Parlament der störrischen Provinz für 15 Jahre nach Vannes verbannt. Die bretonischen Stände sind endgültig unterworfen und mucken nicht länger gegen neue Steuern auf. Die pressen sie ohnehin wie gewohnt aus den Bauern heraus – den Verlierern der Stempelpapierrevolte.

Die Chouannerie

Der Waldkauz – Chat-Huant – gab den königstreuen Gegenrevolutionären der Bretagne seinen Namen: Der Käuzchenruf war die Parole der Chouans, die ihren König und ihre Priester wiederhaben wollten und dafür über Jahre einen zähen Partisanenkampf führten, den sie am Ende doch verloren.

Einen „Krieg des lokalen Geistes gegen den zentralen" nennt Victor Hugo den Aufstand, der 1793 von der Vendée und der Bretagne ausgeht und anfangs beachtliche Erfolge zeitigt; die Grenzfesten Fougères und Vitré werden erobert und die Revolutionsarmee genarrt. Das unübersichtliche Land und die Hilfe der Bauern machen die Chouans fast unangreifbar.

Erst als die Revolutionstruppen die Heckenlandschaft in großem Stil roden und so die Aufständischen ihrer Verstecke berauben, kommen die ersten Rückschläge. Als 1795 eine groß angelegte Landung königstreuer Gegenrevolutionäre bei Quiberon kläglich scheitert (→ Quiberon, Kastentext „Die Schlacht von Quiberon"), ist die Sache der Royalisten so gut wie verloren. Trotzdem wird hartnäckig weitergekämpft. Der letzte bedeutende Anführer der Chouans, Georges Cadoudal, wird 1804 nach einem missglückten Attentat auf Napoleon hingerichtet.

Die Verluste an Menschenleben sind immens. Die in Paris und anderswo so effizient arbeitende Guillotine kommt in der Bretagne mit dem Kopfabschlagen nicht mehr nach. In Nantes werden die Todeskandidaten der Einfachheit halber gruppenweise entsorgt: Auf leckgeschlagenen Kähnen werden sie der Loire überantwortet, die der bissige Volksmund daraufhin „Badewanne der Nation" nennt.

Nach der endgültigen Niederschlagung des Aufstands der Royalisten 1815 beginnt in der ausgebluteten Region eine lange Zeit politischer Grabesruhe.

Erster Weltkrieg

Vier lange Jahre lang wird der Erste Weltkrieg in den Schützengräben Ostfrankreichs geführt, weit weg von der Bretagne. Doch die Entfernung schützt nicht: In ganz Frankreich werden die wehrfähigen Männer ausgehoben, um dann in den Schützengräben „pour la Patrie" zu sterben. Der Blutzoll, den die Bretagne zahlt, ist immens: Rund 250.000 Bretonen –10 % der bretonischen Gesamtbevölkerung – lassen im Ersten Weltkrieg ihr Leben. Die langen Listen der Gefallenen zieren zahlreiche Fried- und Kirchhöfe der Bretagne.

Zweiter Weltkrieg

Auch der vom Hitlerregime entfesselte nächste Krieg trifft die Bretagne. Wichtige Häfen (St-Malo, Brest, Lorient) werden fast kampflos von den Deutschen besetzt und zu waffenstarrenden Festungen ausgebaut. Die Südküste wird mit einem flächendeckenden Bunkersystem versehen, denn hier, so hatten Wehrmachtsstrategen prognostiziert, könnten die Alliierten eine Invasion versuchen. Die Deutschen irrten sich: Die Invasion erfolgte nicht in der Bretagne, sondern in der Normandie.

Auch wo nicht offiziell gekämpft wird, sind Opfer zu beklagen: Die *Résistance*, die aus dem Untergrund heraus den Besatzern schmerzliche Nadelstiche zufügt, wird von Wehrmacht, SS und Gestapo gnadenlos verfolgt. Wer nur im leisesten Verdacht steht, Mitglied der Widerstandsbewegung zu sein, wird hingerichtet. Für einen getöteten deutschen Soldaten werden in der Regel zehn wahllos aus der Zivilbevölkerung herausgegriffene Franzosen füsiliert.

Die Befreiungsoffensive der Alliierten von 1944, unterstützt von der nun offen kämpfenden *Résistance*, beendet die Zeit der deutschen Besatzung. Wo gekämpft wird, fließt Blut und wird zerstört: St-Malo, Brest und Lorient gehen im Bombenhagel und unter schwerem Artilleriebeschuss in Flammen auf, in wenigen Wochen sterben Tausende von Menschen.

Die Bretagne nach 1945

Nach dem Ende des Zweiten Weltkriegs werden die Schäden des Kriegs beseitigt – und die Bretagne findet sich wieder einmal unter den ärmsten Regionen Frankreichs. Erst in den 1960er Jahren bessert sich dank staatlicher Förderprogramme die wirtschaftliche Lage.

Seit der Jahrtausendwende hält der Aufschwung an, auch wenn Strukturprobleme sichtbar werden. Die Bauern murren über die Politik der EU, die Fischerflotte schrumpft weiter, und das Interesse der Industrie am Nordwestzipfel Frankreichs ist merklich gesunken, seit der Staat keine Subventionen mehr zahlt.

Doch die Zeiten sind friedlicher geworden. Die Bretagne hat heute die historische Chance, sich zu einer modernen Gesellschaft zu entwickeln. Auf der Grundlage einer ausgeprägten Agrarstruktur, ohne die in Industrieländern häufige Zerstörung der Landschaft, könnten – teilweise geschieht dies bereits – zukunftsweisende, menschenfreundliche Technologien entwickelt und eingesetzt werden. Einer ruinösen Ausbeutung des schönen Landstrichs würde so ein Riegel vorgeschoben.

Städtische Regierungszentrale – Hôtel de Ville

Anflug über die Ile de Bréhat

Anreise

Mit dem Flugzeug

Aus dem deutschsprachigen Raum fliegt kein Linienpilot seine Maschine direkt in den bretonischen Luftraum. Erst von den Pariser Flughäfen Orly und Charles-de-Gaulle (Roissy) starten Flugzeuge in den Nordwestzipfel Frankreichs.

Der Preisdschungel von Flügen *aus dem Ausland nach Paris* ist schier undurchdringlich. Ein gutes Reisebüro hilft weiter, oder man klickt sich ausführlich durchs Internet und findet mit etwas Glück ein Low-Budget-Angebot.

Linienflüge innerhalb Frankreichs: Am Pariser Flughafen *Charles-de-Gaulle* landen die internationalen Flieger. Von da ab begeben Sie sich in die Hände der *Air France*. Reisende mit dem Ziel Rennes können gleich von hier weiterfliegen, bei geschickter Planung gilt das auch für den Weiterflug nach Brest, bei weniger geschickter Planung nimmt man den Transfer nach Paris-Orly in Kauf. Für alle anderen bretonischen Flugziele (Lannion, Lorient, Quimper) müssen Sie sich nach *Orly* begeben.

Der *Flughafenwechsel in Paris* ist umständlich. Der Flughafen Charles de Gaulle (internationale Flüge, einige Inlandsflüge) liegt in Roissy, im Norden der Stadt, der Flughafen Orly (Inlandsflüge) im Süden. Die Fahrt vom einen zum anderen ist mit dem Bus wie auch mit der Bahn (*RER*, umsteigen in *Saint-Michel/Notre Dame*) möglich. Drei Stunden Umsteigezeit sollte man einkalkulieren, oder man sucht sich gleich ein Hotel und macht sich einen schönen Abend in der französischen Metropole.

 Air France: www.airfrance.com.

Billigflieger: Für Reisende aus Südwestdeutschland, Österreich und der Schweiz kann eventuell die Direktverbindung *Basel/Mulhouse/Freiburg – Nantes* interessant sein. Sie wird von *Easyjet* regelmäßig bedient.
Easyjet: nur Online-Kontakt, www.easyjet.com.

Nicht abzusehen ist die weitere Entwicklung auf dem Markt der Billigflieger. Ryanair hat den Reigen mit den Zielflughäfen Brest und Dinard eröffnet – allerdings nicht von Deutschland aus. Vielleicht ziehen andere nach. Die Programme der Billig-Airlines wechseln rasch, und so bleibt ein Stückchen Hoffnung erhalten.

Mit eigenem Fahrzeug

Zwischen Straßburg, der östlichsten Großstadt Frankreichs, und Rennes als Tor zum äußersten Westen liegen etwa 820 Straßenkilometer, die Sie wahlweise auf gebührenpflichtigen Autobahnen oder auf gebührenfreien Nationalstraßen zurücklegen können.

Wenn's mal kracht: Die grüne Versicherungskarte ist offiziell nicht notwendig, doch sie sei dringend empfohlen, da sie bei Unfällen und Verkehrskontrollen oft verlangt wird. Mehr zum Thema Autofahren in Frankreich (Pannenhilfe, Verkehrsregeln, Autoverleih usw.) siehe „Unterwegs in der Bretagne/Mit dem Auto".

Die französischen Autobahnen sind mautpflichtig. Wem es auf einige Stunden nicht ankommt und wer Geld sparen will, kann ohne einen einzigen Autobahnkilometer über die Nationalstraßen in die Bretagne gelangen – manche Strecken sind drei- bis vierspurig ausgebaut, andererseits sind die vielen Ortsdurchfahrten nicht jedermanns Geschmack – und schon gar nicht derer, die in den Durchfahrtsorten leben. *Tipp:* Zur Mittagszeit und in den Abendstunden ist das Verkehrsaufkommen merklich geringer.

Drei Hauptrouten führen über das französische Autobahnnetz von Deutschland bzw. von der Schweiz in die Bretagne. Kleinere Abweichungen im ersten Streckenabschnitt hängen vom eigenen Wohnort ab. Die Bretagne ist für Deutsche geographisch hinter Paris gelegen. Wer in der Metropole weder essen noch im Stau stehen mag, tut gut daran, sie großräumig zu umfahren.

Von Aachen (Norddeutschland): Über *Lüttich* durch Belgien, hinter Mons Einreise nach Frankreich, dann auf der A 2 weiter, nach *Valenciennes* auf der A 1 (Richtung Paris) weiterfahren, nach ca. 75 km auf die A 29 (Richtung Amiens) wechseln, auf dieser bleiben bis hinter *Le Havre*, wo sie in die A 13 (Richtung Caen) mündet. Bei *Caen* über die N 814 auf die A 84 (Richtung Mont-St-Michel). Von hier aus der Beschilderung *Mont-St-Michel* folgen. Der weltberühmte Berg liegt an der Grenze zur Bretagne.

Aachen–Mont-St-Michel: 700 km, bis auf die letzten paar Kilometer alles Autobahn. Mautkosten für Pkw 30 €.

Von Saarbrücken (Mitteldeutschland, Teile Süddeutschlands): Über die Grenze und auf die A 4 (Richtung Paris), nach gut 200 km bei *Châlons-en-Champagne* – um einem Stau in Paris auszuweichen – auf der A 26 Richtung Süden bis *Troyes* (knapp 100 km), von dort auf die A 5 (Richtung Paris) und nach 70 km auf die A 19 (Richtung Montargis) wechseln, nach 30 km die Autobahn bei *Courtenay* verlassen und über die N 60 nach *Montargis* und weiter bis *Orléans* (das letzte Stück autobahnähnliche Schnellstraße). Nach Orléans über die N 157 nach *Le Mans* (ca. 140 km), wo man auf die A 81 stößt, die über *Laval* nach *Rennes* führt.

Saarbrücken–Rennes: 800 km, mit größeren Abschnitten auf Nationalstraßen, Mautkosten für Pkw 30 € (zum Vergleich: von Saarbrücken über Paris nach Rennes 730 km, Mautkosten für Pkw 54 € und Staurisiko).

Von Basel (Teile Süddeutschlands, Schweiz, Österreich): Über die Grenze und auf der A 35 nach *Mulhouse*, weiter über die A 36 nach *Belfort*, dort die Autobahn zugunsten der N 19 verlassen, die über *Vesoul* nach *Langres* auf die A 31 und gleich darauf auf die A 5 (Richtung Paris) führt. Bei *Sens* von der A 5 auf die A 19 (Richtung Montargis) wechseln und weiter wie oben (von Saarbrücken), bei *Courtenay* von der Autobahn runter und weiter wie oben (von Saarbrücken).

Basel–Rennes 850 km, mit größeren Abschnitten auf Nationalstraßen, Mautgebühr 30 € (zum Vergleich: von Basel über Paris nach Rennes: 820 km, Mautkosten 50 € und Staurisiko).

Mautgebühren Motorräder sind 40 % billiger als Pkw, für Kleinbusse (max. 9 Sitzplätze) gilt der Pkw-Tarif. Pkw mit Anhänger über 500 kg zulässiges Gesamtgewicht zahlen etwa das Eineinhalbfache des Pkw-Preises. Kleinbusse mit Eintragung „Pkw-Kombi", Wohnmobile und Kleintransporter zahlen je nach Streckenabschnitt 60–90 % Zuschlag.

Bezahlmodus Meist müssen Sie bei der Einfahrt das Ticket einem Automaten entnehmen; wenn Sie die Autobahn verlassen, zahlen Sie am Mauthäuschen an der Ausfahrt. Akzeptiert werden auch Visa-, Master- bzw. Maestro-Card. Bei einigen Teilabschnitten zahlen Sie am Streckenbeginn, manchmal haben Sie bei der Einfahrt die Wahl, Geld in einen Trichter werfen oder die Kreditkarte in den Schlitz zu stecken, damit sich die Schranke öffnet.

Mit der Bahn

18. Mai 1990: 515,3 Stundenkilometer, Weltrekord. Der TGV „Atlantique", Hochgeschwindigkeitszug und Lieblingskind der französischen Bahn, hat die deutsche ICE-Konkurrenz um Längen geschlagen.

Mit dem TGV führen alle Wege über Paris. Und vom Bahnhof Montparnasse bringt Sie die französische Staatsbahn direkt in die Bretagne – auf Wunsch ohne Umsteigen nach Brest, den westlichsten Bahnhof der Halbinsel.

Bis Paris hängt die Dauer der Zugreise vom Abreiseort ab, Frankfurter fahren knapp 7 Stunden, Hamburger 10 Stunden. In Paris starten die Züge in die Bretagne am *Bahnhof Montparnasse*. Wer auf dem Bahnhof *Gare de l'Est* (Anreise aus dem Süden) oder *Gare du Nord* (Anreise aus dem Norden) in Paris ankommt, begibt sich mit Metro, Bus oder Taxi zum Bahnhof Montparnasse. Der Hochgeschwindigkeitszug *TGV* benötigt dann bis Rennes (ca. 350 km) nur noch zwei Stunden. Allerdings sitzt man im schnittigen TGV ungefähr so bequem wie in der Economy Class eines Großraumflugzeugs, in Sachen Komfort hat die deutsche Konkurrenz die Nase klar vorn.

Preise und Ermäßigungen: Die reguläre Fahrkarte Frankfurt–Rennes (hin/zurück, 2. Klasse) kostet je nach Zug 150–300 €. Das muss nicht sein, es geht billiger. Sowohl in Deutschland wie in Frankreich wird jährlich neu daran getüftelt, wie man

die Plätze optimal auslasten kann, d. h. zu welchen Zeiten in welchen Zügen für welche Personengruppen Preisermäßigungen den Umsatz fördern könnten. Der Dienst am Kunden führt direkt in den Dschungel der Bestimmungen.

Am einfachsten ist es, sich an der Informationsstelle eines größeren Bahnhofs kundig zu machen oder sich durch die Homepage der DB *(www.bahn.de)* zu klicken. Im Familienverband gelten in der Regel Sonderkonditionen für Kinder. Nicht einfacher ist es in Frankreich. Dort kann man an der Website der SNCF *(www.sncf.com)* verzweifeln.

Fahrradtransport: Wer sein eigenes Rad in der Bretagne dabeihaben will, erkundigt sich am besten erst bei der DB bzw. der SNCF. Es bietet sich an, eine *Radtasche* zu kaufen (Maße in der Regel 80 x 110 x 40 cm). Damit lässt sich das Rad auch in deutschen IC- und EC-Zügen mitnehmen, die den unverpackten Radtransport in der Regel nicht zulassen. Auch beim Umsteigen in Paris ist damit das Problem gelöst. In der Metro ist der unverpackte Fahrradtransport nicht gestattet, und mit dem Fahrrad samt Gepäck zwischen zwei Bahnhöfen durch den Stau zu radeln, ist auch nicht jedermanns Sache.

In Frankreich ist die Fahrradmitnahme kostenlos, sofern der Zug das Fahrrad-Piktogramm führt – und sofern Platz vorhanden ist. Die meisten TGVs nehmen Fahrräder mit, doch verfügen sie nur über 4 Stellplätze bzw. Hängehaken und verlangen eine Reservierungsgebühr von 10 €. Stets Platz findet das Fahrrad kostenlos in der oben erwähnten Radtasche. Falls Sie das Rad so zusammenklappen können, dass es über oder unter dem Sitz Platz hat, ist das ebenfalls kostenlos.

Infos über den Fahrradtransport mit der Bahn bekommt man in jeder deutschen Großstadt beim **Allgemeinen Deutschen Fahrradclub (ADFC)**. Hauptstelle: Friedrichstr. 200, 10117 Berlin, ☎ 030-2091498-0, 🖷 030-149855, www.adfc.de.

Drahtesels Rast

Alternativen der Fortbewegung

Unterwegs in der Bretagne

Mit dem Auto

Für Familien oder Reisende, die mehr sehen wollen, ist das eigene Automobil in der Bretagne Trumpf.

Drei gebührenfreie Schnellstraßen sind die *Hauptverbindungen* in der Region: Vierspurig führt die *N 165* von Nantes über Vannes/Lorient/Quimper nach Brest, ebenfalls vier Spuren besitzen die *N 12* von Rennes über St-Brieuc/Morlaix nach Brest und die *N 139* von Rennes nach Nantes. Abseits dieser Hauptstrecken rollt der Verkehr in der Bretagne ziemlich ruhig.

Die französischen Straßen sind mit einem Buchstaben und einer Nummernkombination gekennzeichnet. Straßen mit einem *N* vor der Zahl sind gut ausgebaute *Nationalstraßen*, z. T. drei- bis vierspurige Schnellstrecken, auf denen man in der Regel gut vorankommt. Straßen mit einem *D* vor der Zahl sind kleinere *Départementstraßen*, deren Zustand des Öfteren mit den Worten holprig, schmal und unübersichtlich beschrieben werden kann.

Autoverleih: An den Flughäfen und in allen größeren Städten der Bretagne sind international bekannte Verleihagenturen und oft auch regionale Vermieter zu finden. Voraussetzungen für das Mieten eines Autos sind ein Mindestalter von 21 Jahren und der mindestens einjährige Besitz des Führerscheins. In der Regel gilt: Ohne Kreditkarte geht nichts!

Frankreich – Hinweise für Autofahrer

Pannenhilfe/Notruf/Unfallrettung: Europäische Notrufnummer ☏ 112 (Sie werden weitergeleitet), Polizeinotruf ☏ 17, Unfallrettung ☏ 15.

Benzinpreise: Verbleites Super *(super)*, Super bleifrei *(super sans plomb)* und Normal bleifrei *(essence sans plomb)* *(gazole)* sind etwas billiger, Diesel etwas teurer als in Deutschland. Tipp: Billiger tankt man stets an den Zapfsäulen der Supermärkte am Stadtrand (Intermarché, Casino, Carrefour etc.).

Autobahngebühren: Die Mautstellen unterwegs müssen gefüttert werden. Richtpreis ca. 5 € pro 100 km.

Höchstgeschwindigkeit: Auf Autobahnen 130 km/h (bei Nässe 110 km/h), auf Nationalstraßen mit zwei getrennten Bahnen pro Fahrtrichtung 110 km/h (bei Nässe 100 km/h), auf Landstraßen 90 km/h (bei Nässe 80 km/h).

Achtung: Für alle, die ihren Führerschein noch keine drei Jahre besitzen, gelten stets die *bei Nässe vorgeschriebenen Maximalgeschwindigkeiten* – auch wenn die Straße strohtrocken ist!

Promillegrenze: 0,5 Promille

Warnwesten: Falls Sie das Auto auf der Autobahn oder auf einer Landstraße außerorts stehen lassen und sich auf der Fahrbahn aufhalten, z. B. bei einem Unfall, ist das Tragen einer Warnweste (mit CE-Kennzeichnung) Pflicht, für ein paar Euro erhältlich im Baumarkt oder im Tankstellenshop.

Kreisverkehr: Den *rond-point* gibt's vor allem in größeren Orten. Stets gilt: Wer im Kreis drin ist, hat Vorfahrt, sofern kein Verkehrsschild oder Polizist Gegenteiliges behauptet.

Verkehrsschilder: Sie entsprechen den europäischen Standards.

Zusätzliche Informationen werden oft schriftlich kundgetan:

Accès à la mer (plage)	*Zugang zum Meer (Strand)*
Au pas!	*Schritttempo*
Centre ville	*Stadtzentrum*
Chantier	*Baustelle*
Chaussée déformée	*Unebene Fahrbahn*
Danger!	*Gefahr!*
Déviation	*Umleitung*
Entrée	*Einfahrt*
Gravier (Gravillons)	*Rollsplitt*
Halte	*Stopp!*
Horodateur	*Parkuhr*
Impasse	*Sackgasse*
Passage interdit	*Durchfahrt verboten*
Ralentir	*Geschwindigkeit verringern*
Rappel (bei Geschwindigkeitsbegrenzung)	*Erinnerung*
Route barrée	*Straße gesperrt*
Serrez à gauche (à droite)	*Links (rechts) fahren*
Sortie	*Ausfahrt*
Stationnement interdit!	*Parken verboten!*
Stationnement payant	*Parken gebührenpflichtig*
Toutes directions	*Alle Richtungen*
Travaux	*Straßenarbeiten*
Virage(s)	*Kurve(n)*
Voie sans issue	*Sackgasse*

Blinder Passagier

Mit der Bahn

Auf der Neubaustrecke von Paris nach Le Mans erreicht der TGV mit 300 Stundenkilometern seine höchste Geschwindigkeit, Richtung Nantes legt er noch 200 km/h zurück, auf der Strecke nach Brest, in den äußersten Westen Frankreichs, reduziert er das Tempo gar auf 160 km/h.

Doch der Alltag verläuft auch in Frankreich langsamer, und in der Bretagne nimmt das Tempo noch mehr ab. Nur wenige Haltestellen in der Bretagne unterbrechen die flotte Fahrt: Von *Rennes* rast der TGV je nach dem nach *St-Malo*, über *St-Brieuc* nach *Brest* oder über *Vannes* nach *Quimper*.

Die Fahrt mit dem TGV ist reservierungspflichtig und leicht teurer als andere Züge. Ansonsten ist das Preisniveau der französischen SNCF dem der bundesdeutschen DB ähnlich. Über Ermäßigungen für Vielfahrer bei einem längeren Aufenthalt erkundige man sich an einem größeren SNCF-Bahnhof.

Fahrradmitnahme → Anreise/Mit der Bahn

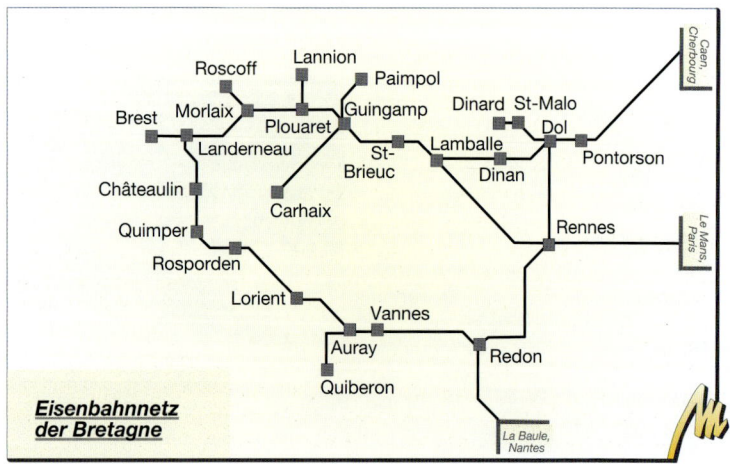

Eisenbahnnetz der Bretagne

Mit dem Bus

Weit mehr als in Deutschland ergänzen in der Bretagne Busse das kleine Schienennetz – ein stark auf regionale Bedürfnisse ausgerichtetes Busnetz versorgt die abgelegenen Gemeinden im äußersten Westen und befördert hauptsächlich Schulkinder und Tagespendler.

Dementsprechend sind die Abfahrtszeiten der lokalen Strecken gestaltet. An den Haltestellen der kleinen Ortschaften hält werktags oft nur zweimal täglich ein Bus: am frühen Morgen und am späten Nachmittag. Auf größeren Routen sind die Verbindungen meist häufiger – zumindest gibt es eine Mittagslinie. Nur auf den Strecken quer durch die Bretagne, die nicht per Schienenstrang erschlossen sind, sowie auf den Wegen zu den größten Touristenattraktionen (wie Pointe du Raz oder Mont-St-Michel) ist die Frequenz höher – bis zu zwölf pro Tag. An Sonn- und Feiertagen schlafen auch die Busfahrer aus – die Strecken werden seltener bedient, manche gar nicht.

Prinzipiell gilt für die gesamte Bretagne: Wer mit dem Bus reist, kommt ebenfalls an.

Mehrere Gesellschaften teilen sich – gegliedert nach Regionen – das Geschäft der Personenbeförderung. Neben den großen privaten Gesellschaften C.A.T., Tourisme Verney oder Courriers Bretons schneidet sich die staatliche TER ein großes Stück des bretonischen Transportkuchens ab. Den Passagieren kann es egal sein: Die Preise der Gesellschaften sind gleich.

Zugestiegen wird an der Haltestelle *(Arrêt)*, in größeren Orten am Busbahnhof *(Gare Routière)*, der im Falle eines Bahnanschlusses meist am Bahnhofsplatz oder zumindest in Bahnhofsnähe gelegen ist.

Mit dem Schiff

Was den Alpenländlern die Seilbahn, ist den Bretonen das Schiff und das Boot. Das schwimmende Transportmittel wird zum Übersetzen zu den zahlreichen Inseln, für die Küstenschifffahrt von Hafen zu Hafen oder zu Ausflugfahrten in eine der riesigen Buchten eingesetzt. Zusätzlich ist das Landesinnere von einem Netz von Wasserstraßen durchzogen.

Wenn auf einer Insel früher nur einmal pro Woche ein Boot die Verbindung zum Festland aufrecht hielt, so legen heute – zumindest im Sommer – täglich mehrere Schiffe an, die ihre lebende Fracht meist oft am gleichen Tag wieder mitnehmen.

Der Anteil der Freizeitschifffahrt ist hoch – weit mehr Vergnügungsschiffe als Fischkutter oder Lastkähne bevölkern die Gewässer. Vom Kanu bis zur Autofähre sind alle Bootsklassen vertreten.

Schiffsausflüge: Im Golf, zur Insel, den Fluss entlang, im schwimmenden Restaurant – alles ist möglich. Hingewiesen sei, dass Sie im Sommer einige Tage vor der Abfahrt buchen sollten, um sich ein langes Gesicht zu ersparen, wenn Sie ohne Billett am Kai stehen und das Schiff ohne Sie ablegt.

Die beliebtesten Überfahrten führen zu den Inseln *Bréhat, Ouessant, Sein, Groix, Glénan* und *Belle-Ile*. Bei den Ausflugsfahrten sind das Vogelschutzgebiet der *Sept Iles* und der *Golf von Morbihan* Spitzenreiter. Im Inland liegen die Flussfahrten auf der *Odet* und der *Rance* ganz vorne. Nähere Hinweise finden Sie im Reiseteil.

Hausboote: Führerscheinfrei dürfen Sie mit der erlaubten Höchstgeschwindigkeit von 6 km/h den Kanal entlangtuckern, bevor Sie in einen Fluss gelangen und auf rasante 10 km/h beschleunigen können. Doch mit Sicherheit wird bald die nächste Schleuse den Geschwindigkeitsrausch beenden: Allein von Redon nach Lorient sind auf 170 km 118 Schleusen zu bewältigen.

Von 10.000 km Flussläufen und Kanälen sind rund 600 km für Hausboote problemlos befahrbar. Redon an der *Vilaine* ist das Drehkreuz der bretonischen Wasserstraßen: direkt in den Norden nach St-Malo oder die Vilaine flussabwärts zum Atlantik oder über den *Nantes-Brest-Kanal* nach Pontivy und über den *Blavet* hinunter nach Lorient. Eine andere Hausbootroute bietet das *Aulne*-Revier mit dem Zentrum Châteauneuf-du-Faou.

Tipps für die Jungfernfahrt mit dem Hausboot

- **Der richtige Bootstyp**: Man sollte sich das Bootsinnere genau ansehen, damit es nachher an Bord nicht zu eng wird. Wenn es das Budget erlaubt, lieber eine Nummer größer buchen.
- **Routenwahl**: Der Blick auf die normale Landkarte ist bei der Planung wenig, die Flusskarte sehr hilfreich. Wie weit man an einem Tag kommt, hängt davon ab, wie viele Schleusen man passieren muss. Bei Flussfahrten ist zu beachten, dass die Rückfahrt länger dauern kann – wenn es flussaufwärts geht. Die Vermieter kennen ihre Bootsreviere am besten, können ihre Kunden entsprechend beraten und verkaufen auch die unentbehrlichen Flusskarten.
- **Fahrräder**: Zum Ausflug in die Umgebung von Wasserstraßen, aber auch zum Einkaufen sind Fahrräder ideal. Sie können bei den meisten Bootsbasen gemietet werden. In der Hauptsaison empfiehlt sich rechtzeitige Reservierung.
- **Einwegmieten**: In den meisten Fällen müssen die Boote zum Ausgangspunkt zurückgebracht werden. Doch zweimal die gleiche Strecke fahren, muss nicht langweilig sein. Oft eröffnen sich bei der Rückfahrt neue Perspektiven. Um den Kundenwünschen Rechnung zu tragen, werden mittlerweile auch Einwegmieten zwischen verschiedenen Bootsbasen angeboten.

Information Gutsortierte deutsche Reisebüros verfügen über ausführliches Prospektmaterial der diversen Verleiher. Wer direkt beim Verleiher bucht, spart in der Regel Geld. Zwei bretonische Hausbootunternehmen:

Le Boat, 17, rue du Quai, 22100 Dinan. ☎ 02.99.34.60.11, www.leboat.com.

Locaboat, 12, quai Jean-Bart, 35600 Redon. ☎ 02.99.72.15.80, www.locaboat.com.

Mit dem Fahrrad

Bescheidene 384 m über Meeresspiegel misst die höchste Erhebung der Bretagne, doch wer nur gelegentlich einen Drahtesel lenkt, wird immer wieder aus der Puste kommen: Dem lustigen Ab folgt unweigerlich ein mehr oder weniger zähes Auf –womöglich noch mit Gegenwind.

Aber Spaß macht es. Ein Radwanderurlaub in der Bretagne ist sowieso eine tolle Idee, aber auch, wer mit dem Drahtesel nur kleinere Strecken zurücklegt, genießt eine dem Land angemessene Fortbewegungsart: wenig Verkehr auf den schmalen Sträßchen neben den Hauptrouten, frische Luft und eine ruhige Landschaft. Kein Wunder, dass Radeln in Frankreich Volkssport ist.

Beliebt – weniger Auf und Ab – sind die Radwege am Nantes-Brest-Kanal entlang sowie das bretonische Teilstück der „Vélodyssée" (diese wiederum ist Teil der Route „Euro Velo 1"), das von Roscoff quer durchs Land nach Redon führt. Ebenfalls angenehm ist das Bahntrassenradeln, und schließlich schlagen die französischen „Voies vertes" (grüne Wege) acht Radtouren durch die Bretagne vor, z. B. vom Mont-St-Michel nach Roscoff (Tour 4) und von dort dem gesamten Küstenverlauf der Bretagne entlang bis zur Vilaine-Mündung bei Arzal (Tour 5). Dafür braucht man allerdings neben Kondition auch genügend Zeit.

Vélodyssée: www.velodyssee.com.

Bahntrassenradeln: www.bahntrassenradeln.de.

Voies vertes: www.voiesvertes.com.

In der Bretagne ist man auf Radler eingestellt: Gîtes d'Etape bieten preiswerte Unterkunft am Rand der Radstrecken, Verleiher vermieten „Cycles" vom normalen Tourenrad mit und ohne Helm sowie Kindersitz bis zum Rennrad oder Mountainbike mit und ohne Körbchen, in etlichen Badeorten stehen zusätzlich Spaßräder für das Gruppenvergnügen zur Verfügung.

Fahrradmitnahme mit dem Zug → Anreise/Mit der Bahn.

Wohnen am Strand von La Baule

Übernachten

Die angemietete Ferienwohnung und der Campingplatz sind die beliebtesten Urlaubsquartiere in der Bretagne, gefolgt von Hotels der mittleren Kategorien.

In der Hauptsaison benötigen neben den rund drei Millionen Bretonen ebenso viele Gäste ein Dach oder ein Zelttuch über dem Kopf. Die Verantwortlichen für die Entwicklung des Tourismus verdienen ein Kompliment: Ohne das Landschaftsbild zu beeinträchtigen, gelang es der Bretagne bislang gut, dem stetig wachsenden Gästestrom gerecht zu werden.

Hotels

In der Hochsaison gibt es viel zu wenige Etablissements, und doch schließen jedes Jahr Hotels, meist der unteren Kategorie – das auf ein paar Monate im Jahr begrenzte Geschäft reicht nicht aus. Hotelriesen sind, mit wenigen Ausnahmen, in der Bretagne unbekannt; die meisten Herbergen sind traditionelle Familienbetriebe mit nur wenigen Zimmern.

Einzelreisende zahlen für ihr Zimmer oft denselben Preis wie ein Paar – die französische Hotellerie ist ganz auf das Doppelzimmer ausgerichtet, und den Hoteliers ist es egal, ob das Zimmer von einer oder von zwei Personen bewohnt wird. Einzelne Hotels verfügen aber auch über Single-Zimmer, diese sind dann etwas billiger.

Das bretonische Nächtigungsangebot reicht vom schlichten Doppelzimmer mit Dusche und WC auf der Etage und durchgelegenem Bett vor abblätternder Blümchentapete (ca. 40 €) über das gediegen-bürgerliche Familienhotel (DZ 60–75 €) bis zu den gehobenen Etablissements (DZ ab 120 €). Frühstück *(Petit déjeuner)* kostet in den billigeren Hotels rund 5 €, in der Mittelklasse ca. 8 €, in den teureren Herbergen mindestens 10 €. Bestand es früher meist aus einem Croissant, einer Weißbrotscheibe mit etwas Butter und Marmelade sowie einem Glas Orangensaft und einem heißem Getränk, so setzt sich heute zunehmend das Frühstücksbuffet durch, in der oberen Kategorie ist es die Regel.

„Grand lit" und „deux lits"

Bett ist nicht gleich Bett. Das französische *grand lit* (großes Bett) ist – warum, sei hier dahingestellt – für zwei Personen gedacht. In den französischen Hotelzimmern gehört es zur Grundausstattung und ist nicht jedermanns Sache. Für Singles unter den Hotelgästen ist das grand lit der Grund, warum sie meist genauso viel wie das Paar zahlen müssen: Schließlich muss das ganze Bett frisch bezogen werden. Wer Wert auf getrenntes Schlafen legt, bucht ein Zimmer mit deux lits (zwei Betten), was meist etwas teurer ist, schließlich muss zwei Mal frisch bezogen werden.

Im Sommer ist bei Hotels mit angeschlossenem Restaurant Halbpension (HP) manchmal obligatorisch. In einem 2-Sterne-Hotel mit angeschlossenem Restaurant ist die Halbpension in der Regel günstiger als die einfache Übernachtung plus ein gleichwertiges Menü auswärts.

Doppelzimmer-Preise

Im Buch geben wir die Preisspanne für ein Doppelzimmer an. Beispiel: DZ 55–85 € heißt, das billigste Doppelzimmer kostet 55 € (z. B. Nebensaison, Zimmer zur Straße, möglicherweise WC auf Etage), das teuerste 85 € (z. B. Hauptsaison, Meerseite, Dusche und WC im Zimmer). Auf die Angabe separater Frühstückspreise wurde meist verzichtet. Halbpension (HP) wird erwähnt, wenn diese Option sich anbietet oder vom Vermieter verlangt wird. Alle Preisangaben beruhen auf Recherchen des Jahres 2015.

Die meisten Hotels sind mit einem Sternchensystem der zuständigen französischen Verwaltung kategorisiert. Die Klassifizierung wurde 2012 staatlicherseits neu geregelt und soll künftig alle 5 Jahre überprüft werden. Der alte Katalog aus dem Jahr 1959 mit 30 Kriterien wurde durch eine neue Fassung mit 246 Kriterien ersetzt. Dabei spielt so ziemlich alles eine Rolle: Raumgröße, Ausstattung, Lift, Service, Behindertenfreundlichkeit, Nachhaltigkeit ... Bei der Neubewertung gewannen zahlreiche Hotels einen zusätzlichen Stern, und das oft, ohne dass sie an ihrem Etablissement Veränderungen vorgenommen hätten. 2-und 3-Sterne-Hotels machen heute das Gros der bretonischen Herbergen aus.

Schlossherbergen und Herrensitze: Die *Relais & Châteaux-Unterkünfte* und *Manoirs* sind die vornehme Form der Übernachtung; in der Belle-Epoque-Villa am Meer oder im Schloss aus dem 16. Jahrhundert genießen Sie einen stilvollen Aufenthalt. In etwa 30 ausgewählten bretonischen Schlössern, Landsitzen oder Herrenhäusern werden Sie im Zimmer oder Appartement fürstlich verwöhnt. Rechnen Sie für das DZ mit mindestens 150 €.

Die Kategorien im Einzelnen

*****   Grand Luxe, wir schweigen in Ehrfurcht.

****   Luxushotel; ein kleiner Wellness-Sektor (Sauna, Hamam, Kosmetik, Massage) ist meist vorhanden.

***   Komfortables Hotel; hier vermissen Sie nichts, gepflegte Atmosphäre und gediegener Komfort.

**   Hotel mit mittlerem Komfort, aus dem Bad kann die Duschzelle im Zimmer werden, gelegentlich sind bei einigen Zimmern Dusche und WC auf die Etage verbannt.

*   Bescheidenes Hotel mit wenig Komfort, Sanitäranlagen oft auf der Etage.

Nicht klassifizierte Hotels sind in der Regel einfache Häuser mit Mindestausstattung, die auf eine Bewertung verzichten. Aber auch teure Schlosshotels halten gelegentlich eine staatliche Bewertung für überflüssig.

Appartements/Häuser

Ferienwohnungen sind die beliebtesten Urlaubsdomizile der Bretagne: Etwa 65 % der Gäste mieten sich ein Privatquartier für die schönste Zeit des Jahres. Unter den Bezeichnungen *Studios*, *Meublés*, *Résidences* oder *Appartements* werden Ferienwohnungen und -häuser für zwei bis neun Personen ab einer Woche aufwärts vermietet: Wohnbereich, Schlafraum, Bad und ausgestattete Küche oder Kochnische gehören zur Grundausstattung, Kamin, Terrasse oder Swimmingpool sind beliebte Extras.

Tipps für die Suche nach dem Ferienhaus

Nebenkosten: Erkundigen Sie sich nach den Kosten für Strom, Wasser, Heizung, Telefon und Endreinigung. Fragen Sie, ob Bettwäsche und Handtücher vorhanden sind.

Lage des Hauses: Lassen Sie sich vom Vermieter die Lage beschreiben: Wie weit ist es zum Strand, zum Einkaufen, zum Restaurant, zum Bus? Sind in der Nähe Fahrräder zu mieten?

Reiserücktrittsversicherung: ist dringend zu empfehlen – falls Sie krank werden. Manchmal ist die Versicherung schon im Mietvertrag enthalten.

Häuser von Privatpersonen zu mieten, z. B. über Zeitungsanzeigen, ist manchmal billiger, birgt aber stets ein Risiko. An wen soll man sich halten, wenn sich das versprochene Traumhaus als Hühnerstall entpuppt?

Um Enttäuschungen auszuschließen: Schon im Urlaub das Haus für das nächste Jahr ausspähen.

Die Preise schwanken stark nach Saison, Lage und Komfort, in der Hauptsaison ist oft mit dem doppelten Preis zu rechnen. Eine Villa direkt an der Granitküste im Sommer ist wohl das Teuerste, was in der Bretagne zu haben ist. Im Westen und im Landesinneren sind die Ferienhäuser am billigsten.

Information Wer ein Appartement für die Hauptsaison sucht, tut gut daran, sich rechtzeitig darum zu kümmern – die Auswahl schrumpft ab dem Frühjahr schnell. Sich von den Tourismusbüros der in Frage kommenden Orte eine Liste der Mietobjekte zuschicken lassen, ist eine Methode. Oder man wendet sich an professionelle Ferienhausvermittler, im Internet tummeln sich die Agenturen zuhauf.

Gîtes ruraux: So nennt sich auf Französisch die ländliche Spielart des Feriendomizils abseits des Küstentrubels. Wahlweise wohnen Sie auf dem Bauernhof oder mitten im Dorf. Auch hier haben Sie die Wahl zwischen der möblierten Wohnung oder dem eigenen (Bauern-)Häuschen. Was bei den Hotels die Sterne, sind bei den Gîtes die Ähren *(épis)*. Fünf Ähren bekommt die Luxusunterkunft, eine Ähre das bescheidene Domizil. Der Standard der Gîtes ruraux ist in der Regel nicht so hoch wie in den Ferienhäusern, preislich sind sie günstiger. Die Vermietung erfolgt in der Regel wochenweise.

Die „Gîtes de France" haben zu jeder französischen Region ein ausführliches Verzeichnis (Beschreibung der Objekte und Fotos) online gestellt: www.gites-de-france-bretagne.com. Eine Print-Ausgabe ist nicht mehr erhältlich.

Die günstigsten Dächer über dem Kopf

Chambres d'hôtes: Die *Chambres d'hôtes* (Gästezimmer), meist in kleineren Orten im Landesinneren, sind Übernachtungsmöglichkeiten in Privathäusern – höchstens fünf, oft nur zwei oder drei Zimmer. Mittlerweile wird oft auch die Bezeichnung *B & B (Bed and Breakfast)* verwendet. In der Regel ist das Frühstück im Preis enthalten. Gelegentlich wird abends für den Gast gekocht, der dann im Kreise der Familie mitisst, dann wird zur *Table d'hôte* eingeladen. Die Preise entsprechen in der Regel einem 2-Sterne-Hotel (teure Ausnahmen gibt's), manchmal werden mindestens zwei Übernachtungen verlangt.

Adressenlisten findet man in der Regel bei den Office de Tourisme.

Jugendherberge: Die *Auberge de Jeunesse* ist eine auch in Frankreich weit verbreitete Einrichtung. Mit einem gültigen Jugendherbergsausweis können rund 40 Einrichtungen in der Bretagne genutzt werden (wer keinen Herbergsausweis besitzt, kann dies meist vor Ort nachholen). Vom gebotenen Komfort bis zur Freundlichkeit der Herbergsväter und -mütter sind sie sehr unterschiedlich, allen gemeinsam sind die einfachen Schlafräume (vom Doppelzimmer bis zum 10-Personen-Saal), Kochgelegenheiten, Aufenthaltsräume und die Möglichkeit, Bettwäsche bzw. Schlafsäcke gegen Gebühr auszuleihen.

Siehe die jeweiligen Jugendherbergen in den Ortskapiteln.

Gîtes d'Etape: Diese jugendherbergsähnlichen Unterkünfte sind besonders an Wander-, Rad- und Wasserwegen im Inland verstreut und bieten ein einfaches Nachtlager. Wanderer, Radler, Kanu- oder Hausbootfahrer treffen sich hier ab 16 Uhr für meist eine Nacht (höchstens zwei dürfen sie bleiben), bevor sie sich wieder auf den Weg machen. In der Regel stehen die Herbergen unter kommunaler Verwaltung und sind oft in einem ausrangierten öffentlichen Gebäude untergebracht – ein Schleusenhaus, die alte Schule oder das Hospiz. Des Öfteren ist ein Kanu- oder Radverleih angeschlossen.

An Komfort bieten die Gîtes d'Etape mindestens einen Gemeinschaftsraum, eine Küchenecke, einen oder mehrere einfache Schlafräume mit Betten oder Matratzenlagern (oft Zimmer für 2–4 Personen) und meist einfache Sanitäranlagen. Bettwäsche wird bei Bedarf gestellt. Die Aufnahmekapazität beträgt 15 bis 35 Plätze. Warme Mahlzeiten sollten Sie telefonisch vorbestellen. Die Übernachtung im Schlafraum kostet ca. 13 €, im Zimmer für 2 Pers. ca. 22 €, das Frühstück ist stets extra.

Ein komplettes Verzeichnis findet man unter www.gites-refuges.com. **Rando Acceuil**, ein bretonischer Verbund wandererfreundlicher Einrichtungen: 7c, rue Pierre Texier, 35760 Montgermont. ℡ 02.99.2613.50, http://rando.abri.free.fr.

Camping

Offiziell gemeldete Plätze gibt es in der Bretagne etwa 850. Auf den rund 100.000 registrierten Standplätzen herrscht während der Saison reges Leben, immerhin 15 % aller Urlauber und Urlauberinnen wohnen auf dem Campingplatz. Deutsche Campingurlauber stellen rund 30 % der ausländischen Klientel.

Die französische Campingkultur hat Tradition und ist in punkto Komfort sehr ausgeprägt: Meist sind Monsieur und Madame samt Enfants mit dem Wohnwagen,

Die Sternchen der Campingplätze

Ob der Platz und die Ausstattung der Einrichtungen Ihrem Geschmack entsprechen, müssen letztendlich Sie entscheiden. Die offiziell-verbindliche Einstufung legt nur fest, welche Rahmenbedingungen der jeweiligen Kategorie zugrunde liegen. Wie im Weinbau gilt: Guter Wein braucht Abstand zwischen den Rebstöcken. Darf ein 1-Stern-Platz einen Hektar in maximal 100 Stellplätze parzellieren, so gilt für ein 5-Sterne-Areal ein Maximum von 70 Stellplätzen pro Hektar. Zusätzlicher Komfort führt zu zusätzlichen Sternen: Warmwasser, Elektrizität, Swimmingpool, Discobetrieb. Wir beginnen mit der niedrigsten Stufe:

A. N.   Campinganlage in der Natur (Aire naturelle); in einem natürlichen Rahmen maximal 25 Stellplätze pro Hektar, 3 Wasserstellen, 3 Toiletten, 2 Spülbecken, tägliche Müllabholung, 3 Waschbecken, 1 Dusche mit (manchmal) Warmwasser).

*   Befahrbare Wege, Waschbecken, Kaltwasser-Duschen, Toiletten, Pissoirs, Spülbecken für Geschirr und Wäsche, tägliche Müllabholung, Telefon.

**   Gut erschlossen, 1-Stern-Komfort + Duschen mit Warmwasser, Steckdosen für Rasierapparate und kleine Haushaltsgeräte, individuelle Waschbecken, Beleuchtung der öffentlichen Plätze, tagsüber Bewachung, Kinderspielplatz, oft abgegrenzte Stellplätze, Umzäunung.

***   Komfortabel: 2-Sterne-Komfort + individuelle sanitäre Einrichtungen, Stellplätze mit Stromversorgung, Lebensmittelversorgung vor Ort oder in der Nähe, Getränkelieferung in der Hochsaison, Bewachung rund um die Uhr, nächtliche Beleuchtung der Campingwege, Parkplatz am Eingang, oft mit Swimmingpool.

****   Großer Komfort: 3-Sterne-Komfort + solide und komfortable Gemeinschaftseinrichtungen, bewaldet und begrünt, allgemein zugänglicher Versammlungsraum, Wasserparadies.

*****   Grand Luxe: nichts fehlt: vom Wasserparadies bis zum Fitnessangebot für Erwachsene oder Abenteuerangebot für Kinder, vom gehobenen Restaurant bis zur Disco und anderen Club-Einrichtungen.

zumindest mit einem steilwandigen Familienzelt unterwegs. Kühlschrank und TV gehören zur Grundausstattung, Waschmaschinen im Vorzelt sind weiter auf dem Vormarsch, und im Grunde wird in der mobilen Wohnküche auf dem Camping so gelebt wie zu Hause, wenn man einmal Ruhe hat.

Sie haben kein eigenes Zelt, weder Wohnwagen noch Wohnmobil und wollen trotzdem auf den Campingplatz? Dann mieten Sie sich eine feste Unterkunft auf dem Platz – Mobil-Homes, Bungalows oder Holzchalets für 2, 4, 6 oder 8 Personen werden auf zahlreichen größeren Plätzen angeboten. Sie verfügen meist über zwei getrennte Schlafzimmer, einen Wohnraum, Küche mit Kühlschrank und Geschirr, Baderaum mit Dusche/ Badewanne und WC.

Gas in internationalen blauen Flaschen oder der französischen Marken (Primagaz, Antargaz ...) erhalten Sie problemlos an den mit (Markenname) *gaz* ausgeschilderten Depots auf dem Campingplatz, im Supermarkt oder an der Tankstelle.

Die *Campings Municipaux*, meist in der 2-Sterne-Kategorie beheimatet, werden von den Gemeinden betrieben und sind in der Regel billiger und oft komfortloser als die private Konkurrenz.

Küchenmobil

Grundsätzlich gilt, dass die am häufigsten verbreitete 2-Sterne-Kategorie im Landesinneren besser ausgerüstet ist als an der Küste, wo die Plätze meist liebloser und in sanitärer Hinsicht bescheidener sind.

Öffnungszeiten: Von Juni bis September sind fast alle Plätze geöffnet, viele bereits ab Ostern und bis in den Oktober hinein. Die meisten Campings liegen an der Küste, mit Abstand die meisten sind an der Südküste zuhause. Im Sommer, speziell zwischen Mitte Juli und Mitte August, sind begehrte Küstencampings oder 4-Sterne-Anlagen schnell ausgebucht. Falls Sie nicht abgewiesen werden wollen oder einen bestimmten Platz bevorzugen, hilft die Reservierung – am besten schon Wochen vorher.

Wie reserviert man einen Campingplatz?

Reservierungen werden telefonisch oder schriftlich (auch über E-Mail) angenommen, oft ist auch eine Online-Reservierung möglich. Machen Sie genaue Angaben über Ihren Bedarf und besonders über:

- die Ankunfts- und Abfahrtsdaten, mit eventuell möglichen Ausweichdaten
- den gewünschten Stellplatztyp
- andere besondere Wünsche.

Lassen Sie sich die Reservierung schriftlich bestätigen. Bei Annahme der Reservierung wird von der Campingplatzleitung meist eine Anzahlung verlangt.

Früchte des Meeres

Essen und Trinken

Artischocken, Austern, Rind und Hummer – die erlesensten Zutaten frisch auf den Tisch, lautet das Grundrezept der bretonischen Küche. Gourmets können sich die Hände reiben: Essen wie Gott in Frankreich. Wir wünschen gesegneten Appetit.

Das Angebot an Meeresfrüchten ist reich, aber auch Lammkeule auf bretonische Art oder Hasenklein mit Möhrchen und Dörrpflaumen sind nicht zu verachten. Die Crêpes und deftigen Galettes, die überall angeboten werden, sind in der Bretagne ohnehin zu Hause: Auf bretonischem Boden wurde zum ersten Mal Buchweizenmehlteig hauchdünn ausgerollt und auf einer heißen Eisenplatte gebacken.

Das Volksgericht *Kig ha Fars*, ein kräftiger Eintopf aus Gemüse, Rindfleisch und Schweinshaxe, und die *Andouille*, eine deftige Kaldaunenwurst, stehen für eine bäuerliche Küche. Nicht die raffinierte Zubereitung der Pariser Maître cuisiniers ist für die bretonische Küche das Maß, sondern die Qualität der Rohstoffe. Weißbrot mit gesalzener Butter gehört zu allen Mahlzeiten.

Vegetarische Menüs sind in bretonischen Restaurants immer noch selten. Sie können aber der Bedienung erklären, dass Sie fleischlos essen möchten, oder an Stelle des Steaks lieber mehr Gemüse und Salate hätten. In der Regel wird Ihr Wunsch erfüllt. Außerdem haben es Vegetarier gar nicht so schlecht in der Bretagne. Jede Crêperie (und davon gibt es wahrlich genug) serviert fleischlose Crêpes und Galettes.

Restaurants: Mit 12 € (ohne Getränke und Trinkgeld) sitzen Sie am Mittagstisch, abends wird's teurer im bretonischen Restaurant. Wirkliche Gaumenfreuden erwarten Sie bei etwa 20 bis 25 €, nach oben hin sind kaum Grenzen gesetzt.

In der Regel ist die Speisekarte mit den Tagesgerichten und den Preisen angeschlagen. Ihren Platz suchen Sie nicht selbst aus. Es gehört zu den Aufgaben des Personals,

Ihnen ein Tisch anzubieten. Bestellen können Sie Gerichte *à la carte* oder ein *Menü*. À la carte – Sie stellen sich die Speisenfolge selbst zusammen – ist in der Regel teurer. Die vom Gastronomen angebotenen Menüs besitzen eine von ihm festgelegte Speisenfolge und reichen vom dreigängigen *Menu* bis zum *Menu découverte* mit fünf oder sechs Gängen (ab 50 € ohne Getränke). Nur touristische Orte werben mit zweigängigen Billigmenüs.

Das klassische Essen beginnt mit einem Apéritif. Ihm folgt die Vorspeise *(Entrée oder Hors d'oeuvre)* – z. B. Avocados mit Shrimps, Muscheln, Wurst oder Pasteten. Weiter geht's mit dem Hauptgericht aus Fleisch oder Fisch plus Beilagen, bei teuren Menüs in mehreren Gängen aufgetragen. Hinterher schmeckt ein Käse ganz gut oder ein süßer Nachtisch *(Dessert)*. Ein kleiner Kaffee, am besten von einem *Digestif* (Verdauungsschnaps) begleitet, schließt das Gelage idealerweise ab.

Die Essenszeiten am Mittag *(Déjeuner)* sind in der Regel von 12 bis 14 Uhr, das Abendessen *(Dîner)* wird zwischen 19 und 22.30 Uhr eingenommen. Wer nach 21 Uhr ein Restaurant betritt, riskiert bei der Speiseauswahl ein eingeschränktes Angebot.

Hinweis: Ist ein Restaurant im Gegensatz zur umliegenden Konkurrenz zur Essenszeit leer, ist dies meist ein schlechtes Zeichen für Qualität und Frische der Speisen.

Pizzerien: Die Pizzeria entspricht in etwa der mitteleuropäischen. Pizza ab 9 € aufwärts, daneben oft auch klassische Küche, Fisch und Fleisch zu restaurantüblichen Preisen.

Crêperies: Die Crêpe ist der bekannteste kulinarische Exportartikel der Bretagne. In jeder deutschen Universitätsstadt serviert mittlerweile eine Crêperie die hauchdünnen Pfannkuchen, die ihren Ursprung in der Bretagne haben und dort täglich in Unmengen– oft auch als Zwischenmahlzeit – verzehrt werden.

Die *Crêpes sucrée* (süß, Belag Marmelade, Schokolode u. ä.) wird in der Regel aus hellem, gezuckertem Weizenmehl, Eiern und Milch gebacken, für die *Crêpe salée* (gesalzen, Belag Schinken, Camembert u. ä.) wird meistens Buchweizenmehl verwendet. Oft werden zwei Crêpes gegessen, erst eine *salée*, der eine *sucrée* folgt.

Die Bio-Küche gewinnt auch in der Bretagne an Boden. Immer häufiger werden Crêpes aus *froment biologique* (biologischer Weizen) angeboten. Sie schmecken exakt wie andere Crêpes auch, was zumindest nicht gegen sie spricht.

Wo die Crêpe ist, ist stets auch die *Galette*. Sie ist etwas dicker und wird mit pikanten und deftigen Beilagen belegt: Käse, Schinken, Knackwurst, Meeresfrüchten, Spargel

Crêpes selbst gemacht

Crêpes-Rezepte gibt's wie Sand im Meer, Spezialisten geraten sich wegen Details in die Haare. Folgendes Rezept empfiehlt *Krampouz*. Die Firma mit Sitz im bretonischen Quimper muss es schließlich wissen, sie ist die weltweite Nummer eins in der Herstellung von Crêpes-Zubehör.

Zutaten (für 20 Crêpes): 500 g Weizenmehl, 200 g Zucker, 3 Eier, 1 Prise Salz, 50 g Butter, 1 l halbentrahmte Milch.

Zubereitung: Zucker, geschmolzene Butter, Salz und Eier in eine Schüssel geben. Das Ganze verrühren und peu à peu das Weizenmehl sowie ein halbes Glas Milch dazugeben, bis ein homogener, klümpchenfreier Teig entsteht. Die restliche Milch einrühren. Dann muss der Teig eine Stunde ruhen, bevor er ausgebacken werden kann.

etc. Der Teig für die *Galette* wird dunklem Buchweizenmehl *(Blé noir, Sarrasin)*, Wasser und etwas Salz geknetet.

Spezialitätenläden: Ladenschilder wie *Charcuterie* oder *Traiteur* machen darauf aufmerksam, dass Sie hier Wurst-, Fleisch-, Käse- und Fischspezialitäten sowie fertig zubereitete kulinarische Köstlichkeiten bekommen, von denen Sie teilweise nicht einmal gewusst haben, dass es sie gibt.

Poissonnerie: Hier werden ausschließlich Meeresprodukte verkauft. In den Becken tummeln sich ahnungslose Hummer, auf gestoßenem Eis warten Thunfischfilets, Barben, Brassen und silbrige Sardinen auf Käufer.

Alimentation: So wird ein Lebensmittelladen bezeichnet, der oft im Tante-Emma-Stil geführt wird und nur über ein begrenztes Warenangebot verfügt. Grundnahrungsmittel, dazu eine kleine Auswahl an Käse, Wurst, Obst und Gemüse sowie Grundreinigungsmittel gehören auch in der kleinsten Alimentation zur Minimalausstattung.

Marché: Der wöchentliche *Markttag* ist in der Bretagne in der Stadt wie auch auf dem Land noch heute eine lebendige Einrichtung. Hier wird – manchmal noch in der mittelalterlichen Markthalle – alles für den täglichen Bedarf verkauft: Gemüse, Obst, Fleisch, Fisch, Blumen, Haushaltsartikel, Textilien ... Markthändler touren regelmäßig zwischen den Marktorten.

Supermarché: Große *Supermärkte* (Carrefour, E. Leclerc, Super U, Intermarché und andere mehr) mit ebenso großen Parkplätzen finden sich in der Regel in der *zone commerciale* vor den Toren der Stadt oder am Ortsrand größerer Gemeinden. Das Angebot von Waren aus ganz Frankreich ist riesig.

Boulangerie: Die französische Bäckerei beliefert auch am Sonntagvormittag ihre Kundschaft mit frischem Backwerk: *Baguette* ist das lange, schmale Stangenweißbrot, *Pain* das kürzere, etwas dickere Weißbrot, *Ficelle* ein sehr dünnes Stangenweißbrot. Ebenfalls am Morgen stets frisch sind *Croissants* (Hörnchen) und *Pain*

Baguettes, Ficelles und Petits pains

au chocolat (Hörnchen mit Schokoladenfüllung). Seit einigen Jahren essen die Franzosen vermehrt auch Graubrot – zu Austern obligatorisch.

Pâtisserie: die Konditorei der Franzosen – für Freunde von süßem Naschwerk eine verhängnisvolle Falle. Zu den bretonischen Spezialitäten zählen der *Kouign Amman* (Butterkuchen), der *Far breton* (Eierkuchen mit Rosinen und Dörrpflaumen) sowie der *Gâteau breton* (mit Apfel- oder Pflaumenmus gefüllter Sandkuchen).

Meeresfrüchte

Zu ihnen zählen Austern, Hummer, Langusten, Krebse, Seespinnen, die Jakobs- und die gemeine Miesmuschel. Die Zubereitungsarten variieren unendlich, jeder Koch hat seine Rezepte.

Beim Pâtissier

Die Kunst, eine Auster zu öffnen

Die Austern sind gekauft, man freut sich auf eine himmlische Vorspeise und sieht sich plötzlich dem Problem gegenüber: Wie komme ich an die Delikatesse? Das Tier lebt nämlich noch, wehrt sich gegen sein Schicksal und hält mit seinem starken Muskel die Schale fest zusammen. Ratschlag: Nicht mit dem Taschenmesser herumfummeln, sondern sich ein spezielles Austernmesser besorgen (das vor Abrutschen und versehentlichem Aufschlitzen der Pulsader schützt) und sich das Know-how des Austernöffnens von einem Fachmann (fast jeder Bretone) demonstrieren lassen.

Kurzanleitung: Die Auster mit der tieferen Schalenhälfte nach unten in die Hand nehmen, an der dicksten Stelle der Seite das Instrument ansetzen, den Schließmuskel durchtrennen, die obere Schalenhälfte mit einer Drehbewegung abheben, eventuelle Schalensplitter entfernen.

Gesunde Austern zeigen folgende defensive Reaktionen: Sie lassen sich schwer öffnen, und der Mantel des rohen Fleisches zieht sich leicht zusammen, wenn er mit Zitronensaft beträufelt wird. Austern, die sich von selbst öffnen, sollten Sie besser nicht verzehren.

Austern werden roh, gebraten, gedünstet, gratiniert oder gekocht (Austernsuppe) verzehrt. Am einfachsten und gängigsten ist das Rezept „Huîtres natures": Nach dem Öffnen der Auster das erste Wasser wegkippen, das lebende Tier produziert ein zweites, schmackhafteres Wasser. Das rohe Austernfleisch wird in der größeren, unteren Schalenhälfte serviert, die nach Möglichkeit auf zerstoßenes Eis gebettet wird. Graubrot und gesalzene Butter, Zitrone und Pfeffer bereitstellen, dazu einen Muscadet oder Chablis, noch besser einen Champagner.

Hummer und Langusten rangieren preislich ganz oben, eine stattliche Meeresfrüchteplatte für zwei Personen ist ab etwa 60 € zu haben.

Der ideale Begleiter zu den Meeresfrüchten ist ein trockener Weißwein.

Getränke

Cidre: Der leichte, spritzige Apfelwein aus vergorenen Äpfeln wird aus einer dicken Keramikschale *(bol)* gerne zu Galettes und Crêpes getrunken. Es gibt mehrere Sorten: den apfelsaftähnlichen *Cidre doux* mit ca. 2 % Alkohol, den herberen *Cidre brut* mit 4,5 % Alkohol. Der süffige *Cidre bouché* ist der Champagner unter den schwach alkoholischen Apfelgetränken. Hergestellt wird Cidre in der *Cidrerie*. Viele Bretonen destillieren auch selbst, Bauern, die eigene Apfelbäume besitzen, verkaufen ihren *Cidre de ferme* ohne Etikett (dafür meist mit etwas mehr Alkohol), und schließlich gibt es Produzenten, die sich dem *Cidre biologique* verschrieben haben.

Muscadet: Der in der Bretagne beliebteste Wein wird in der Nähe der Loiremündung angebaut; er ist ein idealer Begleiter von Austern und Fischgerichten.

Chouchenn: Aperitif, Honigwein, der vermutlich auf den Met der Germanen zurückgeht. Ausprobieren und sich ab dem zweiten Glas an der Theke festhalten.

Bier *(Bière)*: „Un demi!" versteht jeder Schankkellner als Aufforderung, Ihnen ein Bier zu bringen, doch einen halben Liter dürfen Sie nicht erwarten – die französische Halbe hat nur 0,25 Liter. Der Grund hierfür liegt darin, dass die meisten französischen Biere aus dem Elsass kommen, wo man die *chope* kennt, die 0,5 Litern entspricht. Ein „Halber" ist also ein halber Schoppen. Bier vom Fass *(à la pression)* ist billiger als Flaschenbier, getrunken werden französische, belgische und deutsche Marken. Und schließlich haben die Bretonen auch ein paar eigene Biere, die auf dem Markt allerdings kaum eine Rolle spielen und meist nicht zu finden sind, u. a. das *Coreff*.

Das Wichtigste im Dorf

Jachthafen von Paimpol

Sport

2700 Kilometer zerklüftete Küste und ständig Wind über den Wellen – die Bretagne ist ein Eldorado des Wassersports. Segeljachten in allen Preisklassen liegen in den Häfen, Surfer fahren stramm im Wind, während Taucher und Taucherinnen unbeobachtet ihrem voyeuristischen Vergnügen nachgehen.

Aber nicht nur das Meer wird zum Spielfeld, auch auf dem Land sind die Möglichkeiten sportlicher Betätigung überaus vielfältig. Natürlich wird in der Bretagne wie überall in Frankreich *Boule* gespielt. Doch im bretonischen Sportangebot geht dieses simple Wurfspiel, mit dem sich, einem Klischee zufolge, Gauloises rauchende Schieberkäppis die Zeit vertreiben, schier unter. Nicht leicht hat es auch der uralte *Gouren*, die keltische Variante des Ringens (→ Kastentext „Gouren").

Die nötige Ausrüstung für Land- und Wassersport wird bei Bedarf gestellt. Verleiher von Sportartikeln finden sich in jedem größeren Touristenort. Kurse auf dem Segelboot oder dem Pferd gehören ebenso zum Angebot wie einwöchige Tauchkurse.

Wassersport

Baden: Die Bretagne besitzt eine der aufregendsten Küsten Europas und eine Unzahl von Stränden, der längste mit insgesamt 8 km Länge vor La Baule, der kürzeste sei zu seinem Schutz verschwiegen. Im Norden und Westen bestimmen meist Ebbe und Flut (→ Wissenswertes von A bis Z/Gezeiten) das Badegeschehen. Bei Ebbe sind die Wege zum Wasser meist weit, bei Flut kann unter Umständen das Badetuch überspült werden. An den Stränden im Süden sind die Gezeitenunterschiede weniger ausgeprägt.

▲ Kampf gegen Wind und Wellen

▼ Badefreuden in La Trinité-sur-Mer

Ab Juni erreicht das Meerwasser allmählich Badetemperaturen, im August ist das Wasser mit durchschnittlich 20 °C am wärmsten. Auch der September ist meist noch ein badefreundlicher Monat, dann kühlt der Atlantik schnell wieder ab.

Grob lassen sich die Strände so einteilen: an der *Nordküste* Sandstrände in Buchten, gegen Westen hin folgen Sand- und Kiesstrände, an der *Südküste* bestimmen oft lange Sandstrände das Bild.

Der bretonische Atlantik ist keine harmlose Wasserfläche wie das glatte Mittelmeer – starke Strömungen, scharfkantige Riffe oder die herantosende Flut können bei gedankenlosem Drauflosschwimmen ins offene Meer bedrohliche Situationen heraufbeschwören. Gefährliche Strand- und Küstenabschnitte sind deutlich als solche gekennzeichnet, große Hinweistafeln machen manchmal darauf aufmerksam, wann mit der Flut zu rechnen ist. Diese Schilder stehen nicht grundlos da!

Segeln: Die Nummer eins des bretonischen Sportangebots. Von der Luxusjacht bis zum kleinen Optimisten tummeln sich Segelboote und Jachten aller Größen und Preisklassen in den Häfen und Gewässern – über 130 Segelschulen *(Ecole de voile)* lehren den fachgerechten Kampf gegen die Elemente: Kurse für Kinder und Erwachsene, für Anfänger und Fortgeschrittene sind im Angebot, Material und Ausrüstung werden verliehen.

Zahlreiche Jachthäfen *(Ports de plaisance)* gewähren den Freizeitseglern *(Plaisanciers)* Unterschlupf: Liegeplatz, Sanitäranlagen, Strom- und Spritversorgung gehören zum Service wie Auskünfte über Gezeiten, Wetter und Fahrtrouten.

Ausgesprochene Segelgebiete sind die *Rade de Brest*, die *Bucht von Douarnenez*, der *Golf von Morbihan* und die Gewässer um die *Iles de Glénan*.

Surfen: Für das Gleiten auf dem Brett gilt Ähnliches wie für das Segeln – die Bedingungen sind exzellent, die *Centres nautiques* bieten Schulungen und verleihen Boards. Im Verleihgeschäft tätig sind auch ausgesprochene Surfspezialisten und Sportgeschäfte vor Ort.

Die westliche Nordküste ist ein wildes Surfrevier, gefährlich wird es an der Westküste, ideale Bedingungen herrschen entlang der Südküste: *Quiberon, La Baule* oder die *Pointe de la Torche* – dort werden auch Weltcup-Rennen ausgetragen – sind nur einige Gebiete, in denen es sich nach Herzenslust surfen lässt.

Verwandte Arten wie **Kitsurfen, Stehpaddeln** und **Strandsegeln** *(char à voile)* schätzen dieselben Windverhältnisse und sind an den genannten Orten der Südküste ebenfalls beliebt.

Gouren

Gouren, die bretonische Variante des Ringens (auch *Lutte bretonne* genannt), wurde im 5. Jahrhundert n. Chr. von den einwandernden Kelten aufs Festland gebracht. Während der Gouren bis ins späte Mittelalter dem Adel vorbehalten war und überwiegend Kampfsportcharakter besaß, breitete er sich im 18. Jahrhundert auch im einfachen Volk aus und bekam immer mehr Spielcharakter. Anfang des 20. Jahrhunderts modernisiert und nach dem Zweiten Weltkrieg trotzdem so gut wie verschwunden, erlebt der Gouren vor allem bei Festen in ländlichen Gegenden einen neuen Aufschwung.

Gouren ist zu einem Teil des neuen regionalen Selbstbewusstseins geworden, in einigen Grundschulen lernen schon die Kleinsten, wie sie ihren Gegner am Hemd *(roched)* fassen müssen, um ihn mit Hilfe eines speziellen Griffs *(kliked)* aus dem Gleichgewicht zu bringen und auf den Rücken zu legen *(lamm)*. Die *Fédération de Gouren* zählt heute rund 40 Clubs mit 1300 Mitgliedern.

Die Wintersaison besteht in erster Linie aus Hallentraining. Im Sommer dagegen wird *mod kozh*, auf alte Art, gekämpft. Die Rivalen begegnen sich im Freien, manchmal auf einer Unterlage aus Sägespänen, und wer drei Kämpfe hintereinander für sich entscheiden kann, darf mit dem gewonnenen Schaf auf den Schultern eine Ehrenrunde drehen. Zu sehen sind die bretonischen Ringkämpfe u. a. beim *Festival de Cornouaille in Quimper* und bei der *Fête des Filets Bleus in Concarneau*.

Tauchen: Die Bretagne ist aufgrund der Gezeitenwechsel und Strömungen ein schwieriges Tauchgebiet. Einige Einschränkungen sind zu beachten: Die Unterwasserjagd mit Pressluftflasche ist verboten, nur sechs Fische bzw. Schalentiere pro Tag dürfen erlegt werden. Manche Tauchgründe sind als Fangschutzgebiete ausgewiesen. Ausländische Taucher ohne Mitgliedschaft in einem bretonischen Tauchclub müssen sich bei der Marineverwaltung (Hafenbehörde) anmelden.

Fischen: Nicht nur an der Küste (bescheidene Fangergebnisse) oder vom Schiff aus (besser) findet die Jagd auf Speise- und Raubfische statt. Auf insgesamt 10.000 km Flusslauf- und Kanallänge dürfen, Angelschein vorausgesetzt, Lachse, Aale, Glasaale, Forellen, Hechte und andere Kiemenatmer mit der Angel an Land gezogen werden.

Die lokalen Bestimmungen und Verbote sind zu beachten, konkrete Auskünfte über das Fischen in Süß- und Salzwasser geben die Informationsbüros.

Landsport

Fahrradfahren → Unterwegs in der Bretagne/Mit dem Fahrrad.

Golf: Der 1887 im anglophilen Dinard gegründete Golfclub ist der zweitälteste Frankreichs. Heute zählt die Bretagne mit über 30 Golfplätzen zu den ersten Adressen des Spiels mit dem kleinen Ball auf dem feinen Rasen. Die meisten Plätze haben 18 Löcher.

Reiten: Der Pferdesport hat Tradition in der Bretagne, und so ist das Angebot für Anfänger und Fortgeschrittene groß. Die Palette reicht von der Reitstunde über den organisierten mehrstündigen Spazierritt bis zu zwei Wochen Reiterferien.

Wandern

Die Bretagne ist ein beliebtes Wandergebiet mit einer entsprechenden Infrastruktur: Allein das Finistère weist 1000 km Wanderwege auf. Neben den „Grandes Randonnées" gibt es zahllose „Petites Randonnées" – markierte Strecken, die sich von der 2-Stunden-Promenade bis zur Tagestour ausdehnen können.

Königsweg ist der **Küstenwanderweg GR 34** (Grande Randonnée Nr. 34), der vom Klosterberg Mont-St-Michel ausgehend die gesamte bretonische Küste entlangführt und nach 1700 km auf der Halbinsel Rhuys südlich von Vannes endet. Eindeutig kürzer ist der beliebte **Küstenwanderweg GR 340**, der in vier Etappen (85 km) rund um Belle-Isle-en-Mer, die größte bretonische Insel, führt.

Natürlich können Sie auch nur Teiletappen des GR 34 gehen (die beliebteste ist der Zöllnerweg zwischen Perros-Guirec und Ploumanac'h) oder kurze Spaziergänge im nahen Umkreis Ihres Urlaubsorts unternehmen. Größere Gemeinden, die an einem Wanderweg liegen oder eigene Wanderwege unterhalten, verfügen meist über Skizzenmaterial zu den Möglichkeiten in ihrer Umgebung, erhältlich im Office de Tourisme.

Die Zivilisation ist immer beruhigend nah. *Gîtes d'Etapes* (→ Kapitel Übernachten) sind in ausreichender Anzahl an den Wegen verteilt – so erübrigt sich die Mitnahme von Verpflegung und Zelt. Nur bei längeren Strecken sollten Sie etwas gegen akuten Hunger und Durst und selbstverständlich einen Regenschutz dabeihaben. Leichte Wanderstiefel sind ausreichend.

Wanderführer Von der französischen Reihe Topo-Guide sind derzeit mehrere Titel mit Wanderungen in der Bretagne auf dem Markt. Erhältlich in jeder größeren Buchhandlung.

Adressen für weitere Auskünfte und organisierte Wanderungen:

Bretagne-Rando, die bretonische Wanderorganisation, die in allen vier bretonischen Departements aktiv ist und sich um alle Belange der Wanderer kümmert, bietet auch organisierte Wanderungen an. www.bretagne-rando.com.

Rando Acceuil, ein Verbund wandererfreundlicher Einrichtungen: 7c, rue Pierre Texier, 35760 Montgermont. ✆ 02.99.26.13.50, http://rando.abri.free.fr.

Wissenswertes von A bis Z

Adresse

Bei französischen Adressangaben steht die Hausnummer immer vor dem Straßennamen, also: *37, rue de la Gare*. Bei *37bis, rue de la Gare* handelt es sich um den ersten Nebeneingang des Hauses Nr. 37 in der Bahnhofstraße. Ist das Haus lang und hat noch einen zweiten Nebeneingang; bekommt dieser die Nummer *37ter*.

Bei Postanschriften steht hinter der Stadt gelegentlich das Wort *Cedex*. Die Abkürzung steht für „Courrier d'Entreprise à Distribution Exceptionnelle" und ist ein Dienst der französischen Post für Großkunden, meist Unternehmen und Institutionen, in größeren Städten, die wiederum mehrere Cedex-Verteilstellen haben können (Cedex 1, Cedex 2 ...). In der Regel gehört zur Cedex-Adresse auch ein Postfach, eine Boîte Postale (B.P.), und die Postleitzahl ist einem Stadtviertel zugeordnet: So hat z. B. das Comité Départemental du Tourisme der Côtes d'Armor die Adresse *7, rue St-Benoît, B.P. 4620, 22046 St-Brieuc Cedex 2*.

Alignements

Alignement bedeutet in etwa „Ausrichtung" und steht für exakt in eine Richtung gesetzte Steinreihen, die die Angehörigen der Megalithkultur zu noch nicht geklärten Zwecken anlegten. Die Zahl der aufgerichteten Steine schwankt– von unscheinbaren Steinreihen mit nur wenigen Blöcken bis zu regelrechten Granitarmeen; die meisten ausgerichteten Steine sind bei Carnac versammelt. Über das Warum dieser Steinfelder lässt sich, wie bei den meisten Hinterlassenschaften der Megalithkultur (→ Megalith), nur rätseln. Mit ziemlicher Sicherheit dienten sie kultischen Zwecken.

Allée couverte

Die *Allée couverte* (bedeckte Allee) wird von deutschen Forschern mit dem Begriff „Langgrab" übersetzt. Mehrere → Dolmen hintereinander bilden ein langes Megalithgrab, an dessen Ende der Fürst beigesetzt wurde. Zusätzlich können vom Langgrab noch Seitenkammern abgehen, in denen rangmindere Tote bestattet wurden. Die bekanntesten Langgräber sind *La Roche-aux-Fées* bei La Guerche-de-Bretagne und das *Langgrab von Mougau-Bihan* bei Commana.

Ankou

L'Ankou ist der Tod. Was für Touristen eine leicht gruselige Kulturattraktion darstellt („Schau, Herbert, da guckt der Tod vom Beinhaus!"), ist den Bretonen vertraut. Ihre Legenden mit Ankou als Hauptdarsteller sind zahllos. Die Auseinandersetzung mit dem Tod und die Überwindung der Todesangst gehörten sozusagen zum Alltag. Hier fanden die Missionare auch einen Hebel, keltischen Kult und christlichen Glauben zu verschmelzen. Schnitter Tod, der Knochenmann mit Sense, ist seit der Christianisierung die übliche Darstellung des Todes, und die Botschaft lautet nun: Der Tod ist unausweichlich, doch gibt es eine Auferstehung, und der Weg zu ihr führt über Jesus.

Apsis

Im Kirchenbau der halbkreisförmige Abschluss des Hauptschiffs (→ Schiff) hinter dem Altarraum, meist nach Osten ausgerichtet und von einer Halbkuppel überwölbt. Die *Nebenapsiden* schließen die Seitenschiffe einer Kirche ab.

Arbeit

Für Deutsche und Österreicher gibt es diesbezüglich schon lange kein Problem mehr: Staatsangehörige aus EU-Ländern dürfen jederzeit in Frankreich arbeiten.

Ankou lässt grüßen (La Roche-Maurice)

Für Schweizer gilt trotz der 2014 vom Volk gutgeheißenen EU-feindlichen „Masseinwanderungsinitiative" vorläufig weiterhin das „Personenfreizügigkeitsabkommen" mit der EU – sie brauchen keine besondere Bewilligung mehr, um in Frankreich eine Erwerbstätigkeit aufzunehmen.

Bezahlt werden muss zumindest der SMIC, der gesetzlich garantierte Mindestlohn, derzeit 9,61 € brutto pro Stunde, bei einer 35-Stunden-Woche monatlich 1457,52 € brutto. Da bleibt nach Abzug der Sozialabgaben nicht viel übrig – sofern es überhaupt gelingt, in der Bretagne einen Job zu finden.

Argoat

Goat ist der Wald, und *ar* bedeutet „an" oder „in". *Argoat*, Land des Waldes, nennen die Bretonen die innere Bretagne, die zur Zeit der britannisch-keltischen Einwanderung praktisch ein einziges, riesiges Waldgebiet war. Heute sind nur noch 10 % des Argoat bewaldet. Trotzdem ist das Argoat die grüne Bretagne: eine wellige, fruchtbare Bocage-Landschaft (→ Bocage).

Armorika

Die klassische Bezeichnung für die Bretagne, die die römischen Besatzer der keltischen Sprache entlehnten (*ar Mor* – am Meer). Der Name steht nur noch auf sehr alten Landkarten, Geologen sprechen aber noch immer vom Armorikanischen Gebirge.

Ärztliche Versorgung

Statt des früheren Auslandkrankenscheins (E 111) gilt seit 2005 die *EHIC* (European Health Insurance Card). Mit der EHIC weist man nach, dass man ordnungsgemäß versichert ist. Arbeitet der Arzt im Rahmen des staatlichen Gesundheitssystems, so regelt die Kasse die Bezahlung direkt. Die EHIC gilt nicht für zahnärztliche Behandlungen. Auch ein Rücktransport im Krankheitsfall ist mit der EHIC nicht gedeckt. Wer das Risiko eines selbstbezahlten Rücktransports ausschalten will, schließt eine Auslandsreisekrankenversicherung ab.

Arbeitet der Arzt aber nicht im Rahmen des staatlichen Gesundheitssystems, bleibt nichts anderes übrig, als die Rechnung erst selbst zu bezahlen und sie sich hinterher zuhause gegen Vorlage der Quittung zurückerstatten zu lassen. Die Rückerstattung ist auf den Betrag limitiert, den die heimische Krankenkasse auch im Inland getragen hätte.

Basilika

Eine schon in der Antike beliebte Hausform (griechisch *basilikos* = königlich) steht für die Bezeichnung eines christlichen Kirchentyps: Das dominierende Hauptschiff (→ Schiff) wird von zwei schmaleren Seitenschiffen umrahmt, deren Dächer (Pultdächer) deutlich niedriger sind als das Dach des Hauptschiffs (Satteldach).

„Basilika" ist auch ein Ehrentitel, der vom Papst an bestimmte Kirchen vergeben wird. Erhebt der Vatikan eine Kirche, z. B. eine Wallfahrtskirche, zur Basilika, spielt die Architektur überhaupt keine Rolle.

Behindertengerecht

Behindertengerechte Eingänge und Toiletten gibt es in der Bretagne wie andernorts in Europa auch – und wie andernorts zu wenig. Größere Museen haben inzwischen dazugelernt und die nötigen baulichen Veränderungen unternommen. Bei öffentlichen Neubauten wird auf Rollstuhlgängigkeit geachtet.

Die französischen Tourismusbehörden verleihen nach strenger Kontrolle vier „Handicap"-Labels an *Hotels:* geeignet für Körperbehinderte (barrierefrei, rollstuhlgerecht), für mental Behinderte, für Hör- und für Sehbehinderte. Noch wenige Hotels sind mit allen vier Labels ausgezeichnet, doch es werden jährlich mehr. *Campingplätze* der oberen Kategorien bieten für Rollstuhlfahrer oft Rampen und geeignete sanitäre Anlagen an.

Bocage

Das Wort bezeichnet in Frankreich ein bestimmtes Landschaftsbild: Hohe Hecken grenzen die Anbauflächen ein, um sie vor dem Wind zu schützen. In einer agrarorientierten, windigen Region wie der Bretagne sind Bocage-Landschaften – trotz zunehmender Flurbereinigung – noch weit verbreitet. Oft können Sie solche Landschaften erst von einem höher gelegenen Punkt zusammenhängend erfassen.

Cairn

Das bretonische Wort für „Bruchstein" bezeichnet ein Fürstengrab, die Grabstätte frühzeitlicher Fürsten in Form eines Hügels: Über einen oder mehrere → Dolmen wurden kleinere Steine gehäuft. Die beiden größten ausgegrabenen Fürstenhügel sind die von *Gavrinis* und *Barnenez.*

Calvaire

Der französische *Calvaire* und der deutsche Kalvarienberg leiten sich ab vom spätlateinischen *locus calvariae,* der Schädelstätte (Golgatha). Der Kalvarienberg bezeichnet im deutschen Sprachgebrauch einen Hügel oder Berg mit einer plastischen Darstellung der Kreuzigungsgruppe, zu der die Kreuzwegstationen hinaufführen. Doch ein Kalvarienberg und ein bretonischer Calvaire sind zwei gänzlich verschiedene Dinge, deshalb haben wir im Text auf eine Eindeutschung verzichtet.

Der bretonische Calvaire, im 15. Jahrhundert im Geist der Renaissance geboren und bis zum 17. Jahrhundert zur Blüte gebracht, ist ein Golgatha aus Granit, häufig gekrönt von drei Kreuzen und belebt durch steinerne Figuren, die Szenen aus dem Leben und Sterben Jesu erzählen. In den granitenen Bilderreigen der Lebensgeschichte Christi sind scheinbar wahllos biblische Episoden, Apostel und Ortsheilige eingestreut. Das alles hatte seinen Zweck: Wie ein Moritatensänger hielt der Ortspfarrer am Calvaire seine Predigt, zeigte dabei mit seinem Stöckchen auf die passenden Szenen. Und wenn er auf die Gottlosen zu sprechen kam und vielsagend auf den Teufel deutete, der grinsend den Tod des sündigen Schächers erwartet, erschauerte die Gemeinde.

Als schönste und größte Calvaires der Bretagne gelten die von *Guimiliau, Lampaul-Guimiliau, St-Thégonnec, Pleyben* und *Plougastel-Daoulas.*

Chor

Der Name leitet sich vom liturgischen Gesangschor ab, der auf dem erhöhten Abschluss der Kirche, vor dem Halbrund der → Apsis, den Gottesdienst mitgestaltete. Die *Chorschranke,* vom niedrigen Geländer bis zum raumteilenden → Lettner, trennt den der Geistlichkeit und der weltlichen Prominenz vorbehaltenen Chorraum von der Gemeinde im Langhaus ab. Seit dem 14. Jahrhundert steht auch der Altar in der Regel im Chor, der seitdem auch Altarraum genannt wird.

Criée

Crier heißt schreien, und Criée kann mit Versteigerung übersetzt werden. In der Bretagne ist die Criée die Fischhalle am Hafen, in der der frische Fang meist morgens versteigert wird. Einige Criées haben Besucherbalustraden. Allerdings werden die traditionellen Versteigerungen zunehmend durch computergesteuerte Verkaufsaktionen ersetzt. Unter dem Stichwort *Criée* finden Sie in den Ortskapiteln einige trotzdem noch besuchenswerte Fischhallen.

Cromlech

Cramon ist die Krümmung, *lec'h* heißt Ort. Mitunter haben die Menschen des Neolithikums aus → Megalithen eine gekrümmte, kreis- oder halbkreisförmige Form geschaffen. Der bekannteste Cromlech ist der Steinkreis von Stonehenge (England), der eindeutig nach den Gestirnen ausgerichtet ist. Vielleicht sollten wir uns einen Cromlech als Freilichtkalender mit integrierter Kultstätte vorstellen. In der Bretagne sind u. a. bei Carnac einige kleinere Cromlechs zu finden.

Diplomatisches

Botschaften in Frankreich

Deutsche Botschaft: 13–15, avenue Franklin-D.-Roosevelt, 75008 Paris. ☏ 01.53.83.45.00, www.allemagne.diplo.de.

Schweizer Botschaft: 142, rue de Grenelle, 75007 Paris. ☏ 01.49.55.67.00, www.eda.admin.ch/paris.

Österreichische Botschaft: 6, rue Fabert, 75007 Paris. ☏ 01.40.63.30.63, www.aussenministerium.at/paris.

Französische Vertretungen

In Deutschland: Französische Botschaft, Pariser Platz 5, 10117 Berlin. ☏ 030-590.03.90.00, www.ambafrance-de.org.

Für die Erteilung von *Visa für Nicht-EU-Ausländer* ist in Deutschland das Französische Generalkonsulat in Frankfurt zuständig: Zeppelinallee 35, 60325 Frankfurt. ☏ 069-79.50.96.22.

Weitere Generalkonsulate in Düsseldorf, Hamburg, München, Saarbrücken, Stuttgart.

In der Schweiz: Französische Botschaft, Schosshaldenstr. 46, 3006 Bern. ☏ 031-359.21.11, www.ambafrance-ch.org.

Generalkonsulate in Genf und Zürich.

In Österreich: Französische Botschaft, Technikerstr. 2, 1040 Wien. ☏ 01-50.27.50, www.ambafrance-at.org.

Dolmen

Das Wort kommt aus dem Keltischen: *dol* ist der Tisch, *men* der Stein. Der Dolmen ist also der „Tisch aus Stein" oder einfach der „Steintisch". In der Regel tragen zwei bis vier senkrechte Steinkolosse eine Deckplatte. Der Dolmen war die Grabkammer eines verstorbenen Herrschers, um die Erdreich und Geröll aufgehäuft wurde. Mehrere Dolmen hintereinander bilden ein

Langgrab (→ Allée couverte). Der größte Dolmen der Bretagne, die *Table des Marchands*, steht bei Locmariaquer.

Donjon

Ein Donjon ist der befestigte Wohnturm einer Burganlage. Die Formen reichen von rund bis elliptisch, stets abweisend und wehrhaft. Hier wohnte die Familie des Burgeigentümers, und hier waren neben Privatgemächern die repräsentativen Räume der Burg untergebracht: Empfangs- und Festsaal mit riesigen Kaminen, die vermutlich dennoch nur notdürftig die Kälte vertrieben.

Enclos paroissial

Franzosen bezeichnen damit einen umfriedeten Pfarrbezirk, wie es ihn oft im Nordwesten der Bretagne gibt. Eine Mauer grenzt den Enclos von der Außenwelt symbolisch ab. Das *Triumphtor* in der Umfassungsmauer ist der Einlass in den Bezirk einer abgeschlossenen, Gott geweihten kleinen Welt. Vorbei an Beinhaus (→ Ossuaire), Friedhof und → Calvaire (in der Regel gegenüber dem Beinhaus), vielleicht noch an einer Kapelle und einem Brunnen, führt der Weg zur Kirche. Durch eine Vorhalle, in der oft die 12 Apostel stehen, gelangt man dann in den Kirchenraum.

Besonders hell am Enclos-paroissial-Himmel strahlt das Dreiergespann *Guimiliau*, *Lampaul-Guimiliau* und *St-Thégonnec* bei Landivisiau.

Ermäßigungen

Kinder bis zu sieben Jahren erhalten fast überall, außer im Restaurant, einen Preisnachlass von 50 % oder mehr; im Restaurant gibt es oft Kindermenüs.

Museen: Alle Personen unter 18 Jahren sowie alle EU-Bürger unter 26 Jahren haben freien Eintritt. Davon ausgenommen sind einige private Museen und Monumente. Dort hilft vielleicht ein Studentenausweis oder der internationale Studentenausweis.

Camper, die mit dem *Camping-Carnet* oder einer *CampCard* (gibt es z. B. beim ADAC) unterwegs sind, können bei manchen Plätzen bis zu 10 % sparen. Immer fragen.

Fest- und Feiertage

Arbeitsfreie staatliche und kirchliche Feiertage sind:

1. Januar (Neujahr)	15. August (Mariä Himmelfahrt)
1. Mai (Tag der Arbeit)	1. November (Allerheiligen)
8. Mai (Waffenstillstand 1945)	11. November (Waffenstillstand 1918)
14. Juli (französischer Nationalfeiertag)	25. Dezember (Weihnachten)

Dazu kommen die beweglichen Feiertage: Ostern (inkl. Ostermontag), Christi Himmelfahrt und Pfingsten (inkl. Pfingstmontag). Achtung: Fällt ein Feiertag auf Dienstag oder Donnerstag, so sind am Montag bzw. am Freitag Behörden, Banken und Geschäfte in der Regel geschlossen. Dieses arbeitnehmerfreundliche System wird mit *faire le pont* (die Brücke machen) bezeichnet.

Fest-noz

Auch das kleinste Dorf lädt im Sommer zu seinem Fest-noz ein, dem nächtlichen Fest des geselligen Tanzens und Trinkens. Touristen sind willkommen, etliche Fremdenverkehrsorte planen das Fest-noz auch für das Sommerprogramm ihrer Gäste ein. Biniou- und Bombardespieler (→ Musik) treten auf. Oft spielen die Gruppen elektrisch verstärkt oder mit elektronischen Instrumenten, doch Stimmung und Alkoholausschank sind geblieben.

Fotografieren und Filmen

Wer für seine Digitalkamera mit einer Speicherkarte nicht auskommt, besorgt sich eine weitere besser zuhause. Film- und Fotozubehör ist in Frankreich teurer als in Deutschland, Österreich oder der Schweiz.

Ein Blitz erhellt dunkle Räume, in denen sich ein Bild lohnt – doch bitte Zurückhaltung in alten, dunklen Kirchen: Den Malereien bekommt der Lichtschock nicht, oft weist ein Schild auf ein Blitz-Verbot hin. Hier hilft nur ein Stativ, das lange Belichtungszeiten ermöglicht.

Fußfischen

Die *Pêche à pied*, das Fischen zu Fuß, ist in der Bretagne ein feststehender Begriff. Wenn sich das Meer zurückgezogen hat, schwärmen die Fußfischer und Fußfischerinnen mit Schaufeln, Harken, Netzen, Eimern oder Plastiktüten bewaffnet in die für einige Stunden freigegebenen Fanggründe aus und sammeln auf, was die Flut zurückgelassen hat: Muscheln, Krabben und andere begehrte Schalentiere.

Das Fußfischen ist in den letzten Jahren zu einer ernsten Gefahr für die Watt-Fauna geworden. Alljährlich tummeln sich zu viele Sammler auf dem trockengelegten

Sammeln statt angeln

Meeresboden und räumen hemmungslos ab. Der schlimmste Fehler ahnungsloser Fußfischer aber besteht darin, die umgedrehten Steine nicht wieder in ihre ursprüngliche Position zurückzubringen und so die Nahrungskette zu unterbrechen: Die unter den Steinen verborgenen Mikroorganismen, von denen die nächst größe-

ren Meeresbewohner leben, sterben ab, die Folge ist eklatanter Nahrungsmangel und damit verbunden eine bedrohliche Gefährdung aller Meeresbewohner in Küstennähe. Wer sich seine Meeresfrüchteplatte selbst zusammenstellen will, sollte also darauf achten, sich maßvoll zu bedienen und keine Baustelle zurückzulassen.

Geld

Die Bezahlung mit *Kreditkarte* ist in Frankreich weitaus üblicher als in Deutschland – ob an der Tankstelle, im Supermarkt, Hotel oder Restaurant. Zum Geldziehen findet man bei vielen Banken einen rund um die Uhr aktiven Automaten, der in der Regel neben den gängigen Kreditkarten auch die *Maestro-Karte* akzeptiert.

Bankgeschäft im Mittelalter

Gezeiten

Ebbe und Flut verändern das Bild der bretonischen Küsten ständig. Wo sich noch vor einer Stunde eine felsdurchsetzte weite Sandbank ausbreitete, lecken nun die Wogen an den Spitzen der Riffe, bevor diese ganz überflutet werden. Zweimal täglich neigen sich die Boote im Hafen sanft zur Seite, wenn sich das Wasser zurückgezogen hat, und mit derselben Regelmäßigkeit werden sie durch das eindringende Wasser wieder aufgerichtet. Manche Hafenorte rühmen sich eines gezeitenunabhängigen Hafens, der jederzeit angelaufen oder verlassen werden kann.

Bedingt durch das Zusammenwirken von Schwer- und Fliehkräften, die bei der Bewegung des Mondes um die Erde und der Erde um die Sonne entstehen, kommt es zu Massebewegungen des Erdkörpers (die Erdkruste hebt und senkt sich minimal), der Atmosphäre (Schwankungen des Luftdrucks) und des Meeres. Zweimal täglich, in der Regel alle 12 Stunden und 25 Minuten, steigt das Meer an (Flut) und sinkt wieder ab (Ebbe). Bei Neu- und Vollmond – speziell im Frühjahr und im Herbst – sind die einwirkenden Kräfte am größten, es kommt zu den kräftig strömenden *Springtiden*. Bei Halbmond hebt die Sonne einen Teil der Mondanziehungskraft auf, und es entstehen die besonders schwachen *Nipptiden*.

Im Nordosten der Bretagne ist das Spiel von Ebbe und Flut am ausgeprägtesten: In der Bucht von Mont-St-Michel ist der Tidenhub – der Unterschied zwischen Hoch- und Niedrigwasser – besonders hoch. Die maximale Höhe erreicht er, wenn Erde, Mond und Sonne auf einer Achse liegen, was alle 18 Jahre vorkommt – das nächste Mal 2033.

Die Berechnung von Ebbe und Flut war den gezeitenabhängigen Küstenbewohnern schon immer ein lebenswichtiges Anliegen. Anfang des 20. Jahrhunderts wurde die Gezeitenmaschine entwickelt, ein Spezialrechenapparat, der heute vom Computer abgelöst ist. Die aktuellen Gezeitenstände an den bretonischen Küstenabschnitten sind der bretonischen Tagespresse (Rubrik *Marées*) oder den Broschüren zu entnehmen, die in den Informationsbüros der Küstenorte ausliegen.

Gisant

Plastische Liegefigur aus Stein eines teuren Verstorbenen, oft Teil eines → Sarkophags und vor allem in Kirchen zu finden.

Heilige

777 Heilige kümmern sich um den kleinen Flecken Erde am Ende der Welt. Kein Wunder, dass sich die Bretagne unter einer solch immensen Zahl von Heiligen sonnt, schließlich waren Adam und Eva nicht nur die ersten Menschen, sondern auch die ersten Bretonen! Den etymologischen Beweis führte Théophile Malo-Corret, Napoleons „erster Grenadier der Republik" (→ Carhaix-Plouguer/Kastentext „Der erste Grenadier"): „A tam!" (bretonisch: ein Stückchen!), presste der männliche Bewohner des Paradieses mühsam auf Bretonisch heraus, als ein Stück des Apfels in seiner Speiseröhre hängenblieb. Seine Gefährtin reagierte gelassen: „Ev!" (bretonisch: trink!).

Die *heilige Anna*, Mutter der Jungfrau Maria und natürlich ebenfalls Bretonin (→ Ste-Anne-La-Palud/Kastentext „Die Großmutter von Jesus Christus", ist die nächste direkte Verbindung der Bretagne zum Christenhimmel, ihr und ihrer Tochter wird unter den Angebeteten die höchste Verehrung zuteil.

Ein Obdach für Heilige

Der Reigen der Heiligen setzt etwa 500 Jahre nach Christi Geburt mit der Besiedlung durch die britischen Kelten ein. Nach der Legende zeichnen sieben hochverehrte Gründungsheilige für die organisierte Landnahme und die Christianisierung der Gallier Armorikas verantwortlich: die Heiligen *Malo* (St-Malo), *Brieuc* (St-Brieuc), *Pol* (St-Pol), *Tugdual* (Treguier), *Samson* (Dol), *Waroc'h* (Vannes) und *Corentin* (Quimper) waren die ersten Bischöfe der sieben bretonischen Bistümer.

Zu diesen gesellten sich im Laufe der Jahrhunderte die weiteren 770 Heiligen – berühmte wie *St-Yves*, Schutzpatron der Rechtsanwälte, und *St-Ronan*, der

Bändiger der Elemente, oder die zahllosen lokalen Heiligen, die beispielsweise gegen Zahnschmerz helfen *(St-Tugen* und *Ste-Apolonia)*, Säuglinge von Blähungen befreien *(St-Rochus)* oder die Gartenarbeit gelingen lassen *(St-Fiacrus)*. Ein Unikum ist *St-Languis* – der Heilige gegen Langeweile.

Eine erkleckliche Anzahl gilt als „offiziöse Heilige", die ohne päpstliche Zustimmung von bretonischen Bischöfen anerkannt wurden. Die weitaus größte Zahl der Heiligen aber sind die Volksheiligen, die ohne den Segen der katholischen Kirche allein vom Volk in den Heiligenstand befördert wurden. Die seit Jahrhunderten stattfindenden → Pardons und die zahlreichen Votivtafeln an ihren Verehrungsstätten beweisen, dass ihre Anziehungskraft ungebrochen ist.

Höflichkeit

In Deutschland gilt, wer das Wörtchen *bitte* vergisst, nicht unbedingt als unhöflich. Wenn Sie's mit Bretonen oder anderen Franzosen zu tun haben, dann aber bitte mit *s'il vous plaît*.

Hunde

Wenn Sie Ihren Hund mit in den Urlaub nehmen wollen, müssen Sie die in der EU-Verordnung 998/2003 festgehaltenen Bestimmungen für das Reisen mit Hunden, Katzen und Frettchen berücksichtigen.

Impfung: Ihr Hund muss gegen Tollwut geimpft sein. Eine Einfuhr ist erst 21 Tage nach der Erstimpfung möglich, eine notwendige Wiederholung der Impfung ist im Impfpass vermerkt (in der Regel nach 12 Monaten). Der EU-Heimtierausweis (für Nicht-EU-Mitglieder: Impfpass) ist mitzuführen. Nicht vorgeschrieben, aber empfohlen wird eine Prophylaxe gegen Herzwurm.

Kennzeichnung: Das Tier muss zur Identifikation mit einem Chip versehen sein.

Kampfhunde: Pitbulls, Mastiffs u. ä. haben Einreiseverbot! Sie gehören zur sog. 1. Kategorie. Anders steht es mit der 2. Kategorie, zu der die Rottweiler gezählt werden. Sie benötigen einen Zuchtbucheintrag, müssen einen Maulkorb tragen und von einer volljährigen Person an der Leine gehalten werden.

Hund und Hotel: Einige Hotels akzeptieren Hunde *(animaux admis)*, oft gegen Aufpreis, in anderen müssen die Tiere draußen bleiben (obwohl der Hotelbesitzer selbst einen Hund hält). Und dann gibt's auch noch Hotels, die aus unerfindlichen Gründen – mit dem Zollstock im Kopf – großen Hunden den Eintritt verbieten und kleinen Hunden gestatten. Es empfiehlt sich also, vorher nachzufragen.

Hund auf dem Campingplatz: Die meisten bretonischen Campingplätze tolerieren Hunde, Ausnahmen gibt's.

Hund und Strand: An vielen Badestränden gilt Hundeverbot! Dafür hat mancher kein Verständnis, der mit seinem Vierbeiner unterwegs ist. Für Hunde und ihre Halter findet sich jedoch in den Weiten der bretonischen Küste gewiss auch ein anderes schönes Plätzchen. An Stränden, an denen Hunde erlaubt sind, wird der verantwortungsbewusste Hundehalter darauf achten, dass eventuelle Hinterlassenschaften nicht liegenbleiben.

Information

Vor Reiseantritt informiert *ATOUT FANCE*, die staatliche Tourismusorganisation, oder Sie kontaktieren gleich die unten angegebene zentrale Informationsstelle der Bretagne bzw. das lokale *Office de Tourisme*; letzteres siehe im Reiseteil unter den jeweiligen Orten.

Deutschland   ATOUT FRANCE – Französische Zentrale für Tourismus, Postfach 100128, 60001 Frankfurt, info.de@france.fr, www.france.fr.

Schweiz ATOUT FRANCE – Französische Zentrale für Tourismus, info.ch@france.fr, www.france.fr.

Österreich ATOUT FRANCE – Französische Zentrale für Tourismus, info.at@france.fr, www.france.fr.

In der Bretagne *Comité Régional du Tourisme de Bretagne*, www.tourismebretagne.com.

Ille-et-Vilaine: Comité Départemental du Tourisme,5 rue Pré Botté, B.P. 60149, 35101 Rennes Cedex 3. www.bretagne35.com.

Côtes d'Armor: Comité Départemental du Tourisme, www.cotesdarmor.com.

Morbihan: Comité Départemental du Tourisme, Allée Nicolas-le-Blanc, 56010 Vannes Cedex. ✆ 08.25.13.56.56, www.morbihan.com.

Finistère: Comité Départemental du Tourisme, 4, rue du 19 mars 1962, CS 92005, 29108 Quimper Cedex. ✆ 02.98.76.24.77, www.finisteretourisme.com.

In der Bretagne findet man in größeren Orten ein *Office de Tourisme*. In der Saison halten knapp 200 Informationsbüros ihre Pforten geöffnet und dienen mit einer wahren Prospektflut. Urlaubstechnische und ortsbezogene Fragen werden beantwortet, Zimmer vermittelt, Hotel- und Campinglisten herausgegeben. Oft können Sie hier auch Bootstouren und Ausflüge der diversen privaten oder öffentlichen Veranstalter buchen. Etliche Offices de Tourisme bieten in der Saison geführte Stadtrundgänge, Kirchenbesichtigungen, Wanderungen, Ausflüge u. v. m. an.

Internet

In größeren Orten trifft man gelegentlich auf ein Internet-C@fé. Manchmal steht in einer Bar auch nur ein einzelner Computer in einer Nische, von dem Sie gegen Entgelt eine Mail an die Lieben nach Hause senden können. Ebenfalls surfen und mailen können Sie in einigen Offices de Tourisme, meist gegen Gebühr.

Hotels bieten in der Regel Gästen mit eigenem Laptop einen kostenlosen Internet-Anschluss im Zimmer an („WiFi" – entspricht der in Deutschland üblichen Abkürzung „WLAN").

Kapitell

Der oberste Teil einer Stützsäule, in romanischen Kirchen oft mit skulptierten Tierfiguren oder biblischen Darstellungen geschmückt. Gelegentlich bekommt man sogar bemalte Kapitelle zu sehen.

Karyatide

Eine weibliche, geschnitzte oder gemeißelte Figur, die anstelle eines gewöhnlichen Stützbalkens oder einer Säule das Gebälk eines Bauwerks trägt. Von der Nixe bis zur Bäuerin tragen in der Bretagne Karyatiden aller Berufe seit Jahrhunderten in stoischer Ruhe ihre Last.

Kathedrale

Cathedra ist ein Stuhl mit Armlehnen, in dem ein Bischof bequem Platz findet. Die Kathedrale leitet sich von *ecclesia cathedralis* ab und ist stets eine zum Bischofssitz gehörende Kirche.

Übrigens: Wenn der Papst in Sachen Glaubens- und Sittenlehre *ex cathedra* spricht, dann ist für einen guten Katholiken jeder Irrtum ausgeschlossen; das Unfehlbarkeitsdogma gilt seit 1870.

Kenotaph

Das „leere Grab" (griechisch: *kenotaphion*) ist ein Gedächtnismal in Grabform für einen Verstorbenen, dessen Gebeine an anderer Stelle beigesetzt sind. Selbstverständlich kann es sich bei dem Verstorbenen auch um eine Verstorbene handeln.

Kleidung

Hitze, Wind, Kälte, Regen – das Wetter ist zu allen Jahreszeiten in all seinen Spielarten vertreten, und dem sollten Sie Rechnung tragen. So sind auch im Hochsommer neben leichten Kleidungsstücken Pullover, Windjacke und Regenschutz ein Muss. Gummistiefel bieten sich für Wattspaziergänge im Regen, feste Schuhe für Klippenwanderungen an.

Kreuzgang

Ein überdeckter Gang um einen in der Regel quadratischen Innenhof in größeren Klosteranlagen. Der Kreuzgang als Mittelpunkt des Klosters bildete den Zugang zu den Mönchszellen und war Ort der alltäglichen Kommunikation in der Klostergemeinschaft. Die Bezeichnung leitet sich vermutlich von den Kreuzprozessionen ab, die hier im abgeschirmten Innersten des Klosters abgehalten wurden.

Langhaus

Der gewöhnlich von West nach Ost ausgerichtete Hauptteil einer → Basilika oder Hallenkirche; → Chor und → Apsis gehören nicht mehr zum Langhaus. Das Langhaus kann sich auch (bei größeren bretonischen Kirchen die Regel) aus mehreren → Schiffen (Haupt- und Seitenschiffe) zusammensetzen. Für die im Mittelalter übliche strikte Trennung von Chor und Langhaus sorgte der → Triumphbalken und die Chorschranke, auch → Lettner genannt.

Lettner

Das mittellateinische *Lectionarum*, das Lesepult, gab dem Lettner in der Kirche seinen Namen: eine Holz- oder Steinkonstruktion, vor oder auf der zu besonderen Anlässen gepredigt oder gesungen wurde. Die Tribüne oder Wand trennt den → Chor vom Gemeinderaum. Der Lettner eignet sich optimal für Verzierungen, und die bretonischen Kunsthandwerker ließen sich die Gelegenheit nicht entgehen: Filigranes Dekor und ausgedehnte Bildergeschichten schmücken jede freie Stelle des Lettners. Ab dem 17. Jahrhundert kam der in West- und Mitteleuropa beliebte Lettner wieder aus der Mode – oft wurde er aus den Gotteshäusern entfernt.

Leuchttürme und andere maritime Signalzeichen

Das Seegebiet vor der Bretagne ist stark befahren und obendrein gefährlich, schon in Urzeiten machten Feuer auf bösartige Klippen, Strömungen oder Hafeneinfahrten aufmerksam. Diese Leuchtfeuer wurden später von Türmen abgelöst, die durch raffinierte Prismensysteme gebündeltes Licht in die Ferne schicken konnten. Nach Fortschritten in der Elektrotechnik können die Türme heute ihren Lichtblitz bis zu 70 km weit über das Meer jagen.

Neben den feststehenden Navigationsmarkierungen wie *Leuchttürmen*, *Signalstationen (Sémaphore)* oder *Baken* (meist ein Gerüst zur Kennzeichnung des Fahrwassers) sind die *Bojen*, schwimmende Seezeichen, die jüngste Erfindung der Gewässermarkierung. Sie werden durch schwere Stahlketten an einem Betonklotz auf dem Meeresgrund in Position gehalten. Leuchtende Bojen mit Umweltbewusstsein beziehen ihre Energie aus Solarzellen.

Leuchttürme aufsuchen kann zum Hobby werden, ein kompletter *Circuit des Phares de Bretagne* wäre eine Lebensaufgabe: Allein das Amt für Seewegmarkierungen von Brest ist verantwortlich für 30 Leuchttürme, 85 Leuchtfeuer, 14 Seefunkstationen und 240 Bojen.

Zu den schönsten bretonischen Leuchttürmen zählen der *Phare d'Ile Vierge* (bei Plouguernau), *St-Mathieu* (bei Le Conquet) und der *Phare d'Eckmühl* (Penmarc'h).

Märchen und Legenden

Angenommen, Sie sind ein bretonischer Fischer, der noch nie eine Schule von innen gesehen hat. Es ist Sonntag, ein schauerlicher Winterabend. Sie sitzen in Ihrer armseligen Hütte und hören den auf- und abschwellenden Lärm der Brandung im pfeifenden Heulen des Windes. Sie haben den Kopf voll mit phantastischen Geschichten, die die Großmutter erzählte, in denen Grusel und Wunder eng verwoben waren. Heute Morgen hat der Pfarrer anschaulich den schrecklichen Weg des ungläubigen, ständig betrunkenen Lozerech in die Hölle geschildert, und Sie sind noch immer beeindruckt. Sie verlassen Ihre Hütte, am Himmel rasen Wolkenfetzen über den Mond, silbriges Licht fällt hierhin, dorthin, irrlichtert kurz über den Schaum der Brandung, die im Dunkeln tost. Plötzlich löst sich aus den huschenden Licht- und Schattenspielen eine Gestalt. Vielleicht eine Heilige. Oder ein Kobold, der Teufel, eine Fee? Auf jeden Fall sehen Sie ganz klar eine Gestalt.

Auf den Schreck müssen Sie natürlich erst mal einen trinken, Sie bekreuzigen sich und machen sich auf den langen und nachts nicht ungefährlichen Weg ins nächste Dorf. In der Schenke erzählen Sie, noch immer zutiefst aufgewühlt, was Sie gesehen haben: „Ja, gleich zwei Meter neben mir." Das Erlebnis wird gebührend begossen, die Stimmung steigt mit dem Alkoholgenuss, und Sie werden als Held gefeiert, dessen nächtliches Abenteuer bald die Runde macht. Und weil alle Bretonen gerne Geschichten hören, wird sie weiter- und weitererzählt. Und wenn Ihr Erlebnis völlig phantastisch und absolut unglaubhaft ist, hat es gute Chancen, Sie selbst um einige Jahrhunderte zu überleben. So entstehen Legenden.

Die *christlichen Legenden* erzählen meist von Wundern und Märtyrern. Die Botschaft ist stets der Sieg des Christentums über alles Heidnische, der Sieg des Guten über das Böse. Der Teufel kommt in den wunderbaren Geschichten nicht zu kurz. Aalglatt und listenreich versucht er brave Bretonen aller Stände zu übertölpeln, um sie in sein vom Höllenfeuer überhitztes Reich zu führen.

Älter sind die *keltischen Mythen*. Geheimnisvolle Wesen – den Elementen Luft, Erde und Wasser zugeordnet – mit magischen Fähigkeiten, gut oder böse, verspielt oder mit wichtigen Aufgaben betraut, bevölkern die phantastischen Zwischenwelten. Nach der Christianisierung traten einige Gestalten aus der keltischen Mythenwelt zum Katholizismus über, um im neuen ideologischen Umfeld wirken zu können.

Medikamente

Wer spezielle Medikamente benötigt, sollte diese in ausreichender Menge mitnehmen, ansonsten ist eine normale Reiseapotheke völlig ausreichend. Eine Apotheke *(pharmacie)* gehört in jedem größeren Dorf zur Grundausstattung der Gemeinschaft; in größeren Städten ist nachts und am Wochenende immer eine geöffnet – welche, steht in der Zeitung.

Megalith

Das griechische *megas lithos* heißt übersetzt „großer Stein". Das Wort Megalith wird demgemäß für die Riesensteine benutzt, die von Menschen zwischen 4500 und 2000 v. Chr. entweder einzeln aufgestellt oder zu einem größeren Ganzen zusammengefügt wurden. In der Bretagne waren die Megalithiker besonders rührig – heute werden rund 1000 → Dolmen und 5000 → Menhire gezählt, mit Sicherheit nur ein Bruchteil der Granitriesen, die das Land einst übersäten.

Das Wissen über die Megalithkultur ist gering. Als gesichert gilt die Verwendung der Riesensteine für Begräbnis- und Kultstätten. Ihre Ausrichtung nach den Gestirnen lässt darauf schließen, dass sie auch die Funktion eines Kalenders innehatten. Ansonsten handelt es sich um eine Kultur von Analphabeten, das Fehlen jeder schriftlichen Hinterlassenschaft öffnet Räume für → Märchen und Legenden.

Menhir

Men ist der Stein, und *hir* heißt lang. Der französische Obélix verkauft in seinem gallischen Dorf *menhirs*, sein deutscher Synchronsprecher nennt sie *Hinkelsteine*. Bis zu 20 Meter hoch waren die aufgerichteten Kolosse der Megalithzeit, die noch immer einzeln, als kleine Gruppe, im → Cromlech oder in → Alignements in den Himmel stechen. Die größten Menhire stehen bei *Dol* und bei *Kerlouas* – oder liegen zerbrochen bei *Locmariaquer*.

Musik

Bis nach dem Zweiten Weltkrieg war die bretonische Volksmusik fast ausgestorben. Man erzählt von gerade 63 bretonischen Dudelsackspielern, die vor Kriegsausbruch noch ihrem Gewerbe nachgingen. In den 1970er Jahren, als *Alan Stivell* den *Celtic-Rock* weit über die Grenzen der Bretagne populär machte, drang auch aus deutschen Musikanlagen der Sound der Bretagne: Laut und schneidend dröhnt die *Bombarde* (Oboe), der *Biniou* (Dudelsack) hält lässig mit, dazwischen klingt sanft die gezupfte *Harfe*.

Das bretonische Volkslied lebt wieder. Keltische Melodien, vermengt mit französischen oder schottischen Weisen, die irgendwann von bretonischen Musikern übernommen wurden, sind Bestandteil einer wieder blühenden Musiktradition, die immer noch im Volk verhaftet ist, ohne dass sie zur Kitschfolklore verkommen wäre.

Die Zahl der bretonischen *Kirchenlieder*, der *Gwerziou* (Klage- und Heldenlieder) und der *Soniou* (lustige und lyrische Lieder) geht ins Unendliche. Ob reine Instrumentalstücke (Tanzlieder, Märsche) oder Gesänge – es wird getanzt, selbst das tragischste Klagelied wird in Bewegung umgesetzt. Die Texte der Gwerziou und Soniou entsprechen den üblichen Inhalten der Volksmusik: Liebe, Krieg und Tod. Daneben werden aber auch lokale, zeitgebundene Ereignisse musikalisch kommentiert – zur Freude der Zuhörer oft deftig satirisch.

Das klassische Minimalinstrumentarium von Biniou und Bombarde wurde in der Neuzeit erweitert. Eine kleine Übersicht der heute gebräuchlichsten Instrumente:

Biniou: Biniou ist der Dudelsack, doch in der Bretagne gibt es zwei Dudelsackarten. Der *Biniou koz* (alter Biniou) mit dem durchdringenden, spitzen, scharfen Ton ist der traditionelle Dudelsack, der nur eine einzige Begleitbasspfeife besitzt. Der *Biniou bras* (großer Biniou) ist ein Nachbau des schottischen Dudelsacks, der den Biniou koz heute weitgehend verdrängt hat. Er bringt einen schweren Ton aus insgesamt drei Pfeifen hervor. Der Spieler des alten Biniou spielt normalerweise im Duo mit einem Bombardespieler zusammen, der des großen Biniou spielt alleine oder in der Sicherheit der sog. *Bagad*, der Gruppe, in der Trommler für den Rhythmus sorgen.

Bretonische Ich-AG

Bombarde: Die traditionelle bretonische Oboe ist vom Klangbild gellend laut und hell. Bombardespieler suchen immer einen Dudelsackpfeifer zum gemeinsamen Musizieren.

Harpe celtique: auf Bretonisch *Telenn;* kleiner als die klassische Harfe, erlebte sie seit den 1950er Jahren eine Renaissance. Traditionell wird zur Harfenbegleitung gesungen.

Treujenn Gaol: Ins Deutsche übersetzt ist es ein Kohlstrunk; das einer Klarinette verwandte Instrument wurde Mitte des 19. Jahrhunderts auf dem Land populär und wird nach wie vor gerne gespielt.

Akkordeon *(Boueze)* und **Violine** sind neuere Begleitinstrumente.

Naturschutzgebiete

Die Bebauung und Nutzung der bretonischen Naturparks unterliegen einer strikten Kontrolle mit dem Ziel, die Landschaft nachhaltig zu schützen.

Der *Naturpark von Armorique (Parc naturel régional d'Armorique)* ist ein zusammenhängendes Gebiet von 1120 Quadratkilometern (davon mehr als die Hälfte Meeresfläche) mit rund 50.000 Einwohnern. Zu ihm gehören der *Archipel von Ouessant* (mit den Inseln Ouessant, Molène und Sein), die *Halbinsel von Crozon* samt der *Aulne-Mündung* und die *Monts d'Arrée*. Er ist eine Schutzzone für Menschen, Tiere und Pflanzen, in der zahlreiche kleine Ökomuseen Einblicke in die Vergangenheit der Bretagne verschaffen.

Die der Bretagne unmittelbar benachbarte *Grande Brière* auf der Halbinsel Guérande wurde mit demselben Ziel zum regionalen Naturpark erklärt. „Die Parkzone soll sich in einen Ort der Begegnung zwischen Stadt und Land und eine Schule zur Entdeckung der Umwelt verwandeln", so die Satzung.

Notruf

Der Euronotruf – ✆ 112 – ist auch in der Bretagne gültig. Die Zentrale leitet sofort an die richtige Instanz weiter: Polizei, Rettungsdienst oder Feuerwehr. Mit etwas Glück spricht die zuständige Person auch Deutsch. Vorteil der Sammelnummer: Der Anruf ist gratis und funktioniert vom Festnetz wie vom Mobiltelefon aus.

Öffnungszeiten

Grundsätzlich gilt: Der Mittag ist den Franzosen auch an Werktagen heilig. An nichttouristischen Orten herrscht von 12 bis 14 Uhr die Ruhe eines niederbayerischen Fleckens an einem verregneten Novembersonntag.

Behörden: Publikumsverkehr Montag bis Freitag 9–12 und 14–17 Uhr.

Geschäfte: Meist von Montag bis Samstag von 9–12 und 14.30–19 Uhr geöffnet, am Montag oft nur nachmittags. Große Supermärkte sind auch über Mittag offen, schließen des Öfteren erst um 20 Uhr (auch samstags), freitags um 22 Uhr und empfangen ihre Kunden oft auch Sonntagvormittags.

Kirchen: Besonders in Landgemeinden sind die Gotteshäuser von 12 bis 14 Uhr zu. Manche Kirchen werden außerhalb der Hochsaison ständig verschlossen gehalten, einige aufgrund schlechter Erfahrungen auch im Hochsommer. In diesen Fällen ist der Schlüssel beim nächsten Gehöft oder Haus zu suchen.

Museen: Einige Museen sind während der Saison täglich und ohne Mittagspause geöffnet, die meisten haben außerhalb der Saison kürzere Öffnungszeiten, staatliche sind am Montag in der Regel geschlossen. Genaue Öffnungszeiten im Reiseteil.

Office de Tourisme (Fremdenverkehrsbüro): An touristischen Brennpunkten während der Hochsaison oft ohne Mittagspause den ganzen Tag bis zum frühen Abend geöffnet, auch am Wochenende. In weniger besuchten Orten kann man außerhalb der Saison oft Auskünfte und – falls noch nicht vorhanden – Prospekte auf dem Rathaus *(Mairie)* bekommen. Informationsbüros in Großstädten oder ganzjährigen Reisezielen sind das ganze Jahr geöffnet, außerhalb der Saison oft mit kürzeren Öffnungszeiten. Die offiziellen Angaben zu den Öffnungszeiten sind nicht immer zuverlässig, meistens wird jährlich neu entschieden. Keine Garantie also für die im Reiseteil angegebenen Zeiten.

Post: In der Stadt von Montag bis Freitag 9–19 Uhr, samstags 8–16 Uhr. In kleineren Orten wird eine Stunde eher geöffnet, dafür ist eine Mittagspause üblich.

Oratorium

Im frühen Mittelalter war das Oratorium (von *orare* = beten, bitten) ganz allgemein ein Kleinstgotteshaus, später wurde aus dem Oratorium die Hauskapelle oder der Betsaal in Klöstern, Spitälern oder Schlössern. Im Innenraum einer Kirche ist das Oratorium eine meist dem Chor angegliederte kleine Betkapelle.

Ortsnamen

Tre-, Lan-, Loc-, Ker- oder *Plou-:* Plougastel, Ploumanach, Plouzedre, Kergrist, Kermaria, Kernascléden, Tredrez, Trégastel, Tregorff, Loctudy, Locquirec, Locronan, Lannilis, Lannion, Landivisiau – die Reihen lassen sich endlos fortsetzen, und die sich konstant wiederholenden Vorsilben können in den Köpfen Weg suchender Reisender Verwirrung stiften. Doch alles hat seinen Sinn:

Tre heißt Tochtergemeinde und manchmal einfach Sand.

Lan ist die Einsiedelei; Sie können davon ausgehen, dass die Urzelle des Orts die Eremitage eines Ortsheiligen war, an der nach dessen Tod eine Kapelle gebaut wurde, um die herum eine Siedlung entstand.

Loc kann man mit Zelle übersetzen, gemeint ist die Klause eines Eremiten in der Umgebung, der dem Ort seinen Namen gab.

Ker bedeutet Dorf.

Plou ist die Pfarrei, der Pfarrbezirk.

Ossuaire

Das Beinhaus, anfangs an die Kirche oder die Umfassungsmauer des Pfarrbezirks angebaut, später ein eigenes Haus in Form eines Reliquienschreins, ist Bestandteil des bretonischen Kirchenensembles. Aufgrund des notorischen Platzmangels auf den kleinen Friedhöfen um die Kirche mussten die Verstorbenen oft ihr Grab räumen, um dem Nachkommenden Platz zu machen. Was von Ersteren übrig war, kam nun ins Beinhaus, die Aussparungen in der Fassade dienten dem ungehinderten Luftaustausch. Vom einfachen Knochensammellager im frühen 15. Jahrhundert entwickelte sich das Beinhaus bis zum kleinen Prunkbau der Renaissance. Heute ist das Ossuaire meist leer, auch die Grabstätten sind ausgelagert, viele der alten Friedhöfe in den Kirchbezirken wurden in Rasenflächen verwandelt.

Pardon

Der Pardon ist die bretonische Wallfahrt. Einmal im Jahr, zum Ehrentag von Maria, der heiligen Anna oder eines der zahlreichen bretonischen → Heiligen, machen sich die Gläubigen auf den Weg, um sich ihre Sünden vergeben zu lassen, um Hilfe gegen Krankheit und Schicksalsschläge zu erbitten oder um neue Kraft für die Arbeit zu schöpfen.

Am Vormittag findet der feierliche Festgottesdienst statt, Höhepunkt ist die nachmittägliche Prozession: vorneweg die Priester (bei den größten Pardons ein oder mehrere Bischöfe), dann die Bannerträger und die jeweiligen Reliquien oder Statuen, gefolgt vom Pilgerzug, der je nach Größe der Wallfahrt aus der Dorfgemeinschaft oder aus Tausenden von Pilgern aus nah und fern bestehen kann.

Ein kleiner Rummelplatz, fliegende Händler sowie ausgedehnte Mahlzeiten gehören zum weltlichen Rahmenprogramm der meisten Pardons. Bei den großen Pardons, die sich großen touristischen Zulaufs erfreuen, kann der Jahrmarkttrummel den religiösen Aspekt des Pardons in den Schatten stellen.

Die größten und interessantesten Pardons werden in *Ste-Anne-la-Palud*, *Ste-Anne-d'Auray*, *Locronan*, *Le Folgoët* und *Rumengol* gefeiert. Details im Reiseteil.

Pietà

Die Darstellung der trauernden Maria mit dem Leichnam Jesu auf dem Schoß ist seit dem 14. Jahrhundert ein bevorzugt behandeltes Motiv der Passionsgeschichte, das auch bretonische Maler und Bildhauer in Kirchen und auf → Calvaires immer wieder variierten.

Post

Mit dem kursiven Schriftzug *LA POSTE* wirbt von der Hauptpost bis zur kleinsten Filiale jedes französische Postamt. Die Zustellzeiten für Briefe und Ansichtskarten entsprechen etwa der deutschen, schweizerischen oder österreichischen Norm. Aber Augen auf beim Einwurf in den Briefkasten: In größeren Orten haben die Briefsammler mehrere Schlitze: einen für die Stadt, in der man sich befindet, und einen für *autres destinations* (andere Bestimmungsorte), womit der Rest der Welt gemeint ist.

Die Post – altes Logo, neues Logo

An die Postämter kann man sich auch problemlos Briefe oder Päckchen *„Poste restante"* schicken lassen. Sie können dort gegen Vorzeigen eines Ausweises und Bezahlung von 0,50 € pro Sendung abgeholt werden. Wird die postlagernde Sendung innerhalb von zwei Wochen nicht abgeholt, geht sie zurück an den Absender.

Adressiermuster:

Name
Poste centrale (nur bei größeren Orten)
Poste restante
F - Postleitzahl und Ort („F" steht für Frankreich)

Presse

Davon können Verleger nur träumen: eine Auflage von knapp 800.000 Exemplaren. Der bretonische *Ouest France* mit 42 verschiedenen Lokalausgaben ist Frankreichs größte Zeitung. Im Westen der Bretagne findet er im *Télégramme* mit Redaktionssitz in Brest Konkurrenz. Wer wissen will, wo in der Bretagne ein neues Schulhaus eingeweiht wird oder welche lokale Vereinigung was beschlossen hat oder wie das Wetter wird, kommt um den Ouest-France kaum herum. Wer wissen will, was in Paris, Washington, Peking oder Berlin diskutiert wird, greift besser zu den Zeitungen mit Sitz in Paris: *Le Monde*, *Libération* oder *Le Figaro*.

Zumindest im Sommer sind in größeren Touristenorten auch deutsche Zeitungen und Zeitschriften erhältlich, das ganze Jahr über in den größeren bretonischen Städten. Das Angebot beschränkt sich in der Regel auf überregionale Tageszeitungen (Süddeutsche Zeitung, Frankfurter Allgemeine Zeitung, Welt, Bild) und die bekanntesten Magazine (Spiegel, Focus, Stern, Bunte).

Refektorium

Das lateinische Adjektiv *refectorius* bedeutet erquickend. Im „Erquickungsraum" nahmen die Mitglieder eines Klosters ihre Mahlzeiten ein. Heute würde man ganz profan Speisesaal sagen.

Reliquiar

In diesem kostbaren Behälter ruhen die Reliquien (Überreste) eines oder einer → Heiligen. Größe und Art des Reliquiars sind dem Inhalt angepasst: Neben Medaillons, Kästchen, Kreuzen oder geschnitzten Büsten ist der oft als Goldschmiedearbeit ausgeführte Reliquienschrein das Behältnis für Skelettteile, Kleidung oder Gebrauchsgegenstände verstorbener religiöser Autoritäten. Die Reliquienverehrung gründet sich auf den Glauben, in den Körperteilen oder einstigen Besitztümern heiliger Menschen sei eine Kraft gespeichert, die durch Verehrung (Anrufung im Gebet, Prozession) übertragen werden oder gar Wunder wirken kann.

Retabel

Das Retabel, der Altaraufsatz, kann vom Gemälde bis zum Flügelaltar jede Art von schreinartigem Aufbau auf dem Altar sein.

Sablières

In der Kirchenarchitektur sind die Sablières Balken, die am oberen Abschluss der Innenwände unterhalb der Dachkonstruktion das Kirchengemäuer umlaufen. Wegen der erwünschten Elastizität zwischen Mauerwerk und dem hölzernen Dachstuhl sind sie auf lockeren Sand *(sable)* gesetzt und verstecken die Schnittstelle von Wand und Dach. Oft sind die Sablières mit bemaltem, kunstvollem Schnitzwerk versehen.

Saison

Mit „Saison" sind in der Bretagne die Monate Juli und August gemeint; Franzosen fahren dann in die Ferien, an vielen Stränden wird es eng, an der Küste steigen die Hotelpreise, und die meisten Restaurants verzichten lieber auf den Ruhetag als auf das Geschäft. „Hors Saison" (außerhalb der Saison) steht für den Rest des Jahres.

Sarkophag

Ein oft aufwendiger Monumentalsarg, in der Regel aus Stein, aber auch aus Holz oder Metall, meist in einer Grabkammer, einer Krypta oder direkt im Hauptraum der Kirche aufgestellt. Die alten Ägypter, Griechen und Römer bestatteten rang-hohe Verstorbene im Sarkophag, die Grabbaumeister des Christentums entdeckten ihn während der Renaissance neu.

Schiff

In der Kirchenarchitektur die Bezeichnung eines Innenraums der Kirche, der sich – durch Pfeiler oder Säulen getrennt – in mehrere Schiffe gliedern kann: Das *Mittel-schiff* wird dann von einem oder mehreren *Seitenschiffen* umgeben; ein *Querschiff* kann quer zwischen → Langhaus und → Chor liegen.

Schlösser und Burgen

Alle Wohnstätten des bretonischen Adels, ob schutzloses Prunkschloss oder Wehr-burg, heißen *Château*, und ihre Zahl geht gegen unendlich. Das Angebot reicht von der kümmerlichen Ruine bis zum Märchenschloss. Wenn Sie alle Châteaux gebüh-rend besichtigen wollten, würde aus Ihrem Urlaubstrip ein Langzeitaufenthalt.

Viele Schlösser sind in Staatseigentum übergegangen, andere sind in Privatbesitz und zum Teil noch bewohnt. Das Schild „Privé" weist darauf hin, dass der Neugier Grenzen gesetzt sind. Die Châteaux, deren Besichtigung den Ferienalltag berei-chern kann, sind eintrittspflichtig, dafür ist ein Blick hinter die Fassaden gestattet: Entweder ist die Inneneinrichtung originalgetreu belassen oder ein kleines Mu-seum in einem Saal untergebracht. Ein beschaulicher Spaziergang im Schlosspark rundet in vielen Fällen den Besuch ab.

Sentiers des Douaniers

Auf Deutsch Zöllnerpfade. Wo früher einsame Zollbeamte versuchten, den lebhaften Schmuggel an der zerklüfteten und unübersichtlichen Küste durch Kontrollgänge zu unterbinden, ergehen sich heute die Urlaubermassen. Der aufregendste Zöllnerpfad der Bretagne verläuft am rosa Fels-Chaos zwischen Perros-Guirec und Ploumanac'h, andere werden weniger aufgesucht und sind doch einen Spaziergang wert. Eine

Variante der Zöllnerpfade sind die *Sentiers côtiers* (Küstenpfade) – im Prinzip die gleichen Wege, nur dass die örtlichen Fremdenverkehrbüros zu ihrem Leidwesen keine Zöllner ausfindig machen konnten, die hier einst ihrer Arbeit nachgingen.

Souvenirs

Nichtverderbliche Mitbringsel sind neben nieder- und hochprozentigen Alkoholika (Cidre oder Chouchenn-Honigwein) Antiquitäten, Fayencen aus Quimper, blau-weiß-gestreifte Seemannsbekleidung, windfeste Fleecejacken, Bilder in Aquarell oder Öl – und unendlich viel Kitsch.

Sprache

Im Sprachenstammbaum der Menschheit gehört das Bretonische zum keltischen Ast der indogermanischen Sprachen, der sich in zwei Zweige teilt: Die gälischen Sprachen umfassen das *Irische* (Irland), *Schottisch-Gälische* (Schottland) und *Manx* (Isle of Man), zu den britannischen Sprachen gehören *Walisisch* (Wales) und *Bretonisch* (Bretagne). Heute ist die Bretagne die einzige keltische Sprachbastion auf dem europäischen Kontinent.

Doch nicht die ganze Bretagne spricht bretonisch. Eine imaginäre Linie etwa von St-Brieuc bis etwas östlich von Vannes trennt die *Haute-Bretagne* im Osten von der *Basse-Bretagne* im Westen. In der Haute-Bretagne wurde das Bretonische entweder gar nicht gesprochen (wie in Rennes) oder fast völlig verdrängt, die Verständigung im Alltag läuft ausschließlich in Französisch. Anders in der Basse-Bretagne, die von Paris weiter entfernt liegt. Im gesamten Finistère sowie in den westlichen Gebieten des Morbihan und der Côtes d'Armor wächst ein Großteil der Bevölkerung noch immer zweisprachig auf – Französisch wird den Kindern in der Schule beigebracht, zu Hause im privaten Rahmen sprechen sie Bretonisch.

Der französische Staat mühte sich über die Jahrhunderte redlich, den Bretonen ihre Sprache auszutreiben. Die Benutzung der eigenen Sprache war noch bis weit ins 20. Jahrhundert ein schweres Vergehen in einer bretonischen Schule, das mit Prügel oder Ausschließung vom Unterricht geahndet wurde. So wundert es nicht, dass mittlerweile alle Bretonen Französisch sprechen, aber nur mehr ein knappes Drittel der eigenen Sprache halbwegs mächtig ist.

Seit den 1970er Jahren ist neuer Wind in die Sprachdiskussion gekommen, im Rahmen der europaweiten Diskussion über regionale Kulturen wuchs das Interesse an der eigenen Sprache. Bretonische Sprachkurse, bretonische Zeitungen, Radiostationen und Internetseiten sind im 21. Jahrhundert selbstverständlicher Bestandteil des kulturellen Lebens geworden, zumindest in der Basse-Bretagne. Und die staatlichen Einrichtungen ziehen nach: Die ersten Lehrstühle für Bretagnistik und keltische Sprachen an den Universitäten von Rennes und Brest sind besetzt, an höheren Schulen ist die alte Landessprache teilweise Wahlfach. Seit 2002 gibt es aufgrund eines Abkommens zwischen Paris und Rennes Grundschulen mit zweisprachigem

Français – Brezhoneg

Einige bretonische Wörter

Wenn Deutschsprachige kleine Teile der Welt auf Bretonisch ausdrücken wollen, sollten sie die Wörter einfach so aussprechen, wie sie geschrieben werden. Ist ein Wort mehrsilbig, wird die vorletzte Silbe betont. Die Feinheiten bleiben einer ausgiebigen Beschäftigung mit dem Bretonischen vorbehalten.

aber	Flussmündung	goaz	Bach	mor	Meer
ankou	der Tod	guic	Weiler	nevez	neu
anaon	Seele der Toten	gwenn	weiß	noz	Nacht
aod	Strand	gwer	grün	park	Feld
avel	Wind	gwerz	Lied	pen	Kopf, Kap
aven	Fluss	hen	alt	pont	Brücke
bag	Schiff	hent	Weg	porz	Hafen
bara	Brot	hir	lang	poull	kleiner Teich
beg	Landzunge	ilis	Kirche	raz	Engpass
bihan	klein	kaer	schön	roc'h	Felsen
brao	schön	kastell	Schloss	roz	Anhöhe
braz	groß	kemper	Zusammenfluss	ruz	rot
bré	Hügel	kenavo	Auf Wiedersehen	stang	größ. Binnengewässer
breit	Bretagne	koz	alt	ster	Fluss
bro	Gebiet	kreac'h	Hügel	stivell	Quelle
brug	Heidekraut	kreiz	Mitte	toull	Loch
deiz	Tag	kroaz	Kreuz	trez	Sand
demat	Guten Tag	lec'h	Ort, Stelle	tron (traon)	Tal
dol	Tisch	len	See	tro	Turm
douar	Erde, Platz	loc'h	Teich	trugarez	danke
dour	Wasser	mad	gut	ty	Haus
du	schwarz	marc'h	Pferd	ya	ja
enez	Insel	men	Stein	yec'hed	zum Wohl!
feunteun	Brunnen	menez	Berg, Gebirge	mat!	
gallek	französisch	meur	groß	yen	kalt
goat	Wald	milin	Mühle		

Unterricht, vor allem im Finistère. Eine Fortsetzung in den Mittelschulen wird gefordert, und auch in der Erwachsenenbildung sind Bretonischkurse gefragt.

Strom

Es fließt 220 Volt Wechselstrom. Die zweipoligen deutschen und schweizerischen Stecker (Typ C) passen in der Regel in bretonische Steckdosen, ebenso Eurostecker und dreipolige Schweizer Stecker (Typ J). Dieser hat drei Löcher, das dritte für die Erdung. Preisgünstige Adapter, die das Anschlussproblem lösen, gibt es in jedem Baumarkt.

Telefonieren

Handy heißt auf Französisch *portable*, Portable wird aber auch der Laptop genannt, schließlich ist auch er tragbar.

Kaum hat man die französische Grenze überquert, schaltet das Handy auf einen französischen Netzbetreiber um. Achtung: Da die Weiterleitungsgebühren für einkommende Handy-Anrufe (auch wenn sie vom französischen Nachbarn kommen) stets über das heimatliche Netz laufen und dem Empfänger berechnet werden, können die Kosten schnell in die Höhe klettern. Tipp für Dauertelefonierer: eine französische SIM-Karte kaufen, man bekommt eine französische Telefonnummer und muss die Gespräche, die aus dem Ausland kommen, nicht mehr mitfinanzieren. Die SIM-Karte hat ein bestimmtes Gesprächsguthaben und ist wiederaufladbar. Das ganze Problem würde sich mit der Abschaffung der Roaminggebühren erledigen, die regelmäßig in der EU auf den Tisch kommt; die Schweiz wird dann noch ein bisschen länger warten müssen.

Telefonieren vom Ausland nach Frankreich: erst die Landesvorwahl 0033, danach die zehnstellige Nummer ohne die Null.

Telefonieren innerhalb Frankreichs: Innerhalb Frankreichs muss immer die komplette 10-stellige Nummer gewählt werden. Sämtliche Nummern der Bretagne beginnen mit 02. Nummern, die mit 06 oder 07 beginnen, sind Handy-Nummern. Mit 08 beginnen spezielle Servicenummern, oft gratis.

Telefonieren von Frankreich ins Ausland: Vorwahl nach Deutschland 0049, in die Schweiz 0041, nach Österreich 0043. Bei der folgenden Stadtvorwahl entfällt die Null. Bei spiel für die Ziffernfolge von Frankreich nach Frankfurt: 0049–69 + Anschlussnummer.

Nationaler Auskunftsdienst (Service national): 12

Internationaler Auskunftsdienst (Service international): 0033.12 + Nr. des Landes. Auskunft über deutsche Telefonnummern also unter 0033.12.49.

Notruf Feuerwehr: 18

Notruf Polizei: 17

Notruf Unfallrettung: 15

Der EU-weite **Notruf 112** leitet an eine der drei oben genannten Stellen weiter.

Thalasso-Therapie

Der Begriff taucht an der bretonischen Küste häufig in Verbindung mit luxuriösen Kur- oder Wellnesshotels auf. *Thálassa* sagt der Grieche zum Meer, und das Meer ist die Grundlage dieser Therapie, die in der Antike wohlbekannt war, dann in Vergessenheit geriet, bis im 19. Jahrhundert Monsieur Quinton diese Kur- und Heilform einem größeren Publikum wieder schmackhaft machte. Die Grundthese der Thalasso-Therapie hatte schon Plato formuliert: „Das Meer wäscht alle Leiden vom Menschen ab."

Die Kombination von warmem und kaltem Meerwasser, ständig frisch in die Bäder der Kurzentren gepumpt, Algen- oder Meerschaumpackungen, Gymnastik, Massagen und Spaziergänge in der reinen Atlantikluft werden zur Behandlung von rheumatischen oder orthopädischen Krankheiten, Kreislaufstörungen, Störungen des Stoffwechsels oder des vegetativen Nervensystems eingesetzt. Aber auch zu Relaxing und Wellness unter fachlicher Betreuung kommt ein zahlreiches Publikum in die Etablissements.

Transept

Im Kirchenbau das Querschiff (→ Schiff) einer Kirche.

Trinkgeld

Bedienungsgeld ist in der Regel im Preis inbegriffen. Nach oben zu runden ist in jedem Fall freundlich und ganz und gar üblich.

Triumphbalken

Zwischen → Chor und → Langhaus hoch über der Gemeinde zieht sich der in der Regel geschnitzte Balken quer über das → Schiff, auf ihm üblicherweise Jesus am Kreuz, daneben meistens Maria und Maria Magdalena.

Triumphbalken in Lampaul-Guimiliau

Tumulus

Lateinisch Hügel und speziell Grabhügel. Wie der → Cairn ist auch der Tumulus ein frühzeitliches *Fürstengrab*, auf dessen Dolmen Steine und Erdreich geschichtet wurden. Im Unterschied zum Cairn aber wurde der Tumulus nur für ein einziges Begräbnis errichtet und danach – ohne an spätere Archäologen oder gar Grabräuber zu denken – für alle Ewigkeit geschlossen.

Tympanon

In der Architektur das oft geschmückte Giebelfeld über dem Eingang, bekannt aus der griechischen Tempelarchitektur; im klassizistischen Kirchenbau wurde es als bauliches Element der Fassade wiederaufgenommen.

Volkskunst

Zahllose Werke in und an aristokratischen und kirchlichen Bauten sind Arbeiten unbekannter Steinmetze und Kunsttischler – keine Künstler, sondern Handwerker, die ihre Aufträge erfüllten, ohne große Namen starben und auch nach ihrem Tod nicht „entdeckt" wurden. Sie arbeiteten als Angestellte in städtischen Werkstätten oder zogen über Land, um ihre Fertigkeiten anzubieten. Und sie tobten sich nach Herzenslust aus: Aus Treppenaufgängen machten sie ein Gesamtkunstwerk, geschnitzte Frauengestalten mussten stoisch lächelnd ein Haus tragen, funktionale Wasserspeier wurden in zeitlose Ungeheuer verwandelt. Vor allem in den Kirchen war kein Balken, keine Fassade und keine Nische vor den Kunsthandwerkern sicher. Ihre Gestaltungsfreude und Phantasie schufen Ornamente und Dämonenfratzen, Schlangen und Drachen– Dramen mit heiligen und unheiligen Darstellern, die betrunken, leidend, entrückt oder zähnebleckend seit Jahrhunderten in derselben Haltung in derselben Geschichte mitspielen.

Bretonische Volkskunst wird oft als einfältig, naiv oder bäuerlich abgetan. Das kann man auch anders sehen. „Die Originalität dieser bretonischen Kunst besteht in der Gabe der örtlichen Kunsthandwerker, alle europäischen Kunststile der Epochen, die sie dank des regen Seehandels kennenlernten, in ihre Arbeiten zu integrieren", meint ein Experte. Mit dem Meißel oder Schnitzmesser Bilder zu schaffen, scheint auf einen menschlichen Gestaltungstrieb zurückzugehen, gegen den offensichtlich auch die Geistlichkeit nicht gefeit war. Noch im 20. Jahrhundert arbeitete der Pfarrer von Rothéneuf wie besessen an seinen skurrilen Felssculpturen, und der Seelsorger von Trégastel schuf zur Freude seiner Gemeinde einen riesigen *Père éternel* aus Ton über dem örtlichen Aquarium. Mögen die Experten dies als primitive Kunst bezeichnen, die Bretonen kümmert's nicht.

Wimperg

Wimperge sind funktionslose Ziergiebel, von den Baumeistern der Gotik als spitz zulaufender Fassadenschmuck über Fenster und Portale gesetzt.

Wurzel Jesse

Die Wurzel Jesse oder auch der Jessebaum ist die Darstellung des Stammbaums von Jesus. Zuunterst Isai oder auch Jesse vom Stamm Juda, aus dessen Körper der Baum drängt, dessen Zweige von den menschlichen Vorvätern des Gottessohns bestimmt werden. Jesus an der Spitze ist die Blüte des Baums.

Zoll

Für EU-Staaten gelten sehr liberale Bestimmungen über die im Gepäck mitgeführten Freimengen. Grundsätzlich wird die Mehrwertsteuer im Erwerbsland, d. h. beim Kauf der Ware, fällig. Bei der Ausreise sind weder Zollabgaben noch sonstige Steuern zu entrichten. Bedingung dafür ist, dass alle gekauften Produkte nicht weiterverkauft werden. Die Einfuhr von Tabak und Alkoholika nach Frankreich ist nur Personen ab 17 Jahren gestattet.

Einfuhr von Waren nach Frankreich – hier gilt:

Aus Deutschland, Österreich: Bei folgenden Mengen pro Person stellen die Behörden den „persönlichen Bedarf" nicht in Frage:

10 l Spirituosen; 20 l alkoholische Zwischenerzeugnisse (Portwein, Sherry); 90 l Wein oder weinhaltige Getränke, davon höchstens 60 l Schaumwein/Sekt; 110 l Bier.

800 Zigaretten; 400 Zigarillos; 200 Zigarren; 1 kg Tabak.

Ein Überschreiten dieser Mengen stellt kein Problem dar, wenn Sie glaubhaft machen können, dass der gesamte Alkohol- und Zigarettenvorrat zum Eigenverbrauch bestimmt ist.

Aus der Schweiz: Zollfrei eingeführt werden dürfen: 1 l Spirituosen über 22 % Vol. oder 2 l Spirituosen unter 22 % Vol.; 2 l Schaumwein oder 2 l sonstiger Wein; 200 Zigaretten oder 100 Zigarillos oder 50 Zigarren oder 250 g Tabak; 500 g Kaffee oder 200 g Kaffeeauszüge; 100 g Tee oder 40 g Teeauszüge; 50 g Parfum; 0,25 l Eau de Toilette. Waren und Geschenke dürfen den Gegenwert von 50 € nicht überschreiten (für Kinder unter 15 Jahren liegt die Grenze bei ca. 25 €).

Ausfuhr von Waren aus Frankreich: Hier sind die Einfuhrgesetze des Wohnlandes zu berücksichtigen.

Nach Deutschland und Österreich: Die Bestimmungen sind identisch mit den oben genannten Einfuhrbestimmungen nach Frankreich.

In die Schweiz: 5 l alkoholische Getränke bis 18 % Vol., 1 l alkoholische Getränke über 18 % Vol.; 250 Stück/Gramm Zigaretten, Zigarren oder andere Tabakprodukte. Der Gesamtwert der Waren darf 300 Franken nicht übersteigen, andernfalls wird er mehrwertsteuerpflichtig. Für die Einfuhr von Alkohol und Tabak gilt eine Altersgrenze von 17 Jahren.

Concarneau, Ville Close

Reiseziele in der Bretagne

Nordküste

Die dem Ärmelkanal zugewandte bretonische Küste hält verschiedene Szenarien bereit, stets aber ist der Gezeitenwechsel ein wichtiger Mitspieler. Eine besondere Rolle kommt ihm in der Bucht von St-Michel zu, wo man in Cancale das Spiel der Natur zu nutzen weiß und Austern züchtet.

Weiter westlich trotzen die Mauern von St-Malo der Flut, während Dinard, nur durch die Mündung der Rance von der Korsarenstadt getrennt, das gediegene Flair eines englischen Seebads verströmt. Danach schließt sich die „Smaragdküste" an, die zwischen ihren zerklüfteten Kaps feinsandige Badeparadiese bereithält. Ein unvergesslicher Höhepunkt jeder Bretagne-Reise ist ein Spaziergang auf dem berühmten Zöllnerweg der „Rosa-Granit-Küste". Hier hat sich die Natur als Bildhauerin ausgetobt und zahllose verspielte skurrile Figuren geschaffen. Weniger spektakulär ist die Küste des Léon, die im Westen von tiefen, fjordartigen Einschnitten zerfurcht ist, bevor der Ärmelkanal in den offenen Atlantik übergeht.

Bucht von Mont-Saint-Michel

Hauptattraktion der Bucht von Mont-St-Michel ist der „heilige Berg", der ihr den Namen gegeben hat. „Mit seiner Dom-Tiara und seinem Festungspanzer ist der Mont-St-Michel im Meer, was Cheops in der Wüste ist", schrieb der Romancier Victor Hugo über die einzigartige Klosteranlage.

Noch zu Lebzeiten des Dichters wurde ein Damm gebaut, der den heiligen Berg mit dem Festland verband, um dem zunehmenden Tourismus gerecht zu werden. „Der Mont-St-Michel muss eine Insel bleiben", forderte Victor Hugo. Erst das 21. Jahrhundert gab ihm recht. Seit 2015 steht der Mont-St-Michel wieder komplett im Wasser – zumindest für 40 Tage im Jahr.

Neben dem Tourismusmagneten lohnt vor allem auch *Cancale* einen Besuch. Die Austernhauptstadt ist für Gourmets eine Adresse erster Güte.

Mont-Saint-Michel 43 Einwohner, Région Basse-Normandie

Seit über tausend Jahren strömen die Menschen zum Mont-St-Michel. Früher waren es Gläubige, die dem Erzengel Michael ihre Aufwartung machten, heute kommen Touristen, um das steinerne Ensemble zu bestaunen. Jährlich besuchen rund 2,5 Millionen den Klosterberg, der sich pyramidenförmig 157 m hoch über einer endlosen, von Prielen durchzogenen Schlick- und Meerlandschaft erhebt – eine architektonische Meisterleistung des Mittelalters: Auf einem Granitblock, etwa 900 Meter im Umfang und 75 m hoch, gestalteten romanische und gotische Baumeister einen Kloster- und Burgkomplex, dessen Silhouette ein unvergessliches optisches Erlebnis ist. Oft von dramatischen Wolkenformationen umschleiert, wacht die „Pyramide der Meere" (Victor Hugo) über die Bucht.

Der ursprünglich bretonische Mont-St-Michel gehört heute zur Normandie: Im Lauf der Zeiten änderte der *Couesnon*, der Grenzfluss zwischen den beiden Regionen, mehrmals seinen Lauf – der Mont liegt jetzt haarscharf „drüben". Ein in der Bretagne häufig zitiertes Sprichwort gibt dem launischen Fluss denn auch die Schuld am Verlust des für aufrechte Bretonen nach wie vor bretonischen Klosterberges: „Le Couesnon dans sa folie mit le Mont en Normandie" – „In seiner Verrücktheit hat der Couesnon den Mont in die Normandie verlegt".

Bis in die jüngste Zeit verhinderten der 1879 errichtete Damm zum Berg und Parkplatzflächen, dass der Couesnon sich ins Meer ergießen konnte, Sand- und Schlickablagerungen waren die Folge. Trotz des extremen Gezeitenunterschieds von bis zu 13 Metern erreichte die Flut den Klosterberg nur noch selten. Nach 2005 wurden gewaltige Anstrengungen unternommen, um den von der UNESCO in die Weltkulturerbeliste aufgenommenen Mont-St-Michel in seiner Einzigartigkeit zu retten. Die Parkplätze wurden abgerissen, der Fluss hat wieder freie Bahn, ein Staudamm am Cuesnon lässt bei Ebbe zusätzliche Wassermassen einströmen. Heute ist der Mont-St-Michel nur noch mit dem Pendelbus oder zu Fuß über eine 720 m lange Passerelle, knapp über dem Meeresspiegel, erreichbar – außer an mindestens 40 Tagen im Jahr: Dann ist die Springflut so hoch, dass der Steg unter Wasser liegt.

Bucht von Mont-St-Michel

3 km

Geschichte

Die Kirchenchronisten schreiben mit ihrem Gänsekiel das Jahr 708. Bereits zweimal ist *Aubert*, dem Bischof von Avranches, der Erzengel Michael erschienen, um eine Kirche für sich anzumahnen. Der Gottesmann will anfangs nicht hören, doch einige schmerzhafte Kopfnüsse des streitbaren Engels überzeugen den Zweifler schließlich. Auf dem hoch aus dem Wald von Scissy ragenden *Mont Tombe* (Berg des Grabes, ein keltischer Bestattungsplatz) lässt er eine kleine Kirche zu Ehren des Erzengels errichten. Doch kaum haben die Bauarbeiten begonnen, überrollt eine Springflut das Land. In einer riesigen Woge stürmt die See heran, taucht den Wald in die Fluten des Ozeans und überschwemmt das tiefgelegene Land. Fortan ist der Berg mit dem Kirchlein von Wasser umgeben.

Im 10. Jahrhundert werden die Fundamente eines gigantisches Bauprojekts gelegt: Im Lauf zweier Jahrhunderte wächst auf der Felspyramide im Meer ein zunächst romanischer, ab 1212 gotischer, himmelstürmender Klosterkomplex heran, für die damalige Zeit ein architektonisches Wunder. Immer mehr Pilger strömen auf den heiligen Berg und tragen zum Reichtum der Abtei bei. Das Kloster boomt, Augenzeugenberichte über Wunder auf dem Mont vergrößern sein Ansehen zusätzlich. Alle kommen, Adelige und reiche Bürger, Bauern und Arme. Sogar im Hundertjährigen Krieg (1339–1453) versiegt der Pilgerstrom nicht. Die englischen Truppen, die auf dem 3 km entfernten *Mont Tombelaine* eine Garnison unterhalten und mit Ausnahme des befestigten Klosterbergs die ganze Bucht des Mont-St-Michel kontrollieren, verdienen durch die Ausstellung von Passierscheinen tüchtig mit.

Der Niedergang beginnt gegen Ende des 15. Jahrhunderts. Mit der Einführung des Nießrechts können auch weltliche Herren als Äbte eingesetzt werden, das Kloster verkommt zu einer lukrativen Pfründe. Die mönchischen Sitten verrohen, die von den Pilgern überwiesenen Almosen fließen statt in die Kassen der Abtei in die Privatsäckel der Äbte. Die Mönche führen ein mondänes Leben. Sie tragen Seide und Spitze, gehen zur Jagd, halten sich Konkubinen und pressen die Bauern im Umland aus. Während der Religionskriege brennt ein Abt mit der Kasse des Klosters durch.

Die von den Humanisten des 16. und 17. Jahrhunderts kritisierte Heiligenverehrung des Mittelalters sorgt für das Ausbleiben der Pilger und läutet das Ende der Abtei ein: Aus einer gut besuchten Pilgerstätte wird ein königliches Gefängnis. Ab Mitte des 17. Jahrhunderts besitzt der Mont-St-Michel nur noch strafrechtliche Bedeutung – in den tiefen, schlecht belüfteten Holzkerkern und schweren Eisenkäfigen schmachten unbotmäßige Akademiker, kritische Literaten und Revolutionäre. Die Französische Revolution von 1789 führt dann zum vollständigen Erliegen jeglichen religiösen Lebens. Der Mont-St-Michel bleibt unter wechselnden Herrschaftsverhältnissen bis 1863 ein gefürchtetes Zuchthaus.

Das Jahr 1865 bringt einen Neubeginn. Die Diözese von Coutances führt wieder eine Wallfahrt durch, 1874 wird der Klosterberg als *Monument Historique* unter Denkmalschutz gestellt. Die heruntergekommenen Gebäude werden renoviert, und 1969 ziehen wieder ein paar Benediktiner ein, um dem Berg neues religiöses Leben einzuhauchen. Diese wurden 2001 von Mönchen und Nonnen der Gemeinschaften von Jerusalem abgelöst. Sie zählen zu den 43 Einwohnern des Mont-St-Michel, der seinen eigenen Bürgermeister stellt.

Sehenswertes

Befestigungsanlage: Den einzigen Zugang zum heiligen Berg bildet die *Porte de l'Avancée*, das Tor des mächtigen Vorwerks, das in den ersten befestigten Hof führt; hier befindet sich das Wachgebäude aus dem 16. Jahrhundert. Die *Porte du Roi*, mit einem imposanten Fallgitter versehen, öffnet sich zu einem zweiten, fachwerkgesäumten Platz; rechts zeigt sich die *Maison de l'Arcade*, die einst den Soldaten des Abts als Unterkunft diente. Gleich neben dem Arkadenhaus führt eine Treppe zur Wehrmauer hinauf: Ausblicke auf die Ostseite. Unterhalb der großen Treppenflucht, die zur Abtei hinaufführt, ist der *Nordturm* der beste Platz, um die einbrechende Flut zu beobachten.

Rechts der großen Abteitreppe gelangt man durch eine schmale Pforte in den *Klostergarten* auf der Nordseite. Ein Parkweg windet sich unter der abweisend-mächtigen Wand des Klosters zwischen alten Bäumen und bunten Blumenbeeten hinauf zur Plattform vor der Klosterkirche. Bei Ebbe bietet sich ein außergewöhnliches Panorama:

Nordküste
Bucht von Mont-Saint-Michel → Karte S. 94

Tief unten, am Fuß des heiligen Berges, erblickt man die granitene *Chapelle St-Aubert*, dahinter zerfließt eine endlose, von Prielen durchzogene Sandwüste am Horizont, und wo Himmel und Erde zu verwachsen scheinen, schimmert flach der Ozean.

Grande Rue: Die „Hauptstraße" führt hinter dem Platz nach den beiden Festungshöfen steil zur Abtei hinauf. Die Fachwerkhäuser aus dem 15./16. Jahrhundert beherbergen Restaurants und Souvenirläden; statt der früher üblichen Devotionalien und Antiquitäten gibt es hier heute vorzugsweise Plastikschnickschnack. Im oberen Teil geht die gepflasterte Gasse in Treppen über. Auf der linken Seite erhebt sich die *Eglise St-Pierre*, ein Stück zurückversetzt das *Haus der Tiphaine*.

Eglise St-Pierre: Die Pfarrkirche des Dorfs stammt aus dem 11. Jahrhundert, ihre Ausstattung besteht zum größten Teil aus Stücken, die aus dem Klosterkomplex ausgemustert wurden. Die Apsis ist lichtdurchflutet, in der rechten Seitenkapelle thront hinter einem Kerzenmeer eine versilberte St.-Michael-Statue. Schwere, damastene Pilgerfahnen schmücken Empore und Seitenwände.

Haus der Tiphaine: 1360 wurde *Bertrand Duguesclin* zum Gouverneur von Pontorson ernannt und war damit weltlicher Chef des Mont-St-Michel. Im Haus der Tiphaine lebte seine Gattin *Tiphaine Raguenel*, er selbst war meist auf Feldzügen unterwegs. Ihren Strohwitwenaufenthalt füllte Tiphaine mit karitativen Tätigkeiten und dem Studium der Astrologie aus. Heute wird das alte Gebäude als Museum genutzt: Stilmöbel (z. T. 14. Jh.), Gemälde, Wandteppiche und manches rare Juwel, von Pilgern dem Kloster zum Geschenk gemacht.

Abtei: Der Klosterkomplex auf der Spitze des granitenen Kegels des Mont-St-Michel entstand über mehrere Jahrhunderte. Das zentrale Problem war der Bau einer ausreichend befestigten Plattform rund um die Felsspitze, die einerseits das 100 m lange Kirchenschiff der Abteikirche tragen und andererseits genügend Raum bieten sollte, um Mönche, Gäste und Vorräte unterzubringen. Die Baumeister knackten dieses Problem mit einem gewagten Konzept: Auf den Fuß des nackten Granits wurde Stockwerk auf Stockwerk gesetzt, Gewölbe auf Gewölbe, bis die Felsspitze schließlich so weit verbreitert war, dass man die Kirche daraufsetzen konnte – eine Glanzleistung statischer Berechnung und architektonischer Gestaltung.

Drei Bauperioden lassen sich stilistisch unterscheiden. Das Kloster der normannischen Herzöge wurde mit der Kirche *Notre-Dame-sous-Terre* 966 im karolingischen Stil begonnen. Die Kirche, zu Beginn des 11. Jahrhunderts in eine Krypta umgewandelt, bildete zusammen mit zwei anderen Krypten das Stützwerk für die *romanische Abteikirche der englischen Könige* (zweite Bauperiode 1017–1144). Der dritte Bauabschnitt begann 1212. Finanziert von französischen Königen, entstanden die gotischen Gebäude der sogenannten *Merveille*, die kurz darauf wegen des Hundertjährigen Kriegs durch Befestigungen erweitert wurden und das heiß umkämpfte, aber nie eroberte Kloster vor Angriffen schützten.

La Merveille: Das Wunder. Der dreigeschossige Klosterbau auf der Nordseite des Bergs, dessen Fundamente die Abteikirche mittragen, ist ein Meisterwerk gotischer Baukunst. Ermöglicht wurde es durch ausgiebige Schenkungen des französischen Königs *Philippe Auguste*, der die Vormundschaft der Herzöge der Normandie über den Mont-St-Michel beendete. In den Jahren 1211–1228 entstand auf den teils durch einen Brand, teils durch bauliche Nachlässigkeiten stark in Mitleidenschaft gezogenen romanischen Bauteilen ein einzigartiger Gebäudekomplex: Hier wohnten die Mönche und die bessergestellten Pilger. Arme Pilger wurden in einem Gemeinschaftsraum untergebracht.

Die Ostseite von oben nach unten: *Refektorium, Gästesaal, Almosenhalle.* Die West-seite: *Kreuzgang, Rittersaal, Vorratsräume* (darunter der düstere Kerker). Den besten Eindruck der Merveille erhält man vom Klostergarten aus. Die mächtigen Strebepfeiler, die das gewaltige Bauwerk stützen, sind auf drei Etagen von hohen Fensterreihen durchbrochen. Flankiert wird der festungsähnliche Gebäudetrakt vom *Corbin-Turm* mit seinem kegelförmigen Dach und engen Schießscharten. Die Mauern, die die Gebäude der Merveille umfassen, sorgten für den Schutz der Klostergemeinde.

Kreuzgang: Der 1228 vollendete Kreuzgang ist ein weiteres Meisterwerk gotischer Baukunst. 227 schmucklos-schlanke Säulen tragen eine Doppelreihe spitzbogiger Arkaden, deren Rückseiten mit zartem Blattwerk und feinen Rankenmotiven geschmückt sind – dazwischen Fabelwesen und Menschenköpfe, an den Eckpfeilern biblische Szenen und ornamentales Dekor. Der Kreuzgang wird auf der Südseite durch ein zierliches Brunnenhaus *(Lavatorium)* unterbrochen, in dem früher die Mönche einmal wöchentlich das Ritual der Fußwaschung zelebrierten. Von der Nordseite bietet sich eine gute Sicht auf das endlose Watt der Bucht.

Refektorium: Der ehemalige Speisesaal des Klosters wird durch 56 schmale, von schlanken Säulchen gerahmte Fensterschlitze in ein unwirklich-helles Licht getaucht. Die geometrischen Verzierungen der Buntglasmosaike bilden den einzigen Schmuck des erstaunlich hellen Saales, in dem die Mönche schweigend ihre Mahlzeiten einnahmen. Auf dem Sitz, den der Architekt rechts in der Mauer aussparte, saß ein Bruder und rezitierte während des Essens heilige Texte.

Gästesaal: zwischen 1208 und 1220 erbaut. Hier empfing der Klostervorsteher die reichen und prominenten Besucher. Eine Reihe eleganter Säulen und Spitzbogen teilt das ausladende Gewölbe, große Fenster sorgen für Licht. Zwischen zwei riesigen Kaminen auf den Stirnseiten (sie dienten der Essenszubereitung) reihte man Tische aneinander, durch schwere Wandteppiche an der Nordwand wurde der Empfangssaal von den Latrinen für die Hochwohlgeborenen getrennt.

Rittersaal: Der Arbeitsraum *(Scriptorium)* der Mönche – hier wurde kopiert, studiert, geflüstert. Riesige Cheminées beheizten den Raum, der durch schwere Wandteppiche in kleine Parzellen geteilt werden konnte. Seinen Namen erhielt der Saal vom Ritterorden des heiligen Michael, den *Ludwig XI.* 1469 gründete. Drei Reihen robuster Säulen mit blattwerkverzierten Kapitellen tragen die Decke. Über eine kleine Treppe gelangt man hinunter in die Vorratskeller und in den Almosensaal.

Almosensaal: Unter dem romanischen Gewölbe schliefen die weniger betuchten Pilger. Heute werden hier Postkarten, Bildbände und DVDs verkauft.

Vorratsräume/Kerker: Die düsteren und dunklen Kreuzrippengewölbe, in denen die Vorräte des Klosters aufbewahrt wurden, ruhen auf zwei Reihen dicker Pfeiler. Ab 1472 wurde mit dem teilweisen Umbau der Keller begonnen; es entstanden schlecht gelüftete, mit schweren Holzbohlen versperrte Kerkerräume, die später mit Eisenkäfigen versehen wurden.

Klosterkirche: Die Vierung der Kirche liegt direkt über der Felsspitze des Mont-St-Michel. Das Kirchenschiff ruht auf der zur Krypta umgewandelten *Notre-Dame-sous-Terre,* deren mächtige Pfeiler den Chor tragen. Die Bauarbeiten begannen 1017, in knapp 130 Jahren entstand eine gewaltige romanische Kirche, die zu Beginn des 13. Jahrhunderts neu „unterkellert" wurde und – dank der tragfähigen Fundamente der Merveille – erweitert werden konnte. Nachdem 1421 der Chor eingestürzt war, begann man 1446 mit dem Bau eines neuen Fundaments. Anstelle des

Nordküste
Bucht von Mont-Saint-Michel → Karte S. 94

romanischen Stützwerks wurden drei neue Krypten errichtet, deren berühmteste, die *Krypta der dicken Pfeiler* (zehn mächtige Stützpfeiler mit einem Umfang von jeweils fünf Metern), den neuen Chor trägt. 1521 waren die Bauarbeiten abgeschlossen – ein eleganter, lichter, spätgotischer Chor krönt das schlichte romanische Kirchenschiff. Leicht und anmutig erhebt sich der Turm der Kirche, eingefasst von Strebewerk, Balustraden und Türmchen. Der vergoldete Erzengel, der auf der Turmspitze 157 m ü. M. seine Schwingen ausbreitet, stammt von Emmanuel Frémiet, einem Bildhauer des 19. Jahrhunderts.

Abtei: Mai–Aug. 9–19 Uhr, Sept.–April 9.30–18 Uhr, Kassenschluss eine Std. vor Schließung. Bei starker Flut können die Öffnungszeiten variieren. Eintritt 9 €, freier Eintritt für EU-Bürger bis 26 Jahre. Audioguide in passender Sprache 5 €. Im Sommer auch geführte Besichtigungen in fünf Sprachen (ca. 75 Min.).

Museen: Das *Musée de la Mer et de l'Ecologie* und das *Archéoscope* in der Grande Rue sowie das *Musée Historique* und das *Haus der Tiphaine* unterhalb der Abtei geben dem Besucher einen multimedialen Überblick über Geschichte, historische Personen und meereskundliche Themen rund um den Mont-St-Michel.

Mitte Febr. bis Mitte Nov. 9–18 Uhr, Musée Maritime bis in die erste Januarwoche. Pauschalkarte für alle vier Museen 18 €, Erw. 18–25 Jahre 9 €, bis 18 J. gratis, sonst ab 18 J. pro Museum 9 €.

Basis-Infos

Postleitzahl 50170

Information Office de Tourisme, gleich hinter dem Eingangstor zum Klosterberg einige Steinstufen hinauf. Prospekte und freundliche Auskünfte. Vorab gibt ein Informationspavillon direkt am großen Parkplatz Auskunft, auch über Pendelbus und Fußgängerwege. Tägl. 9–19 Uhr. ℡ 02.33.60.14.30, www.ot-montsaintmichel.com.

Hin und weg Bus: Von Pontorson (Bahnhof) über Beauvoir (ebenfalls Haltestelle) und über die Passerelle mit dem Bus bis vor den Berg – in der Saison tägl. bis zu 11-mal; letzte Abfahrt werktags ca. 20 Uhr, am Wochenende und feiertags früher. Danach bleibt nur noch das Taxi (vorbestellen!).

Parken/Pendelbus Riesiger Parkplatz vor der Passerelle (näher geht nichts); bis 2 Std. 6,30 €, bis 24 Std. Tarife von 6,30 bis 12,50 € (Wohnmobil bis 20,80 €, Motorrad bis 4,20 €). Im Preis enthalten ist die Weiterfahrt mit dem Pendelbus zum Berg und zurück.

Falls Sie in einem Hotel hinter dem Parkplatz (auf dem Klosterberg oder im „Le Relais du Roy" oder „Le Vert") ein Zimmer reserviert haben: Folgen Sie dem Wegweiser für Busse und Behinderte („La Caserne"), und geben Sie dort an der Schranke den Code ein, den Sie mit der Reservierung bekommen haben.

Einkaufen Konnten Reisende früher von antiquarischen Schnäppchen in den Mauern der Klosterburg berichten, so drängen sich heute rund zwei Dutzend Souvenirläden an Geschmacklosigkeiten die Grande Rue hinauf. Neben Geschmacklosem findet man aber auch sehr schöne regionale Keramik – allerdings unverschämt teuer. Anschauen kostet nichts und ist gleichwohl vergnüglich.

Abendlicher Besuch/Wallfahrt Im Juli und August besteht die Möglichkeit, im Rahmen der **Parcours Nocturnes** den Mont-St-Michel in besonderer Atmosphäre zu entdecken: ein musikalisch untermalter Spaziergang durch die beleuchteten Gemäuer von Dorf und Abtei.

Pèlerinage des Grèves, in der 2. Julihälfte jährlich an einem Dienstag; die Pèlerinage ist ein Ereignis, bei dem die Pilger den traditionellen Weg über das Watt zum Klosterberg beschreiten. Kontakt: ℡ 02.33.48.80.37.

Wallfahrt zu St. Michael, Ende September (an dem Wochenende, das dem 29. September am nächsten liegt) begeben sich die Pilger auf die große Wallfahrt. Neben zahlreichen Messen auch Konzerte mit klassischer und religiöser Musik.

Messe In der Abteikirche versammeln sich Di–Sa um 12 Uhr und So um 11.15 Uhr die weiß gewandeten Mönche und Nonnen des Klosterbergs zum öffentlichen Gottesdienst und singen die Liturgie.

Übernachten/Essen & Trinken

Hotels: Auf dem Mont-St-Michel gibt es einige Hotels, die a) teuer und b) meist ausgebucht sind (Reservierung dringend empfohlen). Etwa 2 km vor dem Kegel ist am Eingang des Damms in einem Ortsteil der Gemeinde Ardevon eine moderne Hotelsiedlung entstanden. Hier ist der Übernachtungsschwerpunkt des organisierten Bustouren. Die dortigen Hotels entlang der Straße sind alle modern ausgestattete Neubauten. Weitere Hotels findet man in Beauvoir, 4 km vom Mont. Auch das 9 km entfernte Pontorson (siehe dort) verfügt über mehrere Herbergen.

Zimmer: Zahlreiche Schilder in Beauvoir und Ardevon-Rive weisen auf private Vermieter hin.

Camping: Die nächsten Plätze liegen vor der Passerelle (2,5 km), in Beauvoir (4 km) und in Pontorson (D 976). In der Hochsaison können diese Plätze ausgebucht sein.

Hotels auf dem Mont-St-Michel *** La Mère Poulard, 27-Zimmer-Etablissement, das schon Könige, Präsidenten und berühmte Filmschauspieler beherbergte. Bei Mutter Poulard schläft und speist die Prominenz (→ Essen). Für Gäste aus

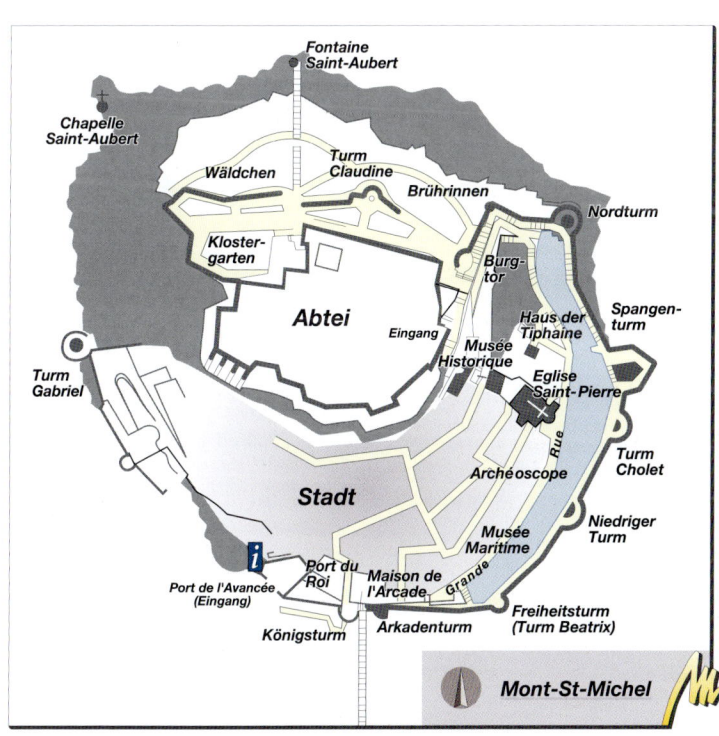

weniger exklusiven Unterkünften lohnt sich der Blick ins Hotel, an dessen Wänden sämtliche prominente Hotelgäste verewigt wurden. DZ ab 190 €, Frühstück 25 €/Pers. ☎ 02.33.89.68.68, www.merepoulard.com.

** **La Vieille Auberge**, mit Terrasse und teilweise Meersicht, 11 Zimmer, teils mit Bad/Dusche und WC, einige kleine Zimmer mit Waschbecken. Brasserie/Restaurant. DZ 120–200 €, Frühstück extra. ☎ 02.33.60.14.34, www.lavieilleauberge-montsaintmichel.com.

** **Le Mouton Blanc**, 15 meist kleine, ordentliche Zimmer mit voller Ausstattung. Empfehlenswertes Restaurant. DZ 145–195 €, Frühstück extra. ☎ 02.33.60.14.08, www.lemoutonblanc.fr.

Hotels vor der Passerelle *** **Le Relais du Roy**, im selben Besitz wie das folgende Hotel Vert. Das zentrale Gemäuer aus dem Mittelalter säumen zwei verglaste Neubautrakte. Stilvoll der Empfangssalon mit Kamin aus dem 15. Jh. und Holzbalken-decke. 27 Zimmer im Neubauteil, modern und funktional, einige mit Blick auf den Mont. Großes Restaurant. DZ ab 88 €, Frühstück extra. Geschlossen in der 2. Januarhälfte. ☎ 02.33.60.14.25, www.le-relais-du-roy.com.

** **Vert**, an der Straße. Modernes 54-Zimmer-Hotel. Zimmer mit Bad oder Dusche/WC, die billigeren in der Motel-Abteilung. 500-Gedecke-Restaurant „La Rôtisserie" mit Menüs ab 20 €. DZ 69–89 €, Frühstück extra. ☎ 02.33.60.09.33, www.le-mont-saint-michel.com.

Hotels in Beauvoir ** **Le Beauvoir**, das stilvolle Landgasthaus links der Straße zum Mont gehört zur Logis-de-France-Familie. 18 ordentliche bis gute Zimmer mit Bad oder Dusche/WC, empfehlenswertes Restaurant mit reicher Auswahl und Barbetrieb. DZ 40–115 €. Geschlossen vor Weihnachten bis nach Neujahr. 9, route du Mont-St-Michel, ☎ 02.33.60.09.39, www.hotel-lebeauvoir.com.

Gué de Beauvoir, altes Schlossgebäude im Landhausstil, von schönem großem Garten mit alten Bäumen umgeben. 20 einfache Zimmer mit solider Sanitärausstattung, meist mit Bad/WC; auch 4- und 5-Bett-Zimmer. Restaurant. Privatparkplatz. DZ je nach Standard 75–100 €, auch Mehrbettzimmer. Geöffnet Mitte Febr.–Okt. sowie im Dez. 5, route du Mont-St-Michel, ☎ 02.33.60.09.23, www.hotel-gue-de-beauvoir.fr.

Zimmer **Les Vieilles Digues**, in Beauvoir, altes, schön renoviertes Landhaus am Ortsausgang Richtung Mont-St-Michel. Ein freundliches Wirtspaar, sie aus der Gegend, vermietet 5 geräumige Zimmer, teils im Stammhaus, teils im neuen Nebengebäude. DZ 75–90 € inkl. Frühstück. Route du Mont-Saint-Michel, Beauvoir, ☎ 02.33.58.55.30, www.bnb-normandy.com.

Camping * **Mont-St-Michel**, der dem Mont nächstgelegene Platz gehört zum Hôtel/Motel Vert. 48 Stellplätze auf Rasenterrain, teilweise Schatten, elektrische Anschlüsse. Geöffnet Mitte Febr. bis Sept. ☎ 02.33.60.22.10, www.le-mont-saint-michel.com.

*** **Aux Pommiers**, umzäuntes Wiesengelände in Beauvoir einige Schritte neben der Durchgangsstraße. Knapp über 100 Plätze, z. T. unter schattigen Apfelbäumen. Nicht unsympathisch, kleines Schwimmbecken, Mountainbike-Verleih, Snackrestaurant mit Tagesgerichten. Geöffnet April–Okt. 28, route du Mont-St-Michel, ☎ 02.33.60.11.36, www.camping-auxpommiers.com.

Ein weiterer Platz in **Pontorson** (siehe dort).

Wohnmobile Aire du Mont-Saint-Michel, großes Gelände mit über 200 Stellplätzen am Ortsausgang von Beauvoir. Kompletter Service.

La Bidonnière, im Ortsteil Ardevon, dort am Ortsrand gut ausgeschildert. Knapp 50 Stellplätze, sanitäre Anlagen, Wasser, Abwasserentsorgung. ☎ 06.25.55.30.70.

Essen & Trinken Die Bucht des Mont-St-Michel ist bekannt für das *Prés Salés* (Salzwiesen) genannte Fleisch: Lammfleisch mit dem besonders würzigen Geschmack der Salzweiden, auf denen die Schafe grasen. Erhältlich ist die Spezialität in jedem Restaurant der Gegend, das etwas auf sich hält.

La Mére Poulard, auf dem Mont-St-Michel. Kulinarische Spezialität des Lokals sind die nach dem Rezept der legendären Anne Poulard (1851–1931) gefertigten Omelettes: In schwindelerregendem Rhythmus schlagen bretonisch behaubte Damen gewaltige Eimassen in glänzenden Schüsseln schaumig und füllen das luftige Omelette in breite Formen. Über Holzkohle gebacken, erfreute die Eierspeise schon Könige und Diplomaten, Größen aus Film und Mode beehrten Mutter Poulard ebenso wie Maler, Chansonniers und Literaten. ☎ 02.33.89.68.68.

Pontorson

4100 Einwohner, Région Basse-Normandie

Der kanalisierte *Cuesnon* tröpfelt träge durch das Städtchen, das seit Jahrhunderten von den Pilgern und Touristen lebt, die von hier aus das letzte Stück zum „heiligen Berg" zurücklegen. Baugeschichtlich interessant ist die *Kirche Notre Dame*, auf Wunsch von Wilhelm dem Eroberer 1050 im romanischen Stil hochgezogen und später gotisch erweitert. Die Westfassade mit zwei romanischen Türmen ist in Europa einzigartig.

Ansonsten bietet Pontorson wenig Spektakuläres. Dem Flaneur fällt vielleicht das verspielt-skurrile „Baumhaus" auf, das gegenüber dem Bahnhof den Garten einer leerstehenden Villa ziert. Das private Wasserdepot wurde von einem italienischen Architekten im 19. Jahrhundert entworfen.

Für weniger betuchte Touristen ist Pontorson vor allem wegen seines Preisniveaus interessant: Die Kosten für Übernachtung und Essen sind deutlich niedriger als auf dem Mont-St-Michel und in seiner unmittelbaren Umgebung.

Basis-Infos

Postleitzahl 50170

Information   Office de Tourisme in der Nähe der Kirche. Sehr hilfsbereit. April–Juni und Sept. Mo–Fr 9–12.30 und 14–17.30, Sa 10–12.30 und 14–17.30 Uhr. Juli/Aug. Mo–Sa 9–12.30 und 14–18.30, So 10–12 Uhr. Okt.–März Mo–Fr 9–12.30 und 13.30–17, Sa 10–12.30 und 13.30–17 Uhr. Place de l'Hôtel de Ville. ℡ 02.33.60.20.65, www.mont-saint-michel-baie.com.

Hin und weg   **Bahn**: Verträumter SNCF-Bahnhof zwischen der Place de la Gare und den beiden Bahnsteigen – relativ zentral, südöstlich der Ortsmitte an der Ausfallstraße nach Rennes. Direktverbindungen nach Caen und Rennes.

Bus: Die Busse von Courriers Bretons halten und starten an der Place de la Gare. Pontorson liegt verkehrsgünstig an den Strecken Rennes–Mont-St-Michel und Fougères–St-Malo. Werktags 4-mal nach Rennes, 4-mal nach St-Malo, 3-mal nach Fougères.

Bus nach Mont-St-Michel: Ganzjährig zum Klosterberg ab dem Bahnhof, in der Hauptsaison bis zu 10-mal, in der Nebensaison 7-mal. Aktuelle Abfahrtszeiten (Schwerpunkt am Vormittag) bei der Touristinfo oder am Bahnhof. Fahrzeit ca. 15 Min.

Fahrradtour   Mit dem Radel zum Mont-St-Michel! Unterwegs bietet sich an, einen Stopp bei der Windmühle Moidrey einzulegen, von der aus man einen herrlichen Blick auf den Klosterberg hat. Die Besichtigung der renovierten Mühle wird vom Müller persönlich geführt: Febr.–Nov. tägl. 9.30–12 und 14–19 Uhr. Eintritt mit 30-minütiger Führung 4 €.

Privates Wasserdepot (19. Jh.)

Einkaufen Für Feinschmecker unter den Selbstversorgern ist das Prés-Salés-Lammfleisch interessant, das Pontorsons Metzger anbieten.

Markt Mittwoch vor dem Rathaus, Juni bis Mitte Sept. auch Sonntagmorgen.

Übernachten

Hotels *** Montgomery, im Jagdpavillon seiner Familie fühlte sich Jacques Montgomery bereits 1521 wohl. Heute: efeuumranktes 32-Zimmer-Hotel der Best-Western-Kette in einem Haus aus dem 16. Jh., Originalausstattung im Stil von Louis XIII bis zurück ins 16. Jh. Viel gediegenes altes Holz in komfortablen Räumlichkeiten. Sehr stilvoll. Mit Terrasse und Blumengarten. DZ 69–229 € inkl. Frühstück, teurer sind die Suiten. Geschlossen 2. Nov.-Hälfte. 13, rue Couesnon, ℘ 02. 33.60.00.09, www.hotel-montgomery.com.

*** Ariane, einladendes, renoviertes Haus. Vom Restaurant „Orson Bridge Café" in der 1. Etage führt eine Außentreppe hinunter zu einer sehr schönen Terrasse (halb Wiese, halb Beton), deren einziger Nachteil die Nähe zur Straße ist: Hinter der Hecke rauscht der Verkehr. Weniger Lärm geht von der Eisenbahnlinie aus, sie wird nur noch wenig befahren. Auch 3-Bett- und Familienzimmer. DZ 88–118 €, Frühstück extra. 50, bd Clemenceau, ℘ 02.33.60.03.84, www. ariane-mt-st-michel.com.

** De France, Bahnhofshotel hinter der Bahnschranke. 10 kleine, saubere Zimmer in Rosa oder Hellblau mit winzigem Sanitärabteil. Falls niemand da ist, wende man sich ans Hôtel Ariane (s. o.), das nur von der Bahnlinie getrennt und im selben Besitz ist. DZ 58–95 €. 2, rue de Rennes, ℘ 02.33.60.29.17.

** La Tour Brette, ordentliches, kleines Familienhotel mit 9 Zimmern, sehr freundlich, einfach und preiswert. Angesichts der guten und preiswerten Küche (s. u.) sei Halbpension empfohlen. DZ ca. 50 €, auch Mehrbettzimmer, Frühstück extra. 8, rue Couesnon, ℘ 02.33.60.10.69, www.latourbrette.com.

Le Grillon, das Crêperie-Hôtel an der Hauptstraße vermietet 5 Zimmer. DZ mit Dusche 35 €, DZ mit Du/WC 37 €, Frühstück extra. 37, rue Couesnon, ℘ 02.33.60.17.80, www.le-grillon-pontorson.com.

Jugendherberge Centre Duguesclin, alter Granitbau neben dem Campingplatz Haliotis (Richtung Mont-St-Michel, ausgeschildert). 63 Betten, verteilt auf 3- bis 6-Bett-Zimmer, Kochgelegenheit. 16,50 €/ Pers. Rezeption 8–12 und 17–20 Uhr. Geöffnet April–Sept. 21, bd Général Patton, ℘ 02.33.60.18.65, www.fuaj.org/pontorson.

Camping *** Haliotis, am Westrand des Orts, ausgeschildert. 150 Stellplätze auf Wiesengelände am Ufer des normannisch/ bretonischen Grenzflusses Couesnon. Gut ausgestattet, aber wenig Schatten, dafür sehr schöner, beheizter Swimmingpool (Mai–Sept.). Bei gutem Wetter gesellen sich zu den Campern viele Moskitos. Fahrradverleih. Geöffnet April–Okt. Chemin des Soupirs, ℘ 02.33.68.11.59, www.camping-haliotis-mont-saint-michel.com.

Wohnmobile Camping Haliotis (s. o.), kompletter Service.

Essen & Trinken

Das kleine Pontorson im Hinterland des Klosterbergs ist – wie viele andere Orte im Polderland der Küste – eine Hochburg des vorzüglichen *Prés-Salés-Lamms:* Die auf den Salzweiden gehaltenen Tiere besitzen durch ihre extravagante Ernährung ein vorzügliches, schon vorgewürztes Fleisch. Schlemmer reißen sich um diese Spezialität.

Restaurants ≫ Mein Tipp: La Tour Brette, im gleichnamigen Hotel (s. o.). Vorzügliche, preiswerte Küche. Austern, Pré-Salés-Lamm, Seeteufel-Filet (mit Sauerkraut und Reis), große Käseplatte hinterher ... Mi Ruhetag. 8, rue Couesnon. ℘ 02.33.60.10.69. ≪

Crêperie Le Grillon, die schmucke Crêperie des gleichnamigen Hotels (s. o.) serviert auch leckere Salate (sehr zu empfehlen: Salade nordique) und Moules frites. Mittags schnell voll, dann ist die Bedienung gelegentlich überfordert. Geschlossen Mi abends und Do. 37, rue Couesnon, ℘ 02.33.60.17.80.

Umgebung von Pontorson

Tremblay: Wer an alten Kirchen Freude hat, wird den kurzen Ausflug nach Tremblay nicht bereuen. Die Pfarrkirche in der Dorfmitte stammt aus dem 11./12. Jahrhundert, das linke Seitenschiff wurde im 16. Jahrhundert hinzugefügt. Anfang des 19. Jahrhunderts musste die Kirche nach einem Brand größtenteils neu aufgebaut werden. Trotz aller Umgestaltungen blieb außen wie innen der romanische Charakter erhalten. Unter dem Holztonnengewölbe müssen sich die Augen erst an das Dunkel gewöhnen. Hauptsehenswürdigkeit ist der Hochaltar mit einem kunstvoll geschnitzten Kreuz, darüber ein kleiner vergoldeter Baldachin.

Tremblay liegt 16 km südlich von Pontorson an der D 175 (Richtung Rennes). Ist die Kirche geschlossen, findet man den Schlüssel bei der Bar „Chez Janine" gegenüber.

Dol   5400 Einwohner

Die Grande Rue des Stuarts gehört zu den besterhaltenen Altstadtstraßen der Bretagne. Gesäumt wird sie von geschichtsträchtigen Fachwerkhäusern, in denen seit eh und je Alltagsgeschäfte getätigt werden.

Dol liegt auf einer etwa 20 Meter hohen Anhöhe, im Norden der Stadt schließt sich der *Marais de Dol* an, ein früheres Sumpfgebiet, das noch im 12. Jahrhundert von den Fluten des Ärmelkanals überspült wurde. Der Bau eines Deichs, Zwangsarbeit für Gefangene der Revolutionstruppen, verwandelte die einstige Polderlandschaft in ein fruchtbares Gebiet. Heute liegt Dol inmitten von grünen Weiden, die teils unter dem Meeresspiegel liegen. Hier grasen die berühmten Prés-Salés-Schafe, deren würziges Fleisch zu den Spezialitäten des ruhigen Landstädtchens gehört.

Zu Beginn des 6. Jahrhunderts war hier der britische Mönch *Samson* an Land gegangen und hatte ein Kloster gegründet, das nach dem 9. Jahrhundert zu einem religiösen Zentrum anwuchs: Dol war die erste und über 350 Jahre lang mächtigste bretonische Bischofsstadt. Dem Erzbischof gehörten weite Ländereien und einträgliche Pfründe, so konnte die *Kathedrale von St-Samson* zu einer 100 m langen Kirchenfestung im Stil der normannischen Gotik heranwachsen. 1790 endete Dols ruhmreiche klerikale Periode: Die Revolutionäre enthoben den Bischof seiner Ämter und richteten ihn hin. Seitdem gehört die frühere Bischofsstadt zum Episkopat von Rennes.

Neben seiner Kathedrale und den belebten Gassen besitzt Dol auf dem etwa 1,5 km entfernten *Champ Dolent* auch Frühgeschichtliches: In einem gepflegten Picknickgelände erhebt sich einer der schönsten Menhire der Bretagne.

Sehenswertes

Grande Rue des Stuarts: Autos brausen durch die Idylle, doch die Hauptstraße, flankiert von weit vorkragenden Fachwerkhäusern, hat ihren mittelalterlichen Charakter über die Jahrhunderte gerettet. Das Haus Nr. 17, die *Maison des Petits Palets*, heute ein Blumenladen, stammt aus dem 12. Jahrhundert und zählt zu den ältesten Häusern der Bretagne. Hinter den granitenen Stützpfeilern des Erdgeschosses von Nr. 27, der *Maison de la Guillotière* (13.–15. Jh.), hat sich ein Modegeschäft niedergelassen. Im Haus Nr. 18, der „Hölle" *(Maison de l'Enfer)*, riskiert der Eintretende allenfalls, im „Pub Le Stuart" dem Teufel Alkohol in die Klauen zu geraten; das düstere Kellergewölbe des Anwesens stammt aus romanischer Zeit. Wenn es eine Hölle

In der Grande Rue des Stuarts

gibt, dann auch ein Paradies: Unmittelbar neben dem Pub stehen die Häuser *Le Grand Paradis* und *Le Petit Paradis* – jedes zweite Haus der Straße hat seinen Namen und seine Legende.

Oberhalb vom Rathaus beginnt die *Rue Lejamptel*, die Verlängerung der Grande Rue. Auch hier stehen einige schöne Fachwerkhäuser, überwiegend Beige- und Brauntöne im Gebälk. An der ehemaligen *Auberge Grande Maison* erinnert eine Tafel an den großen Romancier Victor Hugo, der hier im Jahr 1836 mit Juliette Drouet, seiner lebenslangen Geliebten, eine Nacht verbrachte. Zwölf Jahre später war im selben Haus – auch nur für eine Nacht – der Leichnam Chateaubriands auf Durchreise zu Gast. Gegenüber, in der schmalen *Rue Ceinte*, die zur Kathedrale hinaufführt, lebten die Kapitelherren. Ihr Prunkstück war ein 500 Jahre altes Gebäude, in dem heute das Restaurant *La Grabotais* den Besucher verwöhnt (→ Essen).

Kathedrale St-Samson: Schon ihre Größe weist auf die frühere Bedeutung hin. Im Lauf von drei Jahrhunderten (12.–15. Jh.) wuchs St-Samson zu einer mächtigen und düsteren Gottesfestung heran. Der linke Turm blieb unvollendet, der rechte wurde erst im 17. Jahrhundert mit einer Spitze gekrönt. An der Südfassade springt die große gotische *Vorhalle* (13./14. Jh.) weit vor und lockert die schier endlose Wand auf. Der Innenraum der Kathedrale ist überwältigend: Auf fast 100 m Länge überspannen gotische Bögen das steile, 21 m hohe und in drei Etagen gegliederte schlanke *Kirchenschiff*. Durch das hohe *Chorfenster* (spätes 13. Jh.) dringt dämmrig-bläuliches Licht und beleuchtet gespenstisch die geschnitzten *Chorstühle* der Stiftsherren (14. Jh.). Das Chorfenster ist eines der ältesten bretonischen Buntglasfenster. Es überstand die Französische Revolution relativ unbeschadet und erzählt in seinen acht vertikalen Reihen fromme Geschichten in buntesten Farben. Für Kunsthistoriker erwähnt sei das *Grabmal des Bischofs Thomas James* im linken Querschiff, eines der ersten bretonischen Renaissance-Denkmäler, das die Florentiner Bildhauerbrüder *Giusto* im frühen 16. Jahrhundert gestalteten.

Gleich gegenüber der Kathedrale steht die **Trésorerie**, ein Haus aus dem 16. Jahrhundert, in dem vermutlich früher die Schätze der Kapitelherren verwahrt wurden. Heute ist hier ein lokales Museum untergebracht.

Médiévalys: Direkt gegenüber der mächtigen Kathedrale von Dol steht das Museum *Médiévalys – le secret des cathédrales*. Schwerpunkt der professionell gestalteten Ausstellung sind die Kathedralen des Mittelalters. Wer wissen möchte, wie es möglich war, solch mächtige Bauwerke zu konstruieren, ist hier richtig. Er erfährt anschaulich, wie die Baumeister der Gotik ihre Kathedralen konzipierten. Immer ausgefeiltere Lösungen machten es nach und nach möglich, die statischen Komponenten der Mauern auf das Wesentliche zu beschränken und so dank größerer Fenster Licht in die dunklen Kathedralen zu bringen. Die Abteilung Symbolik im zweiten Stock zeigt größtenteils Reproduktionen von Miniaturen, den Schluss bilden drei Fenster, deren Entstehungsweise der Besucher miterleben kann.

Daneben zeigt das engagierte Team von Médiévalys thematische Ausstellungen, u. a. über den Templerorden oder den mittelalterlichen Weinanbau. Weitere Überraschungen dürfen erwartet werden.

Mitte April–Juni und Sept. Mo–Fr 11–18, Sa/So 10–18 Uhr. Juli/Aug. tägl. 10–18.30 Uhr. Okt./Nov. Sa/So 10–13 und 14–18 Uhr. Eintritt 6,80 €, Audioguide (auch Deutsch) 1,50 €.

Basis-Infos

Postleitzahl 35120

Information Office de Tourisme bei der Kathedrale; Juni und Sept. Mo–Sa 10–12.30 und 14–18. So 14.30–18 Uhr. Juli/Aug. tägl. 10–18 Uhr. Okt–Mai Mo 14–18, Di–Sa 10–12.30 und 14–18 Uhr. 5, place de la Cathédrale. ✆ 02.99.48.15.37, www.pays-de-dol.com.

Hin und weg Bahn: Schnuckeliger Bahnhof etwa 1,5 km außerhalb des Zentrums an der Straße nach Combourg. Die Linie Rennes–St-Malo wird mehrmals tägl. bedient, Rennes–Pontorson tägl. 1-mal. Verbindungen auch nach Dinan und St-Brieuc.

Bus: Im Sommer Anschlüsse nach St-Malo und zum Mont-St-Michel.

Parken Am problemlosesten zu jeder Tageszeit um die Kathedrale, am Busbahnhof und an der Place Châteaubriand.

Einkaufen Chez Lasseron Ty Breiz, erst denkt man einen Souvenirladen, dann allerdings merkt man schnell, dass das Hauptangebot aus Sardinendosen mit wunderschönen aufgedruckten Motiven besteht. Hervé Lasseron sammelt nicht nur Sardinendosen mit phantastischen Etiketten, er lässt von zeitgenössischen Künstlern auch neue Motive entwerfen. Der Schriftzug „Le Sardiniste" ist sein geschütztes Markenzeichen. Bevor er seinen Laden eröffnete, arbeitete Hervé 28 Jahre lang als Koch, und so schreibt er bescheiden „Artisan Cuisinier" auf seine Visitenkarte. Verkauft werden Sardinendosen mit und ohne Inhalt. 26, rue Lejamptel.

Fahrradverleih Romé Cycles, 13, boulevard Deminiac. ✆ 02.99.80.96.26.

Golf Des Ormes, gepflegter 18-Loch-Parcours beim gleichnamigen Château-Camping in Epiniac (südöstlich von Dol) mit diversen Kursangeboten für Anfänger und Fortgeschrittene, aber auch zur freien Nutzung. ✆ 02.99.73.53.00.

Markt Wochenmarkt Samstagvormittag in der Rue Lejamptel. **Bio-Markt** in der Markthalle Di 17–20 Uhr.

Übernachten

Hotels ** De Bretagne **1**, mit Blick über die Place Châteaubriand. 14 helle Zimmer in unterschiedlichstem Sanitärstandard. Großzügiges, empfehlenswertes Restaurant. DZ 64–74 €. Geschlossen im Februar. 17, place Châteaubriand, ✆ 02.99.48.02.03, www.hotel-de-bretagne35.fr.

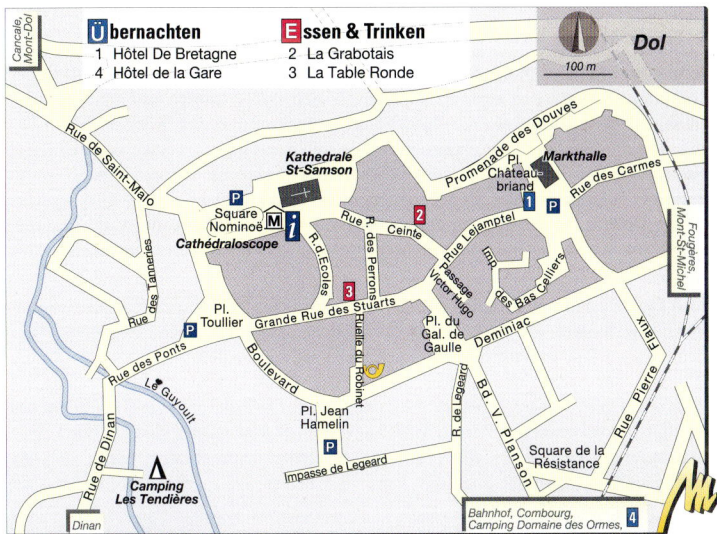

** **Hôtel de la Gare** 4, Hotel in Bahnhofsnähe mit 13 hellen Zimmern. Der sehr
freundliche Besitzer hat schlechte Erfahrungen gemacht: „Toute disparition de linge
sera facturée" (jegliches Verschwinden von
Wäschestücken wird in Rechnung gestellt).
DZ 55 €. Geschlossen in der 2. Oktoberhälfte. 21, avenue Aristide Briand, ✆ 02.99.48.
00.44, www.hoteldelagare35.com.

Camping ***** **Domaine des Ormes**, auf
der D 795 stadtauswärts Richtung Combourg, nach 7 km links ab in den Wald (ausgeschildert). Fürstliches Feriengelände
oberhalb eines längeren Sees mit Bischofs-
schloss aus dem 16. Jh. Der separate, ehemalige Bediensteten-, Lager- und Stalltrakt
wurde renoviert und den Erfordernissen eines modernen Campings angepasst. Beheizter Swimmingpool, Planschbecken,
Badestrand am Seeufer, Tennisplätze, Golfgelände zum Üben, Laden, Bar, Restaurant,
Disko, Waschmaschinen. Sehr gepflegte
sanitäre Anlagen. Fahrräder, Reitpferde und
Tretboot. 700 Stellplätze. Geöffnet Mitte April bis Mitte Sept. Epiniac, ✆ 02.99.73.53.00.

** **Les Tendières**, großzügiger 75-Parzel-
len-Platz stadtauswärts am Westrand von
Dol, ausgeschildert. Am Eingang ein Wei-
herlein, durch das angenehme Gelände
mit Bäumen fließt ein Bach. Efeuüber-
wachsene Sanitärs, an denen im Sommer
Wartezeiten nicht auszuschließen sind –
einfach, aber sauber. Auch Bungalow-Vermietung. Und damit es an nichts mangelt:
Gleich daneben hat Billig-Lidl eine Filiale
eröffnet. Geöffnet April–Sept. Rue des
Tendières, ✆ 02.99.48.14.68, www.camping-
lestendieres.com.

Essen & Trinken

Restaurants/Crêperien **La Grabotais**
2, schmuckes Fachwerkhaus, das auch innen seinen Stil behalten hat. Volltreffer für
Leute, die Musketiere mögen. Leckere
Fischspezialitäten vom Holzkohlengrill über
dem offenen Kamin, z. B. Seewolf mit Es-
tragonsauce. Geschlossen So abends, Mo
Ruhetag. 4, rue Ceinte, ✆ 02.99.48.19.89.

La Table Ronde 3, in einem Stadthaus aus
dem 15. Jh. Neben gutem Crêpes- und Ga-
lettesangebot (z. B. Algen-Galette) auch
Grillspezialitäten: Lammkoteletts, Pferde-
steak und Rinderspieß schmoren über'm
Holzfeuer. Geschlossen Mo/Di, am Sa mittags und im ganzen Januar. 34, Grande Rue
des Stuarts. ✆ 02.99.48.06.81.

Umgebung von Dol

Menhir de Champ Dolent: 9,30 Meter ist der Steinphallus hoch. Ein so gewaltiges Monument ist natürlich legendenanfällig. Als sich zwei feindlich gesonnene Brüder mit Waffengewalt um das Erbe ihres Vaters prügelten und das Blut der beiden bereits den Boden der Kampfstätte tränkte, soll der Granitbrocken vom Himmel gefallen sein, um die tobsüchtigen Rivalen zu trennen. Eine Zusatzlegende weiß, dass der Menhir jedes Jahr ein klein wenig tiefer in die Erde einsinkt – und dass das Jüngste Gericht tagen wird, wenn der riesige Monolith ganz versunken ist.
  Der Menhir steht an einem Picknickplätzchen unweit neben dem Sträßchen nach Epiniac (D 4), gut ausgeschildert.

Mont Dol: Einsam, steil und unwirklich ragt inmitten des Polders ein 65 m hoher Granitbrocken aus der brettflachen Landschaft. Der gigantische Felsblock 3 km nördlich von Dol ist von lichtem Kastanienwald bestanden, eine schmale Straße führt von der Kirche des Weilers Mont-Dol am Fuß des Berges nach oben. Die *Wallfahrtskapelle Notre-Dame-de-l'Espérance*, zwei Windmühlen und ein schmales Granitstein-Anwesen mit Restaurant/Crêperie/Café krönen das Plateau. Von seiner Höhe aus, am besten von der Plattform der Notre-Dame-Statue, bietet sich ein wunderschöner Ausblick über das Land. Bei klarer Sicht erkennen Sie rund 40 Kirchturmspitzen, den blauen Strich des Atlantiks und den Kegel des Mont-Saint-Michel am Horizont.

Einsamer Monolith

Heute werden auf dem Mont Dol Wein, Salami, Käse und Baguette ausgepackt, das Plateau wird als Picknickgelände geschätzt. So idyllisch ging es auf dem Hügel nicht immer zu. In legendärer Zeit soll hier der Erzengel Michael gegen den Teufel gekämpft und gewonnen haben – er warf ihn den Berg hinunter. Erwiesen ist, dass später, in keltischer Zeit, der Mont Dol ein Kultort war. Geomantiker wittern ein Kraftfeld.

Hotels ** Du Tertre**, kleines Hotel neben der Kirche von Mont-Dol, zu Füßen der Granitkuppe. 9 komfortable Zimmer, Dusche/WC. Rustikaler Frühstückssalon. DZ 49–65 €, alle mit Dusche, die billigsten mit WC auf Etage. Geschlossen im Jan. 35120 Mont-Dol, ☏ 02.99.48.20.57, www.hoteldu tertre.com.

Camping Aire naturelle La Roche, auf der dorfabgewandten Hügelseite. Sehr schönes Wiesengelände zu Füßen des Mont Dol rund um einen Bauernhof. Landleben für ruhige Naturen. Gute Sanitärs in der Scheune, Versorgung mit Agrarprodukten vom Erzeuger. 25 Stellplätze. Geöffnet Mai–Sept. La Roche, 35120 Mont-Dol, ☏ 02.99.48.01.65, http://camping-mont-dol.com.

Für Châteaubriand ein Ort der Alpträume

Combourg

5700 Einwohner

Unterhalb des turmbewehrten Châteaus ducken sich schiefergedeckte Fachwerkhäuser am Rand eines langen Teichs. In ihm spiegelt sich seit Jahrhunderten eine aufregende Kulisse: Dächer, Kegel und Türme eines Traumschlosses.

Ansonsten ist Combourg ein geschäftiges Kleinststädtchen, dessen Leben sich hauptsächlich an der kurzen Hauptstraße zwischen der Kirche Saint-Gilduin und dem Château abspielt.

Bekannt wurde Combourg in der Welt der Literatur: Das Schloss war Wohnsitz von *François-René de Châteaubriand*, der hier seine Kindheit und Jugend verbrachte und später wohl nicht zu Unrecht behauptete, dass ihn Combourg zu dem gemacht habe, was er war – ein schwermütiger Romantiker. Die Stadt, die sich in touristischer Hinsicht ganz auf ihren berühmten Sohn kapriziert, ist eine angenehme Zwischenstation im ruhigen Hinterland der Bucht von St-Michel.

Sehenswertes

Château de Combourg: Berühmt wurde das Schloss durch die Memoiren seines Bewohners. In den *Erinnerungen aus dem Jenseits* zeichnet der Dichter, Diplomat und erste französische Romantiker, François-René de Châteaubriand, ein ausführliches Bild von seinem Leben auf Schloss Combourg. Französische Gymnasiasten kennen seine literarischen Weitschweifigkeiten: In düsteren Bildern erinnert sich der Erwachsene seiner vollen Hosen, als er eines Tages in einem Turm von einem früheren Schlossherrn erschreckt wurde, der sich in einen schwarzen Kater verwandelt hatte. Fortan hatte der Turm einen Namen *(Tour du Chat)* und der noch kleine François-René einen Heidenrespekt – der Blick unters Bett vor dem Schlafengehen wurde ihm selbstverständlich.

Nur die *Tour du More* wurde im 11. Jahrhundert gebaut, der Rest der Außenfassade stammt von einer Erweiterung im 15. Jahrhundert. Der Innenausbau geht auf eine grundlegende Renovierung im 19. Jahrhundert zurück. Lange Zeit war die wehrhafte Burg im Besitz der Duguesclin. Eine Liquiditätskrise zwang die mächtige Aristokratenfamilie Mitte des 18. Jahrhunderts zum Verkauf. Käufer und damit legaler Erwerber des vererbbaren Adelstitels wurde ein im Korsarengeschäft und Sklavenhandel reich gewordener Reeder und Bürger von St-Malo, der Vater des späteren Dichters. Nach dem Tod des Vaters lebte die Mutter mit den beiden Töchtern und dem kleinen François-René alleine in dem düsteren Schloss. Châteaubriands Hang zu schwermütiger Romantik hatte, wie der Dichter in seinem umfangreichen Werk gesteht, in der schaurigen Atmosphäre des alten Gemäuers seinen Ursprung.

Bis heute befindet sich das Schloss im Besitz der Châteaubriands und wird von ihnen bewohnt. Um den großzügigen Wohnsitz zu unterhalten, gestattet der Schlossherr das Flanieren im Park (inkl. Besichtigung der Kapelle) sowie den Besuch der Bibliothek und des früheren Salons, der ein paar Kuriositäten aus dem Leben des Dichters zeigt.

Schloss: April–Juni und Sept./Okt. Mo–Fr 10–12.30 und 14–18, So 14–18 Uhr. Juli/Aug. tägl. 10–12.30 und 14–18 Uhr. Besichtigung nur mit Führung (45 Min.) möglich. Eintritt Schloss + Park 8,30 €, nur Park 3,70 €.

Maison de la Lanterne: Die schlichte Natursteinfassade und der nach hinten angesetzte Spitzturm machen den heutigen Sitz des Office de Tourisme zu einer eigenen kleinen Sehenswürdigkeit. Das 1597 gebaute Haus diente früher als Wachhaus. Die Laterne, in deren Lichtkegel einst späte Stadtbesucher inspiziert wurden und die dem Haus den Namen gab, hängt heute am Platz zwischen Schloss und Weiher.

Im Zelt schlafen, vom Schlosszimmer träumen

Basis-Infos

Postleitzahl 35270

Information Office de Tourisme in der Maison de la Lanterne (→ Sehenswertes). April–Sept. Mo–Sa 10–13 und 14.30–18.30, So 10–12.30 Uhr. Okt.–März Mo–Sa 10–13 und 14.30–18 Uhr. 23, place Albert Parent. ✆ 02.99.73.13.93, www.combourg.org.

Hin und weg **Bahn:** Bahnhof etwas außerhalb an der Straße D 796 Richtung Mont-St-Michel. Anschluss an die Linie Paris–Rennes–St-Malo, wochentags mehrmals in beide Richtungen.

Einkaufen Hervorragende Wurstwaren gibt es bei Metzger Fauvel an der Place Parent. Das Rezept für die meisterhafte Zubereitung geräucherter bretonischer Kaldaunenwurst („andouille") erhalten Sie gratis.

Markt Montag

Übernachten

Hotels *** Du Château, nettes, efeuumranktes Anwesen zwischen Schloss und Weiher mit dem Prädikat „Hôtel de charme et de caractère". 33 komfortable, meist großzügige, zum Garten hinaus besonders ruhige Zimmer. Gepflegtes Restaurant mit guter Küche (→ Essen). DZ 69–140 €. Geschlossen Mitte Dez. bis Mitte Jan. 1, place Châteaubriand, ✆ 02.99.73.00.38, www.hotel duchateau.com.

** Du Lac, gutbürgerliche Übernachtungsadresse unterhalb der Schlossmauer. 28 kornfortable Zimmer, 10 sehr ruhig, mit Seeblick. Teils Duschkabinette, teils eigene Badezimmer. Gemütliches Restaurant mit breiter Glasfront zum Weiher hin. DZ 52–66 €. Geschlossen im Febr. 2, place Châteaubriand, ✆ 02.99.73.05.65, www.hotel-combourg.com.

Camping ** Le Vieux Châtel, nett gestalteter kleiner Platz am Weiher – doch das Ufer bleibt unerreichbar. 70 Stellplätze durch Hecken parzelliert, genug Stromanschlüsse, schattig durch etliche Bäume. Pyramidenförmiger, futuristischer Sanitärpavillon mit Aufenthaltsraum. Zwei Tennisplätze, Bouleplatz. Geöffnet April–Okt. Boulevard de Waldmünchen, ✆ 02.99.73.07.03, www.camping-combourg.com.

Wohnmobile Service-Station beim Camping le Vieux Châtel (s. o.).

Restaurant Du Château, das Restaurant des Schlosshotels ist Combourgs erste Speiseadresse. Wir empfehlen die Ortsspezialität: Rinderfilet mit Sauce Châteaubriand. Geschlossen Mo, Di und Sa mittags sowie So abends. 1, place Châteaubriand. ✆ 02.99.73.00.38.

Nordküste
Bucht von Mont-Saint-Michel → Karte S. 94

Cancale

5200 Einwohner

Der Name Cancale bürgt seit Jahrhunderten für kulinarischen Hochgenuss: Cancalaiser Austern wurden in den Heerlagern des Julius Cäsar gefunden, zweimal wöchentlich wurden sie frisch an den Hof des Sonnenkönigs expediert, auch Napoleon wollte sie bei seinem Zug ins kalte Moskau nicht vermissen.

Die großen Austernparks in der Bucht zwischen der *Jetée de la Fenêtre* (Hafendamm) und der *Pointe du Hock* sind Cancales größtes Kapital. Daneben haben sich in den letzten Jahren die Aufzucht der gemeinen Miesmuschel (Zentrum ist das 15 km entfernte *Le Vivier-sur-Mer*) und – dank des sanften Klimas – der Anbau edler Frühgemüse als weitere Erwerbsquellen entwickelt.

Zwar hat auch Cancale den Sprung zur touristischen Destination geschafft, ist aber trotzdem ein sympathisches Küstenstädtchen mit viel Flair geblieben. Das touristische Leben spielt sich zwischen den Restaurants, Bars und Hotels entlang des

Hafendamms ab. Während an der Promenade in den Degustationslokalen Austern geschlürft werden, kurven im Schlick der schachbrettartigen Gehege Traktoren herum, gehen die Züchter ihrer Arbeit nach. Im Ortszentrum auf der Klippe über dem Hafen herrscht die träge Ruhe des einstigen Bauern- und Fischerdorfs.

Sehenswertes

Austernmuseum (La Ferme Marine): eine Entdeckungsreise durch das Königreich der Auster im Park St-Kerber an der Plage de l'Aurore, südlich des Hafens. Einzigartige Dioramashow, die durch die 350 Millionen Jahre lange Geschichte der Auster führt! Unter anderem erfahren Sie, warum François I. anno 1545 Cancale das Stadtrecht verlieh. Austernbecken! Muschelbecken! Muschelausstellung! Ökomuseum!
Mitte Febr.–Juni und Mitte Sept.–Okt. Führung Mo–Fr um 15 Uhr (Französisch), Juli bis Mitte Sept. Führungen Mo–Sa um 11 und 15 Uhr, um 14 Uhr auf Englisch, um 16 Uhr auf Deutsch. Eintritt 7 €.

Volkskundemuseum (Musée des arts et traditions populaires): Das Museum in der aufgegebenen alten Ortskirche widmet sich vergangenen regionalen Ereignissen. Spärliche Exponate aus der Zeit der Windjammer und „Bisquines" stehen oder hängen mehr oder weniger planlos herum. Interessanter (in Französisch) sind die Erläuterungen zur Austern- und Muschelzucht. Amüsant ist die Auflistung angeblich aller Restaurants, die sich mit dem in Gourmetkreisen geschätzten Namen *Rochers du Cancale* schmück(t)en. Aktuelle und schon geschlossene Schlemmertreffpunkte auf dem blauen Planeten von Pnom Penh über Shanghai und L. A. bis ins Moskau des 19. Jahrhunderts.
Mai/Juni und Sept. Fr–Mo 14.30–18.30 Uhr. Juli/Aug. Di–So 10–12 und 14.30–18.30 Uhr. Eintritt 2,50 €.

Kirche St-Méen: Ein Stück unterhalb des alten Gotteshauses erbaute man im 19. Jahrhundert die heutige Ortskirche. Attraktion ist der über 189 Stufen zu erklimmende Turm, von dessen Aussichtsplattform man bei klarer Sicht rund 40 Kirchtürme ausmachen kann.

Spazier-/Wanderweg: Der alte Zöllnerpfad von Cancale zur weit vorgestreckten *Pointe de Grouin* gehört zu den schönsten Abschnitten des „Bretagne-Rundwanderwegs". Der Pfad windet sich von *Terralabouet* zwischen steilen, perlmuttfarbenen Klippen über die *Pointe du Hock* (Aussicht auf den *Rocher du Cancale*) bis zur Pointe de Grouin und mündet dann in die *Corniche de la Mer*, die weiter bis St-Malo führt.

Pointe du Grouin: Mit 50 m hohen, steilen Felsen schiebt sich die schmale Landzunge in den anbrandenden Ozean. Das von Heidekraut bewachsene Kap ist Naturschutzgebiet, die beiden Inseln, die das Kap säumen, sind Nistplätze von Kormoranen, Krähenscharben, Brandenten und verschiedenen Möwenarten. Von April bis August ist das Revier des Vogelreservats vom Lärm der startenden und landenden Schwärme erfüllt.

Im *Leuchtturm* lenkt eine Station der Küstenwache jährlich 15.000 Schiffe mittels Radar um die gefährliche Felszunge. Wer das Glück hat, die *Pointe du Grouin* bei schönem Wetter zu erleben, dem ist ein sensationeller Rundblick vergönnt: vom *Cap Fréhel* im Westen über die *Iles Chausey* im Norden bis weit in die Normandie im Osten. Am besten reserviert man gleich bei der Ankunft einen Tisch im Restaurant, genießt anschließend die Landschaft der Pointe du Grouin und lässt den Abend bei Fisch und Meeresfrüchten ausklingen.

Knapp vor der Pointe du Grouin

Hotel/Restaurant *** La Pointe du Grouin, Natursteinanwesen auf einem schmalen Streifen Fels im Atlantik – dementsprechende Aussicht aus allen Zimmern. Teilweise Balkons. Alle 15 Zimmer mit TV, sauber und adrett, unterschiedlicher sanitärer Komfort. Im Sommer unbedingt reservieren. Von der windgeschützten Brasserie genießt man einen schönen Blick auf die Vogelwelt der Ile des Landes.

Das Restaurant serviert eine ausgesprochen gute Küche. Gediegenes Interieur mit Blick auf den Mont-St-Michel, gepflegte Klientel. Menu-Vorschlag: Fischterrine an Schnittlauchrahm. Lachs in Butter-Zitronen-Sauce. Große Auswahl an Frucht-Sorbets.

Im Sommer Reservierung dringend empfohlen. Restaurant außerhalb der Saison Di Ruhetag, Do mittags geschlossen. DZ 90–128 €. Geöffnet April bis Mitte Nov. La Pointe du Grouin, ℘ 02.99.89.60.55, www.hotelpointedugrouin.com.

Camping ** Municipal de la Pointe du Grouin, hoch auf den Klippen vor der Pointe Barbe Brulée. 200 Stellplätze, terrassierte Wiesenfläche, durch schattenspendende Bäume etwas aufgelockert. Zur Pointe du Grouin nur ein Katzensprung, Aussicht aufs Vogelschutzgebiet. Geöffnet Mitte März bis Mitte Okt. La Pointe du Groin, ℘ 02.99.89.63.79, camping cancale@orange.fr.

Baden

Rund um die Hafenmole und die Austernparks von Cancale gibt es keine Bademöglichkeit. Es empfehlen sich die Strände nördlich, die sich über die *Pointe du Grouin* herum bis nach *Rotheneuf* ziehen. In fast jeder Bucht zwischen den steilen Felsklippen finden sich kleinere oder größere Kiesel- oder Sandstrände. Eine Auswahl:

Plage de Port Mer: beliebt und am schnellsten vom Hafen aus zu erreichen. Der mit Felsen durchsetzte Sandstrand ist im Sommer oft überfüllt. Diverse Animationsangebote. Bootsanlegeplatz.

Plage de Saussaye: ruhige Sandbucht südwestlich der Pointe de Grouin. Keine Parkmöglichkeiten, steiler Abstieg von der Küstenstraße aus.

Plage du Verger: Der große, lange Sandstrand, über dem die Kapelle *Notre Dame du Verger* thront, ist vom Saussaye-Strand nur durch eine kleine Landspitze getrennt und gilt als Surferadresse. Schmales Dünengelände, begrenzt von den Felsklippen der *Pointe de la Moulière*, an der sich Muschelliebhaber herumtreiben. Der Parkplatz an der Küstenstraße wird gelegentlich als wildes Wohnmobilcamp genutzt.

Plage Duguesclin: Die etwa 1 km lange Bucht hinter dem Verger-Strand bietet auch bei Flut genügend Liegefläche. Vom Strandstreifen aus wird das Wasser relativ schnell tief, Surfer haben optimale Bedingungen. Der Parkplatz an der Küstenstraße ist bei schönem Wetter zugeparkt.

Basis-Infos

Postleitzahl 35260

Information Office de Tourisme, verglaster Pavillon direkt unterhalb der Kirche. Juli/Aug. tägl. 9.30–19 Uhr. Sept.–Juni Mo/Di und Do–Sa 9.30–13 und 14.30–18, Mi 14.30–18 Uhr. 44, rue du Port. ☎ 02.99.89.63.72, www.cancale-tourisme.fr.
In der Hauptsaison zusätzliche Infostelle am Port de la Houle; tägl. 14.30–19 Uhr.

Hin und weg Bus: Mehrere Haltestellen über die diversen Ortsteile verstreut, z. B. am Hafen (Port de la Houle) und auf dem Kirchplatz im oberen Ortszentrum. Mo–Fr bis zu 4-mal täglich/Parame nach St-Malo (40 Min.), Sa 2-mal, Sonn-/Feiertag 1-mal. Am Sonntag 1-mal zum Mont-St-Michel. Infos bei den Courriers Bretons, ☎ 02.99.19.70.70.

Parken An der Mole oder oben auf dem Platz vor der Kirche – gebührenpflichtig.

Ausflug mit dem Traktor In Cherrueix, etwa 20 km östlich von Cancale, bringt der Train Marin, ein Traktor mit Anhängern, bei Ebbe die Gäste hautnah zur Bucht von Mont-St.-Michel. Der kommentierte Ausflug, u. a. mit Besichtigung von Muschelbänken, Einführung ins Fußfischen und Erläuterung der traditionellen Fangtechniken, dauert ca. 2 Std. Gezeitenabhängige Abfahrten. Auskünfte und Buchung: 21, rue du Lion d'Or, Cherrueix. ☎ 02.99.48.84.88.

Bootsausflug Der **Verein ABC** (Association Buisquine Cancalaise) organisiert Fahrten auf einem rekonstruierten Krebsfänger aus dem 19. Jh. Die Halb- bzw. Ganztagsfahrt auf dem restaurierten Zweimaster „La Cancalaise" weiht in Segelmanöver und Tricks der Austern- und Hummerfischer ein. Im Angebot stehen auch mehrtägige Kreuzfahrten zu den Kanalinseln, nach Südengland etc. Auskünfte/Buchung über das Office de Tourisme oder unter ☎ 02.99.89.77.87.

Einkaufen Austern direkt ab Erzeuger, z. B. am Quai Thomas (östl. Teil der Strandpromenade) oder am Port de la Houle. Über die Technik des Öffnens und Verzehrmöglichkeiten → Kapitel Essen und Trinken, Kasten „Die Kunst, eine Auster zu öffnen".

Markt Sonntagvormittag auf dem Kirchplatz und in den kleinen Straßen dahinter (Rue de la Marine und Rue Cocan).

Reiten Mehrere Reitställe in der Umgebung von Cancale. **La Cravache** in St-Coulomb (4 km westlich von Cancale) bietet neben diversen Kursen auch halb- und ganztägige Ausritte am Strand entlang. ☎ 02.99.81.56.03.

Wassersport Segeln und Wasserski an der Plage de Port Mer. Das **Centre Nautique de Cancale** ist dort von März bis Nov. zugänge. ☎ 02.99.89.90.22.

Übernachten

Hotels *** Le Querrien 🖪, 16 Zimmer, meist etwas klein, aber praktisch eingerichtet. Der Besitzer ist Austernzüchter und betreibt eine bei der Gemeindejugend beliebte Pizzeria. DZ 59–199 €. 7, quai Duguay Trouin, ☎ 02.99.89.64.56, www.le-querrien.com.

*** **Continental** 🖪, die gediegenste 3-Sterne-Herberge der Stadt: 17 schön möblierte Zimmer mit Bad und WC, Blick über die Bucht. Stilvoller Salon und schöner, holzgetäfelter Speisesaal mit sorgfältig gedeckten Tischen. Die Zimmerpreise steigen mit den Stockwerken (Lift). DZ 90–170 €, Frühstück extra. Geöffnet Mitte März bis Mitte Nov. 4, quai Thomas, ☎ 02.99.89.60.16, www.hotel-cancale.com.

*** **Le Cancalais** 🖪, 10 korrekte Zimmer mit Meerblick. Etwas unpersönlicher Empfang.

Restaurant angeschlossen. DZ 75–95 €. 12, quai Gambetta, ✆ 02.99.89.61.93, www.le cancalais.fr.

Zimmer L'Huîtriere , das beliebte Austernrestaurant am Hafen (siehe unten) unterhält etwas oberhalb ein nettes Landhaus mit 3 Zimmern, alle mit Dusche/WC. DZ 45 €, ab 2 Nächten 40 €. Parkplatz gratis. Rue du Port, ✆ 06.88.24.07.26 oder direkt im Restaurant nachfragen.

Jugendherberge Auberge de Jeunesse du Port Picain, gut ausgestattetes Haus zwischen Cancale und der Pointe de Grouin. Die Herberge liegt in einer kleinen Bucht, in der sich Fischerboote tummeln – bei Flut nicht mehr als 20 m bis zur Brandung. Baden auf eigenes Risiko, bei Flut gefährlich. Für preisbewusste Reisende der ideale Standort in der Gegend, außerhalb der Saison allerdings oft von Schulklassen ausgebucht. Insgesamt 72 Schlafplätze,

Zimmer mit Dusche und Lavabo. Auch Campingmöglichkeit. 16 €/Pers., bis 26 Jahre 11 €/Pers. Geöffnet März–Okt. Port Picain, ✆ 02.99.89.62.62, www.hifrance.org.

Camping   **** Bel Air, im gleichnamigen Ortsteil nördlich von Cancale, links der Straße, etwa 600 m zum Ortszentrum. Ausschließlich Übernachten in gemieteten Wohnwagen. Schattiger Platz 1 km vom Meer, von hohen Hecken eingerahmt und unterteilt. Beheiztes Schwimmbecken, Bar, Waschmaschine, TV-Raum, Tischtennis. Geöffnet April–Sept. 50, rue du Stade, ✆ 02.99.89.64.36, www.campingcancale.com/belair.

Weitere Plätze entlang der Nordküste Richtung St-Malo.

Wohnmobile Im Ortsteil La Ville Ballet, im Westen des Orts an der D 76. Elektrizität, Wasser, Abwasserentsorgung.

Nordküste
Bucht von Mont-Saint-Michel → Karte S. 94

Essen & Trinken
2 L'Huîtrière
4 A Contrecourant
7 Le Phare

Übernachten
1 Zimmer L'Huîtrière
3 Le Cancalais
5 Le Querrien
6 Continental

100 m

Cancale Zentrum

Essen & Trinken → Karte S. 115

Cancale ist Treffpunkt renommierter, anonymer Testesser, in der Austernstadt gibt es mehrere vorzügliche Restaurants, vorzugsweise am Quai Thomas. Nach einem Abend des Gaumenkitzels werfen die Geschmacksprofis großzügig mit Kochlöffeln und -mützen, Sternen und Gabeln um sich – die Restaurantlandschaft ist zugepflastert mit Ehrungen aller Art.

Für den delikaten Snack zwischendurch sorgen die **Degustationslokale**, die an derben Holztischen auf der Promenade ausschließlich Austern servieren. Das Dutzend (Größe nach Wahl), professionell frisch geknackt, wird mit Zitrone, bretonischem Landbrot, gesalzener Butter und einem Viertel gut gekühltem Muscadet aufgetragen. Wohl bekomm's!

Austernzucht

Hauptgrund für den guten Ruf der Austern aus Cancale ist der starke Gezeitenunterschied in der Bucht, der die Austernparks bei Flut mit genügend Nahrung versorgt und den angesammelten Schlick wegspült. Dazu kommt das spezielle Plankton des Meeres vor Cancale, das den Austern ihr lokalspezifisches Aroma verleiht.

Grundsätzlich gibt es zwei Arten von Austern. Die *Huître Plate* (flache Auster) wird auf dem Grund des Meeres ausgesät und mit dem Schleppnetz abgefischt. Die *Huître creuse* (hohle Auster) wächst, auf Drahtzäune gesetzt, in drei Jahren heran und wird regelrecht abgeerntet. Austern sind Zwitterwesen, sie können das Geschlecht wechseln. Das von einem momentanen Männchen ins Meerwasser abgegebene Sperma wird von momentanen Weibchen aufgenommen, in deren Innerem die Eier heranreifen. Die geschlüpften Larven verlassen die Mutteraustern und schweben acht Tage als Teil des Planktons durchs Wasser, bevor sie sich auf eine passende Unterlage setzen. Hat die Auster diese gefährliche Zeit überstanden und ist auf den Drahtzäunen der Austernfischer gelandet, wird es für sie drei Jahre später noch einmal richtig schwierig: Denn bevor die geernteten Tiere zum Verkauf freigegeben werden, müssen sie in der „Austernschule" lernen, sich nicht mehr im Ebbe-und-Flut-Rhythmus zu schließen und wieder zu

Austernwäscherinnen

Restaurants Le Phare **7**, der Besitzer kocht selbst: Austern, Hummer, Schalentiere. Zwei Michelin-Gabeln, für die gebotene Qualität günstig. Geschlossen außerhalb der Saison Do abends und Fr ganztags. 6, quai Thomas. ✆ 02.99.89.60.24.

>>> Mein Tipp: L'Huîtrière **2**, das populärste Austernrestaurant der Hafenzeile, auf zwei Etagen, aber beide oft brechend voll. Preiswerte Menüs, teurer wird's bei der Meeresfrüchteplatte. Die Austern kommen aus eigener Zucht. Ein Farbfoto im Parterre zeigt „Cahue Père & Fils" bei der Arbeit, in der ersten Etage hängt dasselbe Sujet als Bleistiftzeichnung. Der leibhaftige (beleibte) Père Cahue sitzt in der Regel neben der Theke, diskutiert mit den Stammgästen und überwacht das Geschehen. 14, quai Gambetta. ✆ 02.99.89.75.05. **<<<**

A Contrecourant **4**, an der Hafenzeile; obwohl sich das Etablissement „Gegen die Strömung" nennt, gibt es auch hier – wen wundert's – viele Meeresfrüchte und natürlich Austern aller Größen. Geöffnet Febr. bis Mitte Nov. 3, place du Calvaire. ✆ 02.99.89.61.61.

öffnen. In verschiedenen Meerwasserbecken werden immer längere Ebbeperioden simuliert, bis die Austern von alleine mehrere Tagelang geschlossen bleiben. Erst dann sind sie in der Lage, den Transport zum Verbraucher lebend zu überstehen und frisch auf dessen Teller zu landen.

Bis Mitte des 19. Jahrhunderts bestimmten in Cancale die flachen Austern, die am Meeresboden gedeihen und die man bei Ebbe auch zu Fuß aufsammeln kann, das kulinarische Angebot. Nur einmal im Jahr – man wollte die wild wachsende Ressource nicht gefährden – zog La Caravane durch die Bucht: Eine große Flotte von Booten fischte mit Netzen den Meeresgrund ab, die Austern gelangten auf die Tafeln französischer Herrscher, die sich dafür der Stadt mit der Verleihung immer neuer Privilegien erkenntlich zeigten. Bis in die 1920er Jahre vollzog sich das jährliche Ritual der großen Ausfahrt, dann bereitete eine Pilzerkrankung dem Austernparadies fast den Garaus. Nur durch den Import von Jungtieren aus dem Golf von Morbihan konnte das Aussterben der wilden Bestände verhindert werden.

Das Zeitalter der industriellen Austernzucht kam nach 1960: Infolge mehrerer kalter Winter und der stärkeren Verschmutzung des Meeres drohte die Flachauster erneut zu verschwinden. Die Aufhebung des Zuchtverbots für die weniger anfälligen Hohlaustern nördlich der Vilaine-Mündung brachte die Lösung. Der Import portugiesischer und besonders resistenter japanischer Austernsamen legte den Grundstock für weitläufige Austernparks und sorgte für wirtschaftlichen Aufschwung.

Heute werden die Austern wie Gemüse gezüchtet, und die gummistiefelgeschützten Männer zwischen den Zaunreihen des flach planierten Meeresbodens mit ihren Traktoren und Limousinen gleichen eher Landwirten als Seebären. Die Anbaufläche der Austernparks (366 ha für Huîtres creuses, 713 ha für Huîtres plates) ist in unzählige Segmente unterschiedlicher Größe aufgeteilt (Etalages). Den Besitzern ist es erlaubt, ihre Austern direkt ab Meer zu verkaufen. Die jährliche Produktion beträgt etwa 2000 Tonnen Hohl- und 400 Tonnen Flachaustern.

P. S. Vor einigen Jahren ließ man die Tradition der Caravane neu aufleben. Im Vierjahresrhythmus ziehen die Boote in tiefem Wasser wieder ihre Netze über den Grund und holen wilde Austern aus dem Meer. Bei der letzten „Karawane" betrug die Ausbeute innerhalb von drei Tagen 5000 Kilo.

Côte Emeraude

Die „Smaragdküste", wie der Küstenabschnitt zwischen St-Malo und Cap
Fréhel genannt wird, ist geprägt von steilen, zerklüfteten Kaps und weiten
Buchten, in die sich feinsandige Strände schmiegen.

Die Küstenstraße D 786 verläuft von *Dinard* nach *St-Lunaire* und von dort aus
ziemlich kurvig quer über weit ausgreifende Landzungen und durch behäbige
Urlaubsörtchen. Stichstraßen auf der ganzen Route führen hinunter zum Meer.
Hier betraten Missionare aus England, die sich im 5./6. Jahrhundert aus ihrer
Heimat absetzten, bretonischen Boden und gründeten ihre ersten Stützpunkte.

Die kleineren Ortschaften der Côte Emeraude teilen das Schicksal vieler bretonischer Küstendörfer: Neben den alten Villen, die sich am Rand der früheren
Fischerorte angesiedelt haben und die heute oft zum Verkauf angeboten werden,
schießen Wochenend- oder Ferienhauskolonien aus dem Boden und zersiedeln
den Küstenstreifen. Alte Hotels werden immer häufiger in Appartementhäuser
oder Residenzen umgewandelt oder machen Neubauten Platz. Im Winter weisen
verschlossene Jalousien den Besucher ab, in den Sommermonaten herrscht
Urlaubsrummel.

Saint-Malo

45.000 Einwohner

„Ni Français, ni Breton: Malouin suis!" – Weder Franzose noch Bretone: Bürger von St-Malo bin ich! Über Jahrhunderte war den stolzen Bewohnern der Stadt dieser Wahlspruch Zeichen ihrer Eigenständigkeit: Die Malouins pflegten mit anderen Seemächten als Gleiche unter Gleichen zu verhandeln und waren von den Ordern bretonischer Herzöge oder französischer Könige wenig zu beeindrucken.

Nordküste
Côte Emeraude → Karte S. 118

Zwischen dem 16. und 19. Jahrhundert war St-Malo eine blühende Handelsstadt. Haupterwerbszweig der Bürger war das Korsarentum. In dieser Branche verdienten sie sich einen erstklassigen Ruf, und noch heute ist diese Vergangenheit allgegenwärtig. An allen Ecken und Enden der nach dem Zweiten Weltkrieg sorgfältig wieder aufgebauten Festungsstadt begegnen dem Besucher die gefürchteten Seeräuber. Die Andenkenläden präsentieren Postkarten mit den geröteten Gesichtern verwegener Matrosen, deren Namen – *Borgne-fesse* (einäugige Hinterbacke), *Boit-sans-soif* (Säufer ohne Durst) oder *Cap't'n je pique* (Käpt'n Stich) – Kaltblütigkeit demonstrieren. Über den Bars und Pubs prangen Blechschilder mit holzbeinigen Seebären und einarmigen Piraten, Restaurants werben mit dem Konterfei des legendären *Surcouf*. Ein Weltunikum ist der eingetragene „Verein der Nachkommen der Korsaren".

Châteaubriand, einer der illustren Söhne der Stadt, schrieb, dass die *Ville Close* von St-Malo Frankreich mehr Berühmtheiten geschenkt habe als manch andere Stadt. Der auf der *Ile du Grand Bé* (→ Sehenswertes) begrabene Romantiker und Staatsmann hatte nicht Unrecht. Neben Kaperprofis erblickten in der stolzen Stadt zahlreiche Entdecker, Physiker, Ärzte und Schriftsteller das Licht der Welt. *Jacques Cartier* entdeckte 1534 Kanada, *Pierre-Louis de Maupertius*, Arktisforscher und Geologe, wurde von Friedrich dem Großen die Präsidentschaft der Berliner

St-Malo, die alte Freibeuterstadt

Universität übertragen, *François Joseph Victor Broussais* revolutionierte die neuzeitliche Medizin, *Félicité de Lamennais* erschütterte mit seinen religiösen Streitschriften die katholische Kirche, und schließlich *François-René de Châteaubriand* selbst. Die Leibspeise des zu seiner Zeit bekanntesten französischen Literaten – das nach ihm benannte, doppelt dick geschnittene Steak aus der Mitte der Rinderlende – verzückt noch heute die Gourmands aller Herren Länder.

Nach den Zerstörungen des Zweiten Weltkrieges präsentiert sich St-Malo heute wieder wie im 18. Jahrhundert. Die „granitene Zitadelle" (Châteaubriand) auf der nur durch einen künstlichen Damm mit dem Festland verbundenen Insel wird von einem abweisenden grauen Mauerwall umgürtet, hinter dem stolz klassizistische Reederhäuser aufragen. Die *Ville Close* (auch: *intra muros*) ist eine jener befestigten Inselstädte, die über Jahrhunderte hinweg nicht eingenommen werden konnten. Erst die Massenvernichtungsmaschinerie des 20. Jahrhunderts schaffte es, das gewaltige Bollwerk zu zerstören. Seit der erfolgreichen Stadtrestaurierung wird St-Malo täglich neu erobert. Tausende von Touristen spazieren auf den Wällen, streifen durch die Straßen und spüren der Korsaren- und Entdeckervergangenheit nach.

Stadtgeschichte: Die Ursprünge von St-Malo liegen im Ortsteil St-Servan. Dort befindet sich im 1. Jahrhundert v. Chr. ein keltischer Versammlungsplatz, auf dessen Grundmauern die Römer die Stadt *Aleth* hochziehen, eine schnell wachsende Siedlung, in erster Linie als Nachschubbasis für die Invasion Britanniens genutzt. Im 6. Jahrhundert lässt sich der Mönch *Aaron* als Eremit auf der Landzunge nieder, bald folgt ihm aus Britannien der Missionar *Maclow* (Malo). Malo, einer der sieben Gründerheiligen der Bretagne, geht eifrig ans Werk, baut zusammen mit seinem Clan ein Kirchlein und verbreitet das Christentum an den nördlichen Gestaden.

In der Ville Close

Im Lauf der folgenden vier Jahrhunderte wächst Aleth zum Bischofssitz, in der karolingischen Ära thront bereits eine stattliche Kathedrale auf der Landzunge des heutigen St-Servan. Mitte des 9. Jahrhunderts beginnt eine schwere Zeit für die Bewohner Aleths; ständig von normannischen Plünderern bedroht, beschließen sie, auf die gegenüberliegende Insel umzuziehen, die durch den Schutz des Ozeans mehr Sicherheit bietet. Das heutige St-Malo ist geboren.

Der Aufstieg der zwischen dem 12. und 14. Jahrhundert mit einer mächtigen Mauer bewehrten Stadt beginnt während des Hundertjährigen Kriegs, in dem St-Malo, nunmehr schwer einzunehmen, sich ein hohes Maß an Selbstständigkeit ertrotzen kann. Zur Zeit der Hugenottenkriege (1562–1598) übt die Stadt volle Selbstverwaltung aus und verhandelt als autonome Republik mit den europäischen Seemächten. Für die folgenden drei Jahrhunderte gelten die Malouins als die wagemutigsten und stolzesten Seefahrer der Welt. 1534 bricht *Jacques Cartier* zur Entdeckung Kanadas auf, Ende des 16. Jahrhunderts statten Malouiner Geschäftsleute ihre weithin gefürchteten Schiffe erstmals für einen neuen Wirtschaftszweig aus: die Kaperei. Mit ihr beginnt St-Malos blühende Ära.

Nach den napoleonischen Kriegen und der Neuordnung Europas zu Beginn des 19. Jahrhunderts verschwindet das Korsarentum aus der Wirtschaftsgeschichte. Zwar gibt es noch vereinzelte Scharmützel vor allem mit orientalischen Potentaten, doch die Ära der Kaperschifffahrt, die St-Malo reich und unabhängig gemacht hat, ist beendet. Neues Betätigungsfeld der Malouins wird Mitte des 19. Jahrhunderts die *Grande Pêche*, der friedliche Kabeljaufang vor Neufundland und Labrador, der

Nordküste
Côte Emeraude → Karte S. 118

Korsaren

Im Gegensatz zum gemeinen Piraten, der auf eigene Rechnung unter der schwarzen Totenkopfflagge die Weltmeere verunsicherte, waren Korsaren mit einem Kaperbrief ihrer Regierung, dem königlichen Freibrief, unterwegs, der ihnen erlaubte, feindliche Schiffe aufzubringen und Besatzung inklusive Passagiere zwecks Lösegeldforderung zu verschleppen. Eine weitere Aufgabe der schnellen und wendigen Korsarenschiffe war der Geleitschutz der eigenen Handelsschiffe.

Die Malouiner Schiffskonvois, die mit weißem Kreuz auf blauer Flagge die Meere durchpflügten, waren von Handelskapitänen gefürchtet – besonders von den englischen, die mit Frankreich im ständigen Kampf um die Seehoheit lagen. Mitte des 17. Jahrhunderts hatte sich der Seeraub zum Gewohnheitsrecht entwickelt. Reiche Reeder und betuchte Aristokraten gründeten Aktiengesellschaften und rüsteten Korsarenschiffe aus. Kehrten die Schiffe zurück, waren die Aktionäre am Gewinn beteiligt, scheiterte die Tour, teilte man sich den Schaden.

Eine besonders lukrative, wenn auch risikoreiche Variante war der *Commerce triangulaire*, das Dreiecksgeschäft zwischen Afrika, Amerika und der Bretagne, zynisch als „Ebenholzhandel" bezeichnet. Mit Getreide und billigem Glimmer beladen, segelten die Schiffe zum Schwarzen Kontinent, tauschten dort ihre Ladung gegen Sklaven und verkauften das „schwarze Gold" in den Zuckerrohrplantagen der Neuen Welt mit horrendem Gewinn. Dort wurden die Laderäume mit Gewürzen und Zucker gefüllt, und nach etwa einjähriger Fahrt kehrten die Schiffe in die Bretagne zurück. Einige geschäftstüchtige Malouins arbeiteten erst als Korsaren und stiegen nach erfolgreicher Fahrt und mit zunehmendem Alter zu Reedern mit eigenen Kontoren und Schiffen auf, die in den Kaperkrieg investierten und dabei ungeheure Summen gewannen.

Zu den bekanntesten Korsaren gehörte *Porcon de la Barbinais* (1639–1665), der nach gescheiterten Lösegeldverhandlungen mit dem Piratenscheich von Algier auf einen Mörser gespannt und von einer Kanonenkugel zerfetzt wurde. Ein anderer, *René Duguay-Trouin* (1673–1736), eroberte Rio, und die Hollywoodvorlage *Robert Surcouf* (1773–1827), der „Schrecken der Engländer", setzte sich nach 12-jähriger Kapertätigkeit im Indischen Ozean in seiner Geburtsstadt zur Ruhe – als einer der reichsten Reeder Frankreichs.

bis zum Ersten Weltkrieg für St-Malos Wohlstand sorgt. Mit dem Niedergang der bretonischen Flotten zwischen den beiden Weltkriegen sinkt auch St-Malos Stern.

Im Zweiten Weltkrieg bauen die deutschen Besatzer St-Malo zum strategischen Stützpunkt aus und verschanzen sich im Sommer 1944 in der Ville Close vor der Invasion der Alliierten. In der ersten Augusthälfte 1944 zerbomben alliierte Luftgeschwader die Stadt, St-Malo ist ein Trümmerfeld: 700 Gebäude – 80 % der Stadt – sind zerstört, nur die Befestigungsanlagen und zwei alte Reederhäuser überdauern das Inferno relativ unbeschadet. Gleich nach dem Krieg beginnt der Wiederaufbau. Architekten und Kunsthistoriker wälzen alte Stadtpläne und kennzeichnen in systematischer und aufwendiger Arbeit 130 unter Denkmalschutz stehende Häuser. Akribisch markieren sie Steine und Baufragmente und rekonstruieren so das St-Malo des 18. Jahrhunderts. Seit dem Abschluss der Restaurierungsarbeiten 1952 säumen die klassizistischen Fassaden der Reederhäuser wieder die Straßen- und Gassenschluchten der alten Korsarenstadt.

Sehenswertes

Stadtmauerrundgang: Die Tour auf dem Stadtwall *(Remparts)* gehört zum touristischen Pflichtprogramm. Die teilweise aus dem 12. Jahrhundert stammenden Wehrmauern, die die *Ville Close* umgürten, blieben während der Bombenangriffe im Zweiten Weltkrieg weitgehend unversehrt. Mehrere Treppenaufgänge an den Toren und Eckbastionen führen zu ihnen hinauf. In Höhe der Fensterfronten wandern Sie zwei Kilometer rund um die Ville Close und bekommen so ein anschauliches Bild über die restaurierte Korsaren- und Handelsstadt.

„Pass Malo" ist ein Checkheft mit Dutzenden Einsparmöglichkeiten: 2 € bei der Surfschool, 3 € beim Memorial in Saint-Servan, 5 % bei der Compagnie Corsaire, 3 € im Stadtmuseum etc. – erhältlich für nur 1 € beim Office de Tourisme. Eine gute Reklame für die beteiligten Unternehmen und Institutionen – und für den Käufer spottbillig.

Als *Ausgangspunkt eines Stadtmauergangs* gegen den Uhrzeigersinn empfehlen wir die doppelbogige **Porte St-Vincent**. An der Außenseite des Walls führt der Weg zunächst rund um die Mauern des *Châteaus* zur *Plage de l'Eventail*, die bei Ebbe bis hinüber zum *Fort National* reicht. Durch die **Porte St-Thomas** gelangt man auf die Wehrpromenade. Über dem Aquariumsgebäude geht es zur ersten, weit vorspringenden Bastion, dem *Fort de la Reine*, von dort bei Ebbe sehr schöner Blick auf Wellenbrecher und zerklüftete Riffe. An den grauen Mauern der 1959 für die Handelsmarine errichteten Seemannsschule entlang erreicht man die **Tour Bidouane**, ein bei Flut von harten Brechern umbrandetes Bollwerk, das die Nord- und Westseite der Befestigungsanlagen kontrollierte. Der Turm ist gesäumt von der *Place du Québec*, einer Plattform, die durch einen Graben von der Festungsmauer getrennt ist. Der Platz wurde in einen kleinen Garten umgewandelt, in dem eine steinerne Statue des legendären Surcouf nach England deutet. Im Meer draußen schwimmt die *Ile du Grand Bé*, auf der Châteaubriand seine letzte Ruhe fand.

Die Westseite des Stadtwalls ist der älteste Teil (12. bis 14. Jh.) und schließt die Stadt gegen die Rancemündung und den Strand *Bon-Secours* ab. Am Ende des Strandabschnitts öffnet sich die **Porte St-Pierre**, früher der einzige Zugang zur

Hafen von St-Malo

Stadt, der nachts unverschlossen, aber nicht unbewacht blieb. Nach Schließung der anderen Tore ließ die Stadtwache hier scharfe Bulldoggen frei, die nicht selten Nachtschwärmer und unvorsichtige Spätheimkehrer zu Tode bissen. Hinter dem Tor erhebt sich die großzügig mit Blumenbeeten und Bäumchen geschmückte **Bastion de la Hollande**, der am weitesten in die Rancemündung vorgeschobene Spähposten. Eine Bronzefigur des Kanada-Entdeckers Jacques Cartier gibt ihr zusätzliche historische Würze.

Die Südwestspitze der Stadtmauer bildet die **Bastion St-Philippe**, von der aus Neugierige den Schiffsverkehr im Hafen beobachten können. Die ganze Südfront des Befestigungsrings wird nur von der **Porte de Dinan** unterbrochen; geprägt wird der Wall von den wieder aufgebauten Reederhäusern aus dem 18. Jahrhundert – granitgrau und abweisend bilden sie die Skyline St-Malos. An der **Bastion St-Louis** begegnet man einem weiteren berühmten Sohn der Stadt: *René Duguay-Trouin*, tollkühner Korsar und Eroberer von Rio de Janeiro, posiert in der Haltung des reichen Reeders und Weltmannes. An den sich wiegenden Masten der Luxusjachten vorbei führt der Weg weiter über die mit zwei Türmen versehene **Grande Porte** zurück zu unserem Ausgangspunkt, der Porte St-Vincent.

Kathedrale St-Vincent: Am 6. August 1944 wurde die Turmspitze von einer deutschen Granate getroffen. Eine Woche später sollte von der heiligen Stätte nur noch ein Gerippe mit wackligen Pfeilern übrig sein, nur die Kanzel und das Chorgestühl hatten im Chaos von Schutt und Asche überlebt. Die Orgel war geschmolzen, die Kirchenfenster lagen in tausend Scherben. Das Baudenkmal aus dem 11. Jahrhundert (bis ins 18. Jahrhundert mehrmals um- und ausgebaut) wurde als nicht mehr reparabel eingestuft, die Aufräumtrupps benutzten die Reste des Gotteshauses als Pferdestall. Erst in den 1950er Jahren wurden Restaurierungsarbeiten in Angriff genommen, 1972 konnte die weitgehend nach dem Original rekonstruierte Kathedrale neu eingeweiht werden. Wie vor Jahrhunderten überragt die Kirchturmspitze wieder das Zentrum der alten Korsarenstadt.

Im Inneren wirkt die Kathedrale schmucklos, aber mächtig. Eine mehrstufige Treppe führt vom Portalvorbau hinunter in das grottenartige Hauptschiff. Gespenstisch dringt das Licht durch das Blau der Buntglasfenster in den vorderen Altarraum, die Fensterrose strahlt in Rottönen.

Die Kathedrale St-Vincent war immer St-Malos erste spirituelle Adresse. Hier wurden die berühmten Männer der Stadt getauft, einige liegen hier auch begraben, unter ihnen *Jacques Cartier* und *René Duguay-Trouin*, dessen sterbliche Reste 1973 zufällig bei Bauarbeiten in der Pariser Kirche St-Roch entdeckt wurden. Unter hohen militärischen Ehren wurden die Gebeine des Seehelden 1973 in einem feierlichen Zug in die Kathedrale St-Vincent überführt.

Château (Rathaus): Die fünfeckige Burg ist ein über die Jahrhunderte bunt zusammengewürfelter Baukomplex. Zu Beginn des 15. Jahrhunderts ließen die bretonischen Herzöge der mit dem französischen Königshaus konspirierenden Stadt die erste Befestigung errichten, um die nach Autonomie strebenden Malouins besser kontrollieren zu können. Vier Türme überragen den Burgkomplex: der *Donjon*, die *Tour des Dames*, der *Mühlenturm* und die *Tour Quic-en-Groigne*. In den ehemaligen Kasernengebäuden im Burghof hat sich heute das Bürgermeisteramt eingerichtet.

Historisches Museum (Musée d'Histoire de la Ville): Im einstigen *Wohnturm des Gouverneurs* dreht sich alles um die Stadtgeschichte. Auf vier Etagen wurden Hunderte von Exponaten zusammengetragen, die in bunter Mischung St-Malos Aktivitäten auf den Weltmeeren beleuchten: die Entdeckungsfahrten von Jacques Cartier, die blühende Ära des weltweiten Tuch- und Stoffexports und die ruhmreiche Zeit der Kaperfahrten.

Im *Erdgeschoss* illustrieren Schiffsmodelle, Seekarten und Statuen das frühere Leben in der alten Korsarenstadt. Das *1. Stockwerk* ist dem 19. und 20. Jahrhundert gewidmet: eine riesige Galionsfigur eines Kaperschiffs, Aquarelle und Stiche, Stadtpläne, Kirchenglocken, Hausmodelle und Fotos der zerbombten Stadt. *2. Stockwerk:* Die Helden St-Malos begutachten aus ihren Bilderrahmen heraus ehemalige Beutestücke, Schatztruhen und alte Globen. *3. Stockwerk:* Eine Truhe aus der Zeit der indischen Handelskompanie, in Nürnberg gefertigt und für Holland bestimmt, landete durch erfolgreiche Korsarenstrategie letztendlich im Stadtmuseum von St-Malo. Daneben sorgt Sklavereizubehör (Handschellen und Ketten) für Gänsehaut. Die ältesten Stadtzeugnisse findet man im *4. Stockwerk:* ein Kettenhemd, ein Kanonenrohr, einige Schiffsteile, zersprungene Töpfe, ein hölzerner Mönch. Eine Vitrine mit dem Schaubild der Entdeckungsfahrten Jacques Cartiers erläutert St-Malos kometenhaften Aufstieg in der ersten Hälfte des 16. Jahrhunderts. Eine schmale Treppe führt von hier auf die Brüstung des Turms: Ausblicke wahlweise in den Burghof, auf St-Malo, die Hafenbecken oder hinüber nach Dinard.

Neben den Ausstellungsräumen im hufeisenförmigen Wachturm ist den Besuchern auch der große *Hauptturm* zugänglich: Dessen *1. Stockwerk* widmet sich der Schifffahrt. Angefangen vom Leuchtturm über Schiffswerkzeuge, Angelzubehör und Flaschenzüge bis zu Ölbildern von Stapelläufen. Im *2. Stockwerk* wird das Alltagsleben im alten St-Malo dokumentiert: Meerschaumpfeifen, Trachten, Hüte, dazwischen Frauenporträts, ein prächtiger Schrank aus dem 17. Jahrhundert und ein mächtiges Schrankbett aus massivem Nussbaum. Interessant ist die *Sainte-Barbe*, das Modell einer kostbaren Prozessionstrage in Festungsform, die die Kanoniere der Stadt bei der Fronleichnamsprozession mit sich führten. Duguay-Trouin brachte das Original 1711 als Beute aus Rio de Janeiro mit. Im *3. Stockwerk* schließlich sind Werke von Künstlern des 19. bis 20. Jahrhunderts zu sehen.

April–Sept. Di–So 10–12.30 und 14–18 Uhr. Okt.–März 10–12 und 14–18 Uhr. Eintritt 6 € (Sammelticket mit Tour Solidor in St-Servan).

Fort National: Das auf einer kleinen Felsinsel vor der Stadt gelegene Fort wurde 1689 unter dem berühmten Festungsbaumeister *Vauban* erbaut. Es sollte St-Malo und seine stolzen Bewohner zusätzlich schützen. Nach der Französischen Revolution wurde das Fort lange als Kerker genutzt. 1944 saßen hier 381 Bürger von St-Malo ein: Von den deutschen Besatzern als Geiseln genommen, sollten sie als lebende Schutzschilde die alliierten Bombenangriffe verhindern. Das Fort National befindet sich heute in Privatbesitz. Neben den Zisternen und den unterirdischen Kerkergewölben sind zwei Wälle zur Besichtigung frei.

Juni–Sept., Besichtigung nur bei Ebbe möglich. Die Öffnungszeiten sind entsprechend variabel und beim Office de Tourisme zu erfahren. Halbstündige Führungen. Eintritt 5 €.

Ile du Grand Bé: Bei Ebbe können Sie die Stadtmauer an der *Porte des Champs-Vauvert* oder an der *Porte des Bés* verlassen und die *Plage de Bon Secours* überqueren; ein bei Flut überschwemmtes Sträßchen führt auf die Insel zum Grab von

Spaziergang bei St-Malo

François-René de Châteaubriand, der 1768 als zehntes Kind eines St-Malouiner Reeders geboren wurde. Nach seiner militärischen, staatsmännischen und literarischen Karriere starb er 1848 in Paris. Bereits vor seinem Tod hatte sich Châteaubriand die der Ville Close vorgelagerte Insel als letzte Ruhestätte ausgesucht und sorgfältig Form und Umfang seiner Grabstätte festgelegt. Unter einer groben, an den Seiten abgerundeten Steinplatte ohne Inschrift, geschmückt allein von einem robusten, niedrigen Kreuz, sollten seine Gebeine ruhen; von seinem einfachen Grab aus wollte der Dichter nach seinem Tod den „Dialog mit dem Ozean" fortsetzen. Das Grabmal ist auf drei Seiten von einem Eisengitter umgeben, nach Norden hin bleibt die Brüstung ungeschützt – der Fels fällt steil zum Meer ab. 1944 – die deutschen Truppen hatten auf der Insel ein Bunkersystem installiert – wurde das Grab bei einem Luftangriff der Alliierten teilweise zerstört. Anhand von alten, noch von Châteaubriand stammenden Plänen gelang es *Raymond Cornon*, dem Chefarchitekten des Wiederaufbaus von St-Malo, das Grabmal zu rekonstruieren.

Weitere Stadtteile von St-Malo

Gleich hinter den an die Ville Close angrenzenden Hafenanlagen beginnt die Neustadt *(St-Malo extra muros)*. Die dichte Verbauung und die Neuanlage touristischer Komplexe haben die einst eigenständigen Gemeinden so eng miteinander verbunden, dass St-Malo eine urbane Agglomeration bildet: im Westen das durch Grünanlagen aufgelockerte *St-Servan-sur-Mer*, im Nordosten die nahtlos an Neu-Malo angrenzende Bade- und Ferienstadt *Paramé*, deren Ferienhäuschen heute zum ländlichen Familienbadeort *Rothéneuf* hinüberwuchern.

St-Servan-sur-Mer

Tour Solidor: Der Turm mit dem ovalen Grundriss auf dem äußersten Rand der Landzunge von St-Servan wurde Ende des 12. Jahrhunderts als kleine Befestigungsanlage konzipiert und 1322 um zwei weitere Türme erweitert. Ihr heutiges Dach bekam die Tour Solidor erst im 19. Jahrhundert.

Heute dient der Turm als **Museum** *(Musée du Long Cours Cap-Hornier)*. Die Sammlung des Vereins der Kap-Horn-Fahrer zeigt in liebevoller Präsentation viele Details aus dem Leben der Männer, die auf ihren Segelschiffen das berüchtigte Kap Horn umfuhren. Fotos, Schiffsmodelle, Navigationsbesteck im Wandel der Zeiten, ein riesiger ausgestopfter Albatros, Souvenirs aus den Häfen der Welt, von Matrosen kunstvoll gefertigte Gegenstände aus Horn, Elfenbein und anderen Materialien. Ein großartiger Rundblick von der Dachbalustrade krönt den Besuch.

Di–So 10–12.30 und 14–18 Uhr. Okt.–März Di–So 10–12 und 14–18 Uhr. Eintritt 6 € (Sammelticket mit dem Historischen Museum).

Promenade de la Corniche: Der auch als *Corniche d'Alet* bezeichnete Spazierweg oberhalb der Küste führt rund um die Landzunge von St-Servan. Er verläuft von der *Place St-Pierre* (Ruinen der ehemaligen Kathedrale von Aleth) hinunter zum *Hafen* (links die Tour Solidor) und folgt dabei der zerklüfteten, steilen Küste. Herrliche Ausblicke auf die der Landzunge vorgelagerten Riffe und Inselchen. Hinter den schweren Bunkeranlagen des *Forts de la Cité* (s. u.) öffnet sich ein Panoramablick auf die Rancemündung und die Ville Close.

Memorial 1939–1945: Auf ihrer Suche nach dem richtigen Ort für eine Ausstellung über St-Malo im Zweiten Weltkrieg stießen die Museumsbehörden auf das *Fort de la Cité* an der Corniche d'Alet, von wo die deutsche Wehrmacht ihre Luftabwehr dirigierte. Heute dokumentieren auf drei Stockwerken der grasbewachsenen, zernarbten Festung Fotografien, Objekte und ein Film („Die Schlacht um St-Malo", 45 Min.) die Geschichte des Bunkers und seine Eroberung durch die Alliierten am 14. August 1944.

Führungen zu festgelegten Stunden, April–Okt. Di–So; Juli/Aug. täglich. Eintritt 6 €.

Le Grand Aquarium: am Ortsrand von St-Servan (Straße nach Dinard, dann ausgeschildert). Der spiegelverglaste Bau ist seit seiner Eröffnung 1996 der Touristenmagnet Nummer eins in St-Malo – auch an Sonnentagen stehen die Massen geduldig Schlange vor den bunt illuminierten Becken, deren Bewohner nach einer Weile auch die störrischste Schulkasse in ihren Bann ziehen. Einsam rudert die Riesenkrabbe, dumm glotzt der Wolfsfisch, Seepferdchen schweben im Wasser, während Barracudas zwischen Wrackteilen lauern. Der Rundgang führt durch acht thematisch gegliederte Räume (Atlantik, Mittelmeer …). Höhepunkt ist das *Ringaquarium*, in dem Zitronenhaie die Besucher umkreisen. Der Acrylglasring, 3,5 m tief und 3 m breit, fasst 570.000 l Wasser und wurde unter Anleitung von amerikanischen Experten konstruiert. Bunt und quirlig geht es in der anschließenden *Salle Tropical* zu. Exotische Fische wie der Apolemychtus trimaculatus, der Pygplites diacanthus oder der Tannenzapfenfisch mit eingebautem Lichtorgan lassen nicht nur die Herzen von Aquariumhaltern höher schlagen. Der Gang durch das versunkene Piratenschiff, in dem eine Riesenschildkröte lebt, begeistert vor allem Kinder. Den Abschluss bildet ein nachgebautes Mangrovenwäldchen, in dessen Süßwasser sich die Fische des Regenwalds tummeln.

Informationen fast nur auf Französisch. Zusammenhänge im Lebensraum Meer und die Bedrohung durch Verschmutzung werden leider ausgeklammert.

Febr./März und Okt.–Dez. tägl. 10–18 Uhr. April–Sept. tägl. 10–19 Uhr, in der Hochsaison bis 21 Uhr. Das Spektakuläre hat seinen Preis: Eintritt 16 €, Kind 4–14 J. 12 €.

Paramé

Das eingemeindete Städtchen ist St-Malos erste Badeadresse. Über gut 2 km ziehen sich die beiden ineinander übergehenden Strände *Plage du Casino* und *Plage de Rochebonne* die Küste entlang. Die befestigte Strandpromenade *(La Digue)* begleitet den sommerlichen Badetrubel. Paramé besitzt eine große thalassotherapeutische Wellnessanlage und entlang der Promenade eine Unzahl klassischer Gründerzeit-Etablissements – gediegene Fassaden, hinter denen Anfang des 20. Jahrhunderts die meist englischen Feriengäste ein Urlaubsquartier fanden.

Rothéneuf

Im Ortszentrum herrscht provinzielle Beschaulichkeit. Das ländliche Rothéneuf schließt heute nahtlos an Paramé an. Ferienhäuschen und kleinere Residenzen entlang der *Avenue Kennedy* haben die alte Kirchengemeinde in das Ballungszentrum miteinbezogen. Der Küstenabschnitt von Rothéneuf ist entschieden wilder und zerklüfteter, die steilen Felsen und Klippen werden von Heidekraut und zerzausten Krüppelkiefern überwuchert, unterbrochen von einigen wunderschönen Dünensträndern.

Rochers Sculptés: Vom Ortszentrum führt die *Rue Abbé Fouré* zu einem steil über den Klippen liegenden, mauergesäumten Anwesen, von dem aus glitschige Stufen zum Strand hinunterführen. Rechts und links der Treppe befindet sich Rothéneufs touristische Attraktion: die skulptierten Felsen des *Abbé Fouré*. In über 25-jähriger Arbeit (bis zu seinem Tod 1910) meißelte der Gemeindepfarrer, der als Sonderling und Einsiedler galt, knapp 300 Figuren in den Granit – ein auf 500 Quadratmeter Fels verteiltes Bildwerk entstand. Die Skulpturen mit teils dämonischen Fratzen und wilden Gesichtern erinnern an die granitenen Schergen, die im Westen der Bretagne von den Calvaires herab die Zunge blecken. Zusätzlich inspiriert wurde der Abbé bei seiner Arbeit von der legendären Geschichte der „Letzten von Rothéneuf", einem Korsarenclan, dessen Mitglieder gegen Ende des 18. Jahrhunderts englische Schiffe auf- und sich gegenseitig umbrachten. Doch nicht nur die Piraten und Mordgesellen mit den schiefen Mündern verwandeln den graurotten Granit der Felsklippe in einen grotesken Bilderreigen. Auch Szenen des dörflichen Alltags hat der fromme Mann festgehalten: ein wütender Ehemann zerrt, unter dem schadenfrohen Gelächter der Nachbarin, seine Gattin an den Haaren und verpasst ihr einen Tritt.

Juni–Sept. 9–19 Uhr. Okt.–Mai 10–12 und 14–18 Uhr (im Winter bis 17 Uhr). Eintritt 2.50 €, Kind bis 10 Jahre gratis.

Manoir Jacques Cartier: Im Süden des Orts, schräg gegenüber dem Friedhof. Im Landhaus, in dem sich *Jacques Cartier* (1491–1557), der Entdecker Kanadas, zur Ruhe setzte, ist ihm heute ein kleines Museum gewidmet. Restauriert und mit alten Möbeln bestückt, macht es verflossenes bretonisches Alltagsleben lebendig. Eine Diashow erläutert die Reisen des berühmten Hausbewohners.

Juni und Sept. Mo–Sa 10–11.30 und 14.30–18 Uhr. Juli/Aug. tägl. 10–11.30 und 14.30–18 Uhr. Okt.–Mai nur Führungen: Mo–Sa jeweils 10 und 15 Uhr. Eintritt 6 €.

Baden

Plage de Bon-Secours: der Hauptstrand von St-Malo an der Westseite der Ville Close (Rancemündung). Mehrere Tore führen durch die Stadtmauer hinaus auf den etwa 200 m langen Sandstreifen – bei Flut nicht mehr sehr breit, bei Ebbe weit ausgedehnt.

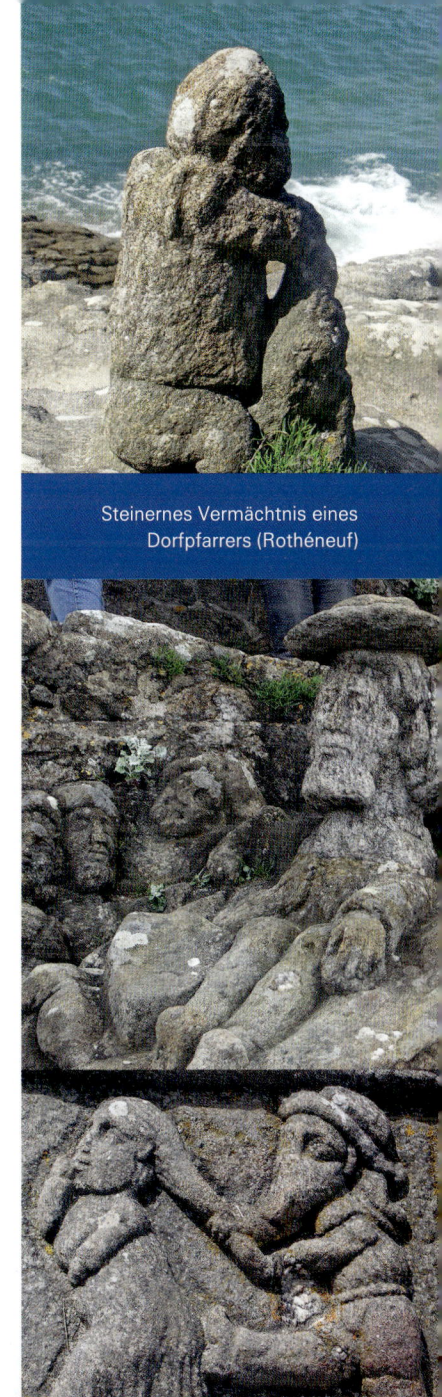

Steinernes Vermächtnis eines Dorfpfarrers (Rothéneuf)

Badefreunde können dann ins ältliche Ebbebecken (Sprungturm) eintauchen. Unterhalb der Stadtmauer gibt es Strandzelte und -schirme sowie Surf- und Segelausrüstung zu mieten, ein Kinderclub animiert die Kleinen.

Plage des Bas Sablons: der Hauptstrand von St-Servan in der Hafenbucht, durch eine bei Ebbe aus dem Wasser aufragende Mauer vom Jachthafenbecken getrennt. 400 m lang, nicht allzu sauberes Wasser. Strandeinrichtungen entlang der Promenade.

Grande Plage: Der große Strand zieht sich von der Ville Close über gut 2,5 km nach Osten. Begleitet von der langen Strandpromenade, ist er in drei ineinander übergehende Abschnitte geteilt. An die *Plage du Casino* schließt sich die *Plage du Rochebonne* an, die, von einer Felsnase unterbrochen, zum schönsten Strandabschnitt führt – zur 800 m langen *Plage du Minihic*, deren Dünensaum nicht mehr so stark von der Hotel- und Häuserzeile Paramés verbaut ist. Die beiden ersten Strandreviere haben alle für ein Seebad obligatorischen Einrichtungen, in den Hotels und auf den Caféterrassen entlang der *Digue* gibt's Erfrischungen. Bei Ebbe dienen beide Strände Strandsurfern als hartsandige Rennbahnen. Der Strand von Minihic besitzt, abgesehen von den Anlagen des Jachtclubs und einigen Hotels, keine Infrastruktur, bietet aber an seiner Ostseite zwischen den Felsen unterhalb des *Forts de la Varde* lauschige Liegeplätze.

Plage du Val: Etwa 200 m langer, klippengesäumter und bei Flut 20 m breiter Strand, von den älteren Villen Rothéneufs eingerahmt, darüber ein zur Bar reduziertes ehemaliges Grand-Hotel. Gemütliche Grünanlagen lockern die Atmosphäre auf. Surfer kommen hier auf ihre Kosten. Ordentliche Sanitäranlagen und Erste-Hilfe-Station.

Basis-Infos

Postleitzahl 35400

Information In einem Pavillon gegenüber der Porte St-Vincent. April–Juni und Sept. Mo–Sa 9–13 und 14–18.30, So 10–12.30 und 14.30–18 Uhr. Juli/Aug. Mo–Sa 9–19.30, So 10–18 Uhr. Okt.–März Mo–Sa 9–13 und 14–18 Uhr. Stadtführungen bietet das Office de Tourisme Mitte Juni bis Mitte Sept. an. Esplanade St-Vincent. ✆ 08.25.13.52.00, www.saint-malo-tourisme.com.

Hin und weg **Flugzeug:** Großflughafen gut 10 km außerhalb, südlich von Dinard. Verbindungen siehe *Dinard*.

Bahn: Bahnhof stadteinwärts hinter dem Hafengelände. Tägl. mehr als 10-mal über Dol und Combourg nach Rennes. Mindestens 5-mal. nach Dinan und St-Brieuc: umsteigen in Dol.

Bus: Haupthaltestellen vor der Porte St-Vincent und am Bahnhof. Tägl. über ein Dutzend Fahrten nach Dinard über den Rancedamm (30 Min.). Zudem Busse zu allen touristischen Zielen der näheren und weiteren Umgebung: ca. 9-mal tägl. St-Briac und Dinan, 2-mal Cancale. Über Pontorson zum Mont-St-Michel (4-mal werktags), 2-mal tägl. Fougères und bis zu 2-mal Combourg.

Fähren Von 9.30 bis 18.15 Uhr, im Juli/Aug. bis 23 Uhr zumindest stündlich **Personenfähre nach Dinard** und zurück. Ablegestelle des „Bus de Mer" der Compagnie Corsaire am Fährhafen am Rand der Ville Close. Die Fahrt über die Rance-Mündung dauert 10 Min. Einfache Fahrt 5–5,40 € je nach Saison. Fahrpläne beim Office de Tourisme oder an der Anlegestelle bei Corsaire. ✆ 08.25.13.81.00.

Fähren zu den Kanalinseln **Guernsey** und **Jersey** mit den Condor Ferries. Ebenfalls mit Condor Ferries zu den englischen Küstenorten **Poole** und **Weymouth**, in der Hauptsaison täglich. Condorferries. ✆ 08.25.13.51.35, www.condorferries.fr.

Die Brittany Ferries fahren täglich an die englische Küste nach **Portsmouth**. ✆ 08.25.82.88.28, www.brittanyferries.com.

Parken Ein Problem. Am besten taucht man gleich in das riesige, viergeschossige unterirdische Parkhaus bei der Place St-Vincent ein.

Blick auf die Ville Close

Nordküste
Côte Emeraude → Karte S. 118

Autoverleih Avis, 27, avenue Aristide Briand (Nähe Bahnhof), ☎ 02.23.18.07.18, und am Bahnhof, ☎ 02.99.40.18.54.

Europcar, am Bahnhof, ☎ 02.99.56.75.17.

Sixt, 46, boulevard de la République (Nähe Bahnhof). ☎ 02.23.18.00.00.

Bootsausflug Jede Menge Bootstouren und Schiffsausflüge. Beliebt ist die Fahrt die Rance hinauf nach Dinan mit der Compagnie **Corsaire**. Abfahrt an der Hafenmole. ☎ 08.25.13.81.00.

Einkaufen Le Coutelier de St-Malo, die Adresse für Liebhaber scharfer Klingen. Der Messerschmied verkauft nicht nur seine zahlreichen Kreationen, sondern schleift auch Ihr Taschenmesser. Intra muros, 5, rue Ste-Barbe, ☎ 02.99.40.47.52.

Moka Malo, biologische Kaffeerösterei und Mini-Café intra muros, verkauft v. a. Kaffee, Tee, Schokoladen, aber auch andere Fairtrade-Produkte. Zudem eine Hausbibliothek. 5, rue de l'Orme, ☎ 02.99.56. 60.17. ■

Fahrradverleih Vélos bleus bietet eine Riesenauswahl an Tourenrädern und Mountainbikes. Geschlossen Nov.–Febr. 19, rue Alphonse Thébault, ☎ 02.99.40.31.63.

Nicole, im Ortsteil Paramé, verleiht zu ähnlichen Konditionen Räder und Mofas. Geschlossen So/Mo. 11, rue Robert Schumann, ☎ 02.99.56.11.06.

Markt Wochenmarkt Di und Fr vormittags in der Ville Close und in St-Servan. In Paramé Mi und Sa vormittags.

Der **Fischmarkt** Di und Fr auf der Place de la Poissonnerie (intra muros) besteht zurzeit leider nur noch aus einem Stand (für Selbstversorger: klein, aber exquisit) – die restlichen Fischverkäufer sind in die Markthallen abgewandert.

Die **Halle au Blé** (Getreidehalle) in der Ville Close wird von Sept. bis Mai Di–Fr (nur morgens) zu einem zusätzlichen Marktplatz.

Petit Train Ab Porte St-Vincent rollt das Touristenzüglein von April bis Okt. 30 Min. durch die Inselstadt. Erw. 6,50 €, Kind bis 10 J. 4 €.

Schwimmbad Das Becken der Piscine Olympique Municipale der Gare Maritime (St-Servan) lockt nicht nur bei schlechtem Wetter mit Wettkampfmaßen. Ganzjährig geöffnet.

Veranstaltungen Etonnants Voyageurs, jährlich am Pfingstwochenende – das Festival des Abenteuerromans und -films. Programm unter www.etonnants-voyageurs.com.

Folklores du Monde, jährlich in der 1. Julihälfte – eine folkloristische Veranstaltung mit nicht nur bretonischer Musik und Tänzen.

Quai des Bulles, Ende Okt./Anfang Nov. – jährliches Comic-Festival. Programm unter www.quaidesbulles.com.

Wassersport Mehrere Anbieter für alle Arten von Wassersport: Tauch- und Segelkurs oder Strandsegeln. Im Sommer wird die Ausrüstung direkt an den Stränden vermietet. Zwei Adressen für die Ausleihe von Zubehör:

Surf School, Verleih von Surfbrettern und Strandseglern. 2, av. de la Hoguette (Nähe Hôtel Les Charmettes). ℘ 02.99.40.07.47.

Etoile Marine Croisières, Segelbootverleih mit und ohne Skipper, 41, quai de Terre-Neuve, ℘ 02.99.40.11.45.

Übernachten

→ Karten S. 124/125 und 133

Zahllose Hotels in und um St-Malo – oft Kleinbetriebe mit nur wenigen Zimmern und oft familiärem Charakter. In der Hochsaison geht ohne Vorbestellung trotzdem nichts. Sie können Ihren Standort wählen: direkt in der alten Korsarenstadt oder am Strand von Paramé. Eine Auswahl:

Hotels in der Ville Close (intra muros)

**** La Maison des Armateurs 16, einziges Vier-Sterne-Hotel in der Ville Close. Der neue Besitzer hat das ehemalige Best Western 2013 einer Rundumrenovierung unterzogen. Das Resultat kann sich sehen lassen: dezent eingerichtete, komfortable Zimmer mit Minibar und Safe sowie luxuriöse Suiten. DZ 89–210 €. Geschlossen Mitte Nov. bis Mitte Dez. 6, Grande Rue, ℘ 02.99.40.87.70, www.maisondesarmateurs.com.

*** Elizabeth 20, im verwinkelten Teil St-Malos. Eines der alten, stilvoll renovierten Häuser: von Louis XIII. bis Louis XV. grüßen die Kunstepochen Frankreichs. Kein Restaurant. Garage. DZ 65–160 €. 2, rue des Cordiers, ℘ 02.99.56.24.98, www.hotel-elizabeth.fr.

*** De l'Univers 7, gegenüber dem Rathaus und nah am Strand. Wer gerne Straßenszenen beobachtet, ist hier richtig. 64 ordentliche Zimmer diverser sanitärer Kategorien. Salon, Bar mit maritimem Ambiente, gepflegtes Restaurant. DZ 61–169 €. 10, place Châteaubriand, ℘ 02.99.40.89.52, www.univers-saint-malo.com.

*** France et Châteaubriand 6, neben dem Geburtshaus von Châteaubriand, am belebtesten Platz der Ville Close, trotzdem erstaunlich ruhig. Atmosphäre eines alteingesessenen Grandhotels, Wintergarten, Aufenthaltsraum, Speisesaal, 80 Zimmer. DZ 65–119 €, die teureren mit Meerblick. Place Châteaubriand, ℘ 02.99.56.66.52, www.hotel-fr-chateaubriand.com.

** Bristol Union 15, am Fischmarkt. Freundliche Atmosphäre in einem gemütlichen Hotel. Gediegene Rezeption und 27 wohnliche Zimmer, wahlweise mit Dusche, Du/WC oder Bad/WC. Kein Restaurant. DZ 60–108 €. Geöffnet Mitte Febr. bis Mitte Nov. 4, place de la Poissonnerie, ℘ 02.99.40.83.36, www.hotel-bristol-union.com.

** De la Porte St-Pierre 18, direkt an der Stadtmauer und über die Zugang zur Plage de Bon Secour. Weit ab vom Trubel. 21 Zimmer mit Blümchentapeten, teilweise Meerblick. Alteingesessener Familienbetrieb, gute traditionelle Küche (Essen). DZ 76–96 €. Geschlossen im Jan. 2, place du Guet, ℘ 02.99.40.91.27, www.hotel-portestpierre.com.

** Le Croiseur 13, am Fischmarkt. 14 recht kleine Zimmer mit Dusche/WC, alle renoviert. Kein Restaurant, kneipenähnlicher Frühstücksraum. DZ 55–95 €. 2, place de la Poissonnerie, ℘ 02.99.40.80.40, www.hotel-le-croiseur.com.

Anne de Bretagne 9, trotz seiner 44 Zimmer im „modernen" französischen Stil ein heimeliges Hotel in einer ruhigen Gasse. Wohnzimmerähnlicher Aufenthaltsraum, heiterer Frühstückssalon, Zimmer sanitär unterschiedlich ausgestattet. Garage. DZ 41–71 €. 10–11, rue St-Thomas, ℘ 02.99.56.18.00, www.hotel-annederetagne.com.

Les Chiens du Guet 19, direkt an der Porte St-Pierre vor dem Strand Bon Secours; ein altes, sehr einfaches Haus mit einem Dutzend einfachen Zimmern, teils mit Meerblick. Im Erdgeschoss gutes Restaurant (→ Essen). Wer wenig Wert auf Zimmerkomfort legt, aber beim Essen auf seine Kosten kommen will, ist hier mit HP gut beraten. DZ 40–60 €. Geschlossen Mitte Nov. bis Mitte Dez. 4, place du Guet, ℘ 02.99.40.87.29, www.leschiensduguet.fr.

Hotels in Paramé

***** Grand Hotel des Thermes 1, luxuriöser Gründerzeitpalast in bester Strandlage; 174 großzügig-komfortable Zimmer oder Appartements. Geräumige Salons, drei Restaurants sowie eine Teebar aus der Jahrhundertwende. Diätrestaurant, moderne Schwimmhalle und thalassotherapeutisches Zentrum. DZ ab 158 € steil aufwärts, Online-Buchung ist billiger. 100, boulevard Hébert, ℘ 02.99.40.75.00, www.le-grand-hotel-des-thermes.fr.

Ü bernachten

6 France et
  Châteaubriand
7 De l'Univers
9 Anne de Bretagne
13 Le Croiseur
15 Bristol Union
16 La Maison des
   Armateurs
18 De la Porte St-Pierre
19 Les Chiens du Guet
20 Elizabeth

E ssen & Trinken

8 Coquille d'Oeuf
10 La Duchesse Anne
11 Restaurant Café de
   St-Malo
12 La Dent Creuse
14 Crêperie Grand-Mère
   Augustine
17 L'Absinthe
18 De la Porte St-Pierre
19 Les Chiens du Guet

Nordküste
Côte Emeraude → Karte S. 118

St-Malo
Ville Close
100 m

⟫⟫ **Mein Tipp:** ** Les Charmettes **2**, putziges, verwinkeltes Natursteingebäude direkt an der Strandpromenade neben dem Grand Hotel. 16 Zimmer mit Dusche/WC auf zwei Gebäude verteilt, die im hinteren Haus renoviert. Heller Frühstücksraum mit Panoramablick. Bistrot (Plat du jour) direkt an einem schönen, großen Strand, bei Flut eine ideale Rückzugsmöglichkeit. DZ 69–124 €, die teureren mit Meerblick. Geöffnet Mitte Febr. bis Mitte Nov. 64, boulevard Hébert, ✆ 02.99.56.07.31, www.hotel-les-charmettes.com. ⟪⟪

** Alpha Océan **4**, am Hauptzugang zum Strand von Rochebonne, 200 m östlich des Zentrums von Paramé. Hinter der verblichenen Fassade steckt ein ordentliches Logis-de-France-Quartier. 23 Zimmer, teils mit Meerblick. Restaurant, Bar, Frühstücksraum. DZ je nach sanitärem Standard 49–109 €. Geschlossen Jan. bis Mitte Febr. 93,

boulevard de Rochebonne, ✆ 02.99.56.48.48, www.hotel-alpha-ocean.com.

Jugendherberge Centre Varangot **5**, an der Hauptstraße von Paramé. Großer Komplex aus vier Gebäuden. 285 Betten in 2- bis 6-Bett-Zimmern, teils mit Du/WC. JH-Mitgliedschaft unabdingbar, Ausweis kann vor Ort erworben werden. Schöner Innenhof, in dem leider nur ein einziger Biertisch aufgestellt ist. Übernachtung inkl. Frühstück 24€/Pers., die Zimmer können erst ab 17 Uhr bezogen werden. Ganzjährig geöffnet. 37, avenue du Père Umbricht, ✆ 02.99.40.29.80, www.centrevarangot.com.

Camping Nachdem die beiden stadtnächsten Plätze geschlossen wurden, müssen Camper nach Saint-Servan oder Paramé ausweichen. Dort finden sich folgende Plätze, beide nicht in Meeresnähe:

**** **Domaine de la Ville Huchet**, luxuriöses, großes Gelände in der Nähe des „Grand

Aquarium" am Ortsrand von St-Servan. Über 100 Stellplätze, großes Schwimmbecken mit Rutsche. Route de la Passagère, ✆ 02.99.81.11.83, www.lavillehuchet.com.

*** Camping de la Fontaine, im Osten von Paramé. Zum Angebot gehören ein großer Kinderspielplatz und ein beheiztes, überdachtes Schwimmbad. Geschlossen Mitte Dez.-Jan. 49, rue de la Fontaine aux Pèlerins, ✆ 02.99.81.62.62, www.campinglafontaine.com.

Wohnmobile Die beiden oben genannten Campingplätze stehen auch Wohnmobilen zur Verfügung. Elektrizität, Wasserversorgung und Abwasserentsorgung gegen Gebühr. Ohne Service und gratis dürfen Wohnmobile ganzjährig rund um die Uhr auf dem **Parkplatz Le Briantais** – im Süden der Stadt, Nähe Rance-Brücke – stehen.

Essen & Trinken   → Karten S. 124/125 und 133

Die günstigsten Restaurants in der Ville Close reihen sich in der Rue Jacques Cartier zwischen der Porte St-Vincent und der Grande Porte – Schnellabfertigung für den Massentourismus. Hinweis: Die oft günstigen Menüpreise werden in etlichen Lokalen durch die Weinkosten wieder zunichte gemacht.

Restaurants in der Ville Close (intra muros) La Duchesse Anne **10**, eines der besten Lokale der Stadt, feinste Malouiner Küche im passenden Rahmen zu entsprechenden Preisen. Spezialitäten: Hummer und Fisch. Geschlossen Mo mittags und Mi. 1/3, place Guy La Chambre, ✆ 02.99.40.85.33.

L'Absinthe 17, keine Absinth-Kneipe (Absinth gibt es nicht einmal), sondern ein von zwei Liebhabern der guten Küche geführtes Lokal, das sich nach seiner Eröffnung 2013 schnell einen exzellenten Ruf erworben hat. Foie gras, Fisch und Fruits de Mer, aber auch zartes Rindfleisch – der Gaumen kommt auf seine Kosten, und im beachtlichen Weinangebot wird auch der Kenner fündig. Zum Nachtisch empfiehlt das Haus einen „Pommé breton", einen bretonischen Kuchen aus Blätterteig und Apfeltranchen. Tägl. geöffnet. 1, rue de l'Omes, ✆ 02.99.40.26.15.

>>> Mein Tipp: Coquille d'Oeuf **8**, die „Eierschale" hat's in sich. Schon das Schaufenster macht neugierig. Nur wenige Tische, aber wer einen ergattert hat, wird es nicht bereuen. Dem kreativen Interieur entspricht die kreative Küche zu akzeptablen Preisen, z. B. Steinbuttfilet mit Zitrusfrüchten und Linsen oder Rotzunge an Crevettensauce. Wem das nicht reicht, der verlegt sich aufs teurere „Menu découverte" (90 € für 2 Pers.). Nur abends geöffnet, Mi Ruhetag. 20, rue de la Côme de Cerf, ✆ 02.99.40.92.62. **<<<**

De la Porte St-Pierre 18, gemütliches Hotel-Restaurant mit mehrfach ausgezeichneter Küche. Spezialitäten: hausgemachte Fischsuppe und gegrillte Austern. Geschlossen im Jan./Febr. 2, place du Guet, ✆ 02.99.40.91.27.

Café de St-Malo 11, schickes Restaurant mit beheizter Terrasse. Spezialität: gebratener, mit Calvados flambierter Hummer (52 €). Tägl. geöffnet. 4, place Guy La Chambre, ✆ 02.99.56.46.75.

Les Chiens du Guet 19, das Restaurant des gleichnamigen Hotels; bei Sonne ist die Außenbestuhlung angenehm, die Menüs schmecken bei jedem Wetter. Hummer aus dem Becken. Spezialität: Meeresfrüchte auf der Platte und am Spieß. In der Nebensaison Mo Ruhetag. 4, place du Guet, ✆ 02.99.40.87.29.

La Dent Creuse 12, das Restaurant „Zum hohlen Zahn" ist die billigere Alternative; am triefenden Fischmarkt, Terrasse auf dem Platz. Außerhalb der Saison Mi Ruhetag. 7, place de la Poissonnerie, ✆ 02.99.40.19.92.

Restaurant in St-Servan La Cale **3**, an der Uferpromenade, bescheidenes, sympathisches Häuschen, das an eine Fischerhütte erinnert. Serviert wird gute und preiswerte Fischküche (Lesermail), natürlich fehlen auch Meeresfrüchte nicht. Quai Solidor, ✆ 002.99.81.99.34.

Crêperie in der Ville Close Grand-Mère Augustine **14**, gute Crêpes, die bei schönem Wetter auf der Terrasse genossen werden können. In der Nebensaison Di Ruhetag. 11, rue Jacques Cartier, ✆ 02.99.20.25.74.

Dinard

10.000 Einwohner

Das älteste bretonische Seebad zeigt britisches Flair. Im Schatten von Herrensitzen der Belle Epoque, Ferienvillen und filmreifen Grand-Hotels schlendern immer noch wohlgelaunte englische Herrschaften auf der Mondscheinpromenade: „Isn't it lovely, is it?"

Anfang der 1830er Jahre kamen die ersten Touristen nach Dinard. 1836 entdeckte ein pensionierter britischer Konsul den Ortsteil *Prieuré* als Sommerfrische, 1852 mietete sich die englische Familie Faber in die „Villa Beauregard" ein. Nach der Jahrhundertmitte etablierten sich die ersten beiden Hotels, kurz darauf eröffnete das erste Casino. 1875 wurde der mondäne Jachtclub ins Leben gerufen und wenig später der Tennisclub von Dinard. 1880 schließlich fand sich eine Golfgemeinde zusammen, die noch heute zu den exklusivsten Frankreichs zählt.

Es gehörte zum guten Ton der feinen englischen Gesellschaft der Jahrhundertwende, eine Villa in Dinard zu besitzen, und zu Beginn des Ersten Weltkriegs hatte Dinard den Ruf, das berühmteste und exklusivste Seebad Europas zu sein. Entlang der traumhaften Strände an der zerklüfteten Küste waren neben den großzügigen Ferienvillen über hundert Hotels aus dem Boden geschossen. Auf dem *Clair de Lune* promenierte abends die standesbewusste Elite, gefolgt von Parvenüs, die sich im Glanz berühmter Namen sonnten.

Auch wenn heute das Gros der Touristen aus Frankreich kommt, so ist Dinards besondere Liaison zu England noch auf Schritt und Tritt zu spüren: *Lindfield & Company* verkauft Teas & Coffees, daneben bringt *Jane Petticoat* Mode an die Frau, in der *Association Lord Russel* sind die Engländer unter sich, ebenso in der anglikanischen Kirche, und last but not least ist das *Festival du Film Britannique* ein kulturelles Glanzlicht, das weit über die Stadtgrenzen hinausstrahlt.

Sehenswertes

Promenade: Dinard liegt teils über den Klippen und Felsen entlang der Rancemündung, teils blicken die noblen Ferienvillen oder modernen Appartementblocks aufs offene Meer. Unterhalb des felsigen Küstensaums, auf dem die Villen des Seebads stehen, windet sich ein Pfad, in die Klippen gehauen oder betonbefestigt, an der Küste entlang.

Der *Chemin de Ronde* (Rundweg) ist in mehrere Abschnitte gegliedert, der

Über dem Hauptstrand von Dinard: Feriendomizile in bester Lage

Nordküste
Côte Emeraude → Karte S. 118

prominenteste davon ist die *Promenade du Claire de Lune*. Zwischen der *Plage du Prieuré* und der *Pointe du Moulinet* begleitet die Mondscheinpromenade die Rance auf ihren letzten Metern ins Meer. Der blumengeschmückte Fußgängerdamm unterhalb der steil aufsteigenden Felsen – in der Saison abends bunt illuminiert und von Lautsprechern beschallt – lockt nicht nur Liebespaare zu einem romantischen Spaziergang.

Um die überbaute *Pointe du Moulinet* herum, von der man ein prächtiges Panorama auf St-Malo genießt, erreicht man die feinsandige *Plage de l'Ecluse* – Dinards Paradestrand, überwacht von Alfred Hitchcock mit seinen Vögeln. Der Küstenpfad führt weiter – auf den Klippen an Villen vorbei – zur *Pointe de la Malouine* und zur *Pointe des Etêtés*: Im Ozean schwimmen die vorgelagerten Inselchen, unterhalb der Landspitze liegen die Terrassen des Parks von Port-Riou. Von dort ist bei klarer Sicht das Cap Fréhel zu erkennen. Hinter der *Plage de St-Enogat* führt ein in den Fels gehauener Treppenweg erst steil hinauf, bevor man die *Plage de Port Blanc* am westlichen Stadtrand erreicht.

Baden

Plage de l'Ecluse: Dinards Renommierstrand beim Casino. Im Sommer von gestreiften Strandzelten gesäumt, zu jeder Jahreszeit dahinter die Fassadenfront repräsentativer Ferienresidenzen. Der 300 m breite Strandabschnitt mit Blick aufs offene Meer bleibt bei Flut gerade breit genug für die Sonnenanbeter, bei Ebbe geht es feinsandig und flach ins Wasser. Die Infrastruktur lässt nichts zu wünschen übrig: Umkleidekabinen, Duschen, Strandzelte, Strandliegen, Sonnenschirme …

Im Zentrum des Seebads

Plage du Prieuré: Der 300-m-Strand am Ende der Mondscheinpromenade erstreckt sich reizvoll vor den Klippen der Mündungsbucht. Da er noch in der Rancemündung gelegen ist, verschlickt der Strand bei Ebbe völlig. Schwimmbecken am Rand des Strandes, bei höherem Wasserstand gern aufgesucht. Schöner Blick auf St-Malo.

Plage St-Enogat: Über dem 250 m langen, bei Flut noch gut 20 m breiten Strandabschnitt, ein Stück hinter der *Pointe des Etêtés*, thronen Ferienhäuser und Residenzen. Eingerahmt von Klippen, öffnet sich die Bucht zum Meer. Surf- und Segelrevier. Kleine Snackbar oberhalb des Strandes. Zu erreichen über die Straße vom Zentrum aus oder – idyllischer – über den betonierten Strandpfad.

Plage de Port Blanc: Am westlichen Ortsrand von St-Enogat (Richtung St-Lunaire, ausgeschildert) bietet der etwa 100 m breite Feinsandstrand gute Bademöglichkeiten. Sehr flach und deshalb für Kinder bestens geeignet. Bei Ebbe gut 250 m bis zum Atlantik. Hauptstrand für die Campinggäste vor Ort.

Basis-Infos

Postleitzahl 35800

Information Office de Tourisme, nobel und großzügig oberhalb der zentralen Plage de l'Ecluse. Professionell und jede Menge Hochglanzpapier. Auskunft auch in Englisch und Deutsch. April–Juni und Sept. Mo–Sa 10–12.30 und 14–18 Uhr. Juli/Aug. Mo–Sa 10–12.45 und 14–18.45, So 10–12.30 und 15–18.30 Uhr. Okt.–März Di–Sa 10–12.30 und 14.30–18 Uhr. 2, boulevard Féart. ℡ 08.21.23.55.00, www.dinardtourisme.com.

Hin und weg **Flugzeug:** Der Flugplatz des Großraums St-Malo/Dinard heißt Dinard-Pleurtuit und liegt an der D 168 südlich der Stadt. Der Flugverkehr beschränkt sich auf Flüge nach England: mit Aurigny Air Services nach Guernsey, mit Ryan Air nach London-Stansted, East Midlands und Leeds. Flughafen: www.dinard.aeroport.fr.

Aurigny Air: ℡ 0044.14.81.82.28.86, www.aurigny.com.

RyanAir: ℡ 08.92.56.21.50, www.ryanair.com.

Busse halten die Verbindung in die Welt aufrecht, seit der Bahnhof abgerissen wurde. Ausgangspunkt ist der alte Bahnhofsplatz. Der Verkehrsknotenpunkt für Dinard heißt St-Malo: stündlich 1-mal über den Damm des Gezeitenkraftwerks (20 Min.) in die Piratenstadt und von dort weiter. Zudem Busse nach Rennes und Dinan. Fahrpläne im Office de Tourisme.

Fähren: Von 9.30–18.15 Uhr, im Juli/Aug. bis 23 Uhr zumindest stündlich. **Personenfähre nach St-Malo** und zurück. Ablegestelle des „Bus de Mer" am oberen Ende der Promenade Clair de Lune, die Fahrt über die Rance-Mündung dauert 10 Min. Einfache Fahrt 5–5,40 € je nach Saison. Fahrpläne im Office de Tourisme oder an der Anlegestelle am Clair de Lune, ℡ 08.25.13.81.00.

Autoverleih Avis, am Flughafen Dinard-Pleurtuit, ℡ 02.99.46.25.20.

Bootsausflug Die Compagnie Corsaire am oberen Ende der Promenade du Clair de Lune bietet eine breite Palette an: 1-stündige „Entdeckung der **Bucht von St-Malo**", in 2 Std. 45 Min. (Abfahrt gezeitenabhängig) die **Rance** hinauf nach Dinan (Tipp: Einfache Fahrt hin und mit dem Bus zurück). In der Saison 4-mal/die 3-stündiger Bootsausflug zum **Cap Fréhel**, Juli/Aug. tägl. eine Überfahrt nach **Cézembre**, zur Insel vor der Küste zwischen Dinard und St-Malo. Juli/Aug. tägl. ein Ausflug zur **Ile Chausey**. Extraservice für Hochseefischer: mind. 3-mal/Woche halbtägige **Angelausflüge**; Auskunft und Reservierung: Corsaire, Clair de Lune, ℡ 08.25.13.81.00, www.compagniecorsaire.com.

Ebenfalls im Bootsausflugsgeschäft sind die „Croisières Châteaubriand", auf der 1-, 2- oder 3-stündige **Gourmetkreuzfahrten** angeboten werden. Juni–Sept. 1½-stündige **Rance-Rundfahrt**, Auskunft und Buchung: Croisières Châteaubriand, Gare Maritime, Barrage de la Rance (beim Gezeitenkraftwerk). ℡ 02.99.46.44.40, www.chateaubriand.com.

Bridge Sie befinden sich in einem klassischen, von England beeinflussten Seebad. Di, Do, Fr um 14.30 Uhr professioneller Unterricht und „Parties libres" im Bridgeclub des Château de Port-Breton, Boulevard de la Libération, ℡ 02.99.46.20.45.

Fahrradverleih Breiz Cycles, 8, rue St-Enogat, ℡ 02.99.46.27.25.

Festivals Festival des Britischen Films, in der 1. Oktoberhälfte. Der eiserne Hitchcock oberhalb der Plage de l'Ecluse lässt seit Jahren grüßen, den Goldenen Hitchcock vergibt die Jury jährlich neu. Festivalbüro gleich hinter dem Office de Tourisme. www.festivaldufilm-dinard.com.

Golf Der Golfklub residiert 8 km außerhalb bei St-Briac-sur-Mer. Schön an der Küste gelegene 18-Loch-Anlage. Näheres siehe St-Briac-sur-Mer.

Markt Di, Do und Sa 7.30–13.30 Uhr in den Markthallen und auf dem Platz davor.

Reiten   Dinard Emeraude Equitation, etwa 1,5 km südlich des Zentrums an der RN 168. 26 Ponys und 35 Pferde können gezäumt werden. Ausritte, diverse Kurse. Le Val-Porée, ☎ 02.99.46.23.57.

Schwimmbad   Piscine olympique, beheiztes Meerwasserschwimmbecken mit olympiakonformen 50-m-Bahnen in der Halle neben dem Casino. Geöffnet Febr.–Dez.

Wassersport   Wishbone Club Dinard, Verleih von Surf- und Funbrettern, Katamaranen, Kanus und Kajaks. Geöffnet April–Dez. Plage de l'Ecluse, ☎ 02.99.88.15.20.

Windschool, Surf- und Segelkurse, auch Verleih. Geöffnet Juni–Sept. Plage de St-Enogat, ☎ 06.35.96.18.55.

Club Subaquatic Dinardais, fürs Tauchen zuständig. Ausflüge von Juli bis Sept. 25, rue de Barbine, ☎ 06.43.38.02.69.

Übernachten

Hotels   ***** Grand Hotel Barrière , der elegante Belle-Epoque-Bau über dem Clair de Lune ist ein wahres Grand-Hotel. 8 voll ausgestattete Zimmer mit Blick zum Meer oder auf den beheizten Swimmingpool. Salon, Restaurant, Bar, Park usw. DZ ab 190 €, in der Saison wesentlich mehr. Frühstück 25 €. Geöffnet Mitte April bis Mitte Nov. 46, avenue George V, ☎ 02.99.88.26.26, www.lucienbarriere.com.

**** **Royal   Emeraude**   , komplett renoviertes 47-Zimmer-Hotel in zweiter Reihe zum Hauptstrand (50 m). Sehr komfortable Zimmer. Klassisches Natursteingebäude mit langem Nebenflügel und neuerem Anbau. Hoteleigener Parkplatz. DZ 148–173 €. Ganzjährig geöffnet. 1, boulevard Albert I, ☎ 02. 99.46.19.19, www.royalemeraudedinard.com.

*** **De la Vallée**   , am Anfang bzw. Ende der Mondscheinpromenade Clair de Lune. 23 komfortable Zimmer, 17 davon mit Meerblick. Restaurant. DZ 80–205 €. Geschlossen Jan. bis Mitte Febr. 6, avenue George V, ☎ 02.99.46.94.00, www.hoteldelavallee.com.

*** **Printania**   , 52-Zimmer-Hotel. An das alte Gebäude an der Clair de Lune wurde ein neuer Block gesetzt. Schöne Aussicht auf die Rancemündung und St-Malo. Fernsehsaal, Panoramabar, Speiseterrasse mit Meerblick. DZ 83–172 €. Geöffnet Mitte März bis Mitte Nov. 5, avenue George V, ☎ 02.99.46.13.07, www.printaniahotel.com.

*** **Les Tilleuls**   , von außen nicht allzu attraktiv, innen aber renoviert. Gartenterrasse, 500 m zum Strand. 53 teils etwas enge Zimmer mit modernen Sanitärs. Restaurant mit 2 Speisesälen. DZ 55–96 €. Ganzjährig geöffnet. 36, rue de la Gare, ☎ 02.99.82.77.00, www.hotel-des-tilleuls.com.

Übernachten

1 Villa Reine Hortense
2 De la Vallée
4 Printania
6 Royal Emeraude
8 Grand Hôtel Barrière
9 Les Tilleuls
10 Didier Méril
11 Beaurivage

Essen & Trinken

2 Restaurant De la Vallée
3 L'Appel du Large
5 La Passerelle du
   Clair de Lune
7 Brasserie L'Abri
   des Flots

Villa Reine Hortense ■, in Sachen Lage, Architektur und Ausstattung vom Feinsten. Herrliche alte Ferienvilla, Flair der Belle Epoque am Rand der Plage de l'Ecluse. 8 äußerst komfortable Zimmer. Noble Terrasse zum Strand. DZ 168–268 €. Geöffnet April bis Mitte Okt. 19, rue de la Malouine, ℘ 02.99.46.54.31, www.villa-reine-hortense.com.

Didier Méril 🔟, das Hotel trägt den Namen des Besitzers und Chefkochs. Natursteingebäude steil oberhalb des gleichnamigen Strandes. 6 geräumige Zimmer mit Blick über die Bucht und auf St-Malo, alle Zimmer mit Bad/Dusche/WC. Restaurant mit herrlichem Blick, ausgezeichnete Küche. DZ 75–140 €. Ganzjährig geöffnet. 1, place du Général de Gaulle, ℘ 02.99.46.95.74, www.restaurant-didier-meril.com.

Beaurivage 🔢, 24 passable Zimmer, alle mit Bad/Dusche und WC. Manche Zimmer mit Meerblick, zur Straße hin etwas laut. Lift. Im Erdgeschoss Zeitungscafé mit Tabakverkauf. DZ 68–80 €. Ganzjährig geöffnet. Place du Général de Gaulle, ℘ 02.99.46.14.34, www.hotelbeaurivage-dinard.com.

Camping *** Port Blanc, 6-ha-Gelände mit 175 Stellplätzen in bester Lage an der feinsandigen, felsgesäumten Plage de Port-Blanc. unterhalb des Sportgeländes.

Nordküste Côte Emeraude → Karte S. 118

Dinard

Herrliche Aussicht von den Plätzen in der ersten Reihe. Mehrere terrassenförmige Ebenen, wenig Schatten und etwas veraltete, doch gepflegte Sanitärgebäude im Bunkerstil. Einkaufsmöglichkeiten an der platzeigenen „Basarzeile", verschiedene Animationsangebote. Geöffnet April–Sept. Rue Sergeant Boulanger, ✆ 02.99.46.10.74, www.camping-port-blanc.com.

Essen & Trinken   → Karte S. 138/139

Restaurants De la Vallée **2**, auch das Auge isst mit. Das Restaurant des Hotels an der Mondscheinpromenade bietet neben einem schönen Ausblick auch eine

Hitchcock und seine „Vögel"

sehr ordentliche Küche. Spezialität sind Fisch und Meeresfrüchte in all ihren Spielarten, dazu bretonische Schmankerlküche. Geschlossen nach Neujahr bis Mitte Febr., außerhalb der Saison auch Mo und Di. 6, avenue Georg V, ✆ 02.99. 46.94.00.

La Passerelle du Clair de Lune 5, gegenüber dem La Vallée. Austernspezialist, aber auch internationale Küche, z. B. Menu Passerelle Destination le Pacifique (u. a. roher Fisch mit Kokosmilch und Mangosalat) oder Menu Passerelle Destination la Scandinavie. Geschlossen im Jan. Promenade du Clair de Lune, ✆ 02.99.16.96.37.

L'Abri des Flots 7, beliebte Brasserie mit Terrasse zur Straße und klassisch französischer Küche. Serviert wird aber auch alles, was das Meer hergibt: Barbe, Seezungen, Muscheln und Meeresfrüchte. Als Vorspeise bietet sich ein kalter Hummertartar an. Auch das Salatangebot lässt sich sehen. 6, pl. de la République, ✆ 02. 99.16.99.48.

L'Appel du Large 3, im Restaurant des Casinos kann man sich ins mondäne Dinard vergangener Jahrzehnte zurückversetzen lassen. Riesige Glasscheiben mit grandiosem Meerblick. Außerhalb der Saison Mo/Di Ruhetag. 4, boulevard Wilson, ✆ 02. 99.16.30.38.

Außerhalb Repaire des Corsaires, auf der Ile Cézembre. Wer ein gutes Essen mit einem kleinen Ausflug auf die in der Bucht gelegene Insel verbinden möchte, dem sei dieses einsam gelegene Meeresfrüchterestaurant empfohlen. Gehobene Preise. Sinnvoll ist es, sich vorab zu erkundigen, ob das Lokal geöffnet ist. Überfahrt mit Corsaire. Geschlossen April–Okt. ✆ 02.99.56.78.22.

Umgebung von Dinard

Gezeitenkraftwerk (Usine Marémotrice): das erste Gezeitenkraftwerk der Welt. Erste Pläne für den Bau wurden bereits 1941 geschmiedet, ausgeführt wurden sie 1961. Nach knapp sechsjähriger Bauzeit konnte die imposante Wasserkraftanlage 1966 von der staatlichen Elektrizitätsgesellschaft E.D.F. in Betrieb genommen werden.

Das Prinzip des Kraftwerks beruht auf der Nutzung der riesigen Wassermassen, die die Rance in ihrem Unterlauf befördert (18.000 Kubikmeter pro Sekunde), und dem extremen Gezeitenwechsel, der in der Rance-Mündung einen Tidenhub von fast 14 Metern erreicht. Durch einen 750 m langen Damm zwischen der *Pointe de la Briantais* und der *Pointe de la Brebis* wird der Fluss zu einem 22 km² großen See aufgestaut, dessen Wassergefälle über sechs Schleusentore so reguliert werden kann, dass die 24 Turbinen im Inneren des Dammes bei Ebbe und Flut arbeiten. Sie erzeugen jährlich fast 600 Millionen Kilowattstunden Strom, was dem Verbrauch einer Stadt mit 300.000 Einwohnern entspricht.

Über den Staudamm führt die Verbindungsstraße zwischen St-Malo und Dinard; eine Plattform oberhalb der gurgelnden Strudel und Wirbel am Fuß der Turbinen-anlagen erlaubt einen weiten Blick über das sich zum Ozean öffnende Rancetal. Auf der Westseite des Stausees regeln eine Hebebrücke und eine 65 m lange Schleuse den Schiffsverkehr zwischen Fluss und Atlantik.

Ein kleines *Dokumentationszentrum* im Gezeitenkraftwerk zeigt ein Modell und er-klärt mit interaktiven Bildschirmen das Funktionieren der Anlage – von der Ursa-che der Gezeiten bis zur Glühbirne. Die Besucher können sich auch in den virtuel-len Kommandostand begeben oder einfach einen Blick auf einen ganz realen Teil der Innereien des Kraftwerks werfen.
April–Sept. Di–So 10–18, So 10–13 und 14–18 Uhr. Eintritt frei.

Jardins du Montmarin: Das 1760 erbaute Schloss im Stil Ludwigs XV. steht am lin-ken Ufer der Rance, rund 2 km südlich des Gezeitenkraftwerks. Neben einigen inte-ressanten Details wie dem Dach, das die Form eines umgedrehten Schiffsbauchs hat, oder dem ganz in Marmor ausgeführten Brunnen im Ehrenhof des Schlosses, ist vor allem der terrassenförmig zur Rance hinunter angelegte Park (teils à la française, teils à l'anglaise) einen Besuch wert.
April–Okt. So–Fr 14–19 Uhr. Eintritt 6,80 €.

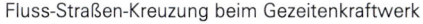

Fluss-Straßen-Kreuzung beim Gezeitenkraftwerk

Nordküste
Côte Emeraude → Karte S. 118

Der Hafen von Dinan

Dinan

11.000 Einwohner

Dinan ist eine der mittelalterlichen bretonischen Städte, deren Architektur, Kultur und Geschichte Maler und Literaten in ihren Bann zog. Der Romancier Victor Hugo resümierte: „Eine schöne alte Stadt, angeklebt und zugemauert auf einem Hang über dem Abgrund wie ein Schwalbennest."

Die auf einem Felsplateau über der Rance gelegene Stadt wird von einem festen, fast kompletten Mauerwall umringt, hinter dem sich in verwinkelten Gassen über 100 Fachwerkhäuser drängen. Als *Ville d'Art et d'Histoire* ist Dinan ein nationales Kulturdenkmal und bezeichnet sich mit Recht als die „am besten erhaltene bretonische Stadt". Umso unverständlicher ist es, dass die Behörden kein vernünftiges Verkehrskonzept entwickeln. Eine autofreie Altstadt stünde Dinan gut an.

Von der lebhaften Oberstadt führt die idyllische Rue du Jerzual steil hinunter zum Hafen am Ufer der Rance – Startpunkt für einen Bootsausflug oder Endstation eines schönen Spaziergangs bei Crêpes und Cidre.

Stadtgeschichte: Historisch verbürgt ist Dinan seit 1065 – der berühmte Wandteppich von Bayeux in der Basse-Normandie zeigt die von Wilhelm dem Eroberer belagerte Stadt. Keimzelle Dinans ist die Abtei von Lehon, bereits zur Zeit der britannischen Invasion eine wichtige Pfarrgemeinde. Der Aufstieg zur bedeutenden Handels- und Garnisonsstadt der Bretagne vollzieht sich ab dem frühen 12. Jahrhundert. Im 13. und 14. Jahrhundert wird die aufstrebende Stadt von den bretonischen Herzögen mit einem Wall von 2600 m Länge, elf Türmen und vier Toren befestigt und bald darauf mit einem mächtigen Donjon bewehrt. Im Hundertjährigen Krieg ist Dinan des Öfteren Tagungsort der aristokratischen Ständeversammlung und umstrittener Spielball herzoglicher Interessen. Engländer und Franzosen wechseln sich in der Belagerung der Stadt ab, bis sie 1359 endgültig an die Franzosen fällt.

Die Dinannais des späten Mittelalters sind geschäftstüchtig, der Hafen floriert, die Handwerksbetriebe haben volle Auftragsbücher. Neben der Erzeugung hochwertiger Lederartikel gilt die Stadt als Spezialistin für die Produktion von Leinwand und Tuch. Dinans wirtschaftliche Blüte erreicht gegen Ende des 15. Jahrhunderts den Höhepunkt: Unter der Regentschaft des friedfertigen Herzogs *Franz II.* florieren die Geschäfte, seine Tochter *Anne* bezeichnet Dinan mit gutem Grund als „Schlüssel meiner Schatztruhe" und kümmert sich fürsorglich um die Stadt. Die Wohlhabenden bauen sich schöne Fachwerkhäuser, 1585 beginnt unter dem französischen Gouverneur *Mercoeur* der Ausbau des Schlosses, einer Befestigungsanlage, die weder von außen noch von innen geknackt werden kann. Der ängstliche Mann fürchtet die mächtigen Dinannais, die sich immer heftiger gegen die französische Einflussnahme wehren.

1790 schlägt Dinans schwärzeste Stunde. Die Stadt, eine Bastion der französischen Krone und Sitz ihrer Seneschalle, leidet schwer unter den Attacken der revolutionären Truppen. Mit der Industrialisierung sinkt Dinans wirtschaftliche Bedeutung, ohne jedoch ganz zu verschwinden. Die Händler und Handwerker, die Messen und Märkte, die Dinan über vier Jahrhunderte zur Wirtschaftskapitale im Pays de Rance gemacht haben, können sich über die Zeit retten. Ein neuer Aufschwung zeichnet sich mit dem touristischen Zeitalter ab.

Sehenswertes

Stadtspaziergang: Als Ausgangspunkt eines kurzen Spaziergangs bietet sich die *Place Duguesclin* an, der Marktplatz ein Katzensprung nördlich des Schlosses. Vor gut 600 Jahren war er Schauplatz des Duells zwischen Duguesclin und dem Ritter von Canterbury (→ Kastentext „Bertrand Duguesclin"). Heute wird er von stolzen Bürgerhäusern aus dem 17. und 18. Jahrhundert umringt, in der Mitte thront die Reiterstatue der Volkshelden, eine Arbeit des durch den Erzengel vom Mont-St-Michel berühmt gewordenen Bildhauers *Emmanuel Frémiet.* Auf Höhe des Denkmals führt die *Rue Ste-Claire* in die *Rue de l'Horloge*, eine der malerischsten Straßen Dinans. Gleich rechts steht ein auf drei Säulen abgestütztes Fachwerkhaus, das *Hôtel Kératry*, heute Sitz des Harfenmuseums. Schräg gegenüber, ebenfalls auf drei Säulen gestützt, zeigt sich die *Maison du Gisant* (16. Jh.), benannt nach der kopflosen Liegefigur zwischen den Säulen, die vermutlich aus einer Kirche hierher gelangte. Wenige Schritte weiter erhebt sich der *Glockenturm* (s. u.).

Knapp nach dem Turm steht ein altes (noch nicht verfallenes) Fachwerkhaus mit der Figur eines Heiligen im

Einer von 777 Heiligen der Bretagne

Nordküste
Côte Emeraude → Karte S. 118

Gemäuer und drei winzigen Menschen zu seinen Füßen. Von hier gelangt man links zur malerischen *Place des Merciers* mit dem vielleicht schönsten Fachwerkhaus Dinans, in dem heute die „Mère Pourcel" (→ Essen) ihre Gäste verwöhnt. Der Place des Merciers schließt sich die nicht weniger schmucke *Place des Cordeliers* an. An beiden Plätzen sind noch einige *Maisons à vitrines* zu sehen, deren Fenster ohne Sims ins Gemäuer eingelassen sind.

Auf der Stadtmauer: Dinans Stadtmauer, im 13. Jahrhundert errichtet und hundert Jahre später erweitert, ist der älteste Stadtwall der Bretagne. Abgesehen von einigen Lücken ist er so gut wie ganz erhalten, 2600 Meter wehrhafte Mauern umschließen etwa 30 Hektar, in die sich das alte Dinan zwängt.

Der Stadtwall ist fast vollständig begehbar, am schönsten sind die Ost- und die Südostseite. Beginnen Sie Ihre Tour bei der *Kirche St-Sauveur*, an die sich der *Jardin Anglais* anschließt, in dem an schönen Sommertagen Angestellte wie Schüler ihre Mittagspause verbringen; dahinter fällt die Mauer steil zum Hafen ab. Von der

Bertrand Duguesclin

Als der aristokratische Knabe 1320 in der Burg von La Motte-Broons 20 km südwestlich von Dinan geboren wird, glaubt niemand, dass aus dem hässlichen Balg eines Tages einer der berühmtesten Helden der bretonisch-französischen Geschichte werden soll. Das zehnte Kind eines kleinen Landadeligen hat eine schwere Jugend.

Mit seinen krausen, schwarzen Haarbüscheln, der Knollennase und dem fliehenden Kinn ist er nicht nur die Zielscheibe des Spotts seiner Spielkameraden, auch der Vater wendet sich wegen seiner Hässlichkeit von ihm ab. Ungeliebt, gehänselt und nicht für ganz voll genommen, muss sich der kleine Bertrand bereits in jungen Jahren gegen Gott und die Welt wehren. Immer in Händel und Auseinandersetzungen verstrickt, übt er sich schon früh in der zeitgemäßen Kunst der Fehde, trainiert er wie ein Besessener mit Lanze, Dolch und Schwert. Mit 17 Jahren beschließt er, das Glück in der Welt zu suchen. Auf einem Ackergaul zieht er nach Rennes, der Stadt der Ritter und Haudegen.

Die Besten der Kriegsbranche geben sich hier alljährlich ein sportlich-kriegerisches Stelldichein. Bertrand, arm, aber ehrgeizig, sieht seine Chance: Er pumpt sich eine komplette Kampfmontur zusammen und tritt 1337 inkognito beim großen Turnier an. Der namenlose Ritter besiegt alle Gegner, begeistert das Publikum und wird zum Helden des Tages. Der Ruf Bertrands eilt in alle Himmelsrichtungen, seine kämpferischen Fähigkeiten machen ihn bald über die Landesgrenzen

Promenade de la Duchesse Anne in südlicher Richtung genießen Sie ein reizvolles Panorama: Malerisch windet sich unten die Rance. Durch die steinernen Bögen des Viadukts, der seit 1852 das Tal in 40 m Höhe auf 250 m Länge überspannt, gleitet der Blick zu den Ausflugsbooten im alten Hafen.

Château/Museum: Das einst stolze Schloss von Dinan ist heute ziemlich lädiert. Die ältesten Teile gehen auf das 13./14. Jahrhundert zurück: die *Porte du Guichet*, der Südausgang der Stadt, flankiert von zwei Rundtürmen mit schmalen Schießscharten, und der *Donjon*, in dem sich das *Musée de Dinan* befindet. Die beiden Teile der Befestigungsanlage wurden im 15. Jahrhundert durch die mächtige *Tour de Coëtquen* ergänzt, dem ehemaligen Kerker mit bis zu vier Meter dicken Mauern, in dessen feuchter Tiefe heute mehrere Liegefiguren versammelt sind, die unter der diffusen Beleuchtung unheimlich wirken.

Das *Museum* beherbergt in drei Sälen Exponate zur bretonischen Geschichte und zur Geschichte Dinans. Hinter der noch funktionierenden Zugbrücke des Donjons

hinaus bekannt. Er wird Söldner und zieht mehr als drei Jahrzehnte rastlos durch Westfrankreich und Spanien von Schlacht zu Schlacht, von Belagerung zu Belagerung. 1354 wird er zum Ritter geschlagen.

1359 wird Dinan von den Engländern unter der Regie *Lord Lancasters* belagert. Duguesclin erreicht einen Waffenstillstand. Doch mit der Gefangennahme seines Bruders außerhalb der Stadt durch *Lord Canterbury* brechen die Engländer die Vereinbarung, das Fehderecht tritt in Kraft. Duguesclin fordert den rechtsbrüchigen Canterbury zum Duell; auf dem Champ Clos von Dinan verprügelt der Haudegen den eleganten Lord dermaßen, dass Lancaster – ganz englischer Fairplayer – die Belagerung aufgibt. Canterbury wird aus der Armee ausgeschlossen, und nebenbei verliebt sich während des Duells eine schöne Bürgerstochter, *Tiphaine Raguenel*, in die Kampfmaschine. Duguesclin heiratet Tiphaine. Neben dem privaten Glück geht es auch beruflich voran: 1360 wird Bertrand zum Gouverneur ernannt, 1364 zum Grafen.

1365 stehen Charles de Blois und Jean de Montfort, die um die Herrschaft über die Bretagne kämpfen, in den Sümpfen von Auray vor der Entscheidungsschlacht (→ Geschichte, Kastentext „Die Schlacht von Auray"). Trotz der Warnung seines Feldherrn Duguesclin, der sich zurückziehen will, stellt sich Charles de Blois seinem übermächtigen Vetter. Dieser gewinnt (Charles stirbt), wird Herzog und kassiert Lösegeld für den gefangengenommenen Duguesclin.

Die Erbfolge ist damit geklärt, die militärischen Auseinandersetzungen und politischen Intrigen zwischen dem französischen und englischen König gehen jedoch weiter. Duguesclin führt etliche Feldzüge an, die den Besitz der französischen Krone vergrößern. Sein Söldnerheer zieht siegreich über die Pyrenäen, hat Rückschläge einzustecken, doch ist es schließlich erfolgreich. Als König von Granada kehrt Duguesclin nach Frankreich zurück, wo er zum Oberbefehlshaber der französischen Truppen ernannt wird. Am 14. Juli 1380 stirbt der getriebene Haudegen während seiner Lieblingsbeschäftigung. Bei der Einnahme von Châteauneuf-de-Randon im Zentralmassiv – es ist heiß, die Sonne brennt unbarmherzig auf die schwere Rüstung – streckt ihn ein Herzschlag nieder.

▲ Müßiggang
im Zentrum der Altstadt

▼ Rue du Jerzual

werden Sie am Eingang von einigen Heiligen- und mehreren Christus-Skulpturen begrüßt. Im *1. Stockwerk* wird neben drei Webstühlen eine Sammlung weißer, fein gebundener Hauben in allen Größen gezeigt, nach Ortschaften und Regionen gegliedert. Im *Saal der Wachen* (Zwischenstockwerk) veranschaulichen bretonische Möbel und Regale mit alten Gewichten und Maßeinheiten das Alltagsleben. Im *Obergeschoss* sind die berühmten Persönlichkeiten Dinans versammelt, unter ihnen *Théodore Botrel* (Barde), *Auguste Pavie* (Forscher und Diplomat) und natürlich *Bertrand Duguesclin*, der Feldherr zu Pferd. Zu ihnen gesellt sich die „Büste von Charlie", einem Kellner-Original, das Anfang des 20. Jahrhunderts in einem Pariser Künstlerlokal zu literarischen Ehren kam.

Die Plattform über dem Wehrgang lädt zu einem Rundblick ein: Markant ragen drei Türme aus dem grauen Dach- und Schornsteingewimmel Dinans in den Himmel, links der *Turm der Kirche St-Malo*, in der Mitte die *Tour de l'Horloge* und rechts die Spitze der *Basilika St-Sauveur*.

Ganz unten im Keller des Schlossturms befindet sich ein *Wunschloch* mit Geldstücken, eine Glasplatte verhindert den Zugriff. Durch ein rund ausgeschnittenes Loch können Sie den Schatz um einen Geldbetrag Ihrer Wahl erhöhen und dürfen sich dabei etwas wünschen. Die Sache scheint zu funktionieren: Die Wünsche des Verfassers gingen in Erfüllung.

Juni–Sept. tägl. 10–18.30 Uhr. Ostern bis Mai und Okt tägl. 13.30–17.30 Uhr. Eintritt 4,60 €.

Tour de l'Horloge: Von der Zeit seiner Fertigstellung (Ende 15. Jh.) bis zur Französischen Revolution war der Uhrturm Sitz der Ratsversammlung und Rathaus der Stadt. 158 Stufen führen hinauf zur Aussichtsplattform im Glockengestühl: herrliches Panorama über die Stadtdächer und das Rancetal.

Das mechanische Werk der ersten Turmuhr wurde von einem in Nantes ansässigen deutschen Uhrmacher gebaut, die hell tönende Glocke ist ein Geschenk der Herzogin *Anne* an ihre geliebte Stadt. Die Uhr ist seit dem 19. Jahrhundert außer Betrieb, aber im Erdgeschoss zu besichtigen.

April–Mai tägl. 14–18 Uhr. Juni–Sept. tägl. 10–18.30 Uhr. Eintritt 4 €.

Basilika St-Sauveur: Vom 12. bis zum 17. Jahrhundert wurde an ihr gebaut. Über dem Eingangstor wachen Löwe und Stier, beide geflügelt. Wie die Fassade und die Südmauer (mit Skulpturen und Fratzen) stammen sie aus romanischer Zeit (12. Jh.). Kirchen- und Querschiff, Chor und die an die romanische Mauer angefügte Seitenkapelle (15. Jh.) sind gotisch. Die Spitze des Glockenturms (17. Jh.) wurde nach einem Blitzschlag im 18. Jahrhundert durch mehrere pyramidenförmige, schiefergedeckte Kuppeln ersetzt. Im Inneren gefallen das granitene Taufbecken (12. Jh.) und das „Fenster der Evangelisten" (15. Jh.) über der vierten Seitenkapelle links. Weitere Buntglasfenster sind neueren Datums (20. Jh.): Duguesclin, Charles le Bois, Anne de Duchesse und andere Persönlichkeiten der Stadtgeschichte sind porträtiert, daneben zahlreiche Schirmherren des Handwerks: Fischer, Gärtner, Seiler … jeder ehrbare Beruf hat seinen Schutzheiligen. Im nördlichen Querschiff steht das Kenotaph Bertrand Duguesclins (14. Jh.). Die vergoldeten Lettern der Inschrift über dem Grabmal verraten, dass der Held zeit seines Lebens „bertran du gueaq'ui" gerufen wurde.

Harfenmuseum Ti an Delenn im *Hôtel Kératry:* Im auffälligen Fachwerkhaus wird das dank Troubadix gefürchtete Bardeninstrument, seine Geschichte und Entwicklung dargestellt. Hier hat sich der örtliche Harfenverein niedergelassen, der Ausstellungen, Workshops, Kurse, Konzerte und jährlich ein Festival rund um die Harfe organisiert.

Juni–Sept. Di–Fr 14–17.30 Uhr. Eintritt 2 €.

Rue du Jerzual: Am Ende der *Place des Cordeliers,* beim gotischen Portal eines ehemaligen Franziskanerklosters, das heute als Schule dient, führt rechts die *Rue de la Lainerie* in Dinans idyllischste Straßenzeile, die *Rue du Jerzual;* bis zum Bau des Viadukts Mitte des 19. Jahrhunderts war sie die Hauptverkehrsader zwischen Oberstadt und Hafen. Die kopfsteingepflasterte, steil zum Fluss hinunterführende Gasse wird von restaurierten Fachwerkhäusern gesäumt. Nach der *Porte du Jerzual* (13.–15. Jh.) führt sie als *Rue du Petit Fort* weiter zur Rance. Direkt nach dem Torbogen gelangt man links zu einem kleinen Park, der eine gute Sicht auf die Stadtmauer freigibt. Schönstes Haus an der Rue du Jerzual ist die *Maison du Gouverneur* (15./16. Jh.), ganz aus Holz und mit hübschen Erkern.

Heute haben sich in den idyllischen Häuschen entlang des Wegs zum Hafen Dinans Kunsthandwerker niedergelassen. In den Ateliers und kleinen Magazinen können Sie den Meistern beim Glasblasen, Figurenschnitzen oder Weben zuschauen und das eine oder andere Souvenir erstehen. Am steilen Ende der Gasse liegt der *Hafen:* Restaurants, Crêperien und Bars, Ausflugsboote und Jachten liegen am Kai, malerisch überspannt das renovierte gotische Brücklein die Flussschleife der Rance. Dahinter, hoch oben, rollt der Verkehr über den *Viaduc.*

Hinweis aufgrund einer Leserzuschrift: Der ganz und gar empfehlenswerte Spaziergang hinunter zum Hafen hat nur einen Haken: Für den Rückweg gibt es keine Alternative. Der Aufstieg zurück in die Oberstadt kann schweißtreibend sein, wenn die Sonne brennt – zumal, wenn man in Motorradkluft unterwegs ist.

Nordküste Côte Emeraude → Karte S. 118

Basis-Infos

Postleitzahl 22100

Information Office de Tourisme, viele und gut strukturierte Informationen. Internet-Service. Juli/Aug. Mo–Sa 9.30–19, So 10–12.30 und 14.30–18 Uhr. Sept.–Juni Mo–Sa 9.30–12.30 und 14–18 Uhr. 9, rue du Château, ☎ 02.96.87.69.76, www.dinan-tourisme.com.

Hin und weg Bahn: Dinan liegt an der Nebenlinie Dol–St-Brieuc. Werktags (inkl. Samstag) 5-mal über Dol nach Rennes (90 Min.), in den Sommermonaten auch an Sonn- und Feiertagen mindestens 3 Züge. Über Lamballe nach St-Brieuc (1 Stunde) mindestens 3-mal täglich, im Sommer auch an Sonn- und Feiertagen. In der Hochsaison mehrmals tägl. Anschluss an den Zug Rennes–Dinard. Der Bahnhof liegt westlich der Altstadt an der Place du 11 Novembre 1918.

Bus: Zentrale Haltestelle vor dem Bahnhof. Nebenhaltestelle auf der Place Duclos im Zentrum. 6-mal tägl. nach Dinard (30 Min.), 4-mal St-Malo, an Sonn-/Feiertagen 2- bis 3-mal. Richtung Rennes über Bécherel tägl. bis zu 6-mal.

Stadtbusse: Ein kleines Stadtbusnetz, bestehend aus vier Linien, verbindet alle Stadtteile mit der Altstadt.

Parken Ein größerer Parkplatz liegt unterhalb des Schlosses (ausgeschildert), weitere Parkflächen in der Nähe der Post, z. B. an der Place Duguesclin. Die Dinannais sind Ihnen dankbar, wenn Sie Ihr Fahrzeug außerhalb der Stadtmauern parken.

Bootsausflüge Mitte April bis Okt. mit der Compagnie Corsiare die Rance flussabwärts nach Dinard und St-Malo. Eine 25 km lange, romantische Bootsfahrt durch ein landschaftlich sehr eindrucksvolles Flusstal – vorbei an Schlössern, Fischerdörfern und der Insel der Mönche. Die Abfahrtszeiten richten sich nach Ebbe und Flut. Fahrzeit 2 Std. 45 Min. Erw. 32,50 €, Kind 3–15 J. 19,50 €. Rückfahrt (Gezeiten!) oft nur mit dem Bus. Abfahrt am Hafenkai Compagnie Corsaire. Auskunft: ☎ 02.96.39.56.44 (Hafen) oder ☎ 08.25. 13.80.35, www.compagniecorsaire.com.

Eine einstündige Rundfahrt auf der Rance organisiert von April bis Mitte Okt. Ja- man V. Erw. 13 €, Kind bis 12 J. 3,50 €. Abfahrt am Hafenkai. ☎ 02.96.39.28.41, www. vedettejamaniv.com.

Bootsverleih Als eigener Kapitän eine Fahrt auf der Rance unternehmen: Kleine Motorboote, für die es keinen Führerschein braucht, vermietet DF Nautic am Hafen. ☎ 06.07.45.89.97, www.danfleurenn-nautic.com.

Einkaufen Dinan ist eine Stadt des Kunsthandwerks. Mehrere Spitzenbetriebe der Glasbläser-, Töpfer-, Seidenmaler-, Web- und Holzschnitzerkunst bieten ihre Produkte an. Vor allem an der Straße hinab zum alten Hafen (Rue du Jerzual/Rue du petit Fort) haben sich etliche Meisterinnen und Meister niedergelassen.

Feste Eine Fülle von Folklore-, Musik- und Marktfesten. Das Festjahr beginnt in der 1. Juliwoche mit dem Festival Armor à sons im 5 km südwestlich von Dinan gelegenen Ort Bobital: Konzerte traditioneller und internationaler Künstler. www.bobital-festival.fr. Die Rencontres internationales de Harpe celtique (traditionelle Musik und Tänze) folgen in der 2. Juliwoche. www. harpe-celtique.com.

Fête des Remparts, das Stadtmauerfest ist das ausgefallenste und größte Fest – alle 2 Jahre (Jahre mit gerader Endziffer) an einem Wochenende in der 2. Julihälfte. Mittelalterliche Trachtenumzüge (5000 Kostümierte), Turniere und reiches Animationsprogramm in den Straßen der Altstadt. www.fete-remparts-dinan.com.

In der 1. Novemberhälfte gehört ein Wochenende ganz dem Apfel. Auf der Fête de la Pomme im knapp 2 km westlich von Dinan gelegenen Quévert werden lokale Spezialitäten (Cidre und Schnaps) vorgestellt und prämiert. Ausgelassene Erntedankfeierlichkeiten.

Markt Großer Wochenmarkt auf der Place du Champ und der Place Duguesclin jeden Do 8–13 Uhr. Bunte Kulisse für einen netten Einkaufsbummel unter den Augen des Helden der Stadt. Ständiger Fischmarkt in der Halle aux Poissons zwischen Rathaus und der Kirche St-Malo. Am Samstag Früchte- und Gemüsemarkt in der Rue Carnot. Flohmarkt im Juli/Aug. jeden Mittwoch (Juni und Sept. nur am 1. Mittwoch) auf der Place St-Saveur.

Petit Train Von Ostern bis Mitte Okt. kommentierte Rundfahrt zu den wichtigsten Sightseeing-Stationen: Altstadt, Hafen,

Map labels:
Toden, Jugendherberge, Camping de la Hallerais
Hafen
Bahnhof, Busbahnhof
Place du Gal Leclerc
R. de Coëtquen des Eaux
R. de l'Ecole
R. de Quai
R. de Petit Fort
Porte de Jerzual
Eglise St-Malo
A: Place des Cordeliers
B: Place des Merciers
R. Michel
St-Malo, Dol
Viadukt
Place Duclos
Grande Rue
R. du Marchix
R. de la Lainerie
Rue du Jerzual
R. du Rempart
R. Haut-Voie
St-Sauveur
Jardin Anglais
R. de l'Horloge
Tour de l'Horloge
Harfenmuseum
Pl. du Champ
Rue Ste.-Claire
Place Duguesclin
Rue de la Feronnerie
Rue du Léhon
Rue Waldeck Rousseau
Promenade de la Duchesse-Anna
Rue du Général de Gaulle
Rance
Schloss
Dinan
100 m

Übernachten
4 Hôtel-Pub St-Sauveur
5 La Tour de l'Horloge
7 Café-Hôtel du Théatre
9 Le d'Avaugour
10 Le Challonge
11 La Duchesse Anne
12 Du Château

Essen & Trinken
1 Les Voyageurs
2 Restaurant Le Café Noir
3 Au Thé Gourmand
4 Hôtel-Pub St-Sauveur
6 Chez la Mère Pourcel
8 Le Cantorbery

Schloss, Stadtmauer. Erw. 7 €, Kind 3–12 J. 4 €. Abfahrt alle 40 Min. beim Théatre des Jacobins oder am Hafen; Sonntagvormittag keine Fahrten.

Schwimmbad Piscine des Pommiers, im Örtchen Léhon (→ Umgebung), in Nachbarschaft zur alten Benediktinerabtei.

Übernachten

Hotels **** Le d'Avaugour **9**, am Marktplatz. Hinter der eleganten Natursteinfassade aus dem 18./19. Jh. verbirgt sich ein komfortables, 2011 renoviertes Hotel mit hohen, lichten, nett möblierten Räumen. 21 Zimmer mit Bad/Du/WC, 3 Familiensuiten. Schöne Gartenterrasse zur Stadtmauer hin. DZ 93–190 €, stark saisonabhängig. Geöffnet März–Okt. 1, place du Champ, ✆ 02.96.39.07.49, www.avaugourhotel.com.

*** Du Château **12**, im Inter-Hotel-Verband. Komplett renovierte Zimmer, die meisten nach hinten und ohnehin ruhig, die anderen mit schalldichten Fenstern. Hoteleigener Parkplatz. DZ 69–109 €. Geschlossen im Jan. 6, rue du Château, ✆ 02.96.85.16.20, www.hotelduchateau-dinan.com.

*** Le Challonge **10**, ganz angenehme, komfortable Zimmer mit guter sanitärer Ausstattung, auch Familiensuiten. DZ 66–99 €. Ganzjährig geöffnet. 29, place Duguesclin, ✆ 02.96.87.16.30, www.hotel-dinan.fr/fr.

** La Tour de l'Horloge **5**, 10-Zimmer-Hotel in einer engen Altstadtgasse.

Komfortabel eingerichtet, sanitär sehr gut ausgestattet. DZ 58–70 €. Ganzjährig geöffnet. 5, rue de la Chaux, ☎ 02.96.39.96.92, www.hotel-dinan.com.

Café-Hôtel du Théatre 🔳, 6 renovierte, erstaunlich helle Zimmer, alle mit Dusche/WC. DZ 45–65 €, die billigeren sehr klein. 2, rue Ste-Claire, ☎ 02.96.39.06.91.

La Duchesse Anne 🔳, nettes, kleines Fachwerkhaus mit 9 kleinen Zimmern „tout comfort", inkl. TV und Telefon. DZ je nach Standard 50–64 €. 10, place Duguesclin, ☎ 02.96.39.59.76, monsite. orange. fr/hotel dinanduchessea.

Hôtel-Pub St-Sauveur 🔳, säulengestütztes Fachwerkhaus mit 6 unterschiedlich großen Zimmern, davon eines für Familien. In der 3. Etage Mansardenzimmer, auch dieses mit Dusche/WC. Freundliches, lebendiges Pub im Erdgeschoss mit Snacks und Billardtisch (siehe Essen). DZ 43–48 €. 21, place Saint-Sauveur, ☎ 02.96.85.30.20, www.hotel pubsaintsauveur.com.

Jugendherberge Etwa 2 km außerhalb, auf dem Weg zum Camping de la Halleraie (s. u.), in der ehemaligen Mühle von Méen. Sehr idyllische Lage (Wald, Bach). Für Autofahrer: erst in Richtung St-Malo, dann zum „Port de Dinan" abzweigen. 70 Schlafplätze in

2- bis 8-Bett-Zimmern, Selbstversorgerküche, Campingmöglichkeit im Park. Nacht 15,50 €/ Pers. Geöffnet April–Sept. 2, rue des 4 Moulins, ☎ 02.96.39.10.83, www.hifrance.org.

Camping **** La Hallerais, etwa 4 km außerhalb, an der Landstraße D 12 kurz vor dem Dörfchen Taden (ausgeschildert). Großzügige 10-ha-Anlage mit 220 Stellplätzen in einer Waldlichtung oberhalb der Rance. Der Platz ist penibel gegliedert und von Teerstraßen durchzogen, Hecken und Blumenbeete lockern auf. Wenig Schatten. 3 sehr gepflegte sanitäre Blocks, Waschmaschinen, Supermarkt, Pizzeria, vorgekochte Gerichte, Bar, Mobilhome-Vermietung, TV-Saal, Spiel- und Leseräume. Im Sommer beheiztes Schwimmbecken, 3 Tennisplätze, Minigolf. Geöffnet Mitte März–Okt. 4, rue de la Roberaie, 22100 Taden, ☎ 02.96.39.15.93, www.camping-lahallerais.com.

** **Municipal Châteaubriand**, unterhalb des Schlosses, an der Straße stadtauswärts nach Lehon. Kleines, nüchternes Rasengelände mit rund 50 zum geringeren Teil schattigen Stellplätzen. Die einfachen, aber gepflegten Sanitäranlagen reichen bei voller Belegung nicht aus. Geöffnet Juni–Sept. 103, rue Châteaubriand, ☎ 02.96.39.11.96, campingmunicipal@dinan.fr.

◯ Essen & Trinken → Karte S. 149

In der Altstadt finden sich unzählige Crêperien, aber erstaunlich wenig Restaurants. Stets fündig wird man an der Hafenzeile, aber da muss man erst ein gutes Stück steil hinunter gehen (und dann auch wieder hinauf). Biertrinker suchen die Rue de la Cordonnerie auf, ein Gässchen, das von der Place des Merciers wegführt: mehrere Kneipen mit Holztischen auf der Straße.

Restaurants Chez la Mère Pourcel 🔳, Dinans berühmteste Speisegaststätte. In einem schön restaurierten Fachwerkhaus aus dem 15. Jh. im Herzen der Altstadt. Gemütlicher Speiseraum mit mittelalterlichem Flair (Naturstein, Holz, antike Möbel) und Restaurantterrasse zum Promenierplatz hin; mehrere Kochmützen für gediegene Küche. Außerhalb der Saison So/Mo Ruhetage. 3, place des Merciers, ☎ 02.96.30.03.80.

Le Cantorbery 🔳, auf 2 Etagen: im Oberstüblein sorgt viel Holz für intime Atmosphäre, im Erdgeschoss wird am offenen Feuer gegrillt, auf beiden Etagen derselbe, etwas befremdlich anmutende Teppich. Spezialität des gepflegten mittelständischen Etablissements sind auf diverse Arten zubereitete Jakobsmuscheln und bre-

tonischer Hummer. Aber auch Tiere vom Land zieren die Speisekarte. Geschlossen am Mi, in der Nebensaison auch am So. 6, rue Sainte-Claire, ☎ 02.96.39.02.52.

≫ Mein Tipp: Saint-Sauveur 🔳, lebendiges Brasserie-Pub in zentraler Lage. Die fröhliche Belegschaft serviert Salate, Crêpes, Croque-Monsieur, Drinks und Biere – unter dem alten Fachwerk oder auf dem Platz. Im bunten Inneren stoßen neben dem ratternden Flipper Billard-Spieler die Kugeln. 21, place Saint-Sauveur, ☎ 02. 96.85.30.20. **≪**

Les Voyageurs 🔳, beliebte Brasserie an der Hafenzeile mit preiswerten Mittagsmenüs (Fleisch oder Fisch) und Crêpes. Di Ruhetag. 5–7, rue du Quai, ☎ 02.96.39.40.17.

Le Café Noir **2**, die im Sommer belebte Brasserie mit Tischen auf dem Platz zur Straße (motorisierter Verkehr) serviert im Schutz des bronzenen Jean de Beaumanoir Fleisch und Fisch, Salate und Pizza. Qualität wie Preise sind durchschnittlich. 14, pl. Duclos, ✆ 02.96.39.00.11.

Tea-Room ⟫⟫ **Mein Tipp:** **Au Thé Gourmand 3**, rund 60 Teesorten vom Kaukasus bis China stehen zur Wahl. All diese Tees kann man kaufen oder zu hauseigener Patisserie vor Ort probieren. Nur tagsüber geöffnet (Okt.–März montags geschlossen). Fr–So wird von 11 bis 14 Uhr Brunch serviert. 19, rue de l'Apport, ✆ 02.96.87.48.45. ⟪⟪

Umgebung von Dinan

Léhon: Das herausgeputzte Dörfchen mit den Gebäuden der alten *Benediktinerabtei St-Magloire* schließt sich direkt südlich an Dinan an. Die Abtei wurde zwischen dem 13. und 15. Jahrhundert an Stelle eines Klosters errichtet, das bereits im 10. Jahrhundert urkundlich erwähnt ist. Die Kirche wurde im 19. Jahrhundert renoviert. In ihrem Inneren ruhen, beleuchtet vom diffusen Licht der modernen Buntglasfenster und – auf Knopfdruck – beschallt von einem Mönchs-Choral, mehrere berühmte Persönlichkeiten von adeligem Stand. Neben den Liegefiguren der Nichte Duguesclins und Marguerite d'Avaugours (Wohltäterin der Stadt im 13. Jh.) befindet sich das Grabmal von Jean de Beaumanoir, eines der Helden der „Schlacht der Dreißig" (→ Josselin, Kastentext „Die Schlacht der Dreißig"). Wie die Inschrift über dem Grabmal verrät, wurde er am 14. Februar 1385 durch zwei Schwerthiebe eines verräterischen Vertrauten niedergestreckt.

Die Klosteranlage links der Kirche ist teilweise verfallen, unter den gotischen Bögen des malerischen *Kreuzgangs* (17. Jh.) herrschen Ruhe und Frieden, der „Garten der mittelalterlichen Pflanzen" trägt das seine dazu bei. Das *Refektorium* und andere restaurierte Räume können besichtigt werden.
Geführte Besichtigung im Juli/Aug. Mo und Do jeweils 16 Uhr. Eintritt 3 €.

Temple de Mars: Das einzige größere römische Überbleibsel der Bretagne wurde jahrzehntelang nur durch eine Latten- und Bretterkonstruktion vor dem Verfall geschützt, bevor die Behörden dem Ort die gebührende Reverenz erwiesen. Der dem römischen Kriegsgott geweihte Tempel – die innere Mauer oktogonal, die äußere hexagonal – war einst das wichtigste Heiligtum der Curiosoliten, eines keltischen Volksstamms der Bretagne, den Cäsar seiner Provinz Gallien einverleibte.

Heute präsentiert sich die Ruine in einem gepflegten Umfeld und ist den kurzen Abstecher wert. Anhand anschaulicher Tafeln wird der Besucher – geleitet vom imaginären römischen Bürger Gaius – in die Antike entführt. Im Zentrum des Tempels stand der römische Kriegsgott, vor dem Gaius sein Gebet verrichtete und seine Opfergaben darbot. Derweil führten die Priester am Strick einen Stier zum Altar, weihten ihn Mars und beteten inbrünstig, bevor sie das Tier schlachteten. Dann fand das Geschenk der Gemeinschaft den Weg in die Gemeinschaft zurück und landete auf der Tafel eines fröhlichen Festbanketts.
Von Dinan in westlicher Richtung über die D 794 Richtung, dann 2,5 km vor dem Ort Corseul links einem schmalen Teersträßchen folgen (ausgeschildert).

Saint-Lunaire

2300 Einwohner

Der Name des Orts bezieht sich nicht auf den Mond, sondern auf den heiligen Leonor aus Wales, der im 6. Jahrhundert an der bretonischen Nordküste missionierte. Anfang des 20. Jahrhunderts erfuhr Saint-Lunaire einen beachtlichen Aufschwung: Sylla Laraque, ein schwerreicher Immobilienhändler aus Haiti, verpasste dem

Nordküste Côte Emeraude ↓ Karte S. 118

Bucht von Saint-Lunaire

damals bescheidenen Ort ein mondänes Aussehen. Er ließ ein Casino und ein Grand Hôtel bauen, und damit er seine weitverzweigte Familie im Ort unterbringen konnte, stellte er auch gleich noch 21 Villen hin. Das *Grand Hôtel* schloss seine Pforten nach dem Zweiten Weltkrieg und beherbergt heute Privatwohnungen. Einzig die Gründerzeitfassaden hinter dem Hauptstrand und das schmucke *Rathaus* über der Straße erinnern noch an das einstige Seebad.

Die *Pointe du Décollé* (des Geköpften), eine felsige Landspitze, die weit ins Meer hinausragt, trennt die beiden Ortsstrände voneinander. Eine natürliche Felsbrücke führt über einen tiefen Felsspalt, das *Trou du Chat* (Katzenloch), zum letzten, steil abstürzenden Granitzipfel. Unterhalb entdeckt man die *Grotte der Sirenen*, hoch oben residiert in einem reetgedeckten, bauernhausähnlichen Gebäude ein Discobetrieb mit Terrasse – windig, aber mit herrlichem Panorama von der Pointe de Grouin bis zum Cap Fréhel.

Baden

Grande Plage: Der Stadtstrand liegt östlich der Landspitze – langgezogener breiter Sandstrand, gut geschützt und auch für Kinder geeignet. Bei Flut bleiben 5 m trockener Sand für die Badetücher. Umkleidekabinen, Strandclub, in der Saison Verleih von Wassersportausrüstung. Strandaufsicht und Rettungsstation.

Plage de Longchamps: 400 m Sandbucht westlich der Landspitze, von einem breiten, kahlen Dünengelände zur Straße nach St-Briac hin begrenzt (Parkplatz). Treffpunkt der Brett- und Bootssegler, die hier von der steifen Westbrise profitieren. Bei Flut mehr oder weniger ganz überspült.

Basis-Infos

Postleitzahl 35800

Information **Office de Tourisme**, Pavillon hinter der Grande Plage. Nebst den üblichen Infos auch Internet-Service. April–Juni und Sept. Mo 14–18.30, Di–Sa 9.30–13 und 14–18.30, So 10–13 Uhr. Juli/Aug. tägl. 9.30–19 Uhr.

Okt.–März Mo 14–17.30, Di–Sa 9.30–13 und 14–17.30 Uhr. 72, boulevard du Général de Gaulle. ☎ 02.99.46.31.09, www.saint-lunaire.com.

Hin und weg Bus: Mehrmals tägl. nach Dinard/St-Malo und in die entgegengeset-te Richtung über die nachfolgenden Bade-orte nach St-Cast.

Markt Sonntagvormittag in den Sommer-monaten, rund um die Kirche.

Übernachten/Essen & Trinken

Hotels »» **Mein Tipp:** Kan-Avel, nettes kleines Hotel neben der Kirche, eine ruhige Adresse mit dörflichem Flair, in der sich der Gast schnell wohlfühlt. 11 kleine, helle, geschmackvoll eingerichtete Zimmer, alle renoviert, mit Bad oder Dusche/WC. Etwas hellhörig und deshalb sinnvollerweise ohne TV. Sehr sympathisches Wirtspaar, das ne-benbei im blumengeschmückten Mini-Innen-hof (für Raucher) oder im einladenden Raum dahinter ein herzhaftes Frühstück serviert (mit hausgemachter Apfel-Zimt-Marmelade). 300 m zum Strand. DZ 58 €. Ge-schlossen Mitte Nov. bis Mitte Febr. Rue de l'Eglise, ☎ 02.99.46.30.13, www.kan-avel.fr. **«««**

Camping *** La Touesse, zwischen St-Enogat und St-Lunaire 300 m vom La-Fourberie-Strand. Wenig Schatten, ordentli-che Hygieneblocks mit Waschmaschine, kleiner Laden, Bar, Restaurant und Wasch-maschinen. Vermietung von Wohnwagen und Mobil-Homes. 140 Stellplätze. Geöffnet April–Sept. 171, rue de la Ville Géhan, ☎ 02.99.46.61.13, www.campinglatouesse.com.

*** Longchamps, in Richtung St-Briac, durch die D 786 von den Dünen des Long-champs-Strands getrennt, am Rand einer Ferienhaussiedlung. Ebenes, teils schatti-ges Areal. Swimmingpool mit Toboggans und Hallenbad. Neue Sanitärblocks, Bar, Laden, Restaurant, Waschmaschinen, Spielsaal, Minigolf etc. Surfertreff. 240 Stell-plätze. Geöffnet April–Sept. 773, boulevard de St-Cast, ☎ 02.99.46.33.98, www.camping-longchamp.com.

Wohnmobile Beide oben genannten Campings bieten Womo-Service an (Elek-trizität, Wasser, Abwasserentsorgung).

Restaurants/Nachtleben L'Annexe, das 2013 eröffnete Restaurant ist die erste Adresse am Ort für Liebhaber von Fisch und Meeresfrüchten, z. B. Petersfisch mit Kartoffelpüree, Spargel und grünen Boh-nen, und dies zu einem korrekten Preis. Das Interieur ist hell und elegant, die Beti-schung locker im Raum verteilt, der Service hervorragend. Geschlossen So Abend und Mo ganztags. 281, boulevard Général de Gaulle, ☎ 02.99.80.73.86.

»»» Mein Tipp: Le Paparazzi, ein pfiffiges, ideenreiches Interieur, eine fröhliche Beleg-schaft und zufriedene Kundschaft. Das Pizza-Angebot ist groß, die Mozzarella wird scheibenweise auf die Pizza gelegt (damit Sie nicht auf die Idee kommen, es würde Ihnen ordinärer Käse serviert), Pastage-richte aus Sojamehl stehen auf der Karte, die Pommes frites sind hausgemacht, und schließlich kommt auch Fisch und Fleisch – auch dies sehr preiswert – auf den Tisch. Viel jugendliche Kundschaft. Nur abends geöffnet (So auch mittags), außerhalb der Saison Mo/Di Ruhetag. 42, rue de la Grève, ☎ 02.99.46.36.08. **«««**

Saint-Lunaire, Hôtel de Ville

Nordküste
Côte Emeraude → Karte S. 118

Le Ptit Baigneur, das Interieur ist nüchtern-bescheiden, der junge Wirt überaus sympathisch, die Küche überzeugend und preiswert. Kein überbordendes Angebot, Fisch- und Fleischgerichte. Nur wenige Tische und diese leider so eng gestellt, dass eine vertrauliche Unterhaltung kaum möglich ist. Reservierung geboten. Außerhalb der Saison Mi/Do Ruhetag. 301, boulevard du Général de Gaulle, ℘ 02.99.89.99.41.

Le Décollé, teures, aber gutes Fischrestaurant auf der Felsspitze. Mo Ruhetag, außerhalb der Saison Mo/Di Ruhetag, Dez./Jan. ganz geschlossen. 1, pointe du Décollé, ℘ 02.99.46.01.70.

La Chaumière, ebenfalls auf der Felsspitze, neben dem vorgenannten. Disco unter Strohdach, Cocktail-Spezialist. Juli/Aug. tägl. 24 bis 5 Uhr früh, sonst nur an Wochenenden geöffnet. ℘ 02.99.16.61.12.

Saint-Briac-sur-Mer

2000 Einwohner

Die Straße von St-Lunaire führt oberhalb der Küste mitten durch den schön gelegenen 60-Hektar-Platz des Golfclubs von Dinard. Vor dem alten Dorfkern von St-Briac mit seinen niedrigen, grauen Granitsteinhäuschen wachsen Neubauviertel mit Ferienhäusern – aus dem kleinen Fischerdorf an der *Frémur-Mündung* ist ein Familien-Badeort mit Jachthafen geworden. Zeitweise lebte hier der letzte männliche Spross der Romanows, Wladimir Kirillowitsch (1917–1992); seine Mutter, Victoria Melita von Sachsen-Coburg und Gotha, eine Enkelin von Königin Viktoria, war vor der Russischen Revolution geflohen und fand nach mehreren Zwischenstationen 1925 in St-Briac die passende Bleibe. Eine Statue am *Boulevard de la Mer* erinnert an die blaublütige Dame.

Rund um St-Briac bietet die zerklüftete Küste abwechslungsreiche Sandstrände – dank der Lage in der Trichtermündung geschützt, bei Ebbe aber ohne Wasser. Vom *Croix des Marins* (Kreuz der Seefahrer) auf einem Hügel etwas außerhalb der Ortschaft genießt man herrliche Ausblicke über die Küste.

Baden

Plage de Port Hue: Der von Dünen und dem Golfplatz eingerahmte, 400 m lange Sandstrand garantiert ein gezeitenunabhängiges Badevergnügen und zählt wegen seiner gleichmäßigen Dünung besonders bei Wellenreitern und Bodysurfern als gute Adresse. Wenig Schatten, keine ausgesprochenen Strandeinrichtungen, Toiletten in einem alten Wehrmachtsbunker. Kleiner Kiosk und Snackservice mit Getränken und Crêpes. Nur während der Saison überwacht.

Plage de la Salinette: Der Südstrand in der geschützten Bucht wird vor allem von Bootsanlegern genutzt. An seinem Ende zeigt sich malerisch eine kleine Landspitze mit einem Château und alten Kiefern. Bei Ebbe wegen zu viel Schlick zum Baden ungeeignet. Erste-Hilfe-Station, Kinderclub, Umkleidekabinen und Toiletten. Ein Katzensprung weiter, in der nächsten Bucht: Strand mit ähnlichen Bedingungen. Sicheres Baden bei Flut.

Postleitzahl 35800

Information   Office de Tourisme, im kioskähnlichen Pavillon an der Durchgangsstraße. Neben den üblichen Infos auch Internet-Service. Mai/Juni und Sept./Okt. Mo–Sa 9.30–13 und 14–17.30, So 10–13 Uhr. Juli/Aug. Mo–Sa 9.30–18.30, So 10–13 und 14–17 Uhr. Nov.–April Mo–Sa 9.30–13 und 14–17.30 Uhr. 49, Grande Rue, ℘ 02.99. 88.32.47, www.tourisme-saint-briac.fr.

Hin und weg   Bus: Mehrmals tägl. nach Dinard und St-Malo, nach St-Cast nur im Sommer.

Fest   Festival St-Briac en Musique am 2. Juliwochenende (Do–Mo). Programm unter www.saintbriacenmusique.fr.

Golf   Die Clubanlage des Golfclubs von Dinard ist nicht nur das zweitälteste Golfgelände Frankreichs (seit 1887), sondern auch eine der schönsten Anlagen des Landes.

Ebbe bei Saint-Briac

Auf einer amerikanischen Liste der 500 schönsten Greens der Welt nimmt das Gelände den 6. Platz ein. 50 Hektar Rasen unterhalb des Aussichtspunkts der Pointe de la Garde-Guérin, durchzogen von der Küstenstraße, dafür mit weitem Blick über den Strand von Port Hue. 18 Löcher zum Einputten. ✆ 02.99.88.32.07.

Hotel   De la Houle, an der Durchgangsstraße vor dem Ortszentrum. 15 Zimmer, darunter auch Zimmer für 4 Pers., Bar und Restaurant (nur Juli/Aug. geöffnet) mit Wintergartenatmosphäre, Frühstück im 1. Stock auf einer Terrasse über der Straße. DZ 79–139 €, die billigeren in einem Nebenhaus (dort leiser, aber nicht besonders einladend). Geöffnet April bis Mitte Nov. 14, boulevard de la Houle, ✆ 02.99.88.32.17, www.hoteldelahoule.com.

Camping   **** L'Emeraude, das an eine Ranch erinnernde Eingangsportal mit dem akkuraten Empfangspavillon führt auf ein schattiges 5-ha-Areal, dessen Blumendekoration mehrere nationale Preise gewann. Das Wiesengelände am Ortseingang ist umzäunt und von Hecken und Baumgruppen unterteilt. Ordentliche, gefliese sanitäre Anlagen mit ausreichend Dusch- und Waschgelegenheiten. Laden, Selbstkocher-Herde, Kinderspielplatz. Tennisplatz, Minigolf, Fahrradverleih. Außerdem Chaletvermietung und beheiztes Schwimmbad. 1,5 km zum Strand von Port Hue. Fast 200 Stellplätze. Geöffnet Ostern bis Okt. 7, chemin de la Souris, ✆ 02.99.88.34.55, www.campingemeraude.com.

** Camping Le Pont Laurin, ebenes Rasenterrain am kommunalen Sportplatz oberhalb der Frémur-Mündung. Hecken unterteilen 170 Stellplätze. Einfache Sanitäranlagen, Stromversorgung. Auch hier Mobilhomevermietung. Zu den Stränden 2 km. Geöffnet Mitte März bis Okt. La Vallée Gatorge, ✆ 02.99.88.34.64, www.location-camping-bretagne.fr.

Lancieux

Von St-Briac kommend führt eine moderne, 300 m lange Brücke über den *Frémur*, der die Grenze zwischen den Departements Ille-et-Vilaine und Côtes-d'Armor bildet. Der Ortskern von Lancieux liegt auf einem Höhenkamm westlich der Frémur-Mündung. Hier steht noch – inmitten eines ummauerten Gärtchens – der *Glockenturm* der 1904 abgerissenen romanischen Ortskirche. Die *neue Kirche* besitzt als Besonderheit ein Weihwasserbecken, das in einen gallorömischen Grenzstein aus dem 4. Jahrhundert gehauen ist.

Zu den Stränden des familienfreundlichen Badeorts führen von der Ortsmitte aus mehrere Stichstraßen hinunter. Bei Ebbe kann man eine schöne Rundwanderung um die Halbinsel unternehmen *(Zöllnerpfad)*; inmitten der Bucht ragt die *Ile Ebihens* aus dem Wasser. Neben der *Plage du Rieul* mit Fischerhafen unterhalb der Frémur-Brücke und der kleinen, gut geschützten *Plage de l'Islet* gegenüber der kahlen, gleichnamigen Insel wird vor allem die *Plage de St-Sieu* (gelegentlich auch *St-Cieux* geschrieben) aufgesucht. Der 1 km lange Sandstrand ist der Hauptstrand der Gemeinde und ein Windsurfer-Paradies. Provisorische Umkleidekabinen, Segelschule, Wachstation.

Postleitzahl 22770

Information Office de Tourisme, Pavillon an der Durchgangsstraße. Internetbenutzung gegen Gebühr. In der Saison tägl. 10–12.30 und 14–18 Uhr; in der NS wechselnd manchmal vor-, manchmal nachmittags und stets am Wochenende geschlossen. Square Jean Conan. ☎ 02.96.86.25.37, www.lancieux-tourisme.fr.

Hin und weg Bus: an der Küste entlang in Richtung Dinard/St-Malo und in Richtung St-Cast; mindestens 3-mal tägl. im Sommer.

Markt Dienstagvormittag auf dem Parkplatz bei der Touristinformation.

Hotels *** **Des Bains**, altes Landhaus im Ortszentrum, oberhalb des Sieu-Strandes (ca. 300 m). 13 Zimmer, einige mit Meerblick. Garten, Crêperie (nur Ostern bis Sept. geöffnet). DZ mit Du/WC 72–98 €. 20, rue du Poncel, ☎ 02.96.86.31.33, www.hoteldesbains-lancieux.fr.

De la Mer, gegenüber dem vorgenannten und im selben Besitz; Natursteinhaus mit 18 z. T. kleinen, aber ordentlichen Zimmern unterschiedlichster Sanitärausstattung. Gemütliches Restaurant mit guter Küche. DZ je nach Ausstattung 56–64 €. 1, rue de la Plage, ☎ 02.96.86.22.07, http://bertrand.mehouas.pagesperso-orange.fr.

Camping/Wohnmobile ** **Municipal Les Mielles**, 200 m vom Surfstrand. Ziemlich kahles, aber recht gut ausgestattetes 2,5-ha-Gelände mit 150 Stellplätzen. Waschmaschinen, Kinderspielplatz, behindertengerechte Sanitärblocks. Stromboxen, Wasserversorgung und Abwasserentsorgung für Wohnmobile. Geöffnet April bis Mitte Okt. Rue Jules Jeunet, ☎ 02.96.86.22.98, camping lesmielles@orange.fr.

In Lancieux

Saint-Jacut-de-la-Mer

900 Einwohner

Der Ort geht zurück auf die Gründung des irischen Mönches *Jacut*, der vor über 1300 Jahren hier an Land gegangen sein soll. Seine Mutter war eine außergewöhnliche Frau: Um die Drillinge, die sie gebar, gleichzeitig und gerecht nähren zu können, wuchs ihr für die Stillzeit eine dritte Brust. Jacut und seine beiden Brüder dankten es ihr und wurden später allesamt Heilige.

Die Gemeinde zieht sich über die schmale Landzunge *Pointe du Chevet* (Kopfkissen), die die Mündungen der Flüsse *Fémur* und *Arguenon* trennt. Der alte Ortsteil mit seinen dunklen Granitsteinhäuschen liegt auf der höchsten Erhebung der Landspitze. Vom äußersten Punkt (Wiesenplateau) bietet sich eine großartige Sicht auf die von kleinen, goldgelben Stränden eingerahmte *Hébihens-Insel* mit dem Makrelenturm und auf die *Arguenon-Bucht*, in der bei Ebbe die Pfahlgehege der Austern- und Muschelbänke aus dem Schlick ragen.

St-Jacut ist ein preiswerter Familienbadeort, dessen Reiz vor allem im Fußfischen und in den Küstenpfaden besteht. Letztere winden sich – entlang der grünen, von Tamarisken und Krüppelkiefern bestandenen Landzunge –an vielen kleinen Sandbuchten vorbei. Die touristischen Einrichtungen wirken improvisiert und bei Ebbe etwas verloren, bei Flut lässt sich an den flachen Stränden der Halbinsel jedoch Wassersport in jeder Form treiben. Hauptstrände sind die *Plage Rougeret* am „Zipfel des Kopfkissens" und gleich nebenan die idyllische *Plage Châtelet* mit Segelboot- und Surfbrettverleih.

Postleitzahl 22750

Information Office de Tourisme, im alten Ortsteil, an die Post angebaut. Im Sommer tägl. 10–12.30 und 14–19 Uhr. Rue du Châtelet. ✆ 02.96.27.71.91, contact@valdarguenon.fr.

Hin und weg Bus: an der Küste entlang in Richtung Dinard/St-Malo und in Richtung St-Cast; im Sommer mindestens 3-mal tägl.

Markt Freitagvormittag

Hotel ** Le Vieux Moulin, ausgezeichnetes Quartier mit Stil und Geschmack in einer alten renovierten Windmühle an der Hauptstraße des alten Ortsteils. Verwinkelte Erker und viel Naturstein. 26 Zimmer, sanitär unterschiedlich ausgestattet, aber alle mit viel Liebe zum Detail, teils im alten Rundturm, teils im turmartigen Nebengebäude auf der anderen Straßenseite, teils in einem Anbau am Meer. In der Empfangs-

halle und im Restaurant schöne Stilmöbel, freundlicher Service. Ruhiger, von hohen Hecken geschützter Garten. Der Chef des Hauses kocht selbst und dies ausgezeichnet. DZ 47–67 €, je nach sanitärer Ausstattung. Geöffnet April–Nov. 24, rue de Moulin, ✆ 02.96.27.71.02, www.hotel-le-vieux-moulin.com.

Camping ** Municipal de la Manchette, beim Fußballplatz, ein Stück nach der Kreuzung der D 786/D 26, die auf die Halbinsel von St-Jacut führt. 320 von niedrigen Hecken unterteilte Stellflächen, einfache Sanitärblocks mit Warmwasserduschen, Kinderspielplatz. Direkter Zugang zu zwei Stränden, die bei Flut unbeschwertes Badevergnügen erlauben. Geöffnet April–Sept. Rue de la Manchette, ✆ 02.96.27.70.33.

Wohnmobile Stellplatz und Service am Ortsausgang nach Ploubalay (ausgeschildert).

Saint-Cast-le-Guildo   3400 Einwohner

Das Seebad erfreut sich lebhaften Urlauberzuspruchs: Einerseits gilt der touristisch voll ausgestattete Strand als einer der schönsten der Nordbretagne, andererseits ist St-Cast eine preiswerte und akzeptable Alternative zum mondänen Dinard.

So schnellt die Einwohnerzahl von St-Cast jedes Jahr in der Hochsaison auf das Zehnfache an. Über dreißigtausend Kurzzeitbewohner belagern dann die Strände des Seebads oder schwärmen zu den obligatorischen Ausflügen aus. Dass in den letzten Jahren trotzdem einige Hotels dichtmachen mussten, ist wohl dem Umstand zuzuschreiben, dass außerhalb der Saison wenig los ist in St-Cast.

Der Name St-Cast deutet auf den irischen Prinzen *Cado* hin, der im 6. Jahrhundert das Gebiet um St-Cast christianisierte. Den Doppelnamen erhielt die Gemeinde 1972 durch eine Gebietsreform: In diesem Jahr wurde *Notre-Dame-du-Guildo* eingemeindet, ein kleines Hafenörtchen 5 km südlich an der Mündung des Arguenon, das vor allem vom Holzhandel lebt.

Nordküste Côte Emeraude → Karte S. 118

St-Cast selbst besteht aus drei Ortsteilen: *Le Bourg* auf dem Höhenkamm hinter dem Hauptstrand, bis heute das Verwaltungszentrum; *La Garde*, das sich mit seinen schmucken Ferienvillen am Südende des Hauptstrandes entwickelte; und *L'Isle*, das sich mit seinen verwinkelten Gassen und alten Häusern steil über die Landzunge am Nordrand des Strandes hochzieht. Der einstige Fischerhafen hat sich längst zum Jachthafen gemausert. Seine Kapazität wurde 2009 trotz des Widerstands vieler Einheimischer von 224 auf 740 Liegeplätze erhöht.

Sehenswertes

La Colonne: Am 11. November 1758 wurde die Schlacht von St-Cast geschlagen. Die 18 m hohe Säule auf halbem Weg von L'Isle nach Le Bourg, auf deren Spitze ein schlanker Windhund einen Leoparden niederhält, erinnert an dieses wichtige Datum der bretonischen Geschichte. Oder ist es ein Märchen? Die Schlacht schien für die bretonischen Truppen verloren. Trotzig stimmten sie ein keltisches Kampflied an – und die zwangsrekrutierten walisischen Truppenteile des englischen Heeres liefen auf die Seite ihrer bretonischen Brüder über und brachten gemeinsam mit diesen dem englischen Restheer eine vernichtende Niederlage bei. Der Sieg bedeutete das Ende der jahrhundertelangen englischen Invasionsbestrebungen in der Bretagne. *Napoleon III.* ließ das Mahnmal zum hundertjährigen Jubiläum des für die Bretonen so bedeutenden Ereignisses errichten. Der Platz vor der Säule wurde von Albert II., Prinz von Monaco, anlässlich seines Besuchs im Jahr 2012 eingeweiht. Der blaublütige Mann hat Vorfahren aus dem nahen Matignon (→ Fort La Latte).

Monument de la Frégate: Ein granitenes Mahnmal oberhalb der Bucht des La-Mare-Strands erinnert an eine Tragödie, die sich am 16. September 1950 in der Bucht von La Frênaye abspielte. Das meteorologische Forschungsschiff *Laplace* lief beim Versuch, einen Ankerplatz zu finden, auf eine deutsche Mine aus dem Zweiten Weltkrieg auf. 50 Seeleute fanden dabei den Tod.

Gründerzeitidyll am Strand von St-Cast

Der galante Prinz

Prinz *Gilles de Bretagne* ist ein sympathischer, junger und auch galanter Mann mit herausragenden künstlerischen Fähigkeiten. Er liebt es, seinem Publikum bretonische, keltische und französische Verse vorzusingen und adeligen Damen auf ritterliche Art den Hof zu machen. Sein älterer Bruder, Herzog *Franz*, unkreativ und eifersüchtig, hasst ihn wegen seiner Beliebtheit aus ganzem Herzen. Als Gilles dem einflussreichen Sieur *Arthur de Montauban* erfolgreich ins Liebeswerben um eine reiche Erbin pfuscht, ist das Maß voll. Unter fadenscheinigen Gründen und gegen das Votum des königlichen Gerichts erheben Herzog Franz und Montauban Anklage wegen Konspiration mit England und kerkern den Prinzen ein. In einer stürmischen Aprilnacht des Jahres 1450 lassen die beiden Neider Gilles in seiner Zelle meucheln. Seine letzten Atemzüge nutzt der arme Prinz für einen tödlichen Fluch: Binnen 40 Tagen sollen der Herzog und die Mörderbande vor Gottes höchstem Gericht erscheinen und sich für ihre ruchlose Tat verantworten. So geschieht es. Fast. Herzog Franz haucht kurz darauf sein Leben aus, und auch die gedungenen Mörder erleben Silvester 1450 nicht. Nur Arthur de Montauban, der Hauptdrahtzieher, kommt ungeschoren davon – hochbetagt stirbt er als Erzbischof von Bordeaux.

Das traurige Schicksal des lebenslustigen Prinzen rührte die Bretonen so sehr, dass sie Gilles de Bretagne zum heiligen Prinzen, zum „Saint Prince", erklärten.

Baden

Grande Plage: Der Hauptstrand des Seebads, zwischen der Pointe de La Garde mit ihren Ferienhäusern und der steil abfallenden Landzunge von L'Isle, ist etwa 1,5 km lang und Zentrum des sommerlichen Badevergnügens. Kinderclubs, Rutschbahnen, Umkleidekabinen, Strandzelte und Verleihstationen für Wassersportzubehör stehen zur Verfügung. Auch bei Flut noch Liegeplätze.

Plage de Pen-Guen: hinter der Pointe de La Garde, unterhalb der Straße nach Notre-Dame-Le-Guildo. 1 km feiner Sand, bei Flut noch genügend Platz für Badetücher. Trotz ähnlicher touristischer Infrastruktur intimer als die Grande Plage. Beachclubs, Umkleidekabinen, ein Restaurant (abends Disco) und ein Windsurfverleih. Großer Parkplatz an der Straße.

Plage de la Mare: Der 150-m-Strand an der Westflanke des Kaps in der Bucht von Frênaye ist das Baderevier der Campinggäste. Der Sand des Strandes ist teilweise mit Felsbrocken durchsetzt. Die Bucht ist von steilen Klippen begrenzt und im Sommer ziemlich voll. Tauchclubstation, Surfertreff.

Basis-Infos

Postleitzahl 22380

Information Multipavillon an einer Kreuzung der zweiten Parallelstraße zum Strandboulevard: Taxistand, Bushaltestelle, öffentliches WC und Tourismusauskunft mit Internet-Service und DSL-Kabel für den Laptop – alles unter einem Dach. April–Juni und Sept. Mo–Sa 9.30–12.30 und 14–18, So (nur 2. Juni- und 1. Sept.-Hälfte) 10.30–12.30 und 14–17 Uhr. Juli/Aug. Mo–Sa 9–19.30, So 10–12.30 und 15–18.30 Uhr. Okt.–März Mo–Sa

9.30–12.30/13.30–17.30 Uhr (geschlossen Jan.–März am Di Vormittag). Place Charles de Gaulle ☎ 02.96.41.81.52, www.saintcastle guildo.com.

Hin und weg Bus: Zentraler Busbahnhof an der Place Anatol Le Braz im Ortsteil L'Isle. Weitere Haltestellen in Le Bourg (Kirche) und beim Tourismusbüro. Ganzjährig mindestens 2-mal tägl. Richtung Lamballe. Nach St-Brieuc (über Fréhel, Sables d'Or, Erquy, Val-André) im Juli und Aug. mindestens 2-mal tägl. Richtung Dinard/St-Malo ganzjährig mehrmals tägl. über Notre-Dame-le-Guildo und St-Jacut die Küste entlang. Infos im Office de Tourisme.

Bootsausflug Ausflugsfahrten zum Kap Fréhel oder Fischen mit dem „patron pêcheur" auf dessen Kutter; Auskünfte und Buchung über das Tourismusbüro. Juli/ Aug. täglich Halbtagsausflüge auf dem Segelschiff *Le Dragous*. Auskunft im Office de Tourisme.

Die „Compagnie Corsaire" organisiert Ausflüge zum Fort La Latte und weiter zum Cap Fréhel, in der Hauptsaison auch nach St-Malo/Dinard. Auskünfte ebenfalls im Office de Tourisme.

Fahrradverleih Cycles Page vermietet Tourenräder, Kinderräder, Mountainbikes und Mofas. Auch Reparatur. 9, rue de L'Isle (Oberstadt), ☎ 02.96.41.87.71.

Golf Golf de St-Cast, südlich von La Garde, hinter dem Strand von Pen-Guen, 18 Löcher. Die 16 ha große Rasenanlage bietet neben dem Einputt-Erlebnis schöne Ausblicke über die Bucht von St-Cast und die Halbinsel von St-Jacut. Pen Guen, ☎ 02.96.41.91.20.

Markt Mitte Juni bis Mitte Sept. Montagvormittag großer **Wochenmarkt** auf der Place des Fêtes rund um das Sportgelände beim Camping Les Mielles. Großes Angebot an frischen Landprodukten, Haushaltswaren und Souvenirs.

Freitagvormittag ganzjährig **lokaler Markt** auf der Place Anatole Le Braz in der Oberstadt von L'Isle.

Reiten Centre équestre de Saint-Cast in einem kleinen Waldgelände etwas außerhalb des Ortsteils Le Bourg (Richtung Matignon). Das Reitzentrum gibt Unterricht durch einen diplomierten Reitlehrer und organisiert diverse Ausritte entlang der Küste. ☎ 02.96.41.95.01.

Ecurie du Gallais, 4 km südlich von St-Cast im Ortsteil Ste-Brigitte (Richtung Le Guildo) ist ebenfalls für Wanderausritte zuständig, ☎ 02.96.41.04.90.

Schwimmbad Überdachtes, beheiztes Meerwasserschwimmbad hinter der Strandpromenade (Höhe Fußballstadion). ☎ 02.96.41.87.05.

Wassersport Centre nautique, am Hafen, ist für alle Belange des Wassersports zuständig. ☎ 02.96.41.86.42.

Vitavoile, eine Bucht südlich der Grand Plage. Tages- und Wochenkurse für Segelbooten (Optimist, Katamaran) sowie Surfunterricht. Verleih von Motorbooten, Kanus und Kajaks. Plage de Pen Guen, ☎ 06.72.93. 89.83.

St-Cast Plongée, am Hafen, bietet diverse Tauchkurse an. ☎ 06.76.93.72.03.

⌒ Übernachten/Essen & Trinken

Hotels *** Les Arcades **2**, 32-Zimmer-Hotel am Ende der Grande Plage, im Zentrum des touristischen Geschehens. Komfortables Hotel mit Brasserie-Restaurant und Terrasse zur Straße. Oft von Gruppen aufgesucht. DZ 45–75 €. Geöffnet Ostern bis Mitte Nov. 15, rue du Duc d'Aiguillon, ☎ 02. 96.41.80.50, www.hotels-saint-cast.com.

** **Port Jacquet 1**, freundlicher Familienbetrieb an der Straße zum Port de Plaisance, für seine Kategorie empfehlenswert. Im Restaurant Fischspezialitäten, gewohnt wird in Reihenbungalows im Garten. DZ 41–63€. Ganzjährig geöffnet. 32, rue du Port, ☎ 02. 96.41.97.18, www.port-jacquet.com.

** **L'Espérance 7**, kleines Hotel mit 6 Zimmern, alle mit Dusche/WC. Kleiner Garten. Kein Restaurant. DZ 46–57 €. Ganzjährig geöffnet. 6, rue Jacques Cartier, ☎ 02.96. 41.81.13, www.hotel-de-lesperance.com.

Camping ***** Le Chatelet, Top-Platz auf der L'Isle-Halbinsel oberhalb der Plage de la Pissotte, rund um einen künstlich angelegten Weiher. Über 200 teils schattige Stellplätze und volle Infrastruktur. Mobilhome-Verleih, Bungalows, Swimmingpool, Tauchmöglichkeit. Geöffnet Mitte April bis Mitte Sept. Rue des Nouettes, ☎ 02.96.41. 96.33, www.lechatelet.com.

Plage de la Mare

Pointe de St-Cast

Plage de la Pissotte

Camping La Crique

Sémaphore

Monument de la Frégate

L'Isle

Le Canevez

Camping Le Chatelet

Place Anatole Le Brat

1 Port Jacquet

Rue des Nouettes

BUS

Rue de l'Isle

Rue du Moulin Billy

R. de Fosserolle

R. Duguay Trouin

Route de la Fresnay

2
4 3 5 6

7 BUS

i

P

Rue Tourneur

Rue de la Côte d'Emeraude

Rue de Léon

Rue du Duguesclin

Boulevard de la Mer

Grande Plage de Saint-Cast

Bd Duponchel

R. de la Bataille

Rue de la Colonne

La Colonne

Route du Chêne Vert

Camping Les Mielles

Vieuxville

P

Le Bourg

Bd de Penthièvre

Bd de la Résistance

Rue du Moulin d'Anne

Rue des Dames

Pointe de la Garde

Jachtclub

La Garde

Bd de la Garde

R. Cdt. Charcot

D 13, Matignon, Lamballe, Pléneuf, Val-André

Notre-Dame-Le-Guildo

Dinard, Plancoët

St-Cast-Le-Guildo

200 m

Übernachten
1 Port Jacquet
2 Les Arcades
7 L'Espérance

Essen & Trinken
3 Crêperie Le Bonheur est dans le Blé
4 La Petite Breizh
5 Les Halles
6 La Marinière

**** **Les Mielles**, etwa 200 m landeinwärts, vor dem Ortsteil La Garde an der Straße nach Notre-Dame-le-Guildo. Das ebene Gelände ist im Sommer voll belegt. Viele Jugendgruppen. Vereinzelte Bäumchen und Hecken unterteilen den Platz am Rand eines Wäldchens. 160 Stellplätze, Swimmingpool. Behindertengerechte, sauber gewartete Sanitärzentrale, die mit dem Sommeransturm fertig wird. Waschmaschinen, Bügelraum, Küche für Selbstversorger. Baguettes und Gebäck bei der Rezeption, Zeitungsverkäufer bringen die „Ouest-France", eine mobile Fastfood-Station liefert in der Saison Crêpes und Glaces. 160 Stellplätze. Geöffnet Mitte März bis Mitte Nov. Boulevard de la Vieux Ville, ☎ 02.96.41.87.60, www.campings-vert-bleu.com.

*** **La Crique**, links vom Leuchtturm am Ortsende von L'Isle. Schön oberhalb des kleinen La-Mare-Strandes gelegen, mit Blick aufs Fort La Latte auf der anderen Seite der Bucht von Frênaye. Die 104 fast schattenlosen Stellplätze fallen in Terrassen zum Meer hin ab. Ordentliche Sanitäranlagen in ansprechenden Natursteingebäuden. Zum Strand hinab 100 m. Geöffnet Mitte März bis Mitte Nov. Rue de la Mare, ☎ 02.96.41.89.19, www.campings-vert-bleu.com.

Restaurants ›› Mein Tipp: **La Petite Breizh 4** ist ganz groß, wenn über dem

offenen Feuer gegrillte Fleischspezialitäten serviert werden. Geschlossen außerhalb der Saison am Di/Mi. 11, rue de la Mer, ℡ 02.96.41.91.24. ⟪

⟫ **Mein Tipp:** Les Halles **5**, keine besonders große Karte, aber exzellente Zubereitung. Land- und Meeresküche, als Entrée, z. B. Carpaccio de St-Jacques an Pistazienöl oder hausgemachte Tagliatelle. Geöffnet Ostern bis Okt. Geschlossen außerhalb der Saison Do ganztags und Fr mittags. Rue Duc d'Aiguillon, ℡ 02.96.41.65.01. ⟪

La Marinière **6**, das Restaurant in Gunstlage gleich hinter dem Strand ist der Muschelspezialist des Orts. Moules marinières, campagnardes à la crème de saumon fumé … Geöffnet Ostern bis Weihnachten, geschlossen außerhalb der Saison Di abends und Mi ganztags. 5, bd de la Mer, ℡ 02.96.41.86.14.

Crêperie Le Bonheur est dans le Blé **3**, Spezialität: Crêpe mit Jakobsmuscheln und Lauchfondue. Di/Mi Ruhetag. 17, rue du duc d'Aiguillon, ℡ 02.96.81.03.99.

Auf der Touristenmeile von St-Cast

Umgebung von St-Cast-le-Guildo

Notre-Dame-du-Guildo: Der kleine Hafenort, der 1972 seine Selbstständigkeit zugunsten der Großgemeinde St-Cast-le-Guildo verlor, liegt etwa 5 km südlich des Seebads malerisch an der Mündung des Arguenon-Flusses. Von St-Cast kommend, führt ein schmales Sträßchen vor der Brücke über die Flussschleife hinab zu den Holzlagern des Hafens. Bei Ebbe können Sie bequem dem Flussufer folgen und nach etwa 200 m die ersten *Pierres Sonnantes* entdecken – grünschwarze Amphiboliten, Steine, die aufgrund ihrer Festigkeit und Härte beim Zusammenklopfen einen hellen, metallisch klingenden Ton erzeugen. Auf der anderen Seite des Arguenon erheben sich die stark in Mitleidenschaft gezogenen Ruinen der alten *Burg Guildo*, in der einst ein lebenslustiger Prinz sein Leben aushauchte (→ Kastentext „Der galante Prinz").

Veranstaltungen In den Ruinen der Gespensterburg finden jedes Jahr zwei besondere Abende statt: im Juli ein von einem Feuerwerk begleitetes Abendessen, umrahmt von traditionellen Seemannsliedern, im August ein Fest mit „Son et lumière" (Licht-Ton-Spektakel).

Restaurant Du Vieux Château, schmuckes Natursteingebäude an der Straße direkt oberhalb des Hafens mit behäbiger Provinzatmosphäre. Das Restaurant serviert in altem Mobiliar eine weitgefächerte Küche: Fische und Austern stehen ebenso auf der Karte wie Schweinsfuß und Kalbskopf. Café-Terrasse zur Hauptstraße. Le Port, ℡ 02.96.41.07.28.

Chambres d'hôtes Château du Val d'Arguenon, in Richtung St–Cast, dann 400 m nach der Brücke rechts dem Schild „Le Val" folgen. Schloss aus dem 16. Jh. mit großem, teils bewaldetem Gutsgelände, das bis zur Steilküste reicht. Topadresse für das Wohnen in aristokratischer Atmosphäre. Die distinguierte Hausherrin betont, ihr Haus sei kein Hotel, sondern ein familiäres Gästehaus. Reiten im Park, Tennisspiel auf historischem Boden, Frühstücken im massiv möblierten Speisezimmer. Geschmackvolle DZ 115–160 €. Château du Val d'Arguenon, ℡ 02.96.41.07.03, www.chateauduval.com.

Fort La Latte

Die Filmburg mit dicken Türmen, zwei Zugbrücken und festen Mauern krallt sich an die äußerste Spitze einer steilen Klippe – unter ihr tost das Meer, über ihr die Düsenjets der französischen Luftwaffe. Letztere benutzen die markante Silhouette der Burg als Orientierungspunkt bei Aufklärungs- und Tiefflugübungen.

Im Juli 2012 bekam das Fort hohen Besuch: Albert II., Herrscher über das Fürstentum von Monaco, machte mitsamt Entourage seine Aufwartung. Der Fürst erwies damit der hauseigenen Geschichte Reverenz: Schließlich hatte ein Sire de Goyon aus dem nahen Matignon im 13. Jahrhundert eine aus dem Haus Grimaldi geehelicht und sich damit die finanziellen Mittel zum Burgbau verschafft.

Die Anfänge der Burg gehen ins 13. Jahrhundert zurück, als der erwähnte Herr von *Goyon* sich dank seiner geschickten Heirat den Bau leisten kann. Im 14. Jahrhundert wird das Fort mehrmals erweitert, von *Bertrand Duguesclin* eingenommen, wieder zurückgegeben und schließlich 1421 – die Goyons haben es am französischen Hof zu etwas gebracht und siedeln nach Versailles um – von der Familie verlassen. Unter *Ludwig XIV.* erkennt Baumeister *Vauban* die außerordentliche Lage der Burg: 1691 wird sie renoviert, ausgebaut, die Kapelle auf Vordermann gebracht und eine Abschussrampe für Kanonen installiert. Während der Revolution ist Fort La Latte Gefängnis für englische Spione, in dieser Zeit wird auch der noch sichtbare Ofen errichtet, in dem bis ins späte 19. Jahrhundert hinein die Kanonenkugeln glutheiß gemacht wurden, bevor man sie auf eine der zahlreichen Belagerungstruppen abfeuerte. 1890 wird Fort La Latte aus dem Besitz des Kriegsministeriums ausgegliedert und zum *Monument Historique* erklärt. Die Burg ist heute in Privatbesitz, Teile können besichtigt werden. Besonders aufregend ist der Blick vom *Donjon* auf die Gesamtanlage, aufs *Cap Fréhel* und über die *Bucht von Frênaye*. Im Sommer ist das Fort ein beliebter Ort für kulturelle Veranstaltungen.

Fort La Latte

Nordküste
Côte Emeraude → Karte S. 118

April–Sept. tägl. 10.30–18 Uhr (Juli/Aug. bis 19 Uhr). Okt.–März Sa/So 14–18 Uhr. Eintritt 5,50 €, Kind 3,50 €. Anfahrt: Von St-Cast die D 16A nehmen, hinter der Ortschaft La Motte den Wegweisern folgen. Die schmale Straße endet an einem Parkplatz, von dem ein Pfad ca. 500 m durch den Wald zur Küste führt. Am Ende des Walds steht der Menhir „Finger des Gargantua", von dort aus erste Blicke auf die pittoreske Anlage unterhalb des Farndickichts.

Cap Fréhel

Cap Fréhel ist eines der beeindruckendsten Naturdenkmäler und ein landschaftlich aufregend schönes Vogelschutzgebiet der Bretagne. 70 Meter tief stürzen die grau-rosa Sandsteinklippen hinab ins smaragdgrüne Meer, an den Felswänden tanzen Möwen und seltene Meeresvögel. Touristen mit Ferngläsern und Teleobjektiven belauern das beeindruckende Schauspiel in der steifen Brise des Ärmelkanals. Das von Gischt umtoste Kap ist mit einer einzigartigen Heide- und Torfmoorvegetation überzogen, die im Lauf des Jahres immer wieder ihr Farbenkleid ändert: Gelber Stechginster, seltene Drosera-Arten und sogar Orchideen blühen auf dem von Pfaden durchfurchten Fels. Auf *La Fauconnière* – ein schwindelerregender Pfad führt auf der östlichen Seite des Kaps am Felsbrocken vorbei – nisten zahlreiche Vogelarten: Kormorane, Silbermöwen, Lummen, Tord-Alken.

Leuchtturm mit Aussichtsplattform

Bereits zur Zeit der Römer wiesen Leuchtfeuer den Weg durch die Klippen und Riffe des Ärmelkanals. Einen ersten, primitiven Leuchtturm erhielt das Kap 1687 von Malouiner Korsaren. 1702 wurde der Baumeister des Sonnenkönigs, *Sébastien Vauban*, auf das strategisch wichtige Kap aufmerksam. Er ließ Steine von den Chausey-Inseln heranschaffen und legte den Grundstein für einen brauchbareren Leuchtturm.

1821 wird der Turm mit der neuesten Finesse des französischen Physikers *Augustin Jean Fresnel* ausgestattet: Drehbare Parabollinsen reflektieren das Licht der Rapsöllaternen, ein Intervall-Rotationsfeuer. Der Turm funktioniert mehr oder weniger störungsfrei bis zum 11. August 1944. Genau vier Tage vor ihrer Kapitulation sprengen deutsche Soldaten vor den anrückenden Alliierten Vaubans Werk. 1946–1950 wird einen Steinwurf vom gesprengten Leuchtturm entfernt ein Nachfolger errichtet. Von seiner Plattform (145 Stufen) genießen heute die Besucher eine herrliche Fernsicht: im Westen die *Ile de Bréhat* mit der Bucht von St-Brieuc, im

Osten das *Fort La Latte*, die *Pointe de Grouin* und, weit draußen im Meer, die *Chausey-Inseln*.

Turmbesteigung April–Nov. tägl. 14–16.45 Uhr, in der Hauptsaison auch 10–12 Uhr. Eintritt 2 €, Kind 10–14 J. 1,50 €.

Wandern Ausgangspunkt einer Wanderung um das Kap ist der gebührenpflichtige Parkplatz (2 €, Wohnmobil 4 €) vor dem Leuchtturm. Von hier führen Trampelpfade an einem Panorama-Café mit Restaurant vorbei zur Kapspitze. Mehrere Pfade verlaufen oft steil abfallend und schwindelerregend rings um das Kap. Eine Rundtour bis zum Fort La Latte dauert ohne Besichtigung des Forts etwa 4 Std. (ca. 12,5 km).

Von Juli bis Sept. gibt es geführte Kapwanderungen. Auskunft über Termine, Preise etc. im Office de Tourisme von Fréhel-Bourg.

Chambres d'hôtes Relais de Fréhel, an der D 16, die von Plévenon ans Kap führt. In einem alten Bauernhof aus dem 19. Jh. vermieten Madame und Monsieur Billet neben 2 Ferienhäusern auch 5 unterschiedliche Gästezimmer. Schöne Atmosphäre und – da etwas abseits der Straße – sehr ruhige Lage; große Wiese, Tennisplatz. Nach Voranmeldung auch Abendessen, ohne Anmeldung kann man sich in der Rhumerie („Rum-Bar") einen Drink mixen lassen oder sich mit ein paar Flaschen Cidre oder Calvados eindecken. DZ ca. 60 € inkl. Frühstück. Ganzjährig geöffnet. Route du Cap, 22240 Plévenon, ℡ 02.96.41.43.02, www.relaiscapfrehel.fr.

Camping * Municipal du Cap Fréhel, an der D 34 zwischen dem Kap und Pléhérel; 150 Plätze oberhalb einer kleinen Bucht, schönes, baumbestandenes Wiesengelände, aber sehr einfach, immerhin warme Duschen. Geöffnet Mitte Juni bis Mitte Sept. Les Grèves d'en Bas, 22240 Plévenon, ℡ 02.96.41.43.34, http://camping-municipal-du-cap-frehel.webnode.fr.

≫ **Mein Tipp:** ** Le Frêche à l'Ane, am Ortsrand von Pléboulle. Gepflegtes, sanft terrassiertes Wiesengelände mit rund 80 Stellplätzen, teilweise schattig. Gepflegt sind auch die sanitären Anlagen. Heiße Dusche, Waschmaschine, Trockner. Auch ein Kühlschrank und eine Gefriertruhe stehen zur kollektiven Verfügung, im Haus eine Küchenecke (mit Gasplatte und Mikrowelle).

Am Cap Fréhel

Kleiner Lebensmittelladen (täglich frisches Brot). Fahrradverleih (auch E-Bikes) für Gäste. Kurzum: klein und fein und vor allem vorbildlich geführt. Geöffnet April–Okt. Le Bourg, 22250 Pléboulle, www.camping-frechealane.com. ≪

Wohnmobile finden auf dem Camping Le Frêche à l'Ane (s. o.) einen Standplatz und kompletten Service. Auf dem Camping Municipal du Cap Fréhel (s. o.) dürfen sie von April bis Nov. stehen (kein Service). Weitere Möglichkeit → Sables-d'Or-les-Pins.

Essen & Trinken Breizh Bistrot, bei der Kirche von Plévenon, die populäre Alternative zu den neuzeitlichen Einrichtungen auf Cap Fréhel und beim Fort La Latte: Crêpes und Galettes abseits des touristischen Trubels – drinnen oder auf der Terrasse am Holztisch. Cidre vom Fass. Mi Ruhetag. 6, place de l'Eglise, 22240 Plévenon, ℡ 02.96.41.41.89.

Bucht von Saint-Brieuc

Die weite Bucht von Saint-Brieuc hält auch Badeparadiese bereit, zwar weniger luxuriöse als die Côte Emeraude, dafür liegen die Orte nicht so eng beieinander, man hat mehr Platz.

Saint-Brieuc, der Hauptort der Bucht und mit rund 50.000 Einwohnern für die Bretagne fast schon eine Großstadt, hat mehr wirtschaftliche als touristische Bedeutung. Interessanter für den Reisenden sind Abstecher ins Hinterland, nach Moncontour, Lamballe oder Quintin – oder ein Bad an der Côte de Penthièvre, der Ostseite der Bucht, oder an der Côte du Goëlo, ihrer Westseite.

Sables-d'Or-les-Pins

Der Badeort mit seinen weiten Sandstränden ist ein Kind der Neuzeit; Sables-d'Orles-les-Pins wurde 1922 als Seebad auf dem Reißbrett entworfen. Mit der Fertigstellung begann der Aufstieg des Retortenörtchens, das allerdings nur im Sommer richtig lebt. Dann sind die zahllosen Ferienhäuser und Residenzen, die mitunter die Patina vergangener Fachwerkzeiten imitieren, voll belegt, und die Hotels, Cafés und Restaurants und das Casino haben Hochbetrieb.

Sables-d'Or-les-Pins trägt seinen Namen zu Recht: Die goldgelben Sanddünen, die sich in die weit geschwungenen Felsbuchten schmiegen, sind oberhalb des Küstenstreifens mit Pinien übersät und bieten für Campingfreunde beliebte Quartiere. Eine gute Übersicht über Strände, Klippen, Heideland und Kap hat man von der D 34 aus, die oberhalb der Küste über Pléhérel-Plage (3,5 km langer Traumstrand) zum Cap Fréhel führt.

Basis-Infos

Postleitzahl 22240 Fréhel

Information   Die zentrale Informationsstelle der Gegend ist das **Office de Tourisme du Pays de Fréhel**, dem Hauptort auf der Halbinsel, zu dem auch Sables-d'Or-les-Pins und Pléhérel gehören. April–Juni und Sept./Okt. Mo–Sa 10–12.30 und 14–18 Uhr. Juli/Aug. tägl. 10–18 Uhr. Nov.–März Mo–Sa 10–12.30 und 14–17 Uhr. Place

Bucht von St-Brieuc

5,5 km

Chambly, 22240 Fréhel, ☎ 02.96.51.53.81, www.pays-de-frehel.com.

Zweigstelle in Sables d'Or, im Holzpavillon an der Allée des Acacias. Nur Juli/Aug. tägl. 10–12.30 und 14–18 Uhr. ☎ 02.96.41.51.97.

Hin und weg Bus: im Sommer von Lamballe oder St-Brieuc über Erquy zum Cap Fréhel. Sables-d'Or ist daran angeschlossen. Haltestelle am Hafenboulevard. Nach Fréhel-Bourg keine Verbindung.

Fahrradverleih Nord Ouest, ein Großanbieter am Ende der Hauptstraße mit Tourenrädern, Mountainbikes und einer Unmenge an Spaßrädern. Allée des Acacias, ☎ 02.96.41.52.70.

Markt Im Sommer am Sonntagmorgen im Zentrum von Fréhel, neben dem Office de Tourisme.

Sport Die Palette des örtlichen Animationsprogramms umfasst ziemlich alle Sparten der körperlichen Ertüchtigung: Kinderspielclub, Pingpong, Reiten, Tennis, Segeln, Surfen, Minigolf und Golf, klassische und moderne Ballspiele u. a. m. Kontakte über das Tourismusbüro.

Übernachten/Essen & Trinken

Hotels *** De Diane, stattliches Haus an der Hauptstraße. Alle Zimmer mit Dusche/WC oder Bad/WC. Mit Restaurant. DZ 96–157 €. Geschlossen im Jan. und 1. Febr.-Woche. Allée des Acacias, ☎ 02.96.41.42.07, www.hoteldiane.fr.

Les Pins, ebenfalls an der Hauptstraße, mit Restaurant; die Hälfte der Zimmer mit Dusche, die andere Hälfte mit Dusche/WC. DZ mit Dusche 54 €, mit Du/WC 64 €. Geöffnet April–Sept. 19, allée des Acacias, ☎ 02.96.41.42.20.

Camping ** Municipal du Pont de l'Etang, am östlichen Ortsende von Pléherel-Plage. Das riesige 30-ha-Gelände mit 900 Stellplätzen inmitten des welligen Dünengeländes zwischen Pléhérel-Plage und Sables-d'Or überzeugt durch seine Lage. Herrlich von Pinien beschattet, den smaragdfarbenen Ozean vor der Nase und 1 km Sandstrand. Im Sommer Moules-frites- und Pizzabude sowie eine Bäckerei. Trotz Mikrochipsteuerung und Computerkasse an der Rezeption in sanitärer Hinsicht insgesamt dürftig, Wasserstellen und Stromanschlüsse über das Gelände verteilt. Warme Duschen und Waschmaschine. Zeltler finden in der Nebensaison tolle Plätzchen, in der Hauptsaison ist der Platz brechend voll, dann sind die 5 E-Bikes des Campings rasch ausgebucht. Geöffnet April–Sept. Pléhérel-Plage, ☎ 02.96.41.40.45, www.camping.frehel.info.

Wohnmobile vom Camping du Pont de l'Etang 200 m landeinwärts. Gebührenpflichtige Stellplätze mit Komplettservice.

Crêperie La Clepsydre, urige Crêperie mit sehr netter Bewirtung in Pléhérel-Plage. Di/Mi Ruhetag. Rue du Calvaire. ☎ 02.96.41.41.21.

Erquy

3900 Einwohner

Ein ansprechendes Bild: Weitläufig ziehen sich die Häuser an der halbkreisförmigen Bucht entlang und steigen dann steil den Hang zum Kap hinauf.

Bucht und Kap von Erquy waren schon vor 4500 Jahren besiedelt, wie Grubenschächte in der Nähe der Ortschaft und mehrere Feuersteinfunde bezeugen. Dank der geschützten Lage statteten die Römer die verkehrsgünstig gelegene Bucht mit einem Hafen aus – einer der ältesten Häfen der Bretagne und bis heute einer der aktivsten.

Der Arbeit seiner Fischerflotte verdankt Erquy auch den Titel „Hauptstadt der Jakobsmuschel". Die von Feinschmeckern geschätzte *Coquille St-Jacques* ist eine der Haupterwerbsquellen des Städtchens: 50 Prozent aller französischen Jakobsmu-

Ebbe in Erquy

scheln stammen aus der Bucht von St-Brieuc, jährlich rund 2300 Tonnen. Damit solche Zahlen auch in Zukunft möglich bleiben, ist die Anlandung der Muscheln streng reglementiert: Von November bis April dürfen die Fangflotten zweimal pro Woche – und dann jeweils nur für 45 Minuten – Jagd auf die Delikatesse machen. Die Einhaltung dieser Vorgaben wird aus der Luft und vom Wasser aus kontrolliert. Die zweite große Erwerbsquelle ist der Tourismus – Erquy profitiert von der außerordentlich schönen Natur seines Kaps. Rosa, lila und gelb überzieht das Heidekraut die Felsen, in die das Meer kleine, vom Muschelsand weiß leuchtende Buchten genagt hat – unbeschwerte Badefreuden, ausgedehnte Küstenspaziergänge, zwei kuriose Seen in den Klippen, Pinien, Dünen und das Meer.

Baden

In und um Erquy herum locken sieben Strände, die schönsten davon rund um das Kap. Heideland überzieht die Felsen und Klippen, Stechginster und Heidekraut reichen bis hinunter zum Meer. Erquy bedeutet Baden auf feinem, weißem Muschelsand zwischen graurosa Sandsteinblöcken oder Sonnenbaden in den Dünen inmitten mediterraner Flora. Zu den Stränden rings um das Kap führen steile Stichstraßen hinab. Eine Auswahl der schönsten Tauch-, Bade- und Surfbuchten:

Plage du Centre: Bewachter Hausstrand des Städtchens und Zentrum des organisierten Badens. Der langgezogene Sandstrand unterhalb der Uferpromenade wird begrenzt von der steilen Landzunge des bewaldeten Kaps mit dem Ortsteil *Tu-es-Roc* und von der *Pointe de la Haussaye* mit der ihr vorgelagerten Insel – eine Badebucht, die auch für Kinder sehr gut geeignet ist. Im Sommer lebhafter Betrieb mit Segeljollen und Kindertrampolin.

Plage de Caroual: 2 km südlich von Erquy im Anschluss an den gleichnamigen Ortsteil. Etwa 2 km feiner Sand zum Burgenbauen. Trotz seiner Größe intimer als der Zentralstrand.

Plage de St-Pabu: Direkt an den vorherigen Strand anschließend. Allerdings ist der Sand hier mit Steinen durchsetzt. Auf dem breiten Streifen, der auch bei Flut noch breit genug bleibt, toben sich gelegentlich Speedsailer aus. Surferdorado. Ausrüstung wird auf dem Campingplatz vermietet.

Plage Le Guen: Nördlich des Zentrums. Von der Straße, die zu den Klippen emporführt, leitet eine Abzweigung zu vier „wilden" Stränden, die sich an den Küstensaum des Kaps schmiegen. Besonders einladend ist die *Plage le Guen*: schöne Bade-Ecken zwischen hohen Felsriffen. Der Nadelwald und das Heidekraut reichen fast bis ans Wasser.

Plage de St-Michel: Im Osten des Kaps, der krönende Abschluss der zu Erquy zählenden Strände. Felstorsos ragen aus dem weißen Sand einer sanft geschwungenen Bucht, in deren Vordergrund eine idyllische Insel mit einer Kapelle ruht. Großer Parkplatz mitten in der Heide, etwa 100 m oberhalb des Strandes. Surferparadies, in dem man sich aber auch ohne Brett austoben kann.

Nordküste
Bucht von Saint-Brieuc → Karte S. 166/167

Basis-Infos

Postleitzahl 22430

Information Office de Tourisme, Freundliche Auskünfte, akkurate Infos über Unterbringung und diverse Freizeitangebote. Verkauf von Regionalkarten mit Spaziergängen und Wandertouren. In den Sommermonaten sind Exkursionen zu den Themen Natur, Geschichte und Wirtschaft rund um das

Cap d'Erquy im Angebot. April–Juni und Sept. Mo–Sa 9.30–12.30/14–18, So 10–12.30 Uhr. Juli/Aug. Mo–Sa 9.30–13/14–19, So 10–13 und 16–18 Uhr. Okt.–März Mo–Sa 9.30–12.30/14–17 Uhr. 3, rue du 19 mars 1962. ✆ 02.96.72.30.12, www.erquy-tourisme.com.

Hin und weg Bus: Nur Regionalbusse. Zentrale Haltestelle bei der Kirche am Boulevard Clemenceau. Im Sommer 3-mal tägl. über Val-André nach St-Brieuc (ca. 1 Std.), in die entgegengesetzte Richtung zum Cap Fréhel (25 Min.).

Bootsausflug Mit dem Segelschoner Ste-Jeanne halbtags durch die **Bucht von Erquy**, max. 18 Pers. an Bord, oder ganztags bis zum **Cap Fréhel**. Reservierung am einfachsten über das Office de Tourisme. ✆ 02.96.72.39.27.

Criée Die Fischversteigerung ist mittlerweile voll digitalisiert, Verkauf nur an Händler. Im Juli und August wird jeweils Dienstag eine Führung rund um die Criée angeboten. Anmeldung im Office de Tourisme.

Einkaufen Wie ein bretonischer Matrose den Urlaub verbringen: **Trésor des Océans** verkauft wind- und wetterfeste Kleidung, blau-weiß gestreifte T-Shirts und mehr – direkt ab Fabrik. Rue du Nouvel Oupeye (unterhalb des Office de Tourisme).

Markt Samstagvormittag

Wassersport **Centre Nautique d'Erqui,** bietet zwischen Mai und Okt. Speedsail-, Katamaran-, Strandsegel-, Segelboot- und Kajakkurse an. Infos in der Maison de la Mer (am Hafen). ✆ 02. 96.72.32.62.

Übernachten

Hotels *** Beauséjour **5**, nettes kleines Hotel, etwas zurückversetzt in zweiter Reihe zur Strandpromenade. 15 Zimmer. Von den oberen Stockwerken eindrucksvolles Buchtpanorama. Restaurant. DZ 65–95 €. Geöffnet April–Okt. 21, rue de la Corniche, ✆ 02.96.72.30.39, www.beausejour-erquy.com.

De la Plage 3, funktionaler Neubau mit viel Glas an der Strandpromenade. 25 Zimmer, z. T. mit Miniterrassen (auch verglast), sanitär gut in Schuss. Alle Zimmer mit Bad bzw. Dusche/WC. Restaurant im Jan. geschlossen. DZ 65–107 € je nach Zimmergröße und Saison. Ganzjährig geöffnet. 21, boulevard de la Mer, ✆ 02.96.72.30.09, www.hotelplage-erquy.com.

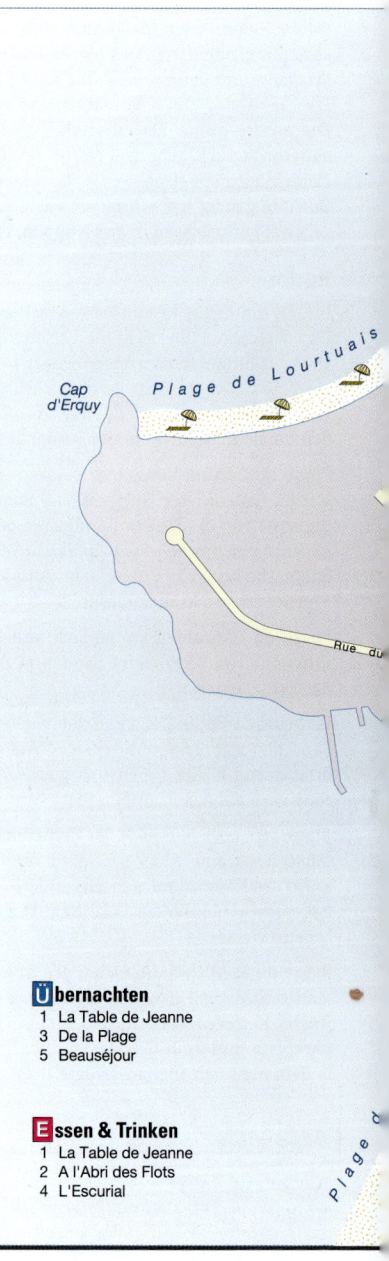

Übernachten
1   La Table de Jeanne
3   De la Plage
5   Beauséjour

Essen & Trinken
1   La Table de Jeanne
2   A l'Abri des Flots
4   L'Escurial

Plage
de Lanruen

Plage Le Guen

Plage
du Portuais

Camping Municipal
St-Michel

Av. du
Capitaine Renan

Av. Saint-Erwan

Avenue de Lanruen

Rue de la Mare de Noës

Nordküste
Bucht von Saint-Brieuc → Karte S. 166/167

Rue des Fraiches

Rue de la Côte des Plaques

Rue Plaine Garenne

Av. du Portuais

Av. Léon Harmonet

R. du Tertre Môlive

Chemin du Loriba

Camping Le
Vieux Moulin

Tu - es - Roc

Rue du Lourtuais

Rue des Tennis

Camping
Municipal
Le Guen

Camping
Yelloh Village
les Pins

Rue des Moulins

Chemin du bas de la Garenne

Rue des Grès Roses

Rue des Terre Neuvas

R. de la Brèche

R. des Prés Biards

R. des plages Sauvages

Rue F. et J. Curie

Rue du Rocher Molieux

Rue du tertre Gicquel

Rue des Hôpitaux

Four à Boulets

Rue du Port

Rue de la Mer

R. Foch

R. Saint-Jean

Rue de Clos Neuf

Rue du Val

Hafen

Plage du Centre

De Gaulle

R. Foch

R. des Côtières

Rue des Hôpitaux

Rue de

Rue
de la Mare Bourdet

Place Nouvel
Oupeye

Rue de l'Horizon Bleu

R. de la Mare es-Loup

Bellevent

Boulevard

R. Clemenceau

Rue Notre-Dame

Rue du Château d'Eau

Cap Fréhel,
Dinard

BUS

Rue de la Corniche

Rue Castelnau

R. du Viaduc

R. des Ajoncs d'Or

Rue du Champ de la Mare

Rue de la Mare

Rue de la Ville Rozon

Route des Ponts Perrins

Ch. des Brégeons

aroual

Rue
H. Dunant

Rue de la Marehatte

Route de Pléneuf

Route des Stennes

Rue de la Ville Louis

Camping de la Plage
de St-Pabu   Pléneuf-Val-André,
Lamballe

Erquy

La Table de Jeanne ∎, sympathisches Haus am östlichen Hafenrand mit Brasserie-Restaurant. Terrasse mit Hafenblick, 12 ordentliche Zimmer mit Dusche/WC, teils mit Balkon. DZ 76–89 €. Ganzjährig geöffnet. 60, rue du Port, ✆ 02.96.72.32.60, www.la-table-de-jeanne.com.

Camping Die Umgebung von Erquy ist Ziel vieler Campingtouristen, das Angebot an Zeltquartieren entsprechend groß. Doch trotz der 13 Plätze unterschiedlicher Kategorie reichen die nahezu 2500 Campingparzellen in der Hochsaison kaum aus. In dieser Zeit empfiehlt sich – wollen Sie nicht im Abseits landen – rechtzeitige Reservierung.

**** **Le Vieux Moulin**, östlich des Orts, auf dem Kamm des Kaps entlang (ausgeschildert). Der freundliche Besitzer gibt sich mit Erfolg viel Mühe, alles in Schuss zu halten: 170 idyllische Plätze unter hohen Bäumen, ordentliche Sanitärblocks, beheizter Swimmingpool und Kinderspielplatz. Restaurant, Bar, Laden und Wohnwagen-/Zeltvermietung. 1200 m zum Strand. Geöffnet Mitte April–Aug. 14, rue des Moulins, ✆ 02.96.72.34.23, www.camping-vieux-moulin.com.

**** **Yelloh Village les Pins**, in der Nähe des Camping „Vieux Moulin" auf dem Kamm des Kaps. Schönes, schattiges Areal in einem Wald, Top-Infrastruktur. Beheizter, überdachter Swimmingpool, Toboggan, Bar, Restaurant, Laden und TV-Raum. Selbstverständlich Pingpong und Tennis. 800 m bergab zum Strand von Pen Guen. 480 Stellplätze. Geöffnet Mitte April bis Mitte Sept. 86, rue des Moulins, ✆ 02.96.72.31.12, www.yellohvillage.fr/camping/les_pins.

*** **De la Plage de St-Pabu**, auf der D 786 Richtung Val-André etwa 2 km bis zur Kreuzung nach St-Pabu. Schmale Straße noch 1 km bis zum Meer hinab (ausgeschildert). Platz für ambitionierte Strandaktivisten, Stützpunkt für Drachenflieger. Das terrassenförmig planierte Rasen-Sand-Areal ist nur durch eine kleine Straße vom Strand getrennt. Wenig Schatten, ausreichend Wasser- und Stromanschlüsse, ordentliche sanitäre Anlagen. Lebensmittelladen, Bar und Restaurant, Wasserrutsche, Segelboot- und Surfbrettverleih sowie mehrere Spielfelder (Volleyball, Fußball etc.). 370 Stellplätze. Geöffnet April bis 1. Okt.-Woche. St–Pabu, ✆ 02.96.72.24.65, www.saintpabu.com.

** **Municipal Le Guen**, in unmittelbarer Nachbarschaft des Yelloh Village. Netter Platz, ebenfalls unter Pinien, zwanglose Atmosphäre, gepflegte sanitäre Anlagen. 130 Stellplätze. Geöffnet Mai bis Mitte Sept. 23, avenue Léon Hamonet, ✆ 02.96.72.07.05, campings@ville-erqui.com.

** **Municipal St-Michel**, etwa 5 km nordöstlich von Erquy (ausgeschildert), an der anderen Seite des Kaps. Der große Gemeindeplatz liegt einen Katzensprung oberhalb eines herrlichen Strandes. Etwas staubiges Gelände am unteren Rand eines Nadelwalds, kaum Schatten, die sanitären Anlagen sind der Vollbelegung nicht gewachsen. Vor allem bei jungen Leuten und Surfern beliebt. 200 Stellplätze. Geöffnet April–Sept. Rue St-Michel – Les Hôpitaux, ✆ 02.96.72.37.67, campings@ville-erqui.com.

Wohnmobile 44 gebührenpflichtige Stellplätze mit Komplettservice an der Avenue de Caroual, direkt vor dem gleichnamigen Strand im Süden des Orts.

⊂ Essen & Trinken   → Karte S. 170/171

Restaurants **L'Escurial** ⁴, im komfortablen Restaurant am Strandboulevard können Sie gediegen essen und dabei unauffällig Strandflaneure, Boulespieler und Segler beobachten. Die Küche offeriert verschiedene Menüs in allen Preisklassen sowie ein vorzügliches Jakobsmuschelfrikassee. Feinschmeckermenü: Lauwarmer Jakobsmuschelsalat, ½ gegrillter Hummer, Goldbrasse, Dessert nach Wahl. Mo Ruhetag, außerhalb der Saison auch Do- und Sonntagabend geschlossen. Boulevard de la Mer, ✆ 02.96.72.31.56.

≫ **Mein Tipp:** **La Table de Jeanne** ∎, das Restaurant des gleichnamigen Hotels (s. o.) am Hafen. Angenehme Terrasse, freundlicher Service, Jakobsmuscheln à la bretonne, saftig zartes Lachsfilet mit Sauce Béarnaise und aus der breiten Dessertpalette eine Ile flottante zum Abschluss. Hinweis für Fleischliebhaber: Auch das über der Holzkohle gegrillte Entrecôte schmeckt köstlich. 60, rue du Port, ✆ 02.96.72.32.60. ≪

A l'Abri des Flots ², drei Häuser weiter, etwas höheres Preisniveau als der Nachbar; wir empfehlen hier das großartige Jakobsmuschel-Menü. 68, rue du Port, ✆ 02.96.72.41.39.

Umgebung von Erquy

Wandern/Spazieren: Ein Wanderweg führt rund um das Kap Erquy, die 20-km-Tour durch das Naturschutzgebiet dauert etwa sechs Stunden. Sie folgt dem alten Zöllnerpfad und führt, teilweise neben der Trasse einer stillgelegten Bahnlinie, die Küste entlang. Der Heidespaziergang lässt Pflanzenfreunde auf ihre Kosten kommen. Aussichtspunkte helfen beim Entdecken der Lieblingsbadebucht. In der Hochsaison bietet das Tourismusbüro begleitete Ausflüge an (→ Information).

Lacs Bleus: Die zwei blauen Seen in den bewaldeten Klippen, 30 m über dem Meer, stammen von alten Steinbrüchen, in denen der rosa Sandstein von Erquy abgebaut wurde und die sich nach ihrer Stilllegung mit Wasser füllten. Der Blick von einem steilen Felsen oberhalb der Seen ist ein Hochgenuss: in der Tiefe der ruhige, blaue Wasserspiegel eines Sees, eingerahmt vom Felsgestein, an das sich verkrüppelte Nadelbäumchen klammern – davor die weite Bucht von Erquy mit ihren smaragdgrünen Fluten und dem rot-weißen Leuchtturm des Hafendamms. Der Weg zum Panoramapunkt ist ausgeschildert.

Château de Bien-Assis: Die Allee, die von der Straße zwischen Erquy und Val-André (D 786) abzweigt, führt durch einen Garten direkt zu einem 400 Jahre alten Wasserschloss – ein symmetrischer Bau mit zinnengekrönten Mauern aus rosa Sandstein, umgeben von Eichen- und Rotbuchenwald. Bereits um 1400 ließ sich ein Seigneur der Bretagne das Schloss bauen, das in den Religionskriegen teilweise zerstört und 1620 wieder aufgebaut und erweitert wurde. Einzig sichtbares Relikt des ursprünglichen Baus ist ein Kamin aus dem 15. Jahrhundert. Das Schloss war im Lauf der Geschichte im Besitz mehrerer Herrschaften und diente während der Revolution als Gefängnis. Seit 1880 gehört es der Familie von Kerjegu. Der Besuch des Gartengeländes (mit Kapelle) ist möglich, zu bestimmten Zeiten auch ein Blick ins noch bewohnte Schloss: großer Gardesaal, Salon, Speisezimmer und prunkvolle Treppen.

Ostern bis Mitte Juni nur Führungen: So 14.30 und 16 Uhr. Mitte Juni bis Mitte Sept. 10.30–12.30 und 14–18.30 Uhr. Geschlossen Sonntagvormittag. Eintritt 6 €.

Pléneuf-Val-André   4000 Einwohner

Rund um das Casino wirbelt das Ferienleben, auf der zwei Kilometer langen Promenade de la Digue flaniert das Publikum, der breite Sandstrand ist Aktionsfeld für Strandclubs und Segelschüler.

Pléneuf wurde im 5./6. Jahrhundert von Einwanderern aus England gegründet, das touristische Zentrum Val-André wurde erst gegen Ende des 19. Jahrhunderts für englische Feriengäste aus dem Boden gestampft. Hotels, Restaurants und Appartementhäuser ziehen sich hinter der Strandpromenade die Bucht entlang, dahinter reihen sich die Geschäfte und Boutiquen der *Rue Amiral Charnier*. In der Saison schnellt die Einwohnerzahl von Pléneuf-Val-André nach oben, etwa 30.000 Urlauber bevölkern dann die Gemeinde. Diese besteht aus drei Ortsteilen: Das ländliche *Pléneuf*, auf einem steil ansteigenden Hügel gut 2 km oberhalb der Küste gelegen, geht über in das fast schon städtische Seebad *Val-André* mit seinem großen, weiten Badestrand. An dieses schließt sich der geruhsame Ortsteil *Dahouët* an, wo in der tief eingeschnittenen Mündung des Flusses *Flora* im Hafenbecken die Jachten ankern.

Nordküste
Bucht von Saint-Brieuc → Karte S. 166/167

Impressionen aus Pléneuf-Val-André

Am nördlichen Ende der *Plage du Val-André* schiebt sich hinter dem Hafen die *Pointe de Pléneuf* mit ihren schmucken Villen und Kiefernparks zur vorgelagerten *Ile du Verdelet* ins Meer hinaus. Der Küstenpfad, der vom Hafen von Val-André zur Landspitze führt, endet im massigen Granit direkt gegenüber der Insel. Um zur *Plage des Valleés* auf der anderen Seite der Landzunge zu gelangen, muss man rechts vom Hafen ein paar Stufen erklimmen. Der Weg führt steil nach oben, auf dem Kamm der Landspitze entlang (wunderbare Aussicht) und dann wieder steil hinunter zur Küste.

Am südlichen Ende des Val-André-Strands trennt die felsige *Pointe de la Guette* die Badegäste von der Hafenzeile an der Floramündung in Dahouët. Unterhalb des Küstenpfads schmiegt sich die *Anse du Pissot*, eine kleine, intime Badebucht, mit grobkörnigem Sand an die mächtigen Felsen.

Basis-Infos

Postleitzahl 22370

Information Office de Tourisme, am Hauptstrand neben dem Casino. Höchst professionell. Stadt- und Umgebungspläne, vielerlei Möglichkeiten zur Einschreibung für Animationsprogramme und Ausflüge. Vermittlung von Ferienimmobilien. Brauchbarer Wanderführer. April–Juni und Sept. Mo–Sa 9.15–12.30 und 14.30–18 Uhr. Juli/Aug. Mo–Sa 9.15–13/14–19, So 10–12.30/16–18 Uhr. Okt.–März Mo–Sa 9.15–12.30 und 14–17.30 Uhr. Rue Winston Churchill. ☎ 02.96.72.20.55, www.val-andre.org.

Hin und weg Bus: in jedem Ortsteil gibt es eine zentrale Haltestelle: in Pléneuf vor der Kirche, in Val-André an der Rotunde beim Casino, in Dahouët am Hafen. 3- bis 6-mal tägl. nach St-Brieuc/Lamballe; 3-mal über die Badeorte Erqui und Sables d'Or zum Cap Fréhel.

Bootsausflug Im Sommer läuft die „Pauline" aus, eine Nachbildung eines alten Loggers – früher sowohl Lotsenschiff als auch Fischkutter. Gebucht werden

Übernachten
1 Hotel Georges
3 Hôtel De la Mer
4 De France

Essen & Trinken
2 Restaurant Au Biniou

Pointe de Pléneuf

Q. Bougie
Rue du Col Charcot
R. de Piégu

Av. Jean Richepin

Place des Régates

Casino

Val-André

Camping Campéol Les Monts Colleux

Promenade de la Digue
Promenade Amiral Charner
Rue de la Baie
Rue Clemenceau

Pointe de la Guette

Rue A. Baudry

Stellplatz für Wohnmobile

Rue du Cap de Garde
Rue de Lamballe

Camping du Minihy

Rue du Minihy
Rue des Prés
Rue du Petit Train
Chemin du Clos Castel
Rue des Sentes
Rue des Dîmes

Dahouët

Ch. de la Chapelle
Rue du Port
Quai des Terre-Neuvas
Hafen
Rue de la Terre-du-Port
La Flora
Rue de la Cour

Pléneuf

Ch. du Tréhou
Ch. de la Justice
Rue de Gros-Terre
Port Morand
Ch. du Bignon
Ch. de la Sancie

Lamballe, St-Brieuc

Pléneuf-Val-André

300 m

können Fahrten von 3 Std. bis zum Tagesausflug. Abfahrt im Hafen von Dahouët. Auskunft und Reservierung unter ☎ 02.96.63.10.99.

Fahrradverleih Armor Cycles ist der Profi am Ort. 8, place Charles de Gaulle (beim Office de Tourisme), ☎ 02.96.63.62.07.

Golf Seit den 1990ern wird auf der 18-Loch-Anlage mit Par 72 der kleine, weiße Ball geschlagen – kürzeste Bahn 140 m, längste 490 m. Oberhalb der Plage des Vallées, im englischen Parkstil gehalten; auch Übungsbahnen für Anfänger. Rue de la Plage des Vallées, ☎ 02.96.63.01.12.

Markt Dienstagvormittag in Pléneuf. In der Saison von Juni bis Sept. jeden Freitagvormittag ein zusätzlicher auf Selbstversorger zugeschnittener Markt in Val-André rund um den großen Parkplatz oberhalb der Rotunde. Ebenfalls von Juni bis Sept. **Biomarkt** am Hafen von Dahouët.

Reiten Centre équestre La Jeanette, etwas außerhalb von Pléneuf (Abzweig von der Straße nach Lamballe). Lehrstunden und freie Ausritte. Auch Ponys. ☎ 06.38.15.12.77.

Schwimmbad Beheiztes Hallenbad beim Camping Les Monts Colleux. Ganzjährig geöffnet. ☎ 02.96.72.25.87.

Wassersport Mehrere Wassersportzentren bieten Segel- und Surfkurse an und verleihen diverses Gerät, u. a.:

Centre nautique auf dem Guette-Plateau oberhalb des Jachthafens (Dahouët). Ganzjährig geöffnet. ☎ 02.96.72.95.28.

Übernachten   → Karte S. 175

Hotels *** Georges **1**, innen eindeutig schicker als von außen. 24 sehr gepflegte Zimmer mit TV, die teuersten mit großem Balkon zur Straße, die billigeren nach hinten und ohne Balkon. Dezenter Raum fürs üppige Frühstück. DZ 79–129 €. Geöffnet Mitte April–Sept. 131, rue Clemenceau, ☎ 02.96.72.23.70, www.hotelvalandre.com.

** **De la Mer** **3**, 12-Zimmer mit sanitär unterschiedlicher Ausstattung. Sehr gutes Restaurant, in dem Halbpensionsgäste verwöhnt werden. DZ 65–90 €, Ganzjährig geöffnet. 63, rue Amiral Charnier, ☎ 02.96.72.20.44, www.hotelduvalandre.fr.

** **De France** **4**, gegenüber der Kirche von Pléneuf. 15 hübsch eingerichtete Zimmer, jedes in anderem Stil und mit Bad oder Du/WC. Begrünter Innenhof. DZ 60–68 €. Ganzjährig geöffnet. 4, rue Pasteur, ☎ 02.96.72.22.52, www.pleneuf-hoteldefrance.com.

Camping *** Campéole Les Monts Colleux, relativ zentrumsnah, oberhalb des Hauptstrands (300 m), mit schönem Blick über die Bucht. Etwas verwinkelte, teilweise steile Anfahrt (ausgeschildert). 180 Stellplätze, Stromanschlüsse ausreichend, sanitär ordentlich bestückt, die Rasenterrains sind nummeriert und mit kleinen Hecken und Stacheldraht abgegrenzt. Beheizter Swimmingpool, Kinderspielplatz. Auch Vermietung von Chalets. Geöffnet April–Sept. 26, rue Jean Lebrun, ☎ 02.96.72.95.10, www.camping-montscolleux.com.

*** **Du Minihy**, weit oberhalb der Bucht auf dem Weg von Pléneuf nach Dahouët. Ähnliche Ausstattung und ähnliches Terrain wie vorgenannter Platz. Auch hier Chaletvermietung. 800 m zum Strand. 60 Stellplätze. Fahrradverleih. Geöffnet April–Sept. 21, rue du Minihy, ☎ 02.96.72.22.95, www.camping-minihy-val-andre.com.

*** **La Ville Berneuf**, direkt oberhalb des gleichnamigen Strands in der Nähe des Golfareals. Relativ kahles, heckenunterteiltes Gelände mit 70 Stellplätzen, 100 m zum Strand. Waschmaschinen, Shop, Spielplatz. Geöffnet April–Okt. Plage de Ville Berneuf, ☎ 02.96.72.24.65, www.camping-plagevilleberneuf.com.

Wohnmobile Stellplätze und Versorgung mit Elektrizität und Wasser auf dem **Parking du Guémadeuc.**

Essen & Trinken   → Karte S. 175

»»» Mein Tipp: Au Biniou **2,** in dem Restaurant, das auch einheimische Gourmets frequentieren, speisen Sie hervorragend und in lauschigem Ambiente. Stilvolle Atmosphäre unter Bildern lokaler Künstler. Ausgezeichnete Fischgerichte (Spezialitäten: hausgeräucherter Fisch und Jakobsmuscheln), Muschelvorspeisen und gediegene Meeresfrüchteplatten, erlesene Weinkarte (ab 16 € das Fläschchen). Mehrfach und zu Recht mit dem „Diplôme d'Honneur" für gute Küche/Service ausgezeichnet. Neben 3 wechselnden Menüs und einem „Vorschlag des Küchenchefs" gediegene Auswahl à la carte. Reservierung dringend empfohlen. Geschlossen Di abends, Mi ganztags. 121, rue Clemenceau, ☎ 02.96.72.24.35. **«««**

La Moulerie de la Baie, beliebtes Muschelrestaurant am Strand von Jospinet in Planguenoual. Anfahrt: von Pléneuf-Val-André in Richtung St-Brieuc, dann in Planguenoual rechts auf die D 59 zur Küste hinunter. Die Bucht von St-Brieuc ist ein Zentrum der Muschelzucht, die „Moulerie" liegt also am richtigen Ort, keine Sorge für täglich frische Ware. Das Restaurant ist der unübertroffene Spezialist in Sachen Muschelgerichten. Das hat sich herumgesprochen, so dass Reservierung dringend empfohlen wird. (Lesertipp) Jospinet, Planguenoual, ☎ 02.96.32.82.22.

So schön wohnte der Henker von Lamballe

Lamballe

12.300 Einwohner

Auf einem Hügel über dem Gouessant-Fluss erstreckt sich Lamballe, die alte Hauptstadt des Herzogtums von Penthièvre. Für den Tourismus liegt die Stadt etwas im Abseits, und von seiner historischen Bedeutung ist nicht viel geblieben. Heute ist Lamballe vor allem für seine Pferdeaufzucht bekannt.

Die Ursprünge der Stadt gehen auf einen gewissen *Paul* zurück, der hier im 6. Jahrhundert ein kleines Kloster errichtete. Aus *Lan Paul* wurde *Lamballia* und daraus Lamballe, das im frühen Mittelalter als wehrhafte Festung galt: Hinter dem Stadtwall mit seinen 50 Türmen fanden in Kriegszeiten die Bewohner von 45 Kirchensprengeln Unterschlupf. 1420 wurde Lamballe auf Befehl von *Jean V* zum ersten Mal geschleift. Der Herzog hatte genug von den Eigenmächtigkeiten der Lamballer Stadtregierung und bestrafte sie mit der Zerstörung der Festungsmauern. 1626 besorgte *Richelieu* den Rest; wegen familieninterner Zwistigkeiten – Ärger mit dem Schwiegersohn – ließ der Kardinal die Burg komplett schleifen.

Lokalhistoriker erinnern daran, dass Lamballe Geburtsort oder Aktionsfeld einiger interessanter Persönlichkeiten war. So erwähnen sie *Louis-Marie Lavergne*, „der die Kartoffel in die Bretagne brachte", und *Marie-Victoire von Lambilly*, „Frankreichs erste Advokatin". Die berühmteste Figur der Lamballer Stadtchronik war vielleicht *Marie-Thérèse de Savoie Carignan*, die einen Prinzen von Lamballe heiratete, selbst aber nie in Lamballe weilte. Die junge Dame war das beliebteste Kammerfräulein von Königin Marie-Antoinette. Während der ersten Blutbäder an Adeligen im September 1792 wurde die „Prinzessin von Lamballe" auf bestialische Weise umgebracht. Ihren Kopf spießten die Mörder auf eine Pike und zeigten ihn der gefangengesetzten Königin, die etwas später ihren eigenen Kopf unter der Guillotine verlor.

Sehenswertes

Collégiale Notre-Dame de Lamballe: Die Stiftskirche stammt aus dem 13. Jahrhundert, doch ist von den romanischen Bauteilen wenig erhalten; im Lauf der Jahrhunderte hat sich die Gotik durchgesetzt. An der Außenfassade gefällt vor allem das *Nordportal*, im Inneren der Kirche ist der kunstvoll geschnitzte Eingang zur *Chapelle de Notre-Dame-de Grande Puissance* bemerkenswert.

Kirche St-Martin: im Norden der Altstadt, beim Haras. Das Kirchlein, ursprünglich im 11. Jahrhundert gebaut, wurde im 15. und 16. Jahrhundert grundlegend verändert. Schönstes Detail ist das romanische *Eingangsportal*, das im 16. Jahrhundert sein charmantes hölzernes Vordach bekam.

Haras National: Um seine Kavallerie und das öffentliche Transportwesen besser auszustatten, plante *Napoleon* den Ausbau eines Netzes kaiserlicher Pferdezuchtanstalten im ganzen Land. 1825 wurde der Plan des mittlerweile toten Kaisers auch in Lamballe verwirklicht und die Stadt zum nationalen Pferdezentrum der Nordbretagne ernannt. Schwerpunkt der Arbeit war die Aufzucht von Nutztieren. Seinen Höhepunkt erlebte das Gestüt von Lamballe im späten 19. Jahrhundert, als der „Postier Breton" geboren wurde, eine Kreuzung zwischen einer bretonischen Rasse mit keltischen Vorfahren und einem englischen Traber. Die robusten Tiere eignen sich als Arbeitspferde wie auch für Trabrennen. Noch 1918 zogen 390 Lamballer Hengste französische Postkutschen über holprige Landstraßen. Der Haras von Lamballe ist der zweitgrößte Frankreichs und dem Landwirtschaftsministerium unterstellt. Etwa 80 Hengste verlassen jährlich die Stallungen. 70 Mitarbeiter sorgen sich um Aufzucht der Pferde und heißen Besucher willkommen: Zu sehen sind Pferde, Ställe, Sattelkammer und Schmiede; außerdem schöne Wagen, Kutschen und herrliches Zaumzeug.

Führungen (60 Min.) im Juli/Aug. tägl. 14.30 und 16 Uhr, Di–Sa zusätzlich um 11 Uhr. Eintritt 7 €, Kind 3–12 J. 4 €.

Maison du Bourreau (Haus des Henkers): Das über 500 Jahre alte Haus an der Place du Martray mit vorkragendem Schieferdach und zweireihigen Butzenscheiben, in denen sich Geranien spiegeln, ist der Kern des im Lamballer Volksmund *Hosté du Pilori* (Pranger) genannten Stadtteils. Das raffinierte Fachwerk und der Beruf seiner ehemaligen Bewohner (Henker) haben das heimelige Haus zu einem der bekanntesten Gebäude der Bretagne gemacht. Heute ist das Henkershaus Sitz zweier Museen, die der Altstadtverein eingerichtet hat (s. u.).

Musée des Arts et des Traditions Populaires: Das Volkskundemuseum zeigt auf eineinhalb Stockwerken neben landwirtschaftlichem Gerät, alten Fotografien und Kupferstichen vor allem Trachten und Hauben aus der Vergangenheit des Herzogtums Penthièvre, dessen Zentrum die Stadt einst war. Bemerkenswert ist die Sammlung Lamballer Keramik, insbesondere die weihnachtlichen Krippenfiguren.

Juni–Sept. tägl. 10–12 und 15–17.30 Uhr. Eintritt 3 €.

Musée Mathurin Méheut: Das Museum wurde zu Ehren eines berühmten Sohnes der Stadt eingerichtet. Der Maler *Mathurin Meheut* (1882–1958) fand seine Motive vor allem im bretonischen Alltagsleben: expressionistisch gesehene Islandfischer, der Pferdemarkt von Lamballe und impressionistische, ruhige Landschaften.

April–Sept. Di–Sa 10–12 und 14–18 Uhr (Juli/Aug. zusätzlich So 14–18 Uhr). Okt.–Dez. Di–Sa 14–17 Uhr. Eintritt 3 €.

Bibliothek (Bibliothèque municipale): Ein republikanischer Lesezirkel aus der Zeit der französischen Aufklärung war 1774 Geburtshelfer der heutigen Stadtbibliothek. Der „Hafen der Ruhe und Kultur" (Stadtwerbung) verfügt über 30.500 Bände und

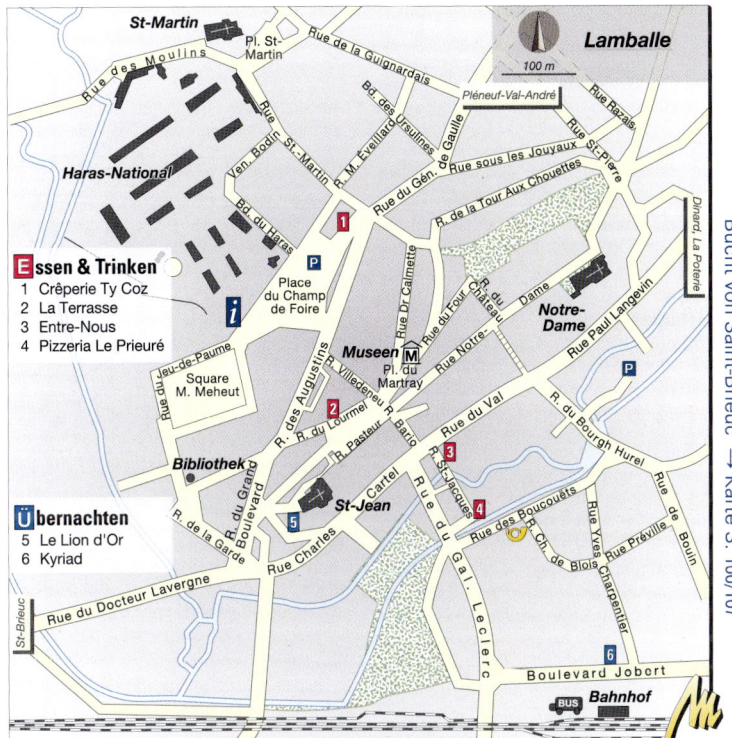

Zeitschriften, ein Wörterbuch Chinesisch-Französisch von 1813, einige Hundert Folianten aus der Zeit der Vereinsgründer und sieben Originalhandschriften aus dem 12. Jahrhundert. Aus dem späten 20. und 21. Jahrhundert stammen die über 700 CDs und DVDs mit Musik aller Stilrichtungen, die zu einem speziellen Urlaubstarif verliehen werden.

Unregelmäßig geöffnet, in der Regel Di geschlossen. ☎ 02.96.50.13.68.

Basis-Infos

Postleitzahl 22400

Information Office de Tourisme, am Eingang des Haras. Juli/Aug. tägl. 10–12.30 und 13.30–18 Uhr (Do durchgehend). Sept.–März Mo 13.30–17.30, Di–Sa 10–12 und 13.30–17.30 Uhr. Place du Champ de Foire. ☎ 02.96.31.05.38, www.lamballecommunaute-tourisme.com.

Hin und weg Bahn: Lamballe liegt an der Direktlinie Paris–Brest und am Neben-

strang St-Brieuc–Dol. 8-mal tägl. Richtung Paris/Brest, 10-mal nach Rennes; 3-mal nach Dinan/Dol bzw. St-Brieuc. Bahnhof im Süden der Stadt.

Bus: Haltestelle am Bahnhof. Regelmäßig Fahrten nach St-Brieuc und die Küstenorte der Côte Emeraude.

Parken Entweder auf der Place du Champ de Foire oder, was die Stadtväter und ihre Kinder lieber sehen, auf dem Großparkplatz unterhalb der Kirche Notre Dame. 5 Min. zu Fuß ins Zentrum.

Einkaufen Die Region um Lamballe ist für ihre Töpfereiartikel bekannt. Der Lehm stammt aus dem Ortsteil La Poterie, etwa 3 km östlich von Lamballe. Dort dreht sich vom „bol" (henkellose Tasse für Cidre) bis zur „saloué" (Nachttopf) alles um den Topf, wie ein Lamballer Sprichwort sagt.

Fahrradverleih Armor Cycles ist der Profi am Ort. Beim Office de Tourisme. ✆ 02.96.31.04.23.

Feste Größtes Ereignis sind die **Jeudis lamballais**, jeweils an Donnerstagen von Mitte Juli bis Mitte August: Neben kommentierten Kutschfahrten durch die Stadt finden Orgelkonzerte in der Kirche St-Jean sowie Open-air-Konzerte auf dem Marktplatz statt (beides eintrittsfrei). Neben der Mischung aus klassischer, traditionell bretonischer und Weltmusik organisiert auch das Nationalgestüt große Veranstaltungen zu verschiedenen Themen. Genauere Auskünfte im Office de Tourisme.

Ende Aug./Anfang Sept. wird das 3-tägige **Springreitturnier** von Lamballe ausgetragen. Im Anschluss an die Wettkämpfe kann

man das berühmte Defilee bretonischer Gespanne am Platz vor dem Gestüt erleben: Hengste im Sonntagsputz, alte Kutschen und Karossen.

Am letzten oder vorletzten Sonntag im September findet unter dem Titel **Mille sabots** (tausend Hufe) im Nationalgestüt ein großes Pferdefest statt. Infos unter ✆ 02.96.50.06.98.

Markt Jeden Donnerstagvormittag **Wochenmarkt** auf der Place du Marché im Zentrum. Landwirtschaftliche Produkte aus der näheren Umgebung: Crème, Honig, Kaldaunenwurst und Cidre vom Bauernhof.

Foire des Potiers (Töpfermarkt), Ende Mai/Anfang Juni in La Poterie (3 km östlich von Lamballe).

Pardon Pardon der Notre-Dame-de-Grande-Puissance am ersten Septembersonntag.

Reiten Lamballe Equitation, in La Poterie (3 km östl. von Lamballe). 25 Pferde und 20 Ponys. ✆ 02.96.31.92.92.

Schwimmen Beheiztes Freibad in der Grünzone am Plan d'Eau im Westen der Stadt. Ganzjährig geöffnet, Sonntag geschlossen. Rue des Hautes Rivières.

Übernachten/Essen & Trinken

→ Karte S. 175

Hotels *** Kyriad **6**, großer, etwas formloser Bau gegenüber dem Bahnhof. 27 schalldichte (!) Zimmer mit Dusche/WC bzw. Bad/WC, Radio, Telefon. DZ 65–78 €, während Großveranstaltungen teurer. 29, boulevard Jobert, ✆ 02.96.31.00.16, www.hotel-lamballe.com.

** **Le Lion d'Or 5**, unterhalb der St-Jean-Kirche, in einem Langbau, der im Inneren gründlich saniert wurde. 17 Zimmer mit durchschnittlichem Mobiliar und guter sanitärer Ausstattung. DZ 56–80 €. 3, rue du Lion d'Or, ✆ 02.96.31.20.36, www.leliondorlamballe.com.

Restaurants Entre-Nous **3**, preiswerte, klassische französische Küche, auch Fisch. Salate als Großportionen, Kindermenus. Kleine Terrasse zur Straße. Ruhetag So/Mo. 3, rue St-Jacques, ✆ 02.96.91.39.75.

Le Prieuré 4, schon beim Vorbeischlendern fällt die efeugeschmückte Fassade des alten medizinischen Kabinetts ins

Auge. Auf der Außenterrasse über dem Flussufer amüsieren sich junge Leute, innen geraffte Stoffbespannung, Kieferfurnier und Pflanzendschungel. Nette Angestellte servieren neben Pizza, Spaghetti und italienischen Fleischgerichten auch Preiswertes vom Grill. Täglich wechselndes Mittagsmenü. Mo/Di Ruhetag. 19, rue St-Jacques, ✆ 02.96.34.71.50.

La Terrasse 2, am zentralen Platz. Klassische Brasserie mit preiswerten Mittagsmenus. Freundliche Bedienung, die, auch wenn das Lokal voll ist, die Nerven nicht verliert. Ruhetag am So. 18, rue du Lourmel, ✆ 02.96.31.90.83.

Crêperie Ty Coz **1**, in der gemütlich eingerichteten Crêperie neben dem Nationalgestüt ist man sehr auf Tradition bedacht. Terrasse. Geschlossen Di abends, Mi ganztags und So mittags. 35, place du Champ de Foire, ✆ 02.96.31.03.58.

Umgebung von Lamballe

Château de la Hunaudaye (Burg): Um 1220 stand hier eine Vorgängerburg, die ein Opfer des bretonischen Erbfolgekriegs wurde. 1367 begann der Bau der heutigen fünfeckigen Anlage mit ihren fünf Türmen, die letzten Verschönerungsarbeiten fanden im 16. Jahrhundert im Stil der Renaissance statt.

La Hunaudaye gehörte lange Zeit dem einflussreichen Geschlecht der Toulimine, die hier bis zum Ende des 16. Jahrhunderts ihre politischen Fäden spannen. Nach dem Anschluss an Frankreich nutzt die Familie die Burg nur noch als Zweitwohnsitz, 1783 erwirbt Marquis de Talhouet, der künftige Bürgermeister von Rennes, das Gemäuer, doch die Immobilie erweist sich als Fehlinvestition: Aufgeputschte Revolutionäre sorgen 1793 dafür, dass aus La Hunaudaye eine Ruine wird: Sie plündern die Burg und zünden sie an. Sie leisteten gründliche Arbeit – Türstöcke gehen seither ins Leere, Treppen führen ins Nichts, tiefe Abgründe über den Eingeweiden der Burg. 2006 wurden im Inneren Restaurierungsarbeiten in Angriff genommen. Seit der Wiedereröffnung 2008 hat der Ruinenbummel etwas von seiner gespenstischen Attraktion verloren.

Anfahrt: Auf der D 768 ca. 18 km in Richtung St-Malo, im Örtchen Le Haut-des-Bois rechts abzweigen und nach ca. 5 km der Beschilderung folgen. Geöffnet April–Juni und Mitte Sept.–Okt. tägl. 14.30–18 Uhr. Juli bis Mitte Sept. tägl. 10.30–18.30 Uhr. Eintritt 5,50 €.

Jugon-les-Lacs: Eine „Petite Cité de caractère" 16 km südöstlich von Lamballe – innerbretonische Behäbigkeit, dazu dunkler Stein mit freundlichem Blumenschmuck, ein adretter Marktplatz und viele gelbe Straßenlaternen an den Fassaden. Die Kirche wurde erst im 19. Jahrhundert um die 800 Jahre alte Vorhalle und den Turm aus dem 15. Jahrhundert errichtet. Die Seen beiderseits des Orts erweisen sich bei näherem Hinsehen als die Flüsse *Rieul* und *Rosette*, die sich bei Jugon-les-Lacs seeartig verbreitern. Am *Grand Etang de Jugon* am nördlichen Ortsende feiert im Sommer der Wassersport Triumphe; kleines Centre nautique und Campingareal.

Moncontour   900 Einwohner

Mächtige, efeuüberwucherte Mauern schnüren den kompakten Stadtkern rund um die Kirche St-Mathurin ein. Vor Jahrhunderten hoch auf einem felsigen Steilhang am Zusammenlauf zweier Flüsse gebaut, präsentiert sich das Städtchen bis heute im Steingewand aus der Zeit der Musketiere und Hofintrigen.

Besonders in der mittäglichen Ruhe herrscht zwischen den grauen Granit- und dekorativen Fachwerkhäusern mittelalterliche Atmosphäre – jeden Augenblick könnte das Pferdegetrappel einer Kutsche durch die kopfsteingepflasterten Gassen hallen.

Moncontour zählte schon im 13. Jahrhundert zu den wichtigsten Festungen der Herzöge von Penthièvre. 1626 wurden Burg und Stadtmauer in Richelieus Auftrag geschleift. Die Ausführung der Aktion war allerdings bezüglich des Mauerrings dilettantisch. Noch heute trutzen 11 der 15 Türme in der Stadtumwallung dem Zahn der Zeit. Bis ins frühe 19. Jahrhundert war Moncontour eine bedeutende Textilstadt mit rund 8000 Leinwebern. Die Stadt führte ein weithin geschätztes,

Nordküste Bucht von Saint-Brieuc ↓ Karte S. 166/167

▲ Moncontour im Glasfenster

▼ Kirche St-Mathurin

amtlich eingetragenes Markenzeichen für die lokal produzierten Stoffe ein, die über St-Malo und Lorient in alle Welt exportiert wurden. Mit dem Niedergang des Textilgewerbes um die Mitte des 19. Jahrhunderts verblich Moncontours Stern. Seitdem schläft das Städtchen inmitten seiner hügeligen, grünen Landschaft einen von den Geschichtsläufen ungestörten Dornröschenschlaf.

Sehenswertes

Stadtspaziergang: In der Rue du Temple und der Rue des Dames fallen die alten, z. T. aus dem 16. Jahrhundert stammenden *Fachwerkhäuser* auf, rund um die Place Penthièvre die granitenen *Hôtels* (17.–19. Jh.) wohlhabender Kaufleute. Die aus dem 16. Jahrhundert stammende *Kirche St-Mathurin*, die im 18. Jahrhundert fast vollständig erneuert wurde, zeigt in ihrem Inneren geriffelt-verdrehte Säulen und ausgefallene, an flämische Meister erinnernde Buntglasfenster (16. Jh.), die Szenen aus dem Leben Jesu und verschiedener Heiliger erzählen, u. a. leuchtende Bildergeschichten über St-Yves und St-Mathurin.

Maison de la Chouannerie et de la Revolution: Im kleinen Museum, das dem Office de Tourisme angeschlossen ist, werden u. a. Waffen, zivile Objekte und Dokumente aus der Revolutionszeit aus- und einige Szenen nachgestellt („Revolutionäre spüren einen Chouan im Wirtshaus auf"). Ein auffälliges Exponat ist der „Altar des Vaterlandes" mit einer Büste Ludwigs XVI., der nach der Revolution bis zu seiner Absetzung 1792 noch als konstitutioneller Monarch waltete. Der „Atheistenaltar" ist eine Kopie, das Original stand zu Revolutionszeiten vor der Ortskirche. Juli/Aug. tägl. 10–12.30 und 14–18 Uhr. Sept.–Juni Di–Sa 10–12.30 und 14–17 Uhr (geschlossen Do nachmittags). Eintritt 3 €.

Musée Théâtre du Costume: Carolyne Morel, ehemalige Kostümbildnerin für Theater und Kino, Tanz und TV, über

80 Jahre alt, stellt im Maßstab 1:3 und 1:7 Kostüme vom Mittelalter bis in die Neuzeit aus. Sie führt die Besucher mit viel Engagement auch persönlich durch die Räume und erzählt die Geschichte ihrer Sammlung, die gleichzeitig auch Teil ihrer eigenen Lebensgeschichte ist.

Mitte Juni–Sept. tägl. 14–18 Uhr. Eintritt 3 €, die dazu dienen, weitere Epochen vorzustellen, und dazu braucht die Künstlerin Stoffe und Farbe.

Basis-Infos

Postleitzahl 22510

Information In der Maison de la Chouannerie et de la Révolution. Kompetent und freundlich. Im Raum steht ein nach dem Katasterplan von 1809 gefertigtes Modell der Stadt. Juli/Aug. tägl. 10–12.30 und 14–18 Uhr. Sept.–Juni Di–Sa 10–12 und 14–17 Uhr. Geschlossen Do Nachmittag. 4, place de la Carrière. ✆ 02.96.73.49.57, www.tourisme-moncontour.com.

Markt Montagvormittag

Festival Festival Musique et Patrimoine, an drei Wochenenden im September: Konzerte im Schlösschen und in Kirchen, die dem Publikum normalerweise nicht zugänglich sind.

Fête Médievale, alle zwei Jahre am 1. Augustwochenende (20. Ausgabe 2017). Den Auftakt macht die mittelalterliche Messe in der Kirche St-Mathurin, dann geht's profan weiter: Straßentheater und Musik, am Abend großes Defilee in mittelalterlichen Kostümen.

Pardon Jedes Jahr über die Pfingstfeiertage großer Pardon zu Ehren des heiligen Mathurin. Er beginnt am Nachmittag des Pfingstsamstags mit der Wallfahrt der Kranken (insbesondere geistig Verwirrte, die Mathurins Segen einst heilte) und wird um 21 Uhr mit einem Fackelzug der Gläubigen fortgesetzt. Am Sonntag findet das traditionelle *Fest Deiz* statt, am Pfingstmontag wird das feierliche Wochenende seit einigen Jahren mit einem Fahrradrennen abgeschlossen.

Schwimmen Piscine de la Tourelle, südlich des Orts (ausgeschildert). Hypermoderne Glas-Beton-Holzkonstruktion.

Übernachten/Essen & Trinken

Hotel ** Hostellerie de la Poterne, neueres Anwesen gegenüber der Stadtmauer, das gar nicht ins mittelalterliche Bild der Stadt passt. 9 einfache, ordentliche und funktionale Zimmer mit Dusche/WC. DZ 60–65 €. 2bis, rue de l'Eperon, ✆ 02.96.73.40.01, 1hostelleriedelapoterne@live.fr.

Chambres d'hôtes ⟫ Mein Tipp: A la Garde Ducale, am zentralen Platz – eine ganz und gar vorzügliche Adresse! Christiane und Roland Le Ray vermieten 4 traumhafte, geräumige, sehr gepflegte Zimmer, alle mit Dusche/WC. Madame macht das innenarchitektonische Konzept, Monsieur sorgt für die Umsetzung, und so schläft der Gast im „Louis XVI" ebenso gut wie im „Rêve de Jeunesse". Am besten meldet man sich auch gleich für den „Table d'hôte" an – das mehrgängige, üppige Abendmenü für 25 € inkl. Getränke hat's in sich. Als Verdauungsspaziergang lädt der Hausherr zu einer nächtlichen Stadtführung ein – eine Gelegenheit, die sich jeder, der etwas Französisch versteht, nicht entgehen lassen sollte. Mit der Taschenlampe leuchtet Roland manches Gemäuer ab und erzählt mit Kompetenz und Witz die Geschichte von Moncontour. DZ 60 €, 3-Bett-Zimmer 85 €, 4-Bett-Zimmer 105 €, inkl. Frühstück. 10, place de Penthièvre, ✆ 02.96.73.52.18, http://home.scarlet.be/moncontour. ⟪

Camping ** Intercommunal la Tourelle, im Süden des Orts in Richtung „Piscine de la Tourelle". Die interkommunalen Chalets sind nicht zu übersehen. Auf dem durchnummerierten Terrain daneben knapp 30 Stellplätze. Gepflegte sanitäre Anlagen, Stromanschlüsse, einzig der Schatten fehlt. Geöffnet Febr. bis Mitte Nov. ✆ 02.96.73.50.65, www.tourisme-moncontour.com.

Wohnmobile Stellplatz und Komplettservice auf dem Camping Intercommunal La Tourelle (s. o.).

Nordküste Bucht von Saint-Brieuc → Karte S. 166/167

Restaurant ≫ **Mein Tipp:** Chaudron **Magique,** nicht klassisch-französische, nicht bretonische, sondern Küche des Mittelalters. Im mittelalterlichen Dekor serviert die erfindungsreiche junge Köchin (die gern alte Rezepte studiert) Leckerbissen der besonderen Art, z. B. Rinderbacke mit Traubensaftsenf und frischem Gemüse. Und wenn Sie fragen, was ein „Bettlerteller" ist, bekommen Sie möglicherweise einen längeren Vortrag zu hören. An Samstagen wird im mittelalterlichen Kostüm serviert, man mag das goûtieren oder nicht – der vorzüglichen Küche tut's keinen Abbruch.

Preise leicht über dem Durchschnitt, Qualität garantiert. Geschlossen Sonntagabend, außerhalb der Saison auch Mo. 1, place de la Carrière, ℡ 02.96.73.40.34. ≪

Les Remparts, die plebejische Alternative zur „Chaudron Magique": Im kleinen Raum treffen sich Einheimische zum Gespräch bei einem Glas Wein oder zur Zeitungslektüre. Der freundliche Familienbetrieb serviert aber auch einen sehr preiswerten Mittagstisch, abends klassische französische Küche. 6, rue de l'Union, ℡ 02.96.73.54.83.

Saint-Brieuc

46.000 Einwohner

Zwei stolze Viadukte überspannen die tiefen Täler des Gouedic und des Gouet, die in Saint-Brieuc in den Ärmelkanal münden. Auf einem Hochplateau dazwischen liegt die alte Bischofsstadt – umgeben von Industriebetrieben, Kühlhäusern und einem umtriebigen Handelshafen.

Rund um die mächtige *Kathedrale St-Etienne* drängt sich etwas mittelalterliche Bausubstanz und kolonialer Gründerzeit-Klassizismus, ansonsten überwiegen funktionale Neubauten und gesichtslose Wohn- und Geschäftsviertel. St-Brieuc, die betriebsame Hauptstadt des Départements *Côtes d'Armor,* ist wirtschaftlich die Nummer eins in der Region. Für Touristen ist die Metropole nur eine Zwischen- bzw. Umsteigestation zu den Badeorten in der Bucht von St-Brieuc. Immerhin ist die Innenstadt mit ihrer großen Fußgängerzone ein reizvolles Konsumpflaster, und das sehenswerte *Kunst- und Geschichtsmuseum* kann an einem tristen Regentag in das stille Reich bretonischer Vergangenheit entführen.

Den Grundstein der Stadt legte im 6. Jahrhundert der Mönch *Brioc* – einer der sieben bretonischen Gründerheiligen und erster Bischof von Saint-Brieuc. Über seinem Grab wurde später die Kathedrale erbaut, neben deren Portal eine Mahntafel an ein tragisches Zwischenspiel in der Stadtgeschichte erinnert: In der Nacht des 5. Brumaire des Jahres VIII (26./27. August 1799) starb unter den Bajonetten königstreuer Chouans der republikanische Bürgermeister Poulain-Corbion. Mit dem Ruf „Vive la République!" hatte er sich gegen die Überzahl der anrückenden „Waldkäuze" gestellt, die er an der Übernahme der Stadt hindern wollte.

Sehenswertes

Kathedrale St-Etienne: Als Gründer gilt der später heilig gesprochene *Guillaume Pinchon.* 1225 errichtete er, teils auf Pfahlwerk über einem Sumpf, an der Stelle des Klosters von Brioc eine Kathedrale. Das wehrhaft-abweisende Gotteshaus mit den granitenen Ecktürmen, Schießscharten und Pechnasen wurde im Lauf der Jahrhunderte mehrmals umgebaut. Vom Haupteingang führt eine Treppe hinunter ins Innere, das zahlreiche *Grabmäler* mit Liegefiguren und Flachreliefs beherbergt. Bemerkenswert ist das Grabmal des heiligen Guillaume (rechts des Chors), im *Reliquienschrein* darüber sind ein paar Knochen verwahrt. In der *Reliquienkapelle* dahinter findet man dann eine ganze Sammlung von anonymen Hinterlassenschaften. Im rechten Transept gibt in liegender Haltung und mit aufgerichtetem

Oberkörper mahnend die Figur des Bischofs Mathias de Croing der Gemeinde seinen Segen. Weitere Höhepunkte sind der *Orgelprospekt* (16. Jh.) und die *Kanzel* (18. Jh.). Die *Kapelle Mariä Verkündigung* mit ihrem Barockaltar im rechten Schiff ist arg heruntergekommen.

Musée d'Art et d'Histoire: oberhalb der Place du Champ de Mars. Auf drei Etagen widmet sich das Museum der Kunst und der Geschichte der Hauptstadt der Côte d'Armor. Die Museumsleitung versteht ihr Handwerk: stimmungsvolle Präsentation, informative Aufbereitung. Im *Erdgeschoss* findet man die Abteilungen Landschaftsmalerei sowie „Fischer und Schiffer" mit vielen maritimen Glanzstücken, darunter eine seltene Gezeitenrechenmaschine und die ersten Sardinendosen. Im *1. Stockwerk* wird die Entwicklung der Textilindustrie dargestellt, Höhepunkt hier ist die Webstuhlsammlung. Im *3. Stockwerk* veranschaulichen liebevolle Modelle das ländliche Leben in früheren Zeiten; in der Abteilung „Beginn des Tourismus" erfährt der Besucher unter anderem, dass erholungsbedürftige Menschen aus Guingamp schon um 1850 an die Küste fuhren und damit den Binnentourismus einleiteten.

Im Pavillon gegenüber dem Museum steht die Kunst im Mittelpunkt: temporäre Ausstellungen.

Juli/Aug. Di–Sa 10–18, So 14–18 Uhr. Sept.–Juni Di–Sa 9.30–11.45/13.30–17.45, So 14–18 Uhr. Eintritt frei.

Parc de Promenade: Rund um den Justizpalast lädt der im 19. Jahrhundert angelegte Park zu ausgedehnten Spaziergängen ein.

Wandern/Baden

Der weite, 30 km lange Küstenstreifen lädt von der Halbinsel von *Hillion* bis zur *Pointe de Pordic* zur Entdeckung ein. Täler, Felsklippen, Strände und wilde Buchten wechseln sich ab. Auf dem reizvollen Zöllnerpfad und mit Ausblick auf das geschützte Meeresgebiet kann man bis zu 200 verschiedene Vogelarten beobachten. An der *Pointe du Roselier* ist ein alter Ofen zu besichtigen, in dem zur Zeit der großen Seeschlachten die Kanonenkugeln zum Glühen gebracht wurden. Lohnende Ausflugsziele sind auch die beiden Hauptstrände *Plage de Tournemine* und *Plage des Rosaires* mit vielfältigen Wassersportmöglichkeiten.

Basis-Infos

Postleitzahl 22000

Information Office de Tourisme, für die gesamte Bucht zuständig. Groß und professionell, im Altstadtzentrum unweit der Place de la Résistance, Juli/Aug. Mo–Sa 9.30–19, So 10–13 Uhr. Sept.–Juni Mo–Sa 9.30–12.30/13.30–18 Uhr. 7, rue St-Gouéno. ✆ 02. 96.33.32.50, www.baiedesaintbrieuc.com.

Hin und weg Bahn: Der Bahnhof im Südteil der Stadt liegt an der Strecke Paris–Brest. Mehrmals tägl. in beide Richtungen. Nach Paris (keine 3 Std. mit dem TGV) über Lamballe und Rennes. Nach Brest über Guingamp, Morlaix und Landerneau. Mehrmals tägl. nach Dinan, von dort Anschluss nach Dol und St-Malo.

Bus: Vom Busbahnhof im Südosten der Stadt werden mehrere Regionalrouten bedient. Richtung Norden über Binic und St-Quay-Portrieux nach Paimpol bis zu 6-mal werktags. Ebenso oft über Val-André und Sables-d'Or zum Cap Fréhel und weiter nach St-Cast. Nach Guingamp 2-mal tägl., nach Lamballe 1-mal. Gare Routière, Rue du Combat des Trente.

Parken Die Situation ist in der ganzen Stadt prekär. Mehrere kleine Parkplätze, alle gebührenpflichtig.

Festivals Festival Art Rock, am Pfingstwochenende strömen von Fr bis Mo jedes Jahr ca. 40 000 Menschen herbei, um die Angebote aus den Bereichen Rockmusik,

Theater, Tanz, Kunst und Multimedia zu besuchen. Infos unter www.artrock.org.

L'été en fête, unter diesem Titel gibt es in den Sommermonaten jeden Donnerstag- und Freitagabend Kleinkunstveranstaltungen vor der Kulisse der mittelalterlichen Häuser an der Place du Martray. Eintritt frei.

Markt   Mittwoch und Samstagvormittag großer Wochenmarkt rund um die Markt-hallen, auf der Place Général de Gaulle, der Place de la Résistance, der Place du Martrayund der Place du Chai.

Der große **Michaelis-Markt** Ende Sept., mit Vergnügungsrummel, ist die Attraktion des Départements Côtes d'Armor. Zudem im Dez. auf der Place Duguesclin dreiwöchiger **Weihnachtsmarkt**.

Übernachten/Essen & Trinken

Hotels   * Duguesclin** 🟦7, beim Busbahnhof. Best-Western hat das Haus übernommen, renoviert und einen Stern dazugewonnen. 33 Zimmer mit Bad bzw. Du/WC. DZ 77–99 €, die für einen 3-Sterne-Betrieb allerdings ziemlich klein sind. Das Hotelrestaurant gehört der Sauerkrautkette „Les Relais d'Alsace". 2, place Duguesclin, ✆ 02.96.33.11.58, www.hotel-duguesclin.fr.

*** De Clisson 🟦1, nördlich des Altstadtzentrums, Brieucs erste Übernachtungsadresse. 24 gut möblierte und sanitär gut ausgestattete Zimmer in gediegenem Anwesen mit Gartenpark. DZ 82–86 €, höher ist der Preis für das luxuriös ausgestattete geräumige VIP-Zimmer mit King-Size-Bett. Hoteleigener Parkplatz. Geschlossen an Weihnachten. 36–38, rue du Gouët, ✆ 02.96.62.19.29, www.hoteldeclisson.com.

≫≫≫ Mein Tipp: ** Ker Izel 🟦2, seit 2015 unter neuer Regie, der freundliche Wirt managt das Hotel ganz alleine. Praktisch eingerichtete Zimmer, allerdings etwas klein. Das ganz große Plus ist ein Swimmingpool (Juni–Sept.), den man von der (Raucher-) Terrasse der ersten Etage aus über eine Treppe im Garten erreicht. Private Garage mit wenigen Parkplätzen. 20, rue du Gouët, ✆ 02.33.46.29, www.hotel-kerizel.com. ≪≪≪

** L'Arrivée 🟦8, auf zwei Sterne hochgerüstetes Bahnhofshotel. Ohne Charme, aber praktisch für Bahnfahrer. Ordentliche Zimmer mit Dusche/WC. Preiswertes Restaurant (Mo Ruhetag). DZ 52–64 €. 35, rue de la Gare, ✆ 02. 96.94.05.30, www.hotelarrivee.fr.

Jugendherberge   3 km nordwestlich von Saint-Brieuc, in einem restaurierten Landhaus aus dem 15. Jh. (Buslinie 3, Selbstfahrer: Richtung St-Brévin). Fahrradverleih. 120 Schlafplätze, hauptsächlich in 2- bis 5-Bett-Zimmern. Übernachtung inkl. Frühstück ab 23 €/Pers. Manoir de la Ville Guyomard, Les Villages, ✆ 02.96.78.70.70, www.hifrance.org.

Restaurants   Rund um Markthalle und Kathedrale hat sich eine lebendige Restaurant- und Kneipenszene etabliert; hier wird man am schnellsten fündig.

Le Chaudron 🟦4, in restauriertem Fachwerkhaus in der Altstadt. Vorzügliches Fondue, Raclette und Grillspezialitäten. Geschlossen So mittags. 19, rue Fardel, ✆ 02.96.33.09.72.

La Proue 🟦5, seit 1972 die Pizza-Adresse der Stadt. Man kann dem Pizzaiolo zuschauen, wie er den Teig knetet und in den mit Holz gefeuerten Ofen schiebt. Wenn schon Pizza, dann hier – nicht teurer als andere, aber besser. Geschlossen So/Mo. 7, rue Fardel, 02.96.61.17.57.

La Cuisine du Marché 🟦6, das Intérieur ist etwas dunkel, das Dekor zuviel, aber man isst hier ausgezeichnet. Meeresspezialitäten, Cotriade (bretonischer Fischsuppentopf), Gerichte auf heißem Stein und – der Name verpflichtet – das Gemüse ist marktfrisch. Geschlossen So–Mi jeweils abends. 4–6, rue des Trois Frères Merlin, ✆ 02.96.61.70.94.

Bar   Le Piano Bleu 🟦3 traditionsreiches Konzertcafé und Bar. Jazz und keltische Musik. 4, rue Fardel, ✆ 02.96.33.41.62.

Umgebung von St-Brieuc

Quintin: Im Talgrund bildet das Flüsschen *Gouet* einen Teich, hinter den Grünanlagen am Ufer erhebt sich Quintin – hübsch und verschlafen in einem von Blumen aufgelockerten Granitkleid – der Ort wurde zurecht als *Petite Cité de caractère* ausgezeichnet.

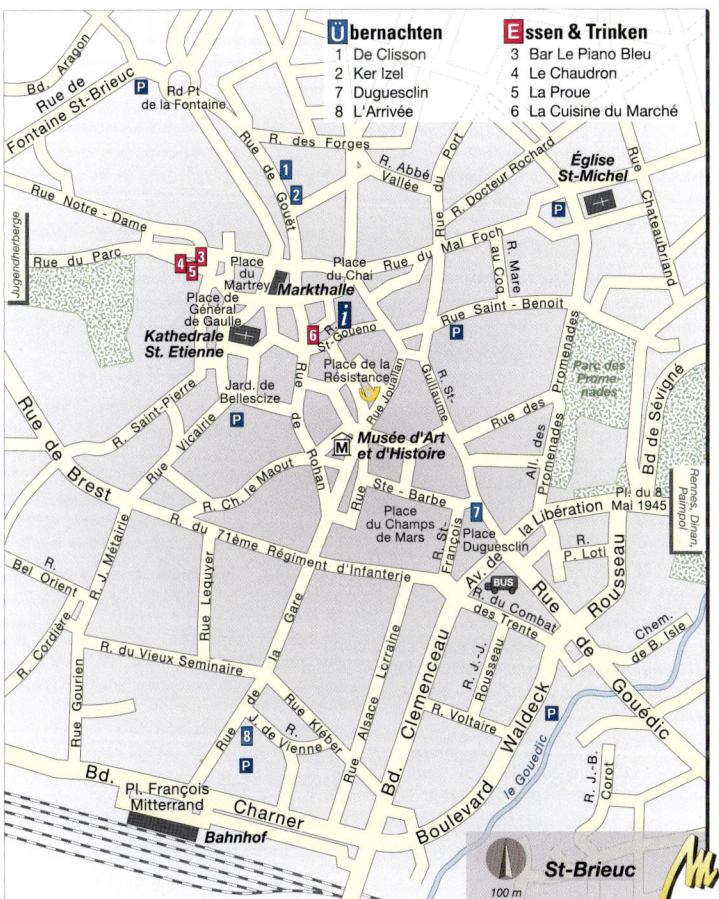

Übernachten
1 De Clisson
2 Ker Izel
7 Duguesclin
8 L'Arrivée

Essen & Trinken
3 Bar Le Piano Bleu
4 Le Chaudron
5 La Proue
6 La Cuisine du Marché

Nordküste
Bucht von Saint-Brieuc → Karte S. 166/167

Vor 300 Jahren war Quintin die wichtigste bretonische Textilstadt. 30.000 Leinweber produzierten in und um Quintin das damals weithin bekannte feine Quintiner Flachslinnen, das unter der Markenbezeichnung „Bretagne" speziell in der Hut- und Mützenbranche Verwendung fand und bis in die Neue Welt exportiert wurde. Vom Reichtum dieser Zeit zeugen die malerischen Fachwerk- und granitenen Kaufmannshäuser, die sich in den Gassen und Plätzen zu einer Filmkulisse aneinanderreihen.

Die *Basilika Notre-Dame-de-la-Délivrance* wurde erst im 19. Jahrhundert gebaut. Neben der *Marienfigur* in der Vorhalle beherbergt sie im Chor die *Liegefiguren* zweier Seigneurs von Quintin, die beide im Hundertjährigen Krieg auf dem Schlachtfeld blieben. Lange Zeit dienten die beiden Figuren, Kopf nach unten, als Schwelle der früheren Stiftskirche – eine respektlose, aber praktische Zweckentfremdung. Weitere Sehenswürdigkeiten sind vier *Weihwasserbecken* aus dekorativen javanischen Riesenmuscheln und ein *Reliquienschrein*. Letzterer birgt ein Stück des angeblichen Gürtels der Muttergottes, das der erste Schlossherr von Quintin 1252 vom Kreuzzug aus Jerusalem mitgebracht haben soll. Dem wertvollen Tuch werden heilende Kräfte zugeschrieben.

Das **Schloss** von Quintin, dessen Anfänge ins 13. Jahrhundert zurückreichen, steht in einem Park oberhalb der Basilika und ist heute in Privatbesitz. Es besteht aus zwei Komplexen. Der Bauabschnitt aus dem 17. Jahrhundert wurde nicht vollendet; die Bauherrin musste auf Befehl Ludwigs XIV. die Arbeiten einstellen, der ein protestantisches Komplott der schönen Gräfin mit dem mächtigen Bischof von St-Brieuc witterte. Der neuere Teil des Schlosses wurde im 18. Jahrhundert angefügt und kann besichtigt werden: Speisesaal, diverse Innenräume, Gartenanlage und die sechs Räume des *Museums* mit Exponaten zur Stadtgeschichte (Dokumente, Porzellan, Silberschmuck ...). In der Sommersaison sind Ausstellungen zu originellen Themen zu sehen, z. B. „Der Gemüsegarten" oder „Nachttöpfe aus allen Jahrhunderten".
Febr./März So 14–16.30 Uhr. April–Juni und Sept./Okt. tägl. 14–17 Uhr. Juli/Aug. tägl. 10.30–12 und 14–18 Uhr. Eintritt 5,50 €.

Postleitzahl 22800

Information Office de Tourisme, freundliche Auskünfte in einem Eckhaus im Altstadtzentrum. Juli/Aug. Mo–Sa 9.30–12.30 und 14–18, So 10–12 und 14–17 Uhr. Sept.–Juni Di–Sa 9.30–12 und 14–17 Uhr. 6, place 1830. ☎ 02.96.74.01.51, otsi.pays-de-quintin@wanadoo.fr.

Hin und weg Bus: Busse von CAT halten und starten am Schlossteich. Mindestens 6-mal tägl. nach St-Brieuc, 2-mal über St-Nicolas-du-Pélem/Rostrenen nach Carhaix.

Markt Dienstagvormittag im Zentrum.

Pardon Wallfahrt zu Ehren der „Notre-Dame-de-la-Délivrance" (Heilige Jungfrau der Erlösung) jährlich am 2. Sonntag im Mai.

Hotels ** Du Commerce, in der Altstadt. Gemütliches 13-Zimmer-Hotel mit unterschiedlich ausgestatteten Zimmern. Restaurant. DZ 77–87 €. Geschlossen Mitte Dez. bis Mitte Jan. 2, rue Rochonen, ☎ 02.96.74.94.67, www.hotelducommerce-quintin.com.

Camping ** Municipal du Lac, kleiner Gemeindeplatz neben dem Schlossteich mit 30 Stellplätzen. Von hohen Pappeln eingerahmtes Rasenterrain, idyllisch unterhalb der Stadt. Kinderspielplatz, Tennisgelände und gut gewarteter Sanitärblock. Moderate Preise. Geöffnet Mai bis Mitte Okt. Route du Menhir, ☎ 02.96.74.84.01.

Wohnmobile Stellplatz mit Service in der Nähe des Schlossteichs ausgeschildert (an der Straße nach Rostrenen).

Châtelaudren: 14 km westlich von St-Brieuc, auf halbem Weg nach Guingamp. Der Ort am Ufer des *Leff* erhielt 1148 die Stadtrechte und darf seit 1985 wie viele bretonische Städtchen das Prädikat „Kleine Stadt mit Charakter" tragen. Der Fluss, am Ortsrand zu einem kleinen See aufgestaut und gerühmt wegen seiner Forellen, brachte einst eine böse Überraschung: Nach einem Dammbruch überschwemmten 1773 seine Wassermassen die Stadt und forderten 50 Menschenleben. Heute ist Châtelaudren ein verschlafener Marktflecken, der nur am montäglichen Markttag zum Leben erwacht.

Auf einem Hügel oberhalb des Stadtplatzes steht die **Kapelle** *Notre-Dame-du-Tertre* (13./14. Jh.), in der Kunstgeschichte auch als „rote Kapelle" bekannt. Die Holzdecke des Chors, im 15. Jahrhundert bemalt und seitdem mehrfach restauriert, zeigt auf rotem und goldenem Grund 96 ausdrucksstarke Bildminiaturen mit biblischen Motiven. Über dem Altar des Nebenschiffs werden Szenen aus dem Leben der heiligen Marguerita gezeigt sowie die Biographie des heiligen Fiacre, beginnend mit der Missionsfahrt des irischen Königssohns auf den Kontinent. Zudem verwahrt die Kapelle eine sehenswerte Madonna aus Alabaster (15. Jh.). Wenn die Türe geschlossen ist (außerhalb der Saison die Regel), bekommt man den Schlüssel gegen Hinterlegung des Ausweises beim Office de Tourisme.

Information Office de Tourisme, an der Straße nach Quintin. Mai/Juni und Sept. Mo und Mi–Fr 9–12.30/14–17 Uhr. Juli/Aug. Mo–Sa 10–12.30/14–18, So 10–12 Uhr. Okt.–April Mo und Mi–Fr 9.30–12/14–17.30 Uhr. 31, rue de la Gare, 22170 Châtelaudren, ☏ 02.96.79.77.71.

Camping ** Municipal de L'Etang, kleiner Platz neben dem Stauweiher an der Straße nach Quintin. Winziger, doch ordentlicher Sanitärblock, so gut wie kein Schatten. Offiziell 17 Stellplätze. Geöffnet Mai–Sept. Rue de la Gare, ☏ 02.96.74.10.38.

Guingamp 7200 Einwohner

Zwischen den Strumpfgeschäften, Spezereiläden und Boutiquen der Fußgängerzone öffnet sich das prächtige Portal der Basilika. Hausfrauen unterbrechen ihren Einkaufsbummel, um in der kerzenerleuchteten Vorhalle der Schwarzen Madonna ein Licht anzuzünden.

Der alljährliche Pardon zu Ehren Marias lockt Tausende von Pilgern aus der ganzen Bretagne in die Stadt am Trieux-Fluss. Dann ist der von mittelalterlichem Fachwerk umrahmte, medaillonförmige Platz im Zentrum der Altstadt Schauplatz ausgelassener Festlichkeiten. Den Rest des Jahres mischen sich nur wenige Touristen in den geschäftigen Alltag.

Guingamp, der alte Verkehrsknotenpunkt zwischen der Côte d'Armor und dem Argoat, in dessen Altstadt die Zeit stehengeblieben scheint, hat sich nach dem Zweiten Weltkrieg zu einem landwirtschaftlichen Zentrum entwickelt. Ab den 1960er Jahren entstanden Industriezonen am Stadtrand und damit zusätzliche Arbeitsplätze. In der französischen Sportöffentlichkeit gilt Guingamp als unkalkulierbare Größe.

Stadtgeschichte: Guingamp leitet sich ab aus dem Bretonischen *Gwen* (weiß) und *Gamp* (Lager). Schon in römischer Zeit war der Ort Verkehrsknotenpunkt und Garnisonsstadt. Nach der Invasion der Normannen taucht der Name im 11./12. Jahrhundert erstmals in Karten und auf Münzen auf. Rund um die Burg hoch über dem Trieux wuchs langsam eine mittelalterliche Stadt heran, die im 13. Jahrhundert mit einer Mauer geschützt wurde. Bereits zu dieser Zeit war Guingamp ein bekannter Wallfahrtsort für die Schwarze Madonna. Guingamp entwickelte sich zu einem Handelsplatz und wurde, mit einer wehrhaften Garnison ausgestattet, Verwaltungszentrum der Grafschaft Goëlo und später des Herzogtums Penthièvre. Nachdem ein großer Teil der Stadt im bretonischen Erbfolgekrieg zerstört

La Plomée, die „Pumpe"

wurde, kam Mitte des 15. Jahrhunderts ein frischer Wind: *Pierre II,* Herzog der Bretagne, zog ins renovierte Schloss ein und brachte Guingamp auf Vordermann. Neue Wälle, Wachtürme und vier Stadttore garantierten trotz unruhiger Zeiten einen wirtschaftlichen Aufschwung für die fleißigen Bürger, die als Baumwollweber einen guten Ruf genossen.

1626 endete Guingamps erstes goldenes Zeitalter jäh: Im Zuge seiner absolutistischen Politik, die dem König die aristokratischen Widersacher vom Leib halten sollte, ließ *Richelieu* das Schloss schleifen. Ein neuer Aufschwung folgte Ende des 17. Jahrhunderts mit dem Einzug der Ursulerinnen und Augustinerinnen. Sie errichteten ein Kloster und Wirtschaftsgebäude und verhalfen der Stadt zu neuer Blüte. Mehrgeschossige noble Bürgerhäuser umringten die Basilika, und am Stadtrand, durch keine Mauern mehr beengt, entstanden neue Viertel.

Mit dem Bau der Bahnlinie Paris–Brest Anfang des 20. Jahrhunderts entwickelte sich die Stadt zu einem lebhaften Handelszentrum. Im Zweiten Weltkrieg war Guingamp ein Zentrum des Widerstands. Am 7. August 1944, dem Tag der Befreiung von den deutschen Truppen, wurde der 60 m hohe Turm der Basilika von einer Bombe getroffen und fast vollständig zerstört (wiederaufgebaut 1955).

Sehenswertes

Basilika Notre-Dame-de-Bon-Secours: Das Zentrum der Altstadt war schon im 11. Jahrhundert ein bretonisches Wallfahrtsziel. Damals stand hier die romanische Kapelle der ersten Guingamper Burg, die der Heiligen Jungfrau geweiht war und Pilger anlockte. Die Kapelle wurde im 13. Jahrhundert ein erstes Mal renoviert und gotisch umgestaltet. Das einträgliche Geschäft mit dem Glauben zog immer neue, prächtigere Vergrößerungen nach sich. Bis Ende des 15. Jahrhunderts war eine aufsehenerregende Kirche entstanden, deren drei Türme die Dächer überragten und weithin sichtbar von der Gottgefälligkeit der Stadt kündeten. Bei den vielen, oft eilig ausgeführten Bauarbeiten muss wohl ein Fehler unterlaufen sein. 1535 stürzte der mittlere Turm der Westfassade ein und begrub das halbe Kirchenschiff. Die Ausschreibung für den Neubau gewann der junge bretonische Architekt *Le Moal.* Sein Entwurf im Stil der Renaissance, bis dahin in seiner Heimat kaum verbreitet, konnte sich gegen den Vorschlag des renommierten Hochgotikers *Beaumanoir* durchsetzen. Die Arbeiten waren 1580 beendet und hinterließen die zwitterhafte Basilika, die sich heute über den Dächern der Fußgängerzone erhebt: eine eindrucksvolle Melange aus Gotik (links) und Renaissance (rechts).

Pilgerziel Schwarze Madonna

Von der Rue Notre Dame aus gelangt man erst in die Vorhalle. Hinter einem flackernden Kerzenmeer thront die lebensgroße *Figur der Schwarzen Madonna* mit Jesuskind. Im dreischiffigen

Die sündige Nacht der Vergebung

Die Geschichte des Pardons zu Ehren der Schwarzen Madonna reicht bis ins 13. Jahrhundert zurück. Kreuzritter sollen die Marienfigur aus dem Osten mitgebracht haben, und schon bald war sie Gegenstand der religiösen Verehrung. Einige Forscher vermuten, dass in grauer Vorzeit an derselben Stelle die keltische Erdgöttin angebetet wurde und heidnische Rituale in Guingamp sich nahtlos mit katholischen Zeremonien verbanden.

So ließen sich auch die orgiastischen Ausschreitungen erklären, die den Pardon bis in die Mitte des 19. Jahrhunderts begleiteten. Ein Chronist aus dem 19. Jahrhundert berichtet über die „Nacht der Vergebung", in der alles erlaubt war: „Die Menge der Büßer versammelt sich auf dem Platz, und alle liegen durcheinander auf der nackten Erde. Wenn es am nächsten Morgen hell wird, kehren viele junge Mädchen errötend und beschämt zu ihren Müttern zurück und haben dem Pfarrer eine Sünde mehr zu beichten." Kein Wunder, dass der Bischof versucht war, die Wallfahrt zu verbieten. Doch der Druck der lebenslustigen Pilger war zu groß. So blieb die Anrufung der „Muttergottes-zur-guten-Hilfe" bis heute ein von den Bretonen freudig gefeiertes Fest. Alljährlich am Vorabend des ersten Julisonntags wird die schwarze Marienfigur vom Altarsockel geholt und in einem Fackelzug durch die Altstadt getragen, danach werden drei Freudenfeuer entzündet. Ausschweifungen der Art, wie sie früher den Bischof so erzürnten, finden heute – jedenfalls öffentlich – nicht mehr statt.

Inneren nimmt man als Erstes einen Wald von Pfeilern und Säulen wahr. Direkt unter dem Glockenturm steht der *Hauptaltar*, dahinter stellt eine bemalte Skulpturengruppe mit über 30 Figuren aus Holz die Passionsgeschichte vor. Daneben ruht die alte Glocke, die den Guingampais von 1430 bis 1989 „die Stunden der Freude und Mühsal" schlug. In der Kirche sind die *Grabmäler* verschiedener Bischöfe seit dem 14. Jahrhundert versammelt. Bemerkenswert ist das *Fenster* über der Porte Ste-Jeanne, das in vier Bildern Episoden aus dem Leben der *Françoise d'Amboise* erzählt, Ehefrau des Herzogs Pierre II und große Gönnerin der Stadt, die sich für den Ausbau der Kirche stark machte.

Der Eingang auf der Westseite wird wegen der berühmten Vorhalle mit der Schwarzen Madonna meist übersehen: ein reich skulptiertes Renaissance-Portal.

La Plomée: an der Place du Centre. Der erste, einfache Brunnen, den die Stadtverwaltung graben ließ, stand ursprünglich am unteren Ende des spitz zulaufenden Platzes. 1588 wurde er durch einen neuen Brunnen ersetzt. Der plätscherte am heutigen Standort 150 Jahre lang, bis 1743 der Magistrat den Wasserspender repräsentativer gestalten ließ. Der Bildhauer *Yves Corlay* wurde beauftragt und schuf einen in Blei gefassten Granit-Springbrunnen, der auf geglückte Weise Renaissance-Elemente mit dem Louis-XV-Stil vereint. Der Springbrunnen mit seinen drei Schalen, im Volksmund „die Pumpe" *(la Pompe)* genannt, ist mit Fabelwesen aus der antiken Mythologie verziert: Am unteren Becken starren vier Widderköpfe auf den Durstigen, darüber thronen Greife mit Pferdeköpfen und weit geöffneten Schwingen sowie Löwengestalten. Aus den schweren Brüsten geflügelter Nymphen spritzt das Wasser ins mittlere Becken, gekrönt ist das Ensemble von einer bleiernen Jungfrau, die mit ihrem zierlichen Fuß eine Schlange niederhält.

Alte Häuser: Um die *Place du Centre* stehen 400 Jahre Stadtgeschichte – alte Bürgerhäuser in schwerem Granit und schönem Holzfachwerk. Besonders beeindruckend sind die Gebäude Nr. 31 und Nr. 48, in denen im 15. und 16. Jahrhundert die Garnisonskommandanten residierten.

Basis-Infos

Postleitzahl 22200

Information Office de Tourisme, im Zentrum. Mo–Sa 10–12.30/14–18, So 10–13 Uhr – mit saisonalen Abweichungen. 2, place du Champ-au-Roy,   ☏ 02.96.43.73.89, contact@ot-guingamp.fr.

Hin und weg Bahn: Guingamp liegt an der Hauptstrecke Paris–Brest. Mehrmals tägl. superschnell mit dem TGV nach Brest (1 Std.) und über Rennes (umsteigen) nach Paris (3 Std.). Regionalzüge nach Paimpol oder Lannion, bis zu 7-mal tägl. nach St-Brieuc und Morlaix. Bahnhof im Südosten der Stadt.

Bus: Busse starten am Bahnhofsvorplatz. Gute Verbindungen nach Paimpol, Lannion und St-Brieuc.

Parken Am problemlosesten auf den Parkplätzen nur einen Katzensprung außerhalb des Zentrums an der Place de Verdun.

Markt Freitagvormittag und Samstag auf dem Platz gegenüber dem Rathaus.

Feste Festival de la Saint-Loup, Mitte August. Eine Woche lang dreht sich alles um bretonische Tänze, die Bühnen sind über die ganze Stadt verteilt. Ein Tanzwettbewerb mit vielen Volkstanz- und Trachtengruppen mit anschließendem Fest-noz auf der Place du Centre krönt am Samstagabend die Festwoche; ihren Ausklang findet sie bei einem großen Defilee der Teilnehmer am Sonntagnachmittag. Dabei wird auch die „Dérobée" getanzt, ein altertümlicher Volkstanz, bei dem die Männer versuchen, einander die Frauen zu stehlen.

Pardon Am Samstag vor dem 1. Sonntag im Juli Pardon für Notre-Dame-de-Bon-Secours. Nach 21.30 Uhr wird die Schwarze Jungfrau in einer Lichterprozession durch die Stadt getragen, anschließend im Beisein des Bischofs Segnung am Brunnen auf der Place du Centre. Zum Schluss werden Freudenfeuer entzündet, und die Feier geht über in eine Nacht ausgelassener Heiterkeit (→ Kastentext „Die sündige Nacht der Vergebung").

Übernachten/Essen & Trinken

Hotels *** La Demeure 🗻1, familiär geführte, sehr dezente Unterkunft in einer städtischen Villa aus dem 18. Jh. Alle Zimmer sehr geräumig und komfortabel mit Stilmöbeln eingerichtet (Rauchverbot). Frühstück im wunderschönen Wintergarten, von dem man in den noch schöneren Garten gelangt. Ein sorgfältig zusammengestelltes Fotoalbum stellt den Gästen die Sehenswürdigkeiten der Umgebung vor. DZ 69–89 €, die Benutzung des Hamams kostet extra. In der Regel wird ein mehrtägiger Aufenthalt erwartet. 5, rue du Général de Gaulle,   ☏ 02.96.44.28.53, www.demeure-vb.com.

** L'Arrivée 🗻6, Bahnhofshotel der Interôtel-Kette direkt gegenüber den Bahnsteigen. 35 ordentliche Zimmer mit Du/WC oder Waschbecken/WC. TV in allen Zimmern. Kein Restaurant, sehr lebendige Bar im Erd-

geschoss. DZ 60–77 €. Ganzjährig geöffnet. 19 boulevard Clémenceau,   ☏ 02.96.40.04.57, www.hotel-arrivee.com.

** L'Armor 🗻5, modernisiertes, für den Preis gutes 23-Zimmer-Hotel an der Straße zum Bahnhof. Alle Zimmer mit Dusche bzw. Bad und WC. Dazu buntes TV-Kabelprogramm. DZ 56–75 €. 44–46, boulevard Clémenceau,   ☏ 02.96.43.76.16, http://hotel-guingamp.brithotel.fr.

Camping ⟫⟫ Mein Tipp: ** Milin Kerhé, 4 km außerhalb der Stadt, im Ortsteil Pabu an der D 787 links ab und den Schildern folgen. Der Weg führt in einen idyllischen Talkessel des Trieux-Flusses, an dessen Ufer sich der Zeltplatz ausbreitet. Wiesenterrain ohne Schatten, schöne Stellplätze und absolute Ruhe. Sehr gepflegte Sanitäranlagen. Im hinteren Teil werden drei Tipis ver-

Nordküste
Bucht von Saint-Brieuc → Karte S. 166/167

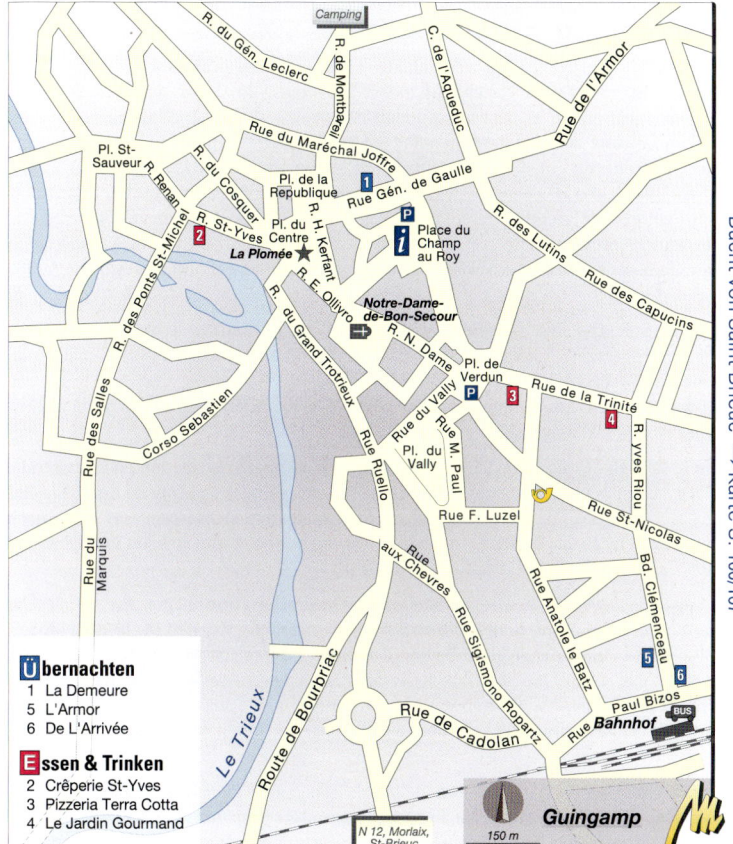

Übernachten
1 La Demeure
5 L'Armor
6 De L'Arrivée

Essen & Trinken
2 Crêperie St-Yves
3 Pizzeria Terra Cotta
4 Le Jardin Gourmand

N 12, Morlaix, St-Brieuc   150 m   *Guingamp*

mietet. Last but not least stellt das junge Besitzerpaar für kurze Fahrten auf dem Trieux kostenlos ein Kanu oder das eigene Barke (bis 5 Pers.) zur Verfügung. Geöffnet Mitte Mai bis Mitte Sept. Rue de la Poterie, 22200 Pabu, ✆ 02.96.44.05.79, www.milinkerhe.com. «

Restaurant Pizzeria Terra Cotta **3**, in erster Linie Pizza und Pasta, aber auch andere Gerichte. Weder schick noch billig, ist die Pizzeria mit dem grün gestrichenen Holzinterieur eine passable Adresse. Geschlossen Di abends, So Ruhetag. 14, rue de la Trinité. ✆ 02.96.43.97.51.

» Mein Tipp: Le Jardin Gourmand **4**, exzellente Küche zu raisonnablen Preisen im nüchternen, nur leicht gestylten Intérieur. Fleisch- und Fischspezialitäten, z. B. „pavé de Julienne" (Fischtranche auf Gemüsebett), diverse „cocottes" (Fleisch und Gemüse, im irdenen Topf geschmort und serviert). Nach hinten ein ruhiger Garten, an dessen Begrünung noch gearbeitet wird. Außerhalb der Hauptsaison Di/Mi Ruhetag. 34, rue de la Trinité, ✆ 02.96.40.07.56. «

Crêperie St-Yves **2**, Crêpes in allen Variationen in gemütlicher Atmosphäre hinter einer leuchtend blauen Fassade. In der Nebensaison So/Mo Ruhetag. 27, rue St-Yves. ✆ 02.96.44.31.18.

Umgebung von Guingamp

Grâces: Ein Dörfchen 3 km westlich von Guingamp, etwas abseits der vierspurigen Nationalstraße. Das Ortszentrum wird überragt vom Turm der Kapelle *Notre Dame*, gestiftet von Herzogin Anna und zwischen 1506 und 1508 erbaut; über dem linken Eingang der fünfgiebeligen Seitenfassade ist ihr Wappen noch gut zu erkennen. Im Inneren gilt die Aufmerksamkeit einem *Reliquienschrein* mit den kärglichen Überresten des Feldherrn und Herzogs Charles de Blois und den eindrucksvoll-deftigen Holzschnitzereien auf den *Deckenquerbalken* und den *Sablières*. Letztere sind Anschauungsmaterial in pädagogischer Absicht: Den schwarzen Schafen der Gemeinde sollten die üblen Auswirkungen von Völlerei und Hurerei vor Augen geführt werden.

Menez-Bré: Der höchste Berg der Gegend ist mit 302 m Höhe ein beliebtes Naherholungsziel. Auf seinem Gipfel mit der kleinen Kapelle *St-Hervé* genießt man eine schöne Aussicht über das fruchtbare, hügelige Ackerland. Der Berg liegt etwa 10 km westlich von Guingamp an der RN 12, die Auffahrt zum Gipfel überrascht mit satten 18 % Steigung.

Belle-Isle-en-Terre: etwa 15 km westlich von Guingamp, an der Nationalstraße RN 12. Den Namen des Städtchens brachten im Mittelalter Mönche aus Belle-Ile-en-Mer mit, die hier eine Filiale ihres Stammklosters eröffneten. Auf Bretonisch heißt der Ort *Benac'h*, was so viel wie Erhebung bedeutet und sich auf den 18 m hohen, felsigen Hügel im Ortszentrum bezieht.

Lange Zeit war Belle-Isle offizielles Nachtquartier und Lager für königliche Boten auf der Etappe Rennes–Brest. In der Umgebung wurden bis in die Neuzeit Blei, Eisen und Nickel gefördert und trugen zum relativen Wohlstand der Bewohner bei. Heute ist es still in Belle-Isle: Ein Flüsschen plätschert, das Schlösschen *Castel-Mond* wirkt neben dem Rathausneubau etwas verkommen, und die örtliche Feuerwehr ist bemerkenswerterweise in einer alten Kapelle untergebracht.

Locmaria: Der 1 km östlich von Belle-Isle gelegene Weiler besitzt eine der ältesten Kapellen der Region, die im 14. Jahrhundert von den Templern ausgebaut wurde. Im Inneren besticht ein prächtiger *Lettner* aus dem 16. Jahrhundert. Eine Prunktreppe mit 110 Stufen führt zur Quelle der Heiligen Jungfrau von Pendreo, die bei bretonischen Müttern als bewährte Helferin bei Keuchhusten gilt.

Loc-Envel: Die 100-Seelen-Gemeinde 3,5 km südlich von Belle-Isle ist eines der schönsten Dörfchen der Region. Der Ort steht unter dem Schutz von St-Guénael – genannt Envel – und war lange Zeit ein Pfarrlehen der Benediktiner von St-Jacut-de-la-Mer. Unter ihrer Ägide entstand im 16. Jahrhundert, auf einer leichten Anhöhe und von einem Friedhof umgeben, die *Kirche* zu Ehren des Heiligen. Bemerkenswert sind die Teile eines über 400 Jahre alten spätgotischen *Lettners*, gleich hinter dem Eingang und nicht wie üblich den Chor abtrennend, sowie eine reich verzierte bemalte *Holzdecke*. Über dem Chor segnet ein gütiger Christus die Besucher, das Chorfenster schildert das Leben des heiligen Envel.

Gurunhuel: Die auf einer Anhöhe über der Bocagelandschaft gelegene Ortschaft verströmt provinzielles Flair. Im niedrigen Granitsteinhaus in der Ortsmitte laufen die Fäden der 380-Seelen-Gemeinde zusammen: Es ist Lebensmittelladen, Bäckerei, Haushalts- und Kurzwarengeschäft, gelegentlich Restaurant, immer Café und natürlich Tratsch- und Meinungsbörse. Neben einem authentischen Stück bretonischer Provinz zeigt Gurunhuel eine mit Wehrturm versehene Ortskirche, die Kapelle *St-Fiacre* (15. Jh.) und einen in Fachkreisen bekannten *Calvaire:* Jesus wird von einem Engel ins Himmelreich geleitet, hinter dem uneinsichtigen der beiden Schächer lauert schon der Böse.

Von Guingamp 6,5 km südwestlich über die D 787; in Mousterou zeigt ein Wegweiser nach Gurunhuel (6 km).

Bulat-Pestivien: Der 66 m hohe Kirchturm, das älteste Renaissance-Monument der Bretagne, wurde gegen 1530 begonnen und 1865 mit einem Helm erhöht. Er kann über eine Innentreppe bestiegen werden (139 Stufen) und erlaubt schöne Blicke über die hügelige Bocagelandschaft der inneren Bretagne.

Die mächtige *Kirche* (ihre Ursprünge reichen ins 12. Jh. zurück), deren Proportionen so gar nicht in das schläfrige Dörfchen passen, war im Mittelalter ein stark frequentiertes Wallfahrtsziel. Heute ist der heilige Rummel erloschen. Die *Vorhalle* ist hochgotisch, hinter der fein gearbeiteten eleganten Rosette sind die zwölf Apostel mit ihren sinnträchtigen Attributen versammelt. Das ausladende Innere der Kirche birgt neben einem fünf Meter langen *Opfertisch* aus Stein (1583) eine schön verzierte *Holzkanzel* aus der Renaissance sowie ein sehr originelles *Lesepult*. Die ominöse „Loggia", ein Erker an der rechten Wand, wird auch *Zimmer der Eingeschlossenen* genannt. Hier ließen sich nach Fertigstellung der Kirche zwei Mönche, die beim Bau der Sakristei mitgeholfen hatten, einmauern, um möglichst nah am Heiligtum zu sein. Durch zwei kleine Fenster konnten die beiden versorgt werden und an der Messe teilnehmen, ohne ihre Einsiedelei zu verlassen.

Anfahrt   Von Guingamp über die D 787 Richtung Carhaix. Nach 15 km links auf die D 31; dann noch 5 km nach Bulat.

Pardon   Am Sonntag nach dem 8. September Pardon für die Heilige Jungfrau von Bulat. Dabei wird die „Vierge d'Argent", eine wertvolle Marienfigur aus massivem Silber, gezeigt, die den Rest des Jahres an einem sicheren Ort verwahrt ist.

Bourbriac: In der Ortsmitte überrascht die mächtige *Kirche*, die die wenigen Geschäfte und die Mairie zu erdrücken scheint. Sie ist dem heiligen Briac geweiht, der im 6. Jahrhundert als Geistheiler wirkte. Ihr Turm gilt als Beispiel für den Übergang der Gotik in die bretonische Renaissance. Die Apostel der Vorhalle mitsamt ihrer Bemalung sind teilweise überraschend gut erhalten. Im Inneren ist wenig zu sehen. Das Grabmal Briacs findet man hinten links, gegenüber dem Taufstein. Die Krypta mit den Kapellen lokaler Notabilitäten birgt wenig Aufregendes. Sie war früher über eine heute zugemauerte Treppe direkt mit dem Chor verbunden.

Das Gemeindegebiet von Bourbriac umfasst 800 Hektar Wald, 32 km fischreiche Flussläufe und zwei Weiher – also ein mögliches Wandergebiet. Dolmen, Menhire und Tumuli aus der Vorgeschichte bezeugen, dass die nahe und weitere Umgebung von Bourbriac schon seit der Bronzezeit Siedlungsland war. Das brachte die findigen Behörden auf die Idee, einen Circuit touristique zusammenzustellen, eine 80 Monumente umfassende Rundfahrt, die allenfalls Experten der Frühgeschichte aufregen könnte. Die Eingliederung zahlloser Kapellen, Brunnen, Beinhäuser, Calvaires und alter Häuser in den Rundweg geschah etwas wahllos und macht ihn länger als nötig.

Guingamp über die D 8 in Richtung Süden verlassen (10 km).

Nordküste
Bucht von Saint-Brieuc
→ Karte S. 166/167

Im 19. Jahrhundert war Binic einer der größten Fischereihäfen Frankreichs

Binic   3800 Einwohner

Familien mit Kind und Kegel bevölkern die Strände, entlang der Hafenesplanade herrscht im Sommer Hochbetrieb. Binic gehört nicht zu den ersten Bade-Adressen der Bretagne, hat sich aber in den letzten Jahren eindeutig gemausert.

Am Kopf *(pen)* der Mündung des Ic, der betoneingefasst über das Hafenbassin abgeleitet wird, präsentiert sich das malerische Städtchen in einer Nische der gut abgeschirmten Bucht. Am Ende des weiten, seichten Hauptstrands reihen sich die Häuser am Hafen entlang, auf dem Hang hinter der Kirche verstecken sich Villen und Ferienhäuschen im Grünen.

Vor seiner Entdeckung als Familienurlaubsstädtchen war Binic einer der bedeutendsten Fischereihäfen Frankreichs, einer der Heimathäfen der legendären Islandfischer und Neufundlandfahrer, die bis ins erste Drittel des 20. Jahrhunderts den Lebensrhythmus des Städtchens bestimmten. Die Zeiten haben sich geändert. Heute rühmt sich Binic des drittgrößten Jachthafens der Nordbretagne, und statt bärbeißiger Matrosen belagert ein munteres Urlaubervölkchen die Bars und Cafés rund um den Hafen.

Stadtgeschichte: Zu Cäsars Zeit ist Binic eine befestigte Siedlung (Oppidum) und wichtige Nachschubbasis für die Invasion Britanniens. Im 16. Jahrhundert segeln die ersten Binicer Fischer zu den reichen Fischgründen Neufundlands und begründen den Ruf der Stadt als gute Adresse im Kabeljauhandel. Ein kurzes Zwischenspiel als Korsarenhafen bringt Binic den großen Aufschwung. *François Le Saulnier*, Binicer Fischer und Cousin des legendären *Surcouf*, erzwingt 1821 mit Hilfe seines berühmten Verwandten von *Ludwig XVIII.* die Stadtrechte für Binic. Eine neue Ära, die *Grande Pêche* genannte Zeit der Island- und Neufundlandfischer, beginnt. In wenigen Jahren wachsen 150 neue Gebäude rund um den Hafen, Unterkünfte, Werften, Lagerhäuser und Handelskontore, die sich um die Vermarktung der einträglichen Fischzüge kümmern.

1845 verlässt der erste große Segelschoner die Reede, um in einer halbjährigen Fahrt den Kabeljauschwärmen des Golfstroms zu folgen. Bald arbeiten mehr als 600 Bootsbauer an der Herstellung weiterer *Terre-neuviers* (Neufundländer) genannter Segelschoner, über 1800 Matrosen fahren auf Binicer Schiffen zur See. In verschiedenen Ortschaften der Neufundland- und Labrador-Küste hinterlassen sie sogar einen speziellen Dialekt, der lange Zeit unter der dortigen Bevölkerung gesprochen wird: „bénicasser la morue", auf Binicer Art den Kabeljau beschwatzen.

Den Höhepunkt erreicht die *Grande Pêche* Ende des 19. Jahrhunderts. Binic ist einer der größten Fischereihäfen Frankreichs und schickt fast 100 Schoner mit jeweils 25 Mann Besatzung auf die von Februar bis Ende August dauernde große Fahrt. Doch vom Niedergang der Schonerflotten nach dem Ersten Weltkrieg ist auch Binic betroffen. Nach dem Zweiten Weltkrieg beginnt ein neuer Aufschwung. Wie in so vielen Fischerstädtchen der Bretagne bringt der sich entwickelnde Tourismus einen wirtschaftlichen Ausgleich.

Baden

Bei Ebbe ist es etwas mühsam, ins Wasser zu kommen. Das Meer zieht sich weit zurück, und um die Fluten zu erreichen, muss ein 1 km langer Fußmarsch über planen Sand oder glitschigen Schlick in Kauf genommen werden. Bei Flut schiebt sich das Meer über die seichte Küste weit zu den Felsen vor, die Liegeflächen für Sonnenanbeter schrumpfen auf schmale Reste zusammen. Die drei Strände Binics sind über den Zöllnerpfad und die Quais miteinander verbunden.

Der Hauptstrand *Plage de la Banche* südlich des Hafenbassins besitzt ein Meerwasserbecken, Umkleidekabinen, Strandclub und Wachstation. Die *Plage de l'Avant Port*, durch die Hafenmole mit dem Leuchtturm vom Hauptstrand getrennt, liegt geschützt in einer Felsbucht unterhalb von Ferienhäusern und den Campingplätzen. Sie ist 200 m lang und bei Flut noch 10 m breit (Mickeyclub). Die hinter der Pointe du Rognouse anschließende *Plage du Corps de Garde* wird südlich von Felsen begrenzt und ist bei Ebbe nur zum Fußfischen geeignet.

Basis-Infos

Postleitzahl 22520

Information Office de Tourisme, am Parkplatz am Kopfende Hafens. Auskünfte über maritime Angelegenheiten, Reservierung und Vermittlung von Ferienimmobilien, Prospekte sowie ein Faltblatt mit fünf Spaziervorschlägen in der Umgebung. April–Juni und Sept./ Okt. Mo–Fr 9.30–12.30 und 14–18, Sa 10–12.30 und 14–17 Uhr. Juli/Aug. Mo–Sa 9.30–18.30, So 10–12.30 und 14–18 Uhr. Nov.–März Mo–Fr 9.30–12 und 14–17, Sa 10–12/14–17 Uhr. 6, place Le Pommelec ☎ 02.96.73.60.12, www.ville-binic.fr.

Hin und weg Bus rund 10-mal tägl. Richtung St-Brieuc bzw. St-Quay-Portrieux. Haltestelle an der Avenue Leclerc auf dem Parkplatz am Hafenbecken.

Bootsausflug Juli/Aug. 2-mal, im Sept. 1-mal wöchentlich gehen die Vedettes de Bréhat in Binic auf Fahrt an der Goëlo-Küste entlang über Paimpol zur **Ile de Bréhat**. Auskünfte und Reservierung im Office de Tourisme.

Fahrradverleih R'Vélo, Tourenräder und MTBs. 35, avenue Leclerc, ☎ 02.96.73.74.95.

Markt Donnerstagvormittag auf dem großen Parkplatz hinter dem Hafenbassin.

Nordküste · Bucht von Saint-Brieuc → Karte S. 166/167

Übernachten/Essen & Trinken

Das Familienseebad hat sich ganz auf den Immobilientourismus spezialisiert. Die Hotelsituation ist eher prekär.

Hotels *** De la Plage, Strandhotel der Vacanciel-Kette an der Plage de la Banche. Rund 40 Zimmer, die in der Regel langfristig wochenweise ausgebucht sind. Bei Flut liegt der Strand vor dem Haus, bei Ebbe weit draußen. Panoramarestaurant. Sehr gepflegt, aber etwas unpersönlich. DZ 51–149 € je nach Zimmerlage, auf HP wird Wert gelegt, ist aber nicht zwingend. Avenue des Bernains, ✆ 02.96.73.61.04, www.vacanciel.com.

*** Le Benhuyc, in Toplage am Hafen. Rund ein Jahrzehnt lang war das Haus geschlossen, 2011 eröffnete es unter einem neuen Besitzer und nach umfassender Renovierung als Best-Western-Hotel – und ist seither die unbestrittene Nummer eins am Ort. Helle, elegant eingerichtete Zimmer, teils mit Blick auf den Hafen, moderne Duschen. DZ 68–135 €. Ganzjährig geöffnet. 1, quai Jean Bart, ✆ 02.96.78.79.79, www. le-new-benhuyc.com.

Neptune, zentrales Eckhaus am Kirchplatz hinter dem Quai Jean Bart. 7 teils etwas schmale, dunkle Zimmer in unterschiedlicher Größe. Cafébar im Erdgeschoss, Restaurant mit solider Küche im 1. Stock. DZ mit Dusche/WC je nach Lage und Größe 50–70 €. Ganzjährig geöffnet. Place de l'Eglise, ✆ 02.96.73.61.02.

** Heod, im Nachbarort Etables-sur-Mer. Moderner, freundlicher, motelähnlicher Bau im Landesinneren (an der Straße nach Paimpol). Kleine Zimmer, großes Frühstück. Wer spät noch ein Bett sucht, findet hier eine automatische Rezeption (Kreditkarte). DZ 59–68 €. Allée Paul Vatine, 22680 Etables-sur-Mer, ✆ 02.96.70.82.82, www.heodhotel.com.

Camping *** Panoramic, 3-ha-Platz an der D 786 nach St-Brieuc auf einem Hügel oberhalb des großen Banche-Strandes (500 m), von Panorama allerdings keine Spur. Teilweise schattig, 150 heckenunterteilte Stellplätze zwischen hohen Bäumen. Langgezogener Verwaltungs-, Unterhaltungs- und Versorgungstrakt, Sanitärblocks mit Geschirrspül- und Wäschebecken. Aquapark und beheiztes Schwimmbecken. Geöffnet April–Sept. Rue Gasselin, ✆ 02.96.73.60.43, www.lepanoramic.net.

** Municipal Les Fauvettes, auf einem planierten, zur Küste hin abfallenden Rasengelände über der Plage de l'Avant Port. Von der Kirche aus führt die Anfahrt steil bergauf durch eine ruhige Wohngegend (ausgeschildert). 80 schattenlose Stellplätze, teilweise Panoramablick. 300 m zum Strand. Geöffnet April–Sept. 13, rue des Fauvettes, ✆ 02.96.73.60.83, campingfauvettesbinic@orange.fr.

Wohnmobile Stellplatz direkt am Südufer des Ic-Flusses. Wasserversorgung, Abwasserentsorgung. Rue de l'Ic.

Essen La Face à la Mer, seit der Eröffnung 2012 die Nummer eins. Oben: mehrgängige Menus, vor allem Fisch und Spieße mit Jakobsmuscheln bei traumhafter Aussicht auf Meer und Hafen. Unten: Bistrot mit preiswerten Gerichten für sparsamere Menschen. Geschlossen So Abend, Mo Ruhetag. Plage de la Banche, ✆ 02.56.44.28.42.

Nord-Sud, die sichere Adresse unter den zahlreichen Restaurants und Brasserien an der Hafenzeile, beliebter Spezialist für Meeresküche zu vernünftigen Preisen. Quai de Courcy, ✆ 02.96.73.30.77.

Saint-Quay-Portrieux   3100 Einwohner

Der alte Fischerort Portrieux strahlt trotz der Geschäftigkeit der Hafenzeile provinzielle Behäbigkeit aus. In der Bucht nebenan entstand um die Wende zum 20. Jahrhundert St-Quay, dessen Casino, Hotels und Appartementhäuser sich hinter dem Strand zu einem quirligen Badeort aufblähen: Das Seebad mit dem Doppelnamen hat tatsächlich zwei Gesichter.

Von Portrieux aus segelten früher die Fischerboote zum Dorschfang bis Neufundland, sein Name rührt von der reichen Ausbeute guter Fischfilets *(rieux)* her. Durch die kleine Hauptgeschäftsstraße über den Kamm des Küstenvorgebirges ist es mit dem Tourismuszentrum St-Quay verbunden. Seinen Namen verdankt St-Quay einem irischen Mönch, der bei der Landung in der Bretagne fast das Leben verloren hätte (→ Kastentext „Der heilige Ké"). Heute hat St-Quay seinem Partnerort den Rang längst abgelaufen, wie die zu „St-Quai px" verkürzten Straßenschilder beweisen. Die Gemeindeverwaltung ist nach St-Quai umgesiedelt, und die Geschäftswelt macht ihre Einnahmen vorzugsweise hier, wo die Urlaubsgäste seit rund 100 Jahren für Wohlstand sorgen.

Sehenswertes

Sentier des Douaniers: Ein herrlicher Küstenpfad führt in einer Stunde vom St-Quay-Strand zum Hafen von Portrieux – rund um die Landzunge mit steilen Klippen unterhalb des Leuchtturms, vorbei an alten Badehäusern und Villen in Pinienparks, die das charmante Flair eines Seebads verströmen.

Vor der steil abfallenden Spitze der Landzunge oberhalb der *Plage de la Comtesse* liegt verträumt die *Ile de la Comtesse*, deren einstige Besitzerin im 19. Jahrhundert für heftigen Wirbel in der Gemeinde sorgte. Die Comtesse des Thuillais tyrannisierte jahrzehntelang die über ihren Lebenswandel empörte Gemeindeverwaltung und überzog diverse Bürgermeister mit gerichtlichen Verfahren. Bald genoss die boshafte Dame den Ruf einer „uneinnehmbaren Festung" – heute ist ihre Insel bei Ebbe problemlos zu Fuß zu erreichen.

Der heilige Ké

Ké, couragiert und erfindungsreich, verließ die britische Heimat in einem Boot, das für seine Zeit mit der letzten technischen Neuerung ausgestattet war: Ein steinerner Trog beschwerte den Kiel, stützte den Mast und diente obendrein als Süßwasserreservoir.

Als Ké am Strand von St-Quay (das damals noch nicht nach ihm benannt war) anlegte, hielten zahlreiche Frauen, die zum Waschen hierher gekommen waren, das neumodische Gerät für die Nussschale eines bösen Geistes, verprügelten den Missionar fürchterlich und gingen woanders waschen. In seiner Not, allein am Strand und dem Tod nahe, flehte der zerschundene Mönch um die Gnade der Heiligen Jungfrau. Die erschien prompt, kühlte seine Wunden mit dem Wasser einer Quelle, die unter ihrem himmlischen Fuß hervorsprudelte, und führte Ké zu einem riesigen Brombeerbusch, unter dem er vor bösen Tieren und Waschfrauen Schutz fand.

Am nächsten Morgen wurde der schlafende Mönch von den Weibern geweckt, die ihn demütig um Vergebung baten; ihre seefahrenden Männer hatten sie von der Harmlosigkeit des neuartigen Schiffs und seines Kapitäns überzeugt. Ké erholte sich, blieb und baute eine Kapelle, die er der Heiligen Jungfrau vom Brombeerstrauch weihte.

Die Kapelle Notre-Dame-de-la-Ronce wurde rasch zum Wallfahrtsziel, 1875 wurde sie zerstört. Bei den Abbrucharbeiten entdeckte man unter dem Altar einen überdimensionalen Brombeerbusch. Der steinerne Trog, dem Ké die Prügel zu verdanken hatte und der lange als Reliquie verehrt wurde, war allerdings verschwunden. An der Stelle der Kapelle steht heute das Tourismusbüro.

Baden

Badegäste finden feine Muschelsandstrände und ein Meerwasserschwimmbecken vor. Der Küstenpfad verbindet die einzelnen Strände, die oft malerisch zwischen Klippen, Felsen und Pinien liegen und an denen absolutes Hundeverbot herrscht.

Plage du Casino: Der Hauptstrand des Badeorts, von der Felsflanke mit dem Leuchtturm begrenzt und gut geschützt, ist 400 m lang und wird durch das Meerwasserschwimmbecken in zwei Abschnitte unterteilt. Alle Strandeinrichtungen, von Kinderclubs über Strandzeltverleih bis zu Umkleidekabinen und Erste-Hilfe-Station. Bei Flut wird's eng.

Plage de la Comtesse: Vom Hauptstrand über den Küstenpfad Richtung Portrieux; der 200 m lange Sandstreifen unterhalb der Felsklippen des Villenviertels ist bei Flut noch etwa 15 m breit. Bei Ebbe ist das vorgelagerte Comtesse-Inselchen trockenen Fußes zu erreichen. Traumhafte Lage, etwas ältliche Strandeinrichtungen.

Plage du Moulin: Ein Tipp auf dem Gemeindegebiet von Etables-sur-Mer, etwa 2 km Richtung Binic. Kleine, anheimelnde Sandbucht mit Kinderclub und Beach-Volleyballfeld. Umkleidekabinen, WCs und Strandbars halten sich dezent im Hintergrund.

Basis-Infos

Postleitzahl 22410

Information Office de Tourisme, am großen Platz vor dem Casino in St-Quay. Stadtpläne, Hotellisten, Vermittlung von möblierten Wohnungen und Häusern u. a. m. Juli/Aug. Mo–Sa 9–19, So 10.30–12.30 und 15.30–18 Uhr. Sept.–Juni Mo–Sa 9–12.30 und 14–18.30 Uhr. 17bis, rue Jeanne d'Arc. ✆ 02.96.70.40.64, www.saintquayportrieux.com.

In der Badesaison hat das Büro eine **Zweigstelle** am Hafen von Portrieux. Mo–Sa 10.30–12.30 und 15.30–18.30, So 15.30–18.30 Uhr. 20, quai de la République, ✆ 02.96.70.50.60.

Hin und weg Bus: werktags 11-mal tägl. nach Paimpol (über Plouha) bzw. nach St-Brieuc (über Binic). Sonntags 5-mal. Haltestellen am Hafen in Portrieux und an der Place de Verdun neben der Touristinformation in St-Quay.

Bootsausflug Mit den weiß-blauen Ausflugsschiffen von Ile de Bréhat an der Côte de Goëlo entlang über Paimpol zur **Ile de Bréhat**. Daten und Abfahrtszeiten am Kai von Portrieux (Port nouveau) sind gezeitenabhängig (Juni–September). Reservierung beim Office de Tourisme.

Diverse Halbtagesausflüge auf einheimischen Booten zum Sportangeln oder Sightseeing (nur Juli/Aug.) sowie Ausflüge auf einem alten Segelboot vermittelt ebenfalls das Office de Tourisme.

Golf Der 6125 m lange Parcours des **Golf des Ajoncs d'Or** mit 18 Löchern liegt im 6 km entfernten Lantic; er gehört dem Golfclub von St-Quay. Auskunft über das Office de Tourisme oder unter ✆ 02.96.71.90.74.

Markt Montagvormittag in Portrieux am rechten Hafendamm (Quai Robert Richet). Freitagvormittag in St-Quay, rund um die Rue Jeanne d'Arc oberhalb des Hauptstrands.

Pardon Wallfahrt zu Ehren der heiligen Anna mit Fackelprozession, Meeressegnung und Hafenfeuerwerk (Illumination) im Ortsteil Portrieux am 26. Juli. **Pardon de St-Ké** am 24. September in St-Quay.

Veranstaltungen Segelregatten, Tennisturnier, Feuerwerk, Jazz- und Rockkonzerte … der im Office de Tourisme erhältliche Veranstaltungskalender verschafft Überblick. Wichtigstes Event des Jahres ist die **Fête de la Coquille Saint Jacques** (Jakobsmuschelfest) am letzten Aprilwochenende: Bootsparaden, Märkte mit fangfrischen Meeresfrüchten und die Einladung, die Muschelernte mitzumachen. Alljährlich rund 70.000 Besucher.

Wassersport Loc Voile Armor am Jachthafen verleiht fast alles, was schwimmt: Boote, Surf- und Funbretter. Esplanade du Port d'Armor, ✆ 02.96.70.92.94.

Übernachten
1 Ker Moor
3 St-Quay
5 Le Gerbot d'Avoine
6 Le Kreisker
7 Le Commerce

Essen & Trinken
2 Le Victoria
4 Le Bar
5 Le Gerbot d'Avoine
8 La Bienvenue

St-Quay-Portrieux
250 m

Nordküste
Bucht von Saint-Brieuc → Karte S. 166/167

Narco Club, nicht Betäubungs-, sondern Tauchspezialist. Der Club hat auf dem Tauchschiff „Narcose" 19 Plätze für Tief-wassertaucher frei. Esplanade du Port d'Armor, ☎ 06.60.16.36.77.

Übernachten

Hotels **** **Ker Moor** ■, ein „Relais de Silence" in bester Lage am Rande einer steilen Felsklippe gegenüber der Ile de la Comtesse, schön renovierte 1001-Nacht-Villa aus dem 19. Jh. mit Zwiebeldach im Stil eines indischen Maharadscha-Palastes. Gartenpark mit bunten Blumen, Pinien und einer Palme, 27 komfortable, helle Zimmer mit TV, Bad und Toilette. Individuelle Balkonterrassen mit herrlicher Aussicht. Der Betrieb des Gartenrestaurants wurde leider aufgegeben. DZ 89–189 €. Ganzjährig geöffnet. 13, rue du Président Le Sénécal, ☎ 02.96. 70.52.22, www.ker-moor.com.

** **Le Gerbot d'Avoine** ■, Logis-de-France-Quartier zentral am Hauptstrand. 18 Zimmer im Natursteingebäude, sanitär unterschiedlich, z. T. Balkons. Salon mit altem Mobiliar und schwer ornamentierten Tapeten, Restaurant mit guter Küche. DZ mit Dusche/WC und TV 65–98 €. In der Saison HP erwünscht. Ganzjährig geöffnet. 2, boule-vard du Littoral, ☎ 02.96.70.40.09, www.gerbotdavoine.com.

** **St-Quay** ■, 7 Nichtraucher-Zimmer mit unterschiedlicher sanitärer Ausstattung, zur Straße hin etwas laut. Schöner Speiseraum mit Holzbalkendecke und sorgfältig arrangierter Tischdekoration. Die freundliche Besitzerin sorgt mit der Küche für das leibliche Wohl der Gäste. DZ 72 €. Ganzjährig geöffnet. 72, boulevard Foch, ☎ 02. 96.70.40.99, www.hotel-saint-quay-et-son-restaurant.com.

Le Kreisker ■, ein Katzensprung oberhalb des Hauptstrands. Im Erdgeschoss Barbetrieb, Lotto, Toto, Pferdewetten und Tabakkiosk, im Obergeschoss 7 einfache Zimmer, 4 davon mit Dusche/WC, die anderen 3 mit Dusche, aber WC auf Etage. 36–52 €. Ganzjährig geöffnet 18, rue Jeanne d'Arc, ☎ 02.96.70.57.84, www.hotelkreisker.com.

Le Commerce 7, gleich hinter dem Hafen von Portrieux. 11 einfache Zimmer mit Dusche. Ziemlich in die Jahre gekommen, man zahlt für die Lage mit: DZ 40 €. Geschlossen im Jan. und Okt. für jeweils zwei Wochen. 4, rue Clemenceau, ✆ 02.96.70.41.53.

Camping *** Bellevue, im Ortsteil Fonteny, etwa 500 m westlich des Zentrums. Schöner Panoramablick, ein Küstenpfad führt steil hinunter zum schmalen Strand von Fonteny. Terrassenförmig angelegt auf einer rasenbedeckten Klippe über dem Meer, teilweise von Hecken und Bäumchen unterteilt. 3 ordentliche Hygieneblocks mit Warmduschen, Abspül- und Wäschebecken. Kleiner Laden, Waschmaschinen, Kinderspielplatz, Swimmingpool. Extra-Service: Duschen für Hunde. 180 Stellplätze. Geöffnet Mai bis Mitte Sept. 68, boulevard du Littoral, ✆ 02.96.70.41.84, www.campingbellevue.net.

Restaurants Le Gerbot d'Avoine 5, das Restaurant des gleichnamigen Hotels bietet wohl die gelungensten Gaumenfreuden des Seebads. Menüs und gute Auswahl à la carte, Spezialität Meeresfrüchte. 2, boulevard du Littoral, ✆ 02.96.70.40.09.

»»» Mein Tipp: Le Crapaud Rouge, außerhalb, in Treveneuc (Richtung Paimpol), dort am Port Goret. Ein bescheidenes Häuschen mit großer Holzterrasse davor – eine schlichte, aber sehr beliebte Sommerkneipe, die Moules-frites in allen Variationen sowie Crêpes serviert. Dazu einen guten Rotwein und eine phantastische Aussicht auf die Küste ... ein Lesertipp, den wir aufgrund eigener Erfahrung gern weitergeben. Port Goret, 22410 Treveneuc, ✆ 02.96.70.36.21. **«««**

Le Victoria 2, auf der Mole fühlt man sich dank des Interieurs bereits im Schiff. Von Pizza, Pasta und Moules frites bis Châteaubriand – alles stets gut zubereitet und mit Freundlichkeit serviert. Außerhalb der Saison Mo/Di Ruhetag. Esplanade du Port d'Armor, ✆ 02.96.65.20.77.

La Bienvenue 8, in einer Gasse hinter dem Hafen von Portrieux (ausgeschildert). Küche mit regionaler Note. 1, place du Centre, ✆ 02.96.70.42.05.

Le Bar 4, neben dem Casino, vom Barbetrieb getrenntes separates kleines Restaurant mit Panoramablick über den Strand. Keine großen Menüs, keine große Auswahl, doch gute Muscheln, gute Salate und gute Desserts. Auch Pizza. Eingang über das Casino. Di/Mi Ruhetag. 4, boulevard de Gaulle, ✆ 02.96.70.41.55.

Umgebung von St-Quay-Portrieux

Circuit des Falaises: Der „Weg der Steilküsten" zwischen St-Quai-Portrieux und Paimpol leitet passionierte Fußgänger auf schmalen Sträßchen zu allen Landspitzen der Region. Am beeindruckendsten sind die *Pointe de Minard* und die *Pointe de Bilfot*. Idealer Ausflug für Radler, auch wenn es immer bergauf und bergab geht. Der Küstenpfad zählt zu den schönsten Abschnitten des Fernwanderwegs GR 34.

Plouha: Ein ruhiger, unscheinbarer Ort auf einem Hochplateau etwas landeinwärts der steil abbrechenden Felsküste neben der D 786. Plouha ist ein beliebter Ruhesitz von Seeleuten und Marinerentnern, die in der schlafmützigen Atmosphäre der 4000-Seelen-Gemeinde einen ungestörten Lebensabend verbringen wollen. Eine Kirche, ein Marktplatz, zwei kleine Hotels und Einfamilienhäuschen, die fast jährlich mehr werden – Plouha ist die behäbige Alternative zum Stadtleben in St-Quai-Portrieux.

Etwa 1,5 km außerhalb von Plouha drängen sich an der Steilküste sechs Badestrände zwischen den Felsklippen, teilweise führen Stichstraßen zu den Buchten. Hervorzuheben sind die kleine *Plage Bonaparte*, durch einen Felstunnel zu erreichen, und die langgezogene *Plage Le Palus*, eine von Felsen abgeschlossene Badebucht. Bevorzugter Aussichtspunkt alternder Seebären und Fischersfrauen jeden Alters ist das *Denkmal der Alliierten Flieger* oberhalb des Bonaparte-Strandes: schöne Sicht über die Bucht von St-Brieuc, rechts die 100 m hohen Klippen, die die Bucht von Port-Moguer begrenzen.

Operation Bonaparte

1944. Ein einsamer Strand in einem gottverlassenen Winkel der Bretagne erhält eine Schlüsselrolle in den Aktivitäten der Résistance. Unter dem Decknamen Bonaparte organisiert die Widerstandsbewegung von Januar bis Juli 1944 den Transport abgeschossener alliierter Piloten nach Plouha und von dort ihre Flucht nach England. Von der heutigen Plage Bonaparte aus entkommen den Nazis schließlich 135 amerikanische und kanadische Flieger. Ein Denkmal der alliierten Flieger oberhalb des Bonaparte-Strands erinnert an die erfolgreiche Operation.

Kermaria: Der kleine Weiler an der D 21, 3 km nordwestlich von Plouha, besitzt eine außergewöhnliche *Kapelle* aus dem 13. Jahrhundert – eine Stiftung des unversehrt aus dem Heiligen Land zurückgekehrten Kreuzritters Henry d'Avongour an die „heilende Maria". Im Lauf der Jahrhunderte wurde die *Maison de Marie-Qui-Guérit* mehrmals baulich verändert, die Vorhalle zeigt wunderschöne Holzapostel – einer von ihnen hat das Weite gesucht.

Doch berühmt ist die Kapelle wegen ihres etwas blassen, nur noch teilweise erhaltenen Freskos über den Spitzbögen des Mittelschiffs (15. Jh.), das einen makabren *Totentanz* darstellt und die tragischen Ereignisse der Pestzeit thematisiert: 47 Personen aus allen Gesellschaftsschichten (König, Ritter, Kardinal, Mönch, Bauer, Bettler, Wucherer und zwei Verliebte) tanzen – einander an den Händen haltend – einen schrecklichen Reigen. Zusätzlich erinnert ein vermoderter Reliquienschrein mit einem Totenschädel an die Vergänglichkeit des irdischen Seins.

Kapelle: Tägl. 10–12 und 14–18 Uhr; in der Saison bis 20 Uhr, im Winter nur bis 16 Uhr. Falls doch geschlossen ist, ist am Portal eine Telefonnummer angeschlagen, die zum Schlüssel führt. **Pardon:** Am 3. Sonntag im September.

Lanloup: 5 km nordwestlich von Plouha an der Straße nach Paimpol. Das kleine Lanloup wartet mit einem schönen Pfarrbezirk auf. Die Kirche *St-Loup* (15. Jh.) zeigt eine beeindruckende Vorhalle mit 12 Steinaposteln und einer Marienstatue über dem Portal. Das große Kreuz im Gräberfeld stammt aus dem 18. Jahrhundert.

Lanleff: Der bäuerliche Weiler, 1 km abseits der D 7 zwischen St-Brieuc und Paimpol, beherbergt einen Tempel, der lange Zeit ein archäologisches Rätsel war. Etwas versteckt hinter dem Friedhof, irritierten die Ruinen eines in der Bretagne seltenen Rundbaus die Wissenschaftler. Die Hypothesen reichten vom keltischen Sonnentempel über eine gallorömische oder merowingische Kultstätte bis hin zur Annahme, dass dem Teufel verfallene Ritter des Templerordens den Rundbau gründeten, um hier in blasphemischer Weise Baphomet den Hintern zu küssen.

Höchstwahrscheinlich handelt es sich um eine im späten 11. Jahrhundert gebaute romanische Kirche. Den zeituntypischen, kreisförmigen Grundriss des Tempels brachten heimkehrende Ritter aus dem ersten Kreuzzug als architektonische Anregung aus dem Orient mit. Die merkwürdige Ruine wurde kürzlich restauriert. Gut erhalten, wenn auch ohne Dachkuppel, ist noch die innere Rotunde (10 m Durchmesser) mit den Arkaden. Der ramponierte äußere Ring des wuchtigen Rundbaus diente wohl einige Zeit als Steinbruch für den Bau der umliegenden Häuser.

Nordküste
Bucht von Saint-Brieuc → Karte S. 166/167

Paimpol

Paimpol – die Stadt der Islandfischer. Ein knappes Jahrhundert lang prägten sie das Leben des Hafenstädtchens. Ihrem oft tragischen Schicksal setzte Pierre Loti mit seinem Roman „Pêcheur d'Islande" ein weltweit gelesenes Denkmal: „Die alten Dächer erzählen vom jahrhundertelangen Kampf gegen den Westwind, gegen die Gischt, den Regen, gegen alles, was das Meer herausschleudert …"

Die Fassaden der Häuser im Altstadtkern haben die Zeiten überdauert, auch wenn über dem *Café Tressoleur*, das die Islandfischer Pierre Lotis frequentierten, heute in Neonschrift „Sport 2000" um Kundschaft wirbt. Sehenswert neben dem alten Paimpol westlich des Hafens sind die Ruinen der *Abtei von Beauport* im Ortsteil Kérity. Die Strände um Paimpol sind für Bade- und Wassersportler nicht allzu einladend – flache, weite Buchten, bei Ebbe voll Schlick, und rund um den Hafen baggern Sandaushubschiffe. Badefreunde finden auf der Insel Bréhat bessere Möglichkeiten.

Stadtgeschichte: Die Gegend um Paimpol ist bereits in frühgeschichtlicher Zeit besiedelt. Nach den Römern lassen sich im 6. Jahrhundert Bretonen in *Pemp-Poull* (Fünf Weiher) nieder. Lange Zeit ist Paimpol Landungshafen für ein Missionskloster auf der vorgelagerten Insel St-Riom, seit 1202 dann Lehensdorf der Abtei von Beauport. Paimpol, dessen Fischer schon im 15. Jahrhundert bis zu den Neufundlandinseln segeln, wird im 17. Jahrhundert nach einer englischen Besetzung befestigt und steigt 1790 zum Hauptort des Kantons auf.

1852 bricht der erste *Terre-neuvier* (Neufundländer) zur *Grande Pêche* (Großer Fang) auf und leitet damit eine für Paimpol ebenso ruhmreiche wie tragische Ära ein. Die Grande Pêche, der Kabeljaufang weit draußen im Ozean, bringt Paimpol zwar fast ein Jahrhundert lang Reichtum, seinen Bewohnern aber auch viel Leid. Jedes Jahr etwa Ende Januar geht nach einer weihevollen Abschiedszeremonie eine Flotte von Islandfischern auf große Fahrt, bei ihrer Rückkehr Ende August fehlen regelmäßig einige Schiffe – die Feierlichkeiten für die Heimgekehrten sind stets von einem Schatten der Trauer begleitet. Allein zwischen 1864 und 1866 bleiben acht Schiffe auf See verschollen.

Seinen Höhepunkt als erster Kabeljauhafen erlebt Paimpol im ausgehenden 19. Jahrhundert: 80 Schoner sind auf See. Nach dem Ersten Weltkrieg geht die große Zeit langsam, aber sicher zu Ende. Die Männer, die immer noch mit

Leine und Haken fischen, haben den Anschluss an die neue Zeit verloren. Die Fangflotten, die mit großen Schleppnetzen den Golfstrom abzufischen beginnen, entscheiden die Schlacht um den Dorsch für sich. 1935 brechen die beiden letzten Schoner zur *Grande Pêche* auf – nur einer kehrt in den Heimathafen zurück.

Heute wird in Paimpol Küstenfischfang betrieben. Neben dem wachsenden Tourismus bringt vor allem der Anbau von Frühgemüse Geld in die Kassen.

Sehenswertes

Stadtrundgang: Der Stadtkern mit seinen engen Gassen und niedrigen Häusern besitzt noch viel vom Flair des alten Fischerorts. Zentrum der Altstadt ist die *Place du Martray*. In dem putzigen Fachwerkhaus mit dem zierlichen Eckturm am oberen Ende des länglichen Platzes (Ecke Rue de l'Eglise) findet sich das *Hôtel Michel*, in dem *Pierre Loti* abstieg, als er an seinem Roman über die Islandfischer arbeitete. Hier lebt, liebt und ängstigt sich auch die Hauptfigur der Geschichte, die gute Gaud Mével. Das sogenannte *Quartier Latin*, dessen Gässchen nördlich des Platzes zum Hafenbecken hinausführen, spiegelt noch immer die Spur des vibrierenden Viertels, in dessen Spelunken bis Anfang des 20. Jahrhunderts viel Seemannsgarn gesponnen wurde. In der *Rue des Huit Patriotes* steht noch die 500 Jahre alte Fachwerkfassade der alteingesessenen *Eisenwaren- und Schiffsarmaturenhandlung Jézequel*, lange Zeit das Kaufhaus der Islandfahrer. An der *Place de Verdun* ragt ein Glockenturm (1760) in den Himmel, das letzte Zeugnis der um 1550 erbauten Pfarrkirche. Dem alten Turm gegenüber steht in einem Mini-Park das Monument für den bretonischen Barden *Théodore Botrel*, den Schöpfer der ungekürten bretonischen Nationalhymne „La Paimpolaise". Auf der Stirnseite des Denkmals

Nordküste
Bucht von Saint-Brieuc → Karte S. 166/167

Der Hafen der Islandfischer

blicken eine junge Fischersfrau und eine Mutter sorgenvoll-hoffend übers Meer. Auf der Rückseite intonieren drei Fischer fern der Heimat sehnsuchtsvoll das Lied, und es ist ihnen anzusehen, dass sie „Paimpol und seine Felsküste, die Kirche und den großen Pardon – am meisten aber ihre Paimpolaiserin lieben, die sie im Pays breton erwartet". Die erste Strophe ist in französischer Sprache in den Granit des Denkmals geschlagen, doch mittlerweile recht verwittert und kaum mehr zu entziffern.

Musée de la Mer: in der Rue Labenne; für Nautikfreunde durchaus lohnenswert. Ausstellung zur Stadtgeschichte, Navigationsinstrumente, Bilddokumente zum alten Paimpol und natürlich ein Epos auf die Islandfischer, ihren Literaten Loti und ihren Musiker Botrel. Jedes Jahr im Sommer jeweils Wechselausstellungen – stets zum Thema „Meer".
Mitte April bis Mitte Juni und Sept. tägl. 14–18 Uhr. Mitte Juni–Aug. tägl. 10.30–12.30 und 14–18.30 Uhr. Eintritt 4,10 €, bis 18 J. gratis.

Pierre Loti und die Islandfischer

Julien Viaud wird 1850 in Rochefort geboren, 1892 wird er Mitglied der Académie Française und stirbt 1923 in Hendaye. Schon in jungen Jahren bereist er als flotter französischer Marineoffizier die Meere. Er kennt den Nahen und Fernen Osten, die Kriegsschauplätze der französischen Kolonialpolitik in Übersee und gilt als weltgewandter, schriftstellerisch begabter junger Mann. Die meisten seiner Romane und Novellen spielen in einer exotischen Welt. In die Bretagne verschlägt es Viaud Anfang der 1880er Jahre – für nur kurze Zeit, aber mit für ihn unerwarteten Folgen.

Der exaltierte Julien verliebt sich in eine hübsche bretonische Unschuld, die seinem Liebeswerben widersteht und ihn damit zum Roman *Pêcheur d'Islande* (Islandfischer) inspiriert. Gründliche Recherchen über das gefährliche Leben der Islandfischer – der Schriftsteller deckt sich in den verqualmten Spelunken bei gestandenen Seeleuten mit Informationen ein – und die psychische Verarbeitung seiner Niederlage bei der schönen Maid liefern die Ingredienzien: Meer, Liebe, Tod. Viaud, er nennt sich mittlerweile Pierre Loti, mischt seine eigenen Erfahrungen auf See mit den drastischen Beschreibungen der Islandfischer und verkehrt sein Liebesdrama ins Gegenteil: Die Heldin, die schöne, wohlhabende *Gaud Mével*, ist unglücklich in Yann Goas verliebt, einen armen Islandfahrer, der ihr zunächst die kalte Schulter zeigt und behauptet, er sei mit der See verlobt. Diese holt ihn schließlich auch. Von seiner ersten Ausfahrt nach der Trauung mit Gaud – ja, sie hat ihn doch herumgekriegt – kehrt Yann nicht mehr zurück. Verzweifelt steht Gaud am Kreuz der Witwen und hält Ausschau nach dem verschollenen Schiff.

Loti entwarf in seinem Roman ein Gemälde der Bretagne des ausgehenden 19. Jahrhunderts ohne folkloristische Übertreibung. Trotzdem oder gerade deshalb war er bei den Bretonen nicht sonderlich beliebt. Das Bild der einfältigen, Holzpantinen tragenden Bevölkerung, die sich willenlos in ein gottgewolltes Schicksal ergibt, brachte Loti den Vorwurf der Verkitschung ein. Zwar ist in Paimpol einer der Quais nach dem Mann benannt, der die Stadt in der Welt der Literatur bekannt machte, ein eigenes Denkmal wie sein Künstlerkollege *Botrel* bekam er aber nicht.

Théodore Botrel

Théodore Botrel, 1868 in Dinan geboren, verlässt nach armseliger Kindheit und Jugend wie so viele Bretonen die Heimat, um in Paris ein Auskommen zu finden. Als einfacher Bahnangestellter fristet er dort sein Leben. Ein stiller Hang zum bretonischen Bardentum und die Begeisterung für Pierre Lotis Roman „Islandfischer" treibt ihn Nacht für Nacht in die Kabaretts der Hauptstadt. Als er eines Abends aufgefordert wird, selbst etwas vorzutragen, kommt Théodores große Stunde: Heimweh, Stolz und schwermütige Erinnerung – in einer Nacht komponiert und textet er einen Ohrwurm, den ein Musikverleger sofort als potenziellen Hit erkennt. Die Paimpolaise, die nach Motiven der Islandfischer von der tragischen Liebe eines armen Fischerjungen zu seiner Paimpolaise (ortsansässiges Mädchen) erzählt und tödlich endet, wird durch geschickte Vermarktung binnen kurzer Zeit zum Verkaufsschlager (1898 bereits 2 Millionen gedruckte Exemplare) und Botrel zum gefeierten Star. 1896 kommt Botrel zum ersten Mal nach Paimpol. Seine Popularität als Schöpfer der „Marseillaise des Meeres" verhilft ihm zu Wohlstand, die bretonischen Bardenkreise verehren ihn, seine Anwesenheit bei folkloristischen Feierlichkeiten hebt deren Bedeutung.

1914 schwappt eine neue Botrel-Welle über Frankreich hinweg. Mit bissiggrausamen Chansons feuert Botrel die französischen Soldaten in den Schützengräben des Ersten Weltkriegs zum Kampf gegen die Deutschen an. In der Bretagne – sie blutet besonders unter den rigorosen Aushebungen der französischen Regierung – macht sich Botrel damit nicht nur Freunde. Sogar der Magistrat von Paimpol rückt vorübergehend von ihm ab. Am 26. Juli 1925, wenige Wochen vor einem Kongress, zu dem auch er eingeladen wurde – man wollte ihm verzeihen – stirbt Théodore Botrel in Pont-Aven.

Nordküste
Bucht von Saint-Brieuc → Karte S. 166/167

Abtei von Beauport: Die Klosterruine, in historischer wie architektonischer Hinsicht das bedeutendste Bauwerk der Region von Paimpol, überragt das Meer vom Hang eines kleinen Hügels aus. Gegründet wurde die Abtei 1202 vom Grafen *Alain de Penthièvre*, einem Anhänger des Prämonstratenser-Ordens. Von Herzögen und Königen mit allerlei Privilegien versehen, war Beauport über Jahrhunderte Zentrum der Region, wirtschaftlicher Motor für die Entwicklung Paimpols und gefürchteter Gerichtssitz. Die Äbte des Ordens regierten mit eiserner Faust – nicht nur in klösterlichen, sondern auch in den ihnen unterstellten weltlichen Belangen. Ein Urteil aus dem Jahr 1650 belegt ihre rigide Machtausübung: Drei hungrige Fischer, die aus dem Depot der Abtei ein Säckchen Getreide gestohlen hatten, wurden zum Tode verurteilt. Erst nach dem Einspruch des bretonischen Parlaments wurde das Urteil in jahrelange schwere Kerkerhaft umgewandelt. 1790 endet die Ära prämonstratensischer Selbstherrlichkeit. Revolutionstruppen sengen und plündern die Abtei, verjagen die Ordensbrüder und machen aus dem Kloster eine Pulverfabrik.

Die Ruinen, durch alte, hohe Bäume vor neugierigen Blicken geschützt, illustrieren den Konflikt zwischen normannisch-romanischer und gotischer Baukunst. Im *Kreuzgang* ist die Ornamentik normannisch, die Spitzbogen und Gesimse sind gotisch. Sehenswert sind auch die Reste der *Klosterkirche* aus dem 13./14. Jahrhundert, das *Refektorium*, der *Fürstensaal* und der leider leere *Weinkeller* der Ex-Abtei.

März und Okt. bis Mitte Dez. tägl. 14–18 Uhr. April–Juni tägl. 10.30–12.30/14–18 Uhr. Juli–Sept. tägl. 10.30–19 Uhr. Zum besseren Verständnis gibt's für den Rundgang deutschsprachige Infoblätter. Im Sommer Führungen und zahlreiche Veranstaltungen, über die ein Faltblatt informiert. Eintritt 5,50–6 €, je nach Saison.

Anfahrt: Die Abtei befindet sich im Ortsteil Kérity, 2 km auf der D 786 in Richtung St-Quay-Portrieux, dann führt ein kleiner Weg links ab (ausgeschildert). Parkplatz vor den Ruinen.

Basis-Infos

Postleitzahl 22500

Information Office de Tourisme, in einem neuen Gebäude vor der Altstadt. Freundliche Damen geben Auskunft; Stadt- und Umgebungsplan, Hotelliste und Animationskalender. Juli/Aug. Mo–Sa 9.30–19.30, So 9.30–12.30 und 16.30–18.30 Uhr. Sept.–Juni Mo–Sa 9.30–12.30 und 14–18 Uhr.

Place de la République. ℘ 02.96.20.83.16, www.paimpol-goelo.com.

Hin und weg Bahn: Bahnhof im Südteil der Stadt, 300 m vom Hafendamm. 4- bis 5-mal tägl. über Pontrieux am Trieux-Fluss entlang nach Guingamp, das an der Hauptstrecke Paris–Brest liegt.

Übernachten
1 De la Baie
2 K'Loys
5 Berthelot
6 Maiso St-Michel
7 Le Goëlo
11 De la Marne
12 Eurotel Le Grand Bleu
13 Le Goas Plat

Essen & Trinken
3 La Cotriade
4 L'Islandais
8 Le Terre Neuvas
9 La Vieille Tour
10 Pizzeria L'Arlequin

Paimpol Zentrum

200 m

Frischfisch

Bus: Abfahrt auf dem Bahnhofsvorplatz. Über die Badeorte der Goëlo-Küste bis zu 11-mal tägl. nach St-Brieuc. 3- bis 4-mal tägl. über Lézardrieux nach Tréguier und Lannion. Zur Pointe de l'Arcouest (Abfahrt zur Insel Bréhat) 4-mal tägl., in der Hauptsaison öfter.

Fähre zur Insel Bréhat → Ile de Bréhat

Bootsausflug Die Fährboote von Vedettes de Bréhat bieten eine Rundfahrt um die Insel **Bréhat** an, Buchung an der Pointe de l'Arcouest. Im Anschluss an die normale Überfahrt bleiben die Gäste an Deck und tuckern in 45 Min. um die Insel. Inkl. Überfahrt zahlen Erwachsene 15 €, Kind 4–11 J. 11 €. Vedettes de Bréhat, ✆ 02.96.55.79.50.

Einkaufen In den Gassen westlich des Bassins Nr. 1 finden sich zahlreiche kleine Läden, Galerien und Souvenirhops. Vermehrt lassen sich Künstler, Kunsthandwerker und unbekannte Modeschöpfer in Paimpol nieder, das so für Shopper ein gutes Pflaster geworden ist.

Feste Festival du Chant de Marin, an einem Wochenende in der 1. Augusthälfte, jedes zweite Jahr (Jahre mit ungerader Endziffer); ein buntes Fest zum Thema Seemannslieder rund um den Hafen. Programm unter www.paimpol-festival.com.

Golf Der Golfclub von Paimpol locht ein in Pléhédel (7 km südlich der Stadt), im Schlosspark des Château de Boisgelin. 18-Loch-Anlage in herrschaftlicher Atmosphäre. ✆ 02.96.22.37.67.

Markt Dienstagvormittag ein sehr farbenfroher Markt mit landwirtschaftlichen Produkten auf der Place Gambetta, ein Stück unterhalb des alten Glockenturms. Hier findet man auch die Fischhallen.

Schwimmbad Piscine Islandia, überdachtes und beheiztes Schwimmbad mit Flusskanal, Massagedüsen, Solarium und Sauna im Ortsteil Kerraoull, stadtauswärts Richtung Lézardrieux. Tägl. geöffnet, ✆ 02.96.20.54.57.

Wassersport Centre Nautique des Glénans, am oberen Ende des Jachthafens. Segelkurse. ✆ 02.96.20.84.33

Force 8, an der Straße nach Lannion (gegenüber Supermarkt E. Leclerc) ist der Vermietungsexperte für Wassersportgeräte: Surf- und Funbretter, Kajaks, Wasserski. Route de Lannion, ✆ 02.96.22.03.31.

Übernachten → Karte S. 208

Hotels *** K'Loys **2**, wunderschönes Haus aus dem Fin de siècle, vom Besitzer mit viel Geschmack zum stilvollen Hotel transformiert. Viel Plüsch im Entree und auch im Aufenthaltsraum, in beiden Räumen wie auch in den Zimmern sind die alten Holzböden erhalten und mit Teppichen ausgelegt. In der ersten Etage nach hinten findet sich ein traumhafter Wintergarten. Die Zimmer sind geräumig, im Stil des Hauses eingerichtet und sehr gepflegt. DZ 66–180 €. Ganzjährig geöffnet. 21, quai Morand, ✆ 02.96.20.40.01, www.k-loys.com.

*** De la Marne **11**, im neuen Stadtteil, 300 m vom Bahnhof. Ordentliches Stadthotel mit 11 Zimmern, zur Straße hin etwas laut. Exquisites Restaurant (Mo Ruhetag). DZ 50–85 €. Geschlossen im Jan. 30, rue de la Marne, ✆ 02. 96.16.33.41, www.hoteldelamarne-paimpol.fr.

*** Eurotel Le Grand Bleu **12**, etwa 1 km außerhalb an der Straße nach Lanvollon. Der moderne Bau mit seinen 30 gut ausgestatteten Zimmern ist oft von Gruppen ausgebucht. DZ 51–65 € je nach Saison. Geschlossen in der 2. Dezemberhälfte. 2, chemin de Kergroas, ✆ 02.96.20.81.85, www.paimpol-eurotel.com.

** De la Baie **1**, an der Straße zur Ile de Bréhat. Moderner Motel-Komplex mit mehreren Häuschen im Wiesengelände. Falls Sie um 3 Uhr nachts noch ein Zimmer suchen, kein Problem: Der Zimmerverteilungsautomat arbeitet zuverlässig. Zweckmäßig eingerichtete Zimmer, ausreichend groß und ohne Charme. Auch 3- und 4-Bett-Zimmer. DZ 55–85 €. Ganzjährig geöffnet. 3, route de l'Ile de Bréhat, ✆ 02.96.20.97.97, www.paimpol-hotel-motel.com.

** Le Goëlo **7**, 32-Zimmer-Haus am Kopfende des Hafens. Zimmer sanitär sehr unterschiedlich ausgestattet. DZ 58–84 €, die teureren mit Blick auf den Hafen. Ganzjährig geöffnet. 4, quai Duguay-Trouin, ✆ 02.96. 20.82.74, www.legoelo.com.

** Le Goas Plat **13**, ein nüchterner Bau, aber sehr freundlich geführt und nur 5 Min. zu Fuß ins Zentrum. Das Restaurant ist in der Nebensaison nur an Wochenenden geöffnet. DZ 48–54 €. Geschlossen in der 2. Dez.-Hälfte. 33, rue de Goas Plat, ✆ 02.96.20.93.54, www.hotel-legoasplatpaimpol.fr.

* Berthelot **5**, moderner Bau mit 12 einfachen, sanitär unterschiedlichen Zimmern, z. T. verwinkelt an engen Gängen. DZ 45–48 €, alle mit Dusche, die billigeren mit WC auf Etage. Rue du Port, ✆ 02.96.20.88.66.

Appartements/Studios Maison Saint-Michel **6**, 5 Fußminuten ins Stadtzentrum, vermietet in einem früheren Schwesternhaus Appartements und Studios für 2 bis 4 Pers., auch tageweise. „Alle Schlafräume zur Gartenseite gelegen, sehr ruhig" (Lesermail). 2 Pers. 75 €/Tag inkl. Frühstück. 1–3, rue Bécot, ✆ 09.72.50.42.60, www.maison-saint-michel.fr.

Camping **** Le Cap Horn, 5 km östlich von Paimpol am Port Lazo, im Ortsteil Plouezec. 140 Stellplätze auf leicht ansteigendem, heckenunterteiltem 3-ha-Terrain oberhalb des Strands. Wenig Schatten, Laden, Restaurant, Schwimmbecken, Sport- und Spielsaal. Waschmaschinen, Tennisplatz, Surfbrett- und Fahrradverleih. Auch Wohnwagenverleih. Geöffnet Mitte April–Sept. Route de Port Lazo, ✆ 02.96. 20.64.28, www.lecaphorn.com.

** Le Cruckin, in der Nähe der Abtei von Beauport, zum Meer hin leicht abfallendes Gelände mit 130 Stellplätzen. Die Sanitäreinrichtungen sind gut und werden regelmäßig gewartet. Zum Meer etwa 200 m. Caravanvermietung. Sehr freundlicher Empfang. Geöffnet April–Sept. Rue du Cruckin, ✆ 02.96.20.78.47, www.camping-paimpol.com.

Wohnmobile Platz mit Grundversorgung auf den beiden oben genannten Campings sowie bei der Abbaye Beauport. Zentrumsnahe Stellplätze ohne Versorgung an der Ecke Rue de Goas Plat/ Rue Raymond Pellier.

Essen & Trinken → Karte S. 208

Restaurants La Vieille Tour **9**, eine gute Adresse mit etlichen Auszeichnungen in einem alten Haus in der Kirchstraße. Stilvoll eingerichtet, mit kleinen Tischen, aufmerksame Bedienung, Meeresfrüchte- oder Fleischgerichte. Geschlossen So Abend, Mo Ruhetag. 13, rue de l'Eglise, ☎ 02.96.20.83.18.

L'Islandais ◪, das lebhafte Restaurant des Hotels K'Loys, mit beheizter Außenterrasse direkt an der Hafenzeile, serviert Meeresfrüchte, Crêpes, Galettes, Gegrilltes sowie leckere Menüs. Tägl. geöffnet. 19, quai Morand, ☎ 02.96.20.93.80.

≫ Mein Tipp: **Le Terre Neuvas** ◪, populäres Restaurant mit großem Angebot an Fischgerichten: Cassoulette de St-Jacques, an Whiskey flambierte Gambas, Brandade de Morues (Stockfischpüree) und mehr. Am besten verlässt man sich auf den Vorschlag des Tages, der aus dem frischen Fang zubereitet wird. Auch außerhalb der Saison wegen der moderaten Preise gut besucht. 16, quai Duguay Trouin, ☎ 02.96.55.14.14. ≪

La Cotriade ◪, Fischrestaurant mit großem, relativ preiswertem Angebot: Stockfischpüree, Sardinenspieß, aber auch Hummer und Langusten. Geschlossen So abends und Mo ganztags. 16, quai Armand Dayot, ☎ 02.96.20.81.08.

L'Arlequin ⑩, Pizzeria mit guten italienischen Teig- und Nudelgerichten – doch billig ist das Pizzavergnügen in Paimpol nicht! Geschlossen außerhalb der Saison Sa und So mittags sowie Mo ganztags. 9, rue de St-Vincent, ☎ 02.96.20.55.22.

Umgebung von Paimpol

Ploubazlanec: Der größere Ort, nördlich von Paimpol auf dem Weg zur *Pointe de l'Arcouest*, war Wohn- und Arbeitsort *Pierre Lotis*, hier spielt ein großer Teil seines Romans „Islandfischer". Im *Friedhof* auf einem Hügel des Ortszentrums illustriert ein erschütterndes Monument die tödliche Härte des Kabeljaugeschäfts: Schwarze Gedenktafeln säumen die einfache Friedhofsmauer – die „Mauer der Verschollenen". *Perdu en mer* (verloren auf See) lautet die lakonische Notiz, die an die über 2000 verschollenen Seefahrer aus Paimpol und Umgebung erinnert. Vom 12-jährigen Schiffsjungen bis zum Kapitän der *Pierre Loti* listen die Tafeln alle Namen der beim großen Fischfang verlorengegangenen Seeleute und Schiffe auf.

An der Pointe de l'Arcouest

Nordküste
Bucht von Saint-Brieuc → Karte S. 166/167

Im östlichen Ortsteil findet man das einst wichtigste Gotteshaus von Ploubazlanec, die umfriedete *Chapelle Notre Dame de Perros Hamon* mit drei skulptierten Figuren über dem Westportal und einem Kalvarienturm. Am Südportal erinnern zahlreiche Gedenktafeln an weitere vom Meer verschlungene Islandfischer.

Von der Kapelle aus führt das Sträßchen zur Landspitze mit dem *Witwenkreuz* (*Croix des Veuves* – Namensgeber war Pierre Loti), von dem die Fischerfrauen sorgenvoll über die Einfahrt der Bucht von Paimpol blickten. Nur allzu oft kehrte der Ehemann nicht zurück. Die vom Wind und Wetter gezeichnete Mutter-mit-Kind-Statue erinnert an das Leid und die Not der zurückgelassenen Familien.

Camping: Municipal de Pors Don, der kleine Gemeindecamping von Ploubazlanec liegt unten am Meer. Unspektakulär, aber billig. Geöffnet Mitte Juni bis Mitte Sept. Pors Don, ✆ 02.96.55.80.36.

Pointe de l'Arcouest: über die Stichstraße N 786c zu erreichen. Die Landspitze, etwa 6 km nördlich von Paimpol, ist der Abfahrtshafen für die Schiffe nach Bréhat und ein beliebtes Wandergebiet. Die 19 km lange Rundtour über die Landzunge bietet schöne Aussichtsplätze über die mit Riffen und Klippen übersäte Bucht, im Hintergrund die *Ile de Bréhat* mit ihren gelben Sandstränden und der zerklüfteten Küste. Auf dem Weg vom großen kostenlosen Parkplatz zur Anlegestelle (dort etwa 250 bewachte, gebührenpflichtige Parkplätze) liegt zwischen Krüppelkiefern am Küstensaum versteckt ein *Gedenkstein für Irène Curie*. Die Tochter der Nobelpreisträger Marie (1903 Physik, 1911 Chemie) und Pierre Curie (1903 Physik), die ihrerseits 1935 zusammen mit ihrem Mann den Nobelpreis für Chemie erhielt, verbrachte hier oft ihre Sommerferien.

Überfahrt Insel Bréhat → Ile de Bréhat

Bootsausflug → Paimpol

Hotel Les Terrasses de Bréhat, noch nicht klassifiziert, wird aber vermutlich mit 4 Sternen glänzen. Nach mehrjährigen Umbauarbeiten hat der Besitzer des alten „Barbu" seinem Hotel einen neuen Namen gegeben und 2012 als „Best Western Plus"-Hotel neu eröffnet. Der alte Bau wurde architektonisch geschickt mit einer großen Verglasung erweitert. Schwimmbad im Inneren, Spa- und Beautyabteilung. Alle Zimmer todschick und jeweils in anderem Farbton gestaltet. Die Namen der Zimmer orientieren sich an größeren Häfen als an dem kleinen vor Ort: Sie schlafen in New Jersey, Caracas, Venedig, Kapstadt ... Panorama-Restaurant, Bistrot und Bar sind selbstverständlich. DZ 88–249 €. Pointe de l'Arcouest, 22620 Ploubazlanec, ✆ 02.96. 55.77.92, www.lesterrassesdebrehat.fr.

Camping ** Panorama du Rohou, kleiner Platz 1 km von der Pointe de l'Arcouest mitten in der Pampa (ausgeschildert). Sanitär einfach, teils schattige Plätzchen. Kleiner Laden mit täglich frischem Brot und Croissants, Gastauschzentrale und Eisfächer, kleine Leihbibliothek mit Büchern von Urlaubern, Mobilhome- und Caravanverleih. 65 Stellplätze. Ganzjährig geöffnet. Pointe de l'Arcouest, 22620 Ploubazlanec, ✆ 02.96. 55.87.22, www.campingpanorama.com.

Ile de Bréhat

400 Einwohner

Dank des milden, trockenen Klimas blüht eine fast mediterrane Vegetation: Oleander, Eukalyptus, Mimosen, Palmen, Feigen – und hinter prächtigen Hortensienbüschen verstecken sich geraniengeschmückte Granitsteinhäuschen.

Die Blumeninsel der Bretagne, von der Pointe de l'Arcouest aus mit dem Boot in zehn Minuten erreicht, ist ein stark besuchtes Ausflugs- und Ferienziel. Das 3,5 km lange und 1,5 km breite Eiland ist durch einen Isthmus in zwei Teile geteilt, die seit dem 18. Jahrhundert durch den *Pont Ar Prad* (auch *Pont Vauban* genannt) miteinander verbunden sind. Die stark zergliederte Felsküste mit ihren Buchten und breiten Sandstränden wird von fast hundert Inselchen und Riffen gesäumt.

Bréhat ist von einem dichten Netz aus Sträßchen, Trampelpfaden und Fahrradwegen durchzogen, Autos sind nicht erlaubt. Bevorzugtes Transportmittel für Gepäck, Lebensmittel, Baumaterial usw. sind Minitraktoren, die sich auf den schmalen Wegen bewähren. Bréhat lebt heute vorwiegend vom Tourismus, der Gemüseanbau spielt eine untergeordnete Rolle. Früher lebten die Insulaner vom Meer – entweder als Fischer oder als Matrosen bei der Kriegs- und Handelsmarine.

Schon um 1450 sollen die als kühn und beherzt geltenden Bréhatiner zum „Großen Fang" auf den Kabeljau im nördlichen Atlantik unterwegs gewesen sein. Stolz erzählen ihre Nachfahren, dass es ein Kapitän von der Insel war, der Kolumbus acht Jahre vor der Entdeckung der Neuen Welt auf die richtige Spur nach Amerika brachte. Nach einigen Gläsern schweren Portweins in einer Lissaboner Hafenkneipe soll der betrunkene Bréhatiner dem stocknüchternen Kolumbus die Route der Kabeljaufischer nach Neufundland verraten haben.

Nordküste
Bucht von Saint-Brieuc → Karte S. 166/167

Ile de Bréhat

Ile de Bréhat

Auf dem Südteil der Insel findet man den Hafen *Port Clos* und knapp einen Kilometer landeinwärts den einzigen Ort, das alte *Bourg* mit den niedrigen Granitsteinhäuschen, die sich um den platanengesäumten Dorfplatz neben der Kirche reihen. Nordwestlich von Bourg erhebt sich auf einer felsigen Anhöhe die Kapelle *St-Michel*, im Zweiten Weltkrieg Kurzzeitrefugium für Flüchtlinge. Von hier aus bietet sich dem Auge ein selten schönes Panorama: die Ruinen einer alten *Flutmühle* mit dem *Teich von Birlot* im Vordergrund, dahinter der *Kanal von Kerpont* mit unzähligen rosa-orange-farbenen Granitriffen. Der Nordteil der Insel ist entschieden wilder, die Winde sind stürmischer, die Vegetation karger, die Küste zerklüfteter. Zwei Leuchttürme überragen das Heideland, auf dem Schafe und vereinzelt auch Kühe weiden. Vom *Phare du Paon* auf dem äußersten Nordzipfel Bréhats hat man eine phantastische Sicht in den Abgrund und auf die von der Gischt umtosten Granitklippen.

Baden

Es gibt mehrere Strände und kleine Badebuchten rund um die Insel. Im Nordteil ist das Meer schwerer zugänglich und oft auch gefährlich. Besser badet man im Süden, auf den dem Festland zugewandten Südzipfeln beiderseits von Port Clos. Hauptstrand ist die *Plage de Guerzido*, weitere Möglichkeiten unterhalb der steilen Felsen des *Bois de la Citadelle* (in der Nähe des Campingplatzes).

Postleitzahl 22870

Information Syndicat d'Initiative, Freundliche Auskünfte, Inselplan und Prospekte im Erdgeschoss des Tourismusturms neben der Kirche. Di–Sa 10.30–13 und 14–16 Uhr. Le Bourg, 22870 Ile de Bréhat, ✆ 02.96.20.04.15.

Hin und weg Die Vedettes de Bréhat halten die Verbindung zum Festland (Pointe de l'Arcouest) aufrecht. Von Mitte April bis Sept. verkehren von 8.15 bis 19.30 Uhr die Fähren etwa stündlich, von Okt. bis März weniger oft. Fahrräder müssen vor 9.30 Uhr auf die Insel und vor 16 Uhr von der Insel zurück aufs Festland transportiert werden! Hin/zurück Erw. 10 €, Kind 4–11 J. 8,30 €, Fahrrad 16 €. Wer für die Rückfahrt die letzte Fähre wählt, beachte, dass der Fuß-

Auf der Ile de Bréhat

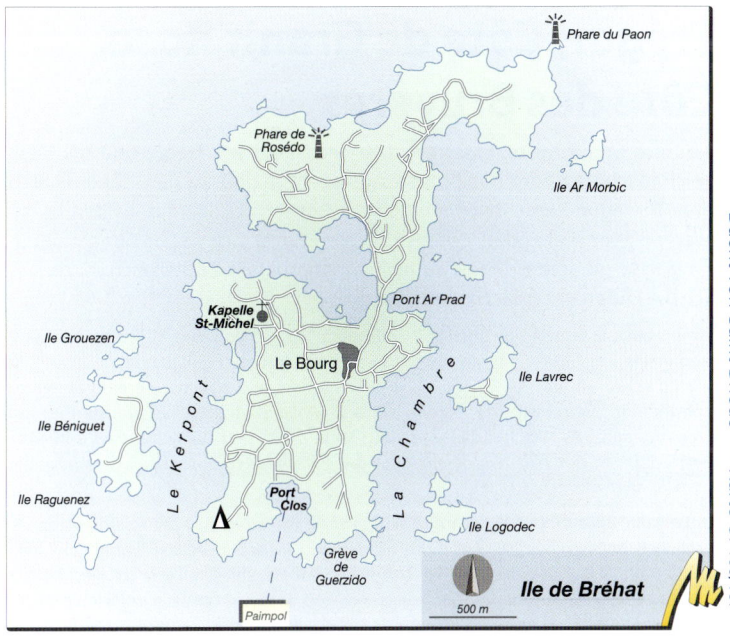

Phare du Paon

Phare de Rosédo

Ile Ar Morbic

Pont Ar Prad

Kapelle St-Michel

Ile Grouezen

Le Bourg

Ile Lavrec

Ile Béniguet

Ile Raguenez

Port Clos

Ile Logodec

Grève de Guerzido

Paimpol

Ile de Bréhat

500 m

Nordküste
Bucht von Saint-Brieuc → Karte S. 166/167

weg zur Ablegestelle bei Ebbe um eine Viertelstunde länger ist.

Bootstour   Ebenfalls die **Vedettes de Bréhat** bieten eine 45-minütige Inselumrundung an; die Tour kann bereits an der Pointe de l'Arcouest gebucht werden. Erw. 15 €, Kind 4–11 J. 11 €.

Fahrradverleih   Wer die Insel nicht zu Fuß erkunden will, dem bleibt nur der Drahtesel – mehrere Verleiher gleich hinter den Hotels von Port Clos auf dem Weg nach Bourg. Preise und Qualität der Velos unterscheiden sich nicht wesentlich.

Geld   Geldautomaten gibt es auf der Insel nicht, also vorsorgen. Hotels und Restaurants akzeptieren natürlich die gängigen Kreditkarten.

Hotels   ** Bellevue, 3-stöckiges Hotel gegenüber dem Hafen, gleich oberhalb der Mole in Port Clos. 19 renovierte Zimmer mit Dusche/WC, wahlweise mit Blick aufs Meer oder in den Garten. Restaurant mit Terrasse zum Hafen, Bar und Salon. Die Preise sind allerdings gesalzen, schon das Glas Leitungswasser kostet knapp 3 €! DZ 75–129 €, in der Regel nur HP 79–106 €/Pers.

Geöffnet Mitte März bis Mitte Nov. Le Port Clos, ℰ 02.96.20.00.05, www.hotel-bellevue-brehat.com.

** Vieille Auberge, das verschachtelte, efeuumrankte Granitanwesen in der Gasse, die zum Dorfplatz von Bourg führt, vermittelt bretonische Ursprünglichkeit. Familiäres Quartier mit 12 Zimmern (Bad bzw. Dusche/WC). Rustikales Restaurant. DZ 80–117 € je nach Saison, in der Regel nur HP 72–81 €/Pers. Geöffnet Ostern bis Okt. Le Bourg, ℰ 02.96.20.00.24, www.brehat-vieille auberge.com.

Les Pêcheurs, 7 bescheidene Zimmer über dem Fischrestaurant am Dorfplatz, Du/WC auf Etage. DZ 55 €, HP ca. 60 €/Pers. Le Bourg, ℰ 02.96.20.00.14, lejeunealain-22@ orange.fr.

Camping   * Aire Naturelle du Goareva, kommunaler Betrieb im Kiefernwald der gleichnamigen steilen Landspitze. Schönes Gelände unterhalb der Ruinen der Zitadelle, magerer Sanitärblock. Im Sommer viele Pfadfindergruppen und junge Naturliebhaber. Geöffnet Mitte Juni bis Mitte Sept. ℰ 02.96.20.02.46.

Trégor, Côte de Granit Rose, Côte des Bruyères

Die Rosa-Granit-Küste, zwischen dem beschaulichen Trégor und der noch beschaulicheren Côte des Bruyères gelegen, gehört zu den Höhepunkten einer Bretagne-Reise. Zwischen gelbem Ginster, Heidekraut, wilden Brombeer- und rot blühenden Zwergsträuchern türmt sich der im Sonnenuntergang rosa glühende Granit zu einer dramatischen Felslandschaft, an der sich die Fluten des Atlantiks brechen.

Die bizarren Formen der über 350 Millionen Jahre alten, von Wind und Wasser erodierten Felsblöcke, deren zartes Rosa vom hohen Feldspatgehalt herrührt, reizten schon immer die Phantasie der Betrachter und haben zu einem außergewöhnlichen Wettstreit der beiden „Granit-Rose-Städtchen" *Ploumanac'h* und *Trégastel* geführt: Wer hat das skurrilste Stück Fels? Wer die schönste Granitformation? Ist es der *Hut Napoleons* oder die *Flasche*, der *Totenkopf*, die *Hexe*, die *Bastille* oder die *Teufelsburg*?

Entlang der Rosa-Granit-Küste führt die *Corniche Bretonne*, eine der schönsten bretonischen Küstenstraßen, die auf ihren rund 30 km zwischen Perros-Guirec und Trébeurden oft genug zu erstaunlichen Ausblicken Anlass gibt. Die Parkplätze sind meist von schaulustigen Automobilisten belegt – zu Fuß ist das Vergnügen ungleich größer.

Tréguier

Früher reichte die Stadt bis hinunter ans salzige Wasser des Jaudy-Flusses. Bei Flut drang das Meer bis zu den Getreidespeichern am unteren Ende der Rue Ernest Renan vor, die heute durch das Hafenbecken und einen Damm geschützt sind.

Über der Halbinsel, die durch die Vereinigung der Flüsse *Jaudy* und *Guindy* entstand, ragen steil die Dächer einer mittelalterlichen Kleinstadt empor, überwacht von der mächtigen *Kathedrale St-Tugdual*, in der *St-Yves*, der berühmteste bretonische Heilige, verehrt wird. Tréguier, die Hauptstadt des Trégor, ist nicht nur ein Ort bretonischer Religiosität, sondern auch eine Stadt der Philosophie und Literatur. Hier fand *Anatol le Braz*, Literat und Sammler bretonischer Legenden, seine letzte Ruhe, und das Geburtshaus von

Ernest Renan, Orientalist, Religionshistoriker und Schriftsteller, wurde, wenn auch spät, zum *Renan-Museum* umgebaut.

Stadtgeschichte: Tréguiers Geschichte beginnt vor fast 1500 Jahren, als um 535 einer der sieben bretonischen Gründungsheiligen, der Mönch *Tugdual*, an dieser idyllischen Stelle landet und ein Kloster gründet. *Landreger*, das „Kloster der drei Flüsse", wie Tréguier auf Bretonisch heißt, entwickelt sich unter Tugdual und seinen Amtsnachfolgern zu einem spirituellen Zentrum und wird im 9. Jahrhundert zu einem der neun Bischofssitze des Herzogtums Bretagne.

Gegen Ende des 13. Jahrhunderts wirkt der Pfarrer und Richter *Yves Helori* (→ Kastentext „St-Yves") so segensreich in der Stadt, dass er als einer der wenigen bretonischen Volksheiligen von der römischen Kurie anerkannt wird. Seine Heiligsprechung 1348 und die damit verbundenen Festlichkeiten begründen eine bis heute lebendige Tradition: den großen Pardon zu Ehren des heiligen Yves. Damit ist der Grundstein für eine dynamische religiöse Entwicklung gelegt. Rund um die peu à peu erweiterte Kathedrale erblüht die Bischofsstadt zu „einem großen Kloster" (Ernest Renan).

Den frommen Trégorrois, wie sich die Bewohner von Tréguier nennen, sind Handel und Geschäfte zuwider, selbst der so günstig gelegene Hafen am Jaudy führt nur ein Schattendasein. Wichtiger ist das Geschäft mit Wort und Glauben. Auf Magistratsbeschluss hin erhält die Stadt 1585 eine Druckerei und die erste Schriftsetzerei der Bretagne. Tréguier wird zur Stadt der Buchdrucker, Schriftsetzer, Kopisten und Devotionalienhändler, in der das erste bretonisch-französisch-lateinische Wörterbuch verlegt wird.

Trégor, Côte de Granit Rose und Côte des Bruyères

Einer so frommen Stadt drohen mit der Französischen Revolution schlechte Zeiten. 1794 wütet das berüchtigte Revolutionsbataillon *Etampes* gegen alles „Pfäffische" in der Stadt, Teile der Kathedrale gehen zu Bruch, Grabmäler werden geschändet, halb Tréguier wird ein Raub der Flammen. Der Bischof kann gerade noch nach England fliehen, für Tréguier beginnen böse Zeiten. Zwar kommen nach dem Sturz Napoleons die Herren mit den schwarzen Soutanen wieder zurück, doch der Bistumstitel, das lohnende geistliche Geschäft, ist verloren. Es dauert einige Zeit, bis sich die Bürger besinnen: Mitte des 19. Jahrhunderts wird der Flusshafen ausgebaut – seine Ausstattung war bis dahin auf einige Schifferspelunken vor dem Stadttor beschränkt – und ein träger Handel mit Getreide beginnt.

Sehenswertes

Kathedrale St-Tugdual: Aus der demütig-einfachen Klosterkirche, die Tugdual 540 errichtete, ist eine der schönsten französischen Kathedralen und das Wahrzeichen von Tréguier geworden. Das Gotteshaus mit den imposanten Ausmaßen wurde seit dem 11. Jahrhundert aus Caennaiser Stein, Schiefer und Granit in mehreren Etappen erbaut. Abgesehen vom alles überragenden 63 m hohen Spitzturm, der erst im späten 18. Jahrhundert angebaut wurde, lassen sich drei Epochen unterscheiden: Der normannische *Hastingsturm* mit der schnörkellosen Würde der Romanik ist das einzige Überbleibsel aus dem 11./12. Jahrhundert, *Kirchenschiff* und *Chor* präsentieren sich im Stil der Gotik des 14. Jahrhunderts, die *Porche des Cloches* (Glockenportal) mit ihren 40 Steinfiguren stammt wie die *Chapelle au Duc* aus dem 15. Jahrhundert und ist im Flamboyant-Stil gehalten.

Das Westportal mit seinem zarten Mittelpfeiler, *Portal der Diebe und Aussätzigen* genannt, ist geschlossen.

Kathedrale von Tréguier

St-Yves – Anwalt der Armen

Yves Helori de Kermartin wird 1253 auf dem Herrensitz von Kermartin im nahen Minihy als achtes Kind eines Landadeligen geboren und teilt das Schicksal vieler Buben seiner Zeit. Für den nachgeborenen männlichen Sprössling wird die klerikale Laufbahn bestimmt, um den schmalen Familienbesitz nicht durch Erbteilung zu gefährden. Yves, ehrgeizig und gescheit, geht sein Schicksal zielstrebig an. Als Schüler fällt er durch seine außergewöhnlichen Geistesgaben auf, als Student der Theologie und der Rechte in Paris und Orléans bekommt er die besten Zensuren. Mit 27 Jahren wird er zum kanonischen Richter ernannt, zum Priester geweiht. Gegen seinen Willen – ihm schwebt Höheres vor – wird er in verschiedenen kleinen Landpfarreien eingesetzt. Die niedere Stellung tut seinem Tatendrang jedoch keinen Abbruch. Bald verbreitet sich sein Ruf als gerechter, mildtätiger Richter, der die Armen gegen die Hoffart der Reichen verteidigt.

Der Bischof horcht auf, ruft Yves nach Tréguier, und der kleine Landgeistliche, der so entschieden und klug die kleinen Streitereien seiner Gemeinde schlichtete, wird zum Anwalt der Kirche gegen die Besitzansprüche der weltlichen Herren. Durch salomonische Urteilssprüche weist er der aristokratischen Willkür die Schranken und bekräftigt seinen Ruf als Verteidiger der Armen und Fürsprecher der Entrechteten, der ihn über die Diözese hinaus berühmt und beliebt macht. Doch der Job ist hart und nervenaufreibend. Mit 44 Jahren quittiert der „Anwalt der Armen" den Dienst und zieht sich in sein Geburtshaus zurück, um sich ganz der Meditation und der Fürsorge seiner oft mittellosen Klientel zu widmen. Nach einer mehrwöchigen, kräftezehrenden Wallfahrt zu verschiedenen Pilgerstätten im Finistère kehrt Yves 1303 todkrank nach Kermartin zurück, wo er am 19. Mai stirbt.

Bald nach seinem Tod beginnt der Prozess seiner Heiligsprechung. Wichtigster Fürsprecher wird *Jean V.*, Herzog der Bretagne. Er lässt eine Liste von 79 bezeugten Wundertaten des Richters erstellen und sendet sie nach Rom. Über 17 Jahre zieht sich das Kanonisierungsverfahren hin, doch 1347 wird Yves von der römischen Kirche als Heiliger anerkannt. Seit dieser Zeit gilt er als Patron der Juristen, sein Todestag wird in Tréguier mit einem großen Pardon gefeiert.

So schreiten Sie also durch das schmucke *Glockenportal* an der Südseite ins Kircheninnere. Zunächst fällt die Ausgeglichenheit der Proportionen des gewaltigen Raumes auf. Das Licht der Buntglasfenster mit ihren typischen Motiven bretonischer Heiligenverehrung beleuchtet die 46 Stühle des Renaissance-Chors. Im linken Seitenschiff flackert ein Meer von Kerzen vor dem monumentalen *Grabmal von St-Yves*. Die Totenstätte aus weißem Stein, von schmiedeeisernen neugotischen Spitzbogen geschützt und von Votivtafeln umrahmt, stammt aus den Jahren 1885–1890. Ganz dem Zeitgeschmack an der Wende zum 20. Jahrhundert verpflichtet, wurde sie nach einem Modell des ursprünglichen Grabes geschaffen, das Herzog Jean V. im 15. Jahrhundert stiftete und das während der Revolution geschändet wurde. Der Herzog wünschte sich angeblich, in unmittelbarer Nähe des Heiligen begraben zu werden. Hinter dem Grabmal von St-Yves zeigt eine Platte im Boden mit der Jahreszahl 1451 die exakte Stelle seines Grabes an.

Nordküste
Trégor, Côte de Granit Rose, Côte des Bruyères → Karte S. 216/217

Ernest Renan

Ernest Renan wird am 27. Februar 1823 in Tréguier geboren. Mit fünf Jahren verliert er seinen Vater, einen Kapitän, durch ein Schiffsunglück. Auf Wunsch seiner Mutter und etlicher geistlicher Herren soll der begabte Jüngling Priester werden. Der 15-Jährige wird nach Paris geschickt, um dort sein Studium fortzusetzen und sich der Subdiakonatsweihe zu unterziehen. Weit weg von der geistlich-gelehrten Atmosphäre seiner Heimatstadt, konfrontiert mit den Verlockungen der Großstadt, löst sich der junge Mann von seiner klerikalen Bestimmung und lässt den Weihetermin platzen. Stattdessen stürzt er sich auf ein neues Betätigungsfeld: semitische Sprachen und Orientalistik. Auf der Grundlage seiner theologischen Ausbildung und seiner Nahost-Kenntnisse erwirbt sich Renan in Fachkreisen bald einen Namen und wird zweimal im Auftrag der Regierung zu Ausgrabungen nach Palästina beordert.

Der „Ketzer" Renan vor der Kathedrale

Unter dem Eindruck der biblischen Landschaft verfasst Renan sein glänzend geschriebenes Werk „La Vie de Jesus", in dem er Leben und Wirken des Gottessohns einer rationalistischen Deutung unterzieht. Das Werk löst im französischen Klerus einen Sturm der Entrüstung aus, wird vom Vatikan auf die Liste der verbotenen Bücher gesetzt und führt dazu, dass Renan seiner Professur im Collège de France enthoben wird. Damit nicht genug. In seiner streng-katholischen Heimatstadt verliert der ketzerische Sohn bald jede Reputation und gilt als Nestbeschmutzer und Defätist – im Krieg von 1870/71 hatte er sich gegen den Deutschenhass der Franzosen verwahrt. Trotz weltweiter wissenschaftlicher Anerkennung spaltet Renan die Bürgerschaft von Tréguier. Selbst nach seinem Tod am 2. Oktober 1892 – er wurde zu Lebzeiten noch rehabilitiert und 1878 sogar zum Mitglied der Académie Française gewählt – wirbelt das Andenken an den berühmten Sohn noch mächtig Staub in der Lokalgeschichte auf.

Als 1903 das Ernest-Renan-Denkmal auf dem Platz vor der Kathedrale enthüllt werden soll, kommt es zu heftigen klerikalen Protesten. Umsonst: Die Statue des fülligen Wissenschaftlers, von Pallas Athene, der Göttin der Weisheit beschützt, blickt ketzerisch zur Kathedrale auf. Trotz vollendeter Tatsachen geben sich die Katholiken nicht geschlagen. Ein Jahr später weihen sie im Park am Jaudy-Ufer als Gegendenkmal den *Calvaire de la Protestation* (auch *Calvaire de Réparation* genannt) ein.

Rechts neben der Sakristei führt eine Pforte zum *Kreuzgang* mit seinen spätgotischen Arkaden (15. Jh.). Unter den Spitzbogen sind Sarkophage, Liegefiguren und Flachreliefs aus diebstahlgefährdeten Kapellen und Klöstern aufgestellt.

Kathedrale: Juli/Aug. tägl. 9–19 Uhr. Sept.–Juni tägl. 9–12 und 14–18 Uhr (geschlossen Mi Vormittag). **Kreuzgang:** März/April und Okt. Di–So 14–17.30 Uhr. Mai/Juni und Sept. Di–Sa 10.30–12.30 und 13.30–18.30, So 14.30–18.30 Uhr. Juli/Aug. tägl. 10.30–18.30 Uhr. Eintritt 2 €.

Museum Ernest Renan: An der schmalen Straße mit den schmalen Fachwerkgiebeln, die von der Kathedrale zum Hafen hinunterführt, steht das Geburtshaus Ernest Renans (Nr. 20), das 1946 seine Enkelinnen dem Staat vermachten (→ Kastentext „Ernest Renan"). Im stattlichen Haus aus dem 16. Jahrhundert wurde Renans Arbeitszimmer rekonstruiert; es erwarten Sie einige Exponate aus dem Arbeitsleben des Wissenschaftlers: Manuskripte, Bilder, private Objekte – und seit dem Einzug der neuen Medien eine Videoshow über Renans ereignisreiches Leben.

April–Juni und Sept. Mi–So 10.30–12.30 und 14–18 Uhr. Juli/Aug. tägl. 10–12 und 14–18 Uhr. Eintritt 3 €, EU-Angehörige unter 25 J. gratis.

Alte Häuser: Der mittelalterliche Stadtkern mit seinen Fachwerkhäusern und kopfsteingepflasterten Gassen aus dem 16./17. Jahrhundert ist noch erhalten. Die schönsten Gebäude liegen rund um die *Place du Martray:* an der Ecke zur *Rue Kercoz* das Haus der Madame Taupin, in der *Rue Ernest Renan* das Geburtshaus Renans, in der *Rue Colvestre* das Hôtel de Coetivy (Stadthaus alter bretonischer Adliger) und das Haus von Jean V. mit seinen Spitzbogen, in dem der Herzog während seiner Aufenthalte in Tréguier gewohnt haben soll.

Am Ufer des Jaudy führt die Straße an einer idyllischen Gebäudezeile aus dem 17. Jahrhundert vorbei. Die viereckigen Türme, die das untere Ende der Rue Ernest Renan einrahmen, waren einst das Hafentor zur Stadt und wurden bis in die jüngere Zeit als Getreidespeicher genutzt.

Bois de Poète: Das Wäldchen, das sich vom Ufer des *Guindy* bergan zur Kathedrale erstreckt, wurde von der Stadtverwaltung zum Picknickgelände umgerüstet. Dass dieser idyllische Teil des Städtchens noch nicht baulich verunstaltet wurde, verdanken die Bürger Tréguiers einem Vertrag von 1920. Anlässlich des Erwerbs des Bischofssitzes (heute Rathaus) und seiner Ländereien verpflichtete sich der Käufer (Stadt) gegenüber dem Verkäufer (Bischof), den Bischofswald als natürliches Flaniergelände zu belassen. Seinen heutigen Namen erhielt das Wäldchen erst später. *Anatol le Braz* (1859–1926), berühmter bretonischer Literat, verehrte sein Vorbild Ernest Renan so sehr, dass er sich testamentarisch wünschte, in dessen Heimatstadt begraben zu werden. Sein Wunsch war der Stadtverwaltung Befehl. Das mit einem keltischen Kreuz geschmückte Grabmal, in dem der Dichter seine letzte Ruhestätte fand, gab dem Ex-Bischofswald einen neuen Namen: *Bois de Poète* – Dichterwäldchen.

Basis-Infos

Postleitzahl 22220

Information Office de Tourisme, am Jachthafen, Internetzugang. Juli/Aug. Mo–Sa 9.30–18.30, So 10–13 und 14–17 Uhr. Sept.– Juni Mo–Sa 10–12.30 und 14–18 Uhr. Port de Plaisance, ☎ 02.96.92.22.33, www.tregor-cotedajoncs-tourisme.com.

Hin und weg Bus: Tréguier liegt an der Buslinie Lannion–Paimpol (werktags mind. 3-mal in beide Richtungen, Sonntag kein Verkehr). Haltestellen an der Place de la République (Oberstadt, unweit der Kathedrale) und am Hafen in der Unterstadt.

Parken Große Parkplätze entlang des Jaudy-Ufers in der Unterstadt. Wer unbedingt mit dem Wagen in die Oberstadt muss, parkt am besten an der Place de la République oberhalb der Kathedrale.

Einkaufen   Kunsthandwerk: Tréguiers Kunsthandwerker genießen einen guten Ruf; besonders das Holzhandwerk verdient Beachtung. Bretonische Möbel und Holzskulpturen zu angemessenen Preisen.

Coper Marine: an der Ostseite der Brücke über den Jaudy, auf drei Etagen verteilt. In der Marineboutique – früher eher eine riesige Rumpelkammer, heute so umgebaut, dass einem scheinbar nicht gleich alles auf den Kopf fällt – findet man, was der Fischer oder Matrose braucht: sturmfeste Kleidung, Stiefel, Seile, Angelruten oder einfach ein Geschenk für die Daheimgebliebenen – ein bretonisches Shopping-Erlebnis! Pont Canada. ☏ 02.96.92.35.72.

Markt   Jeden Mittwochvormittag verwandelt sich der Platz vor der Kathedrale in ei-

nen lebhaften Handelsplatz (landwirtschaftliche Produkte, Kleidung, Haushaltswaren und anderes mehr).

Pardon   Am 3. Maisonntag wird der **Grand Pardon de St-Yves** zum Gedenken an den Anwalt der Armen begangen. Die feierliche Riesenprozession führt vom knapp 2 km entfernten Minihy-Tréguier, dem Geburtsort des Heiligen, zur Kathedrale von Tréguier und wird begleitet von Richtern, Rechts- und Staatsanwälten aus aller katholischen Herren Länder. In ihren farbenfrohen Talaren geben sie der Wallfahrt ein besonders buntes Gepräge.

Schwimmbad   Wetter schlecht? Im Stadtosten, Richtung Lannion, gibt es ein beheiztes Hallenbad im Sport-, Stadion- und Freizeitkomplex Gilbert Lemoine.

Wassersport   Kajakverleih: bei der Bar „Les Plaisanciers" am Jachthafen. ☏ 02.96.92.41.56.

(Übernachten/Essen & Trinken

Hotels   Saint-Yves **2**, mehrstöckiges Granitsteingebäude zwischen alten Fachwerkhäusern mit 10 einfachen Zimmern. DZ mit Du/WC auf Etage 45 €, mit Dusche 65 €. Ganzjährig geöffnet. 4, rue Colvestre, ☏ 02.96.92.33.49,   lesaintyvestreguier@ gmail.com.

De l'Estuaire **3**, an den Kais, neben den alten Getreidespeichern. Schönes Natursteinhaus mit Glasvorbau neueren Datums. Restaurant (→ Essen). Etwas reservierter Empfang, aber 10 korrekte, geräumige Zimmer mit Bad/WC und TV. Die Teppichböden sind hell, die Schuhsohlen der Wanderer nicht, weshalb abschließbare Schuhfächer bereitstehen. DZ 49–63 €. Geschlossen im Okt. Les Quais, ☏ 02.96.92.30.25, hotelestuaire-treguier@wanadoo.fr.

B & B   ⟫ **Mein Tipp: Tara 1**, hinter dem grünen Portal wartet eine Überraschung: ein wunderbarer betischter, riesiger Garten – man fühlt sich wie auf dem Land. Guy und Malou Arhant haben ein Paradies geschaffen; ihr Haus verfügt über 5 Gästezimmer, alle mit Du/WC und sehr geschmackvoll eingerichtet sowie 2 Gemeinschaftsräume (Kühlschrank); auf der Zwischenetage des wunderlichen Hauses grüßt das Kostüm von Malous Urgroßmutter. Sehr freundlich und auch für Kinder geeignet, man fühlt sich hier rundum wohl.

Falls niemand auf die Klingel reagiert: Einfach den irischen Laden betreten; er gehört mit zum Unternehmen und ist eine Reminiszenz an Guys Vorfahren, die im 17. Jh. in die Bretagne einwanderten. DZ 68 €. 31, rue Ernest Renan, ☏ 02.96.92.15.28, www.chambrestarareguier.com. ⟪

Wohnmobile   Stellplätze im Bois du Poète am Ufer des Guindy.

Restaurants   Les 3 Rivières **6**, das Lokal des Hotels Aigue Marine beim Jachthafen ist die beste Speiseadresse der Stadt; die kreative Küche basiert auf traditionellen Gerichten. Gehobenes Preisniveau. Port de Plaisance, ☏ 02.96.92.97.00.

De l'Estuaire **3**, im gleichnamigen Hotel. Der Besitzer hat das Etablissement aufgehellt. Snacks und kleine Gerichte werden im Erdgeschoss und auf der Straße serviert, im Obergeschoss werden mit Blick auf den Jaudy weitum gelobte Jakobsmuschel-Spieße verzehrt. Menüs und umfangreiche Auswahl à la carte. Geschlossen Sonntagabend, Mo Ruhetag. Les Quais, ☏ 02.96.92.30.25.

Auberge du Trégor 4, man sollte sich vom etwas biederen Ambiente nicht täuschen lassen: Das Lokal bietet gutes, preiswertes Essen, stets mit Freundlichkeit serviert. Klassisch französische Küche mit einigen

Tréguier
100 m

Nordküste
Trégor, Côte de Granit Rose, Côte des Bruyères → Karte S. 216/217

Ü bernachten
1 B & B Tara
2 Saint-Yves
3 De l'Estuaire

E ssen & Trinken
3 Restaurant De l'Estuaire
4 Auberge du Trégor
5 Crêperie La Dentellière
6 Les 3 Rivières

regionalen Tupfern wie „Morue à la pampo-laise" (Stockfisch, dem das Salz entzogen wird, bevor er in ein Bett von Kartoffeln, Zwiebeln und anderem gelegt und mit Sahne begossen wird). Geschlossen So Abend, Mo Ruhetag. 3, rue Saint-Yves, ✆ 02.96.92.32.34.

Crêperie La Dentellière **5**, Crêpes, Salate und Grillspezialitäten in ländlicher Atmo-sphäre in einer kleinen Seitenstraße zur Place du Martray. 4, rue St-Yves, ✆ 02.96. 92.33.54.

Umgebung von Tréguier

Minihy-Tréguier: Der Geburtsort von *St-Yves* liegt 1,5 km außerhalb Tréguiers. Das verschlafene Dörfchen erwacht einmal im Jahr zu regem Leben, wenn die Wallfahrt zu Ehren des Heiligen für wenige Stunden Massen von Pilgern aus aller Welt in den Ort spült. Minihys Geschichte beginnt mit dem Bau des Herrensitzes von Kermar-tin. Als St-Yves hier 1253 geboren wurde, war Minihy ein größerer Gutshof mit Hauskapelle. An der Stelle der früheren Schlosskapelle erhebt sich heute eine sehenswerte *Kirche* (15. Jh.) über die granitgrauen, niedrigen Häuser. Sie ist von ei-nem *Friedhof* umgeben, auf dem ein kleiner *Calvaire* und ein *Steinaltar* stehen. Der bogenförmige Altar, als ursprüngliches Grabmal des Heiligen bezeichnet, vermut-lich aber nur ein Teil des alten Kapellenaltars, ist der Mittelpunkt der Wallfahrt:

Der **Circuit des Ajoncs**, die Ginster-Rundfahrt, führt von Tréguier aus oberhalb der Jaudy-Mündung nach Plougrescant und von dort weiter an der Trégor-Küste entlang (ca. 40 km). Mehrere Stichstraßen stoßen zu Fischer- und Urlaubsdörfchen hinunter zum Meer.

Auch für graue Urlaubstage bietet das Trégor Kurzweil. Ausgefallene Kirchenbauten wie die Templer-Kirche von Runan oder die Kapelle St-Gonéry in Plougrescant gehören ins Programm.

Kniend rutschen die Pilger, Richter, Staats- und Rechtsanwälte durch den niedrigen, schmalen Bogen (Korpulente rutschen rechts oder links vorbei) und beten um die Fürbitte des Heiligen. Im Inneren der Kirche fällt ein überdimensioniertes *Ölbild* in einem meisterlich verzierten Holzrahmen aus dem 16. Jahrhundert auf – eine kunstvolle Abschrift des 1297 verfassten Testaments von St-Yves.

La Roche-Derrien: mittelalterliches Städtchen rund 6 km südwestlich von Tréguier. Neben mehreren alten Fachwerkhäusern sind eine Kirche und zwei Kapellen zu besichtigen. Von der *Chapelle du Calvaire* genießt man einen wunderbaren Blick auf das Tal des *Jaudy*; die *Eglise Sainte Catherine* aus dem 11. Jahrhundert wartet mit einer Orgel auf, die einst in der Abtei von Westminster stand. Das restaurierte Instrument aus dem 16. Jahrhundert wurde von England nach St-Brieuc verkauft und gelangte von da nach La Roche-Derrien.

Château La Roche-Jagu: Eine doppelreihige Buchenallee führt zur Umfassungsmauer mit dem Eingangsportal und zum Schlossgarten, in dem über einer sanften Biegung des *Trieux-Flusses* stolz das Schloss aus dem 15. Jahrhundert thront. Die Doppelfunktion von Wohn- und Wehrbau wird bei einem Spaziergang um das Schloss herum deutlich. Die Türme, der Wehrgang und die Wachräume der Ostfassade lassen die strategisch wichtige Flussschleife überblicken. Hinter dem Schloss führt ein steiler Spazierweg hinab ins Flusstal, wo sich Jachten spiegeln oder bei Ebbe der Schlick metallisch glänzt. Auch ein Spaziergang durch den Park mit seinen mediterranen Gewächsen ist zu empfehlen – drei verschieden lange Rundwege erschließen ihn.

Eine Besichtigung des Schlosses, heute im Besitz des Départments Côtes-d'Armor, ist möglich: 19 Kamine im spätgotisch-anglonormannischen Stil sind Zeugen behaglicher, aristokratischer Wohnlichkeit. Eine Videoshow und wechselnde Ausstellungen zeitgenössischer Künstler ergänzen das Besichtigungsprogramm. Den kleinen und großen Hunger danach stillt ein gemütliches Restaurant im ehemaligen Gebäude des Schlossverwalters mit Crêpes und Menüs.

2. Maiwoche bis Juni und Sept. tägl. 10–12/14–18 Uhr. Juli/Aug. tägl. 10–13/14–19 Uhr. Eintritt 5 €. Schlosspark gratis. Anfahrt: Von Tréguier über die D 786 nach Lézardrieux (10 km), vor der Trieux-Brücke rechts auf die D 787 Richtung Guingamp. Nach 9 km links in die Schlossallee einbiegen.

Pontrieux: Der Ort am Beginn der fjordartigen Trichtermündung des Trieux-Flusses wurde als *Petite Cité de caractère* ausgezeichnet. Der Fluss ist bis Pontrieux schiffbar. Der Hafen der Stadt, heute ein ansehnlicher Jachthafen, war im Mittelalter ein wichtiger Verkehrsknotenpunkt für den Handel zwischen den Côtes d'Armor und dem Argoat. Das Städtchen, das sich in das schmale Flusstal schmiegt, besitzt einen alten Kern mit zwei dreieckförmigen Plätzen, die von Fachwerk- und Natursteinhäusern umgeben sind. Das auffälligste Gebäude steht an der Place Le Trocquer:

Ideal für Kanufahrten: der Trieux

Nordküste

Trégor, Côte de Granit Rose, Côte des Bruyères → Karte S. 216/217

ein *Tour Eiffel* genanntes Haus (16. Jh.) mit blauem Fachwerk. Auf dem Platz sprudelt ein Barockbrunnen aus dem 18. Jahrhundert.

Postleitzahl 22260

Information Office de Tourisme, im Tour-Eiffel-Haus. Mitte April–Juni und 1. Septemberhälfte Mo–Fr 10–13.30, Sa/So 10–13.30 und 14.30–18 Uhr. Juli/Aug. tägl. 10–13.30 und 14.30–18.30 Uhr. Mitte Sept. bis Mitte April Mo–Fr 9–12.30 Uhr. Place Le Trocquer. ✆ 02.96.95.14.03, www.tourisme-pontrieux-communaute.com.

Markt Wochenmarkt Montagvormittag, v. a. landwirtschaftliche Produkte.

Pardon In der Nacht des 3. Julisonntags wird die Statue der „Notre-Dame-des-Fontaines" aus der Kirche geholt und in einer Fackelprozession durch den Ort getragen.

Wassersport Der Club Nautique am Hafen organisiert Fahrten auf der Trieux. Vermietung von Kanus und Kajaks. Auskunft über das Office de Tourisme. Juli/Aug. tägl., in der Nebensaison nur an Wochenenden. ✆ 02.96.95.17.20.

Camping ** Traou-Mélédern, 500 m vom Ortszentrum am Ufer des Trieux, ausgeschildert. Gepflegtes Terrain, 50 Stellplätze, wenig Schatten, aber warme Dusche und Strom. Auch Mobilhome-Vermietung. 13, rue de Traou-Mélédern, ✆ 02.96.95.69.27, www.camping-pontrieux.com.

Runan: Von Pontrieux über die D 21 in westlicher Richtung, nach 5 km ist die kleine Ortschaft erreicht. Die imposante *Kirche Notre-Dame* (15. Jh.) überragt das Hochplateau, ihr kantiges Grau schmücken im Sommer weiß blühende Hortensienbüsche. Das Gotteshaus wurde im Auftrag des Templerordens errichtet und später von den Johannitern übernommen; es besitzt einen umfriedeten *Pfarrbezirk*, ein *Beinhaus* (16. Jh.) und einen als *Außenkanzel* (15. Jh.) gebauten großen Calvaire, der belegt, dass Runan einst eine vielbesuchte Pilgerstätte war. Die durch vier spätgotische Fenster aufgelockerte Südfassade der Kirche ist reich mit Skulpturen und Ritterwappen verziert, die Nordfassade zeigt vier wunderschöne Wasserspeier. Im Inneren beleuchtet das eindringende Licht diffus die reich ornamentierte *Holzdecke* mit ihren Heiligenfiguren. In der *Taufkapelle* rechts des Eingangs ein Retabel mit ausgefallenen Figuren aus blauem, belgischem Stein.

Zwischen Trieux und Jaudy: Die Halbinsel zwischen den Mündungen des Trieux und des Jaudy liegt touristisch im Abseits – was ihren Reiz nicht schmälert. Eine gemütliche 50-km-Rundfahrt kann sie erschließen. Entgegen dem Uhrzeigersinn:

Über den Ort *Lézardieux* am Trieux führt die Touristenroute zu einer verfallenen Flutmühle *(Ancien moulin de marée)*, zum *Phare du Bodic* (ein Stück links davon eine Plattform mit Sichtgarantie) und zur Landspitze *Sillon de Talbert*. Auf dem Rückweg nach Tréguier können Sie in *Pleubian* stoppen: Die Ortskirche besitzt eine beachtenswerte Außenkanzel. Einen kurzen Abstecher wert ist der Aussichtspunkt an der Jaudy-Mündung (in Kerbors vor der Kirche rechts ab) – Blick über den Fluss nach Tréguier.

Plougrescant: Kirchenpatron und Ortsheiliger ist der britische Eremit und Heiler *St-Gonéry*, der im 6. Jahrhundert hier lebte und für den im 10. Jahrhundert etwas oberhalb der fjordartigen Mündung des Jaudy eine Kapelle errichtet wurde. Um diese herum entwickelte sich ein kleiner Ortskern, der Rest der Gemeinde verteilt sich auf weit verstreute Einzelgehöfte.

Von der ursprünglichen *Chapelle St-Gonéry* blieb nur der seltsam geknickte Glockenturm. Ob die bleigedeckte Spitze aus dem Jahr 1612 von einem Blitz getroffen oder von der Hand des Teufels verbogen wurde, ist umstritten. Der von Bäumen beschattete Pfarrbezirk wird von einer niedrigen Mauer umfasst, wie eine Kanzel wirkt der *Calvaire* auf der Wiese. Die Buckel auf der Säule symbolisieren die Lepra, die der Eremit zu heilen verstand.

Das Innere der Kapelle gehört zu den Meisterwerken bretonischer *Deckenmalerei*. Ein einheimischer Künstler bemalte im 15. Jahrhundert (im 18. und 19. Jh. restauriert) auf 20 Panelen die Decke mit biblischen Motiven. Sie wird derzeit restauriert, aber der Teil, den man zu sehen bekommt, ist durch und durch beeindruckend. Vor blinkenden Sternen auf rotem Grund stehen ein schamhafter Adam in Blätterjacke und eine Eva, deren Nacktheit unter einem Umhang verborgen ist. Mit naiver Lust ergeht sich der Künstler in fremdartigen Konfektionen, malt orientalische Mützen, spitze Turbane und exotische Trachten. Den besten Eindruck von der Originalität des unbekannten Meisters vermittelt das Bild von der Erschaffung der Tiere und der genaue Blick aufs Abendmahl: Der Tisch wird aus der Vogelperspektive gezeigt.

Daneben beherbergt die Kapelle einen kunstvoll geschnitzten *Schrank* mit sechs Türen (bei Führungen wird eine geöffnet und zwei riesige Arme einer Skulptur kommen zum Vorschein, fast gespenstisch). Und schließlich werfe man einen Blick auf die wunderbaren *Sablières:* Ungeheuer, Drachen, Schlangen ... und was sonst noch das gläubige Volk erschreckte.

Juli/Aug. tägl. (außer So Vormittag) 10–11.30 und 16–18.30 Uhr, sonst nur nach Anmeldung unter der vor Ort angegebenen Telefonnummer (wenn möglich 15–17 Uhr).

Wandern Vier Rundwanderwege werden von der Gemeindeverwaltung instand gehalten; zu empfehlen ist die 16 km lange „Balade autour de Plougrescant" (4½ Std.), die an allen wesentlichen touristischen Höhepunkten vorbeiführt, z. B. an der „Baie d'Enfer" (Höllenbucht) mit Austernbänken sowie am „Gouffre" (Schlund) mit dem berühmten Haus zwischen den Felsen. Wanderkarten im Rathaus oder an den Rezeptionen der Campingplätze.

Camping *** Le Varlen, etwa 2 km außerhalb von Plougrescant (hinter der Kirche ausgeschildert). Schöner Platz mit Hecken, 300 m vom Strand entfernt. 60 Stellplätze.

Für 3 Sterne simple Sanitärs und einfaches Platzangebot, freundliche Leitung und familiäre Atmosphäre. Café-Restaurant gleich nebenan. Geöffnet April–Okt. 4, route de Pors Hir, 22820 Plougrescant, ☎ 02.96.92.52.15, www.levarlen.com.

** Municipal de Beg Vilin, etwa 2 km außerhalb von Plougrescant (hinter der Kirche ausgeschildert) am Ufer der Höllenbucht, ein idyllischer Gemeindeplatz mit 110 Stellplätzen weitab vom Schuss. Rasengelände mit Hecken und Baumbestand, in Wohnwagen- und Zeltabteilung aufgeteilt, von der Lage für einen gemütlichen Aufenthalt prädestiniert. Elektroanschlüsse, gefliester

Sanitärblock mit heißen Duschen (Jetons). Geöffnet Mitte Juni bis Mitte Sept. Beg Vilin, 22820 Plougrescant, ☎ 02.96.92.56.15, www.camping.plougrescant.fr.

** Le Gouffre, ca. 1 km hinter dem Haus am Schlund (Anfahrt beschildert). Knapp 120 Stellplätze auf von Hecken unterteiltem Wiesengelände in ruhiger Lage, gepflegte Sanitäranlagen. Kaum Schatten. Wohnmobilstation. Geöffnet April–Sept. Hent Crec'h Kermorvan, 22820 Plougrescant, ☎ 02.96.92. 02.95, www.camping-gouffre.com.

Le Gouffre: Der „Schlund" genannte Aussichtspunkt befindet sich in einem Naturschutzgebiet und ist gut ausgeschildert (ca. 2 km vom Ortszentrum von Plougrescant).

Vom Parkplatz am Ende des Sträßchens ist es nur ein kurzer Spaziergang bis zu einem der meistfotografierten Häuser der Bretagne: Zwischen zwei mächtigen Granitblöcken eingezwängt, hinter denen die Fluten in Felsspalten gurgeln, duckt sich ein schiefergedecktes Häuschen, das sich im seichten Wasser eines malerischen Salzweihers spiegelt. Nachdem das „Haus zwischen den Felsen" jahrzehntelang leer stand oder allenfalls als selten aufgesuchtes Feriendomizil diente, wird es seit wenigen Jahren von der Besitzerin, einer älteren Dame, wieder bewohnt. Alle Versuche bretonischer Institutionen, das Haus zu erwerben, sind bisher gescheitert, auch aus der Fremdenverkehrswerbung ist das prächtige Motiv verschwunden: Madame beschäftigt einen Anwalt, der darauf achtet, dass seine Klientin für publizierte Fotos entschädigt wird. Vermutlich steht auch deshalb stets ein Auto vor dem Haus, das ein gelungenes Foto beeinträchtigt.

Am Salzweiher des fotogenen Hauses vorbei führt der Weg zum „Gouffre", dem Meeresschlund, wo das Wasser unablässig gegen die riesigen Granitbrocken ankämpft. Es ist der nördlichste Punkt des bretonischen Festlands – allein sind Sie hier bestimmt nicht.

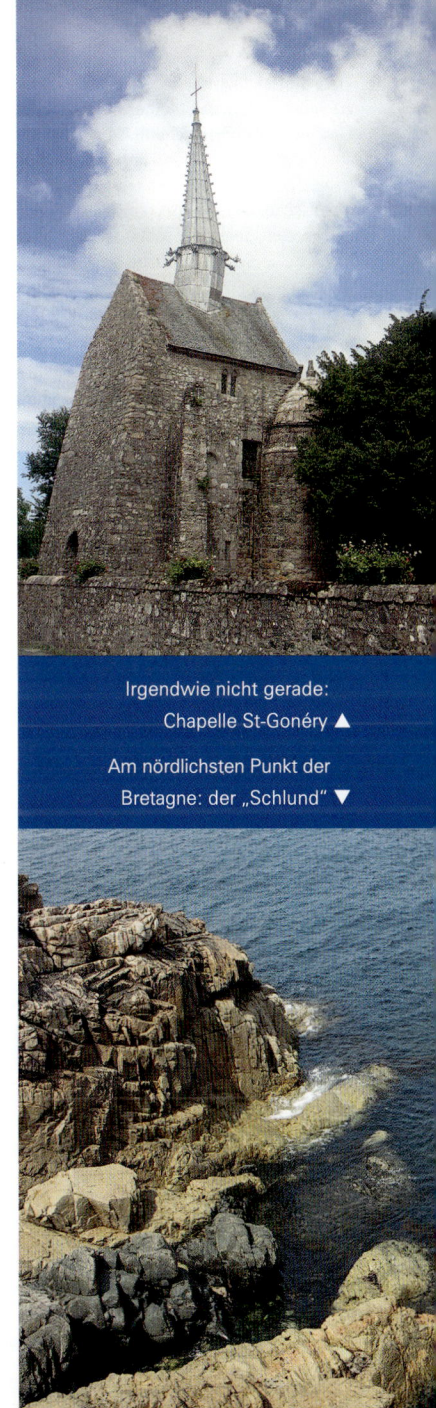

Irgendwie nicht gerade: Chapelle St-Gonéry ▲

Am nördlichsten Punkt der Bretagne: der „Schlund" ▼

Port Blanc: Zivilisationsmüde französische Künstler entdeckten um die Wende zum 20. Jahrhundert den kleinen Fischerort an der Trégor-Küste. *Anatol le Braz*, einer der Großen der bretonischen Literatur, fand den Weg ebenso hierher wie der französisch-amerikanische Schriftsteller und Pathologe *Alexis Carrel*, der auf der vorgelagerten Insel *St-Gildas* den Bestseller „Der Mensch, das unbekannte Wesen" schrieb. Der malerische, fast mediterran wirkende Hafenort Port Blanc, liegt weitab vom Rummel der großen Seebäder. Einzig in der Hauptsaison beleben Ausflügler die Strandzeile, sonst herrscht im Zentrum der häuschenübersäten Region behäbige Ruhe.

Ein bizarres, von einem kleinen *Oratorium* gekröntes Granitensemble ziert den Ortsstrand von Port Blanc. Dahinter liegt die Strandpromenade, die im Westen über einen bürgersteigähnlichen Damm zum Hafen führt. Weiter landeinwärts, etwas erhöht, steht im umfriedeten Pfarrbezirk die *Chapelle Notre-Dame* mit ihrem bis zum Boden reichenden Dach und einem Kalvariensockel daneben.

Port Blanc ist mit mehreren Stränden gesegnet. Der Ortsstrand vor der Hotelzeile ist malerisch, doch auf dem schmalen Sanddreieck unterhalb des Oratoriums lassen sich bei Flut kaum Badetücher ausbreiten. Hier ist der Sitz der Segelschule, die auch Surfbretter verleiht. Besser zum Baden eignet sich der kleine, weiße Sandstrand etwa 500 m westlich der Hotels. Die *Plage des Dunes*, ein Kilometer weiter (Campingplatz), ist bei Ebbe extrem flach, bei Flut bleibt nur wenig Liegefläche – Felsen, Sand und Kiesel in einer optisch reizvollen Bucht.

Pardon Auf der vorgelagerten Insel St-Gildas wird am Pfingstsonntag ein weithin bekannter Pardon gefeiert. In seinem Mittelpunkt steht St-Gildas, der Beschützer der Pferde. Wenn die Ebbe den Weg auf die Insel freigibt, werden die Pferde im Festtagsputz durch das Watt geritten und dreimal um die Kapelle des Heiligen geführt. Nach der Segnung werden sie mit Brot gefüttert, das am Leib der Gildas-Statue gerieben wurde. Es soll die Tiere bis zum nächsten Pardon vor Bauchgrimmen und Durchfall schützen.

Hotel ** Grand Hotel de Port Blanc, langgestrecktes Gebäude an der Strandpromenade, von den Frontzimmern schönes Panorama mit Blick auf den Oratoriumsfelsen. Restaurant/Bar im Glasvorbau, auf

Eines der beliebtesten Fotomotive: das „Haus zwischen den Felsen"

dem Strandboulevard ein Terrassencafé. Eine Komplettrenovierung wurde 2012 begonnen, die erste Etage war 2015 fertig, die zweite wartet noch. Derzeit 10 DZ, neun 3-Bett-Zimmer und drei Familienzimmer, alle mit Bad bzw. Dusche/WC. DZ 65–89 €. Geöffnet April–Okt. 1, boulevard de la Mer, 22710 Penvénan, ✆ 02.96.92.66.52, www.grandhotelportblanc.com.

Camping *** **Des Dunes**, sandiger Platz mit dürrer Strandvegetation an der gleichnamigen Plage, 1,5 km westl. des Ortszentrums (ausgeschildert). Schattenlos, trotz des modernen Sanitärpavillons etwas verloren im Sand. 85 Stellplätze. Geöffnet Mitte Mai bis Mitte Sept. Rue des Dunes, Port Blanc, 22710 Penvénan, ✆ 02.96.92.63.42, www.campingportblanc.com.

Perros-Guirec

7400 Einwohner

Vor hundert Jahren noch drängten sich nur einige weiß gekalkte Häuschen mit den typischen Giebelkaminen in der Bucht des heutigen Jachthafens. Das Bild hat sich mit dem aufkommenden Tourismus im 20. Jahrhundert verändert: Aus dem kleinen Fischerhafen wurde ein fast mondänes Reiseziel.

Ferienhäuser, Residenzen, Hotels und Villen in Kiefernparks hoch über der Küste bestimmen das Bild des Städtchens, das im Sommer von Tausenden von Touristen aufgesucht wird. Der Ort, längst über die zerfranste, fast 50 m hohe Landspitze der *Pointe du Château* hinaus bis ans Ende der nächsten Bucht gewachsen, ist heute nach Dinard das bedeutendste Seebad der Nordküste.

Perros-Guirec besteht aus mehreren Ortsteilen, die im Lauf des 20. Jahrhunderts nahtlos zusammengewachsen sind: die von neuen Betonhäusern flankierte Promenade des heutigen Jacht- und früheren Fischerhafens *(Unterstadt)*, das Verwaltungs- und Geschäftszentrum entlang der Hauptstraße auf dem Hügel oberhalb der Küste *(Oberstadt)* und das Ferienzentrum am *Trestraou-Strand* mit seinen Beachclubs, einer Kongresshalle und dem 1924 eingeweihten Casino. Auf einem Hügel im Westen erhebt sich die Kirche des Ortsteils *La Clarté*, im Westen liegt *Ploumanac'h*, das ebenfalls zum Gemeindegebiet von Perros-Guirec gehört. Östlich des Zentrums, unterhalb der *Pointe du Château*, tummeln sich die Badegäste am Strand von *Trestrignel*. Perros-Guirec bietet seinen Gästen ein buntes Animationsprogramm: Bootsausflüge zu den der Küste vorgelagerten *Sept-Iles* (Sieben Inseln), Surf- und Segelregatten, Strandkonzerte ...

Sehenswertes

Kirche St-Jacques: Der Bau mit der hübschen doppelbogigen Vorhalle und dem mächtigen Turm irritiert wegen seiner Asymmetrie. Die Besonderheit der aus rosa Granit gebauten Kirche sind zwei Kirchenschiffe aus verschiedenen Epochen. Die romanische Westseite aus dem 12. Jahrhundert wurde im 14. Jahrhundert um ein gotisches Kirchenschiff erweitert. Turmkuppel und Chor stammen aus dem 17. Jahrhundert. Im Inneren sind die wuchtigen romanischen Säulen bemerkenswert, ihre Kapitelle sind teils mit einfachen Ornamenten verziert, teils sind figürliche Darstellungen auszumachen. Ebenfalls aus romanischer Zeit stammt das steinerne Taufbecken links vom Eingang, eine der vier stützenden Figuren hat sich davongemacht. Schließlich ist auch das Altarblatt aus dem 17. Jahrhundert mehr als einen Blick wert: Auf drei Etagen verteilt, zeigt es rund 20 Figuren aus der Heiligengeschichte.

Historisches Museum (Musée de l'histoire et des traditions de Basse Bretagne): Hinter dem Bassin de Linkin am Hafen stellen in einem etwas heruntergekommenen

Das Eiffel-Haus auf dem Zöllnerpfad

Haus einige berühmte Franzosen *(Boishardy, Napoleon, Cadoudal, Renan* und *Botrel)* als Wachsfiguren Szenen aus der französischen Geschichte dar; ein besonderes Augenmerk gilt der Revolution und der Chouannerie. Daneben pergamentene Dokumente und Stiche aus der Lokal- und Regionalgeschichte. Eine Haubensammlung aus der Niederbretagne rundet den nicht allzu aufregenden Besuch ab.
Mitte April–Okt. tägl. 10–12.30 und 14–17.30 Uhr. Eintritt 4 €.

Zöllnerpfad (Sentier des Douaniers): Vom westlichen Ende des Trestraou-Strands steigt die Straße steil nach oben. Hier beginnt der Zöllnerpfad (beschildert), ein sehr schöner, etwa 3,5 km langer Spazierweg, der knapp über der Brandung die Küste entlang nach Ploumanac'h führt. Anfangs noch von harmloser Schönheit, zeigt die Tour bald verrücktere Aspekte. Kreuz und quer türmen sich vor dem Hintergrund der blauen Atlantikfluten in der gelb und lila blühenden Heidelandschaft gewaltige, rosa schimmernde Felstorsos zu immer bizarreren Formationen.

Den ersten Höhepunkt der Rosa-Granit-Tour erleben Sie nach etwa 2,5 km an der *Pointe du Squéouel* (skler well = schöne Aussicht): Blick auf das *Château du Diable* (Teufelsschloss), ein Werk aus der Zauberkiste der Natur.

Nachdem Sie die mächtige Granitburg, die jeden Moment einzustürzen droht, hinter sich gelassen haben, führt der Pfad die Küste entlang quer durch das von Granitblöcken versperrte Heideland und bietet ständig neue Perspektiven: *die Flasche, Napoleons Hut,* chaotische Türme, Variationen in rosa Gestein. Hinter der Seerettungsstation (kleine Ausstellung über die lokale Geschichte des Vereins französischer Lebensretter) duckt sich zwischen riesigen Felsblöcken die *Villa Ker Wel,* einst Wohnsitz des berühmten französischen Architekten Gustave Eiffel. Rechts der *Leuchtturm von Meen Ruz* und dann, nach einem etwas holprigen Abstieg, der letzte Höhepunkt: die Bucht von Ploumanac'h mit der bei Flut nur knapp aus dem Wasser ragenden Andachtsstätte des heiligen Guirec und dem märchenhaften *Schloss Costaères* (→ Ploumanac'h) auf einer Granit-Insel im Vordergrund. Am

Ende des Strandes türmen sich gewaltige Blöcke zu einer 25 Meter hohen Zitadelle aus Fels, die im Volksmund schlicht *La Bastille* heißt. Kletterererfahrene mit vernünftigem Schuhwerk können von oben ein mehr als außergewöhnliches Panorama bestaunen.

Maison du Littoral: Wer während des Spaziergangs auf dem Zöllnerpfad auch etwas über die Entstehung des Felsenchaos erfahren möchte, sollte hier einen kleinen Zwischenstopp einlegen: Die Ausstellung informiert nicht nur über die Geologie der Granitküste, sondern auch über die Verwendung des rosa Gesteins sowie über Flora und Fauna der Region. Zudem jährlich wechselnde Ausstellungen.

Mitte Juni bis Mitte Sept. Mo–Sa 10–13 und 14–18 Uhr. Eintritt frei.

Chapelle Notre-Dame de la Clarté: Die Kirche im Ortsteil La Clarté wurde 1445 in Auftrag gegeben und aus dem rosa schimmernden Granit der Perroser Steinbrüche hochgezogen. Im Bethaus sollte künftig die Heilige „Jungfrau der klaren Sicht" verehrt werden, die dem Spender auf wundersame Weise geholfen hatte (→ Kastentext „Die Jungfrau der klaren Sicht"). Der Turm der Kapelle wurde erst im späten 16. Jahrhundert hinzugefügt. Die Steine zu seinem Bau besorgte man sich im Ploumanac'her Schloss, das während der Ligakämpfe von den Royalisten zerstört worden war. Im Inneren der Kirche imponieren die *Kreuzwegstationen* (zwölf Jugendstilbilder des bretonischen Künstlers Maurice Denis), mehrere *Holzapostel* und die 1946 mit einer goldenen Krone versehene *Marienfigur*, die im Mittelpunkt der alljährlichen Wallfahrt steht.

Die Jungfrau der klaren Sicht

Der Bau der Kapelle geht auf einen hier ansässigen Marquis von Barrach zurück, der vor 600 Jahren als Kommandant einer französischen Marineeinheit von einem Raubzug aus England zurückkehrte. Kurz hinter den Sieben Inseln geriet seine Staffel in dichtesten Nebel. Es war unmöglich, sicher zu steuern, Wind und Strömung konnten die orientierungslosen Schiffe jeden Moment an den Riffen zerschellen lassen. Demütig kniete der gläubige Marquis auf den Planken nieder und flehte um die Fürbitte der Heiligen Jungfrau. Sollten er und seine Flotte gerettet werden, versprach er, würde er ihr eine Kapelle stiften. Der Graf fand Gehör – ein Sonnenstrahl brach durch den Nebel und zeigte den sicheren Weg in den Hafen von Perros. Der adelige Herr, ganz Ehrenmann, ließ gleich nach seiner Ankunft an der Stelle, die der himmlische Strahl beschienen hatte, eine Kapelle errichten. Um an das Wunder im Nebel zu erinnern, nannte er sie Notre Dame de la Clarté – Jungfrau der klaren Sicht. Ihre Aufgabe ist es, Fischer und Seeleute sicher zu leiten und Menschen aller Berufe vor dem Übel der Blindheit zu schützen.

P. S. Solide Heimatforscher melden bei der Geschichte Zweifel an – trotz gewissenhafter Nachforschungen in Archiven und Stammbüchern konnte die Existenz eines seefahrenden Marquis von Barrach nie nachgewiesen werden.

Le Tertre: 100 m oberhalb der Kapelle erhebt sich *Le Tertre* (der Hügel) über den Ort. Der beliebte Aussichtspunkt gibt einen einzigartigen Panoramablick auf die Sieben Inseln frei, im Rücken die großen Weltraumlauscher und das gleißendweiße Radom von Pleumeur-Bodou.

Sieben Inseln (Les Sept-Iles): Die Inseln vor der Küste sind Frankreichs ältestes Vogelschutzgebiet. Eine Bootstour zwischen den Inseln (von West nach Ost: *Bono, Rouzic, Aux Moines, Malban, Plate, Le Cerf, Les Costans*) gehört nicht nur für Ornithologen zum festen Programm. Der Rundtrip (→ Basis-Infos/Bootsausflug) dauert 2 Std. und führt quer durch eine außergewöhnliche Meereslandschaft, in der sich

Essen & Trinken
2 Les Feux des Iles
4 Le Mao (S. 240)
5 Coste Mor (S. 240)
6 Les Dervinis (S. 240)
11 Crêperie Les Calculots
12 La Crémaillère
14 Pizzeria Le Ker Bleu
17 Le Suroît

Übernachten
1 Le Manoir du Sphinx
2 Les Feux des Iles
3 Les Costans
5 St-Guirec et de la Plage (S. 239)
7 Du Parc (S. 239)
8 Castel Beau Site (S. 239)

9 De l'Europe (S. 239)
10 De Perros
13 Ker Mor
15 Le Grand Hôtel
16 Du Port
17 Le Suroît

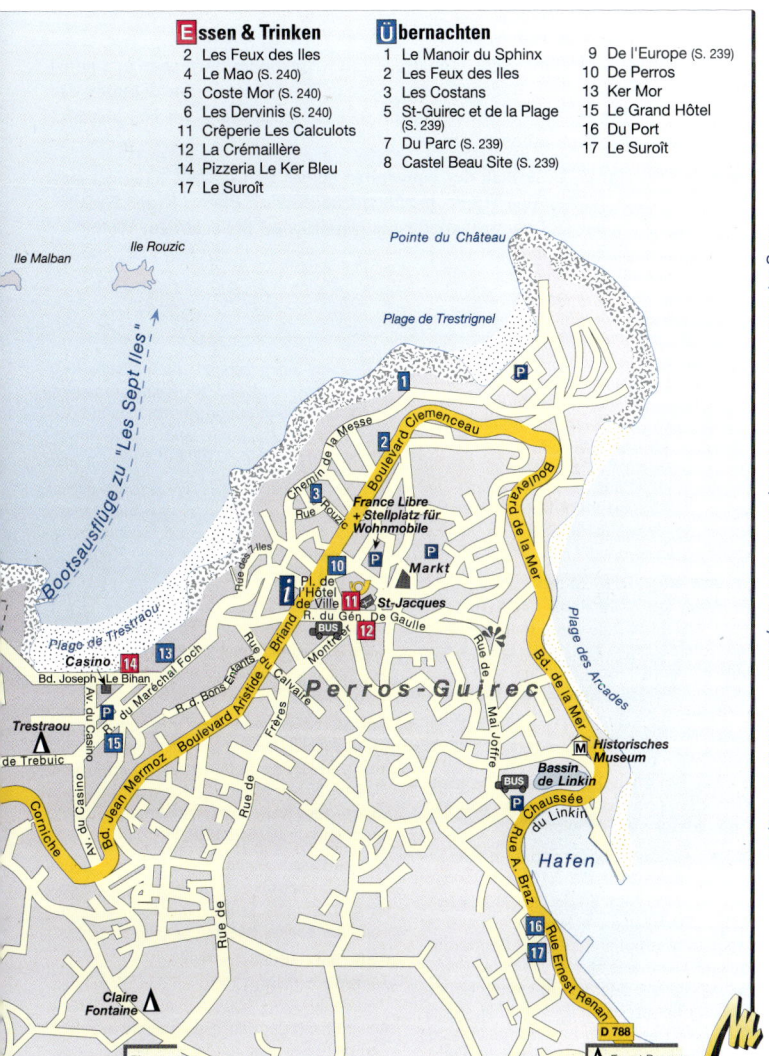

neben zahlreichen Möwenvölkern und Basstölpel-Kolonien auch ausgefallenere Arten wie Austernfischer und Papageientaucher zum Nisten niederlassen. Ein Landaufenthalt ist nur auf der *Ile aux Moines* (Mönchsrobben-Insel) gestattet. Hier sorgen ein malerischer Leuchtturm und eine Festung aus dem 18. Jahrhundert zusätzlich für optische Kurzweil.

Baden

Plage de Trestraou: 500 m langer Sandstrand mit wirbelndem Badeleben und komplettem Strandprogramm: Baden, Surfen, Segeln, Kindertrampolin; dahinter der Boulevard mit Brasseries, Cafés und Casino. Die Parkplatzsuche am Hauptstrand von Perros-Guirec kann mühsam sein.

Plage de Tréstrignel: Unterhalb der Landspitze *Pointe du Château* schmiegt sich der 300 m lange, feinsandige Strand in die villenbestückte Bucht. Reger Badebetrieb, Strandclub, bei Flut kaum Platz für die Handtücher. Bei schönem Wetter ist der Parkplatz voll belegt.

Basis-Infos

Postleitzahl 22700

Information Office de Tourisme, im Ortszentrum der Oberstadt gegenüber dem Rathaus; Informationen über Perros-Guirec und die Rosa-Granit-Küste. Juli/Aug. Mo–Sa 9–19, So 10–12.30 und 16–19 Uhr. Sept.–Juni Mo–Sa 9–12.30 und 14–18 Uhr. 21, place de l'Hôtel de Ville. ☎ 02.96.23.21.15, www.perros-guirec.com.

Hin und weg **Bus:** Zentraler Busbahnhof am Hafen der Unterstadt, direkt vor dem Bassin de Linkin. Außerdem mehrere Haltestellen im Stadtgebiet, u. a. direkt vor dem Tourismusbüro in der Oberstadt. Die Busse von CAT verbinden die verschiedenen Orte der Granitküste mit Lannion, dem nächstgrößeren Verkehrsknotenpunkt im Hinterland. Tägl. bis zu 7-mal nach Lannion (25 Min.); 8-mal über Ploumanac'h, Trégastel, Trébeurden und das Radom von Pleumeur-Bodou zurück nach Lannion.

Parken Große Parkplätze am und rund um den Hafen (Unterstadt), in der Oberstadt beidseits der Hauptstraße (ausgeschildert). Weil die Parkplätze am Trestraou-Strand oft belegt sind, empfiehlt sich für Spaziergänger und Wanderer durch die Rosa-Granit-Welt ein Parkplatz in der Oberstadt. Bei der Rückkehr bringt Sie der Bus dorthin. Weiterer Parkplatz unterhalb des Campingplatzes Ranolien zwischen Perros-Guirec und Ploumanac'h an der Küste. Ein Katzensprung zum Felsenchaos.

Bootsausflug Die „Vedettes de Perros-Guirec" bieten von April bis Sept. **Ausflüge zu den Sieben Inseln** an. Die Bootstour im Vogelschutzreservat dauert 1¼ Std. oder mehr, ein Landgang ist nur auf der Ile aux Moines (Mönchsinsel) möglich. Abfahrt am Kai des Trestraou-Strands. Die 2-Stunden-

Tour führt zusätzlich an der Mönchsinsel und an Bono vorbei. Eine weitere Variante bietet einen 30-minütigen Aufenthalt auf der Mönchsinsel. Auskunft und Tickets beim Office de Tourisme, ☎ 02.96.91.10.00.

Der traditionelle Kutter *Ar Jentilez* unternimmt Ganz- und Halbtagsausflüge; max. 10 Pers. haben Platz an Bord. Reservierung beim Centre nautique an der Plage de Trestraou, ☎ 02.96.49.81.21.

Die *Sant C'hireg*, der Nachbau eines Langustenfängers von 1920, lädt die Passagiere zur Mithilfe bei den Segelmanövern ein; Ganz- und Halbtagsausflüge. Reservierung unter ☎ 02.96.23.82.04.

Bridge Sie befinden sich in einem ehemaligen britischen Seebad: Distinguierte Damen und Herren treffen sich Di und Fr von 13.45 bis 18 Uhr im Complexe sportif de Kerabram zum stilvoll-ungezwungenen Spiel; Infos unter ☎ 02.96.23.10.21.

Fahrradtour Radler werden vom Tourismusbüro verwöhnt. Brauchbare Tourenkarten gibt es gratis. Empfehlenswert die 25-km-Tour Vieilles Pierres (Tour der alten Steine).

Golf Der Golfclub der Halbinsel residiert außerhalb von Perros-Guirec auf dem Weg nach Pleumeur-Bodou. Auf einer stilvollen 18-Loch-Anlage kann ganzjährig eingelocht werden. Golf de St-Samson, Kerenoc, ☎ 02.96.23.87.34.

Markt Freitagvormittag unterhalb der Kirche St-Jacques. In der Hauptsaison auch Markt am Sonntag im Ortsteil La Clarté. Weiterer Markt am Samstagvormittag in einigen Straßen zwischen Hôtel Les Costans und Trestraou-Strand.

Pardon Großer Pardon am 15. August zu Ehren der Notre-Dame de la Clarté in und um die gleichnamige Kapelle. Der Pardon beginnt am Abend des Vortags mit einer Nachtwache für die „Jungfrau der klaren Sicht" und einer anschließenden Prozession mit Freudenfeuer auf dem Hügel hinter der Kapelle. Am Morgen des Festtags werden fünf Messen in der Kapelle gelesen. Nach einer weiteren Messe unter freiem Himmel auf dem Kirchhügel beginnt die große Prozession mit Segnung auf dem Kirchplatz.

Veranstaltungen Im Sommer rummelt es insbesondere am Trestraou-Strand mehrmals wöchentlich. Regatten, Folklore-abende oder Rockkonzerte unter freiem Himmel.

Wassersport **Centre nautique** verleiht Boote aller Art und bietet ein umfangreiches Kursangebot, z. B. 1- bis 2-wöchige Segelkurse. Plage de Trestraou, ✆ 02.96.49.81.21.

Seven Islands Surf Club vermietet Bretter, Ausrüstung und gibt ebenfalls Kurse. Plage de Trestraou, ✆ 02.96.23.18.38.

◞ Übernachten   → Karte S. 232/233

Viele Hotels, dazu eine Unzahl möblierter Zimmer und Appartements – Perros-Guirec ist das Beherbergungszentrum der Granitküste. Schwerpunkte sind der Hafen in der Unterstadt, der Boulevard Aristide Briand (Hauptstraße der Oberstadt) und der Trestraou-Strand. In der Saison wird oft Halbpension verlangt. Eine Auswahl:

*** Le Grand Hôtel 🖪, das Hotel aus den alten Zeiten des Seebads beherrscht mit seiner kolonialen Würde den Baderummel zu seinen Füßen. 49-Zimmer-Haus mit großen, etwas stillosen Aufenthaltsräumen und Restaurant. DZ 70–190 €. Geöffnet Mitte März–Sept. 45, boulevard Joseph Le Bihan, ✆ 02.96.49.84.84, www.grand-hotel-perros-guirec.com.

*** Les Costans 🖪, oberhalb des Stadtrands auf einer weit vorgeschobenen Landzunge im Grünen gelegen; 2009 wurde umfassend renoviert. 27 Zimmer, überdachte Aufenthaltsterrasse, ruhiger Garten mit Blick übers Grüne aufs Meer; Panoramarestaurant. Eigener Parkplatz. DZ 79–189 €, je nach Saison und Lage. Geöffnet Jan.–Okt. 14, rue Rouzic, ✆ 02.96.23.20.27, www.les-costans.fr.

*** Ker Mor 🖪, das mit Türmchen verzierte „Haus am Meer" liegt neben dem Kongresszentrum direkt am Trestraou-Strand. Frühe Reservierung und Halbpension im Sommer sind bei dieser Lage selbstverständlich. 29 in Größe und Ausstattung unterschiedliche Zimmer, teils mit Meerblick. Solides Restaurant mit Terrasse und Aussicht auf den Baderummel. DZ 68–180 €, teurer ist das Panoramazimmer. Geschlossen im Jan. 38, rue du Meréchal Foch, ✆ 02.96.23.14.19, www.hotel-ker-mor.com.

*** Les Feux des Iles 🖪, freistehendes Natursteingebäude am Anfang der Oberstadthauptstraße, steil über den Klippen; 18 geräumige, komfortable Zimmer mit prächtiger Aussicht. Neben dem hoteleigenen Tennisplatz überzeugt vor allem das mehrfach ausgezeichnete Hotelrestaurant mit seinen Schlemmereien, in dem die Söhne der Besitzer zugange sind. DZ 90–140 €, HP 80–120 €. Geöffnet Mitte Febr.–Okt. 53, boulevard Clemenceau, ✆ 02.96.23.22.94, www.feux-des-iles.com.

*** Le Manoir du Sphinx 🖪, schmucke, hochgeschossige alte Villa auf der Land-

Nordküste
Trégor, Côte de Granit Rose, Côte des Bruyères → Karte S. 216/217

Wegweiser für Zöllner

spitze oberhalb des Trestrignel-Strandes; 20 gut ausgestattete Türmchen- und Erker-zimmer mit Panoramablick über die Bucht. Hotel und Gartenpark mit dem angestaub-ten Charme eines englischen Aristokraten-etablissements. Ausgezeichnete Dîners im Hotelrestaurant. DZ 95–135 €, HP 97–115 €/Pers. Geöffnet März bis Mitte Nov. 67, chemin de la Messe, ✆ 02.96.23.25.42, www.lemanoirdusphinx.com. ·

*** Du Port 🔟, schöne Lage am Hafen. 15 modern eingerichtete Zimmer, teils geräu-mig, die vorderen zum Hafen und schall-dicht vor Verkehrslärm geschützt. Spre-chender Aufzug und last but not least eine charmante Wirtin. DZ 60–90 €. Geöffnet Febr. bis Mitte Dez. 85, rue Ernest Renan, ✆ 02.96.23.21.79, www.perros-hotel.com.

*** Le Suroît 🔟, zweistöckiger Eckbau stadtauswärts an der Hafenzeile (Unter-stadt); 8 geschmackvoll eingerichtete Zim-mer, teils mit Balkon zum Hafen, hervorra-gendes Restaurant. DZ 72–82 €. Geschlos-sen im Febr. und Nov. für jeweils zwei Wo-chen. 81, rue Ernest Renan, ✆ 02.96.23.23.83, www.lesuroitperros.com.

De Perros 🔟, preisgünstige Herberge mit 18 schallgedämmten Zimmern zum Rathaus-platz hin, von denen man nicht zu viel erwar-ten sollte. Der rechtwinklige Natursteinbau hat eine Betonbalkonzeile und eine Erdge-schossbar. DZ mit Du/WC 57–69 €. Ganzjäh-rig geöffnet. 28, place de l'Hotel de Ville, ✆ 02.96.23.22.41, www.hotel-de-perros.com.

Camping *** Domaine de Trestraou, zent-rale Lage, etwa 200 m hinter dem gleichna-migen Strand. Die ziemlich weitläufige An-lage ist eingerahmt von 3 Hotelkomplexen, die nachts hell strahlen und deren werte Gäste von den Zimmerbalkons in die Koch-töpfe der Freiluftkollegen schielen. Die 180 Stellplätze auf gepflegtem Rasen sind teils mit Hecken unterteilt. Das schmale Freizeit-angebot (Tischtennis, Kicker) wird vom noch schmaleren Lebensmittelangebot des Supermarkts im Empfangsgebäude unter-boten (Dosen, H-Milch); ca. 200 m zum Strand. Geöffnet April bis Mitte Okt. 89, avenue du Casino, ✆ 06.08.99.03.93, www.domainedetrestraou.com.

*** Ernest Renan, gegenüber der Land-zunge von Perros-Guirec an der Strecke von Perros-Guirec nach Tréguier (D 6), ru-hige Lage an einer langgezogenen, gut ge-schützten Lagune. Die Gemeindeverwal-tung von Louannec zeichnet verantwortlich. Sanitär sehr gut ausgestattetes, mit Blu-men und einigen Bäumchen bepflanztes 4-ha-Gelände mit 265 Stellplätzen. Geöffnet Mai–Sept. Route de Perros-Guirec, 22700 Louannec, ✆ 02.96.23.11.78, www.camping-louannec.fr.

Wohnmobile Beide obengenannten **Campingplätze** bieten Stellplätze und kom-pletten Service an. Sonst ist das Abstellen von Wohnmobilen weitgehend untersagt. Eine Ausnahme bildet der **Parking France Libre**. Dort darf max. 48 Stunden geparkt werden.

⟨ Essen & Trinken

→ Karte S. 232/233

Restaurants Les Feux des Iles 2️⃣, im gleichnamigen Hotel. Gepflegtes, ge-schmackvoll eingerichtetes Restaurant mit 7-Insel-Panorama. Der Hotelchef erweist sich auch als Meister der Küche. Menüs und Spezialitäten à la carte, z. B. norwegi-scher Lachs und Krustentiere. 53, boulevard Clemenceau, ✆ 02.96.23.22.94.

Le Suroît 🔟, im gleichnamigen Hotel. Im renovierten Restaurant mit Blick auf den Jachthafen sitzt man gut und isst man gut. Die Küche bevorzugt lokale Produkte. Mee-resfrüchte, Fisch oder Fleisch – stets hervorragend zubereitet. 81, rue Ernest Re-nan, ✆ 02.96.23.23.83.

La Crémaillère 🔢, im oberen Ortsteil. Ge-schmackvoll renovierter Raum mit Holzbal-ken und Kamin. „Absolut frisch, gut ge-würzt, die Atmosphäre stimmte und man wurde freundlich bedient", schreibt eine Leserin. Preise leicht über dem Durch-schnitt. Mi Ruhetag. 13, place de l'Eglise, ✆ 02.96.23.22.08.

Le Ker Bleu 🔢, neben dem Casino, die Piz-zeria für den schnellen Hunger. Pizza und Pasta, aber auch Galettes, Fleisch- und Fischgerichte direkt am Badeboulevard. Mi Ruhetag. 17, bd Joseph Le Bihan, ✆ 02.96.91.14.69.

Crêperie Les Calculots 🔢, am Kirchplatz im alten Zentrum, mit Terrasse. Innen nette Seemannsatmosphäre. Geschlossen Mo und Di abends sowie So ganztags. 1, rue du Maréchal Leclerc, ✆ 02.96.91.04.09.

Ploumanac'h

Ein einzigartiges Panorama: Die spiegelglatte See ist durchsetzt von violett schimmernden, rund geschliffenen Felswesen, die vor dem Oratorium des heiligen Guirec eine gespenstische Kulisse für das Zauberschloss auf der Insel abgeben.

Anfang des 20. Jahrhunderts wurde das Fischerdorf vom Tourismus entdeckt, nach und nach entwickelte sich Ploumanac'h zu einem reizend-beschaulichen Badeort im Schatten des lebhaftlauten Perros-Guirec. Mit seinem rosa Granit vor der Haustür zählt der Ort zu den „Perlen der Bretagne", der abendliche Spaziergang durch das Steinchaos kann süchtig machen.

Die Gegend um Ploumanac'h war schon vor 2000 Jahren bewohnt. Aus einer losen keltischen Siedlung entwickelte sich mit Hilfe römischer Besatzungstruppen ein gallorömischer Hafen, den im 6. Jahrhundert einige Mönche aus England anliefen. Sie gründeten die Pfarrgemeinde *(Plou)* vom Mönchsmoor *(Manac'h)* und gaben dem Ort seinen Namen.

Das Oratorium von Ploumanac'h

Sehenswertes

Zöllnerpfad: Man kann den spektakulären Küstenweg natürlich auch von Ploumanc'h aus gehen und ist schneller an seinen schönsten Stellen. Aber wir empfehlen, in Perros-Guirec zu starten und die Dramaturgie der Natur zu berücksichtigen. Das optische Vergnügen strebt von Ost nach West zusehends dem Höhepunkt entgegen (→ Perros-Guirec/Zöllnerpfad).

Schloss Costaëres: Die zauberhafte Silhouette des Schlosses auf einem Felsinselchen inmitten der Bucht ist eines der meistfotografierten Motive der Bretagne. Eingerahmt von rosafarbenen Granitblöcken und bizarren Riffen, umspült von den blauen Wogen des Atlantiks, ist das Märchenschloss eine Topattraktion der *Côte de Granit Rose.*

Das Schloss wurde 1892 im Auftrag des polnischen Ingenieurs Bruno Abakanowicz gebaut. Er hatte das Grundstück von einem hier Kartoffeln züchtenden Zöllner erworben und plante für sich und seinen illustren Bekanntenkreis aus Künstlern und Schriftstellern eine Arbeitsklause bzw. ein elegantes Feriendomizil. Auch der Romancier *Henryk Sienkiewicz* hielt sich einige Wochen hier auf. Vielleicht schrieb er sogar im Schloss seinen Weltbestseller *Quo Vadis*. Bei Einheimischen jedenfalls ist das Schloss Costaëres auch als *Château Quo Vadis* bekannt.

Bizarres auf dem Zöllnerpfad

In den 1970ern übernahm ein japanisch-französisches Firmenkonsortium die Eigentümerrechte und schickte Manager und verdiente Verkaufstalente zum Entspannen auf die Insel. Der vorläufig letzte Eigentümerwechsel vollzog sich 1989. *Didi Hallervorden*, deutscher Kabarettist, Entertainer, Mehrheitsaktionär und Geschäftsführer einer Liechtensteiner Firma, erwarb das Wohnrecht – und sollte wenig Glück mit seinem Kauf haben: 1990 verwüstete ein Brand zwei Stockwerke und das Dach des Walt-Disney-Schlosses. Hallervorden, der selten in Ploumanac'h vorbeischaut, hat die Renovierung längst abgeschlossen. Das Betreten der Schlossinsel ist untersagt, das Fotografieren nicht. Das grandiose Panorama genießt man am besten von der Spitze der „Bastille" aus, einer Felsformation gegenüber der Insel.

Oratorium: Bei Ebbe ragt die kleine, überdachte Andachtsstätte, die *St-Guirec* geweiht ist, aus dem ruhigen Wasser der Bucht. Vor über 1400 Jahren soll hier der englische Mönch an Land gegangen sein, um die heidnischen Völker zu missionieren. Zum Gedenken an ihn wurde im 12. Jahrhundert ein mit seinem hölzernen Standbild versehenes Oratorium errichtet, das bei Flut bis zu den Säulchen verschwindet und nur bei Ebbe trockenen Fußes zu erreichen ist.

Um die Gedenkstätte des Guirec entwickelte sich im Lauf der Zeiten ein eigentümlicher Brauch, der vor allem die jungen Damen von Ploumanac'h auf erklärliche Weise anzog: Sollte doch dem Mädchen, das der Holzfigur des Heiligen mit einer Nadel in die Nase stach, noch übers Jahr ein besonders gut aussehender Bräutigam begegnen. Die zahlreichen nasestechenden Bittstellerinnen machten mit der Zeit aus dem Gesichtserker des Heiligen ein Loch. Kein Wunder, dass die geplagte Holzskulptur vor Jahren durch ein granitenes Standbild ersetzt wurde – das allerdings in der Nasengegend auch schon Spuren der Verwüstung zeigt.

Baden

Plage de St-Guirec: Der Ortsstrand von Ploumanac'h wird von Hotels und Caféterrassen begrenzt. Die vorgelagerten Felsen und Riffe brechen den Ansturm der Wogen und glätten die See. Der 300 bis 400 m breite Sandstreifen, den die Gezeiten schaffen, ist auch für Kinder ein sicheres Baderevier: Rosa Felswesen, ein Oratorium und ein Märchenschloss bilden die Kulisse des Planschvergnügens. Bei Ebbe sind die Fußfischer zugange: Muscheln, Schnecken und Krustentiere verstecken sich zwischen Sand und Fels.

Plage de la Bastille: südlich der Felszitadelle, kleiner als der Hauptstrand, ebenso schön und auch mit Blick auf Schloss Costaérès. Für Kinder sehr geeignet, ruhiges Meer. Und auch hier gilt bei Ebbe: ein idealer Flecken für Fußfischer.

Basis-Infos

Postleitzahl 22700 Ploumanac'h, Perros-Guirec

Information Office de Tourisme von Perros-Guirec, siehe dort.

Hin und weg Bus: Ploumanac'h liegt an der Buslinie Lannion/Granitküste. Mindestens 4-mal tägl. wahlweise über Perros-Guirec oder Pleumeur-Bodou nach Lannion.

Parken Großer, beim sommerlichen Ansturm aber viel zu kleiner Parkplatz direkt vor dem Ortsstrand.

Pardon Am Himmelfahrtstag feiert Ploumanac'h seinen großen Pardon für St-Guirec, der Kinder, Lahme, Fieberbefallene und Eiteraussätzige dadurch geheilt haben soll, dass er sie in seinem Bett herumrollte. Die Prozession für St-Guirec führt auch zum Oratorium des Heiligen. Die unverheirateten weiblichen Festgäste verzichten heutzutage auf den alten Brauch, dem Heiligen mit einer Nadel in die Nase zu pieksen (→ Sehenswertes/Oratorium).

Übernachten   → Karte S. 232/233

Hotels **** Castel Beau Site 8, palastähnlicher Bau direkt am Meer, die Top-Adresse von Ploumanac'h. Nach der letzten Renovierung zeigen sich die Speisesäle in elegantem, geradlinigem Design, das auch die 33 hellen, komfortablen Zimmer prägt. Auf zwei Seiten mit Loungemöbeln und Liegestühlen bestückte Terrasse, eine davon mit Jacuzzibecken. Leser loben das hervorragende Restaurant: „Nicht ganz billig, aber dem Gebotenen durchaus angemessen." DZ ab 180 €. Ganzjährig geöffnet. Plage de Saint Guirec, ℡ 02.96.91.40.87, www.castelbeausite.com.

**** Du Parc 7, zentrale Lage vor den touristischen Höhepunkten und dem Parkplatz. Schönes Natursteingebäude mit flachem Anbau und blumengeschmückten Dachgiebelfenstern. 10 gut möblierte Zimmer, Restaurant und Bar. DZ 68–91 €. Geöffnet Febr.–Dez. 174, rue de St-Guirec, ℡ 02.96. 91.40.80, www.hotel-duparc-perros.com.

** St-Guirec et de la Plage 5, Natursteinbau mit schieferverkleidetem Restaurant-Anbau. 24 Zimmer, alle mit Bad/WC, einige mit Mini-Balkon. In der Hauptsaison Vorbestellung und HP unumgänglich. DZ 70–140 €, HP 72–107 €. Geschlossen Mitte Dez. bis Mitte Jan. 162, rue St-Guirec, ℡ 02.96.91. 40.89, www.hotelsaint-guirec.com.

** De l'Europe 9, gute Lage direkt am Hauptplatz. Im verwinkelten Gebäude 23 modern eingerichtete, preisgünstige Zimmer, einige mit Balkon zum Platz. Im Erdgeschoss unterhält der freundliche Pächter eine kleine Bar, die auch Sandwichs anbietet. Eigener Parkplatz. DZ 49–89 €. Geöffnet Mitte Febr.–Dez. 158, rue de St-Guirec, ℡ 02. 96.91.40.76, www.hoteldeleurope-perros.com.

Camping **** Le Ranolien, an der D 787 auf dem Weg nach Perros-Guirec; das Felsenchaos des Teufelsschlosses auf der Pointe Squéouel liegt gleich ums Eck. Sehr gepflegte Sanitärausstattung. Minigolf, Tennis, Segelkurs, beheiztes Schwimmbad mit Planschbecken, Whirlpool, Sauna sowie ein breites Animationsangebot, Folkloreabende und Ausflüge. Zum Service gehören ein Restaurant, ein Selbstbedienungsladen, Tiefkühltruhen, Waschmaschinen, Reinigung. Im Juli/Aug. ist Platzreservierung zwingend. Über 500 Stellplätze. Geöffnet April bis Mitte Sept. Chemin du Squewel, ℡ 02.96.91.65.65, www.leranolien.fr.

*** West-Camping, unweit der Kreuzung der Küstenstraße (D 788) mit der Hauptstraße, die von Ploumanac'h herausführt. 50 Stellplätze auf bewaldetem Terrain mit ziemlich einfacher Infrastruktur. Geöffnet April–Sept. 105, rue Gabriel Vicaire, ℡ 02.96. 91.43.82, www.westcamping.com.

Nordküste
Trégor, Côte de Granit Rose, Côte des Bruyères → Karte S. 216/217

Essen & Trinken

→ Karte S. 232/233

Restaurants Coste Mor **5**, das Restaurant des Hotels St-Guirec et de la Plage (s. o.). Durchschnittliche Gerichte zu durchschnittlichen Preisen, einmaliger Blick von der Terrasse hinüber zum Schloss Costaères. Plage de St-Guirec, ✆ 02.96.91.40.89.

Les Dervinis 6, in Hafennähe. Pizza und vor allem Muscheln – von den preiswerten Lokalen am Platz das beliebteste. Fr Ruhetag. ✆ 02.96.91.62.53.

Le Mao 4, in Hafennähe, fast schon maoistische Volksküchenpreise: Menüs ab 12 €, und die Qualität stimmt. Das Lokal läuft hervorragend. Meeresfrüchtespezialitäten, als Nachtisch bietet sich ein Fromage Blanc mit Erdbeersauce an. 145, rue de St-Guirec, ✆ 02.96.91.40.92.

Trégastel

2500 Einwohner

Am Strand grüßen die Stein gewordenen Zeugen bretonischer Phantasie: die Schildkröte, die Hexe, der Totenkopf, die Palette eines Malers. Auch der Ewige Vater (Père Eternel) aus gebranntem Ton, der über dem Aquarium mahnend den Zeigefinger erhebt, gehört zu den Attraktionen des Badeorts.

Trégastel besteht aus zwei Ortsteilen. Auf dem Hügel des alten *Bourg* drängen sich schmale Granithäuser um den zentralen Kirchplatz (Kirche aus dem 12. Jh., Beinhaus aus dem 17. Jh.), in den winkligen Gassen herrscht die Beschaulichkeit vergangener Zeit. Unten am Strand vergnügen sich die Urlauber: Der neue Ortsteil *Trégastel-Plage*, in den Gründerjahren des Tourismus rund um den alten Hafen entstanden, verströmt auch in der Hochsaison noch das leise Flair des gepflegten Familienseebads. Die schmucken Häuser unterhalb des Gradlonfelsens haben Charme, und die Kulisse der steinernen Fabelwesen erhöht das Badevergnügen.

Den schönsten Gesamteindruck und auch eine gute Orientierung gewinnt, wer an der Hauptstraße (D 788) dem Schild „Panorama" folgt und vom Granitensemble „König Gradlons Krone" *(Couronne du Roi Gradlon)* den Blick über die rosa Felsen und das blaugrüne Meer schweifen lässt.

Wenn Pfarrer töpfern –
„Père Eternel" in Trégastel

Sehenswertes

Zöllnerpfad: Der Pfad verbindet die kleinen und großen Strände von Trégastel, der Spaziergang durch die bizarr zerfressenen und durchlöcherten Granitmassive mit ihren bildhaften Namen ist touristisches Pflichtprogramm. Der Weg führt von der *Grève Rose* über den weißen Sand der *Grève Blanche* zum Panoramafelsen des Kaps von Trégastel. Die *Krone des Königs Gradlon* (mit Orientierungstafel) bietet einen herrlichen Blick über die feinsandigen Strände mit ihren Granittorsi, die bei Ebbe aus dem spiegelglatten Blaugrün ragen. Weiter zum *Strand von Coz-Pors* mit dem berühmten Würfel (*Le Dé*), der im Vordergrund gewagt auf einem Felsriff ruht, vorbei am *Totenkopf* mit seinem ausgehöhlten Auge und den aufgeschichteten *Crêpes* hinüber zum Naturpark der **Ile Renote**. Heute ist die einstige Insel mit dem Festland verbunden. Die Nordseite zeigt weitere aufregende Felsformationen, an ihrem Ende türmt sich ein großes Chaos aus rosa Granit.

Aquarium: Die Grotten unter den zyklopischen Granitblöcken des Aquariums erfüllten im Lauf der Zeit verschiedene Funktionen: Sie waren Bleibe von Höhlenbewohnern, Ort der Gottesverehrung, Munitionslager, Behausung verarmter Fischer, Tummelplatz eines bildhauernden Abbés und prähistorisches Museum. Nachdem ein Großteil der Exponate in der feuchten Höhlenkulisse verrottet war, entschlossen sich die Stadtväter zu einer der Umgebung angemesseneren Form der Nutzung. In etwa 30 kleinen, in die Felswände eingelassenen Aquarien tummeln sich nunmehr ausgefallene Exemplare der atlantischen Meeresfauna und lethargische mediterrane Seekarpfen. Eine Besonderheit ist die anschauliche Gezeitensimulation – alle 12 Minuten wechseln auf 30 m² Ebbe und Flut.

Über den wuchtigen Granitkolossen des Aquariums droht auf einer Plattform (über eine schmale Metallleiter zu besteigen) mit erhobenem Zeigefinger die weithin sichtbare weiße Skulptur des *Père Eternel* (Ewiger Vater), den ein in Trégastel praktizierender Pfarrer vor Jahren in Ton gebrannt hat. Vorsicht mit dem Kopf beim Eingang in die niedrige Grotte.

Mitte Febr. bis Ostern und Sept./Okt. bis Mitte Nov. Di–So 14–17 Uhr. Ostern bis Juni Di–So 10–18 Uhr. Juli/Aug. tägl. 10–19.30 Uhr. Eintritt 8,10 €, 4–18 J. 5,65 €.

Dolmen de Kerguntuil: Der Zeuge der frühgeschichtlichen Besiedlung des Landfingers von Trégastel ist ein nicht allzu aufregendes Erlebnis und wohl nur für Spezialisten interessant: ein hübsches Exemplar eines „Steintischs" in der Wiese und etwas dahinter ein bedecktes Langgrab (*allée couverte*).

Richtung Trébeurden, außerhalb des Orts von der D 788 links in die Rue du Dolmen abbiegen, danach die erste Straße rechts (*Dolmen*), bis zu einem Bauernhof, dann auf die Wiese links achten.

Calvaire: Auf einem Hügel hinter der Kirche des alten Ortsteils Trégastel-Bourg erhebt sich ein neuzeitlicher Calvaire (spätes 19. Jh.) in ungewöhnlicher Form. Die turmähnliche, außen mit einer Wendeltreppe versehene Gedenkstätte (Aufstieg offiziell verboten) aus grob bearbeitetem Granit wird gekrönt von einem gekreuzigten Jesus. Am Wendelgang und im Innenraum dokumentieren zahlreiche weiße Votivtafeln den Dank der Gläubigen.

Traouïéro-Tal (Vallée des Traouïéro): Die Talschlucht ist ein Traum für Botaniker und Liebhaber bretonischer Mythen und Legenden. Zwischen den 300 Millionen Jahre alten bemoosten Granitblöcken, die sich entlang des Flüsschens *Kerougant* türmen, lebten die *Korrigans* (Zwerge) – ständig in Gefahr, von dem wackligen Chaos über ihren Zwergenmützen erschlagen zu werden. An der früher mit einem schweren Granitblock verschlossenen Höhle *Karreg an arc'Hanteg* bewachten sie einen unsichtbaren Schatz. Und im Höllenloch (*Toll en Ifern*) hielten sie den in Fels gemeißelten Engel der Aussätzigen gefangen.

Der Wanderweg durch das schmale Tal ist gesäumt von seltenen Farnen und sonderbaren Moosen und Pflanzen. Im ganzen Tal herrscht striktes Fahrradverbot!

Die Wanderung dauert ca. 3 Std. und sollte nur mit gutem Schuhwerk gegangen werden.

Nordküste

Trégor, Côte de Granit Rose, Côte des Bruyères → Karte S. 216/217

Baden

Der Tourismusprospekt von Trégastel wirbt mit 12 Stränden, an denen von Mitte Juni bis Ende September absolutes Hundeverbot gilt. Die Zahl ist etwas übertrieben – nicht alle verzeichneten Buchten lassen sich als Baderevier betrachten. Trotzdem hier einige empfehlenswerte Strände:

Plage du Coz-Pors: Der Ortsstrand von Trégastel-Plage ist eingerahmt von Hotels, Restaurants, Cafés und Souvenirläden. Bei Flut wird der 300 m lange, feinsandige Strand durch ein bizarres Granitlabyrinth vor der Brandung geschützt. Bei Ebbe zieht sich das Meer bis hinter die markanten Felswürfel zurück und hinterlässt eine Menge Muscheln, Schnecken und anderes Seekleingetier zum Sammeln. Neben Kinderspielclubs und Sportgeräteverleihern findet sich am Strand auch eine Rettungsstation.

Grève Blanche/Ile aux Lapins: Der Grève-Blanche-Strand ist Trégastels erste Badeadresse und auch bei Ebbe zum Baden geeignet – 500 m feinster weißer Sand, Umkleidekabinen. Zum Ort hin ist der Strand begrenzt von der felsigen *Krone des Königs Gradlon*, nach Westen von der bei Ebbe mit dem Land verbundenen *Ile aux Lapins* (Haseninsel), auf der Spaziergänger noch die kümmerlichen Reste einer menschlichen Behausung ausmachen können. Ein ehemaliger Fremdenlegionär zimmerte sich hier in den 1930er Jahren unter dem Schutz eines großen Felsens eine primitive Wohnstatt. „Zantig", wie der von oben bis unten tätowierte Mann genannt wurde, lebte vom Verkauf seines Fischfangs und ist bei älteren Leuten in Trégastel noch gut in Erinnerung. Er starb 1968.

Grève Rose: Ein knapp 20 m breiter, rosa schimmernder Streifen, der bei Flut die Wogen begrenzt, gab dem Strand seinen Namen. Der Strand ist das Aktionsfeld der lokalen Segel- und Tauchschule und trotzdem ruhiger und intimer als der weiße Nachbarstrand. Keine Strandclubs.

Grève de Toul-Drez: Der Strand der *Renot-Halbinsel* (Naturpark mit Picknickplätzen unter Pinien und Kiefern) liegt zum offenen Meer hin, die Fluten werden abgebremst vom Felsriff der *Ile du Gouffre*, deren glatt gespülter Granit

Ü bernachten
1 Beauséjour
3 De la Mer et de la Plage
4 Park Hotel Bellevue

E ssen & Trinken
1 Beauséjour
2 Le Transat
5 Auberge de la Vieille Eglise

bei Ebbe trockenen Fußes zu erreichen ist. Einsame Badenischen im Schatten bizarrer Steinriesen, in die gelegentlich die blaugrüne Brandung einbricht. Parkplatz auf der Landenge beim Picknickgelände.

Basis-Infos

Postleitzahl 22730

Information Office de Tourisme, an der Hauptstraße vor der Ste-Anne-Kapelle. Stadtplan, Hotel-/Campingliste und eine Menge Broschüren über die Granitküste. April–Juni und Sept. Mo–Sa 9.30–12 und 14–18 Uhr. Juli/Aug. Mo–Sa 9.30–19, So 10–13 Uhr. Okt.–März Mo–Fr 9.30–12 und 14–17.30, Sa 9–12 Uhr. Place Ste-Anne. ☎ 02.96.15. 38.38, www.ville-tregastel.fr.

Hin und weg Bus: Die Lokalbusse halten auf ihrer Rundtour in der Hochsaison bis zu

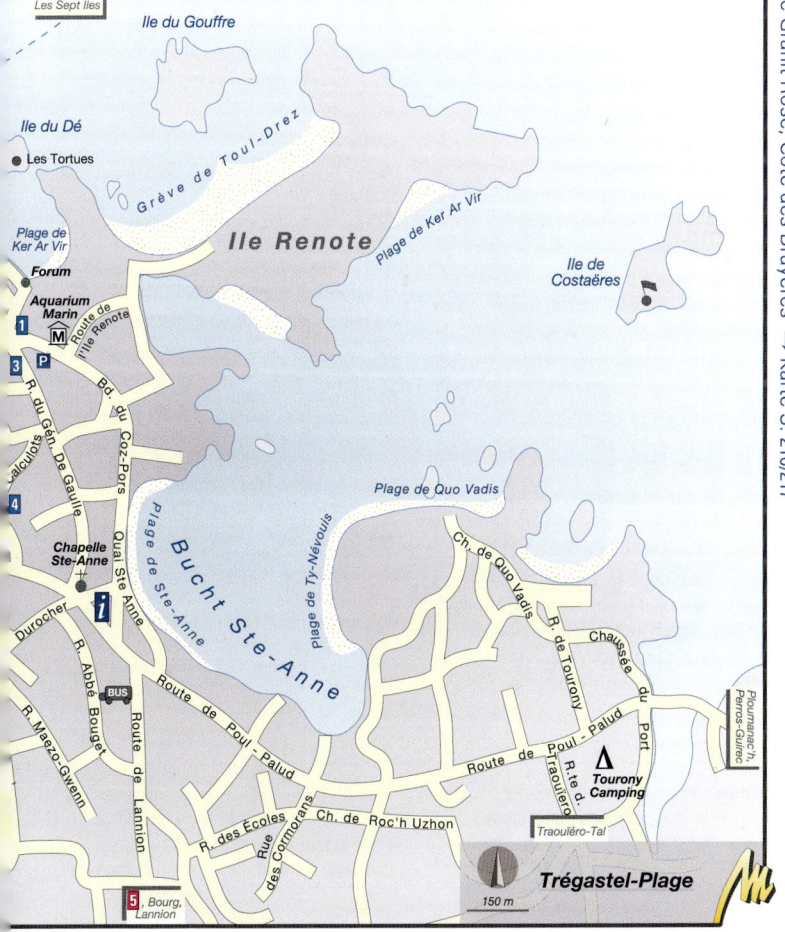

Ein Würfel im Meer

12-mal tägl. in Trégastel. Zum Verkehrsknotenpunkt Lannion 30 Min. Von dort aus Verbindung zu allen Ortschaften der Granitküste. 3 Haltestellen: an der Place Ste-Anne (Durchgangsstraße), am Parkplatz des Strandes Coz-Pors (Trégastel-Plage) und vor der Kirche im Ortsteil Bourg (1,5 km landeinwärts).

Parken Großer Gratis-Parkplatz vor dem Aquarium, von dort ein Katzensprung zur Plage du Coz-Pors. Weitere Möglichkeit auf der Landenge vor der Ile Renote.

Bootsausflüge Mit den Vedettes de Perros-Guirec zu den **7 Iles** ab der Plage du Coz-Pors; in der Nebensaison mehrmals wöchentlich, in der Hauptsaison täglich. Details siehe *Perros-Guirec*. Auskunft und Buchung im Hafen oder im Office de Tourisme. Der Langustenfänger *Sant C'hireg* (→ *Perros-Guirec*) fährt gelegentlich auch ab der Plage du Croz. Details siehe Perros-Guirec.

Fahrradverleih Das **Office de Tourisme** hat einige Drahtesel im Stall.

Markt Montagvormittag an der Place Ste-Anne.

Reiten Aufgesattelt wird am Ortsausgang des alten Ortsteils Bourg direkt gegenüber dem Kalvarienberg. **Club hippique**, 13, route du Calvaire, ✆ 02.96.23.86.14.

Alternative für die kleinen Urlauber: **Poney-Club de Rulan**, Route de Lannion, ✆ 02.96.23.85.29.

Schwimmen Forum de Trégastel, hinter dem Coz-Por-Strand. Stattlicher Hallenbadkomplex mit auf 30 Grad hochgeheiztem Meerwasser. Außerdem: vier 25-m-Bahnen, Wasserkanone, Sauna, Hamam (Dampfbad). Sehr unterschiedliche Öffnungszeiten, mal vormittags, mal nachmittags. Wer die obligatorische Bademütze nicht bei sich hat, kann eine solche vor Ort erwerben. ✆ 02.96.15.30.44.

Wassersport Segel- oder Surfkurse beim **Club nautique** auf der Landspitze zwischen Grève-Blanche- und Grève-Rose-Strand. Verleih von Kajaks und Brettern. ✆ 02.96.23.45.05.

Übernachten/Essen & Trinken

Hotels *** Park Hotel Bellevue **4**, ruhiges 31-Zimmer-Hotel im Inter-Otel-Verband mit stilvoll-repräsentativer Fassade und herrlichem Garten, etwas zurückversetzt unterhalb des Panoramahügels. Hohe, helle Räume mit Bad oder Du/WC DZ 86–166 €. Geöffnet

Mitte April–Sept. 20, rue des Calculots, ✆ 02.96.23.88.18, www.hotelbellevuetregastel.com.

*** **De la Mer et de la Plage **3**, absolut zentrale Lage am Coz-Pors-Strand, in Preis und Leistung dem vorgenannten ebenbürtig. 19 komfortabel eingerichtete Zimmer mit Bad oder Dusche/WC. Zu den teureren Zimmern gehört die Nr. 21 mit Blick auf den „Würfel" und einer Dusche, die man besser als Shower-Room bezeichnen würde – großartig! DZ 72–145 €. Geöffnet April–Nov. Plage du Coz-Pors, ℘ 02.96.15.60.00, www.hoteldelamer-tregastel.com.

** Beauséjour 1, in erster Reihe am Coz-Pors-Strand. In der 2. Etage des langgestreckten Baus 16 z. T. etwas düstere, sanitär aber voll ausgerüstete Zimmer, zwei davon mit privater Terrasse. Teils Meersicht, teils Blick auf die Skulptur des „Ewigen Vaters" über dem Felsen des Aquariums. Eigener Parkplatz. DZ ab 75 €. Geöffnet März bis Mitte Nov. und über Weihnachten. 5, plage du Coz-Pors, ℘ 02.96.23.88.02, www.beausejoursarl.com.

Camping *** Tourony Camping, in Richtung Ploumanac'h, dann am Ortsausgang noch vor der Flutmühle rechts am Flusslauf des Traouïero. Der Platz verfügt über gute Sanitärblocks, alter Pinienbestand spendet Schatten, auf ebenen Rasenflächen gut 100 Stellplätze. Der gleichnamige Strand ist zum Baden nicht besonders geeignet. Geöffnet Ostern bis Mitte Sept. 105, rue de Poul-Palud, ℘ 02.96.23.86.61, www.camping-tourony.com.

Wohnmobile können für ca. 10 €/Tag nächtigen (inkl. Wasser, Strom extra). Rue de Poul Palud, am Eingang von Tourony-Camping (s. o.).

Restaurants Auberge de la Vieille Eglise **5**, 2 km landeinwärts. Landgasthof im Ortsteil Bourg in einem sympathisch verwinkelten alten Gebäude gegenüber der Kirche. Gutbürgerliches Restaurant mit bretonischer Küche, Spezialität Meeresfrüchte, die teureren Menüs sind ausgesprochene Schlemmermenüs. Mo Ruhetag, außerhalb der Saison zudem So Abend und Di Abend geschlossen. Place de l'Eglise (Bourg), ℘ 02.96.23.88.31.

Le Transat **2**, schickes Strandrestaurant mit relativ preiswertem Mittagstisch. Exzellente Fischpastete (mit Orangen und hübsch dekoriert), Meeresküche. Geschlossen außerhalb der Saison So–Mi jeweils abends. Plage du Coz-Pors, ℘ 02.96.15.36.36.

Beauséjour **1**, im gleichnamigen Hotel (s. o.), im Erdgeschoss des langgezogenen Baus. Vor allem Eiscafé und Snackbar, aber auch kleine Gerichte. Mit Terrasse zum Meer. 5, plage du Coz-Pors, ℘ 02.96.23.88.02.

Trébeurden

3700 Einwohner

Die typischen Felsformationen der Rosa-Granit-Küste schimmern hier weniger spektakulär, als Badeort wird Trébeurden trotzdem geschätzt – in der Saison sind die Strände gut besucht.

Das Zentrum *Le Bourg* liegt etwas landeinwärts an der D 788. Rund um die Kreuzung der Durchgangsstraße mit der Straße zum Hafen und zu den Stränden finden sich Rathaus, Post und Touristenbüro, bei der Kirche der Supermarkt. Nahtlos führt die Bebauung zum Meer, wo *Le Castel*, eine von Granitblöcken übersäte Landzunge, den langen Hauptstrand *Tresmeur* von den Jachten des Hafens trennt. Hinter dem Strand ziehen sich im Grün der Kiefernparks und Gärten schmucke Villen und Ferienhäuser den steilen Hang hinauf.

Etwa 2,5 km südöstlich des Ortszentrums streckt sich die steil zum Meer hin abfallende Landspitze *Pointe de Bihit* weit hinaus in die Bucht von Lannion. Die Straße endet an einem großen Parkplatz mit Orientierungstafel und eindrucksvollem Panorama: rechts die sanfte Dünung des Hauptstrands, begrenzt von *Le Castel* und der vorgelagerten *Ile Milliau*, links die zackigen Felsen der Steilküste, dazwischen schimmern goldgelb kleine und größere Sandbuchten. Zurück auf die hoch über der Küste verlaufende Straße, auf ihr noch ein Stück weiter, und Sie erreichen den *Strand von Pors Mabo* unterhalb eines bewaldeten Hangs, eine der besten Badeadressen der Umgebung. Auch bei Surfern genießen die Strände von Trébeurden einen hervorragenden Ruf.

Trébeurdens Hauptstrand – viel Platz für Badefrösche

Baden

Rund um Trébeurden gibt es sieben Strände. Eine Auswahl:

Plage Goas Treiz: Von Trégastel kommend knickt die Hauptstraße vor der Landspitze Toëno links ab und gibt den Blick frei über die Surfer- und Taucherbucht von Goas Treiz. Geparkt wird links und rechts der Hauptstraße, bei Flut praktisch keine Liegeflächen, bei Ebbe ein Paradies für Fußfischer.

Plage de Tresmeur: Der Hauptstrand von Trébeurden und einer der schönsten Badestrände der Rosa-Granit-Küste. Malerisch schwimmt im Vordergrund die *Ile Milliau*, rechts begrenzt von den rund gewaschenen Granitblöcken der Landzunge von *Le Chalet*. Bananenförmig zieht sich die Bucht 800 m weit, bei Flut bleibt allerdings nur ein schmaler Sandstreifen. Beachclubs und Sprungturm sorgen für ausgelassenen Baderummel. Umkleidekabinen, Strandaufsicht.

Plage de Pors Termen: Der kleine, etwa 100 m lange Sandstrand nördlich der Hafenbucht ist Tummelplatz für Familien mit Kindern. Umkleidekabinen, Strandaufsicht und Kinderclub an der bebauten Hafenzeile.

Plage de Pors Mabo: Etwa 3 km außerhalb von Trébeurden, südlich die Teerstraße entlang, die oberhalb der Küste zu den Campingplätzen führt. Parkplatz 200 m oberhalb des Strands. 300 m Sand, durchsetzt mit Felsriffen, eingezwängt von der steilen Felsküste, an die sich Heidekraut und Krüppelkiefern klammern. Schöne Lage, bei Flut nur wenig Liegefläche, bei Ebbe hervorragendes Revier für Muschelsammler.

Basis-Infos

Postleitzahl 22560

Information Office de Tourisme, an der großen Kreuzung im Ortsteil Le Bourg. Neben dem üblichen Material informiert eine kostenpflichtige Broschüre über 40 „Circuits" durch die Umgebung. Wer Gratislektüre sucht, hält sich an den Buchumtausch-Ständer auf dem Platz vor dem Büro. Juli/

Aug. Mo–Sa 9.30–19, So 10–13 Uhr. Sept.–
Juni Mo–Sa 9–12.30 und 14–18 Uhr. Place de
Crec'h Héry. ✆ 02.96.23.51.64, www.trebeur
den.fr.

Hin und weg Bus: 6-mal tägl. nach Lannion (9 km) und in die entgegengesetzte
Richtung zu den Badeorten der Granitküste. Haltestelle an der Kreuzung im Ortszentrum.

Einkaufen Le Comptoir du Pain,
biologische Bäckerei mit hübscher Back-
stube. Auch der eher nebenbei verkaufte
Cidre stammt aus biologischer Produktion.
8bis, rue de Kergonan, eine Seitenstraße etwas unterhalb des Office de Tourisme. ■

Fahrradvermietung Das Office de Tourisme hält Räder und Mountainbikes bereit.

Führungen Im Sommer veranstaltet das
Office de Tourisme sachkundig begleitete
Ausflüge ins Marschland inkl. Vogelkunde.
Ein weiteres Angebot ist die Megalithen-
tour, bei der mehrere Zeugen aus der Steinzeit besucht werden. Infos zu diesen und
weiteren Führungen im Office de Tourisme.

Markt Dienstagvormittag

Wassersport Ecole de Voile, am Tres-
meur-Strand. Kurse und Verleih von Segelbooten und Surfbrettern. Kajaks.
✆ 02.96.23.51.35.

C.A.P. bietet Kurse und Tauchgänge mit
Flasche in der Goas-Treiz-Bucht. 54, corniche de Goas Treiz (nördl. des Zentrums),
✆ 02.96.23.66.71.

Übernachten

Hotels **** Manoir de Lan Kerellec, 19-
Zimmer-Hotel mit „Relais & Châteaux"-La-
bel im Landhausstil hoch über dem Meer,
Trébeurdens schickste und teuerste Adresse. Alle Zimmer mit Bad/WC und Blick
über Bucht und Inselchen, teils mit Privat-
gärtchen, teils mit Terrasse. Kleiner Hotelpark und ein Salon, in dem sich vorzüglich
(bretonisch) speisen lässt. Spezialität: Filet
St-Pierre in Cidre oder über Holzkohle gegrillter Hummer mit Korallenbutter. DZ 155–
525 €, Frühstück 21,50 €. Geöffnet Mitte März
bis Okt. 11, allée centrale de Lan Kerellec,
✆ 02.96.15.00.00, www.lankerellec.com.

**** Ti al Lannec, ein „Relais de silence"-
Hotel erster Güte, wunderschöne Lage
über einem Strand. Spa-Abteilung, Fitness-
und Beautyroom sowie ein Schwimmbad
gehören zum Wellness-Sektor. Eine Bibliothek mit Billard und Schachtischen sorgt
für geistigen Ausgleich. Gespeist wird im
großen Panorama-Restaurant. Die Küche,
in der selbstverständlich Fisch und Meeresfrüchte eine Rolle spielen, ist ausgezeichnet, den Aperitif können die Gäste auch im
betischten lauschigen Vorgarten einneh-
men. Die Zimmer lassen nichts zu wünschen übrig, auch nicht der Service. Familie
Jouanny führt dieses Juwel mit viel Liebe
und Einsatz – und offenkundig ist auch das
Personal zufrieden, zum größten Teil arbeitet es hier bereits seit Jahren. DZ 199–490 €,
Frühstück 18 €, auch Appartements. Geöffnet März–Nov. 14, allée de Mezo Guen,
✆ 02.96.15.01.01, www.tiallannec.com.

** Ker an Nod, gutbürgerliches, seit Generationen von derselben Familie geführtes
Haus direkt oberhalb des Pors-Termen-
Strands (vom Zentrum aus Richtung Per-
ros-Guirec/„Plages"). 21 renovierte Komfortzimmer, 21 davon mit Blick aufs Meer. Restaurant. DZ 55–75 €. Geöffnet April bis Mitte
Nov. 2, rue de Pors Termen, ✆ 02.96.23.
50.21, www.kerannod.com.

** Le Quellen, unweit des Goas-Treiz-
Strands. Sehr sympathischer Betrieb mit 10
Zimmern und Restaurant. Die alten Zimmer
wurden kürzlich renoviert, neue sind hinzu-
gekommen. DZ 62–70 €. Geöffnet Mitte
März bis Mitte Nov. 18, corniche de Goas
Treiz, ✆ 02.96.15.43.18, www.le-quellen.com.

* Ecume de Mer, gleich neben dem vorgenannten. Mit Restaurant und großem Vorgarten zur Straße. 24 schlichte Zimmer, alle
mit Dusche, die billigsten mit WC auf
Etage. DZ ab 54 €. Geöffnet Ostern bis
Mitte Sept. 16, corniche de Goas Treiz,
✆ 02.96.23.50.60, lecumedemer@orange.fr.

Jugendherberge Im Ortsteil Toëno,
1,5 km nördlich des Orts, auf der Landseite der Hauptstraße, oberhalb des
Goas-Treiz-Strands (Bushaltestelle). Etwas
heruntergekommenes Haus mit 55 Betten
in Zimmern ab 4 Betten. Rezeption 9–12
und 18–21 Uhr. Im Garten steht ein kleiner
Glaspavillon, in dem Tischtennis und Kicker
aufgestellt sind, so nah beieinander, dass
die Tischtennisbälle auf dem Kicker landen.
Campingmöglichkeit auf dem Gelände.

Nordküste

Trégor, Côte de Granit Rose, Côte des Bruyères → Karte S. 216/217

Übernachtung 20 €/Pers. inkl. Bettzeug und Frühstück. Geöffnet April–Sept. 60, route de la Corniche, ✆ 02.96.23.52.22, www.hifrance.org.

Camping Zeltfreunde und Wohnmobilisten zieht es zum Pors-Mabo-Strand etwa 2,5 km südlich von Trébeurden-Bourg. Dort gibt es steil über der Küste drei Plätze, die für Gespanne z. T. fast unzugänglich sind:

*** Armor-Loisirs, von den Plätzen der Pors-Mabo-Bucht der höchstgelegene auf dem Bergkamm der Steilküste, zum Strand hinab gut 1 km. Wenn nicht Hecken, Bäume oder Wohnwagen den Blick verstellen, hat man eine wunderbare Aussicht. Wiesengelände mit schattenspendendem Baumbewuchs, Sanitäranlagen etwas altmodisch und knapp, dafür gut gewartet. Überdachter, beheizter Swimmingpool, Spielplatz, Tischtennis in der Scheune, Billard, Waschmaschine, Bar, Fertiggerichte und ein Restaurant-Eck. 70 Wohnwagenplätze mit Wasser-, Abwasser- und Stromanschluss. 100 Stellplätze. Geöffnet Ostern bis Sept. 38, rue de Kernévez, Pors Mabo, ✆ 02.96.23.52.31, www.armorloisirs.com.

*** Kerdual, der Weg ist ausgeschildert, aber für Gespanne ein Problem – die engen Kurven der schmalen Teerstraße führen zum schön gelegenen Platz über dem Pors-Mabo-Strand steil hinunter. Das abschüssige Gelände ist terrassiert, von fast allen Stellplätzen genussvolle Aussicht auf die Bucht von Lannion. Direkter Zugang zum Strand (100 m). Sanitär gut ausgestattet. In der Hauptsaison unbedingt reservieren. Nur 26 Stellflächen. Geöffnet Ostern bis Sept. Chemin du Can, Plage de Pors-Mabo, ✆ 02.96.23.54.86, www.campingdekerdual.fr.

** Roz-Armor, direkt oberhalb des vorgenannten Platzes und damit fast die gleichen Probleme bei der Anfahrt. Ebenfalls terrassiert und großartiges Panorama. 30 Stellplätze, 2 Sanitärblocks mit warmen Duschen. Etwa 200 m zum Strand. Geöffnet April bis Mitte Okt. 10, chemin du Can, Pors Mabo, ✆ 02.96.23.58.12, www.rozarmor.fr.

Umgebung von Trébeurden

Ile Grande: etwa 6 km im Norden. Höchstens bei Flut, wenn sich das Wasser unter der kurzen Brücke sammelt, die das Festland mit der Ile Grande verbindet, erinnert sie an eine Insel – 2 km lang, 1 km breit und ziemlich flach. Die schmale Straße über die Brücke führt an eine Kreuzung, an der sich zwei kleine Gasthöfe angesiedelt haben; sie bilden das Zentrum der langgestreckten Ortschaft, an deren höchster Erhebung der Glockenturm einer granitenen Kapelle in den Himmel ragt. Das karge Heideland ist stark mit Ferienhäuschen bebaut. Einziger einträglicher Wirtschaftszweig der Inselgemeinde ist – neben dem Tourismus – der Abbau von Granit, der wegen seiner eigentümlichen Farbe seit 1926 als exklusives Baumaterial gebrochen wird. Für Touristen ist die Ile Grande wegen ihres Vogelreservats interessant, die *Station ornithologique* (Vogelbeobachtungsposten) organisiert auch Bootsausflüge. Und schließlich kommen hier auch Camper auf ihre Kosten.

Christianisierter Menhir

Camping *** L'Abri Côtier, das 2-ha-Areal am östlichen Inselrand ist ein typischer Familienplatz. Ruhig im Grünen, umgeben von Ferienhäuschen, die oberen Stellplätze mit Blick aufs Meer. 200 m zum Strand, der sich zum Baden nicht allzu gut eignet. 2 gut gewartete Sanitärblocks mit Warmwasser und Duschkabinen. Bungalows und fest installierte Wohnwagen sind im Vormarsch, es bleiben aber immer noch 100 Stellplätze. Geöffnet Mai–Sept. 5, rue Pors Gelin, 22560 Pleumeur-Bodou, ☎ 02.96.91.92.03, www.abricotier-ile-grande.fr.

** Municipal de Ile Grande (Dourlin), bei den Sanddünen am westlichen Inselrand, dementsprechend sandig. Recht einfache Sanitäranlagen und schattenlos, dafür aber dicht am Hauptstrand. 200 Stellplätze. Rue de Toul ar Stang, 22560 Pleumeur-Bodou, ☎ 02.96.91.92.41.

Menhir von St-Uzec: Etwas erhöht neben der schmalen Straße ragt der Hinkelstein inmitten der kargen Heide aus dem Boden – eines der bemerkenswertesten frühgeschichtlichen Zeugnisse der Bretagne, das die Verschmelzung keltischer Mythen mit der christlichen Religion verdeutlicht. Der uralte Felsblock, mit dem die Kelten allerhand Aberglauben und Zauber verbanden, wurde im 17. Jahrhundert durch einen exorzistischen Handstreich christianisiert. Ein anonymer einheimischer Steinmetz schlug 1674 im Auftrag des Bischofs ein Kreuz in die Spitze des Menhirs und verzierte die Front mit christlichen Reliefs. Auf diese Weise entstand das in der Bretagne einzigartige Monument. Die handwerkliche Inbrunst galt neben der Darstellung der Gottesmutter und dem Hahn Petri den Werkzeugen, die bei der Kreuzigung Jesu eine Rolle spielten: Hammer, Zange, Leiter und die Lanze mit dem Essigschwamm.

Von der Küstenstraße D 788 auf die D 21 nach Pleumeur-Bodou abbiegen. Nach etwa 300 m links ab (ausgeschildert St-Uzec), dann noch 1 km auf schmaler Teerstraße.

Pleumeur-Bodou – Cosmopolis

Trébeurdens Nachbargemeinde im Inneren der Halbinsel. Das Gemeindegebiet von Pleumeur-Bodou war in frühgeschichtlicher Zeit fruchtbares Siedlerland, heute leuchtet ein überdimensionaler Ballon gleißend-weiß im Sonnenlicht, riesige Parabolschirme lauschen ins All: Pleumeur-Bodou ist Frankreichs Ohr in den Weltraum, eine irreale Science-Fiction-Vision im Herzen des welligen, farbenfroh blühenden Heidelands.

Eine stillgelegte, planetarische Satellitenstation inklusive Fernmeldemuseum, ein Planetarium und der Nachbau eines gallischen Dorfes – das ist *Cosmopolis*. Der Brückenschlag von Sternen-Hightech zur stromlosen Asterix-Epoche funktioniert: Cosmopolis ist eine gut besuchte „Stadt". Die Sehenswürdigkeiten im Einzelnen:

Radom (Cité des Télécoms): Die riesige weiße Kuppel des Radoms ist das Wahrzeichen der Gemeinde Pleumeur-Bodou. Sie ist unübersehbar, etwa 2 km vom Zentrum entfernt, und hat einen Durchmesser von 64 m. Unter der neun Millimeter dünnen Spezialfolie fand am 11. Juli 1962 um 0 Uhr 47 eine Weltpremiere statt, die Pleumeur international bekannt machte: die erste interkontinentale Fernsehübertragung via Satellit, an die vor der Kuppel ein moderner Menhir als Gedenkstein erinnert. Seither ist Pleumeur Frankreichs Zentralstation für Satellitenübertragungen.

Das Radom, dessen Hornantenne über einem großen Reflektor einst die magnetischen Wellen des Satelliten Telstar empfing, ist heute ausgemustert. Seine Aufgabe haben Parabolantennen mit 30 Metern Reflektordurchmesser rings um die Kuppel übernommen, die mit Hilfe modernster Computer bis aufs Hundertstelgrad ausgerichtet werden können. Gegen sie wirkt das eiserne Monster, das sich auf dem Betonsockel in der Mitte der Kuppel nur noch zu Demonstrationszwecken laut

Nordküste Trégor, Côte de Granit Rose, Côte des Bruyères → Karte S. 216/217

quietschend dreht, wie Edisons Phonograph im Zeitalter des iPods. Das Radom beherbergt heute das *Musée des Télécoms*, das sich der Erklärung und Präsentation moderner Ton- und Bildübertragungen verschrieben hat.

Juli/Aug. tägl. 11–17 Uhr, in der Nebensaison unregelmäßige Öffnungszeiten. Eintritt 7,50 €, Kind 12–17 J. 4,50 €.

Planetarium: nur ein paar hundert Meter vom Radom entfernt (ausgeschildert). Unter der Kuppel kann man „das faszinierende Schauspiel des Himmels und das Ballett der Planeten und der Sterne" (Infobroschüre) genießen. Im über 300 Personen fassenden Hemisphärensaal werden 14 ständig wechselnde Programme gezeigt. Sie simulieren u. a. eine Reise durch das Sonnensystem, den Himmel unter dem Kreuz des Südens, eine Sonnenfinsternis oder die alles verschlingenden Nebel eines Schwarzen Lochs.

Juli/Aug. tägl. sieben Vorstellungen von 11 bis 17 Uhr (auch Deutsch und Englisch), in der Nebensaison tägl. außer Mi und Sa 1–2 Vorstellungen. Eintritt 7,50 €, Kind 5–17 J. 6 €.

Village Gaulois: Der Nachbau eines kleinen gallischen Dorfes unterhalb des Planetariums ist nicht nur für Kinder und Asterixfans interessant. Der Besucher erhält in den Lehmhütten und um sie herum einen hervorragenden Einblick in die Bau- und Lebensweise der alten Gallier. Zusätzlich: Diorama, keltischer Kinderspielplatz in freier Natur, auf dem sich auch Erwachsene verlustieren, Kanufahren, Ponyreiten und kleine Snacks.

April–Juni und Sept. tägl. außer Sa 12–18 Uhr. Juli/Aug. tägl. 10.30–19 Uhr. Eintritt 6 €, Kind 3–14 Jahre 5 €.

Lannion

Wo einst die Hutmacher im Kleinbetrieb produzierten und verkauften, wird heute aktuelle Damen- und Herrenmode feilgeboten. Die Häuser sind die alten geblieben, die Geschäfte haben sich der Zeit angepasst: Hinter großzügigen Schaufenstern befriedigen Boutiquen, Pubs und ein Reisebüro die Wünsche der Kundschaft.

Das alte Hafenstädtchen liegt am breiten Flussbett des *Léguer*, der hier, kurz vor der Mündung ins Meer, ins Spiel der Gezeiten einbezogen ist. Östlich des Léguers zieht sich die Altstadt hangaufwärts. Dem ebenen Westufer geben ein Park und das wuchtige *Kloster Ste-Anne* (heute Altenheim und Sitz der städtischen Mediathek) einen großzügigen Rahmen; dahinter erstreckt sich das moderne Lannion.

Heute ist Lannions Blick in die Zukunft gerichtet. Das Nationale Forschungszentrum für Fernmeldetechnik *(CNET)* und die Fabriken in der Umgebung haben die Stadt zu einem modernen Verwaltungs-, Handels- und Industriezentrum gemacht.

Touristen finden in Lannion eine angenehme Stadt mit intakten historischen Häusern und guten Einkaufsmöglichkeiten. Wer es einrichten kann, sollte seinen Besuch auf Donnerstag legen. Dann verwandelt sich ein Großteil der Altstadt zwischen dem Parkplatz am *Léguer* und der *Place Leclerc* in einen lebhaften Markt, auf dem von Kleidern über Lebensmittel bis zu afrikanischen Souvenirs alles zu finden ist. Lohnenswert ist auch ein Besuch der kleinen Markthallen *(les halles)* mit ihren Fischständen.

Auch eine Tour ins Hinterland, das kulturell, architektonisch und landschaftlich einiges zu bieten hat, sei empfohlen.

Sehenswertes

Kirche von Brélévenez: Die ursprünglich romanische Kirche aus dem 12. Jahrhundert, hoch über der Stadt, gehörte dem Templerorden, der – obwohl bereits im 14. Jahrhundert aufgelöst – als Geheimorganisation immer noch durch die Literatur geistert. Während des Aufstiegs zur Kirche, vorbei an alten Granithäuschen, weitet sich Schritt für Schritt das Panorama von Lannion.

Lannion: Kirche von Brélévenez

Vom romanischen Ursprungsbau ist die *Apsis* erhalten. Das *Schiff* ist der Gotik zuzurechnen, ebenso das gelungene *Südportal* mit den drei schlanken Pfeilern; der *Turm* ist ein Werk des 15. Jahrhunderts. Ein interessantes Detail im düsteren Inneren ist das *Weihwasserbecken*. Das steinerne Gefäß diente vor seiner Zweckentfremdung ganz profan als Getreidemaß, in dem einst der Zehnte, die feudalistische Form der Kirchensteuer, abgemessen wurde. Unter dem Altar findet sich eine Krypta mit einer Grablegungsszene.

Alte Häuser: Die beiden schönsten Häuser Lannions schmücken die *Place Leclerc* an der Ecke zur *Rue des Chapeliers*. Von oben bis unten schieferverkleidet, gleißt die grau-schwarze Fassade der Nr. 29 seit 500 Jahren silbrig-hell im Sonnenlicht, schlanke Karyatiden umrahmen die Fenster von Nr. 31. In der *Rue Geoffrey-de-Pontblanc* gleich daneben ist neben weiterer Altbausubstanz (Häuser Nr. 1 und 3) ein Granitkreuz zu sehen; genau hier wurde Ritter *Geoffrey de Pontblanc* im Verlauf des bretonischen Erbfolgkriegs (14. Jh.) von englischen Schwertern niedergestreckt. An der *Rue des Chapeliers* (Straße der Hutmacher), die von der Place Leclerc zum oberen Marktplatz führt, neigt sich altes Fachwerk über das Kopfsteinpflaster – das schönste Sträßchen der Stadt.

Whisky-Destillerie: Seit Ende des 19. Jahrhunderts produziert die Familie Warenghem in Lannion den einzigen bretonischen Whisky. Die Führung durch den Betrieb (30 Min.) schließt selbstverständlich eine Degustation mit ein.

Mitte Juni–Aug. Mo 15–18, Di–Fr 10–12/15–18, Sa 10–12 Uhr. Eintritt frei. Anfahrt: Von Lannion in Richtung Guingamp, die Destillerie befindet sich bei einem Rond-Point.

Basis-Infos

Postleitzahl 22300

Information Office de Tourisme, in einem Pavillon am Rand des großen Parkplat-

zes am Léguer-Fluss. Im Sommer kommentierte Stadtführungen und Führungen in und um Le Yaudet. Juli/Aug. Mo–Sa 9–18.30, So

10–13 Uhr. Sept.–Juni Mo–Sa 9.30–12.30 und 14–18 Uhr. 2, quai d'Aguillon. ☎ 02.96. 46.41.00, www.ot-lannion.fr.

Hin und weg Flugzeug: Kleiner Flughafen an der Straße nach Trégastel nördlich von Lannion. Einzige Destination ist Paris-Orly. Mo–Fr 3 Flüge, So 1 Flug. ☎ 02.96. 05.82.22.

Bahn: Direktverbindung Paris–Lannion. Der TGV legt die Strecke in 4 Std. zurück. Ansonsten Züge nach Plouaret (14 km südlich), dort umsteigen auf den Hauptstrang Rennes/Brest. Bahnhof an der Avenue du Général de Gaulle, am linken Léguer-Ufer.

Bus: 3- bis 6-mal tägl. an die Orte der Granitküste, nach Paimpol (werktags mind. 7-mal), nach Tréguier (werktags mind. 6-mal) sowie nach Guingamp und St-Brieuc. Busbahnhof stadtauswärts, Richtung Guingamp am rechten Léguer-Ufer, an der Allée du Palais de la Justice.

Parken Gebührenpflichtiger Großparkplatz am rechten Léguer-Ufer.

Einkaufen Au Coeur des Saveurs wurde für seine „Baguettes Traditions" mehrfach prämiert. Auch der Kouign-amann (bretonischer Kuchen) schmeckt ausgezeichnet, und die vielen Torten und Törtchen lassen manchem das Wasser im Mund zusammenlaufen. 4, place du Général Leclerc.

Fahrräder Kostengünstiger Verleih von E-Bikes beim Office de Tourisme!

Kanu/Kajak Die Base nautique de Lannion verleiht Kajaks und bietet neben Kajaktagesausflügen auch Rafting an. Rue St-Christophe, ☎ 02.96.37.43.90.

Markt Jeden Donnerstag großer Regionalmarkt mit buntem Angebot auf der Place du Général Leclerc.

) Übernachten/Essen & Trinken

Lannion ist eine Stadt der Kurzbesuche, entsprechend gering ist das Hotelangebot. Die Campingplätze der Stadt liegen weit außerhalb an der Léguermündung und an der Straße nach Guingamp.

In Lannion

Hotels *** Ibis **8**, das größte Hotel der Stadt, gegenüber dem Bahnhof. 70 klimatisierte Zimmer. DZ 64–104 €. 30, avenue du Général de Gaulle, ☎ 02.96.37.03.67, www.ibishotel.com.

** Aux Hortensias **2**, 16 praktische Zimmer in Flughafennähe. Steril, praktisch, billig. DZ 45–85 €. Route de Perros-Guirec, Nivern Bihan, ☎ 02.96.48.75.39, www.hotelaux hortensias-lannion.com.

** Arcadia **1**, gleich neben dem vorgenannten und alles in allem vergleichbar mit diesem. Auch hier profitiert man von den Flughafengästen, die aber immerhin ein beheiztes Schwimmbad, einen Garten und eine Terrasse vorfinden. DZ 49–69 €. Route de Perros-Guirec, Crèch Quillé, ☎ 02.96.48.45.65, www.hotel-arcadia.com.

Jugendherberge Les Korrigans, die Herberge (in Bahnhofsnähe) bietet 66 Betten; im Sommer darf auf dem kleinen Grundstück gezeltet werden. Fahrradverleih. In der benachbarten Pixie-Bar interessante Ausstellungen und Konzerte; ca. 22 €/Pers. inkl. Frühstück. Rue du 73e Territorial, ☎ 02. 96.37.91.28, www.hifrance.org.

Camping *** Des 2 Rives, am Ortsende Richtung Guingamp (ausgeschildert, beim

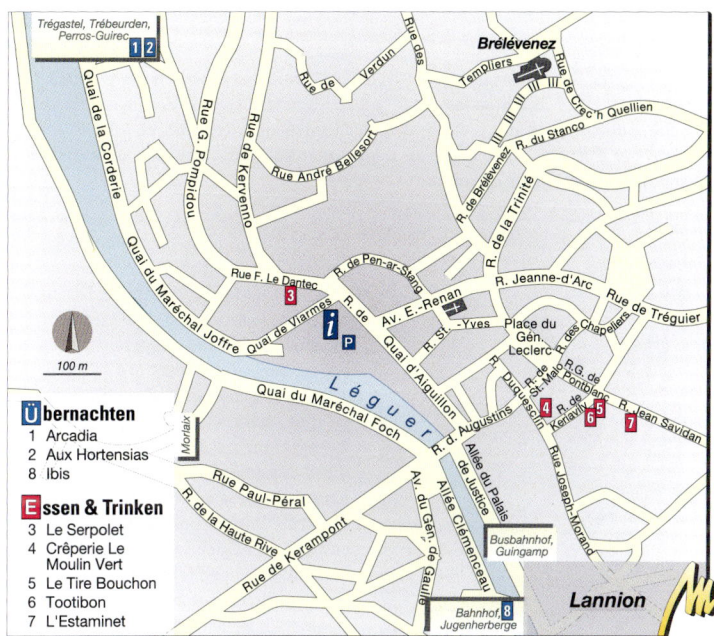

Trégastel, Trébeurden, Perros-Guirec
Brélévenez
Rue de Verdun
Rue de Crec'h Quellien
Templiers
R. du Stanco
Rue de la Corderie
Quai de la Corderie
Rue G. Pompidou
Rue de Kervenno
Rue André Bellesort
R. de Brélévenez
R. de la Trinité
Rue F. Le Dantec
R. de Pen-ar-Stang
Quai du Maréchal Joffre
Quai de Viarmes
R. de
R. Jeanne-d'Arc
Rue de Tréguier
100 m
R. St.-Yves
Av. E.-Renan
Place du Gén. Leclerc
R. des Chapeliers
Léguer
Quai d'Aiguillon
R. St.-Malo
R. G. de Montbard
R. Jean Savidan
Quai du Maréchal Foch
R. d'Augustins
Duguesclin
Allée du Palais de Justice
R. Joseph-Morand
Morlaix
Rue Paul-Péral
R. de la Haute Rive
Rue de Kerampont
Av. du Gén. de Gaulle
Allée Clémenceau
Busbahnhof, Guingamp
Bahnhof, Jugenherberge
Lannion

Übernachten
1 Arcadia
2 Aux Hortensias
8 Ibis

Essen & Trinken
3 Le Serpolet
4 Crêperie Le Moulin Vert
5 Le Tire Bouchon
6 Tootibon
7 L'Estaminet

Nordküste
Trégor, Côte de Granit Rose, Côte des Bruyères → Karte S. 216/217

Leclerc-Markt abbiegen). Langgezogenes, noch schattenarmes Wiesenareal am Flussufer (leider Gitterzaun) mit 110 Stellplätzen und guter Ausstattung: 3 hypermoderne Sanitärblocks. Bar, Waschmaschine etc. Verleih von E-Bikes. Geöffnet April–Sept. Rue du Moulin du Duc, ✆ 02.96.46.31.40, camping.des2rives@ville-lannion.fr.

*** **Des Plages de Beg Léguer**, etwa 4 km außerhalb von Lannion an der Nordseite der Léguermündung. Am Rand eines Wohngebiets hoch über dem Meer, aber ohne Blick auf dasselbe. Knapp 200 Stellplätze, 3 Sanitärblocks, kleiner Laden, Waschmaschine, Bar, Restaurant, TV, kleiner Kinderspielplatz, Minigolf, Wasserparadies mit einem offenen und einem überdachten (beheizten) Becken. Geöffnet Mai–Sept. Route de la Côte, Servel, ✆ 02.96.47.25.00, www.campingdesplages.com.

Restaurant ››› Mein Tipp: Le Tire Bouchon 5, der Patron wirbt mit „pas de frites, pas de ketchup". Es gibt tatsächlich Besseres: gute, regionale Küche zu durchschnittlichen Preisen freundlich serviert. Ein paar Tische zur Straße. 8, rue de Keriavily, ✆ 02.96.37.10.43. ‹‹‹

🍃**Tootibon** 6, biologisches Restaurant, alles regionale Produkte. Der Gast sieht direkt in die geräumige Küche, wo eifrig Gemüse gehackt wird. Auch vegetarische Teller. Nur Mo–Fr mittags geöffnet. 10, rue Keriavily, ✆ 02.96.14.65.72. ∎

Le Serpolet 3, ruhiges Lokal mit traditioneller französischer Küche zu moderaten Preisen. Das Interieur ist diskret-modern, die Bedienung diskret-freundlich. Breites Menu-Angebot von Lachsfilet, Fischpaella und Hummer an Safran über gefüllte Schnecken bis zu Entenbrust oder Lamm. 1, rue Félix Le Dantec, ✆ 02.96.37.96.58.

L'Estaminet 7, Weinbar mit exquisiten Menus, schick im Inneren, schöne Terrasse nach hinten. Einzig der Empfang war mehr als reserviert. Mo Ruhetag. 18, rue Jean Savidan, ✆ 02.96.37.19.59.

Crêperie Le Moulin Vert 4, in ungezwungener Atmosphäre gibt es neben Crêpes auch Menüs (8–20 €), Salate und Eisbecher; besonders lecker: Galette mit Lachs und Crème fraîche. Tägl. geöffnet. 15, rue Duguesclin, ✆ 02.96.37.91.20.

140 + 4 + 2

Bei unserer Recherche über die Kirche von Brélévenez fiel uns etwas Merkwürdiges auf. Wichtigstes und umstrittenstes Detail der Kirche, so schlossen wir nach der Lektüre diverser Kunst- und Reiseführer, scheint die Zahl der Treppen zu sein, die zu dem romanisch-gotischen Bau hinaufführen. Eine Auswahl an Zitaten:

„Am Fuße der 143 Steinstufen ...“ (dtv/Merian), „Eine schwindelerregende Treppe mit 140 Stufen ...“ (Hureau), „Man erreicht die Kirche über eine Treppe mit 142 Stufen ...“ (Michelin), „über 144 Granitstufen erreichbar“ (Velbinger), „142 Stufen“ (Oppens), „eine eindrucksvolle Treppe mit etwa 400 Stufen“ (Knaurs Kunstführer), „Über 140 Stufen muss derjenige erklimmen ...“ (Reise Know-How), „erreicht man den zwar nur 143 Stufen umfassenden, aber endlos scheinenden Stufengang“ (Artemis), „eine Treppe mit 140 Stufen (zur Sicherheit zweimal gezählt)“ (Goldstadt Reiseführer).

Selbstverständlich gingen wir der Sache nach. Hier unser Ergebnis: Von der ersten Granitstufe am Treppenbeginn führen 140 Stufen den Hang hinauf, es folgen vier abgesetzte Stufen in den Kirchenbezirk hinein, zwei weitere führen zum Portal der Vorhalle. So ist es und nicht anders.

Umgebung von Lannion

Chapelle Notre-Dame-de-Kerfons: Kastanienbäume beschatten die schlichte Kapelle aus dunkelgrauem Granit, ein kleiner Calvaire steht im Kapellenbezirk, nebenan gackern die Hühner eines Bauernhofs. Kein Mensch würde in dieser Abgeschiedenheit ein Kunstwerk vermuten. Doch der *Holzlettner* aus dem späten 15. Jahrhundert in der einstigen Grabkapelle der Grafen von Coëtmen zählt zu den schönsten der Bretagne.

Vor dieser Schranke, Symbol der Ständetrennung, stand das einfache Volk im Schiff, Adel und Geistlichkeit durften im Altarraum dem Gottesdienst sitzend beiwohnen. Beide Parteien konnten sich in die Bilderwelt des Lettners versenken: Vor dem Hintergrund der üppigen, mit Gold und bunten Farben überzogenen Schnitzereien und Täfelungen blicken eine liebevoll gestaltete *Jungfrau Maria*, *Johannes*, die *Apostel* und die *heilige Barbara* (ohne Schein) von der Empore herab, gruselige Dämonenfratzen und sanfte Engelsgesichter illustrieren die Schrecken der Hölle und die Freuden des Himmels. Seit seiner Restaurierung erstrahlt der Lettner in neuem Glanz: Neue Farben wurden nach dem alten Vorbild aufgetragen, nur das Kruzifix, das ihn krönte, fehlt noch immer – es wurde 1907 für 13 Goldkronen an einen Privatmann aus Perros-Guirec verkauft.

Genau zwischen Altar- und Gemeinderaum bezeichnet eine in eine Bodenplatte gemeißelte Schere das *Grab des Schneiders*. Als reichster und angesehener Nichtadeliger wusste er nie so genau, wo sein Platz in der Kirche war: Für das Volk zu vornehm, für die Grafen ein Standesfremder, wurde er nach seinem Tod an der Trennlinie des Lettners beigesetzt. Zur Ausstattung der Kapelle gehören überdies bunte *Glasfenster* (15. Jh.), ein italienischer *Rokoko-Altar* aus Eichenholz (1686) und die *Nixen* im Balkenwerk der Dachkonstruktion.

Anfahrt: Von Lannion auf der D 11 nach Ploubezre; 1,5 km nach dem Ort links ab (ausgeschildert). 2. Junihälfte und 1. Sept.-Hälfte Mo, Fr–So 10.30–12 und 14–18.30, Mi/Do 10.30–12 und 14–18 Uhr. Juli/Aug. tägl. 10–13 und 15–19 Uhr. Eintritt 2 €.

Château de Tonquédec: Mitten im verschwiegenen Wald, hoch über dem Flusstal des Léguer, erheben sich die Ruinen einer Burg, die einst zu den mächtigsten der Bretagne zählte. Gewaltige Ecktürme flankieren den Wall, der die trapezförmige Grundfläche immer noch lückenlos umschließt. Erst im Inneren der Anlage wird das ganze Ausmaß der Zerstörung sichtbar. Im frühen 15. Jahrhundert wurde Tonquédec von den Grafen von Coëtmen auf den Grundmauern einer älteren Burg errichtet, 1626 gab Kardinal *Richelieu* einen seiner Lieblingsbefehle: Er ließ die Festung schleifen. Eine provisorische Crêperie im Burghof bietet Erfrischungen, der Gang auf einen der Türme bei gutem Wetter freie Sicht über die Wipfel der Bäume hinweg.

Anfahrt: Von Lannion auf der D 11 nach Ploubezre, 1,5 km nach dem Ort Richtung Kerfons links, dann auf Serpentinensträßlein zum Schloss (ausgeschildert). April–Juni und 2. Sept.-Hälfte tägl. 14–18 Uhr. Juli bis Mitte Sept. tägl. 10–19 Uhr. Okt. Sa/So 14–17.30 Uhr. Eintritt 5 €.

Château de Kergrist: ein Märchenschloss der putzig-trutzigen Art mit landwirtschaftlichem Betrieb. An der Fassade hinterließen im Lauf der Zeit verschiedene Epochen ihre Stile und schufen so die „Perle des Trégor". Aus den Anfängen des Baus stammt noch der Ehrenhof (15. Jh.), die Nordseite präsentiert sich gotisch, der neueste Bauabschnitt, die Fassade des Wohntrakts aus dem 18. Jahrhundert, prunkt im französischen Barock. Der weitläufige Garten wurde im selben Stil angelegt und ist – neben einigen Räumen im Schloss – zur Besichtigung freigegeben.

Anfahrt: Von Lannion auf der D 11 nach Ploubezre/Plouaret, ein Stück vor der Kreuzung mit der D 30 die Stichstraße nach links. Mitte April–Okt. 11–18 Uhr. Schlossführung und Gartenbesichtigung 10 €, nur Gartenbesichtigung 5 €.

Chapelle des Sept-Saints (Kapelle der Sieben Heiligen): Über einem Dolmen aus vorchristlicher Zeit treffen sich Christen aus Orient und Okzident. Seit 1954 pilgern am vierten Julisonntag zum Pardon auch Abgesandte der oströmischen Kirche nach *Le Vieux-Marché* und feiern gemeinsam mit Westeuropäern die sieben Heiligen, deren Verehrung vermutlich von Kreuzrittern aus dem fernen Ephesus in die Bretagne gebracht wurde.

Kreisförmig umgeben Bäume die Kapelle aus dem Jahr 1703, deren Inneres sieben naiv gestaltete Holzstatuen der Heiligen zieren. Der uralte Dolmen, über dem die Kapelle errichtet wurde und der seither als Krypta dient, steht solide verschlossen hinter einem Eisengitter. Wie so oft in der Geschichte wurde auch hier ein heidnischer Kultort in eine christliche Glaubensstätte verwandelt. Das Denkmal am Platz vor der Kapelle gilt Professor Massignon, dem Initiator der Wallfahrt. Falls geschlossen ist: der Schlüssel wird im Nachbarhaus verwahrt.

Anfahrt: Von Lannion auf der D 11 nach Ploubezre/Plouaret, ein paar hundert Meter nach der Kreuzung mit der D 30 links ab und auf einem engen Sträßchen zur Kapelle.

Côte des Bruyères

Über die Hauptroute D 786 ist die Strecke zwischen Lannion und Morlaix schnell und sensationslos nach 35 Kilometern zurückgelegt. Wer Zeit hat, kann die kleinen Küstenstraßen an der Côte des Bruyères (Heidekrautküste) benutzen und wird es nicht bereuen.

Die vielfach zerrissene Küste ist nicht mehr so imposant wie bei Ploumanac'h und Trégastel, doch im launenhaften Spiel des Lichts und im steten Wechsel der Gezeiten ein reizvoller Abschnitt des bretonischen Gestades.

Le Yaudet

Spielzeugboote ankern in der tief eingeschnittenen Mündung des *Léguer*, der Fels der Küste fällt zügig ab und bildet rechts und links der Mündung eine Bucht wie aus dem Bilderbuch – besonders anmutig, wenn sich die Morgennebel lösen oder abends die Sonne im Meer versinkt. Auf schmalen Pfaden mit schönen Ausblicken gelangt der Spaziergänger zu zwei kleinen Stränden und zu einem Hafen.

Die Anhöhe ist seit alters her bewohnt. Wo die Menschen der Bronzezeit und auch die Kelten gesiedelt hatten, errichteten Römer die befestigte Siedlung *Lexovia* und später die Bretonen einen Weiler. Geblieben ist die *Chapelle Notre-Dame-du-Yaudet* – in bester Belvédère-Lage hinter dem Granitdörfchen. Sie birgt eine seltene Darstellung: Über dem Altar ruhen Maria und ihr Neugeborenes in einem mit Spitzen bedeckten Bett, über ihnen schwebt die Taube des Heiligen Geistes, Gottvater wacht zu ihren Füßen.

Anfahrt: Von Lannion auf der D 786 Richtung Morlaix, bei Ploulec'h auf die D 88 meerwärts ab, durch Le Yaudet hindurch bis zum Parkplatz bei der Kapelle. März–Okt. tägl. 9.30–19 Uhr. Nov.–Febr. tägl. 10–18 Uhr.

Saint-Michel-en-Grève   500 Einwohner

Der kleine Ort gruppiert sich in Grau und Weiß um seine Kirche gleich oberhalb des langen Strandes und verliert sich dann landeinwärts. Im Sommer wird aus dem Dörflein ein Badeort, die Strandmeile, die sog. *Lieue de Grève*, ist mehr als 4 km lang – feiner, weißgelber Sand in einer sanft geschwungenen, weiten Bucht.

Jahrelang war Saint-Michel-en-Grève von der Algenpest betroffen. Grund war die Intensivierung der Landwirtschaft, die Massentierhaltung mit nitratreichen Abwässern und die relative schwache Strömung des Wassers in der Bucht. Das Meer wurde gedüngt, die Algen verfaulten, die Behörden verzweifelten.

Mittlerweile hat die Gemeinde das Problem im Griff. War 2012 in der Bucht noch ein flächendeckender Algenteppich zu sehen, waren 2015 nur noch Spuren davon auszumachen. Weiterhin aber fließen die Abwässer der nahen Kläranlage ins Meer. Die Behörden warnen davor, Muscheln aus der Bucht zu verzehren.

Spaziergänger suchen den *Grand Rocher* auf. Nach einem kurzen Aufstieg steht man auf der Spitze des Felsens, der bei *St-Efflam* mit 80 m Höhe die Bucht überragt, und darf sich – besonders bei einsetzender Flut – als Panorama-König fühlen.

Postleitzahl 22300

Hin und weg **Bus**: St-Michel-en-Grève liegt an der Buslinie Morlaix–Lannion. Bis zu 4-mal tägl. in beide Richtungen.

Restaurant De la Plage, direkt am Strand neben der Kirche, die Strandterrasse gleich neben dem Friedhof. Ein junges Paar hat 2015 den ehemaligen Hotelbau übernommen, unterzog die Räume des Restaurants einer kräftigen Renovierung und startete mit neuen kulinarischen Ideen, unter anderem Fisch- und Fleischfondue – ein vielversprechender Anfang. Mo Ruhetag. 1, place de l'Eglise, ✆ 02.96.37.47.98.

Camping **** Les Capucines, in Richtung Lannion, etwa 1 km vom Meer in abgeschiedener Lage. Vom Swimmingpool bis zum Fahrradverleih gut ausgestatteter, gepflegter 4-ha-Platz, durch Lebensbäume und Kiefern in Parzellen gegliedert. 100 Stellplätze. Eleganter, überdachter, beheizter Swimmingpool. Geöffnet April–Sept. 22300 Trédrez-Locquémeau, ✆ 02.96.35.72.28, www.lescapucines.fr.

Ortskirche mit Friedhof zum Meer: St-Michel-en-Grève

Umgebung von St-Michel-en-Grève

Ploumilliau: In der Kirche wohnt der Tod – in Form einer eigentümlichen Holzskulptur. *Ankou*, der Knochenmann, ist hier nicht nur mit der traditionellen Sense, sondern zusätzlich mit einem Spaten ausgestattet. Bei einer früheren Recherche war Ankou abwesend, doch hatte er am Kirchenportal eine Nachricht hinterlassen: „Ich bin in Österreich, auf Schloss Sallaburg bei Wien. Aber liebe Freunde, ich vergesse niemand. Ich komme zurück. Der Tod." Ankou hielt Wort. Er ist wieder da.

Von St-Michel-en-Grève auf der D 30 4 km landeinwärts.

Trédrez-Locquémeau: Ein verschlafenes 1000-Seelen-Nest ein Kilometer hinter der Küste hoch über dem Meer. Die bedeutendsten Jahre der Gemeinde liegen über neun Jahrhunderte zurück: Der berühmte *St-Yves* wirkte hier sieben Jahre lang als Landpfarrer. Der Bau der ihm geweihten *Ortskirche* im Ortsteil Trédrez war im Jahr 1500 vollendet, der Pfarrbezirk mit Beinhaus ist großteils erhalten. Das kühle Kircheninnere zeigt mit Engeln verzierte Sablières und ein granitenes Taufbecken mit geschnitztem Holzdach (15. bzw. 17. Jh.).

Ca. 2 km nördlich von St-Michel-en-Grève an der D 88B.

Château de Rosanbo: Das beliebte Ausflugschâteau wird von Marquis *de Rosanbo* bewohnt, dem heutigen Stammhalter der alten bretonischen Familie. Ab dem 14. Jahrhundert bauten die Rosanbos an ihrem geschmackvollen Wohnsitz auf einem Hügel über dem *Bô* (ros = Hügel, an = über), nach einschneidenden Veränderungen im 15. und 17. Jahrhundert wurde der Bau im 19. Jahrhundert abgeschlossen.

In den zur Besichtigung freigegebenen Sälen im Erdgeschoss (inkl. Billardsaal) können Sie neben Wandteppichen, Möbeln, sakralen Kunstwerken und Luxusgeschirr eine gemütliche Privatbibliothek mit 8000 Bänden bewundern. Ein Spaziergang durch den Park rundet den Besuch ab. Ergehen Sie sich im „Theater", im „Salon des Dreiecks" oder im „Salon der Jahreszeiten" – eine künstliche Gartenlandschaft mit einem Hauch von Versailles. Eine undurchdringliche Mauer um das Anwesen schützt das Juwel und seine Bewohner vor den Blicken neugieriger Passanten.

Anfahrt: Von St-Michel-en-Grève erst 2 km an der Bucht entlang Richtung Morlaix, dann links in die D 22 nach Lanvellec (ca. 7 km) abzweigen; von dort erst ein kleines Wegstück (kaum 200 m) in Richtung Plufur, dann rechts ab (ausgeschildert).

April–Juni und Sept./Okt. tägl. 14–18 Uhr. Juli/Aug. tägl. 11.30–18.30 Uhr. Im Schloss nur geführte Besuche (45 Min), der Park kann auf eigene Faust besichtigt werden. Eintritt Schloss und Park 11 €, nur Park 7 €.

Corniche de l'Armorique

Die Corniche de l'Armorique führt von *St-Efflam* bis zum Aussichtspunkt *Marc'h Sammet* hinter Locquirec auf etwa 7 km Länge an wilden Felsformationen, steilen Abstürzen und eingestreuten Sandstränden entlang. Im Zusammenklang mit dem Meer wirkt der angenagte Küstenstrich pittoresk, von der *Pointe de Plestin* können Sie im Nordosten den Verlauf der Côte de Granit Rose einsehen.

Camping Ab St-Michel-en-Grèves folgen einige Campingplätze dem Verlauf der Corniche de l'Armorique. Von Ost nach West:

*** St-Efflam, bei St-Efflam, hinter der Strandstraße. Ein Platz in Gemeinderegie, der eine gute Zukunft vor sich hat, wenn die Bäume etwas mehr Schatten geben. Bislang heckenunterteiltes, großzügiges Wiesengelände mit Sanitärblocks in Holzbauweise. Alle Annehmlichkeiten eines 3-Sterne-Platzes. Holzbungalow-Vermietung. 180 Stellplätze. Geöffnet April–Sept. 8, rue Lan Carré, St-Efflam, 22310 Plestin-les-Grèves, ✆ 02.96.35.62.15, www.camping-municipal-bretagne.com.

** La Corniche, auf einem kleinen Kap, durch frisierte Hecken und Nadelbäume windgeschützt, einfach, in schöner Lage, aber ohne Strand. 50 Plätze. Geöffnet Mitte Juni bis Mitte Sept. Rue de Toul-ar-Vag, 22310 Plestin-les-Grèves, ✆ 02.96.38.93.99.

** Les Hortensias, bei Kerdroheret, oberhalb der Küste, etwa 1 km westlich des Camping de la Corniche und ebenso einfach wie dieser. 40 Stellplätze, viele Hortensien. Geöffnet Mitte Juni–Sept. 505, corniche d'Armorique, 22310 Plestin-les-Grèves, ✆ 02.96.35.61.58, www.camping22.fr.

🍃 **Crêperie Avel Zo**, bei der Kirche von Plestin-les Grèves. Sehr beliebte Crêperie, innen größer, als von man von außen denkt, und im Sommer wird auch der Garten nach hinten betischt. Crêpes, Galettes und Pizze. Alle Produkte kommen ausschließlich aus der Umgebung, auch der Wein. Reservierung empfohlen. Geschlossen So Abend, Mo Ruhetag. 3, rue de l'Eglise, 22310 Plestin-les Grèves, ✆ 02.96.35.03.02. ■

Locquirec

Mildes Klima, mediterrane Flora und angenehme Wassertemperaturen: Locquirec, der alte Fischerhafen, an dem einst die Malteser einen Stützpunkt unterhielten, wurde zwischen den Weltkriegen von reichen Parisern entdeckt und ist seither der gediegenste Badeort zwischen Lannion und Morlaix. Trotz der Villen und einfachen Feriendomizile sind die neun größeren und kleineren Sandstrände an der meist unbebauten Felsküste der klobigen Landzunge noch immer von Wald und Heide umgeben. Aussichtspunkte, Spazierwege, das einsame Hinterland, Sport- und Unterhaltungsmöglichkeiten – Locquirec ist eine angenehme Badestation, die gern von Familien aufgesucht wird.

Sehenswertes/Spaziergang

Kirche: Der Weg vom Tor des Pfarrbezirks zur Kirche wurde mit alten Grab-
platten (um 1800 und später) bepflastert,
um Platz auf dem Friedhof zu schaffen.
Der bescheidene mittelalterliche Calvaire, auf dem zwei Teufelchen das
Christuskreuz stützen, wurde dabei
nicht angetastet. Die Ortskirche, in der
einst die Malteser ihre Andacht verrich-
teten, stammt aus dem 12. Jahrhundert.
Im 17. Jh. wurde sie umgebaut und auf
drei Schiffe erweitert, die gewölbte Holzdecke wurde im Querschiff und im Chor
bemalt. Doch am meisten beeindruckt
der *Altaraufsatz* aus dem 16. Jahrhundert; die bemalte Holzschnitzerei erzählt
ausdrucksstark die Passionsgeschichte
von der Geißelung Christi (daneben Ve-
ronika mit dem Schweißtuch) bis zur
Kreuzabnahme und Grablegung. Die Figuren waren früher gruppenweise auf
einzelne Sockel verteilt und wurden dann
aus Platzgründen zusammengerückt,

Gräber pflastern den Weg zur Kirche

Caplan & Co – Literatur in der Pampa

Für die Fahrt in Richtung Morlaix empfiehlt es sich, westlich von Locquirec
erst in Richtung Lanmeur/Morlaix zu fahren und dann den Hinweisschildern „Route touristique" zu folgen. Man bleibt, bis auf einen eventuellen
Ausflug nach Saint-Jean-du-Doigt, mehr oder weniger in Meeresnähe.

Erst führt die Straße hart an der Küste entlang, dann in einer Kurve landeinwärts, und bald sieht man rechts am Straßenrand eines der wunderlichsten
Cafés der Bretagne, das Caplan & Co. Mitten in der Pampa hat hier der
Verleger Poul Rodou ein Café littéraire eröffnet, das jedem Bücherfreund das
Herz höher schlagen lässt. Philosophie und Literatur geben sich in den Rega-
len ein Stelldichein: Nietzsche, Camus, Chomsky, Kafka und viele andere haben den Weg an diesen abgelegenen Ort gefunden, Kinderbücher ebenso –
und selbstverständlich auch die vom Wirt verlegten Titel. Analphabeten
steht ein Kicker zur Verfügung. Es ist ein fröhlicher Ort und zugleich ein Ort
der Muße. Der Gast kann in den Büchern schmökern oder sie kaufen. Draußen am Holztisch sitzt man gut, an schönen Wochenenden kommt hier ein
buntes Völkchen zusammen. Und da eine so lobenswerte Einrichtung auch
eine Adresse braucht, hat der Wirt dem Platz vor dem Haus einen Namen
verpasst: „Place Léon Ferré". Der anarchistische Sänger (1916–1993) würde
sich hier bestimmt wohlfühlen.

Nur Fr–So geöffnet. Serviert werden neben literarischen Produkten ein griechischer
Salatteller sowie allerlei alkoholische und alkoholfreie Getränke. ☎ 02.98.67.58.98.

was das Geschehen verdichtet und die Dramatik verstärkt. Im weiteren zieren eine *Pietà* aus Alabaster, ein Christus in Handschellen und mehrere Heiligenstatuen die Kirche. Die größte Verehrung wird der Figur der *Notre-Dame-de-Bon-Secours* (15. Jh.) im linken Querschiff zuteil.

Die Kirche ist derzeit nur noch während der Messe geöffnet. Das wird sich hoffentlich wieder ändern. Falls geschlossen ist und Sie zu Bürozeiten vor Ort sind, können Sie es beim Office de Tourisme oder bei der Mairie versuchen.

Pointe de Locquirec: Ein gemütlicher Spazierweg, der hinter der Ortskirche beginnt, führt in 30 Minuten um die Spitze der Landzunge. Bei klarer Sicht überblicken Sie die ganze Bucht von Lannion. Eindrucksvollste Stelle ist die *Pointe du Château*, die äußerste Landspitze gegenüber der gischtumtosten *Ile Verte*. Wenn Sie westlich weitergehen, gelangen Sie zum Strand *Les Sables Blancs*; im Osten können Sie an der *Corniche de l'Armorique* entlangwandern.

Baden: Rund um die Landspitze von Locquirec erstrecken sich insgesamt neun Sandstrände verschiedener Größe. Die *Plage du Fond de la Baie* am nordöstlichen Ortsende ist der größte, die Strände *des Sables Blancs* und *du Moulin* westlich des Orts sind landschaftlich die angenehmsten, aber ohne Strandeinrichtungen.

Basis-Infos

Postleitzahl 29241

Information Office de Tourisme im Glaskästchen am Hafen. Mo–Sa 9–12.30 und 14–17.30 Uhr. Place du Port. ☎ 02.98.67.40.83, locquirec@tourisme.morlaix.fr.

Hin und weg Bus: Locquirec liegt an der Linie Morlaix–Lannion, bis zu 4-mal tägl. in beide Richtungen. Haltestelle am Hafen.

Bootsausflüge Im Juli/Aug. fährt täglich ein Schiff zur **Ile de Batz** und zurück. Auskunft beim Office de Tourisme.

Markt Mittwochfrüh buntes Markttreiben.

Wandern Die Küste und das Hinterland um Locquirec sind ideale Betätigungsfelder für Unternehmungen auf zwei Beinen. Faltplan mit Routenvorschlägen verschiedener Länge beim Office de Tourisme.

Übernachten

Hotel **** Le Grand Hotel des Bains, ein Belle-Epoque-Bau in bester Lage am Meer. 36 voll ausgestattete, angenehme Zimmer, Tennisplatz, überdachtes und beheiztes Salzwasserschwimmbecken, Restaurant. Der einladende, betischte Hotelpark bis zum Meer verleiht dem Grand Hotel zusätzliches Flair. Wer dann immer noch das Gesicht verzieht, gehört in die hoteleigene Beauty-Farm (Gesichtspflege, Haarentfernung, Balneotherapie), die im Nebengebäude untergebracht ist. DZ 170–299 € je nach Zimmerlage, inkl. Frühstück. In der Hauptsaison und von Weihnachten bis über Neujahr hinaus nur Halbpension für 125–190 €/Pers. 15, rue de l'Eglise, ☎ 02.98.67.41.02, www.grand-hotel-des-bains.com.

Camping ** Fond de la Baie, von der Kommune 2009 eingerichteter Platz am östlichen Ortseingang, direkt am Meer gelegen. Einige Ziersträucher in der Wiese, sonst noch schattenfrei. Chalet-Vermietung. In der Hauptsaison Kajak- und Fahrradverleih. Man ist weniger auf Zeltler eingestellt, vielmehr auf Wohnmobilisten, die hier eine gute Infrastruktur vorfinden. 235 Stellplätze. Ganzjährig geöffnet. Route de Plestin-les-Grèves, ☎ 02.98.67.40.85, www.campinglocquirec.com.

Guimaëc

Das Bauerndorf selbst lohnt den Besuch nicht. Wer aber beim Weiler *Christ* den Weg Richtung Küste einschlägt, sieht beim Weiler *Le Prajou* links der Straße das

Musée Rural du Trégor: Hier wird alles gesammelt, was museumsreif ist und von den Bauern aus dem Umkreis von 20 km vorbeigebracht (oder einfach anonym vor die Tür gelegt) wird. Wir sahen Gewichtssteine, ein Boot, Rechen, Hobel, Sägen, eine Maschine für die Herstellung von Holzpantinen, Reste einer Strickmaschine, uralte Fahrräder, Kinderwagen, einen Traktor Baujahr 1953, Öllampen und Geräte, deren Sinn und Zweck wir nicht erkannten. Der Konservator, ein ehemaliger Geschichtslehrer aus der Gegend, versucht mit viel Geduld, Ordnung in dieses fröhliche Durcheinander von derzeit über 2500 Objekten zu bringen.

Öffnungszeiten nicht festgelegt, Juli/Aug. täglich, außerhalb der Saison am ehesten Di und Fr nachmittags. Einfach vorbeischauen, wenn die Tore offenstehen. Eintritt 3 €.

Saint-Jean-du-Doigt
600 Einwohner

In dem Dorf läge der Hund begraben, würde die Kirche nicht eine ganz seltene Reliquie aufbewahren: einen Zeigefinger, der je nach Quelle Johannes dem Täufer oder, wahrscheinlicher, einem bretonischen Heiligen namens Yann zugeordnet wird. So der so – um den Finger entstand im 16. Jahrhundert ein aufwendiger Kirchenbezirk. Im letzten Jahrhundert schlug das Schicksal zweimal zu. 1925 traf ein Blitz den Turm, 1955 brannte die ganze Kirche ab. Sie wurde zwar in ihrer ursprünglichen Form wieder aufgebaut, doch die Ausstattung war für immer dahin. Immerhin konnten der Kirchenschatz und die kostbare Reliquie (beides nicht zu besichtigen) gerettet werden.

Das leicht beschädigte *Triumphtor* führt in den umfriedeten Bezirk mit einem kleinen *Calvaire* und einem *Renaissance-Brunnen*, dem eine Reinigung guttäte; über den drei übereinanderliegenden Becken segnet ein wohlwollender Gottvater den Besucher. Unterhalb des Turms nahmen früher gleich zwei *Beinhäuser* die Skelette der Toten auf – beide klein, eines gotisch, das andere im Renaissance-Stil. Daneben steht die offene *Betkapelle* mit grob verziertem Fries. Das Kircheninnere ist bis auf einige steinerne Statuen schmucklos nackt, die Spuren des Brandes sind deutlich zu erkennen.

Vor oder nach der Besichtigung: Etwa 1 km außerhalb von St-Jean-du-Doigt liegt ein kleiner Strand – breiter Sandstreifen und ein Parkplatz davor.

Pardon Am letzten Junisonntag findet die große Wallfahrt statt. Augenleidende hoffen auf Linderung beim „Pardon des Feuers" in St-Jean-du-Doigt.

Camping ** **Pont ar Gler**, bescheidener kommunaler Platz 100 m von der Kirche entfernt. Gepflegte Sanitäranlagen, warme Duschen. 33 Stellplätze. Geöffnet nur Juli/Aug. Pont Ar Gler, 29630 St-Jean-du-Doigt, ☎ 02.98. 67.32.15, www.campingstj.jimdo.com.

Plougasnou

Ein stiller Ort mit einer Kirche aus dem 16. Jahrhundert, die nachträglich einen Renaissance-Vorbau erhielt. Obwohl 2 km vom Meer entfernt, versteht sich Plougasnou als Seebad; schließlich gehören die vorgelagerten Strände zum Gemeindegebiet. Empfehlenswert ist der Strand gleich östlich des Orts – lang und geschützt in einer klippenreichen Bucht, die Felsriffe sorgen für optische Reize.

Postleitzahl 29630

Information Office de Tourisme, am Kirchplatz. Mo–Sa 9–12.30 und 14–17.30 Uhr, Juli/Aug. auch So 9–12 Uhr. Place du Général Leclerc. ✆ 02. 98.67.31.88, www.tourisme-plougasnou.com.

Hin und weg Bus: rund 5-mal tägl. nach Morlaix.

Markt Dienstagvormittag, in der Hauptsaison auch Freitagvormittag.

Hotel ** De France, in Ortsmitte; 10 Zimmer, teils mit Terrasse. Bar, Restaurant. DZ mit Du/WC 60–70 €. 27, place du Général Leclerc, ✆ 02.98.67.30.15, www.hoteldefrance29.com.

Camping ** Du Trégor, knapp 2 km von Plougasnou landeinwärts, im Ortsteil Kerjean. Sympathisches, relativ bescheidenes Gelände. 45 Stellplätze, Elektrizität und Warmwasserduschen, Waschmaschine. Fahrradverleih. Geöffnet Ostern bis Mitte Okt. 130, route de Cosquérou, ✆ 02.98.67.37. 64, www.campingdutregor.com.

Umgebung von Plougasnou

Primel-Trégastel: Auch der kleine Badeort Primel am felsdurchsetzten Gestade hat sich die Rosa-Granit-Küste zum Vorbild genommen und seinem Namen das „Schloss im Sand" *(Trégastel)* hinzugefügt. Das Felsenchaos, das sich besonders kompakt auf der schmalen, heidebewachsenen Landzunge am Ostende der Bucht darbietet, setzt sich im Meer fort. Bei Ebbe werden die Zacken der zahlreichen Riffe schnell vom Wind getrocknet, dann kann auch die vorderste Landspitze besucht werden. Ein zehnminütiger Spazierweg führt zur *Pointe de Primel*, die sich trotzig ins Meer schiebt. Die geschützte Bucht zwischen Primel-Trégastel und *Le Diben* ist ein vorzügliches Surfrevier, der großzügige Strand gleich vor dem Ort ist für das Sonnenbad zuständig.

Camping ** Municipal de la Mer, neben dem Parkplatz vor dem Felsenlabyrinth, der Gemeindeplatz von Primel-Trégastel. Schöne Lage am Strand, nur niedrige Hecken, deshalb fast schattenlos und windig. 60 Stellplätze. Geöffnet April–Okt. 15, route de Karreg An Ty, Primel-Trégastel, 29630 Plougasnou, ✆ 02.98.72.37.06, www.camping-plougasnou.fr.

Le Diben: Das Dorf an der westlichen Seite der Bucht ist eine Hochburg der Fischfabriken und Meerwasserbecken für Krustentiere *(Viviers)* – eine Besichtigung ist möglich. Le Diben ist durch Ferienhäuschen recht zersiedelt, ein kleiner Jachthafen hebt sich angenehm gegen das Hafenareal mit seinen fischverarbeitenden Betrieben ab. Die *Pointe de Diben* ist wie die gegenüberliegende Pointe de Primel felsig, doch flacher.

Hotels ** Au Temps des Voiles, am östlichen Ortsausgang. 13 relativ kleine Zimmer, aber sehr schöne Lage vor dem Jachthafen, mit Restaurant („L'Abbesse"). Sonnenterrasse, geheiztes Schwimmbad, Fitnessraum, Restaurant/Crêperie – was will man mehr? Geschlossen außerhalb der Saison Mo Mittag und Mi ganztags. DZ mit Du/WC 59–65 €. Ganzjährig geöffnet. 20, rue de l'Abbesse, Le Diben, 29630 Plougasnou, ✆ 02.98. 72.32.43, www.autempsdesvoiles.com.

Plage de Térénez: Der Renommierstrand der gleichnamigen Bucht bietet die besten Bademöglichkeiten zwischen Primel-Trégastel und Morlaix. Viel Platz, keine Infrastruktur, am Wochenende Invasion von Badefröschen aus Morlaix.

Cairn von Barnenez

Der Cairn von Barnenez ist das gewaltigste Überbleibsel der Megalithbauten der Bretagne. Könnten die Seelen auf europäischen Norm-Friedhöfen vor Neid erblassen, sie würden es: Auf der *Halbinsel von Kernéléhen* haben Menschen der Vorzeit ihren Fürsten ein aufwendiges Grabmal in fantastischer Lage errichtet. Auf einem Hochplateau der schmalen Landzunge über der Bucht von Morlaix ruhten die Verstorbenen unter dem Schutz eines monumentalen Steinhügels, den die Abendsonne über dem Ozean in flammendes Licht taucht.

Der Cairn ist nur noch von außen zu besichtigen, aber auch mit einer Länge von 75 m und einer Breite von fast 30 m immer noch imposant genug. Bis 1955 diente der Koloss noch als Steinbruch, erst dann entdeckte man die kulturhistorische Bedeutung der Anlage, die in die Zeitspanne 4500–2800 v. Chr. datiert wird. Bei den Restaurierungsarbeiten wurde auch die „Komposition" klar. Das Monument besteht aus zwei ungleichen Teilen, die unterschiedlichen Alters sind. Der ältere Cairn 1 zählt fünf Grabkammern, ihm schließt sich aus anderem Gestein der jüngere Cairn 2 mit sieben Grabkammern an. Ein Loch im Denkmal, Relikt der plötzlich gestoppten Steinbruchtätigkeit, gibt einen zusätzlichen Einblick in die Anlage. Man kann sich eine Vorstellung über das Innere machen, die dann durch eine ausführliche Dokumentation im Empfangsgebäude korrigiert und ergänzt wird.

Mai–Aug. tägl. 10–18.30 Uhr. Sept.–April Di–So 10–12.30 und 14–17.30 Uhr. Eintritt 5,50 €, bis 18 Jahre und EU-Bürger bis 25 J. frei.

Camping *** Baie de Térénez, direkt an der D 76, kurz vor dem Cairn von Barnenez. Sehr gepflegtes, doch ziemlich schattenloses Wiesengelände, von Bäumen und Sträuchern eingegrenzt. Gute Infrastruktur: Bogenschießanlage, Swimmingpool, origineller Minigolf, Restaurant, TV, Waschmaschine etc. Über die Straße geht es zum nächst erreichbaren Strand (viele Kiesel, bei Ebbe verschlickt). Zum Baden besser an die Plage de Térénez, 1,5 km oberhalb der Austernbänke. Knapp 100 Stellplätze. Geöffnet Ostern bis Okt. Moulin de Caneret, 29252 Plouezoc'h, ✆ 02.98.67.26.80, camping baiedeterenez. com.

Crêperie ›› Mein Tipp: Du Cairn, nah beim Camping Baie du Térénez an der Stichstraße zum Cairn de Barnenez. Leser lernten hier eine der besten Crêperien des Landes kennen: „Neben fantastischen Galettes und Crêpes serviert der freundliche Besitzer einen hervorragenden Cidre vom Fass." Wir fügen hinzu, dass hier auch die Austern vorzüglich schmecken. Route de Barnenez, Plouezoc'h, ✆ 02.98.67.21.27. ‹‹

Gigantisches Fürstengrab: Cairn von Barnenez

Nordküste
Trégor, Côte de Granit Rose, Côte des Bruyères → Karte S. 216/217

Côte du Léon

Nach der tief eingeschnittenen Bucht von Morlaix beginnt die Küste des Pays du Léon. Von Roscoff über Plouescat hinaus bestimmen die Zwiebel- und Artischockenfelder des „Goldenen Gürtels" das Bild.

Dann setzt sich langsam die passende Kulisse für die *Küste der Legenden* durch, die ebenfalls zum Pays de Léon zählt. Eine wellige Bocage-Landschaft, in der Erdwälle die Äcker notdürftig schützen, windiges Heideland, kleine, oft mühsam zu befahrende Straßen, lange Dünenstrände und immer mehr Felsen – das Finistère kündigt sich bereits an. Bis an die *Aber-Küste* im äußersten Westen ist das Land nur dünn besiedelt, trotz des milden Golfstromklimas ist die Gegend rau. In der Dorfbar wird Bretonisch geredet.

Morlaix

Auf den steil ansteigenden Hügeln des Hinterlands und unten im Tal liegt der Kern der Stadt. Vom Alter verzogene schiefergedeckte Fachwerkhäuser, ansehnliche Bauten aus der Blütezeit des Tabakgeschäfts am Morlaix-Fluss und ein Eisenbahn-Viadukt aus dem 19. Jahrhundert – jede Epoche drückte Morlaix ihren Stempel auf.

Wo sich die *Queffleuth* mit dem *Jarlot* trifft und sich mit ihm zum *Morlaix-Fluss* (*Rivière de Morlaix* oder auch *Dossen*) vereinigt, ist aus der Ex-Hafenstadt im Wandel der Jahrhunderte ein lebhafte bretonische Verkehrsdrehscheibe geworden, die an ihre weltoffene Rolle in der Vergangenheit anzuknüpfen sucht. Die Fährverbindung von Roscoff, die Autobahn nach Rennes und Brest sowie die Urlaubsdomizile in der klippenübersäten Bucht von Morlaix bringen ein internationales Publikum in die Stadt. Ein Bummel durch die Stadt und ein Aperitif in einem der Cafés rund um das klassizistische Rathaus gehören zum Pflichtprogramm.

Stadtgeschichte: Seit grauer Vorzeit siedelten Menschen in der Gegend um Morlaix. Als Urzelle der Stadt ist ein römisches Lager (*mons relaxus* – Morlaix) über dem Zusammenfluss von Queffleuth und Jarlot nachgewiesen. Um das Jahr 1000 erinnert sich ein Adeliger aus Tréguier an die strategisch günstige Lage und errichtet eine Burg, um die sich Fischer, Handwerker und Händler niederlassen. Speziell der Fisch lässt den Ort wohlhabend werden, was den Bau einer ersten Stadtmauer

Côte du Léon und
Côte des Légendes

3 km

erfordert. Bis 1277 ist die Marktgemeinde Privateigentum des Grafen von Léon, dann wird sie zu einer blühenden, souveränen Stadt.

Der Hafen ist in den folgenden Jahrhunderten der sicherste der *Basse Bretagne*, die Gewinne der Korsaren sowie die Produktion und der Verkauf von Schiffen, Stoffen, Goldschmiedewerk und später Tabak sorgen für Wohlstand. Besonders mit Holland, Hamburg, Spanien und Portugal wird reger Handel getrieben. 1736 öffnet eine Tabakmanufaktur der Westindischen Kompanie ihre Tore, die bald 25.000 Zentner Rauchstoff jährlich herstellt und Keimzelle eines groß angelegten Tabakschmuggels wird. Doch wie fast alle bretonischen Städte verliert Morlaix mit Beginn des Industriezeitalters seine wirtschaftliche Bedeutung.

Das letzte bedeutende Ereignis der Stadtgeschichte ist blutig und leidvoll: Am 29. Januar 1943 wird das von deutschen Truppen besetzte Morlaix von alliierten Verbänden bombardiert. Die Zivilbevölkerung, ohnehin stets das erste Opfer, hat unter den deutschen Racheakten zusätzlich zu leiden. Auf eine Attacke der Résistance hin werden 300 Einheimische auf der Place de Thiers zusammengetrieben, 60 von ihnen als Geiseln zurückbehalten und später ins KZ Buchenwald deportiert. Ihnen zu Ehren wurde der Platz in *Place des Otages* (Platz der Geiseln) umbenannt.

Ungebetene Gäste

1522 erscheint Besuch in Morlaix: Jean de Coetanlem, Pirat und Bürger von Morlaix, hat gerade mit seinen Angestellten das englische Bristol geplündert. Im Gegenzug tauchen 60 englische Segler vor Morlaix auf, die eine fast verlassene Stadt vorfinden: Die überregionale Messe in Guingamp und der große Markt in Noyal-Pontivy finden am selben Tag statt. Die Engländer haben leichtes Spiel und plündern die Stadt. Doch der disziplinlose Haufen beginnt an Ort und Stelle, die verderbliche Beute (Alkohol und Lebensmittel) zu vernichten. In den Wäldern von Styval vor den Toren der Stadt fallen den Zechern schließlich die Augen zu. Jetzt haben die zurückkehrenden Morlaisiens leichtes Spiel – sie bringen die Engländer, die nicht rechtzeitig nüchtern werden, gnadenlos um.

Damit so etwas nicht wieder passiert, schützt seitdem das wehrhafte Château du Taureau auf einer Insel in der Bucht die Einfahrt nach Morlaix.

Sehenswertes

Der folgende **Stadtbummel** erschließt die Sehenswürdigkeiten der Stadt, von denen das Laternenhaus der Herzogin Anne mit seiner für die Bretagne wohl einmaligen Wendeltreppe die größte ist. Am Startpunkt Place des Otages bekommen Sie den besten Eindruck vom Viadukt. Am Ende des Rundgangs sind Sie am Hafen auf der anderen Seite der Eisenbahnüberführung. Die Stationen:

Viadukt: Der Blickfang der Stadt – seit 1864 beherrscht die gewaltige, 59 m hohe und 284 m lange Eisenbahnbrücke aus hellen Steinquadern die Häuser des Talkessels. Selbst die Kirche St-Melaine steht wehrlos im Schatten des Kolosses.

Kirche St-Melaine: Außerhalb der Kirche halten zwei Engel eine große Inschrift aus Stein: „Im Jahre 1489 wurde der Bau dieser Kirche mit Gottes Willen begonnen." Das spätgotische Gotteshaus, dem heiligen Melaine, Bischof von Rennes, geweiht, steht an Stelle einer zu klein gewordenen Kapelle. Zum Bau wurde Granit von der Insel Batz verwendet. 1943 wurde die Kirche ein Opfer der alliierten Bombardierungen, die nördlichen Seitenkapellen datieren aus der Nachkriegszeit. Kuppel und Säulen über dem *Taufbecken* sind eine großartige Schnitzarbeit: reiche Verzierungen in dunklem Eichenholz.

Rue Ange de Guernisac: Gleich hinter der St-Melaine-Kirche beginnt die stilvolle Heimat einiger Artisanats, eine gemütliche, kurze Gasse mit viel Schieferschindeln und Fachwerk. Auch die Nebengässchen atmen den Hauch vergangener Zeiten.

Musée de Morlaix (Les Jacobins): Im ehemaligen Jakobinerkonvent werden derzeit Wechselausstellungen aus der bunt gemischten Gemäldesammlung gezeigt. Eine dauerhafte Präsentation der Sammlung war in der Tabakmanufaktur (s. u.) geplant, Räume wurden dort reserviert, dann entschieden die Behörden, den alten Standort beizubehalten. Der Ex-Konvent soll zum modernen Museum umgebaut werden: geplanter Beginn der Arbeiten 2016, Ende der Arbeiten 2020–2022.

Solange die angekündigte Baustelle es zulässt: Juli–Sept. tägl. 10–12.30 und 14–18 Uhr. Okt.–Juni Di–Sa 10–12 und 14–17 Uhr. Eintritt zusammen mit der Maison à Pondalez, das allerdings andere Öffnungszeiten hat: 4,50 €.

Kirche St-Mathieu: Die Kirche oberhalb der Altstadt wurde mit Ausnahme des Turms im 19. Jahrhundert neu errichtet und ist als Bauwerk wenig interessant. Im Inneren bewahrt sie eine sog. *Statue Ouvrante* aus dem 16. Jahrhundert, eine der seltenen Marienfiguren, die sich aufklappen lassen: Das Innenleben Marias birgt eine Dreieinigkeits-Skulptur.

Haus der Anne de Bretagne (Maison de la Duchesse Anne): In der Rue du Mur Nr. 33 wohnte angeblich die Herzogin Anne während ihres Aufenthalts in Morlaix. Außen zeigt das Haus ein wunderschönes, dreifach vorkragendes Fachwerk mit Karyatiden und kunstvoll geschnitztem Balkenwerk: Dämonen und Heilige schneiden Grimassen oder blicken ernst auf die Fußgänger hinab. Aber erst innen zeigt sich die wahre Attraktion des „Laternenhauses". Bei diesem Haustyp, der über Spanien nach Morlaix gelangte, führen von einem glasüberdachten Innenhof mit riesigem Kamin Zugänge zu den benachbarten Häusern. Einmaliges und kunstvollstes Detail des von Wind und Wetter geschützten „Laternenhofs" ist die elf Meter hohe *Säule* der Treppe, die zu drei Stockwerken hinaufführt – ein einziges, mächtiges Stück schwarzes Eichenholz, ausgiebig verziert mit Figuren und Kapitellen. Eine besonders gelungene Holzskulptur turnt auf der Balustrade: ein Akrobat im Handstand, direkt aus dem tragenden Balken herausgearbeitet.

April Mo–Sa 14–17 Uhr; Mai–Sept. Mo–Sa 11–18 Uhr, Juli/Aug. zusätzlich So 14–18 Uhr. Eintritt 2 €.

Place Allende und Grande Rue: Der alte Marktplatz und die einstige Hauptstraße (Grande Rue) des alten Morlaix weisen die meiste mittelalterliche Bausubstanz auf – ein Hauch von Idylle aus früherer Zeit. Die Grande Rue ist entgegen ihrem Namen nicht sehr groß, aber malerisch und autofrei. Fachwerkhäuser, Schieferschindeldächer und Butzenscheiben zeugen von einer Zeit, in der Kunstschreiner mit viel Aufwand für eine verspielte Fassadengestaltung sorgten.

Der Viadukt von Morlaix stellt selbst die Kirche in den Schatten

Maison à Pondalez: Die Maison à Pondalez an der Grande Rue Nr. 9 ist zweifellos die Perle des Sträßchens. Bis zur Eröffnung des neuen Stadtmuseums im ehemaligen Jakobinerkonvent werden hier vor allem die Bestände des Musée de Morlaix (Les Jacobins) verwahrt. Der Museumsshop verkauft Broschüren über die Sammlung.

April/Mai und Sept. 10–12/14–18 Uhr, geschlossen So vormittags und Di. Juli/Aug. tägl. 10–12.30/14–18.30 Uhr. Juni und Okt. 10–12/14–17 Uhr, geschlossen So Vormittag und Di. Eintritt zusammen mit Musée de Morlaix, das allerdings andere Öffnungszeiten hat: 4,50 €.

Tabakmanufaktur: Am Quai de Léon beim Jachthafen erinnert die altehrwürdige Fassade der Manufaktur an Morlaix' ausgezeichneten Ruf in der Welt des blauen Dunstes. Bis vor einigen Jahren produzierten hier noch 250 Beschäftigte jährlich mehr als 300 Millionen kleine Zigarren und dicke Kippen mit dem gallischen Helm. Erst 2003 legten die letzten 40 Zigarettenarbeiter in Morlaix ihre Arbeit nieder.

Das riesige Areal mit Gebäudekomplexen wurde daraufhin von der Handelskammer gekauft und restauriert. Das ist gut und schön, aber ein weitergehendes Konzept fehlt. In einen Teil der „Tabakkathedrale" ist derzeit die Technische Universität eingezogen, in einem anderen sind Künstlerateliers entstanden, irgendwo findet sich ein Designerbüro, ein anderer Trakt wiederum soll als Büroraum vermietet werden. Die Chance eines großen Kulturzentrums ist wohl für immer vertan.

Hafen: Wo einmal die Schiffe der Weltmeere ihre Fracht löschten und angesehene Schiffsbauer Fregatten und Dreimaster vom Stapel laufen ließen, haben nun im Schatten alter Reederhäuser bis zu 300 Privatjachten einen sicheren Liegeplatz gefunden. Gelegentlich legen kleine Frachter an, doch die umgeschlagenen Tonnen sind unbedeutend.

Tabakmanufaktur (Detail)

Basis-Infos

Postleitzahl 29600

Information Das **Office de Tourisme** hat nach mehreren Umzügen in der Maison Penanault, einem Herrschaftshaus aus dem 16. Jh. an der Place Charles de Gaulle, eine dauerhafte Bleibe gefunden. In der ersten Etage findet man kompetentes Personal und neben den üblichen Prospekten auch eine ausführliche Zimmerliste mit Preisen. Juli/Aug. Mo–Sa 9–19, So 10–12.30 Uhr.

Sept.–Juni Mo–Sa 9–12.30 und 14–18 Uhr. ℡ 02.98.62.14.94, www.tourisme.morlaix.fr.

Hin und weg Bahn: Über dem Talkessel fährt die Eisenbahn auf dem zweistöckigen Viadukt zum Bahnhof und von da weiter über St-Pol-de-Léon zum Sackbahnhof Roscoff. Oder ostwärts nach Rennes (8-mal tägl., nach Lannion umsteigen in Plouaret) bzw. nach Westen über Landivisiau/Landerneau nach Brest (etwa 12-mal tägl.).

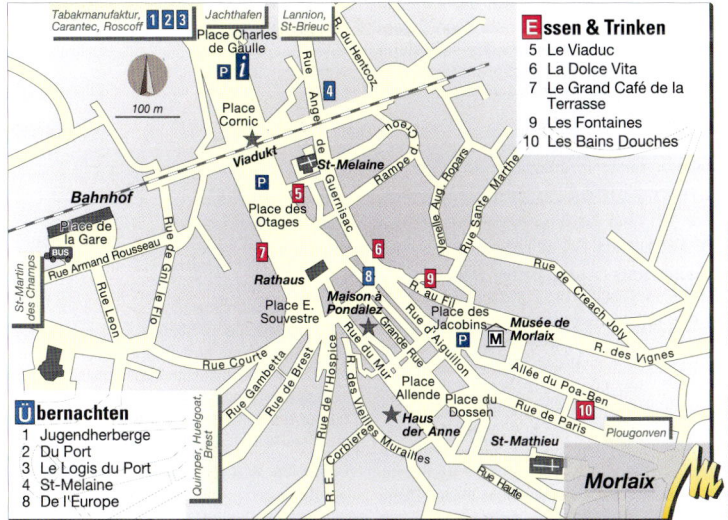

E ssen & Trinken
5 Le Viaduc
6 La Dolce Vita
7 Le Grand Café de la Terrasse
9 Les Fontaines
10 Les Bains Douches

Ü bernachten
1 Jugendherberge
2 Du Port
3 Le Logis du Port
4 St-Melaine
8 De l'Europe

Zudem mit dem TGV nach Paris in 4 Std. oder nach Brest in 30 Min. Auskunft/Reservierung: ☏ 08.92.35. 35.35.

Bus: Start für **Überlandbusse** am Bahnhof, nach Roscoff tägl. mindestens 4-mal, nach Huelgoat/Carhaix tägl. 2-mal. **Stadtbusse** in die Vororte starten an der Place Cornic beim Viadukt.

Parken   Während der Geschäftszeiten herrscht in der Innenstadt Parkplatzmangel. Gebührenpflichtige Plätze nördlich des Viadukts (Place de Gaulle und Place Cornic). Kostenlose Plätze an der Place du Pouliet und an der Place de Callac an der Route de Paris im Osten der Stadt.

Fahrradverleih   Das Office de Tourisme hält einige Räder bereit, auch Mountainbikes und E-Bikes.

Übernachten

Hotels *** De l'Europe **8**, im Zentrum, die erste Übernachtungsadresse der Stadt. 58 schallisolierte Zimmer mit unterschiedlich gediegener Möblierung, alle mit TV und DSL-Kabel. Oft von Gruppen aufgesucht. DZ 89–117 €. Ganzjährig geöffnet. 1, rue d'Aiguillon, ☏ 02.98.62.11.99, www.hotel europe-morlaix.com.

** Du Port **2**, an der westlichen Seite des Jachthafens, an der Ausfallstraße nach Carantec, deshalb etwas laut. Eher bescheiden, 25 unterschiedlich große, sanitär voll ausgestattete Zimmer. DZ 64–81 €. Ganzjährig geöffnet. 3, quai de Léon, ☏ 02.98.88.07. 54, www.lhotelduport.com.

* St-Melaine **4**, in der Nähe des Viadukts unterhalb der gleichnamigen Kirche. 9

einfache Zimmer, die billigeren mit Du/WC auf Etage. Bar. DZ 45–80 €. Ganzjährig geöffnet. 77, rue Ange de Guernisac, ☏ 02. 98.88.54.76, www.hotel-saint-melaine.com.

Zimmer (Airbnb) Le Logis du Port **3**, Unterkunft in Hafennähe zu halbwegs zivilen Preisen. Das frühere „Logis des Ecluses" bietet seine Zimmer nun auch über das Internetportal Airbnb an. 4 DZ mit Bad, ein Salon mit Billardtisch zur gemeinsamen Benutzung, nach hinten ein Garten mit beheiztem, überdachtem Schwimmbad. „Irgendwie merkwürdig", urteilte ein Leser, „aber sicher eine der ruhigsten Unterkünfte." DZ 75–85 €. 10, voie d'accès au Port, ☏ 06.07.68.36.68, www.airbnb.ch/ rooms/6873024.

Jugendherberge ■1 Hinter der ehemaligen Tabakmanufaktur (Straße nach Carantec an der Westseite des Hafens, dann Abzweig Richtung St-Martin/Bahnhof). Hypermoderner Bau mit 83 Betten, jeweils 4 bis 5 pro Zimmer. Du/WC im Zimmer. Übernachtung 20 €/Pers. inkl. Frühstück. 1, voie d'accès au Port, ✆ 02.98.15.10.55, www.aj-morlaix.org.

Essen & Trinken → Karte S. 269

Ein für Morlaix typisches Gericht ist Stockfisch in zwei zarte Crêpe-Fladen gehüllt, darüber etwas Béchamelsauce.

Restaurants Les Bains Douches ■10, beim Justizpalast. Ein Fußgängersteg führt in das frühere Badehaus aus der Jahrhundertwende. Die gekachelte, charmant-bürgerliche Inneneinrichtung mit Piano entstammt derselben Epoche. Hier ist nicht das Menü (obwohl es zwei gibt), sondern à la carte angesagt. Der Küchenschwerpunkt liegt eher auf Fleisch- als auf Meeresprodukten, z. B. exzellente gefüllte Lammnuss, dazu zarte Salzkartoffeln; oder Hasenfrikassee an Cidre, mit Gewürzbrot und frischen Nudeln serviert. Zum Nachtisch empfehlen wir gebrannte Vanillecreme. Geschlossen Sa mittags, So ganztags und Mo abends. 45, allée du Poan-Ben, ✆ 02.98.63.83.83.

》》 Mein Tipp: Le Viaduc ■5, früher ein Stall, dann ein Getreidelager, seit den 1980ern ein Restaurant. Bei der Renovierung wurden die Natursteinmauern belassen und eine neue Holzdecke eingezogen. Für Farbe sorgen neben dem ausgewählten Dekor Wechselausstellungen lokaler Maler. Ob Fleisch oder Fisch – man tafelt vorzüglich. Auf regionale Produkte wird geachtet. Geschlossen außerhalb der Saison So abends und Mo, ebenso im ganzen Oktober. 3, rue St-Melaine, ✆ 02.98.63. 24.21. 《《

Les Fontaines ■9, im orangebraunen Eckhaus an der Place des Viarmes kann man gleich an mehreren Stellen Platz nehmen: Bei schönem Wetter auf der Terrasse, sonst im barähnlichen Erdgeschoss oder im gemütlichen ersten Stock mit Wohnzimmeratmosphäre (3 Tische). Zu den Spezialitäten bei Maguy und Roger zählen Moules au chouchenn (Muscheln an bretonischem Honigwein) und Schweinefleisch in Cidre. Leider nur Mittagstisch, So Ruhetag. 2, rue au Fil, ✆ 02.98.88.07.06.

La Dolce Vita ■6, der Pizzaspezialist der Stadt, abends meist brechend voll. Pizza vom Holzkohlenfeuer oder Pasta aus dem Kochtopf, von flotter Belegschaft serviert. Zur Mittagszeit gibt's auch einen Plat du Jour. Mo Ruhetag. 3, rue Ange de Guernisac, ✆ 02.98.63.37.67.

Bar Le Grand Café de la Terrasse ■7, das schönste Café der Stadt. Die grüne Fassade und die Stühle sind ebenso typischer Pariser Café-Stil wie der distinguierte Kellner. Im Inneren ein großes Deckengemälde und mitten im Raum eine elegante, geschwungene Wendeltreppe, die in die erste Etage führt, wo sich gelegentlich die Mitglieder des Rotary-Clubs und andere Krawatten treffen. In erster Linie ein ideales Café für die Zeitungslektüre, aber auch Restaurant mit klassischer französischer Küche. So Ruhetag. 31, place des Otages, ✆ 02.98.88.20.25.

Umgebung von Morlaix

Rivière de Morlaix: Sowohl das linke als auch das rechte Ufer des sich sanft ins Meer schlängelnden *Morlaix-Flusses* sind bei Ebbe wie bei Flut ein Augenschmaus. Und schließlich öffnet sich die schmale, langgezogene Mündungsbucht mit ihren Klippen und Felsen. Picknick nicht vergessen!

Fototipp: Sonnenuntergang bei *Dourduff* (am östlichen Ufer). Als Zugabe können Sie im *Observatoire ornithologique* von Dourduff Meeresvögel gratis beobachten.

Plougonven: Der Ort besitzt einen der ältesten bretonischen umfriedeten Pfarrbezirke mit *Kapelle*, *Beinhaus* (1532), *Calvaire* (1554) und einer *Kirche* (1523), die zu Beginn des 20. Jahrhunderts fast völlig abbrannte, doch wenig später originalgetreu wiedererrichtet wurde.

Calvaire von Plougonven

Höhepunkt des Ensembles ist der *Calvaire*, einer der größten und schönsten der Bretagne. Auf einem achteckigen Sockel gruppieren sich auf zwei Stockwerken die Figuren, die mehr als die Passionsgeschichte spielen. Neben anderen Heiligen gibt sich auch St-Yves – traditionell zwischen dem Reichen und dem Armen dargestellt – die Ehre. Drei Kreuze steigen hoch, aus dem mittleren zweigen vier Äste ab, auf deren oberen Johannes und Maria stehen. Unter ihnen überwachen zwei römische Reiter die Hinrichtung. Besonders ausdrucksstark ist die Versuchung Jesu in der Wüste: Ein meditativ-gelassener Jesus widersteht einem äußerst bösartigen Teufel.

Von Morlaix etwa 12 km auf der D 9 in südöstliche Richtung.

Nicht nur der Calvaire von Plougonven lockt. Morlaix ist ein günstiger Ausgangspunkt für die sog. **Calvaire-Tour** (umfriedete Pfarrbezirke), ein vielbefahrener Circuit der Bretagne. Wir starten unsere Calvaire-Rundreise im nahen Landivisiau → Kapitel „Das Landesinnere/Der Westen, Calvaire-Tour".

Carantec   3200 Einwohner

Kleine Badebuchten schmiegen sich in den Granit der Steilküste, darüber schlängeln sich Spazierwege zwischen Ginster und Kiefern. Inselchen und nackte Felsriffe übersäen das Meer, das bei Ebbe zum Fanggrund der Fußfischer wird.

Solche geographischen Voraussetzungen ziehen naturgemäß erholungsbedürftige Menschen an. Den Ortskern des alten Dorfes locker umrahmend, hat die Besiedlungszone den größten Teil der Halbinsel erobert. Im sicheren Hafen an der Nordwestspitze unterhalb des Zentrums ankern heute mehr Jachten als Fischerboote.

Das Familien-Seebad zwischen den Flussmündungen des *Morlaix-Flusses* und der *Penzé* ist – neben dem eher städtischen Roscoff – der angenehmste und am besten ausgestattete Badeort weit und breit.

Von seinen touristischen Einrichtungen und der gesunden Luft abgesehen, besitzt Carantec in der Bucht von Morlaix auch Austernzuchtanlagen, und ganzjährig werden Hummer und Langusten angelandet.

Ausflug/Spaziergang

Ile Callot: Eine Ferien- und Wallfahrtsinsel, auf der im Winter vielleicht 20, im Sommer etwa 1000 Menschen leben. Bei Ebbe erreichen Sie die der Landzunge vorgelagerte Insel zu Fuß, die Straße ist bis zur Halbflut befahrbar, bevor sie völlig überspült wird. Die Inselwege sind bei Spaziergängern beliebt, die Ufer vielbesuchte Reviere der Angler und Fußfischer. Die Kapelle *Notre-Dame* aus dem 16. Jahrhundert (1808 neu gestaltet) mit ihrer Wunder wirkenden Madonnenstatue ist ein religiöses Zentrum: Gleich mehrere Wallfahrten finden jährlich statt, die größte am Sonntag nach dem 15. August zu Ehren der Jungfrau Maria der Ile Callot, mit der Segnung des Meeres als Höhepunkt.

Chaise de Curé (Pfarrersstuhl): Hier sitzen nicht nur Geistliche gerne. Der Felsen mit Aussichtsplattform im Norden Carantecs erlaubt freie Sicht auf die Bucht von Morlaix und verschafft einen Überblick über die Ortsstrände. Gleich links im Blickfeld liegt die Ile Callot.

Pointe de Pen al Lann: Ein kurzer Fußweg führt durch Kiefern zum Aussichtspunkt, der in die Bucht von Morlaix ragt. Von hier kann man den kleinen Felsklotz der *Ile Louët* mit ihrem Leuchtturm und die dahinter schwimmende Festung *Taureau* aus nächster Nähe betrachten. Die Landspitze im Osten ist die *Halbinsel von Barnenez* mit ihrem berühmten Fürstengrab (→ Cairn von Barnenez).

Die Ile Louët bei Carantec

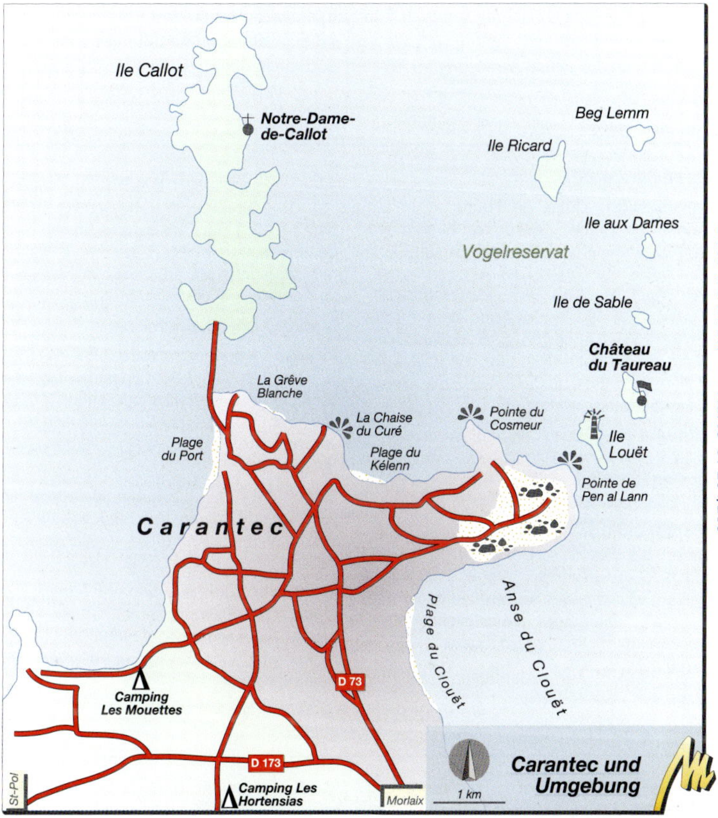

**Carantec und
Umgebung**

1 km

Château du Taureau: Hinter der *Ile Louët* umspült das Meer die abweisenden Mauern einer Inselfestung. Das beliebte Fotomotiv wurde 1542 nach einem englischen Überfall auf Morlaix (→ Morlaix/Kastentext) zur Sicherung der Bucht von Morlaix auf einem kahlen Fels errichtet und war während der Französischen Revolution ein ausbruchsicheres Gefängnis. Die „Küste der Legenden" kündigt sich an: Die Gerüchte, dass in den Mauern der Meerfestung auf dem öden Eiland Alchimisten ihrem gottlosen Handwerk nachgehen würden, wollten über Jahrhunderte nicht verstummen.
Überfahrt ab Plage du Kélenn in der Hochsaison tägl., in der Nebensaison unregelmäßig. Der Besuch dauert 1 Std. Überfahrt inkl. Eintritt 14 €, Kind 4–12 J. 7 €. Auskünfte und Reservierung beim Office de Tourisme oder unter ☎ 02.98.62.29.73.

Baden

Die diversen Strände und kleineren Buchten gleich unterhalb der Siedlungszone sind das Kapital Carantecs. Die *Plage du Kélenn* ist der repräsentativste und bestbesuchte der fünf größeren Badestrände: 300 m lang, bei Flut noch 10 m breit, mit Rettungsstation, Mickey-Club, Segel-, Surf- und Tauchschule, Crêperien, Eissalon und Hundeverbot. Die *Grève Blanche* westlich der Plage du Kélenn unterhalb der alten

Befestigungsanlagen ist mit knapp 100 m Länge der zweite große Ortsstrand. Neben diesen beiden rahmen weitere Strände und sandige Kleinbuchten die gesamte Halbinsel ein; an der *Penzé-Mündung* im Westen sind die Bademöglichkeiten schlechter.

Basis-Infos

Postleitzahl 29226

Information Office de Tourisme, in der Nähe der Kirche. Auskünfte, Buchungen und Exkursionen. Im Sommer Organisation von begleiteten Spaziergängen. Fahrradverleih. April–Juni und Sept. Mo 14–Sa 9.30–12.30 und 14–18 Uhr. Juli/Aug. Mo–Sa 9.30–19, So 9.30–12.30 und 14.30–17.30 Uhr. Okt.–März Di–Sa 9.30–12.30 und 14–17.30 Uhr. 4, rue Louis Pasteur. ✆ 02.98.67.00.43, www.carantec-tourisme.com.

Hin und weg Bus: Carantec hat drei Bushaltestellen – am Rathaus, an der Kirche und an der Plage du Port. Tägl. 5-mal nach St-Pol-de-Léon/Roscoff und nach Morlaix.

Bootsausflüge Breites Angebot: z. B. durch die **Bucht von Morlaix** (Ile Louët, Château du Taureau, Vogelreservate ..., Dauer 2–3 Std.) oder zur **Insel Batz**, vormittags hin, nachmittags zurück. Auskunft/Reservierung im Office de Tourisme.

Fahrradverleih Tourenräder, MTBs und E-Bikes zu günstigen Konditionen beim Office de Tourisme.

Golf 9-Loch-Platz im Osten Carantecs an der Plage du Clouët, 25 gepflegte Hektar mit liebenswertem bretonischen Flair. Rue de Kergrist, ✆ 02.98.67.09.14.

Markt Donnerstagvormittag

Pardon Pardon von Notre-Dame-de-Callot auf der Ile Callot am Pfingstmontag, am Sonntag nach dem 15. August (der größte) sowie am 31. Dezember bzw. am 1. oder 2. Januar. Am 3. Julisonntag Pardon von St-Carantec.

Segeln/Surfen Carantec Nautisme an der Plage du Kélenn. Wochenkurse für Kinder und Erwachsene auf verschiedenen Bootstypen. ✆ 02.98.67.01.12.

Wandern 15 km Wanderwege entlang der Küste. Das Tourismusbüro hat eine Broschüre mit sechs in der Regel ca. 1-stündigen Wandervorschlägen um die Halbinsel herausgegeben.

Übernachten/Essen & Trinken

Hotels **** **De Carantec**, 12 Zimmer mit Meerblick in einer stilvoller Villa in einem kleinen Park, die teureren mit Zugang zu einem halbrunden, mit Liegemöbeln ausgestatteten großen Balkon. 50 m vom Strand entfernt. Im Restaurant zaubert Patrick Jeffroy gastronomische Menüs zu astronomischen Preisen. DZ 120–236 €, die teureren mit Terrasse. Geschlossen 2. Jan. sowie Mitte Nov. bis Mitte Dez. 20 rue du Kélenn, ✆ 02.98.67.00.47, www.hoteldecarantec.com.

** **De la Baie de Morlaix**, im Ortszentrum. „Schöne Zimmer, gutes Frühstück, gute Parkmöglichkeiten und sehr nette Besitzer", bilanzierten Leser und blieben gleich eine Nacht länger. DZ 64–76 €. Ganzjährig geöffnet. 17bis, rue Albert Louppe, ✆ 02.98.67.07.64, www.hotel-baiedemorlaix.com.

B & B ⟫⟫ **Mein Tipp**: **Ti'case**, im Zentrum. Die freundliche Danielle Mugnier hält 4 Zimmer bereit, zwei in der 1. Etage und zwei in der 2. Etage, diese sehr schön ausgebaut, eines davon als Duplex. Alle Zimmer sind sehr geräumig, modern eingerichtet und verfügen über ein eigenes Bad. Gefrühstückt wird im großen Gemeinschaftsraum im Erdgeschoss. DZ 71 €, weitere Personen (max. vier im größten Zimmer) zahlen 20 € inkl. Frühstück. Geschlossen im Dez./Jan. (ausgenommen Weihnachten bis Neujahr). 9, rue du Maréchal Foch, ✆ 06.62.13.00.67, www.chambre-ticase.com. ⟪⟪

Camping ***** **Les Mouettes**, westlich des Orts in der Nähe des Grand-Grève-Strands (Kies mit Sandanteilen). Bei Flut ist der Strand praktisch verschwunden, bei Ebbe viel Schlick, dazwischen liegen die Badezeiten. Von Hecken unterteiltes, 2½-Hektar-Wiesengelände, renovierte Sanitäranlagen, warmes Spülwasser (!), Babywickelraum, Bar/Restaurant, Schwimmbecken mit Riesenrutsche und, und, und. Zur Meerseite hin ist zum Leid der Zeltler eine campingeigene Bungalowsiedlung entstanden. In der Saison voll bis auf den letzten Platz. 470 Stellplätze. Geöffnet Mitte April bis 1. Sept.-Woche. 50, route de la Grande Grève, ✆ 02.98.67.02.46, www.les-mouettes.com.

Les Hortensias, knapp 3 km außerhalb Richtung St-Pol-de-Léon, beim Dörfchen Kermen. Der einfache Bio-Bauernhof-Camping ist die familiäre, billigere und weniger durchorganisierte Alternative zu Les Mouettes, allerdings weit ab von Schuss und Meer. Verkauf eigener Agrarprodukte, warme Duschen. 25 Stellplätze. Geöffnet Mai–Sept. Kermen, ✆ 02.98.67.08.63, www.leshortensias.fr.

Wohnmobile 4 Plätze sind in Carantec ausgeschildert, teils in Meeresnähe, einer davon beim Tennisclub des 2 Baies (von Morlaix kommend: links). Jetons, damit sich die Schranke hebt, kauft man für 2 € im Office de Tourisme sowie in den Bäckereien.

Restaurants/Bars La Cambuse, an der Plage du Port, dem Restaurant Le Cabestan angeschlossene Brasserie. Gut, reichlich und günstig, wenn es auch wegen der fröhlichen Bargäste etwas laut werden kann. Große Karte mit Fisch- und Fleischgerichten, für den kleinen Hunger Moules frites. Ergebnis unseres Testessens: vorzüglicher Lachssalat, ausgezeichnete Entenbrust und auf den Punkt gebratenes Pfeffersteak. Zum Nachtisch: Profiteroles au Chocolat (warme Schokowindbeutel mit Eis gefüllt). Außerhalb der Hauptsaison Mo/Di Ruhetag. 7, rue du Port, ✆ 02.98.67.01.87.

L'Antidote, am Platz vor der Kirche. Tapas-Bar, gelegentlich Live-Konzerte und Filme. Nur abends geöffnet, an Wochenenden oft bis 4 Uhr früh. Le Bourg, ✆ 02.98.67.98.68.

Saint-Pol-de-Léon

6700 Einwohner

Die Nadelspitze der Chapelle Notre-Dame-du-Kreisker sticht zusammen mit den kürzeren Türmen der großen Kathedrale in den Himmel über St-Pol. Der weithin sichtbare Kirchturm ist mit 78 Metern Rekordhalter in der Bretagne.

St-Pol ist eine ernste Stadt, über Jahrhunderte geprägt vom bretonischen Katholizismus. Viele Besucher kommen, um die einzige französische Kathedrale aus der Spitzbogenepoche zu sehen oder um den höchsten Kirchturm der Bretagne zu besteigen. Die *Rue Général Leclerc* mit ihren vielen Kleingeschäften verbindet die beiden außergewöhnlichen Gotteshäuser der ehemaligen Bischofsstadt, in der sich noch immer das Leben um die Kirchen dreht. In jüngster Zeit haben die Stadtväter ins Ortsbild investiert: Die alten Häuser aus dem 16. bis 18. Jahrhundert, die die Straßen des kleinen Zentrums säumen, präsentieren sich größtenteils frisch herausgeputzt. Ein sinnvoller nächster Schritt wäre es, die Rue Général Leclerc als Fußgängerzone zu auszuweisen.

Die alte Landschaft Léon ist ein Teil des Goldenen Gürtels *(Ceinture dorée)*, der sich die Küste entlang nach Westen zieht und intensiv für Gemüseanbau genutzt wird: Heute dominiert der Blumenkohl – drei Viertel aller französischen Blumenkohle wachsen im Goldenen Gürtel. Die Léoner Artischocke, einst das wichtigste Gemüse der Region, hat an Bedeutung verloren, deckt aber nach wie vor neun Zehntel des französischen Artischockenmarktes ab. Zwiebeln, Kartoffeln und Karotten ergänzen das fast ganzjährige Gemüsesortiment.

Stadtgeschichte: Schon in vorgeschichtlicher Zeit lebten Menschen in und um St-Pol-de-Léon. Später legten römische Soldaten ein Lager an, das nach ihrem Abzug von einheimischen Zivilisten übernommen wurde. Die Geschichte der heutigen Stadt beginnt damit, dass der Einsiedler *St-Pol Aurélien* (→ Roscoff, Kastentext „St-Paul Aurélien") im 6. Jahrhundert von den Kirchenoberen aufgefordert wird, die Insel Batz zu verlassen und nebenan auf dem Festland eine Bischofsstelle anzutreten. St-Pol findet eine halbverlassene, in Trümmern liegende römische Siedlung vor. Tatkräftig

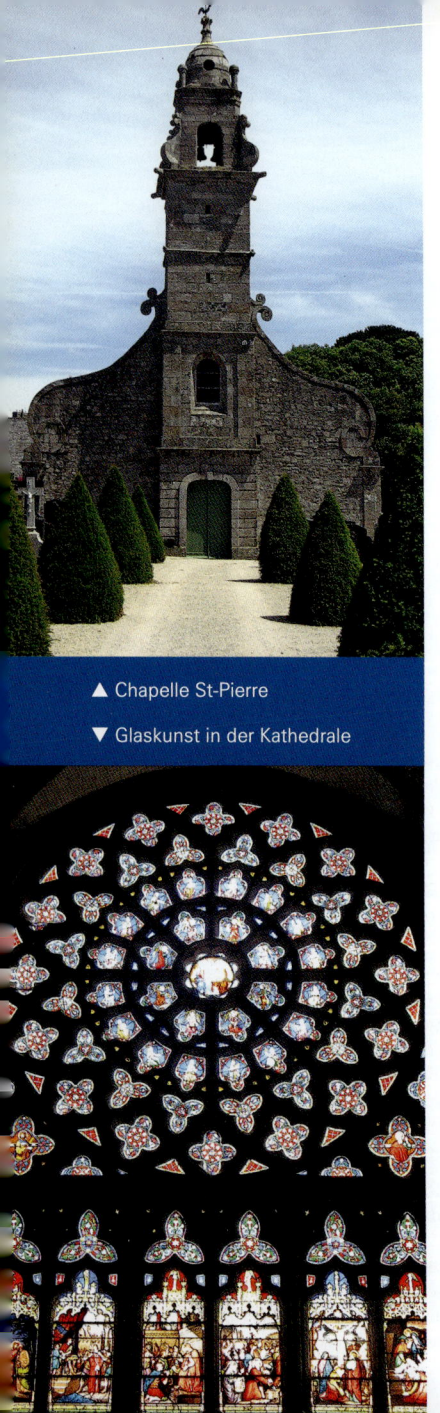

▲ Chapelle St-Pierre

▼ Glaskunst in der Kathedrale

macht der erste Bischof der Basse Bretagne aus der lethargischen Gemeinde die *Cité sainte*, die heilige Stadt, ein religiöses und auch weltliches Zentrum.

1790 wird das Bistum von der Republik aufgelöst, doch der Kirchturm kann sich gottlob als Leuchtturm bewähren; nur deshalb lassen die Republikaner die Nadel Gottes unversehrt. Nach der Revolution wird St-Pol-de-Léon zu einer bedeutungslosen Provinzstadt, die im 20. Jahrhundert als Zentrum eines gemüsereichen Agrarlands einen neuen Aufschwung erlebt.

Sehenswertes

Kathedrale: Ihre Geschichte reicht bald 800 Jahre zurück: Ein normannischer Baumeister aus Caen beginnt im Auftrag des Bischofs *Derrien* 1230 den Bau des Hauptschiffs und verwendet in diesem entlegenen Winkel der Bretagne elfenbeinfarbenen Kalkstein aus der Normandie. 1331 wird die Kathedrale geweiht, doch ist sie noch lange nicht vollendet. Bis über die Mitte des 16. Jahrhunderts hinaus wird an ihr gearbeitet, wobei im Chor, in der Apsis und den Seitenkapellen der helle Kalkstein der ungeliebten Normannenkonkurrenz durch eigenes Gestein ersetzt wird: dunkler einheimischer Granit. Bretonische Gesellen markieren 1431 die von ihnen behauenen Steine mit dem regionalen Zunftzeichen.

Schließlich entstand trotz langer Bauzeit ein wohlproportioniertes Gebäude, nicht besonders groß, nicht besonders prächtig, aber im klaren gotischen Stil: Spitzbogenarkaden und Bündelpfeiler sorgen für Eleganz, Seitenkapellen durchbrechen die Fassadenführung, zwei Türme, etwa 50 m hoch, schließen die Westseite ab. Die Vorhalle auf der Südseite ist heute der Haupteingang, auf ihrer Brüstung gab einst der Bischof der Gemeinde seinen Segen. Bis 1790 war die Basilika Bischofskirche, 1901 wurde sie den Minoriten zugeeignet.

Im Inneren offenbart sich die wahre Pracht der Kathedrale. Blaurotes Licht dringt durch die *Rosetten* im Querschiff, Glasfenster erzählen strahlend ihre frommen Geschichten. Im Dämmerschein prunken eine Fülle von Altären, Skulpturen, Bischofsgräbern, Bildern und mittendrin – vor dem Hochaltar – der größte Schmuck: das stolze *Chorgestühl* aus massivem Eichenholz (1512) mit phantastischen Schnitzereien. Sie zeigen Szenen aus dem Leben von St-Pol, Blinde, Musikanten, Paralytiker, Fratzen, Totenschädel, Mönchlein und Tiere – alles mit viel Liebe für das Detail gearbeitet. Über dem Altar aus schwarzem Marmor erhebt sich schlank das sogenannte *Kolumbarium*, ein geschnitzter Palmzweig, dessen gebogenes Ende den Hostienbehälter barg. Eine Seltenheit ist das *Wandgrab* im rechten Chorumgang: 34 beschriftete Kästchen mit Totenschädeln von Honoratioren der Stadt, die posthum vom Friedhof in die Kirche übersiedelt wurden.

Notre-Dame-du-Kreisker: Um die Entstehung der Kreisker-Kapelle rankt sich eine Legende. Eine Näherin verstieß laufend gegen das 5. Gebot, sie arbeitete auch an Sonn- und Feiertagen. Ein werkelnd verbrachter Festtag zu Ehren der Jungfrau Maria wurde ihr schließlich zum Verhängnis, eine Ganzkörperlähmung war die Strafe für ihr produktives, aber unstatthaftes Tun. Nach aufrichtiger Reue wurde sie von *St-Kireg* geheilt und stiftete der heiligen Jungfrau ihr Häuschen, das nach ihrem Willen in eine Marienkapelle umgebaut wurde, die schon bald von Händlern und Seefahrern als Andachtsstätte aufgesucht wurde.

Tatsache ist, dass die erste Kapelle 1375 von den Engländern dermaßen beschädigt wurde, dass ein Neubau nötig war. Nach Blitzschäden 1668 wurde die Kapelle so gestaltet, wie sie sich heute zeigt: Der Granitbau ist leicht geneigt, das Innere im sanften Licht der Buntglasfenster barock geschmückt. Schönstes Detail ist der Altar im rechten Seitenschiff aus dem 17. Jahrhundert.

Der *Turm*, aus der Mitte der Großkapelle aufragend, ist das große und unerreichte Vorbild für die folgenden Kirchturmgenerationen. 78 m über der Erde endet der schwerelos in die Höhe strebende Turm in einer zart durchbrochenen, filigranen Spitze, in deren luftigen Ornamenten die Sonne spielt. Der Turm kann bestiegen werden – wir weisen aber darauf hin, dass sich die 169 Stufen sehr eng hinaufwinden. Menschen ab einer bestimmten Körperfülle können nur hoffen, dass sie im Gegenverkehr auf kein Pendant stoßen. Oben auf der Brüstung völlig ungehinderter Rundblick.

Turm: In der Saison tägl. außer zu Gottesdienstzeiten. Maximal 10 Personen dürfen sich im Turm gleichzeitig aufhalten.

Kapelle St-Pierre: Sie steht auf dem Friedhof der Stadt (östlich des Zentrums), in dessen Umfassungsmauer einige kleine Beinhäuser eingebaut sind. Die ältesten Teile der Kapelle reichen ins 15. Jahrhundert zurück, doch ihre größte Sehenswürdigkeit sind die Fenster aus der Neuzeit, die biblische Geschichten erzählen – besonders prächtig im vormittäglichen Sonnenlicht.

Baden

Der *Stadtstrand Ste-Anne*, etwa 2 km vom Zentrum, breitet sich kiesdurchsetzt vor der Mole des kleinen Jachthafens und Wassersportzentrums aus. Ringsum liegen einige ebenso wenig aufregende kleinere Strände, z. B. der *Strand von Kersaliou* nördlich des Hafens, bei Ebbe immerhin ein ideales Revier für Fußfischer.

Die *Plage du Dossen*, 5 km westlich der Stadt und auf dem Gemeindegebiet von Santec, etwa 2 km lang und auch bei Flut ansehnlich breit, ist einer der besten Badestrände der Gegend und für alle Wassersportaktivitäten geeignet.

Nordküste Côte du Léon → Karte S. 264/265

Basis-Infos

Postleitzahl 29250

Information Office de Tourisme, neben der Kathedrale, am großen Platz. Nur wenige Broschüren, aber fachkundige Hilfe. April–Juni und Sept. Mo–Sa 9.30–12 und 14–17.30 Uhr. Juli/Aug. Mo–Sa 9.30–12.30 und 13.30–18.30, So 10–12.30 Uhr. Okt.–März Mo–Fr 9.30–12 und 14–17.30 Uhr. Place de l'Evêché. ℡ 02.98.69.05.69, www.saintpoldeleon.fr.

Hin und weg **Bahn**: St-Pol liegt an der Bahnlinie Morlaix–Roscoff. In jede Richtung 2-mal tägl.

Bus: St-Pol liegt an den Buslinien Roscoff–Morlaix und Roscoff–Brest. Die 5 km nach Roscoff und weiter nach Brest werden werktags bis zu 8-mal gefahren, die 20 km nach Morlaix mindestens 4-mal. Nach Carantec 5-mal tägl. Busbahnhof neben der Kathedrale.

Parken Bei der Kathedrale oder auf dem Platz hinter der Notre-Dame-du-Kreisker.

Markt Dienstag ganztägig im Stadtzentrum.

Wassersport Gleich neben dem Strand von Ste-Anne ist das Centre nautique von St-Pol-de-Léon; u. a. Verleih und Kurse für Katamaran, Surfbrett, Optimist. ℡ 02.98.69.07.09.

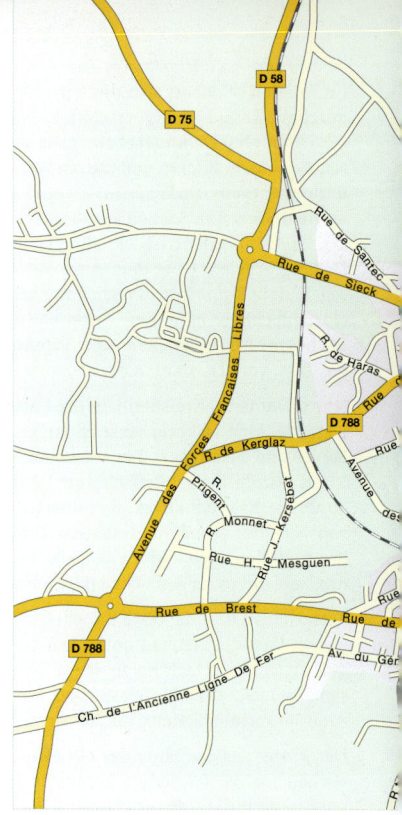

Übernachten

Hotels ** Le Passiflore **6**, an der Verlängerung der Hauptstraße nach Süden, in der Nähe des Bahnhofs. Günstiges Routiers-Restaurant (So Ruhetag). Bescheidene DZ mit Dusche/WC 58–78 €. Ganzjährig geöffnet. 28, rue Pen Ar Pont, ℡ 02.98.69.00.52, www.hotel-restaurant-lepassiflore.fr.

≫ Mein Tipp: ** Du Cheval Blanc **1**, eine sympathische Adresse in zentraler und doch ruhiger Lage, unweit der Kathedrale; unter Regie einer tatkräftigen Wirtin, die sich rundum um das Wohl ihrer Gäste kümmert, komplett renoviert. Radler finden Ratschläge und Kartenmaterial, auch um einen Fahrradverleih kümmert sich die Wirtin. Und last but not least hat das „Weiße Pferd" bei der Renovierung auch an die Behinderten gedacht und wurde dafür mit vier Labels geadelt. 19 sehr helle, schöne Zimmer, alle mit Dusche/WC. Privater Parkplatz. DZ 55–73 €, ab der zweiten Nacht billiger. Ganzjährig geöffnet. 6, rue au Lin, ℡ 02.98.69.01.00, www.hotelchevalblanc.com. ≪

** De France **5**, im Citotel-Cerband. Im weißen Gebäude mit Schieferdach stehen 21 Zimmer zur Verfügung, alle mit Bad/WC. Privater Parkplatz. DZ 60–70 € inkl. Frühstück. Geschlossen im Jan. 29, rue des Minimes, ℡ 02.98.29.14.14, www.hoteldefrance bretagne.com.

Camping **** Ar Kleguer, etwa 2 km außerhalb, am abseits gelegenen Stadtstrand von St-Pol. Schöne Lage und adrett angelegt auf der Landspitze der Halbinsel – Waldboden, Pinien zwischen Felsen und ringsum vom Atlantik umgeben. Bar, kleiner Spielplatz, beheiztes Schwimmbad, Tennis, Minigolf. 180 Stellplätze. Geöffnet

Roscoff

Plage Ste-Anne · La Manche

Rue de Roscoff
Vern Budou
Ver. Château de
Route de Kerxon

Rue P. Besquerellec
Rue E. Renan
Ch. du Paradis

Camping de Trologos
Camping Ar Kleguer

D769
R. Marche
Rue de la Plage

R. Goffic
R. de Keraret
R. Ursulines

Rue Correc

Kathédrale
Pl. du Cloitre

Rue de la Riva
Ch. de la Rive
Allée du
Rue de la Rive

Avenue de la Mer
Promenade de Lenarth

Pont Neuf
BUS
1
2
3
4
5

Kapelle Notre-Dame-du-Kreisker
Kapelle St-Pierre
Rue du Port

Centre Nautique

Carmes
d'Auvergne
Ouescat

Château de Kernevez
Allée Verte
Allée Verte

Brest
D75
De Gaulle
Bahnhof
Av. St-Roch

D769

Rue de Morlaix

Prom. du Petit Nice

Übernachten
1 Du Cheval Blanc
5 De France
6 Le Passiflore

Essen & Trinken
2 Dans la Grand'Rue
3 La Petite Brocante
4 Crêperie Kreiz Kastell

St-Pol-de-Léon
250 m

Morlaix

Ostern bis Mitte Sept. Le Vrennit, ✆ 02. 98.69.18.81, www.camping-ar-kleguer.com.

*** Trologot, beim vorgenannten gleich ums Eck, am Kiesstrand. Eigener Strandabschnitt und Bootslipanlage; flaches Heckengelände mit Blick auf die Hochseeschiffe im Hafen von Roscoff. Schwimmbad. Sanitär einem 3-Stern-Platz angemessen. 100 Stellplätze. Geöffnet Mai–Sept. Grève du Man, ✆ 02.98.69.06.26, www.camping-trologot.com.

Wohnmobile 30 Stellplätze am Hafen von Pempoul; den Service (nur Mai–Sept.) gibt's 200 m weiter nördlich.

Restaurant La Petite Brocante **3**, kleines Restaurant in einer Altstadtgasse, mit Straßenbetischung. Geschlossen Di Abend und Mi. 8, rue aux Eaux, ✆ 02. 98.19.10.95.

»»» Mein Tipp: Dans la Grand'Rue **2**, hinter dem orangenen Portal verbirgt sich ein pfiffiges Lokal. Angenehmes Design , in dem wiederum orange dominiert. Der Gast hat einen Einblick in das „Atelier de Fabrication", wo die junge Wirtin mit ihrem Team – alle im orangen Dress – die Leckereien zubereitet, die dann von ihrem Mann serviert werden: Artischocken mit Vinaigrette, Austern, Gemüsesoufflé (auf saisongerechtes Gemüse aus der Region wird Wert gelegt), mit Muscheln bedeckter Schellfisch (dazu Kanton-Reis auf Auberginenblättern) ... alles hervorragend zubereitet. Geschlossen am So, außerhalb der Saison auch Di Abend. 8, rue Général Leclerc, ✆ 02.98.19.16.24. **«**

🍃 **Crêperie** Kreiz Kastell **4**, zwei Eingänge neben Petite Brocante (s. o.). In der sehr beliebten, gemütlichen Crêperie, die auf regionale, biologische Produkte Wert legt, ist einzig die Bedienung gestresst. Crêpes und Menüs. 12, rue aux Eaux, ✆ 02.98.69.15.83. ∎

Roscoff, Einfallstor für British people

Roscoff

3500 Einwohner

Die Zwiebel sorgte für das Image der Roscovites auf der britischen Insel: Die „Zwiebeljohnnies" aus Roscoff brachten im 19. Jahrhundert ihre tränentreibenden Knollen im Direktverkauf in England unters Volk, so war die Gewinnspanne höher. Dezent erinnert die Rue des Johnnies an die alten Geschäftsverbindungen.

Die bilateralen Beziehungen leben im Rahmen der EU wieder auf. Bereits 1973 gründeten einheimische Bauern die Fährgesellschaft „Brittany Ferries", um ihr Gemüse kostengünstig nach England zu transportieren. Heute werden im gezeitenunabhängigen Handels- und Fährhafen neben den Agrarprodukten des Goldenen Gürtels hauptsächlich Angelsachsen und deren Kraftfahrzeuge umgeschlagen. Gingen früher die Zwiebeljohnnies zu den Briten, so kommen heute die Briten zu den Zwiebeljohnnies. In der Bretagne ist Roscoff neben St-Malo die einzige Anlaufstelle für Fährschiffe aus England.

Doch trotz des Rummels und der ausgeprägten touristischen Infrastruktur bewahrte der Kern der alten Hafenstadt sein Gesicht. Am Ende einer ins Meer ragenden Felsklippe suchen dunkle Häuser, trutzig zusammengeschart, Schutz gegen die Fluten des Ozeans.

Im Sommer wohnen 12.000 Menschen in und um Roscoff. Daneben sorgen England-Fähren und Insel-Batz-Tourismus für viel Laufkundschaft. Zahlreiche Bars und Verköstigungsbetriebe aller Preisklassen sowie etliche Hotels versorgen den Gästestrom. Neben einigen Granithäusern aus dem Mittelalter besitzt Roscoff mit dem Turm der Kirche *Notre-Dame de Kroaz-Batz* einen der schönsten bretonischen Kirchtürme. Weniger von touristischem, dafür von erheblichem wissenschaftlichen Interesse ist das *Meeresinstitut von Roscoff*, eines der größten Ozean-Forschungszentren Europas.

Stadtgeschichte: „Schlaf, schlaf deinen tiefen, granitenen Schlaf, du Loch der Piraten, altes Korsarennest", schrieb der bretonische Poet Tristan Corbière (1845–1875) und erinnerte damit an die wagemutige Korsaren von Roscoff, die Stadt galt als besonders gefürchtetes Piratennest. Nichtsdestoweniger landete am 13. August 1548 *Maria Stuart* im zarten Alter von fünf Jahren in Roscoff und blieb einige Tage, bevor sie sich in Morlaix mit dem französischen Thronprinzen Franz II. verlobte. Die Tage ihres Besuchs sind das wichtigste Ereignis in der Stadtchronik. Im 19. Jahrhundert – Korsaren gab es keine mehr – muss Roscoff eine düstere Stadt gewesen sein, die nur in England bekannt war: In monatelangen Verkaufstouren zogen die Roscoviter Gemüsehändler im Süden der britischen Insel herum, bis sie ihre Erzeugnisse, vor allem Zwiebeln, losgeschlagen hatten.

1899 bereitete die Erfindung der Thalassotherapie (→ Wissenswertes A bis Z, Thalasso-Therapie) einen neuen wirtschaftlichen Aufschwung vor. Die ersten Hotels wurden errichtet, und die ersten Gäste kamen zum Wohl ihrer Gesundheit. Seitdem ist die Stadt in einem steten Aufwärtstrend begriffen, der internationales Flair in die alten Mauern bringt. In Roscoff blickt man zuversichtlich in die Zukunft. Das zeigt auch die Vergrößerung des Jachthafens im Jahr 2012 – 625 Ankerplätze.

Bretonische Spitze

Sehenswertes

Kirche Notre-Dame de Kroaz-Batz: Stolze Bürgerhäuser säumen den Platz um die Kirche, lassen selbst das von Säulchen gegliederte Beinhaus mit dem steilen Dach verblassen, aber gegen den *Glockenturm* kommen sie nicht an: Er ist wie die Kirche im Übergang von der strengen Gotik zur verspielten Renaissance im 16. Jahrhundert erbaut und wird, vierfach abgestuft, von zwei Balkons und zierlichen Laternentürmchen spielerisch zu seiner Spitze getrieben. Vier Glocken schwingen, auf zwei Stockwerke verteilt, in der freien Luft.

Über dem Hauptportal verwittert das Relief eines Segelschiffs mit Kanonen, sein Pendant findet sich an der gegenüberliegenden Rückseite. Von gläubigen Korsaren in Auftrag gegeben, erzählen sie vom Zusammenspiel der Kirche mit heimatliebenden Freibeutern und stellen klar, dass der Korsarenberuf einst ein ehrbares Handwerk war.

Der größte Schatz im Inneren sind sieben *Reliefs* aus Alabaster mit Stationen

Mediterrane Pflanzenwelt am Ärmelkanal

aus dem Leben Christi (an einem Altar im rechten Seitenschiff, 15. Jh.). Besonders gut gelang dem Künstler die Himmelfahrt, die er aus dem Blickwinkel der Zurückbleibenden darstellt – nur die Füße des entschwebenden Gottessohns sind noch zu sehen.

Haus der Maria Stuart: Beim Kai in der Rue Amiral-Réveillère (Nr. 25) steht das Granithaus aus dem 16. Jahrhundert, in dem die fünfjährige Maria Stuart auf die Weiterreise nach Morlaix gewartet haben soll. Zwischen dem Haus und dem Wachtürmchen der alten Stadtmauer stand bis 1934 eine Kapelle, von der einzig der Eingang nicht abgerissen wurde. Hier erinnert eine Inschrift an die unglückliche Thronanwärterin.

Maison des Johnnies et de l'Oignon de Roscoff: Das Museum, in einem alten Bauernhaus an der Rue Brizeux untergebracht, widmet sich ganz dem einstigen Zwiebelexport auf die britische Insel. Schwerbeladene Händler aus Roscoff, Santec und St-Pol-de-Léon zogen bis 1914 zu Fuß, später mit dem Fahrrad von Plymouth bis Land's End, wo sie mit etwas Glück die letzten Zwiebeln losschlagen konnten.
Nur Führungen (1 Std.). Mitte Juni bis Mitte Sept. Mo 15 und 17 Uhr, Di, Mi, Fr, Sa 11, 15 und 17 Uhr, Do 9.30 Uhr. Mitte Sept. bis Mitte Juni Di, Do, Fr 15 Uhr. Eintritt 4 €.

Exotischer Garten: kleines, sehr reizvolles Gelände rund um einen Aussichtsfelsen an der Küste südlich des Fährhafens. Der milde Einfluss des Golfstroms lässt in und um Roscoff exotische Pflanzen und Früchte gedeihen. Hier und auf der Insel Batz wachsen die nördlichsten Feigenbäume Europas. Der älteste von ihnen (1610 von Kapuzinermönchen gepflanzt) erlaubte bis kurz vor seinem Tod Anfang der 1990er noch Ernten von bis zu 400 kg jährlich, heute zieren seine Nachkommen diverse Gärten. Insgesamt versammelt der Exotische Garten über 3500 Arten aus der südlichen Hemisphäre, die des Spaziergängers Nase verwöhnen.
März und Nov. 14–17 Uhr, geschlossen am Mi. April–Juni und Sept./Okt. tägl. 10.30–12.30 und 14–18 Uhr, geschlossen am Mi. Juli/Aug. tägl. 10–19 Uhr. Eintritt 5 €.

Baden

Rund um Roscoff sind sieben Badestrände ausgewiesen. Der Hauptstrand *Plage de Roc'h Kroum* ist 100 m lang und von Umkleidekabinen bis Schirmverleih voll ausgestattet. Die schönsten Strände sind ohne Infrastruktur und liegen in der Bucht westlich der Stadt. Ebenfalls sehr einladend ist die *Plage de Perharidy-Pouldu* westlich der Pointe de Perharidy. Bei Ebbe sind die Fußfischer zugange, dann hat sich das Meer weit von Roscoff zurückgezogen.

Schlechtwettertipp: Im beheizten *Meerwasserschwimmbad* des Thalassozentrums an der Plage de Roc'h Kroum stören weder Wind noch Regen.

St-Pol Aurélien

Der heilige Pol oder Paul, einer der Gründungsheiligen der Bretagne, erhielt den Beinamen Aurélien, um Verwechslungen auszuschließen. Er lebte bis zum Jahr 530 mit zwölf Gefährten in Wales als Kaplan des legendären Königs Tintagel, doch diese Tätigkeit füllte ihn nicht aus – er wollte für Gott neue Seelen gewinnen. Er kündigte seine Stelle und landete auf der Insel Ouessant, wo seine missionarischen Bemühungen bei den Inselheiden auf unfruchtbaren Boden fielen. Auf Batz, seiner nächsten Station, fand Pol günstigere Bedingungen vor und machte durch Wunderheilungen bald von sich reden. Spätestens nach einer Drachendressur war er eine Berühmtheit, die Leute erzählen die Geschichte so:

Ein stets hungriger, fleischfressender Drache tyrannisierte die Inselbewohner, und der Häuptling beauftragte den Kirchenmann mit der Entfernung des Untiers. Pol zog los. Als er dem Monster gegenübertrat, kämpfte er nicht, sondern schlang seine Stola um den Drachenhals, führte seinen willenlosen Gefangenen an den Inselrand, der Drache sprang auf Zuruf ins Meer und ward nicht mehr gesehen.

P. S. Die Stola des heiligen Pol ist in der Dorfkirche zu bewundern. Angemerkt sei, dass der Stoff eine morgenländische Arbeit aus dem 12. Jahrhundert ist und Pol im 6. Jahrhundert lebte – ein weiteres Wunder.

Basis-Infos

Postleitzahl 29680

Information Office de Tourisme, gleich hinter dem Kai. Auskünfte, Reservierungen, Buchungen, wechselnde Ausstellungen zu landeskundlichen Themen; ein Faltblatt schlägt diverse Stadtspaziergänge vor. Internet-Anschluss. Juli/Aug. Mo–Sa 9.15–12.30/13.30–19, So 10–12.30/14.30–17.30 Uhr. Sept.–Juni Mo–Sa 9.15–12 und 14–18 Uhr. Quai d'Auxerre, ✆ 02.98.61.12.13, www.roscoff-tourisme.com.

Hin und weg Bahn: Wegen der England-fähre wurden die Gleise bis nach Roscoff verlegt; Stichbahnhof im Süden des Zentrums. Über St-Pol-de-Léon nach Morlaix. Dort muss stets umgestiegen werden, egal, ob die Reise Richtung Brest oder Richtung Paris weitergeht.

Bus: Busbahnhof beim Bahnhof. Busse immer über St-Pol-de-Léon Richtung Brest (werktags bis zu 8-mal) oder nach Morlaix (tägl. mind. 4-mal).

Fähre zur Insel Batz: Die Boote der Vedettes Armor legen bei Flut direkt an der ehemaligen Criée ab, bei Ebbe muss man den 1 km langen Steg (L'Estacade) ablaufen. Zeiten und Preise → Insel Batz.

Fähre nach England: Start am modernen Fährhafen Gare Maritime de Bloscon, einem gezeitenunabhängigen Tiefwasserhafen etwa 2 km östlich der alten Stadt. Mit Brittany Ferries nach Cork/Irland oder in 6 Std. nach Plymouth/England – die kürzeste und frequentierteste Strecke. Ebenfalls im Geschäft sind Irish Ferries, die die Strecke Roscoff–Rosslare/Irland bedienen.

Parken Am zentralsten auf den (im Sommer gebührenpflichtigen) Stellplätzen am Kaï vor dem Fischer- und Jachthafen.

Bootsausflug Am Kai des Fischer- und Jachthafens unmittelbar vor der Stadt legen die Vergnügungsboote verschiedener Veranstalter ab. Zum Angebot in der Saison gehören Ausflüge in die **Bucht von Morlaix** mit den Vogelinseln (Dauer 2½ Std.), eine Fahrt zum **Château Taureau** oder eine **Rundfahrt um die Insel Batz**. Auskunft und Buchung im Tourismusbüro.

Criée Die neue Criée am Fährhafen von Bloscon hat eine spezielle Balustrade für Besucher. Eine Ausstellung mit Videofilm erklärt die Criée auf anschauliche Weise,

durch das Fenster sieht man den Fischern bei der Arbeit zu. 75 Min.-Führungen Mai/Juni und Sept./Okt. Di um 15.30 Uhr. Juli/Aug. Mo–Do 11, 15, 17 Uhr. Eintritt 4 €.

Einkaufen Wer wissen will, was aus Algen alles hergestellt wird, kann zu Geschäftsöffnungszeiten den Laden **Comptoir des Algues** (am Fuß des Leuchtturms, neben dem Office de Tourisme) besuchen. Neben einer Dokumentation auch Verkauf von Produkten (Kosmetika). Quai d'Auxerre.

Markt Gut frequentierter Wochenmarkt am Mittwochvormittag am Quai d'Auxerre.

Pardon Am 3. Julimontag zu Ehren von Ste-Barbe.

Veranstaltungen Der Veranstaltungskalender von Roscoff ist – zumindest in der Hauptsaison – bunt, den Rest des Jahres über ist eher tote Hose. Zu den Highlights im Sommer zählen Openair-Konzerte, Kinderfeste und Feuerwerk. Ein Anklang an die Vergangenheit der Stadt ist das Zwiebelfest **Fête de l'oignon rose** im August. Infos im Office de Tourisme.

Wassersport Centre nautique am Fischer- und Jachthafen, diverse Kurse für Kinder, Erwachsene und Familien. Quay d'Auxerre, ✆ 02.98.69.72.79.

⌒ Übernachten/Essen & Trinken

An Hotels mangelt es in Roscoff nicht. Die Auswahl ist groß, vor allem in der Mittelklasse.

Hotels **** Le Brittany 🔟, das schlossähnliche Hotel (Mitglied von Relais et Châteaux), direkt am Meer, ist Roscoffs gediegenste Übernachtungsadresse. 23 ansprechende Zimmer, teils mit Meerblick, sanitär sehr gut ausgestattet. Eigenes Schwimmbad. Im hoteleigenen Restaurant „Le Yachtman" Menüs der oberen Preisklasse. DZ 120–295 € je nach Lage, Größe und Saison. Noch teurer sind die Suiten und Appartements. Geöffnet Mitte März–Nov. Boulevard Ste-Barbe, ✆ 02.98.69.70.78, www.hotel-brittany.com.

**** Le Temps de Vivre 1️⃣, die todschicke Alternative zum vorgenannten. Wo früher ein Restaurant gleichen Namens war, hat der neue Besitzer die Arme hoch- und alles umgekrempelt. Um einen Innenhof gruppieren sich 15 dezente, modern eingerichtete Zimmer, teils Suiten, teils mit Meerblick. Das Hotel verleiht an seine Gäste auch Fahrräder. DZ 110–250 € je nach Ausstattung und Zimmerlage, teurer sind die Suiten. Ganzjährig geöffnet. 19, place Laca ze Duthiers, ✆ 02.98.19.33.19, www.letemps devivre.net.

*** Aux Tamaris 6️⃣, 25 geschmackvoll eingerichtete Zimmer mit komfortabler Sanitärausstattung, teils mit Blick bis zur Insel Batz. DZ 65–115 €. Reservierung dringend empfohlen. Geschlossen in der 1. Januarhälfte. 49, rue Edouard Corbière, ✆ 02. 98.61.22.99, www.hotel-aux-tamaris.com.

*** Armen le Triton 8️⃣, gutbürgerliches Garni-Hotel in einem ruhigen Viertel, etwa 100 m zum Meer. Schöne Gartenanlage, 44 Zimmer mit Dusche oder Bad/WC. DZ 55–99 €. Ganzjährig geöffnet. Rue du Dr Bagot, ✆ 02.98.61.24.44, www.hotel-letriton.com.

On map legend:

Übernachten
1 Le Temps de Vivre
3 Les Arcades
6 Aux Tamaris
7 Chez Janie
8 Armen le Triton
9 Le Brittany

Essen & Trinken
2 La Moule au Pot
4 Brasserie Auberge du Quai
5 Crêperie La Chandeleur
10 Le Brise Lames

Roscoff

*** **Chez Janie** , direkt am Hafen. Das Haus ist klein, teilweise auch die 16 komfortabel ausgestatteten Zimmer – in der obersten Etage sind sie abgeschrägt. Angenehme Terrassenbar zum Hafen hin. DZ je nach Lage und Saison ab 60 €. Geöffnet Mitte Febr. bis Mitte Nov. Le Port, ℰ 02.98.61.24.25, www.chezjanie.fr.

** **Les Arcades** , seit 1911 von derselben Familie geführtes Haus in der Nähe des Hafens. 20 gut ausgestattete Zimmer in einem schönen efeuumrankten Gebäude mit Arkaden. Auch 3-Bett-Zimmer und Lösungen für Familien (2 Zimmer mit Verbindungstür). Teils Blick auf die abfahrenden/ankommenden Fährschiffe. Mit Panoramarestaurant, das etwas zu flott die Rechnung präsentiert, wie ein Leser beklagt. DZ je Ausstattung und Zimmerlage 50–78 €. Geöffnet Mitte Febr. bis Mitte Nov. 15, rue Amiral Réveillère, ℰ 02.98.69.70.45, www.hotel-les-arcades-roscoff.com.

Camping ** Aux Quatre Saisons, 2,5 km westlich von Roscoff, vor der Pointe de Perharidy. Recht gut eingerichtetes Stützpunktcamp, doch am Ende der Saison ist die große Wiese völlig abgewirtschaftet. 200 Stellplätze und 17 gut ausgestattete 4-Personen-Bungalows. Geöffnet Mai–Sept. ℰ 02.98.69.70.86, www.camping-aux4 saisons.com.

Wohnmobile Aire du Laber, 2 km außerhalb, Richtung Santec. Stellplatz mit Picknicktischen an der Küste. Service gegen Gebühr beim Camping Aux Quatre Saisons (s. o.).

Restaurants Auberge du Quai , preiswerte Brasserie mit Land- und Meeresküche. Sehr lebhaft, doch die Kellner verlieren die Nerven nie: freundliche und zuvorkommende Bedienung. Geschlossen im Jan. 33, rue Amiral Réveillère, ℰ 02.98.69.72.90.

La Moule au Pot , hinter der Kirche – der Muschelspezialist von Roscoff. „Liebevolle Einrichtung, alles so zusammengesammelt; es gibt einen schönen kleinen Garten, und es schmeckt." (Leserbrief) Geöffnet April–Okt. 13, rue Edouard Corbière, ℰ 02.98.19.33.60.

Crêperies La Chandeleur , preiswertere Alternative in Hafennähe. Kein berauschendes Interieur, dafür gute Crêpes. Mo Ruhetag. 34 rue Amiral Réveillère, ℰ 02.98.69.70.23.

Le Brise Lames , angenehmes kleines Lokal mit Blick auf den Hafen. Falls Sie eine Crêpe mit Zwiebeln wünschen, so verspricht die Karte, dass Roscoffer Zwiebeln verwendet werden. Quai d'Auxerre, ℰ 02.98.19.31.49.

Ile de Batz

500 Einwohner

Ein flacher, 305 Hektar großer Felsrücken unweit des Festlands, 3,5 km lang und 1,5 km breit. Die einzige frucht- und bewohnbare Insel des riffdurchpflügten Ozeans vor Roscoff ist im Winter völlig abgeschieden, im Sommer ist die Ile de Batz ein vielbesuchtes Ziel im nördlichen Finistère.

Noch heute herrscht auf der Insel die traditionelle Arbeitsteilung der Geschlechter: Gemüseanbau und Tangsammeln ist Frauenarbeit, Schifffahrt und Ackerbau eine Domäne der Männer. Die Touristen, ob männlich oder weiblich, besichtigen die Ruinen der romanischen *Chapelle St-Anne*, stehen am Schlangenloch *(Toul al Serpent)*, wo St-Pol den Drachen ins Meer schickte (→ Kastentext „St-Pol Aurélien"), oder besuchen den *Leuchtturm*. Andere lassen es sich einfach bei Spaziergängen und Radtouren gutgehen oder baden in einer der vielen Buchten. Der schönste Strand, die *Grève Blanche*, liegt im Nordosten hinter den Häusern von Porz Melloc. Im Süden kann das Baden wegen den Strömungen gefährlich werden.

Jardin exotique Georges Delaselle: Wie Roscoff profitiert auch die Ile de Batz vom Klima des Golfstroms, der hier im nördlichen Finistère südländische Pflanzen aller Art zum Blühen bringt. Liebhaber exotischer Gärten machen sich auf ins Gartenparadies Georges Delaselle im Osten der Insel.
April–Nov. tägl. 11–18 Uhr. Eintritt 5 €.

Postleitzahl 29253

Information Office de Tourisme in Le Bourg. Mitte April–Juni sowie letzte Aug.-Woche bis Sept. Mo und Sa 10–12.30, Di, Do, Fr 9–12.30 und 14–16, Mi 9.30–12.30 und 14–15.45 Uhr. Juli bis vorletzte Aug.-Woche Mo–Sa 9.15–12.30 und 13.30–16.45 Uhr. Okt. bis Mitte April Mo, Di, Do 9–12 und 13.30–16.30, Mi 9–12 und 13.30–15.45, Fr 9–12 Uhr. Eine Infotafel an der Anlegestelle dient der ersten Orientierung. ☎ 02.98.61.75.70, www.iledebatz.com.

Fährverbindung mit Roscoff April–Juni und Sept. bis Mitte Okt. tägl. 10-mal. Juli/

Zwischen Riffen zur Ile de Batz

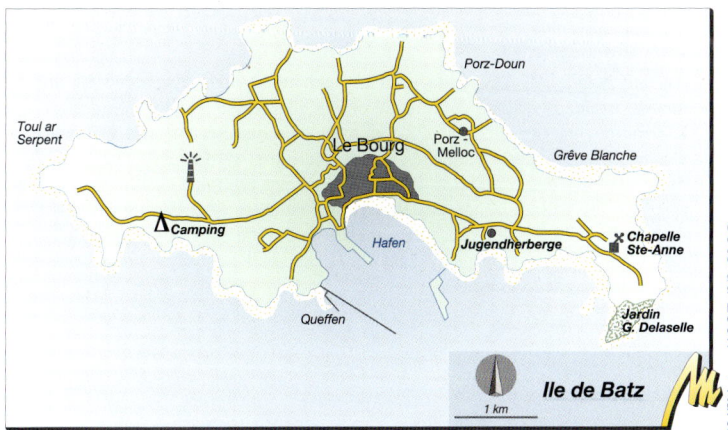

Aug. alle 30 Min. (letzte Rückfahrt nach Roscoff 19.30 Uhr). Mitte Okt.–März. tägl. bis zu 8-mal. Dauer der Überfahrt ca. 15 Min., hin/zurück 8,50 €, Kind 4–11 J. 4,50 €, Fahrrad 8,50 €. Bei Ebbe rechtzeitig losgehen: Man geht lang auf dem Steg, und die Schiffe fahren pünktlich! ☎ 02.98.61.78.87.

Fahrradverleih In der Hauptsaison mehrere Verleiher an der Anlegestelle. Ganzjährig bei **Roulez Jeunesse**, neben der Kirche von Le Bourg, ☎ 02.98.61.76.91.

Hotel ** Les Herbes Folles, an der Anlegestelle. Ein neuer Besitzer hat das frühere „Roch ar Mor" einer Renovierung unterzogen, von der das große Restaurant (zu Essenszeiten im Sommer schnell ausgelastet) wie auch die 10 Zimmer profitierten. DZ ca. 60–105 €. Ganzjährig geöffnet. Le Débarcadère, ☎ 02.98.61.78.28, www. hotel-iledebatz.com.

Jugendherberge 10 Min. von der Anlegestelle. 50 Schlafplätze auf zwei Häuser verteilt. Speisesaal, in dem man Mitgebrachtes verspeisen kann, Service auf Vorbestellung. Bettlaken werden verliehen, Iglus auf dem Terrain geduldet. Übernachtung 17,50 €/ Pers. Geöffnet April–Sept. Creac'h Bolloc'h, ☎ 02.98.61.77.69, www.aj-iledebatz.org.

Camping Die Gemeinde hat ein kleines Gelände zur Verfügung gestellt – neben dem Hauptort direkt am Strand. Einfach, aber bevorzugte Lage. Zur bescheidenen Grundausstattung gehört eine Steckdose. Die Formalitäten (z. B. Anmeldung oder Bezahlen) werden im Rathaus abgewickelt. Geöffnet Mitte Juni bis Mitte Sept. ☎ 02. 98.61.77.76.

Essen Die meisten Verköstigungsbetriebe der Insel sind nur in der Hauptsaison geöffnet. Neben dem Hotel-Restaurant stehen einige Crêperien zur Verfügung.

Côte des Légendes

Auch in der Hochsaison hält sich an der Küste der Legenden der Touristenansturm in Grenzen. *Plouescat*, *Brignogan* und *Plouguerneau* sind die einzigen drei Gemeinden, die sich auf viele Gäste eingestellt haben, und das aus zwei Gründen: Sie haben ortsnahe Strände und sind ideale Standorte für Ausflüge in den Westen zur Aber-Küste oder ins südliche Hinterland zu den Schlössern im Léon, nach *Le Folgoët* mit seiner Wallfahrtskirche oder in die Großstadt *Brest*. Aber große Zentren sind diese Badeorte nicht geworden, kein Hauch von internationalem Flair – hier zählt eher die Natur.

Côte des Légendes

An der „Küste der Legenden" gibt es auch nicht mehr Legenden als anderswo in der Bretagne, doch ein Problem aller küstennahen Fremdenverkehrsämter machte auch den PR-Experten zwischen Roscoff und Plouguerneau zu schaffen: „Wie nenne ich meine Küste griffig?" Ein erstes Brainstorming-Ergebnis der Marketing-Poeten: „Küste der Heiden" – schließlich waren hier die britannischen Missionare auf solchen Widerstand gestoßen, dass sie ihren Tod riskierten. Aber was würde der Pfarrer dazu sagen? Weiteres Brüten. Dann die Lösung: Küste der Legenden. Klingt nicht schlecht und politisch korrekt ist es auch.

Plouescat   3600 Einwohner

Plouescat liegt drei Kilometer im Landesinneren und ist die rege Marktgemeinde eines größeren ländlichen Einzugsgebiets. Im Sommer schauen die Badetouristen im Städtchen vorbei, um den Eisschrank ihres Feriendomizils zu füllen oder ganz einfach, um ein Café aufzusuchen.

Die alte *Markthalle* aus dem 16. Jahrhundert gegenüber der Kirche ist das Schmuckstück von Plouescat: Tief zieht sich das schwarze Schieferdach über die an den Seiten offene Halle fast bis zum Boden, gestützt auf ein ausgeklügeltes Balkenwerk aus Eichenholz.

Baden: Die besten Strände liegen einige Kilometer außerhalb des Orts im Norden und im Westen: Von der *Plage de Poul Fouen* und dem Kleinstrand *Cam Louis* gelangt man zu den langen Sandstränden von *Pors Guen* und *Pors Meur*, vor denen sich das Meer bei Ebbe weit zurückzieht. Bei Ebbe können Sie die vorgelagerte *Insel Sieck* zu Fuß erreichen. Weniger geeignet zum Baden ist die geschützte *Bucht von Kernic* – zu seicht.

Noch heute ein Dach für den Gemüseverkauf: Markthalle aus dem 16. Jahrhundert

Basis-Infos

Postleitzahl 29430

Information Office de Tourisme in einem Neubau im Ortszentrum. Juli/Aug. Mo–Sa 9–18.45, So 10–14 Uhr. Sept.–Juni Mo–Sa 9.15–12.30 und 13.30–17 Uhr. 5, rue des Halles. ✆ 02.98.69.62.18, www.roscoff-tourisme.com.

Hin und weg Bus: Plouescat liegt an der Linie Brest–Roscoff; werktags 8-mal, sonntags 2-mal in beide Richtungen.

Parken Großer Gratisparkplatz südlich des Zentrums an der Place Wanfried, deren Name an Plouescats nordhessische Partnerstadt erinnert.

Einkaufen Plouescat ist Einkaufszentrum eines größeren Umlands; neben vielen Kleinläden der diversen Sparten haben sich auch Supermärkte angesiedelt.

Fahrradverleih Cycles Le Duff, 34, rue de Brest, ✆ 02.98.69.88.73.

Markt Samstagvormittag

Wassersport Segeln, Surfen, Kajak, Strandsurfen – an allen Stränden Plouescats wird geschult und verliehen; Segel-Wochenkurse, Einzelséancen etc.

Centre nautique, Kurse in Segeln und Surfen. Port de Pors Guen, ✆ 02.98.69.63.25.

Char à voile, der Spezialist für Strandsegeln (Rollen auf dem festen Sand). Baie de Kernic, ✆ 02.98.69.82.86.

Point Passion Plage, Vermietung aller möglichen Strand- und Wassergeräte. Plage de Pors Meur, ✆ 06.61.65.60.15.

Übernachten/Essen & Trinken

Hotels/Restaurant *** Cap Ouest, 2010 errichteter großer Flachbau an der Kernic-Bucht (die zum Baden nicht geeignet ist). Ein Kongresszentrum ist angeschlossen, und wenn die Kongressteilnehmer vom Sitzen müde sind: ab zur Massage in die Spa-Abteilung, in die Sauna oder ins geheizte Schwimmbad. Alles sehr gepflegt, schick, aber doch etwas nüchtern. DZ 80–120 €, teurer sind die Suiten. Ganzjährig geöffnet. Route de Brest–Pont Christ, ✆ 02.98.19.19.19, www.hotelcapouest.fr

Roc'h Ar Mor, 6-Zimmer-Hotel am Pors-Meur-Strand. „Putzig und originell", schreibt ein Leser, der nebenbei auch auf das ausgezeichnete Restaurant (außerhalb der Hauptsaison Mo/Di geschlossen) hinweist. Letzteres ist nicht nur eine Empfehlung wert, sondern auch eine Reservierung. Man riskiert sonst, keinen Platz mehr zu bekommen. Das Lokal hat eine über 60-jährige Familientradition und ist äußerst beliebt. Das Lamm mit der Thymian-Kruste überzeugte uns ebenso wie der Fisch, einfach hervorragend – den Sonnenuntergang gibt's gratis dazu. Die Zimmer sind bescheiden, einige mit Dusche, alle mit WC auf Etage. DZ je nach sanitärer Ausstattung 36–38 €. Geöffnet April–Nov. 18, rue Ar Mor, ✆ 02.98.69.63.01, www.rocharmor.com

Camping ** La Baie du Kernic, auf einem Dünengelände der Landzunge in der Nähe des Pors-Meur-Strands. Reizvolle Lage, viel Sand, Felstorsos, bei Ebbe kaum Wasser zum Baden. Renovierte Infrastruktur, Swimmingpool. 200 Stellplätze. Geöffnet Mitte April bis letzte Woche im Sept. Rur du Pen an Théven, ✆ 02.98.69.86.60, www.tohapi.fr/bretagne/camping-mer-baie-hernic.php.

** Keremma, 8 km von Plouescat an der Straße nach Lesneven, Abzweig bei der Maison des Dunes. Großer, sympathischer Platz mit 200 Stellplätzen im Naturschutzgebiet an der Plage de Keremma. Bewachsenes Dünengelände, Schatten, z.T. lauschige Plätze. Für zwei Sterne gut ausgerüstet: mehrere Sanitärblocks, Waschmaschine, Bar mit Zeitungsverkauf. Geöffnet Mitte Juni bis Mitte Sept. ✆ 02.98.61.62.79, www.campingdekeremma.fr.

* Poulfoën, nördlich von Plouescat am Strand von Poulfoën (Anfahrt ausgeschildert). simpler Platz in kommunaler Regie, knapp 90 Stellplätze. Geöffnet Mitte Juni bis Mitte Sept. Poulfoën ✆ 02.98.69.81.80 oder ✆ 02.98.69.62.18, www.camping-ploescat.fr.

Wohnmobile Stellplatz mit Komplettservice für 4 Womos auf dem **Parkplatz La Rocade** im Westen von Plouescat beim Intermarché-Supermarkt (Straße nach Lesneven). Möglichkeit in der Natur: **Camping Keremma**, dort ebenfalls kompletter Service.

Nordküste Côte du Léon → Karte S. 264/265

Umgebung von Plouescat

Menhire: Um Plouescat stehen etliche Zeugnisse der Megalithkultur. Die diversen Menhire und Überreste von Langgräbern dürften nur für Spezialisten interessant sein – meist sind sie klein, beschädigt und verfallen. Interessierte erhalten beim Office de Tourisme eine Skizze der Umgebung, auf der einige Megalithen eingetragen sind. Der größte, der *Menhir von Kergouarat*, steht 7 Meter hoch auf einem Feld einige hundert Meter vor der Küstenzeile von Pors Guen. Zwei verfallene, unscheinbare *Langgräber* liegen am Strand von Pors Meur.

Maison des Dunes/Dunes de Keremma: Das Dünenhaus an der D 10 kurz vor Tréflez ist ein guter Ausgangspunkt für einen Spaziergang über die zart bewachsenen Dünen von Keremma. Höhepunkt des Ausflugs ist ein Bilderbuchstrand, der auch bei Ebbe noch zum Bad einlädt. In der *Maison des Dunes* informiert eine kleine Ausstellung über die fragile Welt der Dünenlandschaft, die hier unter Naturschutz steht.
Juli/Aug. Mo–Fr 10–18 Uhr. Sept.–Juni Mo–Fr 9–12 und 14–17.30 Uhr. Gratis.

Château de Kerjean: Erker, Türmchen, Kolonnaden und weiße Fensterrahmen im düstergrauen Granit gestalten die Fassade der robust-verspielten Behausung eines bretonischen Landadeligen, die inmitten eines weitflächigen, grasgrünen Parks gelegen ist. Um 1550 zeigte Louis Barbier, Neffe des Abtes von St-Mathieu und Erbe des Anwesens, was gehobene Wohnkultur ist. Das einstige „Versailles von Léon" war bis 1710 das bekannteste Renaissance-Château des Regierungsbezirks Léon. Dann brannte es ab, wurde geplündert und später – bis auf den rechten Seitenflügel – originalgetreu wieder aufgebaut. In einem Teil des Inneren ist ein kleines, auf Möbel spezialisiertes *Heimatmuseum* untergebracht. Die Kapelle ist ebenso zu besichtigen wie das Zimmer, in dem *Françoise*

In den Dünen von Keremma

Barbier vier aufdringliche Italiener aufbewahrte (→ Kastentext „Eine halberotische Wette").

Anfahrt: Von Plouescat auf der D 30 nach Süden, nach ca. 11 km links ausgeschildert. März und Nov./Dez. So 14–17 Uhr. April–Juni und Sept. 14–18 Uhr, geschlossen am Di. Juli/Aug. tägl. 10–18.30 Uhr. Okt. 14–17.30 Uhr, geschlossen am Di. Eintritt 6,50 €.

Eine halberotische Wette

Die Geschichte beginnt in Italien. René Barbier, Herr von Kerjean, weilte in Florenz bei Maria von Medici und musste das unsittliche Treiben der dortigen guten Gesellschaft mitansehen, wo es in buntem Reigen so ziemlich jede mit jedem trieb. Nur Monsieur wollte nicht mittanzen. Seine Ehe mit der wunderschönen Françoise, so erzählte er leicht angewidert den florentinischen Schürzenjägern, sei eine monogame Gemeinschaft, rein im Sinne der Moral und des Glaubens.

Mit seiner Geschichte erntete er bei Hof nur Gelächter, die leichtlebigen Italiener glaubten ihm kein Wort, und der erboste Bretone ging mit vier Hofschranzen eine törichte Wette ein: Diese wollten nach Kerjean reisen, seine Gattin verführen und als Beweis einige intime Gegenstände zurückbringen. Topp, die Wette galt. Übermütig gab ihnen der siegessichere Bretone sogar noch jede Menge Tipps mit, und die vier erfolgsgewohnten Aufreißer machten sich auf den Weg in die Bretagne. Und kehrten nicht zurück.

René Barbier wartete und wartete auf die Rückkehr seiner römischen Wettpartner, war täglich etwas besorgter und schließlich so von Zweifeln und Eifersucht geplagt, dass er nach Hause fuhr – wo er eine gutgelaunte Françoise vorfand, die ihm mit den Worten „René! Endlich!" freudig in die Arme fiel.

Auch die vier Höflinge waren da. Eingesperrt, vertrieben sie sich mit Weiberarbeit die Zeit: Die Schlossherrin war hinter das üble Spiel gekommen und hatte die Edelleute dazu verdonnert, so lange Tuch für sie zu weben, bis ihr Gemahl wieder zurück war und sich mit eigenen Augen von ihrer sexuellen Standhaftigkeit überzeugen konnte.

Brignogan-Plage

800 Einwohner

Der alte Fischerort hat seit Aufkommen des Badetourismus in seinem Umkreis kräftig expandiert. Wirr in die bizarre Fels- und Heidelandschaft hineingesetzt, klecksen Häuschen ihr leuchtendes Weiß in das Grau und Grün einer kaum kultivierten Wildnis.

Das Zentrum von Brignogan mit dem Dreigestirn Rathaus, Bar und Kirche verblasst vor der beeindruckenden Küstenlandschaft: Riesige Felsklötze, versprengt oder sich zusammentürmend, mischen sich in die zarte Welt der Pflanzen. Der Untergang des Sonnenballs hinter den Felsbänken der Plage du Phare ist ein Erlebnis für sich.

Sehenswertes/Spaziergang

Men Marz: Der schlanke, über 8 Meter hohe Menhir steht im Westen des Orts, bei einem Haus an der Straße vom Ortszentrum zur Plage du Phare. An seiner Spitze wurde das Kreuz der Christen herausgemeißelt, um die heidnischen Geister für immer zu bannen.

Pointe de Pontusval: Das Ensemble aus Leuchtturm, Fels und Meer hat auf bretonischen Farbprospekten einen festen Platz. Mit Recht, die Pointe, etwa 2 km nordwestlich des Zentrums (ausgeschildert), ist ein exquisiter Aussichtspunkt, besonders bei Sonnenuntergang.

Baden

Brignogan-Plage bietet etliche gute Bademöglichkeiten. Etwa zehn Strände säumen das Gebiet, einige mit kinderfreundlichem Zugang und seichter Brandung, andere wildromantisch. Der Sand vermischt sich oft mit Kies. Eine Auswahl:

Plage des Crapauds: Der Strand hinter dem Camping Côte des Légendes ist der größte des Orts und sehr beliebt: Rettungsstation, Kinderclub, gut ausgerüsteter Club Nautique. 300 m lang und bei Flut 10 m breit.

Plage du Petit Nice: Der Klein-Nizza-Strand in seiner ruhigen Bucht ist ebenfalls gut besucht und erlaubt Kindern den Zugang ins Wasser. 150 m gelber Sand, bei Flut noch 15 m breit.

Plage du Phare/Plage des Chardons Bleus: Ein langer Dünenstrand im Nordwesten von Brignogan-Plage. Ein etwas heruntergekommenes ehemaliges Grand-Hotel der Gründerzeit und eine Kapelle mit kleinem Leuchtturm bereichern architektonisch das Granitgewirr der *Plage des Chardons Bleus.* In der Hauptsaison Bar mit Snacks, Drinks und „Bière allemande de luxe"; vor den Riffs träumen Segelschiffe im seichten Wasser. Hier ist die Brandung oft nicht mehr so zahm wie an den anderen Ortstränden. Allwettertipp: Strandspaziergang.

Warten auf die Flut

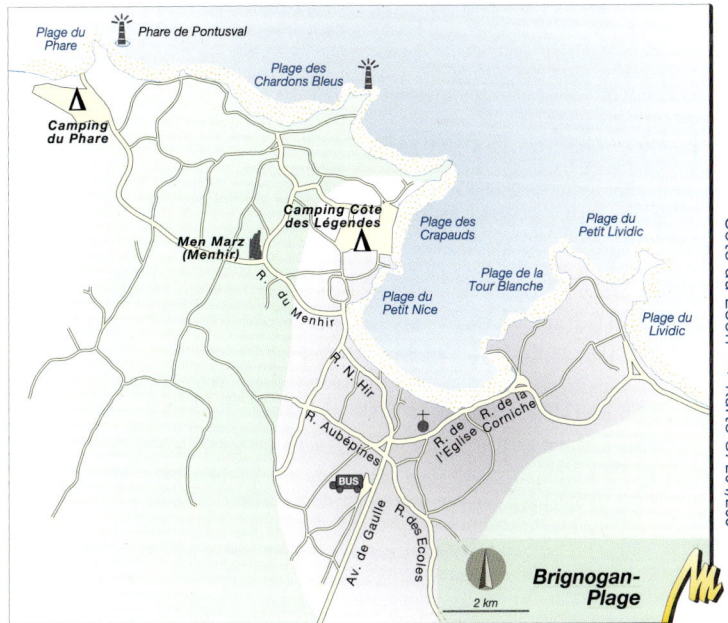

Basis-Infos

Postleitzahl 29890

Hin und weg Bus: im Sommer werktags 5-mal, So 3-mal nach Landerneau und Brest.

Markt Im Sommer am Freitagvormittag.

Wassersport Centre Nautique Brignogan, an der Plage des Crapauds; u. a. Segel- und Surfschule (auch Hochseesegelkurse), Optimisten, Katamarane, Kajaks, Fischen. ✆ 02.98.83.44.76.

Aqua drive, beim Centre Nautique, Tauchkurse und -ausflüge, ✆ 02.98.85.83.53.

Übernachten

B & B La Terre du Pont, 200 m von der Plage des Chardons Bleus entfernt. Kleines Gehöft aus dem 15. Jh. mit Strohdachhäusern, alles sehr umsichtig renoviert. Entstanden sind 2 Gîtes, eines für 2 Pers., das andere für 4 Pers., die beide auch tageweise vermietet werden, sowie ein Doppelzimmer. Die sehr gepflegte Anlage verrät die Liebe der Besitzerin zur Gartenkunst: viel Blumen, große Wiese mit Liegestühlen, schöner Swimmingpool. Vor dem Stammhaus eine wunderbare Terrasse, eingerahmt von Nebenhäusern und Blumen. Im gemeinsamen Aufenthaltsraum Computer und Eisschrank. DZ 120 €. Geöffnet April–Okt. La Terre du Pont, ✆ 02.98.83.58.49, www.terredupont.com.

Camping Mehrere Plätze um den Ort. Die beiden besten am Meer:

*** Côte des Légendes (Keravezan), die Straße trennt den Platz an der Plage des Crapauds in zwei ungleiche Teile. Schattenlos, mit einfachen Sanitärblocks. Das kleinere Areal unmittelbar hinter dem Strand ist das begehrtere Stück mit Dünencharakter und zuerst belegt; die Plätze auf einer größeren Freifläche gegenüber der Straße neben dem Sportplatz sind rein funktional. 140 Stellplätze. Geöffnet Ostern bis Okt. ✆ 02.98.83.41.65, www.campingcotedeslegen des.com.

** Du Phare, gleich hinter dem gleichnamigen Strand in schöner Lage. Hohe Hecken gliedern das weitgehend naturbelassene Gelände, das auch in der Hauptsaison nur selten überlaufen ist. Freundlicher Betreiber, Grundnahrungsmittelverkauf, ordentliche sanitäre Anlagen, Waschmaschine. Minigolf. Knapp 150 Stellplätze. Geöffnet April bis Mitte Sept., danach u. U. eingeschränkter Betrieb. Route du Phare, ✆ 02.98.83.45.06, www.camping-du-phare.com.

Wohnmobile Komplettservice auf dem Camping Côte des Légendes (s. o.).

Le Folgoët

3200 Einwohner

Ein Verrückter, ein Ave-Maria und eine Lilie: Aus diesen Zutaten werden hier Legenden gemacht, deren Anziehungskraft bis heute ungebrochen ist. Pünktlich am ersten Sonntag im September pilgern Scharen von Katholiken zum Pardon zu Ehren Salaüns, des heiligen Narren.

Itron Varia ar Fol Coat heißt die Wallfahrtskirche auf Bretonisch – „Kirche Unserer lieben Frau vom Narren im Wald". Jedes Jahr am 8. September wimmelt der Rasen vor der dreibogigen Kapelle gegenüber dem Kirchenkomplex von Besuchern, die sich zu einem der berühmtesten Pardons der Bretagne einfinden. Den Rest des Jahres, ausgenommen an Mai-Sonntagen (→ Pardon), ist es still in Le Folgoët, der riesige Platz wirkt kahl, die Restaurants sind nur mäßig besucht. Nach dem großen Pardon versinkt der Ort wieder in stille Provinzialität.

Die Wallfahrtskirche, obwohl sichtlich von den Zerstörungen der Revolution mitgenommen, gehört zu den kostbarsten der bretonischen Kirchenperlen, ihr granitener Lettner ist ein kleines Wunder aus behauenem Stein.

Der gottgefällige Narr von Le Folgoët

Im frühen 14. Jahrhundert lebte mitten in einem Wald Salaün, elternlos, gutmütig, zurückgeblieben, zu nichts nutze. Die Leute mochten ihn, versuchten sogar, ihm weiterzuhelfen, vergeblich: Salaün war und blieb blöde, wohnte allein an seiner Quelle, wo er sein zusammengebetteltes Brot verzehrte, und das Einzige, was er je sagte, war „O itron guerhet Mari" – Gegrüßet seist du, erhabene Maria. Bei jeder Gelegenheit, immer freundlich lächelnd, gab er Zeit seines Lebens nur den Anfang des Englischen Grußes von sich.

Mit vierzig Jahren starb der Narr am Rand der Gesellschaft, er wurde beerdigt, und bald darauf geschah es: Aus seinem Grab wuchs eine nie gesehene Lilie, und ganz in Gold standen die Worte „Ave Maria" auf den Blütenblättern. Menschen waren schon immer neugierig, also wurde der Sarg geöffnet, und siehe da: Die Lilie entsprang dem Mund des Salaün. Der Himmel hatte ein Zeichen gesetzt, und seither erfreut sich der gottgefällige Verrückte in der Bretagne großer Verehrung.

Geschichte: Das Ende des bretonischen Erbfolgekriegs ist das Geburtsjahr der Wallfahrtskirche. *Jean de Montfort* hatte sich verpflichtet, im Falle seines Sieges über seine Thronwidersacher der Jungfrau Maria im Wald des Narren eine würdige

Le Folgoët: ein gottgefälliger
Bau für einen Narren

Kirche zu stiften. 1364 hatte er die entscheidende Schlacht von Auray gewonnen, und versprochen war versprochen. 1423 beendete sein Sohn die Bauarbeiten an der Kirche über der Quelle Salaüns. Weltliche und kirchliche Prominenz kam, um das Werk zu bestaunen, Pilger strömten herbei und standen ergriffen vor dem Wunder der Lilie. Der Papst verlieh der Wallfahrtskirche den Titel *Basilika minor*, Herzogin *Anne* liebte die Wallfahrt nach Le Folgoët, und zahlreiche französische Könige erwiesen durch ihre wohlwollende Anwesenheit dem Pilgerort weitere Ehre – ausgenommen *Ludwig XIV.* Der Sonnenkönig schenkte die Kirche den Jesuiten von Brest. Er wusste, dass den mit allen Wassern der Wissenschaft gewaschenen Ordensbrüdern Wallfahrten – zumal mit einer Prise Aberglauben gespickte – zuwider waren. Trauriger Höhepunkt des systematisch eingeleiteten Niedergangs war die Revolution: Die Kirche wurde geplündert und der Innenraum zu einem großen Schweinestall umfunktioniert.

Die Gläubigen der Umgebung konnten sich mit dem erbärmlichen Zustand ihres Gotteshauses nicht abfinden. Einige Bauern schlossen sich zusammen und kauften das zum Abbruch vorgesehene Objekt. Nach einer notdürftigen Reinigung wurde die gerettete Madonnenstatue wieder an ihren Platz gestellt, und die Pardons wurden wieder aufgenommen. Als dann Kunsthistoriker aus dem fernen Paris die Kirche als erhaltenswertes Gesamtkunstwerk einschätzten, wurden Mitte des 19. Jahrhunderts großzügig Gelder zur Verfügung gestellt, mit denen eine umfassende Restaurierung finanziert werden konnte.

Pardon Am 1. Sonntag im September pilgern rund 20.000 Menschen zum Grand Pardon de Notre-Dame-du-Folgoët. Fällt der 8. September auf einen Sonntag, ist dies der Wallfahrtstag.

Jeden Sonntag im Mai, dem Monat der Jungfrau Maria, finden in Gegenwart von etwa 3000 Pilgern feierliche Weihemessen statt, auf Bretonisch Pemp-Sull genannt.

Kirche Notre-Dame: Die Kirche mit den Ausmaßen einer Kathedrale steht an einem weiten Platz gegenüber dem alten Pfarrhaus und der Pilgerherberge. Die *Chapelle de la Croix* (15. Jh.), die mit ihrem Apostelportal wie ein Querschiff neben dem Chor aus dem Langhaus ragt, gibt dem spätgotischen Bau seinen winkelförmigen Grundriss. Insgesamt steigen drei Türme hoch, einer über dem Chor, dann ein plump-kräftiger Stummelturm und daneben der schlanke, im Flamboyant-Stil gehaltene Nordturm (15. Jh.). An der Nordseite der Kirche steht ein unscheinbarer *Brunnen* mit einer Marienfigur. Die Quelle soll genau unter dem Hauptaltar liegen und schon Salaün zur Labung gedient haben. An der aufwendig gestalteten *Südfassade* posieren Statuen, eine Sonnenuhr verziert das Mauerwerk, fein gemeißelte Granitemporen, schlanke Türmchen und Wimperge unterstreichen die himmelwärts strebende Eleganz.

Im Kirchenschiff filtern die farbigen Fenster der Apsis und der Heiligkreuzkapelle das Tageslicht; die große *Fensterrose* hoch oben in der Chorwand verwandelt das Licht in dunkle Blautöne und lässt es gedämpft auf die Statuen, Altäre und den *Granitlettner* fallen. Auch er hat durch die Revolution Schaden genommen, u. a. wurden Heiligenfiguren abgeschlagen, doch bleibt er mit seinem Zierrat ein filigran gearbeitetes Meisterwerk. Drei Bögen, auf vier Steinpfosten gestützt und von Wimpergen gekrönt, tragen die Balustrade aus rotem Granit.

Wie am Lettner gehört in der ganzen Kirche das Lilienmotiv zum Grunddekor. Die aus Eiche geschnitzte Kanzel erzählt Szenen aus dem Leben des heiligen Narren: Salaün beim Balanceakt an einem Baum, Salaün wird von zwei Soldaten verhaftet,

Der Versammlungsplatz der Pilger

die heilige Anna erscheint dem Narren, die wundersame Lilie sprießt prächtig aus seinem Grab.

Über der Quelle, an der Salaün wohnte, steht der granitene, mit Spitzbögen und Lilien verzierte *Hauptaltar*, an der Chorwand weitere vier *Altäre*, einer aus Holz geschnitzt, die anderen aus blau-schwarzem Granit. Rechts des Lettners erinnert seit 1937 eine graue *Tonvase* mit Erde aus Schottland, aus der Picardie und der Bretagne an die Schlacht von Boiselle (1915) – keltische Waffenbrüderschaft im 20. Jahrhundert. Der gefesselte Christus daneben hat nichts mit der Geschichte zu tun.

Dekanat und Pilgerherberge: Zusammen mit der Krönungskapelle gehören die herrschaftlich wirkenden Gebäude gegenüber der Wallfahrtskirche zum Komplex der Pilgerstätte. Im Garten stehen Torsos hinter Hortensien, eine verrostete Kanone ist zu sehen. Das kleine *Museum* der ehemaligen Pilgerherberge zeigt bretonische Möbelstücke, Trachten, Heiligenfiguren und anderes mehr.
Museum: Mitte Juni bis Mitte Sept. tägl. 14.–18 Uhr. Eintritt 3 €.

Lesneven   7200 Einwohner

Das Nachbarstädtchen von Le Folgoët bietet mit seinem hübschen Altstadtkern all das, was Reisenden in dieser abseits gelegenen Region nützlich sein kann. Und wenn auch nicht der Nabel der Welt, so ist Lesneven immerhin ein Verkehrsknotenpunkt: Vom Denkmal des Generals *Le Flo*, Sohn der Stadt und zeitweise Botschafter im fernen Sankt Petersburg, zweigen Straßen in alle Richtungen ab – nach Brest, nach Landerneau, nach Roscoff oder direkt an die Küste.

Postleitzahl 29260

Information im ehemaligen Ursulinerkonvent. Juli/Aug. Mo–Sa 9.30–12.30 und 14–18, So 9.30–12.30 Uhr. Sept.–Juni Mo–Sa 9.30–12.30 und 14–17.30. Place des 3 Piliers. ✆ 02.29.61.13.60, tourisme@lesneven-cotedeslegendes.fr.

Hin und weg **Bus** nach Brest, Landerneau oder Roscoff werktags 8-mal, sonntags 2-mal.

Markt Großer Markt am Montag. Freitagvormittag Gemüse-, Fisch-, Blumenmarkt.

Segel-Eleven in Camaret

Finistère

Finis terrae – das Ende der Welt. Weiter kamen die Römer nicht. Sie sahen nur noch die gewaltigen Wogen des Atlantiks vor sich. Wer auf einer der unzähligen Landspitzen des Westens die Sonne in den Fluten versinken sieht, kommt sich schnell klein und verloren vor.

Einen noch nachhaltigeren Eindruck vom Ende der Welt bekommt, wer sich – am besten bei Sauwetter – auf die Insel Ouessant fahren lässt. Dort toben die Naturgewalten wie nirgendwo sonst in der Bretagne. Auch Crozon und Sizun, die Halbinseln des Finistère, werden Naturliebhaber begeistern, letztere mit einem Vogelreservat an der wilden Küste und der berühmten Pointe du Raz, wo die Gischt pausenlos gegen den Felsen peitscht.

Auf der politischen Landkarte umfasst das *Département Finistère* mit Quimper als Hauptstadt große Teile der westlichen Bretagne, einschließlich der Nordküste westlich von Morlaix und der Südküste bis Pont-Aven. Topographisch steht der Begriff für den äußersten Zipfel der Bretagne – für den wilden Westen sozusagen.

Pays des Abers

Einsame, karge Landschaft, versunkene Flusstäler, Wind, Meer und endlose Dünen. Das baumlose Land verliert sich sacht in den Wellen des Atlantiks, während die Flut das Meer in den ehemaligen Flussbetten der Abers tief ins Land spült.

Ein *Aber*, bretonisch für weite Mündung, ist ein ehemaliger Flusslauf, den das Meer erobert hat und der jetzt als gezeitenabhängiger Meeresarm fjordartig weit ins Land hineinzüngelt. Drei dieser Abers am Nordwestzipfel Frankreichs gaben dem wenig besiedelten *Pays des Abers* seinen Namen: *Aber Wrac'h*, *Aber Benoît* und *Aber Ildut* sind die größten der überfluteten Täler, die über viele Kilometer das Bild

der Küste prägen. Das Gras wächst hier nur kurz, Steilküsten gibt es kaum, meist flach und widerstandslos geht das Festland in Wasser über. Felsen und Inselchen sorgen für den letzten Schliff der Küstenlinie, die optisch an vielen Stränden zum Bade lädt, doch Vorsicht: Meeresströmungen verhindern hier fast überall ein uneingeschränktes Planschvergnügen. Passionierte Windsurfer und Muschelsammler hingegen können sich hemmungslos austoben.

Tang

Andernorts nur unerwünschter Strandbelag, ist der Tang an der Aber-Küste ein traditioneller Wirtschaftsfaktor. Noch immer sind in dieser Region häufig Tang- und Algensammler anzutreffen, die das angeschwemmte glibberige Grün auf Karren laden, oder Baggerschiffe, die am Küstensaum das Meer abgrasen. Aus der Asche der Algen wird seit vielen Jahrhunderten Dünger gewonnen, Blasentang wird zu Viehfutter verarbeitet. Als Alginsäure werden Algen heute auch in der Kunstfaserproduktion, als Eindickungsmittel für Speiseeis, als Appetitzügler und in der Kosmetikindustrie genutzt.

Plouguerneau
6400 Einwohner

An der Ostseite der Aber-Wrac'h-Mündung kündet das verschlossene Ortsbild von Plouguerneau den äußersten Nordwesten der Bretagne an. Das Zentrum der Marktgemeinde ist herausgeputzt, Läden reihen sich in der verkehrberuhigten Zone, nur die Pfarrkirche an der großzügigen *Place de l'Europe* ist streng und abweisend wie eh und je.

In den Sommermonaten entfaltet der rührige Mittelpunkt einer vielfach aufgesplitterten Badezone diverse Aktivitäten, um neben der Stammkundschaft auch Gäste zu unterhalten, die vielleicht nur wegen des höchsten gemauerten Leuchtturms Europas (auf der nahen *Ile Vierge*) gekommen sind, um einige Tage in der wilden Landschaft zu verbringen.

Baden: Die *Plage de Corréjou* (mit Infrastruktur) zwischen Plouguerneau und St-Michel sowie die *Grève Blanche* hinter St-Michel Richtung Lilia sind die Hauptstrände der Gemeinde. Weiter östlich findet man den langen Strand von *Vougot* und feinsandige, von Steinkolossen umrahmte Buchten bis zum Ortsteil La Digue. Bei Lilia liegen die Strände von *Kervenny* (in punkto Wasserqualität der beste) und *St-Cava* gegenüber von Aber Wrac'h – ein felsdurchsetztes, flaches Sandgestade. Außer Vougot alle Strände mit Dusche/WC.

Postleitzahl 29880

Information   Office de Tourisme des Abers, neben der Kirche. Informationen über die gesamte Region. Das Büro teilt arbeitet eng mit dem von Lannilis zusammen. Juli/Aug. Mo–Sa 9.30–12.30 und 14–18.30, So 10.30–12.30 Uhr. Sept.–Juni 9.30–12 und 14–17.30 Uhr. Place de l'Europe. ℰ 02. 98.04.70.93, www.abers-tourisme.com.

Hin und weg Bus: Über Lannilis gute Verbindung von und nach Brest. Zentrale Zusteigemöglichkeit am Hauptplatz. Werktags mindestens 5-mal von Lilia/St-Michel über Plouguerneau nach Lannilis und zurück.

Bootsausflug   Mit Vedettes des Abers auf zur **Aber-Rundfahrt**: zwei Abers in zwei Stunden. Erw. 20 €, Kind 5–12 Jahre 14 €, 2–4 J. 5 €. Abfahrt in Port de l'Aber Wrac'h. ℰ 02.98.04.74.94.

Fahrt zum **Leuchtturm der Ile Vierge** → Umgebung/Phare de l'ILE Vierge.

Markt Donnerstagmorgen bei der Kirche.

Wassersport Club Nautique schult am Hafen von Corréjou, ℰ 02.98.04.50.46.

Hotel → Lilia

Camping   *** Le Vougot, nordöstlich von Plouguerneau. 55 Stellplätze, 250 m vom Strand von Vougot entfernt. Gepflegte sanitäre Anlagen. Geöffnet Ostern bis Mitte Okt.   ℰ 02.98.25.61.51, www.campingplage duvougot.cm.

** La Grève Blanche, im Ortsteil St-Michel, unweit der St-Michel-Kapelle an der Straße in Richtung Lilia. Schutzloser Platz für 100 Campingeinheiten in guter Lage am Meer – mit wunderschönem Blick auf den Leuchtturm. Sanitäranlagen einfach, aber ordentlich. Geöffnet März–Okt. La Grève Blanche, St-Michel, ℰ 02.98.04.70.35, www.camping greveblanche.com.

Crêperie Le Lizen, an der Straße nach St-Michel. Altes Steinhaus mit schönem Garten. „Man fühlt sich sofort wohl, wird sehr nett und zuvorkommend bedient – superklasse!", schreibt eine Leserin. Kergoff, route de St-Michael, ℰ 02.98.04.62.23.

Umgebung von Plouguerneau

Phare de l'Ile Vierge: Etwa 1,5 km ist die kleine Jungfraueninsel der zerzausten Küste vorgelagert. Der Stummel des kleinen weißen Leuchtturms, der – ausgemustert – nur noch die Antenne des Funkfeuers trägt, steht seit 1902 ganz im Schatten seines Nachfolgers: Die elegante Nadel-Silhouette des höchsten gemauerten Leuchtturms Europas reckt

Phare de l'Ile Vierge:
Navigationshilfe am Ende der Welt

Pays des Abers

3 km

---

sich 82,50 m in die Höhe, die Innenwand besteht aus 12.500 Kacheln, die Außenfassade wurde aus Kersanton-Granit hochgezogen. Erst 1956 wurde das Leuchtfeuer elektrifiziert. Der Aufstieg über die 397 Stufen (der Ortsprospekt untertreibt mit „382 Stufen") kostet extra.

Überfahrt Mit Vedettes des Abers entweder eine **Aber-Rundfahrt** oder zum Leuchtturm auf die **Jungfraueninsel** (Ile Vierge). Fahrten von April bis Sept., Leuchtturmfahrt in der Hauptsaison gezeitenabhängig tägl. mehrmals, in der Nebensaison wöchentlich 3- bis 4-mal. Hin/zurück Erw. 18,50 €, Kind 5– 12 Jahre 13 €, Kind 2–4 J. 5 €. Abfahrt in Port de l'Aber Wrac'h. Auskunft und Reservierung unter ☏ 02.98.04.74.94.

Lilia: kleiner Hafen und das dem Jungfrauen-Leuchtturm nächstgelegene Stück Festland. Durch zersiedelte Landschaft führt die Straße zu einer Küste, an der man den Begriff „Ende der Welt" hautnah erfahren kann: Der Atlantik pflügt sich durch ein Chaos aus Granit, wasserumspültes Urgestein der Erde, das sich langsam im uferlosen Meer verliert. Und wie es sich für eine bretonische Gemeinde gehört, kann auch Lilia mit einem Zeugen aus der Steinzeit aufwarten: Vor dem Ortseingang steht ein Dolmen.

Hin und weg Busse von und nach Plouguerneau und St-Michel.

Hotel *** Castel Ac'h, 5 km außerhalb von Plouguerneau am Hafen von Lilia (D 71). Der ehemalige 2-Sterne-Betrieb wurde 2011 unter neuer Regie komplett renoviert und präsentiert sich seither als schickes Strandhotel. Riesiger Speisesaal, ein farbenfroher Aufenthaltsraum („Salon de l'Ile Vierge") und Terrasse zum Meer. 14 Zimmer, alle mit Meerblick. DZ 89– 135 €, je nach Saison. Plage de Lilia, Kervinni, 29880 Plouguerneau. ☏ 02.98.37. 16.16, www.castelach.fr.

Wohnmobile Ganzjährig Stellplatz im Dorf, in der Nähe der Salle Polyvalente.

Im Pfarrbezirk von Le Grouanec

Elektrizität, Wasser und Abwasserentsorgung (gegen Gebühr).

Restaurant Castel Ac'h, im gleichnamigen Hotel am Hafen serviert eine ausgezeichnete Küche. ℡ 02.98.37.16.16.

La Route du Phare, ebenfalls am Hafen, ist weniger ambitioniert: in erster Linie eine Crêperie, aber auch Fisch- und Fleischmenus. La Route du Phare, Kervenni Vraz, ℡ 02.98.04.70.15.

St-Michel: Weißgetünchte Häuschen, Disco, Camping – alles liegt in St-Michel weit verstreut und ist doch stets nah am Meer. Mitten in der Amüsier-, Wassersport- und Badezone steht die Kapelle, die dem Ort den Namen gab. Sie wird an Sommerabenden gelegentlich für Konzerte genutzt.

Hauptanziehungspunkte von St-Michel sind seine beiden Strände, vor allem die *Plage de Corréjou*, der Renommierstrand mit dem Club Nautique.

Busse von und nach Plougerneau und Lilia.

Le Grouanec: Der umfriedete Pfarrbezirk mit einer *Quelle*, die verschiedene Becken speist, einem *Beinhaus* (geschlossen) und einer niedlichen *Kirche* am Ortsausgang an der Straße nach Brest bildet ein ausgesprochen harmonisches Ensemble. Im Innenraum des der Jungfrau Maria von Grouanec geweihten Gotteshauses aus dem Jahr 1503 fallen die modernen Fenster des Pariser Designers und Glasmalers Max Ingrand (1908–1969) auf, auch die geschnitzten Balken des Stützwerks und die naiv gestalteten Kreuzwegstationen (Keramik) verdienen Beachtung.

Von Plougerneau 3,5 km auf der D 32 in Richtung Osten.

Pont du Diable: Die Teufelsbrücke über den Aber Wrac'h ist heute nur noch bei Ebbe zu erkennen. Um das vom Satan in einer einzigen Nacht errichtete Brückchen ranken sich – wie sollte es anders sein – diverse Legenden.

Aber Wrac'h

Der an seiner Mündung felsdurchsetzte Hexen-Aber (Wrac'h = Hexe) reicht stolze 10 km ins Land hinein und ist damit der längste im Pays des Abers. Etwas im Inneren der Halbinsel, zwischen Aber Wrac'h und Aber Benoît, liegt der Hauptort **Lannilis** mit Versorgungsmöglichkeiten, und – direkt an der 2 km breiten Mündung – der Fischerort *Port de l'Aber Wrac'h*. Der Wassersport konzentriert sich hier mehr aufs Segeln als aufs Schwimmen: Ein Jachthafen wurde angelegt, eine Segelschule ist zugange, einen Badestrand gibt es nicht. Hinter Port de l'Aber Wrac'h liegt die *Engelsbucht (Baie des Anges)* mit den Ruinen eines Klosters. Die Spitze der Halbinsel bilden die spärlich bewachsenen *Dunes des Marguerites*, deren goldgelber Sand ins Meer ausläuft.

Postleitzahl 29870 Lannilis

Information Office de Tourisme in Lannilis. Das Büro arbeitet eng mit dem von Plouguerneau zusammen. Nützlich ist die Gratiskarte mit Wandervorschlägen zwischen Aber Wrac'h und Aber Benoît. Juli/Aug. Mo–Sa 9.30–12.30 und 14–18.30, So 10.30–12.30 Uhr. Sept.–Juni 9.30–12 und 14–17.30 Uhr. 1, place de la Gare. ☎ 02.98.04.05.43, www.abers-tourisme.com.

Hin und weg Bus mehrmals tägl. von Lannilis nach Plouguerneau und nach Brest.

Einkaufen La Maison du Boulanger, in Lannilis (bei der Kirche). Das biologische Brot, das hier über dem Holzfeuer gebacken wird, findet den Weg bis auf den Markt von Brest. Die wunderschöne Bäckerei verkauft diverse Brote und Kuchen, ist aber auch ein angenehmer Ort, um einen Kaffee oder Tee zu sich zu nehmen. Do geschlossen. 3, rue des Marchands, ☎ 02.98.04.48.05. ∎

Fahrradverleih Teractiv über dem Hafen von Aber Wrac'h, nördlich von Lanéda. Auch Kinderfahrräder, Kindersitze und Kinderanhänger. 63, An Ode Bri, Landéda, ☎ 02.98.04.90.69.

Markt Mittwochvormittag in Lannilis.

Wassersport Das Centre de Voile de l'Aber Wrac'h in Port de l'Aber Wrac'h bietet diverse Kurse an; Schulungen u. a. auf Optimisten, Funboards und Kajaks. ☎ 02.98.04.90.64.

Teractiv (s. o.) vermietet auch Einer-, Zweier- und Dreierkajaks, mit denen sich die Aber-Mündung und ihre Inselchen hervorragend erkunden lassen.

Hotels **** La Baie des Anges, in der Engelsbucht an der Straße zur Landspitze. Gutes, rundum renoviertes Haus mit Schwimmbad und Spa-Abteilung. 18 Zimmer, die schönsten mit 2 Fenstern zum Hafen. DZ 108–268 € je nach Größe, Lage und Saison.

Finistère · Pays des Abers → Karte S. 301

Ein Hauch von Fjord – Aber-Landschaft bei Lannilis

Ganzjährig geöffnet. 350, route des Anges, 29870 Landéda, ✆ 02.98.04.90.04, www.lesanges.fr.

Camping Zwei Plätze am Nordende der Engelsbucht:

**** Des Abers, ab Lannilis/Landéda ausgeschildert. Die Lage ist unübertrefflich: Rundum frisst sich das Meer in tiefen Buchten ins Festland, zahllose Inselchen schwimmen davor. Ansonsten: brauchbarer, terrassierter 4-ha-Platz auf der Halbinsel Marguerite, in vorderster Reihe vor einem langen Sandstrand. Gut ausgestattet, warmes Wasser auch zum Geschirrspülen, Waschmaschinen, Lebensmittel, Pizza, Crêpes, Surfbrettverleih. Der Bus nach Brest hält vor der Haustür. 180 Stellplätze. Geöffnet Mai–Sept. 51, Toull Treaz, 29870 Landeda, ✆ 02.98.04.93.35, www.camping-des-abers.com.

* Penn Enez, an den gleichnamigen Dünen (im hinteren Teil der Engelsbucht ausgeschildert); in schattenloser Lage, weit vorn an der Küste, schlichtes Erdwall-Dünen-Gelände. Keine Bungalows, Chalets und dergleichen. 100 Stellplätze. Geöffnet April–Sept. 551, lieudit Penn-Enez, 29870 Landéda, ✆ 02.98.04.99.82, www.camping-penn-enez.com.

Restaurants L'Auberge du Pont, direkt am südlichen Ende der Brücke über den Aber Wrac'h. Frédéric Girauds Küche – Fisch und Meeresfrüchte – genießt einen exzellenten Ruf, zu Recht. „Freundliche Bedienung, urig-nettes Ambiente, sehr gutes Essen", bilanziert eine Leserin. Paluden, Lannilis, ✆ 02.98.04.16.69.

L'Ecailler des Abers, etwas vor dem Hotel La Baie des Anges. Preiswertes Fischrestaurant. Versuchen Sie z. B. die Poêlée des Pêcheurs (Fischerpfännchen). Eine Leserin empfiehlt zu reservieren, am besten auf 21 Uhr; so ist man sicher, dass keine Folgegäste erwartet werden und man den Abend ruhig ausklingen lassen kann. Ar Palud, Landéda, ✆ 02.98.37.42.87.

Aber Benoît

Vor *Tréglonou* überquert die D 28 den 7 km langen *Aber Benoît* und wendet sich nach dem Dorf scharf nach Westen Richtung Ploudalmézeau. Vom kleinen *St-Pabu* am westlichen Aber-Ufer führt die Straße zum Ende des Mündungstrichters bei den *Dunes de Corn ar Gazel:* 500 m feinster weißer Sand, von Felsen flankiert, und von Heidekraut übersäte Dünenlandschaft.

Im winzigen *Lampaul-Ploudalmézeau* versammeln sich im Friedhof die Kirche mit gelungenem Renaissance-Glockenturm von 1639 ein Brunnen und eine Kapelle zu einem Granit-Ensemble. Touristischer Mittelpunkt des Dorfs ist der Gemeindestrand hinter den weitläufigen *Dunes de Tréompan*. Von den Megalith-Hinterlassenschaften rund um die waldbewachsenen Ufer des Abers sei der Tumulus auf der Insel Carne erwähnt.

Camping ** De l'Aber Benoît, nordwestlich von St-Pabu an der einsamen Küste; Landschaft und die Tatkraft des Besitzers haben einen netten Platz in den Ausläufern der Dünen von Corn ar Gazel geschaffen. Für zwei Sterne gut eingerichtet: Snackbar, Fahrradverleih, TV, Brotverkauf, Gemischtwarenhandlung. Organisation von Wanderungen, Reiten oder Wassersport. Nachtschwärmer finden im Sommer in geräuschfreundlicher Entfernung (200 m) eine Diskothek. 130 Stellplätze. Geöffnet Mitte April bis Mitte Sept. 89, rue Corn ar Gazel, 29830 St-Pabu, ✆ 02.98.89.76.25, www.camping-aber-benoit.com.

Ploudalmézeau   6300 Einwohner

Die Kreishauptstadt liegt 4 km von der Küste entfernt und ist für Touristen allenfalls als Einkaufsort interessant. Wassersportler suchen die nahe *Plage de Tréompan* auf.

Die Ortskirche ist ein Werk des 19. Jahrhunderts, ihr Turm wird in lokalen Prospekten als Sensation gepriesen: „Er ist der letzte in Frankreich gebaute Kirchturm, dessen Stil noch direkt der französischen Gotik verpflichtet ist." Spektakulärer fanden wir den nichtgotischen Wasserturm, in dem ein Restaurant in luftiger Höhe Menüs serviert und auch Neugierige ohne Hunger einen umfassenden Rundblick genießen.

Postleitzahl 29830

Information Office de Tourisme, im Zentrum. Juli/Aug. Mo 14–18.30, Di–Sa 9.30–12.30 und 14–18.30, So 10–12.30 Uhr. Sept.–Juni Mo–Fr 14–17.30 Uhr. 1, rue François Squiban. ✆ 02.98.48.73.19, www.ploudalmezeau.fr.

Hin und weg Busse von Cat bedienen ab Brest die schleifenförmige Linie Brest–St-Renan–Porspoder–Portsall–Ploudalmézeau–St-Renan–Brest; werktags 3-mal, sonntags und an Feiertagen 1-mal.

Markt Freitagvormittag

Crêperien La Salamandre. Zwischen altmodischem, ländlichem Interieur werden Crêpes vom Feinsten aufgetragen, z. B. *Crêpe Agenaises avec Chantilly* (am besten noch eine Kugel Eis dazu). Kinderfreundlich. Geschlossen Mitte Nov. bis Mitte Dez. Place du Général de Gaulle, ✆ 02.98.48.14.00.

Le Château d'Eau, an der Straße nach St-Renan. Panorama-Crêperie in 50 m Höhe mit Finistère-Rundblick. Sportliche Esser gelangen über 278 Stufen in den Speisesaal, gehbehinderte oder bequeme benützen den Aufzug. Reservierung in der Hauptsaison empfohlen. Geöffnet Febr. bis Mitte Nov. St-Roch, ✆ 02.98.48.15.88.

Umgebung von Ploudalmézeau

Portsall: Ein paar Schiffe im kleinen Hafenbecken der geschützten Bucht, ein Kirchlein gleich hinter der Hafenzeile, gegenüber ein kleiner, gemütlicher Sandstrand, am Ortsausgang Richtung Kersaint die Ruinen einer uralten Burg – kurzum: ein ruhiges Hafenörtchen.

Küstenwanderung Von Kersaint führt ein wunderschöner Küstenweg (ca. 1½ Std.) nach Argenton, mehr oder weniger parallel zur kaum befahrenen D 127 („route touristique"). Weicher Boden, schöne Ausblicke und zum Abschluss ein Bad in der hübschen Sandbucht von Argenton.

B & B ››› Mein Tipp: La Demeure Océane, noch vor dem Ortszentrum rechts. Hier stimmt einfach alles: 7 geschmackvoll eingerichtete Zimmer mit Dusche/WC, ein angenehmer Wintergarten, in dem man sich den Kaffee selbst kochen kann, eine kleine Liegewiese vor dem Haus und ein überaus

Finistère
Pays des Abers → Karte S. 301

Küste bei Portsall

freundlicher Patron. Sehr gutes Frühstück, auf Wunsch wird der Kaffee auch perfekt in der Maschine gebrüht. Das Gästebuch spricht Bände, auch Paco Rabanne nächtigte hier (als er sich in der Gegend ein Domizil suchte). Meerblick ab der 1. Etage, in der 2. Etage ein familiengerechtes Duplex sowie ein Appartement. DZ inkl. üppigem Frühstück 68–78 €. 20, rue de Bar al Lan, 29830 Portsall, ℡ 02.98.48.77.42, www.demeure-oceane.fr. **«**

Porspoder: ein ländlicher Stützpunkt im westlichsten Frankreich, in dem die Zeit stehengeblieben scheint. Die Gäste wohnen meist in den Ferienhäusern um die Ortschaft, angelockt von dem langen Dünenstrand.

Hotel 🥬 ****** Le Château de Sable**, nördlich des Orts an der D 27. Der Schlossherr von Kergroadez (beim Nachbarort Brélés) hat eine ehemalige Ferienkolonie komplett zum Öko-Hotel umgebaut. Das „Sandschloss" lässt sich in der Tat sehen. Alles dezent-elegant, ökologische Materialien bis zum Teppich. Helle, geräumige Zimmer, ein Teil mit Balkon zum Meer. Zur Spa-Abteilung gehören eine Sauna sowie ein weitgefächertes Massage-Angebot. Das exzellente Speiselokal (geschlossen Jan. bis Mitte Febr.) legt auf regionale Produkte Wert und stellt verwöhnte Gaumen zufrieden. Die Schafe, die vor der Düne weiden, kommen nicht auf den Teller, ihre Aufgabe besteht einzig darin, den friedlichen Eindruck der Örtlichkeit zu unterstreichen. Kurzum: ein Traum für Liebhaber des gepflegten Aufenthalts. DZ 91–179 €. Ganzjährig geöffnet. 36, rue de l'Europe, 29840 Porspoder, ℡ 02.29.00.31.32, www.lechateau desablehotel.fr. ∎

Camping *** Municipal de Saint-Gonvel**, nahe der kleinen Bucht von Argenton, 135 von Hecken abgeteilte Stellplätze. Vor allem von Wohnmobilen genutzt. Bescheiden, aber passabel und nur ein Katzensprung zum Strand. Geöffnet nur Mitte Juni–Aug. Saint-Gonvel Argenton, 29840 Landunvez, ℡ 02.8.89.91.00, landunvez.mirie @wanadoo.fr.

Melon: Die Gegend ist uraltes Siedlungsland. Auf einem vorgelagerten Inselchen des Weilers steht ein Dolmen im Gras – bei Ebbe zu Fuß erreichbar.

Im Meer vor Melon wurden in den letzten Jahren Riesenhaie gesichtet, deren Bewegungen von Wissenschaftlern verfolgt werden. Für Badende sind die bis zu 10 m langen Fische völlig ungefährlich, sie verachten Menschenfleisch und ernähren sich ausschließlich von Plankton.

Schließlich sei auch noch Henrietta Maria von Frankreich, ihres Zeichens einst Königin von England, Schottland und Irland, erwähnt. Die Unglückliche landete 1644 mangels Wind in dieser gottverlassenen Gegend, wie eine Tafel vermerkt. Sie floh während der Wirren des Englischen Bürgerkriegs – noch rechtzeitig: Ihr königlicher Gatte, Karl I., wurde zum Abschluss der kriegerischen Auseinandersetzungen geköpft.

Aber Ildut

Sanft ergießt sich das Meer im eroberten Flussbett ins wellige Land. Der friedliche Aber, nach dem heiligen Ildut benannt, ist nur kurz. Für Geographen endet hier der Ärmelkanal, und es beginnt der Atlantik. Hauptort am Aber-Ufer ist das Örtchen **Lanildut** an der Verbindungsstraße D 27. Der Hafen *Rocher du Crapaud* mit seiner Fischfangflottille, benannt nach dem Felsklotz an der Trichtermündung des Abers, ist einer der stillen Superlative der Bretagne: Er ist der europäische Algenumschlagplatz Nummer eins.

Camping Du Tromeur, in Lanildut, knapp 1 km nördlich des Orts, im Landesinneren. 70 Stellplätze im Grünen, teils im Schatten. Sanitäre Anlagen ausreichend. Geöffnet Ostern bis Sept. 11, route du Camping, 29840 Lanildut, ℡ 02.98.04.31.13, www. tromeur.fr.

Lampaul-Plouarzel

Die alte Siedlung um ein Kloster von St-Pol Aurélien ist dank ihres Strands zu einem Küstenort mit Reihenhauscharakter gewachsen. Südlich des 2100 Einwohner zählenden Lampaul-Plouarzel führt ein verwirrendes Sträßchennetz durch eine gottverlassene Gegend zur *Pointe de Corsen*.

Information Office de Tourisme. Alle Informationen über die Gegend. Mitte Juni bis Mitte Sept. Di–Sa 10.30–12.30/15.30–18.30, So 10.30–12.30 Uhr. Mitte Sept. bis Mitte Juni nur Do 9–12 Uhr. 7, rue de la Mairie. ✆ 02.98.84.04.74, www.lampaul-plouarzel.fr.

Camping ** Municipal de Porstevigne, direkter Zugang zum Strand, einige Schattenplätze. Ausreichend sanitäre Anlagen, Waschmaschine. 100 Stellplätze. Geöffnet Juli bis Mitte Sept. Porstevigne, 29810 Plouarzel, ✆ 02.98.89.69.16, www.campings-plouarzel.jimdo.com.

Wohnmobile Komfortabler Stellplatz am Strand von Porspaul. Strom, Wasser und Abwasserentsorgung, Waschmaschine, Grill und sogar eine Dusche (gebührenpflichtig). Geöffnet Mitte April bis Mitte Okt.

Umgebung von Lampaul-Plouarzel

Pointe de Corsen: Am westlichsten Punkt der französischen Festlandsmasse fällt das Land knapp 50 m steil zum Ozean hinab, der Blick schweift über die Küste und die vorgelagerten Inselsplitter. Direkt nördlich der Spitze führt ein Pfad zu einer kleinen Bucht mit Mini-Sandstrand, „wo der wütend anstürmende Atlantik hautnah erlebt werden kann" (Lesertipp).

Südlich der Landspitze folgen zwei größere Strände: erst die *Plage de Porsmoguer*, etwas weiter die *Plage de Ploumoguer*.

Plouarzel: Das Dorf, knapp 3 km hinter der Küste, war schon früh besiedelt, wie einige Hinterlassenschaften des Megalithikums bezeugen. Später gründete der heilige Armel hier ein Kloster. Heute ist Plouarzel im Sommer Versorgungszentrum des Küstenorts *Lampaul-Plouarzel*.

Wer an Superlativen Freude hat: Unter tätiger Mithilfe der Bürgerschaft entstand am 16. Juli 1988 auf dem Marktplatz die größte Crêpe der Welt, die mit sechs Metern Durchmesser und einer Fläche von 28,36 Quadratmetern anstandslos ins Guinnessbuch der Rekorde aufgenommen wurde. An der Stelle der gigantischen Ofenplatte erinnert heute eine kleine Tafel an das denkwürdige Backereignis.

Postleitzahl 29810

Information Office de Tourisme, bei der Kirche. Großzügiger Raum mit wechselnden Ausstellungen zu lokalen Themen. Juli/Aug. Mo–Sa 9.30–12/14–18, So 10–12.30 Uhr. Sept.–Juni Mo–Fr 9–12/14–17.30, Sa 9–12 Uhr. Place St-Arzel, ✆ 02.98.89.69.46, www.tourismeplouarzel.fr.

Hin und weg Busse von Cat bedienen ab Brest die schleifenförmige Linie Brest– St-Renan–Porspoder–Portsall–Ploudalmézeau–St-Renan–Brest; werktags 3-mal, Sonntag und an Feiertagen 1-mal.

Golf Golf des Abers, im Ortsteil Kerhoaden: 18 Löcher. ✆ 02.98.89.68.33.

Reiten Der Poney Club Blue Nash im Ortsteil Ruscumunoc (Porsmoguer) verleiht Pferde und Ponys und organisiert Ganztagesausritte mit Reiterfrühstück. ✆ 02.98.89.30.05.

Menhir von Kerloas: ein weiterer Superlativ. Der Menhir, der sich am Rand eines Feldes zeigt, ist mit 12 Metern der höchste noch stehende Menhir der Bretagne. Einzig ein Teil der Spitze ist dem schlanken Granitbrocken abhandengekommen.
Ab Plouarzel 4 km landeinwärts, Abzweig von der Straße nach St-Renan, ausgeschildert.

Finistère · Pays des Abers → Karte S. 301

Rade de Brest

Seit Jahrhunderten sind in der riesigen Bucht Kriegsschiffe zu Hause. Die Rade de Brest ist mit einer Wasserfläche von 150 km² einer der größten Naturhäfen Europas, alle Kriegsschiffe Europas würden hier Platz finden.

Von der sicheren Bucht führt zwischen der *Halbinsel Crozon* und dem Nordwestzipfel des bretonischen Festlands nur eine schmale Einfahrt ins offene Meer, der knapp zwei Kilometer breite *Goulet de Brest*. Seine engste Stelle, und damit vor dem Raketenzeitalter von beiden Seiten aus gut zu sichern, liegt zwischen der *Pointe des Espagnols* der Halbinsel Crozon und der *Pointe de Portzic* westlich von Brest.

Rund um die Rade de Brest wird für Touristen einiges geboten. Eine kurzweilige Entdeckungsfahrt zieht sich vom Kriegs- und Handelshafen *Brest* über das Landstädtchen *Landerneau* und die Erdbeer-Halbinsel *Plougastel* zur Halbinsel *Crozon* mit ihren hervorragenden Aussichtspunkten am Südrand der Bucht.

Le Conquet   2700 Einwohner

Aus dem gefürchteten Korsarennest ist ein respektlerliches Städtchen geworden, seine Seefahrer arbeiten mittlerweile für zivilisierte Unternehmen: Am Hafen werden Fischkutter gelöscht, andere Schiffe fahren Touristen nach Ouessant.

Den besten Blick auf Le Conquet hat man von der gegenüberliegenden *Pointe de Kermorvan*. Einzig der schmale Wasserstreifen des Croaé, ein Aber, auf dem ruhig und geschützt die Boote dümpeln, trennt die schmale, sich weit ins Meer ziehende Felszunge vom gegenüberliegenden Hafenstädtchen.

Das Zentrum Le Conquets liegt hoch über dem Mündungstrichter – ein kleiner Marktplatz und verwinkelte Gassen, die steil zum Hafen hin abfallen.

Le Conquet war seit römischer Zeit ein häufiges Opfer von Eroberern und Plünderern, auch die eigenen Seefahrer hatten nicht gerade einen friedlichen Ruf. Das letzte Mal, und dies gründlich, wurde die Stadt 1558 von Engländern zerstört. Seitdem ist es ruhiger, Le Conquet ist zu einem festen Anlaufpunkt im Finistère geworden. Die Stippvisitler kommen wegen der Schiffsverbindung zur nahen *Ile d'Ouessant*. Aber auch in Le Conquet selbst kann man sich angenehm die Zeit vertreiben: Spaziergänge auf der Halbinsel *Kermorvan*, Baden in einer der vier Buchten der *Plage des Blancs Sablons* oder ein Ausflug zur *Pointe St-Mathieu* mit ihrem berühmten Leuchtturm und ihrer Klosterruine.

Baden – Plages des Blancs Sablons: Fußwege durch Dünen führen steil hinunter zu vier nebeneinander liegenden, bei Flut von Felsvorsprüngen getrennten Buchten an der Nordseite der Halbinsel Kermorvan – 2,5 km Strand vom Feinsten. Ein Badeparadies ohne Strandeinrichtungen, das am Wochenende auch gern von den Großstädtern aus Brest aufgesucht wird.

Einige weitere Strände findet man entlang der Küste Richtung St-Mathieu: *Le Bilou, Portzliogan, Grève Bleu.*

Rade de Brest
4,5 km

Basis-Infos

Postleitzahl 29217

Information Office de Tourisme, an der Route de Brest, am Eingang zum alten Ortsteil. April bis 1. Juliwoche sowie letzte Aprilwoche bis Sept. Di–Sa 10–12.30 und 14.30–17.45 Uhr. 2. Juliwoche bis 3. Aug.-Woche Mo–Sa 9.30–12.45/14–19, So 10–13 Uhr. Okt.–März Di–Sa 10–12.30/14.30–17 Uhr. Parc de Beauséjour, ✆ 02.98.89.11.31, www.-tourismeleconquet.fr.

Hin und weg Bus: Mo–Sa 6-mal tägl. nach Brest, sonn-/feiertags 3-mal. Fahrzeit 40 Min.

Fähre nach Ouessant → Ile d'Ouessant

Parken In der Saison manchmal proble-matisch. Beim Rathaus und beim Office de Tourisme sind einige Parkplätze. Wer auf die Ouessant-Insel will, parkt am besten im Parking ACPC (Ortsausgang Richtung Brest (bis zu 24 Std. 4 €) und lässt sich mit dem Gratisbus an den Hafen fahren.

Markt Dienstagvormittag rund um die Place Llandeilo.

Pardon Am 2. Sonntag im September.

Übernachten/Essen und Trinken

Hotels *** ≫≫ **Mein Tipp:** *** La Vinoti-ère, im Zentrum, ein umsichtig renoviertes Stadthaus aus dem 16. Jh., eine Hochzeit aus Stein und Holz – der Mann der Besitze-rin ist Tischler von Beruf. Die alte granitene

Struktur im Treppenhaus und im Gewölbe blieb erhalten, die Zimmer sind sehr komfor-tabel eingerichtet, jedes in einem anderen Stil. In der „Petite" und in der „Grande Vinotière" wurde viel Mahagoni verwendet, man fühlt sich auf einem Schiff. DZ 75–135 €, auch Familienzimmer vorhanden. Eine kleine Spa-Abteilung veredelt den Aufenthalt zusätzlich. Ganzjährig geöffnet. Reservierung empfohlen. 1, rue Lieutenant Jourden, ✆ 02.98.89.17.79, www.lavinotiere.fr. «

** Au Bout du Monde, im Stadtzentrum. 20 komfortable, modern eingerichtete Zimmer. DZ 53–90 €, Zimmer sehr unterschiedlicher Größe, einige mit Balkon (ohne schöne Aussicht), die teuersten mit eigener Terrasse. Auch Familienzimmer (2 miteinander verbundene Zimmer, Stockbetten). Ganzjährig geöffnet. Place Llandeilo, ✆ 02.98.89.07.22, www.hotel-le-conquet.fr.

B & B Le Relais du Vieux Port, am Kai des Fischerhafens. Nur 8 Zimmer, die teureren geräumig, mit Grand und Extra-Lit sowie phantastischer Aussicht auf den alten Hafen. Die billigen Zimmer sind kleiner, dafür mit geräumigem Bad. Zum „Relais" gehört eine Crêperie, die in der Regel überfüllt und laut ist. Stets schnell ausgebucht. DZ 57–76 €. Ganzjährig geöffnet. 1, quai de Drellac'h, ✆ 02.98.89.15.91, www.lerelaisdu vieuxport.com.

Camping ** Les Blancs Sablons, großzügiger Platz auf der Halbinsel von Kermorvan, optimal für Badefreunde: Nach einem kurzen Spaziergang sind die letzten beiden Buchten der Plages des Blancs Sablons erreicht. Ordentliche Sanitärs, Waschmaschine. 280 Stellplätze. Geöffnet April–Okt. Route de Kermorvan, ✆ 02.98.36.07.91, www.les-blancs-sablons.com.

Restaurant/Bar   L'Armen, im hellen, einfachen Dekor serviert eine sympathische Equipe zu moderaten Preisen klassische Gerichte, Pizza (mit französischem Mozzarella, immer noch besser als Emmentaler) und Crêpes. Ganz nett und ohne große Ansprüche. Geöffnet April–Sept., geschlossen Di Abend. 9, rue Lieutenant Jourden, ✆ 02.98.89.07.03.

La Vinotière, Salon de Thé im Erdgeschoss des gleichnamigen Hotels (siehe oben). Großes Tee-Angebot, auch Bio-Tees, dazu am besten den hauseigenen Algen-Cake probieren. Auch Kaffees in allen Zubereitungen sowie heiße und kalte Schokolade. Ein angenehmer Aufenthaltsort auch für Nichthotelgäste. 1, rue Lieutenant Jourden, ✆ 02.98.89.17.79. ■

Umgebung von Le Conquet

Pointe de Kermorvan: Heidekraut zieht sich über den schmalen Finger, Kormorane verstecken sich in Weltkriegsbunkern, an der Landspitze leuchtet ein Turm. Das Spazierareal Le Conquets – die steil abfallenden Ränder der Landzunge von Kermorvan – bietet Ausblicke nach allen Seiten: Ganz nah Le Conquet, im Norden

Bucht bei Le Conquet

dic Pointe de Corsen, draußen auf dem Meer die Inseln, weit weg Molène und Ouessant. Wer sich allerdings an einem Sommerwochenende auf Kermorvan ergehen will, wird den Genuss mit vielen Menschen teilen müssen – Kind und Hund und Kegel entsteigen den Kraftfahrzeugen, die in Stoßzeiten Stoßstange an Stoßstange den Rand der Straße säumen, die an einem überfüllten Parkplatz endet.

Tipp: Unweit des Campingplatzes führt die *Paserelle du Croaé* über den Aber. Wer über die Fußgängerbrücke geht oder radelt, spart viele Autokilometer.

St-Mathieu: Ein Leuchtturmensemble und eine verfallene Abtei unmittelbar oberhalb einer schroff abstürzenden Steilküste, dazu Möwengeschrei und die Wellen des Atlantiks, das ergibt eine der ungewöhnlichsten Kulissen der bretonischen Küste.

St-Mathieu: Zwei Welten

Das *Kloster*, schon im 6. Jahrhundert gegründet, bewahrte laut bretonischen Chronisten das Haupt des heiligen Matthäus auf und war einst das Kulturzentrum des äußersten Westens. St-Mathieu, heute ein unscheinbares Dorf, war vor 600 Jahren eine wichtige Stadt in dieser Region. Erhalten ist aus dieser Zeit nur die *Fassade der Abteikirche*. Die ältesten Teile stammen aus dem 12. Jahrhundert, der *Wehrturm* neben dem Chor dokumentiert Abwehrbereitschaft. Der *Glockenturm* der Abtei war der erste Leuchtturm, der 1740 eine verglaste Laterne mit sechzig Spiegeln erhielt, die 1821 durch eine Argand-Lampe mit acht Reflektoren ersetzt wurde. 1865 wurde der heutige *Leuchtturm* gebaut. Sein Signal – alle 15 Sekunden ein Blitz – reicht 29 Meilen weit, und gute Navigatoren wissen: Aha, das ist der Blitz von St-Mathieu, sieben Seemeilen westlich des Goulet von Brest.

Zum einstigen Klostergelände gehörte auch der fußballplatzgroße *Jardins des Moines*, in dem sich einst die Mönche ergehen (oder Fußball spielen) konnten.

Als Zugabe zum Spaziergang auf der Landspitze, der stimmungsvollen Ruinenbesichtigung und einem eventuellen Leuchtturmaufstieg gibt es ein *Denkmal zu Ehren der gefallenen Seeleute des Ersten Weltkriegs*. Von hier aus ist das Ensemble aus verfallener Kultstätte und maritimer Signalstation mit der Kamera am besten erfassbar.

Leuchtturm Sehr wechselhaft geöffnet; als Richtlinien gelten: Mai/Juni Di–So 14–18.30 Uhr. Juli/Aug. tägl. 10–19.30 Uhr. 1. Sept.-Hälfte 10–2.30 und 14–18.30 Uhr, 2. Sept.-Hälfte 14–18.30 Uhr. Geschlossen immer am Di. Erw. 3,50 €, Kind 6–11 J. 1,50 €.

Hotel **** Hostellerie de la Pointe St-Mathieu, gleich beim Leuchtturm, eine der besten und am schönsten gelegenen Herbergen des westlichen Finistère. 25 komfortable Zimmer mit Blick auf Leuchtturm und Ruinen. Kleine Wellness-Abteilung, beheiztes Hallenschwimmbecken. Ziemlich teures Restaurant, dessen Preisleistungsverhältnis von Lesern – gelinde gesagt – bemängelt wurde. DZ je nach Stockwerk und Ausstattung 85–215 € je nach Saison und Lage. Ganzjährig geöffnet. Pointe St-Mathieu, 29217 Plougonvelin, ✆ 02.98.89.00.19, www.pointe-saint-mathieu.com.

Plougonvelin
3900 Einwohner

Das arg zersiedelte Städtchen ist im Sommer der überlaufene Mittelpunkt der *Bucht von Bertheaume*. Das Leben spielt sich an den drei Stränden ab sowie im *Fort Bertheaume*, das einst die Zufahrt in die Rade de Brest bewachte. Vor 20 Jahren noch war die Festung ein vergessenes Gemäuer in einer einsamen Bucht. Heute dient die illuminierte Anlage gelegentlich für Konzerte.

Postleitzahl 29217

Information Office de Tourisme, am Hafen beim Centre Nautique. Freundlich und kompetent. Mitte Juli bis Mitte Aug. Mo–Sa 9–13 und 14–19, So 10–13 Uhr. Mitte Aug. bis Mitte Juli Mo–Sa 9.30–12.30 und 14–18 Uhr. Boulevard de la Mer. ✆ 02.98.48.30.18, www.plougonvelin.fr.

Hin und weg Busse nach Brest bzw. Le Conquet, werktags bis zu 6-mal tägl., Sonn- und Feiertage 3-mal in beide Richtungen.

Markt In der Hauptsaison jeden Sonntagvormittag.

Schwimmbad Beheiztes Meerwasserschwimmbad beim Centre Nautique.

Wassersport Centre nautique, am Trez-Hir-Strand. Surfstunden und Wochensegelkurse. Plage du Trez-Hir, ✆ 02.98.48.22.20.

Hippocampe Plongée, beim Centre Nautique. Tauchkurse. Plage du Trez-Hir, ✆ 06.81.33.91.32 (mobil).

Camping ⌃⌃⌃ Les Terrasses de Bertheaume, in der Nähe des Fort de Bertheaume. Viele Bungalows, aber auch ein paar Plätze für Zeltler. Beheizter Swimmingpool. 75 Stellplätze. Ganzjährig geöffnet. Rue de Perzel, ✆ 02.98.48.32.37, www.camping-brest.com.

Pointe du Petit-Minou: Klingt putzig und ist putzig. An der stillen Landspitze mit Leuchtturm gibt die Ebbe kleine Sandstrände frei, im Süden schiebt sich die nahe Halbinsel Crozon ins Wasser. Das kleine Fort an der Küste kann nicht besichtigt werden: militärisches Sperrgebiet. Tipp: Spaziergänge entlang der Küste, Pfad vorhanden.

Ile d'Ouessant
900 Einwohner

Ein einsames Eiland im offenen Atlantik. Unentwegt branden die Wellen gegen den Granitklotz an, der die rollenden Wogen an seinen Felszacken in helle Gischt zerstieben lässt. Die vorgelagerten Riffe wurden Seefahrern aller Generationen zum Verhängnis.

Enez-Eusa – „Kahle Insel am Ende der Welt" – ist der bretonische Name für Ouessant. Geformt wie eine Krabbenzange, ist die Insel 1558 Hektar groß, 8 km lang und bis zu 4 km breit. Sie ist der westlichste Punkt Frankreichs, die Sonne geht hier fast eine Stunde später unter als in Straßburg.

Fromrust und *Fromveur* heißen die beiden kräftigsten Strömungen, die die Insel umspülen, besonders der Fromveur mit einer Durchschnittsgeschwindigkeit von 13 Kilometern pro Stunde macht den Schiffsbesatzungen das Leben schwer. Doch die Havarien sind seltener geworden: Mehr als 50.000 Schiffe schwimmen jährlich an der Insel vorbei, nunmehr sicher geleitet von einem der aufwendigsten Signalsysteme der Weltmeere.

Das Leben auf Ouessant wird von der See bestimmt. Die Männer sind als Leuchtturmwärter, Fischer oder Mitglieder der französischen Marine zum Großteil in einem maritimen Gewerbe beschäftigt. Früher waren auch Schiffbrüche eine wichtige Einnahmequelle der Ouessantins – ließen sich doch aus Wrackteilen Möbel aller Art herstellen.

Erst seit dem 19. Jahrhundert darf nach einem Regierungserlass Getreide angebaut werden, aber die Ackerflächen der Insel sind ohnehin nicht groß. Schafe weiden auf den kargen Heideflächen, in kleinen Gärten wird etwas Gemüse gezogen. Über das ganze Eiland sind Häuschen hingekleckert. Der *Parc Naturel Marin d'Iroise*, der seit 2007 die gesamte Westküste der Bretagne um die Rade de Brest und die Bucht von Douarnenez umfasst, stößt übrigens bei vielen Insulanern auf Ablehnung. „Wir wollen nicht zu Indianern in einem Reservat werden", ließ ein Inselpolitiker verlauten.

Die meisten Touristen lassen es bei einem Tagesbesuch bewenden. Es ist vor allem der Kitzel, sich auf einem exponierten, meerumtosten Stück Land zu befinden, der sie anzieht. Wer aber bleibt und sich in aller Ruhe von der Sprödheit des kargen Eilands einfangen lässt, kommt auf seine Kosten. Überhaupt zeigt sich das Wesen der Insel sowieso erst nach der Hauptsaison und bei richtigem Sauwetter. Hinweis: Bei Sturm riskieren Sie, Ihren Inselaufenthalt unfreiwillig zu verlängern!

Sehenswertes/Spaziergang

Phare du Stiff (Leuchtturm): Er überragt die *Baie du Stiff* und verrät mit seiner klobigen Architektur eine Verwandtschaft mit Wehrtürmen. Wo Baumeister *Vauban* 1695 zwei Wachttürme errichten ließ, wurde knapp 200 Jahre später der Leuchtturm hochgezogen. Seine Lampe hat eine Reichweite von 24 Meilen und macht alle zwanzig Sekunden mit zwei roten Blitzen die Kapitäne auf das Nordostende der Insel aufmerksam.

Finistère
Rade de Brest → Karte S. 309

Lampaul: Alle Wege führen zum Hauptort der Insel in der zangenförmigen Bucht von Lampaul. Das *Kirche St-Pol Aurélien* erinnert an den kurzen Aufenthalt des Gründungsmissionars, der seine Arbeit auf Ouessant jedoch bald frustriert aufgab und auf die Insel Batz weiterzog (→ Insel Batz, Kastentext „St-Pol Aurélien"). Weiße Christusfiguren auf schweren Kreuzen aus schwarzem Granit übersäen den *Friedhof* unterhalb der Kirche. Auch wer unauffindbar ertrank, bekam einen Platz unter den Seinen: Ein kleines, mausgraues Mausoleum mitten unter den Gräbern beherbergt Wachskerzen in Kreuzform, die nach der üblichen Trauernacht symbolisch für verschollene Seefahrer beigesetzt wurden.

Kleiner Hafen, Kirche mit Friedhof und die Häuschen der Einheimischen – Lampaul ist auf unspektakuläre Weise harmonisch.

Nordwestküste: Hier tobt auf breiter Front der endlose Kampf der Elemente. Das aufregendste Stück der Inselküste – von der Westspitze Ouessants, der *Pointe de Pern*, bis etwa zur *Plage de Yusin* – ist dem ständigen Anprallen des Atlantiks ausgesetzt, der zwischen dem *Phare de Créac'h* und Porz Yusin am stärksten wütet. *Les Rochers*, eine spitzgezackte Formation der Nadelfelsbastion, stemmt sich seit Jahrtausenden dem Wasser entgegen.

Ein Stück Wissenschaftsgeschichte: Vor der *Pointe de Pern* steht am Inselrand eine zerfallene *Kapelle*. Heute ein Stall für Schafe, war sie 1866 Örtlichkeit eines innovativen technischen Versuchs: Zwei Pferde trieben eine Pumpe an, die ein Nebelhorn zum Tuten brachte. Doch die Tiere zeigten sich bald renitent und wollten partout nicht stur im Kreis laufen. Also wurden die Pferde ersetzt: Ab 1885 tutete eine dampfbetriebene Trompete in die Nebelschwaden.

Pointe de Porz Doun: Die untere Krabbenzange der Insel, die zusammen mit der Pointe de Pern die Bucht von Lampaul begrenzt, ist weniger aufregend als die Nordwestküste, doch auch attraktiv. Vorbei an einigen kleinen Stränden führt der Weg zur Südspitze, die ein schönes Panorama über die Bucht und Lampaul bietet.

Der Heiratsantrag

Die Männer von Ouessant beherrschten die Meere, dafür hatten ihre Frauen eine stärkere Stellung als ihre Geschlechtsgenossinnen auf dem bretonischen Festland. So entschieden sie nach eigenem Gutdünken, wer ihr Liebster sein sollte, und stellten dann auf eine besondere Weise den Heiratsantrag: Sie buken und buken, bis ein leckerer Kuchen fertig war, mit dem sie sich ins Elternhaus des Auserwählten zum Kaffeetrinken einluden. Nach nervösem Smalltalk kam dann der bange Augenblick: Nahm der junge Mann eine Kuchenschnitte von seiner Verehrerin an, dann war er so gut wie verlobt. Weigerte er sich – „Nö du, ich bin mehr der Wursttyp" –, flossen wohl nachts in einem kleinen Haus mit blauen Fensterläden die bitteren Tränen einer abgewiesenen jungen Frau. Im Grunde waren die Ouessantines doch brave Mädels. Und solide Hausfrauen.

P. S. Wenn Ihnen (als Mann) heute von einer einheimischen Dame ein Kuchen serviert wird, hat das weiter nichts zu bedeuten. Diese Art der Liebesbezeugung ist leider ausgestorben.

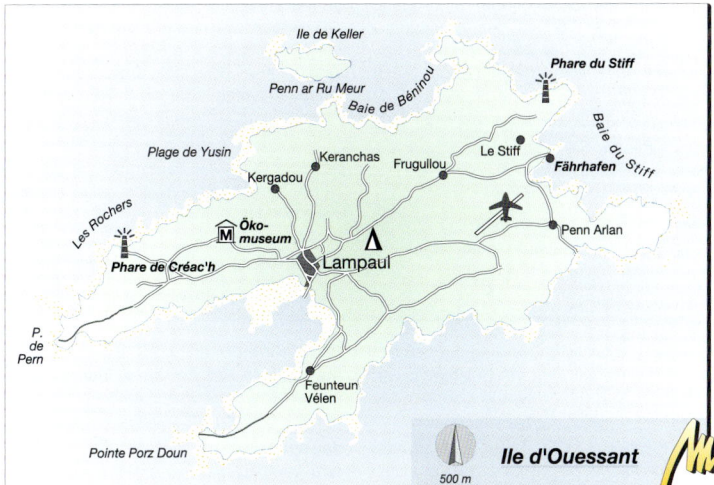

Finistère
Rade de Brest → Karte S. 309

Baden

Wegen der Wasserverhältnisse keine umwerfenden Möglichkeiten: Die See ist meist wild, die Küsten felsig, ungeschützt und steil. Der beste Strand ist die *Plage de Yusin* an der Nordwestküste, hinter den gezackten Felspyramiden von *Les Rochers*. Weitere Bademöglichkeiten an der Bucht von Lampaul.

Basis-Infos

Postleitzahl 29242

Information Office de Tourisme, bei der Kirche in Lampaul. Freundliche und kompetente Auskünfte, Buchung und Reservierung der Fähren. 2. Juliwoche bis vorletzte Aug.-Woche Mo–Sa 9–18.30, So 9–13 Uhr. Letzte Aug.-Woche bis 1. Juliwoche Mo–Sa 10–12 und 14–18 Uhr. Bourg de Lampaul. ✆ 02.98.48.85.83, www.ot-ouessant.fr.

Hin und weg Fährverbindung mit dem Festland: Zwei Fährunternehmen fahren zur westlichsten Insel Frankreichs.

Penn Ar Bed: Fahrt von Brest über Le Conquet (manchmal mit Zwischenstopp auf der Insel Molène, ohne Zwischenstopp 1 Std. Fahrzeit), in der Hauptsaison bis zu 6-mal tägl., dann weniger häufig, im Winter mindestens einmal pro Tag. Weiterer Abfahrtshafen ist Camaret (ebenfalls gelegentlich mit Zwischenhalt auf Molène). Die Tarife sind kompliziert. In der Hauptsaison ist die Fahrt teurer, ebenso an Wochenenden, Jugendliche haben Ermäßigung, Kinder noch mehr. Erwachsene zahlen je nachdem 28–35 € (hin/zurück), wobei der Abfahrtshafen keine Rolle spielt. Am besten erkundigt man sich im Office de Tourisme des Abfahrtsorts, das dann auch verrät, wo man das Auto parken kann, oder bucht online unter www.pennarbed.fr.

Finist'Mer: fährt weniger oft und ist leicht billiger (gelegentlich Sondertarife); Abfahrtshäfen sind Le Conquet (mit dem Schnellboot 45 Min. zur Insel), Camaret und Lanildut. Auch hier gilt: sich am besten im Office de Tourisme des Abfahrtsorts erkundigen. Onlinebuchung unter www.finist-mer.fr.

Flug: *FinistAir* fliegt Mo–Fr 2-mal tägl. sowie Sa 1-mal von Brest auf die Insel und zurück. Flugzeit 15 Min. Nur Hinflug 70 €. Reservierung: ✆ 02.98.84.64.87, www.finistair.fr.

Inselbus: Pünktlich zu den An- und Abfahrten der Fähren bedient der Inselbus die Längsverbindung der Insel zwischen Lampaul und der Anlegestelle der Fähre in der Baie du Stiff.

Inseltaxis bieten Rundfahrten an oder transportieren Sie komfortabel zwischen Hotel und Fährschiff. ☎ 06.07.90.07.43 (Taxi Blanc) oder 06.07.90.07.62 (Taxi Mauve).

Fahrradverleih   Das Fahrrad ist *das* Hauptverkehrsmittel auf Ouessant. Gleich an der Anlegestelle bieten mehrere Verleiher Räder an – vom robusten Mountainbike bis zum eleganten Damenrad. Wer sich nicht gleich entscheiden will: **Ouessancycles** der Familie Malgorn verleiht auch am Kirchenplatz in Lampaul, ☎ 02.98.48.83.44.

Pardon   Kleinerer Pardon bei der Kapelle Notre-Dame-de-Bon-Voyage am 1. oder 2. Septembersonntag.

Übernachten

Hotels   Die nachstehend aufgeführten Hotels verfügen alle über ein Restaurant und befinden sich im Hauptort Lampaul le Bourg:

** **Le Fromveur**, in Ortsmitte, einige Meter von der Kirche zum Meer. In zwei Häuschen bieten 14 Zimmer (darunter drei für 3–4 Pers.) „tout comfort". Im Restaurant mit Barbetrieb feste Essenszeiten. Spezialität sind gefüllte Krabben. DZ 50–72 €. Geschlossen letzte Nov.-Woche bis vor Weihnachten. ☎ 02.98.48.81.30, hotel-fromveur.fr.

La Duchesse Anne, unterhalb der anderen Etablissements, direkt am Meer. Einfaches Haus mit 9 renovierten Zimmern. Spezialität neben den Meeresfrüchten sind Jakobsmuscheln am Spieß. DZ mit Dusche/WC 49–60 €, die teureren mit Meerblick. Geschlossen 2. Jan.-Hälfte und im Febr. ☎ 02.98.48.80.25, www.hotelduchesseanne.fr.

Privatzimmer   Knapp 2 Dutzend Privatzimmer gibt es auf der Insel. Eine Liste ist beim Office de Tourisme erhältlich bzw. auf dessen Website einzusehen.

Jugendherberge   100 m vom Ortszentrum Lampauls, im einstigen Entbindungsheim, aber das sieht man dem renovierten Bau nicht an. 43 Betten. Übernachtung inkl. Frühstück 21 €/Pers., HP 33 €/Pers. Geöffnet April–Nov., Rezeption 7.30–13 und 18–20 Uhr. La Croix Rouge, ☎ 02.98.48.84.53, www.auberge-ouessant.com.

Camping   ** **Municipal Penn Ar Bed**, ein Stück außerhalb von Le Bourg neben der Straße zur Anlegestelle umgibt eine Steinmauer den kahlen Platz für 100 Zelte. Unidyllisch einfach. Rezeption im Rathaus. Geöffnet April–Sept. Stang Ar Glan, ☎ 02.98.48.84.65.

Ile Molène

200 Einwohner

Die Ile Molène, meistens nur eine Zwischenstation auf der Ouessant-Route, ist nur 1 km² groß und an der höchsten Stelle sechs Meter hoch. Lieben Sie kurze Strandspaziergänge? Dann steigen Sie aus. Und wenn Sie im Sommer auf die Insel kommen, sehen Sie vielleicht ein Tangschiff, das zum Bruttosozialprodukt des Inselchens maßgeblich beiträgt. Als Erwerbsquelle wichtiger als der Tang ist allerdings der Fisch.

Postleitzahl 29259

Hin und weg   Viele Fähren von Penn Ar Bed (Brest–Le Conquet–Ouessant), im Sommer auch einige von Finist'mer, legen einen Zwischenhalt auf Molène ein → Ile d'Ouessant.

Hotel   ** **Kastell An Daol**, 10 Zimmer „tout comfort", die besseren mit Hafenblick. Restaurant. DZ 66–78 €. Geschlossen Mitte Jan. bis Mitte Febr. ☎ 02.98.07.38.64, www.kastellandaol.com.

Camping   **Municipal**, 20 einfache Stellplätze. Anmeldung und Bezahlung im Rathaus, werktags 10–12 Uhr. Ganzjährig geöffnet. ☎ 02.98.07.39.05, mairie.ile.molene @wanadoo.fr.

Restaurant   **L'Archipel**, am Quai. Geöffnet Ostern bis Sept. ☎ 02.98.07.38.56.

Die Industriemetropole der Bretagne

Brest

140.000 Einwohner

Wie wichtig die strategische Lage der Stadt war, bekamen ihre Bewohner immer wieder schmerzhaft zu spüren, das letzte Mal im Zweiten Weltkrieg. Die von der deutschen Wehrmacht besetzte Hafenstadt wurde von den alliierten Streitkräften innerhalb weniger Wochen zusammengebombt.

So kann die Stadt nichts dafür, dass sie sich im Zentrum ausgesprochen nüchtern und kühl präsentiert. Beim Wiederaufbau von Brest wurde ein geometrischer Gesamtplan zugrunde gelegt. Haupteinkaufsader ist die schnurgerade *Rue de Siam*, die heute den Fußgängern vorbehalten ist. Großzügig gestaltete Plätze lassen viel Raum, die Stilrichtungen der Bauten reichen von einer Art Neo-Empire über platten Säulen-Klassizismus bis zum hypermodernen Kulturzentrum *Le Quartz* aus Glas und Spiegel.

Die Gunstlage der Hafenstadt brachte aber nicht nur Gefahr und Tod, sondern auch Wohlstand. 40.000 Menschen, rund ein Drittel der arbeitenden Bevölkerung, sind in der Verteidigungsindustrie bzw. deren Zulieferbetrieben beschäftigt. Brest ist einer der großen Kriegs- und Handelshäfen Frankreichs, bretonische Universitätsstadt, Sitz eines bedeutenden ozeanologischen Forschungszentrums *(CNEXO)* und, nach den schweren Zerstörungen, die modernste Stadt der Bretagne. Von Reisenden, die eher schnuckeliges Fachwerk oder die wilde Natur schätzen, wird die Stadt links liegengelassen. Wer kommt, ist meist auf der Durchreise und vertreibt sich die Zeit hauptsächlich mit Einkaufen oder maritimen Programmpunkten.

Stadtgeschichte: Seit 2000 Jahren dient die Bucht von Brest als idealer Ankerplatz, immer wieder ist die Stadt ein umkämpfter Zankapfel. 1341, im bretonischen Erbfolgekrieg, entzweit Brest sogar Verbündete: *Jean de Montfort* lässt die Stadt durch englische Truppen besetzen, die dann nicht mehr abrücken wollen. Glücklos versucht er, die Festung zurückzuerobern, auch fünf Anläufe des französischen Königs scheitern. Erst 1397 fällt die Stadt wieder an Frankreich.

Immer aufwendiger und den jeweiligen Kriegstechniken angepasst, werden die Befestigungsanlagen stetig verstärkt, der beste der königlichen Baumeister, *Vauban*, kümmert sich persönlich um die optimale Gestaltung der Stellungen.

Richelieu beginnt mit dem Ausbau des Hafens in der Penfeld-Mündung, sein Nachfolger *Jean-Baptiste Colbert* eröffnet im 17. Jahrhundert mehrere Seefahrtsschulen.

Der stattliche Hafen, inzwischen die Heimat von *La Royale*, der königlichen Flotte, zieht neben prominenten Besuchern und Händlern aus aller Welt auch werktätige Menschen an. Kunsttischler und Blattgoldspezialisten finden den Weg nach Brest und verdienen sich durch schmückende Arbeiten an den Schiffen der französischen Flotte eine goldene Nase. Seit 1750 kommen auch jede Menge Sträflinge, die ebenfalls tüchtig arbeiten, doch nichts verdienen: Das *Bagno von Brest* mit einer Kapazität von 500 Häftlingen ist bis zur Regierung *Napoleon III.* eines der meistgefürchteten Arbeitslager Frankreichs. Die der Kriegsmarine unterstellten Gefangenen werden für alle harten und gefährlichen Arbeiten eingesetzt; als Alternative droht ihnen die Zwangsverschiffung in noch schlimmere Arbeitslager in den Kolonien.

Im Zweiten Weltkrieg richtet sich ab 1940 die deutsche Wehrmacht in der kampflos eroberten Stadt ein: Die französische Kriegsmarine hat ihre Schiffe noch rechtzeitig abgezogen und die Hafenanlagen sowie die zurückgebliebenen Schiffe gesprengt. Den Deutschen ist das recht, sie verbunkern die ganze Gegend und machen aus dem Hafen einen stark befestigten U-Boot-Stützpunkt, der vier Jahre lang immer wieder angegriffen, aber nicht eingenommen wird. 1944 landen die Alliierten in der Normandie, umgehen den deutschen Atlantikwall auf dem Landweg und befreien unter hohem Blutzoll auch Brest. Nach 43 Tagen Belagerung und Bombardements kapitulieren am 18. September die deutschen Besatzer vor der alliierten Übermacht – die Innenstadt und das Hafenviertel von Brest gibt es nicht mehr.

Die letzte Katastrophe ereignet sich 1947, als im Handelshafen ein mit Ammoniumnitrat beladener norwegischer Frachter explodiert. Etliche Todesopfer, Hunderte von Verletzten sowie 5000 zerstörte Häuser und Behelfsquartiere werden im ohnehin schon geschundenen Hafenviertel gezählt.

Brest wird wiederaufgebaut und avanciert mit dem neu angelegten *Arsenal* hinter dem Strand von Lanilon wieder zu einem wichtigen Kriegshafen Frankreichs. Doch die Zeiten sind friedlicher geworden. Der Ausbau des Handelshafens ist heute

Modehit im Rokoko

Vor Brest kam es im Lauf der langen englisch-französischen Kriege zu vielen Seekämpfen. Zu ihnen gehörte auch ein vergleichbar harmloses Treffen: Während des amerikanischen Unabhängigkeitskriegs stößt 1778 die „Belle Poule" aus Brest auf die feindliche „Arethusa" unter englischer Flagge. Das folgende Gefecht beendet die angeschlagene Arethusa, indem sie Reißaus nimmt. Frankreich kann wieder einmal stolz auf seine Flotte sein, und ein Figaro aus Paris feiert in der Damenwelt des Hofs mit einem Kopfputz Triumphe, der als „à la Belle Poule" in die Geschichte der Rokoko-Mode eingeht: In einer ausgesparten Nische des hochgetürmten Haars halten Klammern – ja was? – ein Segelschiffchen.

wichtiger als der militärische Stützpunkt. Die Marine trat 2009 einen Teil ihres Hafengeländes ab, so dass Jachtbesitzer jetzt direkt vor dem Stadtzentrum ankern können.

Sehenswertes

Tanguy-Turm (Stadtgeschichtliches Museum): Die *Tour de la Motte Tanguy* am rechten Penfeld-Ufer gehörte einst zu dem Festungswerk der Hafenstadt, wurde 1944 zerstört und 1974 über den Grundmauern originalgetreu wiederaufgebaut. Heute steht der Turm vereinsamt da und beherbergt das kleine *Musée de la Tour Tanguy.* Themen: Brest vor der Revolution (1. Stock) und Brest nach der Revolution (2. Stock).

Juni–Sept. tägl. 10–12 und 14–19 Uhr. Okt.–Mai Mi/Do 14–17, Sa/So 14–18 Uhr. Eintritt frei.

Château (Marinemuseum): Aus einem römischen Lager an der Mündung des Penfeld-Flusses entwickelte sich ab dem 12. Jahrhundert die mittelalterliche, trapezförmige Befestigungsanlage. Dicke Mauern und viele Kanonen schützten das Schloss der Herren von Brest und – zusammen mit der Tour Tanguy am Nordufer – die Einfahrt in die Penfeld so gut, dass die Anlage als uneinnehmbar galt. Nicht der Zahn der Zeit nagte an der Festung, sondern das Dauerbombardement von 1944. Nach 1991 wurde in einem ersten Bauabschnitt die *Bastion Sourdeac* mit dem *Donjon* hinter der Einfahrt zum Handelshafen restauriert.

Im Château unterhält die französische Marine in einigen Türmen ein gut bewachtes *Museum*, das der Geschichte der französischen Marine gewidmet ist: Schiffe, Dokumente, Ausrüstung, dazu die Geschichte des Châteaus und des Bagnos von Brest.

Museum: April–Sept. tägl. 10–18.30 Uhr. Okt.–März tägl. außer Di 13.30–18.30 Uhr. Eintritt 6 €, bis 26 J. gratis. Die Festung selbst ist als Sitz der *Préfecture Maritime* Militärgebiet, zur Besichtigung freigegeben sind einige Türme und Teile des Walls.

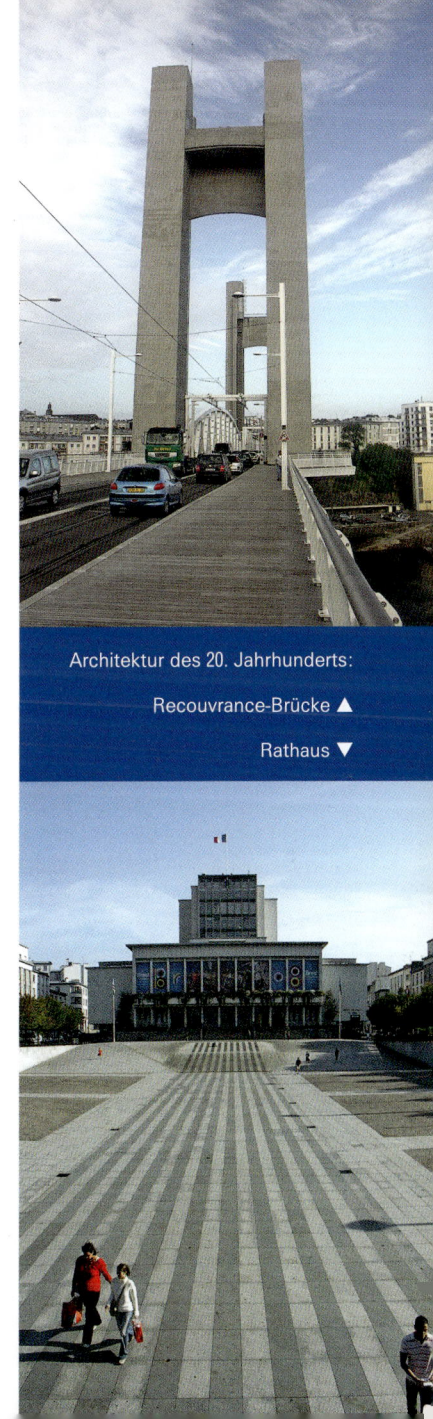

Architektur des 20. Jahrhunderts:

Recouvrance-Brücke ▲

Rathaus ▼

Kunstmuseum (Musée des Beaux-Arts): Der Schwerpunkt der städtischen Bildersammlung liegt auf Werken des 17. und 18. Jahrhunderts: Italiener, Holländer und Franzosen. Dazu gesellen sich einige Künstler aus dem 19. Jahrhundert, u. a. aus der Schule von Pont-Aven.

Di–Sa 10–12 und 14–18, So 14–18 Uhr. Eintritt 4 €, bis 18 Jahre sowie Kunststudenten aller Länder gratis.

Cours Dajot: Unterhalb des Châteaus beginnt diese schattige, etwa 600 Meter lange Promenadenstraße mit Blick auf die Anlagen und Schiffe des Handelshafens sowie über die Rade de Brest. Die Straße wurde 1769 von Sträflingen des berüchtigten Bagnos von Brest angelegt – das sollte Ihnen die Lust am Flanieren aber nicht nehmen.

Monument Américain de Brest: Der monumentale Turm an einem exponierten Aussichtspunkt der Promenade über dem Handelshafen ist kein Schmuckstück. Er erinnert an die Landung der amerikanischen Truppen am 1. September 1917, die sich in diesem Jahr in den Ersten Weltkrieg einmischten. Deutsche Truppen jagten den Turm 1940 in die Luft, doch das letzte Wort hatten schließlich die Amerikaner. Sie bauten 1958 den heute meist gesperrten Turm originalgetreu wieder auf.

Handelshafen (Port de Commerce): Mitte des 19. Jahrhunderts war die Penfeld-Mündung als Kriegs- und Handelshafen überlastet, sodass der Bau eines eigenen Zivilhafens nötig wurde. Heute schwimmen vom Kutter bis zum Öltanker alle Schiffstypen vor den Hafenanlagen des Port de Commerce. Jährlich werden über zwei Millionen Tonnen Ladung umgeschlagen, die Tanker werden im eigenen Ölhafen gelöscht. Riesig sind auch die Docks – im größten können Schiffe bis 500.000 t gewartet werden.

Recouvrance-Hebebrücke (Pont mobil de Recouvrance): Die Stahlkonstruktion aus dem Jahr 1954 ist die größte Hebebrücke Europas. Die Brücke funktioniert nach dem Fahrstuhlprinzip: Zu festen Zeiten wird das 87 Meter lange, 530 Tonnen schwere Mittelteil der Fahrbahn in zweieinhalb Minuten um 26 Meter angehoben, damit kein Hochseedampfer sie schrammt. Innerhalb von Sekunden wird das Tragwerk dann wieder herabgelassen, und der Landverkehr kann wieder fließen.

Albert-Louppe-Brücke: Am 12. Oktober 1930 weihte der Bischof von Quimper die riesige Brücke am Nordostende der Bucht ein. 50.000 Personen waren anwesend, nur einer fehlte. Albert Louppe, Präsident des *Conseil général du Finistère* und Initiator des Bauwerks, verstarb noch vor der Fertigstellung. Gegen die deutschen Truppen erwies sich der bischöfliche Segen allerdings als machtlos: Ein Bogen wurde 1944 zerstört, fünf Jahre später eine verbreiterte Brücke wiedereröffnet. Seither überspannt sie mit einer Länge von 880 Metern in drei gewaltigen Bögen den Elorn und erspart dem Reisenden 25 km Landweg.

Océanopolis: 1990 öffnete am Jachthafen *Océanopolis* seine Tore – und war damit Europas größtes und bestausgestattetes Aquarium. Der Komplex, ein monumentaler, in Beton gegossener stilisierter Krebs, zeigt auf 2700 m² die ganze Palette der noch lebenden Fauna und Flora der Atlantikküste. Robben, Vögel und Fische aller Art, eingebettet in Vorführungen, Filme, Computeranimationen und Vorträge rund um das Meer. Der *Pavillon der gemäßigten Zonen* wird ergänzt durch einen *Tropenpavillon* und einen *Polarpavillon*.

Im „Tropenpavillon" sind neben unzähligen Aquarien mit den schillerndsten Fischen jede Menge Informationen zur Entstehung von Atollen und Korallenriffs verfügbar. Im „Polarpavillon" beginnt der Rundgang mit der Panoramaprojektion *Ant-*

arctica. Anschließend bekommt der Besucher einen Bären aufgebunden bzw. einen Eisbären. Dieser ist eindeutig aus Kunststoff, ebenso eindeutig aber sind die Robben und Pinguine, die sich auf den Eisschollen tummeln, aus Fleisch und Blut.

Nicht nur in den Aquarien wird etliches geboten. Während des Rundgangs lernen die Besucher neben den Winden und dem Wechsel der Gezeiten auch das Innenleben eines Fischerbootes kennen. Für Kinder am interessantesten sind die Becken, in denen sie allerlei Meeresbewohner (keine Angst, sie beißen nicht!) anfassen dürfen. Kurzum: Man ist nach einem Besuch von Océanopolis in Sachen Meer viel schlauer als vorher – vorausgesetzt, man konnte sich in die erste Reihe durchdrücken. Beste Zeiten: am frühen Vormittag oder mittags. Trotz des satten Eintrittspreises ist der Besuch empfehlenswert. Eine Besichtigung aller drei Pavillons kann leicht einen halben bis ganzen Tag füllen – Verpflegungsmöglichkeiten vor Ort.

Anfahrt: Océanopolis liegt am Jachthafen von Moulin-Blanc und ist dank reicher Beschilderung nicht zu verfehlen. Oder einfach mit Bus Nr. 3 vom Zentrum bis zur Endstation.

Die Öffnungszeiten sind sehr ausgetüftelt. Ungefähre Richtlinien: Mai/Juni und 1. Juliwoche sowie Mitte Sept. bis Mitte Okt. Di–So 9.30–18 Uhr. 2. Juliwoche bis Aug. tägl. 9.30–19 Uhr. Erw. 19,80 €, unter 17 J. 12,80 €. Das Schlangestehen an der Kasse vermeidet, wer sich im Office de Tourisme eine um 2 € billigere Eintrittskarte besorgt.

Basis-Infos

Finistère
Rade de Brest ↓ Karte S. 309

Postleitzahl 29200

Information Office de Tourisme, im Kulturpalast der Stadt. Ein verglaster und verspiegelter Bau namens Le Quartz. Juli/Aug. Mo–Sa 9.30–19, So 9.30–13.30 Uhr. Sept.–Juni Mo–Sa 9.30–18 Uhr. Place de la Liberté. ✆ 02.98.44.24.96, www.brest-metropole-tourisme.fr.

Hin und weg **Flugzeug:** Aérodrome Brest-Guipavas südöstlich der Stadt; u. a. mehrmals tägl. nach Paris. Regelmäßig Flüge in andere französische Städte und nach England. Lufttaxi nach Ouessant: *Finist'air* unterhält regelmäßige Flugverbindungen zur Insel Ouessant, Mo–Fr 2-mal tägl., Sa 1-mal, Flugdauer etwa 20 Min. ✆ 02.98.32.86.00, www.brest.aeroport. fr.

Bahn: Bahnhof, ein moderner Rundbau, an der Place du 19e RIC. Zwischen 4.45 und 23 Uhr verlassen werktags rund 25 Züge den westlichsten Bahnhof Frankreichs Richtung Osten. Über Morlaix/Guingamp nach Rennes/Paris, über Châteaulin/Quimper/Lorient nach Vannes und weiter nach Nantes. Dazu kommen zahlreiche Regionalzüge Richtung Morlaix oder Quimper.

Bus: Busse starten beim Bahnhof (s. o.). Auf der schleifenförmigen Linie St-Renan–Porspoder–Portsall–Ploudalmézeau–St-Renan–Brest zur Côte des Légendes. Werktags 3-mal in beide Richtungen, Sonntag und an Feiertagen 1-mal. Nach **Quimper** werktags mindestens 6-mal, über Plougastel-Daoulas nach **Le Faou** (werktags mindestens 5-mal). Die *Cars de St-Mathieu* fahren werktags 6-mal nach **Le Conquet**, *Voyages Bihan* werktags mindestens 6-mal über Lesneven/Plouescat nach **St-Pol Léon/Roscoff.** Mindestens 6-mal tägl. von *Les Cars des Abers* nach **Lannilis**. Beste Verbindung nach **Plougastel-Daoulas** mit dem *Stadtbus Nr. 8*. Auf die Halbinsel **Crozon** mit Endstation Camaret fährt *Effia*, mindestens 5-mal tägl. ✆ 08.10.81.00.29.

Tram: 2012 wurde die lang erwartete erste Straßenbahnlinie eröffnet. Die schicke grünlich-gelbe Bahn gleitet fast geräuschlos von der Porte de Plouzané im Westen mitten durchs Zentrum (Rue de Siam) nach Osten, wo sie sich gabelt (Porte de Gouesnou oder Porte de Guoavas). Eine zweite Linie, die am Bahnhof vorbeiführen soll, ist noch in Planung.

Stadtbusse: Die weißgelben Stadtbusse erreichen alle Viertel der Stadt. Städtische Busdrehscheibe ist die *Place de la Liberté*. Für Touristen wichtig ist die Buslinie 3: von der Place de la Place Liberté zum Bahnhof, am Handelshafen vorbei zum alten Jachthafen (Océanopolis).

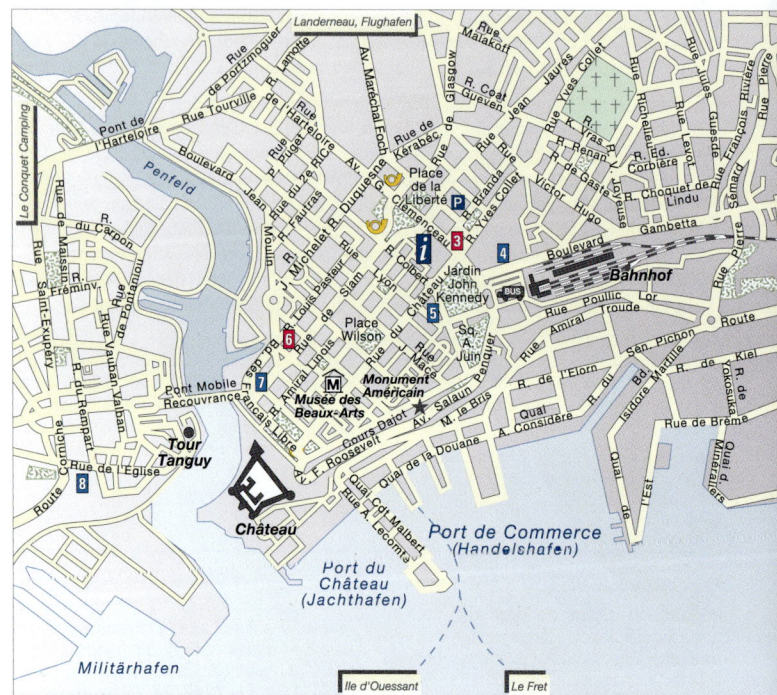

Fähre nach Ouessant → Ilde d'Ouessant

Fähre nach Le Fret (Halbinsel Crozon): *Le Bresto*â fährt von April bis Sept. tägl. morgens und am frühen Abend über die Rade nach Le Frêt, in der Hauptsaison kommen zwei zusätzliche Überfahrten hinzu. Dauer der Überfahrt 40 Min. Ticket hin/zurück 16 €. ✆ 07.78.37.03.23, www.lebrestoa.com.

Parken   In den Straßen des Zentrums stets gebührenpflichtig, einige Parkhäuser vorhanden (gut ausgeschildert).

Autoverleih   In *Bahnhofsnähe* sind **ADA**, (9, avenue Georges Clemenceau. ✆ 02.56.02.67.94) sowie **Europcar** (43, rue Voltaire, 02.98.44.66.88) zu finden.

Die am *Flughafen* vertreten Agenturen findet man unter www.brest.aeroport.fr/location-de-voitures.

Bootsausflug   In der Vor- und Nachsaison 2-mal tägl., von Juni bis Aug. 3-mal tägl., starten am ersten Bassin des Port de Commerce (unterhalb des Châteaus) die Ausflugsboote von *Azénor* für diverse **Rundfahrten in der Rade de Brest** (aktuelle Zeiten im Office de Tourisme erhältlich). Sie sehen u. a. die Schutzreede, den Militärhafen mit den Silhouetten der Kriegsschiffe, die U-Boot-Basis (ebenso von fern), den Leuchtturm von Portzic, die Hafeneinfahrt und ihre Befestigungen.

Von April bis Sept. veranstaltet *Azénor* auch diverse **Schlemmerkreuzfahrten** in der Rade de Brest. Start am Port de Plaisance bei Océanopolis. ✆ 02.98.41.46.23.

Einkaufen   Fast alles, was das Herz begehrt. Hauptgeschäftsstraße ist die Rue de Siam.

Feste   Alle 4 Jahre findet in Brest die große **Fête Internationale de la Mer et des Marins** (*Les Tonnerres de Brest*) statt. Rund 2000 alte Segelschiffe aus 30 verschiedenen Nationen kommen in der Rade zusammen. Nächstes Treffen im Juli 2016. Das Riesenevent lohnt mit Sicherheit einen Besuch, es ist allerdings mit sehr großem Andrang zu rechnen. 2012 kamen rund 800.000 Festivalgäste.

Übernachten
2 Jugendherberge
4 De la Gare
5 Agena
7 De la Rade
8 La Corniche

Essen & Trinken
1 Bistrot Côté de Mer
3 Les Relais d'Alsace
6 Ar Milin

Brest

250 m

Nicht ganz so spektakulär, erfreuen sich die **Jeudis du Port** dennoch regen Zulaufs: Im Juli und Aug. gibt es am Hafen jeden Donnerstagabend Konzerte und vieles mehr.

Europäisches Kurzfilmfestival, jährlich eine Woche Mitte November. Spezialisten des Kurzfilms (Dokumentar-, Experimentier- oder Spielfilm) aus ganz Europa tragen das Datum in ihre Agenda ein. 2015 ging die 30. Ausgabe erfolgreich über die Bühne. Programm unter www.filmcourt.fr.

Märkte Der größte Markt Mo–Sa 8.30–19 Uhr in den **Halles St-Louis** an der Rue Louis Pasteur. Jeden 2. Samstag im Monat **Flohmarkt** rund um die Halles Saint-Louis.

Bio-Markt Di 16–20 Uhr und Sa 8.30–12.30 Uhr in den Halles de Kérinou – im Norden der Stadt, erreichbar mit Buslinie 3 (Haltestelle „Kérinou Place"). ∎

Wassersport Großes Angebot an Kursen und Leihgeräten: **Crocodiles de l'Elorn**, Surfen, Kurse und Brettverleih. Port du Moulin Blanc. ☎ 02.98.41.73.81.
USAM, Segelkurse und Segelbootverleih, Port du Moulin Blanc. ☎ 02.98.02.36.73.

Übernachten/Essen & Trinken

Hotels *** La Corniche 8, im Stadtteil Kerbonne, westlich der Penfeld-Mündung. Eine gediegene, ruhige Adresse: stilvolles Anwesen, 19 modern eingerichtete Zimmer mit Bad/WC, TV und Telefon. Feines Restaurant. DZ 60–82 €. Ganzjährig geöff- net. 1, rue Admiral Nicol, ☎ 02.98.45.12.42, www.hotel-la-corniche.com.

** **Hôtel de la Gare** 4, in Bahnhofsnähe. Funktionales, aufgemöbeltes Hotel mit 34 Zimmern. Alle Zimmer mit Radio, TV und Telefon, wahlweise Dusche/WC oder

Bad/WC. Einige Zimmer mit Meerblick. DZ je nach Größe und Ausblick 48–83 €. Ganzjährig geöffnet. 2, boulevard Gambetta, ℡ 02.98.44.47.01, www.hotelgare.com.

** De la Rade 7, exponiert in der Hauptgeschäftsstraße, mit 48 recht einfachen Zimmern ein großes Etablissement. Hoteleigene Garage. Kein Restaurant. DZ 54–65 €. Ganzjährig geöffnet. 6, rue de Siam, ℡ 02.98.44.47.76, www.hoteldelarade.com.

** Agena 5, einige Fußminuten vom Bahnhof, gleich beim Kennedy-Garten. 18 sachlich-moderne Zimmer, Bar und Salon à la disposition des clients. DZ 45–57 €. Ganzjährig geöffnet. 10, rue Frégate La Belle Poule, ℡ 02.98.33.96.00, www.agena-hotel.com.

Jugendherberge 2, in der Nähe von Océanopolis am Jachthafen. 136 Schlafplätze in 4-Bett-Zimmern. Mit Bus Nr. 3 Verbindung in die Innenstadt. Übernachtung 20 €/Pers. Ganzjährig geöffnet. 5, rue de Kerbriant, ℡ 02.98.41.90.41, www.aj-brest.org.

Camping **** Du Goulet, ca. 5 km westlich des Zentrums. Schmuckloses, größeres Terrain ohne Charme mit Swimmingpool und Rutschbahnen. Für Wohnmobile geeignet. Platz für über 150 Campingeinheiten. Stromanschlüsse vorhanden. Geschlossen 2. Dez.-Hälfte. Ste-Anne du Portzic, ℡ 02.98.45.86.84, www.campingdugoulet.com.

Restaurants Les Relais d'Alsace 3, die in ganz Frankreich präsente elsässische Brasseriekette bietet immer gutes Essen. Die Spezialität in Brest sind selbstverständlich Meeresfrüchte (direkt aus dem Becken). Tägl. geöffnet. 15, av. Georges Clemenceau. ℡ 02.96.80.25.73.

Bistrot Côté de Mer 1, beliebtes, großräumiges Lokal mit Terrasse. Sehr preiswerte Mittagsmenüs, kein gastronomisches Erlebnis, aber durchaus passend nach einem Tag in *Océanopolis*, am Strand von *Moulin Blanc* oder für Gäste der nahen Jugendherberge. Auch Pizza. Der ramponierte Zweimaster, der vor Ihren Augen im Hafen dümpelt, einst ein beliebtes Restaurant-Schiff, ist übrigens Eigentum der Stadt, die ihn weder reparieren noch versenken will und stattdessen seit Jahren mit dem Versicherer streitet. Tägl. geöffnet. 18, rue du Moulin Blanc. ℡ 02.98.41.70.52.

Crêperie ≫ **Mein Tipp:** Ar Milin 6, „charmante kleine Creperie mit Wohnzimmeratmosphäre, die besten Crêpes in drei Wochen", schrieben Leser. Wir sind dem Tipp nachgegangen: stimmt! 3, rue Pasteur, ℡ 02.98.80.21.29. ≪

Seit 2012 in Fahrt: lautloses Verkehrsmittel in Brest

Saint-Renan

Das Städtchen im Hinterland von Brest strahlt kleinbürgerliche Behäbigkeit aus. Das Zentrum mit seinen Granit- und Fachwerkhäusern um den schräg abfallenden *alten Marktplatz* ist ein beliebtes Fotomotiv. Die *Kirche*, im 19. Jahrhundert im neoromanischen Stil vergrößert, zeigt in ihrem Innern einen breiten, halbrunden Chorumgang, der eher an einen Tempel denken lässt. Ein kleines *Heimatmuseum* erzählt, dass St-Renan in der zweiten Hälfte des 20. Jahrhunderts als europäische Hauptstadt des Zinnabbaus galt – bis die letzte Mine ausgebeutet war.

Die Gründung von St-Renan wird dem heiligen Ronan zugeschrieben, der hier eine erste Klause unterhielt, bevor er sich bei Locronan ansiedelte und dort berühmt wurde (→ Locronan, Kastentext „Der Heilige und die Hexe"). Im Mittelalter wurde St-Renan zur Hauptstadt des unteren Léon und Sitz des herzoglichen Gerichts, das nach der Vereinigung mit Frankreich ein königliches wurde. Vermutlich war die Vergangenheit St-Renans aufregender als es die Gegenwart ist. Aufregung herrscht heute nur noch am Samstagvormittag. Dann wird die ganze Innenstadt zum Basar – der Markt von St-Renan hat eine jahrhundertealte Tradition und ist einer der größten im Finistère.

Postleitzahl 29290

Information Office de Tourisme, im Zentrum. Juli/Aug. Mo–Sa 9–12 und 14–18.30 Uhr. Sept.–Juni Di–Fr 9–12.30 und 14–17.30, Sa 9–12.15 Uhr. Place du Vieux Marché. ☎ 02. 98.84.23.78, www.tourisme-saint-renan.fr.

Hin und weg Busse von Cat fahren ab Brest die schleifenförmige Linie Brest–St-Renan–Porspoder–Portsall–Ploudalmézeau–St-Renan–Brest; werktags 3-mal tägl., Sonn-/Feiertage 1-mal.

Markt Samstagvormittag, hauptsächlich an der Place du Vieux Marché und in der Rue St-Yves. Vielleicht der größte, sicherlich der schönste Markt im Finistère.

Hotel ** Des Voyageurs, knapp oberhalb der Place du Vieux Marché. 24 gepflegte, nett eingerichtete Zimmer in zentraler Lage. Mit Restaurant. DZ 64–78 €. 16, rue Saint-Yves, ☎ 02.98.84.21.14, www.hotelvoyageurs trenan.com.

Camping Municipal de Lokournan, etwas außerhalb an einem kleinen Gewässer beim Fußballplatz (Anfahrt beschildert). Ganz gemütliches Gelände, ordentliche Sanitärblocks. Tennisplatz. Kleiner Nachteil für Lärmempfindliche ist die nahe Straße. 70 Stellplätze. Geöffnet Juni bis Mitte Sept. Route de l'Aber, ☎ 02.98.84.37.67, mairie@ saint-renan.fr.

Landerneau

15.300 Einwohner

„Cela va faire du bruit dans Landerneau" (Das wird in Landerneau Lärm machen) ist ein bekanntes Sprichwort in Frankreich und meint so viel wie: Davon wird man bestimmt noch hören. Es erinnert an die lärmenden Polterabende der Witwenhochzeiten, für die Landerneau weit über seine Grenzen berühmt war. Heute feiert man derlei eher im familiären Rahmen, es ist stiller geworden in der Stadt am Elorn.

Landerneau, die einstige Hauptstadt des Léon und Grenzstadt zur Grafschaft Cornouaille, steht im Schatten des nahen Brest. Im 16./17. Jahrhundert war die Stadt im Machtbereich der Fürsten von Rohan noch ein wichtiger Umschlag- und Lagerplatz für Brest sowie Standort von Segeltuch- und Ledermanufakturen, deren Produkte für den Export bestimmt waren. Dann sank Landerneaus Stern. Seit einigen Jahrzehnten blüht Landerneau dank seiner geringen Entfernung zur Großstadt wieder etwas auf. Die Stadt ist ein Zentrum ihres bäuerlichen Umlands, das sich auf Obst- und Gemüseanbau sowie Lachs- und Forellenzucht spezialisiert hat.

Der *Quai de Léon* am rechten und der *Quai de Cornouaille* am linken Elorn-Ufer erinnern mit ihren Namen noch daran, dass Landerneau an der Schnittstelle der alten Grafschaften Léon und Cornouaille liegt. Seit Jahrhunderten säumen rund um den *Pont de Rohan* die schönen Fassaden solider Bürgerhäuser den Fluss, der hier den Gezeiten unterworfen ist. Nach einem kleinen Bummel durch die Straßen bietet sich eine Rast auf der Außenterrasse des Café-Treffs *Le Goéland* auf der Rohanbrücke an – hier kommt auch die Nase auf ihre Kosten.

Finistère
Rade de Brest → Karte S. 309

Kleiner Stadtspaziergang

Die meisten alten Häuser versammeln sich hinter dem Quai de Léon am rechten Elorn-Ufer um die *Place du Général de Gaulle*, darunter eine schieferverkleidete *Maison d'Anne* (17. Jh.). Die *Rohan-Brücke* (Rue du Pont) überspannt in sechs Bögen seit 1336 den Elorn, ihre heutige Form erhielt sie im Jahr 1510. Die Häuschen mit den Schieferfassaden zu beiden Seiten der massiven Steinkonstruktion nehmen der Pont de Rohan den Brückencharakter, mit etwas Phantasie fühlt der Flaneur sich sogar auf den Ponte Vecchio von Florenz versetzt – Fußgängerzone.

Auf der anderen Seite des Elorn findet sich weitere Altbausubstanz um die *Kirche St. Thomas*, die Thomas Becket geweiht ist, dem 1170 ermordeten und drei Jahre später heiliggesprochenen Erzbischof von Canterbury. Besonders putzig ist die *Herberge der 13 Monde* schräg gegenüber der Kirche, in deren Fassade kleine Erdtrabanten aus dem Stein gearbeitet sind.

Basis-Infos

Postleitzahl 29800

Information   Maison du Tourisme, im Zentrum. Gute Auskünfte und freundliche Hilfe. Ganzjährig geöffnet. Juli/Aug. Mo–Sa 10–19, So 10–13 und 14–18 Uhr. Sept.–Juni Di–Sa 10–13 und 14–17 Uhr. Place du Général de Gaulle, ✆ 02.98.85.13.09.

Hin und weg   Bahn: Bahnhof knapp 2 km nordwestlich des Zentrums. Landerneau liegt am Schnittpunkt der Schnellstrecken Brest/Rennes/Paris und Brest/Vannes/ Nantes, zusätzlich fahren die Regionalzüge Brest/Mlaix und Brest/Quimper über Landerneau. Gute Verbindungen in alle Richtungen.

Bus: Haltestellen am Bahnhof und am Elorn-Ufer bei den Parkplätzen. Busse in alle Richtungen der Region.

Parken   Großparkplätze am Quai de Léon.

Markt   Am Quai de Léon und an der Place de Gaulle am Dienstagvormittag und Freitagvormittag (nur Obst und Gemüse) sowie am Samstag.

Übernachten/Essen & Trinken

Hotels ≫ Mein Tipp: *** Le Clos du Pontic 🟦, an der südlichen Elorn-Seite.

Das stilvolle ältere Anwesen aus der Jahrhundertwende wurde 2009 von einem bel-

Pont de Rohan in Landerneau

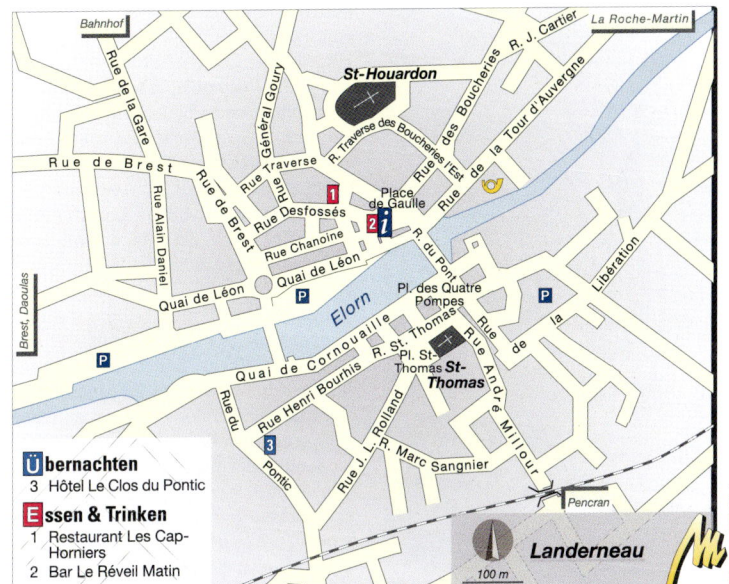

Übernachten
3 Hôtel Le Clos du Pontic

Essen & Trinken
1 Restaurant Les Cap-Horniers
2 Bar Le Réveil Matin

Finistère
Rade de Brest ↓ Karte S. 309

gischen Paar übernommen, das eine umfassende Renovierung besorgte. Der lauschige Park blieb, der Patio wurde zu einem japanischen Garten umgestaltet, durch den ein Wässerchen rieselt. Die Zimmer sind in den Anbauten aus den 1980ern halbrund um den Patio angelegt und alle komplett renoviert. Eigener Parkplatz. Das Rezeptionspersonal spricht Französisch und Deutsch. DZ 55–85 €. Geschlossen Mitte Dez. bis über Neujahr hinaus. 3, rue du Pontic, ☎ 02.98.21.50.91, www.clos-pontic.com. ⟨⟨⟨

Wohnmobile Stellplatz mit Service hinter den Sportanlangen an der Rue du Calvaire im Westen der Stadt, am südlichen Elorn-Ufer.

Restaurants Bei schönem Wetter ist die betischte Brücke über den Elorn (Rue du Pont, auch Pont Rohan genannt) sehr lebendig. Die Spezialitäten des Städtchens schwimmen im Fluss: Forelle, Lachs, Aal.

Les Cap-Horniers ❶, in einer Gasse hinter dem Quai d'Elorn. Schwerpunkt Fisch. Großer Pluspunkt: Die Muscheln kommen aus Carantec. Geschlossen außerhalb der Saison So ganztags und Mo–Mi abends. 13, rue du Commerce. ☎ 02.98.21.32.38.

Bar Le Réveil Matin ❷, ein junges, sympathisches Paar schmeißt den Laden. Croques, Salate, Sandwichs und gute Stimmung bis 1 Uhr früh. 18, rue du Chanoine-Kerbrat. ☎ 02.98.21.53.17.

Calvaires in der Umgebung von Landerneau

Landerneau ist ein idealer Startpunkt für eine kleine *Calvaire-Tour*. Auch wenn die umfriedeten Pfarrbezirke am linken Elorn-Ufer nicht so spektakulär sind wie jene der klassischen Calvaire-Tour (→ Das Landesinnere/Der Westen, Calvaire-Tour), bieten sie einige Attraktionen. Wer den Weg weiter Richtung Osten fortsetzt, kann die klassische Calvaire-Tour anschließen.

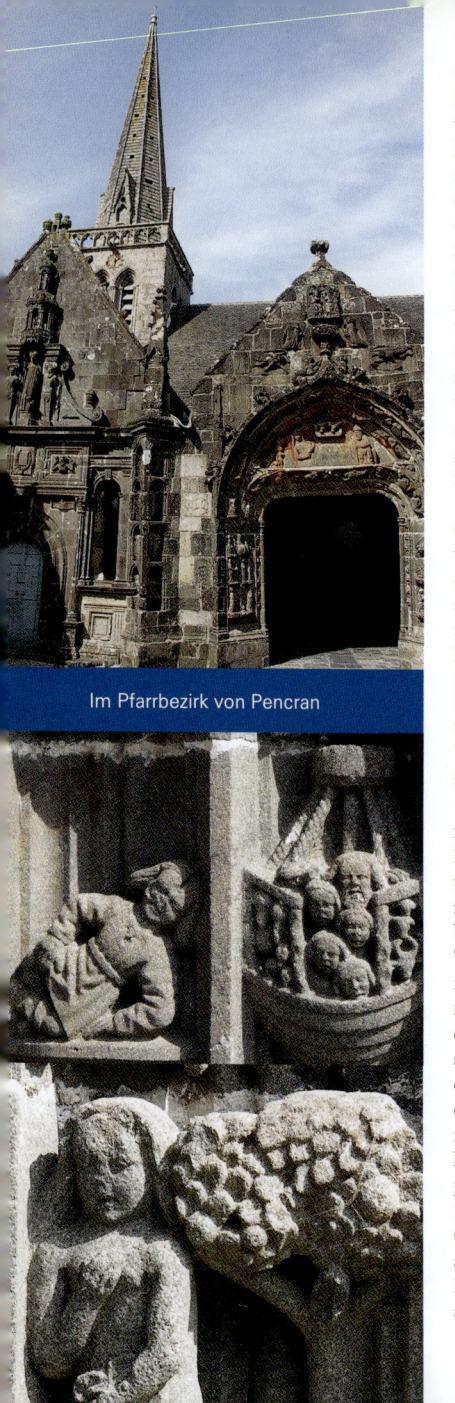

Im Pfarrbezirk von Pencran

Pencran: Der umfriedete Pfarrrbezirk von Pencran (= Holzkopf), auf einer Hügelkuppe gelegen, ist ein fein abgestimmtes Ensemble, das sich unaufdringlich in einen bäuerlichen Rahmen einpasst. An drei locker nebeneinander stehenden Kreuzen an den Treppen zum *Enclos paroissial* sterben Jesus und die beiden Schächer; in tiefer Trauer blickt Magdalena zum Gekreuzigten hinauf. Der einst schmucke Bau der Sakristei verfällt unbeachtet, auch die Kirche mit ihrem doppelstöckigen, durch Balkone gegliederten Turm leidet sichtbar an ihrem Alter. Die *Eingangspforte der Vorhalle* (1553) hingegen ist ein gut erhaltenes, großartiges Gesamtkunstwerk aus Granit. Neben Fragmenten der Geburtsszene und den Aposteln schmücken verwitterte, mit viel Liebe zum Detail gearbeitete Miniaturen den Eingang, u. a. ein betrunkener Noah.

Etwa 3,5 km südöstlich von Landerneau. Die Stadt über die Rue André Millour oder die Rue de Pontic im Süden verlassen, dann ausgeschildert.

La Martyre: Ein düsteres, dreibogiges *Triumphtor* mit begehbarer Brüstung führt in den aufwendig gestalteten Pfarrbezirk des winzigen Orts. Hoch über dem Eingang sind die schmerzverzerrten Figuren der traditionellen Sterbeszene des *Calvaires* zu sehen. Das Triumphtor und der Calvaire mit seinen nur wenigen Figuren sind in La Martyre nicht getrennt: Drei Kreuze entsprießen der Balustrade, in der Mitte Jesus, an seinen Seiten die niedrigeren Kreuze der Schächer, zu Füßen des Gottessohns eine trauernde Gruppe. Die Anlage muss viel gekostet haben, doch das kleine La Martyre konnte sich eine repräsentative Andachtsstätte leisten: Vom 14. bis zum 18. Jahrhundert richtete der Ort die größte Messe Westfrankreichs aus – neben Stammgästen aus England, Holland und Irland verschlug es sogar arabische Geschäftsleute in das Nest.

Am *Beinhaus* von 1619 gibt die ebenerdig angebrachte, fast lebensgroße Karyatide der Fachwelt Rätsel auf: Die Frauengestalt mit unverhülltem Oberkörper ist vom Nabel bis zu den Füßen bandagiert. Eine Sirene? Eine überlebende römische Göttin? Oder einfach eine Phantasiefigur? Die Spruchbänder über dem Eingang erinnern den Besucher an seine Vergänglichkeit, in schöner keltischer Tradition ist die Hölle nicht ein Ort des Schmorens in der Hitze, sondern des Schlotterns in der Kälte: „Tod, Jüngstes Gericht und eisige Hölle".

Der Kirchenbau geht zurück auf das 14. und 16. Jahrhundert. Die *Vorhalle* ist reich mit Figurenschmuck ausgestattet. Der Tod am Weihwasserbecken des Seitenportals hält unter dem Arm einen Schädel eingeklemmt, die andere Knochenhand führt den Todespfeil. Im Tympanon ist eine mutwillig zerstörte Weihnachtsdarstellung eingemeißelt: Ochs und Esel blicken neugierig vom Bildrand herein, die stillende Maria mit unbedeckten (und wohl deshalb später zerstörten) Brüsten hält ihre Arme in Wiegestellung, doch das Jesuskind ist längst verschwunden. Künstlerischer Höhepunkt im Inneren sind die *Sablières*; an den bunt bemalten Balken unter dem Holzgewölbe haben sich die von der Gemeinde bestellten Kunsttischler mit Genuss ausgetobt. Abstrakte Ornamente wechseln mit biblischen Szenen und solchen des Alltags. Die Fenster des Chorraums mit ihren bunten, realistischen Passionsszenen gelten als Vorbild der Fenster von La Roche-Maurice (siehe unten).

Anfahrt Ca. 10 km südöstlich on Landerneau, am linken Elorn-Ufer erst in Richtung Sizun, nach ca. 8 km links ausgeschildert. Oder von Pencran aus (s. o.) der Beschilderung folgen (4 km).

Pardon Am 2. Mai- und 2. Julisonntag.

Wohnmobile Stellplätze mit Stromanschluss am Ortsrand, Richtung Ploudiry (D 35).

La Roche-Maurice: Die Kirchgänger von La Roche-Maurice, das sich neben einer malerischen Burgruine hangaufwärts zieht, wissen Bescheid: *„IE VOUS TUES TOUS"* (in altfranzösischer Grammatik) – „Ich töte euch alle". Scherenförmig über dem Weihwasserbecken des *Beinhauses* (1640) macht Ankou seine zum Spruchband stilisierten Beinknochen breit. Unmittelbar neben dem Beinhaus wächst die Kirche (16. Jh.) in den Himmel, der Turm wirkt auf dem engen Raum etwas überdimensioniert. Im skulptierten Seitenportal, durch das man in die Kirche gelangt, stehen wie üblich die zwölf Apostel. Im Innern beleuchtet ein großes *Chorfenster* von 1539 mit einer Renaissancedarstellung der Passion den fröhlichbunten Raum, dessen größter Schatz der *Renaissance-Holzlettner* ist: Apostel, Päpste und Heilige geben sich die Ehre, darüber leidet Jesus am Kreuz für die Menschheit, bewendet von zwei betenden Frauen. Vier monströse Figuren, zwei männlich, zwei weiblich, helfen die Empore des Lettners zu tragen.

Von Landerneau ca. 4 km in Richtung Landivisiau, dann auf die andere Seite des Elorn wechseln, und schon sind Sie da. Pardon: Am 15. August Pardon zur Kapelle Notre-Dame-de-Bon-Secours bei Bon-Christ (knapp 3 km östlich von La Roche-Maurice).

Ploudiry: Dem Tod entkommt keiner. In Ploudiry bedroht Ankou an der Fassade des Beinhauses im Pfarrbezirk mit seinem langen, unfehlbaren Pfeil fünf herausgemeißelte Köpfe vom Bauern bis zum Bischof. Sie symbolisieren verschiedene Stände – Unterschiede, die Ankou egal sind. Die Vorhalle der Kirche und die Altäre im Inneren stammen, wie das Beinhaus, aus der Zeit der bretonischen Renaissance (17. Jh.).

Figurentheater am Calvaire von Plougastel-Daoulas

Plougastel-Daoulas

13.100 Einwohner

Mit der Neugestaltung der zentralen Place de l'Eglise ist der Hauptort der Halbinsel Plougastel schöner geworden, der berühmte Calvaire hat eine angemessene, ruhige Umgebung bekommen.

Trotz seiner Nähe zur Großstadt Brest ist Plougastel-Daoulas wie die ganze Halbinsel provinziell geblieben. Doch die Zeiten ändern sich. Wer noch vor dreißig Jahren hierher kam, konnte seine helle Freude an den traditionellen Gewändern besonders der Frauen haben – Plougastel galt als eine Oase der bretonischen Tracht. Heute sind die Häubchen, Westen und Zipfelmützen fast ganz verschwunden, nur noch< an besonderen Festtagen werden sie aus dem Schrank geholt.

Zusammen mit der Jakobsmuschel ist die Erdbeere das Wahrzeichen von Plougastel-Daoulas. Sie machte die Halbinsel berühmt und verhalf ihr in Frankreich zum Beinamen „Erdbeer-Halbinsel". Neben Erdbeeren und Muscheln aus der Brester Bucht sind Tomaten, Blumen, Melonen und Gemüse weitere Geldquellen der agrarorientierten Halbinsel. Der Tourismus spielt nur eine zweitrangige Rolle. Die Gegend ist ein ruhiges Spaziergebiet mit Panoramapunkten über der Bucht von Brest, mit etlichen Kapellen und einigen Dörfchen, in denen man ältere Herrschaften ihren Hund ausführen sieht, und die vom eilig Reisenden kaum wahrgenommen werden. Berühmt ist einzig der *Calvaire von Plougastel-Daoulas* – vor ihm steht dann auch der eiligste Tourist respektvoll still.

Sehenswertes

Calvaire: In einer Nische des Sockels stehen die Schutzheiligen gegen die Pest, St-Sebastien und St-Rochus – der Calvaire wurde 1598 wegen der damals wütenden

Seuche in Auftrag gegeben. 1944 wurde er, wie die Kirche, durch Granaten beschädigt und wieder restauriert. Über 180 Granitfiguren stellen 20 Szenen dar, im Zentrum steht die Passion. Alle Stationen des Kreuzwegs sind minutiös festgehalten, ein Engel schwebt über dem reuigen Schächer, der Teufel wartet auf den Tod des unbelehrbaren Sünders. Wie in Guimiliau holt auch in Plougastel-Daoulas der Teufel die Katel Gollet (→ Guimiliau, Kastentext „Katel Gollet"), die das sogar zu genießen scheint.

Vermutlich diente der Calvaire von Guimiliau als Vorbild, möglicherweise waren die gleichen Steinmetze am Werk, die Übereinstimmungen sind zahlreich. In einem Punkt aber unterscheiden sich die beiden Calvaires deutlich: Während die Figuren in Guimiliau Stein gewordene Momentaufnahmen menschlicher Gefühle darstellen, ist der Calvaire von Plougastel-Daoulas ein unterkühltes, unpersönliches Monumentalwerk, das sich erst nach und nach erschließt: „Sie werden den Calvaire siebenmal umrunden und eine achte Runde beginnen müssen, um die

Strawberry Fields Forever?

Die Geschichte der Erdbeere auf Plougastel zeigt, wie wendig der bretonische Bauer sein kann, der gemeinhin als Dickschädel und allem Neuen gegenüber wenig aufgeschlossen geschmäht wird. 1715 wurde die Erdbeere von Südamerika nach Europa gebracht. Einige Exemplare landeten auch in Brest, wo sich zuerst nur einige neugierige Botaniker über die exotische Frucht freuten. Im Verlauf des späten 18. Jahrhunderts – mit dem Weben von Segeltuch war nur noch wenig Geld zu machen – kamen einige Bauern von Plougastel auf die Idee, sich mit der Erdbeere eine neue Existenz aufzubauen. Bald stiegen immer mehr Plougasteler in das Geschäft ein und gaben der Frucht aus Übersee eine neue Heimat – Erdbeerfelder über Erdbeerfelder überzogen im Verlauf von 50 Jahren das Gebiet der Halbinsel.

Das Klima und ausgefeilte Düngemethoden garantierten einen ertragreichen Anbau, der nahe Welthafen Brest einen guten Absatz. Und der Erfolg gab den experimentierfreudigen Erdbeerzüchtern recht. Ab Mitte des 19. Jahrhunderts florierte das Geschäft, vor allem Paris und London konnten gar nicht genug von der süßen Beere kriegen. Eigene Schiffe der 1897 gegründeten Erdbeer-Genossenschaft belieferten von Brest aus die britische Insel, wo die Beeren schon zwei Tage nach der Ernte reißenden Absatz fanden.

Etwa hundert Jahre lang, bis zur Mitte des 20. Jahrhunderts, verdienten sich die Erdbeerbauern der Halbinsel goldene Nasen, dann ging der Umsatz zurück. Zum einen hatten die Engländer ihre eigenen Anbauflächen erweitert, zum anderen wurde das arbeitsintensive Pflückgeschäft im Maschinenzeitalter zu unlukrativ – bäuerliche Arbeitskräfte wanderten scharenweise in die Industrie ab. Wurden 1950 noch 6000 t angebaut, waren es aufgrund der gesunkenen Nachfrage in den 1990er Jahren nur noch etwa 1000 t. Doch die Plougasteler konterten: Teure Gewächshäuser und billige Folientunnels hielten Einzug, in denen besonders Tomaten und Blumen die Erdbeere ablösten. 3000 t Tomaten sind heute die jährliche Ernte. Da in Frankreich und der EU aber schon genug Tomaten im Umlauf sind, haben die ansässigen Bauern schon einen neuen Markt ins Auge gefasst: Amerika.

Finistère
Rade de Brest → Karte S. 309

verschiedenen Szenen, die der behauene Stein erzählt, zu entdecken und zu schätzen", weiß der Stadtprospekt.

Erdbeermuseum (Musée de la fraise et du patrimoine): Das Museum knapp oberhalb der Kirche ist in erster Linie ein betuliches Heimatmuseum. Zur Einführung wird die Geologie der Halbinsel erklärt, es folgen ein Pappmodell der Stadt und die Geschichte des Calvaires. Erst im nächsten Saal kommt die Erdbeere zu Ehren: Arbeitsgeräte, leere Erdbeerkistchen, ein Bauer mit seiner Frau beim Pflücken von (Kunststoff-)Erdbeeren. Anschließend werden Fischfang und Fußfischen erläutert, und zu guter Letzt folgt die unvermeidliche historica Abteilung mit Bauernschrank und massivem Bett, eine lebensgroße Puppenfamilie sitzt beim Abendessen. Im Vergleich dazu sind die kleinen Vitrinen vor der Kasse mit Erdbeerkaramell oder Erdbeerlikör geradezu aufregend. Fazit: So recht überzeugen konnte uns das Museum nicht.

Febr.–Mai und Okt.–Dez. Mi–Fr 14–17.30 Uhr. Juni und Sept. Di–Fr 10.30–12.30 und 14–18, Sa/So 14–18 Uhr. Juli/Aug. Di–Fr und 11–18.30, Sa/So 14–18.30 Uhr. Eintritt 5 €.

Basis-Infos

Postleitzahl 29470

Information Office de Tourisme, neben der Post, unweit der zentralen Place du Calvaire. Juli/Aug. tägl. 9–12.30 und 14–18.30, So 10–12 Uhr. Sept.–Juni Di–Fr 10–12.30 und 13.30–17.30 Uhr. 6, rue de l'Eglise. ℡ 02.98. 40.34.98.

Hin und weg Bus: Von und nach Brest am besten mit Stadtbuslinie 8. Zudem werktags mindestens 5-mal nach Le Faou oder Brest.

Einkaufen Erdbeeren. Vor allem während der Erntezeit im Mai und Juni, doch rollt der Nachschub aus den Treibhäusern noch bis spät in den September. Oft verkaufen die Erdbeerbauern direkt ab Hof.

Feste Am 2. Junisonntag großes Erdbeerfest mit Umzug und Folkloregruppen.

Hotels ** Kastel Roc'h, im westlich gelegenen Weiler Roc'h Kérézen. Mittelklasse-Schick zwischen funktional und neobarock. Parkplatz, Garten, Bar, 42 Zimmer, die billigeren etwas klein. DZ mit Bad/WC 38–58 €. Ganzjährig geöffnet. 91, avenue Charles de Gaulle, ℡ 02.98.40.32.00, www.hotel-kastelroch.com.

** Brit Hôtel Iroise, im Weiler Roc'h Kérézen gleich neben dem Hotel Kastel Roc'h. Kleiner und weniger aufwendig als dieses. DZ mit Dusche/WC 38–49 €. Ganzjährig geöffnet. Boulevard Filiger, ℡ 02.98. 40.68.70, www.brithotel-iroise.com.

Camping **** St-Jean, einziger Platz auf der Halbinsel, einige Kilometer oberhalb von Plougastel-Daoulas am Ufer des Elorn, direkt an der Mündung. Schattig und heckenunterteilt, Laden, eigener Strandabschnitt am Elorn-Ufer, kleiner Kinderspielplatz, Mobilhome-Verleih. 120 Stellplätze. Auch für Wohnmobile geeignet. Geöffnet Mitte April–Sept. Route de la Chapelle Saint-Jean, ℡ 02.98.04.23.11, www.camping saintjean.com.

Die Pietà im Pfarrbezirk von Daoulas

Umgebung von Plougastel-Daoulas

Rundfahrt auf der Halbinsel: Die Blicke von der Straße abseits der Küste bleiben beschränkt: Hohe Hecken schützen die Kulturen, verbergen die Häuser und parzellieren die Halbinsel in unübersichtlicher Weise, so dass nur das Glas der Gewächshäuser Akzente im undurchdringlichen Grün setzen kann.

Die Anlaufpunkte an der Küste bieten allesamt Panoramablicke auf die Bucht von Brest. Das auf einem Hügel an der Westküste gelegene **Kernisi** beginnt den Aussichtsreigen. Einige Kilometer unterhalb, in der gemütlichen Bucht von **Le Caro**, verändert sich der Blickwinkel: Neben *Brest* ist die *Pointe des Espagnols* der Halbinsel Crozon an der engsten Stelle der Riesenbucht gut auszumachen. Die noch vom letzten Weltkrieg befestigte **Pointe de Kerdéniel** ist der Höhepunkt der Panoramatour. Im unteren Ortsteil ist ein Fußweg ausgeschildert: Blick auf die Mündungen von *Faou* und *Elorn*, *Brest*, die *Pointe des Espagnols* und die *Ile Longue*. Den letzten Aussichtspunkt – ein Stück hinter dem Meer – bildet **Keramenez** an der *Bucht von L'Auberlac'h*, wo eine Orientierungstafel bei der exakten Bestimmung der Örtlichkeiten hilft. Von hier aus überblickt man neben dem Südteil der Bucht von Brest auch Teile der Halbinsel Plougastel.

Daoulas
1800 Einwohner

Im Sommer sind die Parkplätze unterhalb der alten *Abtei* gut gefüllt. Um die romanische Klosterkirche aus dem 12. Jahrhundert entstand ein heute vielbesuchter *umfriedeter Pfarrbezirk* für die Gemeinde von Daoulas, die zum Kirchgang ein Stück bergauf gehen muss.

Schon im 5. Jahrhundert gründeten Mönche um den heiligen Columban hier ein erstes Kloster, das nach etlichen Wikingerüberfällen immer unwirtlicher aussah

Finistère
Rade de Brest → Karte S. 309

Eingang in den Pfarrbezirk

und von den frommen Brüdern schließlich knapp 500 Jahre später verlassen wurde. Bis 1125 dämmerten die Ruinen vor sich hin, dann erlaubte sich der Herzog von Léon ein gottgefälliges Werk: Er finanzierte einen romanischen Neubau, den er dem Augustinerorden übereignete. Der nannte schon bald eine stattliche Abtei sein eigen, die er geschmackvoll erweiterte und reich ausstattete – neben dem Ausbau der Kirche lag der Mönchsgemeinschaft die Bibliothek besonders am Herzen. 1790 vertrieben Revolutionäre die Bewohner des Klosters und verwüsteten die Abtei, die nach 1880 teilweise wieder aufgebaut wurde.

Der rußgeschwärzte, wuchtige *Eingang* in den Pfarrbezirk ist nichts anderes als das verpflanzte und umgebaute einstige Südportal der Kirche. Die Seiten schmücken die zwölf Apostel, oben eine Bethlehem-Szene mit einer Pietà auf der Rückseite. Das Kircheninnere ist eine Rekonstruktion des romanischen Stils: düster, kahl und fast schmucklos. Prunkstück der Klosteranlage ist der beschädigte *Kreuzgang* aus dem ausgehenden 12. Jahrhundert. Sein Dach und die seitliche Begrenzung sind verschwunden; geblieben sind elegante Arkaden und Kapitelle mit fein gemeißelten Ornamenten. In seiner Mitte steht ein *Brunnen* mit Dämonen, an dem sich die Mönche laben konnten.

Ein Teil des Klosterkomplexes wird heute für jährlich wechselnde, überregional beachtete ethnographische Ausstellungen genutzt. Hinter dem Ausstellungsgebäude erstreckt sich der *Parc de Daoulas* mit einem auf zwei Terrassen angelegten Garten, der Heilpflanzen aus allen Teilen der Welt vorstellt – eine Oase der Ruhe.
Park/Ausstellung: April bis Mitte Juni und Okt.–Dez. tägl. 13.30–18 Uhr. Mitte Juni–Sept. tägl. 10.30–19 Uhr. Eintritt Park 4 €, Park und Ausstellung 7 €.

Gleich unterhalb des umfriedeten Bezirks und optisch gut zu diesem passend steht die *Chapelle Ste-Anne*. Sie wurde 1667 an Stelle eines Pilgerhospizes aus dem 15. Jahrhundert errichtet, nachdem hier die Mutter Marias mehrmals einem Bauern erschienen war. Beachtenswert ist der kunstvoll gemeißelte Eingang mit vier korinthischen Säulen, über dem die Heilige thront, ein Renaissance-Türmchen krönt das Ensemble. Im Inneren ist eine sehr dramatische Pietà-Skulptur zu sehen, die – an der Rückwand platziert – allerdings etwas verloren wirkt.
Markt: Samstagvormittag lebendiger Wochenmarkt auf der Place St-Yves, dem Hauptplatz.

Hôpital-Camfrout: Auf halbem Weg zwischen Plougastel-Daoulas und Le Faou. Die äußerst malerisch gelegene *Kirche* (16. Jh.) neben dem eingefassten Flussbett ist nicht zu Unrecht ein beliebtes Motiv für Sonntagsmaler und Fotografen. Im Kircheninnern sind einige fein gearbeitete Skulpturen aus der Zeit der Hochgotik zu sehen.

Le Faou, einst eine wichtige Hafenstadt auf halber Strecke zwischen Brest und Quimper, ist ein uraltes Städtchen mit heimeligem Ortsbild. Die großen Zeiten sind vorbei, doch nicht ohne positive Folgen: Le Faou wurde in die Liste der schönsten Dörfer Frankreichs aufgenommen. Alte Häuser mit Schieferfassaden säumen die Hauptstraße, an der sich Einzelhandelsgeschäfte und Restaurants eingerichtet haben.

Die *Kirche Saint-Sauveur* wurde von der Französischen Revolution arg in Mitleidenschaft gezogen. Die Revolutionäre zerstörten den Enclos paroissial und schlugen auch sonst noch einiges kaputt, u. a. eine Seite des wunderbaren Taufbeckens (16. Jh.). Die drei intakten Seiten zeigen in den Stein gemeißelte Allegorien: Schlangen, Vögel, Engel, ein Hund jagt einen Hirsch ... Die Experten haben noch keine zufriedenstellende Interpretation gefunden.

Hotel/Restaurant ** Le Relais de la Place**, am Hauptplatz. 2014 von einem tatkräftigen Wirt und seiner kubanischen Frau übernommen. Die verkehrstechnisch günstige Lage von Faou ist ideal für Geschäftstreffen. In der oberen Etage wurde ein Konferenzsaal eingerichtet, der auch bei Hochzeiten nützlich ist. 5 kleinere Räume sind ebenfalls für geschäftliche Meetings gedacht. Es bleibt aber noch genügend Platz für 32 korrekte, praktisch eingerichtete Zimmer. Im Erdgeschoss wurde 2015 eine Bar-Brasserie eingerichtet, das Restaurant daneben ist auch so noch geräumig genug. An der Wand reihen sich 26 auf Holz gemalte Bilder, die Trachten aus den verschiedenen bretonischen Gegenden vorstellen. Auf den Tisch kommen Fisch und Fleisch, Jakobsmuscheln, Tartar, Kutteln, Pizza – keine raffinierte, eher eine deftige Küche, mit viel Freundlichkeit serviert. Insgesamt ein sehr sympathischer Betrieb. DZ 57–68 €. 7, place aux Foires, ✆ 02.98.81.91.19.

Crêperie >>> **Mein Tipp:** **La Frégatte**, hervorragende Crêpes und Cidre brut. Das Lokal wurde mehrfach für seine Kreationen ausgezeichnet und trägt zurecht das Label „Crêperie-Gourmande". Auf regionale Produkte wird Wert gelegt. Relativ klein und sehr beliebt, deshalb: Reservierung empfohlen. Di/Mi Ruhetag. 50, rue du Géneral de Gaulle. ✆ 02.98.81.09.09. <<<

Rumengol: An der D 42, knapp 3 km östlich von Le Faou, steht in Rumengol die Kirche *Notre-Dame-de-Tout-Remède*, mehrmals jährlich das Ziel von Wallfahrern. Einer der bekanntesten und größten Pardons der Bretagne findet hier am Wochenende von Trinitatis statt (erster Sonntag nach Pfingsten), ein weiterer am 15. August zu Ehren von König Gradlon. Wie oft bei Pilgerkirchen ist auch hier das Kircheninnere überladen, den größten Eindruck hinterlassen die Außenmauern.

Halbinsel Crozon

Wehrmachtsbunker aus dem Zweiten Weltkrieg und Befestigungsanlagen aus den Anfängen des französischen Absolutismus finden sich auffällig häufig an den Rändern des zerklüfteten Landzipfels. Die Halbinsel Crozon war ein strategisch exponierter Punkt: Wer sie beherrschte, hatte die Herrschaft über die Bucht von Brest.

Der Kriegshafen von Brest liegt gleich gegenüber, und die *Île Longue*, eine flache Landzunge bei Le Fret, ist ein streng abgeschirmter Marinestützpunkt (Fotografieren verboten!), auf dem U-Boote und Atomwaffen gebunkert werden. Doch in Friedenszeiten wie heute sind Atlantikfluten, Kormorane, Strände mit blitzblankem Sand und die vielen Aussichtspunkte gefahrlos zu genießen.

Die Halbinsel mit ihren Grotten, steil abfallenden Klippen, schroffen Kaps und windigem Heideland ragt weit ins Meer hinaus. Im westlichen Teil gliedert sich die Landmasse in zwei weitere kleine Halbinseln auf. Im Norden führt eine Straße zur *Pointe des Espagnols*, ohne die es die Meerenge von Brest nicht gäbe. Im Westen bilden die Felsformationen der *Pointe de Penhir* einen Abschluss, im Süden endet der Weg am *Cap de la Chèvre*, das in die Bucht von Douarnenez hineinragt.

Zum Baden sind die Strände auf Crozon nicht immer geeignet, etliche von ihnen sind als gefährlich ausgewiesen *(plages dangereuses)*; dann entschädigt eine gemütliche Rundfahrt entlang der Küste. Doch der beste Weg, die Schönheiten der Halbinsel zu erfassen, sind ausgedehnte Spaziergänge zu den vielen Felsnasen.

Am Wochenende schwärmen die Brestois, wie die Bewohner der nahen Großstadt genannt werden, über die Halbinsel aus, doch auch in der Hochsaison ist Crozon nicht überlaufen. Der größte Gästeandrang herrscht in Camaret und Crozon/Morgat,

Finistère
Rade de Brest → Karte S. 309

Ruhe in Frieden: Kriegsschiffe im Schiffsfriedhof

die sich ganz auf den kurzen Sommertourismus eingestellt haben. Meist französische Camperfamilien wählen auch Telgruc-sur-Mer und St-Nic an der Bucht von Douarnenez als Standort.

Landévennec   400 Einwohner

Hinter Le Faou sieht man an einem Aussichtspunkt an der D 791 das Kloster Landevénnecs ganz nah vor sich. Aber dann führt die Straße mit Hilfe des neuen, 2012 eröffneten *Pont de Térénez* erst über die Aulne – phantastischer Blick auf die Flussschlaufe und hinüber auf die zerklüftete Halbinsel. Erst nach weiteren Umwegen ist das verschlafene Landévennec in den letzten Ausläufern der Bucht von Brest erreicht. Knapp vor dem Ort weist rechts ein Schild auf den *Cimetière des bateaux* (Schiffsfriedhof) hin, der nur von oben zu betrachten ist (bereits vor der Brücke am anderen Aulne-Ufer zu sehen). Ein paar traurige, graue Wracks dümpeln in der Aulne – Endstation ausgedienter Kriegsschiffe der französischen Marine.

Vielleicht ist der Schiffsfriedhof auch ein Menetekel, mit Landévennec scheint es bergab zu gehen. Von den einst zwei Hotels ist das eine nur noch eine löchrige Ruine, das andere überlebt derzeit als B & B, der Campingplatz hat dichtgemacht, das moderne Café mit Terrasse stand 2015 zum Verkauf, Rundfahrten auf der Aulne wurden keine mehr angeboten und das neue Informationshäuschen steht gänzlich verwaist da. Gegen diese Endzeitstimmung muckt eine moderne Skulptur neben der Kirche auf, geschaffen von einem bretonischen Künstler im Jahr 2000. Titel: „Geburt des 3. Jahrtausends". Die Hoffnung stirbt bekanntlich zuletzt.

Vor dem Turm der alten Ortskirche (16. Jh.) wiegen sich sanft ein paar Palmen, das Wasser klatscht träge gegen die Friedhofsmauern. Noch weniger wäre los, gäbe es nicht die fotogene *Ruine der Abtei des heiligen Guénolé*, die heute als Museum die Besucher einlädt. 1958 weihten die Mönche von Landévennec etwas weiter oben eine neue *Abbaye St-Guénolé* ein, eine schlichte, rosa verputzte Anlage mit einer schmucklosen, modernen Kirche – einzig die Lage ist idyllisch.

Sehenswertes

Alte Abtei: Im Jahr 1988 wurde die alte Abtei von American Express mit dem „Prix Europa nostra" geehrt, doch kaputt bleibt kaputt: Außer den Ruinen der Klosterkirche unmittelbar hinter der Küste hat von der Anlage kein Stein die Zeiten überstanden. 485 von *St-Guénolé*, dem Ratgeber des legendären Königs *Gradlon* (→ Quimper/Stadtgeschichte, Douarnenez/Kastentext „Ys") gegründet, wuchs die Abtei in 500 Jahren zu einem blühenden Gemeinwesen und einer fruchtbaren Zelle des Katholizismus, wohlgelitten von den weltlichen Herrschern und wirtschaftlich gesichert durch die Warenzölle der Aulne-Schifffahrt. Gottlose Wikinger, die 913 als Erste über das Kloster herfielen, läuteten eine Ära der Raubzüge ein. Die Abtei erhob sich zwar nach 23 Jahren mit neuem Gesicht wie Phönix aus der Asche und gelangte wieder zu Reichtum und Ansehen, doch die regelmäßigen Heimsuchungen englischer Plünderer in den folgenden Jahrhunderten machten ein ruhiges Klosterleben unmöglich. Das endgültige Aus kam mit der Französischen Revolution. Die Mönchsgemeinschaft wurde zwangsaufgelöst, die Steine der überflüssig gewordenen Anlage schließlich peu à peu nach Brest geschafft, wo sie recycelt wurden.

Nur die unteren Mauerreste der romanischen Klosterkirche (11. Jh.) sind übriggeblieben – leere Fensterbögen in der niedergerissenen Fassade und Säulenstümpfe im freiliegenden Innenraum. Die ältesten Bauteile stammen aus der karolingischen Zeit, die verbliebenen Kapitelle zeigen teils keltisches Schmuckwerk. Das Mausoleum im rechten Seitenschiff ist angeblich das Grab Gradlons. Das *Museum* vor Ort gibt einen stimmungsvollen Einblick in die Klostergeschichte: Diashow, Statuen, Modelle und Kleinfunde.

Ein Opfer der Revolution – das Kloster von Landévennec

März und Okt. tägl. außer Sa 14–17 Uhr. April/Mai tägl. außer Sa 10.30–18 Uhr. Juni–Sept. tägl. 10.30–19 Uhr. Eintritt 5 €.

Postleitzahl 29560

Parken Ein Großparkplatz am Ortseingang lässt keine Parksorgen aufkommen.

B & B Le St-Patrick, an der Straße zur Kirche. 7 Zimmer auf zwei Etagen, Dusche/WC auf Etage. Die Zimmereinrichtung ist etwas ältlich, dafür gibt's, wenn man Glück hat, einen Schaukelstuhl und eine Pendule (Nr. 2). Kleiner Salon mit TV. Preiswertes Restaurant mit gutem Tagesmenü, z. B. Muscheln oder Jägerhuhn (nur für Gäste und nach Voranmeldung, in der Nebensaison Mi Ruhetag). DZ 41–43 €. Geöffnet Ostern bis Sept. Rue St-Guénolé, ✆ 02.98.27.70.83, www.le-saint-patrick.fr.

Argol

Der Ort im Landesinneren wartet mit einer einzigartigen Attraktion auf. Wer beim Hinweis auf das **Musée des vieux métiers vivants** *(Museum des lebendigen alten Handwerks)* an eines der vielen französischen Museen denkt, in denen alte Handwerksgeräte an Mauern und in Vitrinen ausgestellt sind, liegt falsch.

Hier präsentiert sich die alte Handwerkskunst sehr lebendig. Betagte Leute aus dem Dorf, die meisten schon über 80 Jahre alt, zeigen und erklären den Besuchern ihr Metier – und sie tun dies mit Begeisterung. Eine Frau kurbelt an der Zentrifuge, die den Rahm von der Milch scheidet, ein alter Mann demonstriert, wie ein bretonischer Holzschuh entsteht, vom Beilhieb auf den Holzklotz bis zur Feinarbeit. Leinen- und Schnurherstellung werden gezeigt, Spitzenklöpplerinnen, Korbflechter und Töpfer arbeiten in den Werkstätten. Im Freien werden Schafe von Hand geschoren: Geübte Hände greifen in die Wolle und schaben mit dem Schurmesser, bis nach einer halben Stunde das nackte Schaf aus der Prozedur entlassen wird – eine moderne Schermaschine erledigt die Schur in fünf Minuten.

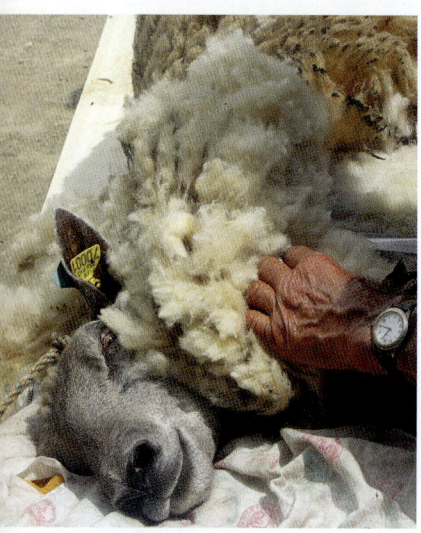

Wo die Wolle herkommt

Die Handwerker erzählen, beantworten Fragen, Kinder und Erwachsene lassen sich in Gespräche verwickeln – ein Austausch unter Generationen.
Mai/Juni und Sept. Di, Do, So 14–17.30 Uhr. Juli/Aug. tägl. 14–18 Uhr. Eintritt 5 €, 6–14 J. 2,60 €.

Le Fret

Lanvéoc, Le Fret und *Roscanvel* an der Nordküste sind die kleineren Urlaubsdomizile auf Crozon. Von den drei bescheidenen Küstenorten ist vor allem das in einer heimeligen Sichelbucht gelegene Le Fret erwähnenswert, nicht zuletzt wegen seiner Schiffsverbindung nach Brest und der Aussicht auf die Erdbeerhalbinsel Plougastel. Die an Le Fret anschließende *Ile Longue* ist nicht zugänglich – die flache Halbinsel ist ein schwer bewachter Stützpunkt für französische Atom-U-Boote. Eine aeronautische Basis östlich von Lanvéoc ergänzt die militärische Infrastruktur der Rade de Brest.

Fähre nach Brest Le Brestoâ fährt von April bis Sept. tägl. morgens und am frühen Abend über die Rade nach Brest, in der Hauptsaison kommen zwei zusätzliche Überfahrten hinzu. Dauer der Überfahrt 40 Min. Ticket hin/zurück 16 €. ☎ 07.78.37.03.23, www.lebrestoa.com.

Bootsausflug Le Brestoâ (s. o.) unternimmt von April bis Sept. neben dem Linienverkehr auch Bootsausflüge in die Rade.

Hotel/Restaurant ** Hostellerie de la Mer, Logis de France am Bootshafen. 24 gepflegte Zimmer, teils mit Blick auf den Hafen. Im Restaurant können auch Nicht-

Gäste hervorragend speisen. DZ mit Du/WC 58–95 €. Geschlossen im Jan. Le Fret, 29160 Crozon, ☎ 02.98.27.61.90, www.hostelleriedelamer.com.

Camping *** Gwel Kaër, nach der großen Brücke. Klein, steil am Hügel, mit gro-ßen Bäumen. Für zwei Sterne gut einge-richtet: Lebensmittel. Knapp 100 Stell-plätze. Geöffnet Ostern bis Sept. Le Fret, Lanvéoc 29160 Crozon, ☎ 02.98.27.61.06, www.camping-gwel-kaer.com.

Camaret   2600 Einwohner

Ein einst bedeutender Fischerhafen, der wegen der geschrumpften Fanggebiete wirtschaftlich zu kämpfen hat, und eine kleine, nicht mehr zeitgemäße Werft – die klassische Situation für etliche bretonische Hafenorte. Da ist es ganz gut, wenn der Tourismus ein bisschen Geld in die Gemeindekasse spült: Wichtiger als der Fi-scher- ist heute der Jachthafen. In den Sommermonaten präsentiert sich die Hafen-zeile von Camaret als Restaurantmeile, auf der mit Blick auf die hautnah dümpeln-den Fischkutter am Kai gespeist wird. Dahinter schiebt sich der *Sillon*, ein schmaler, 600 m langer Naturdamm, in die Hafenbucht. Neben einer Kapelle steht hier die *Tour Vauban*, die einst den Warenumschlagplatz sicherte.

Ortsgeschichte: Die Geschichte von Camaret liest sich wie eine Anhäufung von Er-oberungsversuchen, die seit der Installation der Verteidigungsanlagen rund um die Halbinsel scheiterten – bis zum Zweiten Weltkrieg. Die blutigsten Nasen an diesen Festungswerken holten sich die vereinigten Engländer und Holländer: Die Stadt-chronisten zehren immer noch vom 18. Juni 1694, als das eben vollendete Bollwerk auf dem Damm und der freiwillige Kampfeinsatz der männlichen Bevölkerung von Camaret zum Sieg Frankreichs beitrugen: angeblich nur 45 eigene Verwundete bei 1200 feindliche Gefallenen.

Eine Anekdote aus der Lokalgeschichte spielt rund hundert Jahre später: 1801 baute der amerikanische Ingenieur *Robert Fulton* ein Unterseeboot mit einer Vorrichtung, die es erlaubte, an einem nichtsahnenden Schiff einen Sprengsatz zu befestigen. Er wollte der französischen Regierung durch die Versenkung eines englischen Schiffs beweisen, dass so ein U-Boot eine tolle Sache sei. Mister Fulton startete sein Unterwassergefährt in Camaret, kam aber nicht dazu, seine Ladung zu zünden, weil der gesichtete englische Kahn rechtzeitig verschwand. Die franzö-sische Marine zeigte sich fortan desinteressiert und ließ das Projekt des Visionärs aus Übersee platzen.

Sehenswertes

Tour Vauban: Der Turm mit seinen drei vieleckigen Stockwerken steht trutzig auf dem Sillon im Hafen von Camaret. 1689 begannen unter *Vauban*, dem Lieblings-baumeister des Sonnenkönigs, die Arbeiten an einer der effizientesten Verteidi-gungseinrichtungen der Halbinsel. Schon fünf Jahre später spielte die Kleinst-festung bei dem legendären Großangriff der Engländer und Holländer auf Camaret eine bedeutende Rolle – Vauban persönlich koordinierte von dem noch nicht fertiggestellten, dachlosen „Roten Turm" die Verteidigung.

Trotz seines etwas klobigen Aussehens wurde der Turm 2008 von der UNESCO in die Weltkulturerbe-Liste aufgenommen.

Kapelle Notre-Dame-de-Rocamadour: Die Kapelle ist ebenfalls Teil der Silhouette des Sillons. Zwischen 1610 und 1683 gebaut, wurde der Turm beim englisch-

Finistère · Rade de Brest → Karte S. 309

holländischen Angriff von 1694 zusammengeschossen und nicht wieder aufgebaut. Innen schmücken Anker, Paddel, Rettungsringe und Schiffsmodelle das ausgediente Gotteshaus.

Alignements de Lagatjar: Zwei Kilometer südwestlich des Hafens stehen seit 1928 wieder 143 kleinere Menhire aus weißem Quarzit in drei Reihen neben der Straße – nur ein spärlicher Rest eines einst riesigen Megalith-Felds, in dem vor 200 Jahren noch über 800 Steine aufrecht standen, deren Ausrichtung möglicherweise mit dem Sternbild der Plejaden zusammenhing.

Baden

Meist ist Kies der Liegeuntergrund. Der kleine Sandstrand *Plage du Correjou* an der alten Hafenmole ist die ortsnächste Badestelle. Um Camaret verteilen sich drei größere Sand-Kies-Strände ohne Infrastruktur, der ungefährlichste und bestbesuchte ist die *Plage de Trez Rouz* 3 km im Nordosten. Der *Strand von Pen Had*, zwischen der Pointe Toulinguet und der Pointe Penhir, ist abgelegen, schön und gefährlich. Campen ist hier ebenso verboten wie an der *Plage du Veryac'h* östlich der Pointe de Penhir.

Aussichtspunkte um Camaret

Um Camaret liegen so viele Felskaps mit Fernsicht und Flair wie sonst nirgendwo in der Bretagne. Von Nord nach Süd:

Pointe de Penhir

Pointe des Espagnols: Sie ist aus früherer Zeit immer noch außerordentlich stark befestigt. Der nicht alltägliche Blick auf eine riesige Bucht, eine stattliche Großstadt und einen Kriegshafen machen die Pointe des Espagnols zu einem vielbesuchten Panoramapunkt. Weiß glänzend schmiegt sich *Brest* in das grüne Küstenland, davor der *Goulet*, die schmale Einfahrt in die Rade de Brest, weit hinten am Ende der Bucht die *Albert-Louppe-Brücke* und die *Halbinsel Plougastel*. Tipp für Fotografen: Der sonnige Mittag bietet das beste Licht auf Brest.

1589 landeten 400 spanische Söldner auf der Halbinsel, um die Einfahrt nach Brest zu blockieren. Südlich der Pointe zwangen sie Einheimische aus Roscanvel, eine Stellung zu errichten, die erst nach zähem Kampf von den französisch-königlichen Truppen genommen werden konnte. Die Historiker sind sich nicht einig: Elf oder auch nur acht Spanier überlebten das Unternehmen, das der Pointe des Espagnols ihren heute unverfänglichen Namen gab.

Pointe des Capucins: Wasser und Wind feilen stetig an den Felsformationen – schwarz und rot und braun stürzen links die Felsen zum Meer ab, rechts nistet ein düsterer Wehrmachtsbefehlsstand im Granit. Der Blick reicht bis zur *Pointe de St-Mathieu* im Nordwesten.

Pointe de Grand Gouin: In der Vielzahl der Panoramapunkte steht die ortsnächste Landspitze, die den Westrand der Bucht von Camaret bildet, weniger spektakulär da – doch erlaubt sie die schönste Sicht auf die *Anse de Camaret*.

Pointe de Toulinguet: Die westlichste Landspitze der Halbinsel wird von einem Leuchtturm überragt, das Fort daneben stammt aus dem Jahr 1811. Das Ensemble gehört zum militärischen Sperrgebiet der Marine, eine starke Mauer verwehrt den Zugang. Doch über dem *Strand von Pen Had* genießt man ein Panorama vom Feinsten, das bis zur *Pointe de Penhir* reicht.

Pointe de Penhir: Viele Besucher sind der Meinung, die Pointe de Penhir auf Crozon sei der berühmten Pointe du Raz landschaftlich überlegen. Das 70 Meter hohe, gespaltene Kliff aus hellem Granit ist in der Tat eines der aufregendsten bretonischen Kaps. In Felsschluchten gurgelt tief unten grünes Wasser, in kleinen Buchten schäumt wütende Gischt.

Der zerklüfteten Spitze vorgelagert sind die *Tas de Pois* (Erbsenhaufen), drei harmonisch kleiner werdende Felsklötze im Meer. Die gesamte Landspitze inklusive der Erbsen ist Vogelschutzgebiet. Nach einem kurzen Spaziergang vergrößern einige festinstallierte Ferngläser die Höhepunkte des Panoramas: in der Ferne die Striche der Inseln *Ouessant* (Nordwest) und *Sein* (Südwest), im Süden das Cap Sizun mit der *Pointe du Raz.* Der vorspringende Punkt im Nordwesten ist die *Pointe de St-Mathieu*, gegenüber die nahe *Pointe de Toulinguet*. Auf der anderen Seite sind die *Pointe de Dinan* und das *Ziegenkap* auszumachen. Die Erhebung im Landesinneren ist der *Ménez-Hom.*

Wer mutig, geschickt und schwindelfrei ist, kann sich auf eine Klettertour begeben. Besonders auf der Südseite des Kaps erlaubt der Fels das Eindringen in eine Welt, in der die Strudel unablässig am nackten Stein nagen. Das Meer hat hier schon oft seine Gefährlichkeit bewiesen: Immer wieder zieren havarierte Schiffsüberreste die Pointe de Penhir – zerfressene Eisenskelette zwischen stoischem Granit.

Basis-Infos

Postleitzahl 29570

Information Office de Tourisme, am Anfang des Kais. Juli/Aug. Mo–Sa 9.15–12.30 und 14–19, So 10–12 Uhr. Sept.–Juni Mo–Sa 9.15–12 und 14–18 Uhr (Sa nur bis 17 Uhr). 15, quai Kléber. ☎ 02.98.27.93.60, www.camaret surmer-tourisme.fr.

Hin und weg Bus: Camaret ist die Endstation der Presqu'île-Linien nach Brest bzw. Quimper. Werktags über Roscanvel/Crozon/Telgruc/Landévennec mindestens 4-mal nach Brest und über Crozon/Le Fret/Telgruc/St-Nic ebenso oft nach Quimper.

Bootsausflüge Viele Ziele sind im Angebot, umfassende Auskunft gibt das Office de Tourisme.

Pardon Am 1. Sonntag im Sept. zu Ehren der Notre-Dame-de-Rocamadour mit Segnung des Meers.

Veranstaltungen Lundis musicaux, im Juli/Aug. an jedem Montag – 2015 gab es bereits die 43. Auflage der „musikalischen Montage". Abwechselnd entweder in der Kirche oder in der Kapelle wird klassische, volkstümliche und religiöse Musik vorgetragen – vom Duett bis zum 50-köpfigen Chor – von meist hochkarätigen

Ensembles. Programm im Office de Tourisme und unter www.lundis-musicaux.com.

Wassersport Club nautique, am Nordostende des Hafens. Ausrüstungsverleih und diverse Schulungen, u. a. Tauchen, Segeln, Kajak. Quai Téphanie. ✆ 02.98.27.90.49.

Übernachten/Essen & Trinken

Hotels *** **Thalassa**, der Riese von Camaret am Ende der Hafenzeile. 46 gute Zimmer, die Hälfte davon mit Loggia zur Meerseite. Beheiztes Meerwasserschwimmbad, Hamam und balneotherapeutische Abteilung. Restaurant (geschlossen im April). DZ 65–138 €. Geöffnet April–Sept. Quai du Styvel, ✆ 02.98.27.86.44, www.hotel-thalassa.com.

*** **De France**, im selben Besitz wie das Thalassa und eine familiäre Alternative zu diesem. Nach einer umfassenden Auffrischung hat das Etablissement 2014 einen Stern dazugewonnen. 20 Zimmer. Restaurant. DZ 68–126 €. Geschlossen Mitte Dez. bis 1. Januarwoche. Quai Toudouze, ✆ 02.98.27.93.06, www.hotel-france-camaret.com.

** **Vauban**, 16 Zimmer, z. T. schöner Hafenblick. Kein Restaurant, aber Eisdiele, Bar, Terrasse und Garten. DZ 45–65 €, die billigeren Zimmer mit Etagendusche. Geschlossen in den Weihnachtsferien sowie eine Woche im Febr. 4, quai du Styvel, ✆ 02.98.27.91.36, www.hotelvauban-camaret.fr.

** **Du Styvel**, 13 ordentliche Zimmer mit Dusche/WC, die meisten auf der Meerseite. Restaurant mit Hafenblick. DZ 39–60 €.

Ganzjährig geöffnet. 2, quai du Styvel, ✆ 02.98.27.92.74, www.hotel-du-styvel.com.

Camping **** **Le Grand Large**, in der Heide oberhalb der gut sichtbaren Atlantikküste nordöstlich von Camaret, beim Weiler Lambézen. Recht gute Infrastruktur mit kleinem Laden, einfachen Speisen und Swimmingpool. 130 Stellplätze. Geöffnet Mitte Mai bis Mitte Sept. Lambézen, ✆ 02.98.27.91.41, www.campinglegrandlarge.com.

*** **Trez Rouz**, am gleichnamigen Strand, 3 km nordöstlich von Camaret (Ortsteil Roscanvel). Teilweise schattiges Wiesengrundstück direkt neben der Straße gleich am Meer, ebenfalls passabel eingerichtet, z. B. Brotdepot und Waschmaschine. 80 Stellplätze, weitere 10 für Wohnmobile. Geöffnet Mitte März bis Mitte Okt. Plage de Trez Rouz, ✆ 02.98.27.93.96, www.trezrouz.com.

** **Municipal du Lannic**, oberhalb des Zentrums Richtung Pointe de Penhir (ausgeschildert), in der Nähe des Alignements von Lagatjar. Ein ansprechendes, großes Gelände neben dem Sportzentrum. Steil über der Küste, hohe Baumreihen im welligen Areal und lustige moderne Sanitärblocks. 300 Stellplätze.

600 Meter schiebt sich der Sillon in die Hafenbucht

Finistère
Rade de Brest → Karte S. 309

Ganzjährig geöffnet. Rue du Grouannoc'h, ✆ 02.98.27.91.31, www.camaret-sur-mer.com/le-camping-municipal.php.

Wohnmobile Großer kommunaler Stellplatz mit Service (gegen Gebühr) an der Rue Georges Ancey, bei den Alignements de Lagatjar im Südwesten des Orts.

Weitere Möglichkeit am Eingang des **Camping Municipal du Lannic** (siehe oben, ebenfalls gebührenpflichtig).

Restaurants/Crêperien Die Restaurants sind fast allesamt am Hafenkai. Wer partout keine Meeresküche mag, findet hier auch Crêperien, Brasserien und Pubs. Eine Spezialität der örtlichen Küche sind neben den Langusten die Jakobsmuscheln, die im Herbst und im Winter frisch aus der Bucht gefischt werden – dann schmecken sie am allerbesten.

Crozon

7700 Einwohner (zusammen mit Morgat)

Im Sommer ist Crozon ohnehin stets gut besucht. Am Markttag aber quellen die Sträßchen gänzlich über, dann wird das Vorwärtskommen für die zahlreich herumkurvenden Autos zur Geduldsprobe. Der Hauptort der Halbinsel, zwei Kilometer landeinwärts, ist für Touristen hauptsächlich wegen seines Warenangebots, der Verkehrsanbindung und seiner kleinstädtischen Infrastruktur interessant. Die Ortskirche bietet mit ihrem *Retabel*, das in Thematik und Ausführung konkurrenzlos dasteht, das bedeutendste Stück Kultur der Halbinsel.

Kirche am Marktplatz: Seit über 400 Jahren zeigt das Gotteshaus ein einzigartiges Beispiel „bäuerlich"-bretonischer Kirchenkunst. Im Jahr 1603 wurde mit Begeisterung und viel Phantasie die *Altarwand* geschnitzt und bemalt – 400 Figuren auf 29 Tafeln stellen das Martyrium von 10.000 christlichen Legionären auf dem Berg Ararat dar, die auf Befehl Kaiser Hadrians wegen ihres Glaubens gefoltert und gekreuzigt wurden. Bunt, naiv und in der Aussage kompromisslos.

Basis-Infos

Postleitzahl 29160

Information Office de Tourisme, zentrale Informationsstelle für die gesamte Halbinsel, außerhalb des Zentrums beim Großparkplatz/Bushaltestelle an der D 8, nah bei der Kreuzung mit der D 155 (nach Le Fret). Juli/Aug. Mo–Sa 9–13 und 14–19, So 10–13 Uhr. Sept.–Juni Mo–Sa 9–12 und 14–18 Uhr. Boulevard Pralognan La Vanoise. ✆ 02.98.27.07.92, www.crozon.com.

Hin und weg Bus: Busbahnhof an der D 8 beim Office de Tourisme. Crozon liegt an den Busstrecken Camaret–Brest und Camaret–Quimper. Werktags mindestens jeweils 4 Busse tägl. in alle Richtungen.

Parken Am problemlosesten neben der D 8 beim Office de Tourisme.

Markt Täglich kleiner Markt am Kirchplatz. Wer es größer mag, muss auf den 2. oder 4. Mittwoch im Monat warten.

Reiten Etrier de l'Aber, 2 km von Crozon auf der D 87 Richtung Brest, dann rechts in Richtung Plage de l'Aber. Auch Ponys. ✆ 02.98.26.24.63.

Veranstaltungen Festival du Bout du Monde („Festival vom Ende der Welt") an einem Wochenende Ende Juli/Anfang August bis tief in die Nacht. Die auftretenden Künstler kommen aus der ganzen Welt, 2015 gab Rocklegende Eric Burdon ein Gastspiel. Die Konzerte finden im Dorf *Landaoudec* zwischen Crozon und Lanvéoc statt. Programm unter www.festivaldubout dumonde.com.

Übernachten

Hotel *** De la Presqu'île, zentral am Marktplatz. 13 sehr komfortable Zimmer.

Zum Hotel gehören das Feinschmeckerlokal „Le Mutin Gourmand" und die „Cave de

Meer gegen Felsen bei Crozon

la Presqu'île", die neben Kaffees, Tees und regionalen Spezialitäten vor allem ein gutes Weinangebot hat. Alles in allem also eine gute Adresse – und charmant obendrein. DZ 70–95 €. Ganzjährig geöffnet. Place de l'Eglise, ☏ 02.98.27.29.29, www.hotel-la presquile.fr/.

Camping *** Les Pins, südwestlich von Crozon neben der D 308 (diese beim Intermarché vor Crozon verlassen; Anfahrt beschildert). Schattiges Pinienwäldchen, für 3 Sterne triste Sanitäranlagen, u. a. Gasservice, Spielplatz, Lebensmittel, Restaurant, aber kein Strand. 150 Stellplätze. Geöffnet Ostern bis Okt. Route de Dinan, ☏ 06.60.54. 40.09, www.camping-crozon-lespins.com.

*** La Plage de Goulien, beim gleichnamigen Strand, z. T. schattig; Laden, Waschmaschine und kleiner Kinderspielplatz. 135 Stellplätze. Geöffnet Juni bis Mitte Sept. Kèrnavéno, ☏ 06.08.43.49.32, www.camping-crozon-laplagedegoulien.com.

*** Les Bruyères, kleiner Platz im Nirgendwo (Richtung Ziegenkap, dann rechts ab und immer weiter, bis der Platz schließlich unvermutet auftaucht); ausgesprochen ruhig, 130 gemütliche Stellplätze unter Bäumen. Geöffnet April–Sept. Le Bouis, Morgat, ☏ 02.98.26.14.87, www.camping-bruyeres-crozon.com.

** Pen Ar Ménez, der stadtnächste Platz, in der Nähe des Office de Tourisme neben der D 8 oberhalb des Zentrums. 90 Stellplätze. Ganzjährig geöffnet. Boulevard de Pralognan, ☏ 02.98.27.12.36.

Morgat

7700 Einwohner (zusammen mit Crozon)

In Morgat setzte der Tourismus früher ein als anderswo auf der Halbinsel. Der Großunternehmer *Armand Peugeot*, der Nachwelt bekannt durch die gleichnamige Automobilmarke, rief gegen Ende des 19. Jahrhunderts in dem seinerzeit windigen Fischerdörfchen einen Verein zur Förderung des Fremdenverkehrs ins Leben – eine aberwitzige Idee, da Morgat am Ende der Welt lag, nur mühsam erreichbar war und nicht mehr als die ärmliche Infrastruktur eines abgelegenen Fischerdorfs zu bieten hatte. Doch Peugeot bewies nicht nur mit seinen Kraftfahrzeugen

Weitblick: Heute ist Morgat mit seinem großen Strand und den mannigfachen Wassersportmöglichkeiten die erste Bade-Adresse der Halbinsel.

Direkt an Crozon angrenzend und diesem eingemeindet, hat sich das kleine Morgat seine Eigenständigkeit dennoch bewahrt. Der von Wäldchen umgebene Ort liegt in einer tief eingeschnittenen Bucht der Steilküste, im Süden beherrscht vom schützenden Felskap *Beg Ar Gador*. Fischerboote laufen ein und aus, im Sommer dominieren die Ausflugsboote zu den *Grotten von Morgat* den Verkehr.

Sehenswertes

Grotten (Les Grottes de Morgat): Ein Bootsausflug führt zu vier Felsgrotten nördlich und südlich der halbrunden Bucht. Die größte und beeindruckendste von ihnen, die *Grotte de l'Autel*, wurde vom Atlantik 15 m hoch und 80 m lang in den Fels der Steilküste getrieben und löst bei den Passagieren die meisten Ahs und Ohs aus. Die aus dem Wasser ragenden Felsen in ihrem Innern gaben ihr den Namen „Altargrotte". Die *Kleinen Grotten* in den Felsen zwischen dem großen Strand und dem Strand von Portzic können bei Ebbe zu Fuß aufgesucht werden – ein schöner Spaziergang.

Baden

Plage de Morgat: Direkt vor Morgat breitet sich der von den Felsen der Bucht begrenzte Hauptstrand aus. 900 m lang, bei Flut bleibt der feine Sandstrand noch immer 30 m breit. Umfassende Infrastruktur von der Umkleidekabine über das Strandzelt bis zum Kinderclub.

Plage de Portzic: Gleich neben dem vorgenannten, in einer 200 m langen Felsausspülung, kinderfreundlich. Über Treppen vom hochgelegenen Parkplatz aus erreichbar.

Plage de l'Aber: Östlich des Orts, an der Abermündung. Ein wunderschöner Strand, vielleicht der schönste der ganzen Halbinsel. Das Flüsschen mäandert träge mitten durch die Bucht zu den Stranddünen des Schwemmlandgebiets.

Aussichtspunkte um Morgat/Crozon

Pointe de Dinan: Die eigentliche Attraktion der Pointe de Dinan ist das *Château de Dinan* kurz vor dem Ende des Kaps. Eine Natursteinbrücke erlaubt den Übergang auf den Felsklotz im Meer, der wie eine Burgruine aussieht. Hier lebten nach Auskunft des Volksmunds einst barbarische Riesen, die sich bevorzugt von Seefahrern ernährten und deren einzige ernsthafte Widersacher die Korrigans waren: Zwerge, die ihren Wohnsitz in den Grotten der Steilküste bei Morgat hatten. Der Aufenthalt auf dem legendenumwobenen Felsschloss ist reizvoll. Kleine Spaziergänge, kurze Klettertouren oder ein Picknick an einer windgeschützten Stelle lassen die Zeit wie im Flug verstreichen. Festes Schuhwerk oder Turnschuhe sind auf den schmalen Pfaden und im Fels hilfreich.

Cap de la Chèvre: Auf die Pinienwäldchen um Morgat folgt Heideland, in das sich links der Straße der Weiler *Rostudel* duckt. Die niedrigen Granithäuschen lassen ahnen, wie abgeschieden und bescheiden das Leben hier noch vor einigen Jahrzehnten war. Und dann das Ziegenkap: ein steil abfallendes Kliff am Ende des Festlands mit 360-Grad-Panorama. Imposante 100 Meter stehen Sie über dem glitzernden Meeresspiegel und sehen bei klarem Wetter die nahe *Pointe de Penhir,* die *Pointe du Van,* die vorbleckende *Pointe du Raz* auf der Halbinsel Sizun und weit draußen als Strich die *Ile de Sein.* Stacheldraht verhindert, dass Sie dem Abgrund zu nahe kommen.

Basis-Infos

Postleitzahl 29160 Crozon-Morgat

Information Office de Tourisme in einem kleinen Häuschen direkt am Strand, nur in der Saison geöffnet: Juli/Aug. Mo–Sa 10–13 und 15–19, So 16–19 Uhr. Place d'Ys. ☎ 02.98.27.29.49, www.crozon.com.

Hin und weg Bus: Der Busbahnhof von Crozon (s. o.) ist die nächste Anschlussstelle an das öffentliche Verkehrsnetz.

Bootsausflug Mehrere Veranstalter tuckern zu den **Grottes Marines de Morgat.** Gezeitenabhängige Abfahrt von Mitte Juni bis Ende Aug., die Besichtigungsfahrt dau-

ert 45 Min., angelaufen werden vier Grotten. Vedettes Sirènes, am Hafen. ☎ 06.60. 93.97.05.

Fahrradverleih Sport & Nature, vor dem Jachthafen. Auch Mountainbikes und Elektroräder. Quai Kador. ☎ 02.98.27.22.11.

Wassersport Centre Nautique CNCM, die gesamte Palette an wassersportlichen Aktivitäten inkl. Surfen und Wasserski. Am Jachthafen, ☎ 02.98.16.00.00.

L'Hibiscus, am Strand (neben der Place d'Ys) verleiht Surfbretter und flotte Anzüge dazu. ☎ 02.98.17.04.50.

Übernachten/Essen & Trinken

Hotels *** Le Grand Hotel de la Mer, am Ende des Strands, direkt am Meer gelegen. Imposanter Belle-Epoque-Bau mit Park und Tennisplatz. 47 Zimmer, Terrasse zum Meer und großes Panorama-Restaurant, direkter Zugang zum Meer. DZ 62–145 € je nach Zimmerlage und Saison. Geöffnet Mitte April–Sept. 17, rue d'Ys, ☎ 02.98.27.02.09, www. belambra.fr/club-morgat-le-grand-hotel-de-la-mer/ete.

** Le Julia, bei der Schule an der Strandpromenade ein Stück landeinwärts. Ein neuer Besitzer hat dem Landhaus einen frischen Anstrich verpasst und auch die Zimmer renoviert. Einzig der Empfang ist etwas spröde. Bar, Restaurant. 16 ordentliche Zimmer. DZ 53–94 €. Geöffnet Mitte April–Okt. 43, rue de Tréflez, ☎ 02.98.27.05.89, www. hoteljulia.fr.

** De la Baie, passable Unterkunft im modernen Betonbau an der zentralen Place

d'Ys hinter dem Strand. Mit Crêperie und Salon de Thé. 26 Zimmer. DZ 55–93 €. Ganzjährig geöffnet. 46, boulevard de la Plage, ☎ 02.98.27.07.51, www.hoteldelabaie-crozon-morgat.com.

Camping *** De l'Aber, oberhalb des Aber-Strands (Richtung Telgruc sur Mer, bei Tal Ar Groaz auf der D 887 meerwärts). Neben der Straße, in Hanglage mit gigantischer Sicht über die Bucht. Beheizter Swimmingpool. 100 Stellplätze. Ganzjährig geöffnet. 50, route de l'Aber, ☎ 02.98.27. 02.96, www.camping-aber.om.

Weitere Plätze → Crozon/Camping

Crêperie La Bolée, vom 1. Stock des Häuschens hat man eine tolle Aussicht auf den Jachthafen und die ganze Bucht, genauso gut schmecken die Crêpes auf der Terrasse direkt am Strand. In der Nebensaison Mo Ruhetag. 48, boulevard de la Plage. ☎ 02.98.17.06.56.

Finistère
Rade de Brest ↓ Karte S. 309

Telgruc-sur-Mer

2100 Einwohner

Knapp 3 km sind es vom Dorf zur Küste. Doch weil der Strand von *Trez-Bellec* zum Gemeindegebiet gehört, versteht sich Trelguc mit seinen vielen Ferienwohnungen als Badeort. Am besonders bei Surfern beliebten Strand verläuft die Straße auf einem Damm, so dass das Wassersportzubehör nicht weit getragen werden muss.

Basis-Infos

Postleitzahl 29560

Information Office de Tourisme, Ortsmitte. Mitte Juni bis Mitte Sept. Di/Mi und Fr/Sa 9–12.15, Do 10–12.15 Uhr. 6, rue du Ménez Hom. ℰ 02.98.27.78.06.

Hin und weg Bus: Telgruc liegt an den Busstrecken Camaret–Brest und Camaret–Quimper; werktags mindestens jeweils 4-mal tägl. in alle Richtungen.

Wassersport Das Centre Nautique de Telgruc hat sein Domizil ganzjährig am Ostende des Strands von Trez Bellec. Kurse für Kinder und Erwachsene, Anfänger und Fortgeschrittene; Verleih von Segel- und Surfgerät. ℰ 02.98.27.33.83.

Camping **** Le Panoramic, an der Straße von Telgruc zum Trez-Bellec-Strand. Hôtel de Plein-Air nennt sich der Platz stolz – zu Recht. Eine gehobene Anlage mit touristischer Rundum-Infrastruktur für Freunde des gepflegten Campens. Service wird groß geschrieben. 200 Stellplätze. Geöffnet Mai bis Mitte Sept. Route de la Plage - Le Penquer, ℰ 02.98.27.78.41, www.camping-panoramic.com.

**** L'Armorique, gespannte Achtung: steile Anfahrt, steile Verbindungswege zu den einzelnen Terrassen des Platzes. 1 km Luftlinie zum Strand, der vom Platz aus nicht zu sehen ist – hohe Bäume spenden Schatten und verbergen das Meer. Vom Areal her angenehm. Relativ neue Sanitärblocks, Bar. Fahrradverleih, beheiztes Schwimmbecken (Mitte Mai bis Mitte Sept.), Tennis, Spielsalon, Wohnwagenvermietung. 100 Stellplätze. Geöffnet April–Sept. 112, rue de la Plage, ℰ 02.98.27.77.33, www.campingarmorique.com.

** Pen Bellec, blasses, schattenloses Wiesengelände neben dem Centre Nautique an der Straße, der Surferstrand direkt vor der Haustür. 45 Stellplätze. Geöffnet Juni–Sept. Plage de Trez-Bellec, ℰ 02.98.23.59.79, www.camping-telgruc.com.

Saint-Nic

700 Einwohner

Klingt fast so flott wie St-Trop', doch die beiden Badeorte trennen Welten. Badezone der bäuerlichen Landgemeinde ist *Pentrez-Plage*, ein selbstständiger Ortsteil mit Bar, Hotel-Restaurant und einigen Campingplätzen unten am Strand. Versorgungszentrum ist *Plomodiern* mit seinem Ecomarché. Für St-Nic selbst bleibt außer einer Diskothek und einem gelungenen Kirchturm schier nichts.

Der Strand ist bei Kitsurfern und Strandseglern beliebt und im Sommer gut besucht. Er zieht sich von Pentrez-Plage über die gesamte Bucht bis *Lestrevet* – 4 km Sand, bei Ebbe ist der Weg zum Wasser lang, bei Flut dringt das Nass bis zur Straße vor.

Wassersport Der Club Nautique de Plomodiern verleiht an der Plage de Pors ar Vag Wassersportzubehör aller Art. ℰ 02.98.81.52.49.

Club de Pentrez. Lust auf Strandsegeln? Kurse und Verleih von Geräten, Pentrez-Plage, gleich neben den Campingplätzen. ℰ 02.98.27.22.82.

Camping Zwei Plätze nebeneinander am Ortsausgang von Pentrez-Plage, gleich hinter der Straße, etwa 20 m hinter der Strandzone:

**** Domaine de Ker Ys, 190 Stellplätze am Nordrand von Pentrez-Plage. Gut ausgestattet mit modernen Sanitäranlagen (Warmwasser auch im Waschbecken); Waschmaschine, kleine Bibliothek, Kinderspielplatz, Spielraum und beheizter Swimmingpool. Die Bungalows sind hier eindeutig im Vormarsch. Geöffnet Mitte April–Sept. Pentrez-Plage, 29550 St-Nic-Pentrez, ℰ 04.42.20.47.25, www.camping-ledomainedekerys.fr.

*** Ménez-Bichen, gleich neben dem vorgenannten. 265 Stellplätze. Parzellierung durch Hecken, wenig Schatten, dafür sehr gepflegte sanitäre Anlagen. Geöffnet März –Sept. Chemin des Dunes, 29550 St-Nic-Pentrez, ℰ 02.98.26.50.82, www.menezbichen.fr.

Campingplätze bei Lestrevet Am Südende der Bucht von Pentrez, beim Streudörfchen Lestrevet, sind eine Reihe weiterer Plätze, darunter:

**** La Mer d'Iroise, sehr gepflegtes 2,2-ha-Areal, 200 m zum Strand; neben der sehr guten Ausstattung auch Mobilhome-Verleih. Überdachter, beheizter Swimmingpool, neue sanitäre Anlagen, nette Bar (auch Gerichte). 130 Stellplätze. Geöffnet Mitte April–Sept. Plage de Pors Ar Vag, 29550 Plomodiern, ☎ 02.98.81.52.72, www.camping-iroise.fr.

** Goulit Ar Guer, die schlichtere Alternative gleich oberhalb des Camping La Mer d'Iroise, teils schattig und mit kleinem Laden. 100 Stellplätze. Geöffnet April–Okt. Plage de Pors Ar Vag, 29550 Plomodiern, ☎ 02.98.81.52.71, www.goulitarguer.fr.

Umgebung der Halbinsel Crozon

Ménez-Hom: Bei seiner Flucht aus dem versinkenden Ys (→ Douarnenez, Kastentext „Ys") ritt König Gradlon auf den Ménez-Hom, löschte eigenhändig die Feuer der hier oben aktiven Druiden und ließ eine Kapelle auf dem Gipfel errichten.

Mit 330 m ist der Ménez-Hom der höchste Berg weit und breit. Einsam und kahl, nur flankiert von zwei niedrigeren Kuppen, ragt der letzte Ausläufer der *Montagnes Noires* einige Kilometer hinter dem Atlantik auf. Oben bietet sich eine entsprechende Rundsicht, die von einem großen Publikum dankbar genossen wird. Eine Orientierungstafel erlaubt die Identifizierung des Gebiets zwischen der *Pointe de St-Mathieu* und dem Südende der *Bucht von Douarnenez* sowie einiger markanter Punkte im weiten Hinterland.

Laurentius

Kapelle   Ste-Marie-du-Ménez-Hom: Unterhalb der Hügelkuppe des Ménez-Hom, direkt an der Straße, stürmt der Turm des dunklen Kirchleins dem Himmel entgegen. Ein Tor führt in den ulmenbeschatteten Pfarrbezirk mit einem *Calvaire* aus dem 16. Jahrhundert.

Im Innern sind im nördlichen Schiff die geschnitzten *Deckenbalken* (16. Jh.) erhalten; sie sind mit Tieren und Geschichten geschmückt, oft sind die Motive schwer zu entziffern. Noch bilderfreudiger ist die dreiteilige *Altarwand*, die sich über die gesamte Ostfront erstreckt. Feinste Holzschnitzarbeiten sind zu sehen, die Farben sind allerdings sehr verblasst und bedürfen der Auffrischung. Im linken Altar ist eine Darstellung des heiligen Laurentius zu sehen mit dem Eisenrost, auf

Kapelle Ste-Marie-du-Ménez-Hom

dem er im Jahr 258 zu Tode gegrillt wurde. Eine Statue desselben Märtyrers, die
Bibel in der einen Hand, den Rost in der anderen, steht hinten im Kirchenschiff.
Laurentius soll übrigens im Tod seine Peiniger noch verspottet haben, man möge
ihn wenden, der Braten sei auf einer Seite schon gar. Vielleicht ist er deshalb der
Schutzpatron der Köche.

 Pardon: Mitte August zu Ehren der hiesigen Maria.

Ste-Anne-la-Palud: Einsam steht die große, graue Kapelle aus dem 19. Jahrhundert
auf einer großen Wiese hinter dem Dorf – Indizien für einen größeren Pardon. In der
Tat: Der Pardon von Ste-Anne ist eine der bedeutendsten bretonischen Feierlichkeiten und zieht jährlich neben Tausenden von Pilgern auch viele Touristen an. So
finden sich am Festtag zwischen den einheimischen Trachten und Kirchenbannern
zahllose Amateurfotografen auf der Jagd nach einem „sujet folklorique". Das Ziel der
Pilger, die schon am Samstag die Messe besuchen, bevor sie sich abends zu einer
Lichterprozession versammeln, ist eine eher unscheinbare, bemalte *Granitstatue der
heiligen Anna* (16. Jh.). Das Programm der nächsten Tage (bis Dienstag): Gottes-
dienste und ein feierlicher Großumzug zum Abschluss der Wallfahrt.

An den Ufern des Atlantiks nördlich und südlich von Ste-Anne-la-Palud locken
fünf akzeptable Strände, die sich in beide Richtungen verteilen. Für Zulauf sorgen
hauptsächlich die Gäste der umliegenden Campingplätze.

Pardon Am letzten Augustsonntag große
Wallfahrt zu Ehren der heiligen Anna.

Camping nördlich von Ste-Anne
*** La Plage de Treguer, am gleichnamigen
Strand. Große, gepflegte Anlage mit 270
Stellplätzen. Geöffnet Ostern bis Sept.

Plage de Ste-Anne-la-Palud, 29550 Plonévez-Porzay, ✆ 02.98.92.53.52, www.camping-treguer-plage.com.

Camping südlich von Ste-Anne
**** Kervel, bei der Ortschaft Kervel. Ein Campingdorf mit 330 Stellplätzen mitten in der Einsamkeit, knapp 1 km zum Strand. Das große Gelände ist trotz der holzgetäfelten Rezeption so toll nicht, doch voll ausgestattet – zwei beheizte Swimmingpools, einer davon überdacht. Geöffnet Ostern bis 1. Sept.-Woche. Kervel, 29550 Plonevez Porzay, ✆ 02.98.92.51.54, www.kervel.com.

** Ville d'Ys, an der Plage de Kervel. Flache Terrassen auf einem steilen Hügel direkt über dem langen, breiten Strand; Crêperie. Einfach, aber gute Lage. 60 Stellplätze. Geöffnet Mitte April–Sept. Plage de Kervel, 29550 Plonevez Porzay, ✆ 02.98. 92.52.97, http://campingdys.free.fr.

Großmutter und Mutter Christi

Die Großmutter von Jesus Christus

Ste-Anne ist die Schutzheilige der gesamten Bretagne, ihr sind zahlreiche Kirchen geweiht, vor ihren Altären und Statuen brennen besonders viele Kerzen. Warum? In den Adern von Jesus floss – natürlich – bretonisches Blut. Anna, die Mutter der Jungfrau Maria, war nach bretonischer Überlieferung eine waschechte Bretonin, eine Prinzessin der Landschaft Cornouaille, verheiratet mit Joachim, einem maßlos eifersüchtigen Mann, der seine Frau nicht einmal mit eigenem Nachwuchs teilen wollte. Als Anna trotzdem in andere Umstände kam, befürchtete der Himmel von diesem unbeherrschten Menschen offenbar Schlimmes: In Nullzeit wurde die Schwangere von Engeln nach Nazareth versetzt, wo sie ihre Tochter Maria gebar, die später bekanntermaßen den Tischler Joseph heiratete. Nach der Geburt kehrte sie in die Heimat zurück und durfte hier sogar viele Jahre später ihren Enkel begrüßen. Denn bevor Jesus in Jerusalem einzog, so eine ganz ausgefallene Variante der Legende, unternahm er noch eine Stippvisite bei seiner bretonischen Großmutter.

Vermutlich kam die Verehrung der Anna über heimkehrende Kreuzritter aus dem Heiligen Land ans Ende der Welt und fiel hier auf fruchtbaren Boden. Herzogin Anne war vom aufkommenden Annenkult natürlich begeistert und unterstützte ihn nach Kräften. Seitdem ist Ste-Anne ebenso wie ihre Tochter etlichen gläubigen Bretonen erschienen, um sie durch ein Wunder darauf aufmerksam zu machen, wo sie gerne eine Kirche hätte.

P. S. Diese gern erzählte Version des Lebens der heiligen Anna hält die Bretonen nicht davon ab, ihren Macho-Gatten zu verehren: In der Wallfahrtskirche Ste-Anne-d'Auray flackert auch vor der Statue des *heiligen Joachim*, immerhin Verursacher ihrer himmlischen Entführung ins Gelobte Land, ein Lichtermeer. Und hätte Jesus nicht so einen eifersüchtigen Großvater gehabt – er wäre sicher ein waschechter Bretone geworden.

Dauergäste der Pointe du Raz

Südküste

Die bretonische Südküste ist noch zerfranster als ihr nördliches Pendant, doch die Gezeitenunterschiede sind hier wesentlich geringer. Das begünstigt den Badetourismus, der in Carnac, auf den Halbinseln Quiberon und Rhuys sowie im mondänen La Baule hervorragende Strände findet.

Wer shoppen will, ist in Quimper gut aufgehoben. Kulturinteressierte machen sich im Kleinstädtchen Pont-Aven auf die Spuren des farbenfrohen Paul Gauguin. Für Abwechslung sorgen in Carnac riesige Megalithfelder, wo Hunderte von Menhiren von der frühen Besiedlung der Bretagne zeugen. Oder man lässt sich durch den Golf von Morbihan schippern und unternimmt dort einen gemütlichen Spaziergang auf den schmalen Wegen der Ile aux Moines oder der Ile d'Arz. Weiter südlich liegt die Halbinsel Guérande mit ihren riesigen Salzfeldern: weißes Gold in bester Qualität, das gleich vor Ort verkauft wird.

Im Hinterland liegt der verwunschene, von Kanälen durchzogene Naturpark der Grande Brière, dessen lauschige Ecken man am besten mit der Barke erkundet.

Côte de Cornouaille

Locronan

800 Einwohner

Das herausgeputzte Städtchen mit seinen freundlich stimmenden Blumenkästen ist eine einzige belebte Fußgängerzone. Die Besucher stellen ihre Autos auf dem Großparkplatz vor dem Ort ab, die Kunsthandwerker erfreuen sich regen Zuspruchs, Restaurants Cafés sind gut besetzt, und gedämpftes Dauergemurmel erfüllt die Kirche des heiligen Ronan.

Das winzige Locronan mit seinem granitenen Ortskern hält des Öfteren als Originalkulisse für Kino- und Fernsehproduktionen her. Dann nimmt auch die Guil-

lotine auf der Grande Place vor den Augen der Neugierigen ihre blutige Arbeit wieder auf: Philippe de Broca drehte hier *Chouans*, Roman Polanski den Kassenflop *Tess* mit Nastassja Kinski. Kein Neubau stört das Häuserensemble um die Kirche – nur Ladenschilder und Verkehrszeichen müssen abgenommen werden, und schon ist das braun-graue Granitstädtchen, seit dem 17. Jahrhundert in seiner Bausubstanz inklusive Kopfsteinpflaster nicht mehr verändert, ein idealer Hintergrund für Mantel- und Degenfilme aller Art.

Das Handwerk, heute von Touristen am Leben erhalten, hat Tradition in Locronan: 400 Webstühle schnurrten hier und lieferten Segeltuch und Leinen, bevor die industrielle Revolution mit ihren Manufakturen den Anfang vom Ende des Wohlstands einläutete. Die Dampfschifffahrt machte schließlich die letzten verbliebenen Weber arbeitslos, die heutigen Kunsthandwerker siedelten sich erst in den letzten Jahrzehnten an.

Höhepunkt des Jahres ist die *Petite Troménie* (*Tro minihy* – Weg um das Kloster), bei der Schaulustige und Pilger verschmelzen. Sie alle nehmen den 5 km langen Weg auf sich, den Ronan jeden Morgen betend – und zu jeder Jahreszeit barfuß – abschritt. Bei der *Grande Troménie*, die nur alle sechs Jahre gefeiert wird, bereitet am Samstagabend das feierliche „Mysterium des heiligen Ronan" mit über 100 kostümierten Mitwirkenden die Pilger auf eine fünfstündige Wallfahrt vor. Am Sonntag bewegt sich der festliche Zug mit Bannerträgern, hoher Geistlichkeit, der zerbeulten Messglocke des Heiligen und seinen Reliquien auf 12 Kilometern zu den 12 Stationen um den Berg. Gute Kondition ist Voraussetzung: Das letzte Stück zur zehnten Station auf dem *Hügel des Horns* – hierhin flog das von Keben abgeschlagene Horn des Ochsen (→ Kastentext „Der Heilige und die Hexe") – wird im Eilschritt zurückgelegt. Beide Troménies enden beim unheiligen *Kreuz der Keben*, vor dem sich Gläubige nicht bekreuzigen.

Sehenswertes

Kirche St-Ronan: Im Jahr 1031 ließ ein bretonischer Herzog an der Stelle der ersten Grabkapelle eine romanische Kirche errichten, die 1420 einem gotischen Renommierprojekt weichen musste. Die Herzöge der Bretagne finanzierten den neuen Bau, königliche und herzogliche Erlasse zur Beteiligung am Salzgewinn der Halbinsel

Musterbeispiel bretonischer Spätgotik: Kirche St-Ronan

Guérande stellten neben den Einnahmen aus Pilgerbörsen bis zur Revolution den Wohlstand der florierenden Großwallfahrtsstätte sicher.

Die Kirche des St-Ronan wurde zwischen 1420 und 1480 errichtet – vollendete bretonische Spätgotik in dunklem Granit. 1485 erhielt der Baumeister der Kathedrale zu Quimper den Auftrag, eine Kapelle anzubauen, zum Kirchenschiff hin weit geöffnet und würdig für das Grab des Heiligen. *Pierre Le Goaraguer* zeigte sich dem Vorhaben gewachsen, 30 Jahre nach Auftragseingang war Ronans letzte Ruhestätte vollendet, die *Chapelle du Pénity*. Neben dem mächtigen Turm der Kirche erhebt sich das zierliche Türmchen der Kapelle, neben dem monumentalen Portal lädt das der Grabkapelle mit seinen filigranen Steinmetzarbeiten im Bogen zum Eintritt.

Schon in der *Vorhalle* am großen Portal dient die Figur des heiligen Eremiten als Blickfang. Zehn Medaillons an der *Kanzel* (1707) schildern bunt und drastisch Ereignisse aus seinem Leben, breiten Raum nimmt dabei seine Auseinandersetzung mit der bösen Keben ein. In der Kapelle steht sein *Grabmal*, mit der Rechten spendet er den Segen, während die Linke den Bischofsstab in den Rachen eines Ungeheuers stößt. Sechs Granitengel tragen die Liegefigur (15. Jh.), über ihr wird an einem Altar der *Reliquienschrein* mit den Überresten des streitbaren Heiligen aufbewahrt.

Der dämmrige Innenraum von Kirche und Kapelle ist mit Statuen reich geschmückt. Am Tabernakel des *Hauptaltars* mit Schnitzereien aus dem 17. Jahrhundert tragen zwei Engel ein vergoldetes Kreuz. Hinter dem Altar zeigt das große *Fenster* (um 1480) 17 Episoden der Passionsgeschichte; der Bilderreigen beginnt mit der Auferweckung des Lazarus und endet mit einem Besuch des auferstandenen Christus bei Adam und Eva in der Hölle. Das 18. Bild (rechts unten) stellt eine lokale Nobilität dar. Die bemalten Steinfiguren der *Kreuzabnahme* (16. Jh.) in der Pénity-Kapelle – teilweise in zeitgenössischen Gewändern – zeigen Trauer und Ergriffenheit.

Der Heilige und die Hexe – das Lied von St-Ronan

Das Ronanlied erzählt die Legende eines heiligen Lebens, das sich weniger durch Weisheit und kosmische Liebe auszeichnete als vielmehr durch wundersame Hau-Ruck-Methoden. Schon mit seinem ersten bretonischen Auftritt bestach der aus Irland eingewanderte Heilige: In einem steinernen Trog, der ihm als Boot diente, steuerte er zum Schrecken der Fischer auf die Küste des Léon zu. Beim ersten Bodenkontakt verwandelte sich der Fels in einen Schimmel, auf dem Ronan ans trockene Ufer ritt, wo er den verdutzten Augenzeugen erst einmal eine flammende Predigt hielt. Sie nutzte nichts – die Leute wollten vom Christentum nichts wissen. Der verschmähte Ronan ließ sich in einer Einsiedelei nahe dem heutigen Locronan nieder, wo er wegen seines eigensinnigen Umgangs mit den Naturgesetzen und seines aufbrausenden Wesens eher gefürchtet als geliebt war. Der bretonische Schriftsteller Ernest Renan schreibt treffend: „Unter den Heiligen der Bretagne ist niemand origineller als er. Er war mehr Erdgeist als Heiliger. Seine Macht über die Elemente war fürchterlich. Sein Charakter war heftig und ein wenig bizarr; man wusste niemals im Voraus, was er tun würde, was er wollte. Man achtete ihn, aber seine Hartnäckigkeit, allein seinen Weg zu gehen, flößte eine gewisse Furcht ein.“

Der weitere Inhalt des Ronanlieds erzählt von seinem Sieg über die Hexe Keben und vom Sieg des Christentums über die dunklen Mächte der gottlosen Druiden.

Keben, die in der Nachbarschaft des Eremiten hauste, war die Anwesenheit der christlichen Konkurrenz zuwider. Bei *König Gradlon* klagte sie Ronan wegen seiner angeblichen Verwandlung in einen Werwolf und des Mordes an ihrer Tochter an. Der Einsiedler wurde für schuldig befunden und zwecks Vollstreckung des Todesurteils in die Hauptstadt Quimper gebracht, wo er von zwei wilden Hunden zerfleischt werden sollte. Als die Bestien den Heiligen jedoch sanft umschnurrten, war dem König klar, dass Ronan die Unschuld in Person sein musste. Als der Eremit gar das von Keben selbst getötete Kind – es fand sich in einer Truhe des Hexenhaushalts – wieder zum Leben erweckte, war der Spieß umgedreht: Die entlarvte Keben entging, wie gleich zu erfahren ist, ihrer gerechten Strafe nicht.

Nach Ronans Tod in St-Brieuc hätten alle größeren Städte der Bretagne gern seinen Leichnam in ihrer Kirche gehabt, doch man kannte den Verstorbenen: Gefiel ihm die getroffene Wahl nicht, war ein Erdbeben wohl das geringste Unheil, das er noch vom Himmel aus anrichten würde, so die übereinstimmende Meinung. Vorsichtshalber wurde der Tote auf einen von zwei Ochsen gezogenen Karren gelegt, damit er seinen letzten Ruheplatz selbst aussuchen konnte.

Nach einigen Tagen wurde klar, dass das Ziel des Leichengespanns seine alte Einsiedelei in den Wäldern der Cornouaille sein musste. Am Ostersonntag erreichte die Prozession, die dem Wagen folgte, das Grundstück der Keben, die den Feiertag missachtend ihren Waschtag abhielt. Fröhlich sang sie ein Spottlied über ihren verblichenen Erzfeind, der tot und scheinbar wehrlos an ihr vorbeirumpelte. Als aber die Ochsen den Leichnam mitten durch ihre Wäsche zogen, schlug ihre Häme in Wut um. Keifend und den Toten bespuckend schlug sie mit dem Waschholz einem Zugtier ein Horn ab, womit das Maß voll war: Auf der Stelle wurde sie von der Hölle verschlungen. Das Kreuz der Keben bezeichnet den Ort, an dem die Erde sich öffnete. Vor diesem Kreuz bekreuzigt sich kein Bretone.

Nach dem Zwischenfall trotteten die Ochsen noch etwas in der Wildnis herum und hielten schließlich an. Vielleicht waren sie nur müde geworden, jedenfalls wurde dies als Zeichen gedeutet, an dieser Stelle eine Grabkapelle für den Heiligen zu errichten.

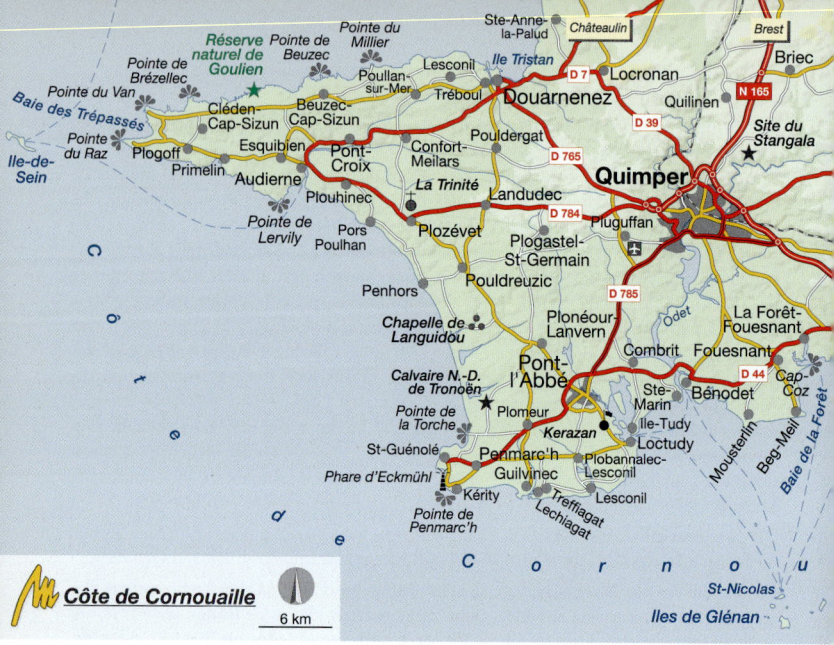

Côte de Cornouaille

6 km

Basis-Infos

Postleitzahl 29180

Information Office de Tourisme, im alten Gemäuer beim Rathausplatz. Kompetente Auskünfte, Prospekte und, gegen Gebühr, aufschlussreiches Hintergrundmaterial über Stadt und Kirche. April–Juni und Sept. Di–Sa 10–12.30/13.30–18, So 14–18 Uhr. Juli/Aug. Mo–Sa 10–18, So 11–13 und 15–18 Uhr. Ein kleines angeschlossenes Museum zeigt bretonische Motive und alte Photographien des Städtchens (Eintritt 2 €). Place de la Mairie. ☎ 02.98.91.70.14, www.locronan-tourisme.com.

Parken Gebührenpflichtiger Großparkplatz vor dem Ort. Das Pickerl kostet 3 € (Wohnmobile 4 €) und berechtigt zum Parken für's ganze Kalenderjahr! 2015 allerdings war das Parken gratis. Ob das so

bleibt, wusste niemand zu sagen. Die Ortsdurchfahrt ist für Nicht-Anlieger gesperrt.

Einkaufen Die Erzeugnisse des örtlichen Kunsthandwerks werden in den Kunsthandwerksläden zum Kauf angeboten. Produkte der Handweber, Seidenmaler, Schnitzer, Schuster, Töpfer und Lederverarbeiter, Heilige aus Holz, klassisch-verspielte Stickereien und vieles mehr.

Feste Im Juli und Aug. Festival der klassischen Musik. Ganzjährig Sakralmusikkonzerte in der Kirche St-Ronan. Auskünfte und Kartenbestellung beim Office de Tourisme.

Pardon Jährlich am 2. Julisonntag wird die Kleine Troménie gegangen. Große Troménie alle 6 Jahre am 2. und 3. Julisonntag: das nächste Mal 2019.

Übernachten/Essen & Trinken

Hotel ** Le Prieuré, hinter dem großen Parkplatz zentral im Ort. 15 unterschiedliche Zimmer, jeweils mit sehr eigenem Charakter, stets sanitär gut ausgestattet. Garten

und gemütliches Restaurant. Geöffnet Mitte März bis 1. Nov.-Woche. DZ 70–80 €, HP 66–74 €/Pers. 11, rue du Pieuré, ☎ 02.98.91.70.89, www.hotel-le-prieure.com.

Camping *** Locronan, östlich des Granit-Ensembles, in einer ruhigen Siedlung (ausgeschildert). Großzügiges, auf mehreren Terrassen angelegtes Wiesengelände, schöner Panoramablick, überdachter, beheizter Swimmingpool, 100 Stellplätze. Geöffnet Mitte April bis Sept. Rue de la Troménie, ✆ 02.98.91.87.76, www.camping-locronan.fr.

Douarnenez

Der Fisch und sein Fang sind bis auf den heutigen Tag die Lebensgrundlage der Stadt in der Bucht von Douarnenez. Jeden Tag werden riesige Mengen an Sardinen, Makrelen, Thunfisch und Langusten an Land gebracht, von denen ein großer Teil in die Konservenfabriken wandert.

Hinter dem hochgelegenen Zentrum von Douarnenez führen verwinkelte Gässchen die Steilküste hinunter zu den Hafenanlagen. Der *Port nouveau* mit seinen modernisierten Anlagen, von einer 700 m langen Mole gegen Meeresunbill geschützt, zählt zu den größten französischen Fischerhäfen. Der alte *Port du Rosmeur* gleich daneben, von vereinzelten alten Häusern umrahmt, ist wirtschaftlich unbedeutend – ein nostalgischer Flecken. Der *Port Rhu* beherbergt heute das *Hafenmuseum*, Europas größte museale Sammlung von Wasserfahrzeugen.

Douarnenez besteht aus vier völlig unterschiedlichen Stadtteilen. Drei eigenständige Gemeinden mit eigenständigem Charakter wurden nach Kriegsende 1945 durch einen Verwaltungsakt eingemeindet. *Pouldavid* und *Ploaré* mit der *Plage du Ris* sind ländlich und unauffällig, *Tréboul*, das sich Jahr für Jahr ein wenig mehr herausputzt, sorgt mit seiner *Plage des Sables Blancs* für einen Hauch Seebad-Atmosphäre.

Die Mündung des Pouldavid-Flusses trennt die Innenstadt von Douarnenez vom Ortsteil *Tréboul* auf der gegenüberliegenden Seite, wo die Sträßchen zum Fluss hin kleinstädtisch geprägt sind und wo der Jachthafen liegt. Im westlichen Teil Trébouls, der sich über dem Strand im Schatten einer baumbestandenen Anhöhe ausbreitet, herrscht Vorortatmosphäre. Der Ort ist ganz auf den Meerestourismus ausgerichtet – Jachthafen, Segelschule, Thalassotherapie und ein gepflegter Strand mit allen nützlichen infrastrukturellen Einrichtungen.

Stadtgeschichte: Eher dem Sagenkreis als der Historie zuzurechnen sind die überlieferten Geschichten rund um Douarnenez. Sicher ist, dass Douarnenez die Hauptstadt der Cornouaille war, bevor Quimpers Stern aufstieg. Bei *Plomarc'* an der Plage du Ris soll in einer längst verfallenen Burg ein König Marc'h residiert haben, der mit dem Sagenkönig Marke aus der Tristanerzählung identifiziert wird (→ Huelgoat, Kastentext „Tristan und Isolde"). Später zog es König Gradlon auf seiner Flucht aus der versinkenden Stadt Ys, die vielleicht an der Bucht von

Douarnenez lag (→ Kastentext „Ys"), nach Quimper. Auch die kleine Tristansinsel unmittelbar vor der Mündung des Pouldavid-Flusses bekam eine Rolle in der

Ys – das Atlantis der Kelten

Vorneweg: Süffisant bemerken Bretonen, *Par-Is* heiße nichts anderes als „Wie Ys", und akzeptieren so die französische Hauptstadt bestenfalls als eine Kopie des bretonischen Originals. Der Standort der legendären, uralten Stadt, die spurlos verschwand, ist umstritten: Lag sie spektakulär in der Baie des Trépassés oder gar vor der Pointe du Raz? Gab es sie überhaupt? Oder deuten die Geschichten doch mehr auf die Bucht von Douarnenez? Egal. Stellen Sie sich eine große Stadt vor. Reich, prächtig, aus unzerstörbarem Granit für die Ewigkeit erbaut. Die Märchenstadt lag am Ende einer Bucht, ein mächtiger Damm schützte das stolze Menschenwerk vor den Meeresfluten. Später versank Ys trotzdem, und heute werden viele wundersame Geschichten über den Untergang der Stadt erzählt.

In unserer Version spielen mit: König *Gradlon* (gut), seine Tochter *Dahud* (verkommen), der Teufel (böse) und *St-Corentin* (heilig). Ort und Zeit der Handlung: Ys, die Hauptstadt der Cornouaille im 6. Jahrhundert nach Christus.

Ys erlebt unter der Regentschaft des gütigen Königs Gradlon einen Wirtschaftsboom ungeheuren Ausmaßes. Doch Geld bringt Verderben in die Welt. Ys wird das Sodom und Gomorrha der Bretagne, über die Schwellen der Kirchen wächst langsam Gras. Alle Bürger und Bürgerinnen mit Ausnahme des standhaften Königs Gradlon treiben es rundum schlimm, am allerschlimmsten Dahut, die missratene Tochter des Regenten.

Natürlich wittert der Teufel hier die Chance, seinen Gegenspieler mit wenig Aufwand um etliche Seelen zu bringen. Als galanter Verehrer gewinnt er schnell Macht über Herz und Körper des vergnügungssüchtigen Mädchens. Und schickt mitten in der Nacht die sexuell abhängige Königstochter los, den Goldenen Schlüssel zu entwenden. Mit diesem öffnet der Teufel die Schleusen des Damms, Ys versinkt, alle Menschen sterben – bis auf König Gradlon. Der wird von seinem Besucher, dem Einsiedler Corentinus, geweckt, wirft sich auf ein Pferd, zieht seine verstörte Tochter hinauf und flieht. Doch Dahud darf nicht entkommen: Die Flut droht die Flüchtenden einzuholen, und Corentinus empfiehlt Gradlon, seine Tochter abzuwerfen. Das eigene Kind? Nein! Was der Vater nicht fertigbringt, erledigt der Heilige. Mit seinem Bischofsstab holt er Dahud vom Pferd, die im gurgelnden Wasser versinkt. Gradlon ist gerettet.

Der einzige Überlebende von Ys braucht natürlich eine neue Hauptstadt. Zusammen mit Corentinus begibt sich König Gradlon nach Quimper, das er zu seinem neuen Regierungssitz ausbaut. Hier regiert er noch viele Jahre sein Königreich Cornouaille mit so viel Güte, dass er nach seinem Tod als Heiliger verehrt wird.

Dahut hat den Anschlag des Corentinus übrigens überlebt. Als Nixe geistert sie in und auf den Wogen der See, und wer sie sieht, wird erst betört und ertrinkt dann, weil er nicht anders kann, als ihr ins Wasser zu folgen. Eine winzige Erlösungschance indes wurde der Prinzessin eingeräumt: Wenn am Karfreitag in Ys eine Messe für sie gelesen wird, kann ihre Seele in Frieden ruhen.

Sagenwelt zugewiesen. Auf ihr landete angeblich *Tristan*, der mit einem Sprung von der Steilküste des Festlands seinem liebestollen Leben ein Ende setzen wollte, jedoch von seinem Mantel wie auf Schwingen sanft zur Insel getragen wurde.

Gegen Ende des 15. Jahrhunderts erlebte Douarnenez eine schlimme Zeit: Der Großräuber *La Fontenelle*, der selbst den König von Frankreich zu Zugeständnissen zwingen konnte, nistete sich ausgerechnet auf der Ile de Tristan ein. Aus Teilen der von ihm geschleiften Stadtmauer von Douarnenez ließ er sich hier seinen befestigten Hauptwohnsitz schaffen. Von hier zog er auch los, um das wohlhabende Penmarc'h zu plündern. Zeitgenössischen Quellen zufolge kostete allein dieser Raubzug 5000 Bauern das Leben, und die Beute musste mit 300 Booten auf die Tristansinsel geschafft werden. Als La Fontenelle gefasst und 1602 auf das Rad geflochten wurde, ging ein großes Aufatmen durch die Gegend.

Heute ist Douarnenez ein vitales, maritim ausgerichtetes Städtchen. Die stattliche Fangflotte, drei große Konservenfabriken und ihr neuzeitlicher Ableger – ein Betrieb für Nahrungsmittelverpackung – sorgen ganzjährig für Arbeitsplätze; im Sommer bringen Tourismus und Thalassotherapie zusätzliche Einnahmen.

Sehenswertes

Spaziergänge: Ein Spaziergang am *Port Rhu* entlang, über die Panoramastraße *Boulevard Jean-Richepin* oberhalb des *neuen Hafens* vorbei zum alten *Hafen Rosmeur* und durch die Gassen am Steilhang wieder hinauf ins Zentrum bietet die schönsten Eindrücke von Douarnenez. Der von den Behörden als *Chemin de la Sardine* gekennzeichnete Weg (eingelassene Bronzesardinen im Straßenpflaster) kommt in etwa zum selben Resultat: Er schlägt den Aussichtspunkt über dem Port Rosmeur als Start vor und endet bei der *Maison Charles Tillon* an der Rue Anatol France. Auf dreisprachigen Informationstafeln (Bretonisch, Französisch, Englisch) erfährt man auf dem „Sardinenweg" eine Menge über die Stadt, u. a. auch über den

Hafenmuseum

Sardinenkommunisten Charles Tillon, so genannt, weil er 1924 in Douarnenez einen sechs Wochen dauernden Streik der Sardinenarbeiter organisierte. Später saß Tillon als Minister in de Gaulles Kabinett. „Die Frauen machen Geschichte, die Männer schreiben sie", urteilte lapidar eine Referentin in einem 2007 gehaltenen Vortrag über den Streik. Recht hat sie: Ein erster Streik von Arbeiterinnen, meist Frauen von Fischern, brach bereits 1905 aus. Statt Akkordarbeit (Bezahlung pro hundert verarbeitete Sardinen) setzten sie einen Stundenlohn durch. Und im erwähnten Streik von 1924 waren zwei Drittel von den 3000 Beteiligten weiblichen Geschlechts, nach der Form ihrer hochgesteckten Haare „Penn sardin" (Sardinenköpfe) genannt – hochgesteckt nicht etwa aus Eitelkeit, sondern wegen der Arbeit am Fließband.

Ein etwas längerer, sehr empfehlenswerter Spazierweg führt auf dem Küstenpfad *Sentier des Plomarc'h* vom *Hafen Rosmeur* hoch über dem Meer zur *Plage du Ris*.

Hafenmuseum (Le Port-Musée): Wo früher die Handelsschiffe der seefahrenden Nationen angelegt haben, ist nun ein einzigartiges Museum in Betrieb. In den 1980ern begann ein Freundeskreis mit dem *Musée du Bateau* an der kleinen Place de l'Enver Holzboote zu sammeln und der Öffentlichkeit zu präsentieren. Aus dem netten, aber bescheidenen Bootsmuseum der Anfangstage entwickelte sich Europas größte Schiffsammlung.

Das Museum ist zweigeteilt: Im 2006 komplett überholten *Musée du Bateau* dreht sich nach wie vor alles um das (Holz-)Boot, seine Konstruktion, seine Geschichte und seinen Gebrauch. Im passenden Rahmen einer ehemaligen Konservenfabrik

Ein Baum wird zum Einbaum

sind 80 der bislang 230 gesammelten Boote ausgestellt. Darunter findet man auch Exoten wie eine Piroge (Einbaum mit seitlichen Schwimmern, die ein Umkippen verhindern) aus Papua-Neuguinea und ein „Bateau-Panier" (eine hohle, korbähnliche Halbkugel) aus Vietnam. Der historische Überblick über den Schiffsbau ist ebenso anschaulich wie der Einblick in diverse Fischfangtechniken von Norddeutschland bis Italien. Ergänzt wird das reiche Angebot durch eine jährlich wechselnde Ausstellung.

Das *Freilichtmuseum* liegt gegenüber dem Museumsbau im Port Rhu. Vor der Mündung in die Bucht von Douarnenez sind am langen Kai etwa 40 Schiffe verankert. Fünf davon dürfen hautnah besichtigt werden, u. a. ein Langustenfischer, der zwei- bis dreimal jährlich bis vor die mauretanische Küste schipperte. Eine Neugestaltung der Freilichtabteilung wird derzeit ins Auge gefasst, u. a. soll die *Scarweather* restauriert werden, die im Hafen dümpelt. Das mittlerweile rostrote *Bateau-Phare* soll wieder feuerrot strahlen, ein Schiff mit Leuchtturm, sozusagen ein mobiler Leuchtturm, der in Seenot eingesetzt werden konnte.

Mitte April–Juni und Sept./Okt. Di–So 10–12.30 und 14–18 Uhr. Juli/Aug. tägl. 10–19 Uhr. Eintritt 7,50 €, 6–15 Jahre 4,50 €.

Tristansinsel: Der Zugang zur grün überwucherten Legendeninsel ist nur gestattet, wenn zwischen der Stadt und der Insel mindestens eine Stunde lang Ebbe ist. Ein monatlich angeschlagener Plan verrät, wann das der Fall ist – gar nicht so oft.

Baden

Plages des Sables Blancs: Der Renommierstrand des Ortsteils Tréboul – großzügige, bis zu 300 m lange, weiße Sandfläche mit Seebadzugaben: Park, Tennisplätze, Hotels. Erfrischungen, Rettungsstation und Kinderclub sind selbstverständlich.

Plage St-Jean: Im Ortsteil Tréboul vor der Plage des Sables. Bei Ebbe gibt's viel Platz Richtung Meer. Eingeklemmt zwischen Felsen unterhalb der gleichnamigen Kapelle lockt der kleine, nur 50 m breite Strand viele Familien an – betont kinderfreundlich wird das Wasser nur langsam tiefer.

Plage des Dames: Eine kleine, steingefasste Bucht beim Port Rhu ums Eck bildet den netten Stadtstrand von Douarnenez, der trotz seiner recht geringen Aufnahmekapazität und seiner Hafennähe im Sommer erstaunlich gut besucht ist. Besonders beliebt bei Familien mit jungem Nachwuchs.

Plage du Ris: Vom Hafen Rosmeur windet sich ein 2 km langer Küstenpfad zum breiten Strand mit feinem Sand. Sein größter Nachteil: die Algen und der Geruch. Sein Plus: die schöne Lage.

Basis-Infos

Postleitzahl 29100

Information Office de Tourisme, umfassende Information, Privatzimmervermittlung, Anmeldung für Veranstaltungen, Ticketreservierung für Bootsausflüge, Inselfahrten etc. April–Juni und Sept./Okt. Mo–Sa 10–12.30 und 14–18 Uhr (ab Mitte April bis Mitte Sept. zusätzlich So 10.30–12.30 Uhr). Juli/Aug. tägl. 10–18.30 Uhr. Nov.–März Mo–Sa 10–12.30/14–17.30 Uhr. 1, rue du Docteur Mevel. ℡ 02.98. 92.13.35, www.douarnenez-tourisme.com.

Zweigstelle in Tréboul, am Quai de l'Yser, nur in der Hauptsaison geöffnet.

Hin und weg Bus: Nach Quimper werktags mindestens 9-mal, zur Pointe du Raz über Audierne während der Woche mindestens 5-mal tägl.

Bootsausflug Das Centre Nautique in Tréboul bietet Ausflüge in die Bucht mit einem Schoner oder einem Sardinenboot an. ℡ 02.98.74.13.79.

Einkaufen Natürlich Sardinen! Sardinen in Dosen, Sardinendosen ohne Sardinen und andere regionale Produkte bei Sardines de

Douarnenez in der Rue Le Breton (Quersträßchen zur Rue Anatol France).

Markt Frische Agrarprodukte jeden Vormittag in den Markthallen und am Jachthafen von Tréboul. Mo vormittags Markt auf dem Großparkplatz des Zentrums; Mi und Sa vormittags am Jachthafen von Tréboul.

Spazieren/Wandern
→ Sehenswertes/Spaziergänge. Das Office de Tourisme hat einige weitere Vorschläge von 1½- bis 2-stündigen Kurzwanderungen wie auch Mountainbike-Touren zusammengestellt. Eine ausführliche Broschüre mit Hintergrunderklärungen wird Ihnen gerne ausgehändigt (auch in Deutsch).

Veranstaltungen Festival de Cinéma, jährlich eine Woche lang in der 2. Augusthälfte. 2015 zum 37. Mal. Infos und Termine beim Office de Tourisme.

Wassersport So gut wie alle Aktivitäten im Stadtteil Tréboul: Das Centre Nautique bietet Schulungen aller Art an, große Flotte. Rue de Birou (hinter dem Jachthafen). ℡ 02.98.74.13.79.

Côte de Cornouaille → Karte S. 356/357

Südküste

Übernachten

siehe auch Karte S. 365

Hotels »» Mein Tipp: *** Ty Mad  ❷, ein Juwel! Einfach ist es nicht zu finden: Selbstfahrer folgen den Schildern in Tréboul und kommen direkt oberhalb der Kirche aus dem Gässchengewirr heraus. Das „Ty Mad" ist nichts anderes als das frühere Pfarrhaus aus dem 19. Jh. Beim Umbau wurden die alten Steinmauern und Holzböden weitgehend erhalten. Einige Fensterläden bekamen als Schranktüren eine neue Funktion. In den drei Stockwerken (kein Lift!) wurden insgesamt 15 sehr elegante Zimmer eingerichtet, jedes individuell gestaltet – als Zugabe in jedem ein ausgewähltes Literaturangebot. Ein idyllischer Garten und ein Wintergarten (beide fürs Frühstück), Sauna, Hamam, ein kleines beheiztes, dezent beschalltes Innenbad sowie ein Restaurant mit ausgezeichneter Küche (s. u.) erhöhen das Wohlbefinden. Und was man nach der etwas komplizierten Anfahrt kaum glauben mag: Man befindet sich direkt über den Stränden Sables Blancs und Saint-Jean. DZ 78–220 € je nach Saison, Zimmerlage und Größe, das teuerste in der 3. Etage mit Blick über die Bucht. Geöffnet Mitte März bis Mitte Nov. 3, rue Saint-Jean, ℡ 02.98.74.00.53, www.hoteltymad.com. **«**

*** **Thalasstonic** ❶, gediegener Luxus der „Best Western"-Kette am kleinen Park, ein Stück hinter der Plage des Sables Blancs. Alle Einrichtungen für eine Thalassokur. 50 wohnliche Zimmer, Restaurant (auch Diätgerichte) und Garten. DZ 99–180 €, HP 93–135 €/Pers. Ganzjährig geöffnet. Rue des Professeurs Curie, ℡ 02.98.74.45.45, www.hotel-douarnenez.com.

** **Auberge de Kerveoc'h** ❻, am Stadtausgang Richtung Quimper (D 765). 10 Zimmer in einem alten bretonischen Bauernhaus, DZ 58–89 €. Ganzjährig geöffnet. 42, route de Kerveoc'h, ℡ 02.98.92.07.58, www.auberge-kerveoch.com.

** **Du Port Rhu** ❹, in Tréboul. Das ehemalige Bahnhofshotel (die Eisenbahnlinie ist längst abgebaut) wurde zur komfortablen Bleibe umgebaut. Sehr schöne, renovierte Zimmer, alle mit Du/WC. Verglaste Speiseterrasse mit Blick auf den Hafen. Die Zimmer zur Straße sind schallisoliert, von den obersten Zimmern großartiger Blick auf den Hafen. DZ 48–81 € je nach Saison und Zim-

merlage, die teuersten oben mit Hafenblick. Geschlossen im Jan. 99, avenue de la Gare, ℡ 02.98.74.00.20, www.hotel-du-port-rhu.fr.

** **Le Bretagne** ❿, günstige Stop-over-Bleibe mitten in Douarnenez an einer der Hauptverkehrsadern; 22 schnörkellose, renovierte Zimmer und Aufzug. Angeschlossen ist das Mini-Wellnesscenter „Le Galet Bleu" mit Infrarot-Sauna und Herz-Trainer. DZ mit Dusche 49–78 €, auch Mehrbettzimmer. Ganzjährig geöffnet. 23, rue Duguay-Trouin, ℡ 02.98.92.30.44, www.le-bretagne.fr.

De France 1, an einer Hauptader der Innenstadt. 23 Zimmer, alle 2007 komplett renoviert und seither mit Dusche/WC, TV und Telefon. Restaurant (Mo Ruhetag) und Hofterrasse. Bar, Salon, großzügige Rezeption. DZ 59–76 €. Ganzjährig geöffnet. 4, rue Jean-Jaures., ☎ 02.98.92.00.02, www.lafrance-dz.com.

Des Sables Blancs 3, in Tréboul, etwas hinter dem Weißsandstrand. 10 renovierte Zimmer, alle mit Dusche/WC, Pizzeria-Crêperie angeschlossen. DZ 49–67 €. Ganzjährig geöffnet. 39, rue des Sables-blancs, ☎ 02.98.74.00.87, www.hoteldessables blancs.com.

Camping Vier Plätze, allesamt im Ortsteil Tréboul, teilen sich das Geschäft im Caravan- und Zeltgewerbe.

Du Trézulien, 175 Stellplätze, Bar und Videoraum. Schöner Swimmingpool mit Toboggan. Geöffnet April–Sept. Route de Trézulien, ☎ 02.98.74.12.30, www.camping-trezulien.com.

De Kerleyou, 40 Stellplätze. Sonnen- und Schattenplätze, neuer Swimmingpool, nach dem Cabrio-Prinzip offen oder überdacht. Gepflegte sanitäre Anlagen. Geöffnet Mitte April–Sept. Chemin de Kerleyou. ☎ 02.98.74.13.03, www.camping-kerleyou.com.

Ü bernachten
1 Thalasstonic
2 Ty Mad
3 Des Sables Blancs
4 Du Port Rhu
6 Auberge de Kerveoc'h

E ssen & Trinken
2 Ty Mad
5 Bar à Tribord

Douarnenez
Übersicht

300 m

Côte de Cornouaille → Karte S. 356/357

Südküste

** **Indigo Le Bois d'Isis**, sehr schönes, schattiges Gelände mit hohen Bäumen hoch über der Bucht, 400 m zum Strand, angenehm und reich ausgestattet. Barbetrieb mit Pizzeria. Lebensmittel und Kleingerichte (im Sommer), kleiner Kinderspielplatz, Waschmaschinen, schöne Sanitäranlagen. Sonnenenergie liefert Warmwasser. Kleiner, beheizter Pool. Einziger von Lesern monierter Nachteil: keine Möglichkeit, das Abwasser zu entsorgen, man wird hinunter in die Stadt geschickt. Knapp 170 Stellplätze. Geöffnet April–Sept. ✆ 02.98.74.05.67, www. camping-indigo.com.

** **Du Croas Men**, hinter dem Fußballplatz. Knapp 40 Stellplätze. Geöffnet April–Sept. Rue du Croas Men, ✆ 02.98.74.00.18, www.croas-men.com.

Essen & Trinken   → Karten S. 362/363 und 365

Restaurants   Haben Sie schon einmal Sardinensuppe mit Sauerampfer *(soupe aux sardines et à l'oseille)* oder Suppe mit Speck und Buchweizen *(soupe au lard et au sarrasin)* probiert? Beides sind lokale Spezialitäten aus Douarnenez, aber nicht einfach zu finden. Weit über die Stadtgrenzen bekannt ist der *Kouign-Amman*, der bretonische Kuchen.

Ty Mad 2, im gleichnamigen Hotel (s. o.) mit Blick auf die Bucht. Der Küchenchef legt Wert auf regionale Produkte. Fisch mit saisonalem Gemüse und Meeresfrüchte sind die Renner, aber auch Lamm und Rind kommen auf den Teller. Wer weder Fisch noch Fleisch mag, bestellt ein 3-gängiges veganes Menü. Preislich etwas über dem Durchschnitt, in qualitativer Hinsicht weit über dem Durchschnitt. Geöffnet Mitte März bis Mitte Nov., Di Ruhetag. 3, rue Saint-Jean, ✆ 02.98.74.00.53.

Da Franco 8, im Zentrum, gegenüber dem Office de Tourisme. Die Besitzerin ist eine waschechte Napolitanerin. Die italienische Alternative zu den Spaniern und Chinesen in der Umgebung. Die Napolitaner behaupten, die Pizza erfunden zu haben – wer bei Franco sitzt, glaubt das gern. Hinter der „fromage spécial pizza" verbirgt sich ein originaler Mozzarella (die Wirtin meint, in Douarnenez sei der italienische Begriff nicht bekannt). Wenn Sie wollen, können Sie gleich eine Flasche „Lacrima Christi" dazubestellen, der an den Abhängen des Vesuvs wächst; aber auch der Haustropfen, ein italienischer Landwein, ist passabel. Auch Pasta und Fleischgerichte. 18, pl. Edouard Vaillant, ✆ 02.98.92.99.45.

Crêperie Roz Avel 9, wer lieber bei Crêpes bleibt, dem sei diese kleine Crêperie empfohlen: nicht nur Crêpes, auch gute Salate und ein beachtliches Angebot an Eisbechern. Sa/So ganztags und Montagvormittag geschlossen. 4bis, place Edouard Vaillant. ✆ 02.98.92.15.34.

Conserverie Connétable: Endstation für Sardinen

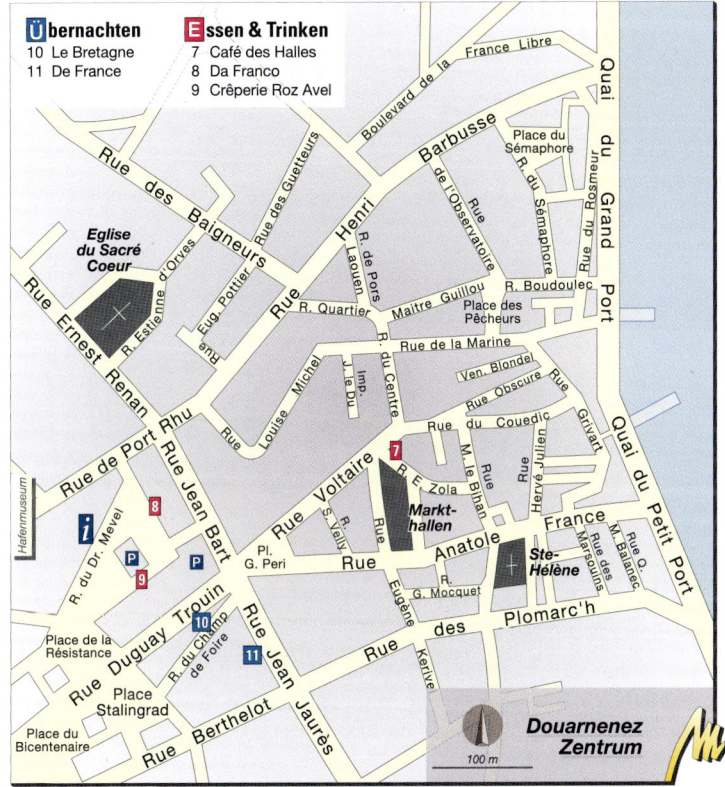

Übernachten
10 Le Bretagne
11 De France

Essen & Trinken
7 Café des Halles
8 Da Franco
9 Crêperie Roz Avel

Douarnenez Zentrum

100 m

Côte de Cornouaille → Karte S. 356/357

Südküste

Bar »» **Mein Tipp:** Bar à Tribord 5, direkt am Port Rhu, Nähe Hafenmuseum. Eine richtige Hafenbar, populär und sehr lebendig. Obendrein kann man hier länger in der Sonne sitzen als anderswo. 11, quai du Port Rhu, ☎ 02.98.92.19.80. ««

Café des Halles 7, die lebendigste Bar in der Oberstadt, mit Betischung zum Platz. Tagsüber oft von WiFi-Surfern aufgesucht, abends gelegentlich Live-Konzerte. Jugendliches Publikum. 3, place des Halles, ☎ 02. 98.92.02.75.

Umgebung von Douarnenez

Allée couverte bei Lesconil: Ein paar Kilometer westlich in der Nähe des Örtchens Lesconil (nicht zu verwechseln mit dem gleichnamigen Badeort im Bigoudenland) findet man ein Schulbuchbeispiel einer *Allée Couverte*. Die Steine – fast alle noch aufgerichtet – stützen sich gegenseitig und bilden so die „Allee" einer neolithischen Grabstätte.

Douarnenez über Tréboul auf der D 7 Richtung Poullan-sur-Mer verlassen, noch vor diesem Ort rechts ausgeschildert.

Pointe du Van

Halbinsel Sizun

Der Hafen von Audierne wird gern von Jachten angelaufen. Pont-Croix wird wegen seiner Kirche aufgesucht. Für das Vogelschutzgebiet der Halbinsel schwärmen Ornithologen. Doch Anziehungspunkt Nummer eins ist die westliche Landspitze, die Pointe du Raz, ab der der Mensch dem Lauf der Sonne nicht mehr folgen konnte. Sie bedeutete den Kelten das Ende der Welt.

Die Spitze der felsigen Halbinsel war früher ein Ort der Gefahr und der Legenden, heute ist sie eines der großen Ziele jeder Bretagnereise. Von Douarnenez bis zur Pointe du Raz trennt eine durchgängige Steilwand von 70 bis 80 Metern Höhe das Festland vom heranwogenden Ozean. Immer wieder ragen Kaps ins Meer, bilden sich Buchten mit wirbelndem Wasser, das donnernd gegen die Felsen schlägt. Haupteinnahmequelle der Region ist, trotz des Rummels an der Pointe du Raz, immer noch das Fischereigewerbe. Verschwiegene Ortschaften verstreuen sich im Inneren der Halbinsel, gegen das Kap-Ende im Westen werden die Häuser immer niedriger und erreichen bei *Plogoff* ihre geringste Höhe.

Das Angebot für Wassersportler ist schmal: Die besten Badeplätze sind bei Audierne, ein weiterer Strand folgt bei *Primelin* an der Südküste der Halbinsel, die *Baie des Trépass*és ist für Surfer interessant.

Camping auf Cap Sizun: Außerhalb von Douarnenez und Audierne verteilen sich nur relativ wenige Plätze bis vor zur Kapspitze, die meisten sind schlichte Zweckareale für Kurzzeitgäste. Eine Auswahl:

**** Baie de Doarnenez (Pil-Koad), bei Poullan-sur-Mer (ausgeschildert); der luxuriöseste und am komfortabelsten ausgestattete Stützpunktplatz der Halbinsel. Beheizter Swimmingpool, zwei gediegene Sanitärblocks, Bar, Fahrradverleih, Minigolf, Tennis. 190 Stellplätze. Geöffnet Mitte April bis Mitte Sept. 30, rue Luc Robet, 29100 Poullan-sur-Mer, ☎ 02. 98.74.26.39, www.camping-douarnenez.com.

** **Pors Péron**, gehört zur Gemeinde Beuzec-Cap-Sizun; von Poullan-sur-Mer kommend die D 7 zwischen den Ortschaften verlassen und auf der D 407 meerwärts fahren. Einfach ausgestatteter Platz vor der Küste, nahe dem Vogelschutzgebiet. 14 Stromanschlüsse, 100 Stellplätze. Geöffnet April–Sept. Pors Péron, 29790 Beuzec-Cap-Sizun, ✆ 02.98.70.40.24, www.campingpors peron.com.

Kermalero, in Primelin, im Ortsteil Kermalero bei den Sportanlagen; anspruchsloser Platz mit ordentlichen Sanitärs. 75 Stellplätze. Geöffnet April bis Mitte Okt. 29770 Primelin, ✆ 02.98.74.84.75,www.primelin.fr.

Wohnmobile   Gut ausgerüstet ist der **Camping Pors Péron** (s. o.). In **Plogoff** findet man einen Gratis-Stellplatz (Parking du Stade), den Service gibt's dann bei der Dorfkirche.

Réserve Naturel de Goulien (Vogelreservat)

Zwischen der *Pointe de Beuzec* im Osten und der *Pointe de Brézellec* im Westen hat der Mensch in den wilden Klippen von *Castel-Ar-Roc'h* einigen Vogelarten eine Schutzzone zugestanden. Schwärme von Kolkraben, Krähenscharben, Silber-, Mantel- oder Dreizehenmöwen haben zusammen mit Tordalken, Alpenkrähen und anderen Federträgern einen vorübergehenden Wohnsitz in ungebändigter Natur. Die beste Zeit, den gefiederten scheuen Freunden mit dem Fernglas aufzulauern, ist während des Nestbaus von Mitte April bis Mitte Juni. Ab Mitte Juli fliegen die Zugvögel aus, die letzten suchen im August das Weite.

Anfahrt: Von der D 7, kurz bevor links ein Sträßchen nach Goulien weist, rechts abzweigen (ausgeschildert). Das Reservat ist – ohne Hunde – frei zugänglich. Eine Broschüre über die gefiederten Bewohner gibt's im Lebensmittelladen von Goulien sowie in den umliegenden Offices de Tourisme.

Pointe du Van

Ein Riesenparkplatz in der Heide. Dann ein ausgetretener Pfad zur kleinen, uralten *Kapelle St-They* mit ihrem von Wind und Wetter zernagten Glockenturm über der *Baie des Trépassés* und erste, vorbereitende Blicke auf den schwarzen Felsstrich der *Pointe du Raz*. Sie können die Kapelle, die seit dem 15. Jahrhundert die Gebete bang wartender Seemannsfrauen gehört hat, aufsuchen oder links liegen lassen und direkt zur Landspitze weitergehen – in etwa 10 Minuten ist die Pointe du Van erreicht. Unterwegs tun sich unerwartete Einblicke in den Küstenverlauf auf, und ganz vorne auf der Spitze genießen Sie ein außergewöhnliches Panorama: rechts das *Cap de la Chèvre* und die *Pointe de Penhir* der Halbinsel Crozon, weit entfernt die *Pointe St-Mathieu*; links draußen im Meer die *Ile de Sein*, der *Leuchtturm la Vieille* und der Felsklotz der *Pointe du Raz*.

Sie können auch prickelnde Kletterpartien wagen, um tiefer in die Felsen des Kaps einzudringen und die Grenze zwischen Wasser und Land in vorderster Front zu inspizieren. Wie immer bei solchen Unternehmungen sind Vorsicht und akzeptables Schuhwerk die Garanten für ein unbeschwertes Vergnügen.

Baie des Trépassés

Wütend wogt der Ozean in der Bucht, knallt mit Getöse gegen die Felsen, um dann, kraftlos geworden, im Sand zu verlaufen. Die Bretagne wäre nicht die Bretagne, gäbe es über die „Bucht der Dahingeschiedenen" nicht diverse Versionen über die Herkunft ihres Namens. Wurden von hier die verstorbenen Druiden der Kelten von kräftigen Ruderern zu ihrer letzten Reise auf die Insel Sein übergesetzt? Oder spülte das Meer hier besonders viele Ertrunkene an Land? Lag hier Ys, dessen Bewohner der Ozean verschlang? Wurden hier mit trügerischen Lichtsignalen Schiffe in den Untergang gelockt? Die beiden Hotels in den Dünen hinter dem Strand führen von der wilden Spekulation in die ungefährliche Zivilisation zurück, sie liegen unbestritten in Top-Lage.

Einladend: Baie des Trépassés

Auf den vorzüglichen Sandstrand der 300 m langen Bilderbuchbucht folgen Dünen, darauf Sümpfe und kleine Teiche in den kargen Hügeln – ein einsamer, unwirtlicher Landstrich. Bei Flut ist die Baie des Trépassés ein vorzügliches Surfareal, Fußgänger hören den hereinbrechenden Ozean am lautesten in der Nähe der Felsen.

Hotels/Restaurants ** Le Relais de la Pointe du Van, modernes Anwesen in erster Reihe in den Dünen hinter dem Strand. 25 Zimmer, Bar, Salon de Thé, Brasserie. DZ 60–97 €, HP 76–95 €/Pers. Geöffnet April–Sept. 29770 Cléden-Cap-Sizun, ☎ 02.98.70. 62.79, www.baiedestrepasses.com.

** De la Baie des Trépassés, im selben Besitz wie das vorgenannte und dieselben Konditionen. Etwas erhöht über dem Strand, ebenfalls 25 Zimmer, die Speisekarte im Restaurant mit Panoramablick lebt von Fisch und Meeresfrüchten. DZ 60–97 €, die billigsten mit Dusche/WC auf Etage, HP 76–95 €/Pers. Geöffnet Mitte Febr. bis Mitte Nov. Baie des Trépassés, 29770 Plogoff, ☎ 02. 98.70.61.34, www.baiedestrepasses.com.

Pointe du Raz

Der Wind hat den Fels kahlgefegt, pausenlos brandet der Atlantik gegen den stummen Stein. Seine Wellen brechen im Sekundenabstand an den kantigen Riffen, unaufhörlich graben die Fluten tiefe Spalten und schäumende Nischen in die wirr aufgetürmte Felsbastion. Spektakulärer als hier rennt das Meer nirgendwo gegen den europäischen Kontinent an. Die Folge sind zur Hochsaison mindestens ebenso spektakuläre Besuchermassen, die sich 72 Meter über dem Meer auf die Landspitze ergießen. Tipp: Besuch bei Sturm. Kein Gedränge, keine Weitsicht, aber wütendes Meer und peitschender Wind – die dramatische Inszenierung eines Naturschauspiels. Oder: In der Hochsaison einfach auf eines der benachbarten Kaps ausweichen. Auch wenn diese landschaftlich vielleicht nicht ganz an die *pointe des pointes* heranreichen, so sind sie für Naturbegeisterte weitaus ergiebiger als die Massenwanderung zur *Pointe du Raz*.

Die Pointe du Raz wurde zum Naturschutzgebiet erklärt, das einem absoluten Bauverbot unterliegt. Vom Informationszentrum *Maison de la Pointe du Raz et du Cap-Sizun*, über dessen Schönheit sich die Geister scheiden, führt der Weg am

Leuchtturm vorbei zur *Notre-Dame des Naufragés*, einem den Schiffbrüchigen gewidmeten *Denkmal* mit einer überdimensionalen Maria – die Spannung wächst. Schließlich zeigt sich das Chaos der aufregend zerklüfteten Spitze der Halbinsel, deren letzte Felstürme sich gischtbesprüht im Meer verkleckern.

Weit hinter den Felsen und den Leuchttürmen *La Vieille* und *Tévennec* schwimmt die *Ile de Sein*, und am Horizont taucht an klaren Tagen der Strich des *Phare Ar Men* auf, ein Leuchtturm weit draußen im Meer.

Richtig zu genießen ist das Weltende auf einem Rundgang um die Kapspitze. Auf einem teilweise schwindelerregenden Felspfad können Sie sich nah am Abgrund bis zur äußersten Spitze vorarbeiten. Der Weg ist allerdings gefährlich und wird aus Sicherheitsgründen möglicherweise bald verboten.

Information Maison de la Pointe du Raz et du Cap-Sizun. Das Informationszentrum für alle Fragen rund um das berühmte Kap. April–Sept. und 2. Okt.-Hälfte tägl. 10.30–18 Uhr, in der Hochsaison bis 19 Uhr. 29770 Plogoff, ℡ 02.98.70.67.18, www.pointeduraz.com.

Hin und weg Bus: Weltabgeschieden ist die Pointe du Raz längst nicht mehr: Ab Audierne ist die Landspitze werktags mit rund einem Dutzend, sonntags mit rund einem halben Dutzend Bussen an die Welt angeschlossen – und zudem im Ausflugsprogramm aller Busreiseveranstalter von Quimper bis Concarneau.

Shuttle-Bus Vom Informationszentrum verkehrt ein kostenloser Shuttle-Bus zum Leuchtturm (zu Fuß gemütliche 10 Min.).

Parken Der einzige legale Parkplatz vor der Pointe du Raz gehört zum Touristenzentrum, ist den Umständen entsprechend riesig (1000 Plätze) und kostet 6 €. Zugegeben, das ist nicht billig, aber vielleicht versöhnt Sie der Hinweis der Behörden: Sie tragen damit zur Erhaltung des einmaligen Kaps bei.

Führung Der schmale, teils unbequeme Klippenpfad mit kurzen Kletterpartien um die vorderste Spitze ist das A und O der Raz-Visite, aber nicht jedermanns Sache. Offizielle Guides (Auskunft im Informationszentrum) bieten deshalb gegen Bezahlung ihre hilfreiche Begleitung an.

Pardon Am 1. Sonntag im August Wallfahrt zur Maria der Schiffbrüchigen (Notre-Dame des Naufragés).

Pointe du Raz, la pointe des pointes

Côte de Cornouaille → Karte S. 356/357

Südküste

Hotel/Restaurant *** Ker Moor, zwischen Plogoff und Primelin, etwas oberhalb der Plage du Loch. Nettes 12-Zimmer-Haus mit schönem Ausblick, kleiner Spa-Abteilung und Restaurant. DZ 75–130 € (letztere mit Lit Breton oder Lit Baldaquin). Geschlossen Jan. bis Mitte Febr. 18, plage du Loch, Route de la Pointe du Raz, 29770 Plogoff, ℡ 02.98.70.62.06, www.hotel-kermoor-audierne.com.

Confort-Meilars

Das Örtchen selbst ist weiter nicht aufregend, aber die Dorfkirche am Straßenrand ist einen Besuch wert. Am *Calvaire* auf dem dreieckigen Sockel aus dem 16. Jahrhundert sind noch die Nischen zu sehen, in denen die zwölf Apostel standen, die der Französischen Revolution zum Opfer fielen. Im 19. Jahrhundert wurde eine neue Apostelserie gemeißelt, diesmal so groß, dass sie in den alten Nischen keinen Platz mehr fand, also stellte man sie ganz einfach auf die darüberliegende Plattform. Obendrein sind aus zwölf dreizehn geworden: der Verräter Judas wurde durch Matthias ersetzt, und als dreizehnter wurde Paulus in den Apostelstand erhoben. Ganz neu ist die Christusfigur. Sie stammt aus dem Jahr 1990, der alte Christus stürzte 1978 vom Calvaire.

Das Kircheninnere zeigt schöne *Sablières* im Chor, einander fast verschlingend reihen sich Ungeheuer und Menschen. Das Licht dringt nicht nur durch die 400 Jahre alten *Chorfenster* ein (Motiv: Baum Jesse mit den zwölf Stämmen Israels), sondern auch durch zwei *seitliche Fenster*, von denen eines Jesus' Eltern bei der Arbeit zeigt: Maria näht, Josef bearbeitet einen Holzbalken, wobei er das Beil gefährlich nah an zwei spielenden Engelchen vorbeisausen lässt. Eine Seltenheit ist das ebenfalls 400 Jahre alte *Glockenrad* von 1,7 m Durchmesser mit zwölf Glöckchen verschiedener Größe, die eine Klangharmonie ergeben, wenn das Rad in Drehung versetzt wird. Testen Sie selbst und befolgen Sie dabei die in französischer Sprache gehaltene Gebrauchsanweisung: Kette lösen, sich in den auf dem Boden markierten Kreis stellen, am Strang ziehen, erst sachte, dann stärker; die Kette loslassen, zuhören; die Kette wieder einhängen.

Pardon: Am 1. Julisonntag Wallfahrt zur Notre-Dame de Confort.

Pont-Croix

Das alte Städtchen war einst die Kapitale von Cap Sizun und bekannt für seinen Handelshafen, seine Messen und seine Kirche. Der Hafen hat seine Bedeutung verloren, die Messen finden nicht mehr statt, doch die *Kirche* zieht weiterhin Ortsfremde an. Von der kleinen *Place de l'Eglise* zur weiten *Place de la République* führt flach eine unscheinbare Gasse, dann senken sich die Häuschen von Pont-Croix zügig zum trägen Goyen-Fluss hinab. Wer einen Spaziergang machen will: Die *Grande* und die *Petite Chère* sind die nettesten und stufenreichsten Gässchen am Hang. Einige Ausflügler besuchen auch das kleine *Heimatmuseum*.

Sehenswertes

Kirche Notre-Dame-de-Roscudon: Im frühen 13. Jahrhundert wurde der Bau begonnen, 1290 wurde der Chor vergrößert, 1450 wegen des neuen, 67 m hohen *Turms* das Querschiff umgebaut – insgesamt dauerten die Umbauarbeiten bis ins 16. Jahrhundert. Der Turm mit den zarten Galerien und den ausladenden Wasserspeiern wurde zum Vorbild der Türme der Kathedrale von Quimper. Das eigentliche Prunkstück aber ist das reich verzierte *Portal* (Ende 14. Jh.) mit seinen drei spitzgiebeligen Wimpergen; über dem mittleren der kleeblattgeschmückten Giebel thront die Steinfigur der Notre-Dame-de-Roscudon. Das Kirchenschiff und der Chor mit seinem breiten Umgang sind romanisch und in ständiges Halbdunkel gehüllt. Das *Taufbecken* stammt aus der Renaissance und zeigt ein farbiges Flachrelief mit der Taufe Christi im Jordan, eher unbeteiligt steht ein Engel daneben. Ebenfalls beachtenswert ist das geschnitzte und vergoldete *Abendmahl* (17. Jh.) hinter dem Hauptaltar.

Le Marquisat: Kleines Heimatmuseum in einem Herrschaftshaus aus dem 16. Jahrhundert, das das Leben in Pont-Croix im Jahr 1930 zeigt: historische Küche und Schlafzimmer, Schwarzweißfotos, Trachten, Hauben, Werkzeuge und ein Raum für wechselnde Ausstellungen. Mitte Juli bis Aug. Di–Fr 10.30–12.30 und 15.30–18.30, Sa–Mo 15.30–18.30 Uhr. Eintritt 2 €.

Postleitzahl 29790

Information Office de Tourisme, bei der Kirche ums Eck. Mo–Sa 10–12.30 und 14–18 Uhr, Mitte Juli bis Mitte Aug. zusätzlich So 10–12.30 Uhr. Rue Laënnec. ✆ 02.98.70.40.38, www.pont-croix.fr.

Hin und weg Bus: mindestens 4-mal tägl. Richtung Quimper oder über Audierne zur Pointe du Raz.

Markt Ganzjährig am Donnerstagvormittag, Im Juli/Aug. zusätzlich Sonntagvormittag und Montagabend.

Notre-Dame-de-Roscudon, Südportal

Pardon Am 15. August großer Pardon Notre-Dame-de-Roscudon mit Fackelumzug. Kleiner Pardon am 1. Sonntag im September.

Audierne

2200 Einwohner

Das Städtchen schmiegt sich entlang der Goyen-Mündung an die baumbestandenen Hänge. Die meist weißen, schmalen Häuser reihen sich geradlinig am Fluss, gruppieren sich eng um das kleine Zentrum hinter der *Place de la Liberté* und verlieren sich dann im Grün der Anhöhen. Weil die Hafenstadt traditionell Küstenfischerei betrieb, verbreiteten böse Zungen aus der Nachbarschaft, nur feige Fischer würden die Küstengewässer abfischen und vor längeren Fahrten auf den rauen Ozean zurückschrecken. Doch warum in die Ferne schweifen, wenn das Gute nahe liegt?

Noch immer macht von April bis Oktober die arg geschrumpfte Küstenfischflottille von ihrem Heimathafen aus Jagd auf die Jakobsmuschel, ganzjährig werden normaler Speisefisch sowie der begehrte Thunfisch und die Languste angelandet. In etwa 30 Meerwasserbecken werden die gefangenen Krustentiere in großen Mengen bis kurz vor dem Verzehr aufbewahrt. Rund um den geschützten

Audierne an der Mündung des Goyen

Hafen hat sich etwas fischbezogene Industrie angesiedelt: Konservenfabriken, eine Eisfabrik und zwei kleine Werften stellen den Broterwerb eines nicht geringen Teils der Bevölkerung sicher.

Das größte und lebendigste Städtchen der Halbinsel ist auf Gäste eingestellt: Baden an den Stränden vor Ort und in der Umgebung, Ausflüge in die Region sowie ein Besuch der *Ile de Sein*, dazu das sommerliche Veranstaltungsprogramm mit Folkloreschwerpunkt und einigen Segelregatten – Audierne erwartet seine Besucher mit einem umfangreichen Angebot.

Baden

Plage Ste-Evette (Plage d'Audierne): 2 km westlich vom Zentrum in geschützter Südlage, knapp 1 km langer, bei Flut noch bis 50 m breiter, im Sommer gut besuchter Strand unterhalb der Strandpromenade. Umkleidekabinen, Segelschule, Kinderclub usw.

Plage de Kersiny: Ohne Infrastruktur, etwa 4 km südöstlich von Audierne unterhalb von Plouhinec. In jeder Hinsicht zweite Wahl nach dem Stadtstrand. Der Dünenstrand vor den Felsriffen ist knapp 400 m lang, bei Flut noch 50 m breit.

Plage de Penhors: Ein Stück südlich vom Kersiny-Strand, eine Stichstraße führt von Plouhinec an die Küste. Mehrere Kilometer karge Küste mit eingestreuten Ferienhäuschen. Viel Wind, bei Ebbe jede Menge Sand und bei Flut gewaltig viel Meer. Ideal zum Baden und für längere Strandspaziergänge, auch in der Hochsaison relativ einsam.

Basis-Infos

Postleitzahl 29770

Information Office de Tourisme, am Platz vor dem Hafenkai, die zentrale Informationsstelle der Halbinsel. leider nicht allzu kompetente Auskünfte, dafür Prospekte, Hotellisten und Zimmervermittlung für die Stadt und das Umland. April–Juni und Sept. Mo–Sa 9.30–12.30 und 14–18 Uhr. Juli/Aug. Mo–Sa 9–13 und 14–19, So 9–13 Uhr. Okt.–März Mo–Fr 9.30–12 und 14–17.30, Sa 9.30–12.30 Uhr. 8, rue Victor Hugo. ☎ 02.98.70.12.20, www.audierne-tourisme.com.

Hin und weg Bus: Werktags 5-mal über Pont Croix nach Douarnenez, 6-mal nach Quimper, 11-mal zur Pointe du Raz. Auf der Kurzstrecke nach Pont-l'Abbé werktags 3-mal, sonntags 2-mal.

Markt Obst und Gemüse gibt es jeden Mittwochmorgen frisch vom Erzeuger. Am Samstagmorgen breiten sich die Stände des Großen Marktes auf der Place de la Liberté und der Place de la République aus.

Wassersport Alle Aktivitäten am Strand von Ste-Evette. Segeln, Surfen, Tauchen. Schulungen und Verleih: **Centre nautique du Cap-Sizun** (CNCS), Segelschule und Verleih. ☎ 02.98.70.21.69.

Übernachten/Essen & Trinken

Hotels *** Le Goyen, am Hafen. 21 gute Zimmer, gepflegtes Restaurant (s. u.) und die Annehmlichkeiten der gehobenen Klasse. DZ 89–198 €, alle mit Blick aufs Meer, die teureren sind sehr geräumig und verfügen über zwei Balkone. HP ab 57 €/Pers. Geöffnet April bis Mitte Nov. Place Jean Simon, ☎ 02.98.70.08.88, www.le-goyen.com.

** **Au Roi Gradlon**, am Strand von Ste-Evette. 19 ordentliche Zimmer, bis auf eines alle mit Meerblick. Restaurant. Ein Spezialservice ist die Vermietung von Mountainbikes (nur an Gäste). DZ 59–104 €. Geöffnet Mitte Febr. bis Mitte Dez. 3, boulevard Manu Brusq, ☎ 02.98.70.04.51, www.auroigradlon.com.

Camping Mehrere fast standardgleiche Plätze um Audierne und in der Nachbargemeinde Plouhinec im Osten versorgen Campeurs und ihre Familien. Eine Auswahl:

** **De Larenvoie**, ein etwas abschüssiges Gelände rechts neben der Straße nach Plouhinec nach Audierne. Wer im Inneren des Wiesenareals (mit Bäumen) Platz findet, ist etwas vor Lärm geschützt. Hinweis: Die flachen der 75 Stellplätze sind zuerst besetzt. Geöffnet Juni bis Mitte Sept. Chemin de Larenvoie, Plouhinec, ☎ 02.98.70.89.38, www.campingdelarenvoie.fr.

** **Kersiny-Plage**, das meernächste Areal (Abzweig in Plouhinec) liegt in wunderbarer Lage. Ein offener Platz am Hang mit einigen Mietchalets über dem Atlantik. Niedrige Hecken schützen zumindest des Zeltlers Füße vor Wind. Kleiner Laden, kleiner Spielplatz, kleine Gerichte. Knapp 90 Stellplätze. Geöffnet Mitte Mai bis Mitte Sept. 1, rue Nominoé, Plouhinec, ☎ 02.98.70.82.44, www.kersinyplage.com.

Wohnmobile Rundumservice auf dem Camping **Kersiny-Plage** (s. o.), sofern dort die Nacht verbracht wird.

Restaurant Le Goyen, im gediegenen Restaurant des gleichnamigen Hotels (s. o.) herrscht fast Wohnzimmeratmosphäre. Die Küche genießt exzellenten Ruf, die Spezialitäten kommen alle aus dem Meer. Place Jean Simon, ☎ 02.98.70.08.88.

Le Grand Large, in der Nähe des Hotels Au Roi Gradlon, über dem Strand gelegen. Das Angebot ist klassisch (Fisch, Fleisch, Moules frites) und preiswert, die Aussicht auf die Mündung des Goyen unschlagbar. 1, rue du Môle, ☎ 02.98.70.08.22.

Ile de Sein

200 Einwohner

Der letzte Landklecks vor der Unendlichkeit des Ozeans war der glückseligen Region der Unsterblichen nah. Ein Dolmen und einige Menhire bei der Kirche erinnern an die Frühzeit des Homo sapiens. Später unterhielten die Kelten auf der Insel eine Kultstätte und begruben hier möglicherweise ihre Druiden.

Einst galten die Bewohner der kargen Insel, die sich nie autark ernähren konnten, als Piraten und Strandräuber. Heute leben sie wegen der ungünstigen Erwerbsbedingungen steuerfrei auf dem flachen, baumlosen Eiland, das sich 7 km vor der Pointe du Raz wie ein langschwänziges Fabeltier im Meer windet. Gerade ein Quadratkilometer groß ist das gut durchlüftete Inselchen, Anbauflächen gibt es keine, das Meer liefert seinen Fisch, etwas Hummerzucht kommt dazu. Boote dümpeln im Hafen, die Häuser von *Le Bourg* ducken sich eng zusammen, ein Leuchtturm weist den Weg – viel mehr Platz ist nicht. Vielleicht ist es die Überschaubarkeit des

Côte de Cornouaille → Karte S. 356/357

Südküste

winzigen Landfleckens, der für die Anziehungskraft der Insel sorgt – in der Saison drängen sich Scharen von Tagesgästen in den Gassen von Le Bourg.

Im Zweiten Weltkrieg blieben neben Frauen und Kindern nur der Pfarrer und der Leuchtturmwärter auf der von deutschen Soldaten besetzten Insel zurück. Der Rest der männlichen Bevölkerung, 144 Seefahrer, schloss sich der Exilarmee von General *de Gaulle* an, der dies nach Soldatenart mit einem markigen Spruch zu honorieren wusste: „Wie viele seid ihr?" „144, mon Général!" „Die Ile de Sein ist also die Hälfte Frankreichs!" Von dieser Hälfte kehrten 36 nicht mehr zurück.

Fähre zur Insel: Die Schiffe von *Penn Ar Bed* verkehren zwischen Audierne und der Insel: Fahrzeit etwa 70 Min., aktuelle Abfahrtszeiten beim Office de Tourisme in Audierne oder bei Penn Ar Bed. Ablegestelle in Audierne 3 km außerhalb des Orts am Ende der Plage Ste-Evette. Hin/zurück je nach Saison 28–35 €, Kind bis 16 J. 23–28 €, 4–11 J. 17–21 €. *Penn Ar Bed*, Gare Maritime Ste-Evette. ℡ 02.98.70.70.70, www.pennarbed.fr.

Hotels/Restaurants   ** Ar-Men, 10 Zimmer mit Dusche/WC, alle mit Meerblick. Restaurant. DZ 58–75 €. Geöffnet April–Okt. Route du Phare, 29990 Ile de Sein, ℡ 02.98.70.90.77, www.hotel-armen.net.

Les Trois Dauphins, alteingesessenes Inselhotel mit 7 Zimmern und einem Restaurant (Spezialität Hummerragout und Crêpekreationen). DZ 50–65 € je nach sanitärer Ausstattung und Ausblick. Ganzjährig geöffnet. 16, quai des Paimpolais, 29990 Ile de Sein, ℡ 02.98.70.92.09, www.hoteliledesein.com.

Pays Bigouden

Das Bigouden-Häubchen, die traditionelle Kopfbedeckung der weiblichen Bevölkerung dieses Landstrichs, gab dem Bigoudenland seinen klingenden Namen. Heute werden die hohen Spitzenhauben wie die gelb und rot bestickten Trachten nur noch zu Festtagen getragen.

Eine Ausnahme bildete Maria Lambour, die 2014 im Alter von 103 Jahren verstarb. Tag für Tag trug sie ihr ganzes Leben lang mit Stolz ihre 33 Zentimeter hohe Spitzenhaube, einst als Mädchen, dann als beliebte Patronne einer Bar in Pont-l'Abbé und schließlich als längst zur Ikone gewordene Rentnerin.

Bis zum 16. Jahrhundert war das Bigoudenland, das sich zwischen der *Bucht von Audierne* und dem *Odet* erstreckt, einer der wohlhabendsten Landstriche der Bretagne. Dann schlug das Schicksal zu: Die Kabeljauschwärme wanderten ab, einheimische Räuber und plündernde Engländer brandschatzten immer wieder das Land, das mehr und mehr verarmte und am Rande der westlichen Zivilisation nur mehr eigensinnig vor sich hindämmerte.

Die Bewohner des Bigoudenlands gelten als eigener Schlag unter den Bretonen, viele Klischees werden über sie verbreitet: mehr der Vergangenheit als der Zukunft zugewandt, derb, stolz, auf Eigenständigkeit bedacht. Per-Jakez Helias (1914–1995), Journalist, Schriftsteller und Bigoude, formuliert den Sachverhalt elegant: „Wir Bigoudins stehen im Ruf, eben anders zu sein. Das muss wahr sein, denn alle sagen es, nicht zuletzt wir selbst. Nur, wir sagen es etwas anders als alle."

Über das flache Land sind zahllose spitzgiebelige Häuser verstreut, die weiß in der Sonne glänzen. Die Äcker werden bis nahe an den Atlantik bestellt. Doch die Hauptrolle im Wirtschaftsleben spielt der Fischfang. Die Küstenorte von *St-Guénolé* bis *Loctudy* haben allesamt rege Fischerhäfen. Jährlich entreißt die 450 Schiffe zählende Fangflotte dem Meer 35.000 Tonnen Fisch und Schalentiere und liegt damit an der Spitze der französischen Fischfangstatistik.

Segler und Surfer finden an der Bigoudenküste einen günstigen Wind vor, aber auch Badegäste und Fußfischer werden die langen Dünenständen von Le Guilvinec bis Loctudy schätzen.

Saint-Guénolé

Gierige Möwen, Fischfabriken, eine Handvoll Hafenbars – St-Guénolé, das administrativ zur Gemeinde Penmarc'h gehört, avancierte 2008 zum größten französischen Sardinenhafen. Den ersten Rang könnte ihm allerdings bald das nahe Guilvinec abjagen. Der Fang wird, für alle Menschen ohne Schnupfen unschwer festzustellen, gleich vor Ort verarbeitet. Für kulturgeschichtlich interessierte Besucher wartet St-Guénole mit einem *Prähistorischen Museum* auf – nach demjenigen von Carnac das zweitbedeutendste seiner Art in der Bretagne. Nicht zu sehen ist der Kabelstrang, der seit 1959 Europa mit Amerika telefonisch verbindet; er verlässt unter dem Pors-Carn-Strand das Wasser.

Die Felsen von St-Guénolé, einfach *les Rochers* genannt, sind dem steten Ansturm des Atlantiks ausgesetzt, der hier

Bretonische Modenschau

besonders stark gegen das Land donnert. Gleich daneben beginnt der lange Dünenstrand *Pors Carn*, der sich bis zur *Pointe de la Torche* zieht – Platz ist für alle, das kinderfreundlichste Stück in einer kleinen Bucht nah den *Rochers*.

Sehenswertes

Prähistorisches Museum (Musée de la préhistoire finistérienne): Megalithen vor dem Bau kündigen an, um was es bei der pädagogisch strukturierten Sammlung geht. Die Exponate aus dem gesamten Finistère mit Schwerpunkt Halbinsel Penmarc'h umspannen die Jahrtausende von der Altsteinzeit bis zum hohen Mittelalter. Gräber und Menhire sind aus Platzgründen im Garten untergebracht, die zahlreichen Funde aus der Frühgeschichte des Menschen werden in zwei Räumen gezeigt. Bemerkenswert in Saal 1 ist eine Totenstadt aus der Eisenzeit.
Juni–Sept. Mo–Fr 10.30–12.30 und 14–18, So 14.30–17.30 Uhr. Eintritt 3,50 €.

Postleitzahl 29760

Hin und weg Bus: St-Guénolé ist Endpunkt der Buslinie nach Quimper; werktags bis zu 9-mal, So 6-mal.

Markt Freitagvormittag

Camping *** Le Domaine de la Joie, der einzige Platz bei St-Guénolé/Penmarc'h in Meeresnähe. Die Domäne der Freude liegt hinter der Durchgangsstraße gegenüber einer Fina-Tankstelle. Großer, schlichter Normplatz mit ausreichenden sanitären Anlagen und einigen Extras: Schwimmbecken, Waschmaschine, Tennis, Minigolf, Bungalowvermietung. 200 Stellplätze. Geöffnet April bis Mitte Sept. Rue de la Joie, ✆ 02.98.

58.63.24, www.campingdomainedelajoie.com.

Wohnmobile Größerer Stellplatz auf dem Weg zum Museum (kein Service).

Umgebung von St-Guénolé

Pointe de la Torche: Hier greift der Atlantik auf breiter Front an. Zwischen St-Guénolé bis vor Audierne zieht sich ein etwa 25 km langer, dünenbegrenzter Sand-KiesStreifen, gegen den ein meist unruhiges Meer anbrandet – für Badende gefährlich, doch ideal für Surfer und ein Traum für das Funboard. Die einsam ins Meer bleckende Landspitze teilt die lange Strandzone in zwei riesige, weißsandige Badebuchten mit exzellenten Gleitbedingungen. Im Worldchampionship-Revier bei der Pointe de la Torche trifft man sich jedes Jahr zum Funboard-Festival. Als Zugabe zum kleinen Spaziergang an die Landspitze gibt es am Ziel alte Kult- und neuere Militärarchitektur: Unter einem frei zugänglichen *Langgrab* mit einigen Seitenkammern auf der Kuppe der Pointe de la Torche versteckt sich ein verschlossener *Wehrmachtsbunker*.

Wassersport Ecole de Surf de Bretagne hat einen Stützpunkt an der Pointe de la Torche; Kurse (vom Tages- bis zum Wochenkurs), Verkauf und Verleih von Zubehör. Geöffnet Ostern bis Okt. ✆ 02.98.58.53.80.

Camping *** De la Torche, unweit der Landspitze (ausgeschildert); guter, neuerer Platz, idealer Stützpunkt für die Surfgemeinde. Spielplatz, beheiztes Schwimmbecken und Sportgelände (Volleyball, Fuß- und Basketball). 155 Stellplätze. Geöffnet April–Okt. Pointe de la Torche, 29120 Plomeur, ✆ 02.98.58.62.82, www.campingdelatorche.fr.

Notre-Dame-de-Tronoën: Hinter breiten Dünen steht die schlichte *Kapelle Notre-Dame-de-Tronoën,* deren Türmchen zierlich aus der Dachmitte emporragt. Gleich neben der Kapelle trotzt der älteste *Calvaire* der Bretagne (1450) den Zeiten. Die

Der älteste Calvaire der Bretagne steht in Tronoën

Figuren im hellgrauen Stein sind verwittert, Regen und Wind haben manche Gesichter geglättet und unkenntlich gemacht. Auch Marias Konturen, die so gut wie nackt im Bett liegt, und die des Jesuskindes sind verwaschen. Doch der Ausdruckskraft haben Wasser, Salz und Wind nichts anhaben können. Drei Kreuze erheben sich vom Sockel, auf zwei Ebenen lehnen sich die unterschiedlich großen Figuren an den Stein. Zwei Szenen der Passionsgeschichte sind einzig auf diesem Calvaire zu sehen: Der wiederauferstandene Jesus erscheint der überraschten Maria-Magdalena als Gärtner verkleidet, und die Schächer tragen, hinter Jesus gehend, ihre Kreuze wie der Gottessohn eigenhändig den Schädelberg hinauf.
Pardon am 3. Sonntag im September.

Kapelle von Languidou: Die Kapelle ist heute eine Ruine – aber was für eine!

Im 12. Jahrhundert errichtet und im 16. Jahrhundert mit einer wandfüllenden Fensterrosette geschmückt, wurde der Bau nach der Revolution verkauft und teilweise abgetragen. Heute steht die Ruine einsam und verlassen inmitten von Feldern, verstreuten Höfen und weidenden Schafen. Das Dach fehlt, doch einige Reliefs, Rundbögen des Mittelgangs und vor allem die granitene Fensterrose sind gut erhalten.

Von Plonéour-Lanvern auf der D 2 knapp 3 km nordwestlich nach Tréogat, dort die erste Straße links, von da noch 3 km (ab Tréogat ausgeschildert).

Penmarc'h

5500 Einwohner

Der Verwaltungsort der umliegend verstreuten Kleingemeinden unmittelbar hinter der *Pointe de Penmarc'h* besitzt im Ortsteil *Kérity* ein Wahrzeichen: Am Ende der Hauptstraße wächst der braun und kantig gemauerte Leuchtturm mit dem deutschen Namen *d'Eckmühl* über die Hausdächer hinaus; mit 65 m ist er einer der höchsten Leuchttürme Frankreichs. Benannt hat ihn die noble Stifterin nach ihrem Vater, *Louis Nicolas Davout*, Fürst von Eckmühl, der als General in Napoleons Diensten stand. Neben dem Leuchtturm steht die *Kapelle Notre-Dame-de-la-Joie* mit ihrem verwitterten Glockenturm gefährlich nah am Gestade; eine Mauer hält das Meer zurück.

Die *Kirche St-Nonna* im Zentrum von Penmarc'h mit dem zierlichen Glockentürmchen gilt als ein Musterbeispiel des bretonischen Flamboyant. 1508 von einheimischen Reedern gestiftet, wurde sie in der Blütezeit Penmarc'hs errichtet. Am dicken, nie vollendeten Westturm sind noch die für Kirchenbauten an der Küste typischen Reliefs erhalten: Schiffe und Fische.

Sehenswertes

Phare d'Eckmühl: Seit seiner umfassenden Innenrenovierung steht der 65 m hohe Eckmühl-Leuchtturm aus dem Jahr 1897 wieder im Mittelpunkt des touristischen

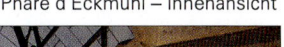

Phare d'Eckmühl – Innenansicht

Côte de Cornouaille → Karte S. 356/357

Südküste

Interesses. Der Turm mit seinen 307 Stufen kann bestiegen werden – maximal 20 Personen auf einmal.

April–Sept. tägl. 10.30–18.30 Uhr. Okt. bis Mitte Nov. tägl. 14–18.30 Uhr. Eintritt 2,50 €, Kind 7–16 J. 1 €.

Der Phare d'Eckmühl ist so fotogen, dass die älteren Bauten des Ensembles an der Landspitze kaum wahrgenommen werden: Gleich hinter dem berühmten Turm findet man seinen Vorgänger aus dem Jahr 1835, den *Vieux Phare*, der heute für Ausstellungen genutzt wird. Und noch weiter hinten sendet seit 1862 der kleinere, viereckige *Sémaphore* seine Signale in die Welt.

Postleitzahl 29760

Information Office de Tourisme, großes Büro beim Phare d'Eckmühl. Mitte Juni bis Mitte Sept. Mo–Sa 10–12.30 und 14–19 Uhr (Juli/Aug. durchgehend), So 14–17 Uhr (Juli/Aug. 11–17 Uhr). Mitte Sept. bis Mitte Juni Mo–Fr 9.30–12.30/14–18, Sa 14–18 Uhr. Place du Maréchal Davout. ✆ 02.98.58.81.44, www.penmarch.fr.

Hin und weg Bus: Penmarc'h liegt an der Buslinie Quimper–St-Guénolé; werktags bis zu 9-mal.

Markt In der Hauptsaison Montagabend ab 17.30 Uhr am Fuße des Leuchtturms, Mittwochmorgen im Ortsteil Kerity, speziell für *produits bigoudens*.

Pardon Für die Notre Dame de la Joie am 15. August.

Wassersport Centre nautique de Penmarc'h, im Ortsteil St-Pierre. Segel- und Surfkurse für Anfänger und Fortgeschrittene. Plage du Ster, ✆ 02.98.58.64.87.

Le Guilvinec   2900 Einwohner

Ein lebhaftes Fischerstädtchen mit Reede, Konservenfabriken, Campings und einem Hotel. Wenn die Boote am Nachmittag nach Le Guilvinec zurückkommen, finden sich an der *Criée*, der Fischversteigerungshalle, Schaulustige, Kleinkunden und Großhändler ein. Die Versteigerung wird per Computer gesteuert, das geht alles sehr schnell zu, und der Laie braucht einige Zeit, bis er dahinterkommt, wie die informatisierte Criée funktioniert.

Hinter dem Hafen, in zweiter Reihe, liegt die Hauptgeschäftsader des Städtchens. Dem langen Ortstrand von Le Guilvinec schließt sich westlich ein 5 km langer Sandstreifen Richtung Penmarc'h an – ruhige und geschützte Plätze in den Dünen oder nur ruhige am Strand.

Postleitzahl 29730

Information Office du Tourisme, am Hafen. Juni und Sept. Mo–Sa 9.30–12.30 und 14.30–18 Uhr. Juli/Aug. Mo–Sa 9.30–13 und 14–19, So 10–13 Uhr. Okt.–Mai Mo–Fr 10–12.30 und 15–18, Sa 10.30–12.30 Uhr. Place de la Petite Sole. ✆ 02.98.58.29.29, www.leguilvinec.com.

Hin und weg Bus: Le Guivinec liegt an der Linie Quimper–St-Guénolé; werktags bis zu 9-mal.

Criée Sehenswerte computerisierte Frischfischversteigerungen um 6.30 und 16.30 Uhr. Das Office de Tourisme organisiert in der Hauptsaison Mo–Fr nachmittags Besichtigungen.

Fahrradverleih Mécanique & Loisirs, klassische Räder, Mountainbikes. 17, rue de la Paix (hinter dem Hafen). ✆ 02.98.58.20.17.

Markt Dienstagvormittag bunter Wochenmarkt auf der Place de l'Eglise.

Wassersport Verleih von Segelbooten, Kajaks und Stand-up-Paddels beim **Centre Nautique** am Grève-Blanche-Strand (westlicher Ortsteil). ✆ 06.62.63.56.20.

Hotel/Restaurant Poisson d'Avril, im Westen des Orts (einfach die Rue de la Marine weiterfahren). Gepflegte Zimmer, die Preise richten sich nach Ausstattung und Aussicht. Bekannt ist das Hotel vor allem für sein Restaurant. Im fröhlich hellen Dekor wird hervorragende Meeresküche serviert. Die Preise liegen eindeutig über dem

Durchschnitt, dasselbe gilt auch für die Qualität. DZ 79–105 €. 19, rue Men meur, ☎ 02. 98.58.23.83, www.lepoissondavril.fr.

Camping **** Yelloh! Village La Plage, westlich der Ortschaft nach dem Abzweig Penmarc'h/Zentrum am Meer (Richtung Phare d'Eckmühl). Riesiges, sehr gut ausgestattetes Areal, auch als längere Bleibe geeignet. Schwimmbecken, Minigolf, Fahrradverleih. 410 Stellplätze. Geöffnet Mitte April bis Mitte Sept. 241, Hent Maner Ar Ster, 29760 Penmarc'h, ☎ 02.98.58.61.90, www.villagelaplage.com.

Lechiagat

Das in die Nachbargemeinde *Treffiagat* eingegliederte Dorf lädt ein mit einem von Dünen begrenzten, längeren Strand; man findet ihn unterhalb der *Rue des Dunes:* 4 km weißer Sand in allen Körnungen. Der Abschnitt unmittelbar hinter Lechiagat fällt wegen seiner Algen und der Enge bei Hochwasser qualitativ gegenüber den folgenden Kilometern (Richtung Lesconil) ab.

Bei Le Guilvinec

Hin und weg Bus: Lechiagat liegt an der Busstrecke Quimper–St-Guénolé; werktags bis zu 9-mal.

Markt Jeden Samstagvormittag auf der Place du Marché.

Camping ** Des Ormes, östlich von Lechiagat unterhalb der Straße nach Lesconil. Flaches, heckengesäumtes Wiesengelände, 300 m zum Strand. Brotverkauf, Waschmaschine u. a. 75 Stellplätze. Geöffnet Mai– Sept. Kerlay, 29730 Treffiagat, ☎ 02.98.58.21.27, www.campingdesormes.fr.gd.

** **Karreg Skividen**, kurz danach, Heckenplatz, passable Sanitäranlagen, Anschluss an Bauernhof, 200 m zum Strand. Gespanne haben es schwer, die Zufahrt ist eng. 45 Stellplätze. Geöffnet Juni–Sept. Squividan, 29730 Treffiagat, ☎ 02.98.58.22.78, www. campingkarregskividen.com.

Lesconil

Wie ein Fjord windet sich *Le Steir* ins Land. An seiner Mündung liegt das nette Lesconil: eine Fischfabrik, ein kleiner Ortskern und viele Neubauten. Der Fischereihafen an der Westmündung des Meeresarms wird jeden Sommer für wenige Wochen ein kleines touristisches Zentrum, dann zieht wieder die Ruhe des Bigoudenlands ein. Im Hafen ist Platz für 30 Fischkutter, werktags täglich um 17.30 Uhr wird der Fang vor Ort versteigert, dann ist am meisten los in Lesconil.

Gebadet wird an der *Grande Plage* – 1 km lang und schneeweiß zieht sich der beliebte Strand ab der Mündung des Steir nach Westen bis Lechiagat.

Postleitzahl 29740 Plobannalec-Lesconil

Information **Office de Tourisme**, beim Hafen, eine Filiale der Zentralstelle in Pont-l'Abbé. Sehr rührig, informiert auch über die in den beiden Sommermonaten recht zahlreichen Veranstaltungen, Termine und Kosten. Juli/Aug. Mo–Sa 9.30–12.30 und 14–19 Uhr. Sept.–Juni Mo–Fr 9.30–12.30 Uhr. ☎ 02.98. 82.37.99, www.ot-pontlabbe-lesconil.com.

Côte de Cornouaille → Karte S. 356/357

Südküste

Hin und weg Bus: Lesconil ist Endstation der Buslinie Quimper–Pont-l'Abbé–Loctudy–Lesconil; werktags 5-mal ab Quimper, sonntags 4-mal.

Markt Mittwochvormittag

Wassersport Diverse Segel- und Surfkurse beim **Centre nautique**, am Hafen. ✆ 02.98.87.89.43.

Hotels *** **Du Port**, etwas reservierter Empfang in bester Lage. Zwei Häuser, in einem das Hotel, im anderen das „Bistrot du Port" des Hotels. Nach Abschluss einer umfassenden Renovierung und Erweiterung 2015 ist die Zimmerzahl auf 19 gewachsen. DZ 60–140 €, je nachdem, ob man Standard, Supérieur oder Deluxe wählt, Saison und Zimmerlage bestimmen den Preis ebenfalls mit. Geöffnet April bis Mitte Nov. 4, rue du Port, ✆ 02.98.87.81.07, www.hotel-du-port.fr.

** **Grand Hotel des Dunes**, Hotel mit Seebadatmosphäre, seit 1928 im selben Familienbesitz. Einst verfügte das Haus über 50 Zimmer, nach einer kompletten Renovierung sind es nur noch 26, die schöneren mit Meerblick. Das Restaurant verrät hohe Schule, der Service ist freundlich, die Küche hervorragend,

die Preise gehoben. DZ 65–95 €. Geöffnet April–Sept. 17, rue Laënnec, ✆ 02.98.87.83.03, www.grandhoteldesdunes.com.

Camping *** **La Grande Plage**, am westlichen Ortseingang an der Straße nach Le Guilvinec, 200 m vor dem Wasser. Gut eingerichteter Platz mit ordentlichen, behindertenfreundlichen Sanitärs, Laden, Fahrradverleih, Fernsehraum, Minigolf etc. 120 Stellplätze. Geöffnet Ostern bis Sept. 71, rue Paul Langevin, ✆ 02.98.87.88.27, www.campinggrandeplage.com.

*** **Des Dunes**, gleich neben dem vorgenannten; vom Platz her etwas bescheidener, doch gleichfalls nett eingerichtet. 100 m vom Strand, sehr gute Infrastruktur, gute Sanitärs. 120 Stellplätze. Geöffnet April–Sept. 67, rue Paul Langevin, ✆ 02.98.87.81.78, www.camping-desdunes.com.

** **Keralouet**, eine freundliche und billigere Alternative am östlichen Ortsende neben der Straße nach Loctudy. Kurzer Weg zum Strand. 60 Stellplätze, sanitär aufgerüstet. Geöffnet April bis Mitte Sept. 11, rue Eric Tabarly, ✆ 02.98.82.23.05, www.campingkeralouet.com.

Loctudy

Zusammen mit der gegenüberliegenden Halbinsel *Ile-Tudy* bildet die Landspitze von Loctudy den schmalen Einlass in die Bucht von Pont-l'Abbé. Gleich neben dem modernen Fischerhafen sind die Liegeplätze des Jachthafens. Neben dem Hafen bestimmen Villen und lauschige Gärten das Ortsbild. Direkt vor und um Loctudy hat die Natur einige Strände eingerichtet. Der Hauptstrand *Plage de Langoz*, 400 m Sand mit Felsriffen, ist am ortsnächsten, am besten ausgerüstet und am meisten besucht. Die Strände von *Kervizec* und *Lodonnec* schließen sich an.

Eine lokale Initiative möchte die *Konservenfabrik Alexis Le Gall*, in der bis 1955 Sardinen verdost wurden, als Museum zu neuem Leben erwecken. Der Komplex aus drei Bauten (Fabrik, Labor, Herrenhaus) ist noch gut erhalten und wäre der ideale Ort für ein noch fehlendes Museum der bretonischen Sardinenindustrie. Ein Zeichen der Hoffnung kam 2014 von der bretonischen Regierung. Sie stellte den gesamten Kompex (inklusive der immer noch vorhandenen Maschinen) als industrielle Architektur unter Denkmalschutz.

Sehenswertes

Kirche St-Tudy: Im Pfarrbezirk wird ersichtlich, dass Loctudy buchstäblich steinalt ist. Eine gallische zwei Meter hohe *Grabstele* im Friedhof wurde vor vielen Jahrhunderten christianisiert. Die *Kirche* stammt in ihrem Kern aus dem 12. Jahrhundert und wurde im 15. und 18. Jahrhundert umgestaltet. An den Kapitellen und Sockeln der Säulen des Chorumgangs sind keltische Motive zu sehen.

Manoir de Kerazan: 2 km außerhalb, an der Straße nach Pont-l'Abbé. Im 16. Jahrhundert entstand die Hauptfront der herrschaftlichen Landvilla. 200 Jahre später wurde ein Seitenflügel angefügt, der zu Beginn des 20. Jahrhunderts noch einmal erweitert wurde und dem Gebäude seine heutige L-Form bescherte. Der letzte Bewohner, eine lokale Notabilität, vermachte das Schloss 1928 dem Institut de France, das einen Teil des stattlichen Landsitzes zur Besichtigung freigibt: antike französische Möbel (Stil Ludwig XV.) und alte (17. Jh.) wie moderne Gemälde (20. Jh.) von französischen, flämischen und holländischen Malern. Auch der fünf Hektar große Park steht den Besuchern offen. Zur saisonalen Hauptausstellung kommen monatlich wechselnde Kunstausstellungen in der Orangerie hinzu.

Ostern bis Mitte Juni und 1. Sept.-Hälfte Di–So 14–18 Uhr. Mitte Juni–Aug. tägl. 10.30–18.30 Uhr. Eintritt 10 €.

Basis-Infos

Postleitzahl 29750

Information Office de Tourisme, neben dem Rathaus (Ortsmitte). Mo–Fr 9–12 und 14–17 Uhr (Juli/Aug. bis 19 Uhr). Place des Anciens Combattants. ✆ 02. 98.87.53.78, http://tourisme.loctudy.fr/.

Hin und weg Bus: Loctudy liegt an der Linie Quimper–Pont-l'Abbé–Lesconil; werktags 5-mal ab Quimper, sonntags 4-mal.

Boot nach Ile-Tudy. In der Hochsaison befördern Boote laufend Gäste über die kleine Meerenge zwischen Loctudy und Ile-Tudy (1,50 € pro Passage), in der Nebensaison seltener oder gar nicht.

Bootsausflug Die Vedettes de l'Odet sind der einzige Großveranstalter. Von Loctudy aus zwei Angebote:

Odet-Flussfahrt nach Quimper (beschrieben unter Umgebung von Quimper). Mitte Juli–Aug. Di–Sa tägl. eine Abfahrt. In der Vor- und Nachsaison nur Freitag. Wesentlich mehr Abfahrten in Bénodet. Das Vergnügen dauert etwa 2½ Std. Erwachsene hin/zurück 28 €, 4–12 J. 17 €, bis 4 J. 7 €.

Fahrt zu den Iles de Glénan Juni–Sept. tägl., in der Hochsaison sogar 2-mal. Hin/zurück 34 €, 4–12 J. 18 €, bis 4 J. 7 €. Auskünfte und Billetts bei den Vedettes de l'Odet im Fischerhafen. ✆ 02.98.57.00.58, www.vedettes-odet.com.

Criée Gefangene Meeresbewohner werden außer Sa und So tägl. um 7 Uhr en gros an den Mann gebracht.

Fahrradverleih La Pédale Bigoudène, an der Zufahrtsstraße von Pont-l'Abbé. 13, rue du Général de Gaulle. ✆ 02.98.87.42.00.

Markt Dienstagvormittag

Pardon Am 3. Septembersonntag, dem heiligen Quido zu Ehren.

Wassersport Centre nautique, der fünftgrößte Segelclub des Finistère. Schulungen und Verleih von Segelbooten, Kajaks oder Surfboards. Plage de Langoz, ✆ 02.98.87. 42.84.

Locamarine, Verleih von Kanus, Kajaks und Surfbrettern. Am Hafen, ✆ 02.98.87.95.95.

Übernachten/Essen & Trinken

Hotel La Porte des Glénan, an der Straße zum Hafen. Beim letzten Besitzerwechsel (2007) wurde kräftig renoviert: neuer Anstrich, neues Parkett, neue Matratzen Die Zimmer sind klein, aber sehr gepflegt, alle mit Dusche/WC (einige sind dadurch noch kleiner geworden). Raucher begeben sich in den kleinen Garten. Überaus freundliche Gastgeber. DZ 49–78 €, je nach Saison und Lage. Ganzjährig geöffnet. 19, rue du Port, ✆ 02.98.87.40.21, www.laportedes glenan.com.

Camping Einige Plätze gleich nördlich vom Ortskern, alle in Meernähe:

*** Les Hortensias, direkt am Meer bei der Pointe de Kergall, 100 Stellplätze. Beheiztes Schwimmbecken. Geöffnet April–Sept. 38, rue de Tulipes, ✆ 02.98.87.46.64, www. camping-loctudy.com.

** Les Mouettes, gut ausgestatteter Platz. 68 Stellplätze. Geöffnet Mitte Juni bis Mitte Aug. 6, rue de Pen Hador, ✆ 02.98.87.43.51, www.campingdesmouettes.com.

Côte de Cornouaille → Karte S. 356/357

Südküste

** **Municipal Kergall**, gleich neben der Segelschule, 100 Stellplätze. Geöffnet Juni–Sept. Boulevard de la Mer, ☎ 02.98.87.45.93.

Weitere Campings auf der anderen Seite der Mündung bei und um Ile-Tudy.

Wohnmobile Kompletter Service im Camping Les Mouettes (s. o.).

Restaurant ≫ Mein Tipp: **Bistro Toqué**, Design-Restaurant hinter dem Hafen (an der Straße nach Pont-l'Abbé ausgeschildert), Gepflegte Holzterrasse zu einem to-ten Arm des Hafens, davor eine baumbestandene Wiese, absolut ruhige Lage. Preiswerte „Formule Bistro" (auch abends) oder etwas teurer à la carte. Nicht sehr große Portionen, dafür hervorragend zubereitet und mit viel Freundlichkeit serviert. Weintrinker kommen auf ihre Kosten – dies leider auch im wörtlichen Sinn. Darüber tröstet dann die traumhafte Lage hinweg. Geschlossen Mo ganztags, So und Mi abends. Rue du Commandant de Carfort, ☎ 02.98.51.15.67. ≪

Pont-l'Abbé

8100 Einwohner

Ihren Namen erhielt die Stadt von der ersten Brücke, die ein Abt von Loctudy im 7. Jahrhundert hier über den Meeresarm schlagen ließ. 1400 Jahre später besitzt Pont-l'Abbé immerhin zwei Brücken, ein Château, eine Stadtkirche, eine schnurgerade Hauptstraße und um die Zentrumsachse das niedrige Häusergewirr einer betagten Kleinstadt. Bis ins 16. Jahrhundert spielte Pont-l'Abbé eine bedeutendere Rolle auf der Geschichtsbühne: In der Hauptstadt des damals reichen Bigoudenlands liefen die Fäden politischer und wirtschaftlicher Macht zusammen. Während der Stempelpapierrevolte 1675 (→ Kapitel Geschichte, Kastentext „Die Stempelpapierrevolte"), an der die Bauern um Pont-l'Abbé maßgeblich beteiligt waren, hatten die repräsentativen Bauten der Stadt entsprechend zu leiden, das Schloss ging in Flammen auf.

Der behäbige Kleinhafen in der *Rivière de Pont-l'Abbé*, wie der Meeresarm heißt, einst ein wichtiger Umschlagplatz, dient heute hauptsächlich der Freizeitschifffahrt. Das *Schloss* der einflussreichen Barone du Pont, die seit dem 12. Jahrhundert die Stadtgeschicke lenkten, wurde nach der Französischen Revolution als Gefängnis genutzt. Seit 1836 erledigt der Magistrat der Kleinstadt hier seine Amtsgeschäfte, seit 1955 teilt er sich die noblen Räumlichkeiten brüderlich mit dem Museum des Bigoudenlands.

„Hebken" – „So sind wir und so bleiben wir", ist das Motto der traditionsbewussten Stadt. Auch wirtschaftlich: Ein immer noch Früchte tragender Geschäftszweig ist die alteingesessene Möbelfabrikation. Ebenfalls in eine alte Tradition stellen sich die lokalen Ateliers, die einst für die Fertigung von Bigoudenhauben berühmt wa-

Das Bigoudenhäubchen

Die Entstehungsgeschichte der *Coiffe bigoudène*, des höchsten bretonischen Damenhäubchens, ist typisch für die Region der ausgemachten Querköpfe. Nach der Stempelpapierrevolte von 1675 (→ Kapitel Geschichte, Kastentext „Die Stempelpapierrevolte"), die im Pays Bigouden besonders hohe Wellen schlug, lässt Ludwig XIV. etliche Kirchtürme zwischen Concarneau und Douarnenez schleifen. Und was machen die gedemütigten Bigoudens bzw. deren Frauen? Sie schlagen auf ihre Weise zurück und kreieren die Coiffe bigoudène. Das hohe Spitzenhäubchen, das selbst starkem Sturm standhalten soll, symbolisiert den bretonischen Kirchturm, und kein König wird es je zu schleifen wagen.

Behäbiges Bigoudenhauptstädtchen – Pont-l'Abbé

ren. Heute bedienen sie mit ihren feinen Stickerei- und Spitzenarbeiten einen überregionalen Markt.

Sehenswertes

Château: Direkt neben der zollpflichtigen Brücke, die zu ihren Einkünften maßgeblich beitrug, wohnten ab dem 13. Jahrhundert standesgemäß die Barone du Pont. Im
14. Jahrhundert begannen die Arbeiten an der Schlossanlage, aus dem 15. Jahrhundert
stammt der wehrhafte *Wohnturm*. Erhalten sind auch das vorgesetzte schlanke
Uhrtürmchen (Tour de Gouet) und der angebaute *Wohntrakt*. Nach den Zerstörungen
durch aufständische Bauern im Jahr 1675 veränderten im 18. Jahrhundert Renovierungsarbeiten das Gesicht des Schlosses einschneidend: Im Zusammenspiel von lufti-
gem Barock und abweisendem Mittelalter prägen nun große Fenster die Fassade
und versorgen die Rathausbediensteten mit ausreichend Tageslicht.

Museum: Das *Musée Bigouden* im Schloss widmet sich in den vier Stockwerken des
Donjons ausschließlich der regionalen Volkskunde, zu der auch das Markenzeichen
des Bigoudenlandes gehört: die *Haube* in ihren prächtigsten Variationen. Daneben
bieten Trachten, Mobiliar, Handwerksutensilien, Skulpturen, Bilder, Pläne, eine
Bootsabteilung und Tonbanderläuterungen einen kleinen Einblick in den früheren
Alltag der Bauern, Seeleute und Bürger der traditionsverhafteten Region.
Mai Di–So 14–18 Uhr. Juni–Sept. tägl. 10–12.30 und 14–18 Uhr (Juli/Aug. bis 18.30 Uhr). Ein-
tritt 3,50 €.

Kirche St-Jacques-de-Lambour: Die Kirche auf der nördlichen Seite des Meeresarms war einst das seelsorgerische Zentrum des dortigen Stadtteils. Gebaut um
1280 im Stil von Pont-Croix und der Kathedrale von Quimper, steht sie seit der
Französischen Revolution nur noch als Ruine da. Ein lokaler Verein engagiert sich
dafür, dass die malerischen Überreste des einst stolzen Baus nicht auch noch
abhandenkommen.

Côte de Cornouaille → Karte S. 356/357   Südküste

Monument aux Bigoudens: 1931 wurde am Quai St-Laurent unterhalb der Kirche Notre-Dame-des-Carmes das *Poème de granit et de bronze* des Bildhauers *François Bazin* enthüllt, das dafür das begehrten „Prix National" in Gold einheimste. Es zeigt ein Mädchen in Bigoudentracht und vier trauernde Frauengestalten verschiedenen Alters; sie sorgen sich um ihre abwesenden Söhne, Väter und Männer, die weit draußen im gefährlichen Ozean mit den Naturgewalten ringen.

Basis-Infos

Postleitzahl 29122

Information Office de Tourisme, am oberen Platz des Stadtzentrums. Mo–Sa 9.30–12.30 und 14–17.30 Uhr (Juli/Aug. bis 19 Uhr). 11, place Gambetta. ☎ 02.98.82.37.99, www.pontlabbe-lesconil.com.

Hin und weg Busse halten am Pont-Neuf und in der Rue Jules-Ferry, einer Seitenstraße der Rue du Général-de-Gaulle (Hauptstraße). Anschlüsse nach Loctudy, St-Guénolé und Quimper (werktags bis zu 6-mal).

Parken Großparkplatz am Pont-Neuf, weitere zentrale Parkmöglichkeiten beiderseits des Quai St.- Laurent, an der Place des Carmes und an der Place de la République.

Einkaufen Stickereien, Klöppelarbeiten und ... Häubchen.

Feste Passend zur Hauptstadt des Bigoudenhäubchens findet Mitte Juli die viertä-gige **Fête des Brodeuses** statt; mehrere tausend Besucher feiern das rauschende Fest der Stickerinnen, die für den guten Ruf der Stadt mitverantwortlich waren: Trachten-Defilees, Tänze, Gesänge. Höhepunkt am Sonntagnachmittag ist die Krönung der Königin der Stickerinnen, die später im Prunkzug zum Château geleitet wird. 1995 zum drittschönsten Fest Frankreichs gekürt!

Markt Markthallen direkt am unteren Ende der Place de la République. Jeden Donnerstag ganztägig großer Markt an den Plätzen Gambetta und de la République.

Pardon Am Sonntag nach dem 15. Juli Wallfahrt zur Notre-Dame-des-Carmes.

Reiten Größere und kleinere Ausflüge mit dem **Club Hippique de Pont-L'Abbé**, Richtung Loctudy. ☎ 02.98.87.34.62.

Übernachten/Essen & Trinken

Hotels/Restaurants ** De Bretagne, eine gute Adresse am größten Platz der Stadt. 18 Zimmer, Restaurant. Für die Preisklasse gute, nett eingerichtete Zimmer. DZ 47–72 €. Ganzjährig geöffnet. 24, place de la République, ☎ 02.98.87.17.22, www.hoteldebretagne29.com.

De la Tour d'Auvergne, knapp oberhalb der Place de la République, ebenfalls eine passable Adresse. 18 voll ausgestattete Zimmer hinter einer netten Fassade. Bar und gutes Restaurant. DZ 51–69 €. Ganzjährig geöffnet. 22, place Gambetta, ☎ 02.98.87.00.47, www.tourdauvergne.fr.

Umgebung von Pont-l'Abbé

Botanischer Garten (Parc botanique de Cornouaille): Bei Combrit, etwa 6 km östlich von Pont L'Abbé (noch vor dem Abzweig nach Ile-Tudy links hoch), liegt einer der schönsten botanischen Gärten der Bretagne. Auf einer Fläche von etwas mehr als vier Hektar blühen ab März Hunderte von Blumenarten und Sträuchern – und in einem verträumten Teich eine riesige brasilianische Seerose. Besonders schön im Frühjahr ist die Rhododendronblüte, im Sommer sind 230 verschiedene Rosenarten die Hauptattraktion. Wer von der Pracht etwas nach Hause mitnehmen will: Im Gewächshaus werden Jungpflanzen verkauft.

Mitte März–Juni, 1. Sept.-Hälfte sowie Mitte Okt. bis Mitte Nov. tägl. 10–12 und 14–19 Uhr. Juli/Aug. tägl. 10–19 Uhr. Geschlossen Mitte Sept. bis Mitte Okt. Erw. 7,50 €, Kind 3,50 €. Hunde haben keinen Zutritt!

Ile-Tudy

Eine lange Landzunge mit viel Sand und kleineren Kiefernbeständen. Nach rund 2 km Fahrt an Häuserreihen vorbei hat man die Spitze der Halbinsel erreicht: ein reizvolles, fein herausgeputztes Ensemble aus Bars, Crêperien und Restaurants auf engstem Raum. Die Westseite der Halbinsel mit ihrem langen Dünenstrand ist ein geschätztes Badrevier.

Postleitzahl 29980

Information Office de Tourisme, gleich links bei der Ortseinfahrt. Geöffnet nur April–Sept. Mo/Di und Do/Fr 10–12 Uhr, doch darauf ist kein Verlass. 1, rue des Roitelets. ℡ 02.98.56.30.14.

Hin und weg Bus: Anschluss nach Quimper und Pont-l'Abbé.

Boot nach Loctudy. In der Hochsaison befördern kleine Boote laufend Gäste über die kleine Meerenge zwischen Ile-Tudy und Loctudy (1,50 € pro Passage), in der Nebensaison seltener oder gar nicht.

Markt Montagvormittag

Hotel/Restaurant ** Modern Hotel, modern vielleicht nicht mehr, aber sympathisches Logis-de-France-Establissement in vorderster Front an der Inselspitze. Großzügiger Ausblick auf den Hafen. 12 renovierte Zimmer, davon 9 mit Meerblick. DZ 68–78 €. 9, place de la Cale, ℡ 02.98.56.43.34, www.hotelmodern.com.

Die Arbeiten am **Bau eines neuen Hotels** an der Avenue de Téven (an der Stelle des früheren Camping Pen Ar Palud) waren 2015 noch nicht abgeschlossen.

Camping ** Municipal le Sillon, direkt am Ile-Tudy-Strand. Ziemlich gesichtsloser Normplatz mit 165 Stellplätzen. Geöffnet Mitte April bis Mitte Sept. 23, avenue des Sports, ℡ 02.98.56.43.39.

Quimper

Der Blick durch die Rue Kéréon, die Schusterstraße, auf die doppeltürmige Kathedrale ist einmalig. Seit der Erfindung der Fotografie ist die Kathedrale von Quimper eines der beliebtesten bretonischen Stadtmotive und für die lokalen Souvenirshops ein Postkartenbestseller.

Die Hauptstadt des Finistére, am Zusammenfluss von *Steir* und *Odet* gelegen, gilt als die bretonischste der bretonischen Großstädte; allein dieser Ruf sorgt für touristischen Zulauf. Im Fokus steht die Altstadt mit einigen bunt gemischten Häuserzeilen, frisch herausgeputztem Fachwerk, mit ihrer Repräsentationsarchitektur der Renaissance und ihrem fotogenen Wahrzeichen, der *Kathedrale St-Corentin.*

Um das relativ kleine historische Zentrum sammelte sich später viel Gesichtsloses an. Nach den 1960er Jahren verdoppelte sich die Einwohnerzahl innerhalb eines Jahrzehnts. Der Fachwerkstil ist längst passé, doch immer noch überragen einzig die Kathedralentürme die Stadt. Im Zentrum verschwindet der Steir, um sich unterirdisch mit dem größeren Odet zu vereinen. Über letzteren führen viele, meist für Fußgänger reservierte Brücken, deren bunter Blumenschmuck das steingefasste Flussbett auflockert.

Die Quimpérois stehen auf Tradition, aber ohne sich der Moderne zu verschließen: Nachdem die alte Markthalle abgebrannt war, steht heute an ihrer Stelle eine luftige Konstruktion aus zeitgenössischen Materialien. Ein Fremdkörper in der Altstadt? Nein, der Neubau fügt sich ins Bild. Der Tradition verhaftet hingegen sind die *Fayencen aus Quimper* – bemalte Porzellannippes, auf denen der bretonische Landmann und sein liebes Weib im traditionellen Blau, Grün und Rot fröhlich Urständ

Côte de Cornouaille → Karte S. 356/357

Südküste

Finistère-Hauptstadt Quimper

feiern. Die heute gefertigten Stücke halten sich in Form und künstlerischer Ausführung eng an die überlieferten Folklore-Motive, wie sie das Bürgertum des ausgehenden 19. Jahrhunderts schätzte.

Stadtgeschichte: In römischer Zeit lag am strategisch wichtigen Platz der Mündung zweier Flüsse zumindest ein Wachtposten, um den sich eine kleine Siedlung entwickelte. Doch erzählfreudigen Bretonen ist das egal. Für sie beginnt die Geschichte Quimpers mit dem Untergang der Stadt Ys (→ Douarnenez, Kastentext „Ys"), als König *Gradlon* Quimper zur neuen Hauptstadt seines Reichs kürte und den Eremiten *Corentinus* zum Bischof ernannte. Gradlon wird noch heute verehrt, und Corentinus ist der Schutzheilige von Quimper.

Zur nachprüfbaren Geschichte: Etwa um das Jahr 500 löst Quimper Douarnenez als Hauptstadt der Cornouaille ab. Jahrhundertelang regieren von hier aus die Grafen der Cornouaille ihren Besitz, bis Quimper dem Herzogtum Bretagne eingegliedert wird. Ab dem 13. Jahrhundert entwickelt sich Quimper zur mittelalterlichen Stadt, deren Relikte im Altstadtkern heute das Auge erfreuen – nur die Mauern des einstigen Stadtwalls sind bis auf einen winzigen Rest neben dem alten Bischofspalais abgetragen.

Quimper erlebt als eine der wenigen mittelalterlichen Metropolen der Bretagne hautnah alle Stürme der Zeit, ist im Erbfolgekrieg und den Religionskriegen immer wieder Ziel von Belagerungen und Plünderungen. In Quimper werden Pläne geschmiedet und Verträge unterzeichnet, bis der französische Absolutismus auch dem bretonischen Adel politisch den Garaus macht.

Ende des 17. Jahrhunderts erblüht ein neuer Industriezweig in der Stadt, der zumindest in Fachkreisen noch immer geschätzt wird und noch heute seine zerbrechliche Ware produziert: Die beiden verbliebenen Fayence-Manufakturen Quimpers bieten, wenn auch nun in kleinerem Rahmen, seit über 200 Jahren Arbeitsplätze und pflegen das Image der einzigen bretonischen Fayence-Stadt. Die Vorkommen an Tonerde an den Odet-Ufern sind noch lange nicht erschöpft.

Die Erfindung des Stethoskops

Nach seinem Medizinstudium hätte der 1781 in Quimper geborene *René Laënnec* wohl bis zum Ruhestand eine normale Arztpraxis unterhalten, wäre er nur nicht so schüchtern gewesen. Doch wie das Leben spielt – was für andere ein Handicap ist, machte ihn berühmt.

Ein anscheinend normaler Praxistag im Jahr 1815. „Der Nächste, bitte!" – eine Patientin tritt ein, und Docteur Laënnec verschlägt es die Sprache. Eine atemberaubende Schönheit steht vor ihm. Dr. Laënnecs Puls rast. Als die Dame auch noch über Herzschmerzen klagt, ist der Mediziner mit seinen Nerven am Ende. Der Arzt müsste nun, wie er es gelernt und bis jetzt tadellos praktiziert hat, seinen Kopf auf die Brust der Schmerzgeplagten legen, um das Herz abzuhören. Doch der 34-jährige Mann ist wie gelähmt. Nie, nie könnte er sein Ohr an den Busen dieser holden Schönheit pressen. Fieberhaft überlegt er nach einem schicklichen Ausweg, und er weiß gar nicht, was er tut, als er, ganz verlegen, ein Stück steifes Papier zu einem Rohr rollt. Ein Rohr? Aber natürlich! Das war es, ein Rohr könnte es zur Not tun und würde den so dringend gebotenen Abstand schaffen. Baff ist wohl das zutreffendste Wort für Dr. Laënnecs Reaktion, als er die Herztöne so laut und deutlich wie noch nie hört.

Nein, er hat die schöne Patientin nicht geheiratet, wie es sich für ein ordentliches Happyend gehört. Vielmehr hatte der Arzt die Kollegen bald von seinem Hörrohr überzeugt und widmete sich fortan der systematischen Erforschung der Auskultation, des Abhorchens: Aus dem ersten primitiven Papierrohr entwickelte sich schnell das heute unverzichtbare Stethoskop.

Nach dem verdienten Ruhestand siedelte Dr. Laënnec nach Douarnenez um. Als er 1826 starb, wurde er auf dem dortigen Friedhof beigesetzt. Sein Denkmal aber steht in Quimper, etwas verloren auf der Place Laënnec bei der Kathedrale.

Sehenswertes

Kathedrale St-Corentin: Der Grundstein der Kathedrale wurde 1240 gelegt. Zuerst wurde der *Chor* in Angriff genommen, der sich nicht geradlinig ans *Hauptschiff* anschließt, sondern leicht nach links geneigt ist. Kirchenmythologisch wird der Knick als das zur Seite geneigte Haupt Christi am Kreuz gedeutet, bautechnisch gesehen wich man wohl einer Grabkapelle aus, die man wegen des Neubaus nicht abreißen wollte. Im 15. Jahrhundert nahmen *Längs- und Querschiff* sowie die *Türme* ihre heutige Gestalt an. Letztere waren größere Kopien des Turms der Kirche von Pont-Croix (Halbinsel Sizun), erst 1857 bekamen sie dank des Corentin-Pfennigs, den der Bischof von Quimper seiner Diözese fünf Jahre lang auferlegte, ihre langen, lichtdurchlässigen *Spitzen* und mit diesen ihre endgültige, himmelstürmende Eleganz. Unbekümmert wurde so das Gotteshaus im wechselnden Stil der Zeiten hochgezogen, strenge Früh- und gereifte Spätgotik treffen auf den Neoklassizismus, der sich an die frühen gotischen Pläne hielt.

Das enge Zusammenspiel von Kirche und Aristokratie wird an der *Westfassade* sichtbar, auf der sich die Herzöge von Montfort, Herrscher über die Cornouaille

Côte de Cornouaille → Karte S. 356/357

Südküste

und Herzöge der Bretagne, in Stein verewigen ließen; hoch über dem Portal reitet der legendäre Stadtgründer König Gradlon auf seinem steinernen Ross. Die Jahre der Revolution werden wie anderswo auch eine bittere Zeit für das Gotteshaus. 1789 werden Stifterwappen, Grabmale und die unteren, gut erreichbaren Fenster beschädigt oder zerschlagen, die Kunstschätze geraubt. Vier Jahre später, wohl in höhnischer Absicht exakt am Festtag des heiligen Corentinus, werden die Holzstatuen der Kathedrale öffentlich verbrannt. Die heutige Ausstattung wurde nach den Zerstörungsaktionen etwas wahllos zusammengetragen, sie entspricht nicht mehr der ursprünglichen Pracht.

Die Höhepunkte der reichen Ausstattung: an der Rückseite links die *Taufkapelle* mit dem *Taufbecken* und einer *Alabasterstatue Johannes des Täufers* (15. Jh.), rechts eine *Grablegung Christi* in Gips. An der rechten Wand flackern Kerzen und Totenlichter vor einer Nachbildung der *Grotte von Lourdes* – die Madonna steht auf aufgehäuftem Felsgestein und wird von einer knienden Frau angebetet.

Vor dem rechten Querschiff fällt die geschnitzte *Holzkanzel* (1679) auf, deren vergoldete Medaillons aus dem Leben des Corentinus erzählen. Gleich gegenüber ist ein etwas ausgefallenes Motiv zu sehen: Anna, die Nationalheilige der Bretagne, bringt der halbwüchsigen Maria das Lesen bei (Statue aus dem 17. Jh.).

Im Chorumgang wird der heilige *Jean Discalcéat* (1279–1349) alias *Santik Du* verehrt. Auch „der kleine schwarze Heilige" genannt, ging Santik Du dem Maurerhandwerk nach, bevor er in Rennes Theologie studierte und bei den Minoriten eintrat. Er beachtete die strengen Ordensregeln sehr gewissenhaft, pflegte bei einer Epidemie in Quimper Pestkranke und wurde schließlich selbst ein Opfer des Schwarzen Todes. Er gilt als Schutzheiliger der armen Leute. An seiner Statue wurde früher Brot deponiert, das sich die Bedürftigen holen konnten.

Altstadtspaziergang: Die *Place St-Corentin* gegenüber der Kathedrale ist ein guter Ausgangspunkt. Wer von ihr aus die *Rue Guéodet* betritt, steht bald vor dem *Haus der Karyatiden*, dessen Figuren ihr Dasein recht lustig finden. Am Ende der Straße rechts in die *Rue des Boucheries* und gleich nochmals rechts in die *Rue du Sallé*, wo die *Maison Minuellou* (Nr. 10) heraussticht. Das schmucke Haus, unten blau gestrichenes Fachwerk, oben Schiefer, rückt mit jeder seiner drei Etagen ein Stück weiter in die Straße hinein. Ein paar Schritte weiter, und man steht auf der winzigen *Place au Beurre*, wo einst der Buttermarkt war und heute eine angenehme Bar und eine Crêperie zur Pause einladen.

Die Spitzen von St-Corentin

Die kurze *Rue Kéréon*, auf der die Fotografen damit beschäftigt sind, die Kathedrale einzufangen, wird von adrett
geputzten Geschäftshäuschen aus dem
Mittelalter gesäumt; über den Köpfen
der Fußgänger verehrt ein geschnitzter
und buntbemalter Quimpérois (im Giebel von Haus Nr. 12) sein angebetetes
weibliches Pendant auf der anderen
Gassenseite, das ihm schon seit Jahrhunderten Hoffnung macht (derzeit ist
der Mann wegen Restaurierung abwesend, die Frau wartet geduldig auf seine
Wiederkehr.)

An der *Place Terre au Duc*, wo der Steir
im Schatten eines Wachtürmchens sich
in sein unterirdisches Bett begibt, standen früher Gericht und Kerker der bretonischen Herzöge. Hier steht mitten
im malerischen Platz-Ensemble das
vielleicht lustigste Haus Quimpers –
ohne Nachbarn, schief, verzogen und
ungemein heiter.

Altbau – Neubau

Kunstmuseum (Musée des Beaux-Arts)

an der Place St-Corentin bei der
Kathedrale. Die umfangreiche Sammlung zeigt Maler des 16. bis 20. Jahrhunderts, bretonische Motive im „Bretonischen Saal" sowie Werke der Schule
von Pont-Aven, darunter *Emile Bernard* und *Paul Sérusier*. Einen Extrasaal für
seine Bilder und Originalmanuskripte hat *Max Jacob* bekommen. Der gebürtige
Quimpérois ging um 1900 nach Paris, um in der Großstadt zu finden, was Quimper nicht bieten konnte: Anschluss an die Surrealisten- und Avantgardeszene und
damit Anregungen für sein eigenes Schaffen. Neben der ständigen Sammlung präsentiert das Museum jährlich zwei bis drei Sonderausstellungen.
April–Juni und Sept./Okt. 9.30–12 und 14–18 Uhr, geschlossen am Di. Juli/Aug. tägl. 10–19
Uhr. Nov.–März 10–12 und 14–18 Uhr, geschlossen Di und Sonntagvormittag. Eintritt 5 €.

Volkskundemuseum (Musée Départemental Breton)

Alte Exponate in didakti-
scher Anordnung geben einen Überblick über Geschichte, Kulturschaffen und
Alltagsleben seit der römischen Besetzung im Finistère und der Cornouaille. Ein
Glanzlicht ist der drei Meter hohe *Menhir von Kernuz* mit Gravierungen aus

Museumspass Der *Pass'Quimper* für 12 € berechtigt zum Eintritt von vier der
folgenden Museen/Führungen: Kunstmuseum, Volkskundemuseum, Fa-
yence-Museum, Fayence-Atelier Henriot, Museum für zeitgenössische Kunst
sowie vom Office de Tourisme angebotene Stadtführungen. Welche vier
Angebote der Inhaber des Museumspasses nutzen will, steht ihm frei. Erhältlich ist der Pass an jeder der aufgeführten fünf Stellen.

möglicherweise gallischer Hand. Die *Fayencen-Abteilung* ist aus lokalpatriotischen Gründen besonders üppig.

Letzte Juniwoche bis vorletzte Sept.-Woche tägl. 9–18 Uhr. Letzte Sept.-Woche bis vorletzte Juniwoche 9–12.30 und 13.30–17 Uhr, geschlossen Mo und Sonntagvormittag. Eintritt 5 €.

Kirche Notre-Dame-de-Locmaria: Der Stadtteil Locmaria, südlich der Altstadt auf der anderen Seite des Odet, in frühen Quellen als *Aquilonia* erwähnt, gehört zur frühen Stadtgeschichte Quimpers. Hier unterhielten die Benediktiner ein Kloster, und hier sollen die ersten Bischöfe residiert haben, bevor sie nach Quimper umzogen. Erst spät wurde Locmaria, das lange auf seine Unabhängigkeit und seine Rechte pochte, eingemeindet. Es war Sitte, dass jeder frisch bestallte Bischof seine Aufwartung bei der Äbtissin des Frauenklosters von Locmaria machte; in einem immergleichen Zeremoniell vertraute er Pferd, Mantel und Handschuhe der Priorin an, bevor er fragte, ob er hier in Gottes Namen die Nacht verbringen dürfte.

Die letzten Nonnen verließen das Kloster 1792, als die Revolutionäre die Zwangsauflösung verfügten. Die romanische *Klosterkirche Notre-Dame-de-Locmaria* – ursprünglich *Sancta Maria in Aquilonia Civitate* – bei den Fayencemanufakturen ist der einzige noch genutzte Rest der Abtei. Die Kirche wurde vermutlich im 11. Jahrhundert erbaut, der Chor im 19. Jahrhundert einschneidend renoviert. Der äußere Eindruck ist der eines düsteren Gotteshauses, das von einem dicken Turm niedergehalten wird. Das Innere ist ungewohnt hell, die Wände fast kahl, der umgebaute Chor von Säulchen gegliedert. Höhepunkt der kargen Ausstattung ist der *Triumphbalken* mit Christus, der, bekleidet mit einer roten Robe, ans Kreuz geschlagen ist.

Fayencen

Die Fayence ist eine weiß glasierte, bemalte Irdenware, benannt nach Faenza, der Hauptstadt der italienischen Fayenceproduktion. Die Stücke aus fein geschlemmten Tonsorten werden an der Luft getrocknet, darauf in Öfen bei 800–900 C verfestigt, dann in ein mit Zinnoxid angereichertes Glasurbad getaucht und in noch feuchtem Zustand blau, grün, mangan, gelb oder rot bemalt. In einem zweiten Brand verschmelzen bei hohen Temperaturen (bis etwa 1100 C) die weiß deckende Glasur und die Unterglasurfarben (Scharffeuerfarben) zu einem glänzenden Überzug.

Schon Jahrzehnte vor Beginn der Produktion in Quimper wurde die Tonerde der Odet-Ufer zur Weiterverarbeitung nach Locronan verschifft. Um 1690 eröffnete ein Südfranzose, der den Grundstoff der Bequemlichkeit halber vor Ort verarbeiten wollte, die erste Manufaktur in Quimper. Die Bemalung war anfangs eine Stilverschmelzung aus tradierten Motiven von Rouen und Nevers – den namhaftesten Werkstätten Frankreichs – und dem Morgenland. Eine Qualität wie Delfter Porzellan oder Fayencen aus dem türkischen Iznik wurde in Quimper nie erreicht; hergestellt wurde solide, wenig ausgefallene Keramik für eine wohlhabende Kundschaft.

Ab Ende des 18. Jahrhunderts begannen englische Manufakturen das europäische Festland mit billigem Steingut zu überfluten – die Fayencen verschwanden fast völlig vom Markt. Erst der Jugendstil verhalf der Fayenceherstellung wieder zu neuem Aufschwung: Nach 1880 wird in Quimper mit der Massenproduktion von Keramik begonnen, die bis heute zum größten Teil mit bretonischen Motiven dekoriert ist.

Fayence-Museum/Atelier: in Locmaria, im Hause HB Henriot, dem unangefochtenen Marktführer in Sachen Kitsch und Kunst. Der geführte Gang durch die Werkstätten verschafft einen Einblick in die Produktionsweise. In den Ausstellungsräumen sind die Ergebnisse der aktuellen Arbeiten sowie alte Prachtstücke, von denen man sich nicht trennen wollte, zu bewundern: funktionale Keramik, als künstlerisch wertvoll deklarierte Staubfänger, dazwischen wirkliche Kunst. Flache Teller, Suppenteller, Kaffeegeschirr, Vasen, Schüsseln oder Platten in allen Größen, Puppen, Figurengruppen, Uhren, Tiere (z. B. stolzer Schwan und scheues Reh) und viele Kostbarkeiten mehr.

Mitte April–Sept. Mo–Sa 10–18 Uhr. Eintritt 5 €.

Museum für zeitgenössische Kunst (Centre d'art contemporain): Das Ausstellungsgebäude liegt inmitten des neuen Kulturkomplexes und zeigt wechselnde Ausstellungen zeitgenössischer Künstler.

Juli–Sept. Di–Sa 10–12 und 13–18, So 14–18 Uhr. Okt.–Juni Di–Sa 13–18 Uhr. Zwischen den Ausstellungen jeweils 2–3 Wochen Pause. Eintritt 2 €, unter 26 J. und über 65 J. gratis, So für alle gratis.

Basis-Infos

Postleitzahl 29000

Information Office de Tourisme, in einem modernen Pavillon am Ufer des Odet, Kompetent in allen touristischen Belangen. April/Mai Mo–Sa 9.30–12.30 und 13.30–18.30 Uhr. Juni und Sept. Mo–Sa 9–12.30 und 13.30–18.30 Uhr. Juli/Aug. Mo– Sa 9–19, So 10–12.45 und 15–17.45 Uhr. Okt.–März Mo–Sa 9.30–12.30 und 13.30–18 Uhr. Place de la Résistance. ✆ 02.98.53.04.05, www.quimper-tourisme.com.

Hin und weg Flugzeug: Der Aéroport de Quimper Pluguffan liegt 7 km westlich des Zentrums von Quimper. Tägl. mehrere Flüge nach Paris. Flughafen ✆ 02.98.94.30.30.

Bahn: Gute Anschlüsse nach Norden, besonders gute in den Südosten. Quimper liegt an der Schnellstrecke Brest–Nantes, dazu kommt die Direktverbindung nach Rennes und Redon (beide über Lorient–Auray–Vannes). Der Bahnhof befindet sich etwa 2 km südöstlich des Zentrums, an der Ausfallstraße nach Lorient.

Bus: Busbahnhof am Bahnhof, diverse Haltestellen in der Stadt. Nach Douarnenez wochentags mindestens 9-mal, nach Audierne und weiter zur Pointe du Raz mindestens 4-mal. Zahlreiche Verbindungen ins Pays Bigouden. Ebenfalls gute Verbindungen nach Brest und über Concarneau nach Quimperlé.

Parken Problemlos auf den gebührenpflichtigen Großparkplätzen am südlichen Odet-Ufer und im Norden der Altstadt.

Autoverleih Europcar, 16, av. de la Libération und am Flughafen; ✆ 02.98.90.00.68.

National/Citer am Flughafen; ✆ 02.98.90. 13.13.

Avis, 1 pl. Louis Armand (beim Bahnhof) und am Flughafen; ✆ 08.20.61.16.79.

Hertz, 19, av-de la Gare, ✆ 02.98.53.12.34, und am Flughafen, ✆ 02.98.94.09.65.

Bootsausflug Ab der Embarcadère Cap-Horn unterhalb von Locmaria laden von Juni–Sept. die *Vedettes de l'Odet* zur **Odet-Flussfahrt** nach Bénodet ein. Hin/zurück Erw. 28 €, 4–12 Jahre 17 €, bis 4 J. 7 €. Infos und Billetts beim Office de Tourisme oder bei Vedettes de l'Odet, ✆ 02.98.57.00.58, www.vedettes-odet.com.

Einkaufen Fayencen: Herzchen mit Blumenschmuck, Nippes-Kacheln mit Landmann oder Landfrau, Teller nach Originalmotiven aus dem Museum – wem die Keramik aus Quimper gefällt, sucht am besten die Fabrikationsstätten auf. Der Marktriese ist *HB-Henriot* an der Rue Haute im Ortsteil Locmaria (Mo–Fr 9–12 und 14–19 Uhr). ✆ 02.98.90.09.36.

Bretonisches Tuch schneidert *Le Glazik* im Ortsteil Locmaria: Blousons, Pantalons und Original-Trachten. 9, rue du 19 mars 1962. ✆ 02.98.52.29.28.

Crêperie-Zubehör: Eine eigene Crêperie aufmachen? *Krampouz*, in der Nähe des

Côte de Cornouaille → Karte S. 356/357

Südküste

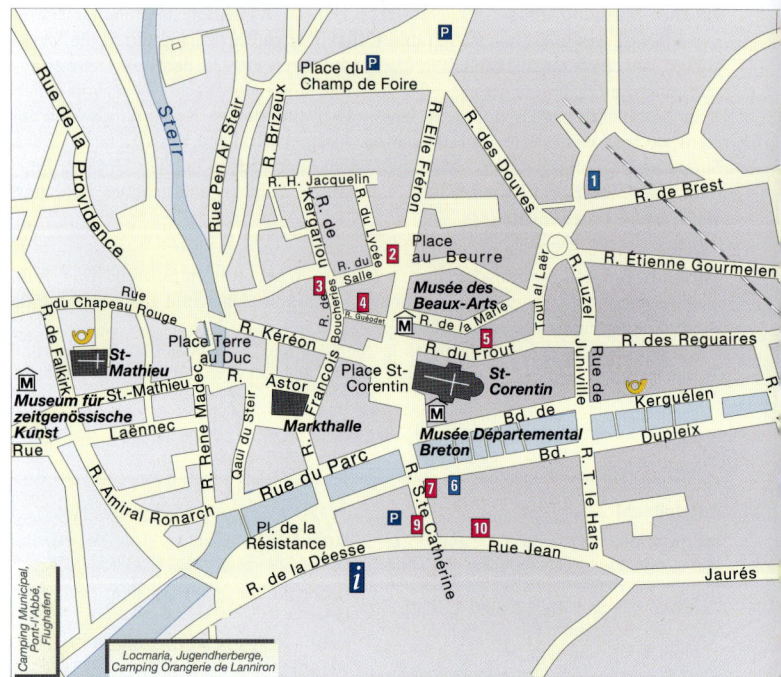

Flughafens, ist weltweit der bekannteste Hersteller von elektrisch oder mit Gas betriebenen Crêpes-Platten sowie allem Zubehör rund um die Crêpe. Qualität garantiert! ZA del Bel Air, Route de Dour Rouz, Pluguffan, ☎ 02.98.53.92.92.

Märkte Lebensmittelmarkt täglich in der Markthalle. **Kleidermarkt** Mi und Sa rund um die Markthalle.

Petit Train Mit der Kindereisenbahn für 6 € durch die Innenstadt, Kind 5–18 J. 4 €, unter 5 Jahren umsonst. Ostern bis Sept. Abfahrt jede Stunde vor der Kathedrale. Falls Sie nach Concarneau oder Bénodet weiterreisen, sparen Sie beim dortigen Petit Train 2 € (nur Erwachsene), falls Sie das Ticket von Quimper noch haben.

Veranstaltungen In der Woche vor dem letzten Julisonntag schwärmen Tausende von Teilnehmern des **Festival de Cornouaille** in der Stadt aus. Trachten, Konzerte, Lesungen, Schauspiele, Gouren (bretonischer Ringkampf). Höhepunkt ist der Sonntag: am Vormittag großer Trachtenumzug mit etwa 2500 Teilnehmern aus allen Regionen der Bretagne, nachmittags Aufzug der Tanz- und Musikgruppen. Aktuelle Daten und Programm beim Office de Tourisme. Programm unter www. festival-cornouaille.com.

Semaines musicales jedes Jahr in den drei ersten Augustwochen – mannigfaltig dargebotene klassische Musik an verschiedenen Spielorten.

Übernachten

Hotels *** Gradlon **1**, östlich des Zentrums bei der Bahnlinie; 20 gute Zimmer, wohnlicher Salon und ruhiger Innengarten mit hübscher Frühstücksmöglichkeit. Kein

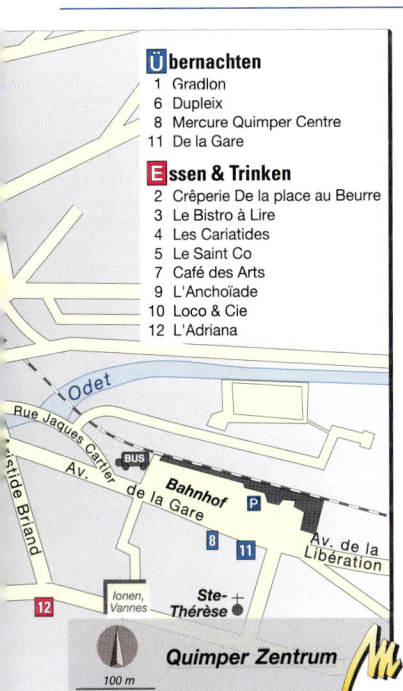

Übernachten
1 Gradlon
6 Dupleix
8 Mercure Quimper Centre
11 De la Gare

Essen & Trinken
2 Crêperie De la place au Beurre
3 Le Bistro à Lire
4 Les Cariatides
5 Le Saint Co
7 Café des Arts
9 L'Anchoïade
10 Loco & Cie
12 L'Adriana

Rue Jacques Cartier

Odet

Av. de la Gare

BUS

Bahnhof P

8 11

Av. de la Libération

12

Ionen, Vannes

Ste-Thérèse

Quimper Zentrum

100 m

de la Gare, ☎ 02.98.90.31.71, www.mercure.com.

**** Dupleix** **6**, am südlichen Odet-Ufer, schräg unterhalb der Kathedrale. Modernes Hotel mit 29 ordentlichen Zimmern. DZ je nach Komfort 72–92 €. Geschlossen Mitte Dez. bis 1. Jan.- Woche. 34, boulevard Dupleix, ☎ 02.98.90.53.35, www.hotel-dupleix.com.

**** De la Gare** **11**, gegenüber dem Bahnhof, die billigere Alternative zum benachbarten „Mercure". Die modernen Zimmer liegen um einen ruhigen Innenhof. Restaurant. DZ 60–95 €. Geschlossen Weihnachten bis über Neujahr. 17, avenue de la Gare, ☎ 02.98.90.00.81, www.hoteldelagare quimper.com.

Camping ***** Orangerie de Lanniron**, im Süden der Stadt an der Odet-Schlaufe. Wo einst die Bischöfe von Quimper residierten, ist hinter der ehemaligen Residenz am Ostufer des Odet ein gepflegter, mit 5 Sternen ausgezeichneter 17-ha-Luxusplatz entstanden. Schatten, Schwimmbad mit Tobboggans, Tennis, Golf (9 Loch), Laden, Restaurant, Uferpark – alles da. Rund 200 Stellplätze. Geöffnet April bis Mitte Nov. Orangerie de Lanniron, Allée de Lanniron, ☎ 02.98.90.62.02, www.anniron.com.

Municipal, kleiner, für Stadtverhältnisse gemütlicher Platz bei der Jugendherberge am westlichen Stadtrand (Richtung Audierne) in einem schönen, alten Parkgelände. 75 großzügige Stellflächen, sanitäre Ausstattung ordentlich. Geöffnet April–Sept. (für Wohnmobile ganzjährig). Parc de l'Ancien Séminaire, 4, Avenue des Oiseaux, ☎ 02. 98.55.61.09.

Wohnmobile Versorgung das ganze Jahr über auf dem **Camping Municipal** (s. o.).

Restaurant. DZ je nach Komfort 79–150 €. 30, rue de Brest, ☎ 02.98.95.04.39, www.hotel-gradlon.com.

**** Mercure Quimper Centre** **8**, großes Hotel gegenüber dem Bahnhof. Modern und funktional. Hat mit der Renovierung 2008 auf 83 Zimmer aufgestockt. DZ 22–95 €. Ganzjährig geöffnet. 21bis, avenue

⟨ Essen & Trinken

Quimpers Küche bietet mehrere Spezialitäten, eine davon ist Makrele in Apfelwein oder mit Senf *(maquereau au cidre oder à la moutarde)*.

Restaurants L'Anchoïade **9**, gutbürgerliche Mittelklasse in halb-modernem Interieur. Solide Menüs, Meeresbewohner und Grillspezialitäten sind auf der Speisekarte gleichberechtigt. Geschlossen Samstagmittag und So. 9, rue Ste-Catherine. ☎ 02.98.90.06.15.

Le Saint Co **5**, mit Speisesaal in der 1. Etage. Fisch und Fleisch, klassische französische Küche zu akzeptablen Preisen. Spe-

zialität sind die Coquilles Saint-Jacques. So Ruhetag. 20, rue du Frout, ☎ 02.98.95.11.47.

Les Cariatides **4** der Name spielt auf den Eingang an. Dort zeigen die Stützsäulen zwar keine Frauenfiguren, vielmehr starren Fratzen den Besucher an. Direkt auf der Straße oder drinnen auf zwei Etagen wird eine breitgefächerte Küche serviert, die von Fisch und Jakobsmuscheln bis

Côte de Cornouaille → Karte S. 356/357

Südküste

zum Kalbskopf reicht. Gute Salate und als Vorspeise Pastete von Héneff, dem berühmtesten bretonischen Fabrikanten von Dosenpasteten. Geschlossen So ganztags sowie Mo/Di abends. 4, rue Guéodet, ✆ 02.98.95.15.14.

≫ Mein Tipp: Loco & Cie 🔟, das 2014 eröffnete Lokal bietet im schnörkellosen, hellen, modernen Interieur eine traditionelle Küche an. Soweit wie möglich werden regionale Produkte verwendet. Wöchentlich wechselnde Karte, mit der auch Vegetarier zufriedengestellt werden. Im Sommer wird auch auf der Terrasse nach hinten (1. Etage) serviert, von wo aus man gerade noch die Turmspitzen der Kathedrale sieht. Geschlossen So/Mo. 72, rue Jean Jaurès, ✆ 02.98.56.93.91. ≪

L'Adriana 🔢, die Pizzeria in dem lachsfarbenen Haus bietet auch eine große Auswahl an Pasta, Fleisch und Salaten. Geschlossen Sa und So jeweils mittags. 1, rue Jean Jaurès. ✆ 02.98.90.41.71.

Crêperie De la place au Beurre 2️⃣, in dem verwinkelten Fachwerkhaus an pittoresken *Butterplatz* werden exzellente Crêpes serviert. Geschlossen im Winter Mi ganztags und Fr abends. 2bis, place au Beurre, ✆ 02. 98. 95.49.88.

Bars ≫ Mein Tipp: Café des Arts 7️⃣, eine Gedenktafel am Eingang erinnert an Louis Lebourchis, der 1924 das Festival de Cournaille initiierte, das sich bis heute großer Beliebtheit erfreut. Festlich-laut geht es im geräumigen, farbenfrohen Café auch heute zu. Viel jugendliches Publikum. 4, rue Ste-Catherine. ✆ 02.98.90.32.06. ≪

≫ Mein Tipp: Le Bistro à Lire 3️⃣, im Zentrum; kleines, freundliches Café mit großem französischsprachigen Krimi-Angebot (nur Verkauf) und einer guten Auswahl an Kochbüchern. Geöffnet nur nachmittags, geschlossen So ganztags und Mo vormittags. 18, rue des Boucheries. ✆ 02.98. 95.30.86. ≪

Umgebung von Quimper

Flussfahrt auf dem Odet: eine romantische Fahrt auf einem romantischen Fluss. Kurvenreich, still und blau schlängelt sich der Odet durch sein liebliches, grün wucherndes Tal, bis er sich vor seiner Mündung ins Meer respektabel weitet. An den Ufern stehen aristokratische Schlösschen in gepflegten Parks, großzügige Villen betuchter Zeitgenossen, Bürgerhäuser in bevorzugter Lage, ab und zu sichtet man einen Seitenarm oder eine Anlegestelle.

Die *Vire-Courts* genannten Schleifen, in denen der Odet hinter der seeartigen *Baie de Kérogan* nach Quimper seiner großzügigen Mündung entgegenzieht, sind der Höhepunkt der Fahrt. An der engsten Stelle des Odet ragen Felsen auf, einer von ihnen ist der *Jungfernsprung (Saut de la Pucelle)* – hier verfolgte angeblich ein brünstiger Mönch eine Maid, die mit einem gewaltigen Sprung von einem Felsen zum anderen übersetzte. Der Mönch sprang ihr nach und stürzte ab. Den *Bischofsstuhl (Chaise de l'Evêque)*, eine andere Felsformation in den Flussschleifen, formten Engel für *St-Corentin*, der hier gern meditierte. Kurz vor Bénodet wird die *Cornouaille-Brücke* von unten besichtigt; mit 610 m Länge überspannt sie den Odet. Dann öffnet sich die Mündung des Flusses endgültig zur *Bucht von Bénodet*. Weitere Informationen siehe Quimper, Bootsausflug.

Site du Stangala: Nach einem etwa 30-minütigen Waldspaziergang erreicht man den beliebten Panoramapunkt, eine von Büschen umrahmte Felsplattform ungefähr 70 m über einer engen Schleife des sich sanft schlängelnden Flusslaufs des *Odet*. Blick auf den Odet unten, auf die Häuser von Tréazon am Talhang, und links in weiter Ferne zeigt sich die *Montagne de Locronan* mit ihrer Kapelle auf der Kuppe.

Von Quimper im Ortsteil Locmaria Richtung Autobahn, noch vor dieser links ab Richtung Quéllenec/St-Guénolé. Bei Quéllenec wieder links ab und parken.

Bénodet

Das Städtchen hält gleich mehrere nasse Einladungen bereit: Der Atlantik erfüllt Wassersportträume, der malerische Odet befriedigt romantische Flussfahrtbedürfnisse, und in der flachen Lagune hinter der schmalen Düne am östlichen Ortsende treffen noch unsichere Surfer auf badende Kinder.

Bei Bénodet, an der Odet-Mündung, endet der wilde Teil der bretonischen Südküste. Weiter östlich werden die Strände länger, die klimatisch begünstigte Küstenzone ist den Gezeiten weniger unterworfen.

Bénodet verdient den Namen Seebad wirklich, der Ort ist ein Urlaubsparadies, in dem es an nichts mangelt: Hotels, Restaurants, Thalassotherapie-Zentrum, dazwischen die Villen der Betuchten, das Casino für Spielsüchtige, ein mondäner Jachthafen, Bars und Eisdielen für den Appetit auf kühles Süßes. Wer nicht baden, konsumieren oder einen Ausflug in die weitere Umgebung machen will, kann entlang der *Corniche de l'Estuaire* am Meer spazieren gehen oder mit der Fähre ins idyllische *Ste-Martine* übersetzen.

Musée du Bord de Mer: Hier dreht sich alles um Geschichte und Gegenwart von Badetourismus, Wassersport und Küste. Besonders interessant sind die Filme über das Seebad der 1920er und 1930er Jahre.
 Do–Mo 10–13 und 14–18 Uhr, geschlossen Di/Mi. Eintritt 4 €.

Plage du Trez: Der Stadtstrand erfreut sich dank seiner günstigen Lage in der tiefen Mündungsbucht des Odet eines Riesenzulaufs. Einen halben Kilometer lang zieht er sich unterhalb der Promenade hin, bei Flut bleiben immer noch 30 bis 50 m Sandfläche vor dem endgültigen Nass. Selbstverständlich volle Infrastruktur inklusive mehrerer Kinderclubs.

Côte de Cornouaille → Karte S. 356/357 · Südküste

Côte de Cornouaille → Karte S. 356/357

Basis-Infos

Postleitzahl 29950

Information Maison du Tourisme, ab vom Schuss in einer ruhigen Wohngegend, 500 m landeinwärts an der Straße nach Quimper. Das kompetente Büro hilft in allen touristischen Belangen weiter. April bis Mitte Juni und 2. Sept.-Hälfte Mo–Sa 9.30–12 und 13.30–18 Uhr. Mitte Juni bis Mitte Sept. Mo–Sa 9–19, So 10–18 Uhr. Okt.–März Mo–Sa 9.30–12 und 14–17 Uhr. 29, avenue de la Mer. ☎ 02.98.57.00.14, www.benodet.fr.

Hin und weg Bus: Etliche Busse nach Quimper; wer nach Fouesnant, Concarneau oder Pont l'Abbé möchte, muss in Quimper umsteigen.

Jachthafen

Hafen

L'Odet

Bénodet

100 m

Pendelboot über die Odet-Mündung nach Ste-Marine. Auch Fahrräder werden mitgenommen.

Bootsausflug Mit den *Vedettes de l'Odet* zur **Odet-Flussfahrt** nach Quimper (beschrieben unter *Umgebung von Quimper*). Im Juli/Aug. 5-mal tägl., ab April mindestens 2-mal. Das Vergnügen dauert etwa 2½ Std. Abfahrtshafen ist außer Bénodet auch Loctudy. Die Fahrt führt bis Quimper ins Viertel Locmaria. Hin/zurück 28 €, Kind 4–12 Jahre 17 €, bis 4 J. 7 €. Billetts beim Office de Tourisme oder bei den Vedettes de l'Odet am Hafen; ✆ 02.98.57.00.58, www.vedettes-odet.com.

Dieselbe Gesellschaft bietet ein Kompaktpaket zu den **Iles de Glénan**: Hin- und Rückfahrt, Inselrundfahrt mit Aufenthalt auf St-Nicolas. Erw. 32 €, Kind bis 4 Jahre 6 €, 4–12 J. 17 €.

Fahrradverleih Cycletty, mitten im Ort in der Nähe der Rue de Cornouaille (100 m landeinwärts vom Handelshafen); auch Tandems. 5, avenue de la Mer. ✆ 02.98. 57.12.49.

Golf Golf de l'Odet, eines der 7 bretonischen Mitglieder von Formule Golf. Golfer treffen sich bei Clohars-Fouesnant einige Kilometer nordöstlich am noblen 18-Loch-Platz (par 72 SSS 73). Putting Green. Auch Kurse. ✆ 02.98.54.87.88.

Markt Montagvormittag auf der Place du Meneyer (Avenue de la Plage).

Wassersport U.C.P.A. Die nationale Organisation bietet Kurse in Segeln, Surfen, Kajak, Wasserski. Auch Segel- oder Surfkurse für Kinder. Fort du Coq. ✆ 02.98.57.16.09.

Übernachten

Hotels **** Villa Tri Men **3**, in Ste-Marine; schmucke Landvilla aus den Anfängen des 20. Jh. in einem kleinen Park über der Odet-Mündung. 20 sehr komfortable, schick eingerichtete Zimmer. Zum Odet hin ruhige Terrasse mit Wiese und Sonnenliegen, weiter unten ein kleinere zweite Terrasse direkt am Wasser. DZ 135–315 € je nach Saison und Zimmergröße. Geschlossen nach Neujahr bis 1. Febr.-Woche, ebenso Mitte Nov. bis Mitte Dez. 16, rue du Phare, 29120 Ste-Marine, ☎ 02.98.51.94.94, www.trimen.fr.

*** Ker Moor **7**, ausladender, von einem Pinienpark umgebener Hotelkasten mit Résidence-Anhang vor der Strandpromenade. Schwimmbad, Tennisplatz. 60 Zimmer der gehobenen Klasse, teils mit Balkon. Restaurant. DZ 96–158 € je nach Saison und Komfort. Ganzjährig geöffnet. Corniche de la Plage, ☎ 02.98.57.04.48, www.kermoor.com.

** Ker Vennaik **2**, kleineres 16-Zimmer-Hotel etwas abseits vom Trubel nahe der Plage du Coq. Restaurant und Garage. DZ 60–130 €. Geöffnet April bis Mitte Nov. 45, avenue de la Plage, ☎ 02.98.57.15.40, www.hotel-benodet.com.

** Les Bains de Mer **1**, 32-Zimmer-Hotel in einer ruhigen Seitenstraße oberhalb des Handelshafens; eigener Swimmingpool, ordentliche Räumlichkeiten mit unterschiedlicher sanitärer Ausstattung. DZ 47–76 €. Ganzjährig geöffnet. 11, rue de Kerguélen, ☎ 02.98.57.03.41, www.lesbainsdemer.com.

** Le Cornouaille **4**, oberhalb der Promenade; freundlicher Empfang. Frühstücken (Buffet) im kleinen Palmenhof im Restaurant-Annexe. Ausgezeichnete Küche. 30 moderne, praktische und ausreichende Zimmer, alle mit Du/WC. DZ 54–72 €, HP 57–65 €. Geöffnet März–Nov. 62, avenue de la Plage, ☎ 02.98.57.03.78, www.le-cornouaille-hotel.com.

Camping 8 Plätze um Bénodet mit einer Kapazität von über 2200 Campingeinheiten; auf den gehobenen Großanlagen ist auch im Hochsommer ein Plätzchen frei. Alle nachstehend aufgeführten Plätze befinden sich südöstlich des Zentrums.

***** Sunêlia Escale St-Gilles, ein wahres „village de plein air", ein Campingdorf an einem Sträßchen direkt am Meer, Zufahrt über die Rue Poulmic. Tropischer Wasserpark mit mehreren Schwimmbecken und die ganze Ausrüstung eines gehobenen, familienfreundlichen Campingplatzes für Langzeitgäste. Fitness- und Animationsangebote sind selbstverständlich. Fast 500 Stellplätze. Geöffnet Mai bis Mitte Sept. Corniche de la Mer, ☎ 02.98.57.05.37, www.escale-stgilles.fr.

**** Du Poulquer, gegenüber dem vorgenannten; Heckenareal mit ordentlichen Sanitäranlagen und Pseudospielplatz, Swimmingpool und klitzekleinem Kinderplanschbecken. Fast 200 Stellplätze. Geöffnet Mitte Mai–Sept. 23, rue du Poulquer, ☎ 02.98.57.04.19, www.campingdupoulquer.com.

**** Le Letty, der letzte Platz in der Reihe am Ausgang der Lagune, ein riesiges Urlaubsdorf. Eigener Strandabschnitt an der flachen Lagune, viel Schatten auf dem unterteilten 10-ha-Areal und selbstverständlich alle Einrichtungen der Luxuskategorie. Segelschule angeschlossen (Wassersport). Über 500 Stellplätze. Geöffnet Mitte Juni bis 1. Sept.-Woche, ☎ 02.98.57.04.69, www.campingduletty.com.

*** De la Plage, hinter der Hotelzeile oberhalb der Plage du Trez. Spielplatz, beheizter Kleinswimmingpool mit Kinderrutsche und Planschbecken. Mehrere Sanitärblocks, Laden, etliche Wohncontainer und verschiedene Verleihangebote: Fahrrad, Windsurfbrett, Fischerzubehör. Hohe Bäume geben einem Teil des Geländes Schatten. Im unteren Areal viele Wohncontainer. 270 Stellplätze. Geöffnet Mitte April bis Mitte Sept. 20, rue du Poulquer, ☎ 02.98.57.00.55, www.campingdelaplagebenodet.com.

*** Du Trez, der zentrumsnächste Platz, in Casinonähe auf einem Hügel hinter dem Stadtstrand im Häuschengewirr. Kleines, gartenähnliches Gelände in dritter Reihe. Etwa 500 m zum Strand, futuristische Sanitärpavillons, beheizter Swimmingpool. 140 Stellplätze. Geöffnet Mitte April–Sept. 9, rue des Peupliers, ☎ 02.98.57.15.94, www.campingdutrez.com.

Essen & Trinken   → Karte S. 396

Restaurants Escapades **8**, beim ersten Rond-Point südlich des Casinos. Modernes, helles Lokal mit exquisiter, preiswerter Meeresfrüchteküche und Fleischgerichten – stets freundlich serviert. Geschlossen So Abend und Mo ganztags. 37, rue du Poulquer. ✆ 02.98.66.27.97.

Le Sans Souci **6**, Brasserie direkt am westlichen Ende der Strandpromenade. Bei schönem Wetter der ideale Ort, um den flanierenden Herrschaften, Badegästen und Wassersportlern zuzuschauen oder einfach um selbst in einem Liegstuhl die Sonne zu genießen. Meeresfrüchte und Fisch. 1, avenue de la Plage. ✆ 02.98.57.01.01.

Crêperie >>> Mein Tipp: La Mouette Rieuse **5**, einladende Crêperie mit wunderbarer Terrasse – und auch die Crêpes stimmen; hervorragendes Salatangebot. Außerhalb der Saison Di/Mi Ruhetag. 26, av. de la Plage. ✆ 02.98.57.28.14. **<<<**

Fouesnant   9200 Einwohner

Mit „Wald und Meer" wirbt die Gemeinde. Fouesnant, inmitten stattlicher Apfelbaumbestände, ist dank seiner Strände ein beliebter Urlaubsort.

An manchen Tagen blähen sich Hunderte von Segeln in der halbkreisförmigen Baie de la Forêt. Die schönsten Strände liegen im Süden des Orts um *Beg-Meil* und *Mousterlin* – kilometerlange Dünenstrände, an denen sich immer ein ruhiges Plätzchen findet. Das grüne Hinterland wird von Apfelbäumen eingenommen, denen mit Kastanien und Eichen bepflanzte Böschungen Schutz geben – Fouesnant rühmt sich des besten Cidres der Bretagne – zu Recht.

Basis-Infos

Postleitzahl 29170

Information Office de Tourisme, an einem der zahlreichen Rond-Points (gut ausgeschildert). Freundlich, mehrsprachig und kompetent. Juli/Aug. Mo–Sa 9–19, So 10–13 Uhr. Sept.–Juni Mo–Sa 9–12 und 14–18 Uhr. 4, espace Kernévéleck. ✆ 02.98.51.18.88, www.tourisme-fouesnant.fr.

Hin und weg Bus: problemlos mehrmals tägl. nach Quimper. Nach Bénodet und Concarneau keine Direktverbindungen. 6-mal tägl. fährt der Lokalbus nach Cap-Coz und Beg-Meil.

Bootsausflug Die Fahrt zu der vorgelagerten Inselgruppe, den Iles de Glénan, organisiert *Vedettes de l'Odet*. In der Hauptsaison starten die Boote 2-mal tägl. in Beg-Meil. Fahrzeit etwa 1½ Std. Erwachsene hin/zurück 34 €, Kind bis 4 J. 7 €, 4–12 J. 18 €. Auskunft und Buchung beim Office de Tourisme oder an der Ablegestelle in Beg-Meil. Vedettes de l'Odet ✆ 02.98.57.00.58, www.vedettes-odet.com.

Einkaufen Fouesnant ist für seinen Cidre bekannt. Ausgezeichneten biologischen Cidre gibt es bei François Séhédic, der in La Forêt Fouesnant am Ortsausgang Richtung Fouesnant/Bénodet eine Verkaufsstelle unterhält. ✆ 02.98.56.85.18. ■

Fahrradverleih Mécanique Loisirs, 56, rue de l'Odet (Fouesnant-Zentrum), ✆ 02.98.56.18.23.

Babylon Bike, auch Räder mit Anhänger für Kindertransport, im Kleiderladen „Babylon Bay", 3 rue de Cornouaille (Ortszentrum), ✆ 02.98.56.83.82.

Feste Am 3. Juliwochenende wird beim Apfelbaumfest (Fête du Pommier) der beste regionale Cidre gekürt. Die Feier beginnt bereits Freitagabend und klingt am Montag aus. Viele Trachtenträger(innen), Umzug, Feuerwerk, Essen, Trinken.

Markt Freitagvormittag im Zentrum von Fouesnant. In der Saison auch in Beg-Meil (Mittwochvormittag) und Cap-Coz (Dienstagvormittag).

Pardon Am letzten Sonntag im Juli Wallfahrt zur Kapelle Ste-Anne.

Reiten Haras de la Mer Blanche, hinter dem Strand von Mousterlin. Route de St-Sébastien, Kermanson. ☎ 06.74.63.58.61.

Schwimmbad Das Erlebnisschwimmbad Les Balnéides unterhalb von Fouesnant mit 29 °C Wassertemperatur bietet die längste Riesenrutsche der Bretagne: 75 Meter. Variierende Öffnungszeiten, meist am Nachmittag, sonntags zuverlässig 10–18 Uhr, in der Hauptsaison tägl. 10–20 Uhr. 51, allée de Loc'hilaire, ☎ 02.98.56.18.19.

Wandern 50 km Wanderwege weist das Gemeindegebiet inklusive der Iles de Glénan auf. Preiswerte Karten und Tourenbeschreibungen beim Office de Tourisme.

Wassersport Centre nautique de Fouesnant-Cornouaille, Verleih von Surfbrettern, Katamaranen und Kajaks sowie diverse Kurse. Plage du Cap-Coz. ☎ 02.98.56.01.05.

Übernachten

Hotels *** La Pointe de Mousterlin, in Traumlage hinter den Stranddünen von Mousterlin. Das Stammhaus in Schneeweiß mit säulchenverziertem Eingang, der Annexe modern gehalten. Recht große Anlage mit 43 Zimmern, manche mit Balkon. Beheiztes Schwimmbecken (Mitte April bis Mitte Okt.), Jacuzzi, Spielraum, gediegenes Restaurant mit ebensolchen Menüs (nicht billig). DZ 84–145 € je nach Zimmer und Saison. Ganzjährig geöffnet. 108, route de la Pointe, Pointe de Mousterlin, ☎ 02.98.56. 04.12, wwwhoteldelapointefouesnant.com.

** **De la Cale**, am Ende der Geschäftsader von Beg-Meil; bis in die 90er Jahre gab es fast noch ein Dutzend Hotels in Beg-Meil, die meisten wurden in Appartments umgebaut – als einziges ist das etwas in die Jahre gekommen, aber sympathische „De la Cale" geblieben, das seit 25 Jahren vom selben Besitzer betrieben wird. Nah am Hafen, nah an den Stränden. Korrekte Zimmer, nettes, preiswertes Restaurant mit Terrasse (Ostern bis Sept.), in der Hotelbar treffen sich die Einheimischen. DZ mit Dusche/WC 58–81 €, die schöneren in der oberen Etage; von dort sieht man am Morgen die Sonne über Concarneau aufgehen. Ganzjährig geöffnet. 34, rue des Glénan, ☎ 02.98.94.97.18, www.hoteldelacale.fr.

** **L'Orée du Bois**, in Fouesnant bei der Kirche; günstig und gepflegt. 11 renovierte Zimmer mit Dusche/WC, 2 davon führen zu einem Gärtchen, in dem sich hervorragend frühstücken lässt. Fahrradverleih für Gäste. Kein Restaurant. DZ 58–81 € je nach Saison. Ganzjährig geöffnet. 4, rue de Kergoadig, ☎ 02.98.56.00.06, www.hotel-oreedubois.com.

Camping Auf dem Gemeindegebiet von Fouesnant liegen rund 20 Plätze. Etliche Areale verstecken sich in dem teils sumpfigen Gelände zwischen der Pointe de Mousterlin und Cap-Coz. Einzige Chance, sie in dem unübersichtlichen Gebiet zu finden: sich an die Beschilderungen halten. Eine kleine Auswahl der Plätze um Cap-Coz, Mousterlin und Beg-Meil:

**** **Sunêlia L'Atlantique**, im grünen Hinterland, zwischen Mousterlin und Beg-Meil (beschildert, gut zu finden). 400 m zum Strand von Mousterlin, 2 km nach Beg-Meil. Abgeschiedener, luxuriöser Top-Camping mit allem Zubehör und Riesenrutsche in den Pool. 432 Stellplätze. Geöffnet letzte Aprilwoche bis 1. Sept.-Woche. Route de Mousterlin, ☎ 02.98.56.14.44, www.latlantique.fr.

**** **La Plage de Cleut-Rouz**, hinter den Stranddünen östlich von Mousterlin, eingezäunter Heckenplatz auf freiem Feld, etwa 100 m vom Strand. Ebenfalls gut ausgestattet. Knapp 160 Stellplätze. Geöffnet Mitte April bis Mitte Sept. Mousterlin, 02.98. 56.53.19, www.campinglaplage.fr.

*** **Kerscolper**, bei Cap Coz, ein Stückchen südlich vom großen Strand in Meernähe (400 m). Mit Bar, Fernsehraum, Schwimmbecken und einigen Extras mehr der bestausgestattete Platz des Cap-Coz. 160 Stellplätze. Geöffnet Ostern bis Sept. Hente Herscolper, Descente de Bellevue, ☎ 02. 98.56.09.48, www.camping-kerscolper.com.

*** **Kost-Ar-Moor**, recht schattiger Platz, 400 m hinter den Stranddünen östlich von Mousterlin. Große, gut ausgestattete Anlage. Brotdepot, Laden, Fernsehraum, Bar, Volleyballplatz. 170 Stellplätze. Geöffnet Mitte April bis Mitte Sept. 17, route du Grand Large, Pointe de Mousterlin, ☎ 02. 98.56.04.16, www.camping-fouesnant.com.

Côte de Cornouaille → Karte S. 356/357

Südküste

** **Les Mimosas**, an der Straße nach Cap Coz. 900 m zum Strand, Normplatz mit beheiztem Schwimmbad. 65 Stellplätze. Geöffnet April–Okt. 104, descente du Cap, ✆ 02.98.56.55.81, www.camping-les-mimosas.com.

** **Pen-an-Cap**, südlich des Cap Coz. 300 m zum Meer, Standard wie Les Mimosas. 100 Stellplätze. Geöffnet Mitte April bis Sept. 27, route du Port, ✆ 02.98.56.17.65, www.penancap.com.

Umgebung von Fouesnant

La Forêt Fouesnant: am Ende eines kleinen Fjords, 5 km östlich von Fouesnant an der Straße nach Concarneau. Im Zentrum steht der stimmungsvolle *Pfarrbezirk* mit Kirche, Calvaire und gefasster Quelle aus dem 16. Jahrhundert. *Altar* und *Taufkapelle*, beide aus Holz, sind der größte Schmuck im dreischiffigen Innern. An den *Port-La-Forêt*, den modernen Hafen, schließt sich die *Plage de Kerleven*, der Hauptstrand von La Forêt Fouesnant, an: 1 km lang, gut erschlossen, mit großzügigem Wassersportangebot.

Cap-Coz: Auf dem 2 km langen schmalen Landstreifen Cap-Coz im Osten von Fouesnant wurde in den 1970er Jahren ein Tourismuszentrum mit Schiffsanlegestelle aus dem Boden gestampft. Mittlerweile ist Cap-Coz der gut besuchte Hausstrand von Fouesnant – der kinderfreundlich flach abfallende Sandstrand zur offenen Buchtseite ist ebenso lang wie das Halbinselchen.

Beg-Meil: Gern wird darauf verwiesen, dass in den frühen Jahren des 20. Jahrhunderts schon *Marcel Proust* und *Sarah Bernhardt* dem Ort die Ehre gaben. Bei Wassersportaktivisten und Erholungssuchenden hat das kleine Beg-Meil ohnehin einen guten Namen. Und Beg-Meil hat sich gemausert: Aus der verschlafenen Ferienappartementsiedlung hinter der *Pointe de Beg-Meil* ist ein quirliges Urlaubsörtchen geworden. Im Hafen starten die Ausflugsboote, im Zentrum geht im Sommer die Post ab.

In den Dünen hinter dem kilometerlangen sandigen Küstensaum stehen hohe Pinien, die das Strandvergnügen veredeln und den Blechkarossen Schatten spenden. Dahinter liegen lange, gut ausgestattete Strände. Kleinere Strände ohne Infrastruktur an der Hafenmole von Beg-Meil und weiter in Richtung Cap-Coz. Die vielen Parkplätze hinter den Stränden sind an sonnigen Augusttagen schnell belegt.

An der Mole von Beg-Meil

Mousterlin: Flach und sandig schiebt sich die *Pointe de Mousterlin* ins Meer. Mousterlin selbst ist ein kleiner Ort hinter der Pointe im trockengelegten, kultivierten Sumpfland. Die Strände unterhalb der hohen Dünen im Osten der Pointe, Richtung Beg-Meil, sind insgesamt etwa 4 km lang und empfehlen sich auch für ausgedehnte Strandspaziergänge ohne Wasserberührung. Westlich der Pointe liegen die *Plage de Mousterlin* und die *Plage de Kerler*. An letzterer darf von April bis Oktober im westlichen Teil offiziell nackt gebadet werden.

Concarneau

18.600 Einwohner

Gleich einer schwimmenden Festung liegt die völlig ummauerte Ville Close im stattlichen Becken des Fischerhafens. Nur eine kleine Brücke trennt die Enklave einer vergangenen Zeit von der Geschäftigkeit des Hafenviertels.

Concarneau (bretonisch *Konk Kernew*, Ecke der Cornouaille), eine der wichtigsten bretonischen Festungen des Mittelalters, entwickelte sich im 19. Jahrhundert zu einem ordinären Sardinenhafen, der zu Beginn des 20. Jahrhunderts seine bitterste Zeit erlebte: 1905 blieben die Sardinenschwärme plötzlich aus. Die Stadt verlor ihre Lebensgrundlage, nur durch Spendenaktionen konnte die Not etwas gelindert werden. Die letzte große Katastrophe traf Concarneau in der Sturmnacht vom 19. zum 20. September 1930. 207 Seeleute kehrten nicht mehr zurück und hinterließen 127 Witwen und 187 Kinder.

Seitdem hat Concarneau wieder einen Aufschwung erlebt. Dank des Jachthafens, der Tauchschule auf den nahen *Iles de Glénan* und dem Sportangebot an den südlichen Stränden gilt die Stadt als bedeutendes Wassersportzentrum. Doch die Fischerei hat nach wie vor Vorrang: Concarneau gehört zu den großen Fischereihäfen Frankreichs.

Der Hafen gliedert sich in zwei Areale. Südlich der Ville Close ankern private Sportboote und Ausflugsschiffe, nördlich der Ville Close liegt der Heimathafen der Fischer. Die Versteigerungshalle am Quai Carnot wird täglich zweimal zum Mittelpunkt des wirtschaftlichen Lebens.

Sehenswertes

Ville Close: die Keimzelle des heutigen Concarneau und Zentrum des touristischen Geschehens. Die kurze Strecke von der Rue Vauban über die Place St-Guénolé zur Rue St-Guénolé ist auf engstem Raum mit knapp 20 Einkaufsmöglichkeiten sowie über 15 Esstempeln und Crêperien gepflastert.

Vom *Pont du Moros* im Norden des Hafenbeckens ist ein umfassender Blick über die Inselstadt möglich. 350 Meter lang und 100 Meter breit, schiebt sich die befestigte Stadtinsel in das Hafenbecken, von einer hohen, turmbewehrten Mauer uhmgeben.

Besichtigung: Am *Uhrturm* vorbei führt ein Brücklein zur *Torbastion*, dahinter beginnt die gedrängte Wohnzone um die Hauptachse *Rue Vauban*. Schmale Granithäuschen säumen das Kopfsteinpflaster, das ehemalige *Arsenal* (später Gefängnis, heute Fischereimuseum), die *Kirche* und das alte *Hospiz*

Am Eingang zur Ville Close

sind seit ihrer Erbauung die einzigen größeren Anwesen der noch immer vollkommen abgeschotteten Ville Close.

Die *Stadtmauer* ist z. T. begehbar. Eine kleine Info-Stelle in der *Tour du Gouverneur* (gleich rechts nach der Brücke) hält ein Faltblatt für den Spaziergang bereit. Der Halb-Rundgang auf dem Wall gibt gute Einblicke in das kleine Gemeinwesen und über den Hafen.

Die Arbeiten am Schutzwall begannen im 14. Jahrhundert. Ihr jetziges Aussehen erhielt die Anlage im 17. Jahrhundert unter *Vauban*, dem Stararchitekten des Sonnenkönigs. Die Türme, Bastionen, Tore und auch der Uhrturm am Stadteingang sind hauptsächlich sein Werk. Wo Soldaten eine Festung wittern, wird gebombt: Im Zweiten Weltkrieg litt auch die Ville Close, weil die deutsche Wehrmacht den Alliierten nicht kampflos weichen wollte. Ähnlich wie in St-Malo wurde nach dem Krieg rekonstruiert, was zerstört war. Heute liegt über den wiederaufgebauten Häusern schon wieder die Patina von sechzig Jahren.

Fischereimuseum (Musée de la Pêche): In der Hauptgasse der Ville Close, im alten Arsenal untergebracht, beschäftigt sich das Museum mit dem Fisch, seinem Fang und der Rolle Concarneaus in diesem Gewerbe. Neben geschichtlichen Fragen wird geklärt, wie Wal und Hering gefangen werden, oder Sie spielen Kapitän im großen Saal der kommerziellen Hochseefischerei. Ein Aquarium mit 40 Becken ist zu sehen, in einem döst der Stolz des Museums, ein Quastenflossler. Daneben 80 Schiffsmodelle und der echte 36-m-Chalutier *Héméríca*, Fotografien, Dioramen, Kleinboote, Pläne, Statistiken u. v. m.

Febr./März und Okt. tägl. 10–12.30 und 14–18 Uhr. April–Juni und Sept. tägl. 10–18 Uhr. Juli/Aug. tägl. 10–19 Uhr. Eintritt 5 €, bis 18 J. gratis.

Marinarium: Das Aushängeschild des ältesten meeresbiologischen Instituts der Welt (gegründet 1859) ist ein düsterer, kaum besuchter Bau an der Nordspitze Concarneaus am Ende des Jachthafens – die Touristen sind alle in der nahen Ville Close. Doch unbeugsam präsentiert das Marinarium sein Angebot – das Meer. Neben Aquarien veranschaulichen aufschlussreiche Dia- und Video-Shows, dass der Ozean, der den größten Teil unseres Planeten bedeckt, Heimat für eine unendliche Anzahl von Lebewesen und lebenswichtiger Teil des globalen ökologischen Systems ist.

Febr./März und Okt.–Dez. tägl. 14–18 Uhr. April–Juni und Sept. tägl. 10–12 und 14–18 Uhr. Juli/Aug. tägl. 10–19 Uhr. Eintritt 5 €, Kind 6–15 J. 3 €.

Baden

Rund um Concarneau findet man eine ganze Menge Strände. Gelegentlich sind sie leider veralgt, trotzdem im Sommer stets gut besucht.

Plage du Miné: der stadtnächste größere Strandflecken vor der Plage des Sables Blancs unterhalb des Boulevard Katherine Wylie; bei Flut nur noch ein kleiner, eingezwängter Flecken Sand.

Plage des Sables Blancs: knapp 3 km vom Zentrum Richtung La Forêt Fouesnant. Der 400 m lange Stadtstrand ist vom Tretboot bis zum Surfbrett auch für sportliche Aktivitäten wohlgerüstet. Gleich daneben erstreckt sich die *Plage des Petits Sables Blancs* – weitere 200 m Sand unter einer Steinmauer.

Plage de Cabellou: In einer für den Tourismus erschlossenen Badebucht 7 km südlich von Concarneau dreht sich alles um den Wassersport. Der Strand ist 800 m lang, die Flut lässt noch sichere 30 m Breite übrig. Essen und Trinken vor Ort sind gesichert.

Weitere, meist kleinere Strände verteilen sich rund um die *Baie du Cabellou*.

Basis-Infos

Postleitzahl 29900

Information Office de Tourisme neben der Ville Close am Hafen. Kompetente Information, Buchung von Ausflügen, Zimmervermittlung. April–Juni und erste drei Septemberwochen Mo–Sa 9–12.30 und 13.30–18.30, So 10–13 Uhr. Juli/Aug. tägl. 9–19 Uhr. Letzte Sept.-Woche bis März Mo–Sa 9–12 und 14–18 Uhr. Quai d'Aiguillon, ✆ 02. 98.97.01.44, www.tourismeconcarneau.fr.

Hin und weg Bus: Busbahnhof am oberen Ende des Quai d'Aiguillon am Fischerhafen. Zahlreiche Anschlüsse, die meisten nach Quimper. Corncarneau ist Endstation der Linien von Quimper bzw. Rosporden mit guten Anschlüssen in beide Richtungen. Über Pont-Aven nach Quimperlé.

Fähre nach Beg-Meil, in 30 Min. über die Bucht an die Strände von Beg-Meil. In der Hauptsaison 4-mal tägl., Erw. hin/zurück 12 €. Auch Fahrräder werden mitgenom-

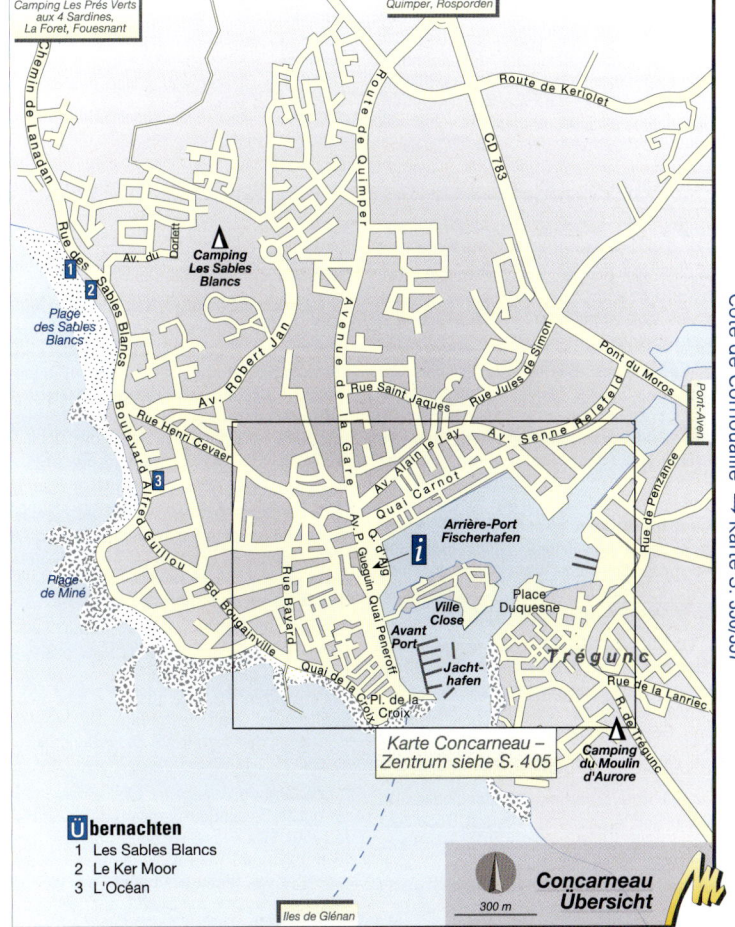

Übernachten
1 Les Sables Blancs
2 Le Ker Moor
3 L'Océan

Karte Concarneau – Zentrum siehe S. 405

Concarneau Übersicht

Côte de Cornouaille → Karte S. 356/357

Südküste

men. Auskunft und Reservierung: *Vedettes de l'Odet*, ℘ 02.98.57.00.58, www.vedettes-odet.com.

Pendelboot (Bac) Ville Close – Place Duquesne. Die kleine Fähre (Überfahrt ca. 1 €) überquert den Fischerhafen an der engsten Stelle. Vor allem für Einheimische, die auf der anderen Seite etwas zu tun haben. So interessant ist die Place Duquesne auch wieder nicht.

Parken Großparkplatz, der sich vom Jachthafen bis zum Office de Tourisme erstreckt.

Feste Mitte August wird das zweitägige **Festival des filets bleus** gefeiert: Das große Fest der blauen Fischernetze, eine groß angelegte Folkloreveranstaltung an den Quais vor der Ville Close, hat ihren Ursprung in einer Solidaritäts- und Spendenaktion für die notleidenden Sardinenfischer zu Anfang des 20. Jahrhunderts. Trachten, Tänze, bretonischer Ringkampf usw. Die Netze sind übrigens wegen der Farbe des Meeres blau, damit sie den Fischen unsichtbar bleiben. Auskünfte beim Office de Tourisme. Programm unter www.festival desfiletsbleus.fr.

Markt Die **Markthalle** gegenüber der Ville Close ist tägl. 8–12.30 Uhr geöffnet, auch an Sonn- und Feiertagen. Montag und Freitag Wochenmarkt.

Petit Train Der Miniatur-Zug startet von April–Sept. beim Office de Tourisme, kommentierte Stadtrundfahrt für 6 €. Falls Sie nach Quimper oder Bénodet weiterreisen, sparen Sie beim dortigen Petit Train 2 €, wenn Sie das Ticket von Concarneau noch haben.

Wassersport Ecole de Voile Les Glénans lehrt auf den Glénan-Inseln die die hohe Kunst des Segelns (eine Art Segelinternat). Adresse in Concarneau: Place P. Vianney. ℘ 02.98.97.14.84.

Übernachten

→ Karten S. 403 und S. 405

Hotels Die meisten Unterkünfte findet man in der Stadt, an der stadtnahen Plage des Sables Blancs oder beim Cabellou-Strand im Süden. Folgende Hotels sind alle in der Innenstadt oder an der Plage des Sables Blancs:

**** Les Sables Blancs ∎, 2007 an der Plage des Sables Blancs eröffnet. Teurer geht's nicht in Concarneau. Moderner, ansprechender Bau mit 20 Zimmern, alle mit Balkon über dem Strand. Professioneller Service. Großes Panoramarestaurant und große Strandterrasse. Im hauseigenen „Nautile" isst man hervorragend und teuer. Dem gepflegten Urlaub steht nichts im Weg. DZ 122–222 €. Ganzjährig geöffnet. Plage des Sables Blancs, ℘ 02.98.50.10.12, www.hotel-les-sables-blancs.com.

*** Le Ker Moor ∎, ebenfalls direkt an der Plage des Sables Blancs. Da muss wohl ein ganzes Schiff ausgeräumt worden sein. Fenster und Stufen, Bullaugen und maritime Gegenstände aller Art haben in die ebenso geschmackvolle wie originelle Ausstattung Eingang gefunden. 11 wunderbar eingerichtete Zimmer, unterschiedlich in Größe und Anordnung, alle mit Blick aufs Meer, teils mit Balkon über dem Strand. Frühstücksraum mit Blick auf den Strand, zu dem das Hotel einen eigenen Zugang hat. DZ je nach Komfort und Größe 120– 149 €, teurer sind die Suiten. Ganzjährig geöffnet. Plage des Sables Blancs, ℘ 02.98.97. 02.96, www.hotel-kermor.com.

*** L'Océan ∎, großer Bau an der Landseite der Küstenstraße. Zimmer mit Meerblick an der Plage des Sables Blancs. 70 komfortable Räume, ebensolches Restaurant mit exquisiten Gerichten. Beheiztes Schwimmbecken, Spielsaal. DZ ab 99 €. Ganzjährig geöffnet. Plage des Sables Blancs, ℘ 02.98.50.53.50, www.hotel-ocean.com.

*** De France et d'Europe ∎, Mittelklassehotel in Bahnhofs- und Hafennähe, nach umfassender Renovierung mit einem zusätzlichen Stern belohnt. 22 Zimmer. DZ 84–135 €. Ganzjährig geöffnet. 9, avenue de la Gare, ℘ 02. 98.97.00.64, www.hotel-france-europe.com.

** Des Halles ∎, ebenfalls zentral, beim Rathaus. 25 Zimmer, Bar, TV-Raum. Weitgespanntes Wohnangebot, die günstigen Räume akzeptabel, die guten Zimmer recht komfortabel. Kein Restaurant. DZ 64–88 €. Ganzjährig geöffnet. Place de l'Hôtel-de-Ville, ℘ 02.98.97.11.41, www.hoteldeshalles.com.

** Les Grands Voyageurs ∎, kleines Hotel für große Reisende mit tollem Blick auf Hafen und Ville Close. In den Zimmern zum Platz bekommt man montags und freitags tagsüber das Marktgeschehen mit. 16 Zimmer, die billigsten mit Du/WC auf Etage. DZ

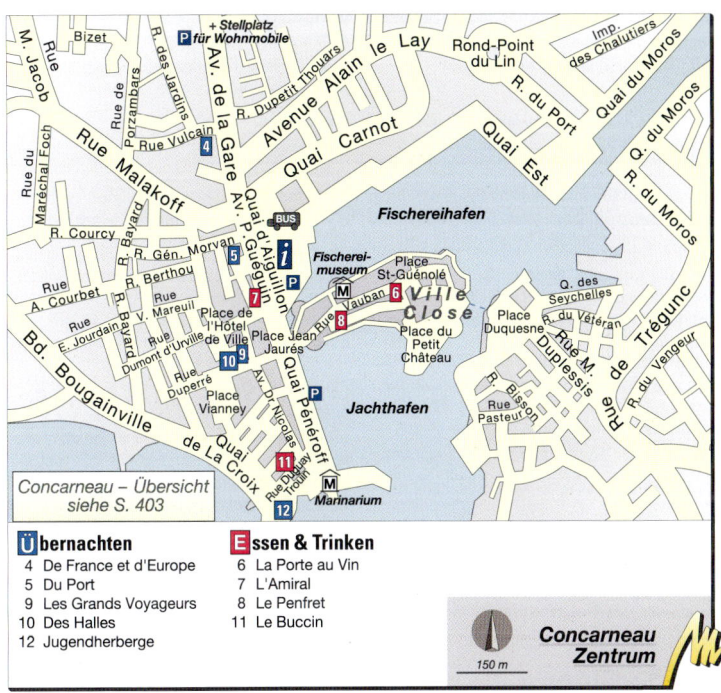

Concarneau – Übersicht
siehe S. 403

Ü bernachten
4 De France et d'Europe
5 Du Port
9 Les Grands Voyageurs
10 Des Halles
12 Jugendherberge

E ssen & Trinken
6 La Porte au Vin
7 L'Amiral
8 Le Penfret
11 Le Buccin

Concarneau
Zentrum

150 m

35–85 €. Ganzjährig geöffnet. 9, place Jean
Jaurès,   ℡ 02.98.97.08.06,   www.hotel-
concarneau.com.

** **Du Port** 5, gegenüber dem Office de
Tourisme. Blick auf das hintere Hafenbecken, im Erdgeschoss PMU-Bar. 14 Zimmer. Kein Restaurant, aber Fernsehraum
und preislich günstig, weil einfach. DZ 54–
62 €, die billigsten mit Du/WC auf Etage.
Ganzjährig geöffnet. 11bis, avenue Pierre
Guéguin,   ℡ 02.98.97.31.52,   www.hoteldu
port-concarneau29.com.

Jugendherberge 12, beim Marinarium.
Tolle Lage mit Blick auf die Bucht und nur
5 Min. von Jachthafen und Ville Close entfernt. 56 Schlafplätze von Mitte Juni bis
Mitte Sept., in den anderen Jahreszeiten
nur 36 Schlafplätze, aufgeteilt in 4-, 6- und
10-Bett-Zimmer. Waschmaschine und
Trockner vorhanden. 18 €/Pers. inkl. Frühstück. Jugendherbergsausweis nötig (kann
vor Ort erworben werden). Ganzjährig geöffnet. Quai de la Croix,   ℡ 02.98.97.03.47,
www.ajconcarneau.org.

Camping Etliche Plätze verteilen sich links
und rechts der Stadt, weitere bei Tregunc
im Süden und noch weiter südlich am Cabellou-Strand. Die stadtnächsten von Concarneau sind:

**** **Les Sables Blancs**, auf einem Hügelchen gelegen, kurzer Weg zur nahen Plage
des Sables Blancs. Das leicht abschüssige
Terrain ist durch Bäume und hohe Hecken
gegliedert. Neue, sehr geräumige Sanitäranlagen. Mit Bar und einfachem Restaurant
im Sommer. 150 Stellplätze. Geöffnet April–
Okt. Plage des Sables Blancs,   ℡ 02.98.97.16.
44, www.camping-lessablesblancs.com.

** **Les Prés Verts aux 4 Sardines**, an der
Straße von Concarneau nach Fouesnant,
200 m hinter dem kleinen Strand von Kernous. Geschützte Anlage der Top-Katego-
rie, u. a. mit Laden, kleinem Spielplatz, Vide-
ospielen. 140 Stellplätze. Geöffnet Mai–Sept.
Kernous-Plage,   ℡ 02.98.97.09.74,   www.
presverts.com.

** **Du Moulin d'Aurore**, an der östlichen
Seite der Moros-Mündung im Ortsteil

Trégunc, 100 m zum Meer. 170 Stellplätze. Geöffnet April–Sept. 49, rue de Trégunc, ✆ 02.98.50.53.08, www.moulinaurore.com.

Wohnmobile Neben den oben genannten Campingplätzen auch Stellplatz mit Elektrizität und Wasserversorgung am Parkplatz an der Avenue gare (35 Plätze).

Essen & Trinken   → Karten S. 403 und S. 405

Besonders für ein Gericht ist die Küche von Concarneau bekannt: Thunfisch mit Reis, Karotten und Weißwein (thon au riz, carottes et vin blanc). Restaurant-, Crêperie- und Snackschwerpunkt ist konkurrenzlos die Ville Close.

Restaurants Le Buccin **11**, liegt in der Neustadt und hat die Farbe Gelb als Thema seiner Innenausstattung. Exzellente Menüs, auch das preiswerteste ist eine Gaumenfreude der gehobenen Art. Zur Abwechslung einmal ohne Fisch empfehlen wir den Salat mit Kaninchenfleisch, die Ente im Knuspermantel mit Cidre und Honig und – um beim Thema zu bleiben – die *Tarte tatin* mit konfitierter Ananas und Bananen. Geschlossen in der Hauptsaison mo mittags, in der Nebensaison Mo ganztags sowie Samstagmittag und Sonntagmittag. 1, rue Duguay Trouin. ✆ 02.98.50.54.22.

L'Amiral **7**, in Hafennähe lädt der Fischspezialist der Stadt ein. Großes Fisch- und Meeresfrüchteangebot, gediegener Service, stolze Preise (billiger ist's in der Brasserie des Hauses). Geschlossen außerhalb der Saison Sonntagabend und Mo ganztags. 1, av. pierre Guéguin, ✆ 02.98.60.55.23.

La Porte au Vin **6**, eines der vielen Restaurants in der Ville Close, das mit seiner schönen Terrasse einen Pluspunkt besitzt. Menüvorschlag: Jakobsmuscheln auf bretonische Art, gegrillte Sardinen mit Dampfkartoffeln, Eis. Auch Crêpes. April–Okt. tägl. geöffnet. 9, place St-Guénolé. ✆ 02.98.97.38.11.

Le Penfret **8**, nettes Holz- und Natursteininterieur in der Ville Close. Febr.–Sept. tägl. geöffnet. 40, rue Vauban. ✆ 02.98.50.70.55.

Iles de Glénan

Etwa 20 km im Süden Concarneaus schwimmen die Inselchen der Gruppe im offenen Meer, und um sie herum schwimmen im Sommer jede Menge Wasserfahrzeuge. Die sieben Inselsplitter sind ein Eldorado für Wassersportler, die Tauchschule auf *St-Nicolas* und die Segelschulbasen auf *Penfret, Bananec, Drennec* und *Cigogne* können über mangelnden Zuspruch nicht klagen. Tagesausflügler besuchen meist nur St-Nicolas mit seinen wenigen Häuschen, dem Anlegeort der Fähre. Die Inseln *Brunec* und *Loch* sind Privatbesitz, *Giautec* ist als Vogelreservat ausgewiesen. Gemein ist allen Inseln, dass sie über schöne Strände und winddurchwehte Heideflächen verfügen. Ist es zum Baden zu kalt, empfiehlt sich ein optisch reizvoller Spaziergang der Küste entlang, die durch einen Weg rundum erschlossen ist.

Hin und weg/Bootsausflug → Loctudy, Bénodet, Fouesnant, Concarneau

Fährverbindung Die *Vedettes de l'Odet* halten die Verbindung zwischen der Inselgruppe und dem Festland aufrecht. Ab Mitte April bis Mitte Sept. starten die Boote 4-mal pro Woche, in der Saison tägl. 2- bis 3-mal zur etwa 1-stündigen Überfahrt. Hin/zurück 34 €, Kind bis 4 J. 7 €, 4–12 J. 18 €. Auskunft und Reservierung im Office de Tourisme oder direkt bei den Vedettes de l'Odet am Jachthafen: 21, av. du Dr Nicolas, Port de Plaisance, ✆ 02.98.57.00.58., vedettes-odet.com.

Tauchen Centre International de Plongée de Glénan; die international renommierte Organisation hat sich dem Tauchsport verschrieben und unterhält auf St-Nicolas eine Schule (eine Art Tauchinternat). ✆ 02.98.50. 57.02, www.cip-glenan.fr.

Wassersport Ecole de Voile Les Glénans lehrt auf den Glénan-Inseln die Kunst des Segelns (eine Art Segelinternat). Adresse in Concarneau: Place P. Vianney. ✆ 02.98.97. 14.84, www.glenans.asso.fr.

Wo Gauguin sich inspirieren ließ …

Pont-Aven

2900 Einwohner

Gauguin war hier, und daraus schlägt das Städtchen bis heute Kapital: Ateliers, Galerien, Ausstellungen, ein Museum, das ganz der „Schule von Pont-Aven" verpflichtet ist, dazu ein Spaziergang im Liebeswäldchen oder ein Ausflug nach Nizon – Gauguin war hier.

Gauguin, der die Bretagne durchstreifte und in Pont-Aven zeitweise seinen Wohnsitz hatte, fand hier eine unverdorbene, naturverbundene Bevölkerung, er war begeistert vom Licht und den Farben, die selbst den profansten Gegenstand veredeln. In und um Pont-Aven entdeckte er eine Landschaft, die seiner romantischen Gefühlswelt entsprach. Doch Gauguin war nicht der Erste, der Pont-Aven entdeckte.

Seit 1860 zog es vor allem englische Maler nach Pont-Aven, die bretonische Sujets in die Malerei einführten. Zehn Jahre später logierte in Pont-Aven eine Gruppe amerikanischer Maler, was dem Ort zusätzliche Bekanntheit bescherte. Bereits 1885 schrieb die *Revue Politique et Littéraire*, dass man in Pont-Aven keinen Schritt mehr tun könne, „ohne auf eine ausgedrückte Farbtube oder den Abfall von Paletten zu treten". Als 1886 die „Ecole de Pont-Aven" gegründet wurde, war der Höhepunkt erreicht. Namen wie *Gauguin, Bernard, Sérusier, Schuffenecker, Seguin* und andere mehr stehen für eine Kunstrichtung, die mehr Wert auf die subjektive Wahrnehmung legt als auf ein naturalistisches Abbild der Wirklichkeit. Oder wie der berühmte Gauguin es formulierte: „Ich bin kein Maler, der nach der Natur malt, heute weniger denn je. Bei mir spielt sich alles in meiner verrückten Phantasie ab."

Rendez-vous mit Gauguin

Paul Gauguin

„Wenn meine Holzschuhe auf dem Granitboden klingen, höre ich den dumpfen, eingehüllten, mächtigen Ton, den ich in meinen Bildern suche", schrieb Paul Gauguin aus Pont-Aven. Die kunstinteressierte Nachwelt erfreut sich vor allem an den farbenfrohen Südseebildern des Malers, doch seinen persönlichen Stil fand er in der Bretagne. Und sein letztes Bild, das er kurz vor seinem Tod auf den fernen, tropischen Marquesas-Inseln malte, war eine bretonische Winterlandschaft.

Am 7. Juni 1848 in Paris geboren, am 8. Mai 1903 in Atuo auf der Insel Hiva Oa gestorben – dazwischen liegt das Leben eines Mannes, der von der Malerei besessen ist. Mit 35 Jahren gibt Gauguin seine bürgerliche Existenz, die bis dahin in geordneten Bahnen verlaufen ist, auf. Er kündigt seinen Job als Börsenkaufmann (den er infolge eines Börsenkollapses ohnehin verloren hätte), verlässt seine dänische Frau und die fünf gemeinsamen Kinder und steht nun ohne Geld und soziale Bindungen auf der Straße. Jetzt kann er unbeschwert malen.

1886 geht er in die Bretagne – dort ist das Leben spottbillig und ohne großstädtische Ablenkung. In Pont-Aven findet er eine Schar gleichgesinnter Verrückter mit demselben Lebensziel. Seinen meist jüngeren Kollegen entgeht sein Talent nicht: „Hier ist auch ein Impressionist mit Namen Gauguin, ein merkwürdiger Bursche. Er ist 38 Jahre alt und zeichnet und malt sehr gut." (Emile Bernard)

Aus den oft hitzig verlaufenden Abendmahlzeiten in der Herberge der Madame *Gloannec* entsteht die innovative Schule von Pont-Aven. Ein Dutzend Maler, darunter der blutjunge *Emile Bernard*, *Paul Sérusier* und Gauguins glühendster Anhänger *Charles Laval*, finden sich unter der Leitung Gauguins einige Sommer lang zusammen, um ihr Leben gemeinsam unter das Banner der Kunst zu stellen.

Es wird debattiert, gemalt, getrunken, gestritten und wieder gemalt. Das ganze Herzblut der Gruppe fließt frei von irgendwelchen Nebensächlichkeiten des Alltags in die Theorie und Praxis des Bilderschaffens.

Besonders mit Bernard verbindet Gauguin eine enge Beziehung. Man darf annehmen, dass Bernard und Gauguin gemeinsam den neuen Stil der Schule von Pont-Aven entwickelten. Später, nach dem Durchbruch der beiden Künstler, beanspruchen beide die geistige Vaterschaft für sich, was zu jahrelangem Streit und Hass führt.

Zum Durchbruch fehlen noch einige Jahre, aber 1888 beginnt die Schule von Pont-Aven von sich reden zu machen – unbeachtete Malerkollegen ziehen zögernd den Hut, neugierige Touristen kommen, um die wilden Künstler zu bestaunen. Doch Geld bringt die erste Berührung mit einem größeren Publikum dem Maler nicht, im Gegenteil.

1889 zieht der mittellose Gauguin ins nahe Le Pouldu an die Küste um – die Touristen haben die Lebenshaltungskosten in Pont-Aven in die Höhe klettern lassen und die Ruhe aus dem Städtchen vertrieben. Der zivilisationsmüde Gauguin findet die unverfälschte Einfachheit auch in der Bretagne nicht mehr. 1891 zieht es ihn nach Tahiti. Die Verbundenheit der Südseebewohner mit der Natur und die Farben der Tropen locken ihn in die französische Palmen-kolonie, wo er beginnt, die Bilder zu malen, um die sich heute große Museen und millionenschwere Privatsammler reißen.

1893 kehrt er nach Paris zurück, kommt für einen Kurzbesuch auch nach Pont-Aven, das sich ihm entfremdet hat – und muss länger bleiben: Bei einer Prügelei in Concarneau bricht er sich ein Bein. 1895 setzt er sich wieder nach Tahiti ab, zieht dann 1901 vorsichtshalber auf die Marquesas-Inseln weiter, um der Kolonialverwaltung aus dem Weg zu gehen, die nicht gut auf den verschuldeten Querschädel zu sprechen ist. Zwei Jahre später stirbt er.

Was ist nun das Besondere an der Kunst Gauguins? Die Kunstgeschichte spricht vom postimpressionisti-schen Synthesismus als Vorläufer des Expressionismus. Der Meister selber sah das wesentlich einfacher. Überliefert ist sein Ratschlag, den er Paul Sérusier während einer „Malstunde im Bois d'Amour" erteilte: „Wie sehen Sie diese Bäume? Gelb? Also los, malen Sie gelb, das kräftigste Gelb Ihrer Palette, und dieser Schatten, ist er nicht eher blau? Nur Mut, malen Sie ihn so blau, wie Sie nur können! Und diese Blätter? Rot, nehmen Sie Zinnoberrot!"

Heute hat der überlieferte Spottvers „Pont-Aven ist eine Stadt, die 14 Mühlen und 15 Häuser hat" jede Grundlage verloren. Doch die putzige *Ortsmitte* von Pont-Aven, der *Hafen*, der *Aven-Fluss* und sein *Tal*, die verbliebenen *Mühlen* oder das *Liebeswäldchen* in seiner lichtdurchtränkten Anmut lassen auch Laien ahnen, was Maler hier noch immer finden können.

Bis heute werden Künstler von diesem Ort magisch angezogen, das Gros der Touristen hingegen hat mit Pinsel und Farbe nichts zu schaffen – man wandelt auf den Pfaden Gauguins, bestaunt das Original des „Gelben Jesus" oder entziffert die Gedenktafel an der *Maison de la Presse*, der ehemaligen Pension der guten Madame *Gloannec*, die pro Monat nur 65 Francs Miete verlangte – und dies auch nur dann, wenn die pinselnden Hungerleider gerade flüssig waren.

Sehenswertes

Spuren von Gauguin und Botrel: Gauguins Büste steht mitten auf dem Rathausplatz, wo meist Reisegruppen dem Fotografen die Sicht verstellen. Die lokalen Motive, die er malte, erschließen sich am besten auf einem Spaziergang: Informationstafeln stehen exakt an der Stelle, wo der Meister seine Staffelei aufgestellt haben muss, um das Motiv aus der Perspektive einzufangen, die sein Werk wiedergibt. An der ehemaligen „Herberge der Madame Gloanec" erinnert eine Gedenktafel an seine großzügige Wirtin. Am Rathausplatz, wo zu Gauguins Zeit das „Hotel Julia" stand, ehrt eine Tafel *la bonne Hôtesse* Julia Guillou, die sich ebenfalls rührend um ihre chronisch verschuldeten Künstlergäste kümmerte.

Der unvergessene Liedermacher *Théodore Botrel* (→ Paimpol, Kastentext „Théodore Botrel"), der sich im Alter in Pont-Aven niederließ, das erste Stechginsterfest Pont-Avens organisierte, vom Ortsgeistlichen Bretonisch lernte und hier verstarb, ist im Ortsbild weniger präsent. Seine Statue steht etwas einsam am Hafen.

Museum: Alljährlich pilgern um die 50.000 zahlende Besucher an den Gemälden des modernen Ausstellungsgebäudes hinter der Mairie vorbei. Die wechselnden

Rast in Pont-Aven

Ausstellungen sind der Schule von Pont-Aven sowie regionalen Malern gewidmet, einige Bilder hängen hier dauerhaft. Ein Diavortrag und ein kleines Dokumentationszentrum vermitteln die Hintergründe.

Seit 2004 ist das Museum auch im Besitz eines originalen Gauguin-Gemäldes: Das 30 mal 42 cm große Pastell „Köpfe von Bretoninnen" entstand 1894 in Pont-Aven, bevor der Meister Europa endgültig den Rücken kehrte. Kaufpreis: 430.000 € – damit hätte Gauguin die Zechschulden der gesamten Malerbande von Pont-Aven locker begleichen können.

2015 war das Museum eine riesige Baustelle. Das Haus lag für die Renovierungsarbeiten in einem stählernen Korsett. Die Wiedereröffnung ist für 2016 vorgesehen.

Dann soll der Bestand mit einem modernen mueseographischen Konzept präsentiert werden. Öffnungszeiten und Eintrittspreise waren noch ungewiss.

Basis-Infos

Postleitzahl 29330

Information Office de Tourisme, in der Ortsmitte. Juli/Aug.Mo–Sa 9.30–19, So 10–13 und 15–18 Uhr. Sept. – Juni Mo–Sa 10–12.30 und 14–18 Uhr. 5, place de l'Hotel-de-Ville. ✆ 02.98.06.04.70, www.pontaven.com.

Hin und weg Bus: Pont-Aven liegt an der Strecke Moëlan-sur-Mer–Quimperlé bzw. Concarneau–Quimper; werktags mindestens 6-mal in beide Richtungen.

Parken Parkplätze am Aven-Fluss beim Hafen, zwei weitere Großparkplätze an den Ortsausgängen Richtung Bannalec bzw. Concarneau. Trotzdem kann in der Hauptsaison die Suche nach einem Parkplatz entnervend sein. Da hilft dann nur Runden drehen oder Pont-Aven zu Fuß, z. B. von Port Bélon aus, ansteuern.

Ateliers Rund 80 Galerien und die entsprechende Anzahl mehr oder weniger begnadeter Maler haben sich in Pont-Aven niedergelassen – die Palette ist weit gestreut, von Marinemalerei über bretonische Landschaftsdarstellungen bis hin zu zeitgenössischer Kunst.

Bootsausflug Anfang April bis Ende Sept. fahren Ausflugsschiffe mehrere Touren auf dem **Aven-Fluss**. Zum Beispiel in 1¼ Std. von Pont-Aven bis zum Meer und wieder zurück.

Eine *Zwei-Flüsse-Fahrt* startet in Port-de-Bélon und führt in knapp 1¾ Std. von den Austerngründen des Bélon-Flusses nach Pont-Aven und wieder zurück nach Port-de-Bélon. Aktuelle Auskünfte beim Office de Tourisme oder in Port-de-Bélon bei *Vedettes Aven-Bélon*, ✆ 02.98.71.14.59, www. vedettes-aven-belon.com.

Feste Am 1. Augustsonntag findet die Fête des Fleurs d'Ajoncs (Fest der Stechginsterblüten) statt, 1905 vom Barden Botrel (→ Paimpol, Kastentext „Théodore Botrel") ins Leben gerufen und Höhepunkt der sommerlichen Veranstaltungen – Wallfahrt, Kunst und Folklore.

Kanu/Kajak Fluss- und Meerausflüge. Ganzjährig schult und verleiht La Pagaie des Avens, die Basen in Pont-Aven und Port-Manec'h unterhält. Square Botrel, ✆ 06.11.97.53.94.

Markt Die ambulanten Händler, die am Tag zuvor in Bénodet waren, bauen am Dienstagmorgen ihre Stände im Zentrum auf; im Juli/Aug. am Hafen.

Wandern Um Pont-Aven, Bélon und Moëlan-sur-Mer erschließt ein Netz von Wanderwegen das „Pays de Gauguin". Der Pflichtspaziergang zur Kapelle von Trémalo und durch den Bois d'Amour ist nur 4 km lang und dauert ca. 1½ Std. Auskünfte und Karten beim Office de Tourisme.

Übernachten

Hotels Ausnahmslos gute Mittelklasse. Man wohnt zentral oder am Hafen. Camper müssen ausweichen – die nächsten Plätze

bei Nevez (s. u.) oder bei Le Pouldu (→ Umgebung von Pont-Aven).

Côte de Cornouaille → Karte S. 356/357

Südküste

*** **La Chaumière Roz-Aven**, ein gediegenes Haus am Parkplatz am oberen Hafenende. Flussblick. 14 komfortable Zimmer. DZ je nach Größe, Lage und Saison 78–110 €. Geschlossen Januar bis 1. Febr.-Woche. 11, quai Théodore Botrel, ℡ 02.98.06.13.06.

** **Les Ajoncs d'Or**, zentral beim Rathaus. 14 teils renovierte, gegen den Straßenlärm geschützte Zimmer, Restaurant mit Terrasse zur Straße (geschlossen Sonntagabend, in der Nebensaison auch Mo). DZ 68–95 €. Geschlossen zwei Wochen im Febr. und eine Woche im Okt. 1, place de l'Hotel-de-Ville, ℡ 02.98.06.02.06, www.ajoncs dor-pontaven.com.

** **Les Mimosas**, am Ende der Place Botrel in sehr ruhiger Lage. 10 Zimmer mit Blick auf den Hafen und ein Fischrestaurant. DZ 58–94 €. 22, square Théodore Botrel, ℡ 02. 98.06.00.30, www.lesmimosas-pontaven.com.

** **Ty Ru**, in Riec-sur-Bélon, 4 km Richtung Quimperlé. Eine preiswerte Alternative, wenn man in Pont-Aven nicht mehr unterkommt (was schnell passieren kann). Freundlicher Empfang, 8 einfache Zimmer, aber alle mit Dusche/WC, Restaurant (Mo Ruhetag). In dem verschlafenen Nest ist sonst nichts los. DZ 51–61 €. 10, rue François Cadoret, 29340 Riec-sur-Bélon, ℡ 02.98. 06.94.61, www.hotel-tyru.com.

Camping Etwa 10 Plätze mit zwei bis vier Sternen bei Névez südlich von Pont-Aven. Wir haben vier besucht, alle südlich von Névez beim Weiler Raguénès hinter dem gleichnamigen Strand:

**** **Le Raguenès Plage**, voll ausgebauter Luxusplatz (Airotel) direkt am Meer. 230 Stellplätze. Geöffnet Mitte April–Sept. 19, rue des Iles, Raguénez, 29920 Névez, ℡ 02.98.06. 80.69, www.camping-le-raguenes-plage.com.

*** **L'Océan**, heckenunterteiltes Wiesengelände, etwa 300 m zum Strand, mit guter sanitärer Ausstattung. Großer, bei schlechtem Wetter überdachter Swimmingpool. Über die nächtliche Ruhe wird streng gewacht: Nach 23 Uhr nur noch Flüsterlautstärke. 135 Stellplätze. Geöffnet Mitte Mai bis Mitte Sept. 15, impasse des Mouettes, Keroren-Raguénez, 29920 Névez, ℡ 02.09.06. 87.13, www.camping-ocean.fr.

** **Le Vieux Verger**, beim Océan-Camping; von Platz und Infrastruktur einfacher, aber weniger reglementiert. 100 Stellplätze. Geöffnet Mitte April bis Mitte Sept. Keroren-Raguénez, 29920 Névez, ℡ 02.98.06.86.08, www.campingduvieuxverger.com.

** **Keraeren**, 500 m vom Strand, den man beim Club nautique von Port Manec'h erreicht. Bescheidenes, teils durch Hecken parzelliertes Gelände mit vielen schattigen Plätzen. Auch die sanitären Anlagen sind bescheiden, aber gepflegt. Kinderspielplatz. „Klein und gemütlich", urteilte eine Leserin. Geöffnet Mitte Juni bis Mitte Sept. Port Manec'h, 29920 Nevez, ℡ 02.98.06.80.38, wwwcamping-keraeren.com.

Wohnmobile Stellplätze und gute Rundumversorgung beim Camping **Le Raguenès Plage** (s. o.).

Essen & Trinken

Entsprechend seiner touristischen Attraktivität ist Pont-Aven mit Restaurants, Crêperien und Snack-Bars gut ausgestattet.

Restaurants Moulin de Rosmadec, exquisite Küche in bester Lage am linken Flussufer, im lauschigen Ambiente einer alten Mühle. Eine Spezialität: Barbe auf Austerncreme. Geschlossen Mi, in der Nebensaison auch So Abend und Mo ganztags. Venelle de Rosmadec. ℡ 02.98.06.00.22.

La Chaumière Roz Aven, im Hotel Roz Aven. Das Strohdach taucht auch auf einem Gauguin-Bild auf. Mit Straßenbetischung. Für den Mittagstisch sowohl bei Einheimischen wie Touristen sehr beliebt, aber auch zum nachmittäglichen Kaffee und Kuchen geeignet. Geschlossen im Jan. 11, quai Thérodore Botrel. ℡ 02.98.06.13.06.

Moulin du Grand Poulguin, am rechten Flussufer; Restaurant, Brasserie und Bar in einem. Das große Plus ist die Lage, man kann zwischen verschiedenen Terrassen wählen, die schönste liegt direkt über dem Fluss. Wenn die Reisebusse abgefahren sind und nur noch Einheimische und ein paar Individualreisende bleiben, zeigt sich das gestresste (aber stets freundliche) Personal endlich entspannter. Bescheidenes, aber preiswertes Angebot, auch Pizza, Crêpes und Salate. 2, quai Théodore Botrel, ℡ 02.98.06.02.67.

Crêperie Du Port, im selben Besitz wie Rosmadec. Fischspezialitäten, Crêpes und Galettes. Im Sommer, wenn auf der Straße betischt ist, füllt sich das Lokal schnell und die blau-weiß gekleideten Serviererinnen kommen ins Schwitzen. Geschlossen im Jan. sowie in der Nebensaison am Mi. 13, quai Théodore Botrel. ✆ 02.98.06.00.88.

Umgebung von Pont-Aven

Kapelle von Trémalo: ein Muss jeder Gauguin-Wallfahrt. Von Buchen umschattet, bei einem Gehöft inmitten eines lichten Wäldchens liegt das dunkle gotische Kapellchen, das Gauguin oft aufsuchte. Die einst bemalte Statue des gekreuzigten Christus (17. Jh.) im Inneren war das Vorbild für den berühmten *Gelben Christus*, den Gauguin 1889 malte.

Straße Richtung Rosporden (D 24), bei der Steigung gegen Ortsende von Pont-Aven den ersten Weg rechts und durch den Wald (beschildert). Ein schöner, viertelstündiger Spaziergang! Kapelle geschlossen? Der Schlüssel wird im Bauernhof daneben aufbewahrt.

Auf dem Sentier côtier nach Port Manec'h: Wer am Hafen den rot-weißen Markierungen folgt, kann am rechten Ufer des Aven bis an die Küste wandern. Der Weg führt teils am Fluss entlang, der gezeitenabhängig mehr oder weniger Wasser führt, teils durch eine sanfte, bewaldete Hügellandschaft. Nach ca. 30 Minuten erreicht man die alte Gezeitenwassermühle in *Le Hénan*, nach weiteren 45 Min. den kleinen Hafenort *Kerdruc*. Bis ans Meer in *Port Manec'h* sind es insgesamt 12 km, von dort reicht der Blick bei schönem Wetter bis zur *Ile de Groix* im Südosten.

Um dem Parkplatzproblem in Pont-Aven zu entgehen, kann man das Gefährt auch am Parkplatz von *Le Hénan* abstellen – am westlichen Ortseingang von Pont-Aven Richtung *Le Hénan* und *Kerdruc* abbiegen.

Nizon: 3 km westlich von Pont-Aven ist der *Calvaire* (17. Jh.) im Zentrum von Nizon ein weiteres Ziel der Gauguin-Pilger. Die steinerne Pietà-Gruppe am Fuß des Calvaires – drei Frauen mit dem eben vom Kreuz genommenen Jesus – wurde von

Moëlan-sur-Mer: Kapelle St-Philibert-et-St-Roch

Côte de Cornouaille → Karte S. 356/357

Südküste

Gauguin aus ihrer angestammten Umgebung herausgelöst und im „Grünen Christus" vor eine Dünenlandschaft gesetzt. Gauguin wusste die bretonischen Calvaires zu würdigen, sie inspirierten ihn zu einer ebenso dramatischen Einfachheit. Bei seinen Zeitgenossen allerdings stieß er damit an die Grenzen des Kunstverstands. Als er dem Pfarrer von Nizon „Jakobs Kampf mit dem Engel" schenken wollte, mochte dieser das Bild – in seinen Augen eine Obszönität – um Himmelswillen nicht haben. Das 1888 entstandene Werk gilt heute als Gauguins Abschied vom Impressionismus.

Moëlan-sur-Mer: Etwa 12 km südöstlich von Pont-Aven liegt neben der D 24 Moëlan-sur-Mer mit der *Kapelle St-Philibert-et-St-Roch* am südöstlichen Ortsrand (Anfahrt beschildert). Die Patrone des gotischen Gotteshäuschens werden gleichermaßen verehrt, beide haben ihren eigenen Pardon. Anfangs galt die Wallfahrt nur St-Philibert. Seit der Pestepidemie von 1598 pilgern die Bürger Quimpers aber auch nach Moëlan-sur-Mer, um St-Rochus ihre Reverenz zu erweisen.

Der helle, einfache *Calvaire* (16. Jh.) vor der Kapelle zeigt eine Besonderheit: Oben auf dem Kreuz ist auf beiden Seiten ein Christus zu sehen, einer ist gekreuzigt, der andere zeigt, bereits auferstanden, seine Wundmale. Die *Fontaine St-Roch* am Rand des Kapellenbezirks, früher der Ortsbrunnen, hilft Kleinkindern gegen Blähungen. Rezeptur: Ein Erwachsener muss in der Quelle das Unterhemd des erkrankten Kindleins waschen, das diesem dann anschließend (trocken) übergezogen wird.

Rund 3 km außerhalb an der D 216 in Richtung *Brigneau* steht inmitten eines Maisfeldes die *Allée couverte de Kercordonner* – ein gut erhaltenes Megalithengrab. **Kapelle**: Mitte Juni bis Mitte Sept. tägl. 10–12 und 15.30–19 Uhr. **Pardon**: Am 2. Sonntag nach dem 15. Aug. zu Ehren St-Philiberts, eine Woche später zu Ehren von St-Roch.

Le Pouldu

Eine zerklüftete Klippenküste säumt Le Pouldu, drei feinsandige Strände schmiegen sich in die Felsen. Gauguin wusste die schöne Lage zu schätzen, 1889 zog er von Pont-Aven hierher – und hinterließ der Nachwelt zahlreiche Landschafts- und Strandbilder von Le Pouldu. Ein kleines, feines *Museum* rekonstruiert die „Buvette de la Plage", in der Gauguin sich installierte und wo er bald wieder im Zentrum eines lebhaften Künstlerkreises stand.

Oberhalb der *Plage des Grands Sables* erinnert eine Gedenktafel neben der *Kapelle Notre-Dame-de-la-Paix* (15. Jh.) an den Maler. Die Kapelle stand übrigens bis 1958 in Nizon, halbverfallen und von Brombeersträuchern überwuchert. In einer aufwendigen Aktion wurde sie Stein für Stein nach Le Pouldu gebracht und hier wieder aufgerichtet.

Der Ort hat kein Zentrum, Le Pouldu ist eher die Badestation der Gemeinde *Clohars-Carnoët*. Der größte Teil des Geschehens spielt sich an der Durchgangsstraße oberhalb des Grands-Sables-Strandes ab. Die Umgebung ist mit Campingplätzen gespickt, zahlreiche Ferienhäuser wurden gebaut. Trotzdem finden sich – vor allem am *Laïta*-Fluss – reizvolle Ecken. Der Hafen ist malerisch; von ihm führt ein Spazierweg (Sackstraße) an der Laïta entlang.

Ein weiteres idyllisches Fleckchen besitzt Clohars-Carnoët mit dem Hafenort *Doëlan*, wo eine tief eingeschnittene Bucht mit Segelbooten und Fischkuttern *Rive Droite* und *Rive Gauche* voneinander trennt. Am rechten Ufer lockt das Cidre-Anwesen *Les Vergers de Pen ar Steir* mit Direktverkauf, am linken die Hafenbar, und auf beiden Seiten findet man Restaurants. Der Besuch lässt sich als schöne *Küstenwanderung* gestalten: ungefähr eine Stunde von le Pouldu bis zur Rive Gauche.

Maison-Musée du Pouldu: Die „Buvette de la Plage", in der sich Gauguin und seine Freunde von Marie Henry verköstigen ließen, wurde 1930 komplett umgebaut und heißt jetzt „Café de la Plage". Nur wenige Meter oberhalb wurde jedoch 1989 die alte Buvette originalgetreu nachgebaut und als Museum eröffnet. Der Museums-Parcours ist nicht sehr lang. Der Speisesaal mit seinen alten Holzböden und dem gedeckten Tisch zeigt eine von Gauguin bemalte Tür (Reproduktion). In der Küche, wo einst die freundliche Madame Henry den Kochlöffel schwang, führt eine gute Video-Dokumentation durch Gauguins Künstlerleben. In den Schlafzimmern begegnet der Besucher den Spuren der früheren Gäste: Gauguin (mit zahlreichen Reproduktionen an den Wänden), Meijer de Haan, den der Meister in Le Pouldu zum Synthetismus bekehrte, und Paul Sérusier, der sich unter Gaugins Einfluss für klare Farbgebung begeisterte. Als Folge dieser fröhlichen Wohngemeinschaft befand sich Marie Henry schließlich im Besitz von rund 140 Kunstwerken, davon 40 von Gauguin, die nach ihrem Tod den Weg in die Museen aller Herren Länder fanden.

Das rekonstruierte Interieur des kleinen, aber feinen Museums wird ergänzt durch hervorragende, jährlich wechselnde Sonderausstellungen im Zusammenhang mit Gauguins Schaffen.

Ostern bis Mitte Juni und Mitte Sept.–Okt. Sa/So 14–18 Uhr. Mitte Juni bis Mitte Sept. Di–So 11–19 Uhr. Eintritt 4,10 €.

Basis-Infos

Postleitzahl 29360 (Clohars-Carnoët)

Information Office de Tourisme, oberhalb des Strandes Grands Sables. Juli/Aug. Mo–Sa 9.30–12.30/13.30–18, So 10–12 Uhr. Sept.–Juni Mo–Sa 9.30–12.30 und 14–17.30 Uhr. Place de l'Océan. ☎ 02.98.39.93.42.

Hin und weg Bus: Juli/Aug. werktags 2- bis 3-mal nach Quimperlé, sonst nur an Schultagen am frühen Morgen.

Reiten Le Haras de Cotonard, nördlich des Orts an der D 49 (Richtung Quimperlé). Ausritte und Kurse für Anfänger und Fortgeschrittene. ☎ 02.98.39.98.65.

Übernachten

Hotel * Le Panoramique**, oberhalb der Kerou-Plage; moderner Bau mit Crêperie. Komfortable Adresse mit 25 Zimmern, alle mit Bade- oder Duschkabinett und WC. Salon, Bar mit Kamin. DZ 63–79 €. Geöffnet April–Okt. 2, rue du Kérou, Le Pouldu, ☎ 02.98.39.93.49, www.hotel-panoramique.fr.

Camping *** Les Embruns**, oberhalb der Ortschaft in einer Häuseransiedlung. Zum Strand 500 m. 75 Stellflächen in einem teils heckenunterteilten 2½-ha-Areal. Komfortable Hygieneblocks, Volleyball-Platz, Minigolf, überdachter Swimmingpool. Geöffnet Mitte April bis Mitte Sept. Rue du Philosophe Alain, Le Pouldu, ☎ 02.98.39.91.07, www.camping-les-embruns.com.

**** Du Quinquis**, an der D 49 etwas landeinwärts, 3 km zum Strand; nettes, schattiges Areal unweit der Kapelle Notre-Dame-de-la-Paix. 115 heckenunterteilte Stellplätze mit viel Grün. Ordentliche Sanitärs. Laden. Swimmingpool, Fahrradvermietung. Geöffnet April bis Mitte Sept. Le Quinquis, ☎ 02. 98.39.92.40, www.campingquinquis.com.

**** Le Kérou**, oberhalb des gleichnamigen Strandes (beschildert), 700 m bergab zum Strand. Sehr schöne Aussicht, wenig Schatten, gut eingerichtet (Bar, Caféterrasse), am Empfang thront ein Dolmen. Beheizter Swimmingpool. 100 Stellplätze. Geöffnet Mitte April bis Mitte Sept. Rue des Ajoncs, Le Kérou, ☎ 02.98.39.92.57, www. camping-kerou.com.

*** **Grands Sables**, direkt neben der Kapelle Notre-Dame-de-la-Paix, oberhalb des großen Strands von Le Pouldu, 200 m zum Strand. Umgeben von Ferien- und Wohnhäusern. Nicht weiter unterteiltes Wiesenareal, das in eine Mulde abfällt. Zum Teil schattige Plätze unter Bäumen, komplett renovierte Sanitäranlagen. 70 Stellplätze. Geöffnet Mitte April bis Mitte Sept. 22, rue du Philosophe Alain, Le Pouldu, ☎ 02.98.39. 94.43, www.camping-lesgrandssables.com.

>>> **Mein Tipp:** ** **Le Croas an Ter**, nördlich von Le Pouldu, an der D 49, 1,5 km zum Strand. Das freundliche Besitzerpaar bietet ein baumbestandenes Rasengelände mit 75 Stellplätzen. Gepflegte Sanitäranlagen. Keine luxuriösen Ablenkungen von der Natur, dafür ein einfacher Pingpongtisch. Ein schönes Extra ist die große Gewürzkiste, wo die Gäste Petersilie, Schnittlauch, Kori-ander, Basilikum und Estragon selber pflücken können. Geöffnet Mai bis Mitte Sept. Quelvez, ☎ 02.98.39.94.19, www.camping croasanter.com. <<<

** **Le Vieux Four**, 500 m außerhalb des Zentrums, links der D 49. Camping auf dem Bauernhof. Schmale Zufahrt für Gespanne. Schöner, etwas abschüssiger Platz in einem typisch bretonischen Agraranwesen. Apfelbäume spenden Schatten. Einfache sanitäre Anlagen in einem Nebengebäude des Bauernhofs. 50 Stellplätze. Auf Wunsch Versorgung mit frischen Landprodukten (guter hausgemachter Cidre). Geöffnet Juni–Aug. Rue des Grands Sables, Le Pouldu, ☎ 02.98.39.94.34.

Wohnmobile sind gut aufgehoben im **Camping Le Croas an Ter** (s. o.): Elektrizität, Wasser, Abwasserversorgung.

Quimperlé

12.000 Einwohner

Einheimische bezeichnen Quimperlé als den Mont-Saint-Michel des Landes. Die steil vom Fluss zur Kirche Notre-Dame hinaufstrebenden Häuser bilden eine pyramidenförmige, vom Kirchturm gekrönte Silhouette, aber damit ist der Vergleich schon erschöpft. Quimperlé verheißt keine großen Sensationen, überrascht aber immer wieder mit lauschigen Ecken und unerwarteten Ausblicken.

Der beschauliche Ort am Zusammenfluss von *Ellé* und *Isole*, die unter dem Namen *Laïta* vereint zum Atlantik weiterfließen, gliedert sich in zwei Teile. Die Oberstadt mit dem von der *Notre-Dame* überragten *Quartier St-Michel* erhebt sich auf einem steilen Felssporn. Die Unterstadt breitet sich auf der von den beiden Flüssen gebildeten Halbinsel aus und ist die Wiege des Städtchens. Vor über 1300 Jahren gründete der Mönch Guthiern eine Missionsstätte, um die der Ort *Anaurot* heranwuchs. Anaurot wurde um 900 von Normannen geplündert und vollständig zerstört. Zwei Jahrhunderte später erlebte Quimperlé einen Neuanfang – dessen Kern wie so oft eine Legende ist. Der an chronischer Melancholie leidende Comte *Alain de Cornouaille* hatte in Quimperlé im Traum ein goldenes Kreuz gesehen und schwang sich darauf frischfröhlich aus seinem Bett. Er verstand den göttlichen Wink und ließ eiligst die *Abtei Ste-Croix* errichten, um die herum dann das neue Quimperlé wuchs.

Seine Hochblüte erlebte Quimperlé zur Zeit der bretonischen Herzöge. Bis Mitte des 18. Jahrhunderts galt die Stadt, inzwischen von der Benediktinerabtei verwaltet, als die Pforte zur Cornouaille. Zwischen den alten Fachwerkhäusern der Unterstadt entstanden Verwaltungsgebäude und elegante Renaissancebauten reicher Herren.

Ein großes Problem für Quimperlé waren lange Zeit die Hochwasser der zuflussarmen Isole, die zu Überschwemmungen im unteren Stadtteil führten. Nach einer besonders heftigen Katastrophe im Jahr 2000 schoben die Behörden dem Fluss einen

Am Zusammenfluss von Ellé und Isole: Provinzstädtchen Quimperlé

Riegel vor: Eine Barrikade oberhalb der letzten Brücke vor dem Zusammenfluss mit der Ellé regelt seit 2004 den Wasserdurchlauf.

Sehenswertes

Eglise Notre-Dame de l'Assomption/Oberstadt: Die Kirche der Oberstadt wurde zwischen dem 13. und 15. Jahrhundert gebaut. In gelungener Weise verbindet sie romanische Strenge mit gotischer Eleganz, Renaissance-Steinmetze haben die Vorhalle reich mit Laubwerk und Figuren verziert. Von den zwölf Aposteln allerdings harren nur noch drei vor Ort aus, die anderen hinterließen leere Nischen. Noch schlimmer steht es um das gegenüberliegende Südportal, dem heutigen Eingang zur Kirche: Dort sind gleich alle zwölf verschwunden. Im Inneren birgt die Kirche nichts Nennenswertes.

Ein Stück unterhalb der Vorhalle führt ein Torbogen auf die *Place Gambetta*, von der aus die von Geschäften und Boutiquen gesäumte *Rue Savary* steil zum Fluss abfällt. Links vor dem Tor, im Haus Nr. 6, erblickte am 29. Januar 1789 der beste Bombarde-Spieler aller Zeiten das Licht der Welt: der blinde *Mathurin Furic* alias Mathurin L'Aveugle. Am 14. September 1859 verstarb der auf Volksfesten und Truppenaufmärschen gefeierte Musiker in seinem Geburtshaus. Eine Gedenktafel in Bretonisch und Französisch erinnert an ihn.

Eglise Ste-Croix: Der Mönch Guthiern hatte im 6. Jahrhundert hier eine erste Gebetsstätte gebaut. Die heutige Kirche mit ihrem kreuzförmigen Grundriss wurde im 11./12. Jahrhundert nach dem Plan der Heilig-Kreuz-Kirche in Jerusalem errichtet. Auch mit dem neuen Campanile – 1848 war der alte Glockenturm eingestürzt und hatte große Teile der Kirche mitgerissen – blieb der Rundbau mit seinen drei Apsiden und seiner Vorhalle eines der schönsten romanischen Bauwerke der Bretagne. Direkt unter der zentralen Kuppel liegt die *Krypta* der alten Abtei. Unbeschadet vom Turmsturz, von zwei romanischen Säulenkränzen umrahmt,

Côte de Cornouaille → Karte S. 356/357

schließt sie zwei *Grabmäler* ein (15. Jh.), das des Kirchengründers und das von Abt Lesperevez. Auf halbem Weg zur Krypta versteckt sich eine lebensgroße *Grablege* aus Kalksandstein (16. Jh.), leider verwittert und obendrein von Menschenhand beschädigt. An die Rückwand lehnt sich ein *Renaissancealtar*: Die vier Evangelisten sind über ihr Schreibzeug gebeugt, während Jesus zum Himmel aufsteigt.

Gespiegeltes in Quimperlé

Altstadtviertel: Hinter der *Kirche Ste-Croix* führt die *Rue Brémond d'Ars* an mehreren alten Fachwerkhäusern vorbei. Die Straße galt früher den Krautjunkern als erste Wohnadresse, wappenverzierte Portale öffnen sich zu den einstigen Stadtquartieren der Landadeligen. Vorbei an der Ruine der *Kapelle St-Colomban*, und man sieht an der gegenüberliegenden Seite *Le Présidial*, das alte Gericht der Stadt (Mi–Mo 10–12 und 14.30–19 Uhr, Eintritt frei). Neben einer bemerkenswerten Treppe aus dem 19. Jahrhundert präsentiert es als städtische Galerie jährlich fünf bis sechs Ausstellungen moderner Kunst. Gegenüber der Colomban-Ruine lohnt die *Rue Dom Morice* eine kurze Besichtigung. Unter anderem Fachwerk steht hier das schönste Haus der Stadt, die liebevoll restaurierte *Maison des Archers* aus dem Jahr 1470 (Haus-Nr. 7). Das Haus der Bogenschützen (die früher die Gendarmen stellten) ist auf beiden Etagen mit mehreren Kaminen ausgestattet und zeigt gelegentlich Ausstellungen, meist bretonische Gegenwartskunst.

Basis-Infos

Postleitzahl 29300

Information Office de Tourisme, hinter der großen Brücke in der Unterstadt. Mai, Juni und Sept. Mo–Sa 9.30–12.30/14–18 Uhr. Juli/Aug. Mo–Sa 9.30–18.30, So 10–12.30 Uhr. Okt.–April Mo–Sa 9.30–12.30 und 14–18 Uhr. 3, place Charles de Gaulle. ✆ 02.98.96.04.32, www.quimperletourisme.com.

Hin und weg Bahn: Bahnhof in der Oberstadt. Quimperlé liegt an der Linie Redon–Vannes–Lorient–Quimper. Nach Quimper mindestens 8-mal tägl., Richtung Vannes und Redon-Rennes mindestens ebenso oft.

Bus: Zentrale Haltestelle am Bahnhofsplatz, eine weitere am Quai Brizeux in der Unterstadt. Werktags 7-mal über Pont-Aven, Concarneau nach Quimper, sonn- und feiertags 4-mal. Regelmäßig nach Lorient. Von Juli bis Ende Aug. werktags 2- bzw. 3-mal nach Le Pouldu, sonst nur an Schultagen am frühen Morgen. Jeden Mi ein Extrabus zum Markt nach Lorient.

Kanu/Kajak Canoë-Kayak Club vermietet knapp unterhalb des Orts an der D 49 nach Le Poldue, direkt an der Laïta, Kanus und Kajaks. Damit kann man in aller Ruhe nach Quimperlé paddeln oder, noch schöner, bis zur Laïta-Mündung bei Le Pouldu. ✆ 02.98.39.24.17.

Markt Freitag 9–16 Uhr ländlicher Wochenmarkt auf der Place St-Michel in der Oberstadt. Di–So jeweils morgens in der Markthalle der Unterstadt.

Übernachten/Essen & Trinken

Hotels *** Le Vintage 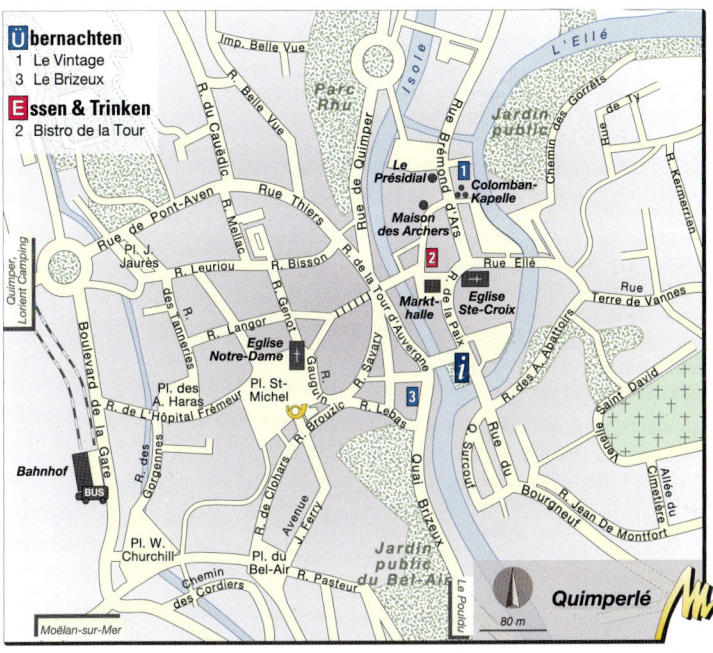❶, neben der Colomban-Ruine in der Unterstadt. Der Sohn des „Bistro de la Tour" (s. u.) hat das alte Haus, dessen Front von zwei Löwen bewacht wird, zu einer sehr komfortablen Herberge umgebaut. 10 modern eingerichtete, helle Zimmer mit Massagedusche oder Bad. Jedes Zimmer ist anders, und jedes ziert ein Wandgemälde, modernes Art déco sozusagen. So freundlich wie die Zimmer ist auch die Rezeption – der Gast fühlt sich rundum wohl. DZ 95–128 €, das teuerste sehr geräumig, komfortabel sind alle. 20, rue Brémond d'Ars, ✆ 02.98.35.09.10, www.hotelvintage.com.

* Le Brizeux ❸, sehr einfaches Stadthotel in einer Häuserzeile am Ufer der Laïta. Restaurant, lebhafte PMU-Bar zur Straße. DZ 32–42 € je nach sanitärer Ausstattung. 7, quai Brizeux, ✆ 02.98.96.19.25, hotel.brizeux@gmail.com.

Camping ** Municipal de Kerbertrand, einfacher Platz, dem Sportzentrum angeschlossen. Ausfallstraße Richtung Quimper, beim Leclerc-Supermarkt rechts ab. 40 Stellplätze auf ebenem Rasengelände mit wenig Schatten. Die knappen, aber gut gepflegten Sanitärs gehören zum Sportzentrum. Geöffnet Juni bis Mitte Sept. Rue de Kermaria, ✆ 02.98.39.31.30, camping@ville-quimperle.fr.

Restaurant Bistro de la Tour ❷, in der Unterstadt bei der Markthalle. Ausgezeichnete französische und bretonische Küche in Salon-Atmosphäre, das Weinangebot ist einmalig, von den 300 verschiedenen Whiskeys gar nicht zu reden. Geschlossen Sa Mittag sowie So/Mo jeweils ganztags. 2, rue Dom Morice. ✆ 02.98.39.29.58.

Côte de Cornouaille → Karte S. 356/357

Südküste

Côte du Morbihan

Lorient

58.000 Einwohner

L'orient – der Orient: Die auf dem Reißbrett entworfene Stadt war für ein gutes Jahrhundert Frankreichs Tor zur Welt – eine Handelsmetropole, rasch reich geworden durch clevere Sklavenhändler und Geschäftsleute, die das wirtschaftliche Potential der Kolonien erkannten.

Ludwig XIV. folgte den Einflüsterungen seines Finanzministers *Colbert*, der, um den königlichen Säckel weiter zu füllen, die Gründung einer Handelskompanie vorgeschlagen hatte. Ihre Aufgabe sollte es sein, Frankreich am gewinnbringenden Geschäft mit den pazifischen und indischen Kolonien teilhaben zu lassen, und die dafür 1664 gegründete *Compagnie des Indes Orientales* verdiente bald Unsummen. Ihr Hauptsitz, „L'Orient" in Port-Louis an der Blavet-Mündung, gab der zwei Jahre später gegründeten Stadt den Namen. Lorient wurde binnen kürzester Zeit eine blühende Wirtschaftsmetropole. Skrupellose Geschäftemacher, Korsaren und Merkantilisten verdienten sich goldene Nasen an einem zeittypischen Dreiecksgeschäft: Mit billigem Schund beladen, liefen die Schiffe die afrikanischen Kolonialhäfen an, wo sie den Plunder gegen „schwarzes Gold" eintauschten – afrikanische Sklaven, die nach Übersee verfrachtet und dort als Plantagenarbeiter gegen einträgliche Importartikel verhökert wurden. Bei der Rückkehr der Schiffe nach Lorient raschelte das Papiergeld, Aktiencoupons wurden fällig, Optionen realisiert. An den Hafenkais duftete es nach Gewürzen und Tee, in den Lagern stapelten sich orientalisches Porzellan und chinesische Seide.

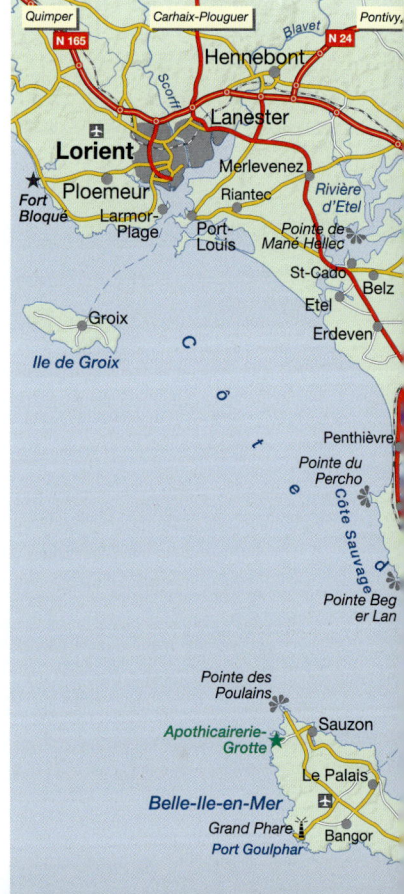

Mit dem Verlust der indischen Kolonien 1757 drohte Lorient der Ruin. Doch bereits 1770 gewann die Stadt ihr Leben zurück, Lorient wurde zum königlichen Arsenal für den Bau und die Reparatur von Kriegsschiffen, und um 1800 gründete *Napoleon I.* in Lorient einen großen Militärhafen.

Nach der Besetzung der Stadt durch deutsche Truppen im Juni 1940 bauten die Nazis die Hafenanlagen mit 900.000 Tonnen Beton zu einer gewaltigen U-Boot-Basis aus. Die Luftangriffe der Alliierten zerstörten zwar 1945 die Stadt zu 85 %, doch die U-Boot-Basis überlebte fast unversehrt und – Ironie der Geschichte – beherbergte fortan bis in die 1990er Jahre die U-Boote der französischen Marine. Heute steht die *Base des Sous-Marins* leer – bis auf ein einzelnes U-Boot, das die Marine der Stadt zum symbolischen Preis von einem Franc überließ.

Nach dem Krieg wurde Lorient schnell wieder aufgebaut, die Architektur zeigt weitgehend ein funktionales, monotones Gesicht. Abgesehen vom Hafen und den Verkehrsanbindungen ist die Stadt für den Reisenden wenig interessant – ein nach dem Weltkrieg wie Phönix aus der Asche entstiegener „rauchender und rasselnder Polyp" (Hermann Schreiber), der nicht nur die Trichtermündung des *Scorff*, sondern auch das gegenüberliegende *Port-Louis* mit seiner Zitadelle aufgesogen hat.

Côte du Morbihan

Basis-Infos

Postleitzahl 56100

Information Office de Tourisme, beim Jachthafen, Anfahrt beschildert. Die Öffnungszeiten wechseln monatlich. Kernzeit ist Mo–Fr 10–12 und 14–17, Sa 10–12 Uhr, in der Hochsaison länger und auch Sonntag geöffnet. Quai de Rohan. ✆ 02.97.84.78.00, www.lorient-tourisme.fr.

Hin und weg Flugzeug: Der Aéroport de Lann-Bihoué liegt 10 km westlich des Zentrums. Tägl. mehrere Direktflüge nach Paris und Lyon. Auskunft: ✆ 02.97.87.21.50.

Bahn: Lorient liegt an der Hauptlinie Paris–Rennes–Quimper. Mehrmals tägl. Direktverbindungen nach Paris, viele Anschlüsse nach Quimper. Nahverkehrszüge nach Hennebont, Quimperlé und Auray. In Auray Busanschluss nach Carnac. Bahnhof in der Nordstadt an der Hauptstraße nach Vannes in der Rue Beauvais.

Bus: Regelmäßig nach Pont Scorff, Hennebont, Le Faouët, Pontivy und Quimperlé. Mehrere Haltestellen, zentraler Umsteigebahnhof Gare d'Echanges, Cours de Chazelles (beim Bahnhof).

Personenfähren fahren regelmäßig über die *Reede*. Über Locmiquélic nach Port-Louis und weiter nach Gavres auf dem Zipfel der südlichen Landzunge der Rade von Lorient. Ganzjährig etwa halbstündlich von 7 bis 19.30 Uhr, am Wochenende weniger Fahrten. Abfahrt/Ankunft am Quai des Indes in der Nähe des Office de Tourisme oder am Fischerhafen.

Fähren zur Ile de Groix → Ile de Groix

Autoverleih Europcar, 4, boulevard Laënnec, Nähe Bahnhof, ✆ 02.97.21.13.45, sowie am Flughafen. ✆ 02.97.86.28.34.

ADA, 16, cours de Chazelles, Nähe Bahnhof, sowie am Flughafen. ✆ 08.99.34.27.05.

Bootsausflüge Diverse Angebote, von der Hafenrundfahrt über die Umrundung der Ile Groix bis zur Blavet-Fahrt nach Hennebont. Infos im Office de Tourisme.

Feste Kelten aller Länder vereinigen sich während des **Festival Interceltique** Anfang August – 2016 zum 46. Mal. Bretonische, irische, walisische, schottische Folklore. Einer der größten sommerlichen Events der Bretagne, für Fans keltischer Musik ein Muss. Programm unter www.festival-interceltique.com.

Markt Jeden Vormittag in den Markthallen von Merville und Saint-Louis. Mi und Sa regelmäßiger Wochenmarkt um die Hallen.

Übernachten

Hotels ***** Leopol**, Mitglied des Citôtel-Verbands, zwischen Kirche und Bahnhof, links in einer Seitenstraße des Cours de Chazelles. 28 geräumige, renovierte Zimmer, die meisten mit separatem Bad/WC. Gemütliche Wohnatmosphäre. Kein Restaurant. DZ 76–86 €. Geschlossen vor Weihnachten bis nach Neujahr. 11, rue Waldeck-Rousseau, ✆ 02.97.21.23.16, www.hotel-leopol-lorient.com.

** Le Victor Hugo, in der Nähe des Office de Tourisme und des Jachthafens. Ganz sympathisches Stadthotel mit 28 ordentlichen, unterschiedlich ausgestatteten Zimmern. DZ 61–96 €. Geschlossen vor Weihnachten bis nach Neujahr. 36, rue Lazare Carnot, ✆ 02.97.21.16.24, www.hotelvictorhugo-lorient.com.

* D'Arvor, in der Nähe des Office de Tourisme und des Jachthafens. Nettes, bürgerliches Haus mit 13 einfachen Zimmern. Sanitär unterschiedlich ausgestattet, gepflegte Gemeinschaftseinrichtungen, Bar. DZ 37–45 €. Geschlossen Mitte Dez. bis über Neujahr. 104, rue Lazare Carnot, ✆ 02.97.21.07.55, www.hotel-darvor-lorient.com.

Jugendherberge Im Süden etwas außerhalb der Stadt, direkt beim Ter-Fluss. 75 Betten in 3- bis 5-Bett-Zimmern. Waschmaschine im Haus. 17–20 €/Pers. Geschlossen Dez. bis Mitte Jan. 41, rue Victor Schoelcher, Rives du Ter, ✆ 02.97.37.11.65, www.hifrance.org.

Prähistorischer Sitzplatz

Umgebung von Lorient

Port-Louis: Zur Zeit der Ligakriege Ende des 16. Jahrhunderts wurde das Fischerstädtchen, das damals *Blavet* (wie der Fluss) hieß, von den Spaniern mit einer mächtigen Zitadelle befestigt.

Kardinal *Richelieu* ließ hier ein erstes Handelskontor für die Ostindische Kompanie einrichten, und Blavet wurde, König *Ludwig XIII.* zum Gefallen, in Port-Louis (Ludwigshafen) umgetauft. Weil die dazugehörige Handelsflotte fehlte, gingen die Geschäfte nicht allzu gut, und als Finanzminister Colbert 1666 den neuen Handelshafen Lorient auf der gegenüberliegenden Seite der Bucht bauen ließ, ging es mit Port-Louis endgültig bergab. Einen vorübergehenden Höhenflug erlebte das Städtchen Mitte des 19. Jahrhunderts als Sardinenhafen.

Wie das große Lorient wurde auch das kleine Port-Louis im Zweiten Weltkrieg größtenteils zerstört. Einzig die wehrhaften Mauern der *Zitadelle*, die an der Spitze der Halbinsel die Einfahrt in die *Rade de Lorient* überwacht, überstanden den Bobenhagel. Seit 1984 residieren in der Zitadelle zwei Museen.

Zitadelle/Museen: Die Festung, die sich im Westen von Port-Louis um den Küstensaum legt, wurde 1591 errichtet und 1636 im Auftrag der französischen Krone zu einem mächtigen Bollwerk ausgebaut. Zwei Brücken und ein halbrunder Vorwall bildeten für potentielle Gegner die erste Barriere. Im Mittelpunkt der rechteckigen Anlage liegt der geräumige Exerzierplatz. An den Flanken und Ecken springen keilförmig schwere Bastionen ins Meer vor, ein Wehrgang führt über die Befestigungsmauern. Die Gebäude der Zitadelle stammen größtenteils aus dem 19. Jahrhundert.

Musée National de la Marine: Anhand zahlreicher Schiffsmodelle gibt das Museum einen Überblick über die Vergangenheit der Marineschifffahrt. Im Pulverturm der

Côte du Morbihan → Karte S. 420/421   Südküste

Zitadelle illustrieren schwere Mörser, Torpedos und Seeminen die Entwicklung von Artilleriegeschossen seit dem 17. Jahrhundert. In einem Nebenraum wird in dramatischer Weise ein Seerettungseinsatz auf dem SOS-Boot von Roscoff nachgestellt. Im Südwestflügel der Kaserne dokumentieren Modelle von Fischerschiffen die friedliche Küstenschifffahrt im Atlantik.

Musée de la Compagnie des Indes: der Höhepunkt des Museumskomplexes. Hier, im Nordwestflügel der Lourmel-Kaserne, wird die Geschichte der Handelsgesellschaft erzählt. Zu sehen sind alte Stiche, Bilder, Möbel, Seekarten und Mannschaftslisten, daneben ausgewählte Kostbarkeiten aus den Zeiten des Fernhandels: Porzellan, Seide, kostbare Lackarbeiten, Edelsteine. Ein Höhepunkt sind die Nachbildungen berühmter Handelsschiffe des 18. Jahrhunderts. Die „Comte d'Artois", die 1758 zu einer 18-monatigen Rundfahrt aufbrach, wird mitsamt Personal und Ausstattung des schwimmenden Handelsriesen vorgestellt: 300 Figuren (Mannschaften und Passagiere), der mit allerlei Handelsgütern gefüllte Schiffsbauch, Proviant und Bewaffnung – alles, was für eine Weltreise nötig war. Im Erdgeschoss erzählt eine vertonte Diaschau von der Straße des Goldes und der Gewürze.

Museen: Febr.–April und Sept. bis Mitte Dez. 13.30–18 Uhr, geschlossen am Di. Mai–Aug. tägl. 10–18.30 Uhr. Eintritt für beide Museen 8 €, EU-Bürger bis 26 J. gratis.

Larmor-Plage: Gegenüber der Zitadelle von Port-Louis streckt sich der granitene, strauchbewachsene Glockenturm der gotischen *Notre-Dame-de-la-Clarté* (15./16. Jh.) in den Himmel. In der Vorhalle begrüßen zwölf steinerne Apostel die Besucher. Im Kirchenschiff steht neben dem reich verzierten Hauptaltar aus dem 17. Jahrhundert der sog. *Judenaltar*. In sein Altarblatt sind gut 40 Figuren geschnitzt: Die ausdrucksstark gestalteten Personen versammeln sich am Hang des Kalvarienbergs, wo Jesus zum letzten Mal Gottvater anruft.

Die Kirche mit ihrem wuchtigen Turm ist nur noch zu Gottesdienstzeiten und am 24. Juni, dem Tag der Schiffssegnung, Zentrum des Geschehens. Heute dreht sich in Larmor-Plage alles um das Badevergnügen und den Wassersport. Die drei Strände *Plage de Toulhars*, *Port-Maria* und *Kerguelen* direkt vor der Haustür sind vor allem bei Wochenendgästen aus Lorient beliebt.

In Richtung Westen folgen lange Sandstrände, die sich mit Felsklippen abwechseln. Ferienhäuser ziehen sich an der Küste entlang, und Reste der Bunker- und Befesti-

Fort Bloqué

gungsanlagen aus dem Zweiten Weltkrieg betonieren an einigen Stellen die Dünen-landschaft. Das wuchtige *Fort Bloqué*, das bei Flut vor dem gleichnamigen Strand bei Ploëmeur im Ozean schwimmt, stammt aus dem 18. Jahrhundert, wurde im Zweiten Weltkrieg von den Deutschen als Bunker benutzt und ist seit 1970 in Privatbesitz – unzugänglich. Der Strand beim Fort ist ein Dorado für Surfer, günstige Brisen aus Südwest sorgen für schnittige Fahrt.

Postleitzahl 56260

Information Office de Tourisme, in einem Häuschen vor dem Camping des Algues. Geöffnet Ostern bis Sept. zu sehr wechselnden Zeiten. 11, avenue Charles de Gaulle, ☎ 02.97.84.78.00.

Markt Sonntagvormittag im Zentrum.

Schiffssegnung Große Wallfahrt alljährlich am 24. Juni. In der bunten Prozession der Bénédiction des Courreaux durchpflügen zahlreiche Boote das Meer vor Larmor-Plage.

Wassersport Das große Centre Nautique de Kerguelen am gleichnamigen Strand ist für den Wassersport in all seinen Spielarten zuständig. ☎ 02.97.33.77.78.

Hotel *** Les Mouettes, außerhalb des Zentrums, in der Bucht von Kerguelen; 21 nicht nur sanitär gut ausgestattete Zimmer, zum Großteil mit Meerblick. Garten, Barbetrieb, im Restaurant halten Geschäftsleute aus Lorient mit ihren Partnern gern Mittagsbesprechungen ab. DZ 113–120 €. Ganzjäh-

rig geöffnet. Anse de Kerguelen, ☎ 02. 97. 65. 50. 30, www.lesmouettes.com.

Camping *** De la Fontaine, am Ortsausgang nach Fort Bloqué, 700 m zum Strand. Der jüngste der Plätze ist der beste: angenehmer, geräumiger Platz mit unterteilten Stellflächen, halb unterirdische, grasbewachsene Sanitärs. Im Sommer Brotverkauf, Pizzadienst, Laden mit Zeitungen und Zeitschriften. 130 Stellplätze. Ganzjährig geöffnet. Route de Kerderff, ☎ 02.97.33.71.28, www.campingdelafontaine.fr.

** Pen er Malo, am Nordrand der Plage de Fort-Bloqué in der Heide am Atlantikwall, 100 m zum Strand. Nullachtfünfzehn-Platz mit 130 Stellflächen und Bunker an der Straße zum Meer. Kein Schatten, magere Sanitäreinrichtungen, Waschmaschinen. Geöffnet April bis Mitte Nov. Route Cotière, 56520 Guidel, ☎ 02.97.05.99.86, www.camping-penermalo.fr.

Wohnmobile Stellplätze und kompletter Service beim Camping De la Fontaine (s. o.).

Hennebont: Von der alten Bausubstanz innerhalb des mächtigen Stadtwalls ist nicht viel geblieben. Am 7. August 1944 bombardierte die deutsche Artillerie auf dem Rückzug vor den Alliierten die Stadt am Ufer des *Blavet* zu 75 % in Schutt und Asche, Hennebont verlor sein Gesicht einer mittelalterlichen Festungs- und Handelsstadt. Von der *Ville Close* mit den Stadtmauern aus dem 13. Jahrhundert steht neben einem sorgsam gepflegten und von Blumenbeeten gesäumten Mauerrest nur noch die *Porte Broerec'h*, einst Haupteingangstor, zeitweise Stadtgefängnis und heute Kleinmuseum. Den Krieg halbwegs unbeschadet überstanden hat die *Basilika Notre-Dame-du-Paradis* (16. Jh.), mit ihrem 65 m hohen Turm ein imposantes Zeugnis bretonischer Flamboyant-Architektur. Neben einem Stadtmauerspaziergang bietet sich in Hennebont eine Kurzwanderung am Blavet-Ufer entlang an.

Mitte des 19. Jahrhunderts bekam die Stadt einen **Haras National**. Der Staat kaufte zu diesem Zweck das Gelände der ehemaligen *Zisterzienserabtei La Joie-Notre-Dame*, das Gestüt macht bis heute den guten Ruf Hennebonts in der Pferdewelt aus. Besucher können die Zuchthengste bestaunen oder sich in der Reitschule auf den Rücken eines Vollblüters setzen.

In der Regel (Ausnahmen gibt's) Mai–Juni und Sept. Di–Fr 9.30–12.30 und 14–18, Sa–Mo 14–18 Uhr. Juli/Aug. tägl. 10–19 Uhr. Eintritt 7,47 €.

Postleitzahl 56700

Information Office de Tourisme, am großen Platz vor der Basilika. Juli/Aug. Mo–Sa 9.30–12.30 und 14–18.30, So 10–13

Uhr. Sept.– uni 9.30–12.30 und 14–18 Uhr. 9, place Foch. ☎ 02.97.36.24.52, www.hennebont-tourisme.com.

Hin und weg Bahn: Hennebont liegt an

Côte du Morbihan → Karte S. 420/421

Südküste

der Hauptlinie Rennes–Redon–Vannes–Lorient–Quimper. Werktags mindestens 6-mal, sonn- und feiertags 4-mal in beide Richtungen. TGV-Anschluss ab Lorient.

Bus: Haltestelle außerhalb der Altstadt an der Route de Port-Louis am Blavet-Ufer. Die Linien 16 und 18 verkehren auf der Strecke Lorient–Carnac und halten an allen touristisch interessanten Orten der Südküste. Tägl. mindestens 6-mal Richtung Carnac, nach Lorient mindestens 1-mal pro Stunde.

Markt   Donnerstag 9–12 Uhr, einer der größten Märkte der Region.

Pardon   Letzter Septembersonntag Wallfahrt zu Ehren der Notre-Dame-de-Voeu.

Reiten   Mehrere Möglichkeiten, u. a. auf dem Gestüt der **Société Hippique Nationale**, im Park des Haras. 35, rue de la Bergerie. ☎ 02.97.36.16.34.

Camping ** Municipal de St-Caradec, am linken Blavet-Ufer am Nordrand der Stadt. Gemütlicher Platz, z. T. schattig. Sanitäre Anlagen mit fließend Warmwasser. 70 Stellplätze. Geöffnet Mitte Juni bis Mitte Sept. Quai St-Caradec, ☎ 02.97.36.21.73, www.avironhennebontais.com.

Ile de Groix   2200 Einwohner

„Qui voit Groix, voit sa joie" – „Wer Groix sieht, sieht seine Freude", verheißt der Volksmund. Und es sind viele, die dem Lockruf folgen: Bis zu 15.000 Besucher täglich überschwemmen im Sommer die Insel.

Die Ile de Groix ist 15 km vom Kontinent entfernt, 8 km lang und 3 km breit. Im Westen fallen an einigen Stellen über 40 Meter hohe Klippen ins Meer ab. Felsnadeln, Grotten und winzige Buchten bieten Vögeln willkommene Nistplätze. Die granatfarbenen Felsen, Quarzadern, Schieferablagerungen und besonders der blaue Glaukophan, vor 300 Millionen Jahren durch die unterirdische Kollision zweier gewaltiger Felsplatten aus dem Meer in die Erdrinde getrieben, machen Groix zu einem spannenden Aktionsfeld für Mineralogen. Sowohl Vögel wie Steine sind im *Naturreservat François le Bail* geschützt: Der „Secteur de Pen Men" an der Westspitze ist für die Vögel zuständig, der „Secteur de Locqueltas" im Süden für die Mineralien.

Im Inselinneren überwuchern Heide, Pinienwäldchen und grüne Täler das Millionen Jahre alte Gestein, aufgelockert von Ackerflächen, Weilern und den schnuckeligen Anwesen des Örtchens *Locmaria* im Südosten. Der Ost- und Südteil sind flacher und weisen mehrere feinsandige Badestrände auf, darunter die *Plage des Grands Sables*, eine weit gerundete Sandzunge, die sanft ins Meer leckt. Badegäste suchen hier nach Edelsteinen (Granat).

Der betriebsame Hafen *Port Tudy* ist nahtlos mit dem Hauptort *Bourg de Groix* zusammengewachsen. Hier leben die meisten der Inselbewohner, die einst als ausgezeichnete Thunfischfänger galten und Groix anfangs des 20. Jahrhunderts zu einem der ersten Häfen für die gefährliche Islandfischerei aufsteigen ließen. Einziges Relikt aus dieser Zeit ist der Thunfisch, der statt eines Wetterhahns die Spitze des Kirchturms schmückt.

Ecomusée de l'Ile de Groix: In einer alten Konservenfabrik in Port Tudy hat die Gemeinde ein kleines Ökomuseum eingerichtet: Brauchtum, Geschichte und Geologie der Insel.

April und Okt./Nov. Di–So 9.45–12 und 14–17 Uhr. Mai–Sept. tägl. 9.45–12.30 und 14–18 Uhr. Dez.–März Mi, Sa, So 9.45–12 und 14–17 Uhr. Eintritt 5 €.

Postleitzahl   56590

Information   Office de Tourisme, an der Hafenzeile in Port Tudy. Hilfe bei der Vermittlung von Appartements, bei mineralogischen Exkursionen und mehr. Port

Tudy. ☎ 02.97.86.53.08, iledegroix@lorient-tourisme.fr.

Hin und weg   Fähren zur Ile de Groix (nur Personen): Regelmäßige und häufige Verbindung von Lorient mit *Compagnie*

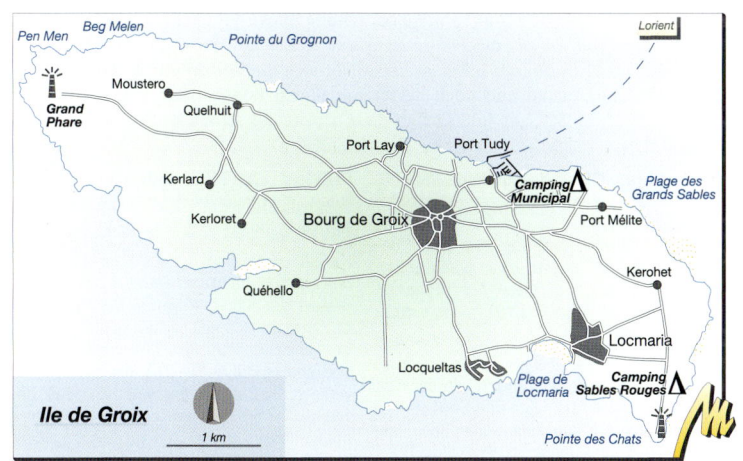

Ile de Groix

Océane. Hin/zurück 30–35 €, Kind 14–18 J. 20 €. Abfahrt an der Gare maritime hinter dem Office de Tourisme von Lorient. Großer, gebührenpflichtiger Parkplatz. ✆ 08.20. 05.61.56, www.compagnie-oceane.fr.

Autoverleih Mit dem geliehenen Clio oder Jeep von **Coconuts** über die Insel. Port Tudy, ✆ 02.97.86.81.57.

Fahrradverleih Mehrere Anbieter am Quai und auf dem Weg nach Bourg; z. B. **Coconuts** (s. o.) mit Tourenrädern und Mountainbikes oder **A Bicycolette**, ebenfalls Tourenräder und Mountainbikes, mit Reparaturwerkstatt, Port Tudy, ✆ 02.97.86.50.14.

Wassersport Centre nautique de Groix, Port Mélite. Vermietung von Katamaranen, Kajaks und Surfbrettern. Nur Juli/Aug. ✆ 06.84.79.61.80.

Hotels ** Ty Mad, 25-Zimmer-Haus direkt am Hafen; Aussicht über das Hafentreiben und die See. Das Restaurant gilt als exzellente Speiseadresse. DZ 60–140 €. Ganzjährig geöffnet. Port Tudy, ✆ 02.97.86.80.19, www.tymad.com.

** **La Marine**, stilvolles Haus mit 22 teils antik möblierten Zimmern in Bourg de Groix. Alle Zimmer mit Dusche, einige mit WC auf Etage. Garten, Café-Terrasse, gemütliches Ambiente. Restaurant. DZ 40–108 €. Geöffnet April–Okt. 7, rue Général de Gaulle, Le Bourg, ✆ 02.97.86.80.05, www.hoteldelamarine.com.

Camping *** Sables Rouges, unweit des Leuchtturms an der Südostspitze der Insel. 120 Stellplätze fast direkt am Meer (100 m), Stromboxen, ordentliche sanitäre Anlagen, Kinderspielplatz, Swimmingpool. Im August unbedingt reservieren. Geöffnet Mitte April–Sept. Port Coustic, ✆ 02.97.86.81.32, www.campingdessablesrouges.com.

** **Camping Municipal**, 1 km östlich von Groix Bourg; einfaches Gelände an der Pointe du Spermec mit direktem Zugang zum Strand. Kein elektrischer Anschluss. 80 Stellplätze. Geöffnet Mitte April–Sept. Le Mené, ✆ 02.97.86.81.13 oder oder 02.97.86.80.15.

Côte du Morbihan → Karte S. 420/421

Südküste

Rivière d'Etel

Die Rivière d'Etel zwischen Lorient und der Halbinsel Quiberon ist so etwas wie eine Miniaturausgabe des Golfs von Morbihan. Durch eine enge Passage strömt im Wechsel der Gezeiten Meerwasser in die inseldurchsetzte, zerfranste Bucht, Austern- und Muschelzüchter profitieren davon. Bisweilen aber kommt die Flut mit immenser Gewalt – die Einfahrt ist in Schifffahrtskreisen berüchtigt.

Einige Sandbänke laden zum Sonnenbad, schöne Blicke auf die Rivière erlauben die Autobrücke *Pont Lorois*, die *Pointe de Mané Hellec* auf der östlichen Buchtseite und die Insel *St-Cado* (s. u.). Besser erschließt sich die Region durch Spaziergänge oder mit dem Fahrrad und noch besser mit einem Bootsausflug. Hauptorte sind *Belz* vor der Insel St-Cado und *Etel* an der Ostseite des schmalen Durchlasses zum Meer mit seinem lebhaften, kleinen Thunfischhafen.

Information Office de Tourisme am Hafen von Etel. Kompetent und freundlich. April–Juni und Sept. Di und Do–So 9.30–12 und 14–17.30 Uhr. Juli/Aug. Mo–Sa 9.30–18.30, So 10–14 Uhr. Okt.–März Di–Sa 9.30–12 und 14–17.30 Uhr. 1, place des Thoniers, 56410 Etel. ℘ 02.97.55.23.80, www.etel-tourisme.com.

Bootsausflug Ab Etel mit *Navix* 1½-stündige kommentierte **Rundfahrt durch die Ria d'Etel**. Mitte April–Juni und Sept. 4-mal wöchentlich, Juli/Aug. tägl. außer So. Erw. 18,50 €, Kind bis 4 Jahre 5,50 €, 4–17 J. 11 €. Auskunft/Reservierung am Hafen oder unter ℘ 02.97.46.60.00, www.navix.fr.

Hochseeangeln Von April bis Sept. werden Halbtagestouren angeboten (Abfahrt 7.30 Uhr am Hafen von Etel), sofern mindestens 4 Interessierte für die „Pêche en mer" zusammenkommen. „Guter Fang, reichte für zwei Grillabende, sehr nette und hilfsbereite Crew an Bord", schreibt eine Leserin. Ca.

50 €/Pers., alles Fischerzubehör wird mitgeliefert. Information beim Office de Tourisme.

Markt Dienstag in Etel, bei der Kirche.

Hotel/Restaurant ** Le Trianon, Logis-de-France-Herberge im Ortszentrum von Etel unweit der Kirche. Gemütliches Hotel mit 24 Zimmern und einem Restaurant, das wie der Rezeptionssaal üppig gepolstert ist und den Speisenden in die Zeit des Biedermeier versetzt. Kleiner Garten (vom Buddha bewacht). DZ 68–98 €, die teuersten im Anbau mit Terrasse. 14, rue Général Leclerc, 56410 Etel, ℘ 02.97.55.32.41, www.letrianon56.com.

Camping ** Municipal La Falaise, in Etel; windiger, ungeschützter Platz hinter dem Hafen, nah an der Mündung der Rivière d'Etel in den Atlantik. Einziges Plus ist der tolle Blick. 276 Stellplätze. Geöffnet April–Sept. Rue de la Barre, 56410 Etel, ℘ 02. 97.55.33.79, etel.camping@orange.fr.

Weitere Plätze → St-Cado, Erdeven

St-Cado: Noch bevor sie die kleine Brücke zur Ile St-Cado betreten, zücken die meisten Besucher schon die Kamera. Ein winziges Eiland vor St-Cado, so klein, dass gerade ein einziges Haus darauf Platz hat, wird ins Visier genommen. Das Haus mit den hellblauen Fensterläden gehört zu den beliebtesten Fotomotiven der Bretagne.

St-Cado selbst ist eine dicht bebaute kleine Insel mit einer Kapelle als auffälligstem Bau. Sie ist dem heiligen *Cado* geweiht, einem königlichen Spross aus Wales, der im 6. Jahrhundert hierher kam, um die Bretonen zu missionieren. Der Kapelle, von den Templern im schlichten romanischen Stil errichtet, wurde in der Spätgotik an der Rückseite eine Empore hinzugefügt. Seit dem Mittelalter sind Wallfahrten auf die Insel bezeugt. Im 19. Jahrhundert dauerten die jährlichen Festivitäten für Cado, der als Heiliger der Gehörlosen verehrt wird, eine ganze Woche, heute beschränkt man sich auf den Pardon am dritten Septembersonntag. Dann schreiten die Würdenträger gemessenen Schrittes die breite Treppe des Calvaire (19. Jh.) hinauf, um von hier aus die Feier zu dirigieren.

Tipp für einen kurzen Spaziergang: Gefährt am ausgewiesenen Parkplatz stehen lassen und den idyllischen Küstenpfad gehen. An Fischerbooten vorbei, ist man in 10 Minuten bei der Kapelle.

Anfahrt Von Lorois Kergo (an der Brücke über die Rivière) auf der D 16 2 km nach Belz, dort links ab (etwa 3 km, ausgeschildert).

Camping ** St-Cado, in Belz, vor der Ile St-Cado; einfacher Heckenplatz mit einigen

Extras wie kleiner Spielplatz und Tennis. 100 Stellplätze. Geöffnet April–Sept. 5, rue Pen Perleieu, St-Cado, 56550 Belz, ℘ 02.97. 55.31.98, www.camping-saintcado.com/fr/index.php.

My home is my island (St-Cado)

Erdeven: Für Anreisende aus dem Westen ist das Dorf bereits der Auftakt zur Megalith-Tour von Carnac. Die zahlreichen steinernen Zeugen um Erdeven bilden die westlichen Ausläufer der Stätte von Carnac. Südöstlich der Ortschaft, an der D 781 (Parkplatz), liegen die *Alignements de Kerzerho:* 1129 Menhire, bis zu fünf Meter hoch, sind hier in zehn Reihen aufgerichtet.

Südlich von Erdeven reihen sich entlang des flachen Küstenstreifens mehrere Campingplätze und seichte, langgezogene Strände. Wer länger bleiben will, findet hier ein schönes, nicht sehr überlaufenes Feriengebiet mit idealen Radtourmöglichkeiten.

Camping ***** Des Megalithes,** einer der besseren Plätze, am östlichen Ortsausgang Richtung Meer. 100 großflächige Stellplätze auf einem gut ausgestatteten Areal. Swimmingpool (Juni bis Mitte Sept.). Geöffnet April–Sept. Ker Félicité, 56410 Erdeven, ✆ 02.97.55.68.76, www.campingdes megalithes.fr.

** Municipal de Kerhilio, östlich des Orts am Kerhilio-Strand. Einer der einfacheren Plätze, sehr groß (330 Stellplätze) und ohne Schatten, dafür direkter Zugang über die Dünen zum Meer. Morgens fährt der Bäcker über den Platz. In der Saison Pizzeria und Snackbar. Ein Supermarkt und ein Restaurant sind zu Fuß zu erreichen. Fahrradverleih. Geöffnet Mitte Juni bis Mitte Sept. Plage de Kerhilio, 56410 Erdeven, ✆ 02.97.55.69.23.

Crucuno: Knapp 2 km nach den Alignements de Kerzerho (s. o.) weist an der Straße nach Carnac links ein Schild nach Crucuno, einem kleinen Weiler mit grauen, granitenen Häuschen. Neben einem der Anwesen erhebt sich der *Dolmen von Crucuno.* Nur noch die Grabkammer ist erhalten, elf aufrechte Menhire tragen eine mächtige, in zwei Stücke geborstene Deckplatte. 800 m weiter landeinwärts steht als weiterer prähistorischer Zeuge der *Dolmen Mané Groh,* ein schmales Ganggrab mit Seitenkammern.

Halbinsel Quiberon

Wie ein Wellenbrecher teilt die Halbinsel die Atlantikfluten – im Osten sanft abfallend, sandig und ruhig im Spiel der Gezeiten die weite, flutgeschützte Bucht von Quiberon, im Westen die den Strömungen und Winden ausgesetzte Côte Sauvage (Wilde Küste) mit ihren steilen Klippen über der gefährlichen See.

Über 2000 Stunden Sonnenschein und jährlich weniger als 650 mm Niederschlag machen die 14 km weit in den Atlantik vorgeschobene Landzunge zu einem bevorzugten Feriengebiet der Bretagne. An der schmalsten Stelle der durch Sandanschwemmungen entstandenen Halbinsel – ein 25 m breiter Landstreifen – ist gerade noch Platz für die Straße und das Bahngleis. Der Ortsteil *Penthièvre* nördlich der Landenge ist eine Retortensiedlung – Villen und Appartementhäuser in rechtwinkligen Straßenzügen. Nach dem Engpass, bewacht vom mächtigen, mehrmals zerstörten und im 19. Jahrhundert wieder aufgebauten *Fort Penthièvre*, folgt der dicht besiedelte Teil von Quiberon.

Hauptort der Halbinsel ist das quirlige, halbmondäne Bade- und Kurstädtchen *Quiberon* mit seinen Häfen *Port Maria* (Sprungbrett nach Belle-Ile) und *Port Haliguen* (Jachten und Fischerboote). Hier spielt sich der Hauptrummel der Sommersaison ab.

St-Pierre-Quiberon, im Nordteil der Halbinsel, ist die zweite Gemeinde, dort herrscht im Ortskern noch bretonische Provinzatmosphäre.

Die Schlacht von Quiberon

Das blutigste Kapitel der Halbinsel wird im Jahr 1795 geschrieben. Englische Schiffe bringen 5000 royalistische Emigranten, meist Mitglieder des französischen Adels, an den Strand von Carnac, wo sie von 10.000 königstreuen Bretonen erwartet werden. Schnell und schmerzlos soll die nur 3000 Mann starke republikanische Armee unter General Hoche auf Quiberon überrumpelt werden. Doch zeitraubende Meinungsunterschiede über die Befehlsgewalt, gepaart mit Verrat, lassen das Unternehmen für die Royalisten zur Katastrophe werden. Statt sofort anzugreifen, werden zwei Wochen vertändelt, in denen General Hoche seine Truppen aufstocken kann und über die Pläne der Konterrevolutionäre auch noch bestens unterrichtet wird. Am Fort Penthièvre entscheidet sich das Schicksal der Royalisten. Nur 3000 von ihnen überleben das Gemetzel. Die meisten Gefangenen werden später hingerichtet.

St-Pierre-Quiberon angegliedert sind im Norden *Kerhostin* (winziger alter Ortskern mit winzigen Gassen, umgeben von Ferienhäusern) und *Portivy*, in dessen Westen eine steil abfallende Felsspitze, die *Pointe du Percho*, den Beginn der unter Naturschutz stehenden *Côte Sauvage* markiert. Im Süden geht St-Pierre fast nahtlos in den Ortsteil *St-Julien* über, im Prinzip schon ein Vorort von Quiberon. Von hier bis zur *Pointe du Conguel*, der am weitesten vorgeschobenen Landspitze der Halbinsel im Südosten, gibt es mehrere Campingplätze, Bade- und Wassersportreviere.

Es geht auch wilder (Côte Sauvage)

Côte Sauvage

Scharfe Klippen, Felsschlünde, Grotten und Spalten – das von Heidekraut und Grasnelken überzogene Land stürzt hart ins Meer ab. Die Côte Sauvage ist Naturschutzgebiet. An den malerischen kleinen Buchten mit ihrem feinen Sand herrscht absolutes Badeverbot – zu gefährlich (Grundsee!). Längs der Panoramastraße, die von Portivy durch die Ginster-Bruyère-Heide der Côtes Sauvage folgt, sind zahlreiche Parkplätze ausgewiesen.

Wanderung: Ein von Menhiren, Stelen, Hinweisschildern und Badeverbotstafeln gesäumter *Wanderpfad* (knapp 3 Std.) windet sich oberhalb der Steilküste am aufregenden Felskamm entlang und bietet immer wieder neue Überraschungen. Am Anfang steht die aufregend schöne *Pointe du Percho*, eine steil ins Meer fallende Landnase – im Rücken das Fort Penthièvre und die Hafenzeile, davor und darunter furchige Strömungen und Strudel, spritzende Gischt. Es folgen das massive *Felsentor von Port Blanc*, durch das die Flut tobt, die *Teufelsgrotte*, ein sagenumwobener Felsschlund, in dem es gurgelt und dröhnt, und das *Loch des Souffleurs (Trou du Souffleur)*. Die *Pointe Beg er Lan* markiert das Südende der Côte Sauvage und bietet ein letztes vorzügliches Panorama.

Quiberon   5000 Einwohner

Das Städtchen ist seit 1924 als staatlich anerkannter Luftkurort klassifiziert und hat dank der Thalassotherapie einen zusätzlichen Aufschwung erfahren. Entlang der Hauptstraße präsentieren sich Boutiquen und Bars, Mittelpunkt des Trubels ist die *Place Hoche* zwischen dem *Fährhafen Port Maria* und der *Grande Plage*, eine Bronzestatue erinnert an den jungen Revolutionsgeneral (→ Kastentext „Die Schlacht von Quiberon"). Östlich des Zentrums reihen sich mehrere Strände bis zur zerfransten *Pointe du Conguel*, der Südspitze der Halbinsel. Hier findet man Campingplätze, aber

Côte du Morbihan → Karte S. 420/421

Südküste

auch die Beton- und Glaspaläste des Kurzentrums. Weniger Trubel herrscht im alten Fischerhafen von *Port Haliguen*, wo heute vorzugsweise die Jachten ankern. Weiter nördlich folgt eine Reihe weiterer Campingplätze und Strände *(Ortsteil St-Julien)*; fast nahtlos geht die Bebauung über den nationalen Segelstützpunkt von *Beg-Rohu* und das Windsurfzentrum von *Port-Orange* in die Gemeinde *St-Pierre-Quiberon* über.

Baden

Absolutes Strandverbot für Vierbeiner mit Ausnahme des Hundestrands an der Pointe de Conguel (→ Plage de Goviro), an der *Côte Sauvage* Badeverbot auch für Zweibeiner. Badestrände findet man entlang der Ostküste, rund um die *Pointe du Conguel* und im nördlichen Teil der Halbinsel, noch vor der Landenge bei Penthièvre: dort von Kiefernwäldchen begrenzte Dünenstrände.

Grande Plage: Der Hauptstrand des Städtchens in einer weiten, zum Meer hin offenen Bucht, gesäumt vom Strandboulevard mit Geschäften, Cafés und Residenzen. Etwa 1,5 km lang und selbst bei Flut noch 30 bis 50 m breit. Wenn sich bei Ebbe das Meer weit zurückzieht, tauchen Sandbänke und Felsriffe auf. Stark besucht und mit allen Strandeinrichtungen versehen.

Plage du Goviro: Der 200 m lange Dünenstrand unterhalb des thalassotherapeutischen Zentrums bietet sauberen, feinen Sand und lässt auch bei Flut noch ausreichend Platz für Badetücher. Ohne Strandeinrichtungen. Die an den Goviro-Strand anschließenden Badebuchten ziehen sich rings um die felsige Landspitze von Conguel herum – weniger besucht und von kleinen Riffen und Felsen durchsetzt. Auf dem äußersten Zipfel der Pointe du Conguel gibt es einen speziellen Vierbeinerstrand.

Plage de Port Haliguen: Der 250 m lange Strand beim Jachthafen wird bei Flut ziemlich eng. Etwas klein und verbaut. Für Badegäste stehen die Sanitäreinrichtungen des Hafens zur Verfügung. Besserer Strand etwas südlich beim Hotel Europa: 1 km langer, vor der Brandung bestens geschützter, seichter Sandstrand parallel zur Küstenstraße – Surfer- und Seglerrevier.

Plage de St-Pierre: Nördlich von Port Haliguen, zwischen St-Julien und St-Pierre, ziehen sich Dünen den Küstensaum entlang. Bei Ebbe sind die einzelnen Strandabschnitte miteinander verbunden, bei Flut durch kleine Landnasen begrenzt und noch 20 bis 30 m breit. Campingplätze, Ferienhäuser, mobile Verleiher von Wassersportartikeln, Surfer und Segler. Mehrere Strandabschnitte haben Strandclubs, teilweise Umkleidekabinen, Toiletten und Duschen.

Plage des Sables Blancs: Nördlich von St-Pierre und Kerhostin. 3 km lang, von einem Kiefernwald begrenzt und sehr flach. Bei Flut wird es eng. Gut geschützt, die Brandungswellen verrollen friedlich im weißen Sand. Mehrere Campingplätze und Verleiher von Wassersportartikeln.

Plage de Penthièvre: Der breite Dünenstreifen mit dem spärlichen Heidekrautüberzug, der sich auf der Meerseite kilometerweit zum Festland streckt, geht extrem flach in den Atlantik über. Bei Ebbe optimales Revier für Strandsegler.

Basis-Infos

Postleitzahl 56170

Information Office de Tourisme, 200 m oberhalb der Grande Plage in der zentralen Geschäftsstraße vom Hafen zum Bahnhof. Zuständig für alle touristischen Belange, insbesondere für Exkursionen zu den Inseln

Übernachten
1 Jugendherberge
2 Hôtel De la Plage
4 Hôtel De Bretagne
5 Hôtel St-Pierre
7 Hôtel Le Relais
8 Hôtel Europa
9 Hôtel Bellevue
10 Hôtel Sofitel Thalassa

Essen & Trinken
3 L'Aigue Marine
6 Crêperie Du Vieux Port

Halbinsel Quiberon

500 m

Bell-Ile, Houat und Hoëdic. April–Juni und Sept. Mo–Sa 9–12.30/14–18, So 9.30–12.30 Uhr. Juli/Aug. Mo–Sa 9–19, So 10–13 und 14–17 Uhr. Okt.–März Mo–Fr 10–12.30 und 14–17.30, Sa 10–12.30 Uhr. 14, rue de Verdun. ℘ 08.25.13.56.00, www.quiberon.com.

Hin und weg **Bahn:** Das „Tire-Bouchon" (Korkenzieher) genannte Bähnchen verbindet Mitte Juni bis Mitte Sept. bis zu 10-mal tägl. die Halbinsel mit Auray. Der Bahnhof liegt im Zentrum, in der Nähe der Kirche. 5 Stationen auf der Halbinsel, dann über Plouharnel, Ploemel nach Auray. Fahrkarten auch im Office de Tourisme erhältlich.

Bus: Mit der Linie 1 der Cars du Morbihan Anschluss nach Auray und Vannes. Abfahrt am Hafen, Haltestellen am Bahnhof, im Zentrum von St-Pierre, in Kerhostin (Isthmus) und am Fort Penthièvre. Dann über Carnac, St-Philibert und Trinité-sur-Mer nach Auray und Vannes. Fahrzeit bis Auray ca. 1 Stunde. In der Saison bis zu 10-mal tägl.

Fähre nach Belle-Ile → Belle-Ile-en-Mer

Fähre zu den Inseln Houat und Hoëdic → Ile d'Houat

Parken Stets gebührenpflichtig. Am besten stellt man das Gefährt auf dem riesigen Parkplatz „Sémaphore" (1100 Plätze) ab. Auch der ist gebührenpflichtig, aber man kommt von hier bequem mit dem Gratispendelbus zum Hafen (Gare Maritime). Geöffnet und überwacht April–Sept.

Bootsausflug Beliebtester Ausflug ist die **Belle-Ile-Rundfahrt.** Sie umfasst die Fahrt mit der Fähre, eine Inselrundfahrt mit dem Bus plus Mittagessen. In der Saison tägl. außer Montag. Eine **Morbihan-Rundfahrt** zu Wasser hat Navix/Compagnie des Iles (Port Haliguen) im Programm; weitere Ausflüge zu Schiff führen in die **Bucht von Quiberon,** durch den **Golf von Morbihan** oder zu den Inseln **Houat** und **Hoëdic.**

Alle Auskünfte im Office de Tourisme.

Fahrradverleih Mehrere Anbieter mit großer Auswahl an Tourenrädern und MTBs. Daneben Funmodelle mit Sonnendach, Tandems, Mofas und Roller. Keine Unterschiede in Preis und Qualität. Zwei Anbieter:

Cyclomar, 47, place Hoche (oberhalb der Grande Plage), ℘ 02.97.50.26.00.

Cycles Loisirs, 3, rue Victor Golvan (Seitenstraße oberhalb des Office de Tourisme), ℘ 02.97.50.31.73.

Markt Ganzjährig Samstagvormittag großer Wochenmarkt rund um die Place du Varquez (oberhalb der Place Hoche). Bunte Mischung aus Souvenirs, Secondhand, Kunsthandwerk, Lebensmitteln, Obst, Gemüse. Ganzjährig Donnerstagvormittag in St-Pierre-Quiberon. Nur in der Saison Mittwochvormittag am Port Haliguen.

Petit Train Der kleine Zug startet an der Place Hoche mehrmals tägl. zu seiner 50-Min.-Rundfahrt um die Landspitze. Der schönste Streckenabschnitt ist die Côte Sauvage. Erw. 7,50 €, Kind bis 12 J. 4,50 €.

Reiten Jeder Ortsteil hat seine Arena für Ausbildung und Wettkampf. Zusätzlich Promenaden und wilde Ausritte an der Côte Sauvage oder an den weiten Stränden. Aufgesattelt wird u. a. bei:

La Grande Randonnée in Kervihan gegenüber dem Stadion. St-Pierre-Quiberon. ℘ 06. 12. 90.94.12 (Handy).

Centre Equestre l'Epéron, im Nordwesten Quiberons, beim Wasserreservoir (Ortsteil Kergallo). 38, rue J.-P. Calloch. ℘ 02.97.50.28.32.

Rundflug Aérodrom südlich von Port-Haliguen. Der **Quiberon Air Club** offeriert atemberaubende halb- bzw. ganzstündliche Rundflüge über den Golf von Morbihan und das Küstengebiet von Quiberon. Belle-Ile, Houat und Hoëdic aus der Vogelperspektive. Billig ist das Vergnügen nicht. Auskunft und Anmeldung beim Office de Tourisme oder direkt am Flugplatz (südlich des Port Haliguen). ℘ 02.97.50.11.05, www.quiberonairclub.com.

Veranstaltungen Im Sommer jede Menge Festivitäten, Konzerte, Feuerwerke und Segelregatten. Ausführliches Programm beim Office de Tourisme.

Wassersport Die exponierte Halbinsellage macht Quiberon zum Segel- und Surfdorado. Mehrere Segelschulen in Quiberon und St.-Pierre-Quiberon bieten in beiden Disziplinen Kurse für Anfänger und Fortgeschrittene. Sie verleihen – neben privaten Anbietern – auch Ausrüstung und Boote.

Presqu'île Surf School, vor allem Surfkurse, aber auch Stand-up-Paddling. 39, place de Kéridenvel, St-Pierre-Quiberon. 06.24.43.11.84.

Ze Attitud', Strandsegeln, Wasserski und Kajak, an der Plage de Penthièvre. ℘ 06.11. 26.22.10.

Quiberon Plongée – der Tauchspezialist Quiberons unterhält von April bis Nov. ein Büro. 9, Port Haliguen II. ℘ 02.97.50.00.98.

Übernachten → Karten S. 433 und S. 435

Hotels Neben einer Unzahl von Privatzimmern und Residenzen rund 30 Hotels mit über 1200 Betten. Starke Preisschwankungen in der Hochsaison, in mehreren Häusern ist dann Halbpension obligatorisch und Voranmeldung ratsam. Mehrere Hotels bieten auch Studios mit Kochnische und Mehrbettzimmer oder Appartements an. Eine Auswahl:

In Quiberon/Ort ***** Sofitel Thalassa **10**, die beiden Luxushotelkomplexe über der Plage de Goviro sind neueren Datums. Im Sofitel-Thalassa (128 Zimmer bzw. Suiten, die Hälfte mit Meerespanorama) ist Quiberons Thalassotherapiezentrum untergebracht.

Tennis, Park, Salon, Konferenzraum, und das obligatorische Meerwasserhallenbad. DZ ab 120 € steil aufwärts, Frühstück 25 € extra. Ganzjährig geöffnet. Pointe de Goulvars, ☎ 02.97.50.48.88, www.thalassa.com.

*** **Bellevue 9**, auf der verbauten Landspitze zwischen Grande Plage und Goviro-Strand. 2-stöckiger Neubau mit 38 sanitär voll ausgestatteten Zimmern. Garten mit beheiztem Swimmingpool. Ruhig und gediegen. Restaurant. DZ 64–129 €. Geöffnet April–Okt. Rue de Tiviec, ☎ 02.97.50.16.28, www.bellevuequiberon.com.

Essen & Trinken
11 La Chaumine
13 L'Huîtrière
16 Un Petit Goût de …
17 Crêperie La Crêp'

Übernachten
12 Men er Vro
14 Les Druides
15 Ker Noyal
18 Albatros
19 Le Neptune
20 La Mer

*** **Albatros** 🔟, zwischen Grande Plage und Hafen mit Blick auf die Fähren, hat nach Renovierung 2012 einen Stern dazugewonnen. 35 komfortable Zimmer, mehrheitlich mit Balkon zum Strand. Restaurant „Le Corsaire" und Bar mit kleiner, blumengeschmückter Terrasse zur Strandpromenade. DZ 71–105 €. Ganzjährig geöffnet. 24, quai de Belle-Ile, ✆ 02.97.50.15.05, www.hotel-albatros-quiberon.com.

*** **Les Druides** 🔟, postmodernes Gebäude mit langer Restaurantmarkise, zentral vor der Place Hoche. Einige der 31 Zimmer haben Balkon, die darunter liegenden Zimmer sind etwas dunkel. Restaurant (Mai–Sept.) mit guten Fischgerichten. DZ 59–96 €, HP 59–96 €. Geöffnet Mitte Febr. bis Mitte Nov. 6, rue de Port Maria, ✆ 02.97.50.14.74, www.hotel-des-druides.com.

*** **La Mer** 🔟, direkt an der Hafenzeile. Traditionelles Haus mit granitsteingefassten Fenstern. 27 Zimmer mit Bad/Dusche/WC. Keine Balkons, aber teils Meerblick. Beheizter Swimmingpool. Restaurant. DZ 69–95 €. Geöffnet April bis Mitte Nov. 8, quai de Houat, ✆ 02.97.50.09.05.

*** **Ker Noyal** 🔟, gehobener Komfort in noblem Hotel 100 m oberhalb des großen Strandes. 18 bestausgestattete, helle Zimmer, zum Strand hin mit Balkon bzw. Terrasse. DZ 69–88 €. Geöffnet Mitte März bis Mitte Nov. 43, chemin des Dunes, ✆ 02.97.50.33.31, www.ker-noyal.com.

** **Le Relais** 🔟, am Stadtrand, etwas abseits der Straße nach Port Haliguen. 800 m zum Meer. 21 Zimmer mit Bad/WC in einem einfachen Gebäude. Familiäre Atmosphäre, gemütlicher Garten, Parkplatz, preiswertes Restaurant. DZ 59–90 €. Geschlossen 2. Dez.-Hälfte. 64, rue du Roch-Priol, ✆ 02.97.50.10.56, www.hotel-quiberon.fr.

** **Le Neptune** 🔟, direkt an der Hafenzeile. 4-stöckiger Neubau mit 21 sanitär voll ausgestatteten Zimmern, teilweise Balkon mit Blick auf Hafen und Meer. Restaurant. DZ 59–86 €. Geschlossen Mitte Jan. bis Mitte Febr. 4, quai de Houat, ✆ 02.97.50.09.62, www.hotel-neptune-quiberon.com/.

** **Men er Vro** 🔟, in der Nähe von Kirche und Bahnhof. Zwei Gebäude, 15 Zimmer mit eigenem Bad/WC. DZ 57–80 €. Geöffnet April bis Mitte Nov. 22, rue de Port Haliguen, ✆ 02.97.50.16.08, www.hotel-menervro.com.

Port Haliguen, St-Julien, St-Pierre

*** **Europa** 🔟, stilloses Gebäude-Ensemble am südlichen Ortsausgang von Port Haliguen. 53 komfortable Zimmer und 12 Studios mit Küche. Außen nichtssagend, innen sehr komfortabel und großzügig. Hallenschwimmbad und Grünanlage. Restaurant. Über die Straße direkt zur Bucht von Conguel. DZ 85–172 €. Geöffnet April–Okt. Port Haliguen, ✆ 02.97.50.25.00, www.europaquiberon.com.

*** **De la Plage** 🔟, direkt am Hafen in St-Pierre. Mehrstöckiger Neubau mitten im Ort, über die Straße zum betonierten Hafenstrand. Gemütliches Wohnen in 36 komfortablen, geschmackvoll möblierten, hellen Zimmern, z. T. mit Balkon und Meerblick. Restaurant. DZ 62–134 €. Geöffnet April–Sept. 25, quai d'Orange, ✆ 02.97.30.92.10, www.hotel-plage-quiberon.com.

** **De Bretagne** 🔟, im Ortsteil St-Pierre, gegenüber dem Rathaus. Granitsteinfassade

Am Hauptstrand von Quiberon

mit hohen Fenstern und einem netten, etwas auf rustikal getrimmten Restaurant im Erdgeschoss. Ein Katzensprung zum Strand, 100 m zum Hafen. 20 Zimmer mit Bad/Dusche/WC. DZ 52–67 €. Geöffnet Mitte April–Okt. 37, rue du Général Gaulle, ℡ 02.97. 30.91.47, www.hotel-bretagne-quiberon.fr.

** St-Pierre 5, am Ortsrand von St-Pierre an der Durchgangsstraße. Nicht gerade ein Ferienhotel, aber eine gute Bleibe über Nacht. 28 korrekte Zimmer mit Dusche/WC, die meisten im Anbau nach hinten, wo man von der Straße nichts hört. Hoteleigener Parkplatz. Restaurant. DZ 49–64 €. Ganzjährig geöffnet. 34, route de Quiberon, ℡ 02.97.50.26.90, www.hotel-st-pierre.com.

Jugendherberge L'Auberge des Dunes **1** Im Norden von Penthièvre (schlecht ausgeschildert), neben der „Ecole française de char à voile". Mit dem Bus: In Auray in die Linie 1 steigen, Haltestelle „Ponthièvre", dann noch 200 m zu Fuß. Moderner Komplex aus mehreren einstöckigen Gebäuden. 104 Schlafplätze in 2- und 3-Bettzimmern mit Decken, Dusche und Waschbecken. Eine Küche steht den Gästen zur Verfügung. Direkter Zugang zum Meer, wo hinter den Strandsurfern die Kitsurfer zugange sind. Fahrradverleih. 20–25 €/Pers. inkl. Frühstück. Rezeption 8.30–12.30 und 17–22 Uhr, in der Nebensaison 8.30–12 und 17–20 Uhr. Ganzjährig geöffnet. Reservierung sinnvoll, da oft von Gruppen aufgesucht. Av. Surcouf, Penthièvre, 56510 St-Pierre-Quiberon, ℡ 02.97.52.34.00, www.revesdemer.com/auberge-de-jeunesse-quiberon-pour-indiv-.htm.

Camping   Rund ein Dutzend Campingplätze säumen die Küste der Halbinsel – fast alles 2- und 3-Sternplätze mit sehr unterschiedlicher Ausstattung. Schwerpunkte sind das Gebiet um den Flugplatz südlich von Port Haliguen und die langgezogene Bucht von Quiberon zwischen Port Haliguen und St-Pierre auf der Ostseite der Halbinsel. An der Côte Sauvage haben sich – wohl auch in Folge des Badeverbots – nur einige Plätze an der Nordspitze rund um Portivy angesiedelt. Eine Auswahl:

**** Du Conguel, weitläufiges Areal kurz vor der gleichnamigen Landspitze, der beste Camping der Halbinsel. Alle Annehmlichkeiten eines Top-Platzes, Swimmingpool inklusive. Welliges Gelände, in dem sich Sand- und Rasenflächen abwechseln, Kiefern und hohe buschige Hecken. Mehrere direkte Uferzugänge. 250 Stellplätze. Geöffnet Mitte April–Okt. Boulevard de la Teignouse, ℡ 02.97.50.19.11, www.campingduconguel.com.

*** Les Joncs du Roch, neben dem Aérodrom südlich von Port Haliguen, auf dem Weg zur Pointe du Conguel – die Flieger gehören zum Platzleben. Von hohen Hecken umgrenztes Rasengelände. Wenig Schatten, aber ordentliche sanitäre Anlagen, Stromblocks, Abwasser für Wohnwagen, Waschmaschinen, Bügelraum. Zum Meer etwa 500 m. 160 Stellflächen. Geöffnet Mitte April–Sept. Rue de L'Aérodrome, ℡ 02.97.50.24.37, www.lesjoncsduroch.com.

*** Do Mi Si La Mi, am nördlichen Ortsausgang von St-Julien. Gleich daneben ein Supermarkt, über die Straße zum Strand. 350 Stellplätze zwischen gepflegten Hecken, Blumenbeeten und Bäumchen. Ordentliche sanitäre Anlagen mit Warmwasserduschen, Laden, Sandwichbar-Restaurant, Selbstkocherküche, Waschmaschine, Aufenthaltsraum mit TV. Fahrradverleih. Geöffnet April–Okt.   St-Julien-Plage,   ℡ 02.97.50.22.52, www.domisilami.com.

*** Bois d'Amour, ein aufgepepptes Privatunternehmen; großer Platz hinter dem Thalassozentrum, etwa 150 m vom Sandstrand von Goviro. Sandiges Dünengelände mit Heidekraut. Der „Liebeswald" besteht aus wenigen Bäumen und ein paar Hecken. Pool, Kinderspielplatz, 2 Sanitärblocks. 250 Stellplätze. Geöffnet April–Sept. Rue de St-Clément,   ℡ 02.97.50.13.52,   www.quiberon-camping.com.

** Beauséjour, ein Katzensprung nördlich des Do Mi Si La Mi, durch die Straße vom Strand getrennt. Das Gelände ist von hohen Hecken umgeben, sonst nicht unterteilt. Sanitäre Anlagen mit gratis Warmwasser, Stromblocks, Lebensmittel, Wohnwagenvermietung, Fahrradverleih. 175 Stellplätze. Geöffnet Mitte April–Sept. St-Julien-Plage, ℡ 02.97.30.44.93, www.campingbeausejour.com.

** Municipal du Goviro, kurz vor Rohu am Meer. Welliges Dünengelände mit Bäumen und Hecken, die die Hälfte der 250 Stellplätze unterteilen. Zum Strand etwa 100 m, über die Straße. Große, brauchbare sanitäre Anlagen, Kinderspielplatz. Geöffnet April bis Mitte Okt. Bd du Goviro, ℡ 02.97.50.13.54, campingdugoviro@ville-quiberon.fr.

** L'Océan, an der Durchgangsstraße in Portivy (den Ort im Süden verlassen), hinter dem Kinderferiendorf. Viel Sand und wenig Schatten, groß und weitläufig, 100 m zum

Strand, der sich aber nicht sonderlich zum Baden eignet. Etliche Freizeitangebote für groß und klein, u. a. Ponys und Karaoke. 270 Stellplätze. Geöffnet April–Sept. 16, avenue de Groix, ✆ 02.97.30.91.29, www.relais delocean.com.

** Municipal de Kerné, oberhalb der Côte Sauvage, 1 km vom Ortsrand von Kerné; kahles, leicht abfallendes Wiesengelände ohne Schatten an einem künstlich angelegten Weiher. 180 Stellplätze. Geöffnet nur Juli/Aug. Village de Kerné, ✆ 02.97.50.05.07.

Essen & Trinken
→ Karten S. 433 und S. 435

Restaurants La Chaumine **11**, das beliebte, früher im touristischen Abseits gelegene Restaurant ist 2012 in eine günstigere Lage umgezogen. Kleine Auswahl, stets gut zubereitet. Geöffnet Ostern bis Okt. Geschlossen in der Saison Mo ganztags und Di mittags, außerhalb der Saison auch So Abend. 79, rue du Port Haliguen. ✆ 02.97.50.17.67.

L'Aigue Marine **3**, kleines, aber garantiert frisches Fischangebot, Muscheln, Crêpes und Galettes. 15, rue du Géneral de Gaulle. ✆ 02.97.30.82.83.

L'Huîtrière **13**, das beliebte Restaurant an der Grande Plage ist ganz auf Fisch und Meeresfrüchte spezialisiert. Schöne Terrasse oberhalb des Strandes, Meerblick – von der Rückseite zeigt sich das Haus als verspieltes Schlösschen mit zwei angebauten Türmchen. Probieren Sie als ersten Gang Fischsuppe und danach z. B. Millefeuille de saumon aux blancs de poireaux oder vergleichen Sie Muscheln aus der Baie de Quiberon (in verschiedenen Größen erhältlich)

mit deren Verwandten aus Cancale. 3, rue de Port Maria. ✆ 02.97. 30. 44.03.

》》 Mein Tipp: Un Petit Goût de ... **16**, man sitzt in den Möbeln, die aus zersägten Holzpaletten gebaut sind, erstaunlich angenehm. Im Sommer wird auch im verspielten Innenhof diniert. Fisch und Fleisch und vor allem ein bemerkenswertes Weinangebot. Liebhaber des blauen Dunstes haben hier ihre eigene Bar. 22, rue de Port-Maria. ✆ 06.85.19.82.04. 《《

Crêperies La Crêp' **17**, auf zwei Etagen serviert die experimentierfreudige Katell zusammen mit Olivier neue Crêpe-Varianten. Geschlossen Nov. und Jan., außerhalb der Saison auch Mo/Di. 24, rue du Port-Maria. ✆ 02.97.50.44.28.

》》 Mein Tipp: Du Vieux Port **6**, die Crêperie mit Flair am Jachthafen von Port Haliguen ist bei Einheimischen beliebt. Neben Crêpes auch große Auswahl an Meeresfrüchten. Geöffnet Mitte Febr.–Okt. Mi Ruhetag. 42/44, rue Surcouf. ✆ 02.97.50.01.56. 《《

Belle-Ile-en-Mer
5100 Einwohner

Herrschte in Quiberon noch ganz Geschäftigkeit und Rummel, so verschwindet bei der Ankunft auf der „Schönen Insel im Meer" die letzte kontinentale Hast. Jedenfalls in der Nebensaison.

Belle-Ile, mit einer Fläche von über 84 km² die größte bretonische Insel, gehört zu den bevorzugten Reisezielen. Das über 60 m aus dem Meer aufragende Schieferplateau ist 19 km lang und fünf bis 8 km breit. Das Inselinnere ist geprägt von ginsterbestandenem, windgepeitschtem Heideland, in das sich Getreidefelder und Äcker mischen. Kleine Bachtäler führen zur Küste hinunter, tief eingeschnitten, grün, von Wiesen, Wäldern und Gärten gesäumt. An der Küste, wo sich die Täler zu fjordartigen Buchten öffnen, verteilen sich Gehöfte, Weiler und einzelne Hotels. Die *Ports*, die sich rund um die Insel reihen, sind keine Häfen im Wortsinn – die Einschnitte der Bachtäler, bretonisch *porz*, wurden zum französischen *port* verballhornt.

Die Insel ist nur dünn besiedelt. Neben *Le Palais*, dem Anlegehafen der Fähren, gelten *Locmaria* (kleines Dörfchen oberhalb der Ostküste), das Bauerndorf *Bangor* (der einzige Ort im Inselinneren) und der Hafenort *Sauzon* als eigenständige Ort-

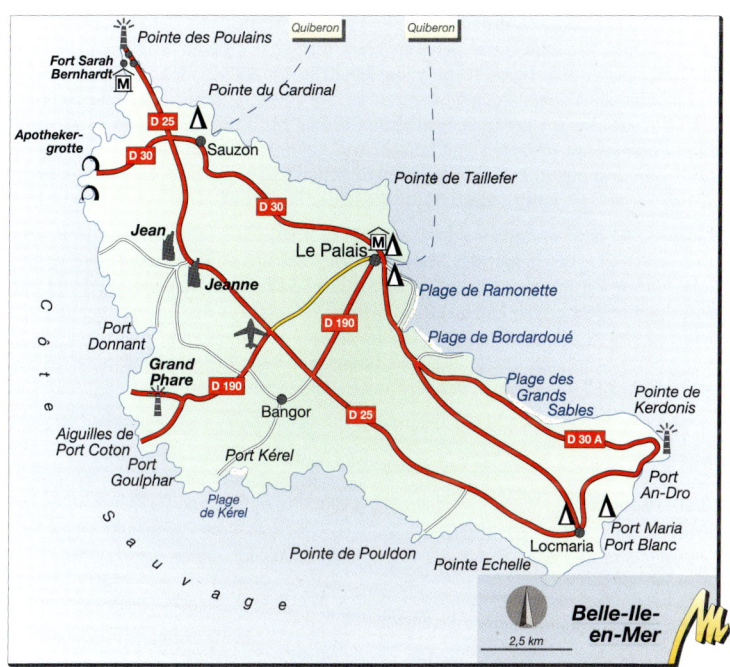

schaften. Belle-Ile ist in erster Linie eine landschaftliche Attraktion. Im Norden und Nordosten findet man geschützte Badebuchten, im Süden und Westen, steil abfallend und vom Atlantik umtost, die *Côte Sauvage* mit ihren Felsnadeln, Grotten und Aussichtspunkten. Ein Straßennetz überzieht die Insel, die Hauptkreuzung liegt beim Flughafen im Landesinneren zwischen Le Palais und Bangor. Von hier führen einige Stichstraßen direkt ans Meer, vor der Erfrischung muss man oft einen kleinen Fußmarsch oder eine Kletterpartie bewältigen. Bequemer ist der Zugang zum Meer auf der Ostseite: Hier zieht sich die Straße direkt am Küstensaum entlang bis zur *Pointe de Kerdonis*.

Tipp: Wer die Schönheit Belle-Iles in Ruhe genießen möchte, sollte die Insel im Juli und noch mehr im August meiden.

Inselgeschichte: Belle-Ile gilt in der keltischen Mythologie als ein Geschenk wundertätiger Feen an die Bretonen. Als die edlen Damen ihr Zauberreich verlassen mussten, waren sie so traurig, dass sie mit ihren salzigen Tränen den heutigen Golf von Morbihan unter Wasser setzten. Dann rissen sie sich in ihrer grenzenlosen Verzweiflung die Haarkränze vom Kopf, warfen sie ins Meer, so entstanden Inseln und Riffe. Der Kopfschmuck der Feenkönigin trieb mit der Tränenflut weit hinaus ins offene Meer und erstarrte zur größten und schönsten Insel der Bretagne: Belle-Ile.

Historisch belegt ist, dass Belle-Ile seit dem 9. Jahrhundert Lehensgut der Abtei Ste-Croix von Quimperlé war und 1572 von den Mönchen an das Geschlecht der *Gondi de Retz* verkauft wurde. Die neuen Herren bauten die 1549 errichtete Schmalspurfestung am Hafen von Le Palais zur Zitadelle aus, und 100 Jahre später

Côte du Morbihan ↓ Karte S. 420/421

Südküste

erwirbt *Nicolas Fouquet* die Insel: Der erste Finanzbeamte und Schatullenverwalter Ludwigs XIV. braucht einen sicheren Platz für seine eigenen Millionen. Er lässt *Le Palais* weiter befestigen, bestückt die Zitadelle mit 200 Kanonen und schafft sich eine königliche Bleibe. Doch König gibt es nur einen in Frankreich: Ludwig XIV., der sich von der schillernden Hofhaltung seines Ministers provoziert fühlt. 1661 muss Fouquet zurücktreten und landet im Gefängnis von Nantes. Belle-Ile fällt an die Krone und bleibt, trotz einiger holländischer und englischer Eroberungsversuche im 17. und 18. Jahrhundert, fest in französischer Hand.

Ende des 19. Jahrhunderts wird Belle-Ile als touristische Destination entdeckt, impressionistische Inselbilder des Malers *Claude Monet* bezaubern das Pariser Publikum, *Sarah Bernhardt* verbringt jährlich ihren Sommerurlaub auf der Insel. Sie lässt das alte Fort an der Nordwestspitze zum Refugium ausbauen, wo sie unter anderen so illustre Gäste wie den Romancier *Marcel Proust* und den englischen König *Edward VII.* empfängt. Im Zweiten Weltkrieg wird Belle-Ile von den Deutschen besetzt, die das Urlaubsdomizil der berühmten Schauspielerin sprengen.

⌈Basis-Infos

Postleitzahl 56360

Information Office de Tourisme, am Fährhafen von Le Palais; Prospekte, Wanderkarten und Hotellisten. Abgesehen von minimalen Abweichungen bleiben als Kernzeiten: Juli/Aug. Mo–Sa 8.45–19, So 8.45–13 Uhr. Okt.–März Mo–Sa 9–12.30 und 14–18 Uhr. Quai Bonnelle, Le Palais, ✆ 02.97.31.81.93, www.belle-ile.com.

Hin und weg Fähre nach Belle-Ile, Abfahrt in Quiberon mit der *Compagnie Océane* am Port Maria (Gare maritime). Das Auto stellt man am besten auf dem parking du Sémaphore ab (→ Quiberon, Parken). Schnellboote (kein Autotransport) brauchen für die Überfahrt 30 Min., die langsameren (auch Autotransport) 45 Min.

Auf Belle-Isle gibt es 2 Anlegehäfen: In *Sauzon* legen im Juli/Aug. nur Schnellboote an. In *Le Palais* legen ganzjährig neben Schnellbooten auch die großen Fährschiffe an, die Autos mitnehmen. In der Saison tägl. bis zu 10-mal, in der Nebensaison weniger.

Preise für Passagiere (auf dem Fährschiff wie auf dem Schnellboot) hin/zurück: Erw. 30–35 €, Kind 4–18 J. 20 €.

Mit eigenem Fahrzeug: Wer motorisiert auf die Insel will (nur für einen Langzeitaufenthalt interessant), muss unbedingt vorbuchen – es stehen pro Fahrt nur knapp über 30 Fahrzeugplätze zur Verfügung. Pkw hin/zurück je nach Länge und Saison 150–380 €, Gepäck auf dem Dach kostet zusätzlich, Wohnmobile sind noch teurer. Aus-

künfte Gare Maritime, ✆ 08.20.05.61.56 oder 02.97.35.02.00, www.compagnie-oceane.fr.

Auskünfte im Office de Tourisme von Quiberon oder bei der Compagnie Océane, ✆ 08.20.05.61.56, www.compagnie-oceane.fr.

Inselbus: Mehrmals tägl. verbinden vier Linien des Inselnetzes die Dörfer Le Palais, Sauzon, Bangor und Locmaria untereinander. Regelmäßig von April bis Sept., sonst nur in den Schulferien.

Autoverleih Mehrere Anbieter zu ähnlichen Konditionen, alle in Le Palais, u. a.:

Locatourisle, Quai Bonnelle, hat u. a. auch Mini-Cabrios (ohne Türen) und Elektro-Autos (ebenfalls mini). ✆ 02.97.31.83.56.

LMT Car Bike, ✆ 02.97.31.46.46.

Fahrradverleih Mehrere Verleiher in Le Palais, kein Unterschied in Preis und Qualität; u. a.:

EURL Reversade, 14, rue de l'Eglise. Auch Scooter und Tandems. ✆ 02.97.31.84.19.

Roue Libre, 6, quai Jacques Le Blanc 6, Le Palais (April–Sept.), sowie in der Rue Pont Orgo, Le Palais – etwas abseits (Okt.–April). Hier gibt's auch Tandems. ✆ 02.97.31.49.81.

Golf 18-Loch-Platz in schöner Küstenlage, bei Loch Nr. 2 ist vorsichtige Spielweise angesagt – ein zu weiter Schlag, und der Ball geht baden. Beim Dîner im Clubhaus können die Einlochungen analysiert werden. Les Poulains, Sauzon, ✆ 02.97.31.64.65.

Inselrundfahrt Die wichtigsten Sehenswürdigkeiten mit dem Bus; kommentierter ganz- oder halbtägiger Ausflug z. B. mit **Cars Verts**. Wer nicht schon in Quiberon gebucht hat, kann das am Hafen von Le Palais gegenüber der Anlegestelle nachholen.

Ausflug je nach Länge und Leistung ab 15 €. Angemerkt sei, dass sich im Sommer an den exponierten Punkten kleinere Buskarawanen treffen, was nicht jedermanns Sache ist. ✆ 02.97.31.81.88.

Reiten Domaine des Chevaliers de Bangor, gegenüber dem Flugplatz. Reitstunden, begleitete Promenaden oder Allein-

ausritte. Reservierung im Sommer unbedingt empfehlenswert. Ganzjährig geöffneter Reitstall mit Manege. Bangor. ✆ 02.97.31.52.28.

Wassersport Mehrere Segelschulen, Jachtclubs, Bootsverleiher und Surfausrüster. Zentrum der Verleihbüros ist der Quai von Le Palais.

Angelus Plongée, der Tauchspezialist auf der Insel. Quai Gambetta, Le Palais. ✆ 06.85.13.83.76.

Horizon, Surfschule und Brettverleih. Locmaria und Le Palais. ✆ 02.97.31.54.71.

Übernachten

Hotels Für die Hochsaison gilt: unbedingt reservieren. Die meisten Zimmer werden in dieser Zeit nur mit Halbpension vermietet. Die Preise zwischen Haupt- und Nebensaison differieren ungewöhnlich stark.

In Le Palais ** **Le Bretagne**, am Kai. Das 25-Zimmer-Haus gefällt durch seinen traditionellen Stil. Die Mehrzahl der Zimmer mit Bad/WC, 12 mit Meerblick. Das Restaurant ist eine solide Speiseadresse. DZ 30–115 €, im Sommer ausschließlich HP 40–82 €/Pers. Ganzjährig geöffnet. Quai Macé, ✆ 02.97.31.80.14, www.hotel-de-bretagne.fr.

** **Atlantique**, hübsch renoviertes Hotel ebenfalls in vorderster Front am Kai. 30 gut ausgestattete Zimmer mit Dusche/Bad/WC, 7 davon mit Meerblick. Sauna. DZ 45–89 €. HP 50–72 €/Pers. Ganzjährig geöffnet. Quai de l'Acadie, ✆ 02.97.31.80.11, www.hotel-atlantique.com.

In Sauzon *** **Le Cardinal**, 400 m vom Hafen auf der Pointe du Cardinal. Moderner Bau inmitten der Heide. 66 etwas kleine, funktionale Komfortzimmer, die schönsten mit Terrasse und Superaussicht über das Meer. Leser lobten das Essen, insbesondere das Dessertbuffet. Beheiztes Schwimmbad. DZ 60–206 €, HP 52–73 €/Pers. Geöffnet April–Sept. Pointe du Cardinal, ✆ 02.97.31.61.60, www.hotel-cardinal.fr.

** **Les Tamaris**, kleines Hotel 500 m vom Hafen, ausgeschildert; 15 freundliche Zimmer, alle mit Dusche, einige mit WC auf Etage. Kein Restaurant. DZ 48–75 €. 11, allée des Peupliers, ✆ 02.97.31.65.09, www.auxtamaris.fr.

In Port Goulphar **** **Le Castel Clara**, Topübernachtungsadresse der Insel, die

schon der frühere Staatspräsident François Mitterrand zu schätzen wusste. Herrlich gelegen in schlossähnlichen Gebäuden mit Blick über Hafen und Felsküste. Zimmer, Suiten und Appartements. Erlesener Komfort. Aussichtsterrasse, Tennisplatz, Palmengarten mit beheiztem Meerwasser-Swimmingpool. Thalassotherapeutisches Angebot mit Massage. Gediegenes Restaurant. DZ 185–305 €, teurer die Suiten und Appartements. Geschlossen Mitte Nov. bis Mitte Dez. Port Goulphar, Bangor, ✆ 02.97.31.84.21, www.castel-clara.com.

*** **Grand Large**, Herrschaftshaus in einem Park in wunderschöner Lage mit 33 renovierten Zimmern, die zur Meerseite hin mit phantastischem Panorama. Swimmingpool. DZ 77–298 €, die teuersten mit Terrasse zum Meer, HP 83–183 €/Pers. Geöffnet Mitte Febr. bis Mitte Nov. Goulphar, Bangor, ✆ 02.97.31.80.92, www.hotelgrandlarge.com.

Jugendherberge In Le Palais, 93 Plätze fast ausschließlich in 2-Bett-Zimmern. Voll- oder Halbpension möglich. Ordentliche Ausstattung. Duschen und WC auf Etage. Übernachtung 17€/Pers., Frühstück ca. 5 €. Geöffnet April–Sept. Haute Boulogne, ✆ 02.97.31.81.33, www.hifrance.org.

Camping Belle-Ile mit seiner schönen Natur ist ein beliebtes Campingparadies – da reichen die über ein Dutzend meist einfachen Anlagen mit insgesamt über 700 Stellplätzen für den jährlichen Sommeransturm nicht aus. Reservierung im Juli und Aug. ist mehr als empfehlenswert.

**** **Bordénéo**, 1,5 km außerhalb von Le Palais, landeinwärts, 700 m zum Meer. Heckenunterteilt, z. T. Schatten. Ordentliche sanitäre

Anlagen. Lebensmittelladen, Tennis- und Spielplatz, Aufenthaltsraum. TV, Waschmaschine, Radverleih. 200 Stellplätze. Geöffnet Mitte April–Sept. Bordénéo, ✆ 02.97.31.88.96, www.bordeneo.com.

** Municipal Le Pen Prad, in Sauzon, in einer geschützten Mulde am östlichen Ortsrand. 200 m zum Meer, 300 m nach Sauzon. 66 Stellplätze auf 1½ ha Wiesenfläche. Gute sanitäre Einrichtungen, Stromboxen. 12 Bungalows zur Miete. Geöffnet April–Sept. Pen-Prad, ✆ 02.97.31.64.82 (nur zu den Bürozeiten der Mairie), camping-sauzon@wanadoo.fr.

** Municipal de Lannivrec, bei Locmaria, etwas abseits des Orts. 90 Stellplätze mit wenig Schatten. 2 Tennisplätze, Spielplatz und Fahrradverleih. Einfache Sanitärgebäude. Geöffnet April–Okt. Lannivrec, ✆ 02.97.31.73.75, camping.lannivrec@wandoo.fr.

* Municipal de Port-Andro, 125 Stellplätze in unmittelbarer Nähe zum gleichnamigen Strand. Absolut einfach, ohne Schnickschnack, ohne Schatten. Nicht für Wohnwagen geeignet, keine Stromboxen. Geöffnet Mai bis Mitte Sept. Port Andro, ✆ 02.97.31.73.25, camping.portandro@wanadoo.fr.

(Essen & Trinken

Restaurants Le **Contre-Quai**, das kleine Speiselokal beim Hafen von Sauzon gilt als gute Adresse in Sachen Service und Qualität. 36 Gedecke – also reservieren! Spezialitäten sind u. a. Gurkensalat mit Austern auf Kräutercreme oder Lammnierchen mit Schalotten. Rue St-Nicolas, Sauzon. ✆ 02.97.31.60.60.

L'Atlantique, das Restaurant des gleichnamigen Hotels besticht vor allem durch den tollen Hafenblick vom Wintergarten aus. Gute Fischgerichte, Menü und à la carte.

Tägl. geöffnet. Quai de l'Acadie, Le Palais. ✆ 02.97.31.80.11.

Crêperie **Chez Renée** – ein Lesertipp: „Mit Liebe gestaltetes Interieur, süßer, komplett umwachsener Garten mit schöner Terrasse, ganz ruhig, von Wiesen umgeben; Wirtsleute, die sich zum Plaudern mit an den Tisch setzen ... und dazu eine sehr leckere Crêpe-Auswahl." Geöffnet April–Sept. tägl. Le Bourg, Bangor. ✆ 02.97.31.52.87.

Le Palais   2600 Einwohner

Im quirligen Haupt- und Verwaltungsort der Insel sorgt nicht nur der rege Fährverkehr für viel Betrieb, hier befinden sich auch die meisten Einkaufsmöglichkeiten und die meisten touristischen Angebote.

Der doppelte Festungsring beim Hafen zeugt von Le Palais' strategischer Bedeutung im Lauf der Geschichte. Schwere Mauern umrahmen das Städtchen, das mit seinen bunten Häusern so gar nicht militärisch wirkt. Die massive, spitzwinklige *Zitadelle* wurde 1549 von *Heinrich II.* in Auftrag gegeben und von *Vauban* 1683–89 zu einem uneinnehmbaren Bollwerk ausgebaut. Nach der Revolution diente die Festung lange Zeit als Gefängnis, 1960 ging sie in Privatbesitz über. Seit 2005 ist innerhalb der Mauern Frankreichs erstes Museums-Hotel eingerichtet, ein komfortables, mit vier Sternen ausgezeichnetes Etablissement. Aber, auch wer nicht im „Hôtel Musée" logiert, kann auf den alten, großzügigen Parade- und Exerzierplätzen promenieren und sich im kleinen *Musée Historique* über die Geschichte der Insel und ihre berühmten Gäste kundig machen. Der Zugang in den äußeren Verteidigungsring ist kostenlos, die schöne Aussicht vom vorderen Festungswall kann man nur im Rahmen eines gebührenpflichtigen Zitadellenbesuchs genießen.

Zitadelle (Heimatmuseum): April–Juni und Sept./Okt. tägl. 9.30–18 Uhr. Juli/Aug. tägl. 9–19 Uhr. Nov.–März tägl. 9.30–17 Uhr. Eintritt 8,50 €.

Baderoute

Die Rundtour von Le Palais über die Pointe de Kerdonis und Locmaria zurück nach Le Palais beträgt etwa 35 km. Man verlässt Le Palais über die Avenue Camot durch die Porte Locmaria und kommt an mehreren Stränden vorbei: an der *Plage de Ramonette* (Stadtstrand), der *Plage de Bardardoué* und schließlich an der gut geschützten *Plage des Grands Sables*, dem größten Strand der Insel. Die Straße führt weiter zur *Pointe de Kerdonis* mit Leuchtturm und Blick auf die Passage zwischen Belle-Ile und Hoëdic. Hier knickt die Route oberhalb des Küstensaums nach Süden ab, führt über *Port An-Dro* (steiler Fußweg zum 300 m langen Sandstrand am Ausgang eines Bachtals) ins kleine, vom Tourismus weniger aufgesuchte *Locmaria*. Von Locmaria aus führen zwei Stichstraßen steil zum Meer hinab in die beiden Talbuchten *Port Maria* (idyllischer Strand bei Ebbe) und *Port Blanc*. Ein Stück weiter südlich liegt die zerfurchte *Pointe Echelle*. Von hier aus wenig aufregend auf der D 25 quer über die Insel zurück nach Le Palais.

Nordwestküste

Die landschaftlich schönste Tour führt über den *Nordwestteil* der Insel und ist etwa 50 km lang. Bis Sauzon ist die Straße (D 30) ausgebaut, dann wird's oft sehr schmal. Zu den Sehenswürdigkeiten entlang der Küste gelangt man meist nur über Spazierwege oder schmale Küstenpfade. Sehenswerte Stationen unterwegs:

Sauzon: Der kleine Ort mit seinem gut frequentierten Naturhafen zieht sich reizvoll am Westufer des gleichnamigen Flüsschens entlang. Sauzon ist die malerischste Inselsiedlung, die herausgeputzte Hafenfront ein Pflichtziel für Tagesausflügler und dementsprechend touristisch aufgepeppt: Restaurants und Souvenirläden. Vom Hafen aus führt ein knapp zweistündiger Fußweg (hin und zurück) zur *Pointe du Cardinal*, einem Aussichtspunkt mit Blick über die Hafeneinfahrt und das gegenüberliegende Festland.

Pointe des Poulains: Die Nordwestspitze der Insel wird bei Flut gänzlich von der Insel abgetrennt. Bauliche Höhepunkte sind der Leuchtturm, eine Kapelle und rechts vor der Landspitze das zerstörte *Fort Sarah Bernhardt*, langjähriger Urlaubssitz der berühmten Schauspielerin. Sie widmete sich, umgeben von einem Heer jährlich wechselnder Bewunderer, dem bretonischen Landleben, schlug im

Butterfass gesalzene Butter und genoss das romantisch-wilde Ambiente. Seit 2007 sind das Fort und die Villa, die sie bauen ließ, als *Espace muségraphique Sarah Bernhardt* dem Publikum zugänglich. Leben und Werk der Künstlerin werden dokumentiert, Theaterkostüme gezeigt, das Intérieur des Forts erlebte ein Remake. April–Juni und Sept. Di–So 10.30–17.30 Uhr. Juli/Aug. tägl. 10.30–18.30 Uhr. Okt. Do–Sa 13–17 Uhr. Eintritt 4 €.

Nach der Pointe des Poulains beginnt die *Côte Sauvage*, die in ihrer Tücke und Zerklüftung der Namensvetterin auf der Quiberon-Halbinsel in nichts nachsteht.

Apothicairerie-Grotte: Sie ist die größte Attraktion der Côte Sauvage. In Millionen von Jahren hat der Atlantik, der ungebremst an die Steilküste klatscht, tiefe Einbuchtungen in den Inselrand geknabbert, deren spektakulärste die Apothekergrotte ist, ein gigantischer Felsentunnel unter einer hohen Klippe. Die Grotte verdankt ihren Namen den bauchigen Kormoran-Nestern, die früher die Felswand bedeckten und an die Behältnisse einer alten Apotheke erinnerten. Heute sind die Nester fast gänzlich verschwunden. Die großen Vögel sind vor den Menschenmassen geflohen, ein Teil der Grotte ist 1990 eingestürzt. Trotzdem: Die Klippen über der immer noch riesigen Grotte, in der die Meeresbrandung tost, sind den Besuch wert. Früher konnte man über eine glitschige, bei Flut von der Gischt besprizte Felsentreppe hinuntersteigen, die heute aus Sicherheitsgründen gesperrt ist.

Menhire: Mitten im Heideland, links und rechts der Straße nach *Port Donnant* (von hohen Felsen eingerahmter, äußerst schöner, aber sehr gefährlicher Badestrand), stehen zwei außergewöhnliche Menhire: *Jeanne* und *Jean*, zwei Liebende, die von einer Hexe in Stein verwandelt wurden, weil sie ihren Sexualtrieb nicht zügeln konnten und sich schon vor der Hochzeitsnacht einander hingaben.

Leuchtturm am Hafen von Le Palais

Grand Phare: Der knapp 50 m hohe Leuchtturm, der mit einem der lichtstärksten Leuchtfeuer Europas ausgestattet ist (Reichweite knapp 60 km) steht 1 km landeinwärts, kurz vor Port Goulphar. Die Aussichtsterrasse bietet einen hervorragenden Blick über die Insel und die von Klippen und Felsen zerfurchte Côte Sauvage.

Port Goulphar: Kein Wunder, dass hier das nobelste Inselhotel liegt. Hinter einem gastronomisch genutzten Landhaus fällt die Straße steil zum Meer ab und endet in der reizvollsten Bucht der Belle-Ile: *Port Goulphar*, ein kleiner Hafen, und der Bucht vorgelagert mehrere kleine Inselchen und Riffe. Ein Katzensprung westlich davon, von der Straße aus gut zu sehen, ragen die *Felsnadeln von Port Coton (Aiguilles de Port Coton)* wie surrealistische Torsos aus dem Meer.

Ile d'Houat
250 Einwohner

Die Insel ist 15 km vom Festland entfernt, etwa 5 km lang und 1 km breit. Sie ragt bis zu 30 m aus dem Meer und ist von einer Grasnarbe aus Heidekraut und maritimer Flora bedeckt (besondere Spezies: wilde Lilien und Strohblumen).

Besucher kommen im kleinen, malerischen Hafen *St-Gildas* an. An der Mole stapeln sich die „Casiers" der Krebs- und Hummerfänger. Wenn die Boote einlaufen, herrscht für kurze Zeit Geschäftigkeit – der Fisch- und Krustentierfang ist die Haupterwerbsquelle der Houatais. Unweit der *Plage de Salus* erhöht eine Hummerzuchtstation das Angebot an Krustentieren.

Das von Mai bis September geöffnete muschelförmige *Eclosarium* (an der Südseite, ausgeschildert) informiert über das fragile Ökosystem Meer.

Auf der Insel sind gerade motorisierte Fahrzeuge sehr beschränkt zugelassen (meist landwirtschaftliche Maschinen), für Fremde kommt eine Erkundung also nur mit dem Rad oder per Pedes in Frage. Etwas oberhalb des Hafens liegt *Houat Bourg*, der Hauptort, dessen weiß getünchte, blumengeschmückte Häuschen sich in den Gassen rund um den Dorfplatz gruppieren. Im Süden lädt die *Plage de Salus* zum Bad, im Osten die *Plage Goured*, ein weit geschwungener, von Dünen begrenzter Strand mit Sicht auf die Nachbarinsel Hoëdic.

Hin und weg Fähre zu den Inseln Houat und Hoëdic, Abfahrt mit *Compagnie Océan* am Port Maria in Quiberon. In der Hochsaison täglich mehrere Personenfähren nach Houat (Saint-Gildas, Fahrzeit 45 Min.), von dort auf die Ile d'Hoëdic (Port de l'Argol, Fahrzeit ab Houat ca. 25 Min.). In der Nebensaison tägl. nur 1 bzw. 2 Boote. In den Wintermonaten sollte man sich vorher vergewissern, ob das Boot am selben Tag zurück nach Quiberon fährt. Die Preise sind identisch mit denen nach Belle-Ile (s. o.). Kein Autotransport. Auskünfte im Office de Tourisme von Quiberon oder bei der Compagnie Océane ✆ 08.20. 05.61.56, www.compagnie-oceane.fr.

Geld Es gibt keinen Bancomaten auf der Insel. In den Hotels kann man selbstverständlich mit Kreditkarte zahlen, aber einen Kaffee in der Bar nicht. Also an das nötige Bargeld denken!

Hotels *** La Sirène, oberhalb des Hafens; bestes Inselquartier, Restaurant, 17 voll ausgestattete Zimmer, einige davon mit Meerblick. DZ 105–130 €, HP 80–107 €/Pers. Geöffnet Ostern bis Sept. Route du Port, Ile d'Houat, 56170 Houat, ✆ 02.97.30.66.73, www.houat-la-sirene.com.

** Des Iles, einfaches Hotel mit 11 Zimmern, alle mit Dusche/WC, einige mit Meerblick, einige mit Terrasse dazu. DZ 59–95 €. Geöffnet Mitte April–Okt. Le Bourg, 56170 Ile d'Houat, ✆ 02.97.30.68.02, www.restaurant-des-iles.fr.

Camping Eine lokale Initiative macht sich seit Jahren für eine Lösung etwas abseits von Le Bourg stark, doch vorläufig bleibt es bei der einzigen Möglichkeit: kleine Aire Naturelle auf Gemeindegrund, einfache Sanitäreinrichtungen. ✆ 02.97.30.68.04 (Mairie), mairie-houat@wanadoo.fr.

Crêperie/Snacks Neben den Hotelrestaurants bleiben für die kleine Verköstigung u. a.:
Crêperie Chez Loulou, Le Bourg. Geöffnet Mai–Aug. ✆ 02.97.30.67.88.

Bar Le Siata, Le Bourg. Austerndegustation und Fastfood. ✆ 02.97.30.66.13.

Ile d'Hoëdic
120 Einwohner

Die kleine, von feinsandigen Buchten umringte und von Dünensand überzogene Granitinsel liegt 7 km südöstlich von Houat, ist etwa 2,5 km lang und maximal 800 m breit. Die Vegetation ähnelt der von Houat, wird aber durch Tamarisken, Feigenbäume und Zypressen bereichert. Hoëdic verfügt über drei kleine Häfen:

Côte du Morbihan → Karte S. 420/421   Südküste

Port Croix im Süden und *Port Guen* im Westen sind Jachthäfen, *Port d'Argoal* im Norden ist die Anlegestelle für Fährboote und ein gemütlicher Fischerhafen. Oberhalb der Mole verteilen sich landeinwärts die kleinen, niedrigen Häuser des Hauptorts *Le Bourg* über ein flaches Plateau. Hoëdics Bewohner leben fast ausschließlich vom Tourismus. Die Inselerkundung mit dem Fahrrad oder zu Fuß dauert etwa drei Stunden. Die Pfade, die sich durch das niedrige Heidekraut winden, führen unweigerlich zum *Fort d'Hoëdic*, das sich in eine Mulde der Dünenlandschaft duckt: imposante Militärarchitektur aus dem 19. Jahrhundert, in der heute das *Conservatoire de l'Espace Littoral*, ein Naturschutzverein, zuhause ist.

Hin und weg → Ile d'Houat

Hotel ** Les Cardinaux, 10-Zimmer-Haus mit unterschiedlich ausgestatteten Zimmern, alle mit Du/WC. Restaurant. DZ 75–95 €. Geschlossen im Febr. und Okt. jeweils die erste Monatshälfte. ☎ 02.97.52.37.27, www.hotel-hoedic.com.

Camping Municipal, ein einfacher Platz im Heideland der Insel. 150 Stellplätze, einige Wasserstellen und einfache Sanitärblocks. Auskunft, Anmeldung und Bezahlung im Rathaus. Geöffnet Mai–Sept. ☎ 02. 97.52.48.88.

Carnac

4200 Einwohner

Das Königreich der Steine: Die einzigartigen Megalithreihen, die sich nördlich des Städtchens die Straße entlangziehen, zählen zu den Mysterien der frühen Menschheitsgeschichte. Die ortsansässigen Bäcker wissen daraus Kapital zu schlagen: Statt der bei uns üblichen Granatsplitter zieren Menhire aus Hefeteig und Kokosflocken die Vitrinen.

Carnac ist das bedeutendste Zentrum der bretonischen Megalithkultur. Hier finden Archäologen, Enthusiasten der Vorgeschichte und Geomanten eine schier unerschöpfliche Fundgrube für Spekulationen und Theorien – so viele Steinalleen, Tumuli, Dolmen und Menhire wie hier gibt es nirgendwo in der Bretagne.

Das Städtchen, das neben dem Megalithen- vor allem vom Badetourismus profitiert, besteht aus drei Ortsteilen: *Carnac-Ville* oder *Carnac Bourg*, das alte, ursprüngliche Dorf um die Kirche St-Cornély, liegt 1 km landeinwärts. *Carnac-Plage* ist das vielbesuchte Seebad: langer, weißsandiger Strand, Villen im Kolonialstil, Hotels und Residenzen zwischen Pinien. Westlich des Gemeindesees, eines altes Salzmoors, stehen die Granithäuschen des Weilers *Saint Colomban* auf einer von Stränden gesäumten Landzunge.

Sehenswertes

Kirche St-Cornély: eine der schönsten Renaissance-Kirchen des Morbihan. Der Bau der Kirche im Zentrum des alten Carnac wurde 1639 mit der Errichtung des mächtigen, viereckigen *Turmes* mit achteckiger Spitze begonnen, der in der südlichen Bretagne Aufsehen erregte und später oft kopiert wurde. Über dem Eingangsportal thront eine bemalte Statue des heiligen Cornelius in segnender Pose zwischen zwei farbig-naiven Bildtafeln, die zwei Ochsen inmitten von Menhiren und Dolmen zeigen. Der Kirchenheilige gilt als zuverlässiger Beschützer des Hornviehs, noch bis zum Ersten Weltkrieg trieben die Bauern der Umgebung ihr Vieh zur Segnung vor das Eingangsportal. Über der nördlichen Vorhalle schmückt ein in der Bretagne einzigartiger *barocker Aufsatz* aus dem Jahr 1792 das Seitenportal, dessen Vorbild der Baldachin des Petersdoms ist.

Stramm in Reihen – Megalithfelder bei Carnac

Im Inneren sind vor allem die leider schlecht ausgeleuchteten *Tonnengewölbe* des Hauptschiffs und der beiden Seitenschiffe sehenswert, im 18. Jahrhundert von einem Künstler aus Pontivy bemalt und in den 1960ern komplett restauriert. Die vier thematischen Zyklen zeigen Szenen aus dem Leben des Kirchenheiligen, die Geschichte Johannes des Täufers, die Mysterien des Rosenkranzes und Szenen aus dem Leben Christi. Zu den weiteren Schätzen zählen die aus Schmiedeeisen gearbeitete *Kanzel*, das *Chorgitter* sowie eine von zwei Engeln flankierte *Statue des heiligen Cornelius* aus vergoldetem Holz (17./19. Jh.) mit einem Reliquiar in der Brust.

Musée de la Préhistoire: Das Museum für Urgeschichte, unweit der Kirche von Carnac-Ville, wurde 1881 vom schottischen Hobbyarchäologen *James Miln* und seinem

Ein Papst flieht nach Carnac

Die Historiker sind sich einig: *Cornelius*, der erste der römischen Aristokratie entsprossene Papst, bekleidete nur ein kurzes, aber wichtiges Pontifikat. Seine Hauptaufgabe sah er im Kampf gegen die Götzenverehrung seiner Zeit. Da er sich weigerte, dem antiken Götterhimmel zu huldigen, verbannte ihn der römische Kaiser nach Civitavecchia, wo er anno Domini 253 an Erschöpfung und geistiger Auszehrung starb.

Soweit die nüchterne Historie. Bretonen halten sich da lieber an eine Legende: Cornelius, begleitet von einem kräftigen Stier, der sein bescheidenes sakrales Gepäck trug, konnte fliehen und wurde von römischen Truppen bis nach Carnac gejagt. Dort holten ihn die Verfolger ein. Der Heilige, nur noch die Fluten des Ozeans vor sich, wandte sich seelenruhig um und verwandelte Tausende von Legionären in Steine. Und so heißen bei den Einheimischen die berühmten Menhire von Carnac, die mit etwas gutem Willen an eine römische Schlachtreihe erinnern, bis heute „Soldats de St-Cornély".

Côte du Morbihan → Karte S. 420/421

Südküste

französischen Freund und Frühgeschichtler *Zacharie Le Rouzic* gegründet. Eine komplette Neugestaltung erfuhr es 1985. Zahlreiche Exponate dokumentieren die regionale Geschichte über eine Zeitspanne von 450.000 Jahren bis zum frühen Mittelalter (8. Jh.). Zu sehen sind Schmuckstücke aus Stein, Werkzeuge, Faustkeile und Äxte aus der Jungsteinzeit, Grabstätten (aufschlussreich das rekonstruierte Grab einer Frau mit Kind aus dem Mesolithikum) und geritzte Steine aus Hünengräbern. Eine vertonte Diaschau (auch in Deutsch) informiert über die diversen Interpretationen der bis heute rätselhaft gebliebenen Funde von Carnac und seiner Umgebung.

März und Nov. 14–17.30 Uhr, geschlossen am Di. April–Juni und Sept. 10–12.30 und 14–18 Uhr, geschlossen am Di. Juli/Aug. tägl. 10–18.30 Uhr. Okt. 10–12.30 und 14–17.30 Uhr, geschlossen am Di. Eintritt 6 €.

Tumulus de St-Michel: Der 125 m lange, 60 m breite und 12 m hohe Grabhügel am nördlichen Ortsrand wurde nach Messungen mit der Radiokarbonmethode vor 6500 Jahren errichtet. Der Tumulus, auf dessen Gipfel die *Kapelle St-Michel* (17. Jh.) und ein kleines *Steinkreuz* (16. Jh.) stehen, ist eine Aufschichtung von über 35.000 Kubikmetern Erdreich, Schlamm und Bruchsteinen und wurde 1862 von *René Galles*, einem Archäologen aus Vannes, angegraben. Durch Zufall führten seine Arbeiten direkt zum Eingang des Fürstengrabes, wo ein Jadebeil, Ohrringe und über 100 Halskettenperlen aus Türkis (alle in den Museen von Carnac und Vannes) einen ersten Hinweis auf die Bedeutung des Fundes gaben. 1864 entdeckte Galles ein weiteres Grabgewölbe mit vermischter menschlicher und tierischer Asche sowie mehrere sogenannte Steinkistengräber, die wahrscheinlich dem fürstlichen Personal oder den nächsten Angehörigen vorbehalten waren. Das Innere des Tumulus kann heute nicht mehr besichtigt werden, dafür entschädigt der Gipfel des Grabhügels mit einer weiten Aussicht über Carnac-Ville und die Küste.

Tumulus de Kercado: Der Grabhügel, auf dem ein Menhir thront, ist von der Route des Alignements aus zu erreichen (Spazierweg); er ist rund 6000 Jahre alt und in relativ gutem Zustand. Das etwa 4 m hohe Fürstengrab beherbergt eine von einer riesigen Felsplatte abgedeckte Grabkammer. In der linken, hinteren Ecke zeigen die Tragsteine einige schwache Ritzungen.

In der Saison tägl. 9–12 und 14–18 Uhr. Obolus von 1 € in die Blechkasse geben.

Die Megalithfelder

Die letzte Zählung ergab genau 2792 Hinkelsteine, die sich über die drei großen Alignements nördlich von Carnac verteilen. Über eine Länge von knapp 4 km dehnen sich die Steinalleen von *Ménec, Kermario* und *Kerlescan* aus. Die Größe der geheimnisumwitterten Steine ist unterschiedlich (0,80–6,50 m), ebenso ihre Anordnung. Das Heidekraut, das einst zwischen den Reihen wucherte, wurde von den Besucherheeren niedergetrampelt, der Boden, der die Steine über die Jahrtausende hielt, erodierte. Folge: Die Megalithe sitzen locker wie Zähne bei einer schlimmen Parodontose. Die Denkmalschutzbehörde hat inzwischen reagiert: Die Steinreihen sind mit einem Gitterzaun geschützt, das Gelände wird renaturiert, erste Fortschritte sind sichtbar. Im Frühjahr leuchtet gelber Ginster zwischen den Felsblöcken, die Heide breitet sich wieder aus.

Öffnungsperiode/Führungen Von Okt. bis März sind die Megalithfelder derzeit wieder frei zugänglich, von April bis Sept. nur mit Führung. Diese organisiert die Maison des Mégalithes (an der Zufahrtstraße zu den Feldern), auch in Deutsch, wobei nur einige Abschnitte der *Alignements* – je nach Bodenzustand wechselnd – betreten werden dürfen. April und Sept. tägl. 10–17 Uhr, Mai/Juni tägl. 9–18 Uhr, Juli/Aug. tägl. 9.30–19.30 Uhr. Eintritt 6 €.

Alignements de Ménec: Elf parallel verlaufende Steinreihen mit 1099 Steinen auf einer Länge von über einem Kilometer und einer Breite von rund 100 Metern bilden die größte Menhirallee der Welt. Die Steine wachsen nach Westen hin (bis zu 4 m Höhe) und werden von einem halbkreisförmigen Cromlech aus 71 Steinen begrenzt.

Alignements de Kermario: nicht das größte, doch das schönste Steinfeld. 1029 Felsblöcke, die größten über sechs Meter hoch. Die Alignements schließen sich zehnreihig, nur durch ein Wäldchen getrennt, an die vorige Allee an und enden nach 1200 m auf dem *Grabhügel von Le Manio*. Ein besonderes Exemplar ist der *Menhir aux Serpents* am östlichen Ende der Allee, an dessen Fuß fünf Schlangenzeichnungen eingeritzt sind. Der *Gigant von Manio (Géant du Manio)* ist ein Koloss von über sechs Metern Höhe; ganz in seiner Nähe ragt ein vierseitiger, fast quadratischer *Cromlech* aus 39 niedrigen Steinen aus dem Waldboden.

Alignements de Kerlescan: Die 555 Felsblöcke in 13 Reihen auf einer Länge von 280 m sind am besten über den Spazierweg zu erreichen, der vom Reitstall an der *Route des Alignements* abzweigt. Im Nordwesten steht der *Dolmen de Kerlescan*. Im Südosten, heute durch die Straße und ein Stück Heidegelände von der größeren Steinallee von Kerlescan getrennt, richten sich die bescheideneren Felsblöcke des *Petit Ménec* auf.

Baden

Carnac liegt im Herzen der Bucht von Quiberon. Die Kreiselströmung – verursacht durch die weit vorgeschobene Halbinsel – hat feinsandige und sanft in die Fluten abfallende Bilderbuchstrände aufgeschüttet, die zu den badefreundlichsten der Bretagne gehören. Ein Problem, das den Tourismusbehörden seit einigen Jahren Sorgen macht, sind die Algen. Diese vermehren sich rasend schnell und sind, haben sie sich erst einmal in Felsspalten angesiedelt, kaum mehr zu beseitigen. Eine Gruppe von Gemeindearbeitern ist eifrig damit beschäftigt, die Strände zu säubern. Der unangenehme Geruch, den die grünen Teppiche beim Trocknen verbreiten, lässt sich allerdings nicht vermeiden. Die Strände von West nach Ost:

Plage de St-Colomban: 400 m lang, ziemlich flach, mit einem etwa 20 m breiten Sandgürtel. Vermietung von Zelten, Kinderclub mit Animationsprogramm, Toiletten. Keine Boote. Am *Boulevard de l'Océan*, gleich hinter dem Strand, können sich Hungrige und Durstige versorgen.

Plage de Ty Bihan: von zwei Felsnasen begrenzt, 250 m feinsandiger, seichter Strand mit Kinderclub und Sprungturm. An der Straße Versorgungsmöglichkeiten und Toiletten. Bei Flut knapp 20 m breit.

Côte du Morbihan → Karte S. 420/421

Südküste

Plage de Légenèse: flach und seicht. Pinienparks mit Ferienhäusern und Grünanlagen mit Baumbestand begrenzen den vielbesuchten 400-m-Strand, der durch den Jachthafen von der Grande Plage getrennt ist. Verleih von Surfbrettern, Tretbooten und Zelten. Sprungturm, Kinderclub. Hundeverbot.

Grande Plage: der Hauptstrand. Eine 1,5 km lange, auch bei Flut noch knapp 50 m breite Badebucht, die sich ab dem *Port de Plaisance* an der Strandpromenade entlangzieht und in die weit ins Meer hinausreichende *Pointe Churchill* ausläuft. Eine gediegene Hotel- und Ferienhäuserzeile in schattigen Pinienwäldchen säumt den Boulevard. Alle Strandeinrichtungen eines modernen Seebads, turbulentes Badeleben im Sommer.

Plage de Beaumer und **Plage du Men Du:** Die beiden kleinen, geschützten Strände liegen auf der Ostseite der *Pointe du Churchill*, durch eine Grünanlage voneinander getrennt. Bei Ebbe ausgedehnte Wattlandschaft, bei Flut noch 10 bis 20 m breit. Oberhalb der Strände Parkplätze, Pinien und der Strandboulevard. Verschiedene Strandeinrichtungen, Cafés, Restaurants und Crêperien.

Basis-Infos

Postleitzahl 56340

Information Office de Tourisme, professionell geführtes Büro im Ortsteil Carnac-Plage. Ganzjährig Mo–Sa 9.30–12.30 und 14–18 Uhr. In der Hauptsaison etwas länger und auch Sonntag geöffnet. 74, avenue des Druides. ✆ 02.97.52.13.52, www.ot-carnac.fr.

Von April bis Sept. **Zweigstelle** im alten Ortsteil neben der Kirche; ungefähr dieselben Öffnungszeiten. Place de l'Eglise.

Hin und weg Bus: Mit der Linie 1 der Cars du Morbihan nach Quiberon (mit Anschluss auf die Fähre zur Belle-Ile), nach Auray und Vannes. Werktags bis zu 8-mal tägl. in beide Richtungen. Zentrale Haltestellen in Carnac-Plage neben dem Tourismusbüro und in Carnac-Ville unterhalb der Kirche, an der Avenue de la Poste.

Im Juli/Aug. verkehrt zwischen Carnac-Ville und Carnac-Plage die **Carnavette**, ein Gratis-Shuttle der Stadt: von 13.30 bis 20.30 Uhr im 15-Min.-Takt.

Fahrradverleih Mehrere Anbieter mit ähnlichem Angebot – Zweiräder vom Mofa bis zum Fun-Rad Känguruh u. a.:

A Bicyclette, in Carnac-Plage. 93bis avenue des Druides. ✆ 02.97.52.75.08.

Markt Mi und So auf dem Parkplatz Saint-Fiacre unweit der Kirche St-Cornély.

Pardon Vielbesuchte Wallfahrt zu St. Cornelius am 2. September-Sonntag. Mit Segnung des Hornviehs in der Rue St-Cornély, westlich der Kirche, an einem Brunnen.

Petit Train In 50 Min. vom Jachthafen über die aufgerichteten Steine von Ménec nach La Trinité-sur-Mer. Tickets an der Haltestelle Port-en-Dro (Jachthafen). Erw. 7,50 €, Kind bis 12 J. 4,50 €. Im Juli/Aug. um 21 Uhr Nachtfahrt, etwas länger, etwas teurer.

Reiten Centre Equestre des Menhirs in Le Manio Kerlescan. ✆ 02.97.55.73.45.

Wassersport Vom Surfbrett bis zum Tauchkurs, Hydrospeed, Paragliding, Wasserski – alles ist zu haben. Zentrum der Aktivitäten sind die Grande Plage und das Areal am Jachthafen Port-en-Dro.

Carnac Evasion, eine Allroundadresse im Verleihgeschäft für Wassersport, 52, avenue des Druides. ✆ 02.97.52.63.30.

Übernachten   → Karte S. 453

Hotels **** Le Diana 🔟, Carnacs erste Adresse, zentral an der Grande Plage in einem parkähnlichen Areal am Strandboulevard. 38 großzügige Zimmer mit komfortablen Balkons zum Meer. Minigolf, Swimmingpool, Tennis. Gediegenes Restaurant. DZ 133–273 €, in der Hauptsaison nur HP: 127–197 €/Pers. Geöffnet April–Sept. 21, boulevard de la Plage, ✆ 02.97.52.05.38, www.lediana.com.

Karte Carnac – Zentrum siehe S. 453

Carnac Übersicht

500 m

Côte du Morbihan → Karte S. 420/421   Südküste

*** **Le Tumulus** 🔳, am Fuß des Tumulus von St-Michel in Carnac-Ville. Großbürgerliche Ferienvilla in schönem Gartenpark. 23 komfortable Zimmer, Swimmingpool, Restaurant. DZ 99–205 €, noch teurer die Suiten und Appartements. Geöffnet Mitte Febr. bis Mitte Nov. 31, chemin du Tumulus, ✆ 02.97.52.08.21, www.hotel-tumulus.com.

*** **Best Western Plus Celticune** 🔟, große Villa im Kolonialstil zwischen Strandpromenade und Hauptstraße; ruhiger, von Bäumen beschatteter Park. Das von der Best-Western-Kette übernommene Hotel wurde 2009 umfassend renoviert und erfreut sich großen Zuspruchs. Gartenterrasse mit Sonnenschirmen, glasgedecktes, beheiztes Schwimmbad, Wellness- und Beauty-Abteilung, Ruhezone mit meditativer Musik. 55 ruhige, komfortabel eingerichtete Zimmer. DZ 89–189 €. Ganzjährig geöffnet. 82, avenue des Druises, ✆ 02.97.52.14.15, www.hotel-celtique.com.

*** **Le Plancton** 🔢, 3-geschossiger Flachbau am Strandboulevard mit langer Fensterfront zur Bucht. Komfortables Wohnen in 30 modern ausgestatteten, hellen Südzimmern mit Loggias. Restaurant. DZ 80–165 €. Geöffnet Mitte April bis Mitte Okt. 12, boulevard de la Plage, ✆ 02.97.52.13.65, www.hotel-plancton.com.

*** **Lann Roz** 🔳, auf halbem Weg zwischen Carnac-Ville und Carnac-Plage. Nach zweijähriger Schließung hat das Hotel 2015 in komplett neuem Look eröffnet; schick und modern, insgesamt 15 Zimmer und immer noch derselbe freundliche Familienbetrieb. DZ 89–155 €, die teureren mit Balkon. Ganzjährig geöffnet. 36, avenue de la Poste, ✆ 02.97.52.68.00, www.lannroz.fr.

** **Licorne** 🔳, 5 Fußminuten zum Strand und ins Zentrum von Carnac-Plage, in der Nähe der alten Salzfelder. Freundliches, kleines Hotel mit 26 akzeptablen Zimmern mit TV und Dusche/WC. Kein Restaurant. DZ 53–95 €. Geöffnet April–Dez. 5, avenue de l'Atlantique, ✆ 02.97.52.10.59, www.hotel-la-licorne.com.

** **La Marine** 🔳, in Carnac-Ville, gleich beim Museum. Hat 2015 aufgefrischt: einladendes

Entree mit Terrassenbar, in den Zimmern neue, wunderbare Duschen. 31 Zimmer Bad/WC. Gartenterrasse. Frühstücksbuffet. Sehr lebendige Bar. DZ 49–79 €. Ganzjährig geöffnet. 4, place de la Chapelle, ✆ 02.97.52. 07.33, www.la-marine-carnac.com.

** Le Ratelier **6**, in Carnac-Ville. 200 Jahre altes Haus in ruhiger Lage mit nur 8 Zimmern. Die „Zimmer sind recht klein", schrieben Leser, konnten jedoch angesichts der preiswerten exzellenten Küche locker darüber hinwegsehen. DZ 52–71 €, HP 59–67 €/Pers. Geöffnet Febr. bis Mitte Nov. 4, rue du Douet, ✆ 02.97.52.05.04, www.le-ratelier.com.

Camping Rund 20 Plätze aller Kategorien mit knapp 2000 Stellplätzen – trotzdem kann es im August eng werden. Schwerpunkte entlang der Straße der Alignements und am östlichen Stadtrand von Carnac-Plage. Keine Campingmöglichkeiten direkt am Meer. Oft starke Preisunterschiede zwischen Haupt- und Nebensaison. Eine Auswahl:

**** **Les Menhirs**, Luxusplatz, 250 m oberhalb der Grande Plage. Großes, fast schattenloses Areal, 161 Stellplätze in Reih und Glied. Gepflegte Sanitäreinrichtungen, Wasser- und Abwasseranschlüsse für Wohnmobile. Restaurant, Bar, Laden, Waschmaschinen, Reinigung, Tennis, Sauna, Fahrradverleih. 60-m-Rutschbahn in den Pool, Spielplatz, Planschbecken und Swimmingpool. Wohncontainer-Vermietung. Geöffnet Mitte April bis Mitte Sept. 7, allée St-Michel, ✆ 02. 97.52.94.67, www.lesmenhirs.com.

**** **La Grande Métairie**, unterhalb der Alignements an einem Weiher, in einer Talmulde. Großzügiges, schattiges Wiesenterrain, teils von Hecken, hohen Bäumen und Büschen unterteilt. Gute Sanitäreinrichtungen. Swimmingpool, Waschmaschinen, vielfältiges Animationsangebot von Tennis über Reiten bis Minigolf. Restaurant, La-

den. 128 Stellplätze. Geöffnet April bis Mitte Sept. Route des Alignements de Kermario, ✆ 02.97.52.24.01, www.lagrandemetairie.com.

**** **Moulin de Kermaux**, in einem Kiefern- und Pinienwäldchen unterhalb der Menhirfelder von Kermario. Nettes Gelände mit Kinderspielplatz, beheiztem Swimmingpool, Laden. Ordentliche sanitäre Anlagen. Leser beschwerten sich aber über die Totalbeschallung mit Rap bis Mitternacht. Das ist natürlich nicht jedermanns Sache, und wir hoffen, dass dies der Campingbetreiber inzwischen auch so sieht. 70 Stellplätze. Geöffnet Mitte April bis Mitte Sept. Route de Kerlescan-Kermaux, ✆ 02.97.52.15. 90, www.camping-moulinkermaux.com.

*** **Les Druides**, am östlichen Ortsende von Carnac-Plage, 500 m zu den Stränden. Gepflegtes Gelände in ländlicher Umgebung. 90 Stellplätze; die Sanitärblocks bedürfen einer besseren Wartung, Spielplatz, wenig Infrastruktur. Geöffnet Mitte April–Aug. 55, chemin de Beaumer, ✆ 02.97.52.08.18, www.camping-les-druides.com.

*** **Le Dolmen**, neben dem Druidencamp. Recht einfaches Gelände, dessen Eingang ein Dolmen schmückt. Kinderspielplatz, Caravanverleih wie auf den meisten Plätzen. Keine Hunde und sonstigen Haustiere. Geöffnet April–Sept. Chemin de Beaumer, ✆ 02. 97.52.12.35, www.campingledolmen.com.

** **Le Men Du**, einer der wenigen 2-Sterner in und um Carnac und von allen Plätzen der strandnächste (unterhalb von Les Druides). Wer auf große Ausstattung verzichten kann, findet hier einen für seine Klasse attraktiven Platz. 100 Stellplätze. Geöffnet April–Sept. 22bis, chemin de Beaumer, ✆ 02.97.52.04.23, www.camping-mendu.fr.

Wohnmobile 50 Stellplätze mit Elektrizität auf dem Square Illertissen (Chemin de Pouldevé) in Carnac-Bourg.

) Essen & Trinken

Eine Vielzahl von gediegenen Restaurants, Crêperien, Pizzerien und Snackbars verteilt sich über das Stadtgebiet, gehäuft in Carnac-Plage. Vier bekannte, gute Speiseadressen:

Restaurants **La Brigantine** **5**, im efeubewachsenen Haus hinter der Kirche von Carnac-Ville kann man sich zu hohen Preisen mit Meeresfrüchteplatten und Menüs (auch Hummermenü) verwöhnen lassen. Ge-

schlossen So/Mo sowie im Jan. 3, rue Colary. ✆ 02.97.52.17.72.

La Frégate **9**, in Carnac-Plage (Nähe Office de Tourisme). Freundlicher Service in traditionellem Haus mit traditioneller Küche, von derselben Familie bereits in dritter Generation geführt. Schattige Terrasse zur Straße. Geöffnet Ostern bis Okt. 14, allée des Alignements. ✆ 02.97.52.97.90.

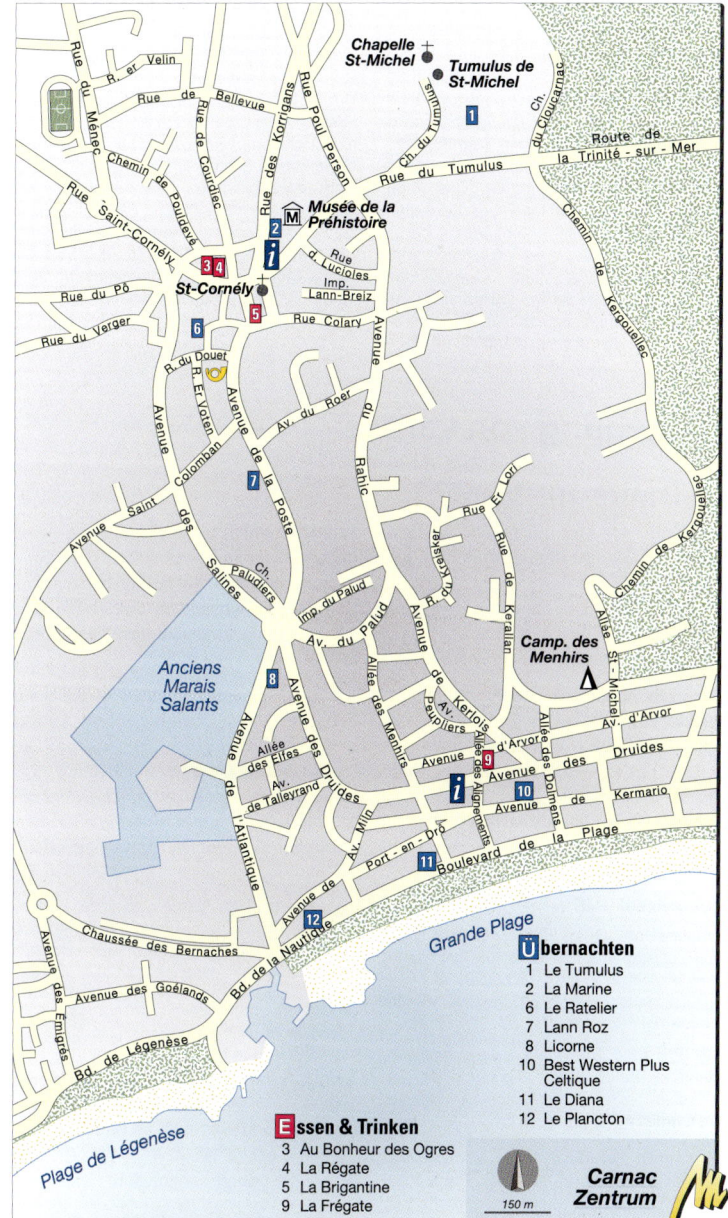

Übernachten
1 Le Tumulus
2 La Marine
6 Le Ratelier
7 Lann Roz
8 Licorne
10 Best Western Plus Celtique
11 Le Diana
12 Le Plancton

Essen & Trinken
3 Au Bonheur des Ogres
4 La Régate
5 La Brigantine
9 La Frégate

Côte du Morbihan → Karte S. 420/421

Südküste

Carnac Zentrum

150 m

>>> **Mein Tipp: Au Bonheur des Ogres** ■3, in Carnac-Ville. Das frühere „Gourmandise" hat 2015 den Besitzer gewechselt und unter neuem Namen eröffnet. Ein vielversprechender Anfang: klassische französische Küche unter Berücksichtigung saisonaler Produkte, Fisch und Fleisch. Kein überbordendes Angebot, der Akzent liegt auf der Qualität, nicht auf Quantität. Das Tatar kommt nicht als Hackfleisch auf den Teller, sondern in Form sehr fein geschnittener Streifen, die klassische Würzung wird durch einen Angosturabitter ergänzt. Und der abschließende Kaffee würde selbst einem italienischen Barista zur Ehre gereichen. Rue St-Cornély, ✆ 02.97.58.59.53. <<<

La Régate ■4, in Carnac-Ville – der Moules-Frites-Spezialist des Orts. Der Wirt beweist, was man mit Muscheln alles anstellen kann: Muscheln mit Schnecken oder mit Whiskey, Muscheln mit Roquefort oder mit Pastis oder ganz einfach klassisch „marinières". Der Wirt bezieht die Muscheln aus der Gegend und garantiert hohe Qualität, Alles sieht etwas billig aus, das Preis-Leistungsverhältnis stimmt auf jeden Fall, der Service könnte noch etwas lernen. Und schließlich: Die Küchenweisheit, dass man Muscheln nur in Monaten mit „R" konsumieren soll, ist umstritten. Unumstritten ist, dass sie dann besser schmecken. Mo Ruhetag. 10, rue St-Cornély. ✆ 02.97.52.23.84.

Umgebung von Carnac

La Trinité-sur-Mer   1600 Einwohner

La Trinité-sur-Mer mit seinem riesigen Jachthafen genießt in der Segelszene einen guten Ruf. Haupttätigkeit und erste Einnahmequelle ist aber – noch vor dem Tourismus – die Gewinnung von Austernbrut im fjordartigen Mündungsbecken des Flusses Crac'h. Das Zentrum der Gemeinde breitet sich rund um den Hafen aus, oberhalb des Flussufers machen sich auf der schmalen, bewaldeten Landzunge Ferienhäuser breit.

Der nach Süden zum Meer hin offene, 400 m lange *Strand von Kervillen* ist die beste Badeadresse (Parkplatz, Toiletten, Mickey-Club, zwei kleine Campingplätze). An ihn schließt sich noch vor der gleichnamigen Landzunge die *Plage de Kerbihan* an. Die Strände entlang der Flussmündung sind wegen Algen und Gezeiten nur bedingt zum Baden geeignet, die Zufahrtswege meist privat. Die 300 m lange Brücke *Pont de Kerisper* (D 781 Richtung St-Philibert und Locmariaquer) bietet einen großartigen Blick über das weit eingeschnittene Flusstal und auf die Bootswerften des geschäftigen Hafenzentrums.

Postleitzahl 56470

Information Office de Tourisme, am Hafen. Juli/Aug. tägl. 9–13/14–19 Uhr, Sept.–Juni Mo–Sa 9–12.30/14–17.30 Uhr. 30, cours des Quais. ✆ 02.97.55.72.21, www.ot-trinite-sur-mer.fr.

Hin und weg Bus: Haltestelle beim Fischmarkt am Hafen. Von 7.30 bis 17.30 Uhr Anschlüsse nach Carnac/Quiberon und Auray/Vannes mit der Linie 1.

Einkaufen >>> **Mein Tipp:** L'Atelier-Musée de Jules Verne, im alten Ortsteil bei der Kirche. Ein Rentner der französischen Marine unterhält hier auf kleinstem Raum eine kunterbunte Mischung von Werkstatt, Antiquitätenladen und Museum: alte Tele-

skope, Gemälde, Namensschilder, Karten, Schiffsinstrumente – ein Bubentraum. Auch wenn Sie nichts finden einen Besuch wert. Place de l'Eglise, ✆ 02.97.30.15.90. <<<

Markt Di und Fr jeweils vormittags. Fischmarkt jeden Morgen in der Halle aux Poissons.

Wassersport Société Nautique de la-Trinité, eine Allround-Adresse für Segeln, Surfen, Kajak und Wasserski an verschiedenen Stränden. Cours des Quais. ✆ 02.97.55.73.48.

Hotel *** L'Ostrea, zentral am Hafen, Mittelklassehotel, das nach einer Rundumerneuerung 2012 einen zusätzlichen Stern erhielt. 17 Zimmer, teils für mehrere Personen, rund die Hälfte mit Meerblick. Restau-

Austernzucht

rant, Brasserie, Pub. DZ 60–120 €. Ganzjährig geöffnet. 36, cours des Quais, ☎ 02.97.55.73.23, www.hotel-ostrea.com.

Camping 5 Plätze in der näheren Umgebung, 3 davon im Landesinneren nördlich von La Trinité (die Abzweigung auf die D 186 vor der Brücke über den Crac'h nehmen). Die beiden anderen Plätze auf der Landzunge im Süden links und rechts der Plage de Kervillen, mehr oder weniger direkt am Meer.

**** La Baie, 170 Stellflächen in einem schattigen Wäldchen in besiedelter Vorstadtgegend. Freundlicher Platz, gute Infrastruktur. Laden, Vorgekochtes, Restaurant, Swimmingpool mit großer Rutsche, Kinderspiel- und Tennisplatz, Fahrradverleih. Geöffnet Mai bis Mitte Sept. Plage de Kervillen, ☎ 02.97.55.73.42, www.campingdelabaie.com.

**** La Plage, 200 Stellplätze in ähnlichem Terrain wie der vorherige Platz, ähnliche Infrastruktur, ähnliches Preisniveau. Geöffnet 2. Maiwoche bis Mitte Sept. Kervillen, ☎ 02.97.55.73.28, www.camping-plage.com.

**** Kervilor, im gleichnamigen Ortsteil; große Rutsche ins Schwimmbecken, schattig, sehr gut ausgestattet, insgesamt empfehlenswert. 250 Stellplätze. Geöffnet April bis Mitte Sept. Kervilor, ☎ 02.97.55.76.75, www.camping-kervilor.com.

**** Plijadur, an der Straße nach Carnac und ebenfalls empfehlenswert. 200 durch Hecken abgeteilte Stellplätze. Beheizter Swimmingpool, dahinter großer Kunstweiher für Angler. Minigolf, Tischtennis, Fahrradverleih, Sauna. Geöffnet Ostern bis vorletzte Sept.-Woche. 94, route de Carnac, ☎ 02.97.55.72.05, www.camping-apv.com, dort auf den einzigen Punkt in der Bretagne klicken.

Côte du Morbihan → Karte S. 420/421   Südküste

Saint-Philibert

1600 Einwohner

Weit verstreut zwischen zwei Fjordbuchten, gegenüber von La Trinité, liegt das ländliche St-Philibert – im Vergleich zu Carnac und La Trinité eher eine bescheidene Urlaubsadresse. Der herausgeputzte, etwas verträumte Ortskern liegt malerisch vor der Wattlandschaft, mehrere Strände säumen südlich der Ortschaft die Küste. Doch sind die Buchten rund um die Landnase ziemlich veralgt und bei Ebbe schlickig. Der *Strand von Kernevest*, gegenüber La Trinité am Ufer des Crac'h, ist ein etwa 300 m langer, von Wald begrenzter Dünensaum, bei Flut noch 10 m breit. Die von einem Appartementareal mit Supermarkt gekrönte *Plage de Men er Bellec* ist wenig einladend, flach und seicht. Starke Veralgung.

Tipp: Statt nach der Brücke über den Crac'h auf der D 781 zu bleiben und auf gerader, doch ereignisloser Strecke direkt nach St-Philibert zu fahren, lohnt es, „par la côte" zu wählen; die D 28 führt rund um die Landnase, man erreicht beide Strände.

Markt Im Sommer jeden Samstag in St-Philibert-Bourg.

Hotel ≫ Mein Tipp: *** Le Galet, an der D 781, 1,5 km vor der Brücke nach La Trinité. Der neue Besitzer hat dem Hotel ein radikal neues Gesicht verpasst. Das streng rechtwinklige architektonische Konzept wird selbst beim modern-eleganten Zimmerdesign eingehalten. Dieselbe architektonische Handschrift verrät die Spa-Abteilung im Nebenbau mit elektronisch gesteuerten Jacuzzi-Bädern, Fitnessraum, Massageräumen, Sauna und beheiztem Schwimmbad. Ein richtiges kleines Wellness-Hotel – was will man mehr. Dank der zurückversetzten Lage im Park ruhig, 19 Zimmer, teils mit Balkon, 2 Suiten und last but not least: eine einladende Bar-Lounge. DZ 80–165 €, Jacuzzibäder, Sauna und Fitnessraum kosten extra. Fahrradverleih. Ganzjährig geöffnet. Saint Philibert, 56470 La Trinité-sur-Mer, ☎ 02.97.55.00.56, www.legalet.fr. ≪

Camping *** L'Evasion, neben Hotel Le Galet, für Reisende mit Mobilwohnungen, die auf einen gewissen Standard nicht verzichten wollen. Gut und schattig, beheiztes Schwimmbad, Toboggan. Mehr Wohnwagen als Zelte. 90 Stellplätze. Geöffnet April–Okt. Route de la Trinité, Saint-Philibert, 56470 La Trinité-sur-Mer, ☎ 02.97.55.04.90, www.campinglevasion.com.

Golf von Morbihan

„Mor Bihan", das Kleine Meer. Einer bretonischen Legende zufolge überschwemmten die Tränen trauriger Feen, die einst vor den Menschen aus ihrem Zauberreich fliehen mussten, das Festland. Ihre Haarkränze verwandelten sich in 365 Inseln, die im Tränenmeer schwimmen – für jeden Tag des Jahres eine.

Geologen sehen die Sache nüchterner: Die 12.000 Hektar große Wasserfläche ist das Resultat einer relativ jungen Verschiebung zweier gigantischer Platten in der Erdrinde, die den Meeresboden absinken und das Binnenmeer entstehen ließ – nur durch eine schmale Meerenge ist die bis zu 17 m tiefe Bucht mit dem Atlantik verbunden. Der gewaltige Sog von 10 Knoten Fließgeschwindigkeit an dieser Engstelle besorgt im Spiel der Gezeiten den Wasseraustausch und verhindert eine Versalzung und Verlandung der Bucht. Zahlreiche Flüsse, insbesondere der *Auray*, der ungeheure Mengen Sand und Geröll anschwemmt, zergliedern die Küste in tief einreißende Mündungsarme mit dazwischen weit vorspringenden Landzungen, die sich flach in das sanft gekräuselte Meer hinausschieben.

Zweimal am Tag verändert sich das Gesicht dieser außergewöhnlichen Meer- und Insellandschaft. Während bei Flut die flachen, bewaldeten Inseln schemenhaft auf dem Meer schwimmen, verwandelt die Ebbe den Golf in weite, von Prielen, Sandbänken und Austernparks durchzogene Schlicklandschaften, die sich aus der spiegelglatten Wasserfläche des „Kleinen Meeres", wie von Zauberhand hervorgeholt, herausheben.

Naturfreunde freuen sich über die fast mediterrane Vegetation, in der neben Palmen auch Orangen- und Zitronenbäume gedeihen. Zudem ist der Golf von Morbihan eines der größten Vogelreservate Europas: Myriaden von Flugenten, Stelzenvögeln und Möwen beleben den Himmel, auf ihrem Flug in den Süden machen hier alljährlich die großen Zugvögel eine Pause, und in der Brutsaison geben sich allerhand Kurzschnäbler ein Stelldichein. Am besten erschließt sich der Golf auf dem Wasser, zahlreiche Schiffsgesellschaften bieten ihre Dienste an.

Von den Inseln und Inselchen des Golfs sind etwa 40 bewohnt, die größten sind die *Ile aux Moines* und die *Ile d'Arz*. Kulturhistorisch aufregend ist die *Ile Gavrinis* mit dem interessantesten prähistorischen Fürstengrab der Bretagne, dem Tumulus von Gavrinis.

Fähren Zwischen Mai und Oktober tagsüber fast stündlich Personenfähre zwischen **Locmariaquer** und **Port-Navalo** an den beiden Landspitzen am Eingang zum Golf. Weitere regelmäßige Verbindungen zwischen Larmor-Baden und der Insel **Gavrinis**, zwischen Arradon und der **Ile aux Moines** sowie der **Ile d'Arz**. Auskünfte in den Hafenbüros der verschiedenen Gesellschaften.

Bootsausflüge Eine Unzahl von Angeboten erschließt den Golf von Morbihan inkl. Auray-Flussmündung per Schiff. Von der Fähre zwischen zwei Häfen über die kommentierte halb- oder ganztägige Panoramarundfahrt bis zur gastronomischen Golfkreuzfahrt ist alles zu haben. Haupthäfen sind Locmariaquer, Auray, Vannes und Port-Navalo. Das Preis-Leistungs-Verhältnis der Gesellschaften unterscheidet sich kaum. Aus der Fülle der Angebote: Ganztägige große Golftour inkl. Besuch der Mönchsinsel 24 €, Kind 4–17 Jahre 16 €. Navix, ✆ 02.97.46.60.00, www.navix.fr.

Locmariaquer

1600 Einwohner

Locmariaquer liegt auf einer Halbinsel, die sich zwischen der *Crac'h*- und der *Auray-Mündung* weit ins Meer hinausschiebt und zusammen mit dem gegenüberliegenden Port-Navalo das Tor des Golfs bildet. Die weiß gestrichenen Häuser drängen sich auf der Golf-Seite zusammen und bilden die Kulisse eines provinziell-gemütlichen Urlaubsparadieses abseits der Turbulenzen großer Seebäder. Doch ein Geheimtipp ist Locmariaquer nicht. An schönen Sommertagen amüsiert sich entlang des fast 15 km langen, flachen Küstensaums viel Badevolk, Bootsausflügler drängeln sich am Hafen. Auch im Rezeptionsgebäude des kleinen Ausgrabungsgeländes herrscht reger Betrieb: Locmariaquer nennt sich stolz und zurecht *Cité mégalithique*.

Seine bedeutenden prähistorischen Monumente, die zur Carnac-Gruppe gerechnet werden, machten Locmariaquer in Fachkreisen schon früh berühmt. Die Halbinsel war eine beliebte Begräbnisstätte vorgeschichtlicher Sippenchefs. Zahlreiche Dolmen, darunter die gewaltige *Table des Marchands* und der zerbrochene *Feenstein*, zeugen von der wichtigen Rolle der Halbinsel im Totenkult der Megalithiker.

Die Austernzucht von Locmariaquer blickt auf eine lange Tradition zurück. Nach den Römern genossen bretonische Herzöge und französische Könige den Luxus-Snack. Mitte des 19. Jahrhunderts beauftragte *Napoleon III.* einen renommierten Biologen, die Austernkultur der Region zu professionalisieren, und in den nächsten hundert Jahren war das Austerngewerbe das wichtigste wirtschaftliche Standbein der Gemeinde. Nach einigen bösen Rückschlägen zu Beginn der 1970er Jahre – Parasiten dezimierten die Bestände – musste japanische Zuchtware importiert werden. Doch gelang es den Austernzüchtern, die fernöstliche Brut so zu veredeln, dass die Produkte heute als anerkannte *Creuses de Bretagne* wieder auf die Teller der Gourmets gelangen. Knapp zwei Dutzend Zuchtbetriebe aus Locmariaquer beliefern den Markt mit rund 3000 Tonnen Austern pro Jahr.

Côte du Morbihan ↓ Karte S. 420/421

Südküste

Sehenswertes

Die Megalith-Zeugnisse am Ortseingang erregen seit Mitte des 19. Jahrhunderts die wissenschaftliche Neugier – und in der Folge die Phantasie der Touristen. Wie in Carnac waren auch hier im letzten Jahrhundert der Vanner Archäologe René Galles und der „Vater der Megalithen", *Zacharie Le Rouzic*, zugange. 1986 wurde mit archäologischen Grabungen größeren Ausmaßes rund um die *Table des Marchands* begonnen, wobei sich Hinweise auf eine noch frühere Kultstätte und Besiedlung fanden. Seitdem ist das Gelände rund um den Großen Menhir eingezäunt und von Suchgräben durchfurcht. Wertvolle Fundstücke befinden sich in den Museen von Vannes und Carnac. Hinweis: Für die Erkundung der dunklen Ganggräber um Locmariaquer ist eine Taschenlampe erforderlich.

Dolmen Mané Lud: nah der Hauptstraße am Ortseingang. Der *Hügel der Leichen* (bret. *Mané Nélud*) war das erste Ganggrab, das 1863/64 hier gefunden wurde: 5,50 m hoch, 80 m lang, 50 m breit und von einer dünnen Erdschicht überzogen. Es besteht aus aufgeschichteten Steinen und zeigt eine ovale Grabkammer, in deren Mittelpunkt René Galles einen Bestattungs- oder Opferplatz ausmachte (menschliche Asche in einem sogenannten Steinkistengrab). Grabkammer wie Gang weisen Ritzungen und Muster auf. Frei und gratis zu besichtigen.

Table des Marchands und Grand Menhir Brisé: Der *Tisch der Händler* trägt seinen Namen zurecht: Die hohe Besichtigungsgebühr – begründet damit, dass es sich um ein „monument national" handle – grenzt an Wucher. Dem deutschen Dichter *Heinrich Heine*, der Locmariaquer während seiner Recherchen über Elementargeister aufsuchte, galt das mächtige Ganggrab noch als Wohnstatt der Korrigans. Heute ist der Tisch der Händler mit der fast 1 m dicken und 5,72 m auf 3,95 m großen „Tischplatte" bar jeder Romantik, hinter dem Drahtgitter wirkt das einstige Totenhaus geheimnislos. In ihrer feinen Bearbeitung außergewöhnlich sind die Gravierungen und Reliefs des hinteren spitzbogigen Tragsteins. Der Strahlenkranz (Symbol der Sonnengöttin), bekannt von megalithischen Monumenten in Spanien und Portugal, sowie die 56 Hakenstäbe (möglicherweise Symbol für ein ährenschwangeres Kornfeld) könnten darauf hinweisen, dass die Megalithiker Ackerbau betrieben und Sonnen- und Fruchtbarkeitsrituale in den Mittelpunkt ihres Glaubens rückten.

25 m vom Kaufmannstisch entfernt liegen die vier schweren Brocken des großen, zerbrochenen Menhirs. Der ursprünglich 20,30 m hohe *Men-er-Hroec'h* (Feenstein) ist 350 Tonnen schwer und dürfte relativ spät aufgerichtet worden sein – unter den Bruchstücken fand man gallorömische Spuren. Unklar ist, wann und warum der stolze Stein in Trümmer ging.

Ausgrabungsgelände mit Table des Marchands und Grand Menhir Brisé: Mai/Juni tägl. 10–18 Uhr. Juli/Aug. tägl. 10–19 Uhr. Sept.–April tägl. 10–12.30 und 14–17.15 Uhr. Kleine Ausstellung, Führungen auf Wunsch. Eintritt 5,50 €.

Bis er umfiel, war er ein ganz großer: Le Grand Menhir Brisé

Pierres Plates: Die kniefo̗rmig geknickte *Allée couverte* liegt an einem kleinen Steilufer etwa 1,5 km westlich der Pointe de Kerpenhir. Das von elf flachen Steinen überdachte Ganggrab stammt aus dem 3. Jahrtausend v. Chr. Ein *Menhir indicateur* zeigt die Grabanlage an. Dass der „Hinweismenhir" einst eine Orientierungshilfe für die Küstenschiffer war, gehört in das Reich der Spekulation. Nicht allzu aufregend, gratis zu besichtigen.

Pointe de Kerpenhir: Hinter der flachen Landspitze am Eingang zum Golf von Morbihan kräuseln sich die Strömungen, die im Gezeitenrhythmus den Wasseraustausch zwischen Golf und Atlantik besorgen. Das Denkmal einer Fischerfrau mit Kind, die nach dem Familienvater Ausschau hält, steht schon lange hier. Dahinter ragt eine verrostete MG-Lafette aus dem grauen Fundament; sie stammt aus dem Zweiten Weltkrieg. Auf der anderen Seite der Meerenge, einen knappen Kilometer entfernt, ist der Leuchtturm von Port-Navalo zu sehen.

Basis-Infos

Postleitzahl 56740

Information Office de Tourisme, kleines Büro im Ortszentrum; nützlich ist eine bunte Karte inklusive den wichtigsten Sehenswürdigkeiten und Campings. April–Juni und Sept. Mo–Sa 9.30–12.30/14–17.30 Uhr. Juli/Aug. Mo–Sa 9–18, So 9.30–13 Uhr. Okt.–März Mo–Fr 9.30–12.30 und 14–17.30, Sa 9.30–12.30 Uhr. 1, rue de la Victoire. ℡ 02.97.57.33.05, www.ot-locmariaquer.fr.

Hin und weg Bus: Von Locmariaquer 2-mal tägl. nach Auray. Haltestelle im Ortszentrum.

Fähre: Regelmäßige Fährverbindung mit Port-Navalo auf der gegenüber liegenden Landspitze (15 Min.). Im Sommer tagsüber fast stündlich, in der Nebensaison weniger häufig.

Bootsausflüge Zwei Gesellschaften organisieren Golfrundtouren:

Navix, die große Gesellschaft mit Hauptsitz in Vannes und mehreren Stützpunkten im Golf. ℡ 02.97.46.60.00, www.navix.fr.

Vedettes L'Angelus, die lokale Alternative. Port du Guilvin. ℡ 02.97.57.30.29, www.vedettes-angelus.com.

Côte du Morbihan → Karte S. 420/421   Südküste

Im Sommer mit Navix (s. o.) täglich eine Überfahrt nach **Belle-Ile**, ebenfalls 1-mal nach **Houat**. Abfahrt jeweils 10 Uhr, zurück 18.30 Uhr. Auskunft/Buchung am Hafen oder unter ☎ 02.97.46.60.00.

Markt Dienstag und Samstagvormittag an der Place Général de Gaulle.

Übernachten

Hotels ** **La Voile**, eine neue Equipe hat das ehemalige „Lautram" am Platz vor der Kirche gleich vor dem Hafen übernommen und aufgepeppt. Renovierte Zimmer mit schicker Dusche. Restaurant und – das lokale Gewerbe dankt – Austernbar. DZ 49–109 €. Auch Appartments für 2 bis 6 Pers. Geöffnet April–Okt. Place de l'Eglise, ☎ 02.97.57.31.32, www.hotellavoile.com.

L'Escale, nettes kleines Hotel direkt am Hafen mit schöner Aussicht und kleinem Gartenpark. 10 unterschiedlich ausgestattete Zimmer. Behagliches Restaurant (Fisch und Meeresfrüchte). DZ 55–81 € je nach sanitärer Ausstattung und Lage. Geöffnet April–Sept. 1, place Dariorigum, ☎ 02.97. 57.32.51, www.escale-hotel.com.

Camping ** **Municipal La Falaise**, an der Südwestspitze der Halbinsel, durch die Straße vom Hauptstrand getrennt. 300 Stellplätze auf wunderschönem, leicht hügeligem Terrain, teils mit großen Bäumen bestanden. Ordentliche Sanitäreinrichtungen, Laden, Pizzeria, Kinderspielplatz, Tischtennis, Kajak- und Kanuverleih. Geöffnet Mitte März bis Mitte Okt. Route de Kerpenhir, ☎ 02.97.57.31.59.

** **Domaine de Kerpenhir**, schattenloses, von Hecken und einem Zaun eingefasstes Rasenterrain unweit der gleichnamigen Landspitze. Einfache Sanitärblocks, beheizter Swimmingpool. Auf der anderen Straßenseite gutbürgerlich speisen im Hotel-Restaurant Le Relais. 80 Stellplätze. Gerne von Reisenden mit Wohnmobilen aufgesucht. Geöffnet Mitte April bis Mitte Sept. Kerpenhir, ☎ 02. 97.57.31.92, www.domaine-de-kerpenhir.fr.

La Ferme Fleurie, unweit der aufregendsten Megalithen, am nördlichen Ortsrand etwas landeinwärts. Kleiner, schattiger Platz, sanitär ausreichend. Vermietung von Bungalows, Zelten und Caravans. Laden, Spielplatz. 26 Stellplätze. Geöffnet April bis Mitte Okt. Kerlogonan, ☎ 02.97.57.34.06.

Wohnmobile Stellplätze, Versorgung und Entsorgung im **Camping La Falaise** (s. o.).

Auray   12.800 Einwohner

Das so friedlich wirkende Städtchen am Ufer des *Loch-* oder *Auray-Flusses* hat eine bewegte Geschichte. Von der Burg, Anfang des 13. Jahrhunderts auf einem steilen Felshügel über dem Loch erbaut, sind nur noch die Grundmauern erhalten: *Heinrich II.,* Enkel der Herzogin Anne de Bretagne und König von Frankreich, ließ 1526 den Bau schleifen und verwendete die Steine für seine Festung Le Palais auf der Insel Belle-Ile.

Von den kärglichen Überresten der Burg führt heute die romantische *Promenade du Loch* in spitzkehrigen Serpentinen hinunter nach *St-Goustan*, dem alten Hafen von Auray. Durch die Blätterkronen der Bäume bieten sich traumhafte Ausblicke auf das mittelalterliche Handelszentrum, das zu den

vorbildlich erhaltenen Ortskernen der Bretagne zählt und Auray das Prädikat *Ville d'Art et Histoire* eingebracht hat. Eine Brücke verbindet den alten *Hafen* mit der hoch über dem Fluss liegenden „Neu"-Stadt, deren Zentrum von repräsentativen Verwaltungsgebäuden aus dem frühen 19. Jahrhundert und der *Kirche St-Gildas* geprägt ist. Hier, in der Oberstadt, spielt sich das Alltags- und Wirtschaftsleben ab.

Sehenswertes

In Auray und Umgebung wurden einige der blutigsten Kapitel der bretonisch-französischen Geschichte geschrieben. Die wenig spektakulär wirkenden Sehenswürdigkeiten erschließen sich erst, wenn Sie sich für deren Geschichte interessieren – dann hat Auray einiges zu bieten. Die Stadt war Zeugin einer schicksalhaften Schlacht, Schauplatz eines blutrünstigen Prozesses und Geburtsort eines tragisch endenden Idols.

Hafenviertel St-Goustan: Schiefe Fachwerkhäuser (15./16. Jh.) ziehen sich vom Kai die engen, steilen, kopfsteingepflasterten Gassen den Hügel hinauf, überragt von der Turmspitze der gotischen *Kirche St-Sauveur*. Der träumerisch an einer Flussschleife des Loch gelegene alte Hafen von Auray war bis zu Beginn des 20. Jahrhunderts ein wichtiger Umschlagplatz. Die schnellen Küstenschiffe, die mit Kolonialwaren, Textilien, Holz und Apfelwein beladen hier ankerten, brachten Wohlstand in die Stadt. Am *Quai Franklin* segelte 1779 der amerikanische Unterhändler und Mitverfasser der Unabhängigkeitserklärung *Benjamin Franklin* ein, um mit Frankreich eine Allianz zu schmieden. Empfehlenswert ist auch ein Spaziergang auf den alten Treidelwegen beiderseits des Flusses oder auf der *Promenade du Loch*, die in steilen Stufen in die Oberstadt führt und großartige Aussichten auf den alten Hafen bietet.

Hafenviertel St-Goustan

Côte du Morbihan → Karte S. 420/421

Südküste

Kirche St-Gildas: Die Kirche im Zentrum der Oberstadt ist ein kunterbuntes Gemisch verschiedener Stile; sie stammt zum größten Teil aus dem 17./18. Jahrhundert und vereint Elemente der Gotik, der Renaissance und des Barocks. Im Inneren beeindrucken ein marmorverziertes *Retabel* (1664), die gold-rot prunkende *Kirchenorgel* (1761) und ein holzgeschnitzter *Baldachin* über dem Taufbecken.

Mausolée de Cadoudal: im Ortsteil Kerléano am südlichen Stadtrand. In einem einfachen, runden Kuppelmausoleum ruhen die Gebeine von *Georges Cadoudal*, dem berühmtesten und letzten Kämpfer der Chouannerie (→ Kastentext „Der letzte Chouan"). Die Grabstätte wurde gegenüber seinem Elternhaus (kleines Museum) errichtet.

Chartreuse d'Auray: im Norden der Stadt, hinter dem Bahnhof. Das mit grausamer Härte geführte Gemetzel, das als „Schlacht von Auray" (→ Geschichte, Kastentext „Die Schlacht von Auray") in die Annalen einging, spielte sich am 29. September 1364 zwei Kilometer nördlich von Auray in den Sümpfen von Kerzo ab und beendete den 23 Jahre währenden bretonischen Erbfolgekrieg. Einzige Erinnerung an das Massenmorden ist die *Grabkapelle* der ehemaligen Kartäuserabtei *Chartreuse d'Auray*, die Jean de Montfort unmittelbar nach seinem Sieg stiftete, um dem im Kampf gefallenen Rivalen und Blutsverwandten Charles de Blois doch noch einen christlichen Dienst zu erweisen. Der historische Gebäudekomplex der Abtei wurde 1968 bei einem Brand fast völlig zerstört, die Grabkapelle mit den Gebeinen von Charles de Blois blieb unversehrt. Heute leben und arbeiten in der wiederaufgebauten Chartreuse die „Töchter der Weisheit", ein im 18. Jahrhundert gegründeter Orden zur Pflege der Kranken.

In einer Gruft der Grabkapelle (nur Juli/August geöffnet) ruhen „für Gott und den König frevelhaft erschlagen" lieblos aufeinandergeschichtet die makabren Überreste der 1795 auf dem *Champ des Martyrs* (s. u.) exekutierten Royalisten und Chouans. 1814 wurden sie aus der Sühnekapelle des *Champ des Martyrs* hierher gebracht.

Champ des Martyrs: 2 km nördlich der Stadt, in der Nähe der Chartreuse d'Auray (s. o.). Das zweite, nicht minder gewalttätige Ereignis in der Geschichte Aurays fand

Der letzte Chouan

1771 wird in Kerléano bei Auray der Bauernsohn *Georges Cadoudal* geboren, der als „letzter Chouan" in die Geschichte einging. Cadoudal, der sich 1793 der Waldkauzbewegung angeschlossen hat, überlebt die Niederlage von Quiberon und wird 1795 zum Anführer der Chouans im Untergrund. Trotz mehrerer Schlichtungsversuche Napoleons – er trägt dem in der Bretagne äußerst beliebten Rebellenchef sogar den Generalsrang an – lässt Cadoudal nicht von seinen royalistischen Idealen ab und terrorisiert, teils mit Erfolg, die republikanischen Truppen. 1799, die Chancen für eine Wiedereinsetzung der Monarchie sind mit Napoleons Staatsstreich auf Null gesunken, verfällt Cadoudal erst auf die bizarre Idee, den Ersten Konsul zu entführen, beschließt dann aber, ihn ganz einfach durch ein Attentat zu beseitigen. Dieses misslingt, Cadoudal wird verhaftet, von Napoleon verurteilt und am 12. Juni 1804 in Paris unter dem frenetischen Jubel einer aufgewiegelten Menge als „letzter Chouan" guillotiniert. Die Leiche des royalistischen Rebellen wird in der anatomischen Abteilung der Pariser Universität von Medizinstudenten seziert. Sein auf ein Drahtgerüst gezogenes Skelett dient lange Jahre als praktisches Anschauungsmaterial im Anatomieunterricht.

unweit der Sümpfe statt, in denen schon Charles de Blois sein Leben gelassen hatte. Auf dem Feld der Märtyrer steht eine *Sühnekapelle* für 952 königstreue Soldaten und Chouans, die hier im Anschluss an die blutige Schlacht von Quiberon 1795 exekutiert wurden (→ Halbinsel Quiberon, Kastentext „Die Schlacht von Quiberon") und deren Überreste in der Grabkapelle der Chartreuse d'Auray gestapelt sind. An der etwas heruntergekommenen Fassade des Kapellenvorbaus, der wie ein griechischer Tempel dasteht, erinnert eine knappe Inschrift an die Massenhinrichtung: „Hic deciderunt" – Hier sind sie gestorben.

Basis-Infos

Postleitzahl 56400

Information Office de Tourisme, in einer herausgeputzten, wunderschönen Kapelle im Herzen der Oberstadt. Auskünfte auch in Deutsch, reichlich Material über die Stadt und den Golf von Morbihan, wechselnde Ausstellungen zu bretonischen Themen. Juli/Aug. Mo–Sa 9–19, So 9–12 Uhr, Sept.–Juni Mo–Sa 9.30–12 und 14–17.30 Uhr. 20, rue du Lait. ☎ 02.97.24.09.75, www.auraytourisme.com.

Hin und weg **Bahn**: Bahnhof am nördlichen Stadtrand an der TGV-Linie Paris–Quimper. Mehrmals tägl. in beide Richtungen. Mehrmals tägl. auch nach Redon/Rennes.

Tire-Bouchon: Der „Korkenzieher" versucht von Mitte Juni bis Mitte Sept. den chronischen Engpässen auf der Straße nach Quiberon entgegenzuwirken. Mit bis zu 10 Fahrten täglich in beide Richtungen ist er eine echte Alternative zum Autostau (frz. „bouchon") auf dem Damm.

Bus: Mehrmals tägl. nach Vannes und Lorient. Für Touristen ist die Linie 1 interessant: Haltestellen an allen wichtigen Orten am Golf von Morbihan bis nach Quiberon/Carnac/Lorient. Relativ zentral die Haltestelle an der Place Loch (beim Stadion, 200 m südlich vom Rathausplatz). Hauptterminal am Bahnhof.

Bootsausflug Auray und das nahe Le Bono (dort ist außer einer alten Brücke wenig zu sehen) sind an das Ausflugsprogramm rund um den Golf angeschlossen. Auskunft und Prospekte im Office de Tourisme.

Märkte **Wochenmarkt** Mo Vormittag in der Fußgängerzone der Oberstadt.

Biomarkt Donnerstag 17–19.30 Uhr auf der Place Notre-Dame. ∎

Les Marchés de l'Art: Von Mai bis August an bestimmten Sonntagen (Auskunft im Office de Tourisme) am Hafen von St-Goustan: Kunsthandwerker, Künstler und solche, die Künstler werden wollen.

Côte du Morbihan → Karte S. 420/421

Südküste

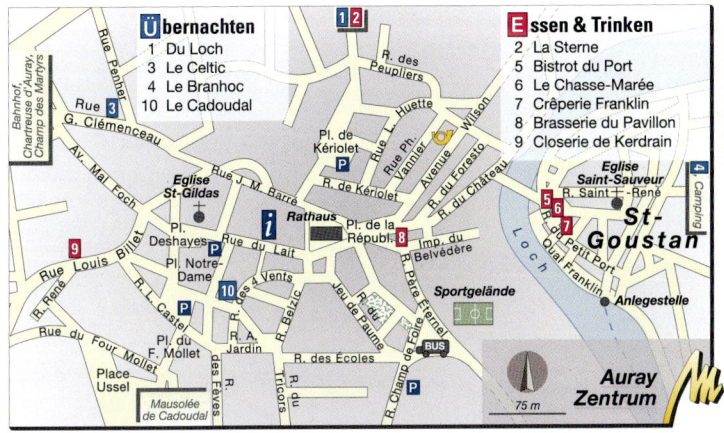

Übernachten
1 Du Loch
3 Le Celtic
4 Le Branhoc
10 Le Cadoudal

Essen & Trinken
2 La Sterne
5 Bistrot du Port
6 Le Chasse-Marée
7 Crêperie Franklin
8 Brasserie du Pavillon
9 Closerie de Kerdrain

Bahnhof, Chartreuse d'Auray, Champ des Martyrs
Rue Pehue
Rue
G. Clémenceau
Av. Mal Foch
Eglise St-Gildas
Rue J. M. Barré
R. de Kériolet
Pl. de Kériolet
Rue Ph. Vannier
R. des Peupliers
R. de la Huette
Avenue Wilson
R. du Château
Eglise Saint-Sauveur
R. Saint-René
St-Goustan
Camping
Rathaus
Pl. de la Républ.
Imp. du Belvédère
Quai Petit Port
Quai Franklin
Loch
Rue Louis Billet
Pl. Deshayes
Rue du Lait
Pl. Notre-Dame
Rue des Vents
R. René
R. L. Castel
R. Bellicq
Jeu de paume
Père Huchet
R. de Kériolet
Sportgelände
Anlegestelle
Rue du Four Mollet
Pl. du F. Mollet
R. A. Jardin
R. des Écoles
R. des Fèves
R. du Tricots
R. Champ de Foire Éternel
BUS
Place Ussel
Mausolée de Cadoudal
Auray Zentrum
75 m

Petit Train Zwischen der Oberstadt und dem alten Hafenviertel St-Goustain verkehrt im Sommer das Spielzeugzüglein. Abfahrt in der Oberstadt beim Rathaus, in St-Goustan an der Place St-Sauveur. Fahrpreis 5 €, Kind bis 12 J. 3 €.

Übernachten/Essen & Trinken

Hotels *** Du Loch **1**, von Best Western übernommenes gediegenes Quartier am nördlichen Stadtrand, inmitten eines kleinen Parks (in der Nähe des Sportkomplexes und der Gendarmerie). 30 ordentliche Zimmer und ein weithin gelobtes Restaurant („La Sterne", s. u.). DZ 59–139 €. Ganzjährig geöffnet. 2, rue Guhur, La Forêt, ✆ 02.97. 56.48.33, www.bestwesternaurayleloch.com.

》》》 Mein Tipp: *** Le Celtic **3**, nach einer kompletten Renovierung mit viel Sinn für Design zum 3-Sterne-Hotel aufgestiegen. Die Bäder sind etwas klein, aber sehr geschmackvoll eingerichtet. Im selben geradlinigen Design wie das Hotel präsentiert sich im Erdgeschoss die Bar/Brasserie/Saladerie „Celtic Green". DZ 59–81 €. Ganzjährig geöffnet. 38, rue Clemenceau, ✆ 02. 97.24.05.37, www.celtic-hotel.fr. 《《《

** Le Branhoc **4**, ca. 1,5 km außerhalb Aurays an der Straße nach Bono; 29 Zimmer in einem gutbürgerlichen Haus, recht komfortabel und nett eingerichtet. DZ 49–98 €. Ganzjährig geöffnet. 5, route du Bono, ✆ 02.97.56.41.55, www.hotel-lebranhoc.com.

** Le Cadoudal **10**, in der Nähe der Kirche, am großen Platz. 12 Zimmer, 2015 renoviert, teils etwas klein. DZ je nach Ausstattung und Saison 38–52–72 €. Ganzjährig geöffnet. 9, place Notre-Dame, ✆ 02.97.24.14.65, www. lecadoudal.com.

Camping ** Du Parc Lann, ca. 6 km südlich der Stadt im Ortsteil Le Bono, dort am Ortsausgang Richtung Plougoumelen. Schattiges, ruhiges Gelände in unmittelbarer Nähe des Bono-Flusses und der Küstenwege. Wohnmobilverleih, Kinderspielplatz. Geöffnet Mai–Sept. Le Varquez, Le Bono, ✆ 02.97.57.93.93.

Restaurants Closerie de Kerdrain **9**. Feinschmeckerrestaurant unweit der Kirche St-Gildas. Stilvoll eingerichtete Meierei aus dem 16./17. Jh. mit 3-Bestecke-Küche (Michelin), die auserlesene Gaumenfreuden serviert. Mo Ruhetag. 20, rue L. Billet. ✆ 02.97.56.61.27.

La Sterne **2**, im Hotel du Loch (s. o.). Bekannt für extravagante Fisch- und Meeresfrüchtespezialitäten. Geschlossen Fr und Sa jeweils mittags, So ganztags. 2, rue Guhur, La Forêt. ✆ 02.97.56.48.33.

Brasserie du Pavillon **8**, günstiges Lokal am Rathausplatz, tagsüber der Treffpunkt junger Leute. Lebhafte Atmosphäre zum Mittag- oder Abendessen. Immer wechselnde, doch stets gediegene Menüs, daneben Fleisch- und Fischgerichte à la carte. So Ruhetag. 3, place de la République. ✆ 02.97.24.01.81.

Am Hafen von St-Goustan

Am Hafen von St-Goustan reihen sich Restaurants, Brasserien, Crêperies, Glacerien und Bars. Ausprobiert haben wir bisher:

》》 Mein Tipp: Le Chasse-Marée , klassische maritime Küche (Fische, Muscheln), aber auch Fleischgerichte und knackige Salate. Freundliche Bewirtung. Geschlossen Mo Abend, Di Ruhetag. 11, place St-Sauveur. ✆ 02.97.56.50.46. 《《

Bistrot du Port 5, in erster Linie eine Crêpes-Adresse, aber auch Moules-frites und Pizza; Fisch und Fleisch spielen eine untergeordnete Rolle. Fixer Service. 7, place Saint-Sauveur, ✆ 02.97.29.15.38.

Franklin 7, neben Crêpes auch gutes Eis-, Coupe- und Cocktailangebot. Während sonst am Hafen die Besitzer und Namen oft schnell wechseln, hält das Franklin-Team im alten Fachwerkhaus seine Stellung seit 20 Jahren. Mi Ruhetag. 21, place St-Sauveur. ✆ 02.97.56.65.56.

Sainte-Anne-d'Auray

2600 Einwohner

Der von einer mächtigen Basilika überragte Ort 6 km nördlich von Auray wird alljährlich im Juli von mehr als 35.000 Pilgern überschwemmt: Ste-Anne-d'Auray ist die wichtigste bretonische Wallfahrtsstätte – einem Sprichwort zufolge muss jeder Bretone „tot oder lebend" die Basilika aufgesucht haben. Dementsprechend ist Ste-Anne-d'Auray keine einfache Kirche, sondern ein weit ausladendes Gelände mit einem Gebäude- und Denkmal-Ensemble, zu dem neben der Basilika ein Kloster mit Kreuzgang, die Schatzkammer, ein Volkskundemuseum, ein Wachsfigurenkabinett, ein Gefallenendenkmal, ein wundertätiger Brunnen und eine Scala Sancta (Heilige Treppe) gehören.

Sehenswertes

Wallfahrtsziel Basilika Ste-Anne

Basilika Ste-Anne: Die kühle, protzige und ausladende Basilika, der Mutter Marias geweiht, wurde 1865 nach Plänen des Pariser Architekten Deperthes im Stil der Renaissance errichtet. Ihre Entstehung geht auf ein Ereignis Anfang des 17. Jahrhunderts zurück, von dem – wie häufig in mysteriösen Fällen – mehrere Versionen in Umlauf sind. Hier die wahrscheinlichste: Am 25. Juli 1624 erschien dem tiefgläubigen, als etwas tumb bekannten Bauern Yvon Nicolazic die heilige Anna und bezeichnete ihm eine Stelle, wo sie eine Kirche gebaut haben wollte. Als man nach eingehender Prüfung der Schilderungen Nicolazics im Beisein der kirchlichen Prominenz im angezeigten Acker zu graben anfing, entdeckte man wundersamerweise eine stark demolierte, unförmige Holzstatue, die der Bischof zweifelsfrei als Annenfigur identifizierte. Sofort wurde eine Kapelle errichtet, und der einträgliche Kult um die Heilige begann. Nach und nach wuchsen ein

Scala Sancta – die Heilige Treppe in Ste-Anne-d'Auray

Kloster (1641), die Heilige Treppe (1660) und mehrere Wohngebäude rund um die Kapelle, Pilger strömten herbei, und die Klingelbeutel klimperten. Dabei ist es bis heute geblieben. Ganzjährig finden sich Gläubige in der Basilika ein – das Lichtermeer der Kerzen vor der vergoldeten Holzfigur erlischt nie.

Trésor: Der bemerkenswerte Kirchenschatz ist in einem der Basilika angeschlossenen Gebäude zu bewundern, das man über den Kreuzgang erreicht: Reliquien, Votivtafeln, Gewänder, Schwerter, Schiffsmodelle, skulptierte Stoßzähne eines indochinesischen Elefanten, Medaillen eines Algerienkämpfers und mehr. Da wundert es nicht, dass auch das gelbe Trikot von Jean Robic, Sieger der Tour de France 1947, zum Reliquienbestand gehört. Historische Gemälde über die Wallfahrt und Bildnisse prominenter Besucher ergänzen die Sammlung, darunter ein Porträt Keriolets, des „Banditen Gottes", der um 1640 die Gegend unsicher machte, bevor er von der heiligen Anna zum Priester geläutert wurde.
Juli/Aug. 10–12 und 14–18 Uhr, geschlossen So Vormittag. Sept.–Juni 14–18 Uhr, geschlossen So Vormittag und Mo. Eintritt frei, Obolus erwünscht.

Mémorial: Das monumentale Mausoleum im Blumenpark links der Basilika wurde zwischen 1923 und 1932 zum Andenken an die 240.000 gefallenen Bretonen des Ersten Weltkriegs errichtet. Ihre Namen sind, nach Ortschaften (zweisprachig) getrennt, auf zwei langen Mauerreihen aufgelistet. Heute ist das aufrüttelnde Monument eine Gedenkstätte für alle bretonischen Toten der Kriege des 20. Jahrhunderts.

Information Office de Tourisme, bei der Basilika. Mo–Fr 9.30–12.30 und 14–17 Uhr, im Juli/Aug. auch an Wochenenden. 9, rue de Vannes. ✆ 02.97.24.34.94.

Pardon Zwischen Ostern und Oktober finden (meist mittwochs und sonntags) regelmäßige Wallfahrten statt, bei denen Vertreter der einzelnen Pfarrgemeinden der Bretagne Votivtafeln überbringen und um den Segen für ein gutes Jahr bitten. Wichtigstes Ereignis des Jahres ist die große Wallfahrt am 25./26. Juli, die um 21.30 Uhr mit der „Veillée de Ste-Anne" beginnt, einer riesigen Lichterprozession, an der Tausende von Pilgern mit Kerzen, Fahnen und Heiligenbildern teilnehmen, und die offiziell um Mitternacht endet. Am nächsten Tag folgt nach dem Pontifikalamt um 10.30 Uhr unter noch größerer Teilnahme der Grand Pardon.

Larmor-Baden

900 Einwohner

Der ruhige Hafenort ist umgeben von Austern- und Muschelparks, die Hafenmole erlaubt den Ausblick auf die vorgelagerten grünen Inselchen. Larmor-Baden mit zwei Hotels, zwei Campingplätzen und einigen gezeitenabhängigen Badestränden ist für Urlauber vor allem wegen der nahen *Ile Gavrinis* interessant. So ist neben der Bar im Zentrum die Mole der belebteste Flecken von Larmor-Baden.

Bootsausflug Die *Golf Croisières* bieten ab Larmor-Baden täglich einige **Golffahrten** an. Information und Reservierung am Hafen oder unter ☎ 02.97.57.15.27.

Markt Mittwoch und Sonntag, jeweils vormittags.

Hotel ** Parc Fétan, an der Straße zum Hafen. Die sehr freundlichen Besitzer vermieten schöne, helle Zimmer mit Dusche/WC, die meisten mit Aussicht auf den Hafen, die in der oberen Etage etwas größer und mit Aircondition. Beheizter Swimmingpool, eigener Parkplatz. Abends wird auf Wunsch ein Menü serviert. DZ 45–81 €, je nach Saison, Lage und Größe, Aufschlag für HP 33 €/Pers. Geschlossen Mitte Nov. bis Mitte Febr. 17,

rue de Berder, 56870 Larmor-Baden, ☎ 02.97. 57.04.38, www.hotel-parcfetan.com.

Camping *** Le Diben, beim knappen Strand am Ortsausgang nach Baden. Campen neben einem hübschen Bauernhof; wenig Schatten, dafür beheizter Pool. 120 Stellplätze. Geöffnet Mai bis Mitte Sept. Lieu-dit Le Diben, 58670 Larmor-Baden, ☎ 02. 97.57.29.12, www.campinglediben.com.

Ker Eden, schräg gegenüber dem vorgenannten, am Strand. Kein Garten Eden, sondern ein einfaches Gelände mit 100 Stellplätzen und einigen Bäumen. Immerhin Warmduschen. Geöffnet Mitte Mai bis Mitte Sept. Route d'Auray, 56870 Larmor-Baden, ☎ 02.97.57.05.23.

Ile Gavrinis

Die unbewohnte Insel beherbergt das berühmteste prähistorische Fürstengrab der Bretagne: den *Tumulus de Gavrinis*. Ein Pfad führt zwischen Brombeerhecken von der Schiffsmole zu einer Hügelterrasse hinauf. Hier erhebt sich seit 3700 v. Chr. der kreisrunde Grabhügel, der mit 6 m Höhe und 50 m Durchmesser die Insel beherrscht. Das mächtige Grab ist aus Bruchsteinen aufgeschichtet, der von 23 Tragsteinen und neun Deckplatten gebildete Gang ist 13 m lang. An seinem Ende schließt sich die Grabkammer an – mannshoch und fast quadratisch, die sechs Stützsteine sind von einem wuchtigen Monolithen überdacht. Bemerkenswert ist die Ornamentik der Tragsteine: schlangenförmige Linien wie Fingerabdrücke, konzentrische Kreise, Tannenzweigmuster und ein mit viel Phantasie als Männergestalt zu identifizierendes Flachrelief.

Da man bei den ersten Ausgrabungsarbeiten 1832 keinerlei Grabbeigaben entdeckte, ist anzunehmen, dass das Fürstengrab bereits in früherer Zeit geplündert wurde. Spektakulär ist eine später gemachte Entdeckung: Auf der Oberseite der freigelegten Deckplatte der Grabkammer fand man gigantische Ritzungen – die eines zwei Meter langen Stiers mit riesigen, gebogenen Hörnern, eine überdimensionale Pflugschar sowie der Rücken und die Hörner eines weiteren Stiers. Verblüffend: Der unvollständige Stier passte genau zu den Ritzungen in der Deckplatte des *Table des Marchands*, die Pflugschar wurde nahtlos von einem im *Dolmen von Er Vinglé* (beide in Locmariaquer) gefundenen Ornament ergänzt. Die Vermessung und geologische Untersuchung der drei Steine beseitigte 1984 den letzten Zweifel. Es handelt sich um drei Teile aus dem gleichen grobkörnigen Granitstück, haarscharf fügen sich die Bruchkanten aneinander. Die drei Steine müssen einmal einen einzigen, 14 m hohen, verzierten Menhir gebildet haben. Neue Rätsel, neue Spekulationen: Waren die Neolithiker Grabräuber, die sich beim Bau ihrer Nekropolen mit Material aus den Grabstätten der unterlegenen Sippen versorgten, um deren übernatürliche Kräfte zu bannen? Sicher ist nur, dass 3700 v. Chr. die Gavrini-Inseln noch ans Festland gebunden waren. Die Funde von Locmariaquer, Petit-Mont (→ Umgebung von Arzon) und der Gavrini-Inseln sind Relikte einer gemeinsamen Kultur.

Noch komplizierter: Auch die Nachbarinsel *Er Lannic* macht beim megalithischen Reigen mit. Dort sind aus der Vogelperspektive eindeutig zwei halbkreisförmige Steinreihen auszumachen, die teils unter dem Wasserspiegel liegen und sich an Land fortsetzen. Vermutlich handelt es sich um die Überreste eines weiteren Fürstengrabs. Im westlichsten Teil ist die Anordnung allerdings konfus. „Das Durcheinander von Steinblöcken an diesem extremen Punkt ist uns noch heute ein Rätsel", resümiert etwas ratlos ein sonst aufschlussreiches Informationsblatt.

Besichtigung: Febr. und 2. Okt.-Hälfte tägl. außer Mi 13.30–18.30 Uhr, April–Sept. tägl. 9.30–12.30 und 13.30–18.30 Uhr. Aktuelle Abfahrtszeiten im Hafenbüro. Die Überfahrt von Larmor-Baden dauert 15 Min. Der Aufenthalt auf der Insel dauert ca. 50 Min. Hin-/Rückfahrt inkl. Führung 18 €, Kind 8–17 J. 8 €. Reservierung empfehlenswert: ✆ 02.97.57.19.38. Zu bestimmten Zeiten wird auch nur die erweiterte Tour „Circuit des Îles" angeboten, die eine Umrundung der Nachbarinsel Er Lannic einschließt. Das dauert dann ein wenig länger und ist 2 € teurer, ohne dass man klüger wird.

Ile aux Moines

600 Einwohner

Die Insel der Mönche, früher im Besitz des Klosters von St-Gildas (auf der Halbinsel von Rhuys), ist mit 6 km Länge und 3 km Breite die größte Insel im Golf. Trotzdem wirkt alles miniaturhaft: Hügelchen und Tälchen, von Sträßchen durchzogen, sowie Wäldchen, deren Namen aus Märchen zu stammen scheinen – *Bois d'Amour* (Liebeswald), *Bois des Soupirs* (Wald der Seufzer), *Bois des Regrets* (Wald des Bedauerns). Auf jedem Fleckchen grünt und blüht es, Palmen ragen aus den Gärten, und eine reiche Vogelwelt lässt es sich gutgehen. Die *Ile aux Moines* zählt zu den landschaftlichen Höhepunkten des Golfs von Morbihan.

Hauptort der Insel ist *Le Bourg* mit seinen putzigen Gässchen rund um die Kirche. Noch im 19. Jahrhundert regierte hier eine Art maritime Aristokratie, den reichen Kapitänen waren die Familien der Matrosen untergeordnet. Von den zahlreichen Werften, in denen früher Dreimaster für die Cap-Horniers gebaut wurden, ist noch eine übriggeblieben. Sie hat sich auf die Konstruktion und Restaurierung traditioneller bretonischer Holzboote spezialisiert. Die Insulaner leben heute hauptsächlich vom Tourismus, einige Familien verdienen ihr Geld mit Muschel- und Austernzucht.

Abgesehen vom Trubel im August ist die Insel ein ruhiges Feriengebiet. An der Westseite ist die *Plage du Gored* beliebt, einer der wenigen Strände des Binnenmeers, an dem man auch bei Ebbe noch die Fluten erreicht. An der Ostseite herrscht das für den Golf typische Wattmeer mit Muschelbänken und Austerngärten vor. Prähistorische Zeugen (*Cromlech* und *Dolmen)* findet man im Südteil. Von der *Pointe de Trech* im Norden genießt man einen hervorragenden Blick auf den Golf und die Zwillingsschwester der Mönchsinsel, die *Ile d'Arz*.

Postleitzahl 56780

Information Office de Tourisme, in einem Kiosk am Hafen von Port-Blanc. Begehrtestes Beutegut der Neuankömmlinge ist der Inselplan. Dieser erweist sich durchaus als nützlich – man kann sich nämlich

Spaziergängerparadies Ile aux Moines

ganz leicht verlaufen. Geöffnet April–Sept.
☎ 02.97.26.32.45.

Hin und weg Ganzjährig Boote der *Izenah Croisières* ab **Port-Blanc** bei Larmor-Baden im 30-Min.-Takt. Kein Autotransport! Fahrzeit 5 Min., hin/zurück Erw. 4,80 €, Kind 4–10 J. 2,60 €. ☎ 06.26.72.27.18, www.izenah-croisieres.com.

Fahrradverleih Der Tipp für Tagesausflügler: das Stahlross. Mehrere Anbieter am Hafen, darunter **P'tit Louis**, am Ende des Quais. Tourenräder und Mountainbikes. Für Schnellbesucher Vermietung ab 1 Std. ☎ 02.97.26.35.21.

Wandern/Radeln Einige Streckenvorschläge von 15 Min. bis knapp 4 Std. hält das Office de Tourisme parat.

Hotels ** De l'Isle, in Le Bourg. Schlichtes Äußeres, angenehmes Inneres. 7 Zimmer und eine Suite. Zum Hotel gehört das Restaurant „Chez les Garçons" (auch Crêpes). DZ 75–95 €. Geöffnet Febr. bis Mitte Nov. Rue du Commerce, ☎ 02.97.26.32.50, www. hotel-de-lisle.com.

Le San Francisco, ein düsteres Gemäuer am Hafen, doch innen ganz gemütlich. 8 ordentliche Zimmer, Aussichtsterrasse mit Blick über den Golf, Restaurant. DZ 90–150 €. Geöffnet April–Sept. Le Port, ☎ 02. 97. 26. 31.52, www.le-sanfrancisco.com.

Camping ** Municipal Le Vieux Moulin, außerhalb des Orts Kergonan, an der Ostseite der Insel, etwa 300 m zum Meer. 44 schattige Stellplätze, einfache sanitäre Anlagen, Spielplatz. Nur für Zelte geeignet. Geöffnet Mitte April bis Mitte Sept. ☎ 02.97.26.30.68.

Côte du Morbihan → Karte S. 420/421   Südküste

Ile d'Arz

250 Einwohner

Erst eine dramatische Liebesgeschichte trennte die L-förmige Ile d'Arz, früher durch einen schmalen Landarm mit der Mönchsinsel verbunden, von der großen Schwester: Ein reicher Kapitänssprössling hatte sich in eine arme Fischerstochter verliebt und wollte sie heiraten. Was nicht sein kann, das nicht sein darf: Der Teufel (oder der liebe Gott – je nach Version) schickte eine Sturmflut, und der Damm, auf dem sich die beiden Liebenden jeden Abend trafen, versank in den Wogen.

Die Ile d'Arz, etwa 5 km lang und etwas kleiner als die Mönchsinsel, wird von sieben Satelliteninseln umringt. Die ständig wechselnden Strömungen rund um Arz gelten bei Segelexperten als ausgezeichnetes Revier zum Üben von schwierigen Navigationsmanövern. Deshalb haben einige Segelschulen hier eine Basis eingerichtet.

Postleitzahl 56840

Hin und weg Tägl. mehrmals, im Sommer im Halbstundentakt, von der Gare Maritime in Vannes mit den *Vedettes du Golfe.* Überfahrt 15 Min. Hin/zurück Erw. 10,20 €, Kind 4–10 J. 5,50 €. ☏ 02.97.44.44.40, www.vedettes-du-golfe.fr.

Die Insel kann bei geschickter Planung auch von Arzon (Halbinsel Rhuys) angesteuert werden. Diese Strecke wird mehrmals wöchentlich vom *Passeur des Iles* bedient: ☏ 02.97.49.42.52, www.passeur desiles.com.

Fahrradverleih Arz Locations, direkt am Hafen. Beluré, ☏ 06.73.58.72.33.

Wassersport Centre Nautique des Glénan; ganzjährig Segelkurse, Kreuzfahrten und andere Wassersportausbildungsprogramme. Von der Anlegestation Minibus-Service zum Centre (hin/zurück 3 €). ☏ 02.97.44.31.16

Hotel L'Escale d'en Arz, Logis-de-France-Mitglied, an der Hafenmole. 9 passable Zimmer mit Dusche/WC, teils mit Blick aufs Meer. Panorama-Restaurant. Fahrradverleih für Gäste. DZ 64–92 €. Geschlossen im Jan. und Febr. Béluré, ☏ 02.97.44.32.15, www.restaurant-escale.com.

Camping ** Municipal les Tamaris, nahe dem Weiler Pennero im Nordostteil der Bucht. 70 schlichte Stellplätze, Stromanschlüsse für Wohnwagen, Kinderspielplatz. Geöffnet April–Okt. ☏ 02.97.44.33.97.

Arradon   5500 Einwohner

Der Ort selbst liegt etwas landeinwärts, der kleine, von Wochenend- und Ferienhäusern bedrängte Hafen auf der gleichnamigen Landzunge bietet ein typisches Golfpanorama: Segelboote, Inselsplitter und direkt gegenüber die Nordspitze der *Ile aux Moines.* Arradon bzw. die Pointe d'Arradon ist im Sommer ordentlich belebt, zahlreiche Wassersportler haben hier – die Départementshauptstadt Vannes ist nah – ihren Stützpunkt.

Postleitzahl 56610

Wassersport An der Pointe d'Arradon hat das große Centre Nautique d'Arradon seinen Stützpunkt. Segeln und Windsurfen. ☏ 02.97.44.72.92.

Hotels *** Les Vénètes, die Veneter verteidigen mit stolzen Preisen seit 1935 die Landspitze von Arradon. Auch im hoteleigenen Restaurant kann man viel Geld ausgeben. DZ 110–180 €. Ganzjährig geöffnet. La Pointe, ☏ 02.97.44.85.85, www.les venetes.com.

*** Le Stivell, auf dem Weg zur Landspitze, bei der einzigen Ampel weit und breit. 25 komfortable Zimmer. DZ 65–68 €. Ganzjährig geöffnet. 15, rue Plessis d'Arradon, ☏ 02.97.44.03.15, www.hotelstivell.com.

Beaurivage, der Nachbar vom Drei-Sterne-Hotel Stivell, die besten Räume in ähnlicher Ausstattung, doch weniger komfortabel. 18 passable Zimmer mit Dusche/WC. DZ 54–85 €. Ganzjährig geöffnet. 17, rue Plessis d'Arradon, ☏ 02.97.44.01.42, www.beau rivage-arradon.com.

Camping **** Penboch, Luxusplatz im Osten von Arradon. Knapp 200 Stellplätze mit komplettem Hotel-plein-air-Programm. Gut frequentierter Spielplatz, gedecktes, beheiztes Schwimmbad, kleine Rutschbahn. Geöffnet Mitte April–Sept. 9, chemin de Penboch, ☏ 02.97.44.71.29, www.camping-penboch.fr.

*** L'Allée, 150 meist schattige Stellplätze 600 m vom Meer in freier Wildbahn. Appartement- und Caravanvermietung, beheiztes Schwimmbad, vorgefertigte Gerichte. Geöffnet April–Sept. Lieu-dit L'Allée, ☏ 02.97.44.01.98, www.camping-allee.com.

Stadtansicht mit Kathedrale

Vannes

53.000 Einwohner

Die Gassen der Altstadt mit ihren Fachwerkfassaden und der gewaltigen Kathedrale St-Pierre gehören den flanierenden Fußgängern. Die Stadt gibt sich überhaupt viel Mühe, ihren Gästen zu gefallen; Kultur und Müßiggang haben in der Hauptstadt des Morbihan hohen Stellenwert: Museen, Parks, Promenaden und das Aquarium sorgen für Kurzweil.

Vor dem Halbrund repräsentativer Fassaden auf der quirligen *Place Gambetta* ragen die Masten der Segeljachten aus dem Hafenbecken, dahinter schließen mächtige Stadtmauern mit dickbauchigen Türmen das Mittelalter ein – heute belebt von Boutiquen, luxuriösen Geschäften und feinen Restaurants.

Vannes ist wichtigster Verkehrsknotenpunkt der Region und ein dynamisches Handels- und Industriezentrum. An der Peripherie und im Süden haben sich namhafte nationale Großbetriebe wie der Pneuhersteller Michelin angesiedelt, Lagerhallen, Hafenanlagen und Wohnblocks wuchern aus dem Boden. Doch im alten Vannes hat sich das Stadtbild kaum verändert, und unter dem Schieferdach des alten Waschhauses an der Marle klingt noch das Schwatzen der Waschfrauen nach.

Stadtgeschichte: Als Julius Cäsar vor 2000 Jahren die Bretagne eroberte, war es der Stamm der Veneter, der ihm den heftigsten Widerstand entgegensetzte. Die für ihre Tapferkeit und Lebenslust bekannten Veneter, die den römischen Feldherrn zu Komplimenten hinrissen (was ihn nicht davon abhielt, sie zu ermorden oder in die Sklaverei zu treiben) gaben Vannes den Namen.

Mit der Besetzung Armorikas durch römische Truppen beginnt die Geschichte des heutigen Vannes. Nachdem die venetische Oberschicht ermordet und der Großteil der restlichen Bevölkerung auf dem Sklavenmarkt verkauft ist, entsteht auf dem

Côte du Morbihan → Karte S. 420/421

Südküste

Stadtgebiet ein römisches Verwaltungszentrum, das zunächst *Darioritum* und später *Venetis* heißt. Mit der Christianisierungswelle im 5. Jahrhundert verwandelt sich die römische Stadt in eine christliche Enklave. *St-Patern*, ein Mönch, der durch eifrige Wundertätigkeit noch über seinen Tod hinaus für Staunen sorgte, legt den Grundstein für Vannes' Zukunft als Bischofsstadt. Im 9. Jahrhundert schlägt die glorreiche historische Stunde der Stadt: *Nominoe*, ein aus biederen Verhältnissen stammender Ellenbogenmensch, wird von Karl dem Großen zum Grafen von Vannes, später von Ludwig dem Frommen zum ersten Heerführer und Herzog der Bretagne ernannt. Ein Plan reift in Nominoe. 845 sagt er sich von der fränkischen Oberhoheit los, und 851 gründet sein Sohn *Erispoe* das Königreich Bretagne mit Vannes als Hauptstadt. Ironie der Geschichte: In der gleichen Stadt, in der die Unabhängigkeit der Bretagne begann, endet sie knapp 800 Jahre später. 1532 tritt *Claude*, Tochter von Anne de Bretagne, das Herzogtum an die französische Krone ab. Ihr Gatte *Franz I.* lässt sich diesen Staatsakt, der „die immerwährende Union des Herzogtums Bretagne mit dem Königreich und der Krone Frankreichs" besiegelt, von den Landständen in Vannes bestätigen. Die Bretagne ist wieder, was sie vor Nominoe war: eine ausgebeutete Provinz einer mächtigen Nation.

Erst ab 1675 erlangt Vannes wieder überregionale Bedeutung, als *Ludwig XIV.* nach der Niederschlagung der „Stempelpapierrevolte" (→ Geschichte, Kastentext „Die Stempelpapierrevolte") das bretonische Parlament aus Rennes verbannt. 15 Jahre lang tagen die Parlamentarier in Vannes, das der Strafaktion des Sonnenkönigs einen neuen Aufschwung verdankt. Während der Französischen Revolution steht Vannes auf der Seite der Königstreuen und büßt dafür mit einem hohen Blutzoll.

Der Aufstieg des neuen Hafens Lorient leitet den Abstieg von Vannes ein, der nach dem Zweiten Weltkrieg jedoch gestoppt wird: Neue Industrieansiedlungen kündigen den Wandel zu einer modernen, prosperierenden Stadt an.

Sehenswertes

Stadtspaziergang: Von der *Place Gambetta* am Kopf des schmalen Jachthafenbeckens gelangt man durch die wehrhafte *Porte St-Vincent* in die engen fachwerkgesäumten Altstadtgassen. In das Stadttor eingemeißelt ist das Wappen von Vannes (ein Hermelin), darüber zeigt sich – nachts eindrucksvoll beleuchtet – der Stadtpatron Saint-Vincent-Ferrier (→ Kathedrale St-Pierre). Er blickt auf das Treiben am Hafen hinunter. So lange er seinen Zeigefinger oben hält, ist die Vannetaiser Welt in Ordnung. Sollt er ihn aber senken – so behauptet der ängstliche Volksmund – droht der Stadt vom Hafen her Überflutung.

Der Rundgang führt durch das Tor an der neuen Markthalle *(Halles des Lices)* vorbei auf die von Bürgerhäusern gesäumte *Place des Lices*, auf der früher die Turniere und Schaukämpfe der Ritter ausgetragen wurden. Über die *Rue Pierre-René Rogues* an der oberen Spitze des Platzes (interessant das Eckhaus am Ende der Gasse mit „Vannes et sa femme"/„Vannes und seine Frau", zwei bäuerlich-derben Holzskulpturen an der Giebelseite) und über die *Rue des Halles* erreicht man die *Place Henri IV* – mit ihrem gelben, roten und ockerfarbenen Fachwerk ist sie der schönste Platz der Stadt.

Gleich ums Eck in Richtung Kathedrale stehen die *Markthallen (La Cohue)* aus dem 12. Jahrhundert, in denen heute das Musée des Beaux-Arts untergebracht ist. Am rechten Kirchenschiff der *Kathedrale St-Pierre* vorbei (s. u.) gelangt man hinunter zur *Porte Prison* (Gefängnistor). Ein massiger Turm, in dem Verdächtige einst auf ihre Verhandlung warteten, flankiert das alte Tor. Dahinter, schon außerhalb

Das alte Waschhaus an der Marle

des Altstadtkerns, führt rechts die *Rue Francis Decker* zum alten Graben unterhalb des Stadtwalls mit seinen Bastionen. Der barocke Park mit bunten, geometrischen Blumenbeeten entlang der meist veralgten *Marle* endet beim alten städtischen Waschhaus mit seinem neuen Schieferdach. Über die Treppe dahinter (bei der kleinen Brücke) führt der Spaziergang durch die *Porte Poterne* zurück in den Altstadtkern.

Tipp: Ein besonders eindrucksvolles Panorama über Waschhaus und Stadtwall genießen Sie vom ehemaligen *Schlosspark* aus, der sich östlich der Straße über einen Hügel zieht und durch den ein schöner Spazierweg *(Promenade de la Garenne)* führt.

Kathedrale St-Pierre: Ihre Baugeschichte reicht vom 12. Jahrhundert (Romanik) bis ins 19. Jahrhundert (Neugotik), das Ergebnis ist ein buntes Konglomerat unterschiedlicher Stile und Kunstepochen, mit An- und Vorbauten, kreisrunder Kapelle, langem Kirchenschiff und zwei monumentalen Türmen. Vom frühesten Bau ist nur der mit einer neuen Spitze gekrönte Nordturm erhalten, die aus dem Kirchenschiff herausspringende Kapelle ist eines der seltenen bretonischen Renaissance-Bauwerke.

In ihrem lichten Innern liegen die Reliquien des spanischen Dominikaner-Paters *Vincent Ferrier*, der von seinem König quer durch Europa geschickt wurde, um die Gottlosen wieder auf die rechte Bahn zu bringen. Ferrier, ein begnadeter Redner, rastlos in Sachen Gottes- und Königspropaganda unterwegs, lockte mit seinen derben und volkstümlichen Schmähpredigten Tausende von Neugierigen und Gläubigen an. 1417 wird er in die Bretagne beordert und kommt zweimal nach Vannes. Beim ersten Mal predigt er 24 Tage lang vor einer elektrisierten Menge, zwei Jahre später kehrt er nach einer Reise durch die bretonischen Bistümer nach Vannes zurück – und stirbt. Um seine Gebeine entbrennt ein heftiger Streit. Die Spanier wollen die sterblichen Reste ihres Starpredigers zurückhaben, der Bischof von Vannes widersetzt sich. Über 36 Jahre lang halten die Vannetais die Knochen des Bußpredi-

Flaneure und Zuschauer

gers versteckt, die vom spanischen König gedungenen Einbrecher kehren ohne Reliquie auf die iberische Halbinsel zurück.

Das Grab des heiligen Vincent in der Rundkapelle umrahmt ein verblichener Gobelin (1615), der Vincents Vita samt Wundern und Heiligsprechung illustriert. Ein anderes Gemälde zeigt ihn bei der Arbeit: Vincent predigt den Bürgern von Granada.

Im ehemaligen Kapitelsaal der Kathedrale (rechts hinter dem Chor) befindet sich die Schatzkammer, wo neben diversen Kultgegenständen (Hostienbüchse aus Elfenbein, Kreuze, Kelche, Bücher) eine bemalte Hochzeitstruhe aus dem 12. Jahrhundert ins Auge sticht.

Musée des Beaux-Arts: Die alten Markthallen *La Cohue* („Die lärmende Versammlung") waren bis 1840 die Domäne der Händler, speziell der Metzger, und während des Ancien Régime Sitz des Finanzgerichts. Hier entschied der Präsidial über Steuerfragen, hier fällten zur Zeit der Revolution die Jakobiner ihre blutigen Urteile, später diente die Cohue als Theater. Ein Teil der Hallen – verborgen hinter verschachtelten Fachwerkfassaden – ist im romanischen, der andere im Stil des 14. und 16. Jahrhunderts gehalten.

Das renovierte Gebäude beherbergt heute das *Musée des Beaux-Arts* mit seiner Sammlung namhafter Maler, besonders des 19. Jahrhunderts: *Corot*, *Millet*, *Delacroix* und *Goya*. Ein Extrasaal widmet sich der Geschichte des Golfs von Morbihan, Schiffsmodelle illustrieren die Entwicklung der Seefahrt. Jährlich wechselnde Ausstellungen von der Archäologie bis zur modernen bildenden Kunst ergänzen das Angebot.
Mitte Juni–Sept. tägl. 10.30–18 Uhr, Okt. bis Mitte Juni Mi–Sa 13.30–18 Uhr. Eintritt 6,20 €, Kombipass mit dem Musée Archéologique.

Musée Archéologique: Das *Château Gaillard*, das mit seinem vorgebauten Treppenturm eher an eine Festung als an ein Schloss erinnert, war nach 1457 sporadischer Tagungsort des bretonischen Parlaments. Neben dem Museum von Carnac beherbergt es heute die interessanteste prähistorische Sammlung der Bretagne. Schwerpunkt sind die Funde der ersten Ausgrabungen in Locmariaquer und Carnac (Tumulus von St-Michel): jede Menge Schmuck, Perlen und Münzen, daneben auch grobes steinzeitliches Arbeitsgerät. Die neuere Abteilung zeigt Passionskreuze aus dem späten Mittelalter.

Mitte Juni–Sept. tägl. 10.30–18 Uhr. Eintritt 6,20 €, Kombipass mit Musée des Beaux-Arts.

Aquarium: An der Ausfahrt des Jachthafens, etwa 1,5 km vom Zentrum im Parc du Golfe, wurde 1984 das futuristisch anmutende ozeanographische und tropische Aquarium eingeweiht. In über 50 Bassins, verteilt auf drei Ebenen, präsentiert es gut 600 Arten maritimer Fauna von der Nautilusmuschel bis zum Tigerhai. Bemerkenswert: das 35.000-Liter-Becken mit einem tropischen Korallenriff und das Haifischbecken. Skurril: das berühmteste Krokodil Frankreichs, das 1984 in den Abwasserkanälen von Paris entdeckt wurde und daraufhin weltweit Furore machte.

April–Juni und Sept. tägl. 10–12/14–18 Uhr, Juli/Aug. tägl. 9–19.30 Uhr, Okt.–März tägl. 14–18 Uhr. Erw. 13 €, Kind 4–11 J. 8,90 €, Kombipass mit Schmetterlingspark 19,10 €, Kind 13,30 €.

Schmetterlingspark: Direkt neben dem Aquarium sind die Schmetterlinge zuhause. Tausende von tropischen und heimischen Schmetterlingen bevölkern den Dschungel des *Jardin aux Papillons*, durch den die Besucher ungehindert auf gefliesten Wegen spazieren gehen können.

April und Sept. tägl. 14–18 Uhr, Mai/Juni tägl. 10–12 und 14–18 Uhr, Juli/Aug. tägl. 10–19 Uhr. Erw. 10,90 €, Kind 4–11 J. 7,60 €, Kombipass mit Aquarium 19,10 €, Kind 4–11 J. 13,30 €.

Basis-Infos

Postleitzahl 56000

Information Am westlichen Hafenkai. Juli/Aug. Mo–Sa 9.30–19, So 10–18 Uhr. Sept.–Juni Mo–Sa 9.30–12.30/13.30–18 Uhr. Auch Ticketverkauf für Bootsausflüge. Quai Tabarly ✆ 02.97.47.24.34, www.tourisme-vannes.com.

Hin und weg Bahn: Vannes liegt an der TGV-Verbindung Paris–Brest. Über Redon bzw. Quimper mehrmals tägl. in beide Richtungen. Dazu zwei Regionalzüge auf der Strecke Redon/Quimper (über Auray, Hennebont, Lorient und Quimperlé).

Bus: Für Busreisende interessant ist u. a. die *Linie 1* (Auray–Lorient) zur Halbinsel Quiberon, Stopps an allen wichtigen Tourismuszentren (Auray, Locmariaquer, Trinité, Carnac). Mit dem *Stadtbus* in den Golf von Morbihan zu den Abfahrtshäfen für die Golf-Inseln (Port-Blanc, Larmor-Baden). Einige weitere Linien: *Linie 8* fährt über La Roche-Bernard 3-mal tägl. nach Nantes, *Linie 4* über Malestroit 2-mal tägl. nach Ploër-mel, *Linie 81* weiter nach Rennes. Zentrale Busstation am Bahnhof.

Parken Gar nicht so einfach, sein Gefährt legal abzustellen. Vorschlag: gegenüber dem Rathaus (gebührenpflichtig) oder an der westlichen Seite des Hafens (gratis und oft voll).

Bootsausflüge Die Flotte von *Navix* veranstaltet von April bis Ende Sept. Bootstouren im Golf. Reguläre Fährverbindungen zur Ile d'Arz halten die Vedettes du Golfe aufrecht; ebenso zu den Inseln Houat, Hoëdic und Belle-Ile; nach Locmariaquer und Port-Navalo der Passeur des Iles. Eingestiegen wird stets an der Gare Maritime (Westseite des Hafens). Für alle Gesellschaften (außer *Bateaux-bus du Golfe*) verkauft auch das Office de Tourisme Fahrkarten.

Einkaufen Nature & Découvertes, im wunderbaren Laden hinter der Porte St-Vincent findet man fast alles, was man nicht gesucht hat. Einfach reinschauen! 11, rue St-Vincent.

Côte du Morbihan → Karte S. 420/421 Südküste

Fahrradverleih Vélocéa, 2009 von der Kommune ins Leben gerufenes Verleihnetz. Fahrrad an einer Station auslösen und an einer anderen abgeben. Die ersten 30 Min. sind gratis, die zweiten 30 Min. kosten 1 €, dann geht's mit 2 €/Std. weiter. Verleihstationen u. a. am Hafen (Nähe Office de Tourisme), bei der Capitainerie, an der Place de la République, an der Place des Lices. ℡ 02.97.01.22.33.

Feste Bunt und lebhaft geht es während der *Fêtes Historiques* Mitte Juli zu: Am 12., 13. und 14. Juli (Nationalfeiertag) gibt es traditionelle Spektakel, Feuerwerke etc.

Jazzig wird's beim **Jazz à Vannes** Ende Juli/Anfang August: Hier finden bekannte Musiker in Clubs und openair ihr Publikum. Programm unter www.jazzavannes.fr.

Märkte Wochenmarkt Samstagvormittag, Juni–Sept. auch Mittwochvormittag auf der Place de la République. **Fischmarkt** Freitag und Samstag in den Hallen an der Place de la Poissonnerie.

Petit Train Der kleine Zug rollt auch in Vannes: von April bis Okt. tägl. außer Mittwoch- und Samstagvormittag (dann versperrt der Markt der Bahn den Weg) im 30-Min.-Takt zur kommentierten Stadtrundfahrt, Mitte Juli–Aug. bis 22.30 Uhr. Erw. 6,50 €, Kind bis 12 J. 4,50 €.

Übernachten/Essen & Trinken

Hotels Über 20 Hotels der unterschiedlichsten Kategorien (mittlere Oberklasse bis 1-Stern-Logis) mit etwa 600 Zimmern. Die meisten Unterkünfte liegen etwas außerhalb des historischen Zentrums. Eine Auswahl:

**** Mercure ⓫, im Parc du Golfe etwas außerhalb, beim Aquarium; eine der besten Adressen mit gediegenem Wohnkomfort, 89 Zimmer mit erstklassiger sanitärer Ausstattung und schöner Aussicht. Hotel-Restaurant Le Dauphin mit ausgezeichneter Küche. DZ 79–150 €. Ganzjährig geöffnet. Le Parc du Golfe, 19, rue Daniel Girard, ℡ 02.97.40.44.52, www.mercure-vannes.fr.

**** La Marébaudière ❺, oberhalb des Promenaden-Parks La Garenne, unweit des Etang de Duc. Nobel in ruhiger Lage, 41 Zimmer mit entsprechender Einrichtung. DZ 89–129 €. Ganzjährig geöffnet. 4, rue Aristide Briand, ℡ 02.97.47.34.29, www.marebaudiere.com.

*** De France ❶, vor dem neuen Rathauskomplex. Funktionales 30-Zimmer-Hotel. Unterschiedliche Ausstattung, kein Restaurant. DZ 58–85 €. Geschlossen vor Weihnachten bis über Neujahr hinaus. 57, avenue Victor Hugo, ℡ 02.97.47.27.57, www.hotelfrance-vannes.com.

** L'Océan ❾, im Halbrund der Place Gambetta am Kopfende des Jachthafens. Das frühere „Marina" hat eine neue Besitzerin und einen neuen Namen. Wer gern eine größere Auswahl an Bars und Brasseries direkt vor der Haustür hat, ist hier richtig. 13 Zimmer, die nach hinten sind ruhiger, aber ohne umwerfende Aussicht. Dafür findet man im Zimmer Accessoires, die man in einem 2-Sterne-Betrieb nicht erwartet: Wasserkocher, Teebeutel, Rasierklinge und -gel. DZ 57–67 €. Ganzjährig geöffnet. Place Gambetta, ℡ 02.97.47.22.81.

** Anne de Bretagne ❷, gleich gegenüber dem Bahnhof. Funktionales 20-Zimmer-Hotel mit ordentlichen Räumen und Sanitäreinrichtungen. Kein Restaurant. DZ 61–65 €. Ganzjährig geöffnet. 42, rue Olivier de Clisson, ℡ 02.97.54.22.19, www.annedebretagnevannes.com.

** Le Bretagne ❸, kleines nettes Hotel unweit der Kathedrale. 12 für die Preisklasse ordentliche Zimmer. Kein Restaurant. DZ 57–60 €. Ganzjährig geöffnet. 36, rue du Mené, ℡ 02.97.47.20.21, www.hotel-lebretagnevannes.com.

Camping *** Le Conleau, etwas außerhalb der Stadt bei der Gare Maritime. Die Uferstraße trennt das leicht abschüssige Rasengelände von der Golfküste. Vereinzelt Pappeln und Kiefern. Renovierte Sanitäranlagen, beheiztes Schwimmbecken, kleiner Laden, Fahrradverleih, Busanschluss ins Zentrum. 250 Stellplätze. Geöffnet April–Sept. 188, av. du Maréchal Juin, ℡ 02.97.63.13. 88, vannes-camping.com.

Wohnmobile Elektrizität, Versorgung und Entsorgung im **Camping Le Conleau** (s. o.).

Übernachten

1 De France
2 Anne de Bretagne
3 Le Bretagne
5 La Marébaudière
9 L'Océan
11 Mercure

Essen & Trinken

4 La Gargouille
6 Crêperie Kalon Breiz
7 Villa Valencia
8 Di'Vin
10 Restaurant A l'Aise Breizh

Vannes

100 m

Côte du Morbihan → Karte S. 420/421

Südküste

Restaurants La Gargouille ◢, eine exzellente Adresse der etwas anderen Art. Im mittelalterlich anmutenden Interieur werden unter den Blicken der fratzen- und teufelsgesichtigen Wasserspeier (Gargouilles) Spieße der exotischsten Art verzehrt. Unser Favorit: in Zimt karamellisierter Lammspieß. Nur abends geöffnet. Reservierung empfehlenswert. 9, rue Aristide Briand. ☎ 02.97.42.48.51.

Di'Vin ◢, eher klein und keine ausufernde Karte. Fisch und Meeresfrüchte haben Vorrang und schmecken vorzüglich, Fleischgerichte spielen eher eine Nebenrolle. Betischung auch zur Straße. Geschlossen So/Mo sowie im Jan. 15bis, rue Noë, ☎ 02.97.47.82.19.

Villa Valencia ◢, traditionelle Küche zu Durchschnittspreisen, auf drei Etagen in einem alten Fachwerkhaus serviert. Oft brechend voll, die beiden hübschen Skulpturen „Vannes et sa femme" scheinen zusätzliche Kundschaft anzuziehen. Auch Kindermenu und Pizza. 3, rue Pierre-René Rogues, ✆ 02.97.54.96.54.

»› Mein Tipp: A l'Aise Breizh 🔟, Restaurant, Brasserie und Bar im hölzernen Kubus über der Capitainerie. Große Terrasse über dem Hafen, durch den Lattenrost der Decke fällt halb Sonne, halb Schatten. Die Innenarchitektur harmoniert mit der Außenansicht. Großzügig betischter Speisesaal (große Tische, kleine Tische und dazwischen viel Platz). Tagsüber wegen des großen Cocktailangebots vorwiegend jugendliches Publikum. Abends werden Menüs serviert: Fisch und Fleisch, leider keine Meeresfrüchteplatte. Geschlossen im Winter Mo ganztags und Di abends. 4, rue du Commerce. ✆ 02.97.68.15.89. **«‹**

Crêperie Kalon Breiz 🔢, sehr beliebte traditionelle Crêperie in der Altstadt. Geschlossen Sonntagmittag. 6, rue Pierre-René Rogues. ✆ 02.97.54.27.20.

Tipp: Länger als in der Altstadt scheint die Sonne am Hafen, und zwar an seiner östlichen Seite. Günstige Bedingungen für ein lebendiges Kneipenleben, das sich nach Sonnenuntergang fortsetzt.

Umgebung von Vannes

Forteresse de Largoët: bei *Elven* im Landesinneren, etwa 15 km nordöstlich von Vannes links der Straße nach Ploërmel. Die Festung, wunderschön in einem gepflegten Waldgelände gelegen, wurde leider schon 1488 vom Franzosenkönig Karl VIII. zerstört. Neben dem Torbau und einem kleineren Turm zeugt nur noch der mächtige Donjon mit seinen sechs Stockwerken – mit 44 m Höhe der höchste Frankreichs – von der einstigen Bedeutung der Burg. Die Ruinen Largoëts werden wegen der verbliebenen Türme oft auch *Tours d'Elven* genannt.

Mitte März bis Mai Sa/So 14–18.30 Uhr. Juni und Sept. 10.30–12.10 und 14.20–18.30 Uhr, geschlossen am Di. Juli/Aug. tägl. 10.30–12.10 und 14.20–18.30 Uhr. Eintritt 5,50 €.

Questembert: Wo anno 888 der bretonische Graf Alain III. die Normannen vertrieb, steht heute eine lebhafte Kleinstadt mit viel Gewerbe im Umland. Etwas traurig eingezwängt verbringt die älteste *Markthalle* der Bretagne (1552) mit ihrer ausgeklügelten Dachkonstruktion ihre alten Tage; nur an Markttagen entfaltet sie ihren Reiz.

Tägl. mehrfach mit Buslinie 9 von/nach Vannes und weiter nach Rochefort-en-Terre. Markt am Montagvormittag unter dem Dach der Markthalle.

Halbinsel von Rhuys

Die langgestreckte Halbinsel aus Schiefergestein, die den Golf von Morbihan gegen den Atlantik abschirmt, gilt wegen ihres milden Klimas und der mediterranen Vegetation als angenehme Sommerfrische. Der Küstensaum zum Golf hin ist flach und durch eine ununterbrochene Folge von Landzungen und Buchten zerklüftet. Der Tourismus breitet sich vor allem im Südwesten entlang der Atlantikküste aus, die Strände und Badebuchten reihen sich bis nach *Port-Navalo* an der Westspitze der Halbinsel. Gourmets begeben sich auf die *Route de l'Huître* und schauen bei den Austernzüchtern von *Le-Tour-du-Parc* vorbei.

Bus: Tägl. mehrmals startet in Vannes ein Bus der Linie 7 zur Fahrt auf die Presqu'île de Rhuys – über Sarzeau, St-Gildas de Rhuys, Arzon nach Port-Navalo.

Sarzeau
7700 Einwohner

Das Verwaltungs- und Handelsstädtchen abseits der Küste ist die größte Siedlung der Halbinsel. Glanzpunkte sind zwei Renaissance-Gebäude und ein kleines Museum sowie die adrette Ortsmitte mit ihren Einkaufsmöglichkeiten. Ein Besuch lohnt vor allem am Donnerstag, wenn der größte Markt der Halbinsel Sarzeau auf Touren bringt. Die Strände der Gemeinde sind an schönen Tagen gut besucht.

Château de Suscinio: südöstlich von Sarzeau über die D 198 nach ca. 3 km zu erreichen. Hinter der mächtigen Umfassungsmauer des Wasserschlosses gähnten in den 1970ern noch leere Fensterhöhlen, dachlose Gebäude verströmten die Atmosphäre eines romantischen Ruinenbildes von Caspar David Friedrich. Dann wurde die einstige Sommerresidenz der bretonischen Herzöge mit Geldern des Départements vor dem endgültigen Zerfall bewahrt und durch eine aufwendige Restaurierung wieder in Schuss gebracht. Seitdem leuchtet Suscinio im herrschaftlichen Glanz vergangener Jahrhunderte. Im Innern beherbergt die Burg heute zwei Museen und wechselnde Ausstellungen. Höhepunkt sind die Mosaikböden der ehemaligen Schlosskapelle in der *1. Etage*. Die Kapelle wurde im 14. Jahrhundert durch einen Brand völlig zerstört, die wunderbaren Böden aus über 30.000 Terrakotta-Fliesen gerieten in Vergessenheit und wurden erst 1975 durch einen glücklichen Zufall wiederentdeckt. In der *2. Etage* sind jährlich wechselnde Ausstellungen zu sehen, die *3. Etage* ist der Geschichte des Schlosses seit dem 13. Jahrhundert gewidmet. Die eindrucksvolle Fotodokumentation der 30-jährigen Restaurierungsarbeiten macht diesen Abschnitt auch für Besucher interessant, die mit den französischen Texttafeln wenig anfangen können.

Suscinio, einst Sommerresidenz der bretonischen Herzöge

Febr./März und Okt. tägl. 14–18 Uhr. April–Sept. tägl. 10–19 Uhr. Nov.–Jan. tägl. 14–17 Uhr. Eintritt 7,50 €.

Postleitzahl 56370

Information **Office de Tourisme**, Juli/Aug. Mo–Sa 9–12.30 und 14–18.30, So 10–12 Uhr. Sept.–Juni Mo–Sa 9–12 und 14–18 Uhr. Rue J. M. Coudrin. ℡ 02.97.41.82.37, www.tourisme-sarzeau.com.

Fahrradverleih Abbis, 7, allée des Ducs de Bretagne (im Ortszentrum). ℡ 02.97.53.64.64.

Markt Donnerstagmorgen auf der Place des Trinitaines, die dann kein Parkplatz ist.

Wassersport Vielfältiges Angebot bis hin zum Strandsegeln:

Ecole de Voile du Roaliguen, am Strand von Roaliguen, schult und verleiht Optimisten, Katamarane, Kinder-Katamarane und Surfbretter. Le Roaliguen. ℡ 02.97.41.96.95.

Centre Nautique, ähnliches Angebot, zusätzlich auch Strandsegler. Penvins. ℡ 02.97.67.38.47.

Hotels ** Du Port**, Zweckbau an der Hafenzeile von St-Jacques. In der Brasserie viel Tagesbetrieb, 7 gute, voll ausgestattete Zimmer, 3 davon Duplex-Zimmer für max. 5 Pers. DZ 69–78 €. Geöffnet Mitte Febr. bis Mitte Nov. 15, rue du Port, ✆ 02.97.41.74.25, www.hotel-sarzeau.fr.

** **Du Golfe**, seit 2013 neuer Besitzer, neuer Name, neues, großzügig gestaltetes Entree und aufgefrischte Zimmer. Das frühere „Connétable" prägt die Ortsmitte von Sarzeau entscheidend mit – zum Guten: Bar, Restaurant und 22 teils kleine, aber stets ordentlich-funktionale Zimmer. DZ 65–78 €. Ganzjährig geöffnet. 3, place Richmont, ✆ 02. 97.41.85.48, www.hoteldugolfe-sarzeau.fr.

Camping 7 Plätze liegen auf dem Gemeindegebiet von Sarzeau, darunter:

**** **Manoir de Ker An Poul**, großer Platz etwa 500 m hinter dem Strand von Penvins. 100 Stellplätze. Alle Bequemlichkeiten einer 4-Sterne-Anlage. Geöffnet Mitte April–Sept. 1, route de la Grée, Penvins, ✆ 02.97.67.33.30, www.manoirdekeranpoul.com.

*** **La Ferme de Lann-Hoëdic**, an der Straße zum Roaliguen-Strand, ausgeschildert, 800 m zum Strand; geleitet von einem gastfreundlichen französisch-englischen Paar. Komfortabel und sauber, moderne sanitäre Anlagen. „Zudem gibt es jeden Morgen frische Backwaren und ein großes Angebot regionaler Produkte", schreiben Leser, die sich hier rundum wohlfühlten. Knapp über 100 Stellplätze. Geöffnet April–Okt. Rue Jean de la Fontaine, ✆ 02.97.48.01.73, www. camping-lannhoedic.fr.

*** **Domaine de Kersial**, etwa 2 km landeinwärts an der Straße nach St-Jacques. Wer sich an der meerfernen Lage nicht stört, ist hier gut aufgehoben. Gut ausgestattet. 75 Stellplätze. Geöffnet Mitte März–Okt. 10, rue Toul Ségal, ✆ 02.97.41.75.59, www. domainedekersial.com.

** **St-Jacques**, am Strand von St-Jacques – mit 500 Stellplätzen der Campingriese der Halbinsel. Einfach ausgestatteter Platz. Extras: Tennisplatz, Minigolf, Radverleih. Geöffnet April–Sept. 1, rue Pratel Vihan, ✆ 02. 97.41.79.29, www.camping-stjacques.com.

Saint-Gildas-de-Rhuys   1700 Einwohner

Die von einer mächtigen Abteikirche überragte Gemeinde liegt auf einem Plateau über der Küste. Hinter der Kirche, die wie eine Glucke inmitten des granitgrauen Ortskerns sitzt, senkt sich das Land zum Hafen hin ab, an der oberen Peripherie schießen Ferienhäuser aus dem Boden. Beiderseits des Orts liegen zwei lange Strände: westlich die von einem breiten Dünensaum begrenzte *Plage des Govelins* in einer 2 km langen Bucht (Strandeinrichtungen) und 5 km östlich die *Plage de Roaliguen*.

Ritterturnier an der Kirchenmauer

St-Gildas-de-Rhuys ist eine der ältesten Siedlungen der Halbinsel. Die Ortsge-schichte beginnt mit *Gildas*, der im frühen 6. Jahrhundert das Land missionierte und durch einige spektakuläre Händel mit dem Teufel etliche Seelen für Gott ge-wann. Bis zum 12. Jahrhundert blieb St-Gildas-de-Rhuys eine der größten und ein-flussreichsten Abteien, die auch für ihre losen Sitten und skrupellosen Intrigen von sich reden machte (→ Kastentext „Abélard"). Von der *Abteikirche* dieser Zeit ist der romanische Teil des Chors erhalten. Im Kircheninnern verbergen sich im Chor-umgang illustre *Grabmäler:* Verschiedene Abbés, herzögliche Abkömmlinge und Adelige haben hier ihre letzte Ruhe gefunden. Hinter dem barocken Hauptaltar hat der Kirchenpatron seinen Platz bekommen; sein Schädel wie auch die Arm- und Beinknochen sind Teil des Kirchenschatzes.

An der Außenwand der Apsis stellt ein verwittertes *Relief* ein Ritterspiel dar: Zwei schwer gepanzerte Reiter stürzen sich mit gestreckter Lanze aufeinander. Einer der Recken soll Geoffroi de Plantagenêt darstellen – einer der gefürchtetsten Turniergi-ganten seiner Zeit, der bei einem Lanzenduell durchbohrt wurde.

Abélard

Der 1079 bei Nantes geborene *Pierre Abélard* gilt zu seiner Zeit als einer der führenden geistigen Köpfe Frankreichs. Er verfasst wegweisende philoso-phisch-theologische Schriften und verdient seinen Lebensunterhalt als Pri-vatlehrer bei reichen Leuten. Dabei begeht er ein folgenschweres Sexualde-likt, dem die Nachwelt ein berühmtes literarisches Kunstwerk verdankt, das den Lehrer aber die Manneskraft kostet: Pierre verführt in Paris *Héloïse*, ei-ne seiner Schülerinnen und ausgerechnet die Nichte eines einflussreichen und nicht zimperlichen Kanonikers. Nach der Entdeckung der leidenschaft-lichen Affäre lässt der erboste Oheim den verliebten Theologen von gedun-genen Spezialisten entmannen. Mehr als nur in seiner Ehre verletzt, ver-schlägt es den Gottesmann in die Bretagne, das „barbarische Land, dessen Sprache ich nicht kenne und dessen Bewohner wild und ungehobelt sind", wie er an Héloïse schreibt. Im Kloster St-Gildas will er als Abt seines Flei-sches Schmach sühnen, doch in was für einen Sündenpfuhl ist er hier gera-ten? In seinem Briefwechsel schildert er die heillosen Zustände der Benedik-tiner-Gemeinschaft, in der die Mönche „schlimmer als die Heiden" leben: „Ihre einzige Regel ist, keine zu haben, ihr Lebenswandel ist barbarisch, das Kloster zu einem wilden Freudenhaus verkommen." Blutige Jagdtrophäen zieren die Pforten der Abtei, und nur das Gebell der Meute und der Klang des Jagdhorns können die geilen Mönche aus den Betten ihrer Konkubinen locken. Wieder gerät Abélard in Gefahr: Bestrebt, Zucht und Ordnung in die mönchischen Reihen zu bringen, legt er sich mit seinen Ordensbrüdern an und fällt fast einem Giftanschlag zum Opfer. Abélard findet schließlich bei einem Edelmann Zuflucht. Hier entsteht seine berühmte „Historia calamita-tum mearum" („Geschichte meines Unglücks"), eine bittere Anklage gegen den Zustand der kirchlichen Institutionen, gewürzt durch wahrscheinlich nie abgesandte, fingierte Briefe des immer noch verliebten Abbés an seine Héloïse, in denen er seinen Verlust beweint.

Verspätetes Happyend: Seit 1817 sind Abélard und Héloïse wieder zusam-men – auf dem Prominentenfriedhof Père Lachaise in Paris.

Côte du Morbihan → Karte S. 420/421

Südküste

Postleitzahl 56730

Fahrradverleih Madeo, in der Nähe der Abtei, am Abzweig nach Arzon. Auch E-Bikes. 18, rue des Vénètes. ✆ 02.97.45.23.12.

Markt Täglich kleiner Markt bei der Kirche, am Freitag größer.

Wassersport Ecole de Voile Rohu, an der Plage des Govelins. Segeln und Surfen; Kurse und Verleih. Mai–Aug. ✆ 02.97.45.37.05.

Camping **** Le Menhir, 4 km außerhalb der Ortschaft, unweit der Kreuzung der D 780 mit der D 198 nach St-Gildas. Schattig,

hervorragend ausgestattet mit Laden, Tennisplatz, Swimmingpool und Fahrradverleih. 1,5 km zum Strand Les Govelins. In der Hauptsaison Vorbestellung dringend empfohlen! 180 Stellflächen. Geöffnet Mai bis Mitte Sept. Route de Port-Cruesty, rue de Clos er Be, ✆ 02.97.45.22.88, www.camping-bretagnesud.com.

*** Du Goh Velin, an der D 198, ca. 2 km außerhalb. Einfaches Campingterrain mit 90 teils schattigen Stellflächen. 1 km zum Strand. Geöffnet April–Sept. 89, rue de Guernevé, ✆ 02.97.45.21.67, www.gohvelin.fr.

Arzon   2100 Einwohner

Die Hafen- und Badeorte an der zerklüfteten Westspitze der Halbinsel wie Port-Navalo und Port du Crouesty gehören alle zur Gemeinde Arzon. Außer der Supermarktballung an seiner Peripherie und einem kleinen Zentrum mit etlichen Läden hat Arzon, selbst nicht direkt am Meer gelegen, nichts zu bieten.

Postleitzahl 56640

Information Office de Tourisme, neben dem Büro in Sarzeau das zweite der Halbinsel. Juli/Aug. Mo–Sa 9–13 und 14–19, So 10–13 und 15–18 Uhr. Sept.–Juni Mo–Sa 9–12/14–18 Uhr. Rond-Point du Crouesty, ✆ 02.97.53.69.69, www.crouesty.fr.

Fähre Regelmäßige Fährverbindung von Port-Navalo mit Locmariaquer, 8-mal tägl. im Sommer, in der Nebensaison weniger häufig; Fahrzeit 15 Min.

Bootsausflug Ausflugsboote der *Nevix* starten in Port-Navalo zu Golftouren. Ebenfalls mit Navix im Sommer tägl. zwei Überfahrten zur Belle-Ile. Auskunft/Buchung am Hafen oder unter ✆ 08.25.13.21.30, www.navix.fr.

Ausflüge auf dem Nachbau eines Langustenfängers sind auf dem *Krog e Barz* möglich. Informationen unter ✆ 02.97.49.42.53.

Fahrradverleih Abbis Location, in Port du Crouesty, 9–11, quai des Voiliers. ✆ 02.97.53.68.89.

Markt Wochenmarkt der hinteren Halbinsel Dienstag- und Freitagvormittag in Port-Navalo.

Petit Train An Sommerwochenenden verkehrt das Touristenbähnchen zwischen Port-Navalo und Port du Crouesty.

Wassersport Jede Menge Angebote, die meisten in Port du Crouesty, z. B:

Ecole de Voile du Fogéo, Schulungen und Verleih von Segelbooten, Katamaranen und Surfbrettern. ✆ 02.97.53.84.01.

Hotel ** Glann Ar Mor, in Port-Navalo, hinter dem Zentrum von Arzon, kurz vor dem Meer an der Straße. Funktionaler Bau mit Restaurant. 9 ordentliche Zimmer. DZ 66–85 €. Geöffnet Mitte Febr. bis Mitte Nov. 27, rue des Fontaines, ✆ 02.97.53.88.30, www.glannarmor.fr.

Camping *** Le Tindio, an der Golf-Seite, 1 km östlich von Arzon beim Weiler Kerners, an einer tief eingeschnittenen Bucht. Anständig ausgestattet, gepflegte Sanitärblocks. 200 Stellplätze. Geöffnet April–Okt. Rue de Bilouris, Kerners, ✆ 02.97.53.75.59, www.camping-arzon.fr.

*** Port Sable, südlich des Hafens von Port-Navalo, an der Bucht zwischen Navalo und Crouesty. Leicht zum Meer abfallendes Areal, nicht unterteilt, von einigen Kiefern beschattet. Zwei ordentlich gewartete Sanitärblocks, direkter Zugang zum Strand an der Atlantikseite. 185 Stellplätze. Geöffnet April–Sept. 20, chemin de Toulassis, Port-Navalo, ✆ 02.97.53.71.98, www.camping-arzon.fr.

Umgebung von Arzon

Butte de César: Kurz vor Arzon, rechts der D 780, erhebt sich der *Tumulus von Tumiac*, der als Hügel Cäsars *(Butte de César)* in die Geschichte eingegangen ist.

Von der Spitze des 15 m hohen Erdhügels aus, unter dem ein Hünengrab entdeckt wurde, soll der Feldherr 56 v. Chr. seine Seetruppen in der entscheidenden Schlacht gegen die Veneter dirigiert haben. Einen Bericht dieser Seeschlacht liefert Cäsar in seinem Buch *De Bello Gallico* (Vom Gallischen Krieg): Während die Veneter mit 220 tiefbauchigen Segelschiffen antraten, hatte sich Cäsar für flache Rudergaleeren entschieden. Am Tag der Schlacht herrschte ruhige See und relative Windstille. Die venetische Seglerflotte lag manövrierunfähig in den Fluten, und Cäsars wendige, von Sklavenkraft angetriebenen Galeeren hatten leichtes Spiel, die unbeweglichen Keltenschiffe zu zerstören. Die Folge seines Siegs war die Einverleibung Armorikas ins römische Weltreich und die Verschleppung der überlebenden Veneter in die Sklaverei.

Petit Mont: Jahrtausendelang war das *Fürstengrab* kurz vor Arzon totes Kapital, ein unscheinbarer Hügel über dem Ufer. Dann entdeckten Archäologen einen Zusammenhang mit den Funden auf der Ile Gavrinis und in Locmariaquer und schichteten um den Kern des *Cairns* einen stattlichen Steinhaufen auf. So ungefähr könnte das Grab ausgesehen haben, bevor es mit Erde bedeckt wurde. Jedenfalls wirft es jetzt Rendite ab – hohe Eintrittsgebühr.

April–Juni und Sept./Okt. 14.30–18.30 Uhr, geschlossen am Mi. Juli/Aug. tägl. 11–18.30 Uhr. Eintritt 7 €.

Port-Navalo: Ein kleiner, aber wichtiger Leuchtturm, ein Hafen, eine Strandpromenade mit gemütlichen Bänken und Aussichtspunkten, dazu ein paar Hotels, viele Ferienappartementhäuser, Restaurants und Crêperien: Port-Navalo bildet zusammen mit dem gegenüberliegen Locmariaquer das Tor zum Golf von Morbihan. Am Küstensaum zum Atlantik liegen zwei schöne, von Felsen und Kiefern begrenzte Strände, die im Sommer stets gut belegt sind.

Fähre: Regelmäßige Fährverbindung mit Locmariaquer auf der gegenüberliegenden Landspitze (15 Min.). Im Sommer tagsüber fast stündlich, in der Nebensaison weniger häufig.

Port du Crouesty/Kerjouanno: Südöstlich von Port-Navalo bildeten einst lose verteilte Weiler und Gehöfteansammlungen auf einer weiteren Landzunge den Ort *Port du Crouesty* – heute mit 1200 Bootsplätzen ein Eldorado für Jachtbesitzer. Die rege Bautätigkeit der letzten Jahre hat östlich den Retortenort *Kerjouanno* entstehen lassen: Ferienhauskolonien, ein etwa 1 km langer Badestrand und ein vielfältiges Freizeitangebot. Noch weiter im Osten schmiegt sich ein 3 km langes Dünengelände an den Atlantik: gute Bademöglichkeiten.

Umgebung der Halbinsel von Rhuys

Damgan   1600 Einwohner

Ein Badedörfchen abseits des Trubels, aber mit Eisdielen, Boutiquen und sogar einem Kino. Damgan, im Südosten der Halbinsel, liegt inmitten einer weiten Bucht. Im Westen bildet die *Pointe de Penerf* die Grenze, wo einige Austernzüchter und viele Fußfischer zugange sind, im Osten die *Pointe de Kervoyal*, wo die Camper zuhause sind. Im Hinterland wird Landwirtschaft getrieben. Der große Sandstrand vor Ort ist dem Badenden bei Flut wohlgesonnen, bei Ebbe sitzt man besser in einer Bar in der Fußgängerzone.

Côte du Morbihan → Karte S. 420/421   Südküste

Postleitzahl 56750

Information Office de Tourisme, Juli/
Aug. Mo–Sa 9.30–19, So 10–12.30 Uhr.
Sept.–Juni wesentlich seltener. Place Alex-
andre Tiffoche. ℡ 02.97.41.11.32, tourisme@
arcsudbretagne.fr.

Fahrradverleih Abbis Location, im Zentrum. 28, rue d'Ambon. ℡ 02.97.48.10.49.

Markt Dienstag- und Samstagvormittag,
nicht zu übersehen.

Hotel ** L'Albatros, freundliches Strandhotel am westlichen Ortsausgang; 11 renovierte, sehr komfortable Zimmer. Restaurant mit Meeresküche. DZ 59–94 €. Geöffnet März bis Mitte Nov. 1, boulevard de
l'Océan, ℡ 02.97.41.16.85, www.hotel-alba-
tros-damgan.com.

Camping Mehrere Plätze im Ortsteil Kervoyal, die meisten mit Wohnmobilen belegt
oder von Bungalow-Mietern aufgesucht.
Am besten gefallen hat uns:

** L'Oasis, östlich der Pointe de Kervoyal,
50 m vom Strand entfernt. Von Hecken unterteiltes Gelände mit 150 Stellplätzen und
ausreichend Schatten. Die Sanitäranlagen
sind durchschnittlich, doch warmes Wasser zum Abwaschen ist vorhanden. Waschmaschine. Tischtennis, Volleyballfeld. Am
Morgen fährt der Bäcker vorbei. Geöffnet
April–Sept. Rue du Port Lestre, Kervoyal,
℡ 02.97.41.10.52, www.campingloasis.com.

Wohnmobile Stromblock, frisches Wasser und Abwasserentsorgung im **Camping
L'Oasis** (s. o.).

Restaurant »» Mein Tipp: La Marmite
Enchantée, in strandnaher Lage; angenehme Atmosphäre auf der schattigen Speiseterrasse. Mittags täglich wechselnder Plat
du jour, abends stehen Meeresfrüchte und
Menüs auf dem Programm. Geschlossen
Jan bis Mitte Febr. 36, rue de la Plage.
℡ 02.97.41.26.13. ««

La Roche-Bernard

700 Einwohner

**Das Städtchen, das mit seinen Kanonen auf einem steilen Felssporn die Ufer
der Vilaine und die Ausfahrt zum Ozean bewachte, hat eine bewegte Geschichte hinter sich. Doch im 19. Jahrhundert verlor es an Bedeutung und
ist heute kaum mehr als ein Ausflugsziel – als solches aber zu empfehlen.**

Schon ein Wikingerfürst hatte die strategische Bedeutung des Orts erkannt und
einen imposanten Bergfried errichtet. Der Einfluss seiner Nachkommen, die fleißig Abgaben kassierten, wuchs, La Roche-Bernard stieg zum Hauptsitz einer der
neun Baronien des Herzogtums auf. Stadt und Hafen blühten, die Herren von La
Roche kontrollierten die Flussschifffahrt, verdienten am Weinhandel und misch-
ten beim Transit des weißen Goldes aus den Salzsümpfen der Guérande-Halbinsel kräftig mit.

Im 17. Jahrhundert war aus dem einstigen Wikingerhorst die erste protestantische
Gemeinde der Bretagne geworden, deren solide geführte Werften hoch im Kurs
standen. So hoch, dass Minister Richelieu auf die sonst für hugenottische Städte
übliche Bestrafung (Schleifung) verzichtete und La Roche-Bernard sogar mit einem
als Staatsgeheimnis gehüteten, einträglichen Auftrag versah: 1629 begannen auf
dem Gelände des heutigen Campingplatzes die Bauarbeiten an Frankreichs erstem
dreideckigen Kriegsschiff. Die in die Geschichte des Schiffsbaus eingegangene
La Couronne nahm 1638 an ihrer ersten Seeschlacht teil, und noch ein Jahrhundert
später durchpflügte sie die Weltmeere.

La Roches Abstieg begann mit dem Bau der ersten Vilaine-Brücke 1839. Der Hafen
verödete, der Verkehr führte fortan ohne Zwischenstopp am Städtchen vorbei. Die
neue Brücke, die heute in 50 m Höhe den Fluss überspannt und über die Tag und
Nacht die Fernlaster donnern, wurde 1960 gebaut. Die vorbeirauschenden Chauf-
feure werfen einen kurzen, entzückten Blick ins Flusstal hinab, wo sich Segeljach-

Blick auf die Vilaine

ten spiegeln und über dem kantigen Felssporn die windschiefen Dächer von La Roche-Bernard zu einem geometrischen Muster zusammenschachteln.

Sehenswertes

Stadtspaziergang: Bester Startpunkt ist der Hafen. Gleich oberhalb des einstigen Zollquais mit seinen alten Lagerhallen und Häusern mit Außentreppen (17. Jh.) ragt der *Felsen* empor, eine denkmalgeschützte Anlage, auf der zwei Kanonen über die Vilaine wachen. Sie stammen vom Kriegsschiff *Le Juste*, das mit Mann und Maus bei der Schlacht der Kardinäle 1759 vor Croisic auf Grund lief. Dem Felsen gegenüber führt die *Promenade du Ruicard* oberhalb des Hafens entlang und endet in einem Gewirr kleiner, enger Gässchen, die steil zum Ortszentrum ansteigen (Häuser aus dem 16./17. Jh.). Am Ende der Promenade wartet das *Château des Basses-Fosses*, ein imposantes fünfstöckiges Gebäude aus dem 16./17. Jahrhundert, in dem sich das *Musée Maritime* eingerichtet hat. In der *Rue de la Saulnerie* (Blick auf den alten Hafen) kann man zwischen Kramläden und Werkstätten einige ehemalige Magazine der Baronie entdecken: voluminöse Salzscheunen mit verzierten Fenstersimsen, Bullaugen und dem traditionellen Schieferdach, besonders schön ist das Haus Nr. 12.

An der zentralen *Place du Bouffay*, oder *Place du Pilori* (Pranger), stand während der Revolution die Guillotine. Gegenüber der beeindruckenden Fassade der *Auberge des 2 Magots* schließt die *Maison du Canon* den Platz ab. Das granitene Renaissance-Herrenhaus (1599) mit dem rosettenverzierten Spitzdach, den Eselsrückenfenstern und dem kleinen Glockenturm erhielt seinen Namen von einem Artilleriegeschütz, das man 1760 in ein Hauseck einmauerte. Die Kanone stammt vom Kriegsschiff *L'Inflexible*, das wie *Le Juste* in der Schlacht der Kardinäle unterging.

Musée de la Vilaine Maritime: Im Anwesen eines reichen Salzhändlers aus dem 17. Jahrhundert vermittelt eine kleine, lebendige Ausstellung Einblicke den maitimen Alltag zu Anfang des 20. Jahrhunderts. Bemerkenswert ist das zehn Meter lange Modell von Stadt und Hafen, das den Hintergrund einer Diorama-Show liefert. Englischsprachiger Kommentar.

Mitte Juni bis Mitte Sept. tägl. 10.30–12.30 und 14.30–18.30 Uhr. Eintritt 3 €.

Côte du Morbihan ↓ Karte S. 420/421

Südküste

Basis-Infos

Postleitzahl 56130

Information Office de Tourisme, Ortsmitte. April–Juni Mo–Sa 10–12.30/14–18 Uhr. 1. Julihälfte und 1. Sept.-Hälfte tägl. 10–12.30 und 14–18.30 Uhr. Mitte Juli–Aug. tägl. 10–19 Uhr. Mitte Sept.–März Di–Sa 10–12.30 und 14–18 Uhr. 14, rue du Docteur Cornudet. ℡ 02.99.90.67.98, www.tourisme-arc-sud-bretagne.com.

Hin und weg Bus: Mehrmals tägl. (Sonn- und Feiertage weniger) mit den Linien 20 bzw. 8/8b nach Nantes bzw. Vannes.

Parken Im Zentrum sind die Parkplätze rar. Am besten sucht man gleich den **Parkplatz La Voûte** (150 Plätze) unten beim Hafen auf, der Spaziergang in die Stadt hinauf ist kurz.

Bootsausflug Diverse Ausflüge auf der Vilaine veranstaltet *Vedettes Jaunes*. Z. B. im Juli und Aug. am Nachmittag stündl. flussabwärts bis zum Staudamm von Arzal, Fahrzeit 90 Min. Beliebt sind auch die ganztägigen Flusskreuzfahrten auf der „Anne de Bretagne" mit Verköstigungsmöglichkeit. Information und Buchung am Hafen oder ℡ 02.99.45.02.81.

Einkaufen Am zentralen Platz sind zwei **Glasbläser** am Werk. Früher hieß die Werkstatt „Verre Tout Horizon"und man konnte den Handwerkern bei der Arbeit zuschauen. 2015 war nur noch eine Galerie da, die die Produkte ausstellte und verkaufte. Interessenten mussten erst die angeschlagene Telefonnummer anrufen. Das soll sich wieder ändern. Die Glasbläser überlegen ein neues Konzept für Kommunikation und Marketing. 7, place du Bouffay.

Markt Donnerstagvormittag

Übernachten/Essen & Trinken

Hotels *** **Auberge Bretonne**, 11 komfortable, modern ausgestattete Zimmer mit schönem Bad. Restaurant. DZ 70–105 €, Frühstück 15 €. Ganzjährig geöffnet. 2, place Duguesclin, ℡ 02.99.90.60.28, www.auberge-bretonne.com.

Camping *** **Municipal du Pâtis**, am Ufer der Vilaine. Gut geführter, sanitär sehr ordentlicher Platz. Von Hecken unterteiltes Rasengelände. In unmittelbarer Nähe zwei Bootshäfen, Tenniscourt und Möglichkeit für Kanu- und Kajak-Fahrten. 50 Stellflächen sowie 12 Plätze für Wohnmobile (Elektrizität, Wasser). Geöffnet April bis Mitte Okt. Chemin du Pâtis, ℡ 02.99.90.60.51, www.camping-larochebernard.com.

Restaurant Les Copains d'A Bord, nicht am, sondern im Hafen, nah beim Felsen – die Idee ist nicht neu, aber immer noch verführerisch. Für das Essen an Bord der „Jacques Cassard" zahlt man leicht überdurchschnittliche Preise. Dafür ist das Ambiente stimmig, und das Fischmenü schmeckte ausgezeichnet. Mi Ruhetag, geschlossen außerhalb der Saison auch Di Abend. Quai St-Antoine, ℡ 02.99.90.81.03.

Le Vieux Quartier, am zentralen Platz. Drei Menüs im Angebot, wobei, egal ob Fisch, Fleisch, Austern oder Cidre, Wert auf regionale Produkte gelegt wird. Mit Terrasse zum Platz. Do Ruhetag. 8, place du Bouffay, ℡ 02.99.90.61.19. ∎

≫ Mein Tipp: Le Sarah B., am Ende des Hafens. Das Haus trägt noch die alte Inschrift „Théâtre Sarah Bernhardt de la Roche" – es war tatsächlich einmal ein Theater. Heute ist das ausgehöhlte Innere des Baus bis zur Decke betischt. Im Erdgeschoss arbeiten die Köche vor den Augen der Gäste, doch der beste Ort ist eindeutig die Terrasse. Preiswerter Mittagstisch, aber auch Tapas und Burger, zusätzliche Kleinigkeiten werden am Comptoir serviert. Ein wunderbarer Ort und sehr lebendig. Zudem ist das Haus der kulturellen Tradition verpflichtet und organisiert ein vielfältiges Veranstaltungsprogramm, das sich sehen lassen kann, zu finden unter www.lesarahb.fr. Geschlossen Mo Abend. 9, quai St-Antoine, ℡ 02.99.90.74.60. ≪

Bar Le Rochois, im Zentrum. In Zeitschriften blättern, Schach spielen, sich an den Bildern und Plakaten ergötzen oder auf dem gemütlichen Sofa einen Kaffee zu sich nehmen – ein lebendiger, wunderbarer Ort, an dem sich auch Kinder wohlfühlen. Leider hat die betagte Dame, die die Bar seit Jahren führt, ihren Rückzug angekündigt. Es bleibt zu hoffen, dass die Nachfolger es genau so gut machen. 10, place du Bouffay. ℡ 02.99.90.66.22.

Rostgeschütz über der Vilaine

Côte d'Amour (Région Pays de la Loire)

Presqu'île de Guérande

Geographisch umfasst die *Presqu'île de Guérande* das Gebiet zwischen der *Loire-* und der *Vilaine-Mündung*. Ursprünglich war ein Großteil dieser Region vom Meer bedeckt, die heutige *Halbinsel von Le Croisic* und die *Ile de Fédrun* (in der *Grande Brière*) ragten als Inseln aus dem Wasser.

Infolge einer tektonischen Verschiebung zweier Erdplatten hob sich der Meeresboden um 15 Meter und ließ die heutigen Sumpfgebiete entstehen. Der vom Meer abgetrennte Ostteil verwandelte sich in das sumpfige *Pays Noir* (Schwarzes Land, Torfmoor), die 40.000 ha große Fläche der *Grande Brière*, heute regionaler Naturpark. Im Westen entstand das *Pays Blanc* (Weißes Land, Salz). Die Anschwemmungen der beiden Flüsse füllten den Boden des ehemaligen Golfes auf, doch die Meeresströmungen sorgten dafür, dass kleine Kanäle frei blieben. Durch sie erfolgt der Wasseraustausch zwischen den flachen, salzigen Sümpfen und dem Atlantik. Damit waren die natürlichen Voraussetzungen für das spätere Salzgeschäft gegeben.

Guérande 15.700 Einwohner

Die einstige Hauptstadt des Pays Blanc verdankte über Jahrhunderte hinweg ihren Wohlstand den Salzfeldern der Umgebung. Heute sind die Touristen aus der nahen Seebad-Retorte La Baule, die in die mauerumgürtete Altstadt Guérandes strömen, ein zweites wirtschaftliches Standbein.

Von einem wehrhaften Mauerring geschützt, blieb der Charakter der mittelalterlichen Stadt weitgehend erhalten. Sechs Türme überragen den Stadtwall, vier Tore führen in die Gassen der Altstadt, die fast sternförmig an der *Place St-Aubin* vor der Stiftskirche zusammenlaufen. Der im 18. Jahrhundert zugeschüttete Graben, der die Salzmetropole umgab, wurde – dem malerischen Stadtbild zuliebe – teilweise wieder mit Wasser aufgefüllt. Wichtigster Zugang zur Altstadt ist das Südosttor, die mächtige *Porte St-Michel*, durch die vor 500 Jahren Anne de Bretagne mit ihrem Gefolge eintrat.

Stadtgeschichte: Guérande war über Jahrhunderte politisches und wirtschaftliches Zentrum der gleichnamigen Halbinsel, seine Geschichte ist untrennbar mit dem Salz verbunden. Bereits vor über 1000 Jahren gewannen die Bewohner das weiße Gold aus den Sümpfen der Umgebung. Um 900 lockt der Reichtum der Stadt die verschiedensten Völker und Herrscher an. Erst zerstören normannische Truppen die Befestigungen, dann plündert der Spanier Ludwig mit seinen Söldnern die Stadt. Im bretonischen Erbfolgekrieg steht Guérande auf der Siegerseite, wird aber trotzdem ein Raub der Flammen. Nach der Schlacht von Auray 1364 dankt *Montfort* für die teuer bezahlte Treue und verleiht der Stadt Sonderrechte. Eine lange Zeit des Friedens und des Wohlstands bricht an. 1488 erhält Guérande vom Vater der späteren Herzogin Anne einen Stadtwall, Anne selbst führt von Guérande aus erste Heiratsverhandlungen mit dem König von Frankreich. Nachdem diese erfolgreich ausgegangen sind, spendet die neue Königin der Stadt eine goldene

Blumenkrone. Zusätzlich erhalten die Salzbauern ein zollrechtliches Privileg: Sie dürfen ihr weißes Gold steuerfrei handeln und transportieren – ein überaus einträgliches Geschäft.

1793 belagern republikanische Truppen die Stadt. Royalistische Anhänger, die sich hinter den Mauern Guérandes eingeigelt haben, leisten 80 Tage lang Widerstand, dann kapitulieren sie. Zur Strafe verliert die Salzstadt ihre königlichen Privilegien, der Niedergang beginnt. Erst mit der Entwicklung des Tourismus tun sich für die inzwischen von der südfranzösischen Konkurrenz überholten Salzgewerbler neue Einnahmequellen auf. Sie sprudeln bis heute, wenn auch längst nicht so reichlich wie im nahen La Baule.

Sehenswertes

Porte St-Michel: Das repräsentative, von zwei mächtigen spitzhelmigen Türmen flankierte Haupttor wurde Ende des 15. Jahrhunderts zusammen mit dem Wall errichtet; lange Zeit diente es dem Gouverneur als Wohnung. Heute ist hier ein *Heimatmuseum* untergebracht. In den Wachstuben (1. Stock) stehen typische Möbel aus der Brière (gewachst) und den Salzsümpfen (mit Ochsenblut bemalt). In den Wohnräumen des Gouverneurs (2. Stock) zieren Gemälde die Wände, feiner Nippes, Fayencen, Waffen und Alltagszierrat füllen einige Schaukästen. Im obersten Geschoss präsentieren lebensgroße hölzerne Mannequins und Dressmen lokale

Trachten. Ein alter Webstuhl macht mit dem Konfektionsgeschäft der Zeit, das Modell eines Salzgartens mit den Geheimnissen der Salzgewinnung vertraut.

April–Sept. Di–So 10–12.30 und 14.30–19 Uhr. Okt. Di–So 10–12 und 14–18 Uhr. Eintritt 4 €.

Collégiale St-Aubin: Erste Fundamente legte angeblich der Kirchenheilige Aubin – man fand unter dem Chor Bauteile aus dem 6. Jahrhundert. Die Kirche im Zentrum der Altstadt ist ein immer wieder umgestaltetes und erweitertes Baukonglomerat, an dem alle Stile vom 12. bis zum 17. Jahrhundert ihre Spuren hinterlassen haben. Die mit Glockentürmchen, romanischen Kapitellen und furchteinflößenden Wasserspeiern verzierte Granitfassade zeigt eine gotische *Außenkanzel* (15. Jh.). Im Inneren der Kirche fallen die schlichten romanischen *Säulen* auf, die von gotischen Bögen überbrückt werden. Sehenswert sind die *Buntglasfenster* (13.–18. Jh.), besonders das *Chorfenster* mit einer Mariendarstellung. In einer dekorierten Stirnwand des südlichen Querschiffs schaut die *Statue des heiligen Aubin* (15. Jh.) wohlwollend-mahnend auf den Besucher.

Zwischen Kirche und Markthalle liegt wie ein Fremdkörper in der mittelalterlichen Kulisse eine eigenartig anmutende Skulptur. Im Inneren der bronzenen Unform mit ihren Kleeblatt-Löchern plätschert es – ein *Brunnen*.

Basis-Infos

Postleitzahl 44350

Information Office de Tourisme, am Platz vor der Porte St-Michel. April Mo–Sa 9.30–12.30 und 13.30–18, So 10–13 und 15–17 Uhr. Mai–Sept. Mo–Sa 9.30–18 Uhr (Juli/Aug. bis 19 Uhr), So 10–13 und 15–17 Uhr. Okt.–März Mo–Sa 9.30–2.30 und 13.30–18 Uhr. Gutes Material über die gesamte Gegend. 1, place du Marché au Bois. ✆ 02.40.24.9.71, www.ot-guerande.fr

Zentraler Zugang zur Altstadt – Porte St-Michel

Paludier bei der Arbeit

Salz

Ein unter den Salzbauern gebräuchliches Sprichwort sagt alles über die Güte des Guérander Salzes: „Un sel si bon que l'on met dans la conversation" – ein Salz, so gut, dass man es in die Unterhaltung streut.

Die flache Sumpflandschaft südwestlich von Guérande wurde von Menschenhand in ein überdimensionales, 1700 Hektar großes Schachbrett verwandelt. Durch ein ausgeklügeltes System von immer flacher werdenden Becken, Kanälen *(étiers)*, sich verjüngenden Gräben und Verdunstungspools *(Salinen)* wird hier seit 1000 Jahren aus Meerwasser das weiße Gold gewonnen, das fahrige Köche heute so sorglos verstreuen. Wichtigste natürliche Faktoren der Salzgewinnung sind der Gezeiten-unterschied (bei Flut strömt das Meerwasser durch den schmalen Kanal bei Le Croisic in die flache Bucht) und die Verdunstung des Meerwassers bei Sonnen-schein. Das Salz kristallisiert aus und wird dann regelrecht geerntet.

Mit langen, breiten Rechen *(las)* stehen die Salzbauern *(paludiers)* auf kleinen Plattformen *(ladures)* und ziehen vorsichtig die wertvolle, fragile Salzblume, die oberste weiße Schicht, aus den zwei bis fünf Zentimeter tiefen Salinenbecken *(fares* oder *adernes)*. Bei günstiger Witterung gewinnt man auf diese Weise 3 bis 5 kg Spitzensalz *(fleur de sel)* pro Tag und Becken. In den letzten, nur noch knapp 2 cm tiefen Salinen *(oeillets)* ist die Salzkonzentration durch Verdunstung so hoch, dass ein graues, besonders mineralienreiches Salz *(sel gris)* ausflockt. Es wird mit flachen Schaufeln zwischen den Becken zu Kegeln aufgehäuft, in der Fabrik gereinigt und weiterverarbeitet. Geerntet wird von Juni bis September. In einem 15 bis 30 Tage dauernden, stark von der Witterung abhängigen Prozess gewinnt man aus den rund 8000 Becken im Jahresdurchschnitt etwa 10.000 Tonnen Salz. Heute leben noch rund 250 Familien in der Region vom Salzhandwerk. Seit der Stilllegung vieler Salinen infolge der preisgünstigeren Konkurrenz aus den sonnenverwöhnten süd-französischen Erntegebieten sieht sich die Regierung gezwungen, das traditionelle Gewerbe der Guérande-Halbinsel durch Subventionen und Gesetze zu retten – und damit auch ein vom Menschen sinnvoll genutztes Naturreservat.

Dunkles Rätsel auf dem Kirchplatz

Hin und weg Bus: Die Linie 80 fährt werktags bis zu 8-mal tägl. nach La Turballe und Piriac, in die Gegenrichtung nach St-Nazaire. So und Feiertage 5-mal. Linie 83 fährt werktags bis zu 11-mal nach La Baule und z. T. direkt weiter nach St-Nazaire. Haltestellen beim Rathaus in der Rue des Saulniers und an der Porte St-Michel.

Einkaufen Salz, garantiert direkt vom Salzbauern vermarktet das „Groupement des Producteurs du Sel" das weiße Gold – erkennbar an „Sel marin de Guérande". Die edle „Fleur de sel" aus der obersten weißen Schicht der Salzfelder wird in kleinen Portionen verkauft und ist wesentlich teurer, was den wahren Gourmet aber nicht vom Kauf abhält.

Atelier de Calligraphie et d'Enluminure. Ein Meister der Kalligraphie verkauft alle Ingredienzien des schönen Schreibens: Füllfederhalter, Tinten in allen Farben, Büttenpapier … und dazu seine eigenen kalligraphischen Produkte: Gedichte, Glückwünsche und mehr. Falls Sie nicht mehr als eine krakelige Handschrift hinbekommen, können Sie den Meister auch als Schreiber engagieren. 20, rue de Saillé, ✆ 02.40.62.12.97.

Petit Train Mit dem Touristenzüglein aus der Stadt raus und durch die Salzfelder … Fahrkarten beim Office de Tourisme, in dessen Nähe (Boulevard de Dinkelsbühl) der Petit Train täglich 4-mal startet. Erw. 7 €, Kind 3–12 J. 5 €.

Feste Von Mitte Juli bis Mitte Aug. unter dem Titel **La Voix des Orgues** (Orgelstimmen) jeden Freitagabend Konzerte in der Stiftskirche mit der Königin der Instrumente. Tickets über das Office de Tourisme. Programm unter www.lavoixdesorgues.org.

Markt Mittwoch- und Samstagvormittag auf dem Platz vor der Kirche.

Reiten Mehrere Möglichkeiten; z. B. **Ferme équestre La Champagne**, 6 km nördlich der Stadt bei St-Molf an der D 774, ✆ 06.08.50.69.43.

Übernachten/Essen & Trinken

Hotels ** Le Roc Maria, in einer kleinen Gasse bei der Kirche. Malerisches, renoviertes Natursteingebäude aus dem 15. Jh., 9 Zimmer mit moderner Sanitärausstattung. Kein Restaurant, aber eine gemütliche Crêperie, in der auch gefrühstückt wird. DZ 58–

69 €. Geschlossen 2. Nov.-Hälfte und 2. Januarhälfte. 1, rue du Vieux Marché aux Grains, ✆ 02.40.24.90.51, www.hotel-creperie-rocmaria.com.

** **Les Remp'Arts**, gleich beim Office de Tourisme, an der Ringstraße um den Stadtwall. Hübsches 8-Zimmer-Hotel mit gemütlichen Zimmern, wahlweise mit Dusche oder Bad/WC. Im Hotelrestaurant bretonische Gerichte, gute Speiseadresse (geschlossen So Abend und Mo, ausgenommen im August). In den Sommermonaten HP obligatorisch. DZ 45–69 €. Ganzjährig geöffnet. 15, boulevard du Nord, ✆ 02.40.24.90.69, www.hoteldesremparts.com.

B & B ⟫ **Mein Tipp:** Maison d'hôtes La Guérandière, beim Nordportal, innerhalb der Stadtmauer. Im Gemäuer aus dem 19. Jh. wurden 7 überraschend helle Zimmer eingerichtet, jedes in einem anderen Farbton, eines für 3 Pers. (gelb), die Suite (rot) ist für Familien geeignet. Das weiße Zimmer ist schon fast ein Hochzeitszimmer, das entsprechende Foto hängt an der Wand. Das Mobiliar ist unterschiedlich, aber alle Zimmer haben Dusche/WC. Ein großes Plus ist der Aufenthaltsraum (mit Schachtisch), der in einen Wintergarten übergeht (Frühstück) und weiter auf eine betischte wunderbare Wiese führt, in der man sich in den Liegestuhl fläzen kann. Obendrein hält das freundliche Haus zwei Fahrräder zur Verfügung. DZ 66–96 € je nach Ausstattung und Saison. 5, rue Vannetaise, ✆ 02.40.62.17.15 und 06.86.77.84.43, www.guerandiere.com. ⟪

Camping **** De Léveno, luxuriöse Anlage im Osten der Stadt (3 km, ausgeschildert), in einem lichten Kiefernwald. Lichtungsartiges 5-ha-Wiesengelände, von Hecken- und Ginsterbüschen gegliedert. Riesenspielplatz mit vernünftigen Spielgeräten. Großer, beheizter Swimmingpool, 2 Tennisplätze, Reiten, Pingpong-Zelt, Fahrradverleih, Fernsehraum, vorgekochte Menüs, Laden, Restaurant, Bar, Waschmaschinen, Top-Sanitäranlagen. Im Sommer eine reiche Palette von Animationsprogrammen für Jung (Sackhüpfen) und Alt (Tanzabend).

600 großzügige Stellplätze. Geöffnet April–Sept. Route de l'Etang de Sandun, ✆ 02.40.24.79.30, www.camping-eveno.com.

**** **Domaine de Bréhadour**, knapp 2 km nordöstlich der Stadt (zu erreichen über die D 51 nach St-Lyphard). Der ehemalige kommunale Platz wurde privatisiert, komplett umgebaut und mit 280 Stellplätzen neu eröffnet. Bungalow-Vermietung, fürs Zelt bleibt aber genug Platz. Geöffnet Mitte April–Sept. Route de Bréhadour, ✆ 02.40.17.65.15, www.domainedebrehaour.com.

Restaurant Le Vieux Logis, im rustikalen Restaurant grillt der Maître-Restaurateur vor den Augen seiner Gäste Rippchen, Steaks u. a. über dem Holzfeuer. Kleiner Garten zum Platz und schöner großer Garten nach hinten. Geschlossen im Juni und Nov. jeweils 14 Tage, jeweils So Abend und außerhalb der Saison auch Montag. 1, place de la Psallette. ✆ 02.40.62.09.73.

Le Logis, teilt das Gebäude mit dem „Vieux Logis" (s. o.) und hat auch ein Stück Garten zum Platz abbekommen. Die billige Alternative zum benachbarten Grillmeister bietet Pizze, Crêpes, Galles und Salate. Geschlossen im Dez./ Jan. 1, place de la Psallette. ✆ 02.40.42.96.46.

🍃 **Crêperie** La Flambée, nette Crêperie in der Gasse zwischen Kirchplatz und Südtor. Gemütliche Atmosphäre, oft bei bretonischer Volksmusik. Crêpes und Galettes aus Bio-Mehl. Geschlossen im Jan. 12, rue de Saillé. ✆ 02.40.24.73.82. ∎

Teestube ⟫ **Mein Tipp:** Gout'Thé, bei der Porte de Saillé. Teesorten aus aller Herren Länder von China bis Lateinamerika. Aus letzterem Kontinent kommt ein mit Schokolade gegrillter (wie das geht, weiß auch die Verkäuferin nicht) Mate-Tee. Gänzlich giftfrei ist der rote Tee aus Südafrika – ohne Teein. Konsumiert werden die Getränke in der Stube oder draußen im gemütlichen Gärtchen. Natürlich stehen die Produkte auch zum Verkauf – in Dosen oder direkt aus den Säcken abgepackt. 30 rue de Saillé. ✆ 02.40.01.88.83. ⟪

Côte d'Amour → Karte S. 489 **Südküste**

Umgebung von Guérande

Marais Salants: Die Salzsümpfe von Guérande sind eine kunstvoll vom Menschen gestaltete Kulturlandschaft, durchzogen von kleinen Kanälen, von Dämmen, von rechteckigen, gleichmäßig gereihten Becken, in denen die gespiegelten Wolken vorüberziehen und weiße Salzkegel glitzern. Spaziergang empfohlen!

Saillé: Ein kleines Nest an einem Dammweg (von Guérande auf der D 774 etwa 2 km in Richtung Le Pouliguen, Le Croisic) mitten in den Salzgärten. Von der Kirche, in der der bretonische Herzog *Jean V* 1381 die Prinzessin *Johanna von Navarra* heiratete, ist nichts übriggeblieben außer einer Kapelle, die nunmehr einen profanen Zweck erfüllt: Sie beherbergt die *Maison des Paludiers* (Haus der Salzarbeiter), ein kleines Museum, in dem sich alles ums Salz dreht. Trachten, Arbeitsgeräte, Möbel und eine Diaschau, die sich der Arbeit der Salzbauern widmet. Bei schönem Wetter wird zusätzlich eine Führung zu einer Saline angeboten.

Maison des Paludiers Nur mit Führung zu besichtigen: Febr./März und Okt. tägl. 14.30–17.30 Uhr. April und Sept. tägl. 10–12 und 14.30–17.30 Uhr. Mai/Juni tägl. 10–12.30 und 14–17.30 Uhr. Juli/Aug. tägl. 10–12.30 und 14–18 Uhr. Eintritt 4,90 €.

Führung durch die Salinen Mitte April bis 1. Juliwoche tägl. 16.30 Uhr. 2. Juliwoche bis Aug. tägl. 10.30, 14.30, 15.30, 16.30 Uhr. Sept. tägl. 15.30 Uhr, 1. Sept.-Hälfte auch 16.30 Uhr. Dauer 90 Min., Erw. 7,30 €, Kind bis 14 J. 5,10 €.

La Turballe

4500 Einwohner

Das langgestreckte Fischerstädtchen, heute ein beliebtes Baderevier, bestand im 17. Jahrhundert aus 15 windigen Fischerkaten. Erst mit dem Bau einer Konservenfabrik 1824 begann der Ort zu wachsen. Lebendiges Zentrum von La Turballe ist der im 19. Jahrhundert ausgebaute Hafen, in dem hauptsächlich Sardinen und Sardellen angelandet werden.

Die Hafenpromenade wird von der *Criée* mit ihren betonierten Fassaden unterbrochen. Hier wird computergesteuert der Fang versteigert, den die etwa 100 Boote der Turballer Flotte einfahren. Mit einer Jahrestonnage von knapp 13.000 Tonnen und einem Umsatz von rund 20 Mio. Euro zählt La Turballe zu den umsatzstarken Fischereihäfen der Bretagne. Von den Konservenfabriken, die früher den Fang verarbeiteten, konnte sich allerdings nur eine halten.

Nördlich von La Turballe schmiegen sich zwei etwas felsige Sandbuchten *(Plage de Ker Elisabeth* und *Plage de la Bastille)* an die Küste, im Süden läuft ein feinsandiger, 4 km langer Dünenstreifen mit mehreren Stränden (u. a. *Plage des Bretons, Plage de la Croix)* in die Landspitze von *Pen Bron* aus. Wenige Hotels, viele Ferienimmobilien und eine Handvoll Campingplätze bilden die touristische Infrastruktur.

Postleitzahl 44420

Information Office de Tourisme, direkt gegenüber der Fischhalle am Hafen. April–Juni und Sept. Mo–Sa 10–12.30 und 14–18.30 Uhr. Juli/Aug. Mo–Sa 10–19, So 10–13 und 14–18 Uhr. Okt.–März Mo–Sa 10–12.30 und 14–18 Uhr. Place Charles de Gaulle. ☎ 02.40.23.39.87, www.tourisme-laturballe.fr.

Hin und weg Busse der Linie 80 starten werktags 8-mal, sonn- und feiertags 5-mal am Platz vor der Criée in Richtung Piriac bzw. Guérande und La Baule.

Fähre Zwischen der Landspitze **Pen Bron** und **Le Croisic** pendelt im Juli/Aug. täglich eine Fähre im 30-Minuten-Takt, in der Vor- und Nachsaison nur an Wochenenden. Hin/zurück 8 €. Auskünfte beim Office de Tourisme.

Bootsausflüge Im Juli/Aug. Fahrten nach **Belle-Ile, Houat** und **Hoëdic**. Auskünfte beim Office de Tourisme oder bei Navix, ☎ 02.97.46.60.00, www.navix.fr.

Criée Besuch nur mit Führung im Juli/Aug. Aktuelle Zeiten im Office de Tourisme erfragen.

Einkaufen Natürlich Sardinen. Ein großes Angebot an verdosten Exemplaren führt die **Conserverie La Belle-Iloise**, direkt gegenüber der Criée.

Feste Festi'Vent, ein noch junges Fest, jährlich an einem Wochenende in der 2. Junihälfte, das auf guten Wind zählt. Riesige Papierfiguren fliegen über dem Hafen. Musik und Straßentheater. Programm unter www.festi-vent44.com.

Festi'Vent – fliegende Fische

Märkte Juli/Aug. tägl. **Fischmarkt** in der Criée. **Wochenmarkt** Mi und Sa auf der Place E. Moreau oberhalb des Quais.

Petit Train Bequem mit dem kleinen Zug vom Hafen durch die Salzfelder, zur Landspitze Pen Bron und zurück über den Camping Chardons Bleus zum Hafen; im Juli/Aug. tägl. nachmittags, in der Nebensaison nur an den Wochenenden. 6 €, 3–12 J. 4 €.

Hotel ** **Les Chants d'Ailes**, südlich des Hafens (500 m), direkt hinter der Plage des Bretons mit schönem Meerblick. Komfortables 19-Zimmer-Hotel. Die Größe der Vögel sagt nichts über die Größe der Zimmer aus – größer als das Reiher-Zimmer ist das Schwalben-Zimmer. Fahrradverleih für Gäste. DZ 51–78 €. Ganzjährig geöffnet. 11, boulevard Bellanger, ☎ 02.40.23.47.28, http://laturballe.free.fr/hotel-chantsdailes.

Camping **** **Parc Ste-Brigitte**, auf dem Höhenkamm über den Salzsümpfen, links der Straße nach Guérande (D 99) in einem Schlosspark. Wiesengelände mit Hecken, Blumenbeeten und Büschen, schattig unter Bäumen oder sonnig am großen Swimmingpool (beheiztes Planschbecken). Gepflegtes Sanitärgebäude, Waschmaschinen, Trockner. Gemeinschaftsräume in alten, renovierten Gebäuden. TV, Pingpong, Sportprogramme, Animation, im Sommer 1-mal/Woche Disco. 150 Stellplätze. Geöffnet April–Sept. Chemin des Routes, Domaine de Bréhet, ☎ 02.40.24.88.91, www.campingsaintebrigitte.com.

**** **La Falaise**, vom Hafen ein Stück Richtung Piriac, direkt an der Straße oberhalb der Küste, mit Zugang zur felsdurchsetzten Sandbucht Ker Elizabeth. Der ehemalige 2-Sterne-Platz hat 2013 mächtig aufgerüstet: beheizter Pool, beheizte Sanitäranlagen, Snackbar, Lebensmittelladen, großer Kinderspielplatz, Fahrradverleih ... 150 Stellflächen, heckenunterteilt, ausreichend Schatten. Geöffnet April–Okt. 1, boulevard de Belmont, ☎ 02.40.32.32.53, www.camping-de-la-falaise.com.

*** **Les Chardons Bleus**, Gemeindeplatz mit direktem Zugang zum Meer am großen Strand (2 km südlich), im Neubaugebiet am Ortsrand von La Turballe. Unweit des Platzes die Zone de Loisirs mit Trimm-dich-Pfad, Kinderamüsement und Riesenwasserrutsche. 300 schattenlose Stellflächen auf einem ausgedehnten, spärlich bepflanzten Dünenareal. Optimal für Wassersportler (Surfer). Ordentliche Sanitäranlagen, gefliesete Einzelkabinen und Warmwasser. Laden und Kochmöglichkeiten. Snackbar. Im Sommer ziemlich schnell voll. Geöffnet Mitte April–Sept. Boulevard de la Grande Falaise, ☎ 02.40.62.80.60, www.camping-laturballe.fr.

Côte d'Amour → Karte S. 489

Südküste

Essen & Trinken Die Sardine ist zwar ein ordinärer Fisch und wird meist verdost. Frisch gefangen, gegrillt und mit etwas Zitronensaft beträufelt schmeckt sie aber ausgezeichnet – am besten noch eine gebackene Kartoffel bestellen; dies ist sozusagen das Billiggericht einiger Restaurants am Hafen. Das Dauergekreisch nimmersatter Möwen gibt's als Tischmusik gratis dazu.

Piriac-sur-Mer   2200 Einwohner

Weit und breit der schönste Küstenort. Die niedrigen, granit- und schiefergrauen Giebel der alten Fischerhäuschen, die sich hinter dem Hafenkai um die Kirche drängen, riegeln das alte Piriac gegen die Neuzeit ab. Vom regen Bau der Ferienhäuser, die rund um Piriac die Landzunge mit der *Pointe de Castelli* zersiedeln, spürt man im Ortskern nur wenig. Alt-Piriac ist von engen Gassen durchzogen, kaum breiter als ein Auto, das man also besser nicht ins Dorf hineinsteuert. Das Ensemble wind- und wettergepeitschter Fassaden, das den Kirchplatz umrahmt, scheint noch in den Zeiten des Romanciers *Emile Zola* zu verharren, der, angeregt von der melancholisch-urwüchsigen Kraft des Orts, von 1876 bis zu seinem Tod 1902 immer wieder in Piriac auftauchte.

Die teils felsige, teils sandige Steilküste ist – wo sie nicht verbaut ist – von lichten und windzerzausten Pinienwäldchen umgeben. Mehrere unterschiedlich große Strände locken die Badegäste: intime, kleine Buchten mit Kies rund um die *Pointe de Castelli*, von der man eine schöne Aussicht genießt, der Ortsstrand *Plage St-Michel* oder die flache *Bucht von Lérat* (Richtung La Turballe), die auch für Kleinkinder zum Planschen geeignet ist.

Postleitzahl 44420

Information Office de Tourisme, am Rand des alten Dorfkerns beim großen Parkplatz. Juli/Aug. Mo–Sa 9.30–19, So 10–13 und 15–18 Uhr. Sept.–Juni Mo–Sa 9–12.30 und 14–18 Uhr. 7, rue des Cap-Horniers. ☎ 02.40.23.51.42, www.piriac.net.

Hin und weg Busse der Linie 80 starten werktags 8-mal, sonn-/feiertags 5-mal in Richtung La Turballe, Guérande und La Baule.

Parken Großer Parkplatz direkt vor dem Dorfkern (Place Paul Vince).

Markt Di und Sa, in der Hauptsaison Mo, Mi und Sa auf der großen Place Paul Vince, vor dem Dorfkern.

Reiten Nächster Reitstall (auch Poneys) beim **Centre Equestre du Bel-Air** in Mesquer, 5 Pferdeminuten vom Strand. Route de Piriac, ☎ 06.08.24.32.74.

Hotels Das Appartement- und Residenzengeschäft läuft auf Hochtouren, im Hotelgewerbe arbeiten nur wenige Häuser:

**** De la Poste**, das solide 2-Stern-Haus im Zentrum mit 15 Zimmern ist die beste Adresse am Ort. Fahrradverleih für Gäste. DZ 63–76. Geöffnet Mitte Febr.–Nov. 26, rue de la Plage, ☎ 02.40.23.50.90, www.piriac-hotel delaposte.com.

De la Plage, direkt am Strand, einfach, aber sympathisch. 15 Zimmer. DZ je nach Lage 52–81 €. Geschlossen Okt.–Juni am Di/Mi, in der 2. Jan.-Hälfte ganz geschlossen. 2, place du Lehn, ☎ 02.40.23.50.05, www. hoteldelaplage-piriac.com.

Camping 10 Campingplätze unterschiedlichster Größe. Die meisten liegen abseits der Küste im Inneren der Halbinsel. Eine Auswahl:

***** Le Parc du Guibel**, ruhig und abseits, ein zweigeteiltes, 10 ha großes Wald- und Wiesengelände an der Straße nach Mesquer (3 km ab Piriac). Schön parzelliert, Sanitärs gut ausgestattet und gewartet. Riesenpalette von Freizeitangeboten: Tennis, Tischtennis, Swimmingpool, Volleyball etc. Laden, Bar und Restaurant in zentraler Lage. Mietbungalows und Mietcaravans. 450 Stellplätze. Geöffnet April–Sept. Route de Kerdrien, ☎ 02. 40.23.52.67, www.parcdu guibel.com.

***** Le Pouldroit**, am Ortsrand an der Straße nach Mesquer. 7-ha-Platz auf ebenem Wiesenterrain. Einige Kiefern und Laubbäume spenden Schatten, Hecken und Blumenbeete unterteilen das Areal. Ältere, gut gewartete Sanitärblocks. Großzügiges Freizeitangebot: Swimmingpool, Radverleih,

Tennis. Laden und Snackbar. Ca. 350 m
zum nächsten Strand. 250 Stellplätze. Geöffnet April–Okt. Route de Mesquer, ☎ 02. 40.
23. 50.91, www.camping-bretagne.eu.

** Le Razay, an der D 333 nach Guérande,
oberhalb der ausladenden Ferienanlage
des Ortsteils St-Sébastien. Auch hier breites Animationsprogramm. Einfache sanitäre Anlagen mit Warmduschen. 800 m zum
Strand (Bucht von Lérat). 110 Stellplätze.
Ganzjährig geöffnet. Route de St-Sébastien, ☎ 02.40.23.56.80.

Wohnmobile Ortsnah liegt die **Aire de la
Tranchée** an der Rue de la Tranchée (in der
Nähe des großen Parkplatzes): 18 Stellplätze, Wasser und Abwasserentsorgung. Etwas größer ist die **Aire de Lérat**, 2,5 km von
Alt-Piriac   entfernt   im   Ortsteil   Lérat
(Richtung La Turballe, ausgeschildert). Dort
30 Stellplätze und gebührenpflichtige Kom-
plettversorgung.

La Baule

**Sie haben Geld. Sie lieben das Bad
im Atlantik und das in der Menge.
Casino? Disko? Restaurants vom
Feinsten? Einkaufsbummel bei Ebbe
oder Regenwetter? Dann sind Sie
hier richtig: La Baule ist das neuzeitliche Seebad der Superlative.**

In Alt-Piriac

An der endlos langen Strandpromenade sticht sie schon von weitem ins Auge: Die
1975 gebaute, futuristisch anmutende Appartementwelle, die nach der Vorstellung
ihrer Architektin die Dünung des Atlantiks symbolisieren sollte. Von den reizenden
Ferienvillen im Kolonialstil und den eleganten Grand Hôtels der Belle Époque, die
einst die Strandpromenade säumten, blieben nur wenige erhalten – und meist nur
in zweiter und dritter Reihe. Viel alte Bausubstanz wurde abgerissen, umgebaut
oder in funktionale und gewinnbringende Ferienwohnungen aufgeteilt.

Im Jahr 1879, während der Fertigstellung der Bahnlinie St-Nazaire – Le Croisic,
erkannten Tourismusmanager die Zukunftsträchtigkeit des von Pinienwäldchen
abgeschirmten, ewig langen Dünen- und Strandstreifens. Großflächige Terrains
wurden gekauft und parzelliert, ein Straßennetz wurde angelegt. Bald gewann La
Baule das Aussehen und den Ruf eines mondänen Seebads, die Schlafwagen aus
Paris brachten Tausende zivilisationsmüder Gäste an die Küste, die ihrer lieblichen
Wäldchen wegen werbewirksam *Côte d'Amour* (Liebesküste) getauft wurde. Seither
setzt sich der Sturm auf La Baule ungebrochen fort: In den Sommerferien halten
sich hier mager geschätzt 150.000 Urlauber auf.

Bei diesem ungeheuren Run, an dem sich vor allem französische Urlauber beteiligen, lässt das Netz der touristischen Infrastruktur keine Löcher: knapp 7000

Ferienwohnungen, rund 30 Hotels mit 3000 Betten, 1000 Gästezimmer, Villen, Campingplätze. La Baule ist in jeder Hinsicht ein touristischer Superlativ und bezeichnet sich nicht zu Unrecht als „Grande Station Sportive d'Europe": 40 Sportclubs mit 36 Disziplinen von A (Aikido) bis Y (Yoga) halten die Gäste fit. Klassische Urlaubssportarten wie Tennis, Segeln, Surfen, Tauchen oder Reiten verstehen sich von selbst.

Die Bucht von La Baule ist seit 500 Jahren besiedelt, die Bewohner des damaligen *Escoublac* mussten aber vor der zunehmenden Versandung hinter den von den atlantischen Winden aufgeworfenen Dünengürtel zurückweichen. Hier gründeten sie das heute alte Neu-Escoublac. Um ein weiteres Vordringen des Sandes zu verhindern, wurde Mitte des 19. Jahrhunderts der Dünensaum mit Pinien bepflanzt, 1879 der Bahndamm darauf errichtet. Seither trennt die inzwischen licht gewordene *Forêt d'Escoublac*, auch *Bois d'Amour* (Liebeswald) genannt, den alten Ortsteil vom modern-mondänen Stadtgebiet.

Der Badeort erstreckt sich schlauchförmig entlang des 5 km langen Strandes zwischen dem Hafenbecken von *La Baule-Pouliguen* und dem Tiefwasserhafen von *La Baule-Pornichet*. Mehr oder weniger nahtlos sind diese beiden Ortsteile mit La Baule verwachsen. Angesichts der Entfernungen innerhalb der Agglomeration ist das Auto das bevorzugte Verkehrsmittel, im Sommer sind der vierspurige Strandboulevard und die Stadtavenuen häufig überlastet. Das Zentrum der Stadt liegt unterhalb des Bahnhofs La Baule-Escoublac: feine Geschäfte und großzügige Avenuen.

Baden

Die Bucht von La Baule gehört zweifelsohne zu den schönsten Stränden des europäischen Atlantiks. Sie ist durch die Croisic-Halbinsel gut gegen die von Westen kommenden Fluten geschützt und hat doch eine für Wassersportler optimale Dünung. Die *Grande Plage* (inklusive der Strandabschnitte von Le Pouliguen und Pornichet 7 km lang) gleitet feinsandig und flach ins Meer, bei Flut bleiben noch gut 20 m Strandbreite. Im Hochsommer grillen sich die Touristen schwerpunktmäßig vor dem Casino

An der Strandpromenade von La Baule

oder dem Thalassozentrum. Die Prachtbucht besitzt selbstredend Toiletten, Umkleide- und Duschkabinen sowie ein breitgefächertes Animier- und Verleihangebot.

Naturliebhaber mögen Probleme mit dem betonierten Strandboulevard haben, ambitionierte Surfer und Segler fühlen sich hier pudelwohl. Für sie gelten trotzdem einige Regeln, auf die seitens der Stadtverwaltung und der örtlichen Wasserpolizei hingewiesen wird. Faustregel: Die ersten 500 m gehören dem Badegast, für Unfälle und Missgeschicke, die innerhalb dieser Schutzzone geschehen, ist der Wassersportler verantwortlich. Grundsätzlich gilt am Strand Hundeverbot (dahinter Leinenpflicht).

Basis-Infos

Postleitzahl 44500

Information Office de Tourisme, in der Nähe des Bahnhofs La Baule-Escoublac. Riesenauswahl an Prospekten, Visitenkarten und Hochglanzinfos. Einschreibemöglichkeiten zu fast allen Sportprogrammen, Organisation von Rundfahrten (Bus/Boot), Veranstaltung unzähliger Feste und Konzertabende in der Saison, Vermittlung von Appartements bzw. Hotelzimmern. Juli/Aug. tägl. 9.30–19.30 Uhr. Sept.–Juni Mo und Mi–Sa 9.30–12.30 und 14–18, Di 10.30-12.30 und 14–18, So 10–13 Uhr. 8, place de la Victoire. ✆ 02.40.24.34.44, www.labaule.fr.

Hin und weg Bahn: La Baule hat zwei Bahnhöfe – La Baule-Escoublac (zentral) und La Baule-les-Pins. Sie liegen zwar nicht an der Hauptstrecke, werden aber – besonders im Sommer – ausreichend bedient. In weniger als 3 Stunden donnert der TGV mit bis zu 300 km/h nach Paris (insgesamt mindestens 3 Direktverbindungen pro Tag), 6-mal tägl. Richtung St-Nazaire und Nantes.

Bus: Mehrere Haltestellen (u. a. an den SNCF-Bahnhöfen) über das Stadtgebiet verteilt. Linie 81 fährt im Sommer im knappen Stundenrhythmus (werktags bis zu 12-mal) über Le Pouliguen und Batz nach Le Croisic; mit Linie 81 und 82 in entgegengesetzter Richtung nach St-Nazaire; mit Linie 83 werktags bis zu 12-mal nach Guérande.

Fahrradverleih Mehrere Verleiher. Eine sehr seriöse Adresse: Chaillou Locations, 600 m von der Place de la Victoire entfernt. 213, avenue de Lattre de Tassigny, ✆ 02.40.60.07.06.

Feste Höhepunkt der Festsaison sind Juli und Aug.; vom Strandkonzert über Folkloretreffen und Filmfestspiele bis zum Galaabend des russischen Tanzballetts. Einen aktuellen Festkalender gibt's beim Office de Tourisme.

Golf Golf International Barrière, nettes Gelände 6 km nordöstlich von La Baule, unweit von St-André-des-Eaux. 2 Parcours mit 18 Löchern (Par 72) und ein kleinerer 9-Lochplatz. Domaine de St-Denac, ✆ 02.40.60.46.18.

Märkte Großzügige Markthalle mit über 100 Händlern unweit des Office de Tourisme auf einem geräumigen Platz. Ganzjährig geöffnet, in der Nebensaison Mo geschlossen. Im Sommer durchgehend 9–20 Uhr.

Großer **Wochenmarkt** Di, Fr und So.

Petit Train Auch in La Baule rollt er – vom Casino sektorenweise zum Hafen von Pornichet und zurück; in der Hauptsaison 10–22.30 Uhr. Erw. 7,50 €, Kind 3–8 J. 4,50 €.

Reiten Mehrere große Reitställe. Das Angebot reicht vom 1-Wochenkurs für Anfänger bis zur Perfektion des „Pas-de-Deux"; Sie können sich einer Pferdepromenade anschließen oder den Gaul frei für eine Stunde zäumen:

Manège des Platanes, am äußersten Ostzipfel des Liebeswaldes (Nähe Flugfeld). 23, avenue Antoine Louis 23, ✆ 02.40.60.37.37.

Les Ecuries du Niro, Reitzentrum oberhalb von Pornichet, 28, chemin des Grands Parcs, route de l'Immaculée, ✆ 02.40.61.31.62.

Schwimmbad Aquabaule, modernes öffentliches Schwimmbad mit 50-m-Freibecken und Schwimmhalle (25-m-Becken) ca. 100 m strandeinwärts zwischen den beiden Ortszentren (Mitte der Bucht). Die 126 m lange Riesenrutsche macht nicht nur Kindern Spaß. Das ganze Jahr über täglich geöffnet. Avenue Honoré de Balzac.

Wassersport Alles ist möglich. Surfbretter und Segelkreuzfahrt, Wasserski und Flaschentauchen; 4 große Strandclubs mit breitem Animationsprogramm für Kinder und Jugendliche, 4 große Segel-/Surfzentren

Côte d'Amour → Karte S. 489   Südküste

und eine Riesenauswahl an Verleihern. Einige Großanbieter:

Club des Dauphins, Segel- und Schwimmkurse für Kinder. Boulevard Hennecart, ℰ 02.40.42.01.62.

La Baule Nautic, Bootsverleih, am Hafen von Pornichet, ℰ 02.40.61.03.78.

Ecole de Voile Latitude, Segel- und Surfkurse der verschiedensten Schwierigkeitsgrade und Verleih von Brettern und Sportausrüstung. 28, boulevard de l'Océan, ℰ 02.40.60.57.87.

Übernachten/Essen & Trinken

Hotels Fast unüberschaubares Hotelangebot, rund 30 Hotels aller Kategorien mit über 3000 Betten. Trotzdem: In der Hauptsaison kann es knapp werden. Unentschlossene erhalten eine ausführliche Ho-

telliste mit Preisen und Beschreibung im Office de Tourisme. Im Sommer bestehen verschiedene Etablissements auf Halbpension. Eine kleine Auswahl:

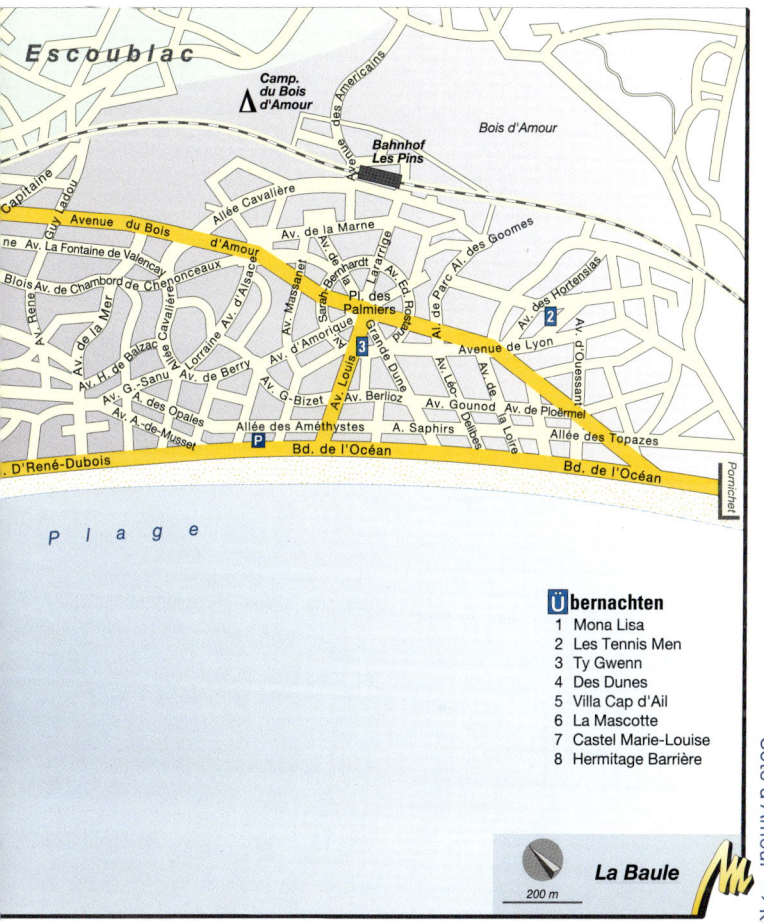

Escoublac

Camp.
du Bois
d'Amour

Bahnhof
Les Pins

Bois d'Amour

Capitaine

Av. Guy Ladou

Avenue du Bois
d'Amour

ne Av. La Fontaine de Valency

Allée Cavalière

Av. de la Marne

Av. des Américains

Av. des Goomes

Al. des Goomes

Av. des Hortensias

Av. Ect. Rostand

Blois Av. de Chambord de Chenonceaux

René Av. de la Motte

Av. d'Alsace

Av. H. de Balzac

Berlin Cavalière

Av. Lorraine

Sarah-Bernhardt

Av. Massanet

Av. d'Amorique

Pl. des
Palmiers

Grande Dune

Al. de Parc

Al. des Goomes

Av. d'Ouessant

Av. G.-Sanu

Av. de Berry

Av. Louis

Avenue de Lyon

Av. Léo Delibes

Av. de la Loire

Av. G.-Bizet

Av. Berlioz

Av. Gounod

Av. de Ploërmel

D'René-Dubois

Av. A.-de-Musset

Av. A. des Opales

Allée des Améthystes

A. Saphirs

Allée des Topazes

P

Bd. de l'Océan

Bd. de l'Océan

Pornichet

p l a g e

Übernachten
1 Mona Lisa
2 Les Tennis Men
3 Ty Gwenn
4 Des Dunes
5 Villa Cap d'Ail
6 La Mascotte
7 Castel Marie-Louise
8 Hermitage Barrière

La Baule

200 m

Côte d'Amour → Karte S. 489   Südküste

***** **Hermitage Barrière** 8, Sie lieben den Luxus und können sich ihn leisten. Beste Lage am Strandboulevard (nach Lucien Barrière, einem Pionier in Sachen Casino und Luxushotels, benannt). 200 Zimmer mit Topausstattung. Hotelgäste finden alles im Haus. DZ 180–939 € – da fällt das Frühstück mit 32 € nicht mehr ins Gewicht. Geöffnet Jan. bis vorletzte Sept.- Woche. 5, esplanade Lucien Barrière, ✆ 02.40.11.46.46, www. hermitage-barriere.com.

***** **Castel Marie-Louise** 7, im selben Besitz wie das Hermitage, gleich links vom Casino mit schönem Pinienpark, der den Lärm vom Hafenboulevard etwas dämpft. Edle Unterkunft im Landhausstil der Belle-Epoque mit 31 geschmackvoll eingerichteten Zimmern für Leute, denen das „Hermitage" zu groß ist. Kein Schwimmbad. DZ 189–839 €. Geschlossen im Jan. 1, avenue Andrieu, ✆ 02.40.11.48.38, www.castel-marie-louise.com.

*** **La Mascotte** 6, hinter dem Casino. Geschmackvoller Neubau (Neo-Landhaus) mit kleiner Palmenterrasse und gepflegtem Gartenpark, für seine Kategorie ausgezeichnet ausgestattet und eingerichtet. 24 Zimmer, teils mit Gartenbalkon und lichten Fenstern.

Restaurant. DZ 65–145 €. Geschlossen im Jan. 26, avenue Marie Louise, ☎ 02.40.60. 26.55, www.la-mascotte.fr.

*** Villa Cap d'Ail 🔢, an der Straße nach Le Pouliguen, Höhe Casino, etwa 250 m zum Strand. Das Haus aus den späten Gründerjahren, wurde komplett renoviert. 22 modern und individuell eingerichtete Zimmer. Gartengelände mit Pinien. Kein Restaurant. DZ 72–144 €, teurer sind die 3-Bett-Zimmer und Suiten. Geschlossen im Febr. für 2 Wochen. 145, avenue de Lattre de Tassigny, ☎ 02.40.60.29.30, www.villa capdail.com.

*** Mona Lisa 🔢, alle Zimmer komplett renoviert. DZ 70–120 €. Ganzjährig geöffnet. 42, avenue Georges Clémenceau, ☎ 02.40. 60.21.33, www.hotelmonalisa-labaule.com.

*** Des Dunes 🔢, unweit des Office de Tourisme, an der Straße nach Le Pouliguen. Gepflegtes 32-Zimmer-Hotel mit ordentlicher Einrichtung, sanitär renoviert, alle Zimmer mit Bad bzw. Dusche/WC. Restaurant. DZ 60–100 €. Ganzjährig geöffnet. 277, avenue de Lattre de Tassigny, ☎ 02.51. 75.07.10, www.hotel-des-dunes.com.

** Les Tennis Men 🔢, in La Baule-les-Pins, unterhalb des Dryaden-Parks (200 m zum Strand). 16-Zimmer-Garni-Hotel mit unterschiedlicher sanitärer Ausstattung (von Waschbecken bis Bad/WC). DZ 44–99 €. Ganzjährig geöffnet. 1, avenue de Lyon, ☎ 02.40.60.24.04, www.hotel-lestennis.com.

** Ty Gwenn 🔢, im Zentrum von La Baule-les-Pins. 16-Zimmer-Hotel, einfach, aber durchaus behaglich eingerichtet. Insgesamt nettes Wohnambiente. Kein Restaurant. DZ 62–89 €. Geöffnet März bis Mitte Nov. 25, avenue de la Grande Dune, ☎ 02.40.60.37.07, www.hotel-tygwenn.fr.

Camping   Campingfreunde haben es schwer in La Baule. Die Hotels und Residenzen lassen für preisgünstige Urlaubsmöglichkeiten nur noch spärlich Platz. Im Sommer sind fast alle Plätze ausgebucht, und am Strand gibt's überhaupt kein Campingrevier.

**** La Roseraie, im Ortsteil Escoublac, oberhalb der Schnellstraße nach St-Nazaire. Modernes Hotel de plein air mit zahlreichen Sportmöglichkeiten. Tennis, Billard, Volleyball, Fahrradverleih, Swimmingpool. Extra Abteilung für jugendliche Zelter. 235 Stellflächen auf ebenem, aber wenig beschattetem Wiesenterrain. Sehr gute Sanitäranlagen, Laden, Bar, Restaurant. 2,5 km zum Strand. Geöffnet Ostern bis Sept. 20, avenue Jean Sohier, ☎ 02.40.60.46.66, www.la roseraie.com.

**** L'Eden, im nördlichen Ortsteil St-Servais, etwas abseits der D 99. 5-ha-Gelände im bäuerlichen Hinterland. Akkurat parzelliertes Park-Wald-Terrain, als Attraktion ein idyllisch-romantischer Steinbruchsee. Kinderfreundlich. Minigolf, beheizter Swimmingpool (Riesenrutsche) und Planschbecken. Campinggerechter Laden mit vorgekochten Gerichten. Ordentliche Sanitäreinrichtungen mit Warmduschen. 190 Stellplätze. Geöffnet April bis Mitte Nov. 13–15, route de Ker Rivaud, ☎ 02.40.60.03.23, www. campingeden.com.

*** Le Bois d'Amour, Zufahrt hinter der Brücke unter den Bahngleisen auf dem Weg vom zentralen Bahnhof nach Escoublac. Ein großes Gelände entlang der Bahnlinie, großzügig unterteilt, sandiger Boden, Schatten durch Pinien. Ordentliche sanitäre Einrichtungen, etwa 1 km zum Strand. Gern von jugendlichen Gästen besucht. 250 Stellplätze. Geöffnet Mitte April bis Mitte Sept. Allée de Diane, ☎ 02.40.60.17.40, www. campingleboisdamour.com.

*** Les Ajoncs d'Or, schattiges Gelände mit heckenunterteilten, teils etwas abschüssigen Rasenflächen am Rand einer Vorortsiedlung nördlich vom Bahndamm. Beheizter Swimmingpool, Laden, Bar, einfaches Speiselokal. 222 Stellflächen. Geöffnet März–Nov. Chemin du Rocher, ☎ 02.40. 60.33.29, www.ajoncs.com.

Essen & Trinken   Schon der Grand Café ist kleiner und teurer als beispielsweise sein Bruder in Guérande, aber deshalb nicht besser. So verhält es sich auch mit dem Speiseangebot in La Baule. Preislich deutlich über dem Durchschnitt, in der Qualität eher darunter – ausgenommen, Sie investieren ein paar Dutzend Euro. Die Lokale sind in der Regel auf Massenabfertigung eingerichtet, in der Restaurant-Landschaft überwiegen Crêperien und Pizzerien mit den kleinsten Calzones der Welt. Die meisten La-Baule-Gäste essen aber sowieso in ihrem Appartement oder brutzeln sich etwas auf dem Campingplatz. So haben wir keine Empfehlung, sind aber für jeden Tipp, der uns eines Besseren belehrt, dankbar.

Umgebung von La Baule

Pornichet: In östlicher Richtung scheint die Strandzeile von La Baule nahtlos in den Ort Pornichet überzugehen. Erst auf der Landnase hinter dem großen Jachthafen verwandelt sich das mondäne Seebad langsam zu einem familiäreren Ferienort. Statt ausladender, mehrstöckiger Appartementblocks reihen sich niedrige Einfamilien- und Ferienhäuser in die lichten Pinienparks. Pornichet, das bereits zur Gründerzeit La Baules existierte und ebenfalls vom Tourismus lebt, besteht aus zwei Ortsteilen: dem Ferienstädtchen *Pornichet-les-Pins* mit den oft nur während der Saison bewohnten Häusern auf der Landzunge und dem alten Kern *Vieux Pornichet*, Verwaltungs- und Geschäftszentrum der Gemeinde. Der Ort besitzt einen Tiefseehafen mit über 1000 Liegeplätzen und einer Fischfangflotte. Im weithin bekannten *Hippodrome de la Côte d'Amour* finden mehrmals jährlich gut dotierte Pferderennen statt.

La Gargouille, das Schwester-Etablissement des Wasserspeierrestaurants von Vannes (siehe dort). Auch hier exzellente Spieße in besonderer Atmosphäre. In der Hauptsaison tägl. ab 19.30 Uhr. 96, avenue du Général de Gaulle, ☎ 02.40.61.74.52.

Le Pouliguen: Im Westen schließt sich, nur durch die Brücke über den Jachthafen getrennt, das nicht minder mondäne Le Pouliguen an die Prachtavenue von La Baule an. Le Pouliguen hat seinen eigenen Charakter, teilweise wirkt der Ort wegen seiner zur Schau gestellten Gutbürgerlichkeit und Edelvillen noch überheblicher als La Baule. An der Südspitze der Landzunge – ein Spazierweg schließt sich an die Hafenallee an und führt um sie herum – besitzt Le Pouliguen zwei gut geschützte kleinere Strände, oberhalb lockert ein lichtes Pinien- und Kiefernwaldareal das Häusermeer etwas auf. Westlich von Le Pouliguen wird die Küste steiler und geht dann über in die *Côte Sauvage* von Batz.

Batz-sur-Mer   3000 Einwohner

Unübersehbar überragt der Glockenturm der Kirche von *St-Guénolé* die alte Salzbauerngemeinde, die bis vor 250 Jahren noch auf einer Insel lag. Batz hat seine ländliche Atmosphäre nicht verloren. Das Ortszentrum liegt etwas landeinwärts zwischen den kultivierten Salzsümpfen und dem wild anbrandenden Atlantik. Hinter der Ortskirche stehen die eindrucksvollen Ruinen der *Kapelle Notre-Dame-du-Mûrier*, deren Dach im 19. Jahrhundert von einem Sturm weggefegt und nicht mehr ersetzt wurde. Uneingeschränkt empfohlen sei der Aufstieg auf den 60 m hohen Glockenturm der Ortskirche: Das spiegelnde Mosaik der *Marais Salants* (→ Guérande) breitet sich zu einem prächtigen Panorama aus, in der Ferne schwimmt Belle-Ile.

Kirchturm: Mai/Juni und Sept. tägl. 9.30–13 und 14–18.30 Uhr, Juli/Aug. tägl. 9.30–18.30 Uhr. Steiggebühr 2 €, Kind bis 12 J. 1 €.

Die Küste der *Côte Sauvage* fällt gelegentlich steil ins Meer, Möwen spähen in die Gischt, Surfsegel blähen sich im Wind. Zwischen den Felsklippen zeigen sich einige lauschige Sandbuchten. Batz ist beim weniger betuchten, oft jugendlichen Publikum beliebt. Der beste Strand, die etwa 600 m lange *Plage Valentin*, liegt auf halbem Weg nach Croisic, ein welliger Dünenstreifen grenzt sie zum Land hin ab. Vom östlichen Ende des Orts führt ein schöner Spazierweg an der zackigen Felsküste entlang – Kamera nicht vergessen!

Côte d'Amour ↓ Karte S. 489   Südküste

Zackige Küste bei Batz

Sehenswertes

Musée des Marais Salants: Das 1887 gegründete Museum hatte schon lange Staub angesetzt, als sich die Verantwortlichen entschieden, ihre Schätze etwas zeitgemäßer zu präsentieren. Das ist ihnen gelungen. Nach einer mehrjährigen Schließung wurde 2013 neu eröffnet, und das Museum schreibt jetzt stolz *Centre d'histoire et d'ethnologie du sel atlantique* (Zentrum für Geschichte und Ethnologie des atlantischen Salzes) an seine Pforten.

Die Ausstellung ist tatsächlich vielseitig und behandelt die verschiedensten Aspekte rund um das weiße Gold. Salzproben aus aller Welt werden gezeigt, die Geschichte der Verschiffung des Guérande-Salzes bis nach Russland und mehr. Dem Aufschwung folgt im 19. und 20. Jahrhundert eine salzwirtschaftliche Krise. Viele Paludiers wurden arbeitslos und suchten in der Sardinenindustrie oder in der Hochseefischerei Arbeit. Verzweifelte Lokalpolitiker schlugen vor, die Dämme einzureißen und das Salz dem Meer zurückzugeben. Und irgendwo steht ein beeindruckendes Monster von Maschine an der Wand – eine Salzwaschanlage. Die Konsumenten fragten nach weißerem Salz, also wusch man weiß wie Persil. Die letzte derartige Anlage wurde 1987 entdeckt und war komplett verrottet. Beim ausgestellten Exemplar handelt es sich um einen getreuen Nachbau. Wie die Maschinerie funktioniert, ertasten sich die Besucher auf dem Touchscreen. Und warum ist das Meer gesalzen? Und wie kommt die Bretagne zur gesalzenen Butter? Und wie soll man Fleisch salzen? Bislang werden die ausführlichen Antworten und Erklärungen nur auf Französisch gegeben. Ein multilingualer Audioguide stünde dem Museum gut an.
Juli/Aug. tägl. 10–19 Uhr, Sept.–Juni tägl. außer Do 10–12.30 und 14–17 Uhr. Geschlossen Weihnachten bis Mitte Jan. Eintritt 5 €, 13–26 J. 3 €.

Le Grand Blockhaus: Ein zum Museum umfunktionierter ehemaliger Befehlsstand der Wehrmacht. Wer hier eine aufregende Militaria-Show in Originalkulisse erwartet, liegt falsch. In der Hauptsache stellen freundliche und grimmige Puppensoldaten 11 Szenen aus dem Bunkerleben dar. Die an der Kasse erhältlichen Informationsblätter – auch in Deutsch – sind hilfreich. Interessantes Detail: Der Bunker war als Hotel getarnt – mit aufgemalten Fenstern und Türen und einem aufgesetzten Dach. Er wurde von den alliierten Fliegern nie entdeckt und erst nach der Kapitulation übergeben. Die gefundenen Lebensmittel hätten der 24-köpfigen Besatzung noch für zwei Jahre Bunkerleben gereicht.

April bis Mitte Nov. tägl. 10–19 Uhr. Eintritt 7,50 €.

Postleitzahl 44740

Information Office de Tourisme, kleines Büro bei der Kirche. April–Juni und Sept. Mo–Sa 9.30–12.30 und 13.30–17.30, So 9.30–12.30 Uhr. Juli/Aug. tägl. 9.30–18.30 Uhr. Okt.–März Sa 9.30–12.30 und 13.30–17.30 Uhr. 25, rue de la Plage. ✆ 02.40.23.92.36, www.ot-batzsurmer.fr.

Hin und weg Bahn: Züge nach Le Croisic (Endstation) oder über Le Pouliguen, La Baule, Pornichet und St-Nazaire in knapp 1½ Stunden nach Nantes.

Bus: Linie 81 fährt tägl. im knappen Stundenrhythmus nach Le Croisic oder über Le Pouliguen, La Baule und Pornichet nach St-Nazaire, werktags bis zu 12-mal. Außerdem im Sommer werktags 4-mal tägl. über Le Pouliguen nach Guérande.

Einkaufen Salz natürlich. Ein hervorragendes Sortiment findet sich bei Aux Gourmandises du Marais, knapp 1 km außerhalb des Orts, an der Straße nach Le Pouliguen. Auch andere regionale Produkte werden verkauft. 9, rue Olivier Guichard. ✆ 02.40. 23.81.30.

La Maison du Sabot, bei der Kirche. Die mehrfach prämierte Werkstatt stellt vom groben bretonischen Holzschuh (sabot) bis zu verfeinerten Varianten verschiedene Modelle her, auch schmucke Pantoffeln werden im Laden verkauft. Keine Schuh-Reparaturwerkstatt!

Fahrradverleih Bei der AVIA-Tankstelle, knapp 1 km außerhalb des Orts, an der Straße nach Le Pouliguen. ✆ 02.40.23.87.51.

Markt Montag, im Sommer auch Freitag.

Pardon Zu Ehren von St-Guénolé am 2. Sonntag im August.

Wassersport Ecole de Voile Valentin, am gleichnamigen Strand. Kurse in Segeln und Surfen, Verleih von Booten und Brettern. ✆ 02.40.23.85.28.

Camping *** Les Paludiers, ausgedehntes, schattenloses Terrain an der Küstenstraße nach Le Croisic oberhalb der Plage Valentin. 200 m zum Strand. Attraktiv ist der Platz nur aufgrund der Lage. Laden, Bar und Snackrestaurant, Spielplatz, Mietzelte, Radverleih – alles da, aber etwas lieblos. 300 Stellplätze. Geöffnet April–Sept. Rue Nicolas Appert, ✆ 02.40.60.17.28, www. camping-paludiers.com.

Le Croisic

4000 Einwohner

Schon um das Jahr 1500 war die Stadt ein bedeutender Fischer- und Kriegshafen: Über Jahrhunderte kontrollierten die als geschäftstüchtig und risikobereit geltenden Croisicais als Reeder, Seeräuber oder Wrackplünderer die Einfahrten in die Mündungen Loire und Vilaine.

Zu den friedlicheren Zeitgenossen gehörte der 1698 in Le Croisic geborene *Pierre Bouguer*, der als Astronom nicht nur das Heliometer erfand, sondern sich auch daran machte, den Äquator zu vermessen. Seine Statue steht am Hafen bei der alten Criée; gestiftet wurde sie laut Inschrift von der Regierung und vom Volk Ecuadors, dem Andenstaat, der dem Äquator seinen Namen verdankt.

In Le Croisic herrscht hemdsärmelige Lässigkeit; Lastwagenchauffeure, Matrosen und Kapitäne mischen sich im Sommer fast unbemerkt unter die Touristenscharen. Der geschäftige Trubel entlang der Hafenpromenade versickert aber schnell in den

Côte d'Amour → Karte S. 489

Südküste

An der Kaipromenade

Gassen hinter dem Quai. Wuchtige alte Reeders- und Kapitänshäuser mit schmiedeeisernen Balkonen aus dem 16. und 17. Jahrhundert säumen die lange Hafenpromenade. Der Blick schweift über den *Grand Traict*, die große Bucht der Salzgärten,
die von einem kuriosen Labyrinth kleiner Kanäle und Salinenbecken durchzogen ist.

Zwischen Hafen und Bahnhof erhebt sich der *Mont Esprit*, ein im 19. Jahrhundert
aus dem Ballast der Salzschiffe (Erde) aufgeworfener Hügel, parkartig bepflanzt mit
Krüppelkiefern, Tamarisken und Blumengeometrie; er bietet Aussichten über das
Mosaik des *Grand Traict* und die vom Festland herüberleckende, flachsandige
Landzunge *Pen-Bron*. Noch schöner ist der Blick vom *Mont Lénigo* (mit einer hypermodernen Sonnenuhr!), der auf dieselbe Art am westlichen Ende des Hafens
entstand. Mitte August ist der von einer Granitmauer eingefasste, langgezogene
Promenadenhügel Schauplatz eines vielbesuchten Festes: Der Pfarrer segnet die
einfahrenden Fischerboote und Segeljachten.

Sehenswertes

Eglise Notre-Dame-de-Pitié: Die zwischen 1494 und 1528 im gotischen Spitz-
bogenstil errichtete Kirche zu Ehren der Jungfrau des Erbarmens hat vier Kirchenschiffe und flache Chorhäupter; ein 56 m hoher Glockenturm mit Laternenkuppel
überragt den Bau. Im Inneren sind mehrere *Holzstatuen* aus dem 15. bis 17. Jahrhundert zu sehen, darunter die des gegeißelten Christus und der windrose-
tragenden Notre-Dame-des-Vents, die die Fischerfrauen um guten Wind für ihre
heimkehrenden Männer anflehten.

Hôtel d'Aiguillon: Der repräsentative Bau in zweiter Reihe hinter dem Hafen wurde
Ende des 17. Jahrhunderts während der Hochblüte Le Croisics gebaut. Nachdem
die Stadtregierung in einen neuen, verglasten Komplex hinter der Kirche umgezogen
war, hatte sich die Polizei im alten Rathaus eingerichtet. Doch auch die uniformier-
ten Beamten fanden den denkmalgeschützten Bau zu wenig kommod. 2011 schrieb

die Stadt das schöne Haus zum Verkauf aus und wartete auf einen zahlungskräftigen Käufer. Der fand sich, doch geändert hat er an dem Juwel bislang nichts.

Océarium: Knapp hinter dem Ende des Quais. 4000 Fische aus allen Weltmeeren in 50 Aquarien. Während 3000 Muscheln sich schamhaft verschließen, blüht die gelborange *Dendrophyllia* (Rote Zäpfchenkoralle) mit ihrem schleirig-eleganten Hofstaat im „Touch-Pool" (Berührbecken) auf, wenn sie angestupst wird. Im Glastunnel paddeln Haie über Ihrem Kopf, ganz aus der dunklen Tiefe der See glotzt *Coelacanthus*, ein 40-Kilo-Quastenflosser, in erschreckte Kinderaugen, und Piranhas wetzen die Zähne. Freundlich hingegen und stets korrekt im Frack gekleidet machen Pinguine ihre Aufwartung: Hereinspaziert!

Geschlossen im Jan., sonst täglich geöffnet, in der Hochsaison 10–20 Uhr, in der Nebensaison 10–13 und 14–19 Uhr, im Winter 14–19 Uhr. Erw. 12,50 €, Kind 3–12 J. 9,50 €.

Baden

Abgesehen von einigen kleinen Buchten rund um die Landzunge gibt es zwei größere Strände: an der Nordseite die stark von den Gezeiten abhängige, bei Flut schnell in Schwimmtiefe führende *Plage de St-Goustan* (alle Strandeinrichtungen), an der Südseite die 250 m lange *Plage de Port-Lin*, eine nette, von Felsriffen begrenzte Sandbucht.

Basis-Infos

Postleitzahl 44490

Information Office de Tourisme, in einer Parallelstraße zum Quai. April–Juni und Sept. Mo–Sa 9.30–12.30/14–18 Uhr. Juli/Aug. Mo–Sa 9–19, So 10–17 Uhr. Okt.–März Mo–Sa 9.30–12 und 14–18 Uhr. 6, rue du Pilori. ℡ 02.40.23.00.70, www.tourisme-lecroisic.fr.

Hin und weg Bahn: Le Croisic! Endstation! Zwischen 5.05 Uhr und 20.40 Uhr fahren nach Sommerfahrplan täglich über 20 Züge über Le Pouliguen, La Baule, Pornichet, St-Nazaire und treffen nach knapp 1½ Std. in Nantes ein.

Bus: Mit Linie 81 werktags bis zu 12-mal tägl. im knappen Stundenrhythmus über Batz, Le Pouliguen, La Baule und Pornichet nach St-Nazaire. Zudem im Sommer werktags 4-mal tägl. über Le Pouliguen nach Guérande. Zentralste Haltestelle beim Hafen, Place Dinan.

Bootsausflüge Umfangreiches Angebot, u. a.: Fahrten nach **Houat** und **Hoëdic** (Zwischenhalt in La Turballe) mit Navix/Compagnie des Iles, ℡ 02.97.46.60.00.

Fähre Zwischen **Le Croisic** und der Landspitze **Pen Bron** pendelt im Juli/Aug. täglich eine Fähre im 30-Minuten-Takt, in der Vor- und Nachsaison nur an Wochenenden. Hin/zurück 8 €. Auskunft beim Office de Tourisme.

Fahrradverleih Bihoré, zwischen Bahnhof und Hafen, auch Reparaturen. 34, rue du Traict, ℡ 02.40.62.92.81.

Feste Aus dem reichen Veranstaltungsprogramm ragt die **Fête de la Mer** am 15. August heraus: eine bunte Prozession mit halb religiösem und halb weltlichem Charakter zieht von der Kirche zum Mont Lénigo.

Fischen Von Mai bis Sept. kann man auf der „Toison d'Or" (38 Plätze) sein Mittagessen fischen. 5-Std.-Angeltrip (7–12 Uhr) auf See 35 € (bis 12 J. 20 €), eine Angelroute kann für 7 € gemietet werden. Zu finden ist der Fischer hinter dem Großparkplatz nach der neuen Criée. ℡ 06.87.15.70.32 (ab 10 Uhr).

Golf 9-Loch-Platz für Anfänger und Fortgeschrittene an der Côte Sauvage, ℡ 02.40.23.14.60.

Märkte **Wochenmarkt** in den Hallen der Rue des Cordiers und auf der Place Dinan. Do und Sa jeweils vormittags, in der Hauptsaison auch Di.

Fischmarkt täglich vormittags außer Do auf der Place Donatien Lepré (beim ehemaligen Rathaus Hôtel d'Aiguillon).

Flohmarkt im Juli/Aug. am Dienstagmorgen auf der Place Dinan.

Marché du Terroir, im Juli/Aug. am Freitagmorgen in der Rue du Pilori (bei der Place Dinan), Markt der regionalen Produkte. ∎

Côte d'Amour → Karte S. 489   Südküste

Tauchen Flaschentauchen an der Côte Sauvage. Der lokale Tauchclub **Groupe Atlantique de Plongée** organisiert von Mai bis Okt. Unterwassertrips mit einem alten Segelschoner zum Plateau du Four auf offener See an. Clubhaus und Flaschenfüllstation bei der Festhalle hinter der Kirche. Rue du Pont de Chat, ✆ 02.40.62.91.83.

⌣ Übernachten/Essen & Trinken

Hotels *** Les Vikings, wohnlicher Glas-Beton-Komplex mit kleinen Balkons und Terrassen oberhalb des Strands von Port-Lin mit Meerespanorama. 23 komfortable, geräumige und helle Zimmer. DZ 75–125 €. Ganzjährig geöffnet. Plage de Port-Lin, ✆ 02.40.62.90.03, www.hotel-les-vikings.com.

*** L'Estacade, zentral am Hafen, gegenüber der neuen Fischhalle. Familiäres 15-Zimmer-Hotel mit zum Großteil gemütlichen, unterschiedlich großen Zimmern, moderne sanitäre Ausstattung. Restaurant. DZ 57–93 €. Ganzjährig geöffnet. 4, quai du Lénigo, ✆ 02.40.23.03.77, www.lestacade.net.

** Les Nids, 50 m oberhalb des Strands von Port-Lin. 24 freundliche Zimmer, großteils mit Balkon und moderner Sanitärausstattung. Schöner Garten. Gemütliches Restaurant in einem niedlichen Gebäude mit Turm gleich ums Eck. Hoteleigene Schwimmhalle. DZ 62–91 €. Geöffnet Ostern bis 1. Nov.-Woche. Plage de Port-Lin, ✆ 02.40.23.00.63, www.hotellesnids.com.

** Au Fin Gourmet, in der 2. Zeile versteckt (gegenüber dem Office de Tourisme). Eine bescheidene, aber angenehme Adresse. 7 Zimmer, die beiden billigsten teilen sich die Dusche, haben aber ein eigenes WC. Der freundlich-quirlige Patron unterhält in erster Linie eine lebendige Bar auf dem kleinen Platz. Der Balkon über dem Platz darf von allen Gästen benutzt werden, ebenso die Mikrowelle. DZ 45–80 €. Geschlossen im Jan. 1, place du Pilori, ✆ 02.40.23.00.38, www.fingourmetcroisic.com.

Camping ***** De l'Océan, 200 m oberhalb der flachen Bucht von Castouillet, viel Luxus, aber wenig Schatten am Ende der Landzunge. Riesiger „Aquapark" mit beheiztem Swimmingpool (2 Becken), Riesenrutschen, Spielplatz, Tischtennis, Tennis. Fahrradverleih. Bar, Restaurant, Einkaufsladen. Und auch eine Beauty-Farm fehlt nicht (Massagen und kosmetische Pflege). 400 Stellplätze. Geöffnet Mitte April–Sept. Route de la Maison Rouge, ✆ 02.40.23.07.69, www.camping-ocean.com.

*** De la Pierre Longue, oberhalb der Küstenstraße etwas landeinwärts. Ebenes Wiesenareal mit einigen Bäumchen. Ordentliche Sanitäranlagen, Laden, Bar, Swimmingpool, Tenniscourt. 160 Stellflächen. Geöffnet Mitte März bis Mitte Nov. Rue Henri Dunant, ✆ 02.40.23.13.44, www.campinglapierrelongue.com.

** Du Paradis, Wiesenareal auf der Landspitze, 300 m zum Strand. Im Vergleich zum Nachbarn etwas schwächer ausgestattet, keine Versorgungsmöglichkeiten auf dem Platz. 100 Stellplätze. Geöffnet Mai–Sept. Route de Pelamer, ✆ 02.40.23.07.89, www.camping-paradis.com.

Restaurants An der Hafenzeile reihen sich Restaurants, Brasserien und Creperien. Wer fürstlich speisen will, sucht die Plage de Port-Lin an der Atlantikküste im Süden des Orts auf:

L'Océan, Top-Speiseadresse am Strand von Port-Lin. Vom Restaurant Panoramablick auf die Heimat der Tiere, die Sie gerade verspeisen; Meeresbewohner sind in der Küche erste Wahl. Plage de Port-Lin, ✆ 02.40.62.90.03.

Ile de Fédrun

Grande Brière

Die Schönheit des Parc Naturel Régional de Brière zeigt sich dem Besucher erst richtig, wenn er die „Route touristique" verlässt und mit einem der kiellosen Holzkähne in das Labyrinth verwunschener Kanäle, glucksender Moore und wiegenden Schilfs eintaucht: ein 40.000 Hektar großes Naturreservat – still, melancholisch, märchenhaft.

Das *Pays Noir*, das Schwarze Land der Halbinsel von Guérande, ist ein riesiges Torfmoorgebiet mit einem Durchmesser von 15 bis 20 km. Schon früh erkannte der Mensch den wirtschaftlichen Nutzen der Sümpfe, begann sie trockenzulegen und nutzte die als Torf abgelagerte Vegetation zur Düngung und als Heizmaterial. Mitte des 15. Jahrhunderts begann die kommerzielle Ausbeutung: Die Ära des Torfabbaus wurde über Jahrhunderte zum wichtigsten Erwerbszweig der Einheimischen.

Heute befinden sich im Gebiet der Grande Brière 21 Gemeinden. Auf insgesamt 135 km durchziehen Kanäle das Moor, das noch immer gemeinschaftlich genutzter Wirtschaftsraum ist – die Bewohner zahlen eine jährliche Abgabe für Jagd, Fisch- und Weiderechte sowie für das Schneiden von Schilf. Das kommerzielle Torfstechen ist zurückgegangen, Jagd (Wildente) und Fischfang (Silberbauchaal) oder Blutegel-Ernten haben sich als einträglicher erwiesen. Ein wichtiger Wirtschaftszweig ist aber auch der Tourismus geworden. Für viele Einheimische, die ihr Auskommen in den nahen Fabriken von St-Nazaire finden, sind die Urlaubsgäste, die sich in den flachen, kiellosen Kähnen *(blins)* durch die Sümpfe staken lassen, ein willkommenes Zubrot.

Côte d'Amour → Karte S. 489   Südküste

Familienidylle in der Grande Brière

(Basis-Infos

Information Maison du Parc, in Kerhinet, Abzweig von der D 47 südlich von St-Lyphard. Zentrale Informationsstelle. Auch Fahrradverleih und organisierte Touren durch die Grande Brière. Mitte April–Sept. tägl. 10–13 und 14–18.30 Uhr (geschlossen im April Mo ganztags und Sa Vormittag). Okt. tägl. 10–13 und 14–18 Uhr (geschlossen So Vormittag). Nov. bis Mitte April Mo–Fr 10–13/14–17.30, Sa–Mo 14–17.30 Uhr. Village de Kerhinet, 44410 St-Lyphard. ✆ 02.40.66.85.01, www.parc-naturel-briere.com.

Filialen in einigen Orten in der Brière, u. a. **Office de Tourisme in St-Lyphard**, dort Mo–Sa 10–12.30/14–18 Uhr. Place d'Eglise. ✆ 02.40.91.41.34.

Angeln Nur mit Angelschein, erhältlich je nach Ort in den Bürgermeistereien oder Bars/Tabacs. Infos in der Maison du Parc (s. o.).

Bootsverleih/Exkursionen Zahllose Kahnverleiher. Es werden Promenaden (begleitet, bis 30 Pers.) angeboten, daneben gibt es auch Boote ohne Führer. Einige Schwerpunkte: **St-Lyphard**, von der D 51 - aus Richtung Guérande kurz vor der Ortschaft rechts ab zum Weiler La Pierre Fendue (1,5 km). Im „Hafen" liegen viele *blins*, flache, kiellose Kähne. Der geführte Gruppenausflug in das Torfmoor dauert 45 Min. (9 €, Kind 4,50 €), ein kleines Boot solo für den halben Tag kostet ab 20 €.

Ein weiteres Zentrum ist die **Ile de Fédrun**. Links und rechts der Straße warten die Kähne in den Kanälen. Preise für Promenaden und Exkursionen wie in St-Lyphard.

Großes Angebot auch in **Bréca**, weit vorgeschoben etwa 5 km südlich von St Lyphard (D 47 bis Le Brunet, dort links ab).

Der **Port de la Chaussée Neuve** (von St-André-des-Eaux aus zu erreichen) hat sich zu einem veritablen Freizeitzentrum entwickelt: geführte Touren, Ponys für Kinder, Fahrradverleih, Verleih von Barken für Selbstruderer. ✆ 02.40.01.24.64.

Fahrradverleih in der **Maison du Parc** (s. o.).

Markt Juli bis Mitte Sept. ganztags jeden Donnerstag Wochenmarkt im Museumsdörfchen Kerhinet, Agrarprodukte aus der Grande Brière. ∎

Übernachten/Essen & Trinken

Hotels ** Les Chaumières du Lac, bei St-Lyphard gegenüber dem See. 20 Zimmer in einem kleinen, modernen Hotelareal neben der Landstraße. Gehobenes, beliebtes Restaurant Auberge les Typhas (Di Ruhetag). 20 komfortabel ausgestattete Zimmer. DZ 69–82 €. Geschlossen Weihnachten bis 3. Jan.-Woche. Rue du Vignonnet (D 47), 44410 St-Lyphard, ✆ 02.40.91.32.32, www.leschaumieresdulac.com.

** **Auberge de Kerhinet**, gemütlich wohnen im Museumsdorf; etwas versteckte Logis-de-France-Herberge in einem renovierten Reetdachhaus. 6 Zimmer und empfehlenswertes Restaurant (Di/Mi Ruhetag, außer im Juli/Aug.). DZ 70–75 €. Ganzjährig geöffnet. Village de Kerhinet, 44410 St-Lyphard, ✆ 02.40.61.91.46, www.aubergedekerhinet.com.

Les Brières, in Herbignac am Rand der Grande Brière, zentral bei der Kirche. 14 Zimmer mit Du/WC; günstiges Restaurant. DZ 57 €. Geschlossen 1. Jan.-Hälfte. 8, rue de Verdun, 44410 Herbignac, ✆ 02.40.88.90.21, www.brieres.com.

Camping ≫ **Mein Tipp:** *** Fleur de Brière, etwas außerhalb von St-Lyphard an der Straße nach La Chapelle-des-Marais, beim Sportareal gegenüber dem Hotel Les Chaumières du Lac. Rasengelände an einem kleinen Badesee, dort Liegewiese (Zugang außerhalb des Campingplatzes), ausreichend Schatten. Sehr gepflegte Sanitärblocks, Bocciabahn und Tischtennis, Swimmingpool (Mitte Juni bis Mitte Sept.), organisierte Kahnfahrten. 90 Stellplätze. Im hinteren Teil stehen ein paar Jurten im mongolischen Stil zur Vermietung. Geöffnet Mitte März bis Mitte Nov. Route d'Herbignac. 44410 St-Lyphard, ✆ 09.53.63.11.88, www.campingfleurdebriere.com. ≪

Wohnmobile Stellplätze und kompletter Service beim **Camping Fleur de Brière** (s. o.).

Restaurant Eine Spezialität, die Sie probieren sollten: Pimpeneaux – über'm Torffeuer gegrillter Brière-Aal (mit silbrigem Bauch). Weitere regionale Leckerbissen sind Rebhuhn und Ente.

La Mare aux Oiseaux, Gourmet-Restaurant auf der Ile de Fédrun. Hier erhalten Sie neben sonstiger exzellenter Küche in der Regel auch die oben genannten Gerichte. Geschlossen Mo mittags. 223, rue du Chef de l'Ile, Ile de Fédrun, 44720 St Joachim. ✆ 02.40.88.53.01.

Auberge de Bréca, beim Hafen von Bréca, unweit von Kerhinet. Exzellente Küche in exzellenter Lage: nach hinten wunderschöner kleiner Park, wo man mitten auf der Wiese speisen kann. Die Bedienung ist professionell, der Gast ist König, der König zahlt königlich. Neben den Brière-Spezialitäten gibt's auch hauseigene, so z. B. in einem heißen Jus servierte Gemüseteile. Auch das Geschirr ist ausgesucht – und lassen Sie sich von der lustigen Wasserkaraffe überraschen. Geschlossen So Abend, Mo Ruhetag (außer im August). Village de Bréca, 44410 St-Lyphard. ✆ 02.40.91.41.42.

Rund um die Brière

Eine Grande-Brière-Fahrt von ca. 80 km führt an allen interessanten Höhepunkten rund um das Torfmoor vorbei. Zur richtigen Erkundung ist ein Holzkahn oder Boot eindeutig das beste Verkehrsmittel (→ Bootsverleih/Exkursionen) – zahlreiche Bootsanlegestellen liegen an der Strecke. Unsere Fahrt beginnt an der westlichen Brière-Seite in Kerhinet.

Kerhinet: Der Weiler 6 km südlich von St-Lyphard mit seinen 18 Gebäuden wurde vom Naturpark erworben und im Stil der früheren Brière-Dörfer restauriert: Bauernhäuser, Scheunen und Stallgebäude tragen alle das typische Reetdach. Von hier führt eine schmale Straße nach *Le Brunet* und von dort weiter nach *Bréca* (ca. 3 km), einer größeren Kahn- und Bootsablegestelle.

Côte d'Amour → Karte S. 489 Südküste

▲ Durchs Grüne gegondelt

▼ Kirche von St-Lyphard

St-Lyphard: Die Ortskirche besitzt einen mit einer Aussichtsterrasse versehenen Turm in auffälligem Rot – über 135 Stufen können Sie sich 35 m zu einem schönen Brière-Panorama hocharbeiten. Danach empfehlen wir eine Pause auf dem gemütlichen, von Bars gesäumten Kirchplatz. Für Bootsausflügler interessant ist der Weiler *La Pierre Fendue* außerhalb der Gemeinde.

Turmbesteigung: Mo–Sa um 11, 12, 14, 15, 16, 17 und 17.30 Uhr. Die Besteigungen finden in Begleitung einer Angestellten des Office de Tourisme statt. Damit Sie mit dieser nicht alleine sind: mindestens 2 Besucher. Damit Sie genügend Bewegungsfreiheit haben: höchstens 10 Besucher. Erw. 4 €, Kind 5–12 J. 2,50 €.

Ile de Fédrun: Mit dem Kahn auf einem Kanal, mit dem Auto auf einem engen Sträßchen erreicht man von *St-Joachim* aus die *Ile de Fédrun*, den schönsten Ort der Grande Brière. Niedrige reetgedeckte Bauernhäuser *(Chaumières Briéronnes)* säumen den Weg, die meisten restauriert, weiß getüncht und mit Blumenschmuck am Fenstersims, einige aber auch halb verfallen. Hinter den Gemüsegärten liegen die flachen Kähne, die bei Bedarf ihre Fracht durch den Sumpf befördern – neben Touristen beispielsweise Ziegen und Schafe, die zu den trockenen Weideflächen *(plattières)* im morastigen Torfmoor geschifft werden.

Die *Maison de la Mariée* (Haus der Braut) zeigt in ihrer Sammlung historischen Brautnippes, zu denen auch wächserne Orangenblüten zählen, einst ein traditionelles, kleinbürgerliches Hochzeitsgeschenk, von dem in St-Joachim zwei Manufakturen lebten und das bis nach Portugal exportiert wurde. Ungefähre Öffnungszeiten: Febr.–Mai und Sept./Okt Sa/So 14–18 Uhr, Juni–Sept. tägl. 14–18 Uhr. Erw. 4 €, bis 18 J. gratis.

St-Malo-de-Guersac: Eine stille Ortschaft mit schiefergedeckten Häuschen

auf einer von Kanälen umzogenen Insel. Am Ortsende überquert man den *Brivet*, auf dem früher die Torf-Lastkähne tuckerten. Gleich links der Brücke steht die

Maison de Garde, die einstige Wach- und Zollstation. Etwas weiter, bei den Schleusentoren, zeigen sich die putzige *Maison de l'Eclusier* (Haus des Schleusenwarters) und am Ufer der vertäute, dickbauchige Torffrachter *Théotiste*, dessen Hebearme wie die Fühler einer Riesengarnele aus dem Rumpf ragen. 800 m weiter, auf der anderen Seite des Kanals, führt ein 1 km langer Rundweg um die *Réserve Pierre Constant*, ein 26 Hektar großes Freigehege, in dem die Vögel der Brière beobachtet und auf einem Lehrpfad die botanischen Kenntnisse erweitert werden können.

Reetdachdecker

Touristen finden in den Reetdachhäusern der Brière ein schönes Fotosujet, Sozialromantiker fotografieren auch noch Häuser, deren Dach schon arg im Schiefen liegt oder große Löcher aufweist – in der Meinung, die letzten Zeichen einer aussterbenden architektonischen Kultur einzufangen. Doch längst hat eine Gegenbewegung eingesetzt: Die Dächer werden repariert. Gab es in der Brière 1970 noch ganze zwei Profis, die sich aufs Handwerk des Reetdachdeckens verstanden, so zählt man heute wieder gut zwei Dutzend *Chaumiers* (Reetdachdecker). Es geht in erster Linie nicht um das kulturelle Erbe, schon gar nicht um ein Freilichtmuseum. Vielmehr hat man wieder die praktische Seite des Reetdachs zu schätzen gelernt: Es wärmt im Winter und hält im Sommer kühl, seine Lebensdauer beträgt ungefähr 40 Jahre, bei guter Pflege länger. Obendrein darf man stolz auf die ökologische Bauweise sein, und schön sind die Dächer auch noch. Rund 3000 reetgedeckte Häuser zählt die Brière, das sind 60 % des französischen Bestands. Viele bedürfen der Reparatur. Mittlerweile haben die Reetdachdecker in der Brière genügend Arbeit – aber ungenügend Reet. Das Schilf wird aus der Camargue importiert.

Reetdach wartet auf Decker

Das Landesinnere

Die Bretagne ist ein flaches Land. Die höchsten Erhebungen gibt es in den Monts d'Arrée, und auch da bringt es kein Gipfel auf über 400 m. Weideland und Heide wechseln sich ab, und mittendrin unzählige Dörfer, wo manchmal ein Schloss, öfter noch eine Kirche oder Kapelle einen Besuch lohnt.

Zu jeder Kirche gehört ein Heiliger, zu jedem Heiligen eine Legende, und im keltischen Dunkel der Geschichte blühen Hunderte von weiteren Legenden. Spaziergänge im *Wald der Brocéliande* führen zu verwunschenen Orten, die der Artus-Sage zugeordnet werden. In den *Wäldern bei Huelgoat* sollen schon Tristan und Isolde händchenhaltend geträumt haben – eine Rundwanderung dort ist auch ohne die beiden ein Erlebnis. Weiter westlich haben Christen in *umfriedeten Pfarrbezirken* großartige steinerne Kunstwerke gemeißelt, die auch dem Nichtchristen den Atem verschlagen. Eine Calvaire-Tour gehört in jede Reiseplanung.

Der Osten

Vitré   17.200 Einwohner

„Wäre ich nicht König von Frankreich, wäre ich gerne Bürger von Vitré." Blickt man von den Tertres Noirs über das Tal der Vilaine, versteht man Heinrich IV. (1553–1610). Die Silhouette des Schlosses über dem Fluss erinnert an Grimms Märchenwelt. Hinter den Mauern, Türmen und Zinnen könnte Dornröschen auf den erlösenden Kuss warten.

Vitré gehört zu den architektonischen Perlen der Bretagne. Kaum eine andere Stadt ist so gut erhalten wie die von einem dicken Mauerkorsett eingeschnürte Altstadt von Vitré. An ihrer Westseite wird die *Ville Close* vom Stadtschloss beherrscht, im Mittelalter eine der wichtigsten Grenzfesten des bretonischen Herzogtums. Vitré war über Jahrhunderte einer der aktivsten Handels- und Handwerksplätze für Tuch

und Webwaren und eine wohlhabende Stadt. Hauptattraktion ist das *Château*, ein Glanzstück mittelalterlicher Militärarchitektur, das heute die Stadtverwaltung und ein ausgefallenes Museum beherbergt. Die *Eglise Notre-Dame* überragt mit ihren spitzen Giebeln das Ensemble der schiefergedeckten Fachwerkhäuser.

Tipp: Den schönsten Blick auf die Stadt und das Schloss genießt man von den *Tertres Noirs* (Schwarze Hügel) nordöstlich des Zentrums (ausgeschildert).

Stadtgeschichte: Im Jahr 2009 feierte Vitré seinen 1000. Geburtstag. Der Herzog der Bretagne ließ 1009 eine Burg aus Holz (die bald abbrannte) errichten, um die Straße nach Rennes zu bewachen und Wegzoll einzutreiben. Später wird an der heutigen Stelle eine neue Burg gebaut, und rund um die strategisch wichtige Festung an der Grenze des Herzogtums entsteht eine blühende Handels- und Handwerksstadt. Die Bruderschaft der *Marchands d'Outre-Mer* (Überseekaufleute, Vertreter der städtischen Weberzunft) verhökert Vitrés berühmtes Hanfleinen und seine begehrten Wollsocken von Flandern bis Indien und Amerika, die Seigneursfamilien und Herzöge sind's zufrieden. Einen rauschhaften Höhenflug erleben die Vitréens um die Mitte des 15. Jahrhunderts – unter Franz II. sorgen die geschickten Winkelzüge eines einheimischen Schneiders für politischen Furor (→ Kastentext „Eine tragische Karriere").

Zur Zeit der Religionskriege (1562–1598) ist Vitré ist eine Hochburg der Hugenotten, der Stadtherr *Gaspar de Coligny* einer der berühmtesten französischen Protestantenführer. Da dieser immer mehr Einfluss auf den noch jugendlichen König *Karl IX.* gewinnt, zieht er sich die Missgunst der streng katholischen Königsmutter zu. In der Bartholomäusnacht zum 24. August 1572 wird Coligny in Paris zusammen mit 3000 Glaubensbrüdern niedergemacht. Harte Zeiten brechen über die Stadt herein. 1598 sorgt das Edikt von Nantes für vorübergehende Beruhigung – *Heinrich IV.* sichert den Protestanten freie Glaubensbetätigung und uneingeschränkten Handel zu, und die strebsamen Hugenotten Vitrés machen wieder gute Geschäfte. Erst *Ludwig XIV.* leitet den wirtschaftlichen Abstieg ein: Mit der Aufhebung des Edikts von Nantes 1685 fliehen Tausende von Hugenotten aus der Bretagne, die Textilindustrie verliert ihre wichtigsten Köpfe und Arbeiter, der Hanfanbau um Vitré kommt zum Erliegen. Über 200 Jahre lang schläft die Stadt in ihrem mittelalterlichen Korsett einen Dornröschenschlaf.

Erst Mitte des 20. Jahrhunderts beginnt die Wirtschaft wieder aufzublühen. Ein Förderprogramm der Regierung zu Beginn der 1970er Jahre belebte die traditionelle Kurzwarenfabrikation aufs Neue; Schuhfabriken, Lebensmittelindustrie und Produktionsstätten für Landmaschinen schufen zusätzlich Arbeitsplätze. Der ebenfalls seit dieser Zeit florierende Bretagne-Tourismus stärkt den Dienstleistungssektor.

Sehenswertes

Stadtrundgang: Am eindrucksvollsten ist das Gassenviertel zwischen Schlossplatz und Kirche. Vom Château aus führt die *Rue du Château* in Vitrés schönste Straße, die *Rue de la Baudrairie*. In den von Satteldächern überragten Fachwerkhäusern wohnten, produzierten und verkauften die Meister der Lederzunft ihre Artikel; einige der Häuser sind auf Stein oder Holzpfeiler abgestützt, sogenannte *maisons à porches*, die man in Vitré auch in anderen Gassen sieht. Abwärts führt sie zur *Rue d'En Bas*, dort links in die *Rue de la Poterie*, die zentrale Gasse der Altstadt; sie mündet in die *Rue Duguesclin*, die sich bei der verwitterten und vegetativ überwucherten *Tour de la Bridole* (13.–15. Jh.) zur *Place de la République* öffnet. Ein Gittertor gibt hier den Weg frei zur *Promenade du Val*, einer idyllischen Allee mit Aussicht über das Vilaine-Tal. Durch das *Saint-Pierre-Tor* gelangt man in die Altstadt zurück, zur *Kirche Notre-Dame* und auf der *Rue Notre-Dame* zurück zum Schloss.

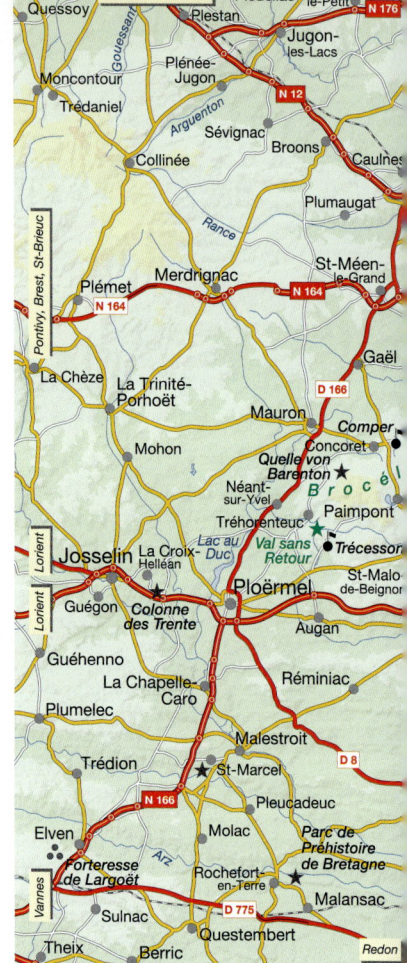

Château/Musée: Die Burg zählt zu den schönsten Denkmälern mittelalterlicher Militärarchitektur in Frankreich. Der Ende des 11. Jahrhunderts errichtete Ursprungsbau war eine einfache, palisadenbewehrte Festung auf dem steilen Felshang über der Vilaine – Reste dieser romanischen Burg wurden im Burghof ausgegraben; die Burg wurde nach zwei Jahrhunderten abgerissen und Mitte des 13. Jahrhunderts neu errichtet. Im 14. und 15. Jahrhundert wurde der Neubau mehrmals erweitert, mit wehrhaften Galerien versehen und schließlich zur repräsentativen und militärischen Residenz ausgebaut. Die Burg zeigt einen dreieckigen Grundriss, eine schwere, hölzerne Zugbrücke führt durch einen von zwei Türmen bewachten Torbau in den Innenhof mit seinem großen Brunnen. Sieben Türme erheben sich im Mauerwall, an der Nordseite ist heute die Stadtregierung untergebracht.

Das Landesinnere, der Osten

7 km

Ein Teil der Schlossanlage wird als *Museum* genutzt. Verteilt auf drei Türme, durch eine Galerie auf der Burgmauer verbunden, werden hier einige außergewöhnliche Raritäten aufbewahrt. Die *Tour St-Laurent* bietet neben dem Panoramablick auf die Schieferdächer der Altstadt Skulpturen aus Vitréser Bürgerhäusern, flandrische Gobelins (16. Jh.), Truhen, alte Stadtansichten und als Höhepunkt einen bemalten Kamin aus dem Jahr 1583, verziert mit Musikern, Tänzern und Wappen.

Über die Wehrmauergalerie gelangt man zur *Tour de l'Argenterie*, die seit 1989 das städtische Kuriositätenkabinett beherbergt. Die außergewöhnliche Kollektion verrückter Objekte, die Ambroise Morel, ein Vitréser Natur- und Heimatkundler, zusammengetragen und der Stadt vermacht hat, ist nichts für schwache Nerven.

Märchenschloss mit Autos

Neben den naturkundlichen Exponaten (Insekten, Vögel und Muscheln) liegen Reptilien, Säugetiere und ein menschlicher Fötus im Alkohol, während oben an der Decke eine Boa Constrictor hängt. Ein Leckerbissen für Freunde makabren Humors ist die Vitrine mit ausgestopften Fröschen: In teilweise zeitgenössischen Kostümen stellen sie Szenen aus dem aristokratischen Alltag dar; elegant tanzen sie eine Polonaise, sie spielen Karten, humpeln kläglich auf Krücken herum oder fechten mit einem gegnerischen Frosch.

Den Abschluss des Besuchs bildet die *Tour de l'Oratoire*, in deren angebauter Renaissance-Kapelle sich ein dreiflügeliger Altar (16. Jh.) befindet; 32 wertvolle Emailletafeln aus Limoges (17. Jh.) mit Motiven aus dem Leben Christi und Marias schmücken ihn. Daneben sind liturgische Gewänder und zwei kunstvolle, im 19. Jahrhundert von Pariser Goldschmieden gefertigte Monstranzen ausgestellt. April–Sept. tägl. 10.30–12.30 und 14–18 Uhr. April–Juni und Sept. tägl. 10–12.30 und 14–18 Uhr. Juli/Aug. tägl. 10–18 Uhr. Okt.–März 10.30–12.15 und 14–17 Uhr, geschlossen Di ganztags und Sa/So vormittags. Eintritt 4 €.

Eglise Notre-Dame: Zwischen 1420 und 1550 bauten mehrere Generationen an der monumentalen Kirche aus grauem Vitréser Stein, die klassische Züge der Hochgotik aufweist. Weniger überzeugend ist der Haupteingang im Westen: Hier wurde ein dorisches Säulenportal eingebaut, das nicht so recht zum großen Torbogen passen will. Die helle Holztür mit ihren Schnitzarbeiten bildet dann einen weiteren Kontrast. Harmonisch wiederum ist die Südseite der Kirche mit ihren sieben reich verzierten Giebeln. Hier findet sich auch die *Außenkanzel*, auf der während der Religionskriege die protestantischen Prediger zum Volk sprachen.

Musée St-Nicolas: In der gotischen Kapelle eines ehemaligen Hospitals (12. Jh.) unterhalb der Burg widmet sich eine kleine Ausstellung der religiösen Kunst. Schwerpunkt des Musée d'Art Sacré sind Goldschmiedearbeiten des 19. und der ersten Hälfte des 20. Jahrhunderts. Neben der kleinen Sammlung sind auch die Wandgemälde der Kapelle aus dem 15. Jahrhundert bemerkenswert.

April–Sept. Do/Fr sowie am 1. und 3. Wochenende im Monat 10–12.30 und 14–18 Uhr, Okt.– März Do und Fr sowie am 1. und 3. Wochenende im Monat 14–17 Uhr. Eintritt 4 €.

Basis-Infos

Postleitzahl 35500

Information Office de Tourisme, beim Bahnhof. Ausführliche Informationen. April– Juni und Sept. Mo 14.30–18, Di–Fr 9.30–12.30 und 14.30–18, Sa 10–12.30 und 15–17 Uhr. Juli/ Aug. Mo–Sa 9.30–12.30 und 14–18.30, So 10– 12.30 und 15–18 Uhr. Okt.–März Mo/Di 14.30– 18, Mi–Fr 9.30–12.30 und 14.30–18, Sa 10–12.30 und 15–17 Uhr. Place Général de Gaulle. ☎ 02.99.75.04.46, http://bretagne-vitre.com.

Hin und weg Bahn: Vitré liegt an der Hauptstrecke Rennes–Paris. Mindestens 6-mal tägl. in beide Richtungen (Sonn- und Feiertage mind. 3-mal). Fahrzeit nach Rennes etwa 20 Min., nach Paris etwas über 3 Std. Der TGV hält nur im Sommer in Vitré (sonst: nächste Station Laval); mit dem Hochgeschwindigkeitszug ist Paris nur noch 2 Stunden entfernt.

Bus: Nach Fougères werktags und zu Schulzeiten 2- bis 4-mal, nach Rennes 3-mal. Abfahrt beim Bahnhof.

Golf Golf des Rochers: Eine der schönsten Golfanlagen der Bretagne liegt unterhalb des Schlosses von Madame de Sévigné, etwa 6 km auf der D 88 südöstlich von Vitré. 18 Löcher par 71 in einem weiten, mit Nussbäumen und alten Rotbuchen be- standenen Rasenpark entlang des maleri- schen Flussufers. ☎ 02.99.96.52.52.

Markt Samstagvormittag in der Rue de la Poterie.

Eine tragische Karriere

Pierre Landais lebt Mitte des 15. Jahrhunderts als Schneider in Vitré. Seine handwerklichen Fähigkeiten und sein einnehmendes Wesen fallen Herzog *Franz II.*, der in der Stadt weilt und sich neu einkleiden will, bei einer An- probe auf, und er ernennt den Zwirnartisten zu seinem Kammerherrn. Die beiden verstehen sich gut. In Windeseile gewinnt der beredte Schneider des Herzogs Herz. Statt mit seinem Friseur plaudert Franz nun am liebsten mit Pierre. Stets gut über die laufenden Geschäfte informiert, steigt Pierre Lan- dais zum Schatzmeister und schließlich – einige wohlplatzierte Ratschläge haben ihn unentbehrlich gemacht – zum ersten Berater des obersten Herrn der Bretagne auf.

Mit Neid und Argwohn beäugen die ausgestochenen lokalen Höflinge den einfachen Emporkömmling, der es sogar wagt, die Vorrechte von Adel und Klerus in Frage zu stellen. Als Landais auch noch eine Bresche für die Auf- nahme seiner bürgerlichen Standesgenossen ins Ständeparlament schlagen will, ist das Maß voll. Erfolgreich konspirieren einige Herren am Pariser Hof und ziehen den König auf ihre Seite. Der, über die schauderhaften Ansichten Landais´ aufs Höchste erbost, zwingt Franz II., seinen Ratgeber fallenzulassen.

Flugs präpariert man eine infame Anklageschrift, beschuldigt den Ex- Schneider des Hochverrats und der Steuerhinterziehung und kerkert ihn ein. In den Verliesen des Schlosses von Nantes gesteht der Unglückliche unter der Folter alle gegen ihn vorgebrachten „Verbrechen". 1485 wird er unter dem Gejohle einer aufgewiegelten Menge auf dem Richtplatz von Nantes gehenkt.

Der Osten → Karte S. 516/517

Das Landesinnere:

Übernachten

Hotels ** Le Minotel , gemütliches kleines Hotel mit 15 Zimmern an einem belebten Platz mitten im alten Vitré. Golfliebhaber bekommen hier Sonderkonditionen für die Benutzung des lokalen Golfplatzes (s. o.). DZ 52–72 €. Ganzjährig geöffnet. 47, rue de la Poterie 47, ✆ 02.99.75.11.11, www.leminotel.fr.

** **Du Château** 3, 23-Zimmer-Hotel am Stadtwall unterhalb des mächtigen Schlosses. Ab dem 2. Stock schöne Aussicht auf das Schloss. Ruhige Lage, kein Restaurant. DZ 57–70 €. Ganzjährig geöffnet. 5, rue Rallon, ✆ 02.99.74.58.59, www.hotelduchateauvitre.fr.

** **Le Petit-Billot** 8, Mittelklasse-Etablissement der Citôtel-Kette in der Nähe des Bahnhofs. 20 ordentliche Zimmer mit Du/WC, Zusammenarbeit mit dem Restaurant nebenan. DZ 55–65 €. Ganzjährig geöffnet. 5, place Général Leclerc, ✆ 02.99.75.02.10, www.hotel-vitre.com.

Camping ** Municipal St-Etienne, 2 km südöstlich des Zentrums am Ortsausgangsschild (Richtung Rochers-Sévigné, D 88). Campen passend zur Stadt: gepflegtes Wiesengelände, efeuüberrankte Ruinenreste und Sanitärblock im Natursteinstil (tolle Duschen). Bushaltestelle in Platznähe, vom Zentrum Linie 3, ins Zentrum Linie 4. Knapp 50 Stellplätze. Geöffnet April bis Mitte Dez. Route d'Argentré, ✆ 02.99.75.25.28.

Essen & Trinken

Vitré wartet mit zwei kulinarischen Spezialitäten auf: „La Roulade Sévigné", eine Rindsroulade nach dem Rezept der sparsamen Madame de Sévigné. Und zum Nachtisch ein „Vitréais", ein delikates Biskuit mit Honig, Mandeln und karamelisierten Apfelscheiben, das Sie in jeder Pâtisserie erhalten. Ansonsten ist die Küche erstaunlich international: italienische, türkische, chinesische und japanische Etablissements.

Restaurants Auberge Le St-Louis 2, gegenüber der Kirche Notre Dame; innen gemütlich holzgetäfelt, außen einige Tischchen unter den alten Arkaden. Gepflegte Küche, große Auswahl zu moderaten Preisen. Jakobsmuscheln, Entenbeinchen und -leber und köstliche Desserts. Etwas teurer sind der geräucherte Lachs und die auf Salat servierten Langustinenschwänzchen. Geschlossen außerhalb der Saison So Abend und Mo ganztags. 31, rue Notre-Dame. ✆ 02.99.75.28.28.

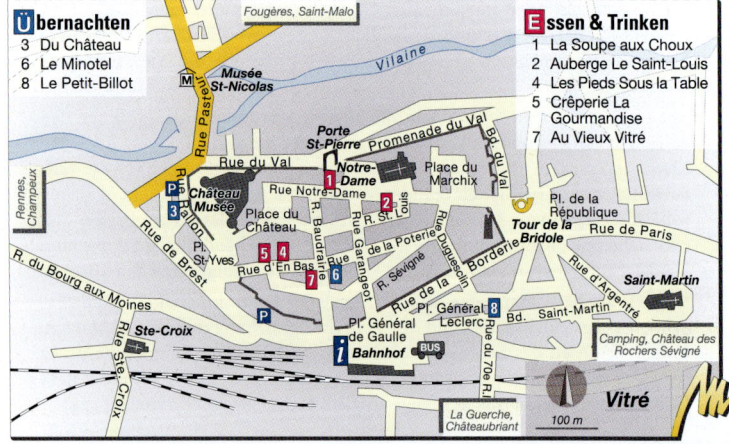

Übernachten
3 Du Château
6 Le Minotel
8 Le Petit-Billot

Essen & Trinken
1 La Soupe aux Choux
2 Auberge Le Saint-Louis
4 Les Pieds Sous la Table
5 Crêperie La Gourmandise
7 Au Vieux Vitré

Vitré

100 m

>>> Mein Tipp: **Les Pieds sous la Table** 🖪, sehr sympathisches Lokal, von einem sympathischen jungen Paar 2014 eröffnet, ideal auch für den Mittagstisch. Ein paar Tische auf der Straße, ein paar drinnen, und von der Halbetage kann man dem Koch bei der Arbeit zusehen. Die Auswahl ist nicht groß, aber mit viel Liebe zubereitet. Traditionelle Küche, in der Ente und gegrillter Kabeljaurücken ihren Platz haben. Geschlossen Mo abends und Sa mittags. 20, rue d'Embas, ☎ 02.23.55.27.81. 🜜

La Soupe aux Choux 🖪, unterhalb der Kirche Notre Dame, optisch ein nichtssagendes Lokal mit kleiner Außenterrasse. Bei den Vitréens und Vitréennes ist die „Kohlsuppe" ein gern besuchter Ort. Dort bestellen sie entweder das günstige Tagesmenü (Richtung Hausmannskost), oder sie stellen sich ihr Menü à la carte zusammen. Sehr gut als Vorspeise das Rindercarpaccio mit Basilikum, als Dessert empfehlenswert die Crème brulée à la vanille. Geschlossen nach Ostern für zwei Wochen. 32, rue Notre-Dame. ☎ 02.99.75.10.86.

Au Vieux Vitré 🖪, hat nach dem letzten Umbau eindeutig an Charme verloren. In erster Linie Pizzeria, auch Grillgerichte und Risotto. Auch Straßenbetischung. So/Mo Ruhetag. 1, rue d'En Bas. ☎ 02.99.75.02.52.

Crêperie **La Gourmandise** 🖪, günstige Crêpes in lebhafter Atmosphäre. Für 10 € pro Person kann man es sich hier mit selbst zusammengestellten Crêpes und Cidre gut gehen lassen. Geschlossen Mo ganztags und Di mittags. 26, rue d'En Bas. ☎ 02.99.75.02.12.

Umgebung von Vitré

Château des Rochers Sévigné: 6 km südöstlich von Vitré, links der D 88, umgeben von einem Wald mit hohen Rotbuchen und alten Nussbäumen, liegt das Schloss der *Marquise de Sévigné* (→ Kastentext „Madame de Sévigné"). Vor dem L-förmigen Bau aus dem 15. Jahrhundert öffnet sich der vom berühmten Landschaftsarchitekten André Le Nôtre gestaltete französische Garten (17. Jh.), in dem die Literatin einst lustwandelte. Die Kapelle steht etwas isoliert neben dem Schloss.

Impressionen vom Stadtrundgang

Die Besichtigung beschränkt sich auf die Kapelle und zwei etwas lieblos eingerichtete Zimmer im Nordturm. Während sich in der Kapelle das alte Mobiliar, Sessel für die Damen und niedrige, stoffbespannte Betbänke für die Herren durchaus sehen lassen kann, ist der Besuch der Schlossräume eher enttäuschend. Das *Cabinet vert* des Erdgeschosses ziert ein Kamin mit den Initialen Madame de Sévignés, an den Wänden hängen zwei Portraits der Dame: etwas mollig, das Kleid im aristokratischen Zeitgeschmack tief dekolletiert. In einer Vitrine liegen Handschriften aus – Haushaltsaufzeichnungen und Berichte über die Schlossverwaltung. Im oberen Raum sind weitere Bilder und Mobiliar zu sehen. Geruhsam und kurzweilig ist hinterher ein Spaziergang durch den *grand parc* (Gelände des Golfclubs), in dem die Wege noch die von Madame de Sévigné verliehenen Namen tragen: *le mail* (die Promenade), *l'infini* (die Unendlichkeit) oder *l'humeur de ma fille* (die Laune meiner Tochter).

2015 war das Schloss wegen Renovierung geschlossen. Die Arbeiten dürften wohl 2016 abgeschlossen sein. Dann gilt vermutlich: April–Sept. tägl. 10.30–12.30 und 14–18 Uhr, Okt.–März So 14–17 Uhr. Eintritt 4 €.

Champeaux: Ein kleines Dorf im Abseits und in dessen Mitte ein dörfliches Schmuckstück – die *Place du Cloître*. Sie ist gesäumt von den granitenen Häusern der früheren Chorherren und der *Stiftskirche*; ein hübscher *Ziehbrunnen* auf der Rasenfläche rundet das historische Ensemble harmonisch ab. Die große, einschiffige Kirche datiert aus dem 14. und 15. Jahrhundert, aus der Renaissance stammen das *Chorgestühl* (Schnitzereien, u. a. Adam und Eva in Fellen) sowie die *Fenster der Apsis* (Passionsgeschichte und Abrahams verhindertes Opfer). Eine weltliche Zugabe nach der Besichtigung ist das urige Landcafé neben der Kirche.

Anfahrt Vitré auf der D 857 Richtung Châteaubourg verlassen und nach knapp 5 km rechts ab, dann noch 4 km auf einem schmalen Sträßchen.

Restaurant La Cascade, Ortsmitte. „Ein Mittagsmenu mit 5 Gängen für nur 11 €", schrieb uns ein Leser, und fügte hinzu: „Unglaublich, und eine Superqualität". Geschlossen am So Abend. 2, place de la Collégiale, ✆ 02.99.49.99.78.

Nach dem Kirchgang: ab in die „Cascade"

Madame de Sévigné

Marie de Rabutin Sévigné, Jahrgang 1626, ging als eine der bekanntesten Briefeschreiberinnen in die Literaturgeschichte ein. Ihre aus Klatsch, Intrigen und historischen Fakten zusammengesetzten Mitteilungen an literarische Größen der Zeit und an ihre in der Provence lebende Tochter illustrieren geistreich und sprachgewandt den Alltag der Adelskreise des 17. Jahrhunderts.

Die gebürtige Burgunderin heiratete 1644 den Marquis von Sévigné, der acht Jahre später bei einem Duell getötet wurde. Zunächst lebte die Witwe mit ihren beiden Kindern weiter in Paris, doch das für den Adel aufwendige Leben in der Hauptstadt verschlang ungeheure Summen, das Erbe schmolz dahin. 1678 zog sich die Familie nach Vitré zurück. Im Stammschloss ihres verstorbenen Mannes führte die Marquise aus Sparsamkeitsgründen ein karges Leben, argwöhnisch ihre Pächter und Handwerker kontrollierend.

In über 1500 Briefen, die sie im Lauf ihres zunächst ereignisreichen (in Paris), später eintönigen Lebens (im Schloss des Rochers) schreibt, kommentiert Madame das Alltagsleben ihrer aristokratischen Zeitgenossen. Pointiert erzählt sie von politischen Intrigen und vom Klatsch am Hof des Sonnenkönigs. In den späten Briefen an ihre Tochter widmet sie sich ganz der Bretagne. Boshaft lässt sie sich über den bretonischen Landadel aus („Es fließt so viel Wein durch die Kehle eines Bretonen wie Wasser unter der Brücke hindurch") oder begleitet die Sitzungen des Ständeparlaments mit beißendem Spott.

Daneben bleibt der Schlossherrin noch Zeit, sich peinlich genau um die kleinen Dinge des Lebens zu kümmern. Höchst erstaunt wundert sie sich über die Dachdecker, die „man dankt Gott, für 12 Sous eine Arbeit machen, die man für 10.000 Ecu nicht machen würde". In einem Anflug von Mitleid bedauert sie ihre armen Pächter und Bauern, „die kaum Brot haben, auf Stroh schlafen und weinen". 1695 zieht die inzwischen fast 70-jährige Marquise zu ihrer Tochter in die Provence, wo sie am 17. April 1696 auf Schloss Grignan stirbt.

La Guerche-de-Bretagne   4300 Einwohner

Apfelwein und der seit 1121 stattfindende Dienstagsmarkt sind La Guerches profane Attraktionen. Kirchen- und Kunstgeschichtler werden die Basilika besuchen, Liebhaber der Megalith-Kultur den gut 10 km entfernten Feen-Felsen *La Roche-aux-Fées*, eines der schönsten prähistorischen Monumente der Bretagne.

Von einem Stadtwall umgeben, entwickelte sich La Guerche vom 16. bis zum 18. Jahrhundert zu einem blühenden Handelsstädtchen. Im Zentrum, rund um den *Rathausplatz* und die *Place de Gaulle*, zeugen die alten, auf Pfeilern ruhenden Fachwerkhäuser vom einstigen Wohlstand. Dicht an dicht gereiht und vorkragend bilden einige von ihnen Arkadengalerien, unter denen die Zeit stehengeblieben scheint. Das größte Gebäude – *La Salorge* – war im Mittelalter Markthalle, später Justizpalast und Rathaus, heute haben hier ein Kulturzentrum, das Office de Tourisme sowie eine hübsche Boutique der französischen Eisenbahngesellschaft *(SNCF)* Platz gefunden.

Aber längst ist La Guerche-de-Bretagne, einst mit Sitz und Stimme in der Ständeversammlung vertreten, in die politische Bedeutungslosigkeit verschwunden. Geblieben ist ein gemütlicher Marktflecken, der seit Jahrhunderten jeden Dienstagvormittag zum Leben erwacht. Dann versammeln sich die Händler und Bauern mit ihren Lieferwagen und mobilen Ständen im Zentrum, um im Schatten der Basilika ihre Geschäfte zu machen.

Sehenswertes

Basilika de Notre-Dame: Das Gotteshaus wurde 1951 in den Rang einer *Basilique Mineure* erhoben. Haupt- und südliches Seitenschiff sind aus dem 16. Jahrhundert, Turm und nördliches Seitenschiff wurden im 19. Jahrhundert errichtet. Vom Ursprungsbau, einer schlichten Kapelle von 1206, ist nur noch der gedrungene, schieferbehelmte Chorturm erhalten. Überragt wird die Kirche vom 75 m hohen Glockenturm – ein schlanker, himmelwärts strebender Pfeil im Stil der Neugotik.

Im Inneren, links im Chor, fällt eine *Liegefigur* aus weißem Tuffstein ins Auge: Es ist der Kirchengründer Guillaume II, der hier im steinernen Panzerhemd seine Ruhe gefunden hat. Sein Haupt wird von Engeln, die eisenbewehrten Füße von einem Hund bewacht. Das *Chorgestühl* (16. Jh.) zählt zu den schönsten der Bretagne. Die Rückenlehnen sind mit geschnitzten, blumigen Arabesken geschmückt, zwischen denen Herkules mit seinen Schutzgeistern spielt und sich Zentauren und Greife, Chimären und Kinder verstecken. Grotesk-hintergründigen Humor zeigen die Figuren an den Miserikordien (Vorsprünge am hochgeklappten Sitz des Gestühls), die vom irdischen Paradies und seinen Sünden erzählen. In den Mosaiken der *Fenster des rechten Schiffs* (15.–17. Jh.) sind biblische Szenen und Heilige zu sehen, u. a. Yves im weißen Hermelin der Advokaten.

Postleitzahl 35130

Information Office de Tourisme, im „La Salorge", Eingang Place de Gaulle. Offizielle, oft nicht eingehaltene Öffnungszeiten: Mo 14.30–17.30 Uhr (nur April–Sept.), Di–Sa 9.45–12 und 14–17.30 Uhr. ✆ 02.99.96. 30.78, otsi.laguerche@wanadoo.fr.

Hin und weg Bus: Es gibt mehrere Buslinien. 1-mal tägl. über Châteaugiron (dort umsteigen) nach Rennes. Daneben 1-mal werktags nach Laval und 1-mal tägl. nach Vitré (während der Schulzeit 2-mal).

Markt Quirliger Wochenmarkt mit oft über 200 Händlern; mit Unterbrechungen seit dem Jahr 1121 jeden Dienstagvormittag auf dem Marktplatz.

Übernachten *** Hotel La Calèche, die beste Adresse der Stadt, etwa 300 m nördlich des Zentrums. 13 zum Teil richtig gemütliche Zimmer. Restaurant und Bar. Wunderschöner kleiner Garten. DZ 70 €. Geschlossen So Abend und Montag sowie in den ersten drei Augustwochen. 16, avenue Leclerc, ✆ 02.99.96.21.63, www.la-caleche.com.

* Le Pont d'Anjou (Moussu), Routiers-Herberge an der Ausfallstraße nach Angers. Älteres Haus mit 9 Zimmern, Du/WC teils auf Etage. Vor allem als Restaurant bekannt. DZ 40 €. 11, faubourg Anjou, ✆ 02. 99.96.23.10, annick.moussu@club-internet.fr.

Café des Sports, direkt am Rond-Point vor dem Dorfkern. Die PMU-Bar (Café des Sports) hat in der 1. Etage ein paar Gästezimmer eingerichtet, mit Dusche und Doppelverglasung gegen den Straßenlärm. DZ 35–37 €. 2, rue de Rennes, ✆ 02.99.96.22.11.

Seit bald 900 Jahren: Dienstagsmarkt in La Guerche

Umgebung von La Guerche-de-Bretagne

La Roche-aux-Fées: Das auf einem Hügelchen unter Bäumen gelegene Langgrab ist eines der mächtigsten der Bretagne. 42 zum Teil über 40 Tonnen schwere Steine aus rötlich schimmerndem Schiefer bilden das Gerüst der Grabstätte, die nach der Legende von kräftigen Feen gebaut wurde. Von der gewaltigen Vorhalle führt ein knapp mannshoher Gang in eine ausladende, mehrfach gegliederte Grabkammer.

Der „Feenfelsen" ist Schauplatz eines uralten Brauches: Früher trafen sich hier bei Vollmond künftige Brautpaare, um durch das Zählen der Steine – die Dame links, der Herr rechts um den Dolmen herum – die Feen über die Aussichten der Ehe zu befragen. Stimmte die Zahl überein, die sich die beiden nach erfolgter Umrundung gleichzeitig zurufen mussten, war alles in Butter, bestand eine geringe Abweichung (bis 2), war die Schulbildung mangelhaft, doch die Verbindung gerettet. Gab es jedoch eine größere Diskrepanz, fiel die Hochzeit besser ins Wasser. Heute vollzieht man das traditionelle Ritual sicherheitshalber meist erst nach der Trauung – am liebsten bei Sonnenschein, im Beisein der Hochzeitsgäste und mit gezückter Handykamera.

Etwa 10 km westlich von La Guerche; über die D 463 Richtung Rennes, nach 5 km in Visseiche links ab auf die D 48 (5 km Richtung Essé), kurz hinter der Ortschaft Marcillé-Robert wieder links und noch 1,5 km leicht bergan.

Fougères   20.000 Einwohner

Die schweren Mauern und Bastionen der Burg tief unten im Tal des Nançon sprechen eine beredte Sprache. Über Jahrhunderte zählte Fougères als mächtigste und heftig umkämpfte Feste des bretonischen Ostwalls zu den größten mittelalterlichen Wehranlagen Europas.

Die *Unterstadt* Fougères' mit der Burganlage, der Kirche *St-Sulpice* und den alten Fachwerkhäusern eng um die *Place du Marchix* ist der von der Geschichte angestaubte Kern der ehemaligen Grenzstadt. Heute spielt sich das Leben von Fougères in der jüngeren *Oberstadt* ab, auf den Flanken eines Steilhangs hoch über der Flussschleife des *Nançon*.

Fougères war die nördlichste Grenzfeste des bretonischen Ostwalls gegen Frankreich. Die Stadt war aber nicht nur für das bretonische Herzogtum von strategischer Bedeutung, sondern auch eine Handelsstadt – zunächst eine Topadresse für die Segeltuchproduktion, dann für die Fabrikation von Schuhen (→ Kastentext „Vom Tuch zum Schuh").

Vor dem Zweiten Weltkrieg stürzte Fougères in eine wirtschaftliche Depression, die auch nach dem Krieg anhielt. Erst die Pariser Förderprogramme in den 1960er und 1970er Jahren brachten neuen Aufschwung. Durch die Ansiedlung moderner Industriebetriebe (Elektronik, Lasertechnik, Chemie) und die Modernisierung des Agrarwesens gewann Fougères einen Teil seiner überregionalen handelspolitischen Bedeutung zurück. Die 6000 bis 7000 Tiere fassende Versteigerungshalle im *Parc de l'Aumaillerie*, in der sich jeden Donnerstag die Viehhändler treffen, ist einer der größten Umschlagplätze der EU für Rind- und Hornvieh.

Stadtgeschichte: Fougères' wechselvolle Geschichte beginnt vor rund 1000 Jahren mit dem Bau einer simplen Holzburg auf einem Felsplateau inmitten des schwer anzugreifenden Sumpfgeländes, das der mäandernde *Nançon*-Fluss hier bildet. Zu

Das Landesinnere: Der Osten → Karte S. 516/517

ihren Füßen entwickelt sich eine kleine Stadt, eine Kirche wird gebaut, eine Mönchsgemeinschaft zieht ein, vor allem aber siedeln sich unter dem Schutz der Barone von Fougères Gerber- und Färberfamilien an. Einer der bekanntesten lokalen Barone ist *Raoul II.*, Vasall des bretonischen Herzogs *Conan des Kleinen*, der sich 1166 zusammen mit mehreren Adeligen gegen den englischen König stellt. Raoul muss nach einer mehrmonatigen Belagerung aufgeben, seine Burg wird geschleift. Nach dem Abzug der Engländer macht er sich an den Bau eines steinernen Gebäudes, das künftigen Attacken nicht mehr so ausgeliefert sein soll.

Vom Tuch zum Schuh

Im Schatten des Schlosses, entlang der Flussschleife des Nançon, arbeiteten seit dem 12. Jahrhundert die Gerber und Färber der Stadt. Im 13. Jahrhundert galten die Stofffärber von Fougères als Meister ihres Fachs, und die Tuchweber der Stadt garantierten solide Ware. Mit dem Aufkommen der Segelschifffahrt anfangs des 15. Jahrhunderts erlebte Fougères einen rasanten wirtschaftlichen Aufstieg. Bretonisches Segeltuch war bei den Flotten begehrt, und die Fougerais lieferten.

Als die Dampfschifffahrt das Segeltuch überflüssig machte, stellte sich die Weberzunft auf das Strumpfgeschäft um, und bereits vor der Französischen Revolution galten Strümpfe aus Fougères in der Modebranche als erste Wahl. Ab 1800 ging man zur handwerklichen Produktion von Stoffschuhen über, zunächst aus Wolle geflochten, dann aus Filz gewirkt. Mit der Idee, statt der textilen Sohle eine aus Leder an das Fußkleid zu nähen und den Filz schließlich durch einen Lederschaft zu ersetzen, begann Fougères' goldene Ära als führende französische (Damen-)Schuhstadt. Bis 1870 wurden die Schuhe ausschließlich handgenäht. Der Übergang zur industriellen Produktion Mitte des 19. Jahrhunderts brachte dann einen wahrhaften Boom: Von 1874 bis 1890 verdoppelte sich die Zahl der in der Schuhindustrie Beschäftigten, in 27 Fabriken schufteten 11.000 Arbeiter und Arbeiterinnen. 1950 verdienten immer noch 5000 Fougerais ihren Lebensunterhalt in der Schuhfabrik. Doch eine Stadt, die ihre Wirtschaft auf ein einziges Produkt abstellt, hat es schwer, wenn die Gesetze des Weltmarkts ins Spiel kommen. Die ausländische Konkurrenz und die zu späte Modernisierung der Produktionsanlagen führten Fougères in eine tiefe Krise. Nur wenige der einst berühmten Schuhunternehmen der Stadt überlebten den gnadenlosen Konkurrenzkampf.

In den folgenden drei Jahrhunderten bauen seine Nachfolger ein gewaltiges Verteidigungsensemble in das sumpfige Land, leiten sogar den Flusslauf um und befestigen die Mauern mit mächtigen Türmen. Trotz ihrer schieren Uneinnehmbarkeit ziehen immer neue Herren mit Gewalt in die Festung ein: Ludwig IX., Duguesclin, der aragonische Hauptmann Surienne und 1488 schließlich *Karl VIII.*, der drei Tage nach der Einnahme Fougères auch die entscheidende Schlacht gegen Franz II. gewinnt und damit den Anfang vom Ende des autonomen Herzogtums der Bretagne einleitet.

Zwischen 1793 und 1804 wird die Stadt mehrmals zum Schauplatz blutiger Kämpfe. Stadt und Umgebung gelten als Hochburg der Chouannerie, in wechselnder Folge wird Fougères belagert, gestürmt und erobert. Mal sind es die Blauen (Republikaner), mal die Roten (Royalisten), die in der Stadt wüten. Ströme von Blut fließen, Bürgermeister werden füsiliert, fast zehn Jahre lang herrschen Denunziation, Mord und Totschlag. Danach kehrt Ruhe in Fougères ein – und die Dichter kommen, zuerst *Honoré de Balzac*, dann *Victor Hugo*. Beide sind auf der Suche nach der Vergangenheit, beide haben vor, über die Zeit der Chouan-Bewegung zu berichten. Balzac gelingt mit seinem in Fougères geschriebenen Roman *Le dernier Chouan* 1829 der literarische Durchbruch. Hugo kommt 1836 in Begleitung von Juliette Drouet, seiner lebenslangen Geliebten, die in Fougères geboren ist, in die Stadt und fasst sein Entzücken in dem berühmten Ausspruch zusammen: „Gerne würde ich jeden fragen: Haben Sie Fougères gesehen?" Und schließlich besucht 1841 auch der Romantiker *Prosper Mérimée* die Stadt, allerdings in seiner Funktion als vom König bestallter Denkmalschützer. Die literarische Vergangenheit Fougères lebt heute im Rahmen einer *promenade littéraire* weiter: Der interessierte Besucher kann sich beim Spaziergang durch Zitate großer französischer Dichter anhand kleiner Tafeln in vergangene Jahrhunderte zurückversetzen.

Sehenswertes

Schloss: Trotz ihrer gewaltigen Mauern gehört die Feste von Fougères zu den Burgen, die oft eingenommen wurden. Während im frühen Mittelalter das sumpfige Gelände an der Nançonschleife und die nur kurz reichenden Geschütze Gewähr für die Unversehrtheit der Feste boten, erwies sich die Lage im Flusstal in späterer Zeit, als die Feuerkraft der Artillerie verbessert wurde, als schweres Handicap. Vom Felssporn über der Burganlage erreichten die modernen, weit reichenden Geschosse mühelos das Bollwerk und konnten sturmreife Breschen in den Festungswall schlagen.

Ein Rundgang außerhalb der Ringmauer verschafft einen ersten Eindruck der Anlage – die bis zu sieben Meter dicken Mauern mit ihren 13 Türmen sind überwältigend. Der Zugang zur Burg befindet sich hinter der Brücke über den Nançon. Von drei Türmen bewacht, öffnet sich das *Vorwerk* – ein erster Hof, in dem früher die Eindringlinge von allen Seiten aus beschossen und mit Pech übergossen wurden. Eine Brücke über einen weiteren Graben, von Bogenschützen und Pechgießern in

Schlossanlage Fougères

Der Osten → Karte S. 516/517

Das Landesinnere:

den vier Türmen kontrolliert, führt durch die zweite Verteidigungsmauer in den *Innenhof.* Der mächtigste der Türme hier, der *Mélusine-Turm,* ist 31 m hoch, hat einen Durchmesser von 13 m und eine fast 4 m dicke Mauer. Seine Plattform erlaubt einen exzellenten Rundblick über die Burg und die Dächer des Marchix-Viertels.
Febr.–April und Okt. bis Weihnachten Di–So 10–12.30 und 14–17.30 Uhr, Mai Di–So 10–19 Uhr, Juni-Sept. tägl. 9–19 Uhr. Eintritt 8,50 €. Audioguide (gratis) auch in Deutsch.

Marchix-Viertel: Die *Place du Marchix* (früher Schauplatz des Hornviehmarkts) und die anschließenden Gassen sind bei Malern und Fotografen ein beliebtes Motiv. Die Häuser stammen vorwiegend aus dem 16. Jahrhundert. Besonders romantisch ist der Blick auf die über dem Flussufer thronenden Fachwerkbauten *(Rue des Tanneurs).*

Eglise St-Sulpice: Die zwischen dem 15. und 18. Jahrhundert mehrmals umgebaute Kirche im spätgotischen Stil beherbergt die Jesus stillende *Marienfigur Notre-Dame-des-Marais* (Jungfrau der Sümpfe). Englische Plünderer hatten sie 1166 nach der Eroberung der Stadt in die Sümpfe geworfen, wo sie später wunderbarerweise wieder auftauchte. Natürlich ein prächtiger Anlass, ihr zu Ehren alljährlich einen Pardon zu begehen. Chor und Chorumgang sind im unteren Teil komplett mit Holz ausgekleidet. Davor stehen zwei granitene Retabel, von denen das Gerber-Retabel (15. Jh.) das schönere ist. Es zeigt noch Spuren der früheren Bemalung der Madonna, im oberen Teil ist das Werkzeug der Gerber zu sehen.

Eglise St-Léonard: Das im 15./16. Jahrhundert gebaute Gotteshaus ist heute die Hauptkirche der Stadt und im Inneren weiter nicht interessant. Am Fuß der Kirche zieht sich der *Jardin public* – der Stadtpark hat einen früheren Friedhof verdrängt – terrassenförmig zum Schloss hinunter. Die Allee des Parks ist dankenswerterweise von hohen Bäumen und niedrigen Bänken gesäumt: ausgezeichnetes Panorama über die Burg und das Marchix-Viertel unten an der Nançon-Schleife. Den noch besseren Überblick allerdings bietet nach einigem Schnaufen der *Glockenturm* der Kirche.
Glockenturm: Ostern bis Nov. Steiggebühr 2 €, Kind unter 10 J. gratis.

Beffroi: Der unten vier- und oben achteckige Granitturm mit schiefergedecktem Helm, animalischen Wasserspeiern und einer schmalen Flamboyant-Balustrade wurde im 14. Jahrhundert gebaut. Hier tagte früher die Ratsversammlung der Stadt. Der Beffroi von Fougères ist, neben dem von Dinan, der einzig erhaltene weltliche Glockenturm der Bretagne – ein Symbol für das frühe Aufbegehren reich gewordener Handwerker und Händler gegen die aristokratische und klerikale Macht.

Atelier-Musée de l'Horlogerie: An der Rue Nationale (Nr. 37) lädt ein wunderbares Privatmuseum eines Uhrmachers, der in der Schweizer Uhrenstadt Le Locle das Handwerk lernte und heute hier ausübt, zum Besuch ein. Das Museum hinter der Werkstatt zeigt kostbare Überbleibsel aus der Prädigitalzeit – mehr als 200 Exponate, von kleinen Armband- und Taschenuhren, bunten Spieldosen bis hin zu prächtigen Pendel- und großen Kirchturmuhren.
Mitte Juni–Aug. Di–Sa 9–12 und 14–19, So/Mo 14–19 Uhr. Sept. bis Mitte Juni Di–Sa 9–12 und 14–19 Uhr. Kasse geöffnet bis 60 Min. vor Schließung der Museumswerkstatt. Erw. 5 €, Kind unter 10 J. gratis, 10–18 J. sowie Studenten 4 €.

Musée de La Villéon: einem Sohn der Stadt zu Ehren in der Rue Nationale (Nr. 51) gegründet. Der Impressionist *Emmanuel de la Villéon* (1858–1944) malte mehr als hundert Bilder, von denen hier beinahe die Hälfte zu sehen ist. Das Museum befindet sich in einem schönen, mit einer Vorhalle versehenen Fachwerkhaus, dessen Anblick die Bilder des Künstlers fast in den Schatten stellt.
Nur Juli/Aug. Di–So 14–19 Uhr. Erw. 2 €, Kind bis 18 J. gratis.

Basis-Infos

Postleitzahl 35300

Information Office de Tourisme, im Zentrum der Oberstadt. Ostern bis Juni und 1. Sept.-Hälfte Mo–Sa 9.30–12.30 und 14–18, So 14–18 Uhr. Juli/Aug. Mo–Sa 9–19, So 10–12 und 14–18 Uhr. 2. Sept.-Hälfte bis Okt. Mo–Sa 9.30–12.30 und 14–18 Uhr. Nov. bis Ostern Mo 14–18, Di–Sa 9–12.30 und 14–18 Uhr. 2, rue Nationale. ℡ 02.99.94.12.20, www.ot-fougeres.fr.

Hin und weg Bus: Busbahnhof 300 m südlich des Zentrums. Nach Vitré mind. 3-mal werktags, So und Feiertage 2-mal, über St.-Aubin-du-Cormier nach Rennes (bis zu 8-mal werktags, So und Feiertage 2-mal). In der Saison zudem mehrmals tägl. zum Mont-St-Michel. Die Gare Routière, findet man an der Place de la République.

Märkte Samstagmorgen im Zentrum.

Der **Rindermarkt** (Marché de l'Aumaillerie, im Südosten der Stadt) findet jeden Donnerstagnachmittag statt.

Petit Train Der kleine Zug rollt von Mai bis Sept. ab dem Schlossplatz 30 Minuten durch die Ober- und Unterstadt. Erw. 5 €, Kind 3 €.

Übernachten

Hotels *** **Best Western Des Voyageurs** ❶, im Zentrum der Oberstadt an verkehrsreicher Kreuzung. Mehrstöckiges 32-Zimmer-Hotel, von Best Western neu eingerichtet und seither die erste Adresse in der Stadt. DZ ab 75 €. Ganzjährig geöffnet. 10, place Gambetta, ℡ 02.99.99.08.20, www.hotel-fougeres.fr.

** **Balzac** ❸, unweit des Theaters im Zentrum. Gepflegtes Stadthotel, 19 ordentliche Zimmer mit Dusch/WC WC. DZ 54–70 €. Geschlossen vor Weihnachten bis über Neujahr hinaus. 15, rue Nationale, ℡ 02.99.99.42.46, www.balzac-hotel.fr.

* **Du Commerce** ❼, nettes Hotel mit 15 meist komfortablen, unterschiedlich großen Zimmern mit Dusche/WC. Gartenterrasse. Im Restaurant (So abends geschlossen) preiswerte und gute Menüs. DZ 52–61 €.

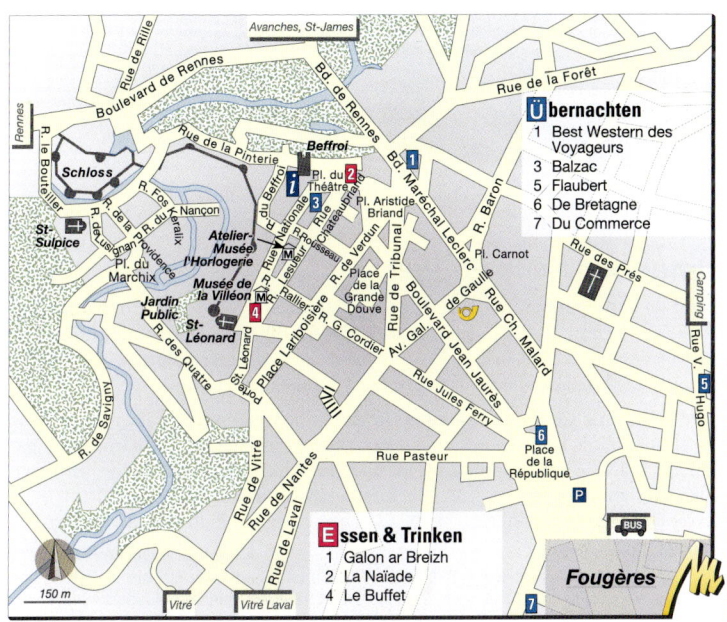

Geschlossen an Weihnachten/Neujahr. 3, place de l'Europe, ✆ 02.99.94.40.40, www.hotel-restaurant-lataverne-fougeres.com.

>>> Mein Tipp: * Flaubert **5**, ein Stück hinter dem Busbahnhof. 10-Zimmer-Hotel mit kleiner Bar. Einfache Räume mit Dusche/WC. DZ 35–45 €. 1, rue Gustave Flaubert, ✆ 02.99.99.00.43, http://hotelflaubert.sopixi.fr. **<<<**

De Bretagne 6, 18 Zimmer mit Dusche/WC. Der freundliche, gut informierte Besitzer erspart den Weg zur Touristinformation. DZ 52 €. Geschlossen Weihnachten bis Silvester. 7, place de la République, ✆ 02.99.99.31.68, www.hoteldebretagne fougeres.com.

Camping ** Municipal de Paron, am Rand der Vorstadt Paron, 2,5 km vom Zentrum an der D 77, bescheiden ausgeschildert. Gediegenes Rasengelände mit Hecken, Pappeln und viel Grün, umgeben von einem Complexe sportive. Gute und saubere Sanitäreinrichtungen. Spielplatz, Tennismöglichkeit. 90 Stellplätze. Geöffnet Mai bis Mitte Sept. Route de la Chapelle-Janson, ✆ 02.99.99.40.81, www.fougeres.fr/camping-municipal.

Wohnmobile Service sowohl beim **Camping de Paron** (s. o.) wie auch an der **Rue de Rillé**, beim Schloss.

Essen & Trinken

→ Karte S. 529

Restaurants Galon ar Breizh (Les Voyageurs) **1**, das Restaurant im Best-Western-

Ringmauer (Teilansicht)

Hotel (aber in getrennter Regie geführt) ist das beste der Stadt, hier können Sie die meisten Euro lassen. Keine kulinarischen Offenbarungen, doch gute Auswahl sehr ordentlicher Menüs. Geschlossen Sa mittags. 10, place Gambetta. ✆ 02.99.99.14.17.

Le Buffet 4, gleich neben dem Villéon-Museum; etwas nüchtern, aber preiswerte und gute Menüs. Am Vorspeisen- und Dessertbuffet darf man sich je nach Menü ein oder mehrere Gerichte aussuchen. Geschlossen Mi Abend, So Ruhetag. 53bis, rue Nationale. ✆ 02.99.94.35.76.

La Naïade 2, Pizzeria, Saladerie, Grill. Stilvoll eingerichtetes Gasthaus. Preiswert. Geschlossen Sa/So mittags, Di mittags und Mo ganztags. 9, place du Théâtre. ✆ 02.99.94.51.75.

Umgebung von Fougères

Fôret de Fougères: ein mit 1600 Hektar relativ großer Wald 3 km nordöstlich der Stadt. Ein dichtes Netz kilometerlanger Fußwege führt zu mehreren, nicht gerade atemberaubenden Höhlen und Megalithzeugnissen (ausgeschildert). Für angenehme Spaziergänge aber durchaus eine schöne Möglichkeit.

Parc Botanique de Haute-Bretagne: In einem liebevoll um ein altes Herrenhaus angelegten Park sind Rosen- und Hortensienarrangements zu bewundern, besonders prächtig in den Monaten Juni und Juli. Ähnlich wie in *Fougères* wird man auch hier auf dem Spaziergang von Zitaten großer Dichter begleitet. Doch auch große Dichterworte trösten nicht über den recht deftigen Eintrittspreis hinweg …

März und Okt. bis Mitte Nov. tägl. 14–17.30 Uhr. April–Juni und Sept. tägl. 11–18 Uhr. Juli/Aug. tägl. 10.30–18.30 Uhr. Erw. 10,90 €, 5–12 J. 7,90 €. Anfahrt: Von Fougères auf die D 798 (Richtung Avranches/St-James), nach ca. 10 km links auf die D 19 (Richtung Le Châtellier), dann gut ausgeschildert.

Fachwerkensemble

Rennes

210.000 Einwohner

Die größte Stadt der Bretagne und ihre Hauptstadt. Lichte Straßen mit klassizistischen Fassaden bestimmen das Bild im Zentrum, in den Palästen aus dem 18. Jahrhundert brüten heute Beamte von Finanz-, Justiz- und anderen Behörden über den Akten. Mehr als sie bestimmen jedoch die 40.000 Studenten der Universitäten und Fachhochschulen das Leben in der Stadt und verleihen ihr ein weltoffenes Flair.

Rennes liegt am Zusammenfluss von *Ille* und *Vilaine* – eine Lage, die die Stadt seit knapp zwei Jahrtausenden zum Verkehrsknotenpunkt prädestiniert. Anders als in anderen bretonischen Städten sprach man in Rennes im Lauf der Geschichte stets das geschliffene Französisch der Parlamentsaristokratie und der Diplomaten. Bretonisch hörte man in der Krönungsstadt der bretonischen Herzöge nur selten. Das ist auch heute noch so. Heute ist Rennes nicht nur Regierungs-, Verwaltungs- und Universitätssitz, sondern auch eine Industrie- und Handelsstadt: An der Peripherie haben sich Elektronikkonzerne, Automobilindustrie (Citroën), Transportunternehmen und Baufirmen niedergelassen.

Stadtgeschichte: Schon zur Zeit der Römer ist Rennes der zentrale Verkehrsknotenpunkt ihrer Provinz Armorica. Nach seinen Bewohnern nennt sich ein ganzer keltischer Stamm: die Redonen, die sich, im Gegensatz zu den widerspenstigen Venetern, nach dem Sieg Cäsars 56 v. Chr. mit den römischen Machthabern arrangieren und – ganz dem gallorömischen Lebensstil verhaftet – die Stadt schon früh zur Blüte bringen. Nach dem Zusammenbruch Roms gerät Rennes in die Hand der Goten, später der Franken.

Im frühen Mittelalter ist Rennes eine heftig umstrittene Stadt, im Wechsel mit Nantes Sitz der bretonischen Herzöge, ständig von Briten und Franzosen umbuhlt, gelegentlich belagert und geplündert. Einen Schlussstrich unter die unruhigen Zeiten setzt nach dem Erbfolgekrieg 1365 *Jean de Montfort*, der künftige Herzog der Bretagne. Unter ihm und seinen Nachfolgern entwickelt sich Rennes zur mittelalterlichen Hauptstadt des Herzogtums – bis Anfang des 15. Jahrhunderts steigt die Einwohnerzahl auf stolze 12.000. Zwar residieren die Herrscher meist im verhassten, weltoffeneren Nantes, doch gekrönt werden sie in der Kathedrale von Rennes.

1491 belagert *Karl VIII.* zwei Wochen lang die bretonische Hauptstadt, um die 12-jährige *Anne de Bretagne*, die hier auf die Ankunft ihres vertraglich vereinbarten Gatten Maximilian von Österreich wartet, selbst zu freien (→ Kapitel Geschichte, Kastentext „Anne, Herzogin der Bretagne"). Zum Glück für die Stadt entscheidet sich das Kind für den 17-jährigen Franzosen. So bleibt Rennes verschont, und die Krönungszeremonie in der Kathedrale kann ungestört über die Bühne gehen.

Mit der Übergabe des Herzogtums an die französische Krone 1532 blüht die Stadt auf und wird schließlich 1554 zum Sitz des bretonischen Parlaments und damit zur politischen Hauptstadt der Bretagne. Die Stadt boomt. Die im Parlament vertretenen Aristokraten des halbautonomen Herzogtums bauen sich großzügige Quartiere *(Hôtels)*, in denen sie während der Tagungsperioden residieren, die Geschäfte der Händler florieren. Doch 1675 erschüttert die „Stempelpapierrevolte" das Land (→ Kapitel Geschichte, Kastentext „Stempelpapierrevolte"), die Truppen *Ludwigs XIV.* ziehen in Rennes ein und schicken das Parlament in die Verbannung.

In der Nacht des 22. Dezembers 1720 findet Rennes' über 200 Jahre währender Höhenflug ein jähes Ende. Ein Tischler entfacht auf dem Heimweg von der Weinstube im Vollrausch mit seiner Öllampe ein Feuer, das sich zu einem alles verschlingenden Inferno auswächst. Fünf Tage lang wütet die Feuersbrunst in der verwinkelten Stadt, fast 1000 Häuser werden ein Raub der Flammen, über 8000 Menschen obdachlos. Rennes ist fast vollständig zerstört. Die Pläne für den Neuaufbau entwickelt der Pariser Architekt *Jean Gabriel*, der der Stadt zwischen 1722 und 1756 ihr neues Gesicht gibt: monumentale, klassizistische Verwaltungspaläste mit granitenen Erdgeschossen und Säulengängen. Rennes wird eine repräsentative Beamtenstadt, geprägt von breiten Avenuen und ausladenden Wohnhäusern, deren Appartements an die zahlungskräftigen Bürger verkauft bzw. vermietet werden – eine Weltneuheit.

Das Zeitalter der Industrialisierung verändert Rennes' Aussehen zum dritten Mal. Die Altstadt wird zu klein, die Stadt braucht Platz. Südlich der *Vilaine*, die bis dahin das Stadtgebiet natürlich abgrenzte und nun kanalisiert wird, wächst in einem trockengelegten Sumpfgelände eine neue Stadt heran. Fabriken, Lagerhallen, Eisenbahn und Arbeiterwohnblocks legen sich wie Zwiebelschalen um den Altstadtring. Noch bis zur Mitte des 20. Jahrhunderts gilt es in Rennes keineswegs als Empfehlung, von „drüben", aus der proletarischen Südstadt zu kommen.

1940 wird Rennes bei Fliegerangriffen schwer bombardiert. Über 6000 Menschen sterben, vor allem in der industrialisierten Südstadt richtet der Bombenhagel ungeheure Schäden an. Die Aufbauarbeiten nach dem Zweiten Weltkrieg sind ein geglücktes Beispiel einer urbanen Planung, die auch die Diskussion einer sozialen Architektur aufgreift. So präsentiert sich das sympathische Rennes heute mit drei Gesichtern: dem spärlichen mittelalterlichen, dem neuzeitlich-klassizistischen und dem modern-funktionalen des 20. Jahrhunderts.

Die Oper

Sehenswertes

Altstadtspaziergang: Für einen Spaziergang empfehlen wir als Ausgangspunkt die *Place du Bas des Lices.* Vom unteren Ende des Platzes käme man direkt zur *Kathedrale St-Pierre* (s. u.), doch der geschichtsbewusste Spaziergänger nimmt den Weg durch die *Portes Mordelaises* und tritt über die alte Zugbrücke in die Altstadt ein. Er wandelt so auf den Spuren der bretonischen Herzöge, die im Mittelalter durch das von Resten der Stadtbefestigung flankierte Tor schreiten mussten, ehe sie in der Kathedrale gekrönt wurden. Links vor dieser führt die *Rue de la Monnaie* zur *Place de la Trinité,* dort nochmals links, und man steht auf der großen *Place des Lices* – der frühere Turnierplatz ist heute Schauplatz des samstäglichen Wochenmarkts. Vom oberen Ende des Platzes erreicht man die *Place St-Michel* und etwas weiter die *Place Ste-Anne* mit ihren windschiefen, mit Skulpturen reich geschmückten Fachwerkhäusern. Von der Place St-Michel abwärts führt die *Rue Rallier du Baty,* wo das mittelalterliche Ensemble gänzlich von Restaurants, Bars und Pubs in Beschlag genommen ist, zurück zur Rue de la Monnaie. Diese ein paar Meter gehen, dann links in die *Rue St-Guillaume* einbiegen: Hier befindet sich eines der schönsten Häuser der Stadt: das *Ti Koz*; das von Holzskulpturen bewachte Fachwerkhäuschen (16. Jh.) ist heute ein kleines, vorzügliches Speiselokal. Von hier aus gelangt man, dem Halbrund der Apsis der Kathedrale folgend, zur *Rue du Chapitre,* wo das ausladende Renaissance-Ensemble des *Hôtel de Blossac* (Nr. 6, s. u.) für die einstige Wohnpracht der oberen Stände Zeugnis ablegt.

Östlich dieses Prunkbaus verändert sich das Altstadtbild drastisch: Statt Fachwerkromantik beherrscht Sachlichkeit die breiter werdenden Straßen. Die Rue du Chapitre führt in der Verlängerung direkt zur *Place de la Mairie* mit ihren repräsentativen Bauten, heute Flanier- und Fußgängerzone der Stadt sowie Zentrum sommerlicher Openair-Veranstaltungen. Unter dem liebevoll *Le Gros* (der Dicke) genannten gedrungenen Glockenturm des monumentalen *Rathauses* mit seinen beiden bauchigen Pavillons ist eine große, leere Nische zu sehen. In ihr befand sich seit 1764

Der Osten → Karte S. 516/517

Das Landesinnere:

eine bronzene Figurengruppe, die Ludwig XV. huldigte. Sie wurde 1911 auf Druck der französischen Regierung beseitigt und durch eine wenig einfühlsame allegorische Darstellung der Vereinigung der Bretagne mit Frankreich ersetzt; 1932 sprengten bretonische Separatisten das verhasste Denkmal in die Luft. Seither ist die Nische leer.

Dem barocken Rathaus gegenüber steht der klassizistische Rundbau der *Oper* (1831). Den Platz diagonal (von der Rue du Chapitre her kommend) überqueren, und schon steht man vor dem *Palais du Parlement* (s. u.).

Rechts vor dem Parlamentspalast ein Stück auf der *Rue Victor Hugo* gehen, dann führt an der ersten Kreuzung – beim kommunalen Schwimmbad mit seiner Art-Déco-Fassade von 1925 – die *Rue Contour de la Motte* zum *Jardin du Thabor* hoch. Der frühere Klostergarten wurde Ende des 19. Jahrhunderts in einen elf Hektar großen öffentlichen Park umgewandelt. Zwischen Blumenbeeten und französisch gestutzten Bäumen und Hecken kann man sich hier vom Stadtspaziergang erholen. Ein Botanischer Garten mit Palmen und seltenen Pflanzen, ein berühmtes Rosarium, ein Tiergehege und eine ostasiatisch anmutende Taubenschlag-Pagode sorgen für Abwechslung (tägl. 7.30–20.30 Uhr, im Winter nur bis 18.30 Uhr).

Palais du Parlement: Der Parlamentspalast ist das wichtigste historische Bauwerk der Stadt, 1615 von der regierenden Aristokratie in Auftrag gegeben – und durch eine Wein- und Cidre-Steuer finanziert. Neben dem Parlament sollte er auch den obersten bretonischen Gerichtshof beherbergen und mit dieser doppelten Bestimmung die Macht des bretonischen Adels gegen den französischen König zum Ausdruck bringen.

Ein erster Architekt macht sich 1615 ans Werk. Seine Entwürfe lassen jedoch in ihrer manieristischen Verspieltheit die politischen Absichten der Auftraggeber kaum mehr erkennen, und so verpflichtet man einen neuen Mann. *Salomon de Brosse*, dessen ausladende Renaissancepaläste in Paris für Aufsehen sorgen, schafft schließlich, was die Herren Parlamentarier wollen: ein unübersehbares, herausforderndes Monument als Symbol der bretonischen Autonomie. 1665 ist das Prachtstück vollendet. In der *Grand' Chambre*, der 20 m langen, 10 m breiten und 7 m hohen Großen Kammer, tritt zum ersten Mal das bretonische Parlament zusammen. Die mit prunkvollen Gemälden dekorierte Kassettendecke, vergoldete Täfelungen und mit zierlichem Schnitzwerk dekorierte Logen, in denen Beobachter den öffentlichen Sitzungen folgen konnten, sprechen noch heute vom Selbstbewusstsein der bretonischen Aristokratie.

An der Place du Jean Jacquet

Weitere Säle sind die *Salle des Gros Piliers*, der Saal der dicken Pfeiler, in dem einst Schriftkundige und ambulante Juristen ihre Dienste anboten, und die *Salle des Pas Perdus* (Saal der verlorenen Schritte) – die Wandelhalle, in der nervöse Delinquenten und hoffnungsvolle Verteidiger auf das Urteil warteten.

1994 ging der Parlamentspalast während einer Protestkundgebung bretonischer Fischer gegen die europäische Agrarpolitik in Flammen auf. Darauf wurde das Bauwerk vollständig restauriert, die Fassade strahlt heute in alter Pracht.

Nur mit Führung zu besichtigen. Die Führung dauert 90 Min., in der Saison meist zwei Führungen (für je max. 30 Pers.) täglich. Die Zeiten können variieren, sie hängen von der behördlichen Nutzung des Palasts ab. Reservierung obligatorisch, entweder beim Office de Tourisme oder unter ✆ 02.99.67.11.66. Eintritt 7,20 €. Die Tickets müssen spätestens 15 Min. vor der Führung im Office de Tourisme abgeholt werden. Dort wird als Einstieg erst ein Film über den Brand 1994 und die anschließende Restaurierung des Palasts gezeigt. Strenge Sicherheitskontrollen am Palasteingang! Schnappmesser und andere Waffen können vorher im Office de Tourisme deponiert werden.

Kathedrale St-Pierre: Von der Kathedrale, in der einst die bretonischen Herzöge gekrönt wurden, bleibt heute nur die Erinnerung. Der alle Spielarten der Gotik spiegelnde Kirchenbau stürzte nach dem Brand von 1720 ein. Nur die beiden amputierten Türme überstanden die Flammen und den Zahn der Zeit. Mit dem Bau der heutigen Kathedrale wurde 1787 begonnen; von der Revolution unterbrochen, dauerten die Arbeiten bis 1844. Ergebnis: ein neoklassizistischer Kolossalbau, dessen von Tonnen überwölbter Innenraum trotz allen vergoldeten Stucks düster und melancholisch wirkt. Größter Schatz ist ein gewaltiger *flandrischer Altar:* ausladendes, vergoldetes Schnitzwerk (16. Jh.), das vom Leben der Jungfrau Maria erzählt.

Tägl. 9.30–12 und 15–18 Uhr. Geschlossen So Nachmittag, im Juli und Aug. auch Mo.

Hôtel de Blossac: Domizil eines aristokratischen Parlamentsmitglieds. Das stattliche Anwesen hinter der Kathedrale mit Ställen, Wirtschaftsgebäuden und dem großen Wohntrakt wurde nach dem Brand von 1720 unter Federführung des Pariser Architekten Jean Gabriel errichtet. Beachtenswert ist die Empfangshalle mit der geschwungenen, von Marmorsäulen und Arkaden flankierten Treppe, die den florentinisch angehauchten Zeitgeschmack illustriert. Heute ist das denkmalgeschützte Gebäude Sitz der regionalen Kulturverwaltung.

Les Champs Libres/Musée de Bretagne: 2006 eröffnete in Bahnhofsnähe Rennes' supermoderner Kulturkomplex, der das *Musée de Bretagne,* die *städtische Bibliothek* und den *Espace des Sciences* mit einem vollständig auf digitaler Technik basierenden Planetarium umfasst. Architekt des futuristischen Baus ist Christian de Portzamparc, der auch das Gebäude der Französischen Botschaft in Berlin entwarf.

Musée de Bretagne: Das Museum zeigt in sinnvoll gegliederten Perioden von den Grabrunen der Megalithiker bis zu den Spitzenhauben und Trachten des frühen 20. Jahrhunderts Objekte aus der bretonischen Geschichte. Aus der *Ur- und Frühgeschichte* stammen Grabbeigaben aus Hügelgräbern, Armreife aus massivem Gold, Schalen, Vasen, Krüge und keltisches Ackerbau- und Schlachtwerkzeug aus der Bronzezeit – Archivbilder und Pläne der Ausgrabungsarbeiten dokumentieren die Arbeit der Archäologen. Direkt anschließend wird der Besucher mit der *gallo-römischen Epoche* konfrontiert, die mit der Seeschlacht der Veneter gegen Cäsar 57 v. Chr. beginnt und mit der Invasion britannischer Mönche im späten 5. Jahrhundert endet. Aus der Unzahl römischer Münzen, Armreife, Stempel, Keramiksiegel, Wegsteine, Gedenk- und Ehrentafeln sticht die „Göttin des Menez-Hom" (1. Jh.) heraus: ein zierlich gearbeitetes Bronzeköpfchen mit toten Augenhöhlen, herunterhängenden Mundwinkeln und einem von einer phantastischen Gans gekrönten Helm.

Die weiteren Abteilungen umfassen folgende Epochen: die *Bretagne vom 5. bis zum 16. Jahrhundert* mit bildhauerischer Sakralkunst, Kapitellen und Steinmetz-Zierrat

Der Osten → Karte S. 516/517

Das Landesinnere:

aus dem 12. Jahrhundert sowie Objekten aus der *Zeit der unabhängigen bretonischen Herzöge* (u. a. ein erlesenes Portrait der Herzogin Anne); die *Epoche des Ancien Regime* (1532–1789) und die *moderne Bretagne* (1789–1914), die mit bretonischem Mobiliar und einer außergewöhnlichen Sammlung von Trachten aufwartet.
Di–Fr 13–19, Sa/So 14–19 Uhr. Eintritt 5 €. Der Besuch des Planetariums ist nur für Gruppen ab 5 Personen möglich und kostet 5 € zusätzlich.

Musée des Beaux-Arts: Der zwischen 1849 und 1856 als Teil der Universität gebaute Palast am linken Vilaine-Ufer war lange Zeit Sitz der Fakultäten, wurde aber von Anfang an auch als Museum genutzt. Das Musée des Beaux-Arts beherbergt in erster Linie eine mit dem 14. Jahrhundert beginnende reichhaltige Sammlung von Gemälden, daneben aber auch eine ägyptologische und eine Antikenabteilung.

Die italienische Renaissance des 16. Jahrhunderts vertreten *Tintoretto* und *Veronese*, dessen kraftstrotzender Perseus die pralle Andromeda aus den Fängen eines geflügelten Meerungeheuers befreit. Makaber und düster-bizarr ist der „Marsch des Todes" des süddeutschen Malers *Hans Baldung Grien*. Das 17. Jahrhundert zeigt die niederländische *(Rembrandt)* und flämische Schule *(Rubens)*. Unter den Franzosen des 17. Jahrhunderts fallen *Claude Vignons* „Selbstmord Kleopatras" und *Le Bruns* monumentale „Kreuzabnahme Christi" auf. Im 19. Jahrhundert bekommen die Künstler von Pont-Aven einen Ehrenplatz: *Gauguin* (Stillleben mit Orangen), *Emile Bernard* (Der gelbe Baum) und *Sérusier* (Einsamkeit). Ein Raum ist den Malern bretonischer Motive gewidmet, dem Pardon in Ste-Anne-la-Palud oder der Bucht von Erquy. Ansonsten geizt die Malerei des 19. Jahrhunderts nicht mit klassischen Motiven und Schlachtengemälden *(Alex Chantron, Mélingue)*. Das 20. Jahrhundert repräsentieren Gemälde von *Picasso, Utrillo, Vlaminck* und *Delaunay*.
Di 10–18, Mi–So 10–12 und 14–18 Uhr. Eintritt 5 €.

Basis-Infos

Postleitzahl 35000

Information   Office de Tourisme de **Rennes Métropole**, in der Kapelle St-Yves in der westlichen Altstadt, eine Gasse hinter der Vilaine. Das professionell arbeitende Büro hat einen Shop eingerichtet und damit die ganze Kapelle in Beschlag genommen. Information über die gesamte Bretagne – speziell über das Département Ille et Vilaine. Stadtprospekte, Hotelliste, Reservierungen, begleitete Stadtführungen (auch in Deutsch). Freundliches, mehrsprachiges Personal. Juli/Aug. Mo–Sa 9–19, So 11–13 und 14–18 Uhr. Sept.–Juni Mo 13–18, Di–Sa 10–18, So 11–13 und 14–18 Uhr. 11, rue St-Yves. ✆ 02.99.67.11.11, www.tourisme-rennes.com.

Hin und weg **Flugzeug:** Der größte bretonische Flughafen liegt 7 km außerhalb in Rennes-St-Jacques (D 177, südwestlich). Direktflüge nach Paris, Lyon, Bordeaux, Grenoble, Toulouse, Marseille, Montpellier und Nice. Die Buslinie 57 hält die Verbindung mit der Stadt aufrecht (20 Min. Fahrzeit). www.rennes-aeroport.fr.

Bahn: Rennes ist der Zentralbahnhof der Bretagne. In den 90er Jahren wurde ein zur bretonischen Metropole passendes Abfertigungszentrum errichtet: Viel Glas, viel Licht, Rolltreppen und großstädtisches Reisezentrum. Aber man denkt längst weiter. Bis 2020 soll der Bahnhof neu gebaut werden, noch größer und noch heller, kombiniert mit der Metro eine veritable Drehscheibe für täglich 55.000 Reisende (heute rund 28.000). Die Arbeiten haben 2014 begonnen.

Mindestens 10-mal tägl. in 3 Std. über Vitré und Laval nach Paris (mit dem TGV 5-mal tägl. in 2 Std.); nach Quimper (über Redon, Vannes, Lorient) in 2½ Std., nach Brest in 2–3 Std. Touristisch interessante Nebenlinien: Rennes–Dol–Pontorson (Mont-St-Michel), Rennes–Dol–St-Malo/Dinard (ca. 10-mal tägl.). Um nach Nantes, Lyon und Bordeaux zu kommen, steigt man in Redon um (ca. 10-mal tägl.). Der Bahnhof liegt im Süden der Stadt, ca. 800 m vom Zentrum.

Bus: Busbahnhof neben dem Hauptbahnhof. Flächendeckende Verbindungen zu allen Nahzielen (z. B. Paimpont, Châteaubriant, Dinan, Ploërmel, Loudéac, Fougères, Vitré, Dol, La Guerche), zu den größeren Städten (Brest, St-Brieuc, Vannes etc.) und zu den Küsten- und Urlaubsorten im Süden (La Baule, Carnac, Quiberon) und Norden (St-Malo/Dinard, Mont-St-Michel). Sonn und feiertags stark reduzierte Fahrpläne. Auskünfte: 16, place de la Gare. ✆ 08.10.35.10.35.

Métro: Rennes verfügt über eine Metro-Linie (Linie a), die tagsüber alle 3–5 Min. den Nordwesten der Stadt mit dem Südosten verbindet – 8,6 km in 16 Min. Großbaustellen am Bahnhof, an der Place St-Germain und an der Place Ste-Anne: Bis 2019 soll die Linie a durch die Linie b ergänzt werden, die von Nordost nach Südwest verlaufen wird. Ein Teilstück wird vermutlich schon früher eröffnet.

Stadtbusse: Gut ausgebautes öffentliches Verkehrsnetz, das jährlich über 35 Millionen Passagiere befördert. 19 Stadtlinien, noch mehr Vorstadtverbindungen und einige Nachtbusse. Die Stadtbusse verkehren im 5- bis 20-Minuten-Rhythmus von 6.30–20.30 Uhr, Nachtservice bis 23.30 Uhr. Fahrplan beim Office de Tourisme.

Parken Die Stadtverwaltung rühmt sich ihrer über 10.000 Parkplätze, die in den vergangenen Jahren eingerichtet wurden. Trotzdem wird es beim täglichen Berufsverkehr sehr eng. Die größten Parkareale in der Innenstadt findet man entlang der Vilaine-Ufer; sie sind gebührenpflichtig und für Wohnwagen und Wohnmobile gesperrt (Höhe maximal 2,40 m). Weitere gebührenpflichtige Parkplätze sind über die ganze Altstadt verteilt.

Autoverleih Europcar, am Bahnhof. Place de la Gare, ✆ 02.23.44.02.72; am Flughafen, ✆ 02.99.30.23.32.

Avis, am Bahnhof ✆ 02.23.45.14.14; am Flughafen ✆ 02.99.29.60.22

Sixt, am Bahnhof ✆ 02.99.53.89.65, am Flughafen ✆ 02.99.35.64.33.

Hertz, am Bahnhof, Place de la Gare, ✆ 02.23.42.17.01, am Flufhafen ✆ 02.99.29.60.25.

Bootsverleih urbaVag, im Norden der Stadt, vermietet Elektroboote (5 oder 7 Plätze) stundenweise, halb- oder ganztags, auf denen man auf der Vilaine bzw. dem Ille-Rance-Kanal die Stadt erkunden kann. Nicht ganz billig. Rue du Canal St-Martin. ✆ 08.99.03.51.27.

Fahrradverleih VéloStar heißt das kommunale Verleihsystem mit derzeit 900 Fahrrädern. An über 80 Stationen in der Stadt kann man mit der „KorriGo"-Card (erhältlich beim Office de Tourisme) einen Drahtesel entleihen oder abgeben. Für Gelegenheitsmieter, zu denen in der Regel Touristen zählen: Die zehn größten Stationen akzeptieren auch Kreditkarten.

Feste Zahlreiche kulturelle Veranstaltungen und Feste. Im Office de Tourisme sind alle Informationen erhältlich. Der Schwerpunkt liegt in den Sommermonaten, und das Topereignis steigt in der 1. Juliwoche: Das Festival mit dem zweideutigen Titel **Les Tombées de la Nuit** („Gefallene der Nacht" oder „Einbruch der Dunkelheit") ist das städtisch gesponserte Kultur-Großereignis – eine Woche Tanz, Musik, Theater mit bretonischen und internationalen Darstellern auf verschiedenen Open-air-Bühnen und in den Fest- und Konzertsälen der Stadt. Infos unter www.lestombeesdelanuit.com.

Fundbüro beim Busdepot im Osten der Stadt, am südlichen Vilaine-Ufer. 16, rue Jean-Marie Huchet, ✆ 02.23.62.18.72. Falls Sie etwas in einem öffentlichen Verkehrsmittel haben liegen lassen, können Sie es auch unter ✆ 09.70.82.18.00 versuchen.

Märkte In der **Markthalle** an der Place Comeurec täglich (So nur vormittags).

Lebensmittelmarkt Mittwochvormittag auf der Place St-Germain.

Wochenmarkt Samstagvormittag rund um die Place des Lices; reiches Sortiment, frische Lebensmittel, Krimskrams und bunter Blumenmarkt.

⌒ Übernachten   → Karte S. 538/539

In 50 Hotels mit über 2000 Zimmern ist bis auf die 5-Sterne-Luxus-Kategorie alles vertreten. Das Schwergewicht liegt auf der einfachen bis leicht gehobenen Mittelklasse. Die meisten Hotels finden sich in der Südstadt, Schwerpunkt Bahnhof.

Hotels **** Mercure-Gare 🔟, der Bettenriese der Stadt in einer ruhigen Seitenstraße in der Südstadt, in der Nähe des Kulturkomplexes Champs Libres. 5 Min.

Der Osten → Karte S. 516/517

Das Landesinnere:

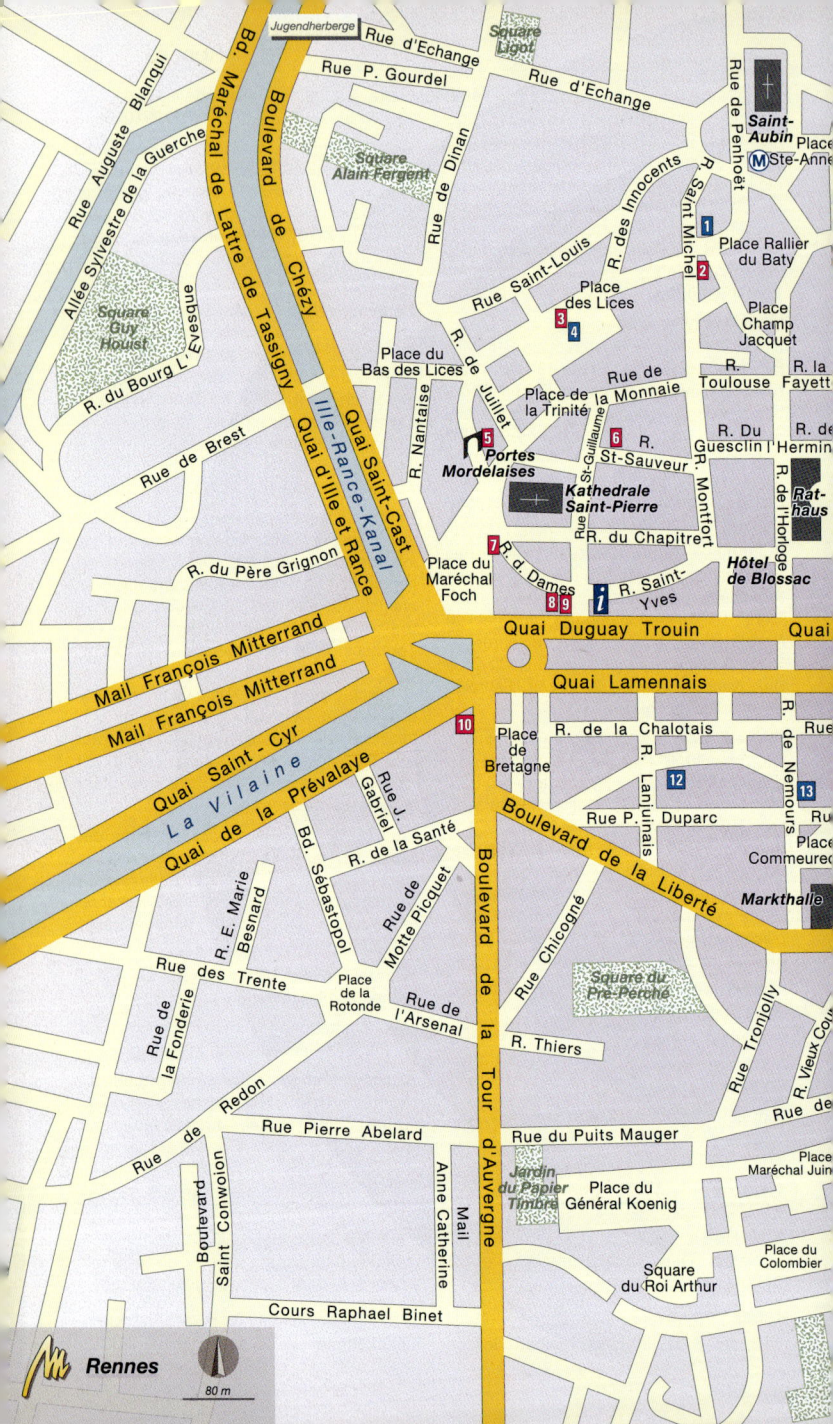

Rennes

80 m

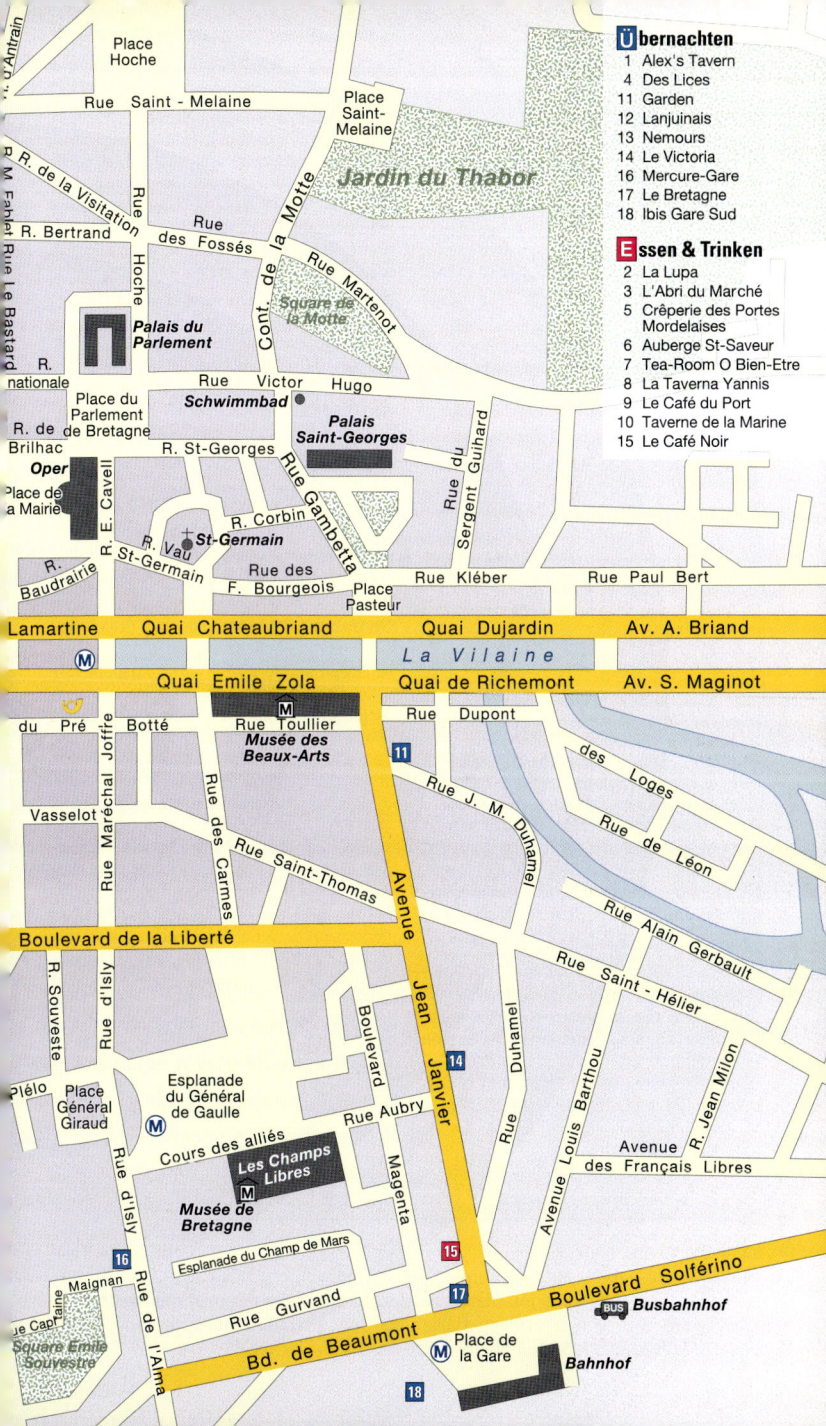

Place Hoche

Rue Saint - Melaine

Place Saint-Melaine

R. d'Antrain

R. de la Visitation

R. Fabel Bastard Rue Le Bastard

R. M. R. Bertrand

Rue des Fossés

Rue Hoche

Rue de la Motte

Jardin du Thabor

Rue Martenot

Square de la Motte

R. nationale

Palais du Parlement

Place du Parlement de Bretagne

Rue Victor Hugo

Schwimmbad

Palais Saint-Georges

Rue du Sergent Guihard

R. de Brilhac

Oper

Place de la Mairie

R. St-Georges

R. E. Cavell

R. St-Germain

R. Vau

St-Germain

R. Corbin

Rue Gambetta

Rue des F. Bourgeois

Rue Kléber

Rue Paul Bert

R. Baudrairie

Place Pasteur

Lamartine

Quai Chateaubriand

Quai Dujardin

Av. A. Briand

La Vilaine

Quai Emile Zola

Quai de Richemont

Av. S. Maginot

du Pré

Botté

Rue Toullier

Rue Dupont

Rue J. M. Duhamel

des Loges

Rue de Léon

Musée des Beaux-Arts

Rue Maréchal Joffre

Vasselot

Rue des Carmes

Rue Saint-Thomas

Avenue

Rue Alain Gerbault

Boulevard de la Liberté

R. Souveste

Rue d'Isly

Boulevard

Jean

Rue Duhamel

Rue Saint - Hélier

Avenue Louis Barthou

R. Jean Milon

Plélo

Place Général Giraud

Esplanade du Général de Gaulle

Rue Aubry

Janvier

Avenue des Français Libres

Cours des alliés

Les Champs Libres

Magenta

Musée de Bretagne

Rue d'Isly

Esplanade du Champ de Mars

Boulevard Solférino

Busbahnhof

Rue Maignan

Rue Caplaine

Rue de l'Alma

Rue Gurvand

Bd. de Beaumont

Place de la Gare

Bahnhof

Square Emile Souveste

zum Zentrum oder zum Bahnhof. 142 standardgleiche Zimmer mit allem Komfort, Restaurant. DZ ab 75 €, am Wochenende billiger. 1, rue Capitaine Maignan, ☎ 02.99. 29.73.73, www.mercure.com.

*** Ibis Gare Sud 18, neues Hotel der bekannten Kette, in die moderne Bahnhofsarchitektur integriert und mit direktem Zugang zum Bahnhof. 90 klimatisierte Komfortzimmer. Hervorragendes Frühstücksbuffet. DZ 57–175 €. 15, rue de Châtillon, ☎ 02.23.36.01.36, www.ibishotel.com.

*** Nemours 15, in der Nähe der Markthalle. 29 elegante Zimmer im 1. Stock, mit Klima-Anlage. DZ 63–150 €. 5, rue de Nemours, ☎ 02.99.78.26.26, www.hotelnemours.com.

*** Le Victoria 14, in Bahnhofsnähe. Etwas unterkühlter Empfang, aber die renovierten Zimmer sind zurecht im 3-Sterne-Bereich platziert. Oft von Geschäftsleuten aufgesucht. Mit Restaurant. DZ 55–120 €. 35, rue Janvier, ☎ 02.99.31.69.11, www.hotel-levictoria.com.

≫ Mein Tipp: *** Des Lices 4, am gleichnamigen Platz in der Altstadt. Moderner, funktionaler Bau mit 48 ebensolchen Zimmern. Viel Verglasung. DZ 69–103 €. 7, place des Lices, ☎ 02.99.79.14.81, www.hotel-des-lices.com. ≪

≫ Mein Tipp: ** Garden 11, bei der Fernsehstation FR 3, 100 m vom zentralen Quai. Gemütliches Anwesen mit schönem Blumenpatio, zu dem die meisten der 25 Zimmer mit Bad/WC oder Dusche/WC hinausgehen. Alle mit Tel. und TV. Salon, einladender Wintergarten und gleich daneben ein freundliches Bistrot („Mod Koz"). Salon. DZ 69–78 €. 3, rue Duhamel, ☎ 02.99. 65.45.06, www.hotel-garden.fr. ≪

** Lanjuinais 12, in einer Seitenstraße zwischen dem Place de Bretagne am Ende des Quais und dem Kongresspalast in dessen Mitte. 39-Zimmer-Hotel mit komfortablen Räumlichkeiten. Alle mit Bad oder Dusche/WC und TV. Frühstücksbuffet. DZ 53–74 €. 11, rue Lanjuinais, ☎ 02.99.79.02.03, www.hotel-lanjuinais.com.

** Le Bretagne 17, Mitglied der Citôtel-Kette gegenüber dem Bahnhof (bis 2018 bleibt dort die Großbaustelle für die Metro sicher). 43 Zimmer mit unterschiedlicher Ausstattung (Dusche oder Bad/ WC), zum Platz hin etwas laut. DZ 73 €, bei Großveranstaltungen in der Stadt wesentlich teurer. 7, place de la Gare, ☎ 02.99.31. 48.48, www.hotel-le-bretag ne.fr.

Alex's Tavern 1, Bar mit 4 kleinen Zimmern in einem putzigen Fachwerkhaus mitten im Herzen der Altstadt. In der Nachbarschaft weitere Bars, Pubs und Musikkneipen, in denen sich abends die Szene trifft. DZ mit Bad oder Du/WC. DZ 55 €. 10, rue St-Michel, ☎ 02.99.79.20.83, lamphicles@yahoo.fr.

Jugendherberge ca. 1,5 km nördlich der Altstadt am Kanal (Buslinie 2 und 18, Haltestelle Rue St-Malo). 96 Schlafplätze in 39 Zimmern. Übernachtung inkl. Frühstück 23 €/Pers. Geschlossen über Weihnachten/ Neujahr. 10–12, canal St-Martin, ☎ 02.99.33. 22.33, www.hifrance.org.

Camping *** Municipal des Gayeulles, 3 km vom Altstadtzentrum am nordöstlichen Stadtrand im Naherholungspark von Gayeulles (Buslinie 3 ab Place de la Mairie Richtung St-Laurant, Haltestelle Gayeulles). Großes, ansprechendes Rasenareal unter Verwaltung des kommunalen Gartenbauamts; Kleinzeltbesitzer wohnen schattig unter Bäumen, Wohnwagen/-mobile parken in großzügig unterteilten Parzellen. „Das absolute Highlight, was die Sanitäreinrichtungen betrifft. Die Duschen sind mittels Vorhang von der Kleiderablage innerhalb der Kabine getrennt. An den Standplätzen befindet sich für jede Parzelle eine Säule mit Elektro- und Frischwasseranschluss sowie die Möglichkeit, Schmutzwasser auszuleeren" (Leserzuschrift). Großzügiger Spielplatz. 30 Komfortplätze, die ganzjährig geöffnet sind; 100 Plätze. Geöffnet April–Okt; 50 zusätzliche Plätze nur für Zelte im Juli/ Aug. Rue du Professeur Maurice Audin, ☎ 02.99.36.91.22, www.camping-rennes.com.

Essen & Trinken/Nachtleben

→ Karte S. 538/539

Über 200 Restaurants, Crêperien, Brasserien – die Küchen der Stadt bieten fast alle Gaumenfreuden: exotisch, bretonisch, italienisch, marokkanisch. Für Altstadtbummler: Eine lebendige internationale Restaurant-Meile mit meist einfachen Lokalen zieht sich von der Place Rallier du Baty bis zur Place Ste-Anne hoch; ebenfalls bis spät abends ist an der Place des Lices viel los.

Restaurants/Crêperies Auberge St-Saveur **6**, kleines, feines Spezialitätenrestaurant in einem windschiefen Fachwerkhäuschen aus dem 15. Jh. in der Nähe der Kirche St-Pierre. Die Hummer kommen frisch aus dem Aquarium, die Menüs wurden mehrfach prämiert. Geschlossen So ganztags und Mo mittags. 6, rue St-Saveur. ℡ 02.99.79.32.56.

Taverne de la Marine 10, in zentraler Lage, innen klimatisiert und gepflegt, außen Straßenlärm. Das beim einheimischen Mittelstand beliebte Lokal ist in der Hauptsache auf Fisch und Meeresfrüchte eingestellt, hat aber auch ein paar Brasserie-Platten im Angebot. Tägl. geöffnet, Reservierung empfohlen. 2, place de Bretagne. ℡ 02.99.31.53.84.

Le Café Noir 15, kurz vor dem Bahnhof, unter den Lokalen in Bahnhofsnähe aus gutem Grund das beliebteste. In der lebhaften Brasserie gönnen sich auch der Rennais und die Rennaise eine gute Mahlzeit ohne Menüzwang. Bretonische Brasserie-Durchschnittspreise. Fixer, dennoch freundlicher Service, Pizza, Fleisch- und Fischgerichte. Empfehlenswert die Entenbrust mit leckerer Fruchtsauce. Tägl. bis 1 Uhr früh geöffnet, Fr/Sa bis 2 Uhr! 55, avenue Janvier. ℡ 02.99.30.54.40.

La Lupa 2, der Italiener, auf dessen Terrasse man sich die hausgemachte Pasta schmecken lassen kann. Auch Pizza. In der Regel brechend voll. So Ruhetag. 10, place Rallier du Baty. ℡ 02.99.79.31.15.

La Taverna Yannis 8, sehr beliebtes griechisches Restaurant mit Wintergarten, mehrfach prämiert. Leckere Vorspeisen, wie Feta im Blätterteig, hinterher vielleicht gegrillte Lammrippchen im Kräutermantel. So/Mo Ruhetag. 1, rue des Dames. ℡ 02.99.31.63.31.

L'Abri du Marché 3, Muscheln in rund 20 Variationen, Crêpes und Galettes sind das A und O dieses angenehmen Lokals, das abendlich einen Teil des Platzes belegt. Von Juli bis Dez. garantiert die Karte die Qualität der Muscheln, serviert aber auch in anderen Monaten; sie seien auch dann gut, aber weniger fleischig, meinte der Koch auf unsere Nachfrage. Einziger Kritikpunkt: Die Rechnung kam ungefragt, sonst hätten wir auch den Kaffee noch probiert. 12, place du Haut des Lices, ℡ 02.99.79.73.87.

Crêperie des Portes Mordelaises 5, Rennes älteste Crêperie arbeitet mit biologischem Mehl. Ausgezeichnet wurde sie für ihre Sardinencrêpes mit Meeresalgen (lecker). Di/Mi Ruhetag. 6, rue des Portes Mordelaises. ℡ 02.99.30.57.40. ∎

Pause bei der heiligen Anna

Le Café du Port , Croque-Monsieur, Snacks, aber auch nur für einen Umtrunk geeignet. Bei Studenten beliebt. Im Inneren gelegentlich laute Rhythmen. So Ruhetag. 3, rue Lebouteillier. ℘ 02.99.30.01.43.

O Bien-Etre ❼, in erster Linie eine Wellness- und Beauty-Einrichtung, in zweiter Linie ein Tea-Room zum Relaxen danach, den man aber auch ohne Wellness genießen kann. Biologische Kleinigkeiten und Tees. So Ruhetag. 19, rue de la Monnaie. ℘ 02.23.48.88.93. ∎

Nachtleben   Dichteste Barfrequenz in der Rue St-Michel, die Gasse zwischen der Place des Lices und der Place Ste-Anne.

Umgebung von Rennes

Châteaugiron: Das Städtchen 18 km südöstlich von Rennes, einst Teil der östlichen Burgenkette der Bretagne, ist heute eine *Cité de caractère*. Das hübsche kleine Zentrum wird dominiert von der mächtigen Burg oberhalb der Durchgangsstraße. Der eindrucksvolle Donjon stammt aus dem 13. Jahrhundert, der Glockenturm ist 200 Jahre jünger. Im Wohntrakt, im 18. Jahrhundert neu gestaltet, ist heute das Rathaus untergebracht.

Manoir de l'Automobile: Vom ehrwürdigen Oldtimer über den Käfer zu den noblen Sportflitzern von Ferrari und Maserati. Auf 10.000 m² dreht sich alles um den fahrbaren Untersatz, dabei etliche Prunkstücke wie ein Rolls Royce aus dem Jahr 1925, einer der ersten Wohnwagen oder eine Sammlung aufgemotzter Rallyebrummer. Diverse ausgebaute Motoren und 4000 Automodelle ergänzen den PS-Tempel.

Anfahrt: Das Automobilmuseum befindet sich in Lohéac, knapp 30 km im Südwesten von Rennes an der D 177 (Richtung Redon). Juli/Aug. tägl. 10–19 Uhr, Sept.–Juni Di–So 10–13 und 14–19 Uhr. Eintritt 8,50 €, Kind 10–16 J. 7 €.

Les Iffs: ca. 20 km nordwestlich von Rennes. Das abgeschiedene Dörfchen ist vor allem wegen der nahen Burg *Montmuran* (s. u.) Ziel einiger Touristen. Die Dorfkirche von Les Iffs zeigt ein schönes Südportal, innen sind die handwerklich meisterhaft gearbeiteten Fenster aus dem 16. Jahrhundert – die Passionsgeschichte in 20 Szenen – beachtenswert. Weltlich-fröhlich dagegen geht es am Sonntagnachmittag in der *Bar du Village* zu, der Dorfkneipe, deren Besuch wir zur Erholung vom Kulturtrip empfehlen.

Von Rennes auf die Schnellstraße knapp 20 km Richtung Dinan, dann bei Hédé links ausgeschildert.

Montmuran – hier heiratete Bertrand Duguesclin seine Jeanne

Burg Montmuran: Keine 1000 Meter von Les Iffs schlummert in völliger Einsamkeit die Burg Montmuran. Die gesellschaftlichen Höhepunkte des Hoflebens liegen lange zurück: Hier heiratete *Bertrand Duguesclin* seine Jeanne, hier wurde der Haudegen 1354 zum Ritter geschlagen. Das wehrhafte Gemäuer, das teilweise bis ins 12. Jahr-

hundert zurückreicht, war einst eine harte Nuss für Belagerer, heute sind die Pechnasen unbemannt, die Zugbrücke ist herabgelassen und das Fallgitter am Tor hochgezogen – Teile der Burg (u. a. Kapelle, Burgmuseum und Gardesaal in einem der Türme) können besichtigt werden.
Juni–Sept. So–Fr 14–19 Uhr, geschlossen am Sa. Eintritt 5 €.

Bécherel: Die Häuser der *Cité de caractère* gruppieren sich auf einem Hügel – ein Traum aus Granit. Bécherel war von 1123 bis 1790 ein befestigter Adelssitz und weit über die bretonischen Grenzen bekannt für seinen Flachs, aus ihm wurde das beste bretonische Leinen gewebt. Die Stadtmauer ist abgetragen, und Flachs wird nicht mehr angebaut. Heute hat Bécherel auch als *Cité du livre* (Stadt des Buches) einen Namen: Die *Bibliothèque départementale* hat hier ihren Sitz, rund ein Dutzend Buchläden und Antiquare drängen sich in den Gassen des kleinen Orts, einige Buchbinder bieten ihr seriöses Handwerk an – ein kleines Paradies für Bibliophile, die lieber Papier rascheln hören als mit dem Finger übers E-Book zu wischen. Jeweils am 1. Sonntag im Monat findet ein Büchermarkt statt.
Von Les Iffs (s. o.) ca. 7 km nach Westen (ausgeschildert).

Château de Caradeuc: Am westlichen Ortsende von Bécherel (s. o.) liegt das im frühen 18. Jahrhundert nach dem Pariser Vorbild gebaute „Versailles der Bretagne" (Eigenwerbung). Sein bekanntester Bewohner war *Louis René de Caradeuc de la Chalotais*, Generalprokurator des bretonischen Parlaments. Der einflussreiche Jurist verfasste 1761 eine Schrift wider die Jesuiten, die erst im bretonischen Parlament und dann in Paris durchschlagenden Erfolg hatte: Der papsthörige Orden, der vor allem im Bildungssektor agitierte, wurde drei Jahre später in ganz Frankreich aufgehoben.

Das Schloss ist nicht zugänglich, doch der Parkbesuch ist ein fürstliches Vergnügen für jedermann: Skulpturen, Wasserspiele, gezähmte, verspielt zugeschnittene Natur und von der Nordterrasse eine schöne Aussicht.
Park: nur Juli/Aug. tägl. 12–18 Uhr. Erw. 7 €, Kind bis 15 J. frei.

Bécherel: Stadt mit Liebe zur Literatur

Der Nantes-Brest-Kanal ist bei Bootsfahrern beliebt

Redon

9300 Einwohner

Das am Vilaine-Ufer gelegene Städtchen ist nicht nur ein Knotenpunkt des Straßennetzes. Eine tief liegende Eisenbahnbrücke durchschneidet den großen Platz zwischen Rathaus und Kirche, im Osten trennen sich die Gleise nach Rennes und Brest von denen nach Nantes. Im Stadtsüden durchkreuzt der Nantes-Brest-Kanal im rechten Winkel den Flusslauf der Vilaine.

Auf die verkehrsstrategisch günstige Lage weist schon die Tatsache hin, dass sich in Redon die vier bretonischen Pilgerwege nach dem spanischen Santiago di Compostela zu einem Strang nach Süden vereinigen. Schon im Mittelalter war das Städtchen ein regionales Wirtschafts- und Handelszentrum. Die *Fachwerkhäuser* zwischen Kirche und Hafenbecken – die schönsten säumen die *Grande Rue* und deren Seiten- und Parallelstraßen – lassen auf einstigen Wohlstand schließen.

Der Ausbau des *Nantes-Brest-Kanals* Anfang des 19. Jahrhunderts brachte dann neuen Aufschwung. Zwischen Hafen und Vilaine-Ufer entstand eine großzügige Schleusenanlage mit vier Toren, überspannt von kleinen, heute blumengeschmückten Brücken. Die repräsentativen Reederhäuser am *Quai Duguay-Trouin*, die geräumigen Lagerhallen dahinter, die Speicher und Zollgebäude des alten Hafenviertels sind Zeugen damaligen Wohlstands. Die *Tour Richelieu* aus dem 17. Jahrhundert hingegen, einst Wohnsitz von Kardinal Richelieu, der als „Abbé commandataire" von den Klostereinkünften profitierte, nimmt sich im einstigen Handelsviertel vergleichsweise bescheiden aus.

Von der wichtigen Wasserkreuzung zum Eisenbahnknoten war es dann noch ein fünfzigjähriger Schritt. Zu Beginn des 20. Jahrhunderts siedelten sich Industrie- und Produktionsbetriebe (u. a. Feuerzeuge) an, die Altstadt wurde zu eng, Fabriken und

Arbeitersiedlungen wucherten nördlich des Bahndamms aus. Doch das Stadtzentrum hat die Entwicklung gut überstanden, selbst der erwähnten Eisenbahnbrücke ist eine gewisse Eleganz nicht abzusprechen. Idyllischer aber bleibt die Wasserkreuzung.

Sehenswertes

Eglise St-Sauveur: Die eindrucksvolle Kirchenanlage neben der Bahnlinie stammt aus dem 11. und 12. Jahrhundert, über Jahrhunderte lebten fleißige Benediktiner in dem düsteren Gotteshauskomplex. Bis zur Revolution war St-Sauveur ein vielbesuchter Wallfahrtsort. 1780 vernichtete ein Brand das romanische Kirchenschiff, nur der von einer dreistöckigen Fensterarkade beleuchtete romanische *Vierungsturm* (12. Jh.), der *Chor* (15. Jh.) und ein gotischer *Turm*, der heute getrennt vom Kirchenbau in den Himmel ragt, überstanden das vorrevolutionäre Feuer. Während das Innere des Kirchenschiffs mit seinen gedrungenen Pfeilern die düstere Atmosphäre einer niedrigen, dunklen Krypta verbreitet, ist der Chor mit dem breiten *Chorumgang* und dem *Hochaltar* ein Paradebeispiel lichtfreundlicher gotischer Architektur. Der Altaraufsatz wurde 1636 von *Richelieu* gestiftet, der als weltlicher Abt an den Einnahmen des Klosters kräftig verdiente. An die Südflanke der Kirche fügt sich das Kollegiumsgebäude mit einem Kreuzgang aus dem 17. Jahrhundert und einem barocken Garten an.

Museé de la Batellerie de l'Ouest: Das Museum in einer großen Halle am Quai Jean Bart führt in die Zeit zurück, in der Redon ein wichtiger Knotenpunkt der Handelsschifffahrt war. Typische Kanalboote, historische Fotos, Modelle, Videofilm etc. Wenig aufregend, doch für Regentage ein kleiner, trockener Zeitvertreib.
Mitte Juni bis Mitte Sept. tägl. 10–12 und 14–18 Uhr, Mitte Sept. bis Mitte Juni Mo, Mi und Sa/So 14–18 Uhr. Eintritt 2,80 €.

⌒ Basis-Infos

Postleitzahl 35600

Information Maison du Tourisme, großzügiges Büro gegenüber der Kirche (unter der Bahnlinie durch). Juli/Aug. Mo–Sa 9.30–12.30/13.30–18.30, So 10–12.30/15–17.30 Uhr. Sept.–Juni Mo und Mi–Fr 9.30–12 und 14–18, Di 14–18, Sa 10–12.30 und 14–17 Uhr. Place de la République. ℘ 02.99.71.06.04, www.tourisme-pays-redon.com.

Hin und weg Bahn: Redon ist ein wichtiger SNCF-Knotenpunkt. Hauptlinien: Paris–Rennes–Redon–Quimper–Brest sowie Bordeaux–Nantes–Redon–Vannes; in alle Richtungen ca. 10-mal täglich.

Busse starten und halten am Bahnhofsplatz. Mehrmals tägl. nach Nantes, St-Nazaire und La Baule. 3-mal tägl. nach Châteaubriant und Rennes.

Bootsausflüge Zwei Gewässer stehen zur Auswahl – der Kanal Nantes–Brest oder die Vilaine. Beliebt sind auch die 4-stündigen Gourmetkreuzfahrten mit den Ve-

dettes Jaunes. Auskunft/Reservierung problemlos beim Maison du Tourisme oder bei Vedettes Jaunes, ℘ 02.97.45.02.81, www.vedettesjaunes.com.

Bootsverleih 1 Stunde, halb- oder ganztags Kapitän sein – **Day Boats** verleiht kleine Motorboote für die Fluss- oder Kanalfahrt, für die kein Führerschein erforderlich ist. La Gacilly (19 km von Redon, D 873/D 773 Richtung Ploërmel), ℘ 02.99.08.05.02.

Feste Foire Teillouse am 4. Wochenende im Oktober. Markt und Folklore, bekannt für die köstlichen heißen Maronen, eine Spezialität der Region von Redon.

Vendredis du Port, 2 Juli- und 1. Augusthälfte an den Freitagabenden: Konzerte, Essen u. m. im Hafen von Redon.

Märkte Montagvormittag in der Markthalle und den Straßen der Umgebung, Freitag und Samstag jeweils vormittags in der Markthalle.

Das Landesinnere: Der Osten → Karte S. 516/517

Übernachten/Essen & Trinken

Hotels ** Chandouineau 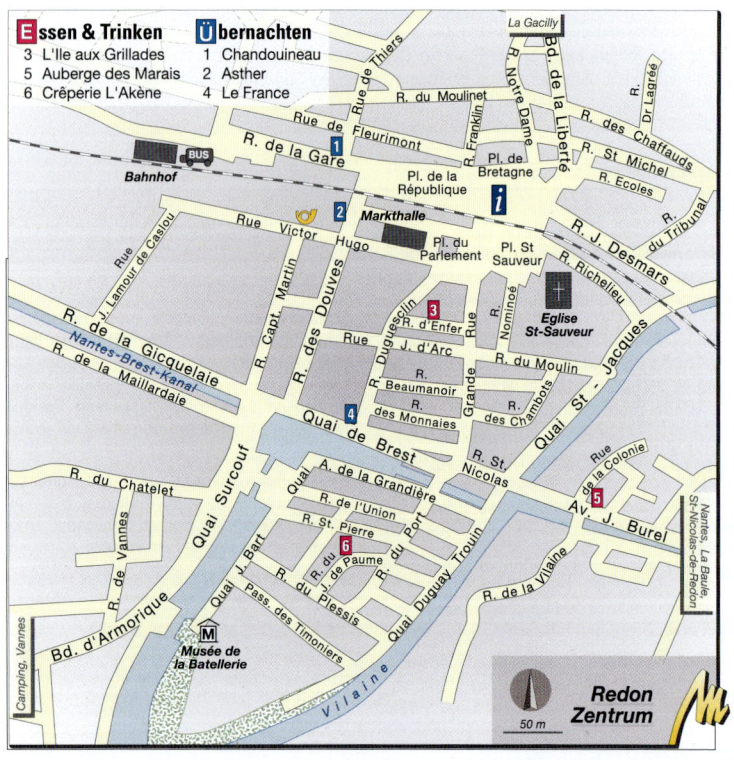 **[1]**, oberhalb des zentralen Parkplatzes. Exklusiver Sitz der Confraternité du Marron, der Maronenbruderschaft. 7 Komfortzimmer, gelegentlich etwas laut wegen vorbeibrausender Züge. Gutes Restaurant mit angemessenen Menüpreisen. DZ 91–93 €. 10, av. de la Gare, ✆ 02.99.71.02.04, http://hotel-restaurant-chandouineau.com.

** **Asther** **[2]**, komplett renoviertes 15-Zimmer-Hotel gegenüber dem Marktplatz. Alle Zimmer mit Bad und TV. Brasserie, Bar und Restaurant. DZ 57–69 €. 14bis, rue des Douves, ✆ 02.99.71.10.91, www.asther-hotel.com.

** **Le France** **[4]**, gutbürgerliche Unterkunft der Citôtel-Kette mit vielen kleinen blauen Balkons (Blick auf den Hafen) in unmittelbarer Nähe des Kanals. 18 ganz gemütliche Zimmer mit Dusche/WC. Fahrradkeller. DZ 51–68 €. Geschlossen Mitte Dez. bis 1. Jan.-Woche. 30, rue Duguesclin, ✆ 02.99.71.06.11, www.hotellefrance.com.

** **Europ'Hotel**, in La Gacilly, ca. 20 km nördlich von Redon. Das Städtchen der Kunsthandwerker, in dem der 2009 verstorbene Kosmetikunternehmer Yves Rocher geboren wurde, ist eine erwägenswerte Alternative zu einer Übernachtung in Redon. Das Hotel im Zentrum verfügt über 16 korrekte Zimmer, die meisten mit direktem Zugang zu einem kleinen Innenhof (Raucher danken). DZ 56 €. 15, place Yves Rocher, 56200 La Gacilly, ✆ 02.99.08.11.15, www.hotel-lagacilly.com.

Camping ** Municipal La Goule d'Eau, an der Straße nach Vannes unterhalb des Hafenbeckens. Schönes, schattiges Wiesengelände am Ufer des Kanals. 50 Stellplätze, ordentliche Sanitäranlagen. Geöffnet nur Juli/Aug. Rue de la Goule d'Eau, ☎ 02. 99.72.47.92, cadredevie@mairie-redon.fr.

Municipal du Bellion, knapp 10 km südlich beim Ort Fégreac (D 773). Bescheidener Gemeindeplatz, „direkt am Kanal versteckt und in völliger Ruhe, 20 Plätze warme Dusche, Klo" (Lesermail). CD 773, 44460 Fégréac, ☎ 02.40.91.20.21 (Mairie).

Restaurants Auberge des Marais **5**, im Restaurant direkt an der Wasserkreuzung serviert der Küchenchef frischen Fisch (je nach Fang), Meeresfrüchte und bretonische Menüs. Keine große Auswahl, aber gut zubereitet. Einfache, aber sympathische Adresse, leider keine Außenbetischung. Geschlossen So Abend und Di Abend, Mi ganztags. 80, av. Jean Burel. ☎ 02.99.71.16.88.

L'Ile aux Grillades 3, das bei den Redonnais beliebte Lokal serviert klassische französische Küche. „Fleischlastig und gut, günstige Preise", bilanzierte kurz und knapp ein Leser. Geschlossen Mo/Di. 9, rue d'Enfer, ☎ 02.99.72.20.40.

Redon – wo Wasserwege sich kreuzen

Crêperie L'Akène **6**, etwas abseits, in einer schönen alten Gasse. Sehr beliebt, der Wirt hängt ein Schild an die Tür, bevor das Lokal aus allen Nähten platzt. Preiswert, gute Crêpes und Salate. Mi Ruhetag. 10, rue du Jeu de Paume. ☎ 02.99.71.25.15.

Umgebung von Redon

St-Just: etwa 18 km nordöstlich von Redon, links der D 177 nach Rennes. In der Nähe des Orts führt ein *Circuit des mégalithes* (ausgeschildert) zu einigen beachtenswerten Hinterlassenschaften aus der bretonischen Frühgeschichte: Alignements, Allées couvertes, Menhire und Tumuli in einer gottverlassenen Landschaft. Der Rundweg, am besten in aller Ruhe mit dem Rad oder zu Fuß zurückzulegen, beginnt bei der spektakulärsten Steinsetzung um St-Just, den *Alignements von Cojoux*.

Rochefort-en-Terre   700 Einwohner

Das auf einem Schieferfelsen über zwei tiefen Flusstälern gelegene Städtchen war Frankreichs erste Gemeinde, die mit dem Prädikat *Village Fleuri* ausgezeichnet wurde. Geraniengeschmückt reihen sich die grauen Schiefer- und Granitsteinhäuser die *Grande Rue* entlang – ein bretonisches Dorfidyll. Dank seiner günstigen verkehrspolitischen Lage auf einem Felssporn über dem *Gueuzon-Tal* erhielt Rochefort schon im 11. Jahrhundert eine *Burg*, von der aus im Lauf der Zeit mehrere große Geschlechter den Handel im Landesinneren kontrollierten. Nach wiederholten Verwüstungen und stetem Wiederaufbau raffte die Revolution schließlich fast den gesamten Schlosskomplex hinweg, nur ein gut befestigtes Tor, ein paar Wirtschaftsgebäude und die Kellergewölbe blieben relativ unversehrt.

Anfang des 20. Jahrhunderts verliebte sich der wohlhabende amerikanische Maler Alfred Klots in das verschlafene Nest und begann mit der Restaurierung der Schlossruinen. Er schuf ein halb mittelalterliches, halb im Renaissance-Stil gehaltenes architektonisches Konglomerat, das 1987 von der Departementsregierung erworben und 2014 für einen symbolischen Euro an die Gemeinde verkauft wurde. Seit Jahren ist das Schloss wegen Bauarbeiten nicht zugänglich. Dass die schöne Örtlichkeit nicht genutzt wird, ist schade. So dachte wohl auch ein lokaler Künstler,

Der Osten → Karte S. 516/517

Das Landesinnere:

der 2015 mit Erlaubnis der Gemeinde in einem Nebengebäude (Zugang über den Schlosspark) das „Naïa Museum" einrichtete – benannt nach der Schlosshexe. Er stellte 40 internationale Künstler aus, von gefälliger Malerei bis zu rotierenden Techno-Skulpturen, die eines HR Giger würdig wären. Letztere stammen vom Initiator des „Museums" selbst, der sich nebenbei als begnadeter Kurator und Expograph erwies. Hat das Unternehmen Erfolg, wird sich die Gemeinde wohl einer jährlichen Neuauflage nicht in den Weg stellen und den modernen Farbtupfer im granitenen Ensemble von Rochefort vielleicht sogar sponsern.

Die meisten der stattlichen Häuser stammen aus dem 16. und 18. Jahrhundert. An der zentralen *Place du Puits* mit ihrem Brunnen und dem alten Justizgebäude ragt die *Kirche Notre-Dame-de-la-Tronchaye* in den Himmel, seit dem 12. Jahrhundert Ziel von Pilgern und in späteren Jahrhunderten mehrmals umgebaut. Im rechten Querschiff steht hinter einem kunstvoll verzierten Schmiedeeisengitter die bis heute hochverehrte *Marienfigur Notre-Dame-de-la-Tronchaye*. Der *Renaissance-Altar* auf der gegenüberliegenden Seite war ursprünglich am Eingang des Chors aufgerichtet, um die acht Stiftsherren, die bis zur Revolution täglich die Messe sangen, vom gemeinen Kirchenvolk zu trennen.

Parc de Préhistoire de Bretagne: etwa 2 km östlich von Rochefort-en-Terre (Richtung Malansac, dann ausgeschildert). Homo Erectus trifft Tyrannosaurus Rex. Im Erlebnispark sind auf 20 Hektar an die 30 Szenen der Vorgeschichte mit wetterfesten Puppen und Sauriernachbildungen nachgestellt. Die Zeitreise beginnt bei den bis zu 20 m großen Sauriern und führt über die ersten Menschen, die vor 500.000 Jahren die Bretagne besiedelten, zu den Megalithikern um 2000 v. Chr.: kämpfende Dinos, pelzige Urzeitmenschen beim Menhirtransport oder beim mühseligen Versuch, Feuer zu machen. So könnte es gewesen sein – oder auch nicht, die Inszenierung beansprucht keine Wissenschaftlichkeit.
April–Juni tägl. 11–19 Uhr, Juli/Aug. tägl. 10–19.30 Uhr, Sept. Di–So 13–19 Uhr, Okt. Sa/So 13–18 Uhr. Kassenschluss jeweils 2 Stundcen vor Schließung. Erw. 13 €, Kind 4–12 J. 8 €.

Postleitzahl 56220

Information Office de Tourisme, viel Material, kompetentes Personal. April–Juni und Sept. Mo–Sa 10–13 und 14–17.30 Uhr, geschlossen Di vormittags (im April auch Mo geschlossen). Juli/Aug. tägl. 10–13 und 14–18.30 Uhr. 7, place du Puits, ℡ 02.97.56.26.00, www.rochefortenterre-tourisme.com.

Parken Im Städtchen ist es aussichtslos, einen Parkplatz zu finden, also besser gleich den großen, gebührenpflichtigen Platz am nordöstlichen Ortsausgang (Richtung Malansac) ansteuern.

Markt Mittwoch und Samstagnachmittag.

Pardon Am 3. Augustsonntag große Wallfahrt zur Notre-Dame-de-la-Tronchaye.

Hotel ** Le Pélican, im Zentrum, das einzige Hotel am Ort, also Monopolstellung und entsprechende Preise. HP obligatorisch: 134–138 €/2 Pers. Place des Halles, ℡ 02.97.43.38.48, www.hotel-pelican-rochefort.com.

Privatzimmer Wegen der prekären Übernachtungslage gibt es mittlerweile mehrere

Vermieter von Privatzimmern – Liste im Office de Tourisme.

Camping *** Au Gré des Vents, am Ortsrand Richtung La Roche-Bernard. Wiesengelände mit schattigen Bäumen und der kompletten Ausstattung eines guten 3-Sterne-Areals, u. a. gepflegte Sanitäranlagen, kleiner Einkaufsladen, Waschmaschine, beheizter Swimmingpool und kostenloser Tennisplatz. 40 Stellplätze. Idylle: Etwa 1 km vom Camping lockt ein kleiner Badesee mit Bootsverleih und Strand. Geöffnet April–Sept. Chemin de Bogeais, ℡ 02.97.43.37.52, www.campingaugredesvents.com.

Restaurant Le Ménestrel, am nordöstlichen Ortsausgang (Richtung Malansac). Große Brasserie und Bar mit Terrasse. Neben klassischer einheimischer Küche versteht sich der bretonische Wirt auch auf Käsefondues: Er hat 30 Jahre lang in der Schweiz gearbeitet und importiert den Käse direkt von den Eidgenossen. 8, place St-Michel. ℡ 02.97.43.38.33.

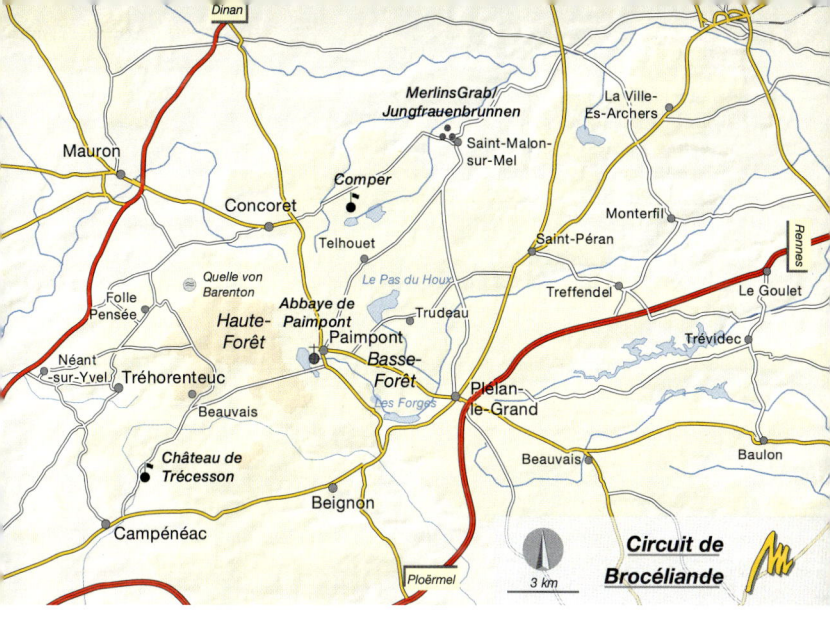

Die Brocéliande

Als König Artus und seine Ritter der Tafelrunde noch gegen das Böse auf der Erde fochten, war der zauberdurchwobene Wald der Brocéliande Schauplatz von tödlichen Kämpfen, galanten Abenteuern und schicksalhaften Tragödien.

Unter seinem damals unendlichen Blätterdach bestrickte *Viviane* den rasend verliebten *Merlin*, die Fee *Morgan* lockte ihre Liebhaber auf Nimmerwiedersehen ins Tal ohne Wiederkehr, und der Löwenritter *Iwein* beschützte nach seinem Sieg über den Schwarzen Ritter das Reich der „Dame von der Quelle".

Die *Brocéliande*, die früher fast die ganze innere Bretagne bedeckte, ist mit etwa 6300 Hektar der größte Wald der Bretagne. Heute noch wächst an vielen Stellen wie zu Artus' Zeit hüfthoher Farn unter Eichen, Buchen und Kastanien, gedeihen Efeu und Fingerhut in dem quell- und wasserreichen Laubwald, in dem der Mittel- mit dem Laubspecht um die Wette klopft.

An vielen Stellen aber hat die Brocéliande gelitten. Bis Ende des 19. Jahrhunderts wurde sie systematisch gerodet: Ihr Holz wurde für die Stahlverhüttung verfeuert, Bauern auf der Suche nach mehr Ackerfläche rodeten den Wald für ihre Zwecke. Systematische Aufforstungen gab es seit Beginn des 20. Jahrhunderts – doch aus wirtschaftlichen Gründen meist mit schnell wachsenden Kiefern, die mit dem Charakter der legendären Brocéliande nichts gemein haben.

Das Waldgebiet ist längst nicht mehr zusammenhängend. Immer wieder bilden Heide- oder Ackerflächen riesige Lichtungen, so dass ein Sturm, der 1987 über der Bretagne tobte, ungebremst wüten konnte und verheerende Schäden anrichtete.

Das Landesinnere:
Der Osten → Karte S. 516/517

1990 erschien die Ouest-France mit der Schlagzeile „Der Zauberwald brennt". Im Tal ohne Wiederkehr war, vermutlich durch Brandstiftung, Feuer ausgebrochen. Von den 7000 Hektar des größten Forstgebietes der Bretagne waren 10 % eingeäschert worden – das Tal ohne Wiederkehr, Heimat der Fee Morgane, gab es erst einmal nicht mehr.

Seither gibt es Erfreulicheres zu vermelden. Die zur Aufforstung des Hochwalds gepflanzten amerikanischen Eichen gedeihen aufgrund des reichlich fließenden Regens prächtig. Selbst in den am stärksten betroffenen Gebieten um Tréhorenteuc grünt es wieder – zumindest unten am Fluss, im Tal ohne Wiederkehr.

Circuit de Brocéliande: Abgesehen von längeren Wanderungen oder einfachen Spaziergängen (der Wald ist mit einem Netz von markierten Wegen versehen), können Sie mit eigenem Gefährt auf dem 62 km langen „Circuit de Brocéliande" innerhalb eines Tages die interessantesten Ziele ansteuern. Manchmal müssen Sie das letzte Wegstück zu Fuß zurücklegen. Beste Ausgangsbasis ist der ruhige Ort *Paimpont*.

Die Artussage

Jede Sage rankt sich um einen möglicherweise wahren Kern. Den sucht man natürlich auch in der Artus-Forschung. So hat *Geoffrey Ashe* die Vermutung geäußert, das historische Vorbild des Vorsitzenden der Tafelrunde könne der Keltenkönig *Riothamus* aus dem 5. Jahrhundert sein, der die Sachsen nicht nur auf britischem Boden erfolgreich zurückschlug, sondern sie mit seinem Heer auch in Frankreich belästigte. Nach Ashe besiegt Riothamus-Artus zwar die Sachsen in Gallien, wird aber in der folgenden Schlacht von den Westgoten vernichtend geschlagen, woraufhin er sich nach Burgund zurückzieht und dort vermutlich stirbt.

Es ehrt die Verlierer, dass sie ihre historische Niederlage in die vielleicht tiefgründigste Geschichte des christlichen Kulturkreises umgedichtet haben. Die ursprünglich keltische Regionalsage von Kampf und Niederlage gegen die übermächtigen Sachsen wurde in England, Frankreich und Deutschland zu einem immer weiter wachsenden höfischen Epos gestaltet, in dem keltisch-heidnische Elemente durch christliche ersetzt sind und Ritter ohne Fehl und Tadel phantastische Abenteuer in ihrem täglichen Kampf gegen das Böse auf der Welt erleben.

Der Erste, der den unbedeutenden Lokalherrscher Artus zum glanzvollen Monarchen hochstilisiert, ist *Geoffrey von Monmouth* um 1135 in seiner „Historia Regnum Britanniae". Der normannische Dichter *Wace* übersetzt das Werk des Engländers ins Französische und fügt ihm zahlreiche eigene Motive hinzu, die vermutlich auf bretonisches Erzählgut zurückgehen. Die so weitergesponnene Artussage wird für die höfischen Dichter des Mittelalters immer interessanter, in ihr finden sie den Rahmen, eigene Geschichten zu erzählen oder bislang eigenständige Sagen zu integrieren.

Chrétien de Troyes (1135–1190) schließlich führt den Sagenkreis um König Artus zu seiner Vollendung. Spätere Dichter wie *Wolfram von Eschenbach* (um 1200) verändern nur noch Nuancen. Der Kern der Sage liest sich so:

Mit Hilfe des Magiers *Merlin* besteigt der junge *Artus*, Sohn des Königs *Uther*, den englischen Thron. Als einzigem der vielen Thronanwärter des zerrissenen, von

Paimpont

Stille Schieferhäuser, eine Abtei, ein kleiner See – der zentrale Ort der Brocéliande liegt an einer gelichteten Stelle im Waldgebiet und strahlt Ruhe in einer romantischen Umgebung aus. Eine erste *Abtei*, um die sich der Ort ansiedelte, wurde im 7. Jahrhundert von König *Judicael* gegründet, Herrscher über die nördliche Bretagne und später einfacher Mönch. Der heutige Bau geht auf das 13. Jahrhundert zurück und wurde während der Französischen Revolution zerstört und nur zum Teil restauriert: Arkaden verfallen melancholisch vor dem See.

Im ehemaligen Abteigebäude residiert heute der Bürgermeister, und sollte er bei seiner verantwortungsvollen Arbeit einmal bei Gott einen Rat einholen wollen, braucht er keine drei Schritte zu tun: Die *Kirche* ist nur durch einen Flur von seinen Arbeitsräumen getrennt. Im einschiffigen Inneren sind eine kunstvolle *Täfelung* mit Friesen, im linken Querschiff ein in Stein gehauener und bemalter Judicael und eine Holzskulptur des heiligen Méen zu sehen. Vom Hof der Abtei *(Cour des Augustins)* gelangt man in den über dem See gelegenen Garten – ein wunderschöner Ausblick.

äußeren Feinden bedrohten Landes gelingt es ihm, das Zauberschwert Excalibur ausaus einem Amboss zu ziehen, was ihn zum rechtmäßigen König macht. Artus zieht gegen die Feinde los, und nicht zuletzt durch Excalibur erlebt England darauf eine Zeit des friedlichen Aufschwungs. Von Merlin, Drahtzieher der Geschicke und Ratgeber des Königs, erhält Artus einen kreisrunden Tisch – Symbol der Gleichheit. Hier soll er die würdigsten Ritter um sich versammeln, die ihm im Kampf gegen das Unrecht und das Böse helfen sollen.

Artus regiert als anerkannter König auf Camelot, ist glücklich mit *Guinevra* verheiratet und versammelt bald zahlreiche Recken um sich, darunter so bekannte Namen wie *Gawein, Lancelot, Eric, Iwein* und *Parzival*. In den zahllosen Abenteuern der „Ritter der Tafelrunde" retten sie Jungfrauen, erschlagen ehrlose Ritter und Feuer speiende Drachen oder kämpfen um ihre eigene Tugend. Nebenbei suchen die Helden erfolglos die Gralsburg, in der der Gral (→ Tréhorenteuc, Kastentext „Der Gral") aufbewahrt wird. Der Platz neben dem König, der „gefährliche Platz", bleibt lange leer. Er ist dem reinsten Ritter aller Zeiten bestimmt, und von Merlin weiß man, dass das Ende der Tafelrunde nah ist, wenn Artus einen neuen Tischnachbarn hat. So kommt es auch. *Galahad*, der später den Gral finden wird, stößt als letzter Ritter zur Runde, und schon eskalieren die Ereignisse: Lancelot, im unlösbaren Konflikt zwischen seiner Liebe zu Guinevra und seiner Treue zu seinem Herrn, setzt sich ab, die Gemeinschaft beginnt zu zerfallen. Während eines Feldzugs des Königs, der einige Tafelritter das Leben kostet, bemächtigt sich sein widerlicher Neffe *Mordred* mit Hilfe der eigensüchtigen Herzöge Englands des Throns und auch gleich der Königin. König Artus und sein angeschlagenes Heer kehren in Eilmärschen zurück und stellen sich trotzig einer weit überlegenen Streitmacht. Die Ritter schlagen ihre letzte Schlacht.

Ein Hoffnungsschimmer bleibt: Der sterbende Artus wird nach Avalon gebracht. Auf der Insel der Seligen darf er unter den Apfelbäumen so lange sorglos und glücklich verweilen, bis die Zeit gekommen ist, in der er wieder auf die Welt zurückkehrt, um endgültig Ordnung zu schaffen.

Postleitzahl 35380

Information Office de Tourisme de Brocéliande, neben der Abtei. Prospektmaterial und Auskünfte über die Brocéliande von kompetentem, sehr freundlichem Personal. April–Juni und Sept./Okt. tägl. 9.30–12.30 und 14–18 Uhr. Juli/Aug. tägl. 9.15–19 Uhr. Nov.–März Mi–So 9.30–12.30 und 14–17 Uhr. 1, place du Roi Judicaël. ☎ 02.99. 07.84.23, www.tourisme-broceliande.com.

Hin und weg Bus: Tägl. 6-mal über Plénan-le-Grand nach Rennes.

Fahrradverleih Brocéliande Bike-Tour, beim Hotel „Relais de la Brocéliande". Auch E-Bikes. ☎ 06.45.41.59.88.

Reiten Hoch zu Ross durch den Zauberwald. Diverse Reitställe bieten vom Stundenritt bis zum Tagesausflug ein breites Angebot. Adresslisten bei den Tourismusbüros von Paimpont und Plélan-le-Grand.

Wandern 19 markierte Rundwanderwege (die beiden längsten 14 km), die große Brocéliande-Tour (160 km) und ein Teil des GR 37 erschließen den Wald für Fußgänger. Material bei den Tourismusbüros von Paimpont und Plélan-le-Grand.

Hotel *** Relais de Brocéliande, gegenüber dem Stadttor. Natursteinfassade in Grau, aufgelockert mit Tiefrot, Ocker und Efeu. Kleine Spa-Abteilung (Hamam, Sauna, Jacuzzi). Garten, Bar, Restaurant (s. u.), 24 renovierte Zimmer. DZ 94–148 € je nach Saison. Ganzjährig geöffnet. 5, rue des Forges, ☎ 02.99.07.84.94, www.relais-de-broceliande.fr.

Privatzimmer Um Paimpont wie im ganzen Waldgebiet ist die Zahl der privaten Zimmervermieter enorm. Adressen bei den Touristbüros von Paimpont und Plélan-le-Grand.

Camping ** Municipal de Paimpont, an der D 773, 500 m außerhalb des Orts (ausgeschildert). Rein funktionales, schattenloses Wiesengelände am Weiher; 90 Stellplätze und ein kleiner funktionaler Sanitärbau. Geöffnet Ostern bis Sept. 2, rue du Chevalier Lancelot du Lac, ☎ 02.99.07.89.16, www. camping-paimpont-broceliande.com.

Wohnmobile Stellplatz nur durch ein Fußballfeld vom o. g. Camping getrennt. Knapp vor dem Camping rechts in die D 71 abzweigen (ausgeschildert). Ganzjährig geöffnet, in der Saison gebührenpflichtig. Stets gebührenpflichtig ist das Wasser; die dafür nötigen Jetons erhält man beim Office de Tourisme und im Lebensmittelladen (Av. du Chevalier Ponthus).

Restaurant Relais de Brocéliande, in den großzügigen Speisesälen des Hotels (s. o.) herrscht eine Stilmischung aus gehobenem Jagdambiente und Belle-Epoque. Freundlicher Service, gute Küche, große Weinkarte. Unsere Empfehlung: Jägersalat mit Wachtelfilet und -eiern, Wildschwein in Waldbeeren. Mo Ruhetag. 5, rue des Forges, ☎ 02.99.07.84.94

Crêperie La Fée Gourmande, traditionelles Natursteinhaus mit Blick auf den See, betische Wiese mit ein paar Bäumchen – ganz nett. In der Hauptsaison tägl. geöffnet, sonst nur Do–So. 16, avenue du Chevalier Ponthus. ☎ 02.99.07.89.63.

Les Forges: Spaziergänger ziehen ihre Kreise um den Teich, um den bis zur Mitte des 19. Jahrhunderts in einigen Hüttenwerken ein Stahl hergestellt wurde, der wegen seiner Härte einen guten Ruf hatte. Einige kümmerliche Ruinen und Schornsteine erzählen nur wenig von ihrer Geschichte, was bleibt, ist ein Spaziergang in frischer Luft und die Einkehr in ein Ausflugsrestaurant an der Departementsstraße.

Von Paimpont in südöstlicher Richtung über die D 773 bis kurz vor die Kreuzung mit der D 724.

Le Pas du Houx: Von den 14 Wasserflächen des Waldes der mit Abstand größte Weiher der Brocéliande – rundum hohe Bäume, dazwischen 86 Hektar sanft gekräuselte Wasserfläche, Schilf und zwei einsame Schlösser an den Ufern: Anfang des 20. Jahrhunderts ließen betuchte Auftraggeber das neonormannische *Château Brocéliande* und das *Château du Pas du Houx* am Weiherrand errichten (beide privat und nicht zugänglich). Spazierwege am Ufer und im Wald.

Von Paimpont erst ein Stück in Richtung Plénan-le-Grand, dann links in die D 40 abbiegen, von dieser dann links ab zu den Weihern.

Merlins Grab/Jungbrunnen: zwei aufgerichtete Felsbrocken und eine mit Wunschzetteln und Haarlocken gespickte Mistel in einer kleinen Waldlichtung. Merlin ist hier, er ist nicht tot, er ist nur in einer anderen Dimension – neun magische Kreise trennen den unsterblichen Zauberer von Ihnen. Doch mit den Augen ist da wenig einzufangen, Sie müssen Ihren sechsten Sinn einsetzen, um hinter dem mickrigen Grab die Anwesenheit Merlins zu spüren.

Gleich in der Nähe plätschert eine kleine, halbgemauerte Quelle, die als *Jungbrunnen* gehandelt wird. Weder ist sie zum Baden geeignet noch zum Trinken, allenfalls kann man ins Wasser schauen und sich angesichts des Spiegelbilds mit dem eigenen Alterungsprozess versöhnen.

Paimpont auf der D 71 in Richtung St-Malon verlassen und noch vor diesem Ort nach links abzweigen (Schild), dann links an der Straße im Wald den Parkplatz nicht verfehlen und auf der anderen Straßenseite Merlins Grab suchen. Von hier aus bei der nahen Lichtung 5 Minuten am mannshohen Zaun entlang zum Jungbrunnen.

Jungbrunnen – für Verjüngungskuren nicht geeignet

Das Landesinnere: Der Osten → Karte S. 516/517

Merlin

Der unsterbliche, nie alternde Meistermagier Merlin stammt aus der Vereinigung des Teufels (böse) mit einer Jungfrau (gut, aber leichtsinnig). Gottlob wurde das Baby gleich nach der Geburt christlich getauft, Merlins Seele war gerettet. Seine vom Vater ererbten übernatürlichen Eigenschaften wie Reisen in der Zeit, Bewusstseinsübertragungen oder Erschaffen von Materie setzte er als erwachsener Zauberer ausschließlich für die Sache des Guten ein.

Neben seinen unschätzbaren Hilfeleistungen für König Artus und dessen Ritter hatte Merlin natürlich auch ein Privatleben – und dieses sollte ihm zum Verhängnis werden. Seine große Liebe war Viviane, die blonde Tochter des reichen Schlossherrn am Comper-See. An der Quelle von Barenton eroberte er ihr Herz im Sturm, doch fortan war er ihr völlig verfallen, er tat alles für sie. Mit seinen magischen Kräften schuf er ihr ein Schloss auf dem Grund des Comper-Sees, und die Zaubertricks, die er ihr verriet, machten Viviane zu einer mächtigen, allseits respektierten Fee. Viviane liebte ihren Merlin, solange er ihr fleißig alle Geheimnisse zum Mitschreiben anvertraute. Nur seinen letzten, größten Zauber wollte er lieber für sich behalten. Viviane drängte und drängte, bis der haltlos verliebte Mann nachgab und damit sein Unglück besiegelte: Viviane brauchte ihn nicht mehr und sprach den großen Bann. Gefangen in einem neunfach gestaffelten Kreis aus Luft wartet der Unsterbliche nun auf das Ende der Zeit.

Anmerkung: Es gibt mehrere Versionen über Merlin und Viviane; in einer Fassung könnte Merlin sich sehr wohl befreien, tut es aber aus Rücksicht auf die immer noch geliebte Viviane nicht, um ihr die Illusion der Allmacht zu lassen. Ein wieder anderer, ganz versöhnlicher Schluss weiß zu berichten, Viviane sei mit Merlin zusammen hinter dem Bannkreis, und es gehe ihnen gut.

Château Comper: Das Schloss spiegelt sich anmutig im Weiher seines Parks. Doch nur wer bereit ist, einen Obolus zu entrichten, kommt in den Genuss dieses stimmungsvollen Bilds – hohe Mauern schirmen den umfangreichen Besitz vor den Blicken Neugieriger ab. Der Schlossherr, erlauchtes Mitglied der König-Artus-Gesellschaft, zeichnet auch verantwortlich dafür, dass einige Räume des Schlosses zum *Centre de l'Imaginaire Arthurien* umfunktioniert wurden: die wichtigsten Personen der Artussage, die wichtigsten Requisiten (Excalibur, runder Tisch) und eine kleine Einführung über die Kelten. Die Texttafeln der Ausstellung hängen nur auf Französisch aus.

Die im 14. Jahrhundert errichteten Wehrmauern samt Türmen und Toren wurden von *Heinrich IV.* zum Großteil zerstört, das Wohngebäude aus dem 16. Jahrhundert während der Revolution in Brand gesetzt. Die angenagten Ruinen des Burgwalls verwittern weiter, der Wohntrakt aber wurde im 19. Jahrhundert restauriert und wird heute privat genutzt.

Und auch hier war Viviane, die Geliebte des Zauberers Merlin, zugange. Sie wohnte in einem Schloss auf dem Grund des Weihers und widmete sich dort unten acht Jahre lang der Erziehung eines ausgesetzten Königsprinzen, der später als Ritter *Lancelot vom See* verzweifelt gegen seinen Sexualtrieb kämpfte.

März–Juni und Sept./Okt. 10–17.30 Uhr, geschlossen Di/Mi. Juli/Aug. tägl. 10–19 Uhr. Erw. 7 €, Kind 4–10 J. 4 €. Von Paimpol auf der D 773 in Richtung St-Méen-le-Grand, nach 6 km rechts in die D 2 einbiegen. Das Schloss ist nicht zu übersehen.

Quelle von Barenton: Mitten im abgeschiedensten Hochwald rinnt spärlich etwas Wasser aus einer robust eingefassten Quelle, um sich sacht in einem Bachlauf zu verlieren. Als *Merlin* hier, am „Ort der Freuden", zum ersten Mal der liebreizenden *Viviane* begegnete, schäumte noch kochendes Wasser aus dem Erdreich und übertönte die Geräusche des Waldes. Heute wird an der legendären Quelle nicht mehr so heiß gegessen, wie früher gekocht wurde, doch ist ihre Anziehungskraft – besonders in Zeiten der Trockenheit – ungebrochen. Bei unserer ersten Recherche fanden wir auf einer Steinplatte neben der Quelle folgende drei Gegenstände: einen Keks, einen Becher Wein und ein unruhig flackerndes Totenlicht.

P. S. Die Quelle von Barenton ist eine Wunderquelle. Einige Tropfen Wasser, auf einen bestimmten Stein nahe der Quelle geschüttet, lösen einen Gewittersturm aus oder bringen zumindest Regen. Welcher Stein, sei aus Sicherheitsgründen verschwiegen.

Vom Château Comper weiter nach Concoret, dort links ab Richtung La Saudrais, dort wieder links ab. Wenig später weist ein Schild nach links. Spätestens vor dem Wald parken. Dann der spärlichen Beschilderung (weiße Punkte) folgen, einen großen Waldweg überqueren, weitere 5 Min. hangaufwärts und einen Pfad links ab. Bald hören Sie ein leises Gluckern.

Tréhorenteuc

Die *Dorfkirche Ste-Onenne*, benannt nach der Schwester von König Judicael, die hier beigesetzt war, verwahrt einen besonderen modernen Kunstschatz der Brocéliande: Kunstvoll und bilderreich widmet sich die Ausschmückung des Kirchleins der Tafelrunde von König Artus. 1945 wandte sich der damalige Ortspfarrer und Artus-Liebhaber *Abbé Gillard* an das französische Militär und beantragte die Abstellung von zwei deutschen Kriegsgefangenen, die ihn bei der künstlerischen Ausstattung der renovierungsbedürftigen Kirche fachkundig unterstützen sollten. Nach seinen Ideen fertigten der Maler *Karl Rezabeck* und der Tischler *Peter Wisdorf* im Verlauf zweier Jahre *Bilder*, *Altäre* und einen *Kreuzweg*, in deren biblische Motive Elemente der Artussage eingewoben sind. So steht an der 9. Kreuzwegstation die Fee Morgan für die Wollust. Der weiße Hirsch am Ende des Langhauses weist in der Artus-Sage den Rittern den Weg, hier symbolisiert er Christus, umrahmt von vier roten Löwen, die für die Evangelisten stehen.

Die Arbeiten an den *Fenstern* zu beiden Seiten des Altars („Die Erscheinung des Grals" und „Das Letzte Abendmahl")

Der Gral erscheint der Tafelrunde

waren schon 1943, also noch vor dem Eintreffen der deutschen Helfer, abgeschlossen. 1951 wurde das Chorfenster vollendet, und seitdem bringt die Sonne das gleißende Licht des Grals über dem hell lodernden Dornbusch so zur Geltung, wie es sich Abbé Gillard wohl vorgestellt hat.

Die Verquickung von keltischer Legende und christlichem Evangelium brachte dem Geistlichen in einem eher konservativen Teil der christlichen Welt nicht nur Freunde – seine letzten Jahre verbrachte er in einem Altenheim einer Großstadt. Nach seinem Tod 1979 wurde Abbé Gillard am Ort seines Lebenswerks beigesetzt. Sein 20. Todestag im Jahr 1999 wurde in einem feierlichen Rahmen begangen. Höhepunkt des Festtags mit Messe, Umzug und Groß-Picknick war die Einweihung einer Statue des kunstsinnigen Dorfpfarrers.

Office du Tourisme, neben der Kirche. Auskünfte, Wanderungen ins Val sans Retour, Ausflüge zu den wichtigsten Stationen des Zauberwalds, Kirchenführungen. Juli/Aug. 9.30–18 Uhr, Sept.–Juni tägl. 9.30– 12.30 und 14–17.30 Uhr, im Winter So/Mo geschlossen. 1, place Abbé Gillard, 56430 Tréhorenteuc. ✆ 02.97.93.05.12, www.valsansretour.com.

Der Gral

Der Gral taucht in der höfischen Literatur des Mittelalters auf und inspiriert bis heute die Phantasie europäischer Schriftsteller und Opernregisseure. Die älteste bekannte Gralsdichtung verfasste *Chrétien de Troyes* mit „Perceval", im 19. Jahrhundert verhalf der Komponist *Richard Wagner* dem Gral zu einem anhaltenden Comeback, im 21. Jahrhundert entdeckte der Amerikaner Dan Brown den Grals-Mythos und machte ihn zum Kernstück seines Bestsellers „The Da Vinci Code" (in der deutschen Übersetzung „Sakrileg").

Der Gral ist ein geheimnisvoller, in der Literatur in verschiedener Form auftauchender sakraler Gegenstand: ein Kelch, eine Schale, ein Stein, der zusammen mit einer ständig blutenden Lanze vom Gralskönig und den Gralsrittern in einer unsichtbaren Burg bewacht wird. Der Gral wirkt Wunder: Er spendet Glück, ewige Jugend, Heilung und gutes Essen in Hülle und Fülle. In der christlichen Version wurde der Gral, der das Blut Jesu enthält, zusammen mit der Lanze, die dem Gekreuzigten zwischen die Rippen gestoßen wurde, von *Joseph von Arimathea* vom Morgenland nach Westeuropa gebracht und findet in die Symbolik des Abendmahls Eingang. Die keltische Erzähltradition kennt ebenfalls so etwas wie einen Gral: einen magischen Kelch der Kraft und des Überflusses. Psychologisch versierten Mythenforschern gilt der Gral als Fruchtbarkeitssymbol, wobei der Kelch den Schoß der Frau und die Lanze das Glied des Mannes versinnbildlichen soll.

Die Gralsuche ist ein wesentliches Element der Artussage. Nur dem seelisch reinsten aller Ritter ist es bestimmt, die Burg Montsalvatsch zu finden und Gralskönig zu werden. Und einmal kommt der Gral sogar auf die Burg Camelot: Als mit dem Erscheinen *Galahads* die Tafelrunde das erste und einzige Mal vollständig versammelt ist, taucht aus dem Nichts das wundertätige Gefäß auf und speist die versammelten Ritter. Abbé Gillard von Tréhorenteuc sah hier das Abendmahlmotiv und ließ danach in seiner Kirche das wunderbare Fenster gestalten, in dem der Gral vor der Tafelrunde erscheint.

Val sans Retour (Tal ohne Wiederkehr): So sah es einmal aus: Tief eingeschnitten zwischen schroffen Felshängen gediehen Farn und Heidekraut im Talgrund, die Blätter der Bäume flüsterten im Wind und warfen ihren Schatten auf den tiefklaren Feenspiegel-Teich *(Miroir des Fées)*. Dann wütete 1990 ein Waldbrand, von dem sich das idyllische Tal bis heute nicht erholt hat. Ginster überwuchert den Boden, die Hänge werden wieder aufgeforstet. Der *Goldene Baum*, ein nach dem Brand als Denkmal vergoldeter Baumstumpf, wartet zwischen zwei verkohlten Stämmen auf ein neues Goldenes Zeitalter. Es heißt, *Merlin* hält seine schützende Hand über den Wald von Paimpont. Im Tal ohne Wiederkehr hat er wohl eine Niederlage einstecken müssen.

Im Süden von Tréhorenteuc ab dem Parkplatz den Schildern folgend auf einem bequemen Waldweg leicht bergauf. Nach etwa 15 Min. stehen Sie über der Schlucht. Felsstufen führen hinab, ein Weg schlängelt sich durch den Talgrund.

Morgan

Im Val sans Retour – so raunt eine der vielen Legenden – sei die *Fee Morgan*, eine Halbschwester von König Artus, zu Hause gewesen. Nachdem sie von ihrem Liebhaber betrogen worden war, belegte sie, verbittert und nach Rache lechzend, das Tal mit einem Bann. Jeder Ritter, der hier vorbeikam und mindestens einen Seitensprung auf dem Kerbholz hatte, kam aus dem Tal nicht mehr heraus. Natürlich hatte jeder Blaublütler, der durch die Brocéliande streifte, Dreck am Stecken, und bald waren 40 Ritter zusammen, mit denen sich Morgan angenehm die Zeit vertrieb. Erst *Lancelot vom See* beendete den Zauber. Ohnmächtig musste Morgan zusehen, wie der edle Ritter, der noch nie an eine andere Frau gedacht hatte als an *Guinevra*, Gattin seines Königs, die vierzig Gefangenen aus dem Tal befreite.

Château Trécesson: Das Tor hinter der Zugbrücke ist eher abweisend als einladend – doch das Bilderbuchschloss (15. Jh.) ist ohnehin in Privatbesitz und nur von außen zu bestaunen. Spielt das Wetter mit, präsentiert sich das wehrhafte Mauerwerk mit seinen Türmchen und schwarzen Dächern hinter dem Weiher ganz in Rot und ergibt mit seinem Spiegelbild im Wasser das am häufigsten abgelichtete Motiv der Fôret de Paimpont.

Von Tréhorenteuc nach Campénéac, dann links ab und gleich wieder links auf die D 312. Das Schloss liegt rechts der Straße.

Plélan-le-Grand

3600 Einwohner

Entlang der N 24 zieht sich die größte Gemeinde der Brocéliande, doch vom Wald ist in der näheren Umgebung so gut wie nichts geblieben. Der Ort, an dessen südlichem Rand (Richtung Le Gué) sich auch ein Supermarkt niedergelassen hat, bietet neben einer romanischen Kapelle aus dem 12. und einer Kirche aus dem 19. Jahrhundert die besten Einkaufsmöglichkeiten der Gegend.

Hin und weg Bus: tägl. 6-mal nach Rennes.

Markt Sonntagvormittag

Hotel/Restaurant ** Des Bruyères, zentral in einer Seitenstraße der Hauptstraße. Das unauffällige Anwesen ist das beste der hiesigen Zimmeranbieter. 12 ordentliche Zimmer. Hervorragendes Restaurant (ein besseres Lokal findet sich nicht in der Gegend). Restaurant Mi mittags geschlossen. DZ 42–50 €. 10, rue de Brocéliande, 35380 Plénan-le-Grand, ℘ 02.99.06.81.38, hotel desbruyeres@orange.fr.

Der Osten → Karte S. 516/517   Das Landesinnere:

Ploërmel

9400 Einwohner

Ganz ist die Zeit nicht stehengeblieben in Ploërmel, aber fast. Zumindest im Institut Lamennais. Wenn vierzig Generationen vergangen sind, hat der weiße Zeiger der dort aufgestellten Astronomischen Uhr gerade eine Umdrehung hinter sich.

Die Zeit tickt auch sonst anders in Ploërmel. Während in Frankreich seit 1905 die Trennung von Kirche und Staat gesetzlich festgeschrieben ist, ehrte man in Ploërmel 2006 ganz ungeniert den im Vorjahr verstorbenen Papst mit einem großen Denkmal. Als sehenswert mag man den bronzenen Papst kaum einstufen, und so beschränken sich die meisten Besucher auf einen kurzen Stadtbummel und eine Besichtigung der beiden Hauptattraktionen Ploërmels, die beide mehr als nur einen flüchtigen Blick verdienen: die *Kirche des heiligen Armel* und die *Astronomische Uhr* im frei zugänglichen Innenhof eines katholischen Instituts.

Stadtgeschichte: *St-Armel* selbst, einer der Gründerheiligen der Bretagne, legt mit seiner Einsiedelei im 6. Jahrhundert den Grundstein für die nach ihm benannte Stadt. Im 12. Jahrhundert erwähnt die Chronik die Gründung eines Karmeliterklosters in Ploërmel, es ist das erste dieses Ordens auf bretonischem Boden. Das Jahr 1351 geht als Episode des bretonischen Erbfolgekriegs in die lokale Geschichte ein: Vom besetzten Ploërmel aus zieht eine englische Abordnung in die legendäre „Schlacht der Dreißig", um sich blutige Köpfe zu holen (→ Josselin, Kastentext „Die Schlacht der Dreißig"). Die größte Katastrophe seiner Geschichte erlebt Ploërmel im 17. Jahrhundert, als englische Truppen nach einer zähen Belagerung die eroberte Stadt niederbrennen – Grund für die heute so spärliche alte Bausubstanz. Während der Französischen Revolution ist Ploërmel kurzfristig Provinzhauptstadt, und kurz darauf wird einer der bedeutendsten Söhne der Stadt geboren: *Dr Alphonse Guérin*, der Erfinder des gepolsterten Watteverbands. Zum ersten Mal und gleich en gros wird der wundfreundliche Verband erfolgreich im Deutsch-Französischen Krieg 1870/71 bei französischen Verwundeten eingesetzt.

Sehenswertes

Kirche St-Armel: Der gotische Hauptbau aus dem 15. und 16. Jahrhundert strebt himmelwärts, während der im 18. Jahrhundert hinzugefügte Turm stumpf und ohne Spitze mit der Balustrade endet. Das *Nordportal* aus der Übergangszeit von der Spätgotik zur Frührenaissance ist der am liebevollsten gestaltete Teil der Fassade, und der Genießer greift zum Fernglas: In Überfülle ranken sich aus dem Granit gemeißelte Skulpturen und Ornamente rund um das Portal, Figurengruppen erzählen kleine Grotesken, in denen ein lustiges Schwein den Dudelsack spielt oder ein Gatte mit Nadel und Zwirn die Lippen seiner geschwätzigen Gattin vernäht.

Im Inneren sind die restaurierten *Fenster* aus dem späten 16. Jahrhundert beachtenswert. Eines zeigt die Wurzel Jesse, acht Fenster des linken Querschiffs sind dem Kirchenpatron gewidmet. Bunt und bilderreich erzählen sie einige nicht alltägliche Situationen aus dem Leben des heiligen Armel, in aller Ausführlichkeit natürlich seine unvergessene Drachendressur, bei der er das Biest durch bloßes Umlegen seines Schals zähmt – eine auch auf der Insel Batz bekannte Legende, dort allerdings mit St-Pol als Hauptdarsteller (→ Umgebung von Roscoff, Kastentext „St-Pol Aurélien"). Unter der *Holztonnendecke* mit den fein gearbeiteten Simsen

Der Papst von Ploërmel

Surab Zereteli hat zweifellos ein Flair für das Große. Der georgische Bildhauer, seines Zeichens Präsident der Akademie der Bildenden Künste Russlands, hat in der russischen Hauptstadt eine 96 Meter (!) hohe Statue von Zar Peter dem Großen geschaffen, die majestätisch über die Moskwa blickt. Ebenfalls in Moskau steht Zeretelis nur acht Meter hoher Général de Gaulle, die Statue wurde von den damaligen Präsidenten Chirac und Putin gemeinsam eingeweiht. Putin selbst wurde vom rührigen Künstler als Judokämpfer in Bronze gegossen, eine Skulptur, die derzeit noch niemand haben will. Überhaupt passiert es dem umstrittenen Meister ab und zu, dass seine Werke schnöde abgelehnt werden: Griechenland wollte einen Koloss von Rhodos nicht haben, Frankreich verzichtete auf einen Balzac, die USA auf Columbus (er steht jetzt im spanischen Sevilla), New York lehnte eine Statue von Franklin D. Roosevelt ab, und seit 2010 versucht Moskau, seine Peterstatue wieder loszuwerden.

Im katholischen Ploërmel denkt man anders: Der Bürgermeister nahm das Geschenk des georgischen Bildhauers, eine acht Meter hohe Statue von Papst Johannes Paul II. (Karol Wojtyla), mit Freuden an. Der Bronzepapst wurde 2006 eingeweiht, ohne Proteste ging das allerdings nicht ab. Die Bretagne ist zwar katholischer als der Rest Frankreichs, aber Frankreich versteht sich nach wie vor als laizistischer Staat, kirchliche und staatliche Angelegenheiten gehören getrennt. Doch das Geschrei der Gegner ließ den Bürgermeister kalt. Zereteli habe ihm bei einem Besuch in Moskau eine Statue angeboten, sagt der Bretone: „Ich habe Johannes Paul II. vorgeschlagen. Er ist ein Papst der Öffnung, ein Gigant der Geschichte."

Die Statue ist ein Geschenk an die Stadt, die steuerzahlenden Bürger Ploërmels wurden einzig für den Sockel zur Kasse gebeten, auf dem die päpstliche Botschaft „N'ayez pas peur" (Habt keine Angst) prangt. Die päpstlichen Worte fielen 2008 bei laizistisch-anarchistischen Aktivisten auf fruchtbaren Boden: Gänzlich angstfrei umwickelten sie die umstrittene Figur mit rosafarbenem Toilettenpapier und schmückten sie mit Präservativen. In einem Prozess entschied 2010 das Gericht von Morbihan, die Stadt müsse – wegen Verstoßes gegen das Gesetz zur Trennung von Kirche und Staat – den vom Departement für den Sockel erhaltenen Beitrag zurückerstatten. „Alles wegen dieser laizistischen Lümmel", schimpft der mittlerweile Ex-Bürgermeister, „demnächst würden die noch gerichtlich durchsetzen, dass der Papst wieder abgebaut werden muss".

Exakt das traf 2015 ein. Das Verwaltungsgericht von Rennes gab den „laizistischen Lümmeln" recht: Zumindest müsse das Kreuz über der Statue entfernt werden, es handle sich um ein „ostentatives religiöses Symbol", verlangte der Vertreter der Regierung von Rennes. Das geht natürlich nicht. Kein Bildhauer, der etwas auf sich hält, würde eine solche Verstümmelung seines Werks zulassen. Bleiben noch zwei Möglichkeiten: das Monument vom öffentlichen Platz weg auf ein privates Grundstück zu transportieren oder den gesamten Platz an einen Privaten zu verhökern. Der neue Bürgermeister, ganz auf der Linie seines Vorgängers, hat Rekurs angekündigt. Und Zereteli? Der darf sich vorerst freuen: Neben der *Place Jean Paul II,* auf der seine umstrittene Statue steht, gibt's am anderen Ende der Stadt nun auch eine *Place Zourab Tsereteli.*

stehen seit Jahrhunderten die *Grabmäler und -statuen* einiger bretonischer Herzöge. **Alte Häuser**: Im Altstadtkern nördlich der Kirche blieben in der *Rue Beaumanoir* und in der *Rue des Francs-Bourgeois* einige Wohnhäuser aus dem 16. Jahrhundert von der Zerstörung Ploërmels verschont und erfreuen heute das Auge des Fla-
neurs. Das auffälligste Anwesen in der Rue Beaumanoir ist die *Maison des Mar-
mousets* (Haus Nr. 7), die durch ihre geschnitzten Figuren in den Trägerbalken besticht; gegenüber steht die nicht ganz so spektakuläre *Maison des Ducs de Bretagne*
aus dem Jahr 1586.

Astronomische Uhr (horloge astronomique): Das Wunderwerk befindet sich im
frei zugänglichen Innenhof des *Institut Lamennais*, einem wenig ansehnlichen Gebäude aus dem 19. Jahrhundert. Auch nach dem siebten Blick in die Glasvitrine stehen Sie noch verständnislos da. Das Gewirr aus Zahnrädern, Gewichten, Schrauben
und Stäben endet glasklar durchdacht an zehn Zifferblättern, an denen Sie die verschiedensten Zeiten und Konstellationen ablesen können: u. a. die profane Ortszeit,
die jeweilige Zeit an allen Orten des Erdballs, natürlich den jeweiligen Tag und Monat, die Mondphasen, das aktuelle Tierkreiszeichen oder den augenblicklichen
Stand der Gestirne und Planeten über Ploërmel – ohne Neptun und Pluto, die wurden erst später entdeckt. Ein Zifferblatt zeigt den jeweiligen Sonnenstand und ist
für den Zuschauer am langweiligsten – der gelbe Zeiger braucht für eine Umdre-

Meisterwerk eines Tüftlers
aus dem 19. Jahrhundert

hung ein volles Jahr, der weiße Zeiger
kommt scheinbar gar nicht vom Fleck,
er braucht für eine Umdrehung hundert
Jahre; noch langsamer ist der schwarze,
der die erste Runde im Jahr 2855 geschafft haben wird (1000 Jahre pro Umdrehung). Hinter den zehn Zifferblättern ist das zentrale Uhrwerk zu sehen,
das die ganze Maschinerie steuert und
täglich neu aufgezogen wird. Bruder
Bernardin, mit bürgerlichem Namen
Gabriel Morin, Astronom, Mathematiker
und Navigationswissenschaftler, schuf in
fünfjähriger Tüftelei dieses ungewöhn-
liche Meisterwerk, das zum ersten Mal
1855 den Unterricht für angehende Kon-
gregationsbrüder bereicherte.

Auf Knopfdruck hören Sie eine ausführliche
Erläuterung des Wunderwerks, Zifferblatt
für Zifferblatt, auch auf Deutsch. Spende
willkommen.

Postleitzahl 56800

Information Office de Tourisme, etwas
unterhalb der Kirche. Viel Informations-
material über die Umgebung, u. a. auch
Karten mit Streckenvorschlägen für Radtouren zwischen 20 und 70 km Länge. Mo–
Sa 10–12.30 und 14–18 Uhr (Herbst/Winter bis
17 Uhr). Juli/Aug. zusätzlich So 9–12.30 Uhr.
5, rue du Val. ☎ 02.97.74.02.70, www.tourisme-
ploermel.com.

Hin und weg Bus: Zentrale Haltestelle an der Place Lamennais. Anschlüsse Richtung Rennes bzw. über Josselin nach Pontivy 4- bis 5-mal täglich, nach Vannes über Malestroit insgesamt 6-mal tägl. Fahrzeiten: 1 Std. nach Vannes, 1 Std. nach Rennes, 50 Min. nach Pontivy, 15 Min. nach Josselin.

Parken Verschiedene Plätze des Städtchens sind als Parkzonen ausgewiesen, ergänzt durch einige Abstellflächen vor dem Zentrum.

Fahrradverleih Vélo & Oxygen, Tourenräder, Mountainbikes, Tandems. Auch Kindersitze und Anhänger mit Platz für zwei Kinder. 19, rue des Forges. ℡ 02.97. 74.06.96.

Golf Golf du Lac au Duc, 9-Loch-Platz (par 36) am gleichnamigen Weiher im Nordwesten der Stadt. Auskunft und Anmeldung ℡ 02.97.72.37.20.

Markt Freitagmorgen sowie am 1. und 3. Montag im Monat.

Hotels *** Le Cobh, komfortables Hotel mit einem Dutzend modern eingerichteten Zimmern. Sie nächtigen in einem Zimmer der Artus-Sage: Morgan ist billiger zu haben als Artus, dieser billiger als Lancelot. Gern von Geschäftsleuten aufgesucht. Restaurant (geschlossen Mo und Sa jeweils mittags, So Ruhetag). DZ 67–103 €. 10, rue des Forges, ℡ 02.97.74.00. 49, www.hotel-lecobh.com.

** Le Thy, kleines „Hotel de charme" mit 7 unterschiedlich großen Zimmern, von denen jedes thematisch einem bestimmten Maler zugeordnet ist (Van Gogh ist billiger als Klimt). Kein Restaurant, dafür Hotelbar (So geschlossen). DZ 50–55 €. 19, rue de la Gare, ℡ 02.97.74.05.21, www.le-thy.com.

** St-Marc, am Stadtrand Richtung Josselin. Etwas ältliche, aber schnörkelfreie, gepflegte, korrekte Zimmer mit Dusche/WC. DZ 48–52 €. Restaurant (So Ruhetag). 1, place St-Marc, www.hotel-restaurant-saintmarc.com.

Camping → Lac au Duc

Lac au Duc: Der Herzogssee, etwa 3 km im Norden Ploërmels, zieht sich mit 250 Hektar Fläche über fünf Kilometer in die Länge. Der in eine stille, unspektakuläre Hügellandschaft eingebettete Stausee wird von Sportlern genutzt: Surfer und Segelboote tummeln sich auf dem glitzernden Blau, ein von Menschenhand geschaffener Strand ermöglicht Badenden einen bequemen Zugang. Wassersporteinrichtungen, Campingplatz und Restaurant finden Sie am Nordwestende des Sees, die natürlichen Uferzonen sollten Sie unberührt lassen.

Wassersport Club nautique, Schulungen und Verleih von allerlei Wassersportgerät vom Surfbrett über den Optimisten bis zum Katamaran. ℡ 02.97.74.14.51.

Camping ** Camping du Lac, ein mittelgroßer Platz am Nordwestufer des Sees neben dem künstlichen Strand; 115 schattige Stellplätze unter hohen Bäumen am Seeufer – eine Art Garten-Wald-Gelände mit durchschnittlichen sanitären Anlagen. Geöffnet April bis Mitte Okt. Les Belles Rives, 56800 Taupont, ℡ 02.97.74.01.22, www.camping-du-lac-ploermel.com.

Malestroit

2500 Einwohner

Das Städtchen, malerisch am Ufer des eingefassten und von alten Brücken überspannten *Oust* gelegen, ist ein beliebter Anlegepunkt für Hausboote.

In der Geschichte taucht der Ort zum ersten Mal während der Kreuzzüge auf. Im 12. Jahrhundert zogen Malestroiter Ritter erfolgreich gen Jerusalem und brachten reiche Beute zurück – seither zeigt das Stadtwappen neun byzantinische Goldmünzen. 1462 erhielt die Stadt einen Umfassungswall und zählte fortan zu den neun befestigten Baronien der Bretagne. Der Niedergang begann mit den Religionskriegen im 16. Jahrhundert. An deren Ende lag das Städtchen ruiniert darnieder, die Mühlen

Der Osten → Karte S. 516/517

Das Landesinnere:

am Ufer des Oust waren zerstört, eine Pestepidemie besorgte den Rest. Malestroit verschwand aus den Annalen der Geschichte.

Größtes Bauwerk ist *Saint-Gilles* mit zwei Kirchenschiffen aus verschiedenen Epochen (12. Jh. und 16. Jh.). Über und neben dem Seitenportal zeigt die Kirche ein kurioses Figurenensemble: Punkt 15 Uhr (Sonnenschein vorausgesetzt), so sagte man uns, würden die vier Evangelistensymbole, die zusammen mit dem Ochsen des heiligen Hervé das Portal flankieren, ein Schattenbild an die Kirchwand projizieren, das dem Profil Voltaires ähneln soll. Bei unserem letzten Besuch schien die Sonne, es war Punkt 15 Uhr, aber der große Spötter erschien nicht – vielleicht ist auch die Jahreszeit entscheidend.

Die alten Fachwerkhäuser rund um die *Place du Bouffay* fallen durch humorvolle Holzskulpturen auf: ein geschnitzter Pelikan, eine Muttersau, ein Akrobat, ein Hase spielt neben einem betrunkenen Seemann den Dudelsack. Ein schmuckes Bauwerk ist auch das *Rathaus* mit seinen drei Gedenktafeln: Eine erinnert an die von den Nazis verhafteten Opfer, eine an Jacques Bonsergent, Bürger von Malestroit und erster von den Nazis füsilierter Franzose; die dritte schließlich an de Gaulles berühmten Appell aus London, sich ihm im Widerstand anzuschließen.

Bei schönem Wetter lässt sich die Ortsbesichtigung mit einem angenehmen Spaziergang am Oust entlang ergänzen.

Postleitzahl 56140

Information Office de Tourisme, in der Nähe der Kirche, zuständig für das Städtchen und das Pays de Malestroit. Mai/Juni und Sept. Mo–Sa 9.30–12.30 und 14–17.30 Uhr. Juli/Aug. Mo–Sa 10–13 und 14–18, So 14–18 Uhr. 5-7, rue Ste-Anne. ✆ 02.97.75.45.35, www.tourisme.ccvol.com.

Hin und weg Bus: Malestroit liegt an der Buslinie Ploërmel–Vannes; werktags 4-mal in beide Richtungen.

Markt Donnerstagvormittag auf dem großen Parkplatz vor der Stadt.

Veranstaltung Am letzten Juliwochenende lockt das Musikfestival **Le Pont du Rock** Tausende Besucher in die kleine Stadt. Programm unter www.aupontdurock.com.

Hotel Le Cap Horn, schlichte 6-Zimmer-Herberge im Westen der Altstadt. DZ mit Du/WC 36 €. 1, faubourg St-Michel, ✆ 02.97.75.13.01, www.hotel-malestroit.com.

Camping/Wohnmobile ** Municipal de la Daufresne, schattig in Stadtnähe am Kanal, neben dem Schwimmbad. Angenehmer Platz, nett gegliedert; das größere, nicht unterteilte Areal für Zeltler. Kajak- und Kanuverleih. 75 Stellplätze. Geeignet auch für Wohnmobile (Abwasser-Service). Geöffnet Mai bis Mitte Sept. Chemin des Tanneurs, ✆ 02.97.75.13.32, etat.civil@malestroit.fr.

Musée de la Résistance Bretonne: etwa 1 km außerhalb von Malestroit, außerhalb des Ortsteils *St-Marcel*. In einem 6-Hektar-Park widmet sich das Museum dem bretonischen Widerstand im Zweiten Weltkrieg. Videofilme und Zeitdokumente geben Einblicke in die Résistance, über den Atlantikwall, über den Schwarzmarkt und vieles mehr (Französischkenntnisse sind nützlich). Auch eine per Pedal betriebene Rundfunkstation der Widerständler gehört zum Inventar. Besuchermagnet und Höhepunkt jedoch ist die lebensnahe Präsentation von typischen Kriegssituationen: Bunkerleben, besetzte Straßen und martialische Panzerspähwagen auf dem Vormarsch. Die Standortwahl fiel übrigens nicht zufällig auf St-Marcel. Hier befand sich ein Camp für Fallschirmjäger und Résistance-Kämpfer, das 1944 von der Wehrmacht angegriffen wurde. Nach dem Überfall wurden 600 Tote gezählt.

April bis Mitte Juni und Mitte Sept.–Okt. 10–18.30 Uhr, geschlossen am Di. Mitte Juni bis Mitte Sept. tägl. 10–18.30 Uhr. Nov.–März Do–So 10–18 Uhr. Eintritt 7,70 €.

Märchenschloss derer von Rohan

Josselin

2500 Einwohner

Das Schloss ist ein Blickfang: Abends spiegelt sich die trutzig-kahle Außenseite mit den drei verbliebenen Rundtürmen im ruhigen Wasser des Oust, morgens leuchtet die Sonne die Prunkfassade des Fürstensitzes aus.

Das *Château* derer von Rohan ist eindeutig die Attraktion Josselins. Doch auch das Städtchen selbst hat seine Reize. In der Saison ergießen sich die Besuchermassen durch die stimmungsvollen Gässchen mit ihren anheimelnden Fachwerkhäusern, strömen in die *Kirche Notre-Dame-du-Roncier* und sitzen hinterher zufrieden in den Cafés auf dem Kirchenplatz. Josselin an den Ufern des *Oust* ist ein Juwel und einer der meistbesuchten Orte der inneren Bretagne – auch die Hausbootbesatzungen legen hier gerne einen Halt ein.

Neben dem Sommertourismus tragen einige kleine, moderne Fabrikationsstätten am Ortsrand ganzjährig zum Gedeihen des Städtchens bei. Pappkartons und Fleischkonserven aus Josselin sind aus der französischen Verpackungs- und Dosenbranche nicht wegzudenken.

Stadtgeschichte: Die Geschichte Josselins ist die Geschichte seiner Burg. Als sich *Vicomte Guethonec* 1008 auf einem Felsen über dem Oust eine Burg bauen lässt, gibt er auch dem unbedeutenden Dorf nebenan einen Namen: Josselin, so heißt der Sohn des Vicomte. 1168 lässt der englische König *Heinrich II. Plantagenêt* im Verlauf einer größeren Fehde die Burg erobern und schleifen, doch deren Besitzer krempelt die Ärmel hoch und baut auf den Ruinen ein neues, stärker befestigtes Josselin. 1370 wechselt das Schloss auf friedliche Weise seinen Herrn: *Olivier de Clisson*, Feldmarschall und einer der Mächtigen Frankreichs, erwirbt es, verstärkt es durch weitere Mauern und neun wuchtige Rundtürme und vererbt es 1407 an seinen Schwiegersohn *Alain VIII.* aus dem Geschlecht der Rohan. Nach einer

Der Osten → Karte S. 516/517   Das Landesinnere:

erneuten Zerstörung im 15. Jahrhundert erhält das Schloss zwischen 1490 und 1510 seine einzigartige, heutige Prunkfassade.

Im 16. und 17. Jahrhundert stehen die Rohans als Hugenottenanhänger und Teilnehmer eines Putschversuchs auf der falschen Seite. 1629 büßt das Schloss mit dem Verlust von sechs Türmen und seines Wehrfrieds: *Kardinal Richelieu*, Erzfeind der Hugenotten im Dienst des französischen Königshauses, teilt anlässlich eines Empfangs im Louvre von Paris dem nichts ahnenden Herzog Henri von Rohan höfisch-diplomatisch mit: „Monsieur, ich habe eben einen schönen Treffer in Eurem Kegelspiel getan." Der Schlossherr von Josselin muss sich unter seiner Perücke Mühe geben, nicht die Fassung zu verlieren.

Im 18. Jahrhundert kümmern sich die Rohans nicht mehr um Josselin. Das Schloss beginnt zu verfallen, wird während der Revolutionsjahre als Tribunal, Getreidespeicher und Gefängnis für Aristokraten genutzt und verkommt zusehends. Im 19. Jahrhundert erinnert sich die Familie Rohan an ihren Besitz und veranlasst aufwendige Renovierungen. Seitdem wird Josselin wieder von den Rohans bewohnt und gepflegt.

Sehenswertes

Château Josselin: Die zwei Gesichter des Schlosses könnten verschiedener nicht sein. Die abweisende, fotogen abfallende Wehrseite mit den drei wuchtigen Türmen auf den Felsen über dem Oust lässt nichts von der Schönheit der Fassade des Wohntrakts ahnen. Hinter dem Kassenhäuschen führt eine Zugbrücke über einen harmlosen Steinlöwen im Wassergraben hinweg zu den Kugelbüschen eines kleinen Parks, und hier entfaltet sich die Pracht Josselins auf einen Schlag: Lang und verspielt streckt sich das Schlossgebäude am Rand des Plateaus und lässt das wehrhafte Gesicht der anderen Seite vergessen. Meister ihres Fachs meißelten filigrane Ornamente, hauchdünne Spitzen und dämonische Wasserspeier aus dem dunklen Granit. Als Ganzes ist die Fassade am besten von der frei stehenden *Tour-Prison* am hinteren Ende des Schlossparks zu erfassen, die vielfältigen Details sind nur aus der Nähe zu erkennen, wobei die obere Fassadenhälfte mit ihren hohen Giebeln und dem zierlichen Steingitterwerk den Schmuck des Erdgeschosses noch übertrumpft. Schauen, staunen und auf erste Zeichen von Genickstarre achten. Immer wieder taucht ein „A" im Schmuckwerk auf – dauerhafter Dank der Rohans an die Herzogin Anne, die den französischen König dazu gebracht hatte, seine Schatulle für die bretonischen Herzöge zu öffnen.

Ein Teil des Erdgeschosses ist zur Besichtigung freigegeben. Höhepunkte sind der filmreife Speisesaal, der noble Salon und die behagliche Bibliothek mit ihren 3000 Bänden, von denen sich etliche mit der Geschichte des eigenen Geschlechts befassen.

Fototipp: Morgens vom Schlosspark aus die Wohnfassade, abends von der Brücke über den Oust die Wehrseite des Châteaus ablichten.

1. Aprilwochenende bis Mai tägl. 14–17.30 Uhr. Juni bis Mitte Juli und Sept. tägl. 14–18 Uhr. Mitte Juli–Aug. tägl. 11–18 Uhr. Okt. Sa/So 14–17.30 Uhr. Die Führung dauert 45 Min. Eintritt 8,90 €, Kind 7–14 J. 5,30 €. Kombiticket Schloss + Puppenmuseum 14,50 €, Kind 8,50 €. Außerhalb der Hauptsaison ist die Kasse im Puppenmuseum.

Puppenmuseum (Musée des Poupées): Schwelgen in der Welt der Puppen. Das Musée des Poupées ist eine empfehlenswerte Bereicherung des Urlaubsalltags,

Kindern wird es bestimmt nicht langweilig. Die *Duchesse de Rohan*, die Groß-mutter des heutigen Schlossherrn, legte Ende des 19. Jahrhunderts den Grundstock für die Sammlung von Puppen, Puppenzubehör (z. B. Puppenküchen) und etablier-ten Gesellschaftsspielen (z. B. Scrabble). Auf zwei Stockwerken tummeln sich etwa 600 Puppen aus aller Herren Länder – die letzten 1989 erworben, die ältesten aus dem frühen 19. Jahrhundert: Porzellanpuppen zum Spielen und Lernen für Aris-tokratenkinder, Barbiepuppen und der Elefantenkönig Babar, exotische kleine Indianer- und Eskimobuben, ein kuscheliger Plüsch-Snoopy, Kleinstpüppchen … Die ergreifendste Szene der Ausstellung: Sanft streichelt eine Puppe einen kühlen Roboter.

Öffnungszeiten wie das Schloss (s. o.). Erw. 7,80 €, Kind 7–14 J. 5,20 €. Kombiticket Puppenmuseum und Schloss 14,50 € bzw. 8,50 €.

Basilika Notre-Dame-du-Roncier: Am Anfang der Basilika „Unsere Frau vom Dornbusch" steht eine Legende: 800 und noch einige Jahre nach Christi Geburt entfernte ein Bauer fleißig Unkraut und Dornbüsche von seinem Acker und fand in einem der Stachelgewächse eine Marienstatue. Natürlich nahm er sie mit, doch am nächsten Tag fand sich die Figur auf ihrem alten Platz in den Dornbüschen wieder.

Die Schlacht der Dreißig

1351: In der Bretagne tobt seit 10 Jahren der Erbfolgekrieg (→ Kapitel Geschichte). Josselin steht unter der Herrschaft von *Jean de Beaumanoir*, einem Parteigänger von *Charles de Blois*, der mit Unterstützung des franzö-sischen Königs die bretonische Herzogskrone anstrebt. Die Nachbarstadt Ploërmel wird von *Sir Bemborough* gehalten. Der englische Ritter hält mit seinen Truppen wie sein König zu *Jean de Montfort*, dem Bruder des verstorbenen Jean III. Die Dörfer und Felder um Josselin und Ploërmel sind durch die Raubzüge beider Parteien mittlerweile verwüstet, die ständigen Kleingefechte haben auf jeder Seite viel Blut gekostet, weder die Bretonen noch die Engländer konnten bisher einen entscheidenden Vorteil erringen. Patt. Und hier beginnt die Geschichte, die unter Kennern der höfischen Ethik als ein doppelt schönes Beispiel für ritterliches Verhalten gilt.

Jean de Beaumanoir und der Feldhauptmann Bemborough vereinbaren, das ausufernde, sinnlose Blutvergießen zu beenden, ein letzter Kampf – dreißig Ritter gegen dreißig Ritter – soll über Sieg oder Niederlage entscheiden (Ritterliches Verhalten Nr. 1).

Am 27. März treffen auf der Heide von Mi-Voie, fünf Kilometer im Osten Josselins, 30 Bretonen auf 20 Engländer, unterstützt von sechs Deutschen und vier Bretonen. Den ganzen Tag hauen und stechen sie nach allen Re-geln der Fechtkunst aufeinander ein, gegen Abend sind die Engländer be-siegt. Neun von ihnen, darunter Bemborough, erleben den Sonnenunter-gang nicht mehr.

Feldmarschall de Beaumanoir, nach Stunden harter Kriegsarbeit ver-schwitzt und aus mehreren Wunden blutend, macht aus seinem schreck-lichen Durst kein Hehl. Und was gibt ihm sein Kampfgefährte *Geoffroy du Blois* zur Antwort? „Sauf dein Blut, Beaumanoir, und dein Durst vergeht!" (Ritterliches Verhalten Nr. 2). Der einfühlsame Satz hat als wörtliches Zi-tat die Zeiten überdauert.

Das Landesinnere: Der Osten → Karte S. 516/517

Der unerklärliche Vorgang wiederholte sich einige Tage lang, bis der bretonische Dickschädel begriff: Aha, hier will die Jungfrau eine Kirche haben. So entstand am Fundort der Statue das erste Bethaus.

Die heutige Basilika, im 11. Jahrhundert begonnen und erst 1949 mit dem Chorturm zu Ende gebaut, ist im Wesentlichen ein Werk der bretonischen Spätgotik. Im großzügigen, dezent ausgestatteten Innenraum herrscht die Weltläufigkeit einer vielbesuchten Wallfahrts- und Besichtigungskirche. Die Holzstatue der Jungfrau vom Dornbusch wurde ein Opfer der Revolution, nur ein kleines Stück konnte aus der Asche gerettet werden – ein *Reliquienschrein* links vor dem Chor hält es unter Verschluss. Auch die Schäden am *Marmor-Grabmal des einstigen Schlossbesitzers Olivier de Clisson* und seiner zweiten Gattin in der *Kapelle Sainte-Marguérite* (rechts des Chors) gehen auf die kirchenstürmenden Republikaner von 1793 zurück. Heil hingegen blieb die schmiedeeiserne *Kanzel*, die ein einheimischer Kunstschmied im 18. Jahrhundert schuf. Im Sommer darf der Turm bestiegen werden (gratis): Einblicke in den Schlossgarten und ungetrübtes Panorama über das Umland.

Basis-Infos

Postleitzahl 56120

Information **Office de Tourisme**, noch 2016 soll die Informationsstelle in die „Maison des Porches", ein Fachwerkhaus knapp oberhalb der Basilika, umziehen. Die Öffnungszeiten waren bei unserer letzten Recherche noch nicht bekannt. Bisher galt: April–Juni und 1. Sept.-Hälfte Mo 13.30–17.30, Di–Sa 10–12 und 13.30–17.30 Uhr. Juli/Aug. tägl. 10–18 Uhr. Mitte Sept.–März Di/Mi und Fr 10–12 und 13.30–17.30, Sa 10–12 Uhr. Maison des Porches, 21, rue Olivier. ✆ 02.97.22.36.43, office-tourisme@josselin-communaute.fr.

Gargouilles (Wasserspeier) an der Basilika

Hin und weg **Bus**: Mehrmals tägl. über Ploërmel nach Rennes, in die Gegenrichtung nach Vannes, außerdem nach Pontivy.

Parken Einige beschilderte Großparkplätze unten in Schlossnähe. Wer sie benutzt, entlastet sich und den Ort.

Fahrradverleih **Josselin Motoculture** verkauft neben Rasenmähern noch andere nützliche motorisierte Maschinen und verleiht neben landwirtschaftlichen Fahrzeugen auch Fahrräder. Zu finden im Centre commercial, bei den Supermärkten im Norden, ✆ 02.97.22.28.02.

Markt Samstagvormittag auf der Place St-Martin.

Pardon Anfang September der überregional bekannte Pardon zur Notre-Dame-du-Roncier. „Unsere Frau vom Dornbusch" heilte 1832 drei Kinder, die während ihrer epileptischen Anfälle bellende Laute von sich gaben. Seitdem ist der Pardon noch berühmter und heißt „Wallfahrt der bellenden Mädchen" *(Pardon des Aboyeuses)*.

Übernachten/Essen & Trinken

Hotel *** Du Château, die größte Herberge Josselins, gegenüber der Burg, am anderen Ufer des Oust. 35 Zimmer, eigene Garage und Parkplatz, Restaurant. DZ je nach Lage 86–99 €. Geschlossen Mitte Nov. bis Mitte Jan. 1, rue Général de Gaulle, ☎ 02.97.22.20.11, www.hotel-chateau.com.

Privatzimmer Das Office de Tourisme hilft mit einer vollständigen Liste weiter.

Camping ≫ Mein Tipp: *** Domaine de Kerelly (Du Bas de la Lande), terrassenartig ansteigendes Gelände oberhalb des Kanals bei Guégon, in der Nähe der Schnellstraße nach Lorient (ausgeschildert) – die Camper verlieren sich mehr und mehr in der Höhe. Sympathische Besitzer, gute Stimmung, mit partiellem Schatten und exzellentem (geheiztem!) Sanitärblock. Bar, Crêperie, Brotverkauf, Kinderspielplatz, Swimmingpool, oder die Straße zum Minigolf. Fahrradverleih für Gäste. 50 Stellplätze. Geöffnet Ostern bis Sept. Route de Lorient, 56120 Guégon, ☎ 02.97.22.22.20, www. camping-josselin.com. ≪

Wohnmobile In der Stadt: Stellplätze, Elektrizität und Wasserversorgung auf der **Place St-Martin** am oberen Rand der Altstadt. Auf dem Land: Stellplätze und kompletter Service auf dem **Camping Domaine de Kerelly** (s. o.).

Restaurants La Table d'O, oberhalb des Kanals. Die Fensterfront bietet tolle Ausblicke auf das mächtige Schloss. Wer exzellent speisen möchte, ist hier richtig. Geschlossen Mi Abend, So Ruhetag. 9, rue Glatinie. ☎ 02.97.70.61.39.

Du Château, im gleichnamigen Hotel (s. o.), der örtliche Gourmet-Treff. 1, rue Général de Gaulle. ☎ 02.97.22.20.11.

Pizzeria du Château, in der Hauptstraße; Speisetreffpunkt eines hauptsächlich jugendlichen Publikums, gelegentlich lassen sich auch ältere bis alte Semester im Gastraum oder im kleinen Hofgarten die italienischen Spezialitäten schmecken. Gehobenes Pizza- und Pastaniveau. Mo Ruhetag. 6, rue des Trente, ☎ 02.97.75.16.66.

Umgebung von Josselin

Colonne des Trente: 4 km östlich von Josselin erinnert neben der Durchgangsstraße ein 15 m hoher Obelisk an die Schlacht der Dreißig, die hier stattfand (→ Kastentext „Die Schlacht der Dreißig"). Zuerst diente eine Eiche als Gedenkstätte, später ein zweimal zerstörtes Kreuz. Den heutigen Obelisken ließ Ludwig XVIII. 1819 zu seinem eigenen Ruhm aufstellen: „Lang lebe der König – die Bourbonen immer." Die Bronzetafel gibt weitere Auskünfte über die Schlacht und die Baugeschichte des Denkmals.

Auf der Schnellstraße Richtung Rennes, dann Ausfahrt „La Croix Helléan", dann gleich in die Straße links (D 274) einbiegen, kurz danach steht links der Straße der Obelisk.

Guéhenno: Das Dorf 10 km im Südwesten Josselins besitzt den östlichsten umfriedeten Pfarrbezirk der Bretagne, der sich vor seinen Kollegen im Westen nicht zu verstecken braucht. Innerhalb der Einfriedung finden sich neben Kirche und Friedhof ein Beinhaus, ein Calvaire und eine *Säule*, in deren Schaft die Marterwerkzeuge eingemeißelt sind, von der Spitze blickt ein Granithahn – Symbol für den Verrat des Petrus – stumm nach Osten. Auch das *Beinhaus* erzählt aus der Passionsgeschichte: Maria und Magdalena trauern um Jesus, dessen Leichnam, bewacht von zwei Soldaten, in der mittleren Grabkammer ruht. Der um 1550 geschaffene *Calvaire*, einer der ältesten der Bretagne überhaupt, ist harmonisch und ausdrucksstark. 1793 während der Revolution zerstört und Mitte des 19. Jahrhunderts mit den sorgsam aufbewahrten Statuen und Reliefs wiederaufgebaut, hat er von seiner künstlerischen Kraft nichts verloren.

Ab Josselin 5 km auf der N 24 Richtung Lorient, dann weitere 5 km auf der D 778 in Richtung Süden.

Der Osten → Karte S. 516/517

Das Landesinnere:

Der Westen

Pontivy

Eine Stadt mit zwei Gesichtern: Die Herzöge der Familie Rohan bescherten Pontivy ein Schloss, im 19. Jahrhundert ließ Napoleon neben den engen Gassen des Mittelalters eine neue Stadt hochziehen, in der großzügige Avenuen sich im rechten Winkel kreuzen – das sind die zwei Gesichter von Pontivy.

Die *Ville Napoléonienne* war ein militärisch ausgerichtetes städtebauliches Projekt ohne jeglichen Sinn für aufwendige Fassadengestaltung. Grobklotzige Verwaltungsgebäude rahmen die zentrale *Place Aristide Briant*, Napoleons einstiger Paradeplatz ist heute ein seelenloser Großparkplatz. Dagegen hat sich die anheimelnde Enge des alten Pontivy rund um die *Place du Martray* über die Zeit gerettet. Fachwerk und heller Granit gruppieren sich unterhalb der massiven Familienburg, entlang der sympathischen *Rue du Pont* reihen sich kleine Läden.

Hausbootbesatzungen legen gerne in Pontivy an. Die am Durchstich des *Nantes-Brest-Kanals* in den begradigten *Blavet*-Fluss gelegene Stadt bietet neben Sightseeing aus zwei Epochen vor allem willkommene Einkaufsmöglichkeiten. Darüber hinaus ist die alte Herzogsstadt Mittelpunkt eines freundlichen, kulturreichen Umlands. In der Umgebung laden etliche Ausflugsziele ein, die sich zu einer ganz individuellen Rundreise zusammenstellen lassen.

Stadtgeschichte: Pontivy bedeutet „Brücke des Yves". Der aus England eingewanderte *St-Yves* lässt im 6. Jahrhundert am menschenleeren Ufer des Blavet ein Kloster und eine Brücke über den Fluss errichten – die Keimzelle der Siedlung Pontivy. Einige hundert Jahre später entdeckt das noble Geschlecht der Rohan aus dem nahen, gleichnamigen Weiler (→ Umgebung) sein Herz für die Stadt. *Herzog Jean II.* beginnt 1485 mit dem Bau einer ebenso wehrhaften wie repräsentativen Burg. Als Pontivy um 1600 gar Hauptstadt der mächtigen Herzöge wird, blüht die Stadt endgültig auf.

1790 schlagen sich Rat und Bewohner einträchtig auf die Seite der Revolution: Pontivy empfängt die Revolutionsräte von 203 Städten – 318 Delegierte der *Fédération militaire et civile bretonne-angévine* – mit frenetischem Jubel. Pontivy wird inmitten eines königsfreundlichen Umlands zu einer Bastion der Republik gegen die hartnäckig kämpfende Chouannerie. Bei soviel Loyalität wird *Napoleon* auf die Stadt aufmerksam. Mit einigen weitreichenden Befehlen schlägt der große Stratege gleich mehrere Fliegen mit einer Klappe: Die englische Flotte macht französische Schiffsbewegungen an der Küste immer riskanter, ein Kanal von Nantes nach Brest würde die dadurch entstandenen Transportprobleme elegant lösen. Pontivy, ungefähr in der Mitte der geplanten Kanal-Strecke, wird zur repräsentativen Garnisonsstadt hochgerüstet. Im Süden der Altstadt wird ab 1807 innerhalb von 23 Jahren eine neue Stadt aus dem Boden gestampft: als Erstes eine Kaserne, dann der Gerichtshof, das Rathaus, ein 300-Betten-Hospital, ein Gefängnis und schließlich ein städtisches Lyceum. Die offiziell nur für den Bau des Kanals zuständigen Truppen erfüllen nach den Plänen des Korsen auch eine innenpolitische Funktion: Sie sollen die dickschädeligen bretonischen Bauern in Schach halten, die dem neuen Frankreich distanziert gegenüberstehen.

Kaum 50 Jahre später – der nach St. Helena verbannte Ex-Kaiser hat längst das Zeitliche gesegnet – verliert der Nantes-Brest-Kanal an Bedeutung, und Pontivy wird wieder das, was es vor dem Einzug der Rohans war: ein bedeutungsloses Provinznest. Erst in den 1970er Jahren entstehen vor der Stadt mit den zwei Gesichtern kleine Industrie- und Handelsviertel – der staatlich gelenkte Versuch, dem Zentrum einer wirtschaftlich benachteiligten Region zu einem entwicklungsfähigen Standbein zu verhelfen.

Sehenswertes

Château de Rohan: Hinter den Mauern der Wehrburg residierten seit Ende des 15. Jahrhunderts die Rohan-Herzöge. Der Turm links, der die 20 m hohe, schnörkellose Außenfassade flankiert, ist gewaltiger und dicker als sein rechter Bruder und das beliebteste Fotomotiv der adeligen Wohnstatt. Das Schloss wurde aufwendig restauriert und kann besichtigt werden: u. a. eine grazile Wendeltreppe, der Saal der Wachen, das Schlafzimmer der Herzöge und die Schlosskapelle.

Eine Dauerausstellung präsentiert Statuen von *Gaston Schweitzer* (1879–1962), eines Pariser Bildhauers, der oft in der Gegend von Pontivy arbeitete, ansonsten sind im jährlichen Wechsel thematische Sonderausstellungen zu sehen.

Im Zentrum von Pontivy

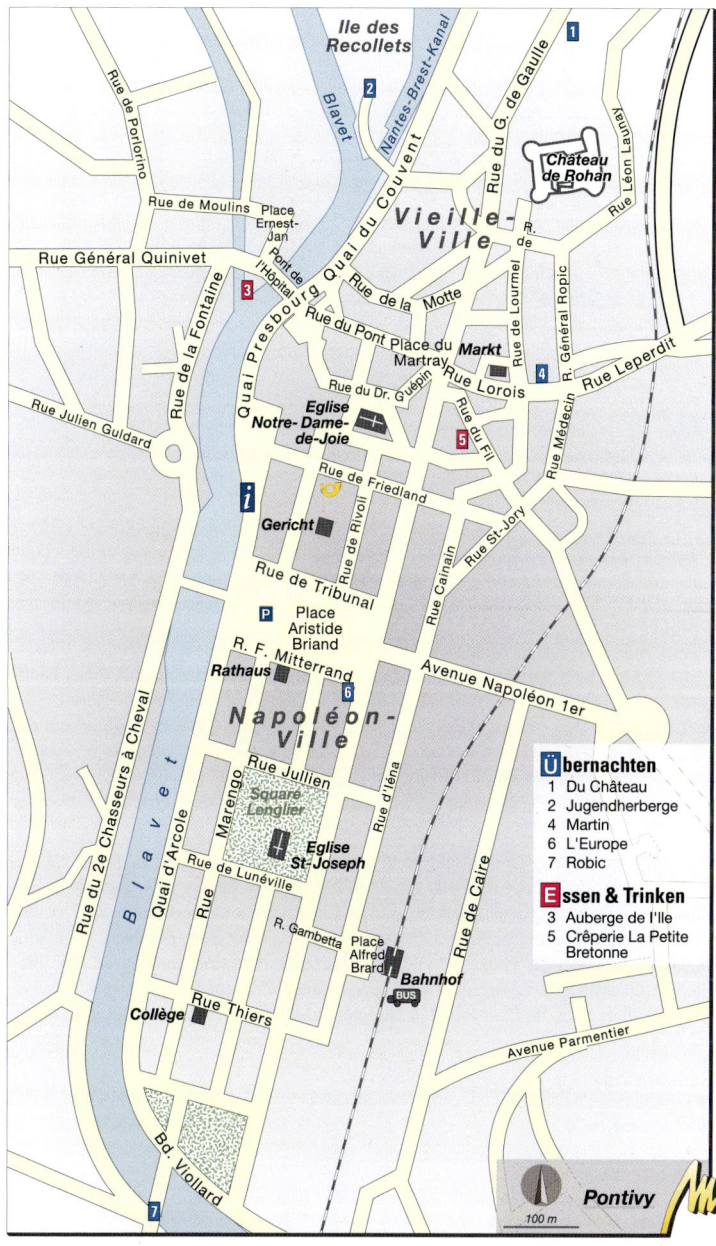

Pontivy

100 m

Übernachten

1 Du Château
2 Jugendherberge
4 Martin
6 L'Europe
7 Robic

Essen & Trinken

3 Auberge de l'Ille
5 Crêperie La Petite
Bretonne

Wohnsitz derer von Rohan

Bei unserer Recherche 2015 war das Schloss infolge eines eingestürzten Mauerwerks nicht zugänglich. Die Wiedereröffnung war für 2016 vorgesehen. Dann gilt vermutlich wieder: Mitte Febr.–April und Mitte Sept.–Nov. Mi–So 14–18 Uhr. April bis Mitte Juni tägl. 10–12 und 14–18 Uhr. Mitte Juni bis Mitte Sept. tägl. 10.30–18.30 Uhr. Eintritt 4,50 €, mit Führung (nur Mitte Juni bis Mitte Sept.) 6 €.

Altstadt: Die *Place du Martray* und die umliegenden Gassen sind mit ihren Fachwerkhäusern aus dem 16. und 17. Jahrhundert der Kern des vornapoleonischen Pontivy. Fotografen finden in der *Rue du Pont*, der *Rue du Docteur-Guépin* und der *Rue du Fil* Motive. Das herrschaftliche Eckhaus an der *Rue du Général de Gaulle/Rue Lorois* mit seinen Ecktürmchen und Wandpfeilern gehörte den Rohans und diente repräsentativen Zwecken: Hier trafen sich die geladenen Jagdteilnehmer nach dem Halali.

Ville Napoléonienne: Die auffälligsten Gebäude der neuen Stadt liegen rund um die *Place Aristide Briand* und dienten Militär und Verwaltung. Die klassizistischen Säulen und Dreiecksgiebel der klein ausgefallenen Renommierbauten sind Anleihen aus der Antike und entsprechen dem Geschmack der Zeit. Bei den zweistöckigen Bürgerhäusern der Planstadt, die die geraden Straßen und den begradigten Blavet säumen, wurde aus finanziellen Gründen weitgehend auf Schmuckwerk verzichtet – so ziehen sich die Häuserzeilen Napoléonvilles ziemlich eintönig in die Länge.

Basis-Infos

Postleitzahl 56300

Information Office de Tourisme, in der „Duchesse Anne", gut verankert auf dem Blavet. Prospekte und freundliche, kompetente Auskunft. Vermietung von Fahrrädern, E-Bikes und elektrisch betriebenen Booten. Juni–Sept. Mo–Sa 9.30–18.30, So 9.30–12.30 Uhr. Okt.–Mai Mo–Sa 9.30–12.30 und 14–18 Uhr. 2, quai Niémen. ℡ 02.97.25.04.10, www.pontivy-communaute.fr.

Hin und weg Bus: Gute Anbindung in alle Richtungen; die Busse nach Vannes, Lorient, St-Brieuc und Rennes sind auf den TGV abgestimmt.

Parken Zentralste Möglichkeit ohne große Sucherei auf der geräumigen Place Aristide Briand oder unterhalb des Schlosses.

Bootsverleih Das Office de Tourisme verleiht von Mai bis Sept. Elektroboote, mit denen Sie ohne Lizenz auf dem Blavet und dem Kanal tuckern können

Markt Am Montag bis in den Nachmittag. In der Innenstadt in den Gassen zwischen der Place du Martray und dem Château.

Pardon Am 15. August Pardon für Notre-Dame-de-Quelven-en-Guern. Am 2. Sonntag im September Pardon zu Ehren Unserer Frau zur Freude.

Übernachten/Essen & Trinken   → Karte S. 571

Hotels *** L'Europe **6**, eines der raren eleganten Häuser in Napoléonville. 18 lärmisolierte Zimmer mit meist schöner Möblierung und eigenem Badezimmer. Nach hinten hinaus Gartenanlage. Gediegen eingerichtetes Restaurant mit guten Menüs. DZ 76–90 €. 12, rue François Mitterrand, ✆ 02.97.25.11.14, www.hotellerieurope.com.

** Du Château **1**, 100 m unterhalb des Schlosses an der Straße nach St-Brieuc. 27 Zimmer, die zur Straße hin etwas laut. DZ 62–72 €. 41, rue Général de Gaulle, ✆ 02.97. 25.34.88, www.hoteldepontivy.com.

»› Mein Tipp: ** Robic **7**, in der Südstadt, am anderen Ufer von Napoléonville (D 2 Richtung Quimperlé). 22 Zimmer sehr unterschiedlicher Größe, alle 2005 komplett renoviert und immer noch gut in Schuss, mit Du/WC/TV. Neben der begrünten Empfangshalle lädt das geräumige Café des Arts mit seinen bequemen Sitzgelegenheiten zum Verweilen ein. Ihm schließt sich der noch geräumigere Speisesaal des Restaurants an. Fahrradverleih für Gäste. DZ 54–66 €. 4, rue Jean Jaurès, ✆ 02.97.25.11.80, www.pontivy-hotel.com. **‹‹‹**

Martin **4**, oberhalb der Markthalle. 23 bescheidene Zimmer mit unterschiedlicher sanitärer Ausstattung, Innenhof mit günstigem Restaurant (So Ruhetag). DZ je nach Ausstattung 27–40 €. Ganzjährig geöffnet. 1–3, rue Leperdit, ✆ 02.97.25.02.04.

Jugendherberge 2 In einer umgebauten Brauerei auf der Ile des Recollets, an der Kreuzung der Wasserstraßen. 65 Betten in DZ und 2- bis 5-Bett-Zimmern. Außerhalb der Saison an Wochenenden Reservierungspflicht. Übernachtung 17 €/Pers. Geschlossen Mitte Dez. bis 1. Jan.-Woche. Ile des Recollets, ✆ 02.97.25.58.27, www.hi france.org.

Restaurant Auberge de l'Ile **3**, direkt am Fluss. Feine Fisch- und Fleischgerichte; im Sommer kann man sich das Essen direkt am Wasser neben einer großen Trauerweide schmecken lassen. Mo/Di Ruhetag. 3, rue de la Fontaine. ✆ 02.97.25.15.30.

Crêperie La Petite Bretonne **5**, mit Terrasse mitten im alten Zentrum. Schöne Fotos schmücken die weniger geschmackvoll gestrichenen Wände. So Ruhetag. 20, rue du Fil. ✆ 02.97.25.73.49.

Umgebung von Pontivy

Sakrale Kunst, schöne Ortsbilder – von Pontivy aus lässt sich eine Reihe von lohnenden Ausflügen unternehmen. Die sogenannte Blavet-Rundfahrt, die um Pontivy herumführt, ist einer der interessantesten Circuits der Bretagne, den Sie sich je nach Zeit und Interesse individuell zusammenstellen können.

Stival: Der Besuch gilt der gotischen *Kirche St-Mériadec* (16. Jh.). Ähnlich wie *St-Yves* widmete sich auch der heilige *Mériadec* den Unterprivilegierten, u. a. heilte er Taube dadurch, dass er vor ihren Ohren mit einem Goldglöckchen bimmelte. Ein steinerner Außenaltar zeigt Mériadec mit Bischofsstab, die Spuren der früheren Bemalung sind noch deutlich auszumachen; im Kircheninneren schildern die Fresken des Chors Szenen

seines Lebens. Beachtenswert sind auch die Renaissancefenster aus dem 16. Jahrhundert, das schönste zeigt die Wurzel Jesse. Am Ortsausgang von Stival steht – wie ein Heiligtum von einer kleinen Steinmauer umfriedet – ein St-Mériadec geweihter *Brunnen*.
Etwa 3,5 km nordwestlich von Pontivy an der D 764.

Kapelle Ste-Noyale: Die abgeschiedene Kapelle mit dem eigenartig geschwungenen, fernöstlich anmutenden Glockenturm ist mit einer religiösen Gruselgeschichte verbunden. Nach dem Motto „Wenn ich dich nicht haben kann, soll dich auch kein anderer haben", enthauptete ein verschmähter Liebhaber die spätere Heilige, die ihren Kopf vom Boden aufhob und nach Pontivy trug, um sich dort beisetzen zu lassen. In der Kapelle aus dem 15. Jahrhundert sind einige Bilder mit den Lebensstationen der heiligen Noyale zu sehen, u. a. die kopflose Märtyrerin mit dem blutigen Haupt in der Hand, aus dessen Hals tiefrotes Blut sprudelt. Zum Ensemble gehören neben der Kapelle ein einfacher *Calvaire* und ein alter *Brunnen* auf der anderen Straßenseite.
Ab Pontivy auf der D 2 nach Osten bis Noyal-Pontivy (7 km). Dort bei der Kirche links in das nach Ste-Noyale beschilderte Sträßchen abbiegen (leicht zu übersehen), nach 2,5 km ist die Kapelle erreicht.

Rohan: Aus dem unscheinbaren Ort am Nantes-Brest-Kanal stammt das Geschlecht der Rohans, das die Geschicke der Gegend über Jahrhunderte lenkte. 1104 erhob Alain, der erste Herzog der Rohans, den Weiler zur Stadt, doch zeigt sich der Ort mit seinen 1600 Einwohnern bis heute ländlich. Der kleine Platz um das Rathaus verströmt eine ausgeprägt gemütliche Provinzialität. Eine Schleuse und ein kleiner Hafen ergänzen das ruhige Idyll. Die Uferwege laden zu Spaziergängen ein.

Anfahrt 17 km auf der D 2 über Noyal-Pontivy hinaus nach Osten. Nach 24 km sieht man das Ortsschild.

Hotel **Le Rohan**, der senfgelbe Bau im Zentrum ist nach Renovierung seiner sieben Zimmer (je nachdem, wohnen Sie in China, Afrika, Mexiko …). eine durchaus akzeptable Adresse. Die freundliche Hotelbar „La Croisée des Mondes" – mit Vinylplatten und deren Covers tapezierte Wände – ist Treffpunkt der Einheimischen (die früh zu Bett gehen). DZ mit Du/WC 42 €. 15, place de la Mairie, 56580 Rohan, ✆ 02.97.38.56.82, www.hotel-le-rohan.fr.

Am Kanal von Rohan

Restaurant Le Petit Tonneau, knapp unterhalb des Hauptplatzes am Kanal. Von außen eine neue, ziemlich lieblose Holzkonstruktion, ist man aber drinnen, fühlt man sich ganz wohl. Fünf ansehnliche Weinfässer trennen Bar und Restaurant. In der Hauptsache wird Pizza serviert, aber auch Pasta und einige Fleischgerichte. Kleine Terrasse zum Kanal. Mo Ruhetag. 1, rue du Pont d'Oust, ☎ 02.97.51.57.96.

Wohnmobile Stellplätze am Hafen. Wasser- und Abwasserversorgung.

Quelven: Ein Granitdörfchen vom Feinsten, die *Kapelle Notre-Dame-de-Quelven* mit dem riesigen Turm auf dem Hügel ist weithin sichtbar. Auch bei strahlendem Sonnenschein ist der Wallfahrtsort mit dem Pardonplatz düster und meist ausgestorben. Die Kapelle (Ende 15. Jh.) mit den Ausmaßen einer Kirche besticht vor allem durch ihren 70 m hohen Turm und die Vorhalle an der Südseite. Kostbarstes Stück des Kirchenschatzes ist eine seltene *Statue Ouvrante*, eine aufklappbare Marienfigur, in deren Innerem auf zwölf Reliefs Lebensstationen ihres göttlichen Sohnes festgehalten sind; sie wird der Gemeinde nur an großen Festtagen gezeigt.

Anfahrt Pontivy in südwestlicher auf der D 2 verlassen. Nach etwa 7 km rechts ab auf die D 2B nach Quelven.

Pardon Am 15. August gut besuchte Wallfahrt zu Ehren der Jungfrau Maria von Quelven. Nach der Prozession entfacht ein Engel das traditionelle Freudenfeuer. Die Feierlichkeiten beginnen am Vorabend.

St-Nicodème: Unterhalb der Straße duckt sich die riesige Kapelle (16. Jh.) in eine Mulde – der gewaltige Turm signalisiert schon von weitem ein ungewöhnliches Stück Architektur. Späte, filigrane Gotik vereinigt sich mit früher, noch schüchterner Renaissance, die dem Gotteshaus ebenfalls ihren Stempel aufdrückt. Im Inneren ist ein prächtiger Altar zu sehen: Nikodemus zieht mit einer Zange den Nagel aus dem Fuß des Gekreuzigten. Eher ein architektonischer Fauxpas ist die später eingebaute „Tribune de Seigneurie" mit ihrem bäuerlich-naiv gestalteten Steinaltar (Auferstehung Christi). Glanzpunkte wiederum sind die Schnitzereien am Gesims und das Holzgewölbe. Vor der Kirche steht ein spätgotischer *Brunnen* (1608) mit drei üppig verzierten Spitzgiebeln über drei Becken – ein Prachtexemplar. Von Pontivy auf der D 768 in südliche Richtung, nach etwa 12 km rechts ab auf die D 1, dann noch 2 km.

Altarszene in St-Nicodème

Baud: Das Dorf liegt am Rand des lockeren Waldbestands der *Forêt von Lanvaux*. Die Bewohner von Baud leben mehrheitlich in der malerisch zusammengedrängten Oberstadt, auf dem Hügelzug über dem Evel-Tal. Die an die Ortskirche angebaute *Kapelle Notre-Dame-de-la-Clarté* beherbergt eine Marienstatue der Jungfrau zur Klarsicht, deren Fürbitte Augenleidenden helfen soll. Ihr Pardon ist am ersten Julisonntag.

Neben der Kapelle besitzt das Provinzstädtchen eine weitere Sehenswürdigkeit: Das *Conservatoire régional de la carte postale* weihte 1996 die ständige Ausstellung *Cartopole* ein, die sich ganz der Postkarte des beginnenden 20. Jahrhunderts in der Bretagne widmet. Zu sehen ist eine Auswahl der über 70.000 Postkarten der Sammlung, man erfährt Interessantes zur Geschichte (Texttafeln am Eingang auch auf Englisch) und kann sich durch eine Diashow in vergangene Zeiten zurückversetzen lassen. Unter www.cartolis.org sind mittlerweile mehr als 81.000 Karten auch online verfügbar.

Anfahrt: Ab Pontivy auf der D 768 24 km nach Süden. Cartopole: Mitte Juni bis Mitte Sept. Di und So 14–18, Mi–Sa 10–12.30 und 14–18 Uhr; Mitte Sept. bis Mitte Juni Di und Do/Fr 14–18, Mi 10–12.30 und 14–18 Uhr. Eintritt 5 €.

Quinipily: Hier dreht sich alles um die geheimnisumwitterte *Venus von Quinipily*. Im früheren Park des ruinierten Quinipily-Schlosses, knapp 2 km südwestlich von Baud, führt die einst angebetete, umkämpfte, umgesiedelte und verunstaltete Statue heute auf ihrem Granitsockel über einem monumentalen Brunnenbau ein beschauliches Dasein. Das war nicht immer so.

Bis 1660 war die Figur im rund 15 km nördlich gelegenen Castennec zuhause, wo wahrscheinlich die Legionäre der römischen Garnisonsstadt *Sulim* ihren Kult pflegten: Die Venus stand im Ruf, für Potenz und Fruchtbarkeit zu sorgen. Als die Römer weg waren, übernahmen die Bretonen die Verehrung der liebesfördernden Statue. Überliefert ist, dass Frauen, die sich ein Kind wünschten, inbrünstig ihren Körper an der Statue rieben, um schwanger zu werden. Der Bischof von Vannes konnte solchem Treiben nicht tatenlos zusehen: Dreimal wurde die Figur auf seine Anordnung in den Blavet geworfen, dreimal wurde sie wieder herausgefischt und aufgestellt. 1669 wurde sie schließlich nach Quinipily geschafft, von der Kirche beauftragte Steinmetze meißelten an der nackten Figur herum und versahen sie notdürftig mit einer steinernen Kleidung. Schöner wurde sie durch die kirchliche Zensur nicht. Doch die anrüchige Venus war nun wirkungsvoll entschärft, so dass der Zulauf zu ihr nachließ und der Bischof sich beruhigt wieder anderen Aufgaben zuwenden konnte – Reibefälle wurden keine mehr bekannt. Nach dieser Geschichte ein praktischer Hinweis: Um die Details gut zu sehen, ist ein Fernglas oder ein starkes Teleobjektiv hilfreich.

Die anstößige Venus von Quinipily

Von der Statue führt ein kaum fünfminütiger Spaziergang hoch zu einem Garten, in dem im Jahr 2000 ein alter *Michaelsbrunnen* ausgegraben wurde: Seine Zier ist eine sehr ausdrucksstarke Statue des Erzengels, der den Gehörnten bezwingt.

Anfahrt: Von Baud in Richtung Hennebont, in Coët Vin links und 500 m zum Parkplatz. Park: März/April und Nov./Dez. tägl. 11–17 Uhr, Mai–Okt. tägl. 10–19 Uhr. Eintritt 3 €.

Lac de Guerlédan

Alle zehn Jahre – das nächste Mal 2025 – wird der von Menschenhand geschaffene See abgelassen. Dann taucht auch das versunkene Dorf der Schieferarbeiter wieder auf. In den Jahren dazwischen bedeckt das gestaute Wasser des Blavet-Flusses fjordähnlich die einst engen Täler einer spärlich besiedelten, von dichtem Grün bedeckten Hügellandschaft.

Noch in den ersten Jahrzehnten des 20. Jahrhunderts war die Bretagne, verglichen mit dem übrigen Frankreich, in wirtschaftlicher Hinsicht mehr oder weniger ein Drittweltland. Der 10 km² große See von Guerlédan war ein zentrales Projekt zur Förderung der Region. 1929 wurde der Staudamm gebaut, seit 1931 versorgt das Wasserkraftwerk der Anlage große Teile der Bretagne mit Strom. Dafür musste nicht nur ein ganzes Dorf weichen – durch die Flutung des Blavet-Tals wurde auch der Nantes-Brest-Kanal unterbrochen. Neben der Energiegewinnung dient der Lac de Guerlédan mit seinen zahlreichen Buchten heute vor allem der Freizeitgestaltung.

Autofahrer bekommen vom versteckten See wenig mit – meist schlängelt sich das schmale Asphaltband in einigem Abstand an ihm vorbei, nur Stichstraßen führen gelegentlich an die Uferzone. Wer jedoch eine Wanderung nicht scheut, kann den still glitzernden Guerlédan-See richtig genießen. Rund um die Wasserfläche, gleich unterhalb der unmittelbar aufsteigenden Hügel, führen Wander- und Promenadenwege um den See. Am meisten los ist in Beau Rivage – ein erschlossenes Uferstück, das ganz für Badetouristen reserviert ist.

Wer lieber auf dem Fahrrad sitzt, als dieses auf steilen Bergwegen zu schultern, oder wer als Wanderer gangbare Wege sucht, tut gut daran, erst beim Informationsbüro in Mûr-de-Bretagne vorbeizuschauen. Dort gibt es eine Gratisbroschüre mit ausgeschilderten Wanderwegen (insgesamt 40 km) und 12 Mountainbike-Touren (insgesamt 300 km).

Der Westen → Karte S. 568/569

Das Landesinnere

Museumsdorf Les Forges des Salles

Mûr-de-Bretagne   2100 Einwohner

Das freundlich-harmlose Städtchen, das sich unauffällig durch die Jahrhunderte mogelte, ist eine gute Basis für eine Tour um den See. Erwähnenswert sind neben einem Feinschmecker-Restaurant (s. u., Hotel) der stimmungsvolle *Kirchplatz* mit einigen alten Häusern und die *Kapelle Ste-Suzanne* am höher gelegenen westlichen Ortsrand, in der ein sichtlich geplagter Teufel die Kanzel tragen muss.

Postleitzahl 22530

Information Office de Tourisme de Guerlédan, hinter der Kirche. Hier ist man für den ganzen Guerlédan-See zuständig und spricht auch Deutsch. April Mo–Sa 9.30–12.30 und 14–18 Uhr. Mai und Okt. Mo–Sa 9.30–12.30 und 14–18, So 14–18 Uhr. Juni–Sept. tägl. 9.30–13/14–18.30 Uhr (Juli/Aug. bis 19.30 Uhr). Nov.–März Mo–Fr 9.30–12.30 und 14–17, Sa 9.30–12.30 Uhr. 1, place de l'Eglise. ✆ 02.96.28.51.41, www.guerledan.fr.

Hin und weg Bus: Mûr-de-Bretagne liegt verkehrstechnisch günstig an der häufig befahrenen Buslinie Carhaix-Plouguer–Loudéac. Werktags mind. 5-mal in beide Richtungen, im Sommer bedeutend mehr. Haltestellen am Lac de Guerlédan sind Caurel, St-Gelven und Bon Repos.

Fahrradverleih Bei der **Base de Plein Air Guerlédan**, an der Stichstraße zum See, beim Camping. ✆ 02.96.67.12.22.

Kanus/Kajaks Verleih beim **Club de Canoë-Kajak de Guerlédan**, knapp vor der Stichstraße zur Base de Plein Air links abzweigen. ✆ 02.96.26.30.52.

Markt Freitag nachmittags bis abends, nur im Sommer.

Hotel *** **Auberge Grand' Maison**, stilvolles Anwesen unterhalb des Kirchplatzes. Das Entrée ist mit Auszeichnungen geschmückt – Gourmets ist das „Große Haus" ein Begriff (→ Restaurant). Die Vermietung der 8 Zimmer – vom guten DZ mit Dusche/WC bis zum Chambre Grand Confort – ist neben dem Geschäft mit dem Gaumenkitzel fast nebensächlich. Geschlossen 1. Jan.-Woche sowie im Febr. und Okt. für jeweils zwei Wochen. DZ 55–90 €, HP 88–108 €/Pers. 1, rue Léon Le Cerf, ✆ 02.96.28.51.10, www.auberge-grand-maison.com.

Camping ** **Le Point de Vue**, bei der Base de Plein Air Guerlédan (→ Fahrradverleih) in schöner Lage über dem See. Der frühere

Camping municipal wird heute gemeinsam von den fünf Seegemeinden verwaltet. Terrassenförmige, von Heckenwällen eingefasste Wiesenplätze ziehen sich über dem See hinter einer kleinen Staumauer steil hinauf. Die gepflegten Sanitäranlagen sind in der Hochsaison ordentlich ausgelastet. 130 Stellplätze. Geöffnet Mitte Febr. bis Mitte Nov. 104, rue du Lac, ✆ 02.96.26.01.90, www.camping-lepointdevue.fr.

Restaurant Auberge Grand' Maison, die exzellente Küche von Christophe Le Fur (sein Porträt prangt groß an der Hausmauer) findet selbst im strengsten Gourmetführer Anerkennung. Menus 50 € (2 Gänge) bis 80 € (5 Gänge). Spezialitäten sind z. B. Entenpastete, gefüllte Täubchen oder „Hummer in fünf Akkorden". Im Nebenbau hat der Meister der Küche das „Atelier Cuis'in" eröffnet, wo er jeweils Do und Sa Kochkurse anbietet. Geschlossen So Abend bis Di Mittag (außerhalb der Saison bis Di Abend). 1, rue Léon Le Cerf. ✆ 02.96.28.51.10.

St-Aignan: Das 600-Seelen-Dorf am Blavet-Ufer, etwa 3 km vor dem Staudamm an der D 31, gehört zu den obligaten Stationen bei der Guerlédan-Rundfahrt. In der *Kirche* aus dem 12. Jahrhundert sind eine geschnitzte Wurzel Jesse und eine Darstellung der Dreifaltigkeit zu sehen. Das liebevoll aufgemachte *Musée de l'Electricité* stimmt auf den Besuch des *Guerlédan-Staudamms* (s. u.) ein: Informationen über die Geschichte des Dammbaus, technische Details zu Turbinen, Pumpen und Signalapparaten, die zu bedienen Sie aufgefordert werden.

Museum: April Mo–Sa 9.30–12.30 und 14–18 Uhr, Mai und Okt. Mo–Sa 9.30–12.30 und 14–18, So 14–18 Uhr, Juni–Sept. tägl. 9.30–13 und 14–18.30 Uhr. Eintritt 4,50 €.

Barrage de Guerlédan (Staudamm): Kurvenreich führt von St-Aignan das letzte Stück der Straße hinauf zu einem Parkplatz. Hoch oben auf der Aussichtsplattform blicken Sie auf das Blavet-Tal hinunter – oder auf den riesigen Staudamm, der die Fluten des Flusses zurückhält. 45 m hoch, an der Basis über 33 m dick und 206 m lang, staut er seit 1929 an einer Engstelle der einstigen Blavet-Schlucht 55 Millionen Kubikmeter Wasser, sein Kraftwerk liefert jährlich 23 Millionen kWh Strom. Im *Musée de l'Electricité* (→ St-Aignan) erhalten Sie detaillierte Informationen.

Ruhe am Lac de Guerlédan

Anse de Sordan (Bucht von Sordan): eine kleine Bucht mit Zugang ins Wasser für Badegäste, mit Boots- und Tretbootverleih sowie einer Anlegestelle für Seerundfahrtschiffe. Fürs leibliche Wohl sorgen ein Grillrestaurant und eine Snackbar, Selbstverpfleger finden einen schönen Picknickplatz vor.

Camping ** Merlin (Anse de Sordan), seenahe, sehr schöne Lage mit 50 meist schattigen Stellplätzen und renovierten sanitären Anlagen. Das Restaurant des Platzes (So Ruhetag) serviert ein Menü sowie Pizza, Moules frites, Sandwichs, Tapas und Salate. Geöffnet Mai–Sept. Anse de Sordan, 56480 St-Aignan, ✆ 02.97.27.52.36.

Les Forges des Salles: Das abseits vom See in einer Lichtung in der *Forêt de Quéné-can* gelegene Dörfchen lebte einmal von seinen Schmieden, die bis ins 19. Jahrhundert hartes Qualitätseisen herstellten. Heute herrscht am Rande des Hochwalds Ruhe. Das restaurierte *Les Forges des Salles* aus dem 18. Jahrhundert mit seinem Ensemble von Häusern gibt einen grandiosen Einblick in die untergegangene Welt der lokalen Eisenherstellung. Zu Füßen des stattlichen Herrenhauses *(Logis du Directeur)* gruppieren sich die Wohn- und Werkstätten der Siedlung, und da seit über 100 Jahren nicht mehr gehämmert wird, herrscht im Museumsdorf klösterliche Ruhe. Über die Werkzeugmacherei an der Kantine vorbei gelangt man zum Verwaltungsgebäude, wo die Arbeiter ihren Lohn erhielten und heute ein stummer, wächserner Buchhalter vor den Büchern sitzt. Eine Kapelle für die gottesfürchtigen Arbeiter, eine Brotbackstube, ein Kohlelager, eine Schule mit rekonstruiertem Klassenzimmer, eine Schreinerei sind weitere Stationen. Im Zentrum der Produktion steht jedoch die Gießerei, wo einst ein Wasserfall das Rad des Hochofens antrieb; 1924 wurde hier eine Turbine installiert, die noch bis 1951 Elektrizität lieferte. Zum Abschluss des durch und durch empfehlenswerten Freilichtmuseums steige man hinter dem Herrenhaus die terrassenförmig angelegte Orangerie hoch. Von hier aus übersieht man das Ensemble am besten.

Ostern bis Juni und Sept. Sa/So 14–18.30 Uhr. Juli/Aug. tägl. 14–18.30 Uhr. Eintritt 6 €. Anfahrt: Von der D 15, der Straße südlich des Sees, auf einen unscheinbaren Fahrweg in Richtung Ste-Brigitte einbiegen, ausgeschildert.

Bon Repos: Die Straße führt an einem idyllischen Ensemble vorbei: eine alte Steinbrücke, die den Verkehr über den Nantes-Brest-Kanal leitet, eine intakte Schleuse, das Haus des Wärters und die Fassade eines zerstörten *Zisterzienserklosters*. Die mächtigen Ruinen neben der nostalgischen Wasserstraße sind ein Ziel der Sonntagsausflügler, die ein Restaurant, einen Souvenirladen und eine Mineralienausstellung vorfinden. Im Hochsommer, wenn sich hier ganze Busgesellschaften die Füße vertreten, ist der idyllische Picknickplatz an der alten Schleuse oft belegt. Der Kanal, hier identisch

Klosterruine Bon Repos

mit dem Blavet, erlaubt kleinen Booten die Fahrt von Châteaulin zum Lac de Guerlédan.

Das ehemalige Zisterzienserkloster wurde 1184 von Alain III. von Rohan gegründet. Im 18. Jahrhundert ohnehin schon in schlechtem Zustand, gab ihm die Französische Revolution den Rest. Seit 1986 hat sich der Verein *Compagnons de l'Abbaye*, der mit dem privaten Besitzer der Ruinen einen Erbpachtvertrag schloss, dem Wiederaufbau und der Renovierung verschrieben, zum 20. Geburtstag des Projekts eröffnete er in den restaurierten Flügeln ein Kulturzentrum. Erst feierte der rührige Verein mit Recht sich selbst – mit einer Ausstellung über sein 20-jähriges Engagement –, es folgten eine Dokumentation über Bon Repos und den Flachsanbau in der Umgebung und seither einige ambitionierte Ausstellungen von Werken der Gegenwartskunst.

Spektakulär ist der Rundgang durch die Ruinen nicht. Damit der Besucher nicht gänzlich ratlos herumspaziert, bekommt er ein gut gemachtes Informationsblatt (auch auf Deutsch) in die Hand gedrückt, das die Geschichte des Baus und die Verwendungszwecke der teils restaurierten Räume erklärt. So gewinnt man dem Besuch doch noch etwas ab, und das Ausstellungsprogramm bietet oft eine zusätzliche Überraschung.

März–Juni und Sept.–Nov. Mo–Fr 10–12 und 14–18, So14–18 Uhr. Juli/Aug. tägl. 10–19 Uhr. Eintritt 5 €.

Veranstaltungen   Von Frühling bis Herbst regelmäßig Vorträge, Konzerte und „Son & Lumière"-Spektakel, deren Erlöse zum weiteren Wiederaufbau des Klosters beitragen.

Hotel   Les Jardins de l'Abbaye, in einem Natursteinhaus unmittelbar neben der Klosterruine bietet das Hotel fünf gleich kleine Zimmer mit Bad und WC an. Ein idealer Ausgangspunkt für ausgedehnte Spaziergänge entlang des zumindest im Frühling und Herbst verlassenen und idyllischen Kanals. Auch Kanu- und Mountainbike-Verleih. Restaurant. DZ 65–70 €. Abbaye de Bon Repos, 22570, St-Gelven, ✆ 02.96.24.95.77, www.jardinsabbaye.fr.

Beau Rivage: Mit einladenden Fußwegen am Seeufer ist das auf einer Landzunge gelegene Beau Rivage das unangefochtene Urlaubszentrum am Guerlédan-See. Bar, Restaurant, Hotel, Campingplätze, Minigolf, Sandstrand, Anlegestelle, Bootsverleih – alles ist da und wird in der Hochsaison auch genutzt. Ab September zieht dann wieder Ruhe ein, und die Einrichtungen schließen langsam …

Bootsverleih   An der Anlegestelle liegen Tretboote, Ruderboote und Kajaks bereit.

Schiffsrundfahrt   Die „Duc de Guerlédan" I und II sorgen während der Saison für die Personenbeförderung auf dem See. An verschiedenen Haltestellen kann man zu- und aussteigen. Auch Kreuzfahrten (1½ Std.) und Fahrten mit Menü an Bord (3 Std.) im Angebot. März–Nov. Les Vedettes de Guerlédan, ✆ 02.96.28.52.64, www.guerledan.com.

Hotel ** Le Beau Rivage, nüchternes Etablissement (Logis de France) am Seeufer. Nur 3 Zimmer, schönes Restaurant mit Seeterrasse (s. u.). DZ 56–65 €. Geschlossen im Jan. Beau Rivage, 22530 Caurel, ✆ 02.96.28.52.15, www.le-beau-rivage.info.

Camping **** Village Nautic Guerlédan, ein angenehmer Platz, abgelegen und einsam mitten in der Pampa über dem See und gestalterisch der grün überwucherten Landschaft angepasst (Anfahrt beschildert). Optischer Mittelpunkt der terrassenförmig abfallenden Anlage ist der Swimmingpool, wo Sie die Schwimmer wie im Aquarium beobachten können. Tenniscourt, Volleyballfeld und Bocciabahn. Die Sanitärblocks sehen Wohnbungalows zum Verwechseln ähnlich. Bungalows gibt's ohnehin genug. 120 Stellplätze. Im Juli/Aug. auch Lebensmittelladen. Geöffnet Mitte Mai–Sept. Route de Beau Rivage 22530 Caurel, ✆ 02.96.28.57.94, www.campingnautic.fr.

Der Westen ↓ Karte S. 568/569

Das Landesinnere

Restaurant Le Beau Rivage, im gleichnamigen Hotel (s. o.). Das vor Ort konkurrenzlose Restaurant mit seiner großen Speiseterrasse zum See ist auf ein zahlreiches Ausflugspublikum eingestellt. Geschlossen in der Saison am Mo, außerhalb der Saison auch Mi. ✆ 02.96.28.52.15.

Crêperie Crêperie du Vieux Moulin, gleich neben *Le Beau Rivage* und ebenfalls mit schönem Seeblick; unter dem Schieferdach eines modernen pyramidenähnlichen Baus kann hier der kleinere Hunger gestillt werden. Nebenbei betreibt die nette Crêperie einen kleinen Kanuverleih. Di Ruhetag. ✆ 02.96.28.54.72.

Daoulas-Schlucht/Laniscat: Auf der Höhe der Klosterruine von Bon Repos (s. o.) zweigt ein kurvenreiches Sträßchen von der N 164 nach Lanisdat ab. Die Bezeichnung Schlucht *(Gorges du Daoulas)* ist etwas hoch gegriffen Das schiefrige, bewaldete Tal des schnell fließenden Daoulas hat aber einigen Felsen ein seltsames Aussehen verschafft. Wo kein Wald ist, blühen Heidekraut und Ginster.

Das *Glockenrad* der *Pfarrkirche von Laniscat* lockt immer wieder Touristen ins Dörfchen hinter dem Guerlédan-See. Der Zug eines mittlerweile abgenommenen Seils brachte das Rad mit den Glöckchen zum Drehen, und eine kleine Melodie erklang. Die im 17. und 18. Jahrhundert gefertigten Glockenräder wurden zur akustischen Untermalung der Kommunion eingesetzt. Heute gilt: „Wer bimmelt, darf sich etwas wünschen" – die Chance, dass der Wunsch in Erfüllung geht, ist allerdings so groß wie ein Sechser im Lotto. Deshalb heißt das *roue à carillons* (Glockenrad) gelegentlich auch *roue de fortune* (Glücksrad). In der Bretagne gibt es nur noch wenige Glockenräder, eines davon – intakt und mit Zugseil – in Confort-Meilars auf der Halbinsel Sizun (siehe dort).

Für entgangenes fröhliches Glockengebimmel entschädigt ein ausdrucksstarkes steinernes Relief mit vier Szenen aus den Evangelien; leider ist bei der Fußwaschung der Kopf der schönen Sünderin verstümmelt. Auch das Stützgebälk der Empore mit seinen schönen Holzschnitzereien wäre zu bewundern, gäbe es etwas mehr Licht. Last but not least ist in der Kirche auch St-Gildas vertreten: Ein Reliquiar verwahrt einen Armknochen des heiligen Mannes, der im 6. Jahrhundert die Bretagne missionierte.

Umgebung von Lac de Guerlédan

St-Nicolas-du-Pélem: Die „grüne Ferienstation", von Laniscat über die D 95/D 5 zu erreichen, wirbt mit einem 50 km langen Wanderwegenetz um Urlauber. Naturliebhaber mit gutem Schuhwerk können aus zehn "Circuits" ihren Favoriten auswählen: die Wälder-, Landhäuser-, Kapellen-, Tumulus- oder Menhir-Tour. Kulturbeflissene werden vielleicht die *Ortskirche* aus dem 15. Jahrhundert besuchen, in der zwei renovierte Buntglasfenster die Passionsgeschichte erzählen.

Camping ** Cussuliou, an der Straße nach Plouvenez, neben dem Schwimmbad. Das von der Gemeinde verwaltete Areal mit 60 Stellplätzen ist nicht mehr als eine schlichte Abstellfläche mit Stromblocks und Sanitäranlagen. Geöffnet Mitte Juni bis Mitte Sept. 22480 St-Nicolas-du-Pélem, ✆ 02.96.29.51.27 (Mairie).

Lanrivain: Der umfriedete Pfarrbezirk der Ortskirche *St-Grégoire* (19. Jh.) zeigt einen *Friedhof*, ein kleines *Beinhaus* (15. Jh.), in dem die Schädel von den anderen Knochen fein säuberlich getrennt gestapelt sind, und – gestalterischer Höhepunkt – einen ansehnlichen *Calvaire* aus dem 16. Jahrhundert.

1 km nördlich von Lanrivain findet sich im Weiler *Le Guiaudet* die schmucke Kapelle der Jungfrau von Guiaudet, ein bis heute beliebter Wallfahrtsort, mit einem 16-glöckigen *Carillon* (Glockenspiel) im Turm. Es gibt mehrere unwahrscheinliche Gründungslegenden, hier die kürzeste, in einem Satz erzählt: Einem ansässigen Bauern war vor 300 Jahren die Heilige Jungfrau im Kindbett erschienen. Punkt – und der Weiler bekam den Namen „Yaudet", bretonisch für Kindbett. Der prächtige Altar der Kapelle zeigt eine liegende Maria mit Gotteskind.

Von St-Nicolas-de-Pélem über die D 50.

Gorges de Toul Goulic: Der Weg zur idyllischen Schlucht ist ausgiebig ausgeschildert und führt, an Wegkreuzen und Bildstöcken vorbei, 2 km außerhalb von Lanrivain auf einen Parkplatz. Von dort führt ein 15-Minuten-Spaziergang ins schmale *Blavet-Tal* hinab. Zwischen rund gewaschenen

Ordnung im Beinhaus (in Lanrivain)

Granitblöcken schlängelt sich das Flüsschen durch den Wald und verschwindet teilweise unter bizarrem Gestein. Ein netter Ausflug ins Grüne.

Kergrist-Moëlou: Der *Calvaire* im Pfarrbezirk (15. Jh.) wurde von republikanischen Plünderern während der Revolution in Trümmer gehauen. Als ruhigere Zeiten kamen, bastelte man die annähernd 100 Heiligenfiguren wieder zusammen und stellte sie ziemlich planlos auf den heil gebliebenen, achteckigen Sockel. Resultat: ein kunterbuntes Sammelsurium beschädigter, in einer falschen Geschichte umherirrender Heiliger.

Im Innern der idyllisch von alten Bäumen umstandenen *Kirche* ist im Tonnengewölbe des Längsschiffs eine schön bemalte Holzdecke zu sehen. Mit Arabesken verzierte Medaillons zeigen die Konterfeis der französischen Bischöfe, die 1870 am vatikanischen Konzil teilnahmen. Im Querschiff betrachten rechts weibliche Heilige sanftmütig den Besucher, links runzeln weißbärtige Propheten die Stirn.

Von Lanrivain 20 km entfernt, erst in Richtung Gorges de Toul Goulic, aber auf der D 87 bleiben.

Le Faouët

2800 Einwohner

Hügelige Wälder in der Umgebung und fruchtbares Ackerland – Le Faouët ist idyllisch gelegen. Im Wasser der umliegenden Bäche tummelt sich Forelle und Lachs, gelegentlich ragen Türmchen von Wallfahrtskapellen aus den Buchenwäldern.

Le Faouët (bret. für Buchenwald) ist ein typisches Provinzstädtchen des *Argoat*, wie das Landesinnere von den Bretonen genannt wird, verschlafen und weitab vom Schuss. Für Touristen ist Le Faouët als Ausgangspunkt für Wanderungen durch das

Der Westen → Karte S. 568/569

Das Landesinnere

Ellé-Tal interessant. Stille Spazierwege führen durch schattige Wälder zu einigen außergewöhnlichen Kapellen.

Das Städtchen zeigt eine außergewöhnlich schöne *Markthalle*, vor der ein ungewöhnliches *Denkmal* an den in Le Faouët geborenen *Corentin Carré* erinnert: Mit 15 Jahren hatte sich der jüngste Soldat Frankreichs freiwillig für den Ersten Weltkrieg gemeldet und war 1918 kurz vor Kriegsende bei einem Luftangriff auf dem „Feld der Ehre" gefallen.

Sehenswertes

Markthalle: Zwei Spitzgiebel aus Holzfachwerk ruhen auf granitenen Säulen und grenzen das weit heruntergezogene Dach seitlich ab, in der Mitte erhebt sich ein schieferbehelmter, achteckiger Glockenturm. Die Ausmaße der Markthalle aus dem 16. Jahrhundert sind imposant: Mit 53 m Länge und 19 m Breite beherrscht sie die Grande Place von Le Faouët. Unter dem Schieferdach spukt die ruhelose Seele der Volksheldin *Marion de Faouët*, die im 18. Jahrhundert Edelleute, Geizkrägen und Händler ausraubte, um die Armen zu beschenken. Das hält die Einheimischen jedoch nicht davon ab, den Bau nach wie vor für den Wochenmarkt und lokale Festivitäten zu nutzen.

Museum: Das im ehemaligen Ursulerinnenkloster untergebrachte stimmungsvolle Museum wird derzeit nur noch für Ausstellungen genutzt. Zum Zug kommen in erster Linie bretonische Künstler des 20. Jahrhunderts, die Gegenwartskunst hat noch nicht Einzug gehalten.

April–Juni und Sept./Okt. Di–Sa 10–12 und 14–18, So 14–18 Uhr. Juli/Aug. tägl. 10–12 und 14–18 Uhr. Eintritt 4,50 €.

Bienen- und Ameisenmuseum (L'abbeille vivante/La cité des fourmis): Hier dreht sich alles um das Leben der Bienen und Ameisen. Die Bevölkerung eines Bienenstocks, der Bienenstock im Wandel der Zeit, vom Ei zur Arbeitsbiene, die Arbeit

Ste-Barbe – Kapelle am Abgrund

des Imkers ... Die anschauliche Bienensammlung wird ergänzt durch weitere Insektenvölker (Ameisen) und einen Verkaufsraum, in dem Produkte der fleißigen Biene zu erwerben sind.

April–Juni tägl. 14–18 Uhr. Juli/Aug. tägl. 11–19 Uhr. Sept./Okt. Di–So 14–18 Uhr. Erw. 8,65 €, Kind 4–12 J. 6,50 €. Weg: Nördlich von Le Faouët, vom Zentrum aus ca. 10 Min. zu Fuß (Autofahrer nehmen einen größeren Umweg in Kauf, Richtung Gourin, dann Richtung Rostrenen. Der Besuch lässt sich problemlos mit einem Spaziergang zur Kapelle Ste-Barbe (s. u., weitere 10 Min. zu Fuß) verbinden.

Kapelle Ste-Barbe: Die höchst reizvolle Kapelle liegt direkt unterhalb eines Aussichtsplateaus in einer Felshöhlung über dem *Ellé-Tal* versteckt. Sie wurde 1498 von einem einheimischen Landedelmann in Auftrag gegeben, der hier beinahe durch einen Steinschlag umkam und sich seine Rettung nur durch ein Wunder der heiligen Barbara erklären konnte. Die enge Lage über dem Ellé-Tal nötigte den Architekten und Handwerkern eine Meisterleistung ab. Das Baumaterial musste mühsam vom Rand des Plateaus abgeseilt oder vom Talgrund heraufgezogen werden. 1512 war das Kirchlein im Flamboyant-Stil vollendet und wurde schnell zum Wallfahrtsort. Ende des 17. Jahrhunderts errichtete man für die zahlreichen Pilger eine ausladende Treppe, die vom Plateau aus bequem zur Kirche hinunterführt. Im Inneren überzeugen vor allem die *Renaissancefenster* aus dem 16. Jahrhundert, die aus dem Leben der Kirchenheiligen erzählen. Ein Stück unterhalb der Kapelle sprudelt eine eingefasste, geweihte *Quelle*.

Mo 14–17.30, Di–So 10–12/14–17.30 Uhr. Anfahrt: 3 km nördlich von Le Faouët (ausgeschildert). Die Kapelle ist vom Bienenmuseum aus (s. o.) in einem gut 10-minütigen Spaziergang zu erreichen. Pardon: Am letzten Junisonntag und am 4. September.

Postleitzahl 56320

Information Office de Tourisme, im Zentrum, Nähe Markthalle. Juli/Aug. Mo–Sa 9.30–13 und 14–18, So 10–13 Uhr. Sept.–Juni Di–Sa 10–12.30 und 14–17.30 Uhr (geschlossen Nov.–März am Do). 3, rue des Cendres. ℡ 02.97. 23.23.23, www.tourismepaysroimorvan.com.

Hin und weg Bus: Werktags 5-mal nach Quimperlé, dort Anschluss u. a. nach Lorient. 2- bzw. 3-mal nach Plouray oder Gourin. Sonntags kein Busverkehr. Haltestelle bei der Markthalle.

Markt Jeden 1. und 3. Mittwoch im Monat vormittags in der Markthalle und rundherum.

Hotel **La Croix d'Or, gegenüber der Markthalle. 12 Zimmer mit guter Sanitärausstattung. Solides Hotelrestaurant mit guten Gerichten. Geschlossen Mitte Dez. bis Mitte Jan. DZ 55 €. 9, place Bellanger, ℡ 02.97.23.07.33, www.lacroixdor.com.

Camping *** Municipal Beg er Roch, 3-ha-Areal entlang eines ruhig plätschernden Forellenbachs im Talgrund, unterhalb einer alten Mühle (Wald und Wiese). Die Gemeinde hat sich Mühe gegeben: verschiedene sportliche Angebote (Spielsaal für Groß und Klein), Minigolfplatz. Kleiner Lebensmittelbasar, Eis und frische Getränke. Mobilhome- und Caravan-Vermietung. 85 Stellplätze. Geöffnet März–Sept. Route de Lorient, ℡ 02.97.23.15.11, http://camping begerroch.jimdo.com.

Crêperie La Sarrasine, in einem Granithaus zentral bei der Markthalle und von mehreren Crêperien am Platz eindeutig die schönste. Nicht nur stilvolles Ambiente, auch köstliche Crêpes und Galettes – traditionell oder nach Art des Hauses. Mo/Di Ruhetag (außer im Aug.). 1, rue du Château. ℡ 02.97.23.06.05.

Umgebung von Le Faouët

St-Fiacre: Etwa 2,5 km südlich von Le Faouët, über die Straße nach Quimperlé erreichbar. Die im Flamboyant-Stil des 15. Jahrhunderts gebaute Kapelle beherbergt ein 500 Jahre altes Meisterwerk hochgotischer Schnitzkunst: den restaurierten farbenfrohen *Lettner*, der das Schiff vom Chor trennt. Anschauliche Szenen zeigen

▲ St-Fiacre

▼ Kernascléden

▼▼ Der Tod bittet zum Tanz

Profanes und Paradiesisches, menschliche Schwächen und Laster. Während Adam und Eva, der Gemeinde zugewandt, sich schamhaft mit einem Feigenblatt bedecken, spielt sich auf der Rückseite – für den Klerus gut zu studieren – das pralle Leben ab: Ein glasig glotzender Trunkenbold mit Fass erbricht einen ganzen Fuchs, ein Dieb versteckt sich im Apfelbaum, der musikalische Faulpelz gibt sich ganz dem Dudelsack hin, ein eher harmloses Pärchen verkörpert die Wollust.

Kernascléden: Die 350-Seelen-Gemeinde 12 km östlich von Le Faouët (D 782) besitzt eine bemerkenswerte, von der Familie der Rohans gestiftet Kirche. Sie ist ein Meisterwerk der Gotik, geprägt von einem schlanken Turm, großen Fensterrosetten und zwei Vorhallen. Das Innere zeigt im vorderen Teil (Chor, linkes Querschiff) ein freskenverziertes *Gewölbe*. 24 Bilder schildern Szenen aus dem Leben Marias, darunter über den Spitzbogen sieben weitere Bilder zur Leidensgeschichte Jesu, eine achtes zeigt die Himmelfahrt – Jesus unter engelhaften Sängern und Musikanten.

Höhepunkt des Kirchenschmucks sind die bei Restaurierungsarbeiten im rechten Querschiff freigelegten Fragmente eines *Totentanzes* und die *Darstellung der Hölle*. Der Tod kennt keine Klassenunterschiede, jeder muss sterben: In einer makabren Prozession ziehen Kaiser, König und Kardinal vorbei, begleitet von einem Skelett, das die Posaune des Jüngsten Gerichts bläst. Rechts daneben, fast über die ganze Wand freigelegt, eine sehr anschauliche Schilderung des Höllenpfuhls: Sichtlich vergnügte Teufel sieden in riesigen Töpfen die bösen Seelen, ein langhorniger Folterknecht piesackt die Verdammten mit dem Dreizack, in einem bauchigen Fass wehren sich die von den Martern Gequälten dagegen, ertränkt zu werden.

Carhaix-Plouguer

7400 Einwohner

Im Doppelort fallen die vielen großzügigen Plätze und die für die Bretagne untypische lockere Bebauung auf. Die Bevölkerung des Umlands findet hier die besten Einkaufsmöglichkeiten zwischen Pontivy und Morlaix. Der bullige Stier im Stadtwappen verweist auf Carhaix' wichtigsten Wirtschaftszweig – die Aufzucht von kräftigen Hornviehvätern.

Carhaix war schon früh ein wichtiger Verkehrsknotenpunkt, unter römischer Herrschaft wuchs hier eine keltische Siedlung zu einer „Großstadt" mit über 10.000 Einwohnern heran. Im 6. Jahrhundert war Carhaix Hauptstadt der Grafschaft Poher. Im Mittelalter kam die Stadt durch den Abbau von silberhaltigem Blei zu Wohlstand. Im 18. Jahrhundert ging es bergab, viele Carhaisiens verließen die Stadt, verdingten sich als Dienstboten in Paris oder emigrierten ins Ausland. Erst in jüngster Zeit blüht die Stadt wieder. Dank Agrarförderprogrammen wurde Carhaix zu einem Landwirtschaftszentrum, dessen Spezialität Hornviehzucht und Milcherzeugung sind.

Aufregendes ist in Carhaix nichts zu sehen. Aus den wenigen verbliebenen Fachwerkhäusern des Mittelalters sticht die *Maison du Sénéchal* heraus, in der sich das Touristbüro eingerichtet hat. Kenner der französischen Geschichte und Liebhaber der keltischen Sprache werden vielleicht einen Moment vor der Bronzestatue auf der *Place de la Tour d'Auvergne* (→ Kastentext „Der erste Grenadier der Republik") stehenbleiben.

Am dritten Wochenende im Juli gerät das sonst eher behäbige Carhaix-Plouger aus den Fugen: Das *Festival des Vieilles Charrues* (Festival der alten Pflüge) hat nicht mit landwirtschaftlichen Geräten zu tun, sondern ist mit über 250.000 Besuchern Frankreichs größtes Musikfestival. Ein Hotelzimmer finden Sie dann wohl kaum in der Stadt.

Postleitzahl 29270

Information Office de Tourisme, in der Maison du Sénéchal, dem schönsten Haus im Zentrum. Juni und Sept. Mo–Sa 9–12 und 14–18 Uhr. Juli/Aug. Mo–Sa 9–12.30 und 13.30–19, So 10–13 Uhr. Okt.–Mai Di/Mi und Fr/Sa 10–12 und 14–17.30, Do 14–17.30 Uhr. 6, rue Brizeux. ✆ 02.98.93.04.42, www.poher.com.

Hin und weg Bahn: Carhaix ist Endstation einer Stichlinie. Nächster Umsteigebahnhof Richtung Brest oder Rennes/Paris ist Guingamp. Mindestens 6-mal tägl. nach Guingamp. Bahnhof im Osten der Stadt, 300 m vom Zentrum.

Bus: Haltestellen am Bahnhofsplatz, im Zentrum und bei der Kirche St-Trémeur. Mindestens 3-mal tägl. über Huelgoat nach Morlaix (So 1-mal). 1-mal werktags über Guingamp nach St-Brieuc. Außerdem mindestens 2-mal (So 1-mal) über Châteauneuf

nach Châteaulin. 5-mal werktags über Mur-de-Bretagne nach Loudéac.

Feste Festival des Vieilles Charrues, jährlich am 3. Juliwochenende. Erstklassiges Festival mit Konzerten bretonischer, französischer und Weltmusik, das über 250.000 Besucher in das Städtchen lockt. Höhepunkte 2015 waren die Auftritte von Joan Baez und dem walisischen Popstar Tom Jones. Infos zum Programm unter www.vieillescharrues.asso.fr.

Markt Samstag auf der Place de Foire.

Hotels ** Le Noz Vad, modernes, komfortables Mittelklassehotel an der D 764 im Stadtzentrum. 44 Zimmer verschiedener Größe, alle mit Bad/Du/WC und Lärmschutzfenstern. DZ 44–100 €. 12, boulevard de la République, ✆ 02.98.99.12.12, www.nozvad.com.

D'Ahès, im Zentrum an der Hauptstraße. 10 ordentliche Zimmer mit gutem Sanitärkomfort

Der Westen → Karte S. 568/569   Das Landesinnere

Der erste Grenadier der Republik

Théophile Malo-Corret, 1743 in Carhaix geboren, begeistern zwei Dinge: die bretonische Sprache und das Kriegshandwerk. Er tritt in die königliche Armee ein, kommt aber als Bürgerlicher auf der Karriereleiter nur langsam hoch. Mit 46 Jahren hat es Théophile, dessen Spezialität das Werfen von Handgranaten ist, gerade zum stellvertretenden Hauptmann gebracht. Erst die Französische Revolution – er ist begeisterter Republikaner – verhilft seinen militärischen Qualitäten zum Durch-

Théophile Malo-Corret:
Haudegen und Sprachforscher

bruch. Durch seine Kühnheit gewinnt er die Achtung seiner Soldaten und erhält den Beinamen *La Tour d'Auvergne*, der zu einem gefürchteten Markenzeichen wird. Wo er auftaucht, zittern die Gegner. So auch bei der Belagerung von San Sebastian: Man gibt dem anrückenden Hauptmann die Stadtschlüssel freiwillig heraus.

Bald werden dem mehrfachen Helden hohe militärische Posten angedient, doch *La Tour* lehnt ab. Nach seiner Pensionierung 1793 widmet er sich ganz seiner zweiten Leidenschaft, der bretonischen Sprache. Sein besonderes Augenmerk gilt der Erstellung einer keltischen Grammatik. 1797 werden La Tours Studien unterbrochen. Der letzte von vier Söhnen eines Freundes – die anderen drei waren bereits für Napoleon gefallen – soll zum Militärdienst eingezogen werden. Der inzwischen 54-jährige Haudegen und Sprachforscher meldet sich freiwillig an dessen Stelle. Natürlich werden dem prominenten Grenadier unge-

fährliche Posten in der Etappe angeboten, doch La Tour d'Auvergne will in vorderster Front kämpfen, tritt als einfacher Soldat ins 46. Regiment ein und zieht fast drei Jahre lang durch Europa. Am 27. Juni 1800 streckt ihn die Lanze eines österreichischen Ulanen in der Schlacht bei Oberhausen nieder.

ls Napoleon vom tragischen Ende des Mustersoldaten erfährt, ernennt er ihn posthum zum „ersten Grenadier der Republik" und lässt seinen Sarg mit dem Ehrensäbel schmücken. Am Tag seiner Beerdigung trägt die gesamte napoleonische Armee Trauer.

(Bad oder Dusche/WC). Bar. DZ 45 €. Geschlossen im Febr. 3, rue Ferdinand Lancien, ℡ 02.98.93.00.09.

Camping ** Municipal de la Vallée de l'Hyères, im gleichnamigen Tal, ein nettes Freizeitgelände und Naherholungsgebiet, etwa 2 km außerhalb (Richtung Brest über die D 764, ausgeschildert). Fünf Weiher umgeben den Platz, ein großflächiges, lichtes Rasenterrain mit vielen kleinen Bäumen und Blumenbeeten direkt am Fluss. Spielplatz, Tennis- und Boulegelände, Kanufahrten. Sehr gepflegte Sanitäranlagen. 68 Stellplätze. Geöffnet Mai bis Mitte Sept. Vallée de l'Hyères, Route de Kerniguez, ℡ 02.98.99.10.58, camping. municipal@ville-carhaix.com.

Snacks La Brasserie, große Brasserie neben dem Rathaus. Der Besitzer hat ein „Comptoir des Voyageurs" eingerichtet: Snacks und gute Sandwichs, mittags ein Tagesgericht. 2, place de la Mairie. ℡ 02. 98.27.99.56.

Umgebung von Carhaix

Châteauneuf-du-Faou: Das Städtchen auf einem steilen Höhenkamm über der *Aulne* macht als *Station Verte de Vacances* für sich Reklame. Zu den Urlauberfreuden gehören Bootsfahrten auf der Aulne, ausgedehnte Radtouren und Spaziergänge auf beiden Seiten des Kanals. Bekannt ist der Ort auch als Anglerparadies, Hechte und Lachse werden aus dem Fluss gezogen.

Kunstfreunde besuchen in Châteauneuf die *Pfarrkirche*, deren Taufkapelle von Gauguin-Schüler *Paul Sérusier* , der sich 1905 in Châteauneuf niederließ, ausgemalt wurde. Ein erster Vorschlag des Malers wurde abgelehnt, acht Jahre später bekam er dann den Auftrag doch noch: links u. a. Taufe und Auferstehung Christi, rechts u. a. Verkündigung und Himmelfahrt Mariä und unter den Darstellungen ein harmloser dunkelgrüner Vorhang. Noch später war man dann stolz auf den zugewanderten Maler, benannte eine Straße nach ihm und stellte seine Büste (strenger Blick, wallender Bart) auf dem Kirchenplatz auf.

Postleitzahl 29520

Information Office de Tourisme, im Ortszentrum. April–Juni und Sept. Di–Sa 10– 12.30 und 14–17.30 Uhr. Juli/Aug. 10–12.30 und 14–18.30, So 10.30–12.30 Uhr. Okt.–März Di und Do 10–12.30, Mi und Fr/Sa 10–12.30 und 14–17 Uhr. Place ar Segal. ℡ 02.98.81. 83.90, officedetourisme.chateauneufdufaou @wanadoo.fr.

Hin und weg Bus: Haltestelle im Zentrum; werktags mindestens 2-mal nach Carhaix und Châteaulin (sonntags 1-mal).

Bootsverleih/Kanus Aulne Loisirs, unten an der Aulne, in Penn-ar-Pont, vermietet Hausboote (kein Führerschein nötig), Kajaks und Kanus. ℡ 02.98.73.28.63.

Markt Mittwoch auf der Place du Marché.

Hotel ** Le Relais de Cornuaille. Das einzige Hotel am Ort ist ein großer Kasten mit 29 Zimmern am Abzweig nach Carhaix-Plouguer. Die Kundschaft besteht hauptsächlich aus Geschäftsleuten, die Zimmer sind korrekt. Mit Restaurant. DZ 57–60 €. Geschlossen im Okt. 9, rue Paul Sérusier, ℡ 02.98.81.75.36, www.lerelaisdecornouaille. com.

Camping ** Penn ar Pont, etwas außerhalb, am Ufer der Aulne beim städtischen „Complexe touristique" (Schwimmbad, Tennis, Basketballplatz). Terrassenförmig angelegt und von Hecken unterteilt, renovierte Sanitärs. Zur Anlage, die als Familienferiendorf genutzt wird, gehören auch einige Gîtes. Großes Freizeitangebot: Bibliothek, Pingpong, Kicker, Bogenschießen, Organisation von Ausritten und Klettertouren. Für Zeltler sind 20 Stellplätze reserviert. Geöffnet Ostern bis Sept. Penn-ar-Pont, St-Goazec, ℡ 02.98.81.81.25, www.pennarpont. com.

Wohnmobile werden im **Camping De Penn ar Pont** (s. o.) komplett versorgt.

Huelgoat

Das Städtchen, an einem 15 Hektar großen See gelegen, war früher ein Ort des Bergbaus. In den Minen wurde bis Ende des 19. Jahrhunderts silberhaltiges Blei ausgebeutet, daneben lebte Huelgoat von Holzgewinnung und der Pantoffelherstellung. Im ersten Drittel des 20. Jahrhunderts schließlich entdeckten englische Touristen den Ort als gut durchlüftete Sommerfrische.

Huelgoat heißt Hochwald. Unter seinem schattigen Blätterdach sollen Tristan und Isolde händchenhaltend spazierengegangen sein, Feen sollen gezaubert haben, und eine ausgegrabene keltische Siedlung ist nach dem Sagenkönig Artus benannt. Der Wald war ursprünglich ein Teil der *Brocéliande*, des ausgedehnten Waldgebiets, das einst das Innere der Bretagne bedeckte. Heute zeigt sich der vielgepriesene Märchenwald von Huelgoat in lädiertem Zustand: Nach diversen Waldbränden knickte 1987 ein Orkan ganze Waldstriche. Trotz diverser Wiederaufforstungsprogramme kann es noch Jahre dauern, bis Fotografen die romantischen Motive wiederfinden, mit denen die Tourismusprospekte immer noch werben.

Tristan und Isolde

Die ursprünglich keltische Geschichte über eine aussichtslose, schicksalhafte Liebe zweier sympathischer Menschen breitete sich im Mittelalter von der Bretagne über Frankreich nach Deutschland und schließlich über ganz Europa aus. Wegen ihres zeitlosen Stoffs belebt sie noch heute den Spielplan renommierter Opernhäuser oder dient als Drehbuchvorlage.

Zumindest eine der Hauptpersonen hat gelebt: Im 5. Jahrhundert ist tatsächlich ein *König Marc'h*, Herrscher über die Cornouaille, nachgewiesen, und natürlich haben die Bretonen damit einen guten Grund, die Schauplätze der Sage in ihrer Heimat anzusiedeln. In der Bucht von Douarnenez ist der kämpfende Tristan zuhause, in den Wäldern von Huelgoat der liebende. Uns scheint die schöne Umgebung passend, an seine Geschichte zu erinnern, bevor wir uns zu einer Rundwanderung durch das Gebiet aufmachen, wo Tristan und Isolde Hand in Hand spazierengingen:

Seine Eltern hat Tristan, Prinz der Landschaft Léon, nie kennengelernt. Der Vater stirbt einige Monate vor dem Eintreffen des neuen Erdenbürgers, die Mutter überlebt die Geburt des Stammhalters nicht. Sein Onkel, König Marke, holt den Jüngling zu sich, und bald entwickelt sich sein ebenso geistvoller wie waffengewandter Neffe zu einer unverzichtbaren Stütze des Reichs, das gerade eine schwere Zeit durchlebt: Die Cornouaille ist Irland tributpflichtig, 300 Jungfrauen müssen jährlich an die grüne Insel geliefert werden.

Tristan bietet sich an, dieser Schmach ein Ende zu bereiten. Der Recke *Morold*, Schwager und bewaffneter Arm des Irenkönigs, erwartet keine Schwierigkeiten, als er wie üblich die Ladung unberührter Mädchen abholen will. Doch Tristan verweigert den Tribut und stellt sich auf der Samsoninsel in der Bucht von Douarnenez zum Kampf. Mit einem Hieb, so mächtig, dass ein Splitter seiner Klinge in der klaffenden Wunde steckenbleibt, spaltet er Morold den Schädel, doch auch Tristan wird tödlich verwundet. Die einzige, die ihn retten könnte, ist peinlicherweise die heilkundige Schwester des Gefallenen, die Königin von Irland.

Die im Wald versteckten und durch Erosion entstandenen Felsenmeere reizten die Phantasie der Besucher schon immer, und die Einheimischen kennen zahllose Legenden, die sie beim Ballon Rouge in den Cafés auf dem Marktplatz noch heute erzählen.

Postleitzahl 29690

Information Office de Tourisme, am zentralen Platz. Juli/Aug. Mo–Sa 10–12 und 14–18 Uhr. Sept.–Juni Mo–Fr 10–12 und 14–17 Uhr. 18, place Aristide Briand. ℡ 02.98.99.72.32, www.huelgoat-carhaix-tourisme.com.

Hin und weg Bus: Werktags mehrmals täglich (sonntags 1-mal) nach Carhaix und nach Morlaix.

Galerie Gleich neben der Kirche hat die Malerin und Bildhauerin Sylvie Bozoc in einer ehemaligen Cidrerie ihr Atelier mitsamt Galerie eingerichtet. Ein Besuch lohnt nicht nur wegen ihrer ausdrucksstarken künstlerischen Arbeiten, sondern auch wegen der wunderbar eingerichteten Örtlichkeit selbst – ein riesig langes Gebäude. Geöffnet Mitte Juni bis Mitte Sept.

Hotel ⟫⟫ Mein Tipp: *** De Bretagne, in einem stattlichen Gebäude am zentralen Platz. Nach einer Rundumerneuerung 2011 die beste Adresse weit und breit. Neues Parkett, 8 Zimmer, davon 6 groß und 2 sehr groß. In den geräumigen Bädern stehen Bademantel und Pantoffeln zur Verfügung. Mit Restaurant (s. u.). DZ 78–98 € inkl. Frühstück. Ganzjährig geöffnet. 13, place Aristide Briand, ℡ 02.98.99.83.66, www.le-bretagne-huelgoat.com. ⟪⟪

Als Spielmann verkleidet, lässt sich Tristan nach Irland übersetzen, wo er unter dem Namen *Tantris* auftritt und alles nach Wunsch verläuft. Nach einigen Wochen exzellenter Behandlung und Pflege durch die Königin, assistiert von ihrer hinreißenden Tochter Isolde, kann Tantris vom Krankenlager aufstehen. Zwischen den jungen Leuten könnte sich etwas anbahnen, doch muss Tristan das Land fluchtartig verlassen. Isolde hat Tristans beschädigtes Schwert mit dem Splitter im Kopf Morolds in Zusammenhang gebracht („… und dich haben wir gesund gepflegt!"). Sie rät dem Mörder ihres Onkels, schleunigst zu verschwinden, bevor sie die Wachen ruft.

König Marke, seit dem Sieg Tristans dem irischen Kollegen gegenüber im Vorteil, will die Prinzessin freien, von der ihm der Neffe nach seiner glücklichen Heimkehr so begeistert erzählt hat. Die Formalitäten soll der davon überhaupt nicht begeisterte Tristan regeln. Ebenso wenig begeistert ist Isolde, doch aus Gründen der Staatsraison muss das irische Königshaus den Heiratsantrag annehmen. Auf der Schiffsreise zur bretonischen Küste ereilt die beiden das Verhängnis: Der magische Liebestrank, den die Mutter ihrer Tochter mitgab, um ihre Ehe mit dem alten Mann erträglicher zu machen, wird Tristan und Isolde kredenzt und richtet verheerende Verwirrungen in ihrem Gefühlsleben an. Sie können nicht anders, untrennbar sind sie fortan durch die Liebe miteinander verbunden. Lustlos heiratet Isolde König Marke. Sie kann ihm keine gute Gattin sein, und Tristan hintergeht seinen Onkel. So oft wie möglich treffen sich die beiden Liebenden, um heimlich Zärtlichkeiten auszutauschen. Das kann auf Dauer nicht gutgehen.

Die Vielfalt, mit der die unterschiedlichen Erzähler das Liebespaar leiden lassen und schließlich töten, ist groß. Beschränken wir uns auf ein tröstliches Ende: König Marke entdeckt, dass er hintergangen wird und ist tödlich beleidigt. Gemeinsam lässt er das Paar auf dem Scheiterhaufen sterben, ihre Gräber werden links und rechts einer Kapelle geschaufelt – geweihte Erde soll die beiden im Tode trennen. Seine Bemühungen sind indes vergeblich. Aus dem Herz Isoldes sprießt ein Rosenstock, aus dem Herz Tristans ein Weinstock, und schon am Tag nach der Bestattung sind Rosen und Wein über das Dach der Kapelle eng umschlungen.

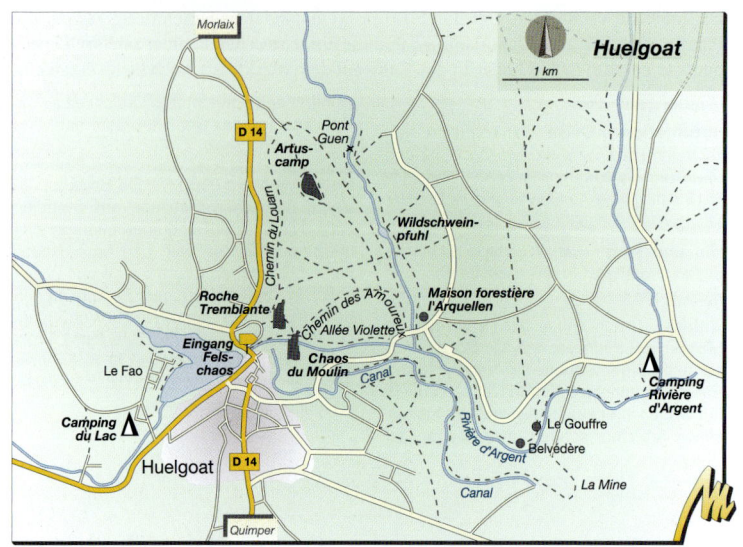

** Du Lac, am östlichen Seezipfel. 15 akzeptable Zimmer mit Dusche bzw. Bad/WC, nach vorne in Stoßzeiten etwas laut. Angeschlossen sind Bar und zwei Restaurants (s. u.). DZ 50–80 €. Geschlossen im Jan. 9, rue du Général de Gaulle, ☎ 02.98.99.71.14, www.hoteldulac-huelgoat.com.

B & B Laura's, oberhalb des Moulin du Chaos. Eine quirlige, freundliche Engländerin hat sich hier niedergelassen und vermietet 6 Zimmer, wovon eines sogar familientauglich ist. Alle sehr komfortabel eingerichtet, das beste mit Massagedusche, eines mit WC im Erdgeschoss. Hübscher, betischter „Tea Garden", eigener Parkplatz. DZ 55 € 2, impasse des Cendres, ☎ 02.98.99. 91.62, bbfrance.laura@gmail.com.

Camping ** La Rivière d'Argent, 3 km außerhalb, rechts der Straße nach Carhaix (D 769 A), direkt am Wanderweg. Der bessere von den beiden Plätzen Huelgoats, einsam am Silberfluss unter hohen, schattigen Bäumen. Hecken teilen die Rasenflächen. Überdachtes Schwimmbad, Tenniscourt, Volleyball, Petanque oder Fischen. Kleiner Lebensmittelladen, Snackbar. 74 Stellplätze. Geöffnet April bis Mitte Okt. La Coudraie, ☎ 02.98.99.72.50, www.lariviereargent.com.

* Municipal du Lac, eine Straße teilt den Platz. 33 heckenunterteilte Stellplätze teils am See, teils am kleinen Bach. Einige Kiefern und Büsche spenden Schatten. Spitzgiebeliger, ordentlicher Naturstein-Sanitärblock im Bachbereich. Kinderspielplatz, Tretbootverleih. Gleich daneben das Sportzentrum Huelgoats (Tennis, Schwimmbad). Geöffnet nur im Juli/Aug. Le Fao, ☎ 02.98.99.78.80.

Wohnmobile Kompletter Service in den Campings Municipal du Lac und La Rivière d'Argent (s. o.).

Restaurant Du Lac, im gleichnamigen Hotel (s. o.). Bunte Mischung aus Touristen und Einheimischen. Wer nicht auf die angebotenen durchschnittlichen Menüs zurückgreifen will, ordert Spezialitäten des Hauses: Gerichte vom offenen Holzkohlengrill, z. B. bretonische Kutteln oder ein zartes Entrecôte. In einem zweiten Restaurant des Hotels wird auch Pizza serviert. 9, rue du Général de Gaulle, ☎ 02.98.99.71.14.

De Bretagne, im gleichnamigen Hotel (s. o.). Traditionelle französische Küche (dafür sorgt der freundliche, einheimische Wirt), aber auch mexikanische und südamerikanische Gerichte (dafür sorgt die freundliche kolumbianische Wirtin). Mit Betischung zum Platz. 13, place Aristide Briand, ☎ 02.98.99.83.66.

Crêperie Krampouez Breizh, am zentralen Platz. Der Name sagt nicht viel mehr, als dass es sich hier um bretonische Crêpes handelt. Mutter und Tochter schmeißen den Laden zu zweit, das Angebot ist gut und groß, u. a. „Crêpe an Huelgoat", in der „die Schnecken sich wie kleine Gnome zwischen Buchweizen und Knoblauchbutter in den Haaren liegen". Außerhalb der Hochsaison Di Ruhetag. 21, place Aristide Briand. ✆ 02.98.99.80.10.

La Grotte, direkt über dem Eingang des „Moulin du Chaos". Die Crêpes schmecken hier nicht besser als anderswo auch, aber die Aussicht hat's in sich. 2014 hat die alte Bar den Anbau nach hinten in Beschlag genommen und direkt über dem Eingang zum „Chaos" eine großzügige Terrasse hingebaut. Geöffnet außerhalb der Saison leider nur Do Mittag und Fr–So. 25, rue des Cendres, ✆ 02.98.99.71.66.

🏃 Rundwanderung über dem See von Huelgoat

Ausgangspunkt des etwa 8 km langen Rundwanderwegs ist die *Brücke* am Ausgang des Sees. Etwa 3½ Stunden reine Wanderzeit, Markierung gelb bzw. gelb-weiß.

Gleich zu Beginn ein Höhepunkt: Hinter der „Mühle des Chaos" kommt das Chaos der Mühle. Vom *Moulin du Chaos* (14. Jh.) am Silberfluss führt ein Pfad hinunter ins *Chaos du Moulin* – ein imposantes Felsenlabyrinth. Zwischen riesigen Granitblöcken gelangt man über eine Eisenleiter zur gurgelnden Teufelsgrotte *(Grotte du Diable)*, in der das Flusswasser in einem düsteren Schlund verschwindet und Gottes prominentester Gegenpart der Legende nach einen sagenhaften Schatz bewacht.

Der klammen Unterwelt entstiegen, folgt man dem Felsenchaos, das der Fluss im Lauf seiner Geschichte geschaffen hat. Wie die Ränge eines steinernen Theaters reihen sich die Blöcke auf dem gegenüberliegenden Flussufer zum Halbrund. Hier, im *Théâtre de Verdure* (Freilichttheater), finden im Sommer folkloristische Veranstaltungen statt. Ein kleiner Wegweiser zeigt links den Weg zur *Roche Tremblante* (steil aufwärts und dann am Geländer entlang hinunter). Der schwankende Felsen ist ein über 100 Tonnen schwerer Granitblock, den eine Laune der Natur so gelagert

Am See von Huelgoat

Felsenchaos am Silberfluss

hat, dass er durch einfache menschliche Muskelkraft zum Zittern gebracht werden kann – zwei unscheinbare Vertiefungen im Stein zeigen die richtige Stelle für den Einsatz Ihrer Kräfte an.

Zurück zur Abzweigung und auf dem Hauptweg am Silberfluss weiter. Nach kurzer Zeit führt der Weg aufwärts zur *Ménage de la Vierge*, dem „Haushalt der Jungfrau", dessen steinerne Ausstattung (angeblich Töpfe, Buttermaschine, Kopfkissen und Ruhesessel) für den Autor trotz mühsam erklommener Blickwinkel nicht zu identifizieren war. Etwa 50 m weiter gabelt sich der Hauptweg – rechts folgt die schattige *Allée Violette* dem Fluss, links führt der *Sentiers des Amoureux* bergauf. Natürlich auf den Pfad der Verliebten wechseln. Zunächst noch vom grünen Blätterdach beschattet, geht es auf den Spuren Tristans und Isoldes leicht bergan, bis nach 800 m ein Wegkreuz den Wanderer jäh aus den romantischen Träumen reißt: Hier oben haben die Waldbrände und der Jahrhundert-Orkan besonders stark gewütet. Wo einst Wald den Bergrücken bedeckte, wuchern Farn und Heidekraut. Zwischen den verschont gebliebenen Veteranen wachsen einige junge Bäumchen heran.

Trotzdem – links bergauf, etwa 15 Minuten zum *Camp d'Artus*. Das angebliche Lager von König Artus ist eine rechteckige Fläche, eingefasst von einem ovalen Wall, der mit Brombeerbüschen und Unterholz überwuchert ist. Ein Rundgang auf der Mauer verschafft Einblicke. 1938 wurden hier Hausfundamente und Feuerstellen entdeckt, höchstwahrscheinlich war der Camp d'Artus ein keltisches Oppidum, eine nicht nur militärisch genutzte Höhensiedlung. Der Eingang in die „Stadt" wurde von einer 18 m hohen, aus Steinen und Holzbohlen aufgeschichteten „Burg" aus kontrolliert. Am Fuß der Befestigung erklärt eine Schautafel (auf Französisch) die Anlage, erläutert das Bauprinzip, informiert über die Forschungsgeschichte und vergisst auch nicht, Cäsar zu zitieren.

Denselben Weg vom Artus-Camp wieder zurück zur Wegkreuzung und über die *Allée Violette* hinunter zur *Mare aux Sangliers*, dem Wildschweinpfuhl am *Clair-*

Ruisseau (Klarer Bach). Wie Wildschweine suhlen sich die rund geschliffenen, bauchigen und von zartem Moos überzogenen Felsblöcke im spärlichen Wasser.

Hinter der Mare aux Sangliers folgt der Wanderpfad dem Bachlauf und mündet nach etwa 1 km in die Straße nach Carhaix (D 769 A). Dieser nach links folgen, nach ca. 200 m öffnet sich *Le Gouffre*, ein tiefer Felsschlund, in den der Fluss hinabstürzt. In dieses glitschige, gischtumspritzte Felsloch soll die böse Fee *Dahud* im Morgengrauen ihre ausgelaugten Liebhaber hinabgestoßen haben. Seither darben die Seelen der erschöpften Unglücklichen am Grund des Schlunds und warten darauf, dass ein beherzter Mann den Zauber der Fee bricht.

Hinter der Brücke beim Gouffre windet sich ein Kletterpfad steil hoch zum *Belvédère*, einem Aussichtspunkt über dem Tal des Silberflusses; dann wieder zur Brücke zurück. Ein schmaler Pfad auf der linken Flussseite (ausgeschildert *La Mine*) führt in das jetzt breiter werdende Tal, wo bald verlassene Blei- und Silberminen auftauchen. Den Fluss überqueren und den bewaldeten Bergrücken steil nach oben in Angriff nehmen. Überall liegen kleine Gruben und Schächte zwischen den Bäumen, am Ende des Hohlpfads ist eine stillgelegte *Wasserkraftanlage* erreicht, die einst eine Gesteinzerkleinerungsmaschine betrieb. Dahinter windet sich ein schmaler Kanal *(Le Canal)* durch den Wald; in ihm wurde das Erz ausgewaschen. Über die „Promenade" nach Huelgoat zurück (ca. 3 km).

Kurz vor der Ortschaft biegt links ein Pfad ab, hinauf zur *Roche Cintrée* (gewölbter Felsen) mit Panorama über die *Monts d'Arrée* und die *Montagnes Noires* – zu Ihren Füßen breitet sich die See aus.

Wallfahrtskirche St-Herbot

Umgebung von Huelgoat

St-Herbot: Die Kirche des Schutzheiligen des Hornviehs ist nicht nur äußerlich ein Juwel. Hinter der leicht verwitterten spätgotischen Fassade mit dem Vierkantturm verbirgt sich eine der schönsten *Chorschranken* der Bretagne (16. Jh.). Das einst bunt bemalte Eichenholz zeigt sich heute naturbraun, aber immer noch mit reichen, wundervollen Schnitzarbeiten, gekrönt von einer ausdrucksstarken Kreuzigungsgruppe. Bemerkenswert sind zudem eine Liegefigur des Heiligen und zwei steinerne Tische, auf denen beim jährlichen Pardon noch heute Hornviehbesitzer aus nah und fern Schwanzhaarbüschel ihrer Tiere ablegen.

St-Herbot liegt 7 km südwestlich von Huelgoat an der D 14.
Pardon: Der Pardon für St-Herbot wird an Christi Himmelfahrt begangen.

Calvaire-Tour –
die umfriedeten Pfarrbezirke

Ehre sei Gott in der Höh! Die umfriedeten Pfarrbezirke im Elorn-Tal und in den Monts d'Arrée prunken mit Triumphtoren, Beinhäusern, vielfigurigen Calvaires und verschwenderisch-kunstvollen Kirchen.

Den *Enclos paroissial* (→ Wissenswertes von A bis Z) gibt es nur in der Bretagne. Die schönsten und aufwendigsten Beispiele umfriedeter Pfarrbezirke versammeln sich in einem kleinen, ländlichen Gebiet, von dem Reisende vermuten würden, dass sich hier Fuchs und Hase Gute Nacht sagen und das Platzen einer Kaldaunenwurst ein Fest-noz anzeigt. Dies stimmt so nicht. Bis Mitte des 17. Jahrhunderts war der Landstrich zwischen *Elorn* und *Aulne* an der Grenze von Léon und Cornouaille dank seines großflächigen Flachsanbaus und des florierenden Gewerbes der (Segel-)Tuchmacherei eine wohlhabende Region, in der für bretonische Verhältnisse überdurchschnittlich viel Geld gemacht wurde. Dass ein Teil dieses Geldes in aufwendige klerikale Bauvorhaben und Kirchenausstattungen investiert wurde, hat seinen Grund.

Gegen Ende des 16. Jahrhunderts sah die katholische Kirche ihre bretonischen Schäflein in Gefahr: Ein Teil hatte sich den ketzerischen Hugenotten (französische Protestanten calvinistischer Prägung) zugewandt. Darauf antwortete Rom mit der *Gegenreformation*, die sich zum Ziel setzte, die bedrohte Dominanz der heiligen römischen Kirche zu festigen. Die Mittel der Gegenreformation waren vielfältig: Ketzerprozesse, Hinrichtungen oder Vertreibung waren die Peitsche, als Zuckerbrot wurden die geweihten Stätten des einzig wahren Gottes zu prachtvollen Heiligtümern ausgebaut.

Pompöse Eingangspforten in den heiligen Bezirk, vielfigurige Calvaires und bildergeschmückte barocke Prunkaltäre gehörten etwa hundert Jahre lang zum künstlerischen Repertoire der Gegenreformation. Die Bildern verhafteten ungebildeten bretonischen Kirchgänger sollten ein nachhaltiges Spektakel erleben. Wer in die Kirche ging, wurde gemahnt, erschreckt und gleichzeitig auf die Wonnen des Himmels hingewiesen. Die Figuren waren eindeutig und drastisch, die Bilder dramatisch und für jeden verständlich, die Altäre eine irdische Vorwegnahme der paradiesischen Pracht. Während Kinder unter dem himmlischen Baldachin des Taufbeckens zu Christenmenschen getauft wurden, spiegelte sich im Weihwasserbecken der Tod, und auf Deckenbalken kämpfte die Tugend gegen das unausrottbare Laster. Die goldverzierten Statuen der Märtyrer und wundertätigen Heiligen aus Holz oder Stein, plastisch und bunt, bildeten weitere Zutaten der wohldurchdachten Mixtur, um Ketzertum und Aberglauben zu vertreiben und Zweifelnde auf den rechten Weg zurückzuführen.

Das Ziel der Gegenreformation wurde erreicht. Reformierte Christen sind in der Bretagne bis heute eine verschwindend kleine Minderheit. Was der Nachwelt blieb, sind die umfriedeten Pfarrbezirke. Die Gemeinden, die dafür früher Unsummen locker machen konnten, sind heute unscheinbare Dorfgemeinschaften, ihre Pfarrbezirke letztes sichtbares Relikt vergangenen Wohlstands, den die Tuchmacherei einst brachte. Ironie der sich rächenden Geschichte: Nach dem Exodus der mehrheitlich hugenottischen Tuchmacher war es auch mit dem wirtschaftlichen Wohlstand vorbei.

Die berühmtesten *Enclos paroissiaux* liegen eng zusammen in drei kleinen Flecken um Landivisiau: *Guimiliau*, *Lampaul-Guimiliau* und *St-Thégonnec* konkurrierten hundert Jahre lang eifrig um den schönsten Pfarrbezirk. Weiter südlich bestechen die Bezirke von *Pleyben* und *Sizun*, dazwischen verstreut sind zahlreiche weitere umfriedete Pfarrbezirke, Calvaires und Triumphtore zu sehen. Zur Abwechslung können Sie zwischendurch den *Roc Trevezel* besteigen oder das *Langgrab von Mougau-Bian* bei Commana inspizieren.

Umfriedete Pfarrbezirke in der weiteren Umgebung → Umgebung von Landerneau

> **Hinweis**: Mit öffentlichen Verkehrsmitteln ist die Calvaire-Tour ein zermürbendes Unterfangen. Wer nur die bekanntesten Pfarrbezirke sehen will, kann sich eine Radtour überlegen oder zu einem eintägigen Fußmarsch aufbrechen. Eine weitere Möglichkeit ist die Teilnahme an einer organisierten Busfahrt, die während der Saison an allen größeren Touristenorten angeboten wird.

Landivisiau

9100 Einwohner

Das Marktstädtchen breitet sich an der N 12, der Direktverbindung zwischen Morlaix und Brest, aus. Einst war Landivisiau ein Zentrum für Pferdezucht und Lederverarbeitung, noch heute werden während des jährlichen *Pferde- und Rindermarkts* am Pfingstmontag Pferd, Ochs und Kuh aus ganz Frankreich verhökert. Für Reisende ohne eigenen Ross- oder Hornviehbestand ist Landivisiau in erster Linie Versorgungszentrum und ein guter Stützpunkt für eine ausgedehnte Calvaire-Tour.

Die im 15./16. Jahrhundert erbaute *Ortskirche*, 1865 bis auf Turm und Vorhalle völlig umgestaltet, kann sich mit den Pfarrbezirken im Umland nicht messen, auch das in den heutigen Friedhof versetzte und gänzlich restaurierte Beinhaus ist nur ein Abglanz der Ossuaires in den Pfarrbezirken rund um Landivisiau.

Postleitzahl 29400

Hin und weg **Bahn**: Landivisiau liegt an der Strecke Brest–Rennes. Etliche Anschlüsse in beide Richtungen, nur der TGV hält nicht. Bahnhof im Süden der Stadt in Elorn-Nähe.

Busbahnhof am Bahnhof.

Hotels ** **Au Relais du Vern**, vor den Toren der Stadt (N 12, Ausfahrt Landivisiau-Ost). 52 gut ausgestattete Zimmer sowie 4 Familienzimmer mit Bad/WC, TV, Telefon. Restaurant, Freizeiteinrichtungen (Tennis, Reiten, Spielplatz). DZ 54–70 €. Geschlossen über Weihnachten/Neujahr. ZA du Vern, ✆ 02.98.24.42.42, http://hotel-landivisiau. brithotel.fr.

* **De l'Avenue**, simples Stadthotel, etwas südlich des Zentrums in Rathausnähe. 17 unterschiedliche Zimmer, Dusche und WC teils auf Etage. Im Nebenbau renovierte Zimmer mit Du/WC. Restaurant (geschlossen Fr/Sa nachmittags, So ganztags). DZ 47–59 €, je nach sanitärer Ausstattung. Geschlossen 1. Maiwoche und Mitte Sept. bis Mitte Okt. 16, avenue de Coat Meur, Place du Champ de Foire, ✆ 02.98.68.11.67, http:// hotel-l-avenue. com.

Umgebung von Landivisiau

Bodilis: Im abgeschiedenen Bodilis, an einer Sackgasse am Rand der Calvaire-Tour, ist nur die Dorfbar neben der Kirche gut besucht. Einzig der Pferdewelt ist das Dorf ein Begriff: Bodilis ist durch seine Zuchterfolge bekannt.

Der Westen → Karte S. 568/569

Das Landesinnere

Kunstfreunde kommen wegen der *Ortskirche*, die eine Schatzkammer der bretonischen Skulptur ist. In der südlichen Vorhalle beginnt der Kunstreigen, dann geht es innen weiter: Balkenschnitzereien in Überfülle, Ornamente im Wechsel mit biblischen und bäuerlichen Szenen, farbige Holzaltäre mit Schnitzwerk und vergoldetem Retabel.

Landivisiau in Richtung Lesneven auf der D 32 verlassen; kurz nach der Autobahnüberquerung rechts ab (ausgeschildert).

Lampaul-Guimiliau   2100 Einwohner

Hinter der niedrigen Umfassungsmauer der Ortskirche betritt man einen wahrhaft göttlichen Bezirk: Kreuze, Tore und dann als Höhepunkt das Innere der Kirche. Selten schuf die westliche Christenheit so farbenfrohe Kunst – Gold herrscht vor, dazwischen Buntes in allen Abstufungen der Farbpalette.

Durch die *Triumphpforte* von 1668 – auf der Balustrade die drei Kreuze von Golgatha – geht es in den kleinen heiligen Bezirk. Der karge *Calvaire* im ehemaligen Friedhof besteht aus nur einem Stamm, der sich oben in drei Kreuze verästelt: Neben Jesus, dessen Blut von zwei Engeln aufgefangen wird, hängen die beiden Schächer. Gleich neben der Pforte steht das *Beinhaus* (1667), später als Grabkapelle verwendet. An der Fassade trotzt das eingemeißelte „Memento Mori" (Gedenke der Toten) den Zeiten, im Beinhaus drinnen werden unter den Augen von St-Rochus und St-Sebastian Karten, Bücher und Souvenirdudelsäcke verkauft, dazu läuft der Fernsehapparat mit einem ganz und gar irdischen Programm.

Die *Kirche* stammt in wesentlichen Teilen aus dem 17. Jahrhundert, der *Turm*, 1573 nach dem Vorbild des Turms von St-Pol-de-Léon hochgezogen, verlor 1809 durch einen Blitzschlag die oberen 18 Meter und büßte damit seine frühere Eleganz ein. Im *Hauptportal* stehen stumm die Apostel in ihren Nischen, über dem Eingang Maria und Kind, zwischen den Zwillingstoren ein skulptiertes *Weihwasserbecken*.

Dramatische Grablegung

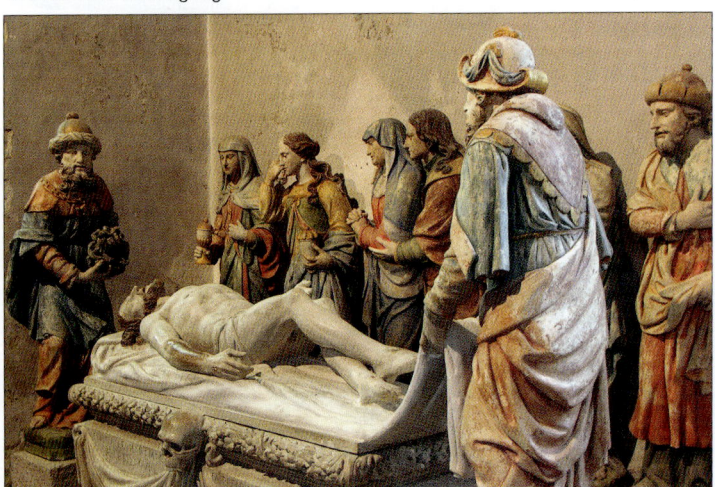

Das Innere unter dem Holztonnengewölbe ist dankenswerterweise ausgeleuchtet. Ein farbenprächtiger *Triumphbalken* (16. Jh.) mit dem übermannsgroßen gekreuzigten Jesus, betrauert von Maria und Johannes, trennt den Gemeinderaum vom Chor. In den Balken zur Gemeinde hin sind winzige bunte Passionsszenen geschnitzt, auf der anderen Seite konnten sich Klerus und Landadel an den zwölf Sibyllen (weissagende Frauen des Altertums, die die Geburt Jesu vorhergesagt hatten und deshalb gern als Motiv verwendet wurden) und an der Verkündigungsgruppe erfreuen.

Die aus einer Eiche geschnitzte, bunt bemalte *Kreuzabnahme* (1533) an der linken Wand ist ergreifend gestaltet, fünf Figuren trauern um den toten Jesus. Noch bunter und vielfach mit Figuren aufgelockert ist der Holzbaldachin des *Taufbeckens*, getragen von acht reich dekorierten Säulen; oben, am turmähnlichen Abschluss, die Apostel und andere Heilige, über dem Eingang die Taufe Christi. Im rechten Seitenschiff steht das *Weihwasserbecken der Teufel:* Ein nacktes Menschenpaar krümmt sich am Beckenrand, eine Schlange versucht am Grunde des Beckens vor dem gottgeweihten Nass zu fliehen, darüber wird Jesus getauft.

Schmuck am Taufbecken

Von den Altären des Kirchenraums zählen zwei zu den wohl gelungensten Beispielen des bretonischen Barocks: Der *Passionsaltar* (linke Chorseite) ist reichlich mit Gold bedeckt. Rechts ist die untere Seite dem heiligen Miliau gewidmet; vom eigenen Bruder hingemeuchelt, hält er seinen Kopf etwas ratlos in der Hand, während der Mörder das Schwert verstaut. Links unten wird Maria nach ihrer Geburt gewaschen, vom Himmelbett aus schaut Anna, die erschöpfte Mutter, zu. Am meisten beeindruckt das vielfigurige Mittelteil des Altars, die Passion, ganz in Gold mit einigen roten und blauen Farbtupfern: unten die Teilnehmer des letzten Abendmahls am weiß gedeckten Tisch, in der Mitte die Kreuztragung mit einem rot gewandeten Jesus, der über der Bilderkomposition stoisch die Kreuzigung erträgt, während sich die Schächer im Todeskampf winden.

Der fast ebenso prächtige *Altar für Johannes den Täufer* aus derselben Werkstatt (rechts im Chor) ist hauptsächlich mit Episoden aus dessen Leben geschmückt: Johannes und Jesus als Kinder unter der Obhut Marias, Christi Taufe, die Enthauptung des Täufers. Links oben besiegt ein riesiger Erzengel Michael den Teufel, im unteren linken Teil des Retabels sind gefallene und gute Engel in einen grausamen Kampf verstrickt – Rubens lieferte hierzu das Vorbild.

Der Westen → Karte S. 568/569

Das Landesinnere

Die mannsgroße *Grablegung Christi* hinten im linken Kirchenschiff ist ein weiteres ausdrucksstarkes Werk: 1676 meißelte der Seefahrer und Bildhauer *Antoine Chavragnac* aus weichem Kalktuff die acht Trauernden, die in fassungslosem Schmerz um den Leichnam des Herrn versammelt sind. Joseph von Arimathäa hinter dem Haupt des Leichnams zeigt die größte Erschütterung, Johannes hat noch die Kraft, die inbrünstig betende Maria zu stützen.

Hotel ** Hostellerie de l'Enclos**, unterhalb des Kirchbezirks; der moderne zweistöckige, motelähnliche Bau lebt, wie der Name schon sagt, ganz vom Geschäft mit dem Enclos. 30 voll ausgestattete Zimmer (TV, Telefon) mit eigenem Sanitärbereich. Restaurant (So Ruhetag). DZ 56 €. Route St-Jacques, 29400 Lampaul-Guimiliau, ✆ 02.98.68.77.08, www.hostellerie-des-enclos.fr.

Guimiliau

1000 Einwohner

Miliau, ein Abkömmling des bretonischen Königshauses von *Nominoe*, der von seinem machthungrigen Bruder *Rivod* enthauptet wurde, gab dem Ort seinen Namen. Als Heiliger ist er für Geschwüre und Rheuma zuständig. Guimiliau ist der kleinste der Pfarrbezirksorte, sein *Enclos* aber der vollkommenste und der *Calvaire* ein bestechendes Kunstwerk.

Das *Triumphtor* (17. Jh.) wird von zwei Reitern bewacht. Das *Beinhaus* rechts der Kirche (1648) sieht exakt wie dasjenige von Lampaul-Guimiliau aus. Spektakulärer als dort ist hingegen der *Calvaire*. Von 1581 bis 1588 dauerten die Arbeiten an dem Passionsspektakel, dann war er zur Zufriedenheit von Auftraggeber und Künstlern vollendet. An und auf dem achteckigen Sockel mit Blendarkaden spielen rund 200 Figuren in einer üppigen Inszenierung. An einem kurzen Querbalken lehnen paarweise, Rücken an Rücken, Maria, Petrus, Johannes und St-Yves, oben leidet Christus am Kreuz. Darunter tummeln sich in der Tracht der Zeit Heinrichs III. die Mitspieler und Mitspielerinnen der 17 Szenen umfassenden Passionsgeschichte – genüsslich und detailreich wird der Stoff ausgeschmückt.

Detail in Lampaul-Guimiliau

Die Brutalität und Grobschlächtigkeit einer Soldateska, die emotionslos die erhaltenen Befehle vollstreckt, spirituelle Versenkung, rührende Trauer oder Sensationslust – eine Vielzahl von zeitlosen Gefühlen ist in den Granit eingemeißelt. Eine eindrückliche Szene bietet das *Abendmahl:* Am gut gedeckten Tisch herrscht beste Stimmung, Petrus wäscht soeben Jesus die Füße, die restlichen elf Apostel sind beim Tafeln, noch liegt das Osterlamm unberührt auf der Platte. Gleich über der einladenden Tafel aber, als einer der Höhepunkte des Schreckens, die *Höllenfahrt der Katel Gollet*: Kleine, widerliche Teufel zerren und schieben das unglückliche Mädchen, das wohl soeben begreift, dass es jetzt für seine Sünden zahlen muss, in den Schlund der Hölle – ein mit großen Zähnen versehenes Dämonenmaul.

Die im 16. Jahrhundert errichtete *Kirche* wurde im 17. Jahrhundert völlig umgebaut und präsentiert sich heute in einem Gotik-Renaissance-Gemisch, allein der *Turm* blieb spätgotisch. Prunkstück der Fassade ist das *Südportal* (1606–1617), umrahmt von drei mit Figuren verzierten Bogenläufen. Die kleinen, filigran aus dem Granit gehauenen Gestalten erzählen Geschichten aus der Bibel: Kain, in zeitgenössischem Kostüm, tötet Abel, aus der putzigen Arche Noah lugen einträchtig Mensch und Tier, daneben schläft Noah seinen Rausch aus – letztere beide Szenen findet man übrigens, in identischer Ausführung, am 50 Jahre älteren Portal von Pencran (siehe dort). In der *Vorhalle* stehen die bemerkenswert gearbeiteten Apostelfiguren, auf dem Fries wird soeben Eva erschaffen – Gottvater zieht sie aus einer Rippe des schlafenden Adams.

Im Kircheninneren zeigt sich die ganze Pracht der bretonischen Renaissance. Gleich neben dem Eingang steht ein granitenes *Taufbecken* mit einem eichengeschnitzten *Holzbaldachin* auf acht kunstvoll gedrechselten Säulen – Wein und Lorbeer ranken sich zur Dachkonstruktion hoch, wo zahlreiche Figuren aus den Nischen blicken, ganz oben wird Jesus getauft. Ausladende *Barockaltäre* mit Medaillons, Putten, Blumen, Früchten und Vögelchen sorgen für weiteren Glanz. In der Mitte des *Miliau-Altars* stützt die Gattin den schon toten Heiligen, der seinen abgeschlagenen Kopf in der Hand hält; am *Joseph-Altar* hat der Tischler Joseph sein Ziehkind Jesus an die Hand genommen. Der auf Säulen ruhende und mit reichem Schnitzwerk versehene eichene *Orgelprospekt* von 1677 erfuhr eine umfassende Restaurierung. Neben Reliefs mit christlichen Motiven ist hier der ganz weltliche Siegeszug Alexanders des Großen dargestellt.

Der Calvaire von Guimiliau

Essen & Trinken: Gleich mehrere Bars, Crêperies, Pizzerien und Restaurants in dem winzigen Ort können vom umfriedeten Pfarrbezirk leben.

Saint-Thégonnec

Der Ortsheilige St-Thégonnec bekehrte im 5. Jahrhundert die hiesigen Heiden und schaffte nach der Überlieferung eigenhändig auf einem Ochsenkarren die Steine für den Bau seiner Kirche heran. Sicher ist er verzückt, wenn er heute vom himmlischen Paradies auf den *Enclos paroissial* hinunterblickt, der nach und nach sein bescheidenes Kirchlein ersetzte: purer Renaissance-Prunk.

Katel Gollet – die Sünde in Frauengestalt

Die Szene, in der Katel Gollet vom Teufel und seinen Helfern in die Hölle gezogen wird, taucht in einigen Calvaires auf, natürlich nicht ohne erzieherische Absicht. Katel steht für die Mahnung an beide Geschlechter, die Sünde, von der lustfeindlichen patriarchalischen Religion gern als verführerische Frau dargestellt, tunlichst zu meiden.

Geschichten über die verruchte Katel, die selbst noch im Beichtstuhl log und gar dem Teufel eine Hostie besorgte, werden in vielen Varianten erzählt. Doch das schreckliche Ende ist immer gleich und als unmissverständlicher Hinweis an junge Mädchen zu verstehen, sich der Koketterie und Hurerei zu enthalten. Andernfalls würden sie vom Teufel höchstpersönlich aufs Kreuz gelegt und der ewigen Verdammnis anheimfallen. Hier eine Fassung ohne Hostie und Beichtstuhl:

Katel, verzogene Tochter eines harmlosen Landadeligen, schön wie die Sünde, voller Leidenschaft und doch unnahbar wie ein Eisberg, wollte nur denjenigen heiraten, der zwölf Stunden mit ihr, der begeisterten Tänzerin, durchtanzte. Mit dieser Forderung verschliss sie alle Don Juans der Umgebung, zahllose Bewerber verließen erschöpft vorzeitig den Tanzboden oder waren so maßlos in das Konditionswunder vernarrt, dass sie vergaßen, auf körperliche Alarmsignale zu achten, und eines unrühmlichen Tanztods starben.

So war Katel zu einer öffentlichen Gefahr geworden. Schließlich entsprach ihr Vater dem Wunsch des Volkes, das allmählich um seinen männlichen Nachwuchs fürchtete, und sperrte Katel kurzerhand im Schlossturm ein. Dort sollte sie bis zu ihrer Hochzeit bleiben. Doch der nächste Pardon kam und mit ihm das große Tanzfest, das Katel keinesfalls versäumen mochte. Es fiel ihr leicht, einen unerfahrenen Pagen dazu zu bringen, sie zu befreien und zum Fest zu begleiten.

„Was wollt ihr? Ich tanze nur mit meinem Verlobten", rief Katel den erstaunten Gästen zu, bevor sie den Unglücklichen auf die Tanzfläche zog, die er nicht mehr

lebend verließ. Als er tot zu Boden sank, erstarb auch die Musik, und Katel regte sich in der plötzlichen Stille maßlos auf: „Zum Teufel! Gibt es hier keine Musikanten und Tänzer, die meiner würdig sind?"

Es gab. Zwei Fremde in einem roten und einem schwarzen Wams waren auf einmal da, der Rote spielte den Dudelsack, der Schwarze forderte Katel zum Tanz. Unter den verstörten Blicken der Festgemeinde nahm er Katel in die Arme, und zu den Klängen einer verführerischen, teuflisch-wirbelnden Musik tanzte Katel ihren letzten Tanz.

Der Schwarzbewamste hielt wahrscheinlich schon eine Tote umschlungen, als plötzlich Donner, Rauch und bestialischer Gestank den Raum erfüllten. Als sich die Schwaden verzogen hatten, fehlten die beiden Fremden und auch Katel Gollet.

Der Enclos ist von zwei Seiten zugänglich. Von der unterhalb gelegenen Straße führen ausgetretene Stufen zu einem schlichten Einlass, doch erst beim Eingang am höher gelegenen Platz vor dem Ensemble zeigt sich die Anlage in ihrer ganzen Pracht. Das *Triumphtor* mit seinen Zinnen, Kuppeln und luftigen Türmchen ist wohl das aufwendigste und prächtigste der ganzen Bretagne.

Das *Beinhaus* präsentiert sich als überdimensionales, reich geschmücktes Reliquiar, seine zweistöckige Fassade ist von Säulchen, schmalen, hohen Bogenfenstern und heute leeren Nischen gegliedert. Weitere Schmuckelemente sind ein umlaufendes Spruchband über den Fenstern und die überdachten Wasserbecken. In der hell erleuchteten *Krypta* herrscht weltabgewandte Trauer: Die bemalte, eichene, mannsgroße *Grablegungsszene* mit dem Schweißtuch Jesu stammt aus den Jahren 1699 bis 1702 und ist ein Werk des Kunstschnitzers *Jacques Lespaignol.*

Nach elfjähriger Bauzeit war der *Calvaire* 1610 beendet: Drei Kreuze ragen vom Sockel in den Himmel, die beiden Schächerkreuze schlank und einfach,

Passion in St-Thégonnec

die Mittelsäule knorrig mit zwei Querbalken in Höhe der Schächer. Auf dem oberen Balken zwei römische Reiter, unten die Apostel und – gleich zweimal – Maria und St-Yves. Nicht nur die beiden Schächer hängen in Pluderhosen am Kreuz, alle Figuren des Calvaires, der sich ausschließlich mit der Passionsgeschichte beschäftigt, sind in Kostüme des 17. Jahrhunderts gekleidet. Naturalistisch gestaltet sind auch die rund 40 Figuren auf dem Sockel, die sich ohne ausschmückende oder abschweifende Elemente aufs Wesentliche beschränkt

Feuer!

Am Morgen des 8. Juni 1998 wird in St-Thégonnec Alarm ausgelöst – die Kirche brennt! Nach den Löscharbeiten wurde das Ausmaß des Schadens sichtbar. Das Dach war zum Großteil abgebrannt, das linke Kirchenschiff völlig verwüstet. Einige Kunstwerke wie der Rosenkranzaltar waren unwiederbringlich verloren, andere wie die Orgel wurden beschädigt, konnten aber restauriert werden. Der Hauptaltar und die Kanzel überstanden den Brand. Die Restaurierungsarbeiten dauerten sieben Jahre.

Der Westen → Karte S. 568/569

Das Landesinnere

zeigen: die Guten entrückt, die Bösen grimassierend oder einfach ignorant. Jesus muss auf seinen Kreuzwegstationen unendlich leiden, er wird geschlagen und getreten; dass ihm verächtlich die Zunge herausgestreckt wird, ist noch der harmloseste Spaß, den die Söldner mit ihm treiben. Ein Spaß des Bildhauers wiederum ist die Schüssel, in der sich Pontius Pilatus seit über 400 Jahren die Hände wäscht. Schief wie sie ist, kann sich das Schuld tilgende Wasser keine Sekunde in ihr halten.

Die *Kirche* wurde nach ihrem Bau 1599 verändert, vergrößert und wieder umgebaut, bis sie 1714 stilistisch mit dem Gesamtbezirk völlig verschmolzen war. Der wuchtige *Viereckturm* – nach dem Vorbild des Renaissance-Turms von Pleyben errichtet – lässt den älteren *Glockenturm* in seinem Schatten etwas verblassen. Im *Südportal* stehen vier verbliebene Statuen von Aposteln, an den Außenwänden ist die Verkündigung zu sehen, in einer Wandnische über der Vorhallenpforte St-Thégonnec, der Ortsheilige. Das barock ausgestattete Kircheninnere wirkt etwas überladen.

Pardon Wallfahrt zu Ehren St-Thégonnecs am 2. Septembersonntag.

Übernachten *** Auberge St-Thégonnec, ganz nah am Pfarrbezirk; sehr zuvorkommende Rezeption. 19 Komfortzimmer mit TV, Telefon und Bad/WC. Restaurant. DZ 78–98 €. 6, place de la Mairie, 29410 St-Thégonnec, ☎ 02.98.79.61.18, www.aubergesaint thegonnec.com.

Sizun

Das sympathische, stattliche Dorf zeigt einen ansehnlichen *Enclos paroissial* mit einem einzigartigen, nach römischem Vorbild gestalteten *Triumphtor* (16. Jh.): Drei säulenflankierte klassische Bögen tragen eine Balustrade mit den Kreuzen des Calvaires. Früher konnte hier der Pfarrer in luftiger Höhe die Messe zelebrieren. Heute ist dies nicht mehr möglich, die Aufgangstreppe musste einer Straßenverbreiterung weichen. Eine Kopie der monumentalen Eingangspforte wurde übrigens 1989 zum 200-jährigen Jubiläum der Französischen Revolution in den Tuilerien von Paris aufgestellt und später ins Centre Pompidou transferiert.

Gleich neben dem Tor steht das *Beinhaus* mit seiner schreinartigen, zweigeschossigen Fassade, das Erdgeschoss verspielt gestaltet und reich verziert, über den Rundbogenfenstern posieren in einfachen Nischen die gestrengen Apostel mit Sätzen aus dem Glaubensbekenntnis auf langen Spruchbändern. Im Innern ist ein winziges *Heimatmuseum* (Eintritt frei) untergebracht: Trachtenhauben, Pfannen und andere nützliche Gegenstände, daneben Verkauf von Büchern über die Bretagne und Material zur Calvaire-Tour.

Das *Kircheninnere* schmücken Altäre aus dem 17. Jahrhundert und ein Deckengebälk, auf dem inmitten des Zierrats und vieler anderer Darstellungen einige Engel die Marterwerkzeuge der Passion in ihren Händchen halten. An einem der Pfeiler ist ein Holzrelief von Ste-Geneviève zu sehen; ein Teufelchen versucht die Kerze in ihrer Hand auszublasen, doch steht – göttliche Vorsehung – ein Engelchen parat, um sie gleich wieder anzuzünden. Schließlich wage man auch noch einen Blick in die große Vitrine des Kirchenschatzes: Sie enthält ein kostbares silbernes Reliquiar in Form einer Büste des Kirchenpatrons, des heiligen Suliau. Die Reliquien werden im Kopf der Büste aufbewahrt.

Triumphtor von Sizun

Hotels ** Des Voyageurs**, bei der Kirche, mit Nebengebäude in der Seitenstraße. „Logis de France"-Label; 22 einfache Zimmer, alle mit Du/WC. Beliebtes Restaurant. DZ 63 €. Geschlossen außerhalb der Saison Fr abends, Sa ganztags und ab Mitte Sept. für drei Wochen. 2, rue de l'Argoat, 29450 Sizun. ☎ 02.98.68.80.35, www.hotelvoyageur.fr.

Camping/Wohnmobile ** Municipal du Gollen**, am Elorn-Fluss (ausgeschildert). Gute Sanitärausstattung, Aufenthaltsraum. Fußballgelände, Tennis-, Volleyball- und Bouleplatz direkt am Ufer, das Schwimmbad von Sizun gleich in der Nachbarschaft. 29 Stellplätze. Wohnmobile werden in unmittelbarer Nähe versorgt. Geöffnet Ostern bis Sept. Route de St-Cadou, ☎ 02.98. 24.11.43, mairie.sizun@wanadoo.fr.

Umgebung von Sizun

Commana: Zum Pfarrbezirk von Commana gehören nebst der Kirche ein von zwei Masken bewachtes *Triumphtor*, ein *Beinhaus* im Renaissancestil und zwei *Calvaire-Kreuze* (an einem trauert Magdalena in Gestalt einer bretonischen Landfrau). Im *Südportal* stehen die Nischen der Apostel leer, einzig Kirchenhistoriker meinen, dies sei schon immer so gewesen, das Portal sei nicht vollendet worden.

Am meisten überrascht in Commana das *Kircheninnere*. Im Stil des bretonischen Bauernbarocks des 17. Jahrhunderts protzt es mit einer reichen Ausstattung. Auffallendstes Beispiel ist der prunkvolle, fast überladene *Annenaltar* (ganz links) mit seinen Säulchen, Girlanden, pausbackigen Engeln und farbenfrohen Medaillons. Zwischen Großmutter Anna und Mutter Maria erteilt das Jesuskind seinen Segen. Darüber thront die Dreifaltigkeit: Gottvater im roten Mantel, der gekreuzigte Sohn im Lendenschurz und ganz oben, schon fast im Gebälk, symbolisiert ein goldenes Täubchen den Heiligen Geist.

Das fünfeckige *Taufbecken* aus dem 17. Jahrhundert wirkt luftig wie eine Pagode. An den Säulen symbolisieren fünf tugendhafte Damen Nächstenliebe, Hoffnung, Gerechtigkeit, Glauben und Genügsamkeit, an der Decke ist Johannes der Täufer mit der Taufe Christi beschäftigt.

Mougau-Bihan: Mitten in der Landschaft grasen hinter einem kleinen Weiler fette Milchkühe bei der Grabstätte eines kriegerischen Keltenfürsten, der seinerzeit vom Plündern der Küstendörfer lebte. 14 m lang streckt sich sein *Langgrab* dem Berg entgegen. Die Erde, die einst das Grab verhüllte, ist von der Erosion längst abgetragen, das Grundgerüst der von Nord nach Süd ausgerichteten *Allée Couverte* aber blieb: Granitquader bedecken die parallelen Steinlinien, und auch die Ritzungen im Inneren haben die Jahrtausende überstanden: Deutlich erkennbar sind ein krummes Schwert, vier Blutstropfen und einige Lanzenspitzen, gemeißelt in den Stein der fünftausend Jahre alten Grabkammer.

Südlich von Commana an der D 764 der Beschilderung folgen. Knapp 2 km.

Annenaltar von Commana

Roc'h Trevezel und Montagne St-Michel: Kein Baum weit und breit, nur endlose Heide. In einer einsamen Berglandschaft, mitten im Naturschutzpark der Monts d'Arrée gelegen, markieren die grauen Sandstein- und Quarzzacken des *Roc Trevzel* einen der höchsten Punkte (384 m) der Bretagne.

Eilige finden unterhalb des Gipfels an der D 785 einen Parkplatz, von da ist es nach ganz oben nur noch ein Katzensprung. Bei guten Sichtverhältnissen ist der Rundblick umfassend: im Westen sieht man das Elorn-Tal und die Rade de Brest, im Südwesten sieht man den Menez-Hom, im Nordosten die Bucht von Lannion. Der See im Süden ist das gestaute Wasserreservoir für das einstige Atomkraftwerk von Brennilis, die karge Heidegegend davor das legendenumwobene Moor von *Yeun Elez*.

Die weiter südlich gelegene Kuppe der 380 m hohen *Montagne St-Michel* ist von einer Kapelle gekrönt. Das Panorama ist dem des Roc'h Trévezel ähnlich, der umfassende Blick auf den See von Brennilis ist bestechend schön.

Von Commana nach Osten auf die D 764, nach 5 km rechts auf die D 785 abbiegen. Vom Roc'h Trévezel auf der D 785 ca. 10 km weiter zur Montagne St-Michel (alles ausgeschildert).

Pfarrbezirk von Pleyben

Pleyben   3700 Einwohner

Das Städtchen drei Kilometer nördlich der Aulne trägt die untrüglichen Zeichen einer überregionalen Wallfahrtsstätte. Der Enclos grenzt an einen großzügigen Platz in der Ortsmitte. Calvaire, Beinhaus, Sakristei und die Kirche mit ihrem schönen bretonischen Renaissanceturm zeugen von vergangenem Wohlstand.

Pleybens Blüte dauerte von 1550 bis etwa 1660, als die Stadt Zentrum einer Art halbautonomen Agrarrepublik war. In dieser Zeit entstand auch der größte Teil der heutigen Anlage, stilvoll-elegant, weit und mächtig. Kirche, Handel und weltliche Obrigkeit fanden sich hier ein. Neben dem einsam aufragenden schlichten Kreuz im Pfarrbezirk verkauften die Salzhändler von Guérande ihre Ware. Dort stellte sich auch der öffentliche Ausrufer in Positur, um die neuesten Bekanntmachungen zu verbreiten. Heute sind es die Touristen, die vor allem wegen des eleganten Calvaires über den grasbewachsenen Ex-Friedhof ausschwärmen, das Kreuz lassen sie links liegen.

Über 200 Jahre wurde am *Calvaire* gemeißelt, bis die Bibelgeschichte aus Stein vollendet war. Die ältesten Skulpturen standen anfänglich auf einem kleineren Podest, das nah der später errichteten Vorhalle stand. 1738 wurde der Calvaire völlig neu konzipiert, mit weiteren Figuren bestückt und an den heutigen Standort am Rand des Bezirks verlegt.

Der hohe Sockel übernimmt die Funktion des in Pleyben fehlenden Triumphtors. Die Plattform weitet sich mit den Stützpfeilern an den Seitenenden aus, um mehr Platz zu schaffen. Die Figuren des Calvaires sind hoch über den Köpfen der Betrachter postiert. Der am Kreuz bekehrte Barnabas strahlt Ruhe aus, derweil der reuelose Schächer im Todeskampf die Zunge herausstreckt – ein gehörnter Teufel wartet auf seine Seele. Engel umgeben den gekreuzigten Christus und fangen mit einem Kelch das Blut aus seiner Brustwunde auf. Zwei Reiter umrahmen die Auferstehung, geharnischte Soldaten dösen zu Füßen des Kreuzes. Im Gegensatz zu den figurenreichen Calvaires von Guimiliau oder Plougastel, die in buntem, schwelgerischem Durcheinander die Passionsgeschichte erzählen, beschränkt sich der Calvaire von Pleyben – ähnlich wie der von St-Thégonnec – auf relativ wenige Darsteller, die wirkungsvoll rund 30 Szenen aus dem Leben Jesu erzählen. Hier wird nicht auf Dramatik Wert gelegt, sondern auf Ausgewogenheit und logische Abfolge der einzelnen Szenen. Der Bilderreigen beginnt mit der Verkündigung an der Südwestecke des Sockels, wird gegen den Uhrzeigersinn gelesen und endet mit der Auferstehung.

Die abschreckende Katel-Gollet-Szene wird in Pleyben durch den hoffnungsvollen „Abstieg Christi in die Vorhölle" ersetzt: Am Eingang des feuerumrahmten Höllenschlundes wartet der wiederauferstandene Christus, noch ins Leichentuch gehüllt, auf die Schar der Verstorbenen (angeführt von Adam und Eva), über die am Tag des Jüngsten Gerichts geurteilt werden soll. Ein grimmiges Ungeheuer versucht sie am Verlassen der Vorhölle hindern.

Das *Beinhaus* von 1550 hat eine wechselvolle Geschichte hinter sich: Nach seiner Restaurierung 1733 wurde es eine Kapelle, nach der Revolution eine Dorfschule, 1850 dann ein Postamt; heute wird es als Mini-Museum (Eintritt frei) genutzt, in dem man die Sablières der Kirche anhand alter Fotos aus nächster Nähe studieren kann. Die *Sakristei*, ein viergeteilter Rundbau mit schiefergedeckten Kuppeln, ist als eigenständiges Werk der Kirche vorgebaut, von der Ostseite der Apsis aus ist sie zugänglich.

„Drei Generationen, jede nach ihrem Geschmack, doch ohne Missklang" arbeiteten an der *Kirche*, wie eine Inschrift bekanntgibt. Gleich drei Türme überragen das Dach. Der schlanke gotische *Glockenturm* mit seiner hohen Steinspitze ist durch eine Galerie mit einem kleineren *Treppentürmchen* verbunden. Zu ihnen gesellte sich später der *Turm St-Germain* und stiehlt seither den beiden die Schau.

Der Abstieg Christi in die Vorhölle

Im *Innenraum* der Pfarrkirche erhellt erfreulich viel Licht die phantastisch bemalte und geschnitzte *Deckenkonstruktion*. Mehr als nur einen Blick wert sind die *Sablières* (Längsbalken) entlang den Seitenschiffen mit aztekisch anmutenden, farbenprächtigen Meeresungeheuern und Drachen. An den Deckenkonsolen erzählen bunte Holzfiguren den Lebenslauf Jesu und andere Geschichten. Medaillons, Rankenwerk und Figuren an den *Altären* setzen weitere Akzente. Und schließlich verdient auch die Orgel mit den pausbackigen Putten unter den großen Pfeifen einen Blick; seit ihrer Restaurierung erstrahlt sie wieder in frischem blauen und goldenen Glanz.

Postleitzahl 29190

Information Office de Tourisme, am zentralen Platz des Städtchens; auch Zimmervermittlung. Juli/Aug. Mo–Fr 9.30–12.30 und 14–18, Sa 10–12.30 Uhr. Sept.–Juni Mo–Fr 9.30–12.30 und 14–17.30 Uhr. 11, place Charles de Gaulle, ✆ 02.98.26.71.05, www.tourismepleyben.fr.

Hin und weg Bus: Pleyben liegt an den Busstrecken Chateulin–Carhaix (werktags mindestens drei Fahrten in beide Richtungen) und Quimper–Roscoff (1-mal tägl.).

Einkaufen Die eingedosten **Galettes de Pleyben** genießen als Kaffeegebäck in der Bretagne einen guten Ruf.

Märkte Lebensmittelmarkt jeden Samstagvormittag, großer **Wochenmarkt** jeden 2. Dienstag.

Pardon Am 1. Augustsonntag.

Hotel * Auberge du Poisson Blanc, in Pont-Coblant, 4 km südlich an der D 785, an der Aulne mit Blick über den Fluss. 5 bescheidene, aber gepflegte Zimmer, auch für 3 Personen. DZ mit Dusche/WC 56 €. Pont-Coblant, ✆ 02.98.73.34.76, www.auberge-poisson-blanc.fr.

Camping ** Municipal, in Pont-Coblant am Ufer der Aulne, 4 km südlich, von der D 785 aus beschildert. Passabler, ruhiger Platz mit einigen Bäumen am Ufer und Warmwasserduschen. Das kleine Nautikzentrum daneben verleiht Kanus. 60 Stellplätze. Geöffnet Mitte Juni bis Mitte Sept. Pont-Coblant, ✆ 02.98.73.34.69, commune-de-pleyben@wanadoo.fr.

Essen & Trinken La Blanche Hermine, auch wenn die Taverne direkt gegenüber dem Calvaire von außen eher den Eindruck eines gewöhnlichen Touristenrestaurants macht, ist sie innen doch urbretonisch. Zu den traditionellen Gerichten kann man eine der 10 angebotenen Biersorten aus der Bretagne trinken, die Mahlzeit mit einem Chouchenn als Apéritif beginnen oder bei einem *Whisky breton* ausklingen lassen. Geschlossen in der Nebensaison am Di Abend, Mi ganztags sowie im ganzen Januar. 1, place Charles de Gaulle, ✆ 02.98.26.61.29.

Auberge du Poisson Blanc, im gleichnamigen Hotel (s. o.). Das Restaurant (mit Terrasse) serviert eine ausgezeichnete, preiswerte Küche: mehrere Menus zur Wahl, à la carte gibt's bretonische Kutteln. Gäste sind oft die hier ankernden Hausbootkapitäne. Geschlossen in der Regel So/Mo abends. Pont-Coblant, ✆ 02.98.73.34.76.

Umgebung von Pleyben

Brasparts: Eine ruhige Pfarrgemeinde im heidebedeckten „Bergland". Der spärliche Calvaire des kleinen *Pfarrbezirks* zeigt eine Pietà-Gruppe. An den Ecken des *Beinhauses* lauern sensenbewehrte Knochenmänner, am *Renaissanceportal* thronen Christus und die zwölf Apostel – unter Jakob eine seltene Granitskulptur: eine Teufelin mit Hörnern und entblößten Brüsten.

Im Kircheninneren sind noch am ehesten die bunten *Chorfenster* aus dem 16. Jahrhundert sehenswert – ohne sie hinterließe das helle Mobiliar des Gotteshauses den etwas unpassenden Geschmack eines Dorfschulklassenzimmers.

9 km nördlich von Pleyben an der D 785.

Der Westen → Karte S. 568/569

Das Landesinnere

Etwas Französisch

Guter Wille wird honoriert. Wer sich mit auch nur wenigen französischen Wörtern durchzuschlagen versucht, zeigt damit, dass er als Gast gekommen ist, und kann sich der Freundlichkeit des Gastgebers gewiss sein.

Gespräche

guten Tag	bonjour
guten Abend	bonsoir
gute Nacht	bonne nuit
auf Wiedersehen	au revoir
bis bald	à bientôt
bis gleich	à tout à l'heure
Wie geht es dir?	Comment vas-tu?
Wie geht es Ihnen?	Comment allez-vous?
danke	merci
Mir geht es gut, und dir (Ihnen)?	Je vais bien, et toi (vous)?
Wie heißen Sie?	Comment vous appelez-vous?
Wie heißt das auf Französisch?	Comment cela se dit en français?
Ich bin…	Je suis…
Deutsche/r	Allemand/Allemande
Österreicher/in	Autrichien/Autrichienne
Schweizer	Suisse/Suissesse
Entschuldigung	pardon
Deutschland/ deutsch	l'Allemagne/ allemand/e
Sprechen Sie Deutsch?	Parlez-vous allemand?
(Englisch, Italienisch)?	(anglais, italien)?
Kennen Sie…?	Connaissez-vous…?

Ich habe nicht verstanden	Je n'ai pas compris
Ich weiß (es) nicht	Je ne (le) sais pas
Ich suche	Je cherche
Geben Sie mir…, bitte!	Donnez-moi…, s'il vous plaît!
einverstanden! o.k.!	d'accord!

Minimalwortschatz

ja	oui
nein	non
vielleicht	peut-être
und	et
oder	ou
schön	beau (bel, belle)
groß/klein	grand(e)/petit(e)
viel	beaucoup de
wenig	peu de
es gibt/es gibt nicht	il y a/il n'y a pas
wo/wohin?	où?
wann?	quand?
wie viel/wie viele?	combien ?
warum ?	pourquoi ?
…, bitte! (Aufforderung)	…, s'il vous plaît!

Unterwegs

Ich suche…	Je cherche…
Wo ist… ?	Où est…?
Ich möchte…	Je voudrais…
Ich möchte nach… gehen	Je voudrais aller à…
Wann kommt… an?	A quelle heure arrive…?

Wann fährt/ fliegt ein… nach… ?	A quelle heure y a t-il un (une)… pour…?
Um wie viel Uhr ?	A quelle heure?
um (4) Uhr	à (quatre) heures
Weg	le chemin
Straße	la rue
Überlandstraße	la route

Autobahn	l'autoroute	einfach	aller simple
Kreuzung	le carrefour	hin und zurück	aller-retour
Kreisel	le rond-point	Flughafen	l'aéroport
Ampel	les feux, le feu rouge	Flugzeug	l'avion
abbiegen	tourner	Hafen	le port
links	à gauche	Schiff	le bateau
rechts	à droite	Fährschiff	le ferry-boat
geradeaus	tout droit	Bahnhof	la gare
Abfahrt, Abflug	le départ	Zug	le train
Ankunft	l'arrivée	Bus	le bus
Information	l'information	Busbahnhof	la gare routière
Fahrkarte	le billet		

Rund ums Auto

Ich möchte mieten (für einen Tag)	Je voudrais louer (pour un jour)	Batterie	la batterie
Wie viel kostet das (pro Tag)?	Combien ça coûte? (par jour)?	Blinker	le clignotant
		Bremsen	les freins
Voll, bitte!	Le plein, s'il vous plaît!	Bremslichter	les feux de stop
Ich habe eine Panne	Je suis tombé en panne	Felge	la jante
(Der Anlasser) geht nicht mehr.	(Le démarreur) ne marche plus.	Gang	la vitesse
		Handbremse	le frein à main
Auto	la voiture	Kupplung	l'embrayage
Führerschein	le permis de conduire	Kühler	le radiateur
Tankstelle	la station d'essence	Lichtmaschine	la dynamo
Benzin	l'essence	Motor	le moteur
Diesel	le gas-oil/le gazole	Motorhaube	le capot
Öl	l'huile	Reifen	le pneu
Ölwechsel	la vidange (d'huile)	Rückwärtsgang	la marche arrière
Unfall	l'accident	Scheibenwischer	l'essuie-glace
Abschleppdienst	le dépannage	Scheinwerfer	le phare
Autowerkstatt	le garage	Schlauch	le tuyau
Anlasser	le démarreur	Stoßdämpfer	l'amortisseur
Auspuff	le pot d'échappement	Wasserpumpe	la pompe à l'eau'

Unterkunft

Haben Sie…?	Avez-vous…?	Einzelzimmer	la chambre simple
ein Zimmer reservieren	réserver une chambre	Wie viel kostet das?	Combien ça coûte?
		Das ist zu teuer.	C'est trop cher
Doppelzimmer	la chambre double	ein billigeres Zimmer	une chambre moins cher

mit Dusche/	avec douche/	Ich nehme es (das Zimmer).	Je la prends.
mit Bad	avec salle de bain	Zeltplatz	le camping
für eine Nacht	pour une nuit	Zelt	la tente
für (3) Tage	pour (trois) jours	im Schatten	à l'ombre
voll (alle Zimmer belegt)	complet	elektrischer Anschluss	le branchement électrique
Vollpension	pension complète		
Halbpension	demi-pension	Dusche	la douche
Frühstück	le petit déjeuner	Waschmaschine	le lave-linge

Bank/Post

offen	ouvert	Briefmarke	le timbre
geschlossen	fermé	Brief	la lettre
Wechselstube	le bureau de change	Ansichtskarte	la carte postale
Bank	la banque	Luftpost	par avion
Geldwechsel	le change	Eilpost	exprès
Wechselkurs	le cours du change	Einschreiben	lettre recommandée
Briefkasten	la boîte aux lettres		

Einkaufen

Haben Sie…?	Avez-vous…?	Butter	le beurre
Ich hätte gern…	Je voudrais…, s'il vous plaît.	Ei	l'oeuf
		Essig	le vinaigre
Wie viel kostet das?	Combien ça coûte?	Honig	le miel
Das ist zu teuer/	C'est trop cher/	Käse	le fromage
billiger.	moins cher.	Klopapier	le papier de toilette
Das gefällt mir nicht.	Ça ne me plaît pas.	Marmelade	la confiture
1 Pfund/Kilo	une livre/un kilo de	Milch	le lait
100 Gramm	cent grammes	Öl	l'huile
groß/klein	grand/petit	Orange	l'orange
Lebensmittelgeschäft	l'alimentation	Pfeffer	le poivre
Bäckerei	la boulangerie	Salz	le sel
Metzgerei	la boucherie	Seife	le savon
Wurstwarenhandlung	la charcuterie	Shampoo	le shampooing
Apotheke	la pharmacie	Sonnenöl	l'huile solaire
Buchhandlung	la librairie	Streichhölzer	les allumettes
Schreibwarenhandlung	la papeterie	Tomaten	les tomates
Briefumschlag	l'enveloppe	Wurst	la charcuterie
Apfel	la pomme	Zeitung	le journal
Brot	le pain	Zucker	le sucre
Buch	le livre		

Sehenswertes/geographische Begriffe

Wo ist der/die/das…?	Où est le/la…?	*Kirche*	l'église
Wo ist der Weg/ die Straße zum…?	Pourriez-vous m'indiquer le chemin pour…?	*Kloster*	le couvent
		Leuchtturm	le phare
rechts/links	à droite/à gauche	*Meer*	la mer
hier/dort	ici/là	*Museum*	le musée
Burg	le château	*Platz*	la place
Brücke	le pont	*Schlucht*	les gorges
Bucht	la baie	*See*	le lac
Dorf	le village	*Stadt*	la ville
Fluss	la rivière	*Staudamm*	le barrage
Hafen	le port	*Strand*	la plage
Insel	l'île	*Turm*	la tour
Kapelle	la chapelle	*Wald*	la forêt

Allgemeine Zeitbegriffe

vorgestern	avant-hier	*Woche*	la semaine
gestern	hier	*Monat*	le mois
heute	aujourd'hui	*Jahr*	l'an/l'année
morgen	demain	*danach*	après
übermorgen	après-demain	*Wie viel Uhr ist es?*	Quelle heure est-il?
Stunde	l'heure	*Um wie viel Uhr?*	A quelle heure?
Tag	le jour	*Wann?*	Quand?

Tageszeiten, Tage, Monate, Jahreszeiten

Morgen	le matin	*April*	avril
Nachmittag	l'après-midi	*Mai*	mai
Abend	le soir	*Juni*	juin
Nacht	la nuit	*Juli*	juillet
Montag	lundi	*August*	août
Dienstag	mardi	*September*	septembre
Mittwoch	mercredi	*Oktober*	octobre
Donnerstag	jeudi	*November*	novembre
Freitag	vendredi	*Dezember*	décembre
Samstag	samedi	*Frühjahr*	le printemps
Sonntag	dimanche	*Sommer*	l'été
Januar	janvier	*Herbst*	l'automne
Februar	février	*Winter*	l'hiver
März	mars		

Zahlen

1	un	15	quinze	90	quatre-vingt-dix
2	deux	16	seize	100	cent
3	trois	17	dix-sept	200	deux cents
4	quatre	18	dix-huit	1000	mille
5	cinq	19	dix-neuf	2016	deux mille seize
6	six	20	vingt	einmal	une fois
7	sept	21	vingt et un	zweimal	deux fois
8	huit	22	vingt-deux	der erste	le premier (la première)
9	neuf	30	trente		
10	dix	40	quarante	der zweite	le deuxième
11	onze	50	cinquante	die Hälfte von…	la moitié de…
12	douze	60	soixante		
13	treize	70	soixante-dix	ein Drittel	un tiers
14	quatorze	80	quatre-vingts	ein Viertel	un quart
				ein Paar…	une pair de…

Hilfe/Krankheit

Können Sie mir bitte helfen?	Pourriez-vous m'aider, s'il vous plaît?	Schmerzen	des douleurs
Wo ist ein Arzt/ eine Apotheke?	Où pourrais-je trouver un docteur/ une pharmacie?	krank	malade
		erkältet	enrhumé(e)
Wann hat der Arzt Sprechstunde?	A quelle heure le cabinet est-il ouvert?	Grippe	la grippe
		Husten	la toux
Ich habe (hier) Schmerzen.	J'ai des douleurs (ici).	Durchfall	la diarrhée, la colique
		Verstopfung	la constipation
Ich bin allergisch gegen…	J'ai une allergie à…	Entzündung	l'inflammation
		Ohrenentzündung	l'otite
Konsulat	le consulat	Insektenstich	la piqûre d'insecte
Arzt	le docteur	Ich habe…	J'ai…
Krankenhaus	l'hôpital	…Kopfschmerzen	…mal à la tête
Polizei	la police	…Halsschmerzen	…mal à la gorge
Unfall	l'accident	…Zahnschmerzen	…mal aux dents
Zahnarzt	le dentiste	Auge/die Augen	l'oeil/les yeux
Ich brauche…	J'ai besoin de…	Ohr	l'oreille
Heftpflaster	le sparadrap	Magen	l'estomac
Mullbinde	la bande de gaze	Rücken	le dos

Speiselexikon

Allgemeines

Monsieur!	*Kellner!*	compris	*inbegriffen*
La carte, s'il vous plaît!	*Die Speisekarte, bitte!*	le couteau	*Messer*
Je voudrais …	*Ich hätte gerne…*	la cuillère	*Löffel*
Est-ce que vous avez…?	*Haben Sie…?*	cuit(e)	*gekocht*
L'addition, s'il vous plaît!	*Die Rechnung bitte!*	le déjeuner	*Mittagessen*
		dur(e)	*hart, zäh*
L'assiette	*Teller*	l'entrée	*Vorspeise*
l'auberge	*Landgasthof*	l'épice	*Gewürz*
boire	*trinken*	la fourchette	*Gabel*
braisé	*geschmort*	froid(e)	*kalt*
la brasserie	*eigentlich Brauhaus; heute v. a. Bezeichnung für Cafés mit Mittags- und Abendtisch*	fumé(e)	*geräuchert*
		le garçon	*Kellner, Ober*
		en gelée	*gesülzt*
la carte	*Speisekarte*	la glace	*Eis*
la carte des vins	*Weinkarte*	le glaçon	*Eiswürfel*
le menu du jour	*Tagesmenu*	la goutte	*Tropfen*
le cendrier	*Aschenbecher*	le gratin	*Auflauf, Überbackenes*
chaud(e)	*heiß*	les grillades	*Gegrilltes*
la commande	*Bestellung*	grillé(e)	*gegrillt*

les herbes de Provence	*Kräuter der Provence*
l'hors-d'œuvre	*Vorspeise*
l'huile	*Öl*
libre-service	*Selbstbedienung*
maigre	*mager*
manger	*essen*
mijoté(e)	*geschmort*
la note	*Rechnung*
le petit déjeuner	*Frühstück*
le pichet	*Weinkaraffe*
la pincée	*Prise*
le plat	*Gericht, Platte*
...du jour	*Tagesgericht*
poêlé(e)	*in der Pfanne gebraten*
à point	*auf den Punkt gebraten (außen knusprig, innen rosa)*
le poivre	*Pfeffer*
le pot	*Topf*
le pourboire	*Trinkgeld*

prêt	*bereit, angerichtet*
un quart	*ein Viertel*
les quenelles	*Klößchen, Röllchen*
râpé(e)	*geraspelt, gerieben*
réchauffer	*aufwärmen*
recommandé	*empfohlen, empfehlenswert*
le relais	*Landgasthof*
la rouille	*scharfe rote Soße*
saignant	*kurz angebraten*
salé(e)	*gesalzen*
la sauge	*Salbei*
le sel	*Salz*
la soupe	*Suppe*
tendre	*zart, mürbe*
la terrine maison	*Pastete nach Art des Hauses*
le thym	*Thymian*
tiède	*lauwarm*
la tranche	*Schnitte, Scheibe*

Fleisch, Wild und Geflügel

l'agneau	*Lamm*
bien cuit	*durchgebraten*
le bifteck	*Beefsteak*
le bœuf	*Ochse oder Rind*
le boudin	*Blutwurst*
la brochette	*Spießchen*
la caille	*Wachtel*
le canard	*Ente*
le carré d'agneau	*Lammrückenstück*
le cerf	*Hirsch*
la charcuterie	*Wurstaufschnitt*
le châteaubriand	*Grillsteak*
le cheval	*Pferd*
la chèvre	*Ziege*
le chevreuil	*Reh*
le coq	*Hahn*
le coq au vin	*Hähnchen in Rotweinsoße*
le coquelet	*Brathähnchen*

la côte	*Rippenstück*
...d'agneau	*Lammkotelett*
...de veau	*Kalbskotelett*
la dinde	*Pute*
le dindon	*Truthahn, Puter*
l'entrecôte	*Zwischenrippenstück*
l'épaule d'agneau	*Lammschulter*
l'escalope	*Schnitzel*
les escargots	*Weinbergschnecken*
le faisan	*Fasan*
le faux-filet	*Lendenstück vom Rind*
le filet	*Lendenbraten*
le foie	*Leber*
le gibier	*Wild*
le gigot	*Keule*
la goulache	*Gulasch*
les cuisses de grenouilles	*Froschschenkel*
le jambon	*Schinken*

le jambonneau	Schweinshaxe
le jarret	Haxe
la langue de bœuf	Rinderzunge
le lièvre	Hase
le lapin	Kaninchen
le mouton	Schaf
la noisette d'agneau	Lammnüsschen
l'oie	Gans
l'os	Knochen
l'os à moelle	Knochen mit Mark
la paupiette	Roulade
le perdreau	junges Rebhuhn
la perdrix	Rebhuhn
les pieds de cochon	Schweinsfüße
le pigeon	Taube
le pintadeau	Perlhuhn
la poitrine	Brust
le porc	Schwein
le porcelet	Spanferkel
la poularde	Masthuhn
le poulet	Brathähnchen
la queue	Schwanz
les rognons	Nieren
le rôti	Braten
le sanglier	Wildschwein
la saucisse	Bratwurst
le saucisson	Brühwurst
la selle d'agneau	Lammrücken
le steak au poivre	Pfeffersteak
le tournedos	Lendenschnitte
les tripes	Kutteln, Innereien
le veau	Kalb, Kalbfleisch
la viande	Fleisch
la volaille	Geflügel

Meeresfrüchte/Fische

l'aile de raie	Rochenflosse
l'anchois	Sardelle (Anchovis)
l'anguille	Aal
le bar	Barsch
le barbeau	Barbe
la bargue	Meerbutt
la bisquebouille	Fischsuppe
la baudroie	Seeteufel
la bouillabaisse	kräftige Fischsuppe mit mehreren Fischarten
le cabillaud	Kabeljau
la carpe	Karpfen
le congre	Meer- bzw. Seeaal
les coquillages	Muscheln
les crevettes	Garnelen
le denté	Zahnbrasse
les écrevisses	Flusskrebse
le flétan	Heilbutt
le gambas	Garnelen, Krabben
le grondin	Knurrhahn
le homard	Hummer
les huîtres	Austern
la langouste	Languste
la lotte de mer	Seeteufel
le loup de mer	Wolfsbarsch
le maquereau	Makrele
la morue	Stockfisch
les moules	Muscheln
le pavé de saumon	Lachsfilet
le perche	Seebarsch
la plie	Scholle
le poisson	Fisch
le poulpe	Tintenfisch
la praire	Venusmuschel
la raie	Rochen
la rascasse	Drachenkopf
le rouget	Rotbarbe
le sandre	Zander
la sardine	Sardine
le saumon	Lachs
la seiche	Tintenfisch
la sole	Seezunge
le st-pierre	St.-Petersfisch
la tanche	Schleie

le thon	Thunfisch	...bleue	Forelle blau
le tourteau	Taschenkrebs	...fumée	Räucherforelle
la truite	Forelle	le turbot	Steinbutt
...à la meunière	Forelle Müllerin		

Gemüse/Beilagen

les artichauts	Artischocken	la laitue	Kopfsalat
les asperges	Spargel	les légumes	Gemüse
la béchamel	weiße Sahnesoße	les lentilles	Linsen
les cèpes	Steinpilze	la mâche	Feldsalat
les chanterelles	Pfifferlinge	le millet	Hirse
le chou	Kohl	les nouilles	Nudeln
le chou-fleur	Blumenkohl	les oignons	Zwiebeln
le chou vert	Grünkohl	la pâte	Teig
la choucroute	Sauerkraut	les pâtes	Teigwaren
le concombre	Gurke	le pain	Brot
les courgettes	Zucchini	les petits pois	Erbsen
les crudités	Rohkost	le poireau	Lauch, Porree
l'échalote	Schalotte	la poirée	Mangold
les épinards	Spinat	les pommes de terre	Kartoffeln
le fenouil	Fenchel	le radis	Rettich
les fleurs de courge	Zucchini-Blüten	la ratatouille	geschmortes Gemüse-allerlei zumeist aus Auberginen, Zucchini, Paprika und Tomaten
la garniture	Beilage		
le gingembre	Ingwer	la salade	Salat
les girolles	Pfifferlinge	la semoule	Grieß
les haricots verts	grüne Bohnen		

Obst, Dessert, Gebäck und Käse

l'abricot	Aprikose	le gâteau	Kuchen
les amandes	Mandeln	la macédoine de fruits	Obstsalat
le beignet	Krapfen	les myrtilles	Heidelbeeren
la brioche	Hefegebäck	la noisette	Haselnuss
le calisson	Mandelkuchen	la noix	Walnuss
la confiserie	Süßwaren	la pâtisserie	Konditorei, Gebäck
le flan	Pudding	la pêche	Pfirsich
la figue	Feige	le petit gâteau	Teegebäck
le fromage	Käse	le pignon	Pinienkern
la framboise	Himbeere	la poire	Birne
les fruits	Früchte, Obst	la pomme	Apfel

les primeurs	*Obst und Gemüse*
le pruneau	*Back- oder Dörrpflaume*
la pulpe	*Mark, Fruchtfleisch*
les raisins	*Weintrauben*
le plateau de fromage	*Käseplatte*
le sablé	*Sandgebäck*

le sorbet aux fruits	*Früchtesorbet*
le soufflé	*Eierauflauf*
le sucre	*Zucker*
le sirop	*Sirup*
la tarte	*Kuchen*
la tartelette	*Törtchen*

Diverses

l'aïoli	*Knoblauchmayonnaise*
le beurre	*Butter*
la ficelle	*sehr dünnes, langes Weißbrot*
la graisse d'oie	*Gänseschmalz*
le jaune d'œuf	*Eigelb*
la menthe	*Pfefferminz*
le miel	*Honig*
la moutarde	*Senf*
l'œuf	*Ei*
le persil	*Petersilie*

la poivrade	*Pfeffersoße*
le potage	*Suppe*
la potée	*Eintopf*
les rillettes d'oie	*Gänsepastete*
la soupe au pistou	*mit Basilikum, Knoblauch u. Olivenöl verfeinerte Gemüsesuppe*
les truffes	*Trüffel*
le velouté	*Crèmesuppe*
le vinaigre	*Essig*
le yaourt	*Joghurt*

Getränke

l'alcool	*Alkohol*
la bière (brune) blonde	*helles (dunkles) Bier*
la biere à la pression	*Bier vom Fass*
la boisson	*Getränk*
la bouteille	*Flasche*
brut	*trocken, herb (Champagner)*
le café	*Kaffee*
…au lait	*Milchkaffee*
le chouchenn	*Chouchenn, bretonischer Honigwein (Aperitif)*
le digéstif	*Verdauungsschnaps*
demi	*halb*
demi-sec	*halbtrocken*
le demi	*das (Glas) Bier*
l'eau	*Wasser*
…gazeuse	*mit Kohlensäure*
…naturelle	*natürliches Mineralwasser*

…de vie	*Branntwein*
l'infusion	*Kräutertee*
le jus	*Saft*
le lait	*Milch*
le pastis	*Anisschnaps, der mit Wasser zu einer gelblichen Flüssigkeit verdünnt wird*
les rafraîchissements	*Sammelbegriff für Erfrischungsgetränke*
le thé	*Tee*
le verre	*(Trink-)Glas*
le vermouth	*Wermut*
le vin	*Wein*
…blanc	*Weißwein*
…de pays	*Landwein*
…de table	*Tischwein*
…du pays	*einheimischer Wein*
…rouge	*Rotwein*

MM-Wandern
informativ und punktgenau durch GPS

- für Familien, Einsteiger und Fortgeschrittene
- ausklappbare Übersichtskarte für die Anfahrt
- genaue Weg-Zeit-Höhen-Diagramme
- GPS-kartierte Touren (inkl. Download-Option für GPS-Tracks)
- Ausschnittswanderkarten mit Wegpunkten
- Konkretes zu Wetter, Ausrüstung und Einkehr

Übrigens:
Unsere Wanderführer gibt es auch als App für iPhone™, WindowsPhone™ und Android™

- Allgäuer Alpen
- Andalusien
- Bayerischer Wald
- Chiemgauer Alpen
- Eifel
- Elsass
- Fränkische Schweiz
- Gardasee
- Gomera
- Korsika
- Korsika Fernwanderwege
- Kreta

- Lago Maggiore
- La Palma
- Ligurien
- Madeira
- Mallorca
- Münchner Ausflugsberge
- Östliche Allgäuer Alpen
- Pfälzerwald
- Piemont
- Provence
- Rund um Meran
- Schwäbische Alb

- Sächsische Schweiz
- Sardinien
- Schwarzwald Mitte/Nord
- Schwarzwald Süd
- Sizilien
- Spanischer Jakobsweg
- Teneriffa
- Toscana
- Westliche Allgäuer Alpen
- Zentrale Allgäuer Alpen

Abruzzen • Ägypten • Algarve • Allgäu • Allgäuer Alpen • Altmühltal & Fränk. Seenland • Amsterdam • Andalusien • Andalusien • Apulien • Australien – der Osten • Auvergne & Limousin • Azoren • Bali & Lombok • Barcelona • Bayerischer Wald • Bayerischer Wald • Berlin • Bodensee • Bornholm • Bretagne • Brüssel • Budapest • Chalkidiki • Chiemgauer Alpen • Chios • Cilento • Comer See • Cornwall & Devon • Costa Brava • Costa de la Luz • Côte d'Azur • Cuba • Dolomiten – Südtirol Ost • Dominikanische Republik • Dresden • Dublin • Ecuador • Eifel • Elba • Elsass • Elsass • England • Fehmarn • Föhr & Amrum • Franken • Fränkische Schweiz • Fränkische Schweiz • Friaul-Julisch Venetien • Gardasee • Gardasee • Genferseeregion • Golf von Neapel • Gomera • Gran Canaria • Graubünden • Hamburg • Harz • Haute-Provence • Ibiza • Irland • Island • Istanbul • Istrien • Italien • Span. Jakobsweg • Kalabrien & Basilikata • Kanada – Atlantische Provinzen • Karpathos • Kärnten • Katalonien • Kefalonia & Ithaka • Köln • Kopenhagen • Korfu • Korsika • Korsika Fernwanderwege • Korsika • Kos • Krakau • Kreta • Kreta • Kroatische Inseln & Küstenstädte • Kykladen • Lago Maggiore • La Palma • La Palma • Languedoc-Roussillon • Lanzarote • Lesbos • Ligurien – Italienische Riviera, Genua, Cinque Terre • Ligurien & Cinque Terre • Limnos • Liparische Inseln • Lissabon & Umgebung • Lissabon • London • Lübeck • Madeira • Madeira • Madrid • Mainfranken • Mainz • Mallorca • Mallorca • Malta, Gozo, Comino • Marken • Mecklenburgische Seenplatte • Mecklenburg-Vorpommern • Menorca • Rund um Meran • Midi-Pyrénées • Mittel- und Süddalmatien • Montenegro • Moskau • München • Münchner Ausflugsberge • Naxos • Neuseeland • New York • Niederlande • Norddalmatien • Norderney • Nord- u. Mittelengland • Nord- u. Mittelgriechenland • Nordkroatien – Zagreb & Kvarner Bucht • Nördliche Sporaden – Skiathos, Skopelos, Alonnisos, Skyros • Nordportugal • Nordspanien • Normandie • Norwegen • Nürnberg, Fürth, Erlangen • Oberbayerische Seen • Oberitalien • Oberitalienische Seen • Odenwald mit Bergstraße, Darmstadt, Heidelberg • Ostfriesland & Ostfriesische Inseln • Ostseeküste – Mecklenburg-Vorpommern • Ostseeküste – von Lübeck bis Kiel • Östliche Allgäuer Alpen • Paris • Peloponnes • Pfalz • Pfälzer Wald • Piemont & Aostatal • Piemont • Polnische Ostseeküste • Portugal • Prag • Provence & Côte d'Azur • Provence • Rhodos • Rom • Rügen, Stralsund, Hiddensee • Rumänien • Sächsische Schweiz • Salzburg & Salzkammergut • Samos • Santorini • Sardinien • Sardinien • Schottland • Schwarzwald Mitte/Nord • Schwarzwald Süd • Shanghai • Sinai & Rotes Meer • Sizilien • Sizilien • Slowakei • Slowenien • Spanien • St. Petersburg • Steiermark • Südböhmen • Südengland • Südfrankreich • Südmarokko • Südnorwegen • Südschwarzwald • Südschweden • Südtirol • Südtoscana • Südwestfrankreich • Sylt • Teneriffa • Teneriffa • Tessin • Thassos & Samothraki • Toscana • Toscana • Tschechien • Türkei • Türkei – Lykische Küste • Türkei – Mittelmeerküste • Türkei – Südägäis • Türkische Riviera – Kappadokien • Umbrien • Usedom • Venedig • Venetien • Wachau, Wald- u. Weinviertel • Wales • Warschau • Westböhmen & Bäderdreieck • Westliche Allgäuer Alpen und Kleinwalsertal • Wien • Zakynthos • Zentrale Allgäuer Alpen • Zypern

Reisehandbuch **MM-City** **MM-Wandern**

Register

Die in Klammern gesetzten Koordinaten verweisen auf die beigefügte Bretagne-Karte.

Merlins armseliges Grab

Fotonachweis

Alle Fotos von Marcus X. Schmid, außer: Gilles Aeschimann: S. 40 |
© dsylvaine/fotolia.com: S. 444 | Werner Fiederer: S. 2 | Jochen Grashäuser:
S. 59, 65, 92, 93, 116, 119, 123, 142, 230, 271, 272, 299, 350, 371, 375, 449, 531, 541,
595, 600 | Jean-Patrice Hofner: S. 313 | Katja Hunn: S. 23, 32, 165, 174, 212,
228, 246, 259, 290, 330, 345, 464, 471, 542, 546 | Philipp Hunn: S. 369 | Monika
Leson 27 | Bruno Schmid: 3, 24, 31, 55, 58, 120, 126, 131, 209. 235, 238, 244, 248,
251, 252, 254, 261, 263, 276, 298, 340, 352, 353, 366, 388, 389, 431, 443, 447, 490, 491,
514, 515, 527, 599, 610, 621

ISBN 978-3-95654-194-0

© Copyright Michael Müller Verlag GmbH, Erlangen 1991–2016. Alle Rechte vorbehalten. Alle Angaben ohne Gewähr. Druck: hofmann infocom GmbH, Nürnberg.

Aktuelle Infos zu unseren Titeln, Hintergrundgeschichten zu unseren Reiseze-
len sowie brandneue Tipps erhalten Sie in unserem regelmäßig erscheinen-
den Newsletter, den Sie im Internet unter **www.michael-mueller-verlag.de**
kostenlos abonnieren können.

Klimaschutz geht uns alle an.

Der Michael Müller Verlag verweist in seinen Reiseführern auf Betriebe, die regionale und nachhaltig erzeugte Produkte bevorzugen. Ab Januar 2015 gehen wir noch einen großen Schritt weiter und produzieren unsere Bücher klimaneutral. Dies bedeutet: Alle Treibhausgasemissionen, die bei der Produktion der Bücher entstehen, werden durch die Ausgleichszahlung an ein Klimaprojekt von myclimate kompensiert.

Der Michael Müller Verlag unterstützt das Projekt »Kommunales Wiederaufforsten in Nicaragua«. Bis Ende 2016 wird der Verlag in einem 7 ha großen Gebiet (entspricht  ca. 10 Fußballfeldern) die Wiederaufforstung ermöglichen. Dadurch werden nicht nur dauerhaft über 2.000 t CO_2 gebunden. Vielmehr werden auch die Lebensbedingungen der lokalen Bevölkerung deutlich verbessert.

In diesem Projekt arbeiten kleinbäuerliche Familien zusammmen und forsten ungenutzte Teile ihres Landes wieder auf. Eine vergrößerte Waldfläche wird Wasser durch die trockene Jahreszeit speichern und Überschwemmungen in der Regenzeit minimieren. Bodenerosion wird vorgebeugt, die Erde bleibt fruchtbarer. Mehr über das Projekt unter **www.myclimate.org**

myclimate ist einer der weltweit führenden Anbieter im Bereich der freiwilligen CO_2-Kompensation. myclimate Klimaschutzprojekte erfüllen höchste Qualitätsstandards und vermeiden Treibhausgase, indem fossile Treibstoffe durch alternative Energiequellen ersetzt werden. Das Projekt »Kommunales Wiederaufforsten in Nicaragua« ist zertifiziert von Plan Vivo, einer gemeinnützigen Stiftung, die schon seit über 20 Jahren im Bereich Walderhalt und Wiederaufforstung tätig ist und für höchste Qualitätsstandards sorgt.

www.michael-mueller-verlag.de/klima